Kleinehagenbrock / Klein / Tischer / Hamm (Hg.)

—

Reformation und katholische Reform

PUBLIKATIONEN AUS DEM KOLLEG
‚MITTELALTER UND FRÜHE NEUZEIT'

Band 6

Herausgegeben von
Dorothea Klein

Reformation und katholische Reform zwischen Kontinuität und Innovation

Herausgegeben von
Frank Kleinehagenbrock
Dorothea Klein
Anuschka Tischer und Joachim Hamm

Königshausen & Neumann

Bibliografische Information der Deutschen Nationalbibliothek

Die Deutsche Nationalbibliothek verzeichnet diese Publikation in der Deutschen Nationalbibliografie; detaillierte bibliografische Daten sind im Internet über http://dnb.d-nb.de abrufbar.

Gedruckt auf säurefreiem, alterungsbeständigem Papier
Umschlag: skh-softics / coverart
Umschlagabbildung: © Barbara Knievel

Printed in Germany
ISBN 978-3-8260-6913-0
www.koenigshausen-neumann.de
www.libri.de
www.buchhandel.de
www.buchkatalog.de

Vorwort

Dieses Buch ging aus zwei Vortragszyklen hervor, die das Kolleg ‚Mittelalter und Frühe Neuzeit' der Universität Würzburg im Sommersemester 2017 und im darauffolgenden Wintersemester veranstaltete. Anlass der beiden Ringvorlesungen war die Koinzidenz zweier Jubiläen, die zwei religiöse Reformer in den Mittelpunkt stellten, wie sie gegensätzlicher nicht hätten sein können: 2017 gedachte man nicht nur allenthalben mit unzähligen Veranstaltungen der 500. Wiederkehr des Jahrestags von Martin Luthers Thesenpublikation, sondern, in regional begrenzterem Rahmen, auch des 400. Todestags des Fürstbischofs Julius Echter von Mespelbrunn, mit dessen Namen man eine nachhaltige katholische Reform im Hochstift Würzburg verbindet. Beide Personen sind gewissermaßen Schlüsselfiguren in einer Epoche des tiefgreifenden kulturellen und sozialen Wandels, der schließlich in ersten Konturen das moderne Europa hervorbrachte. Etwas von der sozialen, kulturellen und ideengeschichtlichen Dynamik dieser Epoche, ihrer Vielfalt und Widersprüchlichkeit, ihrer Voraussetzungen und ihrer Wirkungen nachzuzeichnen, war Aufgabe der beiden Ringvorlesungen, an der sich Wissenschaftler verschiedener Fachdisziplinen beteiligten: Historiker, Kirchenhistoriker, Kunsthistoriker, Staats- und Kirchenrechtler, Sprach- und Literaturwissenschaftler.

Den Kollegen, die bereit waren, ihren Beitrag zu unserer Ringvorlesung für diesen Band auszuarbeiten, möchten wir an dieser Stelle nochmals herzlich danken. Unser Dank gilt aber auch Stephan Köhli, der das Register erstellt hat, und nicht zuletzt dem Verlag Königshausen & Neumann für seine Bereitschaft, das Buch in sein Verlagsprogramm aufzunehmen und für eine rasche Drucklegung zu sorgen.

Würzburg und Bonn, im August 2019 — Die Herausgeber

Inhalt

IV. Die Konfessionalisierung und ihre langfristigen Entwicklungen

Frank Kleinehagenbrock / Dorothea Klein

Zur Einführung

Reformation und katholische Reform stehen im Zusammenhang und bedingen sich in ihren unterschiedlichen Ausprägungen gegenseitig. Dies kommt in der üblich gewordenen Bezeichnung der Zeitspanne vom Anfang des 16. bis zur Mitte des 17. Jahrhunderts als ‚Konfessionelles Zeitalter' zum Ausdruck, wobei die Epochengrenzen als fließend anzusehen sind.[1] Sich damit zu beschäftigen, heißt, eine lange Phase von Umbrüchen in den Blick zu nehmen, die Europa von etwa 1500 bis etwa 1650 geprägt haben. Aus geschichtswissenschaftlicher Perspektive sollte darum die Leopold von Ranke (1795–1886) entlehnte Unterteilung des Zeitalters in eine Phase von Reformation und Gegenreformation unterbleiben,[2] die in Reformansätzen der katholischen Kirche lediglich eine Reaktion auf die Neuerungen der Protestanten sieht und die tiefgreifenden kulturgeschichtlichen Veränderungsprozesse jener Jahre ausblendet. Dennoch steht diese Perspektive am Anfang einer Meistererzählung der deutschen Geschichte, wie sie sich seit dem 19. Jahrhundert entwickelt hat und in der die Reformation einen zentralen Platz einnimmt.[3] Die langanhaltende Wirkung dieser Meistererzählung hat die Umbrüche von 1918, 1945 und 1989/90 überdauert und ist trotz unterschiedlicher konfessioneller und weltanschaulicher Adaptationen im öffentlichen Diskurs über die Geschichte der Deutschen erkennbar geblieben.

---

[1] Diese Perspektive wird sehr konsequent von FRANZ BRENDLE umgesetzt: Das konfessionelle Zeitalter. Berlin 2010.

[2] Der Hinweis auf Ranke als Urheber dieser Trennung ist in der Literatur fast topisch, erfolgt aber in der Regel ohne direkten Beleg aus dessen Werken. Dabei sprach schon Johann Stefan Pütter (1725–1807), der bedeutende Staatsrechtlehrer aus Göttingen, von „Gegenreformationen", und die Popularisierung des Begriffs geschah erst durch das viel beachtete Werk von MORIZ RITTER: Deutsche Geschichte im Zeitalter der Gegenreformation und des dreißigjährigen Krieges. 1555–1648. 3 Bde. Stuttgart 1889–1908. Bei beiden Autoren des 19. Jahrhunderts unterbleibt eine intensive Auseinandersetzung mit der Gegenreform. Siehe dazu STEFAN EHRENPREIS/UTE LOTZ -HEUMANN: Reformation und konfessionelles Zeitalter. Darmstadt 2002, S. 75, oder auch DIETER J. WEISS: Katholische Reform und Gegenreformation. Ein Überblick. Darmstadt 2005, S. 11.

[3] Auf folgende Definition des Terminus ‚Meistererzählung' – mit dem englischen Begriff aus der Narrativitätsdebatte der letzten Jahre des 20. Jahrhunderts eingeführt – wird hier Bezug genommen: „Im allgemeinen Verständnis von Historikern bezeichnet der so eingeführte Terminus *master narrative* seither eine kohärente, mit einer eindeutigen Perspektive ausgestattete und in der Regel auf den Nationalstaat ausgerichtete Geschichtsdarstellung, deren Prägekraft nicht nur innerfachlich schulbildend wirkt, sondern öffentliche Dominanz erlangt." So formuliert von KONRAD H. JARAUSCH/MARTIN SABROW: „Meistererzählung" – Zur Karriere eines Begriffs. In: Die historische Meistererzählung. Deutungslinien der deutschen Nationalgeschichte nach 1945. Hg. von dens. Göttingen 2002, S. 9–32, hier S. 16.

Die Ringvorlesung des Würzburger Kollegs ‚Mittelalter und Frühe Neuzeit' im Sommersemester 2017 und im Wintersemester 2017/18, aus der diese Aufsatzsammlung hervorgegangen ist, hat den Versuch unternommen, die national-protestantisch geprägte Meistererzählung der deutschen Geschichte nach 1500, welche die Reformationszeit mit Begriffen wie ‚modern' und ‚Freiheit' in Verbindung bringt,[4] hinter sich zu lassen. Ihr Ziel war es, die Reformationsgeschichte aus nationalgeschichtlicher Vereinnahmung und Verengung zu lösen und sich einer Betrachtung unterschiedlicher Reformations- und Reformprozesse zu öffnen, die ab 1517 eine immer differenziertere Gestalt annahmen, mithin nicht nur theologisch-kirchlich zu verstehen sind, und zahlreiche, ganz Europa erfassende kulturelle und soziale Veränderungsprozesse miteinander verzahnten.

Gerade deshalb lässt sich leicht feststellen, dass die Reformation ein „konfliktbehafteter Erinnerungsort" der Deutschen ist.[5] Das verweist, oberflächlich betrachtet, auf die Tatsache, dass die Reformation und ihre Protagonisten, allen voran Martin Luther, von Beginn an Befürworter und Gegner besaßen. Dass „Luther nicht die Reformation [ist]", versteht sich dabei von selbst; er war vielmehr Teil eines Netzwerks von Theologen, das von tiefgreifenden theologischen Zerwürfnissen geprägt war.[6] Die Durchsetzung der Reformation hing nicht allein von der Überzeugungskraft dieser Theologen und einer breiten Rezeption ihrer Lehren ab, sondern auch – und vielleicht noch mehr – von einer Verbundenheit mit Herrschern, für welche die Lösung von der Alten Kirche und der Aufbau neuer Kirchenstrukturen zur Festigung ihrer Stellung und zur Entwicklung frühneuzeitlicher Staat-

---

[4] Bereits in der Aufklärung wurde die Reformation als ‚moderne' Reformbewegung vereinnahmt und im 19. Jahrhundert aufgrund der aus ihr resultierenden Spaltung in zwei politisch-konfessionelle Lager als unvollendet gebliebener nationaler Aufbruch verstanden: JOACHIM WHALEY: Germany and the Holy Roman Empire. Vol. I: From Maximilian I to the Peace of Westphalia, 1493-1648. Oxford [u. a.] 2012, S. 61–66; ders.: Luther und die Deutschen. Eine bewegte Beziehungsgeschichte. In: Luther und die Deutschen. Begleitband zur Nationalen Sonderausstellung auf der Wartburg, 4. Mai – 5. November 2017. Eisenach 2017, S. 15–19, hier S. 17. Für die Deutung der Reformation in Deutschland im 19. Jahrhundert ist LEOPOLD VON RANKEs zuerst zwischen 1839 und 1847 erschienene sechsbändige ‚Deutsche Geschichte im Zeitalter der Reformation' von zentraler Bedeutung, die mehrfach, auch in populären Ausgaben, veröffentlicht wurde und in bildungsbürgerlichen Haushalten bis weit ins 20. Jahrhundert hinein rezipiert wurde (hier benutzt die Ausgabe hg. von HORST MICHAEL [in drei Bänden zusammengefasst]. Wien [u. a.] [1928], mit Verweis auf die nationale Spaltung Bd. 1, S. 354).

[5] GÉRALD CHAIX: Die Reformation. In: Deutsche Erinnerungsorte. Bd. II. Hg. von ETIENNE FRANÇOIS und HAGEN SCHULZE. München 2001 (hier benutzt die Ausgabe München 2009), S. 9–27, hier S. 9.

[6] THOMAS KAUFMANN: Das schwierige Erbe der Reformation. In: FAZ vom 14. November 2011, S. 7. – In diesem Artikel macht Thomas Kaufmann explizit darauf aufmerksam, dass das die Reformatoren und die Protestanten Einende – bis heute – eine tief verwurzelte „Gegnerschaft gegen die römische Kirche" sei.

lichkeit beitrugen.[7] Obwohl im allgemeinen Sprachgebrauch und in der historischen Meistererzählung des Protestantismus zumeist im Singular von der Reformation als epochalem Bruch mit Rom die Rede ist, führte die Vielzahl von Akteuren letztlich zu einer Vielzahl von Reformationsprozessen. Deswegen wäre besser von Reformationen zu sprechen.[8]

Das Konzept multipler Reformationen entspricht den Interessen aktueller historischer Forschung, für welche die theologische Wahrheitsfrage vollkommen in den Hintergrund getreten und deren zentrales Anliegen die Analyse sozialer, kultureller und ökonomischer Dynamik geworden ist.

Die Erforschung der ‚Reformationen' und der Anliegen auch katholischer Reformer fördert zugleich die Erkenntnis vielgestaltiger Konfessionalisierungsprozesse zutage, die auf spätmittelalterlichen Reformdebatten basierten und die nach Ernst Walter Zeeden vergleichbar verlaufen sein mögen,[9] jedoch unterschiedliche, nicht kompatible Konfessionskulturen hervorgebracht haben, oder mit Andreas Holzem: „Kennzeichnende Voraussetzung für die frühe Neuzeit ist [...] die aus dem Spätmittelalter herauswachsende Konkurrenz religiöser Gruppenbildungen, die, anders als in den häretischen Bewegungen des Mittelalters, sich als auf Dauer unüberwindbar erwies. Die Entstehung und Verdichtung von Konfessionen konnte sich so nicht nur punktuell, sondern dauerhaft mit sozialen und politischen Strukturmerkmalen der Staaten- und Territorienbildung und – wichtig – den ihr entgegengesetzten Kräften verbinden. Beides führte zu einer Verzahnung von religiösen Bewegungen und religiösem Streit mit staatlichen und kirchlichen Institutionenbildungen; und eben auch mit deren Gegnern."[10] Die Beschäftigung mit den ‚Reformationen' und der Umsetzung katholischer Reformvorstellungen führt also nicht geradewegs und ausschließlich in eine Zeit des Aufbruchs und des Beginns der Modernisierung Europas, sondern in eine Zeit, in der Tradiertes nach kritischer Überprüfung beibehalten oder erneuert wurde, in der Altes bewahrt und Innovationen durchgesetzt wurden, eine Zeit, die von gegenläufigen Entwicklungen geprägt war und in der

---

[7] THOMAS KAUFMANN: Erlöste und Verdammte. Eine Geschichte der Reformation. 2. Aufl. München 2017, S. 47.

[8] CARLOS M. N. EIRE: Reformations. The Early Modern World, 1450–1650. New Haven, London 2016, hier bes. S. IX–XI.

[9] ERNST WALTER ZEEDEN: Grundlagen und Wege der Konfessionsbildung in Deutschland im Zeitalter der Glaubenskämpfe. Zuerst 1958 und wieder in: ders.: Konfessionsbildung. Studien zur Reformation, Gegenreformation und katholischen Reform. Stuttgart 1985, S. 67–111, zur Definition von Konfessionsbildung S. 67.

[10] ANDREAS HOLZEM: Der „Katholische Augenaufschlag beim Frauenzimmer" (Friedrich Nicolai) – oder: Kann man eine Erfolgsgeschichte der „Konfessionalisierung" schreiben? In: Das Konfessionalisierungsparadigma. Leistungen, Probleme, Grenzen. Hg. von THOMAS BROCKMANN und DIETER J. WEISS. Münster 2013, S. 127–164, hier S. 161. – Vgl. dazu auch den von HEINZ SCHILLING herausgegebenen Sammelband: Konfessioneller Fundamentalismus. Religion als politischer Faktor im europäischen Mächtesystem um 1600. München 2007.

sich das christliche Europa des Mittelalters kulturell und sozial transformierte und schließlich seine vermeintliche Einheit verlor.

Die ‚Pluralisierung des Christentums' schlug sich nicht nur in konfessionell geschiedenen Kirchen nieder, sie prägte auch Gesellschaften und Individuen.[11] Diesbezüglich deckt sich das allgemeinhistorische Erkenntnisinteresse mit jüngeren Ansätzen der Kirchengeschichte, die sich mit „Menschen befassen" möchte, „die vor uns Christen gewesen sind" und deren Glaube „soziale Gestalt angenommen hat", und die die „Geschichte des geglaubten Gottes" erforscht.[12] Man darf davon ausgehen, dass die Akteure und handelnden sozialen Gruppen in der Zeit von ‚Reformationen', katholischen Reformen und Konfessionalisierung ganz überwiegend an Gott glaubten und über Glaubenserfahrungen, Kirchenlehren und theologische Erkenntnisse reflektierten, zumal religiöse Themen öffentliche Diskurse dominierten. Zu fragen ist jedoch nach der Deutung des Denkens und Handelns der Menschen des 16. Jahrhunderts in den ihnen nachfolgenden Generationen. Das Erkennen und Offenlegen älterer Deutungsmuster ist zentrale Aufgabe historisch arbeitender Wissenschaftler(innen) und Vorbedingung für eine Annäherung an historische Ereignisse und Überlieferung mit neuen Fragestellungen.[13] Aus diesem Grunde finden sich im Folgenden nicht nur Beiträge aus Geschichte und Kirchengeschichte, sondern auch Studien aus der germanistischen Sprach- und Literaturwissenschaft, Musikwissenschaft, Rechtsgeschichte und Kunstgeschichte.

Wie bereits angedeutet, ist die Reformation (im Singular) als „konfliktbehafteter Erinnerungsort" der Deutschen vor allem als Konstruktion zu begreifen.[14] Im Grunde gilt das für das gesamte Konfessionelle Zeitalter, ja bis in die Gegenwart des Jubiläumsjahres 2017, das letztlich trotz aller öku-

---

[11] VOLKER LEPPIN: Die Reformation. 2. Aufl. Darmstadt 2017, S. 158. – Zu dem kulturellen Vorgang im Überblick siehe MICHAEL MAURER: Konfessionskulturen. Die Europäer als Protestanten und Katholiken. Paderborn 2019. Dabei darf nie vergessen werden, dass zur Pluralisierung des Christentums auch die innerprotestantische Vielfalt der Bekenntnisse gehört: ANDREA STRÜBIND: Die Pluralisierung des Protestantismus und die Rede von der „Ecclesia semper reformanda". In: Historisches Jahrbuch 137 (2017), S. 69–84. Vgl. dazu auch den Beitrag von Alexander Schunka in diesem Band.

[12] ANDREAS HOLZEM: Christentum in Deutschland 1550–1850. Konfessionalisierung – Aufklärung – Pluralisierung. Bd. 1. Paderborn [u. a.] 2015, S. 1. Siehe dazu auch die Einordnung von FLORIAN BOCK: Konzepte der Kirchengeschichtsschreibung in Deutschland und Italien nach 1945. In: Katholizismus transnational. Beiträge zur Zeitgeschichte und Gegenwart in Westeuropa und den Vereinigten Staaten. Hg. von ANDREAS HENKELMANN [u. a.]. Münster 2019, S. 37–52.

[13] Das hat für die Zeit bis zur Aufklärung bereits ERNST WALTER ZEEDEN unternommen: Martin Luther und die Reformation im Urteil des deutschen Luthertums. Studien zum Selbstverständnis des lutherischen Protestantismus von Luthers Tode bis zum Beginn der Goethezeit. Bd. 1: Darstellung. Freiburg 1950.

[14] Das zeigt sich deutlich in: Luther und die Deutschen [Anm. 4]. Siehe dazu pointiert CHRISTIAN GEYER: „Und die Religion ist doch ein Keil. Die Wartburg scheint der Inbegriff eines deutschen Ortes zu sein. Doch die nationale Ausstellung ‚Luther und die

menischen Annäherung in den letzten Jahrzehnten die andauernde Konfessionsverschiedenheit bewusst gehalten hat.[15] Diese Konstruktion haben die Veranstaltungen, aber auch zahlreiche Schriften zum Reformationsgedenken im Jahre 2017 – einmal mehr, einmal weniger reflektiert – verdeutlicht.[16] Ihre kritische Diskussion sowie die Kontextualisierung von reformatorischem Wandel und Konfessionalisierungsprozessen in den Kontinuitäten und Brüchen des 16. und frühen 17. Jahrhunderts hatte sich auch die Würzburger Ringvorlesung ‚Reformation und katholische Reform' im Jubiläumsjahr 2017 zur Aufgabe gemacht. Dabei wurde einerseits bewusst auf die Beschränkung auf die Zeit vor dem Augsburger Religionsfrieden 1555 verzichtet, andererseits sollte auch die Perspektive jener Menschen, die der Reformation skeptisch gegenüberstanden oder sie aktiv bekämpften, berücksichtigt werden.

Dazu gab es mit dem Gedenken an den 400. Todestag des gegenreformatorisch wirkenden Fürstbischofs Julius Echter von Mespelbrunn einen lokalen Anlass. Die Erinnerung an den mit Luthers 95 Ablassthesen verbundenen Beginn der Reformation, die sich auf den 31. Oktober 1517 konzentriert, und die Erinnerung an einen expliziten Gegner der Reformation bzw. Vertreter der katholischen Reform stießen in engem regionalen und zeitlichen Zusammenhang aneinander. Diese Koinzidenz war Anlass, aus einer umfänglichen kulturwissenschaftlichen Perspektive grundlegende Entwicklungen des 16. und frühen 17. Jahrhunderts in den Blick zu nehmen. Julius Echter sollte sich dabei, ähnlich wie Martin Luther und andere Reformatoren, als eine Persönlichkeit erweisen, die im 21. Jahrhundert nur schwer einzuordnen ist, weil mit ihr Schattenseiten wie sein Umgang mit Andersgläubigen und vermeintlichen Hexen genauso verbunden werden wie ein vergleichsweise hoher Grad an rationaler und systematischer Herrschaftspraxis sowie Bildungsreformen. Auch die Erinnerung an diese historische, schon zu Lebzeiten durchaus umstrittene Persönlichkeit wird ähnlich wie das Bild Martin Luthers von teilweise widersprüchlichen Konstruktionen geprägt; in jüngerer Zeit wird gerade dieser Bischof – zumindest in der regionalen Erinnerungskultur, aber auch darüber hinaus – zu einem „Typus der Gegenreformation" stilisiert.[17]

Deutschen' macht bewusst, wie viel hier nachträglich konstruiert wurde." In: FAZ vom 4. Mai 2017, S. 11.

[15] So etwa die Beobachtung von HANS MAIER: Nach dem Reformationsjahr. Was zu tun bleibt. In: Stimmen der Zeit 236 (2018), S. 79–84, und ganz ähnlich von LUCIAN HÖLSCHER: Reformation und säkulare Gesellschaft. In: Stimmen der Zeit 235 (2017), S. 651–661, hier bes. S. 657.

[16] Kritik daran u. a. von PETER MÄRZ: Gelenkte Geschichte. Jüngste deutsche Erinnerungsjahre und die historische Reflexion. Einwendungen. Münster 2018, hier bes. S. 92–147, und von STEFAN LAUBE: Erinnerung – Event – Ekzess. Überlegungen zur Chiffre „Luther 2017". In: Geschichte in Wissenschaft und Unterricht 68 (2017), S. 198–212.

[17] JOHANNES MERZ: Julius Echter als „Typus der Gegenreformation". In: Historisches Jahrbuch 129 (2009), S. 65–82. Siehe dazu einordnend WOLFGANG WEISS: Linien der

Die Umbrüche der Zeit zwischen 1500 und 1650 zwischen Tradition und Innovation führten zu einer ungeahnten, von den Zeitgenossen durchaus als krisenhaft empfundenen gesellschaftlichen Dynamik, die das moderne Europa in seiner Vielgestaltigkeit bis heute prägt. Auch wenn die Ringvorlesung einen inhaltlichen Schwerpunkt auf den deutschen Sprachraum gelegt hat, scheint doch die europäische Perspektive punktuell immer wieder hervor.[18] Für die Menschen am Beginn der Neuzeit bedeutete dies, in einer Zeit des Wandels zu leben, den sie nicht vollkommen überschauen konnten, in der sie sich aber zugleich zu positionieren und zahlreiche Konflikte auszuhalten hatten – und das in einer Zeit knapper werdenden Ressourcen aufgrund von Bevölkerungswachstum und zunehmend ungünstigerem, kälter werdendem Klima.[19]

Die erste Sektion dieses Bandes ist dem Thema ‚Reform und Reformbedarf' gewidmet. Der Beitrag von Anuschka Tischer (S. 21–35) ordnet die Reformation in den größeren historischen Kontext ein und erläutert, dass der Reformbedarf am Beginn der Neuzeit sich keineswegs auf den religiösen Bereich beschränkte: Das Heilige Römische Reich und Europa befanden sich in einer tiefgreifenden Umbruchsphase, in deren Zusammenhang die Reformation zu sehen ist. Eine wichtige Voraussetzung für den schnellen Erfolg der Reformation war die Reichsreform seit 1495. Martin Luther wurde von verschiedenen Reichsständen unterstützt, welche die neu etablierten Formen der rechtlichen und politischen Zusammenarbeit, insbesondere den Reichstag, nutzten. Die Reichsreform war allerdings deshalb ein Erfolg, weil sie die Verfassungsreform von der lange erhofften größeren

---

Echter-Forschung – Historiographische (Re-)Konstruktion und Dekonstruktion. In: Fürstbischof Julius Echter († 1617) – verehrt, verflucht, verkannt. Aspekte seines Lebens und Wirkens anläßlich des 400. Todestages. Hg. von dems. Würzburg 2017, S. 23–60. – Kritischer FRANK KLEINEHAGENBROCK: Julius Echter und das Reich. In: Julius Echter, der umstrittene Fürstbischof. Eine Ausstellung nach 400 Jahren. Katalog zur Ausstellung vom 23. Juni bis 17. September 2017 im Museum am Dom Würzburg. Hg. von RAINER LENG [u. a.]. Würzburg 2017, S. 23–30, und ROBERT MEIER: Ein Mann der Ordnungen. Julius Echter von Mespelbrunn – Person und Epoche. In: Julius Echter, Patron der Künste. Konturen eines Fürsten und Bischofs der Renaissance. Hg. von DAMIAN DOMBROWSKI [u. a.]. Berlin, München 2017, S. 21–26. Anders als beim Reformationsgedenken scheinen die zahlreichen Publikationen, die im Hinblick auf das Jubiläumsjahr 2017 zu Julius Echter von Mespelbrunn entstanden sind, der Forschung Impulse gegeben und neue Sichtweisen auf den Fürstbischof ermöglicht zu haben. Allen voran sind ROBERT MEIERs zahlreiche Aufsätze zum Umgang mit Hexen zu nennen; genannt sei an dieser Stelle lediglich die zusammenfassende Publikation: Hexenprozesse im Hochstift Würzburg. Von Julius Echter (1573–1617) bis Philipp von Ehrenberg (1623–1631). Würzburg 2019.

[18] Einen Überblick über das weltweite Gedenken an Luther und die Reformation gewährt: Reformation weltweit – Erinnerungen in vier Kontinenten. Hg. von KARLIES ABMEIER. St. Augustin, Berlin 2017.

[19] WOLFGANG BEHRINGER: Kulturgeschichte des Klimas. Von der Eiszeit bis zur globalen Erwärmung. 2. Aufl. München 2011, hier bes. S. 117–195.

Gesamtreform abkoppelte. Religiöse, aber auch soziale Probleme blieben damit weiterhin offen und entluden sich dann in der Reformation bzw. den als Bauernkrieg bezeichneten Aufständen der 1520er Jahre. Der Erfolg der Reformation durch Luther lag auch darin begründet, die politische Ordnung nicht in Frage zu stellen und sich sowohl von den sozialen Unruhen als auch von radikalen religiösen Bewegungen klar zu distanzieren.

Der Reformbedarf speziell der Kirche des 15. und 16. Jahrhunderts und die innerkirchliche Diskussion darüber sind Gegenstand des Beitrags von Dominik Burkard (S. 37–69). Als Letztursache der Probleme erkannte man seinerzeit die universalen päpstlichen Machtansprüche, welche mit einer generellen Reformunwilligkeit einhergingen und die Kirche im großen Papstschisma seit 1378 paralysiert hatten. Bewegung in die verfahrene Situation brachte die Rückbesinnung auf das alte Verfassungsorgan der Generalsynode. Das Konzil von Konstanz (1414–1418) verabschiedete ein Reformprogramm, welches u. a. den Vorrang der Synode auch vor dem Papst formulierte und damit die Verteilung der Gewalt in der Kirche neu justierte. Insbesondere aber wurde die regelmäßige Einberufung von Konzilien vorgeschrieben. Den synodalen Hoheitsanspruch bekräftigte auch das Konzil von Basel (1431–1449). Die Päpste waren freilich nicht gewillt, einer Schmälerung ihrer Rechte zuzustimmen und sich den Superioritätsansprüchen des Konzils zu unterwerfen; für lange Zeit waren die Konzilien von Basel bzw. Ferrara/Florenz (1438–1449) darum die letzten, die einberufen wurden. Die weiterhin bestehenden Spannungen zwischen papalen und konziliaren Ansprüchen blieben folgenlos, solange sie in einer klerikalen und intellektuellen Elite ausgetragen wurden. Erst die ‚Reformation' und ihre politischen und konfessionellen Folgen im allgemeinen, die nicht allein den Primat des Papstes, sondern vor allem die die heilvermittelnde Funktion der Kirche radikal in Frage stellende Kritik Luthers im besonderen, zwangen dazu, das alte Verfassungsorgan zu reaktivieren, um einerseits den bestehenden Problemüberhang anzugehen und andererseits sich mit den theologischen Vorstellungen der ‚Reformatoren' auseinanderzusetzen. Das Tridentinum (1545–1547, 1551/1552, 1562/1563) erneuerte zwar, wenngleich ergebnislos, die Diskussion konträrer ekklesiologischer Ansätze, bestätigte aber von seiner Struktur her die papalen Ansprüche. In Auseinandersetzung mit den ‚Neugläubigen' wurden im ‚Catechismus Romanus' (1566) die eigenen ekklesiologischen Grundüberzeugungen schärfer gefasst und begründet.

In den allgemeinen, seit dem Spätmittelalter angestoßenen Erneuerungsprozess bindet Wolfgang Weiß die ‚katholische Reform' im Bistum Würzburg ein (S. 71–88). Er beschreibt diese als ein ‚Langzeitprojekt', deren erste Spuren ins späte 14. Jahrhundert weisen. Dem geistigen und geistlichen Erneuerungswillen, namentlich Klerus und Orden betreffend, fehlten in dieser Epoche aber Kontinuität und Nachhaltigkeit. Seine definitiven Konturen und Strukturen erhielt die ‚katholische Reform' erst in der Herausforderung durch die ‚Reformation', weshalb sie auch als ‚Gegenreformation' apostrophiert wird. Die Würzburger Bischöfe reagierten auf die reformatorische Bewegung, die sich auch im Hochstift etablieren konnte, zunächst überfordert oder sogar indifferent. Der Erosion der altkirchlichen Strukturen trat erst Julius Echter (1573–1617) energisch entgegen: Eine einheitliche Priesterausbildung und stete Kontrolle der seelsorgerischen Arbeit, eine das ganze Kirchenleben detailliert regelnde Kirchenordnung, die Errichtung zahlreicher neuer Pfarreien sowie karitative Stiftungen legten den Grundstein für die Neuordnung des Kirchenwesens und für eine effektive Seelsorge. Das einheitliche konfessionelle Profil des Hochstifts Würzburg sicherte er durch eine mit erheblichem Druck auf die Untertanen durchgeführte Rekatholisierungspolitik. Mit Julius Echter waren aber die kirchenreformerischen Bemühungen im Bistum bzw. Hochstift Würzburg keineswegs abgeschlossen; sie besaßen allerdings, so hebt Wolfgang Weiß in einem Ausblick hervor, nach den niederschmetternden Erfahrungen des Dreißigjährigen Kriegs deutlich weniger militante Züge.

Die zweite Sektion dieses Bandes ist der Selbst- und Fremdwahrnehmung sowie den Wirkungen der Reformatoren gewidmet. Albrecht Beutel fragt nach einem wichtigen Aspekt von Luthers Ekklesiologie, nämlich der Entstehung der lutherisch-konfessionellen Identität (S. 91–113). Methodisch setzt er bei der Zitation bzw. am Gebrauch der Begriffe ‚lutherisch' und ‚Lutheraner' an, wobei er eine Vielzahl von Belegen aus dem Zeitraum 1520 bis 1535 sichtet. Dabei beobachtet er eine auffällige Verschiebung im Begriffsgebrauch: Während Luther anfangs die wohl von Johannes Eck geprägte Fremdbezeichnung als Kollektivbezeichnung rundweg ablehnte – nicht nur, weil sie seine Anhänger unter Häresieverdacht stellte, sondern weil nach seiner Auffassung nur einer den rechten Glauben lehrte: Christus –, zeichnete sich im Laufe der 1520er Jahre ein Umdenken ab. Erstmals während des ‚Bauernkriegs' übernahm Luther die Fremdbezeichnung mit positiven Konnotationen: freilich noch nicht als Begriff für die entstehende eigene Konfessionsgemeinschaft, sondern als Inbegriff reiner, christlicher Glaubenstreue. Im Umfeld des Augsburger Reichstags von 1530 fällt dann die Selbstverständlichkeit auf, mit der Luther in seinen Schriften das *nomen nostrum* zur Kennzeichnung seiner Anhänger verwendete. In den 1530er Jahren wurde der zur Selbstbezeichnung avancierte Begriff Allgemeingut, und damit etablierte sich auch ein konfessionelles Selbstbewusstsein.

Martin Heckels thesenhafte Antwort auf die Frage, ob Luther tolerant war (S. 115–130), lautet: nach heutigem Sprachgebrauch und Rechtsempfinden nicht, wohl aber bereitete er der neuzeitlichen Toleranzidee den Weg. Zur Begründung dieser These werden zunächst Luthers durchaus unterschiedliche Stellungnahmen zur Toleranz rekapituliert: Während Luther in seinen Frühschriften vehement die Freiheit des Glaubens für jedermann verteidigt, rückte er nach dem ‚Bauernkrieg' von dieser Position ab, zumindest was das Recht auf öffentliche Ausübung des Glaubens anging. Solche Vorstellungen, aber auch die Auffassung, dass die weltliche Obrigkeit nur eingreifen dürfe, wenn die gesellschaftliche Ordnung gefährdet ist, führt Heckel auf Luthers Rechtfertigungslehre mit ihrer strengen Bindung an das Evangelium zurück. Eine zweite Sichtung der Stellungnahmen zur Toleranz ergibt, dass der Wechsel in Luthers Einstellung nicht einer geänderten theologischen Grundhaltung geschuldet, sondern zeit- und situationsgebunden war. Das betraf die Haltung gegenüber radikalen religiösen Lehren oder den Katholiken ebenso wie die Verpflichtung zum evangelischen Predigtbesuch. Mit dem Augsburger Religionsfrieden 1555 war dann die Gefahr des inneren Aufruhrs gebannt und damit auch Luthers restriktives Toleranzkonzept obsolet. Orthodoxe Theologen und Juristen schrieben allerdings normativ fest, was Luther als den Zeitumständen geschuldete Forderungen formuliert hatte, und das heißt: „Die Versagung der Toleranz durch das Luthertum in der nachreformatorischen Zeit sollte darum nicht dem Reformator angelastet werden" (S. 129).

Im Gegenzug zu Beiträgen, die auf Luthers Selbstverständnis als Reformator bzw. auf seinen Toleranzbegriff fokussiert sind, lenkt Martin Ohst den Blick auf die Rezeption der reformatorischen Ideen in England (S. 131–153). Im Mittelpunkt seines Beitrags steht die polemische Auseinandersetzung des Thomas Morus mit Luthers früher Kampfschrift ‚Von der babylonischen Gefangenschaft der Kirche' und einigen weiteren, im Umkreis dieser Schrift entstandenen Repliken. Der Beitrag rekapituliert zunächst die Vorgeschichte und die Entstehungsgeschichte der ‚Responsio ad Martinum Lutherum' und arbeitet sodann die inhaltlichen und stilistischen Grundzüge der Polemik heraus. Demnach ging es Morus in seiner Polemik darum, Luther als Ketzer und als Vertreter einer überholten scholastischen Universitätstheologie zu denunzieren, sich selbst aber als Repräsentanten der modernen humanistischen Bildung darzustellen. Auch mobilisierte er Ressentiments und Ängste der Leser, wenn er Luther die Beleidigung der englischen Krone und mit dem Angriff auf den Papst den Angriff auf die soziale Ordnung überhaupt unterstellt. Die erbitterte Gegnerschaft des Morus provozierte, was den eigentlichen Kern von Luthers Schrift ausmachte: die Forderung nach einem radikalen Umbau des lateineuropäischen Christentums. Dass Luther ein neuartiges Verständnis von christlicher Religion und Kirche vertrat, auf das Morus auf der Basis der altkirchlichen Vorstellungen von Bibel und Kirche reagierte, wird im zweiten Teil des Beitrags herausgearbeitet. Die Heftigkeit der Polemik erklärt Ohst, so die Schlussthese, damit, dass Luther offensichtlich die Phantasmagorie des als Ketzer verurteilten englischen Theologen John Wyclif wachrief, der in Glaubensfragen bekanntlich schon 150 Jahre vor Luther nur das Prinzip *sola scriptura* gelten lassen wollte und damit päpstliche und weltliche Macht in Frage gestellt hatte.

Während sich die Forschung zur Reformation in Deutschland mehrheitlich mit der Person Martin Luthers und seinen Anhängern auseinandersetzt, befassen sich Ulrich Niggemann und Christian Mühling mit der reformierten Spielart des Protestantismus, die außerhalb Skandinaviens, des Baltikums und des deutschen Sprachraums größere Wirkmächtigkeit entfaltete. Sie machen damit geltend, dass die Reformation kein deutsches, vielmehr ein europäisches Ereignis war.

Ulrich Niggemann zeichnet die Entwicklung der Reformation in Frankreich von ihrer Entstehung aus einer humanistischen Bewegung bis zu den blutigen Bürgerkriegen nach, die zur Herausbildung einer neuen protestantischen Identität beitrugen (S. 155–182). In einem ersten Schritt rekapituliert Niggemann die innerfranzösischen kirchenkritischen und humanistischen Reformansätze, die durch die Rezeption der reformatorischen Ideen eines Luther, Zwingli oder Calvin neue Schubkraft bekamen. Solchen Reformbestrebungen wurden indes schon früh Grenzen gesetzt: durch die Theologen der Sorbonne, die in religiösen Fragen die Deutungshoheit beanspruchten, aber auch durch einflussreiche Kreise am Hof, die immer wieder seit den 1540er Jahren Ketzerprozesse anstrengten. Deutlichere Konturen gewann die Reformbewegung erst, wie Niggemann in einem weiteren Schritt zeigt, mit der Adaptation des sog. Calvinismus. Hohe Attraktivität besaßen nicht nur dessen strenge presbyterial-synodale Kirchenordnung, sondern auch seine spezifische Konfessionskultur und der Erwählungsglaube, Wesensmerkmale, die aber durch die Ablehnung des jeweils Anderen viel Konfliktpotential bargen. Eine vertiefte konfessionelle Identität gewann der französische Protestantismus schließlich in den durch die Schwäche der Zentralgewalt beförderten blutigen Auseinandersetzungen zwischen katholischen und hugenottischen Adelsparteien: Identitätstiftend wurden nun ein ausgeprägter Endzeitglaube, ein ebenso ausgeprägter Märtyrerkult und die Selbstdeutung als Opfer der Geschichte. Im letzten Schritt zeichnet der Autor den Weg von der begrenzten Toleranz des Edikts von Nantes bis zu dessen Aufhebung 1685 nach und wirft dabei die Frage auf, ob nicht erst hier der Schlusspunkt der Reformationsära in Frankreich zu sehen ist.

Christian Mühling (S. 183–212) arbeitet die Entstehung der Fremdbezeichnung ‚Calvinismus', die später von der historischen Forschung übernommen wurde, aus der katholischen Kontroverstheologie heraus. Hier wurde der Begriff des ‚Calvinismus' zunehmend mit modernisierungstheoretischen Konzepten wie der Demokratisierungs- und der Kapitalismusthese verknüpft. Mühling hingegen betont, dass diese Fremdbilder der Selbstwahrnehmung der Reformierten in der Frühen Neuzeit nicht gerecht werden. Diese betonten statt dessen den Charakter ihrer Kirche als *ecclesia semper reformanda*, als sich immer wieder aufs Neue reformierende Kirche, die jeglichen reformatorischen Personenkult ablehnte. Die Heterogenität reformierter Konfessionsbildung widerspreche trotz der unbestrittenen theologischen Bedeutung zudem einer Engführung auf den Reformator Johannes Calvin. Die Bezeichnung ‚reformiert' sei deshalb als heuristischer Begriff dem Attribut ‚calvinistisch' vorzuziehen.

Die dritte Sektion versammelt Beiträge, die sich mit den kulturellen Folgen der Reformation befassen. Matthias Schulz würdigt Martin Luthers Bibelübersetzung in sprachhistorischer Sicht (S. 215–233). Dabei hält er zunächst fest, was von wissenschaftlicher Seite längst erkannt, im Luther-Gedenkjahr aber wenig populär war: die Tatsache, dass Luthers Bibelübersetzung überregionale Geltung erlangen konnte, weil er aus der Mitte des deutschen Sprachgebiets kam und von sprachlichen Ausgleichsprozessen profitierte, die bereits im 15. Jahrhundert in Gang gekommen waren. Seine Sprache folgte dem Usus seiner Zeit. Als individuelle Merkmale müssen hingegen Luthers Kenntnisse des Hoch- wie des Niederdeutschen, seine lebenslange Spracharbeit und seine rhetorisch-sprachliche Gewandtheit gelten, die er allesamt in den Dienst seiner theologischen Auffassungen stellte. In seiner Übersetzungspraxis folgte er dem von den Humanisten schon länger gepflegten Prinzip, nicht wortwörtlich, sondern dem Sinn nach zu übertragen. Wo es theologische Gründe indes geboten scheinen ließen, übersetzte er wörtlich und sogar gegen die Sprachstrukturen des Deutschen. Die eigentliche Bedeutung der Lutherischen Bibelübersetzung liegt indes in ihrer Wirkungsgeschichte: Über Jahrhunderte hinweg war sie der Text, an dem man lesen und schreiben lernte, in privaten Haushalten oft auch das einzige Buch. Durch ihre massenhafte Verbreitung trug sie maßgeblich zur Entwicklung einer überregionalen Wortschatzschicht bei.

Horst Brunners Beitrag zur literarischen und literaturhistorischen Bedeutung der Lutherbibel (S. 235–247) geht aus von der Frage nach Luthers Sprachstil. An Beispielen wird gezeigt, dass er nicht nur um Einfachheit und einprägsame Formulierungen, sondern vor allem auch um rhythmische Bewegtheit bemüht ist, bestimmt – wie etwa schon Nietzsche bemerkt hat – vom Sprachvermögen und vom Rhythmusgefühl des erfahrenen, geübten Predigers. Luthers sprachlich ungemein lebendige Bibelübersetzung bewährte sich durch die Jahrhunderte nicht zuletzt durch ihren stilistischen Rang, sie erwies sich nicht nur als Grundbuch in evangelischen Familien, sondern auch als zentrales Werk der Musik- und Literaturgeschichte; Bilder, Geschichten, Figuren, zahlreiche von Luther gefundene Redewendungen behaupteten sich dauerhaft im kulturellen Bewusstsein und im lebendigen Sprachgebrauch. Ohne die Lutherbibel ist weder die deutsche Musikgeschichte noch – wie an zwei Autoren, Hans Sachs und Bertolt Brecht, exemplarisch aufgezeigt wird – die deutschsprachige Dichtung bis in das 20. Jahrhundert zu denken.

Die Ausführungen Horst Brunners zum Thema ‚Luther und das deutsche Kirchenlied im 16. Jahrhundert' (S. 249–265) heben die Bedeutung des Reformators für den Ursprung einer bis heute lebendig gebliebenen literarischen Gattung hervor, die gegenüber dem geistlichen Lied des Mittelalters nicht zuletzt aufgrund ihrer liturgischen Bedeutung etwas Neues darstellte. Luthers maßstabsetzendes Liedschaffen umfasst insgesamt 36 unterschiedliche Lieder verschiedlicher Typen: Weiterdichtungen vorhandener einstrophiger deutscher Gemeindelieder (Leisen); Übersetzungen und Bearbeitungen lateinischer Hymnen; Lieder auf der Grundlage biblischer Texte, vor allem Psalmlieder, darunter ‚Ein feste Burg ist unser Gott'; ‚freie Lieder', d. h. Lieder unterschiedlicher Art ohne (bekannte) Vorlagen, darunter Kinderlieder wie ‚Vom Himmel hoch da komm ich her'. Andere protestantische Lieddichter folgten Luther umgehend, der reiche Liedschatz wurde durch Lieder der Böhmischen Brüder erweitert, auch im Bereich der als Täufer oder Wiedertäufer bezeichneten Gemeinschaften war das Kirchenlied von Bedeutung, vergleichbare, freilich nichtliturgische Lieder entstanden auch bei den Katholiken. Eine Sonderrolle spielten die biblischen Lieder der städtischen Meistersinger, allen voran des Hans Sachs, die freilich außerhalb des Gottesdienstes, in öffentlichen Singschulen solistisch vorgetragen wurden.

Ohne den Buchdruck hätten die neuen Ideen und Forderungen der Reformation nicht einen so schnellen Erfolg haben können. Johannes Schwitalla behandelt in seinem Aufsatz einige Aspekte der mit Flugschriften und illustrierten Einblattdrucken ausgetragenen Auseinandersetzungen um die Kirchenreform (S. 267–303). An ihnen beteiligten sich neben den Theologen und Predigern zeitweise auch Frauen und Handwerker. Argumentativ und polemisch durchgeführt wurde der Streit oft in Form von Kontroversen, von denen die zwischen Luther und Emser 1521 zeigt, wie Luthers spöttischer Stil für ein weites Publikum von Vorteil war. Früh setzte mit Übersetzungen von Teilen lateinischer Texte des Erasmus von Rotterdam von katholischer Seite aus die Reformpublizistik ein, und Autoren wie Johannes Eck, Thomas Murner, Johannes Cochläus u. a. bemühten sich, mit ihren eigenen Textsorten den anfänglichen publizistischen Vorsprung der Reformatoren einzuholen. Schwitalla wirft einen Blick auf die Kontroversen des späteren 16. Jahrhunderts, dabei auch auf einen Bilderkampf und zum Schluss auf den Streit um die Vertreibung der Protestanten aus dem Hochstift Würzburg.

Ein wichtiges Medium der reformatorischen Bewegung war, neben Kirchenlied, Flugschriften und Einblattdrucken, das Theater. Luther selbst sprach sich ausdrücklich für Aufführungen an Schulen aus. Zu den vom protestantischen Bibeldrama bevorzugten Stoffen gehörte die apokryphe Geschichte von Susanna und den zwei Alten, die im 16. Jahrhundert vielfach für die Bühne aufbereitet wurde. Sie eignete sich nicht nur, wie Stephan Kraft am Beispiel des Susannenspiels des Theologen und Pädagogen Paul Rebhun zeigt (S. 305–325), für eine Apologie der christlichen Ehe, die den Ehemann standhaft und solidarisch an der Seite seiner Frau sieht; sie wirft auch die Frage des Widerstandsrechts bei Missbrauch der Amtsautorität auf, eine Frage, die Rebhun gut lutherisch abschlägig bescheidet. Ganz andere Akzente setzte hingegen ein zum Vergleich herangezogenes Wiener Fastnachtsspiel vom Ende des 15. Jahrhunderts, das den Ehemann Susannas allein in Sorge um die eigene Ehre sieht, aber auch das Spielfragment der Greifswalder Kaufmannstochter Sibylla Schwarz von 1638. Diese arbeitet nicht nur die emotionale Betroffenheit Susannas angesichts der männlichen

Bedrohung heraus, sondern sieht ihre Protagonistin auch in der Familie isoliert und als Frau am Selbstausdruck gehindert.

Stefan Bürger untersucht an drei Bauwerken des 16. Jahrhunderts, inwieweit diese als mediale Inszenierung konfessioneller und machtpolitischer Ansprüche gelten können (S. 327–359), und er stellt seine Ergebnisse in den größeren Kontext des Ausbaus repräsentativer, fortifikatorischer und herrschaftlicher Orte im 15. und 16. Jahrhundert. Die 1519 vollendete Annenkirche in Annaberg, eine dreischiffige Hallenkirche mit drei Apsiden, weist mit ihren umlaufenden Emporen, ihrer im Gemeinderaum stehenden Kanzel sowie mit der Repräsentation landesherrlicher Gewalt bereits vor der Reformation alle jene kirchenbaulichen Elemente auf, die gemeinhin als spezifisch protestantisch gelten (zum Typus verfestigt sieht man sie üblicherweise in der Torgauer Schlosskapelle). Ähnliches gilt für den Dom St. Marien in Freiberg, an dessen baulichen Merkmalen Tradition und Wandel des reformatorischen Prozesses sich besonders gut studieren lassen: Seine umlaufende Empore, 1484–1501 entstanden, bringt dynastische Ansprüche ebenso zur Geltung wie die 1505 frei im Kirchenraum errichtete ‚Tulpenkanzel'. Ein tatsächlich protestantisches Element schuf man erst nach der ‚Confessio Augustana' mit der Errichtung einer (heute verlorenen) Empore mit Altar, die der neuen Frömmigkeitspraxis Rechnung trug, während die neue Grablege der Albertiner im Chorraum eine wiederum machtpolitisch-memoriale Funktion erfüllte. Gleichfalls als eine Mischung konfessioneller und herrschaftlicher Ansprüche lässt sich die Würzburger Neubaukirche in ihrer ursprünglichen Architektur deuten: Während sich die reformkatholische Entschiedenheit des Bauherrn Julius Echter im römisch geprägten Innenraum Ausdruck verschafft haben mag, weisen Maßwerkfenster und ehemaliges Schlingrippengewölbe in eine andere Richtung: Die Kirche war die Bühne, auf der sich der Fürstbischof nicht anders als die protestantischen Herrscher als politische Zentralgewalt in Szene setzte.

Auch der zweite kunsthistorische Beitrag mahnt zur Vorsicht bei der Frage der Konfessionalisierung der Kunst. Dass etablierte Darstellungsmuster, ikonographische Traditionen und Interferenzen bei der Darstellung religiöser Bildthemen nicht minder bedeutsam sind wie verschiedene Glaubensinhalte, führt Eckhard Leuschner am Beispiel des Bildthemas ‚Jüngstes Gericht' vor (S. 361–384). Als Beispiel für eine Gerichtsdarstellung der vorreformatischen Zeit wählt er Albrecht Dürers Holzschnitt aus der ‚Kleinen Passion' von 1510, der Christus gemäß dem biblischen Bezugstext Mt 25 als Richter über Selige und Verdammte in Szene setzt, flankiert von Maria und Johannes als Fürbittern. Martin Luther lehnte nicht nur die Intercessores ab, sondern auch das Verständnis von Christus als zornigem Richter. Gleichwohl hatte das Weltgerichtsthema auch bei den Lutheranern weiterhin Konjunktur: in den allegorischen Darstellungen von Gesetz und Gnade, die dem strafenden Christus den gnädigen Erlöser am Kreuz gegenüberstellen; in der antipäpstlichen Bildpropaganda; und nicht selten und bis in die Barockzeit hinein auf Emporen- und Kanzelbildern. Als Manifestation des altkirchlichen Standpunktes darf Michelangelos Fresko in der Sixtinischen Kapelle mit seiner prominenten Darstellung von Purgatorium und Hölle gelten; druckgraphische Reproduktionen machten es rasch allenthalben bekannt. Ohne Michelangelos Einfluss ist auch die Weltgerichtsdarstellung auf dem sog. Plantin-Epitaph der Antwerpener Kathedrale, „Musterbeispiel der Katholisierung Antwerpens durch Kunst" (S. 373) nicht denkbar. Als Ausdruck einer Rekatholisierung, mehr noch: als Kampfansage darf schließlich das ‚Große Weltgericht' des Peter Paul Rubens verstanden werden, das 1617 in der ursprünglich als evangelische Kirche geplanten neuen Jesuitenkirche zu Neuburg an der Donau angebracht wurde.

Auch was die spezifisch katholische Musik der Zeit um 1600 ausmacht bzw. was die ‚gegenreformatorische' Musik von der ‚reformatorischen' unterscheidet, lässt sich, wie Felix Diergarten in seinem Beitrag darlegt (S. 385–422), nicht ohne weiteres anhand distinkter musikalischer Merkmale bestimmen. Kriterien wie Textverständlichkeit, ‚weltliche' Elemente wie die Kontrafazierung weltlicher Melodien und volkssprachiger Gemeindegesang werden hier wie dort diskutiert. Felix Diergarten zieht aus der Diskussion dieser Parameter den Schluss, dass ‚katholische Musik' primär über ihre Funktionen und kulturellen Kontexte, nicht aber über Stilistik und Satztechnik zu fassen sei. Er führt diese These in zwei Fallstudien aus: Die eine gilt den Gesängen der Marianischen Kongregationen in Würzburg, die andere den Musikdrucken des Kapellmeisters der Münchner Jesuitenkirche St. Michael, Georg Victorinus. Die Würzburger Sodalitäten brachten 1647/1649 zwei Sammlungen geistlicher Lieder heraus, deren lateinische Titel ‚Sirenes Marianae' und ‚Sirenes Partheniae' (deren Übersetzung mit dem Titel ‚Keusche Meerfräwlein') auf die sinnliche Verführungskraft der Musik anspielen, die hier freilich in den Dienst der Frömmigkeit, insbesondere der Verehrung der Gottesmutter, gestellt wird. Das näher vorgestellte Lied vom reichen Prasser markiert indes bereits den Übergang zur geistlichen Arie bzw. monodischen Motette. An den Drucken des Victorinus lässt sich hingegen deutlich der Stilwandel der Musik um 1600 ablesen: Während die Litaneien des ‚Thesaurus Litaniarum' von 1596 durchweg vier- bis achtstimmig sind, bietet die Siren Coelestis' von 1617 hundert Kompositionen im Kammerstil, die der Forderung nach Textverständlichkeit Rechnung trugen. Während die erste Sammlung noch vom Kontrapunktprinzip der Renaissance geprägt ist, ist die zweite – wie auch die dritte, 1624 unter dem Titel ‚Philomela coelestis' erschienene – bereits Beispiel für den barocken Sologesang mit Basso continuo-Begleitung. Von weltlicher Musik lassen sich all die genannten Sammlungen allerdings nur schwer abgrenzen.

Mit den bildungsgeschichtlichen Auswirkungen von Reformation und Konfessionalisierung auf die Universitäten befasst sich der Beitrag von Matthias Stickler (S. 423–447). Um den Blick für die in der Frühen Neuzeit eintretenden Veränderungen zu schärfen, skizziert er zuerst die institutionellen Strukturen und die akademische Standeskultur der alteuropäischen Universität, von ihren Privilegien wie dem Recht auf Selbstverwaltung bis zu den Organisationsformen des Studiums und den Lehrmethoden. Dieses Universitätssystem befand sich längst im Umbruch, als Luther und Melanchthon ihr humanistisch-reformatorisches Reformkonzept für die Wittenberger Leucorea und die folgenden protestantischen Neugründungen entwickelten. Ohne päpstliches und oftmals auch ohne kaiserliches Privileg gegründet, mit entklerikalisierten und aus den Erträgen säkularisierten Kirchenguts besoldeten Professoren gerieten die Universitäten zunehmend unter den Einfluss der Landesherren. Damit wurde der Grundstein für ein staatlich-föderalistisches Bildungsmonopol gelegt, das unser Bildungssystem bis heute prägt. Auch für das katholische Bildungswesen blieb die Reformation nicht ohne Folgen. Neue Impulse gingen vom Reformkonzil von Trient, vor allem aber vom neugegründeten Jesuitenorden aus. Viele katholische Landesherren versuchten allerdings den Einfluss der Societas Jesu auf die Universitäten zu begrenzen, war doch auch ihnen daran gelegen, in der Universitätspolitik die Zügel in der Hand zu behalten. Der Autor zeigt das am Beispiel des Fürstbischofs Julius Echter von Mespelbrunn, der mit der Wiedergründung der Würzburger Universität 1582 das Ziel verfolgte, reformorientierte Priester, Lehrer und Verwaltungsbeamte für das Hochstift auszubilden, und hierbei wiederholt mit Domkapitel und Jesuiten in Konflikt geriet. Zu den langfristigen Folgen der Konfessionalisierung der Universitäten rechnet Stickler nicht nur die Einschränkung der Mobilität von Professoren und Studenten aufgrund der religiösen Spaltung Deutschlands, sondern auch die Entwicklung einer repräsentativen Universitätsarchitektur.

Dieser Ausblick leitet bereits auf die vierte und letzte Sektion des Bandes über, die weitere langfristige Entwicklungen der Konfessionalisierung in den Blick nimmt. Rainer Leng untersucht an einem lokalen Beispiel aus dem Hochstift Würzburg die Tragkraft der in der Geschichtswissenschaft entwickelten Konfessionalisierungstheorien (S. 451–480). Diese nehmen eine nachhaltige konfessionelle Disziplinierung und Vereinheitlichung der Frömmigkeitspraxis im frühmodernen Staat an, berücksichtigen indes oft zu wenig die Diskrepanz zwischen zentralistischen Ordnungsvorstellungen und religiösem Alltag. Ein aussagekräftiges Beispiel dafür ist die rekatholisierte Landstadt Gerolzhofen, wo die Reformation seit den 1560er Jahren eine ‚erodierende' Wirkung entfaltete. Um 1580 waren die Einwohner mehrheitlich protestantisch; selbst die Amtsträger hatten sich den neuen Frömmigkeitsformen (inklusive Priesterehe) angepasst. Der Fürstbischof steuerte dem durch die Bestallung kompromissloser Amtsträger wie Pfarrer und Vogt entgegen, und auch dem Rat, der in Fragen der Religion das Heft in der Hand behalten wollte, zeigte Echter die Grenzen auf. Resultat der rigorosen Rekatholisierung war eine starke Abwanderung der protestantischen Einwohner, namentlich der wirtschaftlichen Oberschicht, mit einschneidenden materiellen Folgen für die Zurückbleibenden wie für die Migranten. Auch wenn sich die Obrigkeit sichtbar durchgesetzt hatte – in neuen öffentlichen Gebäuden sowie in der Disziplinierung der Verwaltung und der Kommunikation –, wird man allerdings kaum, so Leng, von einer Modernisierung im etatistischen Sinne sprechen können: Gestärkt wurde lediglich der Mann an der Spitze des frühmodernen Territorialstaats, der Fürstbischof.

Frank Kleinehagenbrock (S. 481–502) setzt bei den nachhaltigen Folgen an, welche die ‚Reformationen' und Konfessionalisierungsprozesse für die meisten Länder Europas hatten: Zwei oder mehr Konfessionen, deren Anhänger(innen) sozial und rechtlich organisiert waren und Sonderkulturen hervorbrachten, existierten – zumindest zeitweise – in Deutschland, in den Niederlanden, in der Eidgenossenschaft, in Frankreich, auf den britischen Inseln, in Polen und in Ungarn nebeneinander. Wenn monokonfessionelle Verhältnisse nicht durchzusetzen waren, stellte der Umgang mit der Pluralität der Konfessionen eine große Herausforderung dar. Konflikte mit dem Potential zu Eskalation und Gewalt waren vorprogrammiert. Die Herstellung eines wie auch immer gearteten Modus vivendi und die Sicherung der Ordnung trotz der Konfessionsverschiedenheit war eine Herausforderung, der sich die Herrschaftsträger stellen mussten. Dabei gelangten sie zu unterschiedlichen Lösungen, wie der Autor im Vergleich herausarbeitet. Die zu Beginn der Neuzeit entstehende Pluralität der europäischen Gesellschaften wurde demnach zu einem die gesamte Epoche prägenden Kennzeichen.

Dass das, was vereinfachend mit dem Begriff ‚Protestantismus' gefasst wird, in vielfältigen Erscheinungsformen auftrat, die sich genauso oft von innen wie durch Zuschreibung von außen konstituierten, erörtert Alexander Schunka in seinem ideengeschichtlichen Beitrag zum Protestantismus um 1700 (S. 503–525). Dabei konzentriert er sich auf die Vertreter des ‚orthodoxen' Luthertums, auf die Pietisten und die Ireniker. In einem ersten Schritt resümiert Schunka die strukturellen Parallelen und Gemeinsamkeiten zwischen den verschiedenen Lagern, um dann nach den Unterschieden zu fragen. Als Gemeinsamkeiten nennt er: die Herkunft aus dem mitteldeutschen Raum, mit Verbindungen über die Reichsgrenzen hinaus, der geistliche Bildungsstand, das Alter – nahezu alle Protagonisten sind zwischen 1660 und 1675 geboren –, Kommunikationspraktiken und eine aktive Medienpolitik, die allgemeine Unzufriedenheit mit den religiösen Verhältnissen, die Frontstellung gegen die römisch-katholische Kirche und die Überzeugung, im Besitz der Wahrheit zu sein. Zur Glaubensstärkung wurden indes ganz verschiedene Methoden eingesetzt, sie reichten von politisierten Reformationsjubiläen bis zur individuellen Frömmigkeitspraxis. Darüber hinaus bestanden aber auch auffällige inhaltliche Differenzen, die es allererst erlauben, zwischen mehreren protestantischen Gruppen oder Milieus zu scheiden. Dazu gehörte die kontrovers diskutierte theologische Frage der Prädestination und des Abendmahls ebenso wie die unterschiedlichen Auffassungen über eine mögliche Union der verschiedenen Bekenntnisgruppen. Dass auch die Zeitgenossen die Mechanismen der Gruppenbildung erkannten und erörterten, zeigt abschließend der Blick auf Julius Bernhard von Rohrs Anleitung zur guten Regierungspraxis lutherischer Fürsten aus dem Jahr 1718.

Die unterschiedliche Deutung und Bewertung der Reformation, die Frage ihrer Modernität oder ihrer Mittelaltergebundenheit, ist Thema des forschungsgeschichtlichen Beitrags von Volker Leppin (S. 527–548). Er macht zunächst geltend, dass man zu Lebzeiten Luthers wie auch er selbst das Ende aller Zeiten nahekommen sah; diesen Gedanken hatte Luther noch dadurch befördert, dass er den Papst zum Antichrist promovierte. Modernität haben erst spätere Generationen der Reformation zugesprochen. Ein Schlüsseltext war in dieser Hinsicht die voluminöse, zwischen 1768 und 1803 erschienene Kirchengeschichte Johann Matthias Schroeckhs; im 19. Jahrhundert war danach in der protestantischen Historiographie die Vorstellung, dass mit der Reformation die Neuzeit begonnen habe, omnipräsent, wie Leppin an verschiedenen Beispielen zeigt. Ein Neuansatz war erst mit dem Namen Ernst Troeltschs verbunden, der die Bedeutung der Reformation als Ursprung der Moderne relativierte, dem Protestantismus vielmehr eine graduelle Beteiligung an ihrer Entstehung zubilligte. Hingegen behauptete Karl Holl, indem er 1917 Luthers Religions- und Gottesverständnis als ‚Gewissensreligion' interpretierte und diese zum alleinigen Maßstab der Bewertung machte, entschieden die Diskontinuität zwischen Mittelalter und Neuzeit. Dieser Ansatz, im protestantischen Milieu bis heute gültig, wurde in den 1960er Jahren durch Bernd Moeller korrigiert, der auf der Basis sozialgeschichtlicher Analysen erneut eine Verbindung zwischen spätem Mittelalter und Reformation herzustellen suchte, ohne deren Neuheit in Frage stellen zu wollen. Widerspruch gab es wiederum von Heiko Augustinus Oberman, der Luther aus theologischer Sicht eher dem Mittelalter zuordnete. Diese beiden konträren Einschätzungen der Reformation bestimmen die Kirchengeschichtsforschung bis heute.

Winfried Freys Beitrag, der den Band beschließt (S. 549–570), versucht eine Kritik des Mammutprogramms der ‚Lutherdekade' von 2008 bis 2017, gipfelnd im ‚Reformationsjubiläum' 2017. Er benennt Widersprüche zwischen der Banalisierung des heutigen protestantischen Christentums zur Wohlfühlreligion und der Feier der Reformation als „Urknall des freien Denkens". Er zeigt die Kluft zwischen der Verteidigung von Lutherkitsch als „populärer Gestalt der Liebe" und den Leerstellen, besonders bei dem Thema Judenhass und Judenverfolgung. Auch die weitgehende Nichtbeachtung der umfangreichen wissenschaftlichen Literatur zur Reformationszeit in der Öffentlichkeitsarbeit des Gemeinschaftswerks der Evangelischen Publizistik (GEP) wird thematisiert, ferner an einigen Beispielen (die Differenz zwischen Apostolischem Glaubensbekenntnis und persönlichen Auffassungen vom christlichen Glauben betreffend) die Auswirkung der Enttheologisierung auf die seelsorgerische Praxis in der Gemeindearbeit.

I.

Reformen und Reformbedarf

Anuschka Tischer

Reform und Reformbedarf in Spätmittelalter und Früher Neuzeit

2017 wurde unübersehbar als das 500. Jahr der Reformation gefeiert. Der komplexe Prozess der Kirchenreform und die Herausentwicklung neuer Konfessionen aus der katholischen Kirche im Zuge dieses Prozesses wurden damit auf Martin Luther und die von ihm 1517 formulierten und in Umlauf gebrachten 95 Thesen fokussiert.[1] Eine unüberschaubare Fülle an Gedenkveranstaltungen, Ausstellungen, wissenschaftlichen Aufarbeitungen, medialen Dokumentationen, aber auch kommerziellen Produkten hat das Jahr 1517 als den Beginn der Reformation und Martin Luther als ihren Urheber im öffentlichen Bewusstsein langfristig festgeschrieben und zur werbewirksamen Marke gemacht. Die historische Komplexität wird dabei auf die Vorstellung reduziert, ein einzelner Mann habe sich gegen seine Zeit gestellt und mit sogar nur einer einzigen Handlung den Verlauf der Geschichte verändert. Doch Martin Luther war ein „Rebell in einer Zeit des Umbruchs" (Heinz Schilling).[2] Mit dem Ereignis Reformation sind vielfältige Strukturen und Prozesse verbunden, welche von der historischen Forschung im Umfeld der Jubiläumsfeiern 2017 aufgearbeitet und beleuchtet wurden. Die Ringvorlesung ‚Reformation und katholische Reform' hat im Sommersemester 2017 und im Wintersemester 2017/18 im Rahmen des Kollegs ‚Mittelalter und Frühe Neuzeit' an der Julius-Maximilians-Universität Würzburg einen Beitrag zur Darstellung der Komplexität der Reformation geleistet. Den Ausgangspunkt bildeten die historischen Grundlagen des Reformbedarfs und des Reformbegriffs im Zeitalter der Reformation, die im Folgenden genauer in den Blick genommen werden sollen.

1. Die Reformation in ihrem Kontext

Die Komplexität der Ereignisse, die sich nicht auf den einen Moment reduzieren lassen, in dem Luthers energisches Handeln vermeintlich den Lauf

---

[1] Für ein erstes Resümee des außergewöhnlich langfristig vorbereiteten Jubiläums siehe MATTHIAS POHLIG: Jubiläumsliteratur? Zum Stand der Reformationsforschung im Jahr 2017. In: ZHF 44,2 (2017), S. 213–274; Der Reformator Martin Luther 2017. Eine wissenschaftliche und gedenkpolitische Bestandsaufnahme. Hg. von HEINZ SCHILLING. Berlin [u. a.] 2014 (Schriften des Historischen Kollegs 92). Eine über Luther und die deutsche Reformation hinausgehende breitere Perspektive auf die Phänomene Reformation und geistliche Reform bietet CARLOS M. N. EIRE: Reformations. The Early Modern World, 1450–1650. New Haven, London 2016.

[2] HEINZ SCHILLING: Martin Luther. Rebell in einer Zeit des Umbruchs. Aktualisierte Sonderausgabe. München 2016.

der Geschichte herumriss, zeigt sich implizit bereits in der Diskussion um die Historizität des Thesenanschlags an einer Tür der Wittenberger Schlosskirche. Dabei soll hier gar nicht die angesichts einer dürftigen Quellenlage umstrittene Frage erörtert werden, ob dieses Ereignis tatsächlich stattgefunden hat. Bemerkenswert ist die Tatsache der Quellenarmut, die zeigt, dass das Ereignis, selbst wenn es stattgefunden hat, den Zeitzeugen keineswegs als so epochal erschien, dass sie ausgiebig darüber berichtet hätten, ist doch das frühe 16. Jahrhundert keineswegs eine quellenarme Epoche der deutschen Geschichte. Nach der zweifellos zügigen Verbreitung der Thesen passierte politisch ohnehin zunächst einmal relativ wenig: Das Heilige Römische Reich war in den letzten Jahren des alternden und kränklichen Kaisers Maximilian I. politisch paralysiert und mit der Vorbereitung seiner Nachfolge befasst.

Dem Jahr 1517 wurde wie vielen anderen Zäsuren am Beginn der Neuzeit erst im Rückblick diese Bedeutung zugesprochen: Das neu entdeckte Amerika spielte im öffentlichen Diskurs noch lange weitaus weniger eine Rolle als die Ereignisse in Europa oder im europäischen Nahbereich.[3] Auch die Erfindung des Buchdrucks mit beweglichen Lettern durch Johannes Gutenberg setzte in den 1450er Jahren keine unmittelbare Flut an Druckpublikationen in Gang.[4] Lediglich in Mainz, wo Gutenberg wirkte, nutzten Diether von Isenburg und Adolf von Nassau die neue Technik unmittelbar in ihrer Auseinandersetzung um das Erzbistum[5]. Als Maximilian I. rund ein halbes Jahrhundert später Gutenbergs Erfindung in der politischen Propaganda und weiteren Herrschaftsausübung einsetzte, hatte er damit noch Pionierstatus.[6] Einen wichtigen Bedeutungsschub bekam der

---

[3] Zu den entsprechenden Berichten und dem zunächst nur geringen Niederschlag in der Druckpublizistik siehe HANS-HAGEN HILDEBRANDT: Die Aneignung des Fremden in europäischen Texten der Frühen Neuzeit. In: Weltbildwandel. Selbstdeutung und Fremderfahrung im Epochenübergang vom Spätmittelalter zur Frühen Neuzeit. Hg. von HANS-JÜRGEN BACHORSKI und WERNER RÖCKE. Trier 1995, S. 107–133, hier S. 107.

[4] Die zum Teil sogar eher zurückhaltenden Reaktionen von Zeitgenossen sind zusammengestellt bei HANS WIDMANN: Vom Nutzen und Nachteil der Erfindung des Buchdrucks – aus der Sicht der Zeitgenossen des Erfinders. Mainz 1973.

[5] Zur Nutzung des Buchdrucks in der Mainzer Stiftsfehde siehe JANINE FEHN-CLAUS: Erste Ansätze einer Typologie der Fehdegründe. In: Der Krieg im Mittelalter und in der Frühen Neuzeit: Gründe, Begründungen, Bilder, Bräuche, Recht. Hg. von HORST BRUNNER. Wiesbaden 1999 (Imagines Medii Aevi. Interdisziplinäre Beiträge zur Mittelalterforschung 3), S. 93–138; KONRAD REPGEN: Antimanifest und Kriegsmanifest. Die Benutzung der neuen Drucktechnik bei der Mainzer Stiftsfehde 1461/63 durch die Erzbischöfe Adolf von Nassau und Diether von Isenburg. In: Studien zum 15. Jahrhundert. Fs. für Erich Meuthen. Hg. von JOHANNES HELMRATH und HERIBERT MÜLLER. Bd. 2. München 1994, S. 781–803.

[6] Siehe dazu nach wie vor PETER DIEDERICHS: Kaiser Maximilian als politischer Publizist. Jena (Diss. phil.) 1932. Zur politischen Publizistik gegen Venedig vgl. CHRISTINA LUTTER: ‚An das Volk von Venedig!' Propaganda Maximilians I. in Venedig. In:

Buchdruck erst mit der Reformation, die ihrerseits wiederum von dieser neuen Form der Kommunikation ganz entscheidend profitierte. Durch den Buchdruck konnten Luthers Darlegungen relativ schnell und vielfältig verbreitet werden.[7]

Doch nicht nur die Bedeutung des Buchdrucks konterkariert das Bild des Einzelkämpfers Martin Luther, der durch energisches Handeln Veränderung erzwang. Eine Ausstellung im sächsischen Torgau brachte es 2015 unter dem Titel ‚Luther und die Fürsten‘ auf den Punkt: Der Reformator bewegte sich in einem Geflecht politischer Interessen.[8] Ohne die Unterstützung von Herrschaftsträgern – im Falle Luthers ganz konkret die des Kurfürsten Friedrich III. von Sachsen – wäre der Reformation kaum ein so rascher und relativ glatter Erfolg beschieden gewesen. Das geschickte und reichspolitisch erfahrene Taktieren Friedrichs III., der nicht von ungefähr den Beinamen ‚der Weise‘ trägt, war am Beginn der Reformation geradezu der Gegenpol zum eher ungestümen Vorgehen Luthers.

Die politischen Voraussetzungen der Reformation im weiteren europäischen Kontext sind so offensichtlich, dass oft sogar ein Herrscher und nicht ein Reformator mit diesem Prozess verbunden wird, so für England Heinrich VIII. und daran anschließend seine Tochter Elisabeth I., deren Mythos als ‚Warrior Queen‘, welche die Reformation wehrhaft gegen eine aggressive spanisch-katholische Außenwelt verteidigt habe, bis heute lebendig gehalten wird.[9] Dabei war für die Konfessionspolitik im Reformationszeitalter auf allen Seiten weitaus mehr als nur der Glauben handlungsleitend, ganz zu schweigen davon, dass die Memorialkonstruktionen späterer Generationen deren Interessen und Perspektiven in den Reformationsmythos hineintrugen.

Jubiläumsfeiern hatten für die Reformation sehr früh eine identitätsstiftende Wirkung. 1617 wurde des hundertjährigen Jubiläums des Reforma-

---

Propaganda, Kommunikation und Öffentlichkeit (11.–16. Jahrhundert). Hg. von KAREL HRUZA. Wien 2002 (Österreichische Akademie der Wissenschaften, Phil.-Hist. Kl., Denkschriften 307 / Forschungen zur Geschichte des Mittelalters 6), S. 235–253. Zum Wandel der politischen Kommunikation von Maximilian I. zu Karl V., gerade auch im Hinblick auf die Nutzung von gesprochenem und gedrucktem Wort, siehe ANUSCHKA TISCHER: Der Wandel politischer Kommunikation im Kriegsfall: Formen, Inhalte und Funktionen von Kriegsbegründungen der Kaiser Maximilian I. und Karl V. In: Militär und Gesellschaft in der Frühen Neuzeit 9,1 (2005), S. 7–28.

[7] Siehe dazu auch SCHILLING, Martin Luther [Anm. 2], S. 44.

[8] Luther und die Fürsten. Selbstdarstellung und Selbstverständnis des Herrschers im Zeitalter der Reformation. Aufsatzband (Beiträge zur wissenschaftlichen Tagung vom 29. bis 31. Mai 2014 auf Schloss Hartenfels in Torgau und im Residenzschloss Dresden) und Katalog. Hg. von den Staatlichen Kunstsammlungen Dresden. Dresden 2015.

[9] Zur historischen Memorialkonstruktion des Mythos um Elisabeth I. siehe jetzt KERSTIN WEIAND: Herrscherbilder und politische Normbildung. Die Darstellung Elisabeths I. im England des 17. Jahrhunderts. Göttingen 2015 (Veröffentlichungen des Instituts für Europäische Geschichte Mainz 236).

tionsbeginns gedacht. Es war das erste Reformationsjubiläum; seine Bedeutungszuschreibung wurde damit im kollektiven Gedächtnis verankert. 1617, im Vorfeld des Dreißigjährigen Krieges, entfaltete es eine dramatische Wirkung. Es erschien eine Fülle von protestantischen Pamphleten, die Martin Luther und den Beginn der Reformation feierten und die katholische Kirche schmähten. Dieses erste Reformationsjubiläum wird nicht von ungefähr als ein kriegstreibender Faktor für den Ausbruch des Krieges 1618 benannt.[10]

Die Jubiläumskultur verfestigt die Vorstellung vom einen entscheidenden Moment respektive der einen entscheidenden Persönlichkeit und blendet damit den größeren gesellschaftlichen Wandel am Beginn der Neuzeit aus, in dem die Reformation ein Baustein unter mehreren war.

2. Reichsreform und Reformation

Der 500. Jahrestag des Reichstags zu Worms und damit des Beginns der Reichsreform erhielt 1995 – im Gegensatz zum 22 Jahre später begangenen Reformationsjubiläum – nur bescheidene Aufmerksamkeit, obwohl 1495 eine ganz entscheidende Zäsur stattgefunden hatte. Die Verdichtung von Staatlichkeit und von Verfassung und damit Prozesse, die den Beginn der Neuzeit markieren und die historisch üblicherweise nur punktuell greifbar sind, konzentrierten sich im Heiligen Römischen Reich tatsächlich auf ein konkretes Ereignis, eben den Wormser Reichstag von 1495.[11] Mit dem Ewigen Landfrieden begann die Friedenspflicht und damit die Verrechtlichung von Konflikten. Nicht von ungefähr ist der Landfrieden im Straftatbestand des Landfriedensbruchs nach wie vor ein Begriff der deutschen

[10] JOHANNES BURKHARDT: Die kriegstreibende Rolle historischer Jubiläen im Dreißigjährigen Krieg. In: Krieg und Frieden in der historischen Gedächtniskultur. Studien zur friedenspolitischen Bedeutung historischer Argumente und Jubiläen von der Antike bis in die Gegenwart. Hg. von dems. München 2000, S. 91–102. Zur Jubiläumskultur der Reformation siehe darüber hinaus den weiteren historischen Überblick von DOROTHEA WENDEBOURG: Vergangene Reformationsjubiläen. Ein Rückblick im Vorfeld von 2017. In: SCHILLING (Hg.), Der Reformator Martin Luther [Anm. 1], S. 261–281.

[11] Die Akten des Reichstags von 1495 sind ediert als Deutsche Reichstagsakten. Mittlere Reihe. Bd. 5: Reichstag von Worms 1495. Bearb. von HEINZ ANGERMEIER. Göttingen 1981. Zur Reichsreform ist nach wie vor einschlägig HEINZ ANGERMEIER: Die Reichsreform 1410–1555. Die Staatsproblematik in Deutschland zwischen Mittelalter und Gegenwart. München 1984. Für einen aktuellen Forschungsüberblick vgl. KARL-FRIEDRICH KRIEGER: König und Reichsreform im Spätmittelalter. 2. durchges. Aufl. München 2005 (Enzyklopädie deutscher Geschichte 14). Zur Reichsreform gerade auch im Kontext der Reformation siehe WOLFGANG REINHARD: Probleme deutscher Geschichte 1495–1806 / Reichsreform und Reformation 1495–1555. Stuttgart 2001 (Gebhardt. Handbuch der deutschen Geschichte, 10., völlig neu bearb. Aufl. 9); Säkulare Aspekte der Reformationszeit. Hg. von HEINZ ANGERMEIER. München, Wien 1983 (Schriften des Historischen Kollegs, Kolloquien 5).

Rechtssprache, denn der Ewige Landfriede läutete langfristig das Gewaltmonopol des Staates ein. Zur Verrechtlichung von Konflikten wurden zugleich mit dem Ewigen Landfrieden 1495 entsprechende Instrumentarien wie das Reichskammergericht ins Leben gerufen. Auf dem Wormser Reichstag von 1495 wurden Veränderungen beschlossen, die eine Wirkung entfalteten. Nicht alles war erfolgreich, immer wieder wurde nachgebessert, und die Reform war in Bezug auf die bestehenden Herrschaftsstrukturen eher konservierend denn revolutionär.[12] Dennoch wurde das politische und rechtliche Miteinander im Heiligen Römischen Reich durch den Wormser Reformreichstag auf eine neue Grundlage gestellt, die sich rasch bemerkbar machte.

So wäre auch die Tatsache, dass die Reformation als ein Politikum behandelt und schließlich verrechtlicht werden konnte, ohne die gerade erst vorangegangene Reform von 1495 kaum möglich gewesen: Die Verhandlungen über Luther und die Reformation fanden auf Reichstagen statt, die erst mit der Reichsreform intensiviert wurden und in dieser Zeit feste verfahrenstechnische Formen herausbildeten.[13] Mit dem ersten Reichstag nach der Wahl Karls V., der 1521 in Worms abgehalten wurde, gewann die Reformation an Dynamik.[14] Luther wurde mit dem Wormser Edikt geächtet. 1529 protestierten mehrere Reichsstände in Speyer dagegen, dass sie durch

---

[12] Grundsätzlich gilt das von ANGERMEIER, Reichsreform [Anm. 11], S. 14, getroffene Urteil vom „konservierenden Charakter“ der Reichsreform, dem gegenüber die Forschung aber auch die innovativen Elemente der einzelnen Maßnahmen betont, die dem Heiligen Römischen Reich durchaus neue Wesenszüge verliehen. Siehe dazu MATTIAS G. FISCHER: Reichsreform und ‚Ewiger Landfrieden‘. Über die Entwicklung des Fehderechts im 15. Jahrhundert bis zum absoluten Fehdeverbot von 1495. Aalen 2007 (Untersuchungen zur deutschen Staats- und Rechtsgeschichte N. F. 34), S. 67. Vgl. auch ANUSCHKA TISCHER: Alte Ordnung oder neue Ordnung? Die Reichsreform von 1495. In: Neue Modelle im alten Europa. Traditionsbruch und Innovation als Herausforderung der Frühen Neuzeit. Hg. von CHRISTOPH KAMPMANN [u. a.]. Köln [u. a.] 2012, S. 37–48.

[13] Vgl. dazu auch ARMIN KOHNLE: Reichstag und Reformation. Kaiserliche und ständische Religionspolitik von den Anfängen der Causa Lutheri bis zum Nürnberger Religionsfrieden. Gütersloh 2001 (Quellen und Forschungen zur Reformationsgeschichte 72); ROLF DECOT: Die Reformationsfrage auf den Reichstagen der Reformationszeit. In: Luther und die Fürsten [Anm. 8], Aufsatzband, S. 321–335. Zur formalen Entwicklung der Reichstage in der Epoche Karls V. siehe jetzt THOMAS FELIX HARTMANN: Die Reichstage unter Karl V.: Verfahren und Verfahrensentwicklung 1521–1555. Göttingen 2017 (Schriftenreihe der Historischen Kommission bei der Bayerischen Akademie der Wissenschaften 100). Zum historischen Gesamtverständnis des Reichstags in dieser Epoche nach wie vor grundlegend ist ROSEMARIE AULINGER: Das Bild des Reichstages im 16. Jahrhundert. Beiträge zu einer typologischen Analyse schriftlicher und bildlicher Quellen. Göttingen 1980 (Schriftenreihe der Historischen Kommission bei der Bayerischen Akademie der Wissenschaften 18).

[14] Siehe zu diesem Reichstag: Deutsche Reichstagsakten. Jüngere Reihe. Bd. 2. Bearb. von ADOLF WREDE. Gotha 1896.

einen Reichsabschied in Gewissensfragen majorisiert werden sollten.[15] Für die religiösen Abweichler, die selbst noch über ihre Glaubensinhalte rangen, sich aber zugleich von radikaleren Strömungen wie den Wiedertäufern distanzierten, war damit der Begriff der Protestierenden bzw. Protestanten geprägt, der sich bis heute als Kollektivbegriff für die verschiedenen evangelischen und reformierten Glaubensrichtungen erhalten hat. Die Anhänger Luthers legten auf dem nächsten Reichstag zu Augsburg 1530 dann ein Glaubensbekenntnis vor, das sie von den Katholiken, aber auch von anderen Gruppen, die sich von der katholischen Kirche abgewandt hatten, unterschied. Das Augsburger Bekenntnis (‚Confessio Augustana') ist ein Kernelement des evangelischen Glaubens.[16] 1555 fand dann die Verrechtlichung der Reformation in einem Religionsfrieden auf einem Reichstag zu Augsburg statt.[17] Das Friedensgebot des Ewigen Landfriedens wurde nun auf die konfessionelle Spaltung ausgeweitet. Die Reformation entwickelte sich mithin auf der Grundlage der Reichsverfassung, welche die Reichsreform gerade erst erfolgreich umgestaltet hatte.

Ebenso wie die Reformation kam allerdings auch die Reichsreform 1495 nicht aus dem Nichts oder veränderte die Situation von einem Moment auf den anderen, und ebenso wie in der Reformation handelten auch in der Reichsreform die Akteure auf der Grundlage längerfristiger struktureller Prozesse und im Kontext größerer gesellschaftlicher Bewegungen. In Worms rangen Maximilian I. und die vor allem durch den Reichserzkanzler Berthold von Henneberg repräsentierte ständische Opposition miteinander. Der römische König zielte auf eine Gesamtreform des christlichen Europa und sah dabei im Heiligen Römischen Reich eine Führungs- und Ordnungsmacht, die es folglich vor allem nach außen durch kriegerische Maßnahmen und eine Stärkung des Kaisertums zu konsolidieren galt.[18]

---

[15] Die Akten sind ediert in: Deutsche Reichstagsakten. Jüngere Reihe. Bd. 7. Bearb. von JOHANNES KÜHN. Stuttgart 1935. Die erste Protestation vom 19. April 1529, der weitere folgten, findet sich ebd., Teilbd. 2, S. 1260–1265.

[16] Die Edition der Akten des Reichstags von 1530 steht noch aus. Auszüge finden sich in der älteren Edition von KARL EDUARD FÖRSTEMANN: Urkundenbuch zu der Geschichte des Reichstags zu Augsburg. Hg. von dems. Halle 1833–1835, ND Osnabrück 1966. Siehe darüber hinaus: Confessio Augustana und Confutatio: der Augsburger Reichstag 1530 und die Einheit der Kirche. Internationales Symposion der Gesellschaft zur Herausgabe des Corpus Catholicorum in Augsburg vom 3.–7. September 1979. Hg. von ERWIN ISERLOH. Münster 1980 (Reformationsgeschichtliche Studien und Texte 118); HELMUT NEUHAUS: Der Augsburger Reichstag des Jahres 1530: Ein Forschungsbericht. In: ZHF 9 (1982), S. 167–211; AULINGER, Bild des Reichstages [Anm. 13], S. 328–346.

[17] Deutsche Reichstagsakten. Jüngere Reihe. Band 20: Der Reichstag zu Augsburg 1555. Bearb. von ROSEMARIE AULINGER [u. a.]. München 2009.

[18] Vgl. dazu ANUSCHKA TISCHER: Reichsreform und militärischer Wandel: Kaiser Maximilian I. (1493–1519) und die Reichskriegsreform. In: Zeitschrift für Geschichtswissenschaft 8 (2003), S. 685–705.

Die akuten Probleme vor Ort, die seit Generationen diskutiert wurden, gerieten in einem solchen Großkonzept allerdings erst einmal wieder aus dem Blick. Genau das aber ließ Berthold von Henneberg 1495 nicht mehr zu, als er kleinere, aber effektive Maßnahmen erzwang. Ähnlich wie Martin Luther in der Frage der Kirchenreform war auch Berthold von Henneberg in der Frage der Verfassungsreform nicht mehr länger bereit, sich mit Verweis auf die größeren Zusammenhänge vertrösten zu lassen, und ging den Weg der Konfrontation, um konkrete Ergebnisse zu bekommen.

Der Schlüssel zur erfolgreichen Reichsreform war es, verschiedene Reformaspekte voneinander zu trennen und sich auf Maßnahmen zur Durchsetzung von Frieden und Recht innerhalb des Heiligen Römischen Reiches zu konzentrieren. Damit wurde die Reform endgültig zur Reichsreform, die den größeren Reformbedarf Europas und der Christenheit respektive eine gesellschaftliche und religiöse Erneuerung ausklammerte, denn auch wenn es konkrete Einzelmaßnahmen durchaus immer wieder gegeben hatte, so wurde die Reform bis 1495 doch grundsätzlich als ein großes Gesamtpaket behandelt. In dieser Weise erwies sich die Reform aber als unmöglich, nicht zuletzt, weil ein umfassender politischer und gesellschaftlicher Wille dazu nicht erkennbar war. Die elaborierten Entwürfe zu einer Gesamtreform wie ‚De Concordantia Catholica' von Nikolaus Cusanus[19] blieben Theorie, während man in der Praxis dem Reformbedarf immer weiter hinterherlief. Die Konzentration auf bestimmte herrschafts- und verfassungsrechtliche Reformbereiche brachte 1495 den Erfolg. Damit blieben allerdings alle anderen Probleme ausgeklammert. Die Fragen der Kirchenreform sowie der Gesellschaftsreform traten dann sukzessive 1517 mit der Reformation und in der Mitte der 1520er Jahre mit dem sogenannten Bauernkrieg in den Vordergrund.[20]

3. Der Reformbedarf am Beginn der Neuzeit

Die Reformation, die – ebenso wie zahlreiche innerhalb der Kirche verbliebene Maßnahmen und Bewegungen – auf die kirchlichen Missstände reagierte, stand also im Kontext eines umfassenderen Reformbedarfs am Beginn der Neuzeit, der im Folgenden genauer in den Blick genommen werden soll, um die Reformation in ihrem historischen Kontext zu verstehen.

---

[19] Nicolaus Cusanus: De Concordantia Catholica libri tres. Hg. von GERHARD KALLEN. Hamburg 1963 (Nicolai de Cusa Opera Omnia 14).

[20] Vgl. dazu auch ANUSCHKA TISCHER: Reichsreform – Reformation – Bauernkrieg: Der Bauernkrieg im Kontext von Reformen und Reformdiskursen am Beginn der Neuzeit. In: Bauernkrieg in Franken. Hg. von FRANZ FUCHS und ULRICH WAGNER. Würzburg 2016 (Publikationen aus dem Kolleg ‚Mittelalter und Frühe Neuzeit' 2), S. 75–85.

Der Reformbedarf ist gut dokumentiert.[21] Er war zeitgenössisch anerkannt und Gegenstand zahlreicher Diskurse. Bereits 1411 erklärte Sigismund von Luxemburg bei der Annahme seiner Wahl zum römischen König, dass er sich redlich bemühen werde, die Angelegenheiten der Kirche und des Heiligen Römischen Reiches zu ordnen, Gerechtigkeit und gemeinen Nutzen, die lange Zeit unterdrückt gewesen seien, zur Geltung zu bringen, für die Sicherheit auf den Straßen zu sorgen und mit Hilfe der Reichsstände Ruhe und Frieden in den Ländern herzustellen und zugleich die Reichsuntertanen in ihren Privilegien und Freiheiten zu belassen. Neben der Hilfe Gottes erbat das neue Reichsoberhaupt sich den Beistand des Reiches für die Aufgabe, den als nahezu vernichtet angesehenen gemeinen Nutzen wieder aufzurichten und dem Verfall der Kirche und des Heiligen Römischen Reiches entgegenzuwirken. Als erste konkrete Maßnahmen beauftragte Sigismund einzelne Reichsfürsten persönlich, sich um den Schutz der Straßen zu kümmern.[22]

Die Wahlannahme von 1411 lässt bereits eine gewaltige Problemlage erkennen, die Sigismund ein Jahr später nochmals in einer weiteren Bestandsaufnahme erläuterte.[23] Das Heilige Römische Reich hatte kaum noch eine klare Struktur. Viele traditionelle Reichsgebiete waren aus dem Reich herausgewachsen. Der theoretischen Größe von Oberitalien bis in die Niederlande stand in der Herrschaftspraxis gegenüber, dass gerade an der Peripherie kaum noch ein Zugehörigkeitsgefühl vorhanden war. Das Reich war kein territoriales Herrschaftsgebiet, sondern es war – und blieb – ein Personenverband bzw. eine Körperschaft. Es war eine der Leistungen des Reichsreformprozesses vor und nach 1495, die Zugehörigkeiten zum Heiligen Römischen Reich zu klären und die Teilnahme am Reichstag und damit an der politischen Entscheidungsfindung des Reiches zu definieren. Noch am Beginn des eigentlichen Reichsreformprozesses war die Reichsmatrikel in einem äußerst mangelhaften Zustand. Erst 1521 wurde eine aktualisierte Version vorgelegt.[24] Bis zu diesem Zeitpunkt war oft gar nicht klar, wer zum Reich gehörte und seinen Beitrag dazu leistete.

Das Reich lebte davon, dass die einzelnen Reichsstände sich ihm zugehörig fühlten, zu ihm beitrugen und Beschlüsse mittrugen. Dazu mussten sie seinen Nutzen erkennen oder aber entsprechend diszipliniert werden. Das war bis 1495 nur bedingt der Fall. Mit der Reichsreform wurden seit 1495 neue Formen der Gemeinsamkeit institutionalisiert, wobei das kor-

---

[21] Siehe u. a.: Quellen zur Reichsreform im Spätmittelalter. Hg. von LORENZ WEINRICH. Darmstadt 2001 (Ausgewählte Quellen zur deutschen Geschichte des Mittelalters – Freiherr vom Stein-Gedächtnisausgabe 39).

[22] Ebd., S. 37f.

[23] Ebd., S. 44–50.

[24] Eine ausführliche Liste der Reichsstände, einschließlich Statusveränderungen und Anwesenheit auf Reichstagen, findet sich bei AULINGER, Bild des Reichstages [Anm. 13], S. 359–374.

porative Element konstitutiv blieb. Die Reichsreform band die Reichsstände stärker an das Reich. Es gab aber auch Gebiete, die nicht darauf gewartet hatten, dass das Reich die Probleme löste. So hatte die Eidgenossenschaft sich als Landfriedensbündnis selbst organisiert. Die Reichsreform, welche die Rechtsprechung und Rechtsdurchsetzung gemeinschaftlich organsierte, hätte die Eidgenossen in das Reich eingebunden, und sie wurde so für sie zu einer Neuerung, die sie nicht mittragen wollten. Mit dem Schweizerkrieg (Schwabenkrieg) setzten sie 1499 durch, dass sie von allen Reformmaßnahmen ausgeschlossen blieben, wodurch der Grundstein ihres Ausscheidens aus dem Reichsverband gelegt war.[25]

Für die Loslösung einzelner Gebiete gab es unterschiedliche Gründe, aber insgesamt war das Heilige Römische Reich über einen längeren Zeitraum hinweg zu wenig präsent in verschiedenen seiner Teilgebiete. Wenn sich einzelne Gebiete aus dem Reich herauszogen, fehlten sie nicht bloß territorial, sondern es fehlte ihr Beitrag zum Reich. Sigismund beklagte 1412 ausdrücklich die Entfremdung von Burgund und Oberitalien und damit von wirtschaftlich besonders potenten und also finanzstarken Gebieten.[26] Nicht von ungefähr sollten die Auseinandersetzungen um das burgundische Erbe und um die Vormachtstellung in Italien ab dem späten 15. Jahrhundert zur Priorität der Habsburger als der neuen Dynastie an der Spitze des Reiches werden. Allerdings verfolgten sie diese Priorität vornehmlich als Hausmachtpolitik und nur vordergründig als Reichspolitik.

Das Heilige Römische Reich war aufgrund seiner Größe und Verflechtungen immer auch in diverse europäische Konflikte verwickelt. Der römische König war designierter Kaiser, die Kaiserkrönung war mit dem Romzug und damit bereits mit militärischem Aufwand verbunden. Kaiser Maximilian I. sollte an dieser Aufgabe langfristig scheitern und das Kaisertum vom Romzug trennen. Die Hausmachtpolitik eines Reichsoberhaupts war darüber hinaus untrennbar mit seiner Reichspolitik verknüpft, nicht zuletzt, weil diese angesichts fehlender regulärer Einnahmen aus der Hausmacht finanziert werden musste. Dabei war ein Reichsoberhaupt dem Anspruch des Heiligen Römischen Reiches und des Kaisertums nach für mehr als nur für Schutz und Ordnung seiner eigenen Untertanen zuständig. Als ‚Advocatus ecclesiae' stand es in der Verantwortung für den Schutz der gesamten Kirche. Sigismund, der 1411/12 den Reformbedarf des Reiches in seinen verschiedenen Aspekten resümierte, sah sich an erster Stelle damit befasst, das sogenannte Abendländische Schisma beizulegen, das seit 1378 die katholische Christenheit spaltete und in dem mittlerweile drei

[25] CHRISTOPH KAMPMANN/ULRICH NIGGEMANN: Einleitung. In: Sicherheit in der Frühen Neuzeit. Norm – Praxis – Repräsentation. Hg. von dens. Köln [u. a.] 2013 (Frühneuzeit-Impulse 2), S. 12–27, hier S. 17f.; THOMAS MAISSEN: Worum ging es im Schwabenkrieg? Zum 500. Jahrestag des Friedens von Basel (22. September 1499). In: historicum.net, URL: https://www.historicum.net/purl/6lz6d/ (1. Aug. 2018).

[26] WEINRICH (Hg.), Quellen zur Reichsreform [Anm. 21], S. 44–46.

Päpste gegeneinander ihre Ansprüche erhoben. Einhundert Jahre vor der Reformation war die Situation der Kirche damit durchaus dramatisch. Der römische König setzte sich für die Einberufung eines Konzils nach Konstanz ein, welches das Schisma beendete, mit der Verbrennung von Jan Hus, der bereits viele der Probleme thematisierte, an denen sich später auch die Reformation entzünden sollte, allerdings auch gleich den Grundstein für die nächste Religionsspaltung legte. Die Hussitenkriege, die sich in Böhmen und einigen benachbarten Gebieten ausbreiteten, hielten das Heilige Römische Reich für längere Zeit in Atem und zeigten zugleich seine militärischen Grenzen auf. Tatsächlich war bereits diese Spaltung nicht mehr beizulegen: Mit Georg Podiebrad setzte sich ein von der katholischen Kirche abgefallener Utraquist als König von Böhmen durch. 1485 kam es zwischen Katholiken und Utraquisten zum Frieden von Kuttenberg (Kutná Hora), durch den bereits vor der Reformation eine konfessionelle Spaltung im Heiligen Römischen Reich in einen Religionsfrieden überführt wurde.[27]

Die kirchlichen Missstände und die Kirchenreform waren ein wichtiges Thema des 15. Jahrhunderts. Mehrere Konzilien widmeten sich dieser Aufgabe, zugleich wuchs die Kritik am Papsttum. Im Heiligen Römischen Reich legten Teile der Geistlichkeit bis in den hohen Klerus hinein ebenso wie weltliche Herrschaftsträger Reformforderungen vor. Der römische König, seit 1508 Kaiser, Maximilian I. scheute auch nicht die Konfrontation mit Rom. Insbesondere die sogenannten Gravamina deutscher Nation, Beschwerdeschriften, die seit dem frühen 15. Jahrhundert auf verschiedenen Ebenen und im Vorfeld ebenso wie während der Reformation immer wieder auch auf Reichstagen vorgelegt und diskutiert wurden, sorgten dafür, dass die Thematisierung der Missstände ein reichspolitisches Dauerthema blieb. Langfristig war eine Stimmung vorbereitet, in der die Reformation im Heiligen Römischen Reich auf Akzeptanz stoßen konnte.[28]

Das Auseinanderdriften des Reichsverbands und die Verflechtung des Reiches mit den größeren europäischen und gesamtchristlichen Konflikten waren der große Rahmen, innerhalb dessen sich zahlreiche weitere Probleme bewegten, die den einzelnen in seinem Alltag betrafen und die der römische König, seit 1433 Kaiser, Sigismund im Laufe seiner Regierung

[27] Zu den internationalen Konfliktlagen im Zeitalter der Reformation siehe ALFRED KOHLER: Expansion und Hegemonie. Internationale Beziehungen 1450–1559. Paderborn 2008 (Handbuch der Geschichte der Internationalen Beziehungen 1). Der dramatische Zustand des Reichswehrwesens während der Hussitenkriege wird u. a. aus einer Gegenüberstellung eines 1422 veranschlagten und tatsächlich geleisteten Aufgebots bei WEINRICH (Hg.), Quellen zur Reichsreform [Anm. 21], S. 88–90, deutlich.

[28] Die Gravamina der Reformationsreichstage sind im Rahmen der Reichstagsakten ediert: Deutsche Reichstagsakten. Jüngere Reihe. Bd. 21: Die Beschwerden der deutschen Nation auf den Reichstagen der Reformationszeit (1521–1539). Bearb. von ANNELIES GRUNDMANN. Für den Druck vorbereitet und ergänzt von ROSEMARIE AULINGER. Berlin [u. a.] 2015. Zu ihrer Vorgeschichte vor der Reformation siehe dort in der Einleitung von ROSEMARIE AULINGER S. 42–46.

bereits benannte und zu lösen versuchte:[29] So gab es eine ständige Münzverschlechterung. Es gab keine gemeinsame Währung im Heiligen Römischen Reich und keine gemeinsamen Standards für die unterschiedlichen Währungen, so dass gutes und schlechtes Geld nebeneinander existierte. Die öffentliche Sicherheit auf den Verbindungswegen war stark eingeschränkt durch Straßenräuberei, die man aufgrund mangelnder Rechtszuständigkeit und Rechtsdurchsetzung nicht in den Griff bekam. Handel und Verkehr waren aber nicht nur durch Kriminalität gefährdet, sondern auch durch legale Praktiken wie die, dass Reichsstände durchreisende Kaufleute mit hohen Zöllen belegten. Der größte Unsicherheitsfaktor aber war das Fehderecht, ein im Prinzip legitimes Mittel der Gewaltanwendung der Reichsunmittelbaren, das allerdings ausgeufert war. Das Heilige Römische Reich war so insgesamt durch Kriminalität wie auch durch verwilderte Rechtspraktiken ein unsicherer Herrschaftsraum.

Insbesondere zur Eindämmung des Fehdewesens gab es langfristige Initiativen, die dem Ewigen Landfrieden von 1495, der zum Kernelement der Reichsreform wurde, vorausgingen. Das entscheidende Problem des Landfriedens war wie bei allen damit verknüpften Reformmaßnahmen das der Exekutive. Es war ein langer Prozess, bis der Ewige Landfriede von der Rechtsnorm tatsächlich zur Rechtswirklichkeit wurde.[30] Ein zentral organisiertes Reichsheer oder eine zentral organisierte Steuer für entsprechende reichspolitische Maßnahmen konnten sich nie durchsetzen.[31] Erfolgreicher war das dezentrale Bundessystem. Der Schwäbische Bund, der als regionales Landfriedensbündnis seit 1488 den 1486 von Kaiser Friedrich III. erlassenen zehnjährigen Landfrieden unterstützte, hatte hier Vorbildcharakter.[32] Er ging erfolgreich gegen das Fehdewesen insbesondere der Reichsritter vor und war federführend auch bei der Niederschlagung des sogenannten Bauernkriegs in den 1520er Jahren. Das Reichsexekutionswesen insgesamt wurde auf der Grundlage einer Kreiseinteilung seit 1512 dezentral geregelt.[33] Exekution konnte auch im Zuge des erfolgreichen Reichsreformprozesses nur konsensuell, im Einverständnis und in der Zusammenarbeit der Reichsstände, erfolgen. Das war ein wichtiges Strukturelement

---

[29] Siehe dazu mehrere Quellen zur Reichsreformproblematik während der Herrschaft Sigismunds bei WEINRICH (Hg.), Quellen zur Reichsreform [Anm. 21], S 37–86.

[30] Siehe dazu beispielhaft CHRISTIAN WIELAND: Nach der Fehde: Studien zur Interaktion von Adel und Rechtssystem am Beginn der Neuzeit: Bayern 1500 bis 1600. Epfendorf am Neckar 2014.

[31] Zum Scheitern einer allgemeinen Kopfsteuer siehe PETER SCHMID: Der Gemeine Pfennig von 1495. Vorgeschichte und Entstehung, verfassungsgeschichtliche, politische und finanzielle Bedeutung. Göttingen 1989.

[32] Siehe dazu HORST CARL: Der Schwäbische Bund 1488–1534. Landfrieden und Genossenschaft im Übergang vom Spätmittelalter zur Reformation. Leinfelden-Echterdingen 2000 (Schriften zur südwestdeutschen Landeskunde 24).

[33] Siehe dazu WINFRIED DOTZAUER: Die deutschen Reichskreise (1383–1806): Geschichte und Aktenedition. Stuttgart 1998.

für den Verlauf der Reformation, denn eine Exekution von religionspolitischen Beschlüssen gegen den Willen größerer reichsständischer Gruppen war damit nicht möglich. Während das kaiserliche Edikt von 1521 gegen Luther keine Anwendung fand, erwies sich das Reich im Bauernkrieg kurz darauf als durchaus handlungsfähig, aber eben nur im Konsens.

4. Reformdiskurse und Reformprojekte

Insgesamt vergingen zwischen der ersten Benennung der Reformprobleme durch Sigismund von Luxemburg bis zum Beginn der Reichsreform auf dem Wormser Reichstag 84 Jahre. Viele Probleme wurden dadurch verschärft. Es gab diverse Reforminitiativen im kleineren Rahmen wie den zehnjährigen Landfrieden von 1486, so dass man nicht behaupten kann, das Reich sei völlig erstarrt gewesen. Lange aber hielt man an der Idee einer großen allumfassenden Reform fest, welche eine vermeintliche frühere Gesamtordnung der weltlichen und geistlichen Angelegenheiten wiederherstellen – eben re-formieren – sollte.[34]

Angesichts der Vorstellung, Reform bedeute eine Reform der Gesamtordnung, überrascht es nicht, dass zahlreiche Reformentwürfe aus dem Umfeld des Konzils von Basel stammen. So trennte Nikolaus Cusanus in ‚De Concordantia Catholica' nicht zwischen weltlicher und geistlicher Einheit.[35] Eine Kirchenreform war für ihn auch Reichsreform, denn die Ordnung war grundlegend gestört. Sein Ziel war ein starkes Kaisertum im Verbund mit den Kurfürsten, die er zwar als zu einflussreich kritisierte, aber als wichtige Teilhaber der Reichspolitik ansah. Cusanus wollte auch die Kurfürsten und die Wahlordnung reformieren, wovon in der späteren Reform keine Rede mehr war. Fehdeverbot, institutionalisierte oberste Gerichtshöfe, die Verstetigung von Reichstagen, eine Reform der Reichskanzlei, all das waren aber Teile des Konzepts von Cusanus, die sich in der späteren Reichsreform tatsächlich wiederfanden. Ganz klar benannte Cusanus auch die Etablierung einer Exekutive als das Kernstück einer Reichsreform. Er plädierte für ein zentrales, stehendes Reichsheer zur Exekution nach innen und zur Verteidigung nach außen, was dann aber eben nicht durchsetzbar war.

Unter den Reformschriften der 1430er Jahre sticht besonders die sogenannte ‚Reformatio Sigismundi' heraus, eine anonyme Schrift, die – historisch unhaltbar – suggerierte, es sei das Reformkonzept, das der mittler-

---

[34] Vgl. dazu TISCHER, Alte Ordnung [Anm. 12]; Gute Ordnung. Ordnungsmodelle und Ordnungsvorstellungen in der Reformationszeit. Hg. von IRENE DINGEL und ARMIN KOHNLE. Leipzig 2014 (Leucorea-Studien zur Geschichte der Reformation und der Lutherischen Orthodoxie 25).

[35] Vgl. Anm. 19. Zentrale Auszüge finden sich bei WEINRICH (Hg.), Quellen zur Reichsreform [Anm. 21], S. 170–225.

weile verstorbene Kaiser Sigismund habe umsetzen wollen.[36] Sie griff Problemfelder auf, die Sigismund benannt hatte, und war in deutscher Sprache verfasst. Da sie seit 1476 mehrfach gedruckt wurde, kann ein Einfluss auf die Meinungsbildung im Vorfeld von Reichsreform und Reformation vermutet werden. Dabei zeigte die Schrift, dass bereits in den 1430er Jahren eine ungeduldige Stimmung vorhanden war und zum Ungehorsam aufrief. Das Motto der ‚Reformatio Sigismundi' lautete: *Gehorsamkeyt ist tod, / gerechtigkeyt leyt not, / nichts stet in rechter ordenung.*[37] Es machte deutlich: Wenn die Ordnung aus den Fugen war, war auch der Gehorsam am Ende.

Für Reformen war grundsätzlich ein Herrschaftsträger zuständig. Untertanen konnten zum Beispiel durch Suppliken und Gravamina Reformdruck erzeugen, aber wenn sie selbst das Handeln an sich rissen, waren das keine Reformen mehr, sondern Revolte oder Revolution wie im sogenannten Bauernkrieg in der Mitte der 1520er Jahre, der „Revolution des Gemeinen Mannes" (Peter Blickle).[38] Die Reformation war dagegen auch deshalb erfolgreich, weil sie gerade keine Revolution war, sondern eine Reform in Abstimmung mit anerkannten weltlichen Autoritäten, namentlich führenden Reichsständen wie den aufeinanderfolgenden Kurfürsten von Sachsen.

Die ‚Reformatio Sigismundi' thematisierte neben bereits angesprochenen Problemlagen wie Münzverschlechterung, hohen Zöllen oder dem Fehlen öffentlicher Sicherheit auch erstmals soziale Probleme: verkrustete gesellschaftliche Strukturen, Missachtung von gesellschaftlichen Normen, weit verbreitete Armut neben übertriebenem Reichtum. Die ökonomischen und sozialen Probleme verschärften sich künftig noch, aber weder die Reichsreform noch die Reformation nahmen sich dieser Probleme an, so dass es zu verschiedenen Unruhen und Aufständen bis hin zum sogenannten Bauernkrieg kam.

‚De Concordantia Catholica' und die ‚Reformatio Sigismundi' waren umfassende Konzepte für eine Reform und Institutionalisierung des Heiligen Römischen Reiches. Sie zeigen, dass die diversen Probleme frühzeitig erkannt und Lösungsvorschläge erarbeitet wurden. Die ‚Reformatio Sigismundi' wies dabei auch auf ein weiteres spezifisches Problem im Reich hin, nämlich auf die Verflechtung von geistlicher und weltlicher Herrschaft. Hier wurde bereits eine Säkularisierung der Herrschaftsausübung gefordert, wie sie mit der Reformation in Gang kam. Für das gesamte Reich kam die Säkularisierung allerdings erst 1803 im Reichsdeputationshauptschluss.

---

[36] WEINRICH (Hg.), Quellen zur Reichsreform [Anm. 21], S. 226–247.

[37] Ebd., S. 226.

[38] Dazu PETER BLICKLE: Der Bauernkrieg. Die Revolution des Gemeinen Mannes. 4., erw. Aufl. München 2004.

5. Die Maßnahmen der Reichsreform

Der Reformprozess im Heiligen Römischen Reich war schließlich seit 1495 erfolgreich, weil er ganz konkrete Probleme anging und löste. Es ging ein längerer Reformstau voraus, allerdings keine völlige Untätigkeit, wie der zehnjährige Landfrieden von 1486 und die Gründung des Schwäbischen Bundes zeigen. Auf dem Wormser Reichstag wurde dann 1495 ein großes Reformpaket verabschiedet und damit eine langfristige Dynamik angestoßen: Der Ewige Landfriede wurde erlassen, das Reichskammergericht gegründet, regelmäßige Reichstage vereinbart und eine – allerdings bald gescheiterte – Kopfsteuer bewilligt.[39]

Auf den folgenden Reichstagen blieb die Reichsreform im Fokus. 1500 kam es sogar zur Einrichtung einer gemeinsamen Reichsregierung des römischen Königs und der Reichsstände, des sogenannten Reichsregiments, das allerdings bedeutungslos blieb.[40] Nach längeren Überlegungen zur Exekutionsfrage etablierte sich 1512 eine Kreisordnung, die langfristig auch eine wichtige Verwaltungsstruktur des Reiches und in gewisser Weise der Vorläufer eines funktionierenden Föderalismus wurde.[41] Unter Karl V. ging die Reform weiter. Diverse Reichstage, die vordergründig reformationshistorisch besetzt sind, waren wichtige Wegstrecken auch der Reichsreform. Auf dem Reichstag zu Worms 1521, zu dem Luther geladen und auf dem er geächtet wurde, wurde eine überarbeitete und aktualisierte Reichsmatrikel vorgestellt.[42] Auf dem Reichstag zu Augsburg 1530, auf dem die Lutheraner ihr Glaubensbekenntnis vorlegten, wurde eine erste Reichspolizeiordnung erlassen, die dem gesellschaftlichen Zusammenleben verbindliche Strukturen und auch eine gewisse Grundordnung gab. Weitere sollten folgen.[43] 1532 wurde die Peinliche Halsgerichtsordnung Karls V. (‚Constitutio Criminalis Carolina‘) erlassen, ein erstes allgemeines Strafgesetzbuch für das gesamte Heilige Römische Reich.[44] Seit den 1540er Jah-

---

[39] Vgl. dazu Anm. 31.

[40] VICTOR VON KRAUS: Das Nürnberger Reichsregiment. Gründung und Verfall 1500–1502. Innsbruck 1883.

[41] Vgl. Anm. 33.

[42] Vgl. Anm. 24.

[43] MATTHIAS WEBER: Die Reichspolizeiordnungen von 1530, 1548 und 1577. Historische Einführung und Edition. Frankfurt a. M. 2002 (Ius Commune. Veröffentlichungen des Max-Planck-Instituts für Europäische Rechtsgeschichte Frankfurt am Main. Sonderhefte: Studien zur Europäischen Rechtsgeschichte 146).

[44] Zeitgenössischer offizieller Druck: Des allerdurchleuchtigsten großmechtigste(n) vnüberwindtlichsten Keyser Karls des fünfften: vnnd des heyligen Römischen Reichs peinlich gerichts ordnung / auff den Reichßtägen zu Augspurg vnd Regenspurgk /in(n) jaren dreissig / vn(n) zwey vnd dreissig [!] gehalten / auffgericht vnd beschlossen. Mainz: Ivo Schöffer 1533 (VD 16: D 1069). Zum Bezug zum Regensburger Reichstag von 1532 siehe die Einleitung in: Deutsche Reichstagsakten. Jüngere Reihe. Bd. 10: Der Reichstag in Regensburg und die Verhandlungen über einen Friedstand mit den Prote-

ren wurde in einem längeren Prozess bis in die 1560er Jahre hinein das Münzwesen des Heiligen Römischen Reiches angeglichen.[45]

Die Reformation agierte mithin inmitten einer Reformdynamik, und Luther war kein Reformer inmitten einer ansonsten statischen Gesellschaft. Allerdings klammerte die Reichsreform die Kirchenreform oder auch eine umfassende Wirtschafts- und Sozialreform aus. Die Aussicht auf die Herrschaft Karls V. versprach von Anfang an keine Kursänderung: Als Habsburger war er alternativlos, aber nicht verwurzelt im Reich. Seine Machtbasis lag vor allem in Spanien und Burgund. Sein kaiserlicher Anspruch war universal, und ein entscheidender neuer Reformschritt, geschweige denn ein Schritt in Richtung Kirchenreform, war von Karl V. kaum zu erwarten.

6. Fazit

Bei allen Reformansätzen im Einzelnen war das Ausbleiben der großen Kirchenreform die Voraussetzung für die Reformation. Luther agierte dabei nicht im leeren Raum. Er war auch nicht der einzige, der sich radikal den kirchlichen Missständen entgegenstellte oder Veränderungen forderte: Jan Hus bezahlte dies 1415 mit dem Leben ebenso wie der Florentiner Girolamo Savonarola 1498. Auch das macht Luthers Aufbegehren bemerkenswert, denn die Beispiele zeigten, was er mit seiner radikalen Kritik riskierte.

Wenn die theologischen Aspekte der Reformation beleuchtet werden, so sollte man dabei aber immer berücksichtigen, dass die Reformation sich in der Dynamik einer Verfassungsreform bewegte und dass die Reformation von politischen Akteuren mitgetragen wurde, die zugleich diese Verfassungsreform erfolgreich mitgestalteten.

---

stanten in Schweinfurt und Nürnberg 1532. Teilbd. 1, bearb. von ROSEMARIE AULINGER. Göttingen 1992, S. 177f.

[45] Siehe dazu: Eine Währung für das Reich. Die Akten der Münztage zu Speyer 1549 und 1557. Hg. von OLIVER VOLCKART. Stuttgart 2017 (Deutsche Handelsakten des Mittelalters und der Neuzeit XXIII).

Dominik Burkard

Ekklesiologie zwischen Konstanz und Trient

I. Hinführung

„Ekklesiologie zwischen Konstanz und Trient“ – das klingt nach einem überschaubaren, klar abgegrenzten Thema. Und doch gleicht die gestellte Aufgabe ein wenig der berühmten Quadratur des Kreises. Denn es sind drei Komponenten, die das Thema bestimmt haben und die zusammenzubringen sind: erstens der Anlass unserer Ringvorlesung, Martin Luthers Thesenanschlag von 1517; zweitens die Thematik unserer Ringvorlesung, ‚Reformation und katholische Reform‘; und drittens das mir gestellte Thema, ‚Ekklesiologie zwischen Konstanz und Trient‘. Wie hängt das alles miteinander zusammen?

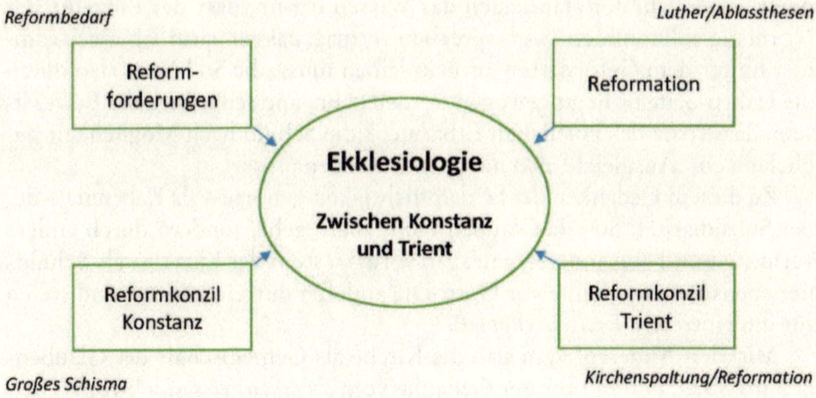

1. Der Anlass: die 95 Ablassthesen Martin Luthers

Der Bezugspunkt des Gedenkens, das Jahr 1517 mit den 95 Ablassthesen Martin Luthers,[1] ist zunächst einmal ein theologisches Problem, das eine problematische Praxis betraf. Es ging um die alte – und durchaus zentrale – theologische Frage nach dem Heil, der ewigen Glückseligkeit, der Erlösung des Menschen: ein theologisches Problem für den Menschen des 16. Jahrhunderts, nicht so sehr, weil er dem christlichen Glauben an die Auferstehung innerlich fremd gegenübergestanden hätte, ein Problem vielmehr deshalb, weil er sich der großen Distanz zu Gott, der Differenz zwi-

[1] Vgl. etwa MARTIN SCHMIDT: Luthers 95 Ablaßthesen als kirchliches Bekenntnis. In: Lutherjahrbuch 45 (1978), S. 35–55. – Eine katholisch-evangelische Kommentierung der Thesen wurde vor dem großen Gedenkjahr 2017 angekündigt, ist aber noch nicht erschienen.

schen dem Willen Gottes und der Erfüllung dieses Willens, zwischen der schuldbeladenen Realität und dem Ideal des göttlichen Menschenbildes bewusst war. Wie konnte – das war die entscheidende Frage – der Mensch angesichts dieser ‚Schere' zwischen Anspruch und Wirklichkeit, zwischen ‚Soll' und ‚Haben' sicher sein, tatsächlich Erlösung zu finden?

Luthers Frage war existentiell: „Wie finde ich einen gnädigen, einen gerechten Gott?"[2] Traditionellerweise wurde diese Frage der ‚Heilsökonomie' mitnichten in der Ekklesiologie, sondern in der Gnadenlehre behandelt. Doch das 16. Jahrhundert verband sie mit einer problematischen Praxis. Denn die einfache Antwort der Kirche auf das Problem der Heilsunsicherheit des Menschen lautete: Gewissheit erlangen! Und das Angebot, das sie zur Verfügung stellte, war – neben dem Bußsakrament – ein ‚Investitionsangebot': der Ablass.[3]

Dieser wiederum war keine neue ‚Erfindung'. Dahinter stand ein altes, eingeprägtes – möglicherweise zutiefst anthropologisch verankertes – Denken, das ganz von der Vorstellung des Ausgleichs, von ‚Gerechtigkeit' geprägt war.[4] Dahinter stand auch das Wissen darum, dass der Einzelne der Norm nie vollkommen zu entsprechen vermag, dass er natürlicherweise immer hinter dem Geforderten zurückbleiben muss, die Soll-Seite also durch die Haben-Seite nicht aufgewogen werden kann, und schließlich das Bewusstsein, dass trotz des göttlichen Erbarmens die Schuld nach Möglichkeit beglichen, ein ‚Ausgleich' also hergestellt werden muss.

Zu diesem Gedanken der Sozialpflichtigkeit gehörte – als Kehrseite – der der Subsidiarität: So wie Glauben nicht allein geht, sondern durch andere vermittelt und von anderen getragen wird, so steht der Einzelne als Schuldner ebenso wenig alleine vor Gott. Die anderen dürfen, können und sollen für ihn eintreten. *Ecclesia supplet*!

Mit ‚den Anderen' kam also die Kirche als Gemeinschaft der Glaubenden ins Spiel, und mit ihr der Gedanke vom *thesaurus ecclesiae*[5]: vom ‚Gnadenschatz der Kirche', zu dem alle etwas beizusteuern haben, die einen mehr, die anderen weniger, der also nicht nur als ‚Solidaritätsfond' immer wieder geradezustehen hat, um den ‚Minderbemittelten' aufzuhelfen, sondern der immer wieder auch aufzufüllen ist (durch gute Werke, durch Gebet und Opfer, durch milde Gaben und Stiftungen, durch ein gottgefälliges Leben und Tun). Dieser *thesaurus ecclesiae* wäre vielleicht mit einem Suppentopf zu vergleichen, der von den vielen ständig gefüllt wird, und aus dem

---

2 Zur Bedeutung der Furcht für die reformatorische Theologie vgl. THORSTEN DIETZ: Der Begriff der Furcht bei Luther. Tübingen 2009 (Beiträge zur historischen Theologie 147).

3 Dazu vgl. NIKOLAUS PAULUS: Geschichte des Ablasses im Mittelalter. Vom Ursprung bis zur Mitte des 14. Jahrhunderts. 3 Bde. Paderborn 1922–1923; BERNHARD POSCHMANN: Der Ablaß im Licht der Bußgeschichte. Bonn 1948 (Theophaneia 4).

4 Vgl. dazu ARNOLD ANGENENDT: Geschichte der Religiosität im Mittelalter. Darmstadt 1997, S. 632–634.

5 Vgl. ANGENENDT, Geschichte [Anm. 4], S. 652–657.

die Kirche jenen austeilt, die bedürftig sind. So ist der Ablass zu denken und zu verstehen: als ein Löffel Gnadensuppe aus dem kirchlichen Suppentopf.

Diese Vorstellung wurde aus verschiedenen Gründen obsolet. Zum einen: Der Gedanke der Sozialpflichtigkeit und der Solidarität wurde durch die Ablasspraxis des 16. Jahrhunderts und insbesondere durch die „unheilige Verbindung von frühmoderner Finanztechnik und Seelsorge“[6] deformiert.[7] Zum anderen: Wenn der Mensch – wie bei Luther – als grundsätzlich verdorben betrachtet wird, der zu seinem Heil nichts beitragen kann, weil allein Christus – *solus Christus* – sein Erlösungswerk tut, wenn damit folglich auch der Gedanke des Ausgleichs aufgegeben wird und die soziale Dimension entfällt (weil es wirklich nur um das „Ich und mein Gott“ geht), dann wird Kirche als Gemeinschaft der Glaubenden und als ‚Heilsinstitution‘ funktionslos.[8] Aus dem theologischen Problem der Gnadenlehre und aus der problematischen Ablasspraxis entstand so eine ekkle-

---

[6] HEINZ SCHILLING: Martin Luther. Rebell in einer Zeit des Umbruchs. München 2012, S. 158. Ausgiebig dargelegt ebd., S. 162–164.

[7] Dies ist weithin bekannt. Weniger bekannt ist zweierlei: (1) dass als Gegenleistung für den Ablass keine feste Geldsumme vorgeschrieben war und (2) dass die Gläubigen nicht von ihrer inneren Umkehr dispensiert wurden. Die Ablassinstruktion Albrechts von Brandenburg (1490–1545), die im Oktober 1517 auch Luther in die Hände kam, ist in dieser Hinsicht aufschlussreich: Die göttliche Gnade, so wird hier gesagt, ist eigentlich nicht verdienbar. Die Erlösung des Menschen geschieht durch Christus. Dennoch soll eine gewisse ‚Ordnung‘ festgelegt und ein Ablass erworben werden. Voraussetzung für den Empfang der mit dem Ablass verbundenen Gnade ist: die richtige innere Haltung (das „zerknirschte Herz“, hier klingt der im Bußzusammenhang klassische Psalm 51 an), außerdem der Kirchenbesuch und das Gebet als Erinnerung („zu Ehren“) sowie ein Geldbetrag. Die Instruktion weiß – auch das ist wichtig – um die Problematik einer Taxierung. Diese muss sich an der jeweiligen Situation des Ablasskäufers orientieren. So werden allgemeine, gestufte Regeln aufgestellt. Dabei gilt das Motto: Wer von hohem Rang ist, d. h. wer vielvermögend ist, der hat auch viel zu bezahlen. Wer wenig hat, hat weniger zu bezahlen (der Klerus wird hiervon übrigens in all seinen Abstufungen nicht ausgenommen). Interessant ist der Schlusssatz: Auch wer kein Geld hat, kann den Ablass erwerben. Seine Bezahlung besteht allein im Gebet und im Fasten. Es soll niemand aufgrund seiner Armut ausgeschlossen werden. Vgl. Ablassinstruktion Albrecht von Brandenburgs (!). Abgedr. in: Die Kirche im Zeitalter der Reformation. Hg. von HEIKO A. OBERMAN [u. a.]. Neuenkirchen-Vluyn 1981 (Kirchen- und Theologiegeschichte in Quellen 3), S. 12–15. Vgl. DOMINIK BURKARD: Luther und die Reformation 1517–2017. Kritische Anmerkungen (nicht nur) zur Luther-Biographie von Heinz Schilling. In: Würzburger Diözesangeschichtsblätter 78 (2015), S. 509–522, hier S. 519f.

[8] Dies zeigte sich – schon deutlich ausgesprochen – in den später als ‚Reformatorische Grundschriften‘ bezeichneten Artikulationen Luthers aus dem Jahr 1520. Die logischen ekklesiologischen Konsequenzen und Weiterungen des lutherischen Denkens mit ihrer prinzipiellen Infragestellung der Kirche führten zur Kirchenspaltung. – Inzwischen wird Luthers Verhältnis zu den Sakramenten differenzierter gesehen. Vgl. Vermitteltes Heil. Martin Luther und die Sakramente. Hg. von FELIX KÖRNER und WOLFGANG THÖNISSEN. Leipzig 2018.

siologische Frage. Nichts mehr und nichts weniger als die Kirche selbst war zur Disposition gestellt.

Es leuchtet ein, dass die Kirche auf diese ekklesiologische Frage antworten, dass sie handeln musste. Ob sie klug und in dieser Hinsicht richtig handelte, sei dahingestellt. Das gefährliche Potential, das sich damals aus der Melange von Religion und Politik ergab – religiöse Missstände und Leerlauf der scholastischen Theologie,[9] alte *gravamina* der *nationes Germaniae*[10] und politische Emanzipationsbemühungen von Fürsten und Städten, wirtschaftlich-soziale Umbrüche und damit verbunden Unsicherheit und Unzufriedenheit der Menschen – dieses gefährliche Potential wurde zum Nährboden einer Entwicklung, die Luther vermutlich weder gewollt hat noch vorhersehen konnte. Und so traten neben die ‚alte' Ekklesia bald neue Kirchen mit einem eigenen Selbstverständnis, mit neuen Ekklesiologien.

2. Die Generalthematik: Reformation und katholische Reform

Luther selbst hatte zunächst vermutlich noch an die Reformnotwendigkeit und Reformfähigkeit der Kirche geglaubt. Der Ruf nach ‚Reform' gehörte damals nicht nur zum guten Ton, ‚Reform' war vielmehr, wie etwa Anuschka Tischer in ihrem Beitrag am Beispiel der Reichsreform eindrucksvoll zeigen kann,[10a] das zentrale Thema des 15. und 16. Jahrhunderts. Die Kirche blieb hiervon freilich nicht ausgeschlossen. Konnte der alte Satz von der *ecclesia semper reformanda* doch darauf verweisen, dass Veränderung immer schon – trotz der kirchlich-dogmatischen Fiktion von Statik und Kontinuität – Kirche nicht nur akzidentiell berührte, sondern essentiell zu ihrem Wesen gehörte. In der Tat wäre es nicht schwer, die Geschichte der Kirche als eine Abfolge von Reformen zu schreiben.

Gerade das 15. und 16. Jahrhundert kannten breite Reformbewegungen innerhalb der Kirche selbst.[11] Reformbedarf sah man an vielen Stellen: ent-

---

[9] Ein karikierendes Zeugnis hierfür: Erasmus von Rotterdam: Das Lob der Torheit. Übers. von ALFRED HARTMANN. Wiesbaden 2003, S. 113–119.

[10] Vgl. BRUNO GEBHARDT: Die gravamina der Deutschen Nation gegen den römischen Hof. Ein Beitrag zur Vorgeschichte der Reformation, 2. Aufl. Breslau 1895 (zuerst 1884); ANTON STÖRMANN: Die städtischen Gravamina gegen den Klerus am Ausgange des Mittelalters und in der Reformationszeit. Münster i. W. 1916 (Reformationsgeschichtliche Studien und Texte 24/26); WILHELM MICHEL: Das Wiener Konkordat vom Jahr 1448 und die nachfolgenden Gravamina des Primarklerus der Mainzer Kirchenprovinz. Ein Beitrag zur Geschichte der Kirchenreformbewegung im 15. Jahrhundert. Diss. Heidelberg 1929; HANS-CHRISTOPH RUBLACK: Gravamina und Reformation. In: Städtische Gesellschaft und Reformation. Hg. von INGRID BÁTORI. Stuttgart 1980 (Spätmittelalter und Frühe Neuzeit 12), S. 292–313.

[10a] In diesem Band S. 21–35.

[11] Vgl. etwa HUBERT JEDIN: Ursprung und Durchbruch der Katholischen Reform bis 1563. In: Handbuch der Kirchengeschichte. Hg. von dems. 6 Bde. 3. Aufl. Freiburg i. Br.

weder weil ursprüngliche Anliegen und Ziele durch Sekundäres überlagert worden waren und deshalb eine Rückkehr zur älteren Vorstellungen oder Zuständen wünschenswert erschien, die geschichtliche Entwicklung also des korrigierenden Seziermessers bedurfte; oder weil sich die Umstände, die Zeiten, die Bedürfnisse so verändert hatten, dass es geraten schien, auf diese Veränderungen zu reagieren; oder aber weil sich die Bewertungsmaßstäbe nach oben verschoben hatten, die (vielleicht gleichgebliebene) Realität also von einer höheren Warte aus als defizitär und deshalb reformbedürftig erkannt wurde.[12] Es ging also zum einen tatsächlich um *re-formatio* im ursprünglichen Sinne der Wiederherstellung eines älteren Zustands, es ging aber auch um *formatio*, um die gestaltende Weiterentwicklung der Kirche in die Zukunft.

Ich kann auf die Änderungen und Entwicklungen, die sich im 14. und 15. Jahrhundert innerhalb der Kirche vollzogen hatten, an dieser Stelle nicht näher eingehen, ebenso wenig auf die diversen ‚Reform'-Bewegungen oder ‚Teilreformen' in diesem Zeitraum. Es kommt mir vielmehr auf etwas anderes an: ‚Reform' war für das späte Mittelalter nicht nur ein vager Begriff, sondern war, vor allem seit dem Großen Abendländischen Schisma, fest mit der Vorstellung eines Konzils verbunden, und zwar im doppelten Sinne. Zum einen meinte ‚Reform' vor allem eines: die Änderung der kirchlichen Gewaltenverteilung.[13] Zum anderen schien die Reform der Kirche nur möglich zu sein mit Hilfe eines Konzils. Viele Denkschriften vertraten fast einhellig diese Meinung. Die tiefste Ursache der Missstände und des Schismas sah man in der Nichtabhaltung von Generalkonzilien, in der Missachtung der alten Canones und der synodalen Verfassungsstrukturen der Kirche sowie in der übertriebenen Aufblähung der päpstlichen Macht.[14] Reform der Kirche schien kaum anders denkbar denn als ekklesiologische Korrektur einer geschichtlichen Fehlentwicklung, die das *concilium generale* als grundsätzlich höchstes Organ der Kirche anerkannte.

Dies passte zur Kritik am Luxus der päpstlichen Hofhaltung, der Kardinäle und Kurialen, der Bischöfe und Prälaten, die damals ein beliebtes Thema der Reformschriften und der Reformprediger war (als solche aber freilich auch übertreibende Propaganda). Doch handelte es sich hier nur um die äußeren Aspekte eines tieferliegenden Problems. Denn die Übel des Benefizial- und Finanzwesens, der vielen ‚Reservationen' und ‚Provisionen'

1985, hier Bd. IV, S. 451–520, insbes. S. 451–465; KLAUS GANZER: Die geistlichen Bewegungen als Selbstreform der Kirche im 16. Jahrhundert. In: Cristianesimo nella storia. Ricerche storiche, esegetiche, teologiche 24/3 (2003), S. 619–658.

[12] ERWIN ETTLIN: Butterbriefe. Beiträge und Quellen zur Geschichte der Fastendispensen in der Schweizerischen Quart des Bistums Konstanz im Spätmittelalter. Bern [u. a.] 1977; dazu Rez. von RUDOLF REINHARDT in: Theologische Quartalschrift 159 (1979), S. 234f.

[13] Vgl. KARL AUGUST FINK: Papsttum und Kirchenreform nach dem Großen Schisma. In: Theologische Quartalschrift 126 (1946), S. 110–122, hier S. 117.

[14] Vgl. zum Ganzen KARL AUGUST FINK: Das Konzil von Konstanz. Martin V. In: JEDIN (Hg.), Handbuch [Anm. 11], Bd. III/2, S. 545–572, hier S. 562f.

waren – so die verbreitete Ansicht – lediglich Ausfluss einer falsch aufgefassten, dem Papst vorbehaltenen *plenitudo potestatis*.

Tatsächlich lässt sich an der Geschichte des päpstlichen Konsistoriums ablesen, welche Ausdehnung die päpstlichen Reservationsrechte im Laufe der Zeit gewonnen hatten, bis hin zum Höhepunkt, wo es hieß: *Reservamus omnia.*[15] Das heißt: Die Reservation, ursprünglich Ausnahme, war inzwischen zum Normalfall geworden. ‚Reform' durch ein Konzil hieß in diesem Zusammenhang, den ursprünglichen Normalzustand wiederherzustellen.

Eine Reformschrift aus dem Jahre 1406 sagt: „Die *plenitudo potestatis* ruht allein in Gott, nicht in einem einzelnen Menschen, auch nicht im Papst. Der Papst hat keine absolute Vollgewalt, er darf sich auch nicht *summus pontifex* nennen, sondern nur *primae sedis episcopus*." Dass er sich alle Geschäfte der Untergebenen reserviert, Dignitäten und Benefizien vergibt, sei – so wird hier gesagt – eine neue Erfindung. Seither befänden sich die Zehnten, Subsidien, Prokurationen, Reservationen, Benefizien, Exemtionen, Indulgenzen, Provisionen und die Verwandlung von Bußen in Geldzahlungen in der Hand eines einzigen Menschen. Doch nicht ein Einzelner, nur Christus und die Gesamtkirche im Universalkonzil, dürften eine solche Macht haben. Eine die Reformvorschläge zusammenfassende Schrift des Dietrich von Niem (ca. 1345–1418) formulierte demzufolge an mehreren Stellen kurz und bündig: *concilium ergo generale* [...] *limitet ac terminet potestatem coactivam et usurpatam papalem*.[16]

3. Das Thema: Ekklesiologie zwischen Konstanz und Trient

Damit bin ich bei der dritten Komponente meines Vortrags angelangt: Bei Konstanz und Trient – gemeint sind jene beiden Konzilien, die die ‚Reformation' gewissermaßen einrahmten. Markiert ist damit ein zeitlicher Korridor von etwa 150 Jahren, also zwischen dem Beginn des Konzils von Konstanz (1414) und dem Ende des Konzils von Trient (1563).

Allerdings sind die Marker Konstanz und Trient nicht nur zeitlich gemeint. Die Bezüge zwischen der Reformation und diesen Konzilien, die beide in der Historiographie als Reformkonzilien bezeichnet werden, bestehen auch nicht allein in semantischer, nicht einmal nur in thematischer Hinsicht. Beide, die ‚Reformkonzilien' und die ‚Reformation', sind vielmehr aufs engste miteinander verknüpft.

---

15 KARL AUGUST FINK: Die konziliare Idee im späten Mittelalter. In: Die Welt zur Zeit des Konstanzer Konzils. Konstanz, Stuttgart 1965 (Vorträge und Forschungen 9), S. 119–134, hier S. 127f.; wiederabgedr. in: Die Entwicklung des Konziliarismus. Werden und Nachwirken der konziliaren Idee. Hg. von REMIGIUS BÄUMER. Darmstadt 1976 (Wege der Forschung 279), S. 275–294.

16 Die Zitate in diesem Absatz nach FINK, Das Konzil von Konstanz [Anm. 14], S. 562.

Beim Konzil von Trient leuchtet dies unmittelbar ein, war dieses Konzil doch der Versuch einer katholischen Antwort (1) auf die Reformforderungen der Zeit und (2) auf die inzwischen erfolgte politische und ekklesiale Konsolidierung der ‚Neugläubigen', verbunden mit ihrer Bekenntnisbildung.[17] Diese ist dabei im Plural zu denken, denn die ‚Katholische Kirche' musste nicht nur auf die lutherische Theologie reagieren, sondern auch auf die reformatorische calvinistischer und Zwinglischer Prägung sowie auf die Vorstellungen des sogenannten ‚linken' Flügels der Reformation.[18]

Der Zusammenhang zwischen der Reformation und dem Konzil von Konstanz ist nicht ganz so evident. Ob das Konzil die Kirchenspaltung tatsächlich bereits vorbereitete, weil es das Problem Jan Hus (ca. 1370–1414) nicht wirklich (gemeint ist: nicht richtig) löste und mit der Hussitenfrage auch die Kirchenspaltung der Reformation provozierte, ist umstritten. In der Tat aber versuchten die Kirchen der Reformation nachträglich, Jan Hus und John Wyclif (ca. 1330–1384) zu Vorläufern zu stilisieren und sich so in eine bereits ältere Tradition einzureihen,[19] wie groß oder klein die Gemeinsamkeiten auch tatsächlich gewesen sein mögen. Auf einer anderen Ebene bewegt sich die Ansicht von Kirchenhistorikern wie Karl August Fink (1904–1983), der den Satz prägte: „Rom hat die Reform verhindert und dafür wenig später die Reformation erhalten".[20]

---

[17] Controversia et confessio. Quellenedition zur Bekenntnisbildung und Konfessionalisierung (1548–1580). Datenbank zu den innerprotestantischen, nachinterimistischen Klärungs- und Identifikationsprozessen. Ein Projekt der Akademie der Wissenschaften und der Literatur Mainz, Online-Ressource 2010ff. (http://www.controversia-et-confessio.de/).

[18] Dazu FRIEDRICH HEYER: Der Kirchenbegriff der Schwärmer. Leipzig 1939 (Schriften des Vereins für Reformationsgeschichte 166); Der linke Flügel der Reformation. Glaubenszeugnisse der Täufer, Spiritualisten, Schwärmer und Antitrinitarier. Hg. von HEINOLD FAST. Bremen 1962 (Klassiker des Protestantismus 4); JENS STANGENBERG, Radikale Reformation. Der „Linke Flügel" und seine Bedeutung für heute. Norderstedt 2018.

[19] Bekannt ist Hus' angeblicher, auf Luther zu deutender Spruch, der in Anspielung auf Johannes den Täufer als Vorläufer Jesu gestaltet ist: „Heute bratet ihr eine magere Gans. Aber über hundert Jahre werdet ihr einen Schwan singen hören, der sich aus meiner Asche erheben wird. Den sollt ihr ungebraten lassen". – Die alte These etwa bei RENATE RIEMECK: Jan Hus. Reformation 100 Jahre vor Luther. Frankfurt a. M. 1966 (Antworten 14); neuerdings wieder: WALTER RÜGERT: John Wyclif, Jan Hus, Martin Luther. Wegbereiter der Reformation. Konstanz 2017; HANS-GERD KRABB: Zwölf Köpfe der Reformation. Valdès, Wyclif, Hus, Luther, Melanchthon, Zwingli, Oekolampad, Bucer, Brenz, à Lasco, Bullinger, Calvin. 2. Aufl. Berlin 2017 (Theologische Orientierungen 24). – Man wird freilich nicht nur darauf verweisen müssen, dass Luther eben keine Spiritualisierung der Kirche vornahm.

[20] KARL AUGUST FINK: Eugen IV. Konzil von Basel – Ferrara – Florenz. In: JEDIN (Hg.), Handbuch [Anm. 14], Bd. III/2, S. 572–589, hier S. 588; ders.: Papsttum und Kirche im abendländischen Mittelalter. 2. Aufl. München 1994 (zuerst 1981), S. 59. – Fink rezipiert hier eine These, die bereits der ihm in seinen letzten Lebensjahren befreundete protestantische Historiker Johannes Haller vertreten hatte. Dagegen kritisch HERIBERT

In beide Konzilien mündeten vielerlei Reformvorstellungen und Reformbestrebungen, und auf beiden Konzilien wurden auch Reformen generiert.[21] Sie zielten vorwiegend auf eine Veränderung der kirchlichen Praxis und auf die Abstellung offenkundiger Missbräuche. Viele dieser Reformen waren freilich Reformen auf dem Papier, Reformbeschlüsse, die erst umgesetzt werden mussten und nicht sofort oder sogar überhaupt nie Wirkung zeigten.

Nicht alle diese Reformen betrafen auch die Ekklesiologie, d. h. die Lehre von der Kirche. Allerdings: Sowohl das Konzil von Konstanz als auch die Reformation stellten die bisherige Ekklesiologie in grundsätzlicher Hinsicht in Frage. Und diese ekklesiologischen Auseinandersetzungen beherrschten dann auch das Konzil von Trient. Darum soll es im Folgenden gehen.

II. Die Ekklesiologie des Konzils von Konstanz

Seit dem Ende der Antike hatten die ursprünglichen kirchlichen Regulationsorgane, die Regionalsynoden, aber auch die Allgemeinen Konzilien zur Klärung offener Fragen in ihrer Bedeutung abgenommen, während sich der römische Bischof zunächst als Autorität, dann als kirchlicher Gesetzgeber immer stärker in den Vordergrund geschoben hatte.[22] Höhepunkte der Vorstellung von einem Jurisdiktionsprimat des Papstes über die anderen Bischöfe waren die (wohlgemerkt nicht an der römischen Kurie entstandenen,

---

MÜLLER: Die kirchliche Krise des Spätmittelalters. München 2012 (Enzyklopädie deutscher Geschichte 90), S. 120f., der auf drei Faktoren hinweist, die der Finkschen These entgegenstehen: (1) Gewisse konziliar-reformerische Reformimpulse wirkten selbst an der Kurie weiter (dies hatte freilich auch Fink gesehen). (2) Nach Luther ging es den konziliaren Kräften nur um einen systemimmanenten Umbau der Kirchenverfassung, „nicht aber um deren (unvermeidlichen?) Neubau“, zumal diese Kräfte ob ihrer Zersplitterung unwirksam sein mussten. (3) Die synodalen Reformanstrengungen standen in einem Gesamt zahlreicher Reformversuche und Reformen im ausgehenden Mittelalter, welche aber größtenteils weder etwas mit den Konzilien noch mit der Reformation zu tun hatten.

[21] In Konstanz: Kompetenz der Kurie; personelle Zusammensetzung und Besoldungspraxis; Anzahl und Nationalität der Kardinäle; Papstwahl; kuriales Prozesswesen; fiskalische Rechte des Papsttums; Benefizienvergabe des Papstes; Annaten; Simonie, Prunksucht und Konkubinat; Nikolaizismus; Vernachlässigung von Seelsorge und Gottesdienst; mangelnde Bildung des Klerus. Reformdekret von Martin V. (20. Januar 1418): Zugeständnisse an die Prälaten; schärfere Residenzpflicht; Forderung akademischer Graduierung für Bischöfe; Bestrafung von Simonisten; Sitzung vom 21. März 1418: Handhabe der Kleiderordnung des Klerus; Rücknahme von Inkorporationen; Beschränkung der Exemtionen; Verzicht auf Vakanzgelder; Bestrafung von Simonisten.

[22] Dazu vgl. KLAUS SCHATZ: Der päpstliche Primat. Seine Geschichte von den Ursprüngen bis zur Gegenwart. Würzburg 1990.

dort später aber rezipierten) ‚Pseudo-Isidorischen Dekretalen' des 9. Jahrhunderts, der ‚Dictatus Papae' (1075) Gregors VII., der Pontifikat eines Innozenz III. und die Bulle *Unam Sanctam* (1302) Papst Bonifaz' VIII. Diese Vorstellungen wären in folgenden Kernsätzen zusammenzufassen: (1) Dem Papst kommt die Oberhoheit im Bereich der Lehre zu. (2) Der Papst hat ein universales Eingriffsrecht in die kirchlichen Bereiche Disziplin und Gerichtsbarkeit. (3) Die Bischöfe und selbst die Synoden besitzen keine eigenständige Autorität, sie erhalten ihre Legitimation und Rechtskraft vielmehr erst vom Papst her. Diese Theorie des ‚Papalismus' – wenn man dieses unschöne Wort gebrauchen will – war spätestens zu Beginn des 14. Jahrhunderts voll ausgebildet.

Das Interessante ist nun, dass gerade auf dem Höhepunkt der papalen Theorie auch deren Krise und folglich deren radikale Infragestellung begann. Nach dem avignonesischen Exil, in dem sich auf der Basis des Papalismus ein ausufernder Fiskalismus Bahn gebrochen hatte, kam es 1378 zum Großen Abendländischen Schisma, zur Spaltung der Kirche. Papst stand gegen Papst, Obödienz gegen Obödienz. In der Konsequenz der ‚papalistischen' Logik formulierte jede der beiden Seiten ihren universalen Anspruch – wodurch sich dieser Anspruch selbst konterkarierte.

Versuche, das Schisma zu beenden, schlugen fehl. Politisch oder militärisch war die Frage nicht zu lösen, weil beide Päpste mehr oder weniger gleich stark waren, beide ihre politische Unterstützung fanden. Die Verpflichtung aller Kardinäle, im Falle ihrer Wahl zum Papst zurückzutreten, falls damit das Schisma gelöst werden könnte, blieb ebenfalls ohne Erfolg. Die Überlegung, ein Schiedsgericht anzurufen, das die Wahlen beider Päpste prüfen und dann entscheiden sollte, erwies sich aber als schwierig; wer hätte als Schiedsgericht anerkannt werden sollen, wo doch der Papst „von niemandem gerichtet" werden durfte?

Damit offenbarte sich in aller Radikalität der entscheidende Schwachpunkt eines ungezügelten Papalismus. Die Kirche besaß – innerhalb dieses Systems, das kein ernsthaftes Gegenüber zum Papst zuließ – keinerlei Möglichkeit, gegenzusteuern. Eine einseitige und falsche Ekklesiologie hatte die Kirche manövrierunfähig gemacht.

Erst 1417, nach 39 Jahren, gelang es, diese Kirchenspaltung zu beseitigen, durch Verurteilung und Absetzung bzw. Rücktritt aller Päpste auf dem Konzil von Konstanz.[23] Die Basis und Legitimation dafür lieferte – ich benutze wieder ein unschönes Wort – der ‚Konziliarismus'. Denn man besann sich, um des Problems Herr zu werden, auf das alte ekklesiologische Verfassungsorgan der Generalsynode. Ein erster Versuch, 1409 auf einem nach

[23] Johannes XXIII. galt als unwürdiger, aber nicht als unrechtmäßiger Papst. Er wurde nach seiner Flucht und Gefangennahme abgesetzt. Ebenso abgesetzt wurde Benedikt XIII., der avignonesische Papst, der sich allen Vermittlungsversuchen widersetzte und sich bis zu seinem Tod 1423 für den einzig rechtmäßigen Papst hielt. Gregor XII., der römische Papst, erklärte sich unter Zugeständnissen bereit abzudanken.

Pisa einberufenen Konzil das Schisma zu beenden, war gescheitert, vor allem weil Pisa der politische Rückhalt und die einhellige Unterstützung der europäischen Mächte gefehlt hatte, aber auch, weil das Konzil seine Aufgabe vorrangig darin gesehen hatte, gegen die beiden schismatischen Päpste einen Prozess zu führen. Erst das Konzil von Konstanz reflektierte stärker über seine theologischen Voraussetzungen: die konziliaren Ideen.[24]

1. Struktur und Verfahrensordnung des Konzils

Spricht man von Konstanz, so ist allerdings nicht nur die dort formulierte Ekklesiologie herauszuheben, sondern auch die Struktur und Verfahrensordnung dieses Konzils. Es wurde auf Betreiben des deutschen Königs Sigismund zwar von Johannes XXIII. (1409–1417) einberufen, doch kam dem Papst selbst keine wirklich leitende Rolle auf dem Konzil zu. Er war bereits dadurch paralysiert, dass – rein äußerlich – König Sigismund in seiner Rolle als *advocatus et defensor ecclesiae* eine herausragende Stellung einnahm: Er trat in kaiserlichem Gewand auf, trug die römische Königskrone und wohnte den feierlichen Konzilssitzungen auf einem erhöhten Sitz bei.[25]

Zudem: Das Konzil war keine reine Bischofsversammlung. Nur etwa ein Zehntel der insgesamt 2000 Teilnehmer waren Bischöfe. Die Versammlung prägten stattdessen mehr als bisher die Vertreter der Universitäten[26] und die Fürsten. Von großer Bedeutung war die Entscheidung vom 6. Februar 1415, das Konzil in zunächst vier, später fünf ‚Nationen' (im Sinne geographisch-kultureller Großräume) tagen und abstimmen zu lassen. Im Gesamtkonzil zählte dann die Mehrheit der Nationen, nicht die Mehrheit der Einzelstimmen.[27]

Auch durch seine Verfahrensstruktur erhielt das Konzil faktisch einen stärker repräsentativen Charakter. Ein wichtiges konziliares Organ war der ‚Hauptausschuss', der ebenfalls aus Delegierten der einzelnen Nationen bestand und faktisch die Konzilsleitung insofern ausübte, als er über das konkrete Vorgehen entschied. Unterstrichen wurde der repräsentative Charakter des Konzils dadurch, dass es einem Votum des Kardinals Pierre d'Ailly (ca. 1350–1420) folgte, der für die Frage der Beseitigung des Schismas das Stimmrecht im Konzil von der Amtsautorität löste und an die drei Kriterien Repräsentativität, Sachautorität (deshalb Stimmrecht der Magistri) und po-

---

[24] Dazu vgl. die luzide Zusammenfassung von MÜLLER, Krise [Anm. 20], S. 12–21.

[25] Vgl. MÜLLER, Krise [Anm. 20], S. 23.

[26] Dazu eingehend HERIBERT MÜLLER: Universitäten und Gelehrte auf den Konzilien von Pisa (1409), Konstanz (1414–1418) und Basel (1431–1449). In: Universität, Religion und Kirchen. Hg. von RAINER CHRISTOPH SCHWINGES. Basel 2011 (Veröffentlichungen der Gesellschaft für Universitäts- und Wissenschaftsgeschichte 11), S. 109–144.

[27] Dazu MÜLLER, Krise [Anm. 20], S. 23f.

Abb.: Sitzung des Konzils im Münster. Aus: Chronik des Ulrich Richental. Konstanz, Rosgartenmuseum, o. Sign., fol. 15v/16r. Abb. aus: Ulrich Richental: Das Konzil zu Konstanz. Faksimile. Bearb. von OTTO FEGER. Starnberg, Konstanz 1964.

litisch-faktische Bedeutung (Rolle der Fürsten) knüpfte.[28] Auch für die nach Absetzung bzw. Abdankung der Päpste notwendige Wahl eines Papstes wurde ein neuartiger Modus gefunden. Der Papst wurde vom Kardinalskolleg (mit 23 Stimmen) und von den fünf Konzilsnationen (mit je sechs Stimmen) gewählt und benötigte sowohl im Kardinalskolleg als auch in jeder der Konzilsnationen eine Zweidrittelmehrheit. Damit war eine größtmögliche Akzeptanz des Gewählten gesichert.[29]

2. Ekklesiologische Aussagen des Konzils

Von entscheidender Bedeutung in ekklesiologischer Hinsicht war die Definition der Superiorität der Konzils, die im Dekret *Haec sancta* der Sitzung vom 6. April 1415 vorgenommen wurde.[30] Durch die Flucht Johannes' XXIII., der seine Chancen, als Papst bestätigt zu werden, hatte schwinden sehen,

---

[28] KLAUS SCHATZ: Allgemeine Konzilien – Brennpunkte der Kirchengeschichte. Paderborn [u. a.] 1997 (UTB 1976), S. 136f.

[29] Vgl. zu den Auseinandersetzungen über den Wahlmodus: WALTER BRANDMÜLLER: Das Konzil von Konstanz 1414–1418. 2 Bde. Paderborn [u. a.] 1997 (Konziliengeschichte. Reihe A), hier Bd. II, S. 322–335. – Zum Wahlvorgang selbst ebd., S. 338–370.

[30] Vgl. MÜLLER, Krise [Anm. 20], S. 25f. (zum Inhalt), S. 27f. (zur umstrittenen Validität zwischen situationaler und genereller Gültigkeit), S. 70–74 (zur Forschungs- und Interpretationsgeschichte).

war das Konzil im März 1415 in eine tiefe Krise geraten. In dieser kritischen Phase formulierte die Versammlung am 6. April die später so umstrittenen Beschlüsse über die höhere Gewalt des Allgemeinen Konzils in der Kirche:

„Diese heilige Synode zu Konstanz [...] erklärt erstens, daß sie, im Hl. Geist rechtmäßig versammelt, ein allgemeines Konzil abhaltend und die irdische katholische Kirche repräsentierend [...], ihre Vollmacht unmittelbar von Christus hat. Ihr ist ein jeder, welchen Standes und welcher Würde auch immer, sei es auch die päpstliche, in denjenigen Angelegenheiten zum Gehorsam verpflichtet, die sich auf den Glauben, auf die Ausrottung des besagten Schismas und die allgemeine Reform der Kirche an Haupt und Gliedern beziehen. Desgleichen erklärt sie, daß ein jeder, welcher Stellung, welches Standes und welcher Würde auch immer, sei es auch die päpstliche, der den [...] Geboten, Satzungen oder Anordnungen oder Vorschriften dieser heiligen Synode und eines jeden anderen rechtmäßig versammelten allgemeinen Konzils in den genannten oder auf sie bezüglichen Fragen den Gehorsam verweigert, falls er nicht davon Abstand nimmt, einer entsprechenden Buße unterworfen oder gehörig bestraft wird, wobei nötigenfalls auch andere Rechtsmittel angewendet werden“.[31]

Zum ekklesiologischen Grundsatzreformprogramm gehört auch das Dekret *Frequens*, das über zweieinhalb Jahre später, am 9. Oktober 1417, beschlossen wurde.[32] Es gibt eine eindeutige Antwort auf die Frage, wie es überhaupt zu einem solchen Schisma und solchen Zuständen in der Kirche kommen konnte: Hätte regelmäßig die Kontrollinstanz ‚Konzil‘ getagt, wäre solches unmöglich gewesen.

„Die häufige Feier der Generalkonzilien ist eine vorzügliche Weise, den Acker des Herrn zu pflegen. Sie rottet die Disteln, die Dornen und das Gestrüpp der Häresien, Irrtümer und Schismen aus, korrigiert die Auswüchse, reformiert das Deformierte und führt den Weinberg des Herrn zu überreichem Ertrag. Die Vernachlässigung der Konzilien hingegen sät die eben genannten Übel aus und fördert sie. So stellt es uns die Erinnerung an die Vergangenheit und die Betrachtung der Gegenwart vor Augen. Daher verfügen, bestimmen, entscheiden und verordnen wir durch diesen für immer gültigen Erlass, dass von jetzt an Generalskonzilien in folgender Weise gefeiert werden: Das erste fünf Jahre nach Beendigung dieses Konzils, das zweite sieben Jahre danach. Von da an wird in Zukunft alle zehn Jahre ein Konzil gefeiert,

---

31 *Haec Sancta*. Übers. abgedr. in: Mittelalter. Hg. von ADOLF MARTIN RITTER [u. a.]. 5. Aufl. Neunkirchen-Vluyn 2001 (Kirchen- und Theologiegeschichte in Quellen 2), S. 235f. (Sperrungen vom Verf.) (hier im antikonziliaren Sinn interpretierend als „Notstandskonziliarismus“ bezeichnet). – Im Ringen um das Dekret standen sich auf der einen Seite die deutsche, englische und französische Konzilsnation, auf der anderen die Kardinäle und die Italiener gegenüber. Die erstere Partei wollte die Superiorität des Konzils nicht nur für die Notsituation in der Krise des Konzils gelten lassen, sondern auch in den Fragen der Kirchenreform sowie für alle weiteren Konzilien. Doch war zunächst am 30. März nur eine moderate Fassung des Dekrets durchzusetzen. Erst nach der erneuten Flucht des Papstes und der damit noch einmal verschärften Situation setzte sich die weitere Fassung des Dekrets am 6. April 1415 durch. Vgl. SCHATZ, Allgemeine Konzilien [Anm. 28], S. 139f.

32 Vgl. MÜLLER, Krise [Anm. 20], S. 26f.

und zwar an Orten, die der Papst einen Monat vor Beendigung des jeweiligen Konzils mit Billigung und Zustimmung des Konzils oder – falls er es versäumt – das Konzil selbst bestimmen und festsetzen muss. Auf diese Weise soll in gleichsam ununterbrochener Fortsetzung ein Konzil stets entweder gerade im Gange sein oder dank des bevorstehenden Termins in Aussicht stehen. Diese Frist darf der Papst bei etwa auftretenden Schwierigkeiten mit dem Rat seiner Brüder, der Kardinäle der heiligen römischen Kirche, verkürzen, niemals aber verlängern [...]".[33]

3. Bekräftigung (Dogmatisierung) der Superiorität des Konzils in Basel

Die Rezeption der Beschlüsse von Konstanz geriet nach Beendigung des Konzils und der Beseitigung des Schismas allerdings in die Krise. Zwar hatte der Papst – konform mit dem Dekret *Frequens* – auf 1423 ein neues Konzil nach Pavia einberufen, das sich dem Dauerbrenner Reform und der Hussitenfrage sowie dem noch fortdauernden Schisma und ‚Winkelpapsttum' in Peñiscola widmen sollte. Doch die Versammlung wurde belastet einerseits durch die rivalisierenden nationalen Kräfte (England und Frankreich) und die erpresserischen Bestrebungen König Alfons' V. von Aragon, andererseits durch die Gegensätze zwischen der konziliar eingestellten Konzilsmehrheit und einer Minderheit um Martin V. (1417–1431), der das Konzil unter seine Führung stellen wollte.[34] In dieser komplikationsreichen Situation ließ der Papst das Konzil auflösen und – wiederum entsprechend der Vorgabe des Dekrets *Frequens* – auf 1431 nach Basel einberufen.[35]

Diesem neuen Konzil wurde vielfach der Vorwurf gemacht, einen kirchlichen ‚Parlamentarismus' und eine ‚Demokratisierung' der Kirche gewollt zu haben. In der Tat machten die Bischöfe nur zwischen 5 und 15 % der Teilnehmer aus; die meisten Konzilsmitglieder kamen aus den Universitäten (22 %), den Domkapiteln und den neuen Orden. Auf dem Konzil ging es vor allem um die Kirchenreform, was so viel hieß wie: Beschneidung des päpstlichen Fiskalismus (durch Abschaffung der Annaten, Exspektanzen und Reservationen). Dazu kamen Reformen auch auf der unteren kirchlichen

---

[33] *Frequens*. Abgedr. in: Dekrete der Ökumenischen Konzilien. Hg. von JOSEF WOHLGEMUTH. Bd. 2: Konzilien des Mittelalters. Vom ersten Laterankonzil (1123) bis zum fünften Laterankonzil (1512–1517). Im Auftrag der Görres-Gesellschaft ins Deutsche übertragen und hg. unter Mitarbeit von GABRIEL SUNNUS und JOHANNES UPHUS. Paderborn [u. a.] 2000, hier S. 438f. – Ein weiteres Reformdekret *Si vero*, ebenfalls am 9. Oktober 1417 erlassen, sollte einem neuen Schisma vorbeugen. Im Falle eines neuen Schismas – so wurde beschlossen – muss (1) innerhalb eines Jahres ein Konzil stattfinden, müssen (2) an diesem alle Bischöfe, Äbte und Prälaten teilnehmen, müssen (3) Kaiser, Könige und Fürsten vertreten sein (evtl. durch Legaten), müssen (4) alle Päpste sich auf dem Konzil einfinden, geht (5) ab Konzilsbeginn alle Gewalt in der Kirche auf die Synode über und wählt sich (6) die Synode selbst ihre Leiter; ein Papst darf ihr nicht vorstehen.

[34] Vgl. SCHATZ, Allgemeine Konzilien [Anm. 28], S. 147f.

[35] Das Folgende nach SCHATZ, Allgemeine Konzilien [Anm. 28], S. 149–151.

Ebene sowie Bestimmungen zur Wiederbelebung des synodalen Lebens der Kirche (Diözesan- und Provinzialsynoden). Missstände im Pfründwesen wurden aber nicht angegangen, weil ein Großteil der Konzilsteilnehmer (gerade der Universitätsklerus) von diesem System lebte. Ähnlich ambivalent zeigte sich das Konzilsverständnis der führenden Basler Theologen selbst: Während man (nach innen) eine Ekklesiologie vertrat, die ganz auf Dialog und Konsensfindung ausgerichtet war, wurde (nach außen) keine Infragestellung der Konzilsentscheidungen geduldet. Das Konzil beanspruchte eine Autorität, die ‚Unfehlbarkeit' antizipierte und antizipieren musste, um seine eigene Position gegenüber dem Papst nicht zu schwächen.

Von Anfang an geriet das Basler Konzil in einen Gegensatz zu Eugen IV. (1431–1447), der weder bereit war, einer Schmälerung seiner Rechte zuzustimmen, noch sich den (von Konstanz formulierten) Superioritätsansprüchen des Konzils zu unterwerfen. Nach langen Auseinandersetzungen bekräftigte die Synode deshalb 1439 die Superiorität des Konzils noch einmal durch ein eigenes Dekret, nachdem der Papst das Konzil, das sich seinen Vorstellungen nicht beugte, eigenmächtig aufgehoben hatte. Im Dekret *Et licet* vom 16. Mai 1439 heißt es:

„Obgleich es aus mehreren vorangehenden Erklärungen des Konzils von Konstanz und dieses Konzils in Basel hinreichend feststeht, dass es sich hier um Wahrheiten des katholischen Glaubens handelt, erklärt und bestimmt diese heilige Synode, um allen Katholiken zu einer größeren Sicherheit und Beständigkeit im einmütigen Bekenntnis eben dieser Wahrheit zu verhelfen, Folgendes: Bei der Aussage, dass ein allgemeines Konzil, das die ganze Kirche repräsentiert, über dem Papst und jedem anderen steht, wie es die allgemeinen Konzilien von Konstanz und jetzt von Basel erklärt haben, handelt es sich um eine Wahrheit des katholischen Glaubens. Bei der Aussage, dass der Papst ein allgemeines Konzil, das die ganze Kirche repräsentiert und ordnungsgemäß einberufen ist, um über den Inhalt des vorigen Satzes oder einen Teil davon zu beschließen, ohne dessen Zustimmung weder durch einen Machtspruch (*autoritative*) auflösen noch auf eine andere Zeit vertagen noch an einen anderen Ort verlegen kann, handelt es sich um eine Wahrheit des katholischen Glaubens. Wer sich diesen beiden Wahrheiten hartnäckig widersetzt, ist als Häretiker anzusehen".[36]

Dies war die radikalste Formulierung der Superiorität des Konzils, nämlich als ‚Wahrheit des Glaubens' – und somit im verpflichtenden Rang eines Dogmas.

III. Der Konziliarismus – eine Sondermeinung?

Wie sehr das Papsttum bemüht war, die Konstanzer Dekrete faktisch zu unterdrücken, zeigt das mehrfach ausgesprochene Verbot der Appellation an ein Konzil, angefangen bei dem in Konstanz gewählten Martin V. bis hin

[36] *Et licet*. Abgedr. in: OBERMAN [u. a.] (Hg.), Die Kirche im Zeitalter der Reformation [Anm. 7], S. 236.

zu Pius IX. (1846–1878) im 19. Jahrhundert;[37] das Verbot hat selbst noch in den ‚Codex Iuris Canonici' von 1983 Eingang gefunden.[38]

Mit dem Verbot korrespondiert die Tatsache, dass sich die Päpste seit dem Basler Konzil nicht mehr an das Dekret *Frequens* hielten, also der Verpflichtung zur regelmäßigen Einberufung eines Konzils nicht mehr nachkamen. Im Übrigen betonten sowohl die Bulle *Laetentur Caeli* des Konzils von Florenz (1439) als auch das V. Laterankonzil (1512–1517) die Autorität des Papstes. Die Begründung war die alte:

„Wir bestimmen, dass der heilige Apostolische Stuhl und der Römische Bischof den Primat über den ganzen Erdkreis innehat und der Römische Bischof selbst der Nachfolger des seligen Apostelfürsten Petrus und der wahre Stellvertreter Christi, das Haupt der ganzen Kirche und der Vater und Lehrer aller Christen ist; und ihm ist von unserem Herrn Jesus Christus im seligen Petrus die volle Gewalt übertragen worden, die ganze Kirche zu weiden, zu leiten und zu lenken, wie es auch in den Akten der ökumenischen Konzilien und in den heiligen Kanones festgehalten wird".[39]

Die Ignorierung von *Haec sancta* und *Frequens* bzw. die Absage an die Festlegungen des Konzils von Konstanz wurde ergänzt durch ekklesiologische Traktate, die wieder eindeutig papal zugeschnitten waren,[40] während auf nichtpäpstlicher Seite die konziliare Vorstellung weiterhin lebendig blieb[41] und im 15. und 16. Jahrhundert, vor allem im Streit zwischen Frankreich und dem Papsttum, öfters auch als politische Waffe eingesetzt wurde.

Doch selbst innerhalb der römischen Kurie, und dies muss betont werden, lebte die konziliare Idee weiter. Das zeigen die Wahlkapitulationen des 15. Jahrhunderts und noch zu Beginn des 16. Jahrhunderts, auf welche sich die Päpste verpflichten mussten. Hier stand immer – an erster Stelle neben der Verpflichtung zum Türkenkrieg – die Verpflichtung zum Konzil. Die

---

[37] Martin V. erließ 1418 ein Verbot, das allerdings nicht veröffentlicht wurde. Es folgte 1441 ein Verbot Eugens IV., 1460 schließlich die Bulle *Execrabilis* von Pius II., der als Kardinal noch selbst konziliare Ideen vertreten hatte. Weitere Appellationsverbote ergingen 1509 (Julius II.), 1516 (Leo X.), 1682 (Innozenz XI.), 1690 (Alexander VIII.), 1794 (Pius VI.) und zuletzt 1870 (Pius IX.: *De ecclesia*). Vgl. HANS-JÜRGEN BECKER: Die Appellation vom Papst an ein allgemeines Konzil. Historische Entwicklung und kanonistische Diskussion im späten Mittelalter und in der frühen Neuzeit. Köln [u. a.] 1988 (Forschungen zur kirchlichen Rechtsgeschichte und zum Kirchenrecht 17).

[38] *Qui contra Romani Pontificis actum ad Concilium Oecumenicum vel ad Episcoporum collegium recurrit censura puniatur*. Codex Iuris Canonici 1983, c. 1372.

[39] Bulle *Laetentur caeli* vom 6. Juli 1439. Abgedr. in: HEINRICH DENZINGER/PETER HÜNERMANN: Enchiridion symbolorum definitionum et declarationum de rebus fidei et morum/Kompendium der Glaubensbekenntnisse und kirchlichen Lehrentscheidungen. 37. Aufl. Freiburg i. Br. [u. a.] 1991, Nr. 1307.

[40] Zu nennen wäre etwa die ‚Summa de Ecclesia' des spanischen Dominikaners Juan de Torquemada (1453) oder die Auffassung von Tommaso Cajetano. Vgl. JOSEF FINKENZELLER: Kirche IV. In: TRE, Bd. 18 (1989), S. 227–252, hier S. 238f.

[41] So etwa in der Pragmatischen Sanktion von Bourges (1438) und im Mainzer Akzeptationsinstrument (1439).

Ansicht der Kardinäle, dass ein Papst ein Konzil einberufen müsse, hat sich hier offenbar zur stereotypen Formel verdichtet.[42] Es ist beachtlich, dass die konziliare Theorie bis ins 16. Jahrhundert sogar von Kanonisten der römischen Kurie vertreten wurde.

Überhaupt war die konziliare Kirchenauffassung, wie die Forschungen der letzten Jahrzehnte festgestellt haben,[43] keine prinzipiell dissidente Kirchenauffassung, sie bewegte sich auch nicht in einer einseitigen Abhängigkeit von Marsilius von Padua († 1342/43) oder Wilhelm von Ockham (ca. 1288–1347), die beide als Ketzer verurteilt bzw. exkommuniziert worden waren, deren Autorität also beschädigt war. Die konziliare Kirchenauffassung war auch nicht Ausdruck eines spätmittelalterlichen Antipapalismus (wie die Theologie des 19. Jahrhunderts und der Protestantismus meinten), sie war kein revolutionäres Gedankengut, um einen Bruch mit der kirchlichen Tradition herbeizuführen. Vielmehr war die Möglichkeit einer Mitregierung der Kirche durch das *concilium generale* bereits viel früher aufgetaucht, sogar bei den päpstlichen Dekretisten und Dekretalisten, also im Kirchenrecht. Diese konziliare Mitregierung hatte bei den Vertretern des kirchlichen Rechts selbstredend nicht den Zweck, die Aktionsfreiheit der Kurie oder des Papstes auf das Alltagsgeschäft zu beschränken; die Absicht ging vielmehr dahin, für den Fall einer Bedrohung der Gesamtkirche durch Papst oder Kurie eine Art verfassungsmäßige Bremse einzubauen.[44]

Den meisten sogenannten ‚Konziliaristen' liegt ein Satz zugrunde, der schon im Decretum steht: *Quod omnes tangit, ab omnibus approbari debet.*

---

[42] Zu den päpstlichen Wahlkapitulationen vgl. JEAN LULVÈS: Päpstliche Wahlkapitulationen. Ein Beitrag zur Entwicklungsgeschichte des Kardinalats. Vortrag, gehalten am 12. August 1908 in der VI. Sektion des internationalen Kongresses für historische Wissenschaften zu Berlin. In: Quellen und Forschungen aus italienischen Archiven und Bibliotheken 12 (1909), S. 212–235; WALTER ULLMANN: The legal validity of the papal electoral pacts. In: Ephemerides Iuris Canonici 12 (1956), S. 246–278; HANS-JÜRGEN BECKER: Ansätze zur Kirchenreform in den päpstlichen Wahlkapitulationen der Jahre 1458 (Pius II.), 1464 (Paul II.) und 1471 (Sixtus IV.). In: ders.: Aspekte weltlicher und kirchlicher Rechtskultur. Ausgewählte rechtshistorische Aufsätze. Regenstauf 2014, S. 645–670.

[43] Vgl. etwa FINK, Die konziliare Idee [Anm. 15], S. 119–134; HELMUT G. WALTHER: Konziliarismus als politische Theorie? Konzilsvorstellungen im 15. Jahrhundert zwischen Notlösungen und Kirchenmodellen. In: Die Konzilien von Pisa (1409), Konstanz (1414–1418) und Basel (1431–1449). Institutionen und Personen. Hg. von HERIBERT MÜLLER und JOHANNES HELMRATH. Ostfildern 2007 (Vorträge und Forschungen 67), S. 31–60.

[44] Die vielfältigen Auffassungen über die äußere Struktur und die Gewaltenverteilung wurden allerdings kaum einmal in einem geschlossenen System vorgeführt, sondern finden sich in der glossierenden Tätigkeit der Dekretisten und Dekretalisten weithin verstreut. So erklärt es sich auch, dass bei dem gleichen Autor oft sehr widersprüchliche Thesen anzutreffen sind. Das heißt: Es gibt kein System, sondern eine große Mannigfaltigkeit. Es ist sogar so, dass bei ein- und denselben Leuten konziliare und papale Äußerungen nebeneinander stehen. Vgl. hierzu und zum Folgenden FINK, Die konziliare Idee [Anm. 15].

Bei einer ganzen Reihe von Zeugen wird zwischen *potestas* und *exercitium*, also der Macht und der Ausübung der Macht, unterschieden. Die *potestas* liegt normalerweise bei der *congregatio fidelium* (der Versammlung der Gläubigen), während das *exercitium* Papst und Kurie als ausführende Organe sind.

Eine interessante Theorie vertritt Giovanni Gozzadini (1477–1517) in seinem Werk ‚De electione romani pontificis', das um 1511/12 vollendet wurde. Gozzadini meint, die Kirche als Ganze besitze die *auctoritas habitualis*. Deren Ausübung aber, die *auctoritas actualis*, liege gewöhnlich beim Papst und bei den Organen der *ecclesia romana*. D. h., der Papst ist zwar das normale Funktionsorgan der Kirche, er hat aber dienende Funktion. Erfüllt er seine Funktion nicht mehr, so kann er auch abgesetzt werden (etwa wenn er sich als Störer der Einheit erweist). Das heißt nun freilich nicht, dass der Papst nur noch Vollzieher von Konzilsbeschlüssen ist. Aber es bedeutet, dass er nicht einfach machen kann, was er will. Es gilt nicht mehr: *voluntas Papae = lex ecclesiae*.[45] Diese Auffassung ist vor allem deswegen so interessant, weil Gozzadini nicht irgendjemand war, sondern einer der führenden Kanonisten der römischen Kurie, ein Haus- und Tischgenosse ausgerechnet Julius' II. (1503–1513).[46]

Die Vorstellung Gozzadinis ist nicht singulär. Andere könnten genannt werden: Girolamo Massaino (ca. 1460–1527), ebenfalls ein ranghoher Kurialer, mit seinem Traktat ‚De conciliis et ecclesiae statu monarchico et aristocratico',[47] der Spanier Francisco de Vitoria (ca. 1483–1546)[48] und andere. Meist sagt das beliebte Begriffspaar *potestas – exercitium*, dass das *exercitium* (die *potestas actualis*) gewöhnlich beim Papst und seiner Kurie liegt. In Notfällen aber wird die größere *potestas habitualis* der Gesamtkirche aktualisiert, und zwar im Konzil als dem großen Regulativ. Wir haben hier im Grunde eine mittlere Linie zwischen den beiden Extremen (Papalismus – Konziliarismus).

Die Formulierung von *Haec sancta* der fünften Sessio war also kein g e i s t i g e r Einzelfall, sondern ein p o l i t i s c h e r. Geistig war die Theorie längst

---

[45] FINK, Die konziliare Idee [Anm. 15], S. 124f.

[46] Vgl. HUBERT JEDIN: Giovanni Gozzadini, ein Konziliarist am Hofe Julius' II. In: Römische Quartalschrift 47 (1939), S. 193–267; JOSEF KLOTZNER: Kardinal Dominicus Jacobazzi und sein Konzilswerk. Ein Beitrag zur Geschichte der konziliaren Idee. Romae 1948 (Analecta Gregoriana. Sectio B 45), insbes. S. 236–250; REMIGIUS BÄUMER: Nachwirkungen des konziliaren Gedankens. Münster 1971; HERMANN JOSEF SIEBEN: Traktate und Theorien zum Konzil vom Beginn des Großen Schismas bis zum Vorabend der Reformation (1378–1521). Frankfurt a. M. 1984 (Frankfurter theologische Studien 30), S. 209f.

[47] Vgl. ULRICH HORST: Konziliarismus und Papalismus im Widerstreit von Juan de Torquemada bis Francisco de Vitoria. In: Ekklesiologische Alternativen? Monarchischer Papat und Formen kollegialer Kirchenleitung (15.–20. Jahrhundert). Hg. von BERNWARD SCHMIDT und HUBERT WOLF. Münster 2013 (Symbolische Kommunikation und Gesellschaftliche Wertesysteme – Schriftenreihe des Sonderforschungsbereichs 496, 42), S. 55–73, hier S. 66f.

[48] Vgl. HORST, Konziliarismus [Anm. 47], S. 70–73.

da, sie wurde jetzt nur aktualisiert. Von daher stellte sich für Martin V. gar nicht – wie die Kritiker der konziliaren Idee meinen – die Frage einer Anerkennung des Konstanzer Konzils. Eine solche war überhaupt nicht nötig. Natürlich aber versuchte Martin V., die Superioritätsdekrete abzuschwächen. Gegen solche Versuche haben jedoch alle Konzilsnationen der kleinen Synode von Pavia gemeutert. Auf dem Konzil von Basel versammelten sich dann die großen Konzilshistoriker und Theologen – etwa Nikolaus von Kues (1401–1464) und Aeneas Silvio Piccolomini (1405–1464), die hier die konziliare Idee vertraten, auch wenn sie später eine ekklesiologische Wandlung durchgemacht haben.[49]

IV. Zur Ekklesiologie Martin Luthers

In der Einleitung wurde darauf hingewiesen, dass für Luther die Kirche im Gefolge des Ablassstreits zum Problem wurde. Seine Kritik an der Ekklesiologie bewegte sich allerdings – trotz seiner Appellation an ein „gemein, frei, christlich Konzil in deutschen Landen"[50] – nicht vorrangig in den Bahnen der damals virulenten Frage nach den Trägern der *potestas* (Papst oder Konzil), sondern war – in mehrfacher Hinsicht – grundsätzlicher Art:

1. Die Ablasskritik führte Luther zunächst einmal zur Kritik am Bußsakrament und zur Neufassung der für die Kirche grundlegenden Sakramentenlehre, womit auch das kirchliche Amt zur Disposition stand. Seine Vorstellung vom „allgemeinen Priestertum aller Gläubigen" war zwar keineswegs so exzeptionell, wie sie gerne dargestellt wird, denn zum einen war diese Lehre nichts Neues, zum anderen waren die praktischen Auswirkungen keineswegs so, dass Luther auf Amtsträger und deren Unterscheidung von den Laien verzichtet hätte (*de facto*). Mit der Vorstellung vom allgemeinen Priestertum konnte aber recht gut die praktische Notwendigkeit verbunden werden, die Autorität des päpstlichen Lehramts, das Luther verurteilt hatte, abzulehnen. Der Primat des Papstes wurde in diesem Zusammenhang als nicht *de iure divino*, sondern als *de iure humano* – als reines Menschenwerk – betrachtet. Von da aus war der Schritt hin zur Verteufelung des Papstes als Antichrist nicht weit.

2. Von Bedeutung ist, dass Luther die Hl. Schrift als Gotteswort – wenn auch nicht immer konsequent – zum obersten Maßstab machte. So stellte er die dreifache *potestas ecclesiae*, nämlich die *potestas ordinis* (die Weihege-

---

[49] FINK, Die konziliare Idee [Anm. 15], S. 125f.

[50] Zu Luthers Konzilsbegriff vgl. REMIGIUS BÄUMER: Luthers Ansichten über die Irrtumsfähigkeit des Konzils und ihre theologiegeschichtlichen Grundlagen. In: Wahrheit und Verkündigung. Michael Schmaus zum 70. Geb. Hg. von LEO SCHEFFCZYK [u. a.]. 2 Bde. München 1967, hier Bd. II, S. 987–1003; HERBERT IMMENKÖTTER: „Ein gemein, frei, christlich Konzil in deutschen Landen". Zum Konzilsbegriff Martin Luthers. In: Synodale Strukturen der Kirche. Entwicklung und Probleme. Hg. von WALTER BRANDMÜLLER. Donauwörth 1977 (Theologie interdisziplinär 3), S. 126–139.

walt), die *potestas magisterii* (die Lehrgewalt) und die *potestas iurisdictionis* (die Jurisdiktionsgewalt) grundsätzlich dadurch in Frage, dass er diesen Gewalten die *potestas verbi divini* entgegensetzte. Damit führte Luther allerdings ein kaum mehr als fiktives Prinzip ein, denn auch im altgläubigen Bewusstsein war die göttliche Offenbarung, die sich in der heiligen Schrift ausdrückte, die *norma normans non normata*. Das Problem bestand aber freilich darin, dass (1) die Schrift eben sehr unterschiedlich ausgelegt werden konnte – die Frage der entscheidenden Instanz also nur verschoben wurde –, und (2) im Grunde die Historizität der Hl. Schrift nicht ernst genommen wurde. Die lutherische Vorstellung, dass die Hl. Schrift die Kirche hervorbringe, dass die Kirche also *creatura verbi divini* sei, unterschied sich allerdings deutlich von der altgläubigen Auffassung, wonach sich Gott der Kirche bedient habe, um die Hl. Schrift hervorzubringen. Weil sich die Kirche aber an der Schrift messen lassen müsse, besäßen auch die Konzilien, deren Autorität Luther – wenn auch vielleicht nur aus strategischen Gründen – immer wieder anruft, keine Irrtumsunfähigkeit.[51]

3. Bereits 1520 wandte sich Luther gegen die Identität der Ekklesia mit der juristisch verfassten Kirche unter der Leitung des Papstes. Ausgehend vom Glaubensbekenntnis („Ich glaube an die heilige allgemeine Kirche, die Gemeinschaft der Heiligen“) betrachtete er die Kirche als die Versammlung der Gläubigen auf Erden, und zwar nicht nur als eine Versammlung der Leiber, sondern als eine „Versammlung der Herzen in einem Glauben“. Da diese Versammlung der Herzen einen eschatologischen Charakter besaß, unterschied Luther im Wesen der Kirche zwei Kirchen: eine „geistliche, innerliche“ und eine „leibliche, äußere“. Beide gehörten jedoch zusammen wie Seele und Leib, seien also nicht voneinander zu trennen. Dennoch ermöglichte die vorgenommene Unterscheidung die Akzeptanz der Tatsache, dass in der äußeren Kirche hierarchische Verhältnisse bestanden („einer über dem anderen“ war).[52] Erst mit der zunehmenden Entstehung eines evangelischen Kirchentums wurde – bei Philipp Melanchton (1497–1560) und in den lutherischen Bekenntnisschriften – die institutionell-sichtbare Seite der Kirche für den Kirchenbegriff bestimmender. Die drei Merkmale *doctrina*, *usus sacramentorum* und *oboedientia debita ministerio Evangelii* näherten sich dem katholischen Kirchenverständnis wieder stark an,[53] der Gegensatz zwischen der ‚uneigentlichen‘, sichtbaren Kirche und der ‚eigentlichen‘ Kirche verschwamm.[54]

Ein Punkt, der oft übersehen wird, der aber zentral ist: Luther berief sich nicht nur auf Wilhelm von Ockham,[55] sondern sagte (1520) von sich selbst, er sei Nominalist. Damit gibt er einen wichtigen Schlüssel zum Verständnis

---

[51] KARL-HEINZ ZUR MÜHLEN: Luther II. In: TRE, Bd. 21 (1991), S. 530–567, hier S. 552.
[52] Ebd., S. 551f.
[53] ULRICH KÜHN: Kirche VI. In: TRE, Bd. 18 (1989), S. 262–277, hier S. 263.
[54] Ebd., S. 264.
[55] SCHILLING, Luther [Anm. 6], S. 71.

seiner Person und seines Werkes.[56] Der Nominalismus betrachtete Universalbegriffe wie Kirche, Staat, Volk usw. als *ficta*, d. h. er leugnete ihre Realität. Die Kirche war also nicht mehr der mystische Leib Christi, nicht mehr der *totus Christus*, sondern lediglich die Summe einzelner Individuen, die von einer christlichen Gemeinschaft entsprechend der Soma-Ekklesiologie eines Paulus wesentlich verschieden ist.[57] Luther griff auf den Nominalismus zurück – verständlich, wenn man sich vergegenwärtigt, welches Bild die Kirche Luther bot: das avignonesische Exil der Päpste, die Degeneriertheit des Papsttums zum Werkzeug der französischen Politik, das große abendländische Schisma, der Fiskalismus der Kurie, die Gravamina der deutschen Nation, die Verweltlichung des Renaissancepapsttums, ein sittlicher Tiefstand des Klerus, die tiefgreifende Unzufriedenheit mit der Kirchenführung und anderes mehr. Wenn das Papsttum die allenthalben von ihm geforderte Reform nicht durchführte, dann musste sie eben ohne oder sogar gegen das Papsttum gemacht werden. Die Handhabe dafür bot die nominalistische Weltanschauung, die konsequent weitergedacht zur Verwerfung des Primates führen musste: Ist die Kirche nichts Reales, sondern eine Masse von Individuen, dann muss die Leitung der Kirche in einer repräsentativen Kirchenversammlung gesucht werden. Mit der Wirklichkeit des mystischen Leibes Christi fällt auch die Möglichkeit der Leitung der Kirche durch ein Haupt dieses Leibes auf Erden. Konsequenterweise mündete der Nominalismus in der Verwerfung des Primats: verständlich, wie gesagt, vor dem zeitgeschichtlichen Hintergrund, unverständlich aber für einen Theologen, der in so dezidierter Weise für sich in Anspruch nahm, *solam scripturam* gelten zu lassen.

Der neue Kirchenbegriff musste nun aber auch zu einem neuen Rechtfertigungsbegriff führen. Denn die stellvertretende Rechtfertigung steht und fällt mit der Lehre von der Realität des Universalbegriffes der Kirche:

„Nur wenn die christliche Gemeinschaft etwas Reales ist, kann Christus für alle durch seine Verdienste Genugtuung leisten, nur dann ist die Lehre von den Verdiensten, von der Nachlassung von Sündenstrafen wegen der Verdienste eines anderen möglich. Sobald die Kirche aber keinen realen Organismus mehr darstellt, beginnt die Lehre von der stellvertretenden Genugtuung unmöglich zu werden. Der Nominalist Luther mußte zu einer neuen Rechtfertigungstheorie aus dem Glauben

---

[56] Vgl. HEINRICH DENIFLE: Luther und Luthertum in der ersten Entwicklung. Quellenmäßig dargestellt. Bd. 1/2. Erg. und hg. von ALBERT MARIA WEISS. 2. Aufl. Mainz 1906, S. 591–612. – Das Folgende konzise formuliert bei JOHANNES HOLLNSTEINER: Luthers Werk im Lichte der Geschichte. Zur 450. Wiederkehr von Luthers Geburtstag (10. November 1483). In: Schönere Zukunft, 12. November 1933, S. 159–161, hier S. 160.

[57] Als erster versuchte Marsilius von Padua zu Beginn des 14. Jahrhunderts, die Grundsätze des Nominalismus auf die Kirchenverfassung zu übertragen. Schon für ihn war die Kirche nichts anderes als die Summe der Gläubigen. Ihre oberste Vertretung konnte er deshalb auch nur in der Versammlung von Vertretern der kirchlichen Provinzen sehen, einem Generalkonzil. Ein weiterer Versuch, den Nominalismus in der Kirchenverfassung zu verankern, scheiterte mit dem ‚Konziliarismus' des 15. Jahrhunderts.

allein vorstoßen. Ebenso mußte er die Tradition verwerfen und die Bibel als alleinige Glaubensquelle bezeichnen. Denn wiederum: sobald die Kirche nur eine Summe von Menschen ist, ist nicht einzusehen, welchen allgemein verbindlichen Wert die Glaubensüberzeugung der einzelnen Menschen haben soll. Da muß jedem Glied der Kirche das Recht gegeben werden, die Bibel nach seinem Gutdünken auszulegen".[58]

V. Ekklesiologische Fragen auf dem Konzil von Trient

Die Konzilien von Basel, Ferrara und Florenz blieben auf lange Zeit die letzten Synoden. Der Grund dafür, weshalb die Päpste dem Dekret *Frequens* nicht folgten, liegt auf der Hand. Papst und Kurie hatten zum einen keinerlei Bedürfnis, der konziliaren Idee ohne Not Vorschub zu leisten, zum andern nicht die Absicht, den eigenen Handlungsspielraum (v. a. finanzieller Art durch Dispenspraxis etc.) in irgendeiner Weise durch ‚Reformen' beschneiden zu lassen. Erst die Bedrohung der Kirche durch die Reformation schien ein Konzil im 16. Jahrhundert erneut unumgänglich zu machen. Im Zusammenhang mit der *causa Lutheri* und der sich allmählich verfestigenden Reformation wurde allgemein die Forderung nach Einberufung eines allgemeinen Konzils erhoben. Man stellte sich die Frage: „Wie war eine Spaltung möglich geworden?" – und gab zur Antwort: „Weil man nicht, wie in Konstanz 1414 beschlossen, regelmäßig allgemeine Konzilien abgehalten hatte".

Tatsächlich war zweimal im 15. Jahrhundert das Problem abweichender Meinungen durch ein Konzil gelöst worden: in Basel das Problem der Hussiten, in Ferrara/Florenz das Problem der Orthodoxie durch die Union mit der griechischen Kirche. Das Problem der lutherischen Abspaltung hätte also eventuell auf demselben Wege gelöst werden können. So tauchte auf den Reichstagen immer wieder die Forderung nach einem Konzil auf – was aber im Grunde nicht mehr war als ein Topos. Weil als Aufgabe des Konzils insbesondere die Kontrolle der päpstlichen Amtsausübung angesehen wurde, stellte das geforderte Konzil für den Papst eine Gefahr dar. Um dieser Gefahr zu entgehen, kam es unter Julius II. und Leo X. (1513–1521) zum 5. Laterankonzil (1512–1517).[59] Dieses war ein Konzil nach den Vorstellungen der römischen Kurie, eine ‚päpstliche Haussynode' und als solche lediglich eine taktische Maßnahme. Es fand ohne Anteilnahme der Gesamtkirche statt. Das nächste – und bis zum 19. Jahrhundert letzte – Konzil sollte das Tridentinum werden, das in drei Sitzungsperioden (1545–1547, 1551–1552 und 1562–1563) tagte.[60]

---

[58] HOLLNSTEINER, Luthers Werk [Anm. 56], S. 160.

[59] Vgl. SCHATZ, Allgemeine Konzilien [Anm. 28], S. 162–164; WOHLMUTH (Hg.), Dekrete [Anm. 33], S. 593–655.

[60] Vgl. nach wie vor: HUBERT JEDIN: Das Konzil von Trient. 4 Bde. 2. Aufl. Freiburg i. Br. 1977 (zuerst 1949–1975).

1. Implizite Ekklesiologie Trients

Ein ekklesiologisches System lag außerhalb der Ziele, die sich das Konzil von Trient gesetzt hatte.[61] Auch lässt sich die Gesamtheit der Konzilsväter nicht einmal einer eindeutigen ekklesiologischen Richtung zuweisen.[62] Das Konzil von Trient selbst sah seine Aufgabe vor allem darin, einerseits in seinen doktrinären Dekreten die Lehre der Reformation hinsichtlich der zentralen Glaubenswahrheiten (v. a. der Sakramente) zurückzuweisen und andererseits mit einer Reihe von Reformdekreten zur Behebung bestehender Missstände beizutragen.

Obwohl Trient also keine geschlossene Ekklesiologie vorlegen wollte und auch nicht vorlegte, machte das Konzil doch implizit Aussagen über das Wesen der Kirche. Auf drei Aspekte möchte ich hinweisen:

1. In der dritten feierlichen Sessio (4. Febr. 1546) stellte das Konzil das Nizänische Glaubensbekenntnis an den Beginn seiner Arbeiten. Darin findet sich der Satz: *credo in unam sanctam catholicam et apostolicam ecclesiam*. Dieser Satz wurde vom Konzil noch nicht konfessionell verengt interpretiert, sondern als Grundprinzip, in dem alle Christen notwendigerweise übereinstimmten.[63] Erst die nachkonziliare Zeit identifizierte die nachreformatorische Konfessionskirche mit dieser einen, heiligen, katholischen und apostolischen Kirche – und zwar in Abgrenzung zu den Kirchen der Reformation. ‚Katholisch' wurde erst jetzt zur Konfessionsbezeichnung.

2. Wichtig ist, dass es im Dekret über die Taufe heißt (can. 4): *Si quis dixerit, baptismum, qui etiam datur ab haereticis in nomine Patris, et Filii et Spiritus sancti, cum intentione faciendi, quod facit ecclesia, non esse verum*

---

[61] GIUSEPPE ALBERIGO: Die Ekklesiologie des Konzils von Trient. In: Concilium Tridentinum. Hg. von REMIGIUS BÄUMER. Darmstadt 1979 (Wege der Forschung 313), S. 278–300; KLAUS GANZER: Die Ekklesiologie des Konzils von Trient. In: ders.: Kirche auf dem Weg durch die Zeit. Institutionelles Werden und theologisches Ringen. Ausgewählte Aufsätze und Vorträge. Hg. von HERIBERT SMOLINSKY und JOHANNES MEIER. Münster 1997, S. 266–281; KARL-JOSEF RAUBER: Das Verhältnis von Primat und Bischofsamt in den Diskussionen des Konzils von Trient. In: Primato pontificio ed episcopato. Dal primo millennio al Concilio Ecumenico Vaticano II. Studi in onore dell'arcivescovo Agostino Marchetto, a cura di JEAN EHRET. Città del Vaticano 2013 (Storia e attualità 19), S. 289–303 (ohne Berücksichtigung der Literatur). Das Folgende nach Ganzer.

[62] Die vortridentinische Kontroverstheologie betonte in der Auseinandersetzung mit der Reformation vor allem die hierarchische Struktur der Kirche und suchte den göttlichen Ursprung des päpstlichen Primats nachzuweisen, so etwa Albert Pighius in seinem Werk ‚Hierarchiae ecclesiasticae assertio' (Köln 1538).

[63] Des hochheiligen, ökumenischen und allgemeinen Concils von Trient Canones und Beschlüsse nebst den darauf bezüglichen päpstlichen Bullen und Verordnungen und einem vollständigen Inhaltsverzeichnisse. Mit gegenüberstehendem lateinischen Texte nach den besten Ausgaben, mit besonderer Berücksichtigung der neuesten römischen Ausgabe vom Jahre 1845. In getreuer Verdeutschung nebst einem geschichtlichen Abrisse des Concils von WILHELM SMETS. 4. Aufl. Bielefeld 1854, S. 13.

baptismum, anathema sit.[64] Die Ansicht also, dass die Taufe von Häretikern, die im Namen des Vaters, des Sohnes und des Hl. Geistes taufen, keine wahre Taufe ist, wird verurteilt. Damit wird eine zentrale Aussage über die Mitgliedschaft in der Kirche gemacht: Glieder der Kirche sind alle, die nach Geist und Buchstaben des Neuen Testaments die Taufe empfangen haben, die Häretiker (also die Reformatoren) inklusive. Zwar ist auch das an sich nichts Neues; aber es ist doch bemerkenswert, weil darin der feste Wille zur einen Kirche zum Ausdruck kommt.

3. Im Dekret über die Kommunion unter beiderlei Gestalten (16. Juli 1562), die bereits von Jan Hus gefordert und von den Neugläubigen zum sichtbaren Zeichen der ‚wahren Kirche' gemacht worden war, heißt es – unter Bezugnahme v. a. auf Paulus: Die Kirche habe zu allen Zeiten die Vollmacht besessen, bei der Verwaltung der Sakramente das festzulegen und zu verändern, was ihr sinnvoll erscheint.[65] Damit wird gesagt: Auch wenn die Sakramente *de iure divine* sind, ist die konkrete Ausgestaltung nicht göttlichen Rechts, sondern liegt in der Autorität der Kirche. Implizit wird hier noch einmal – gegen Luther – betont: Die Kirche ist die Heilsanstalt Gottes.

2. Das konziliare Selbstverständnis

Wie in Konstanz, so artikuliert sich die Ekklesiologie des Konzils von Trient freilich auch in seiner Struktur und Verfahrensordnung. Hier ist Folgendes zu sagen:

Das Trienter Konzil wurde nicht nur vom Papst einberufen, sondern auch von ihm mit Hilfe von Konzilspräsidenten, die er selbst bestimmte, geleitet.

Während auf dem Konzil von Konstanz, aber auch in Basel, nicht nur die Bischöfe vollgültige Konzilsmitglieder waren, sondern auch etwa die Doktoren der Theologie, so dass man ‚Konzilsnationen' bildete, in denen zunächst abgestimmt wurde, war Trient im Gegensatz dazu grundsätzlich eine Bischofsversammlung,[66] wodurch die Bedeutung des Amtes betont und der repräsentative Gedanke zurückgedrängt wurde.[67]

---

64 Ebd., S. 41.

65 Ebd., S. 102.

66 Einladungen ergingen an die Patriarchen, Erzbischöfe, Bischöfe, Äbte und alle anderen, denen die Berechtigung zukommt, an allgemeinen Konzilien mit Stimmrecht teilzunehmen. Einladungen erhielten außerdem der Kaiser, Könige und Fürsten.

67 Gleich bei der ersten Generalkongregation, wo es um die Festlegung einer Geschäftsordnung des Konzils ging, kam es zu tiefgreifenden Kontroversen um das volle Stimmrecht. Ein Teil der Konzilsväter wollte nur den Bischöfen und den Ordensgeneralen ein Stimmrecht zuerkennen, nicht jedoch den Äbten. Dahinter standen Auseinandersetzungen um die quasiepiskopale Jurisdiktion der Äbte. Schon vor dem Konzil hatte Dominicus Jacobazzi in seinem Werk ‚De Concilio' die Teilnahme von Äbten abgelehnt. Seine Begründung: Die Teilnahme hänge nicht von einer Weihe, sondern von der Jurisdiktion ab. Nur den Bischöfen komme aber Jurisdiktion zu; die Äbte besäßen nicht einmal eine

In diesen Kontext gehört auch die in Trient auftauchende Streitfrage um die Stellung der Prokuratoren.[68] Es ging darum, ob sich Bischöfe auf einem Konzil vertreten lassen dürften, etwa durch Personen, die kein bischöfliches Amt (und keine bischöfliche Weihe) besaßen. Paul III. hatte in der Einberufungsbulle alle rechtmäßig verhinderten Bischöfe aufgefordert, *legitimos nuntios et procuratores* zu schicken. Die Prokuratoren vor allem der deutschen Bischöfe, die in Trient auf der ersten und dritten Sitzungsperiode fast nicht vertreten waren, forderten immer wieder ein volles Stimmrecht. Dieses wurde ihnen jedoch verweigert, u. a. mit der Begründung, die Bischöfe seien bei ihrer Stimmabgabe vom Hl. Geist erfüllt. Dies hänge nicht an juristischen Regeln, sondern an ihrer Weihe, die den Prokuratoren fehle. Damit wurde dem Gedanken der Repräsentation und der *participatio* letztlich eine Absage erteilt.

Dies zeigte sich auch bei den Differenzen um die formale Gestaltung der Konzilsdekrete.[69] Die Dekrete der päpstlichen Haussynoden des Hochmittelalters und des 5. Laterankonzils hatten die Form päpstlicher Konstitutionen, in der zum Ausdruck kam, dass der Papst das Konzil approbierte. Im Gegensatz dazu griff Trient durchaus auf die Formulierungen von Konstanz und Basel zurück: *Sacrosancta oecumenica et generalis Tridentina synodus, in Spiritu sancto legitime congregata*, fügte dann aber ein: *praesidentibus in ea eisdem apostolicae sedis legatis*. Um diese Eingangsformel kam es bereits zu Beginn der ersten Tagungsperiode zur Auseinandersetzung. Der Bischof von Fiesole forderte, es solle hinzugefügt werden: *universalem ecclesiam repraesentans*. Ihm schlossen sich weitere Bischöfe an. Von den Konzilspräsidenten wurde dies jedoch abgelehnt, und zwar aus folgenden Gründen: (1) Das Konzil repräsentiere angesichts der kleinen Zahl von Anwesenden (damals kaum 30 Bischöfe) nicht die universale Kirche. (2) Die Lutheraner würden dadurch vor den Kopf gestoßen, denn sie würden damit, ohne angehört worden zu sein, aus der Kirche ausgestoßen. Und (3) benutze das Konzil von Konstanz die Formulierung *universalem ecclesiam repraesentans* nur in den 15 Dekreten, in denen es um Fragen der Jurisdiktion gehe. Das Konstanzer Konzil sei jedoch nur in seinen Glaubensaussa-

---

quasi-episkopale Jurisdiktion. Das war nicht mehr als eine (falsche) Behauptung. Man einigte sich schließlich darauf, den Äbten der Kongregation von Monte Cassino zusammen nur eine Stimme zu geben. In der zweiten und dritten Sitzungsperiode erhielten jedoch auch andere anwesende Äbte jeweils das volle Stimmrecht. Begründet wurde dies wiederholt mit deren Recht, Stab und Mitra zu tragen. Ausführlich: KLAUS GANZER: Zur Teilnahme der Äbte an den allgemeinen Konzilien in der Neuzeit. In: Consuetudines Monasticae. Eine Festgabe für Kassius Hallinger aus Anlaß seines 70. Geb. Hg. von JOACHIM F. ANGERER und JOSEF LENZENWEGER. Roma 1982, S. 355–373.

[68] Vgl. GANZER, Ekklesiologie [Anm. 61], S. 270f.; ausführlich KLAUS GANZER: Vertretung der Gesamtkirche auf dem Konzil von Trient? Zur Stellung der Prokuratoren abwesender Bischöfe auf der dritten Tagungsperiode des Konzils (1562–1563). In: GANZER, Kirche [Anm. 61], S. 402–422.

[69] Vgl. GANZER, Ekklesiologie [Anm. 61], S. 277–279.

gen rezipiert und von Martin V. approbiert worden; deshalb könne Trient die in den 15 nicht approbierten Dekreten verwendete Formel nicht rezipieren. Auf diese Weise wollte die kuriale Seite von vornherein alle konziliaristische Anklänge vermeiden.

Während Konstanz und Basel ‚konziliare' Konzilien waren, war Trient – von der Struktur her – ein ‚papales' Konzil, übrigens wie auch die nachfolgenden Konzilien, das I. und das II. Vaticanum. Gleichwohl gab es auch in Trient sehr unterschiedliche ekklesiologische Auffassungen.

3. Primat und Episkopat

Diese unterschiedlichen ekklesiologischen Auffassungen traten dann erst auf der dritten Sitzungsperiode wirklich zutage, nun aber mit Vehemenz. Im Zusammenhang mit dem Ordo-Dekret (also den Fragen um das Sakrament der Weihe)[70] und im Zusammenhang mit der Residenzpflicht der Bischöfe kam es zu tiefgreifenden Auseinandersetzungen um den päpstlichen Primat und das Verhältnis des Papstamtes zu den Ortskirchen. Hier standen sich verschiedene Auffassungen gegenüber:[71]

Die spanischen Bischöfe forderten, das Konzil möge festlegen, die Bischöfe seien kraft göttlichen Rechts (*iure divino*) von Christus eingesetzt und stünden über den Priestern. Der Bischof empfange sowohl seine Weihegewalt (*potestas ordinis*) als auch seine Leitungsgewalt (*potestas iurisdictionis*) von Gott. Lediglich die konkrete Ausübung in einem bestimmten Sprengel werde ihm vom Papst zugewiesen. Im Hintergrund dieser Forderung stand keine generelle Infragestellung des Papstes. Vielmehr hatte die Erfahrung gezeigt, dass bischöfliche Reformbemühungen immer wieder durchkreuzt wurden etwa dadurch, dass sich die Domkapitel nach Rom wandten, päpstliche Dispense, Privilegien u. a. Vergünstigungen erhielten und sich so der bischöflichen Jurisdiktion entzogen. Aus demselben Grund plädierten die spanischen Bischöfe dafür, die Residenzpflicht der Bischöfe ebenfalls *de iure divino* zu begründen, und sie damit indispensibel zu machen.

Die Forderung der Spanier wurde jedoch zurückgewiesen. Eine radikale Gegenposition vertrat der Jesuitengeneral Diego Laynez (1512–1565). Seiner Ansicht nach erhalten die Bischöfe zwar ihre Weihegewalt unmittelbar von Gott, die Jurisdiktion aber vom Papst. Deshalb könne nur die *potestas ordinis*, nicht aber die *potestas iurisdictionis* als *de iure divino* bezeichnet werden. Als sich im November 1562 die Franzosen auf dem Konzil einfan-

---

[70] Dazu aus dogmatischer Perspektive: JOSEF FREITAG: Sacramentum ordinis auf dem Konzil von Trient. Ausgeblendeter Dissens und erreichter Konsens. Innsbruck [u. a.] 1991 (Innsbrucker theologische Studien 32).

[71] Dazu GANZER, Ekklesiologie [Anm. 61], S. 272–274; ausführlich KLAUS GANZER: Gallikanische und römische Primatsauffassung im Widerstreit. In: GANZER, Kirche [Anm. 61], S. 282–334.

den, verschärfte sich die Kontroverse noch einmal. Im Hintergrund stand die tiefe Prägung der französischen Kirche durch die Tradition des sogenannten Gallikanismus, für den die konziliare Idee, also die Superiorität des Konzils über dem Papst, konstitutiv war. Im Januar 1563 legte die römische Kurie den Entwurf eines Kanons vor, in dem die päpstliche *potestas* mit den Worten des Konzils von Florenz umschrieben wurde, wonach der Papst von Christus die Vollmacht erhalten habe, *pascendi, regendi et gubernandi universalem ecclesiam*. Dies hieß nichts anderes, als dass dem Papst der universale Jurisdiktionsprimat zugesprochen werden sollte. Die Franzosen, die das Konzil von Florenz (als Gegenkonzil zu Basel) nicht anerkannten, waren aber nicht bereit, den Titel *universalis ecclesiae episcopus* für den Papst anzuerkennen.

Es kam zu monatelangen Auseinandersetzungen. Deutlich wurde, dass sich zwei sehr verschiedene Primatsauffassungen gegenüberstanden: (1) Die römische Konzeption sah den Papst als Bischof der universalen Kirche. Es war eine Art kollektive Primatsauffassung: Danach ist die ganze Kirche eine Einheit, ein einziges, großes Jurisdiktionsgebiet, an dessen Spitze der Papst steht. Die Bischöfe haben nur eine abgeleitete Jurisdiktion, die sie für ihr jeweiliges Gebiet vom Papst erhalten. (2) Die französische Konzeption vertrat hingegen eine distributive Primatsauffassung: Danach ist die Kirche in viele Jurisdiktionsbezirke gegliedert, an deren Spitze jeweils Bischöfe stehen. Der Papst steht als Zentrum der Einheit über allen diesen Einzelkirchen/Teilkirchen. Repräsentant der Gesamtkirche ist jedoch das allgemeine Konzil, dem auch der Papst unterworfen ist.

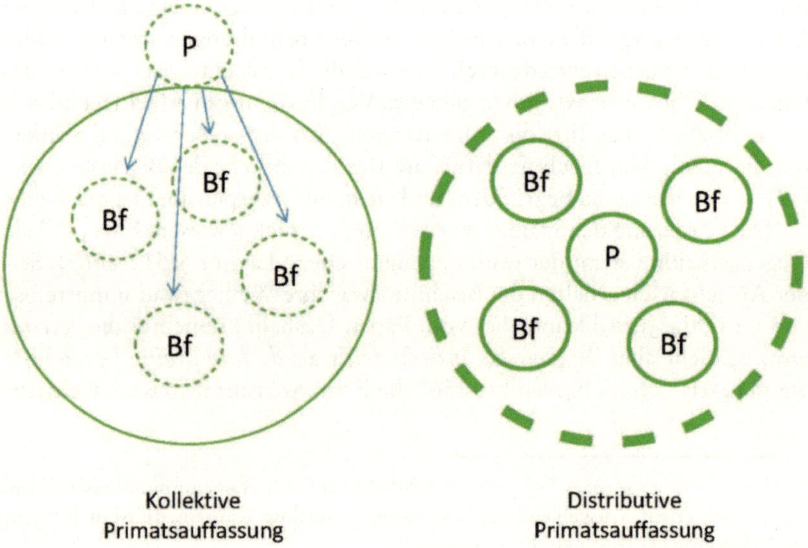

Das Ergebnis der Auseinandersetzungen war ein negatives: Man verzichtete nämlich darauf, den päpstlichen Primat näher zu umschreiben, das Verhältnis des Primats zum Episkopat näher zu bestimmen und die Frage nach dem sakramentalen Charakter der Bischofsweihe zu beantworten.

4. Ekklesiologische Grundstrukturen nach dem ‚Catechismus Romanus'

Das Konzil von Trient sah sich durch Luther und die Reformation herausgefordert, sein eigenes ekklesiologisches Verständnis deutlicher zu fassen. Systematisiert wurde es 1566 in dem vom Konzil auf den Weg gebrachten ‚Catechismus Romanus' (CR). Auf einige der grundlegendsten Aussagen sei hier abschließend hingewiesen.[72]

Nachdrücklich wendet sich der CR gegen Vorstellungen, die die Kirche vor allem eng und ausschließend (letztlich sektiererisch) definieren,[73] versucht den Begriff ‚katholisch' also tatsächlich allumfassend zu interpretieren und warnt zugleich vor einem zu weiten Ketzerbegriff.[74]

Unter Rekurs auf die Grundbedeutung des Wortes *Ekklesia* (‚Herausrufung') beschreibt der CR die Kirche als Versammlung der Gläubigen, „welche durch den Glauben zum Lichte der Wahrheit und Erkenntnis Gottes berufen sind, damit sie, nach Vertreibung der Finsternisse, der Unwissenheit und der Irrthümer, den wahren und lebendigen Gott fromm und heilig anbeten, und ihm aus ganzem Herzen dienen". Das Wort ‚Herausrufung' signalisiert – so wird gesagt – eine deutliche Differenz etwa zum Staat oder zu staatlichen Gemeinschaften: Kirche konstituiert sich nicht selbst, sondern wird durch Gott konstituiert, und zwar innerlich durch seinen Geist, äußerlich durch den Dienst der Hirten und Prediger. Das Ziel dieser ‚Herausrufung' – und also Ziel und Zweck der Kirche – ist die Erlangung der ewigen Seligkeit.[75]

---

[72] Das Folgende nach Pars I, Cap. X, Art. 9 des ‚Catechismus ex decreto concilii tridentini' in deutscher Übersetzung: Römischer Katechismus. Nach dem Beschlusse des Conciliums von Trient und auf Befehl des Pabstes Pius V. herausgegeben. Passau 1839, hier S. 100–118.

[73] Er warnt vor Menschen, „welche nach Art des Affen, der sich für einen Menschen hielt, vorgeben würden, sie allein seien katholische Christen, und die ebenso boshaft als stolz behaupten würden, die katholische Kirche bestehe nur bei ihnen". Ebd., S. 101.

[74] „Nicht jeder darf ein Ketzer genannt werden, sobald er sich im Glauben verfehlt; sondern nur derjenige, welcher mit Verachtung des Ansehens der Kirche gottlose Meinungen hartnäckig behauptet". Ebd., S. 101.

[75] „In diesem Worte [Kirche] sind hohe Geheimnisse enthalten. Schon in der Herausrufung, was das Wort Ecclesia bedeutet, ersieht man sogleich die Güte und den Glanz der göttlichen Gnade, und wir erkennen darin, dass sich die Kirche von anderen Staatskörpern sehr unterscheide. Diese stützen sich auf menschliche Einsicht und Klugheit, die Kirche aber ist auf die Weisheit und den Rathschluss Gottes gegründet. Denn Gott hat uns innerlich durch die Begeisterung des heiligen Geistes berufen, welcher die Herzen der Menschen öffnet, äusserlich aber berief er uns durch die Bemühungen und den

Der CR sieht innerhalb der Kirche zwei „Abtheilungen“: die triumphierende (himmlische = unsichtbare)[76] und die streitende (irdische = sichtbare) Kirche. Auch Luther hatte, nachdem er zunächst die Existenz einer sichtbaren Kirche abgelehnt hatte, eine leibliche, äußere, durchaus hierarchisch verfasste Kirche anerkannt und diese von der geistlichen, inneren Kirche unterschieden. Die Vorstellungen Luthers und Trients ähneln sich allerdings nur scheinbar.[77]

Der CR legt auffallend Wert auf die Feststellung, dass diese sichtbare, streitende Kirche die Versammlung aller Gläubigen ist, die noch auf Erden leben, und die „Guten“ („Frommen“)[78] ebenso wie die „Bösen“ („Gottlosen“)

Dienst der Hirten und Prediger. Ueberdies wird aus dieser Berufung derjenige am deutlichsten ersehen, welcher Endzweck uns vor Augen schweben soll, nämlich die Erkenntniss und der Besitz der ewigen Dinge [...]“. Ebd., S. 102.

[76] „Die triumphierende Kirche ist jene so herrliche und glückseligste Versammlung der seligen Geister, und derjenigen, welche über die Welt, das Fleisch und die Bosheit des Satans gesiegt haben, und frei und ledig von den Beschwerden dieses Lebens die ewige Seligkeit geniessen“. Ebd., S. 104.

[77] Dies hängt mit den grundlegenden Annahmen des lutherischen Kirchenbegriffs zusammen: (1) Der Gläubige wird nur von Gott belehrt, unter Ausschluss aller mitwirkenden menschlichen Tätigkeit. (2) Der Gläubige ist deshalb untrüglich, denn nur von Gott belehrt ist er für sich allein schlechthin irrtumslos. (3) Eine ergänzende, mit Autorität ausgerüstete Gemeinschaft ist dem Gläubigen unnötig, da er Gottes Stimme allein und unvermittelt (außer) mithilfe der heiligen Schrift in seinem Inneren vernimmt. – Für Luther ist demzufolge die Kirche nichts anderes als eine unsichtbare Gemeinschaft, weil einer sichtbaren Kirche kein vernünftiger Zweck zuerkannt werden kann. „Die Gemeinde oder Sammlung heißet aller derer, die im rechten glauben, hoffnung und lieb leben, also das der christenheit wesen, leben und natur nicht sei leibliche versammlung, sondern eine versammlung der hertzen in einem glauben“ (Luther, Vom Bapstthumb). JOHANN ADAM MÖHLER, Symbolik, oder Darstellung der dogmatischen Gegensätze der Katholiken und Protestanten nach ihren öffentlichen Bekenntnißschriften. 8. Aufl. Mainz 1872, S. 412. – Allerdings modifizierte Luther später diesen Kirchenbegriff, veranlasst vor allem durch das Auftreten der Wiedertäufer, deutlich. Er sah sich genötigt, das menschliche Bemühen um das Verständnis der Schrift stärker hervorzuheben, obwohl er gerade die Ansicht, das Göttliche durch menschliche Tätigkeit gewinnen und sich aneignen zu können, für ‚Gottlosigkeit‘ hielt. Die Berufung von Lehrern wurde notwendig, ihre Auswahl den Konsistorien zuerkannt. Vgl. ebd., S. 403. – Möhler, der sich ausgiebig mit dem Kirchenbegriff auseinandersetzt, weist auf die Inkonsistenz des Denkens hin und polemisiert: „Immerhin bleibt es indeß sehr bemerkenswerth, daß die Lutheraner, ja der reifere Luther selbst, seine Grundansichten wenigstens praktisch verwarfen, und dadurch unzweideutig an den Tag legten, daß sie dieselben zwar zur Zer-störung einer bestehenden Kirche und zur Verwirrung aller Begriffe für ganz geeignet, aber zur Erbauung und Befestigung einer neuen Kirche für völlig unbrauchbar hielten. Um eine solche zu gewinnen, mußte man wieder ganz zur katholischen Weise zurückkehren, die so sehr bekämpft worden war“. Ebd., S. 412.

[78] „Gut, fromm, werden in der Kirche diejenigen genannt, welche nicht nur durch das Bekenntniss des Glaubens und durch die Gemeinschaft der Sakramente, sondern auch durch den Geist der Gnade und durch den Bund der Liebe unter sich vereinigt und verbunden sind; von denen es heisst: Der Herr erkannte, welche die Seinigen

umfasst: Beide haben teil an den Sakramenten, beide bekennen denselben Glauben. Beide gehören zur Kirche, auch wenn sie sich in Lebenswandel und Sitten unterscheiden. Kirche ist also Kirche (auch) der Sünder.[79]

Trotz der Sündhaftigkeit ihrer Glieder ist diese sichtbare, streitende (und nicht die unsichtbare, triumphierende) Kirche von Christus als „Stadt auf dem Berg" erwählt. Zu dieser Kirche schickt Christus die Menschen und befiehlt ihnen, ihr zu gehorchen.[80] Nachdrücklich betont der CR: Alle Gläubigen, „wenn sie auch böse und lasterhaft sind, verbleiben in der Kirche. Dies ist den Gläubigen immerfort ins Gedächtnis zu rufen, damit sie, wenn vielleicht die Vorsteher der Kirche lasterhaft leben sollten, ganz genau wissen, dass diese doch zur Kirche gehören und dass ihnen deswegen nichts von ihrer Gewalt entzogen werden" kann.[81] Die Stoßrichtung dieser Aussage ist offenkundig: Nur so wird die kirchliche Wahrheit ebenso wie die objektive Gültigkeit und Wirkung der kirchlichen Vollzüge, auch der Sakramente, garantiert. Die Wirksamkeit der kirchlichen Heilsmittel ist unab-

---

sind. Die Menschen können zwar durch Schlüsse vermuthen, welche zu dieser Zahl frommer Menschen gehören, mit Gewissheit aber kann man es nie wissen". Römischer Katechismus [Anm. 72], S. 104f.

[79] Der CR sieht nur drei Gattungen von Menschen von der Kirche ausgeschlossen: (1) Die Ungläubigen (weil sie nie zur Kirche gehörten, sie nie anerkannten und durch kein Sakrament mit dem christlichen Volk verbunden sind), (2) die Ketzer und Abtrünnigen (weil sie von der Kirche abfielen; „sie können ebenso wenig zur Kirche gerechnet werden, wie Überläufer zu einem Heere, von welchem sie desertierten"; sie stehen aber gleichwohl unter der Strafgewalt der Kirche), (3) die Exkommunizierten (weil sie durch das Urteil der Kirche ausgeschlossen wurden und so lange nicht mehr zur Gemeinschaft gehören, bis sie sich bessern). Ebd., S 106.

[80] „Daher muss man glauben, dass Christus von dieser Abtheilung der Kirche gesprochen habe, als er uns zur Kirche schickte und uns befahl, ihr zu gehorchen. Denn da jene unbekannt ist, wer wird gewiss seyn können, zu wessen Urtheile man seine Zuflucht nehmen, und wessen Ansehen man gehorchen müsse? Die Kirche umfasst also Gute und Böse, wie die heiligen Schriften und die Bücher frommer Männer beweisen. Hieher bezieht sich jener Ausspruch des Apostels: Ein Leib und Ein Geist. Diese Kirche ist bekannt, und gleicht einer Stadt, die auf einem Berge liegt, wo sie überall sichtbar ist. Denn müssen ihr Alle gehorchen, so muss sie nothwendig bekannt seyn. Sie begreift in sich nicht nur Gute, sondern auch Böse, wie das Evangelium in vielen Gleichnissen lehrt. Dies geschieht, wenn erzählt wird, dass das Himmelreich, d. i. die streitende Kirche, einem ins Meer geworfenen Netze gleiche, oder einem Acker, in welchen Waizen gebaut ist, oder einer Tenne, auf welcher das Getreide mit Spreu vermischt liegt, oder den zehn Jungfrauen, die theils töricht, theils klug waren. Aber lange vorher konnte man in der Arche Noah's, welche nicht bloss reine, sondern auch unreine Thiere in sich schloss, das Bild und Gleichniss der Kirche betrachten. Obwohl aber der katholische Glaube wahrhaft und beständig behauptet, dass sowohl die Guten als auch die Bösen zur Kirche gehören, so muss doch den Gläubigen nach dieser Glaubensregel erklärt werden, dass diese Theile in verschiedenen Verhältnissen stehen. Denn wie auf der Tenne die Spreu mit dem Getreide vermischt ist, oder wie bisweilen abgestorbene Glieder mit dem Leibe verbunden sind; ebenso befinden sich auch Böse in der Kirche". Ebd., S. 105f.

[81] Ebd., S. 106.

hängig von der subjektiven Frömmigkeit oder sittlichen Reinheit des Spenders der Sakramente.

Der CR rekurriert auf die im Glaubensbekenntnis (Credo) genannten Kennzeichen der Kirche (eine, heilige, katholische und apostolische) und erläutert diese. Im Hinblick auf die von der Reformation besonders in Frage gestellte Heiligkeit der Kirche bemüht er Analogien, um zu erklären, weshalb die Kirche trotz der Sündhaftigkeit ihrer Glieder ‚heilig' ist:

„Es darf sich Niemand wundern, dass die Kirche heilig genannt werde, obwohl sie viele Sünder in sich fasst. Denn heilig werden auch die Gläubigen genannt, welche das Volk Gottes geworden sind, und die sich durch Annahme des Glaubens und der Taufe Christo weihten, obschon sie vielfach sich verfehlen und ihr Versprechen nicht halten. Ebenso führen ja auch die, welche sich irgend einer Kunst widmen, den Namen Künstler, obgleich sie die Vorschriften der Kunst nicht beobachten. Daher nannte der heilige Paulus diejenigen geheiligt und heilig, unter welchen es bekanntlich Einige gab, welche er als fleischlichgesinnt, und mit noch herberen Worten tadelt. [...] Dazu kömmt, dass die Kirche allein einen rechtmässigen Opferdienst und einen heilsamen Gebrauch der Sakramente hat, wodurch Gott, als wirksame Werkzeuge der göttlichen Gnade, wahre Heiligkeit bewirkt, so dass, wer wahrhaft heilig ist, ausser diese Kirche nicht seyn kann. Daraus geht also hervor, dass die Kirche heilig ist, und zwar heilig desswegen, weil sie der Leib Christi ist, von welchem sie geheiligt, durch dessen Blut sie abgewaschen wird".[82]

Im Credo sei allerdings zur Vermeidung von Missverständnissen die Redeweise genau zu beachten:

„Die drei Personen der Dreieinigkeit, den Vater, den Sohn und den heiligen Geist glauben wir so, dass wir auf sie unseren Glauben festsetzen. Hier aber [bei der Kirche] ändern wir die Art zu reden, und bekennen, dass wir eine heilige, aber nicht an eine heilige Kirche glauben, damit durch diese verschiedene Redeweise Gott der Schöpfer aller Dinge von den erschaffenen Dingen unterschieden werde, und damit wir darlegen, dass wir Alle jene herrlichen Wohlthaten, welche der Kirche erwiesen worden sind, der göttlichen Güte verdanken".[83]

Die Kirche als „Gemeinschaft der Heiligen" wird vor allem durch die Sakramente konstituiert:

„Denn die Einheit des Geistes, von dem sie regiert wird, bewirkt, dass Alles, was sie in sich hat, gemeinsam sey. Der Nutzen aller Sakramente erstreckt sich auf alle Gläubigen, und durch diese Sakramente werden sie, gleichsam wie durch ein Band, mit Christus verbunden und vereinigt, besonders aber durch die Taufe, durch welche sie, wie durch eine Thüre, in die Kirche eingehen. Dass man aber unter dieser Gemeinschaft der Heiligen die Gemeinschaft der Sakramente verstehen müsse, zeigen die Väter im Symbole [Credo] mit den Worten: Ich bekenne eine Taufe. Der Taufe aber folgen erstlich das Abendmahl und dann die übrigen Sakramente;

---

82 Ebd., S. 110f.

83 Ebd., S. 114f.

denn obschon dieser Name allen Sakramente zukömmt, da sie uns mit Gott verbinden und desjenigen theilhaftig machen, dessen Gnade wir empfangen, so ist es doch besonders dem Altarsakramente eigen, diese Gemeinschaft zu bewirken".[84]

Dieses Nur-gemeinsam-glauben-Können betont der CR noch einmal von einer anderen Seite her: Alles fromme Tun sucht nicht sich selbst, sondern bewirkt durch die in ihm wirkende Liebe, dass es allen zugutekommt. Deshalb hat Christus den Gläubigen beispielsweise die Gebetsformel „Unser Brot" und nicht „Mein Brot" vorgeschrieben. Diese Teilhaftigmachung der Güter wird auch durch das biblische Gleichnis vom Haupt und den Gliedern unterstrichen, das zugleich jedem sein Amt und seine Würde zuteilt, also auf eine notwendige Differenz und Hierarchie aufmerksam macht.[85]

Aus der Gliedhaftigkeit der Kirche und der einzelnen Gläubigen ergibt sich ihre Sozialpflichtigkeit: Diejenigen, die „kein christliches Leben" führen, „in Laster versunken" oder „von Gott entfremdet" sind, hören, obwohl sie „tot" sind und also keinen geistigen Nutzen erlangen, nicht auf, Glieder des Leibes der Kirche zu sein. Sie werden aber, weil sie noch zur Kirche gehören, „zur Wiedererlangung der verlorenen Gnade und des Lebens von jenen unterstützt, die geistig leben und jene Früchte genießen, deren die ohne Zweifel beraubt sind, welche von der Kirche abgeschnitten sind". Allen Menschen gemeinsam sind aber nicht nur „jene Gaben, die den Menschen gottgefällig und gerecht machen" (Sakramente), sondern auch „jene, die ohne Verdienst erteilt werden" (u. a. Wissenschaft, Prophetie, Sprachen).

„Diese Gaben werden auch bösen Menschen verliehen, nicht ihres eigenen, sondern des gemeinsamen Nutzens wegen, zur Erbauung der Kirche. Denn die Gabe der Gesundmachung ist nicht wegen dessen, der damit begabt ist, ertheilt, sondern um den Kranken gesund zu machen. Endlich besitzt der wahrhaft christliche Mensch nichts, was er nicht für ein Gemeingut aller übrigen halten soll; daher wir zur Erleichterung des Elends der Hilfsbedürftigen geneigt und bereit seyn müssen. Wer mit dergleichen Gütern versehen ist und seinen Bruder darben sieht, ohne ihm zu helfen, dieser beweist dadurch deutlich, dass die Liebe Gottes nicht in ihm sey".[86]

---

[84] Ebd., S. 115f.

[85] „Im Körper sind zwar viele Glieder, aber obgleich sie viele sind, so bilden sie doch nur einen Körper, in welchem jedes seine eigene, aber nicht alle die nämliche Verrichtung haben. Aber es haben auch nicht alle die nämliche Würde, oder versehen gleich nützliche und anständige Verrichtungen, und keinem ist sein eigener, sondern der Nutzen und Vortheil des ganzen Körpers zur Aufgabe gemacht. [...] Obwohl sich in ihr [der Kirche] verschiedene Glieder finden, nämlich die verschiedenen Nationen, Juden, Heiden, Freie und Sklaven, Arme und Reiche, so werden sie alle doch nur ein Körper mit Christus, dessen Haupt er ist, wenn sie durch die Taufe darin aufgenommen werden. Ueberdies hat ein jeder in dieser Kirche sein Amt. Denn wie einige zu Aposteln, andere zu Lehrern, alle aber des gemeinsamen Wohles wegen aufgestellt sind, so ist es die Pflicht Einiger, vorzustehen und zu lehren, Anderer aber ebenso, zu gehorchen und unterthan zu seyn". Ebd. ,S. 116f.

[86] Ebd., S. 116–118.

Die Notwendigkeit des kirchlichen Amts wird der (lutherischen) Vorstellung entgegengesetzt, dass die Kirche nur ein Oberhaupt habe, nämlich Christus selbst.

„Wie wir Christus den Herrn nicht nur als Urheber der einzelnen Sakramente, sondern auch als innersten Ausspender haben (denn er ist es, der da kauft und losspricht, und doch hat er Menschen zu äusseren Ausspendern der Sakramente aufgestellt): so hat er auch der Kirche, welche er selbst mit seinem innersten Geist lenkt, einen Menschen als Stellvertreter und Vollzieher seiner Gewalt vorgesetzt. Da die sichtbare Kirche eines sichtbaren Oberhauptes bedarf, so hat der Erlöser den Petrus als das Oberhaupt und den Hirten aller Gläubigen aufgestellt, indem er ihm seine Schafe mit den herrlichsten Worten zu weiden anempfahl, in der Willensmeinung, dass auch sein Nachfolger dieselbe Gewalt die Kirche zu regieren und zu leiten haben sollte".[87]

VI. Schluss

Es dürfte deutlich geworden sein, wie komplex die Frage nach der Ekklesiologie „zwischen Konstanz und Trient" ist, und auch, wie wenig man von der Ekklesiologie (im Singular) reden kann. Gerade das 15. und 16. Jahrhundert waren in dieser Hinsicht besonders produktiv, herausgefordert wohl durch die tiefgreifende Krise der Kirche, durch einen allgemeinen Reformdruck und wohl auch durch ein neues Denken überhaupt, welches Individuum, Teilhabe und Repräsentanz stärker in den Blick nahm, nicht zuletzt aber durch die Reformation. Über die ‚richtige' Ekklesiologie wurde virulent und kontrovers diskutiert, mal in grundsätzlicher Art und Weise, mal stärker mit Blick auf die konkrete Praxis.

Unterscheiden lassen sich mindestens drei verschiedene Ansätze, (1) ein kurialistischer Kirchenbegriff, der die Kirchentheorie in eine Papaltheorie verwandelte, (2) ein konziliaristischer, der in der hochmittelalterlichen Kanonistik grundgelegt war und bei der Suche nach einer Überwindung des Großen Abendländischen Schismas näher Gestalt gewann, und (3) ein stärker spiritualistischer Kirchenbegriff. Daneben gab es aber, auch dies versuchte ich zu zeigen, Kompromissversuche, die mal explizit, mal implizit (oder gar nur versteckt) nach einem Ausgleich suchten.

Vieles war im Fluss, auf Seiten Luthers und der Reformation ebenso wie auf Seiten der Altgläubigen. Meist geht man fehl, will man jemanden mit eindeutigen Epitheta belegen, etwa als ‚Konziliaristen' oder ‚Papalisten'. Einzelne – wie die Mehrheit – änderten im Laufe der Jahre auch ihre Meinung. So waren Nikolaus Cusanus und Aeneas Silvio Piccolomini zunächst überzeugte Anhänger der konziliaren Ideen, später vertraten sie ein stärker papales Kirchenverständnis. Angesichts der Vielfalt der Meinungen und der oft scharfen, mitunter diametralen Gegensätze mag die Frage erlaubt sein,

[87] Ebd., S. 109.

ob die Kirche nicht auch die ekklesiologischen Vorstellungen Luthers hätte aushalten oder integrieren können. Bei genauerem Zusehen lagen sie vielleicht doch gar nicht so weit von jenen Vorstellungen entfernt, wie sie etwa in dem von Trient angestoßenen ‚Catechismus Romanus' zum Ausdruck kommen.[88]

[88] Die Kontroverstheologie des 19. Jahrhunderts freilich sah dies deutlich anders. So wies MÖHLER, Symbolik [Anm. 77] S. 395–404 mit Nachdruck auf die enge Verflechtung von Ekklesiologie und theologischer Erkenntnislehre hin sowie darauf, dass nach katholischer Vorstellung die sichtbare Kirche zuerst und vor der unsichtbaren war, während bei den Lutheranern die sichtbare Kirche aus der unsichtbaren hervorgehe. „In diesem scheinbar höchst unbedeutenden Gegensatze ist eine ungeheure Differenz ausgesprochen. […] Denn worin hat nach Luther Jemand in letzter Instanz die Gewißheit zu finden, daß er in der Wahrheit stehe? In einem lediglich inneren Acte, in dem Zeugnisse des Heiligen Geistes; gleich als wäre die Offenbarung in Christo Jesu eine innere, gleich als wäre er nicht Mensch geworden, als käme es mithin nicht auf ein äusseres Zeugniß, als käme es nicht darauf an, durch eine äussere Auctorität gewiß zu werden, Was er gelehrt hat. Daher das Ansehen der Tradition in der katholischen, und die Verwerfung derselben in der protestantischen Kirche. Die äussere Auctorität der Kirche verwandelte sich bei Luther in eine innere, und das äusserliche als göttlich beglaubigte Wort in die innere Stimme Christi und seines Geistes. Wollte er von seiner Idee der Kirche folgerecht rückwärts schließen auf Christus, so hätte er einen äusseren, historischen Christus, eine äussere Offenbarung recht wohl missen können, ja die letztere hätte er als unpassend abweisen müssen. Aber das ganze Christenthum ruht auf dem Mensch gewordenen Sohne Gottes; Luther versuchte daher auch durch Berufung auf das äussere, geschriebene Wort sich noch im Einklange mit einer äusseren Offenbarung zu halten; allein die Unmöglichkeit, seine Lehre über allen billigen Zweifel und wohl gegründete Einwürfe, die selbst aus der Schrift entnommen werden konnten, erhaben darzustellen, trieb ihn immer den Katholiken gegenüber dahin, die letzte Entscheidung dem inneren Wort einzuräumen; nur den fanatischen Secten gegenüber, die selbst auf die innere Stimme des Geistes sich beriefen, hielt er das äussere Wort fest, und stützte sich sogar auf die Auctorität der stets gewesenen sichtbaren Kirche. Aus dieser wesentlichen Verkehrtheit floß daher auch das stete Schwanken zwischen der Annahme einer sichtbaren und unsichtbaren Kirche, äusserem und innerem Worte, als dem letzten Grunde eine Lehre zu bekennen oder zu verwerfen, so daß bald die sichtbare Kirche die unsichtbare beurtheilt, bald umgekehrt. Daher die stete Unentschiedenheit in der nachfolgenden Geschichte der Lutheraner, ob und wiefern symbolische Bücher als bindend anzunehmen seien, oder nicht, und wie die Schrift sich zu denselben verhalte; daher der Zwiespalt selbst darin, ob Luther eine sichtbare oder unsichtbare Kirche gewollt habe; er wollte beide und lehrte beiden Widersprechendes". Ebd., S. 419–423.

Wolfgang Weiß

Die katholische Reform im Bistum Würzburg – ein Langzeitprojekt

1. Re-Form – das Ursprungs- und Langzeitprojekt des Christentums

Der vielleicht berühmteste Theologe der Würzburger Theologischen Fakultät, Herman Schell (1850–1906), hat in seinen weithin bekannten, am Ende des 19. Jahrhunderts entstandenen Schriften ‚Der Katholicismus als Princip des Fortschritts' und ‚Die neue Zeit und der alte Glaube', die beide als Reformbroschüren bezeichnet werden, mit der ihm eigenen Vehemenz darauf hingewiesen, dass alle Dauer- und Verharrungszustände theologisch höchst suspekt, religiös, kirchlich und letztlich auch allgemein menschlich gefährlich sind, weil sie den Geist der Verbesserung und der Orientierung an den christlichen Idealen erdrücken. Ein Christ müsse sich, wenn er seiner Berufung treu bleiben möchte, einem Prozess ständiger Erneuerung unterziehen.[1]

Herman Schell war einer der prominentesten Vertreter des sogenannten Reformkatholizismus an der Wende vom 19. zum 20. Jahrhundert. Von römischer Seite wurden sie als gefährliche Modernisten verfemt. Herman Schells Reformbroschüren landeten auf dem Index der verbotenen Bücher. Gleichwohl zählt Schell heute zu den wichtigen Impulsgebern des Zweiten Vatikanischen Konzils und zu den Schrittmachern einer katholischen Kirchenreform bzw. Erneuerung, die auch heute, 50 Jahre nach Ende dieses Konzils, die Geister beschäftigt.[2] Das alte Wort von der *ecclesia semper reformanda*, von der ständig der Reform bedürftigen Kirche, dessen Urheberschaft im Dunklen liegt, wird immer wieder zitiert, um zu betonen, dass die Reformfrage nicht von der Tagesordnung gestrichen werden dür-

---

[1] Vgl. WOLFGANG WEISS: Modernismuskontroverse und Theologenstreit. Die Katholisch-Theologische Fakultät Würzburg in den kirchenpolitischen und theologischen Auseinandersetzungen zu Beginn des 20. Jahrhunderts. Würzburg 2000 (Quellen und Forschungen zur Geschichte des Bistums und Hochstifts Würzburg 56), S. 26–41; Neuedition der Reformbroschüren: Herman Schell. Die neue Zeit und der alte Glaube. Vier theologische Programmschriften. Hg. und eingeleitet von THOMAS FRANZ. Würzburg 2006.

[2] Zu seiner Persönlichkeit vgl. KARL HAUSBERGER: Herman Schell (1850–1906). Ein Theologenschicksal im Bannkreis der Modernismuskontroverse. Regensburg 1999 (Quellen und Studien zur neueren Theologiegeschichte 3); Wahrheit Gottes – Freiheit des Denkens. Herman Schell als Impulsgeber für Theologie und Kirche. Gedenkschrift anläßlich seines 150. Geb. Hg. von OTMAR MEUFFELS und RAINER DVORAK. Würzburg 2001 (Quellen und Forschungen zur Geschichte des Bistums und Hochstifts Würzburg 57).

fe.[3] Dabei wird über Wesen und Formen dieses Prozesses nicht wenig gestritten: Die einen mahnen vor allem eine Erneuerung der Herzen und in Verbindung damit eine intensivere Transzendenzorientierung an – das Stichwort heißt ‚Entweltlichung' –, andere fordern hingegen vor allem strukturelle und institutionelle Veränderungen.[4]

Festzuhalten ist aber, dass ein solches Ringen im Christentum nicht neu ist. Es lässt sich hier der Bogen zurückspannen in die jesuanische und apostolische Zeit. Die dauernde Re-Form kann als das Ursprungs- und Langzeitprojekt des Christentums betrachtet werden. Das Wort ‚Re-Form' findet sich bereits in der lateinischen Übersetzung des Neuen Testaments, und zwar bei Paulus im Römerbrief 12,2, im zweiten Korintherbrief 3,18 und im Philipperbrief 3,21. Dieser Begriff der ‚Re-Form' hat wenig mit unserem landläufig gebrauchten zu tun. Hier geht es um eine Ausrichtung des Lebens auf den Willen Gottes, letztlich um ein Leben nach den Maßstäben Jesu Christi, um ein Hinstreben auf die *forma Christi*. Sein Leben und Sterben bilden die entscheidenden Orientierungspunkte. Formgebend ist darüber hinaus die aus seinem Geist und in der Erwartung seiner Wiederkunft lebende Jerusalemer Urgemeinde, die uns als ideale Gemeinschaft der Liebe und Solidarität vorgestellt wird.[5]

Verbunden ist damit die Frage, inwieweit der Mensch in dieser Welt eine Heimat suchen dürfe und ob nicht eine radikal weltverachtende, jenseitsorientierte Lebensweise zu favorisieren sei. Dieser Gedanke gewann vor allem dann an Bedeutung, als nach der Zeit der Märtyrer in der etablierten Staats-, Groß- und Volkskirche der nachkonstantinischen Zeit welthafte Momente (Reichtum, Prestige und Macht) auch im Christentum übermächtig an den Tag traten. Einen Gegenpol als Kontrastgesellschaft wollte hier nun das Mönchtum darstellen. Monastische Lebensentwürfe wurden dann auch zur Triebfeder und zum dynamischen Element der kirchlichen Entwicklung der Spätantike und des Mittelalters.[6]

---

[3] Vgl. Ecclesia reformanda. Kirchenreform als bleibende Aufgabe. Hg. von ERICH GARHAMMER. Würzburg 2006; Reformen in der Kirche. Historische Perspektiven. Hg. von ANDREAS MERKT [u. a.]. Freiburg [u. a.] 2014 (Quaestiones disputatae 260).

[4] Vgl. Umbruch – Wandel – Kontinuität. Von der Konstantinischen Ära zur Kirche der Gegenwart. Hg. von FRANZ DÜNZL und WOLFGANG WEISS. Würzburg 2014 (Würzburger Theologie 10).

[5] Vgl. GEORG STOCKMEIER: Causa Reformationis und Alte Kirche. Zum Geschichtsverständnis der Reformbewegungen. In: Von Konstanz nach Trient. Beiträge zur Geschichte der Kirche von den Reformkonzilien bis zum Tridentinum. Festgabe für August Franzen. Hg. von REMIGIUS BÄUMER. München 1972, S. 1–13; ULRICH VOLP: Idealisierung der Urkirche (ecclesia primitiva). Mainz 2011 (Europäische Geschichte Online), http://ieg-ego.eu/de/threads/modelle-und-stereotypen/modell-antike/ulrich-volp-idealisierung-der-urkirche-ecclesia-primitiva (6. Aug. 2018).

[6] Aus der Fülle der Literatur sei hier nur hingewiesen auf: KARL SUSO FRANK: Geschichte des christlichen Mönchtums. 6. Aufl. Darmstadt 2010; MARIANO DELL' OMO: Geschichte des abendländischen Mönchtums vom Mittelalter bis zur Gegenwart. Das

Das Mönchtum selbst begriff sich dabei immer wieder als reformbedürftig, im Abendland vor allem in der Weise, dass es sich um die rechte Weise der Umsetzung der Benediktsregel, um die richtige *vita regularis* bemühte. Aus dem ab dem 10. Jahrhundert beobachtbaren Prozess der Klosterreformen entwickelte sich im Hochmittelalter – im sogenannten Zeitalter der Kirchenreform oder auch gregorianischen Reform – ein allgemeines Reformbewusstsein, das sowohl individuelle als auch strukturell-institutionelle Komponenten in sich trug und neben den Mönchen auch die Kleriker und Laien erfasste. Dabei gewannen immer radikalere Konzepte Gewicht, die zum Teil von der Kirche als häretisch eingestuft und intensiv verfolgt wurden. Teile dieser religiösen Bewegungen, wie sie in der Armutsbewegung oder in der religiösen Frauenbewegung hervortraten, befruchteten aber das kirchliche Leben, sodass sich neben den bekannten Mönchs- und Klerikergemeinschaften auch die Bettelorden sowie zahlreiche weibliche Ordensgemeinschaften etablieren konnten.

Auch in Franken wuchs eine vielfältige kirchliche und religiöse Landschaft; die Stadt Würzburg selbst ist ein eindrucksvolles Abbild dieser Entwicklung.[7] Es entfaltete sich eine lebendige, alle Volksgruppen und damit auch die Laien umfassende Frömmigkeit, die sich im Spätmittelalter immer konkreter – wohl auch der besseren Quellenlage geschuldet – erfassen lässt. Das spätmittelalterliche Frömmigkeitsleben zeigt eindrucksvoll, wie allgegenwärtig die Religion war.[8] Dabei sollte man nicht vergessen, dass bei der oft vorschnell als veräußerlicht, ritualisiert, formalistisch und mechanistisch abgetanen Religiosität dieser Epoche durchaus mystische Innigkeit zu entdecken ist. Diese mystischen Elemente drängten immer auf Echtheit und Tiefe und entwickelten so ein schwer fassbares, aber doch zumindest untergründiges kirchenkritisches und reformerisches Potential. Gleichzeitig standen Religion, weltliche Herrschaftsstrukturen und gesellschaftliches Leben, besonders auch in einem geistlichen Fürstentum wie Würzburg, in so enger Verflechtung, dass die Verweltlichung der Kirche ein Dauerproblem darstellte.

Die Forderung nach einer *reformatio in capite* [oder auch *capitibus*] *et membris*, einer „Reform an Haupt bzw. Häuptern und Gliedern" – eine Formulierung, die sich spätestens seit dem 13. Jahrhundert, zuerst wieder-

---

Charisma des hl. Benedikt zwischen dem 6. und 20. Jahrhundert. Übers. von HERMANN J. BENNING. St. Ottilien 2017 (Studien und Mitteilungen zur Geschichte des Benediktinerordens und seiner Zweige, Erg.-Bd. 51).

[7] Vgl. zusammenfassend: Geschichte der Stadt Würzburg. Hg. von ULRICH WAGNER. Band 1: Von den Anfängen bis zum Ausbruch des Bauernkrieges. Stuttgart 2001; ENNO BÜNZ: „... mehr Grüße, als Pfaffen in Würzburg leben...". Klerus und geistliche Institutionen im Spätmittelalter. In: Würzburger Diözesangeschichtsblätter 67 (2005), S. 25–62 (mit zahlreichen Literaturhinweisen).

[8] Vgl. WOLFGANG BRÜCKNER: Frommes Franken. Kult und Kirchenvolk in der Diözese Würzburg seit dem Mittelalter. Würzburg 2008, S. 15–52.

um im Bereich der Klöster, greifen lässt –, war immer öfter zu hören und wird ab dem 15. Jahrhundert im Zusammenhang mit den Reformkonzilien zum zentralen Schlagwort in der lateinischen Kirche.[9]

2. Die Begriffe: Reformation, Gegenreformation und katholische Reform

Jetzt stehen wir endlich an der zeitlichen Schwelle unseres Themas – „Die katholische Reform im Bistum Würzburg – ein Langzeitprojekt". Zum Verständnis dieses Themas ist es notwendig, den Begriff ‚katholische Reform' kurz zu erschließen, denn er erklärt sich keineswegs aus sich selbst, sondern nur in der Abgrenzung zum Begriff ‚Reformation' sowie ‚Gegenreformation'. Es wird in diesem Band darauf hingewiesen, dass sich der Begriff ‚Reformation' erst relativ spät, nämlich im 18. Jahrhundert, als ein spezifischer Epochenbegriff für die von Luther und anderen Persönlichkeiten ausgehende Entwicklung zu neuen Kirchen bzw. Konfessionen etablierte.[10]

Der Begriff ‚Reformatio' bzw. ‚Reformation' behielt also auch noch im 16. und 17. Jahrhundert seine seit dem Mittelalter bekannte allgemeine Bedeutung für korrigierende und regulierende Eingriffe in das kirchliche und religiöse Leben, wie sie ab dem späten 14. Jahrhundert und vor allem im 15. Jahrhundert vermehrt von Bischöfen, aber ebenso von weltlichen Herren, die nicht unerhebliche Kontroll- und Schutzrechte bezüglich der Kirche aus verschiedenen Rechtstiteln ableiteten, unternommen wurden. Die weltlichen Herren reklamierten hierbei im Interesse eines landesherrlichen Kirchenregiments und als Ausfluss der landesherrlichen Kirchenhoheit ihr *ius reformandi* (ihr Recht des Reformierens), das im Zuge der Reformation zu einem ausschlaggebenden Moment wurde und im Augsburger Religionsfrieden von 1555 seine definitive reichsrechtliche Billigung erfuhr.[11] Im Sinne des Religionsfriedens vollzog auch Julius Echter von Mespelbrunn (reg. 1573–1617) – und zwar in rechtlicher Hinsicht als Landesherr – die Rekatholisierung des Hochstifts Würzburg und sprach dabei auch ganz ausdrücklich von der ‚Reformatio', der ‚Reformation', die er damit durchgeführt habe, so wie evangelische Landesherrn (und reichsstädtische Leitungsorgane) schon früher ihre ‚Reformation' vorgenommen hatten.[12]

---

[9] Vgl. KARL AUGUSTIN FRECH: Reform an Haupt und Gliedern. Untersuchung zur Entwicklung und Verwendung der Formulierung im Hoch- und Spätmittelalter. Frankfurt a. M. [u. a.] 1992 (Europäische Hochschulschriften. Reihe III: Geschichte und ihre Hilfswissenschaften 510).

[10] Vgl. Volker Leppin in diesem Band S. 527–548.

[11] Vgl. BERND CHRISTIAN SCHNEIDER: Ius reformandi. Die Entwicklung eines Staatskirchenrechts von seinen Anfängen bis zum Ende des Alten Reiches. Tübingen 2001.

[12] Ein Beispiel für den Wortgebrauch ‚Reformation' durch Julius Echter bietet SABINE ARENDT: Julius Echters Kirchenordnung von 1589. Rückgriff auf ein Herrschaftsinstrument evangelischer Fürsten? In: Fürstbischof Julius Echter († 1617) – verehrt, verflucht, verkannt. Aspekte seines Lebens und Wirkens anlässlich des 400. Todestages.

Nachdem der Begriff ‚Reformation' seit dem 18. Jahrhundert allein der lutherischen bzw. reformatorischen Reformation vorbehalten war, wurde der katholische Gegenschlag der zweiten Hälfte des 16. Jahrhunderts, und zwar erstmals 1776 durch den Göttinger Staatsrechtler Johann Stephan Pütter (1725–1807) belegt, als ‚Gegenreformation' klassifiziert. Leopold von Ranke (1795–1886) verhalf dem Begriff zum Durchbruch. Die katholische Geschichtsschreibung konnte sich damit nicht anfreunden, sah man in diesem antithetischen Ansatz doch das genuin katholische und schon vorreformatorische Element der Erneuerung zu wenig gewürdigt. Es war dann der protestantische Historiker Wilhelm Maurenbrecher (1838–1892), der 1880 die Bezeichnung ‚Katholische Reformation' für den schon im Spätmittelalter greifbaren und sich im 16. Jahrhundert intensivierenden Strom katholischer bzw. altkirchlicher Erneuerung wählte. Ludwig von Pastor (1854–1928) benutzte ebenfalls diesen Begriff, und zwar in Verbindung mit dem der ‚Katholischen Restauration'.[13]

Entscheidend für diese Linie der Geschichtsdeutung war die Wahrnehmung, dass Elemente der ‚Gegenreformation' zumindest in Ansätzen bereits in der Zeit vor der Glaubensspaltung zu greifen sind und sich in den romanischen Ländern auch ohne direkten Bezug zur ‚Reformation' weiterentwickelt haben. Es war dann Hubert Jedin (1900–1980), der in seiner 1946 erschienenen Broschüre ‚Katholische Reformation oder Gegenreformation?' beide Begriffe verband. In dieser Schrift benutzte er aber statt ‚katholischer Reformation' im Text selbst schon häufig nur ‚katholische Reform'. Seine mittlerweile klassische Definition für das Wortpaar ‚katholische Reform' und ‚Gegenreformation' lautet: „Die katholische Reform ist die Selbstbesinnung der Kirche auf das katholische Lebensideal durch innere Erneuerung, die Gegenreformation ist die Selbstbehauptung der Kirche [genauer der römisch-katholischen] im Kampf gegen den Protestantismus."[14]

Jedin lässt schließlich den Begriff ‚katholische Reformation' fallen und bevorzugt „die Bezeichnung Katholische Reform, weil sie den […] allgemein eingebürgerten Ausdruck ‚Reformation' im Sinne der protestantischen Reformation vermeidet, anderseits die Kontinuität der kirchlichen Erneuerungsbestrebungen vom 15. zum 16. Jahrhundert andeutet, ohne, wie die Bezeichnung ‚Restauration', die neuauftretenden Elemente und den Einfluß der Glaubensspaltung auf das Wachstum der Bewegung auszuschlie-

---

Hg. von WOLFGANG WEISS. Würzburg 2017 (Quellen und Forschungen zur Geschichte des Bistums und Hochstifts Würzburg 75), S. 401–428, hier S. 421.

[13] Vgl. HUBERT JEDIN: Katholische Reformation oder Gegenreformation. Ein Versuch zur Klärung der Begriffe nebst einer Jubiläumsbetrachtung über das Trienter Konzil. Luzern 1946, S. 10.

[14] Ebd., S. 38.

ßen."[15] Dies führte dazu, dass Band IV des Handbuches für Kirchengeschichte (aus dem Jahr 1967), der die Zeit von 1517 bis in die Mitte des 17. Jahrhunderts behandelt, überschrieben ist mit „Reformation. Katholische Reform und Gegenreformation". Heute wird für diese geschichtliche Phase auch gerne vom Zeitalter der ‚Konfessionalisierung' bzw. des ‚Konfessionalismus' gesprochen, wobei die Überlegung leitend ist, analoge, gleichsam metakonfessionelle Vorgänge bei der Konfessionsbildung und Konfessionalisierung zu erkennen.[16]

In der Themenformulierung dieses Beitrags wird nur der Begriff ‚katholische Reform' benutzt. Dies vor allem deshalb, weil es das weitere Ziel sein soll, die Elemente einer kirchlichen bzw. katholischen Reform im Bistum Würzburg im langen Bogen der Entwicklung vom 15. Jahrhundert bis in das letzte Drittel des 17. Jahrhunderts nachzuzeichnen. In dieser Epoche gibt es allerdings zwei Phasen eindeutig gegenreformatorischer Aktivitäten: Hier sind zum einen die Rekatholisierung des Hochstifts Würzburg unter Julius Echter von Mespelbrunn ab den 1580er Jahren[17] und zum anderen die Aktivitäten unter Fürstbischof Philipp von Ehrenberg (reg. 1623–1631) im Zusammenhang mit dem Restitutionsedikt von 1629 während des Dreißigjährigen Krieges[18] zu nennen.

3. Reform und religiöse Erneuerung im Spätmittelalter

In der abendländischen Kirche lässt sich im Spätmittelalter ein Reformdiskurs greifen, der sich im Zuge des großen Papstschismas ab 1378 verstärkte. Dabei bewegen sich die einzelnen Kritikpunkte im Bereich gleichbleibender Stereotypen. Vor allem findet sich eine durchgehende Negativbeurteilung aller Stände der Kirche, besonders aber des Klerus und der römischen

---

[15] ERWIN ISERLOH [u. a.]: Reformation, Katholische Reform und Gegenreformation. Freiburg [u. a.] 1985 (Handbuch der Kirchengeschichte IV), S. 450.

[16] Vgl. zusammenfassend MAXIMILIAN LANZINNER: Konfessionelles Zeitalter 1555–1618. In: Gebhardt. Handbuch der deutschen Geschichte. Hg. von WOLFGANG REINHARD. Bd. 10. Stuttgart 2001, S. 3–203, hier S. 97–99.

[17] Vgl. Julius Echter. Der umstrittene Fürstbischof. Eine Ausstellung nach 400 Jahren. Katalog zur Ausstellung vom 23. Juni bis 17. September 2017 im Museum am Dom Würzburg. Hg. von RAINER LENG [u. a.]. Würzburg 2017 (Quellen und Forschungen zur Geschichte des Bistums und Hochstifts Würzburg. Sonderveröffentlichung), S. 173–205; JOHANNES MERZ: Etappen und Strategien der Rekatholisierung im Bistum Würzburg. In: WEISS (Hg.), Fürstbischof Julius Echter [Anm. 12], S. 385–399; MARCUS HOLTZ: Fürstbischof Julius Echter und die Würzburger Exulanten. In: Landesherrschaft und Konfession. Fürstbischof Julius Echter von Mespelbrunn (reg. 1573. 1617) und seine Zeit. Hg. von WOLFGANG WEISS. Würzburg 2018 (Quellen und Forschungen zur Geschichte des Bistums und Hochstifts Würzburg 76), S. 37–47.

[18] Vgl. WINFRIED ROMBERG: Das Bistum Würzburg 7. Die Würzburger Bischöfe von 1617 bis 1684. Berlin, New York 2011 (Germania Sacra. Dritte Folge 4. Die Bistümer der Kirchenprovinz Mainz), S. 158–164, 214–216.

Kurie (einschließlich des Papsttums).[19] Von besonderem Gewicht ist das Geschichtsbild, das für diesen Diskurs prägend ist: Es sei das Ideal der frühen Kirche verlassen worden. „So sei die Diskrepanz zwischen Ideal und Realität immer größer geworden; die Forderung nach Reform konnte deshalb zur apokalyptischen, endzeitlichen Mahnung tendieren, zum Gefühl, in den letzten Zeiten zu leben."[20] Dabei ist es letztlich nicht entscheidend, ob diese Verfallssicht überhaupt in dieser Form zutrifft. Wichtiger ist vielmehr „die zunehmende Steigerung der Ansprüche und Sensibilitäten derer, die den […] Niedergang des Christentums beklagen."[21] Es gibt neue Eliten eines tiefer reflektierten Christentums, z. B. in den Kreisen der Devotio moderna mit ihrem Verlangen nach einer persönlichen Nachfolge Christi oder unter den christlichen Humanisten, die *ad fontes* strebten und so auch die Treue zur Bibel in den Mittelpunkt des christlichen Lebens rückten.

Es wurde schon darauf hingewiesen, dass die kirchliche Entwicklung in unserem Raum bis in die Mitte des 13. Jahrhunderts eine enorme Dynamik, vor allem ablesbar an der Vielzahl der geistlichen Institutionen und Korporationen, entfaltet hatte. Im Vergleich dazu erscheint im späten 13. und im 14. Jahrhundert eine gewisse Stagnation feststellbar. Besonders die Klöster verloren an Zulauf, und es mehrten sich die Hinweise, dass die Ordenszucht zu wünschen übrig lasse. Es gibt allerdings Felder, die ein anderes Bild zeigen. Zu nennen sind auch für das Bistum Würzburg die sich verstärkenden religiösen Aktivitäten der Laien – Stichwort spätmittelalterliche Laienfrömmigkeit mit ihren vielfältigen Facetten – und daraus resultierend die quellenmäßig nicht immer leicht fassbaren Ansätze zum Semireligiosentum, wie es uns besonders in der Beginenbewegung entgegentritt.[22] Beeindruckend ist die Verdichtung des Pfarreinetzes sowie die Vermehrung der Altarbenefizien, die als sogenannten Seelgeräte, also geistliche Verrichtungen zur Seelenrettung, dienten. Die Stiftungsfreudigkeit, vor allem der Laien, äußerte sich besonders auch im sozialkaritativen Bereich, wie z. B. bei der Gründung von Spitälern (Würzburger Bürgerspital 1316).[23]

---

[19] Vgl. KLAUS UNTERBURGER: „Reform der ganzen Kirche". Konturen, Ursachen und Wirkungen einer Leitidee und Zwangsvorstellung im Spätmittelalter. In: MERKT [u. a.] (Hg.), Reformen [Anm. 3], S. 109–137, hier S. 113.

[20] Ebd., S. 114f.

[21] Ebd., S. 117.

[22] Vgl. HANNAH KESS: Klausnerin – Nonne – Begine? Eine schwierige Kategorisierung. Zum Beginenwesen in Franken. In: Jahrbuch für fränkische Landesforschung 67 (2007), S. 19–48; HANNAH HIEN [geb. Keß]: Das Beginenwesen in fränkischen und bayerischen Bischofsstädten. Würzburg 2013 (Veröffentlichungen der Gesellschaft für fränkische Geschichte, Reihe IX: Darstellungen aus der fränkischen Geschichte 59).

[23] Vgl. Beiträge der Tagung „700 Jahre Stiftung Bürgerspital zum Heiligen Geist in Würzburg. Historische Einblicke und Durchblicke zur Stadt und ihrem Spital" am 8. Oktober 2016. In: Würzburger Diözesangeschichtsblätter 80 (2017), S. 11–160; besonders WOLFGANG WÜST: Armut und Reichtum, Frömmigkeit und Daseinsfürsorge.

Vereinzelt entstanden auch neue klösterliche Einrichtungen. Anzuführen sind hier vor allem die Kartäuser. In der Stadt Würzburg wurde dieser ausgesprochen kontemplativ ausgerichtete Orden 1348 heimisch.[24] Es gibt zahlreiche Hinweise, dass der Gedanke eines ‚echteren' und vertiefteren Christentums und das Verlangen nach einer angemessenen pastoralen Betreuung durch glaubwürdige Zeugen der Botschaft Christi die Menschen bewegten. Die Entwicklung steigerte vor allem die Ansprüche in Hinblick auf den Pfarrklerus. Dessen geringes Bildungsniveau wurde jetzt zusammen mit einem als zu wenig geistlich erscheinenden Lebensstil zum Dauerbrenner der Kritik. Ebenso finden wir sich wiederholende Anläufe zu Klosterreformen.[25]

Schon Bischof Gerhard von Schwarzburg (reg. 1372–1400) erließ 1393 und 1395 Reformordnungen. Sie sollten das Konkubinenunwesen zurückdrängen und mahnten die Residenz- und Weihepflicht der Geistlichen an. Von den Benediktinern erwartete er gemäß einer Verordnung von 1376 die Rückkehr zur *vita regularis*.[26]

Sein Nachfolger Bischof Johann von Egloffstein (reg. 1400–1411) setzte diese Linie weiter fort.[27] Er führte zwei Diözesansynoden (1407 und 1411) durch.[28] Es waren wiederum die bekannten Vorschriften, die den Geistlichen ans Herz gelegt wurden: keine Pfründenhäufung, eigenständige Verwaltung der Pfründe und so auch Verpflichtung zur Priesterweihe für den Inhaber einer Pfründe. Wiederum fehlte nicht die Weisung, den Zölibat

---

Aspekte zum Sozial- und Spitalwesen in Mittelalter und Früher Neuzeit (mit einer Edition der Würzburger Bürgerspitalsordnung von 1584), ebd., S. 11–28; MARKUS FRANKL: Brennpunkte der Stadtgeschichte und die bürgerliche Spitalgründung im 14. Jahrhundert, ebd., S. 29–40; HANS-PETER BAUM: Sozioökonomische Herausforderungen im spätmittelalterlichen Würzburg, ebd., S. 41–56.

[24] Vgl. JAMES HOGG: Die Kartause Würzburg. In: Kartäuser in Franken. Hg. von MICHAEL KOLLER. Würzburg 1996 (Kirche, Kunst und Kultur in Franken 5), S. 95–100.

[25] Vgl. KLAUS WITTSTADT: Ansätze zur Klerus- und Ordensreform im spätmittelalterlichen Würzburg. In: Strukturen der Gesellschaft im Mittelalter. Interdisziplinäre Mediävistik in Würzburg. Hg. von DIETER RÖDEL und JOACHIM SCHNEIDER. Wiesbaden 1996, S. 82–98.

[26] Vgl. ALFRED WENDEHORST: Das Bistum Würzburg Teil 2. Die Bischofsreihe von 1254 bis 1455. Berlin, New York 1969 (Germania Sacra. Neue Folge 4. Die Bistümer der Kirchenprovinz Mainz), S. 125.

[27] Trotz teils recht einseitiger und zeitbedingter Beurteilungen nach wie vor grundlegend für diese Fragestellung SIGMUND FREIHERR VON PÖLNITZ: Die bischöfliche Reformarbeit im Hochstift Würzburg während des 15. Jahrhunderts. Unter besonderer Berücksichtigung der übrigen fränkischen Diözesen. In: Würzburger Diözesangeschichtsblätter 8/9 (1940/41), S. 5–168.

[28] Quellen zu den Würzburger Synoden bei FRANZ XAVER HIMMELSTEIN: Synodicon Herbipolense. Geschichte und Statuten der im Bisthum Würzburg gehaltenen Concilien und Diöcesansynoden. Würzburg 1885; digital: https://archive.org/details/bub_gb_t8UCAAAAQAAJ. Vgl. weiter PETER THADDÄUS LANG: Die Synoden in der alten Diözese Würzburg. In: Rottenburger Jahrbuch für Kirchengeschichte 5 (1986), S. 71–84.

zu halten. Zur Vertiefung der priesterlichen Spiritualität wurde das tägliche Breviergebet angemahnt. Damit die Reformbemühungen nicht versandeten, schrieb die Synode von 1411 jährliche Besprechungen der Landdekane – ein *concilium particulare* – sowie alle fünf Jahre eine Diözesansynode vor. Sein besonderes Augenmerk legte Egloffstein auf die Hebung des Bildungsstandes der Geistlichen. Bereits 1402 erlangte er von Papst Bonifaz IX. das Privileg zur Gründung einer hohen Schule.[29] Auch wenn Egloffstein wohl kaum daran dachte, dass jeder Kleriker auf seinem Weg zu den Weihen diese Einrichtung besucht, so dürfte er gehofft haben, das intellektuelle Klima in einer Weise zu verbessern, dass eine fundierte und reflektierte Glaubensverkündigung angebahnt wurde.

Egloffsteins Nachfolger Bischof Johannes II. von Brunn (reg. 1411–1440) legte kaum besondere Reformambitionen an den Tag.[30] Am Fortbestand der Universität schien er nicht interessiert gewesen zu sein. Immerhin gelang es, mit einer Theologenstelle am Domstift einen, wenn auch bescheidenen, Ersatz für eine akademische Theologenausbildung zu schaffen. Am 19. Oktober 1419 verpflichtete Bischof Johann von Brunn das Domkapitel, „einen Magister oder, falls ein solcher nicht zur Verfügung stehe, wenigstens einen Lizentiaten oder Baccalaureus der Theologie anzustellen"[31]. Dieser sollte den jungen Kanonikern der Würzburger Stifte theologische Vorlesungen geben. Der Bürgerschaft hatte er darüber hinaus deutsche Predigten zu halten. Damit nahm auch Würzburg an der Entwicklung Anteil, die sich 1385 erstmals in Nürnberg mit der Einrichtung eigener Predigerstellen belegen lässt. Die Prädikaturen formten im Spätmittelalter ein neues Seelsorgeverständnis. Die akademisch gebildeten, Neuem aufgeschlossenen Inhaber intensivierten die Wortverkündigung.

Die quellenmäßig am besten greifbare Persönlichkeit auf der Würzburger Domprädikatur war Dr. Johannes Reyß. Der gebürtige Würzburger hatte an der Universität Erfurt Theologie studiert. Spätestens ab 1503 ist er als Domprediger belegt. Reyß legte einen außerordentlichen morali-

[29] VON PÖLNITZ, Die bischöfliche Reformarbeit [Anm. 27], S. 33–43. Zur ersten Würzburger Universität vgl. PETER A. SÜSS: Grundzüge der Würzburger Universitätsgeschichte 1402–2002. Eine Zusammenschau. Neustadt a. d. A., Rothenburg o. d. T. 2007 (Quellen und Beiträge zur Geschichte der Universität Würzburg 10), S. 23–34; FRANZ FUCHS: Bischof Johann von Egloffstein und die Erstgründung der Universität Würzburg im Jahre 1402. In: Kulturstadt Würzburg. Kunst, Literatur und Wissenschaft in Spätmittelalter und Früher Neuzeit. Hg. von DOROTHEA KLEIN und FRANZ FUCHS. Würzburg 2013, S. 67–86.

[30] Ganz konnte er sich aber dem Trend nicht entziehen, vgl. HEINRICH KOLLER: Die Würzburger Reformen von 1422. In: Würzburger Diözesangeschichtsblätter 21 (1959), S. 125–136.

[31] THEOBALD FREUDENBERGER: Der Würzburger Domprediger Dr. Johann Reyß. Ein Beitrag zur Geschichte der Seelsorge im Bistum Würzburg am Vorabend der Reformation. Münster 1954 (Katholisches Leben und Kämpfen im Zeitalter der Glaubensspaltung 11), S. 11.

schen Rigorismus an den Tag.[32] Er mahnte aber nicht nur mit kräftigen Worten zu einem Leben im Geiste des Evangeliums, sondern erwies sich selbst als „Vater der Armen und Schirmherr der Notleidenden“[33]. So errichtete er 1503 ein Haus, in dem Arme und Kranke Unterhalt und Pflege genießen konnten. Reyß übte zwar keine grundsätzliche Kritik am Ablass. Allerdings forderte er einen sorgsamen Umgang bei der Verkündigung und hatte kein Verständnis für die überbordende Praxis.[34] Reyß verstarb zwischen dem 11. und 29. Juli 1517, also kurz vor dem Thesenanschlag Luthers.

Nach den Reformaktivitäten Egloffsteins sehen wir erst wieder unter Bischof Gottfried Schenk von Limpurg (reg. 1443–1455) deutlichere Anstrengungen. Die lange Unterbrechung deutet auch ein Grundproblem der spätmittelalterlichen Reformansätze an. Es fehlten Kontinuität und Nachhaltigkeit. 1452 berief Bischof Gottfried eine Diözesansynode ein. Er wollte gemäß der Forderung des Basler Reformkonzils beginnen, jährliche Diözesansynoden durchzuführen. 1453 folgte daher auch die nächste Diözesansynode. Die Synoden dienten fast ausschließlich dazu, den Geistlichen die Synodalstatuten vorzulesen und sie so an ihre Verpflichtungen zu erinnern. Damit die Geistlichen die Statuten ständig vor Augen hätten, verlangte die Synode von 1452 von allen Prälaten und Pfarrern, diese abzuschreiben. Die Synode von 1453 legte fest, dass in Zukunft die Statuten in den jährlichen Landkapitelsversammlungen verlesen werden.[35] Dies machte auch die Diözesansynoden entbehrlich. Als Mittel der Disziplinierung des Klerus wurden nun die Kapitelstage in den einzelnen Dekanaten (Ruralkapitel) sowie Priesterbruderschaften gesehen. Vor allem Rudolf von Scherenberg (reg. 1466–1495) förderte letztere.[36]

Wie schon angesprochen, trat besonders das Anliegen der Rückkehr zur Reinheit der jeweiligen Ordensregeln hervor. Vor allem bei der Würzburger Benediktinerabtei St. Stephan ist das Bemühen zu erkennen, zur

---

[32] Vgl. ebd., S. 36–77.

[33] Ebd., S. 78.

[34] Vgl. ebd., S. 85–112. Zur Ablassthematik vgl. Ablasskampagnen des Spätmittelalters. Luthers Thesen von 1517 im Kontext. Hg. von ANDREAS REHBERG. Berlin 2017 (Bibliothek des Deutschen Historischen Instituts in Rom 132).

[35] Vgl. VON PÖLNITZ, Die bischöfliche Reformarbeit [Anm. 27], S. 86f.

[36] Vgl. WENDEHORST, Das Bistum Würzburg Teil 2 [Anm. 26], S. 42. ERNST SCHUBERT: Rudolf von Scherenberg. In: Fränkische Lebensbilder 2 (1968), S. 133–158, hier S. 150f.; KARL TRÜDINGER: Stadt und Kirche im spätmittelalterlichen Würzburg. Stuttgart 1978 (Spätmittelalter und Frühe Neuzeit. Tübinger Beiträge zur Geschichtsforschung 1), S. 136f.; vgl. auch SEBASTIAN ZEISSNER: Die Priesterbruderschaften im Bistum Würzburg im Spätmittelalter. In: Würzburger Diözesangeschichtsblätter 4 (1936), S. 41–65; LUDWIG REMLING: Bruderschaften in Franken. Kirchen- und Sozialgeschichtliche Untersuchungen zum spätmittelalterlichen und frühneuzeitlichen Bruderschaftswesen. Würzburg 1986 (Quellen und Forschungen zur Geschichte des Bistums und Hochstifts Würzburg 35), S. 132–212.

Observanz, zur strengen Einhaltung der Regel, zurückzukehren.[37] Am wohl konsequentesten stellten sich die Augustiner-Eremiten der Aufgabe einer Rückkehr zur Regelobservanz. In diesem Orden vereinten sich in beeindruckendem Maße geistiger und geistlicher Erneuerungswille. Durch die Verbindung mit den von der Augustiner-Reformkongregation geprägten Universitäten Erfurt und Wittenberg gewann auch das Würzburger Augustinerkloster an spirituellem und intellektuellem Niveau.[38] Auch Martin Luther sah sich von diesem Orden angezogen.

Würzburg entwickelte sich um 1500 auch zu einem Zentrum des Humanismus. Hier ist besonders Johannes Trithemius zu erwähnen, der von 1506 bis 1516 als Abt dem Schottenkloster vorstand. Diese vielschichtige Persönlichkeit bewährte sich als Reformer des Benediktinerordens. Dabei war er von dieser Idee erfüllt: „Das Evangelium ist das Fundament des Mönchthums und der Mönchsregel. Wegen des Evangeliums sind die Statuten, nicht umgekehrt; denn das Evangelium steht höher als die kirchlichen Gesetze und Ordensstatuten."[39] Gleichzeitig betonte Trithemius allerdings die Autorität der Kirche bei der Interpretation des Evangeliums.

Im Spätmittelalter bestimmten religiöse Unruhe und Sehnsucht die Menschen. Wunder und Erscheinungen, religiöse Attraktionen aller Art beflügelten die Phantasie. Ihre Kunde brachte die Massen in Bewegung. In dieser Atmosphäre entstanden schnell immer wieder neue Gnaden- und Wallfahrtsorte. Bei der Niklashäuser Wallfahrt zum sogenannten Pfeifer von Niklashausen zeigt sich aber auch das Phänomen, dass sich die Menschen für kirchenkritische und nicht kirchenkonforme religiöse Vorstellungen mobilisieren ließen.[40]

Die Epoche ist geprägt von zahlreichen offenen und dauerhaften Auseinandersetzungen. Verschiedene Institutionen und Gruppen befanden sich in einem dauerhaften Konkurrenzkampf: Papst und Kurie im Konflikt mit den Bischöfen, die Bischöfe mit den Domkapiteln, der Weltklerus mit den Orden, verschiedene Orden und die mit ihnen verbundenen theologischen Schulen untereinander, die Laien mit den Geistlichen, die

---

[37] Vgl. RAINER LENG: Die Geschichte des Klosters St. Stephan im Überblick. In: Das Benediktinerkloster St. Stephan in Würzburg. Hg. von dems. Rahden in Westfalen 2006 (Historische Studien der Universität Würzburg 4), S. 21–39, hier S. 28–33.

[38] Vgl. ADOLAR ZUMKELLER OSA: Die Pflege der Studien bei den Würzburger Augustinern von den Anfängen bis zur Gegenwart. In: Würzburger Diözesangeschichtsblätter 54 (1992), S. 177–193, hier S. 182–184.

[39] I[SIDOR] SILBERNAGEL [sic]: Johannes Trithemius. Eine Monographie. Landshut 1868, Vorrede (ohne Seitenangabe). Zu Trithemius vgl. KLAUS ARNOLD: Johannes Trithemius (1462–1516). 2., bibliographisch und überlieferungsgeschichtlich neu bearb. Aufl. Würzburg 1991 (Quellen und Forschungen zur Geschichte des Bistums und Hochstifts Würzburg 22).

[40] Vgl. KLAUS ARNOLD: Novissima Niclashusiana. Weitere Quellen zur „Niklashäuser Fahrt" 1476. In: Würzburger Diözesangeschichtsblätter 76 (2013), S. 247–277 (mit umfassenden bibliographischen Hinweisen).

Bischöfe mit den weltlichen Territorialherren, die geistliche Rechte für sich beanspruchten, wobei sie wiederum in der Kurie einen Bundesgenossen fanden. Die Liste ließe sich erweitern.

Der weitverzweigte und alles andere als einheitliche Strom kirchlichen Lebens im Übergang vom Spätmittelalter zur Frühen Neuzeit ließ auch das Bedürfnis nach Koordinierung, Normierung und Zentrierung wachsen. Die öffentliche Regulierung, die *gute Policey*, sollte sich auch in kirchlichen und religiösen Angelegenheiten als ein wichtiger Faktor der nun anbrechenden Epoche erweisen.[41]

4. Vor der Herausforderung der Reformation[42]

In dieser vielfältigen Gemengelage bekam die Entwicklung durch Martin Luther eine Wendung. Bischof Lorenz von Bibra (reg. 1495–1519) empfing bekanntlich im Jahre 1518 Martin Luther, als sich dieser auf der Durchreise von Wittenberg nach Heidelberg in Würzburg aufhielt. Bibra soll ihm mit Sympathie begegnet sein.[43] Er verstarb aber bereits 1519 und damit, bevor ab 1520 deutliche Zeichen der anhebenden reformatorischen Bewegung auch in Würzburg zu erkennen waren. Sympathisanten der frühen evangelischen Bewegung finden wir hier besonders unter den Inhabern der Domprädikatur; dazu gehörten Paul Speratus (1484–1551), in Würzburg 1520/ 1521, und Johannes Gramann (1485–1541), bekannt auch unter dem Humanistennamen Poliander, in Würzburg von 1521–1525. Hervorzuheben ist auch Weihbischof Johann Pettendorfer († 1533), der wie Poliander 1525 von Würzburg nach Nürnberg ging. Der Nachfolger Bibras, Bischof Konrad von Thüngen (reg. 1519–1540)[44], versuchte spätestens mit der Nieder-

[41] Vgl. DIETMAR WILLOWEIT: Katholische Reform und Disziplinierung als Element der Staats- und Gesellschaftsorganisation. In: Glaube und Eid. Treueformeln, Glaubensbekenntnisse und Sozialdisziplinierung zwischen Mittelalter und Neuzeit. Hg. von PAOLO PRODI. München 1993 (Schriften des Historischen Kollegs, Kolloquien 28), S. 113–132; ANDREA ISELI: Gute Policey. Öffentliche Ordnung in der Frühen Neuzeit. Stuttgart 2009.

[42] Für die folgenden Abschnitte grundlegend: WALTER ZIEGLER: Würzburg. In: Die Territorien des Reichs im Zeitalter der Reformation und Konfessionalisierung. Hg. von ANTON SCHINDLING und WALTER ZIEGLER. Bd. 4: Mittleres Deutschland. Münster 1992 (Katholisches Leben und Kirchenreform im Zeitalter der Glaubensspaltung 52), S. 98–126; KLAUS GUTH: Die Würzburger Kirche in der Begegnung und Auseinandersetzung mit der Lehre Luthers. In: Unterfränkische Geschichte. Hg. von PETER KOLB und ERNST-GÜNTHER KRENIG. Bd. 3: Vom Beginn des konfessionellen Zeitalters bis zum Ende des Dreißigjährigen Krieges. Würzburg 1995, S. 17–61.

[43] Vgl. ALFRED WENDEHORST: Das Bistum Würzburg Teil 3. Die Bischofsreihe von 1455 bis 1617. Berlin, New York 1978 (Germania Sacra. Neue Folge 13. Die Bistümer der Kirchenprovinz Mainz), S. 64–66.

[44] Vgl. ALFRED WENDEHORST: Konrad von Thüngen. Bischof von Würzburg 1519–1540. In: „Bei dem Text des Heiligen Evangelii wollen wir bleiben“. Reformation und

schlagung des Bauernaufstands 1525 die evangelische Bewegung im Hochstift gezielt auszuschalten.[45]

Dagegen sind die in der Diözese liegenden Territorien und Reichsstädte zum Teil relativ schnell zur neuen Lehre übergegangen. Die Entscheidung der Obrigkeit spielte dabei die letztlich ausschlaggebende Rolle. Die reformatorische Bewegung mündete in das landesherrliche oder (reichs-)städtische Kirchenwesen ein. Damit verbunden war auch eine radikale Begradigung und Vereinfachung der kirchlichen Verhältnisse, ein Prozess, der von der Forschung als „normative Zentrierung"[46] bezeichnet wird.

Fürstbischof Konrad von Thüngen war sich durchaus bewusst, dass es nicht ausreichen konnte, die reformatorische Bewegung äußerlich zu bekämpfen. In der Tradition der spätmittelalterlichen Reformbemühungen rief er den Geistlichen ihre Standespflichten ins Bewusstsein.[47] Einen dauerhaften Erfolg konnte aber Konrad von Thüngen nicht verbuchen.

In der alten Kirche verstärkten sich Orientierungslosigkeit und Unsicherheit. Diese Tendenz spiegelt sich auch bei den Bischöfen wider. Konrad von Bibra (reg. 1540–1544), der Nachfolger Konrads von Thüngen, nahm in Fragen des religiösen Bekenntnisses eine indifferente Position ein. Konrad von Bibra besaß weder Priester- noch Bischofsweihe. Er hinterließ zwei natürliche Kinder, Konrad und Katharina, und bedachte sie in seinem Testament.[48] Von Luther ist die Aussage überliefert: „Der Bischof von Würzburg lässt sich ansehen, als hielt er's schier mit uns […]."[49]

Der Nachfolger Konrads von Bibra, Melchior Zobel von Giebelstadt (reg. 1544–1558), legte zwar ein deutlich altgläubigeres Profil an den Tag. Mit Kaiser Karl V. teilte er das Anliegen einer gesamtkirchlichen Reform, die auch die Neugläubigen einschloss. Zu diesem Zwecke rief Melchior Zobel im Zusammenhang mit dem Augsburger Interim von 1548, mit dem Karl V. die Kircheneinheit wiederherstellen wollte, für November 1548 nach langer Zeit wieder eine Diözesansynode nach Würzburg ein. Es erschie-

---

katholische Reform in Franken. Über Kirchenreformer in den Bistümern und Hochstiften Bamberg und Würzburg. Das Haus Thüngen als Exponent der Reichsritterschaft in Franken. Hg. von HELMUT BAIER und ERIK SODER VON GÜLDENSTUBBE. Neustadt a. d. A. 2004 (Einzelarbeiten aus der Kirchengeschichte Bayerns 82), S. 63–68.

[45] Vgl. HANS-CHRISTOPH RUBLACK: Gescheiterte Reformation. Frühreformatorische und protestantische Bewegungen in süd- und westdeutschen geistlichen Residenzen. Stuttgart 1978, S. 3–75; WOLFGANG WEISS: Die reformatorische Bewegung in Würzburg. In: Frankenland, Heft 2 (April 2004), S. 107–114; HANS-WOLFGANG BERGERHAUSEN: Protestantisches Leben in Würzburg während des 16. Jahrhunderts. Eine Annäherung. Neustadt a. d. A. 2017 (Sonderveröffentlichungen des Stadtarchivs Würzburg 10).

[46] Vgl. BERNDT HAMM: Normative Zentrierung im 15. und 16. Jahrhundert. Beobachtungen zu Religiosität, Theologie und Ikonologie. In: ZHF 26/2 (1999), S. 163–202.

[47] Vgl. WENDEHORST, Das Bistum Würzburg Teil 3 [Anm. 43], S. 88–94.

[48] Vgl. ebd., S. 105–107.

[49] Martin Luther, WATR 4, S. 256, Nr. 4358; lateinische Fassung S. 528, Nr. 4808.

nen aber nicht mehr die Geistlichen der ganzen Diözese, sondern nur noch die des Würzburger geistlichen Territoriums. Der alte Würzburger Diözesanverband hatte sich praktisch aufgelöst. Auf der Synode wurden die anwesenden Geistlichen auf ihre hohe Verantwortung in dieser schwierigen Lage hingewiesen. Einen besonderen Eindruck scheinen diese Worte nicht hinterlassen zu haben.[50] Das Instrument der Synoden ohne dauerhafte Kontrollaktivitäten vor Ort erwies sich neuerlich als unbrauchbar. Es spielte in den weiteren Aktivitäten der kirchlichen Erneuerung ab den 1560er Jahren auch keine Rolle.[51]

5. Von der Defensive in die Offensive – Schritte zum Durchbruch der katholischen Reform

Immer deutlicher wurde, dass eine Neuprofilierung des Klerus den Dreh- und Angelpunkt jeder altkirchlichen Stabilisierung darstellte. Entscheidend war hier die Frage der Ausbildung des Klerus. Schon Melchior Zobel verfolgte die Idee, eine Partikularschule[52], also eine höhere Schule, einzurichten, was erst seinem Nachfolger Friedrich von Wirsberg (reg. 1558–1573) gelingen sollte. Immer deutlicher wurde aber auch, dass als Scharniere zwischen Bischof und den Pfarreien Fachgremien und Funktionseliten notwendig waren, mit deren Hilfe sich die bischöflichen Anliegen auch dauerhaft durchsetzen ließen. Erste Konturen eines Geistlichen Rats als leitender Behörde für die geistliche Jurisdiktion lassen sich bereits unter Melchior Zobel von Giebelstadt finden. Unter Julius Echter von Mespelbrunn kam dem Geistlichen Rat, besetzt mit konsequenten und kompetenten Vertretern altkirchlicher bzw. katholischer Vorstellungen meist bürgerlicher Herkunft, eine entscheidende Bedeutung im Prozess der sich intensivierenden katholischen Reform zu.[53]

In den 1550er Jahren verlor allerdings das altkirchliche Element immer noch an Einfluss in Würzburg. In der Mitte des 16. Jahrhunderts war die Lage der alten Kirche desolat. Die Erosion der altkirchlichen Strukturen wurde immer bedenklicher, die Tendenz zur neuen Lehre auch im Hochstift immer stärker. Es ist deutlich ein Kontinuitätsbruch im Langzeitprojekt ‚katholische Reform' festzustellen.

[50] Vgl. CHRISTOPH BAUER: Melchior Zobel von Giebelstadt Fürstbischof von Würzburg (1544–1558). Diözese und Hochstift in der Krise. Münster 1998 (Reformationsgeschichtliche Studien und Texte 139), S. 122–138.

[51] Vgl. LANG, Die Synoden [Anm. 28], S. 83f.

[52] Vgl. BAUER, Melchior Zobel [Anm. 50], S. 118–121.

[53] Vgl. Veronika HEILMANNSEDER: Der Geistliche Rat des Bistums Würzburg unter Friedrich von Wirsberg (1558–1573) und Julius Echter von Mespelbrunn (1573–1617). Würzburg 2015 (Quellen und Forschungen zur Geschichte des Bistums und Hochstifts Würzburg 73).

Fürstbischof Friedrich von Wirsberg konnte aber während seiner Amtszeit die Weichen für einen Wandel stellen.[54] Entscheidend dafür war, dass sich die Voraussetzungen in zweifacher Hinsicht grundlegend veränderten. Einmal besaß die katholische Kirche mit dem Abschluss des Konzils von Trient im Jahre 1563 eine gemeinsame Basis in Fragen der Glaubenslehre und der Kirchendisziplin. Vor allem profilierte das Konzil das Ideal einer in der Seelsorge engagierten Geistlichkeit. Daneben gewann die Kirche zur gleichen Zeit durch den schnell aufblühenden Jesuitenorden das geeignete Reservoir an Persönlichkeiten, die in der Lage und auch Willens waren, die Ideen des Konzils umzusetzen. Ihr apostolischer Geist, ihre priesterliche Lebensführung und ihr intellektuelles Format setzten Maßstäbe und gewannen Vorbildcharakter. Ab 1559 bemühte sich Wirsberg um eine Niederlassung der Jesuiten in Würzburg. Nach langen Verhandlungen konnte 1567 das Würzburger Jesuitenkolleg gegründet werden.[55]

Zum definitiven Wendepunkt der Entwicklung wurde aber die Amtszeit Fürstbischof Julius Echters von Mespelbrunn. Echter selbst hatte seine Erziehung bei den Jesuiten genossen und war von deren Spiritualität geprägt. Am 1. Dezember 1573 wählte das Domkapitel Julius Echter zum Bischof. Seine Leistungen für die katholische Reform können hier nur kursorisch betrachtet werden.[56]

(1) Mit der Gründung der Universität 1582 und eines Priesterseminars – der langjährige Gründungsakt wurde 1589 abgeschlossen – schuf er die Voraussetzung für einen einheitlichen Diözesanklerus. Damit war eine dauerhafte spirituelle und intellektuelle Niveausicherung verbunden.

---

[54] HANS EUGEN SPECKER: Die Reformtätigkeit der Würzburger Fürstbischöfe Friedrich von Wirsberg (1558–1573) und Julius Echter von Mespelbrunn (1573–1617). In: Würzburger Diözesangeschichtsblätter 27 (1965), S. 29–125, hier S. 43–53.

[55] Vgl. NICCOLO STEINER SJ: Jesuiten als Akteure der Erneuerung im Bistum Würzburg unter Julius Echter. Am Beispiel von Universität, Priesterseminar und Pfarrseelsorge. In: WEISS (Hg.), Fürstbischof Julius Echter [Anm. 12], S. 571–588, hier S. 572–575.

[56] Die Literatur zu Julius Echter ist geradezu überbordend. Für die anschließende thesenartige Zusammenfassung seines Wirkens sei hier summarisch verwiesen auf den Abschnitt bei WEISS (Hg.), Fürstbischof Julius Echter [Anm. 12], S. 627–750 (Schrifttum und Forschungsbibliographie zu Julius Echter); LENG [u. a.] (Hg.), Julius Echter. Der umstrittene Fürstbischof [Anm. 17]; Julius Echter – Patron der Künste. Konturen eines Fürsten und Bischofs der Renaissance [Katalog zur Ausstellung, Martin von Wagner Museum der Universität Würzburg, 25. Juni bis 24. September 2017]. Hg. von DAMIAN DOMBROWSKI [u. a.]. Berlin 2017; ROBERT MEIER: Julius Echter. 1545–1617. Würzburg 2017; RAINER LENG: Du musst dran glauben. Reformation und Rekatholisierung in Gerolzhofen. Gerolzhofen 2017 (De geroldeshova 17); HELMUT ENGELHART: Die liturgischen Drucke für Fürstbischof Julius Echter. Würzburg 2017 (Quellen und Forschungen zur Geschichte des Bistums und Hochstifts Würzburg. Sonderveröffentlichung); Echters Protestanten. Ein überraschendes Phänomen. Hg. von der Julius-Maximilians-Universität Würzburg [Text: STEFAN W. RÖMMELT]. Würzburg 2017; WEISS (Hg.), Landesherrschaft und Konfession [Anm. 17].

(2) Grundlegend war darüber hinaus, dass die Qualität des so gebildeten Klerus in der pastoralen Arbeit vor Ort durch dauerhafte Kommunikation und effiziente Kontrolle gesichert wurde. Wie schon erwähnt, gewann dabei der Geistliche Rat als Fach- und Aufsichtsbehörde eine zentrale Bedeutung. Mit den ‚Statuta ruralia' (Statuten für die Landkapitel) von 1584 erhielt die Seelsorge in der Diözese eine neue und eindeutige Grundlage. In den Statuten werden jährliche Landkapitelsitzungen (Dekanatskonferenzen) unter Anwesenheit eines Geistlichen Rats als bischöflichen Vertreters vorgeschrieben. Sie dienten zur Rechenschaftsablegung der einzelnen Pfarrer über ihre Amtsführung, zur Vertiefung der liturgischen Vorschriften und zur theologischen Fortbildung. Die Dekane wurden auch beauftragt, als bischöfliche Delegierte die Pfarreien regelmäßig zu visitieren. Teils wurden aber Lokalvisitationen vom Fürstbischof selbst oder von Geistlichen Räten durchgeführt.

(3) Ergänzt wurde dieses Statut im Jahr 1589 durch eine ausführliche Kirchenordnung, die bis in die kleinsten Details neben dem äußeren religiösen Leben und der Lebenshaltung der Diözesanen auch das Erziehungswesen im Hochstift einheitlich zu regulieren suchte. Die Kirchenordnung – an sich ein Instrument der Kodifizierung, das in evangelischen Territorien entwickelt wurde – unterstreicht die minutiöse Durchformung des Kirchenlebens im Konfessionsstaat.

(4) Die Seelsorge verbesserte Echter durch die Errichtung von etwa 40 Pfarreien. Er vermehrte die Dotierungen armer Pfarreien, kümmerte sich um die Erneuerung von Kirchen sowie Pfarr- und Schulhäusern und unterstützte die Anschaffung von Paramenten und liturgischen Geräten. Entscheidend war aber der Einsatz, die weitgehend erloschene Frömmigkeitspraxis spätmittelalterlicher Prägung zu revitalisieren: Wallfahrten und Prozessionen, das Bruderschafts- und Andachtswesen fanden Förderung, ebenso die eucharistische Frömmigkeit, die Marien-, Heiligen- und Reliquienverehrung. Die Weltgeistlichkeit gewann dabei neben den Jesuiten durch neue Ordensniederlassungen, besonders solche der Franziskanerminoriten und der Kapuziner, Unterstützung. Die radikale Lebensform dieser Ordensleute verhalf der katholischen Reform zu innerer Stärke und Glaubwürdigkeit.

(5) Die katholische Reform Julius Echters wollte ihre Ernsthaftigkeit auch durch das sozialkaritative Wirken als Ausdruck christlicher Liebestätigkeit unter Beweis stellen. Dies geschah mit der Stiftung des Juliusspitals (Stiftungsbrief 1576) sowie der Gründung und Reform von Landspitälern. Echters sozialreformerisches Handeln kann aber ebenso als Ausdruck einer frühmodernen fürstlichen, territorialen und somit staatlichen Fürsorgepolitik gewertet werden.

(6) Die kirchliche Erneuerung bzw. katholische Reform verfolgte daher nie allein religiöse Ziele, sondern war ein Teil der Festigung des frühneuzeitlichen Staatswesens, bei dem die religiöse und daher auch konfessionelle Einheit und Einheitlichkeit zu den zentralen Maximen gehörte.

Geistliche und weltliche Beamte arbeiteten hier eng zusammen. Strukturell sind die geistlichen Verhältnisse im Würzburger Hochstift Echters durchaus mit dem evangelischen Kirchenregiment vergleichbar. Die Analogie geht sogar soweit, dass Julius Echter als Fürstbischof in mancher Hinsicht eher wie ein protestantischer *summus episcopus* agierte. Er wirkte nämlich kaum selbst unmittelbar seelsorglich, auch war er kein Theologe, sondern Jurist. Es gibt auch keinen Hinweis, dass er jemals selbst predigte oder eine Katechese hielt, auch dürfte er liturgisch nur selten persönlich in Erscheinung getreten sein. Er beschränkte sich vielmehr darauf, die Voraussetzungen für ein wohlgeordnetes Kirchenwesen und eine funktionierende Pastoral zu schaffen. Dem Bild eines tridentinischen Bischofs entsprach Echter kaum. Nur schrittweise sollten sich seine Nachfolger daran orientieren. Dass ein Fürstbischof als Prediger und Katechet in Erscheinung trat und Hirtenbriefe an seine Gläubigen schrieb, lässt sich erst am Ende des 18. Jahrhunderts bei einem Würzburger Bischof, nämlich bei Franz Ludwig von Erthal (reg. 1779–1795), belegen:[57] ein deutlicher Hinweis, dass die katholische Reform des 16. Jahrhunderts tatsächlich als Langzeitprojekt zu werten ist und im Hochstift Würzburg erst mit dem weiteren Reformschub der katholischen Aufklärung das tridentinische Bischofsideal zur Geltung kam.

(7) Das Moment der normativen Zentrierung lässt sich auch im nachtridentinischen Katholizismus des Hochstifts Würzburg feststellen. Die spätmittelalterliche Pluriformität weicht auch hier einer stärkeren Konformität. Die normative Zentrierung blieb aber unvollendet. Es gab weiterhin die Konkurrenz zwischen Papst und Ortsbischöfen oder in weltlichen Herrschaften zwischen Staat und Kirche. Vielschichtig blieben im Katholizismus die Frömmigkeits- und Andachtsformen, ebenso die jeweiligen Ausrichtungen und Lebensentwürfe der Orden und religiösen Gemeinschaften. Das katholische Leben wurde in der anbrechenden Barockzeit in verschiedener Hinsicht bunter als das des Protestantismus, wo sich aber zunehmend neben der gelegentlich schlichten Welt der lutherischen Orthodoxie und des landesherrlichen Kirchenregiments ebenfalls neue Erbauungsformen und religiöse Bewegungen etablieren konnten.

6. Weiterführung der katholischen Reform nach dem Dreißigjährigen Krieg

Mit Julius Echter war der Prozess der katholischen Reform nachtridentinischer Prägung aber keineswegs abgeschlossen. Möglicherweise wurden

[57] Vgl. Franz Ludwig von Erthal. Fürstbischof von Bamberg und Würzburg. 1779–1795. Hg. von RENATE BAUMGÄRTEL-FLEISCHMANN. Bamberg 1995 (Veröffentlichungen des Diözesanmuseums Bamberg 7), besonders S. 59–65, 72–75, 88–91; DIETER J. WEISS: Das exemte Bistum Bamberg 4. Die Bamberger Bischöfe von 1693 bis 1802. Berlin, Boston 2016 (Germania Sacra. Dritte Folge 12), S. 305–370, besonders S. 344–351; der Band zu den Würzburger Bischöfen von 1746 bis 1802 wird derzeit von Winfried Romberg bearbeitet und 2019 erscheinen.

sogar die kirchenreformerischen Erfolge Echters in der katholischen Erinnerungskultur überbetont. Vieles erscheint mehr angebahnt als tatsächlich verwirklicht. Unter seinen Nachfolgern setzte nach dem Dreißigjährigen Krieg besonders Johann Philipp von Schönborn (reg. 1642–1673) vielfältige Akzente.[58] Dies war auch notwendig, da der verheerende Krieg materielle und vor allem personelle Einbußen zur Folge hatte. Gleichwohl gab es nun andere Voraussetzungen, weil an die strukturellen und geistig-geistlichen Grundlagen der Kirchenreform aus der Zeit vor dem Krieg angeknüpft werden konnte. Diese neue Phase der katholischen Reform besaß auch mildere Züge. Das Zeitalter eines militanten Konfessionalismus neigte sich dem Ende zu, wie besonders der Gnadenbrief Johann Philipps von Schönborn für die Kitzinger Protestanten zeigt. Sein Programm der (Re-)Katholisierung fußte nicht auf Zwangsbekehrung. Die positiven Kräfte der katholischen Konfession sollten überzeugen. Wichtige Stichworte für das Phänomen der katholischen Reform unter Johann Philipp sind die ausführliche Visitation des Jahres 1669 sowie die darauf folgende „erneuerte Kirchenordnung" von 1670. Johann Philipp wollte den Klerus vereinheitlichen, indem er 1656 das von Bartholomäus Holzhauser gegründete Weltpriesterinstitut, die sogenannten Bartholomäer, für alle Diözesanpriester verpflichtend machte, um auf der Basis einer gemeinsamen Lebensordnung das sittliche und spirituelle Leben der Seelsorgspriester zu heben. Dieses Unternehmen stieß aber auf den Widerstand eines Teils des Klerus und scheiterte dann auch bei seinen Nachfolgern, der Bogen im Wunsch einer inneren Harmonisierung des Weltklerus war damit überspannt.[59] Ausgestaltung und Verschönerung des Gottesdienstes war gleichfalls ein wichtiges Anliegen Johann Philipps von Schönborn. Er gab auch eine deutsche Bibelübersetzung in Auftrag und ließ sie 1662 drucken. Das Zeitalter war erfüllt von einem vielfältigen Aufschwung der *praxis pietatis*.[60]

Man kann durchaus davon sprechen, dass die katholische Reform nun definitiv im gesamten Volk angekommen war. Das Langzeitprojekt ‚katholische Reform' im Sinne des 16. Jahrhunderts war in gewisser Weise an ein Ziel gelangt und hatte Strukturen und Formen geschaffen, die im Katholizismus bis zur Gegenwart immer noch erkennbar sind. Im 19. Jahrhundert verdichteten sich diese unter der Herausforderung des Kulturkampfes zum katholischen Milieu. Auf die damit verbundenen Probleme wies Herman Schell schon an der Wende vom 19. zum 20. Jahrhundert hin und mahnte neuerlich eine ‚katholische Reform' an. In der Gegenwart sind die Verhältnisse noch fragiler geworden und so bleibt die Frage aktuell, welche Reform (bzw. *reformatio*) nun notwendig sei.

---

[58] Vgl. ROMBERG, Das Bistum Würzburg 7 [Anm. 18], S. 307–432, bes. S. 393–412.

[59] Vgl. ebd., S. 513–316, 553f.; vgl. WINFRIED ROMBERG: Das Bistum Würzburg 8. Die Würzburger Bischöfe von 1684 bis 1746. Berlin, Boston 2014 (Germania Sacra. Dritte Folge 8. Die Bistümer der Kirchenprovinz Mainz), S. 168.

[60] Vgl. BRÜCKNER, Frommes Franken [Anm. 8], S. 53–103.

II.

Reformatoren und ihre Wirkungen

Albrecht Beutel

Die Entwicklung der Ekklesiologie Martin Luthers

Beobachtungen zum Ursprung der protestantischen Konfessionsbildung

Martin Luther war ein Mann der Kirche. Zeitlebens hat er über sie nachgedacht und ihre göttliche Bestimmung sowie ihre weltliche Bedeutung zu ergründen versucht. Und eben weil er ein Mann der Kirche war, bereitete es ihm den größten Lebensschmerz, seine Kirche, aus der er kam, in so vielfältige Abwege verirrt zu sehen, ja von ihr sogar ausgestoßen und dadurch genötigt zu werden, eine eigene christliche Glaubensgemeinschaft errichten zu müssen.

Die Entwicklung der Ekklesiologie Martin Luthers vollzog sich als ein äußerst spannender, aber auch äußerst komplexer Prozess. In diesem Prozess markiert die allmähliche Entstehung einer eigenen kirchlichen oder konfessionellen Identität gewiss den interessantesten, weil innovativsten Aspekt. Insofern mag es naheliegen, dass wir uns heute nicht mit allgemeinen Bemerkungen zu Luthers Kirchenverständnis begnügen, sondern näherhin – und darin durchaus repräsentativ – danach fragen, wie sich bei ihm die Konfessionalisierung des abendländischen Christentums dargestellt und vollzogen hat.

Allseits bekannt ist die entschiedene Missbilligung Luthers, die durch ihn entstandene, rasch über Wittenberg hinausgreifende reformatorische Bewegung als ‚lutherisch' zu apostrophieren. Die eindringliche Mahnung, *man wolt meynes namen geschweygen und sich nit lutherisch, sondern Christen heyssen,*[1] zählt zu den meistzitierten Selbstaussagen des Reformators.

Indessen, auch das ist bekannt, nahm die Kirchengeschichte bald einen anderen Lauf. Die bereits in den 1520er Jahren einsetzende Konfessionalisierung des abendländischen Christentums konnte Luther nicht auf Dauer verborgen bleiben. Zögerlich war er bereit, diese Entwicklung zu realisieren, um schließlich, was nun allerdings weithin übersehen wird, auch seinerseits die durch ihn angestoßene Reformation unbeschwert mit seinem Eigennamen zu titulieren. *Die Lutherisschen bleiben wol Meister,*[2] schrieb er voller Zuversicht im Umkreis des Augsburger Reichstags, und *meine Lutherisschen*[3] ist eine von ihm mehrfach, bisweilen geradezu liebevoll ge-

---

1 Martin Luther: Weimarer Ausgabe [im folgenden abgekürzt: WA], Bd. 8, S. 685,4–6 (1522). – Der vorliegende Beitrag bietet die leicht überarbeitete Fassung von: ALBRECHT BEUTEL: „Wir Lutherischen". Zur Ausbildung eines konfessionellen Identitätsbewusstseins bei Martin Luther. In: Zeitschrift für Theologie und Kirche 110 (2013), S. 158–186.

2 WA 30/2, S. 345,1f. (1530).

3 Z. B. WA 30/3, S. 455,8 (1531).

brauchte Adresse. Mein Beitrag steckt sich das schlichte Ziel, am Leitfaden solcher Selbstbezeichnung das Erwachen eines konfessionellen Identitätsbewusstseins bei Luther zu rekonstruieren.

1. Abwehr des Parteinamens in den frühen 1520er Jahren

Für viele religiöse Bewegungen und theologische Richtungen oder Schulen wurde der Name, unter dem sie dann in der Kirchengeschichte firmierten, zunächst von Außenstehenden aufgebracht. Auch die Ausdrücke ‚Lutheraner' und ‚lutherisch' entstanden als eine Fremdbezeichnung. Mutmaßlich hat Johannes Eck, der in Ingolstadt als Theologieprofessor bestallt war und als ein früher, erbitterter Gegner Luthers hervortrat, diese Begriffsprägung als erster vollzogen.[4] Vier Tage nach dem Beginn der Leipziger Disputation (27.6.–16.7.1519) gab er von seiner dort mit Karlstadt und Luther geführten Auseinandersetzung einen brieflichen Zwischenbericht. Seine Feststellung, unter den Zuhörern und erst recht in der Leipziger Bürgerschaft fänden sich *plurimi* [...] *Lutterani*,[5] scheint den Terminus, den er als Wechselbegriff zu „den Wittenbergern"[6] gebrauchte, bereits wie selbstverständlich vorauszusetzen. Auch die rückblickende Zusammenfassung der Disputation, die Eck am 26. August 1519 brieflich ausfertigte, verwendete die Ausdrücke *Lutherani* und *Wittenbergenses* als Synonyme.[7] Wohl noch im selben Jahr gab er zwei Briefe des Franziskanerlektors Bernhard Dappen unter dem von ihm gewählten Titel ‚Articuli [...] contra Luteranos' zum Druck.[8]

Die Absicht dieser Namensgebung ist offenkundig: Die Anhänger des unter dringendem Häresieverdacht stehenden Augustinermönchs und Wittenberger Dozenten sollten mit ihrem Schulhaupt als Ketzer identifiziert werden. Seit den frühen 1520er Jahren stellte die Rede von den *Lutheri-*

---

[4] Die Studie von MANFRED SCHULZE (Johannes Eck im Kampf gegen Martin Luther. Mit der Schrift der Kirche wider das Buch der Ketzer. In: Lutherjahrbuch 63 [1996], S. 39–68), ist für die hier verhandelte terminologische Frage nicht von Belang.

[5] Johannes Eck an Georg Hauer und Franz Burkhart, 1.7.1519 (http://ivv7srv15.uni-muenster.de/mnkg/pfnuer/Eckbriefe/N087.html [2. Mai 2019]); die im Entstehen begriffene kommentierte kritische Ausgabe des Briefwechsels von Johannes Eck ist einstweilen nur als Internet-Publikation verfügbar. – Dieses Schreiben belegt, dass Eck den Ausdruck ‚Lutheraner' nicht erst, wie immer wieder zu lesen ist (vgl. etwa ERNST KINDER: Der evangelische Glaube und die Kirche. Grundzüge des evangelisch-lutherischen Kirchenverständnisses. 2. Aufl. Berlin 1960, S. 136), im Jahre 1520 aufgebracht hat.

[6] Johannes Eck an Georg Hauer und Franz Burkhart, 1.7.1519 (wie Anm. 5).

[7] Johannes Eck an Christoph Tengler, 26.8.1519 (http://ivv7srv15.uni-muenster.de/mnkg/pfnuer/Eckbriefe/N092.html [2. Mai 2019]).

[8] Bernhard Dappen: Articuli per fratres minores de observantia propositi Reverendissimo domino Episcopo Brandenburgensis contra Luteranos. o. O. 1519.

schen einen festen Bestandteil des amtskirchlichen[9] sowie des landläufigen Sprachgebrauchs dar.[10]

Luther sträubte sich von Anfang an gegen die Verehrung, die seine Person und seine theologische Kompetenz auf sich zog. Als ihm der kurfürstliche Sekretär Georg Spalatin im Dezember 1516 das Wohlwollen des Landesherrn übermittelte und die Bitte um literarische Beratung vortrug[11] und Luther sich daraufhin für beides als unwürdig erklärte, war dies nicht etwa topisch, sondern aufrichtig gemeint.[12] Das Ruhmesblatt, das ihm sein Ordensbruder Christoph Scheurl im Januar 1517 ausstellte,[13] wies er mit der Bemerkung zurück, der Konfrater möge den Namen Christi loben und nicht den seinen.[14] Erst recht berührte ihn der Umstand, dass Erasmus seinen Namen gegenüber dem sächsischen Kurfürsten rühmend hervorgehoben hatte,[15] peinlich und unangenehm.[16] Solche Bescheidenheit war bei Luther zutiefst religiös motiviert. Er verstand sich als ein bloßes Werkzeug in der Hand Gottes, das jederzeit gegen ein anderes, besseres ausgetauscht werden könnte: „Ich weiß, dass Christus nicht meiner bedarf; er wird seiner Kirche auch ohne mich Gutes verkündigen", schrieb er im Februar 1518 an den brandenburgischen Bischof Hieronymus Scultetus.[17] Damit verband sich zugleich eine eminente kontroverstheologische Entlastungsfunktion. Da Luther von sich sagen konnte: *ich weyss selbs fast*

---

[9] Vgl. etwa das 'Bäpstlich Breve dem Rath zu Bamberg gesandt wider den Luther' (WA 11, S. 342–354 [1523]), welches mehrfach von den *Lutherischen* bzw. den *Lutherani* spricht (ebd., S. 350,14.16.30f.; S. 353,7.25).

[10] So konnte der 1523 wohl in Norddeutschland entstandene Nachdruck einer Streitschrift Luthers ganz arglos im Titel hinzufügen, sie betreffe *den yetztschwebenden (so man spricht) Lutherischen handel* (WA 12, S. 62).

[11] Das Schreiben Spalatins ist verloren, lässt sich aber ansatzweise aus Luthers Antwortbrief rekonstruieren (vgl. Luther an Georg Spalatin, 14.12.1516. In: Martin Luther: Weimarer Ausgabe. Abteilung Briefe [im folgenden abgekürzt: WAB], Bd. 1, S. 76–80).

[12] *Quod autem scribis principem illustriss[imum] mei frequenter et honorifice meminisse, Non quidem ego gaudeo, oro tamen, ut humilitati eius dominus deus reddat gloriam. Non enim sum dignus, ut memoriam mei ullus homo habeat, nedum princeps, et talis tantusque princeps.* [...] *Petis iudicium meum super instituto tuo vertendorum opusculorum in vernaculam. Ultra vires meas exigis. Quis ego sum, ut iudicem, quid publice tum placeat tum proficiat?* (Luther an Spalatin [Anm. 11], S. 78,27–30.39–41).

[13] Christoph Scheurl an Luther, 2.1.1517 (WAB 1, S. 84,3–6).

[14] Luther an Christoph Scheurl, 27.1.1517 (WAB 1, S. 87,55–57). – Vgl. etwa auch die wenig später erbrachte Demutsbezeugung: *Doleo ego vehementer meum nomen & negocium in tantum ascendisse & crevisse, ut tantis etiam principibus negotium factum sit & de me sordidissimo homuncione tanta tantorum luminum claritas tractet* (Luther an Georg Spalatin, 28.8.1518 [WAB 1, S. 190,35–191,37]).

[15] Desiderius Erasmus an Kurfürst Friedrich den Weisen, 14.4.1519. In: Desiderius Erasmus: Opus epistolarum. Hg. von PERRY STAFFORD ALLEN. Tom. III. London 1913, S. 527–532.

[16] Luther an Georg Spalatin, 22.5.1519 (WAB 1, S. 404,4–6).

[17] Luther an Hieronymus Scultetus, 13.2.1518 (WAB 1, S. 140,66f.); ähnlich etwa auch Luther an Georg Spalatin, 13.11.1520 (WAB 2, S. 214,24f.).

[i. e. sehr] *wol, das ich nit lobens werd bin*, zielten die zahlreichen Schmähungen, denen seine Person ausgesetzt war, ins Leere: „Sie fechten mich auch nichts an."[18] Ganz drastisch hieß es in der ersten Vorlesung über den Galaterbrief (1519; zu Gal 6,18): „Verflucht sei der Name und Ruhm des Martinus in Ewigkeit, auf dass allein der Name unseres Vaters im Himmel gepriesen werde".[19]

Dass der theologische Aufbruch, der in Wittenberg eingesetzt hatte, schon bald mit seinem Namen verketzert und man aus *hussitisch, Viglephisch und Lutherisch*[20] eine genealogische Schmähliste bilden würde, war Luther bewusst. Gelegentlich griff er solche Fremdbezeichnung in neutraler Zitation sogar auf.[21] Soweit er für sich allein gefordert war, brachte er seinen Namen ganz unbefangen ins Spiel: Schriften der Gegner erteilte er eine *responsio Lutheriana*[22] oder gab sie *cum Lutheranis adnotatiunculis*[23] abermals in den Druck. Seine Replik auf den Angriff des Jacobus Latomus[24], schrieb er augenzwinkernd an den Freund Justus Jonas, sei „durch lutherisches Weihwasser"[25] von allen bösen Geistern, die der Löwener Theologe aussende, befreit.

Eine kollektive Selbstbezeichnung mit seinem Namen wies Luther dagegen kategorisch zurück, am deutlichsten in seiner ‚Treue[n] Vermahnung zu allen Christen, sich zu hüten vor Aufruhr und Empörung'.[26] Die Schrift, wohl im Dezember 1521 auf der Wartburg entstanden, suchte allen Unruhen, die während seiner Abwesenheit in Wittenberg um sich griffen, mit der klaren Maßgabe entgegenzuwirken, man solle dem päpstlichen Regiment keinesfalls mit Gewalt, sondern allein mit dem Wort des Evangeliums trotzen, damit *unsser Chor* rein erhalten und *unssere lere*[27] nicht zum Spott gemacht würden. Hier, wie auch sonst allenthalben, changierte Luther im pronominalen Gebrauch der 1. Person mehrfach zwischen schlichtem Singularis und Pluralis modestiae oder auctoris: *Wilche meyne* [!] *lere recht leszen und vorstehen, die machen nitt auffruhr.* [...] *Das aber etlich solchs thun und sich unszers* [!] *namens rhumen, was konnen wyr* [!] *datzu?*[28] Gleichwie auch Christus, so führte Luther diese rhetorische Frage in

---

[18] WA 6, S. 323,13.11 (1520); vgl. ebd., S. 323,9–22.

[19] *Denique maledictum nomen Martini, maledicta gloria Martini in aeternum, ut solius patris nostri nomen sanctificetur, qui in coelis* (WA 2, S. 616,21f. [1519]).

[20] WA 12, S. 79,5 (1523).

[21] Vgl. etwa Luther an Philipp Melanchthon, 12.5.1521 (WAB 2, S. 333,26f.); Luther an Johann Lang, 12.4.1522 (WAB 2, S. 495,18f.); WA 6, S. 181,7f. (1520).

[22] WA 8, S. 97,27 (1521).

[23] Luther an Johann Heß, 7.6.1520 (WAB 2, S. 118,14–16).

[24] *Rationis Latomianae pro incendiariis Lovaniensis scholae sophistis redditae, Lutheriana confutatio* (WA 8, S. 43–128 [1521]).

[25] WA 8, S. 43,14–16 (1521).

[26] WA 8, S. 676–687 (1522).

[27] Ebd., S. 681,24.15.

[28] Ebd., S. 681,19–22.

steiler Analogiebildung fort, für das, was die ‚Papisten' unter Christi Namen, doch seinem Wort zuwider anrichten, keinerlei Schuld trage.[29] Eindringlich warnte er vor denen, die sich dadurch als ‚gut lutherisch' zu erweisen trachten, dass sie alle, *die nit Evangelisch seyn*,[30] mit Zwang und Gewalt überziehen. Um solchem *mutwillen*[31] zu wehren, prägte Luther sodann die berühmt gewordenen Sätze:

> *Tzum ersten bitt ich, man wolt meynes namen geschweygen und sich nit lutherisch, sondern Christen heyssen. Was ist Luther? ist doch die lere nitt meyn. Szo byn ich auch fur niemant gecreutzigt.* [...] *Wie keme denn ich armer stinckender madensack datzu, das man die kynder Christi solt mit meynem heyloszen namen nennen? Nitt alszo, lieben freund, last uns tilgenn die parteysche namen unnd Christen heyssen, des lere wir haben. Die Papisten habenn billich eynen parteyschen namen, die weyl sie nit benuget an Christus lere unnd namen, wollenn auch Bepstisch seyn, szo last sie Bepstisch seynn, der yhr meyster ist. Ich byn unnd wyll keynisz meyster seyn. Ich habe mitt der gemeyne die eynige gemeyne lere Christi, der alleyn unszer meyster ist.*[32]

Die Botschaft, die Luther aussandte, war eindeutig: Gegenüber der Papstkirche, die das Christentum zu einer Religionspartei pervertiert habe, gelte es, *die eynige gemeyne lere Christi* ohne jede Bindung an menschliche Deutungsgewalt rein zu erhalten. Diese Weisung war bei Luther von der festen, selbst durch den päpstlichen Bannstrahl oder das Wormser Edikt in keiner Weise getrübten Hoffnung getragen, man brauche dies lediglich *noch tzwey iar treyben*, dann werde das ganze Papsttum *wie der rauch* [...] *vorschwinden.*[33] Die Prognose war zweifellos ernst gemeint, doch sie erwies sich als hinfällig und mit ihr, wie sich zeigen wird, auch das über die Selbstbezeichnung mit Luthers Namen gesprochene strikte Verdikt.

Bereits nach wenigen Monaten, inzwischen von der Wartburg zurückgekehrt und mit den Anfängen eines evangelischen Gemeindeaufbaus beschäftigt, begannen sich bei Luther erste, zaghafte Anzeichen eines Umdenkens anzudeuten.[34] Zwar hielt er weiterhin unbeirrt daran fest, dass rechter Glaube nicht von ihm, sondern allein von Christus gelehrt werde.[35]

---

29 Ebd., S. 681,22f.

30 Ebd., S. 684,38.34.

31 Ebd., S. 685,1.

32 Ebd., S. 685,4–16.

33 Ebd., S. 684,2–6.

34 Schon im Sommer 1520 hatte Luther gegenüber Spalatin in positiver Aufnahme der Wendung angeregt, der Kurfürst solle doch in Beantwortung eines Schreibens von Kardinal Rafael Riario mitteilen, dass die *lutherana doctrina* in Deutschland und darüber hinaus bereits weit ausgebreitet und verwurzelt sei (Luther an Georg Spalatin, 10.7.1520 [WAB 2, S. 138,40–43]).

35 *Du must nicht Luthers ßondernn Christus schuler seyn, und ist nit gnug, das du sagist, Luther, Petrus odder Paulus hatt das gesagt, ßondern du must bey dyr selbs ym gewissen fulen Christus selbs und unwenglich* [i. e. unerschütterlich] *empfinden, das es gottis wort sey* (WA 10/2, S. 23,4–7 [1522]).

Zugleich aber schien Luther nun die kontingente Funktion, die seiner Person in der aktuellen, von Wittenberg ausgehenden Erneuerung des Evangeliums zukam, ansatzweise zu realisieren. Hatte er doch als *instrumentum Dei* längst prägende Wirkung entfaltet: *Vill sind yhr, die umb meynen willenn glewben.*[36] Bei ihnen komme es nun allerdings darauf an, dass sie die Stabilisierung ihres evangelischen Glaubens nicht etwa von seiner eigenen Glaubenstreue abhängig machten, sondern allein aus der Kraft des Wortes Gottes bezögen.[37] Wenn man darum auch keinesfalls sagen solle: *ich byn Lutherisch oder Bepstischs*, da doch allein Christus *deyn meyster* ist, so dürfe man gleichwohl *den Luther nicht ßo gar hyn werffen.*[38] Denn da er die reine christliche, evangelische Lehre vertrete, hätten es die Widersacher darauf angelegt, mit Luthers Person zugleich die Lehre Christi zu verfolgen und auszurotten.[39] Insofern erweise sich eine Bejahung der Frage, *ob du Lutherisch seyest,*[40] stets als ein Bekenntnis zu Christus,[41] wie umgekehrt eine öffentliche Distanzierung von ihm geradewegs der Verleugnung Christi gleichkomme.[42] Dergestalt begann sich Luther allmählich der Einsicht in die seiner Person zugewiesene geschichtliche Bedeutung zu öffnen.

2. Verfestigung eines Gruppenbewusstseins in den 1520er Jahren

Solche Selbstgewissheit nährte sich nicht zuletzt aus der Zwietracht im eigenen Lager. Den Rat des Gamaliel (Act 5,38f.), der ursprünglich auf das Wirken der Apostel gerichtet war, bezog Luther gegen die „himmlischen Propheten" kurzerhand auf sich selbst: *Ists aus Gott, was* i c h *hab angefangen, so solls niemant dempffen* [...]. *Das weys ich* [...] *wol, das myrs soll niemand nehmen on Gott alleyne.*[43] Entsprechend sah sich auch Zwingli über die Wahrheit des reformatorischen Aufbruchs belehrt. Im Bescheidenheitsmodus des pluralischen Personalpronomens meldete Luther nach Zürich: *Zu unsern zeiten, da* w i r *sahen, das die schrifft unter der banck lag,* [...] *Haben* w i r [...] *mir grosser sawrer erbeit die schrifft widder erfur bracht und menschen gebotten urlaub gegeben.*[44] Und die Geringschätzung, die der abtrünnige Karlstadt über das *arme Wittemberg* ausgoss, quittierte Luther mit der rhetorischen Frage: *Wenn er denn* m i c h *nichts acht, wilchen will er denn unter uns achten?*[45] Was dergestalt als der Hochmut eines *theologus*

---

[36] WA 10/2, S. 58,26f. (1522).
[37] Vgl. ebd., S. 58,27–35.
[38] WA 10/2, S. 40,5f.9 (1522).
[39] Vgl. ebd., S. 40,5–15.
[40] Ebd., S. 40,15.
[41] Vgl. ebd., S. 40,15–29.
[42] Vgl. ebd., S. 39,26–40,4.
[43] WA 18, S. 134,4–8 (1525); Hervorhebung von mir.
[44] WA 23, S. 69,10–14 (1527); Hervorhebungen von mir.
[45] WA 18, S. 89,18f.14f. (1525); Hervorhebung von mir.

gloriae[46] aufscheinen könnte, war von Luther freilich nicht anmaßend, sondern – buchstäblich – selbstlos gemeint. Er verstand seine geschichtlich exponierte Person nur als Werkzeug in der Hand Gottes und als *die faust*[47] Christi im Nahkampf mit den Mächten der Finsternis. In dem Bewusstsein, in seiner Verkündigung lediglich der *mund Christi*[48] zu sein, machte sich Luther das, was er predigte, dann freilich vorbehaltlos zu eigen: als *meyn Euangelion*[49] und als *pura doctrina mea*[50]: *Szo ist mein ding yhe* [...] *eyttel schrifft.*[51]

Indessen sah er sich mit dem Anspruch, authentisches Sprachrohr Gottes zu sein, durchaus nicht in die Einsamkeit des Propheten verbannt, vielmehr tief eingebettet in die Gruppe der gleichgesinnten Freunde und Mitarbeiter, zunächst innerhalb Wittenbergs, bald auch darüber hinaus. Gemeinsam mit ihnen wusste sich Luther auf dem richtigen Weg. Die stolzen Selbstzeugnisse, die er für ein nun nicht mehr rhetorisches, sondern reales ‚wir' geltend machte, verdichteten sich seit dem Beginn der 1520er Jahre: W i r haben den Irrtum bemerkt und die Wahrheit erkannt,[52] w i r stehen in der wahren apostolischen Tradition,[53] bewahren die Schrift unverfälscht,[54] predigen allein Christus[55] und damit die rechte, zu Gott weisende Lehre im Heiligen Geist.[56] W i r üben den richtigen Gebrauch der Sakramente, sagen die Wahrheit und sind die rechten Christen.[57] Während der Papst uns gegenüber auf den Primat seiner Tradition pocht, halten w i r ihm entgegen: *unsere lere ist recht, ewer ist falsch, denn sie ist Menschentand und kan aus Gottes wort nicht bewiesen werden,*[58] wogegen *uns itzt das Euangelion* [...] *widder komen odder wol auch zu erst auffgangen ist.*[59]

Auf solche, vielfach variierte Weise artikulierte sich bei Luther das Bewusstsein, als Teil *unser*[*es*] *heufflin*[*s*]"[60] oder Feldlagers[61] zu agieren, in

46 WA 1, S. 354,21 (1518).
47 WA 17/1, S. 142,16 (1525).
48 WA 8, S. 683,1 (1522); vgl. ebd., S. 682,31–683,17. – Vgl. etwa auch WA 27, S. 94,15f. (1528).
49 WA 18, S. 296,8f. (1525).
50 WA 15, S. 668,17f. (1524).
51 WA 8, S. 341,21f. (1521).
52 Vgl. WA 12, S. 625,19f. (1523); WA 12, S. 331,22f. (1523).
53 Vgl. WA 26, S. 533,26–31 (1528).
54 Vgl. WA 19, S. 461,17–20 (1526).
55 Vgl. WA 20, S. 176,22 (1526); WA 23, S. 474,26–30 (1527).
56 Vgl. WA 17/1, S. 37,6–9 (1525); WA 11, S. 154,25–27 (1523).
57 Vgl. WA 12, S. 218,4–7 (1523); WA 20, S. 734,1f. (1527); WA 19, S. 263,8–15 (1526).
58 WA 16, S. 249,21–25 (1525).
59 WA 26, S. 197,12f. (1528).
60 WA 26, S. 530,28 (1528).
61 *Ego quidem nunquam optavi, ut deserta aut neglecta mensura tua nostris castris miscereris, cui negotio etsi ingenio et eloquentia multum prodesse posses, tamen, cum non adsit animus, tutius erat in tuo dono servire* (Luther an Desiderius Erasmus, 18.4.[?]1524 [WAB 3, S. 270,15–18]).

welchem sich das Evangelium als *unser ding* und *nostra causa*[62] und damit, wenngleich von ihm einstweilen noch unausgesprochen, als die wahre Kirche realisiere.

Allerdings geriet dadurch mit ihm auch das ganze *heufflin*, dessen Teil er war, in Verruf. Einerseits war man als Gruppe einzelnen absurden Vorwürfen ausgesetzt: als ob ihre Mitglieder allesamt *der keuscheyt feynd seyen*, gute Werke verböten,[63] Aufruhr gegen die Obrigkeit propagierten[64] und ketzerischer Lehre anhingen.[65] Andererseits sah man sich pauschaler Anfeindung ausgesetzt: *Nobis gibt man schuld, quidquid mali fit in mundo*,[66] und hätten die ungarischen Bischöfe, wie Luther sarkastisch hinzufügt, das Evangelium zugelassen, so wäre man gewiss auch für den dortigen Einmarsch der Türken haftbar gemacht worden.[67]

Mochten derlei Fremdprädikationen auch den Anschein differenzloser Eintracht erwecken, so war *unser heufflin* für Luther doch keineswegs homogen: Ihm gefalle längst nicht alles, was einige der Unseren anrichten, hieß es schon bald.[68] Insbesondere Undank und Überdruss gegenüber der Gnade, die Gott „uns" erwiesen hat, machten sich breit.[69]

Die gefährlichsten Gegner waren inzwischen, wie Luther urteilte, aus dem eigenen Lager erwachsen. Er zählte dazu die Vertreter einer radikalen Reformation, also etwa Karlstadt und Thomas Müntzer, später dann auch den zumal in der Abendmahlslehre von ihm offenbar unversöhnlich dissentierenden Zwingli. Diese Gegnerschaft erschien ihm darum so bitter, weil sie als Deviation aus dem gemeinsamen Ursprung entstanden war. Insofern pflegte er sie als *n o s t r i Schwermeri, qui verba a nobis didicerunt*,[70] anzusprechen. Der leidenschaftliche Hass, mit dem sie „uns" verfolgten,[71] gründete für Luther gerade in der ehemaligen Nähe: *Schwermeri nostri plus invident nobis quam Papa, quia fuerunt fratres nostri* [...]. *Sic ex fraternitate*

---

[62] WA 27, S. 277,2 (1528); WA 18, S. 605,26f. (1525) u. ö.

[63] WA 12, S. 94,11–14 (1523); WA 12, S. 697,3–5 (1523).

[64] *ALso sagen jtzt unsere Fürsten, unsere Lere sey Auffrhürisch. Ja recht, Aber du mussts recht verstehen: unsere Lere leidet Auffrhur, richtet aber Auffrhur nicht an. Denn wir predigen nicht, das man zum Schwerd greiffen sol, sondern das ein jglicher seiner Oberkeit gehorsam und unterthan sey. Sie aber die unsere Lere Auffrhürisch schelten, greiffen zum Schwerd* (WA 28, S. 381,22–26 [1529]).

[65] Vgl. WA 23, S. 722,10–12 (1527); WA 16, S. 10,29–33 (1524–1527).

[66] WA 20, S. 673,9f. (1527).

[67] Vgl. WA 19, S. 552,16–24 (1526).

[68] Vgl. WA 12, S. 72,10f. (1523).

[69] Vgl. WA 19, S. 42,34–40 (1526); WA 26, S. 628,8–14 (1528); WA 28, S. 451,31–35 (1529).

[70] WA 28, S. 139,9 (1528); Hervorhebung von mir. – Ähnlich etwa WA 29, S. 640,7f. (1529). – Vgl. aber WA 15, S. 705,12–15 (1524): *Inter nos surgunt pseudoapostoli ut tempore apostolorum. Ex nobis non sunt, sed prodierunt ex nobis i.e. nobiscum habent euangelium. Istos non possumus prohibere.*

[71] Vgl. WA 18, S. 92,17–30 (1525); WA 20, S. 653,8–10 (1527).

fit summum odium.[72] Wenn solcher Bruderhass auch handfeste Lehrdifferenzen zum Austrag brachte – etwa in Fragen des Kultus oder der Ethik[73] –, sah Luther darin doch letztlich den Teufel am Werk, der auf diese Weise das wieder ans Licht getretene Evangelium einem vernichtenden Zweifrontenkrieg aussetzen wollte.[74]

Rettung suchte er darum nicht im diskursiven Widerspruch, sondern allein in der durch die Identifikation des Teufels angezeigten metaphysischen Tiefendimension des Geschehens. So gelte es jetzt, Ps 94,1 („Herr, du Gott der Rache, brich hervor") unablässig in beide Richtungen zu beten: gegen die kirchliche und weltliche Obrigkeit, die „uns" mit leiblicher Gewalt zusetze, und zugleich *widder die rottengeister*, die „uns" mit falscher Schriftauslegung geistlich verfolgten.[75] Überhaupt war für Luther die biblische Analogie der eigenen Situation offenkundig:[76] Im Wüten der innerreformatorischen Gegner erfülle sich Joh 16,2,[77] das gegenwärtige Auftreten von Pseudoaposteln aktualisiere die apostolischen Zeiten,[78] und wie beim Papst, so gelte auch bei den *Schwermeri* der Hass letztlich nicht „uns", sondern Christus,[79] von welchem denn auch einzig Hilfe zu erhoffen sei in solchem eschatologischen Streit.[80]

Im Nachvollzug dieser prozesshaften Verfestigung eines religiösen und theologischen Gruppenbewusstseins dürfte nun insbesondere aufschlussreich sein, wie sich Luther zu dem die Gruppe mit seinem Namen titulierenden Neologismus verhielt. Im Verlauf der 1520er Jahre ist die Vokabel zunehmend bei ihm belegt. Dabei überwog zunächst noch die Zitation als

[72] WA 20, S. 738,8–10 (1527). – *Die rottengayster seynd uns feinder dann der Bapst, treyben solich lestern, das es über alle maß ist, ye neher freund, je erger feind sie worden seind* (WA 17/1, S. 146,18–20 [1525]).

[73] Vgl. WA 18, S. 64,15–20 (1525); WA 18, S. 102,27–103,23 (1525).

[74] *[Wir] haben [...] die schrifft widder erfur bracht und [...] uns frey gemacht und dem teuffel entlauffen, wie wol er sich redlich geweret und auch noch weret. Aber doch weil er uns mus lassen gehen, vergisst er dennoch seiner kunst nicht, hat auch heimlich seines samens unter uns gemenget, die unser lere und wort solten fassen, Nicht dazu, das sie uns beystünden und hülffen die schrifft treiben, sondern, [die]weil wir widder menschen thand forne stritten, sie hinder uns ynn unsern heer ein fielen, auffrur anrichten und widder uns tobeten, auff das wir zwisschen zweyen feinden deste leichter untergiengen. Das heisst, mein ich ja, quecksilber ynn den teich geworffen* (WA 23, S. 69,12–22 [1527]). – *Solchs thut der teuffel D. Carlstads, nicht, das er des Bapsts teuffel feynd sey, von wilchem er ynn D. Carlstat gesand ist, dem Bapstum listiglich widder auff zu helffen, Sondern das er das alles zu nichte mache, was Gott durch uns [!] ym Euangelio bis her hat gewirckt und so viel seelen errettet* (WA 18, S. 191,8–12 [1525]). – Vgl. etwa auch WA 10/2, S. 12,1–8 (1522); WA 26, S. 173,20–24 (1528).

[75] WA 19, S. 582,13–17 (1526).

[76] Vgl. etwa WA 24, S. 468,26–32 (1527) (zu Gen 26,18).

[77] Vgl. WA 15, S. 70,10–18 (1524).

[78] Vgl. WA 15, S. 705,10–13 (1524).

[79] WA 20, S. 755,7–11 (1527).

[80] Vgl. WA 13, S. 695, zu 10 (1524).

Fremdbezeichnung, von der sich Luther bisweilen durch ein beigefügtes *so sagen sie heute* oder *wie sies nennen*[81] zusätzlich distanzierte. Die bei den Gegnern übliche pejorative Verwendung des Wortes wird offenkundig, wenn er davon spricht, Erasmus habe die „ungebildeten Lutheraner"[82] übertölpeln wollen, und Wendungen wie *die Luterissche ketzerey, heretici Lutherani* oder *secta Lutherana*[83] gebraucht.

Daneben nannte Luther den Terminus aber auch in fast schon neutraler Verwendung, so wenn er berichtet, der altgläubige Pfarrer zu Esslingen habe denen, *so sich der Lutherischen lere abthun*,[84] den Anordnungen von Papst und Kaiser zuwider gnädige Absolution versprochen, oder wenn er seinem in Bremen wirkenden Schüler Heinrich von Zutphen mitteilte, der Papst habe König Ferdinand große fiskalische Vorteile eingeräumt, damit dieser ein *hostis Lutheranorum*[85] werde. Gelegentlich trieb er mit dem Wort sogar ein sarkastisches Spiel:

> *[Ich] hab [...] bisher mit meinem schreiben schon alzu viel und starcke Lutherischen gemacht, das ich wol mus auffhören, Es möchten sonst die Papisten allzu gar Lutherisch werden, Denn sie sind für war bereit[s] mehr und besser Lutherisch, denn ich selbs und brauchen auch des Euangelions mehr zu yhrem nutz denn wir selbs.*[86]

Indessen begann Luther, wenn auch vorerst nur zaghaft, sich den Ausdruck auch in positiver Verwendung zu eigen zu machen. Im Frühjahr 1525, auf dem Höhepunkt des Bauernkriegs, klagte er darüber, dass einige Fürsten, vom Teufel getrieben,[87] den Plan hegten, *die Lutherische lere* zu dämpfen und auszurotten.[88] Zwei Jahre später forderte er die Anhänger Zwinglis auf, in ihrem Streit *widder die Lutherischen* bei der Wahrheit zu bleiben und das, was sie gegen *uns, die Lutherisschen*, vorbrachten, stichhaltig zu beweisen.[89] Bereits 1524 hatte er unter dem Eindruck zweier bischöflicher Edikte betont, die *Lutherani* wüssten sich allein der *Evangelica doctrina* verpflichtet,[90] weshalb denn auch die Bezeichnungen *Lutherisch oder Euangelisch* als reine Tautologie gelten müssten.[91]

---

81 WA 27, S. 79,26 (1528); WA 31/1, S. 31,3 (1529).

82 WA 18, S. 751,2f. (1525).

83 WA 19, S. 136,24f. (1526); WA 19, S. 552,22 (1526); WA 27, S. 286,15 (1528); WAB 3, S. 315,20 (4.7.1524). – Vgl. WAB 3, S. 361,13–16 (27.10.1524).

84 WA 12, S. 154,8 (1523).

85 Luther an Heinrich von Zutphen, 1.9.1524 (WAB 3, S. 337,19–22). – Nicht als Privat-, sondern als Gruppenlehre ist zu verstehen, wenn Luther in einer Predigt den Bischöfen seiner Zeit die Überlegung zuschreibt: *Si doctrina Lutheri vera esset, tum nostra res nihil esset* (WA 20, S. 305,13f. [1526]). – Vgl. etwa auch WA 15, S. 146,21–147,9 (1524); ebd., S. 149,24–26.

86 WA 26, S. 562,13–17 (1528). – Ähnlich ebd., S. 562,36–563,1; ebd., S. 563,17–24.

87 *Satan induxit Lutheranam doctrinam in mundum* (WA 27, S. 87,36f. [1528]).

88 WA 18, S. 295,6f. (1525).

89 WA 23, S. 181,16–22 (1527).

90 WA 15, S. 153,18f. (1524).

91 WA 15, S. 111,21–25 (1524).

Im Februar desselben Jahres schrieb Luther in seinem ‚Trostbrief an die Miltenberger', er habe es *nicht gerne* [...], *das man die lere und leutte Lutterisch nennet, und mus von yhnen leyden, das sie Gottis wortt mit meynem namen also schenden.*[92] Diese Äußerung könnte als die identische Reduplikation jenes berühmten, eingangs zitierten Satzes von 1522 erscheinen, man solle sich *nit lutherisch, sondern Christen heyssen.*[93] Allerdings ergibt der Blick auf den Kontext des Votums ein durchaus anderes Bild. Als Grund seines Schreibens an die junge evangelische Gemeinde zu Miltenberg gab er nämlich an, er fühle sich, da sie *als die Lutherischen* verfolgt würden, dazu gedrängt, sich nun ihrer Sache *auch antzunhemen alls meyn selbs.*[94] Eben deshalb aber, weil seine Person untrennbar mit dem evangelischen Aufbruch jener Jahre verbunden war, rief er den dortigen Gegnern zu, sie sollten *doch den Luther, die Lutherischen lere und leut lassen bleyben und zu ehren komen, widderumb sie und yhre lere untergehn und zuschanden werden.*[95] Dergestalt schien Luther schon relativ früh geneigt, sich mit der wohl von Eck aufgebrachten Fremdbezeichnung aus Respekt vor der Kontingenz des Geschichtsverlaufs zu versöhnen. Entsprechend schrieb er im Januar 1528 an Spalatin, er selbst wolle insofern durchaus *Lutherisch* sein, als *der Luther* [...] *die heil*[*ige*] *Schrift rein lehret.*[96] Noch hatte er den Ausdruck also nicht als Parteinamen, sondern als den Inbegriff reiner, unbedingter Treue zu Bibel und Evangelium in Gebrauch.

3. Umschwung im Bannkreis des Augsburger Reichstags von 1530

Spätestens mit dem Ausgang des Augsburger Reichstags (1530) hatte sich die geschichtliche „Unwiderruflichkeit der Reformation"[97] endgültig erwiesen. Zwar hatte Karl V. in seiner Ausschreibung des Augsburger Reichstags vom 21. Januar 1530 ganz irenische Töne angeschlagen: In der strittigen Religionsfrage, hieß es da, gedenke er eines jeglichen Meinung hören, verstehen und erwägen zu wollen.[98] Indessen war die dadurch bei den Protestanten genährte Hoffnung, der Kaiser werde ein überparteiliches Schiedsamt wahrnehmen und damit einer theologischen Verständigung zuarbeiten, schon bald gedämpft worden. Bereits etliche Wochen vor der Reichstagseröffnung hatten verschiedene Indizien, nicht zuletzt das Predigtverbot, das für die in Augsburg anwesenden Protestanten erlassen worden war, den harten Kurs, den der Kaiser dann nehmen sollte, erahnen lassen. Als der

[92] WA 15, S. 78,8–10 (1524).

[93] Wie Anm. 1.

[94] WA 15, S. 78,6f. (1524).

[95] Ebd., S. 78,10–12.

[96] Luther an Georg Spalatin, 31.1.1528 (WAB 4, S. 375,12f.).

[97] THOMAS KAUFMANN: Geschichte der Reformation. Frankfurt a. M. 2009, S. 608.

[98] Vgl. KARL EDUARD FÖRSTEMANN: Urkundenbuch zu der Geschichte des Reichstages zu Augsburg im Jahre 1530. Bd. 1. Halle 1833, ND Halle 1966, S. 7f.

Kaiser am 15. Juni, kaum dass er in Augsburg triumphalen Einzug gehalten hatte, eine Teilnahme an der am Folgetag stattfindenden Fronleichnamsprozession auch den dort versammelten protestantischen Fürsten zur Pflicht machte, schienen die letzten Hoffnungen auf einen schiedlichen Ausgleich zerstoben.

Luther, den die nach Augsburg reisende kursächsische Delegation aus Sicherheitsgründen in Coburg hatte zurücklassen müssen, blieb dort, weil die Freunde regen Briefkontakt hielten, über den Gang der Ereignisse zeitnah und detailliert unterrichtet. Nun begann sich der Gebrauch der seinen Namen zitierenden Selbstbezeichnung in auffallendem Maß zu verdichten, am deutlichsten greifbar in Luthers ‚Vermahnung an die Geistlichen, versammelt auf dem Reichstag zu Augsburg',[99] die Anfang Juni 1530, also drei Wochen vor der Übergabe der ‚Confessio Augustana', vor Ort auf den Markt kam. Auch die Mitstreiter, namentlich Justus Jonas, führten in ihrer Korrespondenz mit dem Reformator die Rede von den Lutherischen nun wie selbstverständlich im Mund.[100] In seiner Streitschrift ‚Wider den Meuchler zu Dresden',[101] die trotz der Anonymisierung unverkennbar auf Herzog Georg von Sachsen gerichtet war, schenkte Luther dem Terminus im Folgejahr wiederum bevorzugte Aufmerksamkeit. Hinsichtlich des Umschwungs, den sein Wortgebrauch im Bannkreis des Augsburger Reichstages zu erkennen gab, dürften, bei durchaus fließenden Übergängen, fünf Sachaspekte von besonderem Interesse sein.

Zum einen fällt auf, dass Luther die längst gängig gewordene Fremdbezeichnung jetzt breit rezipierte, und dies zumeist in protokollarischer Neutralität, also ohne sich, wie zuvor, durch den Zusatz „wie sie sagen" oder ähnliche Abwehrformeln ausdrücklich zu distanzieren. Dabei wusste er, dass die Rede von den Lutherischen auf gegnerischer Seite als ein regelrechtes Schimpfwort gebraucht wurde.[102] Längst galt auch sein Name als Symbol der unterschiedlichsten antirömischen Ressentiments; vandalierende Landsknechte hatten 1527, beim Sacco di Roma, gar den Namen LVTHER mit einem Nagel in das vatikanische Fresko der Disputà del Sacramento von Raffael eingeritzt.[103] Einesteils referierte Luther wieder-

[99] WA 30/2, S. 268–356 (1530).

[100] In den von Justus Jonas an Luther gesandten Briefen sind nicht zuletzt die folgenden Passagen einschlägig: WAB 5, S. 362,33–44 (13.6.1530); WAB 5, S. 391,9–392,16 (25.6.1530); WAB 5, S. 465,6–466,14 (10.7.1530); WAB 5, S. 473,2–474,16 (13.7.1530).

[101] WA 30/3, S. 446–471 (1531). – Vgl. dazu Luther an Gregor Brück, 8.5.1531 (WAB 6, S. 91,3–11).

[102] [...] *wir, so die Lutherisschen gescholten werden,* [...] (WA 30/3, S. 278,14f. [1531]). – [...] *die so man Lutherissch schilt* [...] (WA 30/2, S. 312,13 [1530]).

[103] Für analoge Vandalismen im damaligen Rom vgl. VOLKER REINHARDT: Blutiger Karneval. Der Sacco di Roma 1527 – eine politische Katastrophe. 2. Aufl. München 2009, S. 95f.

holt den politisch-militärischen Aspekt: Papst Clemens VII.,[104] Kurfürst Joachim I. von Brandenburg[105] oder auch Johannes Eck drängten, wie er zu berichten wusste, den Kaiser dazu, dass er *jnn Deudsch land die Lutherisschen mit dem schwerd flugs und frisch*[106] angreifen möge.[107] Andernteils bezog sich Luther dabei auch auf den theologischen Streit: Mit Hohn und Spott redeten blasphemische Menschen von dem *Lutheranorum Christus*,[108] schmähten die Einsichten reformatorischer Schriftauslegung als *eitel Lutherissche* Possen[109] oder machten sich sonstiger übler Nachrede schuldig.[110] Und wie die Agenten der Papstkirche, so zielten auch die Vertreter einer radikalen Reformation darauf ab, die Lutheraner zu verfolgen und auszurotten.[111]

Zum anderen lässt sich bei Luther nun auch ein unbekümmerter Übergang von der Fremd- zur Selbstbezeichnung feststellen. Zwar machte ihn die persönliche Verantwortung, die ihm zugefallen war, zusehends mürbe: *Fur mich zu reden*, bekannte er während des Augsburger Reichstags, *wolt ich kein lieber bottschafft horen, denn die, so mich vom Predigt ampt ab setzt, Ich bins wol so müde*,[112] und die Sorge, er könnte als ein neuer Papst erscheinen oder gar ein solcher werden, setzte ihm zu.[113] Indessen wusste er sich von Christus zur unverminderten Fortsetzung seines Amtes gerufen[114] und arbeitete darum weiterhin als *ein trewe*[*r*] *Lerer* [...] *meine*[*r*] *lieben Deudschen* und als *der Deudschen Prophet*.[115]

Bereits im Verlauf der 1520er Jahre hatte Luther geklagt, das *nomen nostrum* sei auf allen Seiten verhasst.[116] Dann aber, angesichts der auf dem Reichstag sich dramatisch zuspitzenden Konfrontation, nannte er seine

---

[104] Vgl. Martin Luther: Weimarer Ausgabe. Abteilung Tischreden (im Folgenden abgekürzt: WATR). Bd. 2, S. 323,4–23 (1531).
[105] Vgl. WA 30/3, S. 452,3–5 (1531).
[106] WA 30/3, S. 286,26f. (1531).
[107] Entsprechend vgl. etwa WA 30/2, S. 275,4–8 (1530); WA 30/3, S. 449,19–450,20 (1531); WA 34/2, S. 467,15–17 (1531).
[108] WA 25, S. 397,11–13 (1532).
[109] WA 30/2, S. 475,4. 474,33 (1530); vgl. ebd., S. 474,3–476,30.
[110] Vgl. etwa WA 30/3, S. 341,7–11 (1531); WA 30/2, S. 289,12–14 (1530); WA 30/3, S. 288,16–33 (1531).
[111] WA 31/2, S. 174,24–26 (1527–1530). – Vgl. etwa auch WA 31/2, S. 555,16f. (1527–1530); WA 34/1, S. 356,12–357,1 (1531).
[112] WA 30/2, S. 340,14–16 (1530). – Entsprechend etwa WA 30/2, S. 325,7–13 (1530); WA 30/3, S. 478,15–22 (1531); WATR 5, S. 222,32 (1542/43).
[113] Vgl. WA 30/3, S. 205,27–30 (1530).
[114] *So ist auch ein man, der heisst Jhesus Christus, der spricht, nein dazu, dem folge ich billich, als der wol mehr umb mich verdienet hat* (WA 30/2, S. 341,1–3 [1530]).
[115] WA 30/3, S. 290,28–34 (1531). – Ähnliche Selbstbezeichnungen Luthers sind schon aus früheren Jahren belegt, etwa als *einen Euangelisten von gotis gnaden* (WA 10/2, S. 105,19f. [1522]) oder als *der Aposteln und Euangelisten ynn Deudschen lande einen* (WA 19, S. 261,25f. [1526]).
[116] WA 25, S. 309,14f. (1527–1529).

theologische Gruppe ganz unverhohlen *die armen Lutherisschen*[117] und, noch deutlicher, *wir arme lutherisschen.*[118] Wenn er zugleich das von Melanchthon redigierte Bekenntnis, das die *unsern* dem Kaiser übergeben hatten,[119] als *Lutherissche artickel*[120] ansprach, wird daraus unschwer ersichtlich, dass er solche Kennzeichnung nicht auf seine Person, sondern auf die eigene Glaubensgemeinschaft bezog.[121] Die ebenfalls 1530 entstandene Auslegung von Ps 82 bietet eine Passage, in der sich Luther die ursprüngliche Fremdbezeichnung spontan zu eigen machte: Für den Fall, dass etwa in einer Stadt *die Papisten und Lutherisschen (wie man sie nennet) gegen nander schreyen und widder nander predigen*, gab er den Rat, es sollten dann *meine Lutherisschen*, dem Beispiel Christi (Mt 10,14) folgend, *abtreten und schweigen.*[122]

Mit dem Augsburger Reichstag war die positiv konnotierte Rede von *den Lutherisschen* und *uns Lutherisschen* fester Bestandteil im Sprachschatz des Reformators geworden.[123] Sie diente ihm einerseits zur Benennung der eigenen Gruppe, so dass er beispielsweise von einem Buch des Thomas Venatorius, das ihm gefiel, sagen konnte, es wäre von den Widersachern niemals gedruckt und gelesen worden, *wo mein name odder sonst ein bekanter Lutherisscher name drauff gestanden were.*[124] Andererseits galt ihm der Ausdruck als Inbegriff reiner christlicher Glaubenstreue, und da es ihm täglich große Mühe bereite, Christus als Eckstein der Kirche[125] immer wieder neu zu ergreifen, könne er selbst allenfalls *ein geringer, schwacher Lutherischer* genannt werden.[126]

Mochte daher, zum dritten, die persönliche Glaubensaneignung auch schwer fallen, so galt doch für Luther in Hinsicht auf den Glauben, dessen man sich jederzeit zu vergewissern hat, uneingeschränkt: Wir sind die wah-

---

117 WA 30/2, S. 304,12f. (1530).

118 WA 30/2, S. 336,9 (1530); Hervorhebung von mir.

119 WA 30/2, S. 398,11 (1530).

120 WA 30/3, S. 383,18 (1531).

121 Terminologisch interessant ist auch der Bericht von dem Possenspiel eines als *bene Lutheranus* qualifizierten Augsburger Bürgers, der Luther nach Coburg übermittelt wurde (Justus Jonas an Luther, 13.6.1530 [WAB 5, S. 362,33–44]).

122 WA 31/1, S. 209,15–21 (1530); Hervorhebungen von mir.

123 Vgl. nur, stellvertretend für zahlreiche weitere Äußerungen, WA 30/2, S. 345,1 (1530) oder WA 30/2, S. 541,5 (1530) oder auch insgesamt die Schrift ‚Wider den Meuchler zu Dresden' (WA 30/3, S. 446–471 [1531]).

124 WA 30/2, S. 79,24f. (1529).

125 Vgl. Ps 118,22; Mt 21,42; Mk 12,10; Lk 20,17; Act 4,11; Eph 2,20; 1 Petr 2,6f.

126 *Wie wol die lieben heiligen und Christen sich nicht dran ergern, so ist es dennoch wunderlich jnn jhrem hertzen und schweer zu gleuben, haben auch jhr leben lang dran zu lernen, das sie es gleuben. Was andere fülen, das wissen sie am besten, Aber ich halt mich dennoch fur einen Christen, Ich weis aber wol, wie saur und schweer es mir worden ist und noch teglich wird, das ich diesen Eckstein ergreiffe und behalte. Man mag mich Lutherisch heissen, Aber man thut mir fast schier unrecht, odder bin jhe* [i. e. jedenfalls] *ein geringer, schwacher Lutherischer, Gott stercke mich* (WA 31/1, S. 174,23–31 [1529/30]).

ren Christen![127] Als die Lutherischen haben wir das Evangelium[128] und damit die reine, wahre Lehre.[129] Und wie im Glauben, so seien *wir Lutherisschen* auch in der Lebensführung auf dem richtigen Weg.[130] Dem Vorwurf, „wir" hätten einen neuen Gott und eine neue Lehre,[131] setzte Luther, auf die Wahrheit der eigenen theologischen Erkenntnis vertrauend, einen glaubensgewissen Gebrauch des pluralischen Possessivpronomens entgegen: Es ist „unser" Evangelium, „unser" Glaube, „unser" Wort, „unser" Christus, „unser" Gott![132] Insofern konnte er die spöttisch gemeinte Frage, wo denn der *Christus Lutheranus* zu finden sei,[133] umstandslos in den Bekenntnissatz überführen: *Qualis* [...] *est deus Lutheranorum*![134] Auch sonst entdeckte Luther in der eigenen geschichtlichen Situation zahlreiche biblische Analogien. Unter den Bedrängnissen des Reichstags tröstete er sich mit Ps 22,10,[135] die wundersame Führung und Bewahrung, die Gott der reformatorischen Bewegung zuteil werden ließ, erschien ihm als Erfüllung anderer Verse des Psalters,[136] und die türkische Bedrohung des Reiches, die ihm nahende Hilfe für das Evangelium zu bedeuten schien, erkannte er als typologische Realisation von Jes 43,14.[137] Insonderheit aber wusste er aus der Gemeinschaft, in welcher er *die Lutherisschen* mit Christus stehen sah,[138] Trost und Hoffnung zu ziehen, da sich doch mit dem Kommen Christi, wie durch Mt 8,23f bezeugt, stets ein Sturm in der Welt zu erheben pflege.[139]

---

[127] Vgl. WA 26, S. 68,28 (1528).

[128] *Habemus Euangelium* (WA 31/1, S. 544,25 [1530–1532]).

[129] *Certi sumus, quod veram habemus doctrinam* (WA 31/2, S. 452,34f. [1527–1530]). – *Gratias agamus deo, quod nos habemus puram doctrinam, das wir den man empfahen per cognitionem et fidem et accepimus eum, qui offertur nobis ex gratia dei in nomine domini, non nostro* (WA 32, S. 246,6–9 [1530]).

[130] WA 30/2, S. 541,5–7 (1530). – Vgl. etwa WA 31/1, S. 130,7–11 (1529/30).

[131] Vgl. WA 29, S. 427,23–25 (1529).

[132] *Nos experimur nostro euangelio* (WA 29, S. 400,29f. [1529]). – *Confessi sumus fidem nostram* (WA 32, S. 132,23 [1530]). – *Ich sehe doch wol, quod Euangelium nostrum destruet coenobia Episcopatus, quia ipsi superbi, Sed nostrum verbum superbius, tantum potestatis habet, ut non patiatur* (WA 34/1, S. 543,2–5 [1531]). – *Unser Christus, die lere, das Euangelium, die tauff, seine Christen, die sollen bleiben* (WA 31/1, S. 289,30f. [1530]). – *Sic nos exhibuimus confessionem, was gilts, er wird sich auch widderumb beweisen, quod sit noster Deus, das wir nicht zu schanden werden mit unserm glauben* (WA 31/1, S. 383, 7–9 [1530]).

[133] WA 31/1, S. 289,32 (1530).

[134] WA 31/2, S. 417,4 (1527–1530).

[135] Vgl. WA 31/1, S. 356,25–33 (1530).

[136] Vgl. WA 31/1, S. 103,7–105,5 (1530); WA 31/1, S. 273,24–37 (1530).

[137] *Ideo Turca potest fieri noster servus, qui propter nos destruet omnes euangelii adversarios* (WA 31/2, S. 336,31f. [1527–1530]).

[138] *Die Lutherisschen bleiben wol Meister weil Christus bey yhn und sie bey yhm bleiben, Wenn gleich helle, wellt, teuffel, fursten und alles solt unsinnig werden* (WA 30/2, S. 345, 1–3 [1530]).

[139] Vgl. WA 32, S. 14,10–22 (1530).

Einen weiteren Aspekt bezeichnet die jetzt unaufhaltsam gewordene Politisierung der Reformation. Im Zentrum sah Luther zwar weiterhin *mich und mein heufflin*, das vom Teufel heimgesucht werde, weil er *unser Euangelion nicht leiden* könne,[140] und das längst nicht nur *wir zu Wyttenberg*[141] darstellten, sondern beispielsweise auch die evangelisch gesinnten Christen zu Basel.[142] Doch eben dieses über ganz Deutschland und darüber hinaus verstreute *heufflin* wurde Luther nun zusehends als eine religionspolitische Gruppierung bewusst, die er in Auseinandersetzung mit Zwingli als eine Kommunionsgemeinschaft auffasste,[143] unter dem Eindruck des Augsburger Reichstags dann allerdings, zögernd darüber hinausgehend, zugleich als eine Konfessionspartei zu verstehen begann, anfangs zumeist als *unser seite* bezeichnet,[144] der *auff jener seitten die dem wort entgegen sind,*[145] die *Papistae et Anapaptistae*[146] entgegentreten, dann aber vereinzelt auch bereits ausdrücklich in polemisch pointiertem religiösen Parteidenken: *Nobis orandum est, ut scitis, quia i n a l t e r a p a r t e pauci sunt, immo*[147] *nulli, qui orant.*[148]

Im übrigen realisierte Luther nun auch die machtpolitische Dimension und konnte darum die der Reformation anhängenden Territorialherren wiederholt als *die Lutherisschen* [...] *fursten*[149] ansprechen. Nachdrücklich verwahrte er sich, ob aus Unwissenheit oder gutgläubiger Naivität, gegen den Vorwurf protestantischer Kriegsvorbereitung – *der Lutherisschen rustung* sehe er nicht[150] –, und selbst zu den ersten Vorbereitungen des Schmalkaldischen Bundes[151] ging er zunächst auf ironische Distanz:

> *Das aber die Lutherischen sich rüsten und samlen sollen, das gehet mich nichts an. Ich habs sie widder geheissen noch geraten, Weis auch dazu nichts, was sie machen odder lassen. Aber weil die Papisten* [...] *anzeigen, das sie es dafur halten, die Lu-*

---

[140] WA 30/2, S. 225,18–22 (1529).

[141] WA 34/1, S. 85,8 (1531).

[142] Vgl. Luther an Wenzeslaus Link, 7.3.1529 (WAB 5, S. 28,6–11).

[143] *Nos autem, qui affirmamus praesentiam corporis Christi, libenter adversarios in communionem nostram recepissemus, si ab errore suo declinassent* (WA 30/3, S. 155,16–18 [1529]).

[144] WA 32, S. 124,27 (1530). – Vgl. etwa auch WA 26, S. 162,32–38 (1528); WA 30/3, S. 222,3–7 (1530); WA 33, S. 673,40–42 (1532).

[145] WA 32, S. 33,11 (1530).

[146] WA 34/1, S. 158,20 (1531); vgl. ebd., S. 158,18–23.

[147] Vgl. HEIKO AUGUSTINUS OBERMAN: „Immo". Luthers reformatorische Entdekkungen im Spiegel der Rhetorik. In: Lutheriana. Zum 500. Geburtstag Martin Luthers von den Mitarbeitern der Weimarer Ausgabe. Hg. von GERHARD HAMMER und KARL-HEINZ ZUR MÜHLEN. Weimar 1984 (Archiv zur Weimarer Ausgabe 5), S. 17–38.

[148] WA 32, S. 26,19f. (1530); Hervorhebung von mir. – Für die spätere Vertiefung dieses Ansatzes s. u. Teil 4.

[149] WA 30/3, S. 378,15–17 (1531).

[150] WA 30/3, S. 458,8 (1531).

[151] Vgl. ALBRECHT BEUTEL: Luther und Schmalkalden. In: Luther 84 (2013), S. 107–120.

> *therisschen seien jnn rüstung und bestellung etc., So höre jchs von hertzen gern und ist mir lieb, das sie jnn solchem wahn und sorgen stehen und gleuben mussen, das solch der Lutherisschen furnemen war sey. Und wo jchs vermöchte, wolt jch solchen wahn und sorge bey jn gerne helffen stercken, bis das sie sich müsten zu tod fürchten.*[152]

Beachtung erheischt schließlich auch die bei Luther in alledem berührte ekklesiologische Dimension. Zwar wies er jeden Versuch, mit dem Makel eines Schismatikers behaftet zu werden, entschieden zurück, da doch in Wahrheit der Papst „uns und unser [!] Wort aus seiner [!] Kirche hinausgeworfen" habe.[153] Indessen brauche „uns" solche Verdammung, die doch bloß eine *mala maledictio*[154] darstelle, nicht zu bekümmern, denn mochten „uns" Papst und Kaiser auch aus ihrer Gemeinschaft verbannt haben, so stünden „wir" gewiss in der Gemeinschaft der Heiligen[155]: *Lutherani sunt* [...] *die lieben heiligen.*[156]

Der Augsburger Reichstag hatte den Streit um die eigene ekklesiologische Legitimation noch erheblich verschärft. Es war offenbar Justus Jonas, der damals die Selbstbezeichnung als „lutherische Kirche" aufbrachte. Am 18. Juni 1530 schrieb er aus Augsburg an Luther, die Frucht der Gebete der *Ecclesia nostra Lutherana* erweise sich täglich,[157] und wenige Wochen später beteuerte er abermals seine Zuversicht, die Litaneien der *Ecclesia Lutherana* kämen dem Thron der Majestät und der Barmherzigkeit näher als alle kanonischen Stundengebete.[158] Der in Coburg zurückgebliebene Reformator verwarf solche Sprachbildung nicht, machte von ihr aber einstweilen keinen aktiven Gebrauch.

---

[152] WA 30/3, S. 448,13–20 (1531). – Für Luthers 1531 geäußerte feste Überzeugung, *meine Lutherisschen* [...] *sitzen stille, lassen sich martern und plagen von jren bluthunden nach allem mutwillen* (WA 30/3, S. 468,18–20), sei noch einmal insgesamt auf seine Schrift ‚Wider den Meuchler zu Dresden' (WA 30/3, S. 446–471) verwiesen.

[153] *Nostra non est culpa, nos non discessimus ab eis, sed ipsi discedunt a nobis, imo eiiciunt nos et verbum nostrum ex sua Ecclesia* (WA 25, S. 278,15–17 [1532–1534]).

[154] WA 25, S. 485,14–16 (1528).

[155] *Spirituales iudicant, das wir nicht yns geistlich regiment gehoren. Sic principes. Ergo gehoren wir ynn die hell. Sed wen mans beim liecht will ansehen, nemo so hoch ym hymel ut nos. Econtra Nos certi sumus, quod sumus in communione Sanctorum et econtra ipsi, quamquam sunt in officio, quia nos docemus veram fidem in Christum, opera, ipsi contra. Es ist ein fasnacht spil, quod stulti in larvis sunt reges et econtra* (WA 29, S. 342,13–18 [1529]).

[156] WA 32, S. 199,10f. (1530); vgl. ebd., S. 200,11–16.

[157] Justus Jonas an Luther, 18.6.1530 (WAB 5, S. 368,71–74).

[158] Justus Jonas an Luther, 6.8.1530 (WAB 5, S. 534,33–36).

4. Stabilisierung des lutherisch-konfessionellen Selbstbewusstseins seit den 1530er Jahren

In den 1530er Jahren scheint die Selbstbezeichnung als *Lutherani* Allgemeingut geworden zu sein. Spalatin[159] benutzte den Ausdruck offenbar ebenso geläufig wie etwa Nikolaus von Amsdorf,[160] und auch der Straßburger Reformator Wolfgang Capito machte davon, als er Luther im Juli 1536 die erfolgreiche Vorbereitung der Wittenberger Konkordie mitteilte, wie selbstverständlich Gebrauch.[161]

Dem entspricht der wortstatistische Befund bei Luther selbst. Vielfach zitierte er nun, zumeist ohne sich davon semantisch zu distanzieren, die Fremdbezeichnung, von der er wohl wusste, dass sie den Gegnern als ein ausgemachtes Schimpfwort galt.[162] Im Rückblick auf das Wormser Edikt von 1521 soll er sogar gesagt haben, damals sei die Reichsacht *contra omnes Lutheranos*[163] verhängt worden, obwohl das kaiserliche Mandat diesen Ausdruck vermieden und lediglich Luthers Eigenname sowie dessen *mitverwandte, anhenger, enthalter* [i. e. Verberger], *fürschieber, gönner und nachvolger*[164] genannt hatte. Erst recht nutzte Luther die Vokabel jetzt vielfach als positiv konnotierte Selbstbezeichnung.[165] „Uns Lutherischen" helfe es nicht, dass „wir" den rechten Glauben bekennen,[166] und obwohl „uns Lutherischen der Kaiser Friede gegeben hat",[167] müssten doch *die Luthersschen* [...] *unter des Bapsts zwang und offentlich erkanten lügen bleiben.*[168] Von dem drohenden Reichskrieg gegen die Türken befürchtete er, dass ihn entweder fast nur *nos Lutherani* führen müssten[169] oder dass er, noch

---

[159] Vgl. WATR 3, S. 478, zu 27 (1537).

[160] Vgl. Nikolaus von Amsdorf an Luther, 14.9.1536 (WAB 7, S. 540,14–16).

[161] Vgl. Wolfgang Capito an Luther, 20.7.1536 (WAB 7, S. 467,45–468,54).

[162] *Gleich wie man auch zu unser zeit sagen, wen einer ein Prediger ist: Was ist ehr? ein Luttherisscher, das mus ein schmehlich wortt sein, gleich als werhe ehr ein Turck oder Jude und nicht werth, das man ihnen bej seinem namen nennete* (WA 33, S. 487,20–27 [1530–1532]).

[163] WATR 3, S. 284,9f. (1533).

[164] Edikt Kaiser Karls V. vom 8.5.1521. In: Quellen zur Reformation 1517–1555. Hg. von RUTH KASTNER. Darmstadt 1994 (Ausgewählte Quellen zur deutschen Geschichte der Neuzeit 16), S. 50–60, hier S. 57.

[165] Stellvertretend für sehr viele Belegstellen vgl. nur WA 33, S. 406,20–30 (1530–1532); WA 38, S. 339,13–19 (1535); WA 51, S. 237,11–14 (1534/35); Luther an Justus Jonas, 1.2.1537 (WAB 8, S. 22,9f.); Luther an Kurfürst Johann Friedrich von Sachsen, 8./9.2.1537 (WAB 8, S. 36,15–17, 38,97–108).

[166] WA 38, S. 339,37–340,3 (1535).

[167] Luther an einige Leipziger Evangelische, 4.10.1532 (WAB 6, S. 372,15f.) (in Anspielung auf den von Karl V. am 2. August 1532 bestätigten Nürnberger Religionsfrieden).

[168] WA 51, S. 236,1–3 (1534/35).

[169] Luther an Justus Jonas, 29.12.1542 (WAB 10, S. 230,8–10).

schlimmer, in Wahrheit gar nicht gegen die Osmanen, sondern *in Lutheranos* geplant sei.[170]

Exemplarische Verdichtung fand Luthers Wortgebrauch beispielsweise mit seiner im Sommer 1533 abgefassten Antwort auf die durch Herzog Georg von Sachsen im Frühjahr gegen die Leipziger Evangelischen ausgestellten Verordnungen.[171] Nachdem er das Ansinnen, *die Lutherissche lere zu verfolgen*,[172] eingehend und mit starken Worten kritisiert hatte, erinnerte er an die von den Evangelischen geübte treue Loyalität gegenüber der Obrigkeit und gab, darauf fußend, den Rat, der Herzog *solt sich mehr güte und trewe zu uns Lutherischen versehen denn zu allen seinen Papisten*.[173] Gänzlich anders klang allerdings die Empfehlung, die Luther ein Jahr später den bedrängten Evangelischen zu Regensburg unterbreitete.[174] Zwar sollten sie tunlichst verlässliche Prediger einstellen und sich vor allen Rottengeistern in Acht nehmen. Dazu sei freilich keinesfalls vonnöten, dass sie *unser lere und weise*[175] einführten. Vielmehr solle durchaus *unser und unser Confession und lere als Lutherischen namens geschwiegen* sein, damit *Christus und seiner Propheten und Apostel selbs lere* [...] *unter der selben namen (on aller menschen namen) gerhumet wurde*.[176]

Dieses Votum scheint nahtlos an jene frühe, entschiedene Abwehr des lutherischen Parteinamens anzuknüpfen und damit der seitdem zusehends aufgenommenen positiven Rede von den „Lutherischen" diametral entgegenzustehen. Indessen zeigt die nähere Analyse, dass Luther von jener Selbstbezeichnung nicht etwa einen widersprüchlichen, sondern einen bedachtsam differenzierten Gebrauch machte. Waren doch nahezu alle Äußerungen, in denen er von „uns Lutherischen" sprach, *ad extra* gerichtet: an Personen, Mächte und Gruppen, die er als Gegner einschätzen musste, oder auf religiös strittige Umstände und Sachverhalte. Der den Regensburgern erteilte Rat gibt dagegen in aller Deutlichkeit zu erkennen, dass Luther zwar in der kontroverstheologischen Auseinandersetzung durchaus bereit war, seine Seite als „lutherisch" zu bezeichnen, hingegen *ad intra* weiterhin darauf Wert legte, dass nicht etwa sein, sondern allein Christi Name Autorität fand.

An der Gewissheit, im Zweifrontenkampf mit der Papstkirche und den protestantischen Devianten allein die rechte *christiana religio*[177] zu beken-

---

170 Luther an Justus Jonas, 24.5.1538 (WAB 8, S. 227,11–13).

171 Martin Luther: Verantwortung der aufferlegten Auffrur von Hertzog Georgen (WA 38, S. 96–127 [1533]; zu den geschichtlichen Umständen vgl. ebd., S. 86–91).

172 Ebd., S. 111,27f.

173 Ebd. S. 120,14f; vgl. ebd., S. 120,10–33.

174 Luther an den Rat zu Regensburg, 30.6.1534 (WAB 7, S. 84f.).

175 Ebd., S. 84,9.

176 Ebd., S. 85,19–25.

177 WATR 4, S. 323,30 (1539). – [...] *pure docemus* [...] (WA 40/3, S. 45,3 [1532/33]). – *Illi dilatati, incrassati, impinguati sunt, nos qui pure docemus verbum magno studio et diligentia, et nihil aliud quaerimus, quam salutem germaniae, acerbissima odia et invidiam*

nen, hielt Luther weiterhin unbeirrt fest. Dass *unser lere die rechte warheit jst*,[178] davon blieb er überzeugt, zumal ja selbst die Feinde wüssten, *quod Lutherani nihil doceant nisi de fide*.[179] Insofern ließ er daran keinen Zweifel aufkommen: *wir [sind] von Gott, wir sind heilig, wir aber haben ein ander teil, das heisset geistlich gut und himlischer segen*, und *Gott ist da heim gewest bey uns*.[180] In alledem erkannte Luther einen Ausweis der Nachfolge Christi[181] und damit zugleich eine aktuelle biblische Verifizierung,[182] der gemäß er seine Gegner sogar mit einer Travestie des achten Makarismus der Bergpredigt (Mt 5,10) verspotten konnte: *Beati, qui persequuntur Lutherum, quoniam ipsorum est regnum coelorum*.[183] Im übrigen entsprang aus der Überzeugung, „unsere Lehre" sei allein aus dem Evangelium geschöpft[184] und repräsentiere darum die reine *evangelica doctrina*,[185] ja sogar *unser Euangelium*,[186] bei Luther die bezeichnende sprachliche Konsequenz, dass ihm die Wörter ‚christlich', ‚evangelisch' und ‚lutherisch' bisweilen als Synonyme erschienen.[187]

In ekklesiologischer Hinsicht hatten sich bei Luther die aus der Erfahrung mit dem Augsburger Reichstag genährten Einsichten weiter stabili-

---

omnium ordinum sustinemus (WA 44, S. 346,38–41 [1535–1545]). – *Alii fatentur nostram doctrinam esse verbum dei, item usum sacramenti nostrum esse rectum* (WA 59, S. 282,2–4 [1533]). – Vgl. etwa auch WA 25, S. 261,34f. (1532–1534); WA 38, S. 114,4–12 (1533); WA 40/1, S. 133,9–16 (1535); WA 44, S. 346,38–41 (1535–1545); WA 46, S. 512,1–5 (1538).

[178] WA 32, S. 366,2 (1532). – Vgl. etwa auch WA 33, S. 66,12–16 (1530–1532); WA 40/3, S. 620,1f. (1546); WA 46, S. 253,20–25 (1538).

[179] WA 40/2, S. 493,14 (1533).

[180] WA 33, S. 396,40 (1530–1532); ebd., S. 538,4; WA 32, S. 452,10 (1532); WA 53, S. 240,29 (1542).

[181] Vgl. etwa WA 33, S. 380,19–26 (1530–1532); ebd., S. 383,34–39; WA 40/2, S. 564, 28–33 (1533).

[182] Vgl. etwa WA 33, S. 308,31–309,10 (1530–1532); WA 40/2, S. 22,22–35 (1535); WA 49, S. 19,31–37 (1540); WA 59, S. 297,45f. (1533).

[183] Luther an Nikolaus von Amsdorf, 11.3.1534 (WAB 7, S. 38,397f.).

[184] WA 40/1, S. 474,8 (1535).

[185] WA 39/1, S. 291,18 (1537).

[186] WA 49, S. 440,31 (1544); ähnlich etwa WA 40/2, S. 198,31 (1546).

[187] *Herzog Georg schillt uns ketzer darumb, quod sic docemus. Sed es ist die lere, die den hadder anrichtet. Sed nos Christiani dancken Gott* [...] (WA 37, S. 34,26f. [1533]). – *Wenn die Messe so wenig trüge und gebe zeitlicher ehre, reichthum und gewalt, als das Liebe Euangelion und die warheit gibt, Wie viel, meinet jr wol, solte man heute finden ernste Messehalter? Fur war, wir hetten diese vergangen (will nicht zu weit rechenen) sechs hundert jar weder Bapst, Cardinel, Bisschoff noch andere Messeknechte gesehen, sondern weren alle E u a n g e l i s c h o d e r L u t h e r i s c h worden* (WA 38, S. 269,34–270,2 [1534]; Hervorhebung von mir). – Die Druckfassung einer Predigt aus dem Frühsommer 1544 gab das von Rörer mitgeschriebene Wort, die Gegner suchten die *Lutherani* auszurotten, mit der Wendung, sie wollten erleben, dass *Christus tod und seine C h r i s t e n getilget sind*, wieder (WA 49, S. 267,3.16f. [1544]; Hervorhebung von mir).

siert.[188] Nicht das Papsttum, sondern „wir" seien die heilige, rechte christliche Kirche,[189] da die von Wittenberg aus restituierte *forma Christianae Ecclesiae* sich allein an den im Artikel 7 der ‚Confessio Augustana' genannten Kriterien orientiere[190] und deshalb anders als die Papstkirche, die Luther mit drastischen Ausdrücken delegitimierte,[191] keinen menschlichen Erfindungen, sondern einzig dem Wort Gottes verpflichtet sei.[192] Darin repräsentierte sich für Luther die ungebrochene, auch zuvor schon durch Theologen wie Bernhard von Clairvaux oder Bonaventura[193] gewahrte ekklesiale Kontinuität: *Wie aber, wenn ich beweise, das wir bey der rechten alten kirchen blieben, ia das wir die rechte alte kirche sind, Jhr aber von uns, das ist, von der alten kirchen abtrunig worden, ein newe kirchen angericht habt wider die alte kirche. Das las uns horen.*[194]

Der damit erhobene Anspruch exklusiver ekklesiologischer Wesenstreue drängte unabweisbar zu einer Klärung der institutionellen Separationsfrage. Gegen den Vorwurf der mutwilligen Absonderung[195] erinnerte Luther an das inquisitorische Ursprungswiderfahrnis der Reformation: *Wir sind nicht vom Bapst gelauffen, sondern sie haben uns von ihnen gestossen.*[196] Mochten die *Lutherani* darum in organisatorischer Hinsicht auch notgedrungen als Schismatiker erscheinen,[197] so kehrten sich doch der Sache nach die Verhältnisse gänzlich um, da durch die von „uns" geübte unbedingte

---

188 Vgl. die gute, bündige Übersicht von DOROTHEA WENDEBOURG. Kirche. In: Luther Handbuch. Hg. von ALBRECHT BEUTEL. 3. Aufl. Tübingen 2010, S. 451–462.

189 [...] *wir oder die heilige kirche* [...] (WA 38, S. 251,10 [1533]). – *Dergleichen handeln* [i. e. streiten] *wir itzt auch mit dem Bapst, Ob sie, die Papisten oder wir die rechte Christliche kirche sein, Ob sie oder wir die Tauffe, Euangelium, Sacrament des abendtmals recht haben und brauchen* (WA 33, S. 455,29–35 [1530–1532]).

190 *Nos, Dei gratia, paravimus hic Vitebergae formam Christianae Ecclesiae, Verbum pure apud nos docetur, Sacramenta in vero usu sunt,* [...] *Summa: omnia prospere succedunt* (WA 40/1, S. 103,11–14 [1535]).

191 *Neque enim Deus concedit hominibus autoritatem supra verbum. Hoc qui venerantur, sequuntur et custodiunt, sunt Ecclesia, quantumvis in mundo contempti sint. Qui non custodiunt, sunt Ecclesia Satanae nec sublevant eos magnifici tituli* (WA 40/3, S. 434,36–435,15 [1540]). – *Was macht der hellischt Vater selbs in seiner Hellischen Kirchen?* (WA 53, S. 236,17 [1542]).

192 *Gloriamur, quod Dei verbum solum in nostra Ecclesia, quanquam ingrati. Nos nihil patimur doceri, nisi purum sit verbum. Nolumus das gauckelwerck papae et Rotten* (WA 47, S. 783,25–27 [1539]). – Vgl. etwa auch WA 35, S. 478,24–30 (1542); WA 40/1, S. 572,23–28 (1535); WA 40/3, S. 109,24–38 (1540).

193 Vgl. WA 39/2, S. 168,5–10 (1542).

194 WA 51, S. 478,16–479,3 (1541). – *Fuimus unsers herr Gotts knecht, non novum instituimus* [...], *sed den treck papae ausgekert, ut from hausmagd, et ausgefegt* (WA 41, S. 458, 36–459,1 [1535]). – Vgl. etwa auch WA 46, S. 62,27–37 (1538); WA 46, S. 146,20–23 (1538); WA 59, S. 300,24–32 (1533).

195 Vgl. WA 21, S. 321,25–29 (1544).

196 WA 47, S. 422,34f. (1537–1540).

197 Vgl. etwa WATR 3, S. 313,20–22 (undatiert).

Treue zum Wort Gottes in Wahrheit die gegenwärtige Papstkirche der schismatischen Abtrünnigkeit überführt werde.[198]

Zur Identitätswahrung der eigenen Kirche sei, wie Luther im Blick auf die vom Papst verfolgten böhmischen Hussiten[199] klarstellte, eine uniforme ‚lutherische' Bekenntnisbildung keinesfalls nötig. Vielmehr genüge dafür eine gemeinsame Ausrichtung der Lehre auf das Prinzip des *solus Christus* vollauf.[200] In dem Umstand, dass Luther diesen zaghaft pluralistischen Ansatz dann etwa den Schulgängern Zwinglis verwehrte,[201] mag man durchaus eine reformationsgeschichtliche Tragik erkennen.

Einstweilen, das wurde Luther spätestens zur Mitte der 1530er Jahre klar, würde man sich mit einer abendländischen Bi- und ökumenischen Multikonfessionalität der christlichen Kirche wohl abfinden müssen.[202] Solche Einsicht entschärfte keinesfalls das ebenso klare wie schmerzvolle Bewusstsein, als *ecclesia vera* einer vielgestaltigen *ecclesia falsa* gegenüberzustehen, und relativierte darum auch nicht im Geringsten die Absolutheit des eigenen Wahrheitsanspruchs. Gleichwohl suchte sie, dessen unbeschadet, der faktischen Konkurrenzsituation Rechnung zu tragen.

Dabei machte Luther die Differenz zu den Gemeinden in Griechenland oder Indien keine Beschwer.[203] Um so mehr kam es ihm jedoch darauf an, die eigene Glaubensgemeinschaft zu der römischen Kirche ins Verhältnis zu setzen. Zwei Wörter, die er in solchem Zusammenhang bevorzugt gebrauchte, sind diesbezüglich von zentraler Bedeutung: einmal die aus dem Altgermanischen überkommene Vokabel ‚Teil', die einen Ausschnitt aus dem Ganzen, aber durchaus auch eine positionell oder juristisch gefasste Partei anzeigen konnte,[204] zum anderen die dem lateinischen *pars* als Lehnwort nachgebildete Vokabel ‚Part', die ihrerseits den Teil eines Ganzen sowie eine Partei im Rechtsstreit[205] signifizierte.[206] Insofern war die Rede, es

---

[198] *Oneramur magna invidia, quod dicimur discessisse a veteri Ecclesia. Contra Papistae gloriantur, quod permanserint cum Ecclesia et Ecclesiae iudicio omnia velint permittere. Sed falso accusamur. Si enim verum profiteri volumus, discessimus a verbo, cum adhuc essemus in ipsorum Ecclesia. Nunc vero reversi sumus ad verbum, et desiimus esse apostatae verbi* (WA 42, S. 334,37–335,2 [1535–1545]).

[199] Vgl. WA 53, S. 236,17–25 (1542).

[200] *Wie wol ich obgenanter Brüder weise zu reden nicht weis anzunemen, so wil ich sie doch auch widderumb nicht ubereilen, noch so eben zwingen, nach meiner weise zu reden, so ferne wir sonst der sachen eins werden und bleiben* (WA 38, S. 79,13–16 [1533]; vgl. ebd., S. 79,3–18). – *Nos neminem verjagen ex nostris ecclesiis, cupimus omnes manere in nostra doctrina* (WA 49, S. 231,17f. [1541]).

[201] Vgl. etwa WA 47, S. 794,2f. (1539).

[202] Vgl. WA 33, S. 216,12–17 (1530–1532); WA 37, S. 660,17–24 (1534); WA 38, S. 264, 26–34 (1534).

[203] Vgl. ebd.

[204] Vgl. JACOB GRIMM und WILHELM GRIMM: Deutsches Wörterbuch (im Folgenden abgekürzt: DWb). Bd. 11. Leipzig 1935, ND München 1984, S. 347–355, s. v. ‚Theil'.

[205] Eine außergewöhnliche Häufung der eine gerichtliche Partei bezeichnenden Vokabel ‚Part' findet sich bezeichnenderweise in Luthers Schrift ‚Wider den Bischof zu

sei einer *ex nostra* [...] *parte*[207] oder *unser teil*[208] stehe *unserm Widerteil des Bapstumbs*[209] entgegen, bei Luther stets im Sinne einer Konkurrenz der beiden Konfessionsgruppen konnotiert. Im Blick auf das von Papst Paul III. im Juni 1536 ausgeschriebene, danach mehrfach vertagte Konzil[210] wurde ihm die zwar noch nicht rechtlich fixierte, aber doch faktisch gegebene Koexistenz zweier Religionsparteien im Reich endgültig bewusst.[211] Er zog daraus die klare, juristisch begründete Konsequenz, dem Papst als einem konfessionellen Parteiführer jede gesamtchristliche Entscheidungsgewalt zu bestreiten:

> *Wie? haben sie denn auff jrer seiten keine Juristen, oder sind sie alle sampt Toll und thöricht worden? Unsers teils Juristen und alle Vernunfft sagen, Es solle niemand sein selbs Richter sein, wie das viel höher unser Buch, die heilige Schrifft, verbeut. Nu ists offenbar, das wir sind Part worden wider das Bapstum, Und sie widerumb Part wider uns. Wer will nu hie oder sol Richter sein? Niemand* [...] *on Gott allein.*[212]

Mit welchem Urteilsspruch Gott dereinst den Rechtsstreit der beiden Religionsparteien entscheiden würde, stand für Luther allezeit außer Frage. Wer sich hingegen wie sein einstiger Gegner im Disput um den unfreien Willen zwischen den beiden Blöcken hindurchwinden wolle, der bleibe am Ende weder Parteigänger des Papstes noch ein *Lutheranus*, sondern, gänzlich heimatlos, „nur ein Erasmus“.[213]

Magdeburg, Albrecht Kardinal‘ (WA 50, S. 395–431 [1539]).

206 Vgl. DWb, Bd. 7, Leipzig 1889, ND München 1984), Sp. 1465f., s. v. – Auch das lateinische *pars* kann in juristischem Sinn eine Partei bezeichnen, wie es etwa in der sprichwörtlich gewordenen, bereits im klassischen Latein belegten Wendung *audiatur et altera pars* zum Ausdruck kommt (vgl. KARL ERNST GEORGES: Ausführliches lateinisch-deutsches Handwörterbuch. Bd. 2. 14. Aufl. Darmstadt 1976, Sp. 1485–1487).

207 WA 54, S. 449,17 (1545/46).

208 WA 50, S. 486,1 (1539). – Vgl. entsprechend WA 44, S. 602,36 (1535–1545); WA 53, S. 245,10 (1542).

209 WA 21, S. 206,15f. (1544); entsprechend ebd., S. 428,1–8.

210 Vgl. CHRISTOPHER SPEHR: Luther und das Konzil. Zur Entwicklung eines zentralen Themas in der Reformationszeit. Tübingen 2010 (Beiträge zur Historischen Theologie 153).

211 Im Rückblick bezog Luther diese Einsicht bereits auf den Augsburger Reichstag von 1530 (vgl. WA 47, S. 130,21–25 [1538]).

212 WA 53, S. 245,9–15 (1542). – Ganz entsprechend bereits vier Jahre zuvor: WA 47, S. 127,15–38 (1538).

213 Luther an Nikolaus von Amsdorf, etwa 11.3.1534 (WAB 7, S. 38,407f.; vgl. ebd., S. 38,397–39,417). – In diesem Sinne scheint mir auch Luthers eigenhändige Marginalglosse zu Eph 1,6 in Erasmus’ ‚Novum Testamentum‘, die diesen zwischen den Gruppen der *Papistae* und *Lutherani* einordnet, zu deuten zu sein (WA 60, S. 214,19–23 [ca. 1533]).

Martin Heckel

Luther und die Toleranz[1]

1. Umstrittene Horizonte und Aspekte

War Luther tolerant? Im Sinn des heutigen Sprachgebrauchs und Rechtsempfindens war er dies sicherlich nicht. Aber Luther trug wesentlich zum Durchbruch der Toleranzidee bei.

Das Urteil über Luther hat sich im letzten Jahrhundert erstaunlich verändert. Martin Luther galt lange unbestritten als der Vorkämpfer der Toleranz gegen die mittelalterliche Unterdrückung der Religionsfreiheit. Indessen hat die neuere Forschung Luthers Repression der Katholiken, „Schwärmer" und Muslime – aber vor allem auch der Juden – ins Blickfeld gerückt. Seither wird Luther weithin vorgeworfen, den Weg zur Toleranz massiv versperrt und das System intoleranter mittelalterlicher Religionseinheit im Kirchenwesen und im gesamten Rechts- und Sozialsystem der Evangelischen fortgeführt zu haben.[2]

‚Toleranz' ist ein vieldeutiger Allgemeinbegriff. Aus notbedingter Duldung wider Willen wandelte sie sich zum sozialen Ideal. Die Literatur entrollt darum unterschiedliche Ideen und Gestaltungen von Toleranz. Für alle Offenbarungsreligionen führte und führt der Ruf nach Toleranz zu Spannungen zwischen ihrem transzendenten Absolutheitsanspruch und der Koexistenz konträrer Religionen und Ideologien. Toleranz im philosophisch-theologischen Sinn ist freilich zu unterscheiden von Toleranz in spezifisch juristischer Gestalt und Funktion. Sie bezeichnet das Gegenmodell zum Staatskirchentum und gerät in die Spannung zwischen der positiven und der negativen Religionsfreiheit, die das Staatskirchenrecht seit der Aufklärung und besonders im Kulturkampf und Kirchenkampf des 19. und 20. Jahrhunderts bestimmte.

---

[1] Vortrag in der Ringvorlesung der Würzburger Universität „Reformation und katholische Reform" am 12. Dezember 2017 in der Würzburger Residenz. Eine zur Abhandlung erweiterte Fassung ist unter dem gleichlautenden Titel ‚Luther und die Toleranz' in der Zeitschrift Kerygma und Dogma 65 (2019), S. 3–46 erschienen. – Die Studie nimmt Bezug auf das Buch des Verfassers: Martin Luthers Reformation und das Recht. Die Entwicklung der Theologie Luthers und ihre Auswirkungen auf das Recht unter den Rahmenbedingungen der Reichsreform und der Territorialstaatsbildung im Kampf mit Rom und den Schwärmern. Tübingen 2016, bes. auf die Kapitel IX–XI, XIV–XVIII und XIX, 3–5. In den folgenden Anmerkungen bezeichnen die römischen Ziffern jeweils die Kapitel, die arabischen Ziffern jeweils die Abschnitte und die Unterabschnitte dieses Werkes.

[2] In diesem Sinn einflussreich ERNST TROELTSCH; vgl. die in Anm. 35 genannten Titel. Kritisch dazu JOHN WITTE Jr.: Law and Protestantism. Cambridge 2002, S. 23ff.; ders.: Recht und Protestantismus. Gütersloh 2014, S. 45ff.

2. Luthers unterschiedliche Stellungnahmen

Luther äußerte sich zum Problem der Toleranz im turbulenten 16. Jahrhundert sehr unterschiedlich, obwohl er seine theologischen Grundpositionen im Wesentlichen beibehielt.

1. Das katholische Ketzerrecht verurteilte er stets scharf und forderte die Freiheit des Glaubens mit pointiert theologischer Begründung und großer historischer Auswirkung.

Die Ketzerverfolgung durch die römische Kirchengewalt und Theologie bekämpfte er seit der Verteidigung seiner Ablassthesen 1518.[3] Er bekräftigte dies in der Adelsschrift 1520[4], in seiner Entgegnung auf die päpstliche Bannandrohungsbulle 1520[5], in seiner Sakramentenschrift[6], in seiner Freiheitsschrift 1520[7], in der Obrigkeitsschrift 1523[8] und in mehreren Predigten 1522 und 1523[9]. Aber dann stellten ihn die Umsturzversuche Thomas Müntzers und der radikalen reformatorischen Gruppen vor die Entscheidung, Toleranz nicht nur für sich selbst zu fordern, sondern auch seinen Gegnern zu gewähren oder zu verwehren.

2. In seinen Frühschriften verlangte Luther von der Obrigkeit noch generell die öffentliche Tolerierung aller religiösen Meinungen und Gottesdienste: Über die wahre Lehre dürfe sich die Obrigkeit nicht das Urteil anmaßen und müsse deshalb die öffentliche Auseinandersetzung über die religiöse Wahrheitsfrage freigeben. Allerdings müsse sie den Bruch der Zehn Gebote durch rechtswidrige, friedenbrechende Taten bekämpfen und bestrafen. – In diesem Sinn forderte Luther die Duldung der katholischen Lehre und Gottesdienste in den Invokavit-Predigten von Anfang März 1522[10], aber auch die Duldung der dissentierenden „Schwärmer" in seiner Obrigkeitsschrift vom März 1523[11] und in seinem ‚Brief an die Fürsten zu Sachsen von dem aufrührerischen Geist' 1524: „Man lasse sie nur getrost und frisch predigen, was sie können und gegen wen sie wollen", und „Wir wollen gerne zulassen und zusehen, dass ihr mit dem Wort fechtet, damit die rechte Lehre sich als wahr erweise. Aber die Faust haltet stille!"[12] Noch in seiner ersten Bauernkriegsschrift ‚Ermahnung zum Frieden' schrieb Luther Anfang 1525: „Ja, Obrigkeit soll nicht wehren, was jedermann lehren

---

[3] WA 1, 624,35–38.

[4] WA 6, 455,12 und 21–25.

[5] WA 7, 139,35–140,1; vgl. auch HECKEL, Reformation und Recht [Anm. 1], VI, 5, 7; IX, 1, 1–6.

[6] WA 6, 537,12–15; IX, 4, 3–7.

[7] WA 7, 25,1–4; IX, 5, 4–7.

[8] WA 11, 264,19–23; XVII, 3, 2 [4] und 4, 1 [2–5].

[9] WA 10, III, 15,4–12 und 18,10–12; 10, III, 67,1–38; WA 12, 329,32–331,5 und 12, 334,29–335,28.

[10] WA 10, III, 18,10–12; XVI, 5, 1–10.

[11] WA 11, 253,34 u. 253,8; 11, 268,27–32.

[12] WA 15, 218,19–21; 15, 219,7–10.

und glauben will, es sei Evangelium oder Lügen".[13] „Falsche Christen und Ketzer" sind mit Gottes Wort statt mit dem Feuer zu bekämpfen; darum soll man ihre „Lästerung leiden und Gott befehlen".[14]

Luther verlangte also nicht nur Freiheit für die „wahre" evangelische Lehre, sondern auch Toleranz für Katholiken und Sektierer. Aber davon erwartete er sich den Sieg der evangelischen Verkündigung. Er vertrat also nicht die Gleichwertigkeit und gleiche Anerkennung aller Glaubensrichtungen. Deshalb ist er auch in seinen frühen Schriften nicht als Ahnherr der Religionsfreiheit des modernen Verfassungsrechts anzusehen.

3. Nach dem Bauernkrieg gab Luther diese weite Form der Toleranz auf. Die blutigen Wirren 1525 mit vielen Tausenden von Toten lehrten ihn eine andere Einschätzung der tatsächlichen Gefahren, die von den radikalen religiösen Lehren ausgingen. Zwar verfocht Luther auch weiterhin die Glaubensfreiheit der Person. Obrigkeitlichen Zwang zur Annahme oder Aufgabe eines bestimmten Glaubens lehnte er zeitlebens ab. Das beteuerte er 1530 gegenüber dem Erzbischof vom Mainz,[15] vertrat es im Kleinen Katechismus[16] und bekräftigte dies immer wieder bis zu seinem Tode.[17] „Mag einer bei sich selbst lesen und glauben, was er will. Will er nicht Gott hören, so höre er den Teufel".[18]

4. Aber für die öffentliche Ausübung des Glaubens forderte Luther fortan enge Einschränkungen der Toleranz:

(1) Zur Sicherung des Friedens[19] forderte er jetzt präventive Verbote der öffentlichen Verbreitung religiöser Lehren, die zum Bruch des Friedens und des Rechts aufriefen. So verwarf und bekämpfte Luther auf das Schärfste die chiliastischen Visionen Thomas Müntzers und der Münsteraner Wiedertäufer zur Realisierung des Reiches Gottes auf Erden durch Ausrottung der Gottlosen.[20]

(2) Auch der schleichenden Zersetzung und anarchistischen Bestreitung der weltlichen Ordnung[21] durch die quietistischen und mystischen Spiritualisten und die friedlichen Täufergruppen soll die Obrigkeit entgegentreten.[22] Luther unterschied exakt: Ketzereien muss das Predigtamt mit dem Wort widerlegen und überwinden, aber die Zerrüttung der öffentlichen Ordnung muss die weltliche Gewalt verhindern und bestrafen.[23]

---

13 WA 18, 298,18–299,2; XVI, 6, 6 [3].

14 WA 17, II, 125,1–7; 126,18.

15 WA 30, II, 400,26–401,2; WATR 2, 419,5–14.

16 WA 30, I, 351,12–15.

17 WA 51, 184,21.

18 1530: WA 31, I, 210,11–12; auch 1543: WA 53, 528,18–23.

19 1530, WA 31, I, 207,1–3.

20 WA 30, II, 213,8–20; WA 30, III, 519,37–520,4; WA 51, 184,18–22; vgl. auch HEKKEL [Anm. 1], XVI, 4, 2 [3] und 4, 3 [1]; XVI, 6, 6 [2–4]; XVI, 7, 2–9.

21 1530: WA 31, I, 207,36–208, 6; 1536: WA 50, 10,5–21 und 11,2–6.

22 WA 31, I, 207,34–36.

23 In der Hauspostille 1544 und 1545: WA 52, 134,7–10 u. 22–29; 836,3–8 u. 837,12–25.

(3) So legte Luther seit 1525 der Obrigkeit den Schutz der Untertanen vor Verführung durch Irrlehren als Amtsaufgabe ans Herz[24], indes er noch 1524 geäußert hatte: „Es müssen Sekten sein, und das Wort Gottes muss zu Felde liegen und kämpfen".[25]

(4) Auch die Duldung der Katholiken grenzte Luther immer enger ein, je weiter der Aufbau der evangelischen Kirche fortschritt. Während er in den Wittenberger Unruhen 1522 noch die Duldung der öffentlichen katholischen Messfeier aus Rücksicht auf die „Schwachen im Glauben" befürwortet hatte, verlangte er ab 1525 von der weltlichen Obrigkeit die Abschaffung und Bestrafung der stillen Messen als Teufelswerk und Lästerung.[26] So wurden die Pfarrstellen und das Kirchengut zunehmend für den evangelischen Gottesdienst verwendet und die katholische Religionsausübung eng und enger beschränkt.

(5) Nach 1525 forderte Luther die Religionseinheit im Lande, weil Religionszwiespalt unvermeidlich den Frieden und die Einheit des Gemeinwesens zerstöre. So verteidigte er auch die Ausweisung der Sektierer aus Kursachsen durch die kurfürstliche Visitations-Instruktion vom 16. Juni 1527, weil nur dadurch „Zwietracht, Rotten und Aufruhr" zu verhindern seien.[27]

(6) Später befürwortete Luther auch die Pflicht zum evangelischen Predigtbesuch für alle Untertanen. Denn jeder müsse über seine sittlichen Pflichten im weltlichen Gemeinwesen unterwiesen werden[28], wenngleich niemand zum Glauben gezwungen werden dürfe.

(7) Schließlich forderte Luther auch die Bestrafung öffentlicher Lehren, die dem apostolischen Glaubensbekenntnis widersprachen, als Gotteslästerung. „Denn hiermit wird niemand zum Glauben gedrungen, denn er kann dennoch wohl glauben, was er will. Allein das Lehren und Lästern wird ihm verboten, mit dem er Gott und den Christen ihre Lehre und das Wort nehmen will". Denn „wer bei Bürgern sich nähren will, der soll das Stadtrecht halten und dasselbe nicht schänden und schmähen oder soll sich trollen".[29]

(8) Das begründete Luther auch mit seiner Lehre von den zwei Reichen und zwei Regimenten: Einerseits forderte er die Unterscheidung des geistlichen und weltlichen Reiches und Regimentes[30] und verwarf ihre Vermengung[31] durch die Katholiken und die „Schwärmer". Andererseits be-

---

[24] WA 51, 234,28 u. 235,14; auch WA 50, 10,28–11,1–6; WA 51, 235,14–18; WA 52, 134,40–135,6.

[25] WA 15, 218,20–219,4; XIII, 2, 2[4].

[26] WA 18, 36,27–32.

[27] XIX, 3, 3 [5]; auch XIX, 1, 7 [3]; XIX, 2, 1 [3] und 2, 3 [6].

[28] 1929: WA Br 5, 137,8–21; 1531: WA Br 6, 193,49–194,59; 1533: WA Br 6, 564,1–9.

[29] WA 31, I, 208,18–37; auch Vorrede zum Kleinen Katechismus 1529: WA 30, I, 349,20, auch in: Bekenntnisschriften der Evangelisch-Lutherischen Kirche, S. 504; WA Br 5, 137,18–20.

[30] WA 51, 238,16–17 und 30–34; 241,35–42; XVII, 3, 2, [4–6], XVII, 6, 1–4; XVIII, 4, 3 [4–6].

[31] WA 51, 239,22–30; 240,27–40; 241, 21–27.

tonte er die Zuordnung der beiden Reiche und Regimente durch ihren wechselseitigen Dienst füreinander[32], in der das Hauptanliegen seiner Zwei-Reiche-Lehre zu erblicken ist.[33] Beide Regimente sollen zusammenwirken, „auf dass also eins dem andern die Hand gebe, und die im Geistlichen Regiment mit dem Wort und dem Bann, die Obrigkeit aber mit dem Schwert und Gewalt dazu helfe, dass die Leute fromm und allem Ärgernis gewehrt werde. So gehet es denn fein zu und Gott will das Gedeihen zu beidem Regiment geben".[34]

5. Die Forschung hat Luthers Haltung zur Toleranz gegensätzlich beurteilt. Katholische und einige evangelischen Autoren sahen in Luthers Entwicklung den konsequenten Weg „Von der ‚christlichen Freiheit' zur Staatskirche". „Vom Gesichtspunkt der Religionsfreiheit stellt die von der lutherischen Reformation in Deutschland geschaffene Situation keinen nennenswerten Fortschritt dar".[35] Evangelische und manche katholischen Kirchenhistoriker widersprachen[36], weil Luther stets die Freiheit des Glaubens vom weltlichen Zwang gefordert habe und seine Intoleranz aus seiner Sorge um die staatliche Ordnung entstanden sei.

---

32 WA 51, 240, 7–17 und 241, 31–42.

33 Dazu insbes. HECKEL, Reformation und Recht [Anm. 1], XVIII, 5, 1–3, insbes. XVIII, 5, 3 [6].

34 1544: WA 52, 135,21–30; WA 52, 838,15–25.

35 Statt anderer: JOSEPH LECLERC SJ: Geschichte der Religionsfreiheit im Zeitalter der Reformation. Bd. 1. Stuttgart 1965, S. 231ff., 239, 241ff., 245, 251 und 423ff. und Bd. 2, S. 237ff.; ders.: Die Gewissensfreiheit. Anfänge und verschiedene Auslegung des Begriffs. In: Zur Geschichte der Toleranz und Religionsfreiheit. Hg. von HEINRICH LUTZ. Darmstadt 1977, S. 335ff., 346ff., 369; ERNST TROELTSCH: Protestantisches Christentum und Kirche der Neuzeit. In: Die Kultur der Gegenwart, Geschichte der christlichen Religion. Hg. von PAUL HINNEBERG. 2. Aufl. Berlin, Leipzig 1909, S. 447ff., 454ff., 460ff., bes. S. 600 ff.; ders.: Die Soziallehren der christlichen Kirchen und Gruppen. 3. Aufl. Tübingen 1923, S. 758–761, 797ff., 860ff., 881ff.; ders.: Luther, der Protestantismus und die moderne Welt. In: ders.: Aufsätze zur Geistesgeschichte und Religionssoziologie. Bd. IV. Tübingen 1925, S. 202–254, bes. S. 207ff., 224–227; ders.: Die Bedeutung des Protestantismus für die Entstehung der modernen Welt. In: ders.: Schriften zur Bedeutung des Protestantismus für die moderne Welt (1906–1913). Hg. von TRUTZ RENDTORFF und STEFAN PAUTLER. Berlin, New York 2001 (Ernst Troeltsch. Kritische Gesamtausgabe 8), S. 200–316, bes. S. 209ff., 212ff., 226ff., 233, 236ff., 245ff., 267ff., 306ff.

36 Statt anderer: HEINRICH BORNKAMM: Toleranz II. In der Geschichte des Christentums. In: ³RGG, Bd. VI (1962), Sp. 933– 946; ders.: Das Problem der Toleranz im 16. Jahrhundert. In: ders.: Das Jahrhundert der Reformation. 2. Aufl. Göttingen 1966, S. 262–290, bes. S. 268–273; HARM KLUETING: „Lasset beides miteinander wachsen bis zur Ernte": Toleranz im Horizont des Unkrautgleichnisses (Mt. 13, 24–30). Martin Luther und Erasmus von Rotterdam als Beispiel. In: Ablehnung – Duldung – Anerkennung. Toleranz in den Niederlanden und in Deutschland. Ein historischer und aktueller Vergleich. Hg. von HORST LADEMACHER [u. a.]. Münster [u. a.] 2004, S. 56–67.

3. Luthers theologische Grundlagen und ihre faktischen Folgen

Die Wahrheitsfrage war das Kriterium für Luthers unterschiedliche Äußerungen zur Toleranz, weil er danach die Stellung des Christen in der Welt bestimmte.

1. ‚Toleranz' der wahren evangelische Verkündigung und Lehre forderte Luther als Folge seiner Christologie, Soteriologie und Ekklesiologie.

In seiner Rechtfertigungslehre fand Luther den Maßstab zur Lösung aller Fragen der Toleranz in der Welt: Nur die rechte Predigt des Evangeliums und der wahre Glaube an die Erlösung durch Christi Opfertod am Kreuz führen zum Heil des Sünders durch Gottes Gnade. Im Zentrum seiner Rechtfertigungslehre stand für Luther darum die Toleranz Gottes mit dem sündigen und irrenden, das Heil verkennenden und verschmähenden Menschen (Ebeling). *Tolerantia igitur divina est remissio peccati, sub qua semper manet homo.*[37] Aus der Toleranz Gottes mit den Menschen folgerte Luther die Pflicht zur *mutua tolerantia* der Christen untereinander. Denn der wahre Glaube verwirklicht sich in der Liebe zu Gott und dem Nächsten, weshalb die Christen einander in der *lex Charitatis* begegnen müssen[38], was Luther an Rom und den radikalen Spiritualisten zur Ketzerverfolgung und Ausrottung der Glaubensgegner vermisste.

Die strenge Bindung an das Evangelium musste deshalb das geistliche Regiment und alle Funktionen und Institutionen der Kirche bestimmen. Die Kirche kann nicht über Gottes Offenbarung verfügen, die nicht durch die kirchenamtliche Schaffung, Einführung und Tolerierung neuer Sakramente und Dogmen verfälscht werden kann.[39] Daraus zog Luther rechtliche Konsequenzen für alle kirchlichen Bereiche, und löste damit ungeheure Umwälzungen der Kirchenverfassung und der Wirtschaft aus.[40] Diese Bindung an das Evangelium bildete für ihn auch den Grund und die Grenze der Toleranz. Über das Mittelalter führte Luthers Argumentation weit hinaus.

2. Toleranz irriger Lehren begründete Luther damit, dass die weltliche Obrigkeit „keine Gewalt über die Seele hat" und sich ihre Ordnung auf weltliche Aufgaben beschränken muss.

Der Obrigkeit obliegt eben nur der äußerliche Vollzug der Zehn Gebote im *usus politicus legis* zur Wahrung des äußeren Friedens und Mehrung des irdischen Wohls in der Welt.[41] Sie ist nur zur äußeren Erhaltung, nicht zur Bekehrung und Heiligung der Welt berufen, ihr Regiment der Obrigkeit ist ‚weltlich' nach ihrem Herrschaftsbereich, ihrer Herrschaftsausübung und ihren Herrschaftsadressaten. Ihr Maßstab ist die weltliche

---

[37] 1536: ‚Disputatio de iustificatione', WA 39, I, 125,4; 1532/33: WA 40, III, 348,1–5 u. 10–15.

[38] HECKEL, Reformation und Recht [Anm. 1], XV, 5, 7; XVIII, 5,3 [5].

[39] X, 2, 13; X, 4, 5; XII, 7, 1

[40] VII, 7, 1–11, VIII, 4, 1–8, VIII, 5, 1–4; IX, 2, 3–8; XI, 3, 3–7; X, 1, 6; X 4, 5–10; XI, 5, 10–13; IX, 7, 1–5; XI, 1, 1–3; XII, 4, 3 [1].

[41] XIV, 1, 3 [1]; XIV, 5, 2 [2]; XIV, 7, 2; XVII, 3, 2 [4]; XVIII, 4, 1–3.

‚Gerechtigkeit', die *iustitia civilis* unter den Menschen, nicht die Gerechtigkeit vor Gott, die *iustitia Dei*, die nur durch den Glauben aus der Rechtfertigung des Sünders *coram Deo* zu erlangen ist.[42] Die weltliche Obrigkeit ist daher strikt vom Kirchenregiment zu unterscheiden. In ihrer Vermischung und Vertauschung des geistlichen und weltlichen Regiments sieht Luther denselben Irrweg der Katholiken und der „Schwärmer", weil sie Gesetz und Evangelium nicht unterscheiden, deshalb das Weltliche und das Geistliche verwirren und die weltliche Gewalt und das geistliche Amt diabolisch mengen.[43] Der Unterschied des weltlichen und geistlichen Regiments ergibt sich für Luther aus dem eschatologischen Gegensatz des Reiches Gottes und Reiches der Welt.[44]

3. Die weltliche Obrigkeit muss darum Toleranz gewähren, wenn das äußere, gemeinverträgliche Zusammenleben durch Irrlehren nicht gefährdet wird. Das bestimmt Luther im Sinn des – eigennützig gemeinten – Liebesgebots der Goldenen Regel, dass jeder sich so verhalten soll, wie er selbst von anderen behandelt werden will.[45]

4. Die weltliche Obrigkeit muss darum Toleranz versagen, wenn und soweit das äußere menschliche Verhalten gegen den Dekalog verstößt. Im Dekalog erblickt Luther die vorbildliche Formulierung des weltlichen Naturrechts, das als Gottes Erhaltungsordnung für die Welt seit ihrer Schöpfung gilt.[46] Aber dabei darf sie sich nicht des geistlichen Regiments bemächtigen, das im Reich Gottes *sine vi, sed verbo* mit geistlichen Mitteln herrscht.[47] Der weltlichen Obrigkeit ist eben nur der Bereich und Vollzug des Gesetzes durch die weltliche Gewalt anvertraut, sie hat nicht in die Verkündigung des Evangeliums durch das Predigtamt einzugreifen.[48] Sie muss den Unterschied von „Gesetz und Evangelium" beachten[49] und darf die „beiden Reiche und Regimente" nicht vermengen.[50]

4. War Luthers Haltung zur Toleranz theologisch konsequent?

Aber blieb Luther seinen theologischen Maximen treu? Hat er seine theologische Argumentationsgrundlage eingehalten oder verändert oder aufgegeben? Oder hat er jeweils die faktische Lage anders eingeschätzt und deshalb ein anderes Verhalten verlangt? Dafür müssen wir seine Stellungnahmen nun in einem zweiten Durchgang rekapitulieren:

---

42 HECKEL, Reformation und Recht [Anm. 1], VII, 6, 5–6; XIV, 2, 2–3.
43 IV, 7, 3–4; X, 1, 6; XII, 7, 5–7; XIV, 1, 4 [2].
44 WA 11, 251,15–18; 11, 252,12–14; 11, 255, 12–15.
45 HECKEL, Reformation und Recht [Anm. 1], XIV, 7, 1–2.
46 XIV, 5, 2 [1–3].
47 WA 11, 251,15–253,3; 11, 262, 3–9; 22, 26323–25, 30–34.
48 HECKEL, Reformation und Recht [Anm. 1], XVII, 6, 1–2; XVIII, 4, 3 [4–6].
49 XIV, 1, 4 [1–4].
50 XVIII, 4, 1–3; XVIII, 5, 1–3.

1. Ein generelles Verbot radikaler religiöser Lehren, die zum Aufruhr aufriefen, erschien nach dem Bauernkrieg gerechtfertigt.

Luther verschärfte damit nur seine frühere Forderung nach Friedenswahrung, indem er von der konkreten zur abstrakten Gefahrenbekämpfung überging, also statt der repressiven Bestrafung tatsächlicher Rechtsbrüche die präventive Abwehr drohender Gefahren schon im Vorfeld eines Aufruhrs forderte. Er hatte ja vorher nicht die allgemeine Duldung des Unrechts verlangt, wie dies die Täufer und quietistischen Spiritualisten nach ihrer Deutung der Bergpredigt im Sinne des strikten Gewaltverzichts auch der weltlichen Obrigkeit[51] vertraten, sondern nur den Einsatz der weltlichen Gewalt für unnötig gehalten, weil er damals noch auf den allgemeinen Sieg des Evangeliums durch das Wort hoffte und den Einsatz der weltlichen Gewalt zur nachfolgenden Ahndung begangener Straftaten für ausreichend hielt. Luthers Haltungsänderung beruhte nicht auf der Änderung seiner theologischen Prinzipien und Prämissen, sondern auf seiner veränderten Einschätzung der tatsächlichen Lage und der Erforderlichkeit verschärfter Gegenwehr, weil ihm dies nach den blutigen Exzessen und apokalyptischen Programmen der radikalen Spiritualisten im Bildersturm und Bauernkrieg[52] zwingend notwendig erschien.[53]

2. Auch die Versagung der Toleranz für quietistische Spiritualisten und die Täufer erschien in Luthers Sinn schlüssig und notwendig. Denn diese bestritten in seiner Sicht den göttlichen Auftrag des weltlichen Regiments, verletzen das Gesetz Gottes, verwirrten Gesetz und Evangelium[54], verwechselten das Reich Gottes und das Reich der Welt[55] und stürzten die Welt durch ihre falsche, „gesetzliche" Auslegung der Bergpredigt ins allgemeine Chaos.[56] Die Obrigkeit musste nach Luthers Überzeugung nicht nur die gewaltsame Verletzung des Friedens und des Rechts verhindern und bestrafen, sondern die öffentliche Ordnung auch vor der schleichenden Zerrüttung sichern.

3. Luthers spätere Forderung nach Schutz der Untertanen vor Verführung beruhte ebenfalls auf dem Wandel der Situation, nicht auf der Änderung seiner theologischen Positionen.

Solange sich die evangelische Verkündigung noch nicht in den Gemeinden durchgesetzt hatte, hatte die Obrigkeit nicht das Recht, den Glauben weltlich einzuführen, sondern sollte die Verkündigung des Predigtamts *sine vi, sed verbo* wirken lassen. In Luthers Sicht gehörte es zur Freiheit jedes Christen, ob er der reformatorischen Lehre Glauben schenken oder sie ab-

---

51 HECKEL, Reformation und Recht [Anm. 1], XIII, 3, 4 und XIII, 4, 3.

52 XVI, 7, 2 [1–14].

53 Auch heute muss der freiheitliche Rechtsstaat die Mitgliedschaft und die Unterstützung einer religiös motivierten Umsturzvereinigung wie des sogenannten Islamischen Staats strafrechtlich und polizeilich bekämpfen.

54 XII, 7, 6; XIV, 1, 4 [1–4].

55 XVII, 3, 2 [1–6]; XVIII, 4, 1–3.

56 XIII, 4, 3; XV, 5, 5.

lehnen wolle.[57] Deshalb warnte er stets vor voreiligen Reformen, besonders eindrucksvoll tat er dies 1522 in seinen Invokavit-Predigten, durch die er den Wittenberger Bildersturm beendete.[58]

Aber wenn sich der wahre Glaube geistlich im Land verbreitet hatte, musste die Obrigkeit die Untertanen und die Gemeinden darin mit weltlicher Gewalt schützen. Das folgte aus Luthers Lehre von der weltlichen Obrigkeit, vom Naturrecht und von den beiden Reichen.[59] Deshalb bejahte Luther ja auch den Rechtsschutz der evangelischen Verkündigung und Kirchen durch die Konzilsappellation und Berufung der Reichsstände auf die Reichsverfassung[60], durch den Türkenkrieg zum Schutz der Christenheit[61] sowie durch das Widerstandsrecht gegen den katholischen Glaubenszwang des Kaisers und der katholischen Reichsgewalt.[62] Und ebenso forderte er im Landesinneren den Schutz der Untertanen vor Rechtsbruch und Zerrüttung der obrigkeitlichen Autorität und öffentlichen Ordnung durch Sektierer. Dass sich die böse Welt nicht „nach dem Evangelium regieren lässt", sondern es des weltlichen Schwerts zur Durchsetzung des Friedens und Rechts bedürfe, hatte er schon in der Obrigkeitsschrift 1523 ausführlich begründet.[63]

4. Die Toleranz der Katholiken fand mit der Ausbreitung der Reformation in evangelischen Territorien und der Organisation der evangelischen Landeskirchen enge Grenzen.

Die Duldung der Katholiken beruhte anfangs auf Luthers Hoffnung und Bestreben, die Gemeinden geduldig durch das Wort für das Evangelium zu gewinnen, aber rechtliche Reformen erst einzuführen, wenn sich der Glaube durch die Predigt verbreitet hatte.[64] Er wollte die katholische Kirche nicht spalten, sondern ihre gottgebotene Einheit, Katholizität und Universalität erhalten und ihren Gottesdienst und ihre Einrichtungen reformieren[65], zumal er mit den römischen Katholiken in der Christologie, Trinitäts-, Tauf- und Abendmahlslehre mehr Gemeinsamkeiten hatte als mit vielen „Schwärmern".[66] – Aber die öffentliche Duldung katholischer Institutionen, Gottesdienste, Prozessionen und Zeremonien wurde schwierig, wenn die Bevölkerung eines Landes evangelisch geworden war und die auswärtigen katholischen Bischöfe und die katholischen Klöster und Stifte an ihren Prärogativen, Privilegien, Rechten und kirchlichen Gütern nach dem

57 WA 11, 264,11–20; XVII, 4, 1 [3].
58 Heckel, Reformation und Recht [Anm. 1], VIII, 1, 1–5 und VIII, 2, 1 und 7; XI, 1, 8; XII, 7, 12; XVI, 5, 1–11.
59 XII, 5, 5; auch XIV, 2, 1 und XIV, 5, 2 [2]; XVIII, 5, 3 [6].
60 VI, 4, 5; X, 5, 2 ff.; X, 7 ,1–7; XV, 1 und 2.
61 XVI, 3, 3.
62 XIV, 7, 4–5; XV, 2, 1–4; XIX, 7, 10 [1–4].
63 WA 11,251,22–522,23; Heckel, Reformation und Recht [Anm. 1] XVII, 3, 2 [4].
64 VIII, 1, 1 ff. und 2, 1; XVI, 5, 1–12.
65 X, 3, 2 und X, 3, 5–8.
66 IX, 4, 4; XII, 7, 9; XIII, 4, 1–3.

kanonischen Recht festhielten. So häuften sich die Streitfälle um Ämter, Pfründen, Klöster, Kirchen und Gottesdienstformen, bis manche evangelischen Gemeinden mit Luthers gutachtlicher Unterstützung[67] aus Notrecht die vakanten Pfarrstellen besetzten, die Kirchengebäude in Gebrauch nahmen und die katholischen Messfeier durch den Gemeindegottesdienst verdrängten. – Den evangelischen Rechtsstandpunkt hat Luther in einer Spätschrift pointiert formuliert: Der Kaiser hat kein Recht, die Kirchengüter von den Evangelischen zurückzufordern. Die Bischöfe sind vielmehr „schuldig, als Gottes Diebe und Kirchenräuber" diese „der rechten Kirche zu restituieren und einzuräumen".[68] Weil beide Teile sich mit der einen, einzigen wahren Kirche Christi identifizierten und die Kirchengüter und Kirchenämter nach ihrer beider Auffassung exklusiv zum Dienst der einen wahren Kirche geschaffen und gewidmet waren, verschärften und vertieften sich die Konflikte. Die Katholiken wurden im evangelischen Territorium zwar nicht zum Glaubenswechsel gezwungen, nicht von der Inquisition verhört, gefoltert und verfolgt wie in den Niederlanden und in Spanien. Aber ein Recht auf öffentliche Ausübung der katholischen Religion gab es nach der Festigung der Reformation und der Organisation evangelischer Landeskirchen im Gebiet der evangelischen Reichsstände später nicht mehr.

5. Luthers Forderung nach Religionseinheit des Landes, weil Religionszwiespalt den Frieden zerstöre, erschien nach der allgemeinen Überzeugung seiner Zeit berechtigt.

Aus seinem Ringen mit dem Papst, mit der katholischen Hierarchie und mit den radikalen Spiritualisten im Bauernkrieg[69] schien es Luther evident: Der weltliche Friede, die Rechtsgeltung und Rechtseinheit im Land sei nicht zu erhalten bei öffentlicher Duldung mehrerer feindlicher Religionsgemeinschaften, die sich für die einzig wahre Kirche halten.[70] Aber die Religionseinheit des Landes forderte Luther nicht zur flächendeckenden Missionierung, sondern nur zur Wahrung des Friedens und der weltlichen Ordnung. Deshalb riet Luther sogar zum Verzicht auf die Verkündigung der evangelischen Lehre in den katholischen Ländern, wenn sie den weltlichen Frieden zu zerstören drohte.[71] Wenn es der weltliche Friede verlangt, fügt sich der wahre Christ dem Friedensgebot, das nicht nur der Dekalog, sondern auch die Bergpredigt von ihm fordert[72], und wandert notfalls aus.

6. Auch die Pflicht zum evangelischen Predigtbesuch begründete Luther mit der Pflicht der Obrigkeit zum Vollzug der Zehn Gebote und des weltlichen Naturrechts.

---

[67] WA Br 2, 502 ff.; 2, 507 ff.; 2, 626,12 ff.; WA Br 3, 21 ff; 3, 59; WA 12, 11–15; 12, 16–30; 12, 35–37; HECKEL, Reformation und Recht [Anm. 1] XI, 3, 6; XII, 5, 1; XIX, 1, 6 [2].

[68] 1541, WA 51, 531,25–38; HECKEL, Reformation und Recht [Anm. 1] XV, 6, 3.

[69] X, 1, 6; X, 4, 1–10; XI, 5, 8–19; XI, 6, 1–6; XVI, 7, 2 [1–14].

[70] WA 31, I, 209,28–31.

[71] WA 31, I, 209,15–22 und 211,11–18.

[72] HECKEL, Reformation und Recht [Anm. 1], XIV, 5, 2 [2]; XV, 5, 4 f.; XVIII, 7, 2 [4].

Die Pflicht zum Predigtbesuch soll nicht der landesweiten Bekehrung aller Untertanen zum Evangelium, sondern zur Durchsetzung des Dekalogs dienen. Luther fordert die Unterweisung über die Zehn Gebote deshalb konsequent für alle Untertanen, gerade auch für die Dissidenten und die „Schwärmer" aller Arten, die das Landesbekenntnis ablehnen, damit sie sich nicht zum Abfall, Aufruhr oder zur anarchistischen Zersetzung der weltlichen Ordnung verführen lassen. Das entsprach seiner Unterscheidung von Gesetz und Evangelium.[73] Damit hat Luther nicht die beiden Regimente und Reiche vertauscht und vermengt, sondern auch insoweit seine theologischen Ausgangspositionen konsequent entfaltet: Denn die Obrigkeit als Gottes Amtmann erfüllt damit nur ihre weltliche Aufgabe, das Gesetz Gottes durchzusetzen; dafür soll sie die Untertanen durch die kirchliche Predigt unterrichten lassen.[74]

Die Obrigkeit verbleibt damit im weltlichen Bereich des *usus politicus legis*, weil sie sich dabei auf den äußeren Vollzug des Dekalogs in der Welt beschränkt[75] und nur das irdische Wohl und die *iustitia hominum* herstellen, aber nicht die *beatitudo aeterna* durch die *iustitia Dei* in der Rechtfertigung des Sünders bewirken kann und will.[76] Sie hält damit die Grenzen der beiden Regimente und der beiden Reiche nach Luthers Obrigkeitsschrift ein[77], denn sie darf nicht den Inhalt der Verkündigung im Gottesdienst bestimmen[78], sondern muss dies den Geistlichen überlassen.[79] – Die Obrigkeit beschränkt sich dabei auf ihre weltlichen Mittel. Sie verlangt nur die äußerliche Predigtteilnahme und die verstandesmäßige Kenntnisnahme von den Geboten Gottes, die den Mord, Diebstahl, Ehebruch nach Luthers Naturrechtsauffassung verbieten; sie droht keine Höllenstrafen an und fordert nicht Reue und Buße wie das Predigtamt der Kirche, das im *usus theologicus legis* den tieferen geistlichen Sinn des Dekalogs erklärt.[80] Für die Evangelischen handelte es sich dabei um die Sicherung des weltlichen Bereichs,[81] nicht um Übergriffe der weltlichen Obrigkeit in die Kirche und das Kirchenrecht. – Zum Unterricht über die Zehn Gebote als weltliche Erhaltungsordnung taugte die kirchliche Predigt besser als die weltliche Schule, die nach Luthers Unterscheidung zur Aufgabe und Kompetenz der weltlichen

---

73 XIV, 1, 1–4.

74 WA 51, 240,7–17; WA 52, 636,5–15; 637,18–20; HECKEL, Reformation und Recht [Anm. 1], XVII, 3, 2 [4]; XVIII, 4, 2 [2–3]; XIV, 2, 1; XVIII, 5, 3 [6].

75 XIV, 5, 2 [2].

76 XIV, 1, 3 [1–2]; XIV, 2, 1; XIV, 7, 2.

77 XVII, 3, 2 [4]; XVIII, 4, 2 [1–3] und 4, 3 [1–6].

78 XVII, 4, 1 [1–5].

79 XVIII, 4, 3 [4–6]; XVIII, 5, 3 [6].

80 XIV, 2, 3; XV, 5, 1 [1].

81 Den Bereich des ‚Weltlichen' bestimmte Luther nach seinen Lehren über die Rechtfertigung, die Kirche, die Kirchengewalt und der weltlichen Obrigkeit – und nicht nach den katholischen Lehren und dem kanonischen Recht; HECKEL, Reformation und Recht [Anm. 1], IX, 3, 10 [1]; XIV, 6, 7 [1–2]; XVII, 6, 4; XVIII, 7, 1 [2] .

Obrigkeit[82] gehörte, aber erst im Aufbau war, zumal Luther diese schwierige Aufgabe lieber akademisch ausgebildeten Theologen anvertrauen wollte. – Auch hier ist zu beachten: Das eigentliche Anliegen Luthers ist die Zuordnung, nicht die Scheidung der zwei Reiche und zwei Regimente.[83] Es ist ein verbreiteter Irrtum im Gefolge von Troeltsch, die Zuordnung der beiden Reiche und Regimente als Rückfall Luthers in das Mittelalter zu bewerten, weil die dualistisch überzeichnete Scheidung eher der modernen Sicht der Trennung von Staat und Religion bzw. Kirche zu entsprechen scheint.

7. Die weltliche Bekämpfung aller Lehren, die dem Apostolikum widersprachen, als Gotteslästerung begründete Luther ebenfalls mit der Pflicht der Obrigkeit zur Wahrung auch der ersten Tafel des Dekalogs. Die Verletzung Gottes durch den Bruch der ersten drei Gebote erschien ihm ebenso strafwürdig wie der Bruch der anderen sieben Gebote zum Schutz der Menschen. Denn das Erste Gebot – Gott über alle Dinge zu lieben – war für Luther die Grundlage aller anderen Gebote[84], „das Hauptgebot"[85], aus dem sich alle anderen Gebote Gottes ableiten.[86] Wer gegen das Erste Gebot sündigt, verletzt alle anderen.[87] In der öffentlichen Leugnung des Apostolischen Glaubensbekenntnisses erblickte Luther den Brandherd und Ursprung der aufrührerischen Tendenzen Thomas Müntzers, der radikalen Spiritualisten und der von ihnen verführten Bauernhaufen[88], weil diese nach ihren apokalyptischen Visionen das Reich Gottes auf Erden durch die Ausrottung aller Gottlosen vor der nahe erwarteten Wiederkehr Christi aufrichten und die Ordnung in der Welt umstürzen wollten. Aber auch hier unterschied er: Nicht der still ausgeübte falsche Glaube, sondern allein seine öffentliche Verbreitung ist ein weltliches Delikt und soll durch obrigkeitlichen Zwang verhindert und bestraft werden, um Gottes Ehre zu wahren und göttliche Strafen zu vermeiden. In diesem Sinn hat Luther die öffentliche Lästerung auch als Verstoß gegen das „Stadtrecht" bezeichnet und damit ausgedrückt, dass die Sektierer nicht wegen ihres Glaubens verfolgt werden, sondern – wie jedermann und jede Bevölkerungsgruppe – das geltende Recht einhalten müssen, das sich allein auf das äußere Verhalten bezieht und gegen jedermann gleich durchzusetzen ist.

Aber verlor Luther hier nicht den Zusammenhang von Gesetz und Evangelium aus dem Blick, in dem er doch das Herzstück seiner Theologie von der Rechtfertigung des Sünders *sola fide et sola gratia* erblickte?[89]

---

82 WA 15, 27–53.

83 Dazu näher HECKEL, Reformation und Recht [Anm. 1], XVIII, 5, 3 [1–9].

84 WA 14, 611,31.

85 WA 30, I, 353 ff..

86 WA 7, 26,15–22; WA 10 I/1, 675,6–15.

87 WA 5, 327,26; 5 392,26; WA 42, 106,11–19; HECKEL, Reformation und Recht [Anm. 1], XIV, 6, 5 [2–4]; XV, 5, 1 [3].

88 XIII, 2, 2 [3]; XIII, 5, 2; XVI, 7, 2 [1–13].

89 XIV, 1, 4 [1–4].

Kann die Verkündigung des Evangeliums noch die Suchenden und Fragenden erreichen, wenn Glaubenszweifel weltlich zu bestrafen sind? Oft hatte er eingeschärft: Gesetz und Evangelium dürfen nicht vermengt und vertauscht, aber auch keinesfalls getrennt werden – sie müssen *distinctissima*, aber *coniunctissima* sein.[90] Nur durch ihr Zusammenwirken bewirken sie das Heil. Denn das Gesetz steht im Dienst des Evangeliums![91] Das bildete den Angelpunkt seiner berühmten Invokavit-Predigten vom März 1522, mit denen er die Wittenberger Unruhen überwand.[92] Aber davon ließ Luthers Ruf nach Strafe für Leugner des Apostolikums nichts spüren.

8. Fragwürdig scheint auch, dass Luther die weltliche Bestrafung der Leugner des Apostolikums mit der Lehre von den zwei Reichen und zwei Regimenten begründete.

Die Zuordnung und das Zusammenwirken der beiden Reiche und der beiden Regimente war zwar das Hauptanliegen der Zwei-Reiche-Lehre Luthers.[93] Indessen: Wurde das Wirken des geistlichen Regiments *sine vi, sed verbo* und sein Zusammenwirken mit dem weltlichen Regiment im Sinne der Zwei-Reiche-Lehre nicht unheilvoll erschwert, wenn Glaubensdifferenzen weltliche Strafen nach sich ziehen sollten? Wie oft hatte Luther nicht betont: Die weltliche Obrigkeit soll nur die äußeren Verbrechen wie Raub, Mord, Diebstahl und Vergewaltigung bekämpfen und bestrafen, aber nicht die Menschen zum Guten und zur Wahrheit zwingen, denn „dem Unglauben und innerlichen bösen Wesen kann niemand wehren und strafen, denn Gott allein" und will dies durch das geistliche Regiment vollbringen.[94] Widersprach dies nicht Luthers eigener Forderung nach der Beschränkung der weltlichen Gewalt auf die weltlichen Aufgaben, Bereiche und Mittel?

Im Ergebnis haben diese Äußerungen Luthers nachhaltig die Entwicklung zum protestantischen Staatskirchentum gefördert, obwohl das Staatskirchentum Luthers Lehren zur Ekklesiologie, zur evangelischen Freiheit und zum Verhältnis des geistlichen und weltlichen Regiments keineswegs entsprach. Das evangelische Staatskirchentum setzte sich freilich erst nach Luthers Tod durch. Es wurde von den evangelischen Juristen gefördert und verteidigt, weil die Existenz und Freiheit der evangelischen Kirchen 1555 nur durch das landesherrliche Kirchenregiment und den Bekenntnisbann der evangelischen Reichsstände reichsrechtlich garantiert und politisch gesichert werden konnte.[95]

---

90 1531, WA 40, I, 527,7–9. HECKEL, Reformation und Recht [Anm. 1], XIV, 1, 4 [3].
91 XIV, 2, 1–3.
92 XVI, 4, 5 [3]; XVI, 5, 1–11.
93 XVIII, 5, 1 –3; XIX, 2, 2 [4]; XXI, 2, 1; auch XXI, 5, 1–7 und 6, 1–5.
94 WA 12, 122,36–123,1; WA 18, 66,3–11; vgl. auch HECKEL, Reformation und Recht [Anm. 1], XIV, 5, 2 [2]; XVII, 4, 1 [2–4].
95 XX, 1, 1 ff.; XX, 3, 1–10.

5. Zur Nachwirkung der Positionen Luthers

1. Luthers Aussagen zum Grund und zur Grenze der Toleranz waren stark zeit- und situationsgebunden. Sie waren bedingt durch Luthers Schock im Bauernkrieg, seine düstere Einschätzung der politischen Lage und ihrer künftigen Gefahren.[96] Luthers Sätze werden im Sinn verfälscht und verkehrt, wenn man von ihren konkreten Gründen und Zielen abstrahiert und sie autoritätsgläubig als zeitlos gültige Maximen verabsolutiert.

Die öffentliche Verbreitung der Lehren von Dissidenten sollte nach Luthers klarer Argumentation nur dann verboten sein, wenn dies zur Abwehr von Gefahren für den Frieden und die weltliche Ordnung unumgänglich schien.[97] Das war nach Luthers Sicht und Wertung der ungesicherten Lage der Evangelischen bis zu seinem Tod 1546 der Fall.

2. Jedoch war die Gefahrenlage wenige Jahre später durch den Augsburger Religionsfrieden 1555 beseitigt. Die Verrechtlichung der Reichsverfassung seit der Reichsreform Kaiser Maximilians I. wurde jetzt vollendet und weithin durchgesetzt; Unruhen wurden seither durch die Kreisobristen unschwer überwunden. Die territorialen Obrigkeiten konnten ihre Rechtsstellung ausbauen und ihre Autorität religiös festigen. In den evangelischen Landen existierten leidlich funktionierende evangelische Landeskirchen mit einer dichten Gemeindeorganisation, mit sicheren Lehrgrundlagen in ihren Bekenntnisschriften und mit akademisch gebildeten Geistlichen, die ihrem Amt gewachsen waren und mit geistlichen Kontroversen versiert umzugehen wussten, ohne äußere Unruhen zu provozieren.

3. Das entkräftete die Gründe, auf die Luther seit dem Bauernkrieg die Verweigerung der Toleranz für Dissidenten gestützt hatte. Landesweiter religiöser Aufruhr und Bürgerkrieg war nach dem Ende des Bauernkriegs und der Münsteraner Wiedertäuferherrschaft 1535 nicht mehr zu erwarten. Die Zersetzung der öffentlichen Ordnung durch die quietistischen Spiritualisten war nicht mehr zu befürchten. Der Verführung der Untertanen konnte mit dem geistlichen Amt begegnet werden, wie es der Zwei-Reiche-Lehre Luthers entsprach. An der fehlenden Religionseinheit drohte sich kein Aufruhr und Bürgerkrieg mehr zu entzünden, zumal sich die Koexistenz und Parität konträrer Konfessionen im Reichsrecht seit 1555 einübte. Der Zwang zum Predigtbesuch und die Bestrafung der Sektierer waren nicht mehr erforderlich zur Verhütung von Aufruhr und Umsturz. – Auch von den Katholiken war nach 1555 keine Reichsexekution und kein innerer Aufruhr zu befürchten. Die Abschichtung der evangelischen Landeskirchen von der römisch-katholischen Kirche war abgeschlossen, und das Reichskirchenrecht sicherte 1555 die Formen der Religionsausübung

[96] Heckel, Reformation und Recht [Anm. 1], XVI, 1, 1–4 und XVI, 2, 1–3.

[97] XIX, 3, 2 [3]; XIX, 3, 3 [1] und 3, 9 [1].

und des Kirchengutsbesitzes, die 1648 die Normaljahrs-Regelung nach dem Stand von 1624 festschrieb.

Die Auseinandersetzung um den rechten Glauben hätte deshalb nach 1555 den Geistlichen auf Kanzel und Katheder überlassen werden können. Gemäß Luthers Unterscheidung der beiden Regimente und der Beschränkung der weltlichen Obrigkeit auf weltliche Aufgaben, Mittel und Bereiche[98] hätte nach 1555 Toleranz der Dissidenten die Regel, Intoleranz die Ausnahme sein müssen, wenn dies der Friede und die öffentliche Sicherheit erforderten.

4. Indessen haben die autoritätsgläubigen orthodoxen Theologen und Juristen des späten 16. und des 17. Jahrhunderts Luthers zeitgebundene Stellungnahmen dogmatisch verabsolutiert und als abstrakte allgemeingültige Rechtsgrundsätze normativ festgeschrieben. Indem sie Luthers politische Forderungen von ihren tatsächlichen Voraussetzungen und ihren theologischen Prämissen abstrahierten, diese ignorierten und verwirrten, verkehrten sie ihren theologischen Sinn ins Gegenteil. So wurde das Sektenverbot in vermeintlicher Treue zu dem großen Reformator jahrhundertelang beibehalten und der reichsrechtliche Ausschluss der Sektierer aus den Garantien des Augsburger Religionsfriedens und des Westfälischen Friedens (§ 17 AR; Art. VII, § 2, S. 4 IPO) von den evangelischen Territorialgewalten und Landeskirchen allgemein praktiziert, ohne die Grenzen der weltlichen Gewalt nach der Lehre Luthers zu hinterfragen.

Die Versagung der Toleranz durch das Luthertum in der nachreformatorischen Zeit sollte darum nicht dem Reformator angelastet werden. Luther hatte das Tor zur modernen Toleranz aufgestoßen, als er die Ketzerverfolgung bekämpfte und die Obrigkeit auf die weltliche Friedenswahrung als Grund und Grenze der Toleranz beschränkte.[99]

5. Die moderne Toleranzidee entstand folglich bei den Dissidenten, vor allem bei den mystischen Spiritualisten[100], und zwar in dezidierter Distanzierung von Kirche und Theologie. So wurden religiöser Skeptizismus, Relativismus und Individualismus maßgeblich für die geistige Prägung der Toleranzidee. Im Absolutismus sicherte der Staat demgemäß die Toleranz der Individuen durch Intoleranz gegenüber der Kirche; er dominierte und regulierte intensiv die Ausübung des kirchlichen Kultus, Bekenntnisses und geistlichen Amts nach den Kriterien seiner rationalistischen Staatsideologie.[101] – Erst der liberale Verfassungsstaat des 19. Jahrhunderts hat die Toleranz umfassend verwirklicht und zur allgemeinen Religionsfreiheit weiterentwickelt: Das deutsche Staatskirchenrecht garantierte seit der Paulskirche 1848/49 und der Weimarer Verfassung 1919 nicht nur die individuelle

---

98 HECKEL, Reformation und Recht [Anm. 1], XVII, 3, 2 [4–6]; XVII, 4, 1 [2–5]; XVIII,4, 3 [4–6].

99 II, 5, 7; III, 7, 1–4; XX, 6, 3 [4].

100 XIII, 3, 1–7; XIII, 4, 3–8.

101 XX, 5, 1–4; XX, 6, 2 [1–12].

Religionsfreiheit, sondern auch das religiöse Selbstbestimmungsrecht der Religionsgemeinschaften[102]; es beschränkte sie zugleich durch die notwendigen staatlichen Schrankengesetze zur Wahrung des weltlichen Friedens, Gemeinwohls und Rechts, wie dies – *mutatis mutandis* – schon die Obrigkeitslehre Luthers, aber auch die naturrechtlichen rationalen Gesellschafts- und Staatsvertragstheorien forderten.[103] Damit verwirklicht das moderne Verfassungsrecht auf seine säkulare Art die Goldene Regel[104], in der Luther – in seiner anderen geistigen Welt – den Grund und die Grenze der Toleranz erblickte. Die religiös relativierte Religionsfreiheitsgarantie des modernen Verfassungsrechts (Art. 4, 140 GG/137 III WRV) gewährleistet allen Bürgern und Religionsgemeinschaften, den geistlichen Sinn, Inhalt und Gebrauch ihres Bekenntnisses nach ihrem Selbstverständnis der Offenbarung Gottes selbst zu bestimmen[105], schützt sie vor Übergriffen der Staatsgewalt und der konkurrierenden religiösen und ideologischen Richtungen und sichert so die „Freiheit eines Christenmenschen" auch gegen den Oktroi fremder religiöser oder religionskritischer Toleranzvorstellungen.[106]

In den säkularen rechtlichen Formen des freiheitlichen Verfassungsstaates finden wir das doppelte Anliegen Luthers aufgenommen und auf andere Art erfüllt: Die Kirchen dürfen ‚Toleranz', d. h. Entfaltungsfreiheit für ihr eigenes Bekenntnis, verlangen, weil sie es für richtig halten und es ihnen unvergleichlich heilsamer, tröstlicher und hilfreicher dünkt als die Lehren anderer Konfessionen, Religionen oder säkularer Ideologien – alle Bürger und Religionsgemeinschaften genießen den gleichen Schutz für die Überzeugung von der Richtigkeit und Gültigkeit ihres Glaubens.[107] Andererseits: Toleranz ist allen Religionen zu gewähren, weil der Glaube mit weltlicher Gewalt weder erzwungen werden kann noch unterdrückt werden darf. Darin stimmen Luthers Theologie und das säkulare Verfassungsrecht im Ergebnis überein, wenn auch mit verschiedenen Gründen und Hintergründen. Und Übereinstimmung besteht zwischen ihnen auch über die Notwendigkeit ihrer Begrenzung: Toleranz kann nur begrenzt und nur aus weltlichen Gründen beschränkbar gewährt werden, weil die Welt vor religiös motivierten Untaten zu schützen ist, was unsere Zeit nach den Gewaltexzessen des Islamismus heute neu zu begreifen lernt.

---

[102] HECKEL, Reformation und Recht [Anm. 1], II, 4, 1–5; II, 5, 1–7; III, 7, 1–4.

[103] XVII, 4, 1 [1–5]; XX, 6, 1 [2–4]; XX, 6, 3 [6].

[104] XIV, 7, 1–2; XIX, 3, 9 [1].

[105] II, 4, 1–5; II, 5, 1–7; III, 7, 1–4; IX, 6, 2–4; XX, 6, 3 [4]; XX, 6, 6 [5].

[106] II, 4, 5. Seit der „Lumpensammler-Entscheidung" BVerfGE 24,236 [247]; 32, 96 [106 f.]; 35, 366 [375]; 46, 73 [85]; 74, 244 [252]; 83, 341 [353]; 102, 370 [388]; 108, 282 [298 f.] bildet der Schutz des religiösen Selbstverständnisses vor fremdreligiöser oder säkularisierender Vergewaltigung und Verfälschung die Leitlinie der Rechtsprechung des Bundesverfassungsgerichts zur Religionsfreiheit und Toleranz.

[107] HECKEL, Reformation und Recht [Anm. 1], IX, 6, 3–4.

Martin Ohst

Thomas Morus als Gegner Martin Luthers[1]

Für Ekkehard Mühlenberg zum 29. Juli 2018

Thomas Morus[2] wurde gut fünf Jahre vor Martin Luther geboren, am 7. Februar 1478. Sein Vater war Jurist und hoher Richter. Er selbst trat nach elementarer Schulbildung schon mit zwölf Jahren als Page in den Dienst des Erzbischofs von Canterbury. 14jährig bezog er für zwei Jahre die Universität Oxford, wo er die *artes* studierte, also zwei Jahre lang seine humanistisch-klassische Bildung begründete. Danach schlug er die Juristenlaufbahn ein, die allerdings in England über den außerakademischen Lehrbetrieb der „Inns"[3] in London führte: Hier verband Morus das Lernen spätmittelalterlichen Gewohnheiten folgend alsbald mit eigener Lehre und mit beruflicher Praxis als Rechtsanwalt. Seinen in Oxford angesponnenen Bildungsinteressen blieb er dennoch treu. Bei dessen erstem England-Aufenthalt gewann er Erasmus von Rotterdam zum Freund und war fortan dessen wichtigster Kontaktmann in England. Jahrelang suchte und pflegte er die geistliche Nähe zum Londoner Kartäuser-Kloster, also einem elitär-radikalasketischen Institut monastischen Lebens, das sich jedoch in seiner Herkunft wie in seinem Lebensprogramm und Selbstverständnis sehr deutlich von den Bettelorden mit ihrem charakteristischen Zug zum öffentlichen Wirken unterschied. Seine in jenen Jahren gewonnene Einsicht, dass er selber zum mönchischen Leben nicht geschaffen sei, hat Morus am prinzipiellen Recht und am überlegenen religiösen Wert dieser Lebensform nie irre gemacht. Aus der ersten von zwei Ehen hatte er einen Sohn und drei Töchter; auch den letzteren ließ er eine erlesene Bildung angedeihen. So führte er in den Jahren seiner Lebenshöhe ein großes, wohlhabendes Haus, patriarchalisch im Kreise seiner Kinder und Schwiegerkinder lebend – gleichzeitig behielt er bestimmte Anleihen an heute bizarr anmutende, damals jedoch unanstößige mönchische asketische Praktiken bei. Hilary Mantel porträtiert ihn in ihrem historischen Roman ‚Wolf Hall' (2009)[4] deshalb als Sexualneurotiker mit sadistischen Zügen – mir scheint hier eine fragwürdige psychologische

---

[1] Im Folgenden reproduziere ich mit einigen Ergänzungen und Klärungen den Text meines Vortrags am 11. Juli 2017.

[2] Vgl. zur Biographie z. B. ALISTAIR FOX: Thomas More. History and Providence. Oxford 1982; PETER ACKROYD: The Life of Thomas More. London 1998. Wertvolle thematische Beiträge bietet The Cambridge Companion to Thomas Morus. Hg. von GEORGE M. LOGAN. Cambridge [u. a.] 2011.

[3] Einen leicht zugänglichen Einblick in diese dem Kontinentaleuropäer gänzlich fremde Welt bietet Charles Dickens' Roman ‚Bleak House' (1852/53).

[4] Deutsch unter dem Titel ‚Wölfe', Köln 2010.

Ferndiagnose vorzuliegen, die nicht das erforderliche Maß an Feingefühl für fremde Zeiten und Mentalitäten aufbringt.

Neben der juristischen Lehre und Praxis gewann Morus sein Profil als Literat, der antike Autoren seinen Zeitgenossen zugänglich machte und ihnen selbst nacheiferte. Eine Biographie Richards III. wollte englische Zeitgeschichte als *magistra vitae* zum Sprechen bringen; sie diente späterhin Shakespeare als Grundlage für sein Drama über diesen abgründigen Unglückskönig. Sein heute bekanntestes Werk, die ‚Utopia' (1516), ließ Morus in Löwen erscheinen, weil sie von den Zeitgenossen als scharfe Satire auf die gesellschaftlichen, insbesondere die kirchlichen Verhältnisse in England gelesen werden konnte und auch sollte. Auch an literarischen Scharmützeln, in denen sich die Protagonisten einer erneuerten Aufmerksamkeit für die Bibel und die Kirchenväter an ihren Kritikern öffentlichkeitswirksam profilierten, nahm er teil.

Wir haben es in Morus also mit einem durchaus repräsentativen Vertreter jenes in sich vielfältigen Typus des gelehrten Literaten zu tun, für den sich seit der ersten Hälfte des 19. Jahrhunderts der Begriff ‚Humanist'[5] eingebürgert hat. Sie waren einander als Verschworene eines besseren, durch Orientierung an der klassischen wie an der christlichen Antike heraufzuführenden Zeitalters in engmaschigen Kommunikationsnetzen konfliktträchtig verbunden; sie waren zwar akademisch gebildet, wahrten aber dem real existierenden akademischen Betrieb gegenüber meist ironisch-überlegene Distanz. Wie die meisten anderen unter ihnen hielt Morus die gegebenen gesellschaftlichen Strukturen zwar für reformbedürftig, aber er hielt sie auch und vor allem für reformwürdig und reformfähig. So war es seinem humanistischen Lebens- und Bildungsprogramm durchaus konform, dass er neben seiner Anwaltstätigkeit öffentliche Verantwortung übernahm. Folgerichtig führte ihn sein Weg auch in die Politik – an den Hof als Berater des Königs und, der Familientradition folgend, ins House of Commons, zu dessen Sprecher er 1523 gewählt wurde. Und mit dem Amt des Lordkanzlers erklomm er 1529 die höchste Stufe der gesellschaftlichen Leiter, die einem Nichtadligen außerhalb der kirchlichen Hierarchie überhaupt erreichbar war.

Der Autor Morus ist heute allein noch bekannt durch seine ‚Utopia'. Rein quantitativ nimmt sich dieses Büchlein in Morus' literarischem Lebenswerk geringfügig aus. Dort beansprucht ein ganz anderes Themenfeld ein großes Vielfaches an Raum, nämlich sein literarischer Kampf gegen die Reformation,[6] zunächst gegen Martin Luther, dann aber zunehmend gegen

---

[5] Vgl. LEWIS W. SPITZ: Humanismus/Humanismusforschung. In: TRE, Bd. 15 (1986), S. 639–661, bes. S. 639, 653f.

[6] Vgl. den ebenso glänzend formulierten wie differenzierten Überblick von RICHARD REX: Thomas More and the heretics: statesman or fanatic?. In: The Cambridge Companion to Thomas More [Anm. 2], S. 93–115. – Eine kürzlich erschienene brillante Stu-

dessen englische Parteigänger. Diesen Kampf setzte Morus praktisch fort, als er 1529 die Leitung der englischen Politik übernahm: Unter seiner Ägide wurden Protagonisten des Protestantismus gemäß den gültigen englischen Häresie-Gesetzen hingerichtet; die wesentlich von John Foxe geformte legitimatorische Geschichtserzählung des protestantischen England feierte diese Opfer als Märtyrer.[7] – Morus selber wurde wegen Hochverrats 1535 enthauptet, weil er nach der Scheidung Heinrichs VIII. von Katharina von Aragonien und der Loslösung der Englischen Kirche aus der römischen Obödienz die eidliche Anerkennung der neuen, auf die Tochter der Anna Boleyn zugeschnittenen Thronfolgeordnung verweigerte. 1886 wurde er deshalb seinerseits als Märtyrer selig gesprochen, und am 19. Mai 1935 erhob ihn die Römisch-katholische Kirche zur Ehre der Altäre.[8] Damit nicht genug: Papst Johannes Paul II. hat am Reformationstag des Jahres 2000 in einem Schreiben *motu proprio* die Staatenlenker und Politiker seinem besonderen Schutz anbefohlen.[9]

Die reformatorische Bewegung hat also den Autor, den Juristen und den Staatsmann Morus eineinhalb Jahrzehnte lang beschäftigt. Ich greife aus der großen Stoffmenge ein einziges Thema heraus: Morus' erste literarische Stellungnahme zur reformatorischen Bewegung, seine ‚Responsio ad Martinum Lutherum'. Sie kam unter der sehr durchsichtigen Hülle zweier Pseudonyme und einer abenteuerlich konstruierten Vorgeschichte in zwei kurz nacheinander erscheinenden Versionen 1523 auf den englischen Buchmarkt; die maßgebliche zweite Ausgabe umfasst immerhin gut 350 moderne Druckseiten.[10]

Ich werde zunächst an die Vorgeschichte und die Entstehungsgeschichte dieser Schrift erinnern und sie dann inhaltlich erörtern. Dabei werde ich

---

die porträtiert Morus im Kampf gegen die Reformation als politisch verantwortungsbewussten Juristen und als um die Kommunikationskultur besorgten Bildungsaristokraten: GEORG ECKERT: Humanismus bis zum Äußersten: Thomas Morus und seine Häretiker. In: Deutschland und die Britischen Inseln im Reformationsgeschehen. Vergleich, Transfer, Verflechtungen. Hg. von FRANK-LOTHAR KROLL [u. a.]. Berlin 2018 (Arbeiten zur Kirchengeschichte Bayerns 37), S. 3–27. Eckert zeichnet ein sehr differenziertes, überzeugendes Bild von Morus' Agieren, zu dem sich meine kirchen- und theologiegeschichtliche Skizze als komplementäre Ergänzung verhält.

7 Vgl. MARTIN OHST: Das Martyrium in der deutschen und in der englischen Reformation/Martyrdom in the German and English Reformations. In: Sister Reformations/Schwesterreformationen. Hg. von DOROTHEA WENDEBOURG. Tübingen 2010, S. 235–270.

8 Vgl. H[ENRY] O[UTRAM] EVENETT: More, Thomas. In: ²LThK, Bd. 7 (1962), Sp. 627f.

9 http://w2.vatican.va/content/john-paul-ii/la/motu_proprio/documents/hf_jp-ii_motu-proprio_20001031_thomas-more.html (11. Juni 2018).

10 Im Folgenden mit dem Kürzel „MW 5/I" bzw. „MW 5/II" zitiert nach der mustergültig eingeleiteten und kommentierten Edition von JOHN M. HEADLEY (The Complete Works of Thomas More. Bd. 5/I–II. New Haven, London 1969). Die dort dem lateinischen Text synoptisch beigegebene äußerst zuverlässige englische Übersetzung von SR. SCHOLASTICA MANDEVILLE habe ich dankbar zu Rate gezogen.

einzelne Argumentationsstränge der Auseinandersetzung mit und der Polemik gegen Luther voneinander sondern und dann, nachdem gleichsam mehrere äußere Schichten abgetragen sind, den Sachkern des Widerspruchs fixieren.

Indem ich meine Leseeindrücke schildere, möchte ich die folgende These zur Diskussion stellen: Morus hat, dem ersten Anschein zum Trotz, mitnichten bloß in oberflächlicher politisch-demagogischer Absicht einzelne, gar noch aus dem Zusammenhang gerissene Thesen Luthers verzerrt und zerpflückt, sondern er hat mit bemerkenswertem interpretatorischen Ingenium ganz genau verstanden, dass der Mönch und Professor im fernen Sachsen ein ganz neuartiges Wesensverständnis der christlichen Religion vertrat. Das hat er vehement abgelehnt – und zwar gerade deshalb, weil er es in bestimmten Grundzügen sehr präzise verstanden hat.

Darüber hinaus ist Morus insofern von großem historisch-theologischen Interesse, als er zwar nach seiner bürgerlichen Herkunft und humanistischen Bildung, also nach seiner Schichten- und Gruppenzugehörigkeit, starke Affinitäten zu wichtigen Trägerschichten der reformatorischen Bewegung hatte. Aber er hat sich ihr, wie viele andere vergleichbare Zeitgenossen, eben nicht angeschlossen. Die damals moderne humanistische Bildung und Denkungsart, die anderweitig der reformatorischen Bewegung erstrangige Hilfe bei der Artikulation und Institutionalisierung leistete, wurde für Morus wie auch für andere zum Instrumentarium, das er mit wachsender Entschiedenheit und Eindeutigkeit in den Dienst der Papstkirche und ihrer Selbstbehauptung gegen den reformatorischen Einspruch stellte – nicht aus Bequemlichkeit oder aus Opportunismus, sondern aus Überzeugung.

So verweist der erbitterte zeitgenössische Gegner der reformatorischen Bewegung sehr viel deutlicher als mancher ihrer nachgeborenen Sympathisanten und Apologeten darauf, wo jede angemessene geschichtliche Würdigung der Reformation anzusetzen hat: bei eben jenem neuartigen Verständnis der christlichen Religion und den Kontroversen, welche es auslöste.[11]

---

[11] Für jemanden, der wirklich wissen will, was an Martin Luthers Auftreten seit 1517 die Zeitgenossen positiv wie negativ in Bewegung setzte und was ihn damit zum historisch wirksamen Akteur machte, sind die publizistischen Reaktionen der Zeitgenossen, insbesondere derjenigen, die beim alten Glauben und bei der Papstkirche blieben, erstrangig wichtige Indikatoren. Die Quellen sind leicht zugänglich: Seit 1919 erscheint die Reihe ‚Corpus Catholicorum', in der eine reiche Fülle einschlägiger Texte in durchgängig ganz vorzüglichen Editionen vorliegt. Die bis heute lesenswerte Pionierarbeit zum Thema stammt von einem späteren Konvertiten: HUGO LAEMMER: Die vortridentinisch-katholische Theologie des Reformations-Zeitalters. Berlin 1858, ND Frankfurt a. M. 1966. Wegen der dort angestellten völlig unveralteten methodologischen Überlegungen hat einen vergleichbar hohen Stellenwert HUBERT JEDIN: Die geschichtliche Bedeutung der katholischen Kontroversliteratur im Zeitalter der Glaubensspaltung. In: Histori-

1.

Damit also endlich zu Morus' ‚Responsio' selbst. Die Entstehungsgeschichte der Schrift[12] ereignete sich im Kontext von Morus' Wirken als Berater und Staatsmann am Hofe Heinrichs VIII.[13] Der verfolgte im Unterschied zu seinem Vater das politische Programm des Eintritts Englands in den werdenden Kreis der europäischen Großmächte – einerseits durch Versuche zur Restauration des angevinischen Großreichs, andererseits durch Teilnahme am Wechselspiel jener Koalitionen, in welchem die Häuser Habsburg und Valois/Bourbon ihre vom 14. bis ins 18. Jahrhundert kaum je unterbrochenen Hegemonialkonflikte austrugen.

Ein Faktor in diesen kaleidoskopartigen machtpolitischen Verschiebungen war der Heilige Stuhl als politischer Herrscher Mittelitaliens. Dessen Inhaber trugen ihrerseits keine Bedenken, mit dem Pfund ihrer geistlichen Würde politisch zu wuchern – etwa, indem sie sich Herrscher durch die Verleihung von Ehrentiteln zu verpflichten trachteten. Einen solchen Ehrentitel erstrebte auch Heinrich – als Ausweis seiner Zugehörigkeit zur ersten Garnitur lateineuropäischer Herrscher. Man hat ihn als den papsttreuesten Monarchen bezeichnet, der je über England geherrscht hat, und für die beiden ersten Jahrzehnte seiner langen Regierungszeit trifft das si-

sches Jahrbuch 53 (1933), S. 70–97. Je auf ihre Weise klassische unterschiedliche Gesamtdarstellungen aus katholischer Perspektive haben vorgelegt JOSEPH LORTZ: Die Reformation in Deutschland. Bd. II. 3. Aufl. Freiburg 1949, S. 154–198; ERWIN ISERLOH: Die katholischen literarischen Gegner Luthers und der Reformation. In: Handbuch der Kirchengeschichte. Hg. von HUBERT JEDIN. Bd. IV. Freiburg 1967, ND Freiburg 1985, S. 197–216, und HUBERT JEDIN: Geschichte des Konzils von Trient. Bd. I. 3. Aufl. Freiburg 1977, ND Darmstadt 2017, S. 287–328. Trotz aller modernkatholischen Vorbehalte gegen diese Autoren, die vielfach der Prüfung an tridentinisch-vatikanischen Kriterien der Rechtgläubigkeit nicht standhalten, wird ihnen in der katholischen Kirchengeschichtsschreibung einige Aufmerksamkeit gewidmet, man denke z. B. an die bei Aschendorff in Münster verlegte Reihe ‚Katholisches Leben und Kirchenreform im Zeitalter der Glaubensspaltung', in der seit 1967 fast achtzig Bände erschienen sind. Für Protestanten kamen sie früher zumeist lediglich als ewiggestrige Randfiguren in Betracht. Auch im Zeitalter des Konsensökumenismus ist das Interesse an ihnen nicht gestiegen. Bei näherer Beschäftigung mit ihnen könnte sich ja die Leitmaxime, es seien letztlich nur tragische Missverständnisse in Verbindung mit machtpolitischen Rankünen gewesen, welche die „Kirchenspaltung" hervorbrachten, als unhaltbar erweisen. Umso wichtiger sind die Ausnahmen; unter ihnen ist methodisch wie material besonders beachtlich EKKEHARD MÜHLENBERG: „Scriptura non est autentica sine authoritate ecclesiae" (Johann Eck). Vorstellungen von der Entstehung des Kanons in der Kontroverse um das reformatorische Schriftprinzip [2000]. In: ders.: Gott in der Geschichte. Ausgewählte Aufsätze zur Kirchengeschichte. Berlin, New York 2008 (AKG 110), S. 120–146.

[12] Vgl. die umfänglichen Untersuchungen und Darstellungen in MW 5/II.

[13] Vgl. JOHN JOSEPH SCARISBRICK: Henry VIII [1968]. ND New Haven, London 1997; JASPER RIDLEY: Heinrich VIII. Die Biographie (engl. 1984), dt. Übers. von GABRIELE BURKHARDT 1990; ich zitiere nach dem Nachdruck Düsseldorf 2005.

cherlich zu. Ursprünglich für den geistlichen Stand bestimmt, war er theologisch durchaus gebildet, und er war den hergebrachten Lehren und Ordnungen der abendländischen Kirche treu verbunden. Und so erging es ihm 1520 genauso wie vielen anderen gebildeten Zeitgenossen: Martin Luthers Kampfschrift von der Babylonischen Gefangenschaft der Kirche[14] erfüllte ihn mit blankem Entsetzen und ehrlicher Empörung.

Mit einer völlig ungeschützten Deutlichkeit, die alles, was er bisher öffentlich hatte verlauten lassen, in den Schatten stellte, gab Luther hier zu erkennen, was er wollte: eine bis in die letzten Grundlagen hineinreichende Umformung des lateineuropäischen Christentums, die weder in der Theorie noch in der Praxis einen Stein auf dem anderen ließ. Er demonstrierte das genau an jenen sieben rituellen Vollzügen, mit denen die Kirche das gesamte Leben jedes einzelnen Christenmenschen in Lateineuropa mit ihrer heilsamen Herrschaft begleitete. Von diesen sieben Ritualen sprach er zu Beginn seines Pamphlets vieren, am Ende gar fünfen die Würde der Sakramentalität ab, und von den beiden übriggebliebenen, Taufe und Herrenmahl, ließ er nur die äußeren, entkernten Hüllen bestehen und füllte diese inhaltlich ganz neu. Und diese Revolution begründete er durch axiomatische Sätze über Gott selbst und sein Verhältnis zum Menschen, die er apodiktisch und lapidar formulierte, weil er sie guten Glaubens für ursprünglich hielt, die jedoch für die atemlos staunenden Zeitgenossen als grundstürzende Neuerungen dastanden. Einmal: Gott hat mit dem Menschen nie anders gehandelt denn im Verheißungswort, das den ihn annehmenden Glauben hervorbringt. Sodann: Der Mensch kann vor Gott nichts anders tun, als sich dieses Wort im Glauben gesagt sein zu lassen, und wenn er das tut bzw. dann, wenn Gott das als Wort und Geist in ihm wirkt, dann ist er so, wie Gott ihn haben will. Um dieses Widerspiel von Wort und Glaube geht es in der Kirche, und alles, was sich ihm nicht ein- und unterordnen lässt, ist nicht nur überflüssig, sondern direkt schädlich.[15]

Zu den Vielen, in deren Augen sich Luther hierdurch als unerträglicher Irrlehrer decouvriert hatte, gehörte, wie gesagt, auch Heinrich VIII. In seine Empörung mischten sich Pflichtgefühl und Freude: Als christlicher Herrscher fühlte er sich verpflichtet, gegen diesen zerstörerischen Unfug Stellung zu beziehen. Und es wird ihn gefreut haben, sich bei dieser Gelegenheit Papst Leo X. als Kandidaten für den ersehnten Ehrentitel empfehlen zu können. So packte er also die Gelegenheit beim Schopfe, und unter seiner Stabführung und seiner wohl nicht nur geringfügigen Mitwirkung entstand an seinem Hof die ‚Assertio septem Sacramentorum',[16] an der

---

[14] WA 6, S. 497–573; eine exzellent kommentierte lateinisch-deutsche Ausgabe liegt jetzt vor mit Martin Luther: Aufbruch der Reformation. Schriften I. Hg. von THOMAS KAUFMANN. Berlin 2014.

[15] Vgl. WA 6, S. 516f.

[16] HEINRICH VIII.: Assertio septem sacramentorum adversus Martinum Lutherum. Hg. und eingel. von PIERRE FRAENKEL. Münster 1992 (Corpus Catholicorum 43).

Thomas Morus höchstwahrscheinlich die Endredaktion vorgenommen hat. Diese Publikation brachte Heinrich ein, wonach er – auch – gestrebt hatte, nämlich den päpstlichen Ehrentitel *Fidei Defensor*.

Aber auch Luther reagierte. Er würdigte den König zweier Antworten, einer lateinischen[17] und einer deutschen[18]. Vor allem in der deutschen Version schlug er einen in seiner schriftstellerischen Arbeit damals neuen polemischen Ton der groben Beleidigungen und Verunglimpfungen an; insbesondere der Rückgriff auf die Fäkalsprache sticht ins Auge. Spätere Kritiker haben hier mit mal offenem und mal verschämtem Behagen angesetzt, um Luther als Psychopathen zu erweisen; Apologeten haben unter Zuhilfenahme individual- und tiefenpsychologischer Ferndiagnosen geantwortet.

Historisches Verstehen wird hier anders einzusetzen haben, nämlich bei der Situation, in der Luther sich spätestens seit der Verhängung der Exkommunikation und der Reichsacht befand: Noch bei Beginn des Ablassstreits war ihm die Papstkirche ohne jeden Zweifel der Ort und das Instrument der göttlichen Heilsgegenwart auf Erden gewesen.[19] Innerhalb von kaum mehr als einem Jahr ist ihm diese bisherige Lebensgrundlage dann zerbrochen: Mit zunehmender Klarheit erwies sich ihm dieser Anspruch bzw. diese Einschätzung als verfehlt.[20] Einen Weg, der ihn aus der Affirmation heraus an eine Art dritten Ort, in die Position des neutralen Beobachters, geführt hätte, konnte es für ihn, anders als für einen gegenwärtigen Historiker, der auf den Schultern des alles relativierenden Historismus steht, nicht geben. Die Papstkirche konnte für ihn nur eines sein: entweder das, als was sie sich selbst ausgab, oder aber dessen genaues Gegenteil, nämlich die endzeitliche Perversionsgestalt der christlichen Religion, die gerade durch ihre Beanspruchung der Autorität der Bibel und der christlichen Traditionen in den Irrtum und in die Verdammnis führte. Weil es ein Drittes für ihn nicht geben konnte, sah er sich forthin, wie er auch selbst bezeugt hat,[21] für den Rest seines Lebens genötigt, diese radikale Kehrtwendung des Urteils immer neu zum Ausdruck zu bringen. Freund und Feind, aber wohl

---

17 Contra Henricum Regem Angliae, WA 10/II, S. 180–222.

18 Antwort deutsch auf König Heinrich von Englands Buch, WA 10/II, S. 227–262.

19 Vgl. prominent Luthers berühmten Rückblick in der Vorrede zur ersten Gesamtausgabe seiner lateinischen Schriften (1545), wo er von sich bezeugt, er sei noch zu Beginn des Ablassstreits „derart trunken von, ja, versunken in den Lehren des Papstes" gewesen, dass er bereit gewesen sei, alle umzubringen oder umbringen zu lassen, „die dem Papst auch nur um eine Silbe den Gehorsam verweigern wollten" (WA 54, S. 179; dt. Übers. M. O.).

20 Vgl. BERND MOELLER: Luther und das Papsttum. In: Luther Handbuch. Hg. von ALBRECHT BEUTEL. Tübingen 2005, S. 106–115.

21 Die Polemik ist nach Luther insofern notwendiges Mittel zur Verbreitung des Evangeliums, als sie dafür Sorge trägt, dass das Regel- und Ritualwerk der Papstkirche den Menschen *auß dem hertzen genommen werde* (Treue Vermahnung [1522], WA 8, S. 684); vgl. auch WA 19, S. 42f.

nicht zuletzt auch sich selbst musste er stets aufs Neue beweisen, dass er zu dieser Umkehrung der Werturteile und allen ihren Konsequenzen weiterhin stand. Hinzu kommt, dass diese im Modus der Polemik vollzogenen Wiederholungen der Absage wohl auch bewusst inszenierte Sakrilegien waren, die symbolisch die Machtlosigkeit bzw. die Entmächtigung zuvor sakrosankter Autorität demonstrierten: Man denke an die Fällung der Donarseiche durch Bonifatius[22] oder auch an den Sturz der Denkmäler von Stalin, Ceauşescu oder Saddam Hussein in unseren Tagen.

Die Zeitgenossen, unter ihnen Thomas Morus, haben sich derlei Gedanken nicht gemacht. Sie haben weder lamentiert noch analysiert, sondern grobe Keile auf den groben Klotz gesetzt.

2.

Und damit stehen wir genau bei Thomas Morus' ‚Responsio ad Lutherum'[23], mit der er für seinen König und dessen Verteidigung der sieben Sakramente in die Schranken trat.

Morus tat es Luther nach und griff beherzt und ohne Zögern in die allerunterste Schublade der Fäkal-Polemik. Er wusste sie genauso souverän zu handhaben wie Luther; ein Beispiel werde ich weiter unten in einem anderen Zusammenhang vorführen. Aber er blieb hier nicht stehen, sondern er zog auch andere polemische Register. Und auch hier lohnt es sich, nötigenfalls die moralische Empörung zu suspendieren und etwas genauer hinzusehen, denn wenn man das tut, erfährt man einiges über Morus' Selbstverständnis und seine literarische Strategie, denn ebensowenig wie die Luthers ist seine gerne auch ins Obszöne gehende Polemik zureichend gewürdigt, wenn man sie als bloße Unbeherrschtheit abtut oder entschuldigt.

Morus bezeichnete Luther durchgängig und stereotyp als Betrunkenen (*ebrius*[24]), als Säufer (*potator*[25]) und gelegentlich gar als Zuhälter (*leno*[26]). Das ist kein bloßes vulgäres Schwelgen in Pöbeleien. Vielmehr erweist sich Morus mit diesen als gebildeter Humanist. Er schließt sich nämlich an feste, seit dem 2. Jahrhundert etablierte Muster altkirchlicher Ketzerpolemik[27] an:

---

[22] Willibald, Vita Bonifatii, cap. VI (Vitae Sancti Bonifatii archiepiscopi Moguntini. Hg. von WILHELM LEVINSON. Hannover, Leipzig 1905 [Scriptores Rerum Germanicarum in Usum Scholarum ex Monumentis Germaniae Historicis separatim editi], S. 30–32).

[23] S. o. Anm. 10.

[24] Z. B. MW 5/I, S. 80.

[25] Z. B. MW 5/I, S. 82.

[26] MW 5/I, S. 310; vgl. auch die Qualifikation von Luthers Gefährten als *nebulonum, potatorum, scortatorum, sicariorum senatu* [*s*], ebd., S. 114.

[27] Vgl. die Beispiele und die traditionsgeschichtlichen Verknüpfungen bei KARLMANN BEYSCHLAG: Kallist und Hippolyt. In: Theologische Zeitschrift (Basel) 20 (1964), S. 103–124, bes. S. 106–115. Ebenfalls einschlägig sind die beiden klassischen Studien von HERBERT GRUNDMANN: Der Typus des Ketzers in mittelalterlicher Anschauung

Dass ein Irrlehrer seinen Geschlechtstrieb nicht im Griff hat, an Alkoholproblemen leidet und meist auch noch von unstillbarem Ehrgeiz getrieben wird: das ist, mit Kantischen Begriffen ausgedrückt, kein synthetisches Urteil, das der Begründung aus der Anschauung bedürfte, sondern ein analytisches, das im Begriff des Ketzers selbst mit zwingender innerer Notwendigkeit gesetzt ist.[28]

Noch interessanter wird es auf der nächsthöheren Stufe: Luther ist für Morus ein verlauster, dreckiger, kleiner Bettelmönch – ein *pediculosus fraterculus*.[29] Auch da ist mehr im Spiel, als auf den ersten Blick sichtbar wird. Bettelmönche, also vor allem die Vertreter der vielen Spielarten der franziskanischen Bewegung, aber auch die Dominikaner und die Augustinereremiten, hatten im Spätmittelalter vielfach eine schlechte Reputation, und zwar sowohl im Säkularklerus als auch in der Laienwelt. Ihnen wurden Verlogenheit und Geldgier nachgesagt: Nur scheinbar seien sie arme, konsequente Asketen, in Wahrheit sei das alles nur äußere Fassade, mit der sie

---

[1927]. In: ders.: Ausgewählte Aufsätze. Teil 1: Religiöse Bewegungen. Stuttgart 1976 (Schriften der MGH 25), S. 313–327 und ders.: Oportet et haereses esse [1963]. In: ebd., S. 328–363. In eine ganz ähnliche Richtung deutet Headley, wenn er nachweist, dass Morus in seiner Polemik vielfach auf Motive der antiken Literatur zurückgreift; vgl. MW 5/II, S. 814–820.

[28] Ich vertrete also, zugespitzt formuliert, die These, dass Luthers Bekämpfer für ihre Denunziation Luthers als eines haltlosen Säufers keiner empirischen Indizien oder gar Beweise bedurften: Wenn einmal feststand, dass er Häretiker war, dann war zugleich auch seine moralische Minderwertigkeit damit unwidersprechlich erwiesen. Damit widerspreche ich im methodischen Ansatz Headley, der im Kommentar zur oben Anm. 25 genannten Stelle allerlei Zeugnisse aus dem zeitlichen Umfeld des Wormser Reichstags und der Kontroverse mit Heinrich VIII. über Luthers „Alkoholproblem", wie wir das heute euphemistisch nennen würden, zusammenträgt (MW 5/II, S. 879f.). Dazu gilt grundsätzlich: Wenn diese Gerüchte ein *fundamentum in re* hätten, dann änderte das nichts an Luthers Rang als größter innovativer Denker und Gestalter des westlichen Christentums nach Augustin; was Goethe, Jean Paul und Beethoven, was Joseph Roth und Heimito von Doderer recht ist, sollte ihm billig sein! Außerdem: Auch wenn ich mich einmal spielerisch auf die m. E. ganz unnötige Frage nach möglichen Tatsachen hinter den Gerüchten einlasse, halte ich meine im Text gegebene „parthenogenetische" Herleitung der Vorwürfe für die plausiblere. Einmal: Der Mann hat im Frühling 1521 wie in den zurückliegenden knapp sechzehn Jahren nach seinem Klostereintritt ganz und gar nach den Regeln seines Ordens gelebt, den er sich deshalb ausgesucht hatte, weil er der in seinem Gesichtskreis strengste war. Erst während seines an den Auftritt in Worms anschließenden Wartburg-Aufenthalts hat er sich als „Junker Jörg" gezwungenermaßen abrupt auf reichlichere Ernährung umgestellt. Das hat ihm gesundheitliche Probleme eingetragen, die ihn für den Rest seines Lebens begleiten sollten. Sodann: Der sowohl nach eigenem Zeugnis als auch nach dem von ihm Wohlgesonnenen in Gesellschaft gern einmal gut und reichlich essende wie trinkende Luther des volkstümlichen Klischees ist der Luther nach der Heirat und Familiengründung (Frühsommer 1525) – also nach einer durchgreifenden Transformation seines ganzen Lebensentwurfs, die 1521/22 noch gar nicht absehbar war.

[29] MW 5/I, S. 78 u.ö.

sich Stiftungen und Legate reicher Bürger sicherten, denen sie im Gegenzug Teilhabe am Heilsertrag ihrer guten Werke versprachen. Dabei muss klar sein: Abneigung gegen Bettelmönche hatte mitnichten grundsätzlich etwas mit Kritik am monastischen Lebensideal und an dessen Heilsverheißungen zu tun! Morus wird also zwischen seiner inneren Bindung an die Londoner Kartause und seiner geschickten, Konsens suchenden und pflegenden Anknüpfung an verbreitete Ressentiments gegen Mendikanten gar keinen Widerspruch konstatiert haben.

Für den Exponenten der neuen humanistischen Bildung war die Figur des Bettelmönchs allerdings noch mit einer weiteren negativen Konnotation behaftet: Bettelorden waren die Trägerschichten scholastischer Universitätstheologie mit ihren angeblich lebensfremden Begriffsspaltereien, ihren schwerfällig Schritt für Schritt voranschreitenden Syllogismen und dem selbstzweckhaften Formalismus ihrer Logik. Wenn Morus Luther als „Bettelmönch" bezeichnet, zumal dann, wenn er ihn auch noch mit der sarkastischen Anrede als ehrwürdiger Doktor apostrophiert, markiert er ihn als nicht mehr satisfaktionsfähigen Repräsentanten einer antiquierten Wissenschaft. Seine Bezeichnung ist also das passgenaue negative Gegenstück zu seinem eigenen Schwelgen in Zitaten und Anspielungen aus der antiken Literatur, durch deren Beherrschung er sich dem Leser als Protagonisten der progressiven Bildungsbewegung präsentiert.

Morus zieht dieses Register immer wieder, am genüsslichsten anlässlich der Tatsache, dass Luther in seiner Streitschrift gegen Ambrosius Catharinus[30] in scholastischer Manier an einer Stelle die möglichen Konfigurationen bestimmter Begriffe kombinatorisch durchgespielt hat. Hierbei nutzt er die Tatsache, dass der logische Fachterminus *posterior/posterius* umgangssprachlich auch „Rücken" und „Hintern" heißen kann und lässt sich dadurch zu einer ganzen Kaskade von Sarkasmen und Obszönitäten anregen, die sich dann in den Strom der Fäkalismen ergießt: „Liegt also das nicht in des Herrn Doktor kunstmäßigem Schlussfolgern (*postrioristice*), dass, wenn er sich zuerst (*prius*) das Recht anmaßt, die königliche Krone mit Kot zu bespritzen und zu beschmieren, wir unsererseits folglich (*posterius*) das Recht haben, der mit Kot verschmierten Zunge/Sprache dieser großartigen Formallogik (*lingua posterioristica*) empfehlen, mit ihrer Spitze (*suis prioribus*) das Hinterteil (*posteriora*) einer urinierenden Maultierstute zu lecken? Und zwar so lange, bis er endlich gelernt hat, aus Vordersätzen (*propositiones*) gehörig Schlüsse zu ziehen (*posteriores concludere*)."[31]

Als Ertrag aus dem Blick auf diese Facette von Morus' Polemik bleibt festzuhalten: Er stilisiert sich strategisch geschickt als Vertreter der neuen, modernen, zukunftsoffenen humanistischen Bildung gegen den zurückge-

---

[30] Ad librum eximii magistri nostri Ambrosii Catharini responsio (1521), WA 7, S. 705–778.

[31] MW 5/I, S. 180.

bliebenen Scholastiker Luther, und er tut das offenkundig in der Erwartung, dass er mit dieser Attitüde in den Kreisen der Bildungsbewegung, der er sich zugehörig fühlt, Zustimmung finden wird. Und so war es in der Tat: Die Reformation hat auch die humanistische Bewegung gespalten. Seit 1520, dem Jahr der ersten Scheidungen, standen sich Humanisten auf beiden Seiten des sich rapide auftuenden und vertiefenden Grabens zwischen den antagonistischen Gestalten des abendländischen Christentums gegenüber: Beide, die neuartigen Konfessionskulturen, in denen die Impulse der Reformation ihre Primärwirkungen hervorbrachten, und auch die in Reform und Gegenreformation sich reorganisierende Papstkirche, wurden zutiefst vom Humanismus mitbestimmt. Und es waren Humanisten und die von ihnen repräsentierten Bildungstraditionen, die mit und neben den Juristen maßgeblich dazu beitrugen, dass die Kommunikationsfäden zwischen den auseinanderdriftenden religiösen, intellektuellen und politisch-sozialen Formationen nie abrissen und dass sich alsbald intellektuelle und institutionelle Plattformen bildeten, auf denen die anstehenden Kontroversen in einer tragfähigen gemeinsamen Begrifflichkeit versachlicht und in einer gebildeter Menschen würdigen Weise ausgetragen wurden.

Und wenn wir den Blick noch etwas weiter vorausschweifen lassen, dann sehen wir von hier aus am Horizont schon einen der Übergänge zur Aufklärung, die weder allein aus dem reformatorischen noch allein aus dem gegenreformatorischen Renaissancehumanismus hervorgegangen ist, sondern gerade aus deren vielgestaltigem Mit- und Gegeneinanderwirken.

Aber zurück zum Thema. Morus hat versucht, als Humanist Luther bei humanistisch Gesonnenen lächerlich zu machen und zu diskreditieren. Und etwas ganz ähnliches hat er auch als dezidierter Engländer getan. Er agierte bewusst und planmäßig in einer Öffentlichkeit, die entsprechend disponiert war: Im Herbst 1517, also wenige Jahre zuvor, hatten sich Vorbehalte gegen Ausländer in schweren Krawallen in London entladen.[32] Die frühzeitige, auf breite Öffentlichkeitswirksamkeit hin inszenierte Ausführung des päpstlichen Bannes gegen Luther war sicherlich nicht zufällig als Strafaktion gegen deutsche Kaufleute gestaltet.[33] Und so agitierte auch Morus sehr geschickt bei englischen Lesern gegen Luther als jemanden, der die englische Krone und deren Träger in unmäßiger Weise beleidigt habe. Indem Morus immer wieder seine Empörung über den frechen Ausländer bezeugte, der es gewagt habe, den frommen, bewunderungswürdig gelehrten englischen König und dessen überlegene Argumentationskunst und Rhetorik herabzusetzen,[34] versuchte er offenkundig, den Nationalstolz als Immunisierungsmittel wider den Bazillus der Häresie zu mobilisieren.

---

[32] Vgl. RIDLEY, Heinrich VIII. [Anm. 13], S. 108–116.

[33] Vgl. zur öffentlichen Bücherverbrennung am St. Paul's Cross in London am 12. Mai 1521 CECILIA A. HATT: English Works of John Fisher, Bishop of Rochester. Oxford [u. a.] 2002, S. 48.

[34] Belege hierzu finden sich gehäuft in den Briefen, in denen die fingierten Autoren

Die Mobilisierung des Nationalgefühls gegen den ausländischen Angriff steht in Nachbarschaft zu einer weiteren Facette in Morus' Polemik – Luther greife mit dem Papst alle gesellschaftliche Ordnung auf Erden an: „Wenn auf diese Weise die Fehler der Menschen den Ämtern zugerechnet würden, die sie bekleiden, dann könnte nicht nur das Papsttum nicht mehr bestehen, sondern auch Königtum, Alleinherrschaft, Herrschaft auf Zeit und jede andere Art weltlicher Herrschaft bräche zusammen; das Volk wäre ohne Führung, ohne Gesetz und ohne Ordnung".[35] Schlimmer noch: Wer sich auf Luthers Papsttumskritik einlässt, der begibt sich auf eine schiefe Ebene, auf der er dann zwangsläufig am christlichen Glauben irre wird: „Dazu, dass ich diesem Sitz [der *sedes Romana*; M. O.] Gehorsam leiste, dazu bewegt mich einmal all das, was Heilige und Gelehrte dazu an Gründen zusammengetragen haben, sodann aber auch nicht minder, dass wir so oft die Erfahrung machen mussten, dass jeder Feind des christlichen Glaubens auch immer diesem Sitz den Krieg erklärt hat, und dass jeder, der sich als Feind dieses Sitzes bekannt hat, alsbald auch zum Todfeind und Verräter Christi und unserer Religion geworden ist".[36] Dieses Gedankenmuster ist dann erst sehr viel später, nämlich seit der konservativ-katholischen Publizistik nach der Französischen Revolution, in die Zeit seiner Blüte eingetreten; ein weiterer selig gesprochener Engländer, der Konvertit und Kardinal John Henry Newman, hat dann die Absage an das Papsttum als Anfangspunkt des Weges identifiziert, der zwangsläufig zu den unterschiedlichen weltanschaulichen Atheismen der Neuzeit führe.[37]

Morus sieht sehr genau, dass Luther sich keineswegs auf Kritik an einzelnen Maßnahmen von Päpsten oder an einzelnen amtsunfähigen oder -unwürdigen Päpsten beschränkt, sondern dass er auf das Papsttum als Institution zielt. Und genau hier setzt er an, indem er in, man möchte fast sagen: zeitlos-reformkatholischer, Attitüde implizit die skandalösen Lebens- und Handlungsweisen bestimmter Päpste einräumt und kritisiert,[38] jedoch vehement bestreitet, dass diese Negativexempel die Würde und den Wert der Institution selbst beeinträchtigen können:

---

ebenfalls fingierten Briefpartnern Auskunft über die Entstehungsgeschichte der Schrift geben; MW 5/I, S. 2–31.

[35] MW 5/I, S. 140. – An dieser Stelle sei nochmals auf die Untersuchung von ECKERT, Humanismus [Anm. 6] verwiesen, welche diese Spur weiter verfolgt, die ich meinerseits liegen lasse.

[36] Ebd.

[37] Vgl. in Kürze JOHANNES SCHWANKE: John Henry Newmans Konversion. Sein Weg zur Katholischen Kirche aus protestantischer Perspektive. Berlin, Boston 2011 (TBT 150), S. 137f. mit Anm. 466; vgl. auch MARTIN OHST: Atheismus – ein Begriff im Spannungsfeld der Konfessionen. In: Gott – Götter – Götzen. XIV. Europäischer Kongress für Theologie. Hg. von CHRISTOPH SCHWÖBEL. Leipzig 2013 (VWGTh 38), S. 83–105.

[38] Vgl. MW 5/I, S. 80–84.

„Gott, der ihn an deren Spitze gestellt hat, weiß, was seiner Kirche ohne den Papst fehlen würde, und ich halte es nicht für wünschenswert, dass auch die Kirche das aus eigener Erfahrung lernen muss. Umso mehr steht zu wünschen, dass Gott solche Päpste schafft, die der Christenheit und der Würde ihres Amtes Genüge tun, so dass sie allen Reichtum und alle weltlichen Ehren verachten und allein nach dem Himmel streben, die Frömmigkeit im Volke fördern, für Frieden sorgen und die Autorität, die sie von Gott empfangen haben, gegen die beutegierigen Herren der Welt ausüben und sie mit aller Härte verfolgen und dem Satan anheimgeben. Und wenn jemand in einen fremden Herrschaftsbereich einbricht oder den seinigen misshandelt, dann möge die christliche Welt durch einen solchen Papst sofort erfahren, dass es viel besser ist, die Päpste zu bessern, als das Papsttum abzuschaffen."[39]

Hier ist das Wunschbild des Engelspapstes, jene sich an den unglücklichen Coelestin V. heftende halb-eschatologische Chimäre, die seit dem Spätmittelalter in immer neuen Metamorphosen durch die Geschichte des abendländischen Katholizismus geistert,[40] mit Händen zu greifen, allerdings temperiert gemäß der Vorstellungs- und Begriffswelt des humanistisch gebildeten Juristen und Staatsmannes.

3.

Jetzt sind wir dort angelangt, wo wir uns vor Augen führen können und müssen, dass Morus erheblich mehr war als ein geschickt an vielerlei Ressentiments und Ängste seines Lesepublikums anknüpfender Polemiker, sondern dass er jenen sächsischen Bettelmönch nicht nur gehasst, sondern auch in einem bemerkenswerten Maße verstanden hat. Er hat aus der Publizistik Luthers, der es wohl noch besser verstand als Morus, seine eigentlich treibenden Motive mit den unterschiedlichsten aktuellen Anliegen zu verbinden, mit sicherem Blick genau diejenigen Gedankengänge herausgespürt, in und an denen sich das vollzog, wofür Berndt Hamm den schönen Terminus ‚Systembruch' geprägt hat.[41] Und anders als manche heutigen katholischen und katholisierenden Lutherfreunde hat er sie nicht beschwiegen oder an den Rand gedrückt, sondern er hat sie der Ehre der Kenntnisnahme, des Verstehens und der begründeten Ablehnung gewürdigt.

Wir müssen uns dazu kurz vor Augen führen, was Morus in den Jahren 1520–1522 überhaupt von Luther wahrzunehmen vermochte. Natürlich war ihm wie allen Zeitgenossen der „junge Luther" gänzlich unbekannt, also die

---

[39] Ebd., S. 140–142.

[40] Vgl. PETER HERDE: Cölestin V. (1294). Stuttgart 1981 (Päpste und Papsttum 16), sowie FRIEDRICH BAETHGEN: Der Engelpapst. Idee und Erscheinung. Leipzig 1943.

[41] Vgl. z. B. BERNDT HAMM: Einheit und Vielfalt der Reformation – oder: was die Reformation zur Reformation machte. In: ders./BERND MOELLER/DOROTHEA WENDEBOURG: Reformationstheorien. Ein kirchenhistorischer Disput über Einheit und Vielfalt der Reformation. Göttingen 1995, S. 57–127, hier S. 73–85.

1513–1517 entstandenen Vorlesungsnotate,[42] aus denen die Forschung erst seit dem späten 19. Jahrhundert Luthers intellektuelle Entwicklung rekonstruiert hat. Die Ergebnisse dieser äußerlich völlig unspektakulären Gedankenarbeit waren es ja, die dann im Streit um Ablass und Buße in einer Luther selbst erschreckenden Weise virulent wurden. Aber auch die vielen deutschen Schriften der Jahre seit 1518 waren Morus nicht zugänglich, ebensowenig wie die großen exegetischen Werke, in denen Luther in den frühen 1520er Jahren seine Gedankenbildung fortführte und abklärte, also die Kommentare über den paulinischen Galaterbrief[43] und über die ersten 22 Psalmen[44]. Was er von Luther kannte, waren einige lateinische Streitschriften, also primär die Schrift von der Babylonischen Gefangenschaft der Kirche, sodann Luthers Antwort an den italienischen Theologen Ambrosius Catharinus, ein höchst bedeutsames Dokument für Luthers Lehre von der Kirche in jener vorwiegend kritisch bestimmten Phase ihrer Entfaltung, sowie natürlich Luthers lateinische Antwort auf Heinrichs VIII. ‚Assertio'.

Es war also eine, gemessen am heutigen Kenntnisstand, extrem bescheidene Materialgrundlage, mit welcher Morus zu arbeiten hatte. Umso bemerkenswerter ist es, dass er sich im Rückgriff auf sie ein sehr deutlich erkennbares Gesamtbild von Luthers theologischen Sachanliegen erarbeitet hat. Das wiederum liegt in seiner ‚Responsio ad Lutherum' nicht einfach so zutage, sondern man muss sich seine Elemente als Leser ziemlich mühselig zusammensuchen, denn Morus entfaltet es nirgends selbständig, sondern geht, der literarischen Konvention der Zeit folgend, den Texten Luthers und des Königs schrittweise nach – erläuternd, kommentierend und polemisierend. Aber der Aufwand lohnt sich, denn er führt zum eigentlichen Zentrum von Morus' Sachauseinandersetzung mit Luther, an das wir uns bisher durch die unterschiedlichen Ringe der Peripherie langsam herangetastet haben. Man kommt ihm am besten auf die Spur, wenn man bei Luthers schon erwähnter Papsttumskritik und Morus' vehementem Nein zu ihr ansetzt.

Luther hat hier seit der Leipziger Disputation mit Eck grundstürzend und zugleich grundlegend argumentiert, indem er eine neuartige Deutung des zentral einschlägigen biblischen Texts, der sogenannte Primatsperikope Mt 16,13–19, vorlegte: Der Fels, auf den Christus hier seine Kirche gründe, sei Christus selbst bzw. der Glaube an ihn, den Petrus zuvor bekannt hat. Jesus Christus selbst bzw. der Glaube sei es, den die Pforten der Hölle nicht überwinden, und der Glaube an Christus allein sei es, der jeden Christen

---

[42] Vgl. JENS WOLFF: Vorlesungen. In: BEUTEL (Hg.), Luther Handbuch [Anm. 20], S. 322–328.

[43] WA 2, S. 443–618.

[44] Operationes in Psalmos, WA 5; exzellente, leider unvollendete Neuedition von GERHARD HAMMER [u. a.] im Archiv zur Weimarer Ausgabe der Werke Martin Luthers. 2 Bde. Köln, Weimar 1981–1991.

zum Christen mache und ihm Teil an der Erlösung gebe.[45] Die Kirche ist folglich die Gemeinschaft derjenigen Menschen, die von Christus angesprochen sind und in diesem Glauben stehen. Sie ist eine geistliche Wirklichkeit, die allein dem Glauben erkennbar ist, und dieser Glaube allein ist es zugleich, der die Zugehörigkeit zu ihr begründet und gewährleistet:

> „Wiederum: Wie jener Fels ohne Sünde und geistlich ist, so ist er auch allein dem Glauben erkennbar, so ist notwendigerweise auch die sündlose Kirche unsichtbar und geistlich, allein dem Glauben wahrnehmbar. Wie wir gesagt haben, muss ja das Fundament mit dem auf ihm errichteten Gebäude gleichartig sein. Ich glaube an die heilige, katholische Kirche, und der Glaube richtet sich auf unsichtbare Dinge [Hebr 11,1; M. O.].“[46]

So bleibt auch in Luthers Auslegung Petrus Archetyp, Urbild – aber eben nicht für das die Kirche zu einer Einheit fügende besondere Amt der Leitung und der Gnadenvermittlung, sondern Petrus ist nach Luthers Deutung das Urbild, der Archetyp eines jeden Christen, der, genau wie Petrus, seinen Glauben in der wort- und personhaften Begegnung mit seinem Herrn empfängt und insofern sich auf jenen Felsen gründet, welchen die Pforten der Hölle nicht überwinden.

Wenn wir hier stehen blieben, würden wir aber der eigentlichen Tiefendifferenz im Verständnis des Christentums immer noch nicht wirklich ansichtig; wir müssen Luther also noch weiter folgen.[47] Was nach Luther den Glauben begründet, ist die dem einzelnen Menschen im Gewissen widerfahrende göttliche Anrede. Diese Anrede selbst schafft den Glauben, der auf dem Angeredetsein selbst beruht und nicht mehr er selbst ist, sobald er beginnt, sich auf andere vorangehende oder begleitende Motivationen abzustützen. Glaube ist nach Luther nicht das auf Wahrscheinlichkeitserwägungen und Beweise sich abstützende gehorsame Ja zu einer bestimmten Konfiguration von Geboten und Hilfsangeboten, die dem Menschen unter bestimmten Bedingungen die Teilhabe am Heil zusagt, sondern Glaube ist das passive Ergriffen-, Bestimmt-, Geformt- und Gebildetwerden im wachen, der vernünftigen Rechenschaft fähigen Vernehmen der göttlichen Anrede. An Petrus, den Fischersmann aus Galiläa, erging diese Anrede durch den Menschen Jesus, dessen göttliche Natur unkenntlich in seiner Mensch-

---

[45] Resolutio Lutheriana super propositione sua tertia decima de potestate Papae, WA 2, S. 183–240; Morus bezieht sich auf die Entfaltung, die Luther diesem Gedankengang in seiner Schrift gegen Ambrosius Catharinus gegeben hat; vgl. MW 5/I, S. 142–146; die genauen Nachweise finden sich im Kommentar (MW 5/II, S. 896f.); deshalb muss ich sie hier nicht reproduzieren.

[46] WA 7, S. 710; zitiert von Morus MW 5/I, S. 146.

[47] Den innovativen Charakter von Luthers Glaubensverständnis und dessen Stellung in der Begriffsgeschichte habe ich unlängst ausführlich dargestellt: MARTIN OHST: Glaube in der Kirchengeschichte. Zu den geschichtlichen Wandlungen eines Zentralbegriffs der christlichen Religion. In: Glaube (Themen der Theologie). Hg. von FRIEDRICH WILHELM HORN. Tübingen 2018, S. 65–131.

heit verborgen war und sich nur dem empfangenden Glauben erschloss. Und es ist genau diese Begegnung, die auch forthin Menschen zu Christen macht: Was Petrus in der Begegnung mit dem Menschen Jesus widerfahren ist, das widerfährt ihnen durch die Vermittlung des Zeugnisses der Schrift:

> „Wenn du nun das Evangelienbuch aufschlägst und liest oder hörst, wie Christus hierhin oder dahin kommt oder wie jemand zu ihm gebracht wird, dann sollst du dadurch die Predigt oder das Evangelium vernehmen, durch welche er zu dir kommt oder du zu ihm gebracht wirst. Denn in der Predigt des Evangeliums geschieht nichts sonst, als daß Christus zu uns kommt oder daß wir zu Christus gebracht werden. Wenn du aber siehst, wie er wirkt und jedermann hilft, der zu ihm kommt oder zu ihm gebracht wird, dann sollst du wissen, daß genau dasselbe der Glaube in dir bewirkt und er deiner Seele dieselbe Hilfe und Güte durch das Evangelium anbietet. Wenn du hier stillhältst und dir wohltun läßt, d. h., wenn du glaubst, daß er dir wohltut und hilft, so hast du es gewiß, so ist Christus dein und dir als Gabe geschenkt".[48]

Morus hat das sehr genau gesehen. Seine zutreffende Beobachtung hat er in den Vorwurf gefasst, Luther begehe eine Verwechslung, denn er identifiziere Christus und die Schrift: „als wäre ein Buch, das über Caesar geschrieben ist, dasselbe wie Caesar selbst".[49]

Leitend in diesem Vorwurf ist dasjenige Verständnis der Schrift und ihrer Heilsbedeutung, für welches Morus in die Schranken tritt. Für ihn selbst ist die Schrift das Dokument, das Auskunft darüber gibt, dass Gott in Jesus Christus ein System von Bedingungen und Hilfen eingesetzt hat, welches es Menschen ermöglicht, sich zum Ewigen Leben zu qualifizieren: Sie ist also ein Buch über Christus. Und insofern ist sie als Dokument der fortgehenden authentischen Auslegung fähig und bedürftig, und genau hierfür hat Gott Sorge getragen, indem er die hierarchische Kirche mit der entsprechenden Befähigung und Befugnis ausstattete. Während für Luther die Schrift[50] also das Dokument ist, mittels dessen sich Christus im Zeugnis lebendiger menschlicher Rede vergegenwärtigt und den Glauben schafft, ist

---

[48] Martin Luther: Ein klein Unterricht, was man in den Evangelien suchen und gewarten soll (1522); WA 10/I,1, S. 13f.

[49] MW 5/I, S. 234.

[50] Auf Luthers Verhältnisbestimmung von Altem und Neuem Testament, die mitnichten einfach auf die Dialektik von Gesetz und Evangelium abbildbar ist, kann ich hier nicht eingehen; s. dazu immer noch Heinrich Bornkamm: Luther und das Alte Testament. Tübingen 1948. – Festzuhalten bleibt in diesem Zusammenhang soviel: Dasjenige, was die Heilige Schrift kategorial von allen anderen Produkten menschlicher Schriftkultur unterscheidet, ist das Zeugnis von Christus als dem verkörperten Evangelium, während das im Bibelbuch (auch im Neuen Testament: Bergpredigt!) vielstimmig erklingende Gesetz den Menschen auf das ihm gleichursprünglich mitgegebene und in mannigfachen geschichtlichen Ausprägungen omnipräsente basale Vermögen der religiös-ethischen Unterscheidungs- und Urteilsfähigkeit anspricht und so dem Evangelium einmal gleichsam vorarbeitet, ihm sodann aber auch dauerhaft als verstehensnotwendiges Widerlager dient.

für Morus die Schrift die Blaupause der Heils-, Lehr- und Rechtsanstalt Kirche. Und mit scharfem Blick hat er wahrgenommen, dass Luther mit seinem Verständnis der Schrift die Bibelautorität, die er meint und vertritt, nämlich die Autorität eines auslegungsfähigen und -bedürftigen Rechtskodex, gerade ins Wanken bringt bzw. zerstört.[51]

Man wird Morus zu bescheinigen haben, dass er damit intuitiv Basisstrukturen und Implikationen reformatorischer Theologie erkannt hat, die dann zusammen mit anderen, auch heterogenen Faktoren der Selbsthistorisierung der christlichen Religion durch methodisch reflektierte Bibelkritik seit dem 18. Jahrhundert als einem wichtigen Teilprozess in der neuzeitlichen Umformungskrise der christlichen Religion den Weg bereitet haben.[52]

Nicht wirklich verstanden hat er hingegen den Gesamtzusammenhang von Luthers Theorie des christlichen Lebens, in welchem sein auf Christus als Evangelium zentriertes Schriftverständnis seinen Ort hat. Dass das Evangelium den Menschen immer als ein Subjekt anspricht, das zuvor schon durch Gott im Gesetz angeredet ist, dass der Glaube eine dynamische Bewegtheit ist, welche das vorgängige gesetzhafte Gottesverhältnis im bekannten doppelschichtigen Sinne aufhebt, dass der Glaube den Menschen mitnichten zum freischwebenden, bindungslosen Individuum macht, sondern ihn nur desto tiefer in die Strukturen verantwortlicher Intersubjektivität hineinverweist – all das erkennt der nachgeborene Leser in den Luther-Schriften, die Morus vor Augen hatte, einigermaßen mühelos. Das liegt nicht zuletzt an seinem Informationsvorsprung: Er kennt eben vieles, was Luther zuvor geschrieben hat, aber auch hernach: Seine Theorie von der bleibenden Realdialektik von Gesetz und Evangelium, die das alles auf klare Begriffe brachte, hatte Luther in den Schriften, die Morus rezipieren konnte, zwar ansatzweise,[53] aber noch nicht fertig ausgearbeitet: In den frühen 1520er Jahren hatte Luther hier noch nicht zu der abschließenden sachlichen und terminologischen Klarheit gefunden, die er sich dann seit den späten 1520er Jahren in anderweitigen innerreformatorischen Auseinandersetzungen erarbeitet hat.

Morus hat all das nicht erkannt, und ich meine, dass man bei dieser Diagnose durchaus seine besonderen, erschwerten Wahrnehmungsbedingungen in Rechnung stellen muss.

---

[51] Vgl. ebd, S. 292. Es geht um die von Luther in Zweifel gezogene Apostolizität und Kanonizität des Jakobusbriefs, also eines der Musterbeispiele dafür, dass Luther die formal-flächige Autorität des gegebenen Bibelkanons inhaltlichen Kriterien unterwirft.

[52] Vgl. MARTIN OHST: Schleiermachers Kanonkritik zwischen Semler und Harnack. In: Orientierung für das Leben. Kirchliche Bildung und Politik in Spätmittelalter, Reformation und Neuzeit. Fs. für Manfred Schulze zum 65. Geb. Hg. von PATRIK MÄHLING. Münster 2009 (Arbeiten zur Historischen und Systematischen Theologie 13), S. 259–287.

[53] Vgl. z. B. Tractatus de libertate Christiana, WA 7, S. 52.

Mindestens ebenso wichtig wie der Hinweis auf das, was er nicht verstanden hat, ist das beträchtliche Maß dessen, was er in den ihm zugänglichen Schriften jenes ihm so fremdartigen deutschen Scholastiker-Mönchs durchaus zutreffend wahrgenommen hat: Luther löst den eigentlichen Heilsglauben ab von seinen herkömmlichen Stützen und Sicherungen, die er nach bisher unumstrittener gemeinabendländischer Überzeugung in der Kirche hat, also jener von Christus bei Caesarea, im Saal des letzten Abendmahls und auf Golgatha gestifteten Institution, die ihn, repräsentiert und geleitet durch den Nachfolger Petri, unverbrüchlich zuverlässig auf Erden vertritt und sein Heilsangebot mitsamt den mit ihm verbundenen Forderungen und Hilfen verkündigt.

Und hiergegen argumentiert Morus, indem er das herkömmlich-katholische Verständnis des Glaubens ins Feld führt: Morus versteht also unter dem Glauben fundamental die Anerkennung der von der Kirche verkündigten Heilsordnung. Und diese Botschaft ist für ihn nur so glaubwürdig wie die sichtbare, geschichtliche Autorität, die hinter ihr steht. Und so wirft er Luther vor, dass er, der scholastisch-logisch geschulte Bettelmönch, einen krassen Anfängerfehler macht, indem er das *prius*, das gehorsame Anerkennen der Kirche und ihrer Autorität, mit dem *posterius*, dem Vertrauen auf die Zuverlässigkeit der von der Kirche proklamierten Heilsbotschaft identifiziere: „Wenn Du meinst, Du habest deiner Erklärungspflicht Genüge getan, wenn du sagst, man müsse erst lernen, welches die wahre Kirche sei, denn allein in dieser werde das wahre Evangelium gepredigt, und dann denjenigen, die die Kirche suchen, die Auskunft gibst, sie bestehe durch die Predigt des Evangeliums, dann folgst du entweder einer Logik, die anders ist als die aller anderen Lehrer, oder du verstehst dich überhaupt nicht auf die Logik“.[54]

Festzuhalten bleibt: Morus hat genau die Pointe von Luthers Position verstanden. Nur der von Christus durch seine Selbstvergegenwärtigung im Evangelium geschaffene Glaube erkennt die wahre Kirche; das heißt: Er widerspricht der gemeinkatholischen Überzeugung, dass das Ja zur Vertrauenswürdigkeit der Kirche dem Ja zu ihrer Botschaft, dem Evangelium von der Heilsverheißung mit den Bedingungen und Hilfen, logisch vorangehen müsse.

---

[54] MW 5/I, S. 178. – Im Folgenden beziehe ich mich auf den größeren Textzusammenhang MW 5/I, S. 174–206. Morus setzt sich dort mit Luthers Lehre von Evangelium und Kirche in der Gestalt auseinander, welche er ihr in der Schrift gegen Ambrosius Catharinus gegeben hat; die Zitate und Anspielungen sind präzise aufgeschlüsselt in MW 5/II, S. 900–906. Sehr viel leichter zugänglich ist dieser gesamte Komplex von Luthers Denken in seiner Schrift ‚Von dem Papsttum zu Rom wider den hochberühmten Romanisten zu Leipzig‘ (1520), WA 6, S. 285–324; vgl. auch KONRAD HAMMANN: Ecclesia Spiritualis. Luthers Kirchenverständnis in den Kontroversen mit Augustinus Alveldt und Ambrosius Catharinus. Göttingen 1989.

An die Stelle dieses Systems der institutionell vermittelten bedingten Heilsverheißung, so nimmt Morus deutlich wahr, setzt Luther eine ganz anders- und neuartige Konzeption christlicher Glaubensbegründung: Was Petrus einst in der historischen Gleichzeitigkeit in der Begegnung mit dem Zimmermannssohn aus Nazareth widerfahren ist, das widerfährt jedem Christenmenschen – unbeschadet aller geschichtlichen und kulturell-lebensweltlichen Unterschiede – auf strukturell identische Weise durch die drei kommunikativen Medien, in welchen Jesus Christus sich selbst vergegenwärtigt: das in menschlichen Gemeinschaften lebendig kommunizierte Bibelwort, die Taufe und das Herrenmahl. Überall dort, wo diese drei Basisvollzüge christlichen Lebens praktiziert werden, da ist vollgültig Kirche Jesu Christi, da erfüllt sich die an Petrus bei Caesarea Philippi ergangene Verheißung.

Diejenigen Menschen, die in diesen Akten menschlich-geschichtlicher Kommunikation zum Glauben kommen, machen die Kirche aus. Die Kirche ist also keine Institution, die zwischen Gott und Menschen steht und agiert, sondern sie ist die in immer neuer Ursprünglichkeit ins Dasein tretende Gemeinschaft der durch das schöpferische Wort zu ihrem Heil Angesprochenen. Sie lehrt und entscheidet nichts in oder aus eigener Vollmacht, sondern sie gibt als Treuhänderin das weiter, was sie empfängt. Sie bezeugt, was ihr im Glauben geschenkt ist, aber sie fordert keinen Glauben für sich.

Dass sich das alles genau so und nicht anders verhält – das erschließt sich genau jenem Glauben selbst, welcher als alleiniges Werk des dreieinigen Gottes im Menschen entsteht, und zwar als Widerfahrnis einer schlechterdings unwidersprechlich einsichtigen, weil zugleich schonungslos ehrlichen und heilsamen Deutung des je eigenen Lebens mit seinen Abgründen an innerer Widersprüchlichkeit.

Dieser in Akten menschlicher Kommunikation in seiner ganzen ursprünglichen Dramatik immer wieder neu sich vollziehende Geschehenszusammenhang polarisiert: Wo er sich ereignet, da entstehen mit-, neben- und gegeneinander Glaube und Unglaube, in Akten subjektiven Freiheitsbewusstseins angenommene Erlösung und in subjektiv ebenso freien Akten der Ablehnung selbst gewollte Verstockung.[55] Dass sich in alledem der göttliche Erwählungsratschluss vollzieht, erschließt sich allein dem Glauben.[56]

Wie gesagt: Alles das nimmt Morus bei Luther wahr, und er hält es für blanken, destruktiven Unsinn. Er kann gar nicht anders urteilen, weil er als

---

[55] Vgl. dazu MARTIN OHST: Luthers „Schriftprinzip“. In: Luther als Schriftausleger. Hg. von HANS CHRISTIAN KNUTH. Erlangen 2010 (Veröffentlichungen der Luther-Akademie Sondershausen-Ratzeburg 7), S. 21–39, bes. S. 29f.

[56] Luthers schon in seinen Notaten zur Römerbrief-Vorlesung ausgeführte These, dass Glaube und Unglaube, Heil und Unheil nicht der Entscheidung der menschlichen Willensfreiheit anheimgestellt sind, hat bekanntlich schon die päpstliche Bannbulle unter seine Irrtümer gerechnet; vgl. DENZINGER-HÜNERMANN, Enchiridion, Nr. 1486. Und genau hier hat dann Erasmus die Stelle gesehen, an der er Luther angreifen und zugleich mit Emphase seine eigene papstkirchliche Rechtgläubigkeit unter Beweis stellen konnte.

Bewertungskriterium sein, also das gängige papstkirchliche Verständnis der christlichen Religion betätigt.

Und er nimmt ein weiteres Charakteristikum von Luthers Denken sensibel und zutreffend wahr: Nach Luther gibt es keine dritte Haltung und keinen dritten Ort zwischen dem Glauben, der den Menschen wirklich und wahrhaftig auf den Felsen des Heils gründet, und dem Unglauben, also der eigentlichen Sünde in allen Sünden, welche den Menschen der Verdammung anheimgibt.[57]

Die herkömmliche theologische Doktrin hingegen kennt einmal den Glauben als einen bloßen Akt des kognitiven Gehorsams, welcher auf Autorität hin die Inhalte der kirchlichen Lehrverkündigung anerkennt. Sie nennt diese in und mit der Taufe dem Menschen mitgeteilte Haltung die *fides informis*, die allerdings beim (erwachsenen) Menschen erst dann heilsam wird, wenn sie in die *fides caritate formata* übergeht, also in einen Glauben, bei dem der Mensch in seinem aktiven Wollen und Handeln dabei ist, der den Menschen also zu Handlungen der Gottes- und Nächstenliebe motiviert. Diese beiden Gestalten stehen in einem Verhältnis der Stufung: Die *fides informis* ist die Vorstufe der *fides caritate formata*; wer durch Tatsünde aus der *fides caritate formata* herausfällt, bleibt in der *fides informis*, ja, diese ist ja die Voraussetzung dafür, dass er in der Buße wieder in die *fides caritate formata* zurückzukehren vermag.

Diese fein abstufende Unterscheidung lehnt Luther ab; den Problemgehalt, der in ihr wirksam ist, wird er allerdings späterhin durch die ausge-

---

[57] Dieser Facette seines Denkens, die längst vor dem Streit um Ablass und Buße ausgebildet war, hat Luther dann bekanntlich in seiner Kontroverse mit Morus' Freund Erasmus von Rotterdam ihren wirksamsten Ausdruck verliehen; vgl. das berühmte Bild vom menschlichen Willen als Reittier (*iumentum*), das immer von einem Reiter gelenkt wird und dessen Willen gehorcht – entweder Gott oder dem Teufel, wobei das Tier nie vor die Wahl zwischen den Reitern gestellt ist; vgl. De servo arbitrio (1525), WA 18, S. 635. – Das Bild selbst wird schon bei Augustin verwendet, allerdings mit völlig anderer Stoßrichtung, nämlich als Mahnung zur Einübung in die als Tugend verstandene Demut. In seiner Auslegung von 1. Joh 4,4 geht Augustin darauf ein, dass die Leser dort als Menschen angesprochen sind, die den Widersacher besiegt haben (*vicistis eum*), und er fährt fort: „Und weshalb haben sie gesiegt? ‚Weil derjenige, der in Euch ist, größer ist als der, der in der Welt ist' (1. Joh 4,4). Was sagt er nun, um ihnen die Demut zu bewahren und damit sie nicht den Sieg ihren Kräften zuschreiben und durch die Anmaßung des Hochmuts besiegt werden – wen nämlich der Teufel hochmütig macht, den besiegt er? ‚Ihr habt ihn besiegt'! Jeder Mensch, der das hört, ‚Ihr habt gesiegt', reckt sofort sein Haupt in die Höhe und will gelobt werden. Sei bloß nicht überheblich! Sieh genau hin, wer in dir gesiegt hat! Warum hast du gesiegt? ‚Weil derjenige, der in Euch ist, größer ist als derjenige, der in der Welt ist' (1. Joh 4,4). Sei demütig, trage deinen Herrn. Sei das Reittier (*iumentum*) deines Reiters. Es geschieht zu deinem Guten, dass er leitet und führt. Wenn du dieses Reiters ledig bist, dann kannst du dein Haupt erheben und mit den Hufen ausschlagen – aber wehe dir ohne Reiter, denn jene Freiheit wirft dich den Raubtieren zum Fraß vor" (In Epist. Joh. ad Parthos VII,2; MPL 35, Sp. 2030; dt. Übers. M. O.).

führte Lehre von Gesetz und Evangelium auffangen und zum Austrag bringen. Analog hierzu lehnt er auch den Begriff der neutralen, also im religiösen Sinne weder wahrhaft guten noch wahrhaft schlechten Handlung ab: Morus und die papstkirchliche Moraltheologie, für die er spricht, brauchen ihn, um die moralisch untadelhaften Handlungen von Menschen zu klassifizieren und nach ihrem relativen Heilswert (*meritum de congruo*; Billigkeitsverdienst) zu würdigen, die nicht in der *fides caritate formata* stehen.

Luther widerspricht: Dieser Bereich des Neutralen ist illusionär. Nie und nirgends befindet sich der Mensch in einem Niemandsland zwischen dem Reich Gottes und dem Reich der Sünde und der Selbstsucht, und der Anspruch, sich gleichsam von einem dritten Ort aus für eine der beiden Seiten entscheiden zu können, ist hybrid. Entweder steht der Mensch im vollen, ganzen Glauben, und dann glaubt er, dass alles, was er tut, Gott wohlgefällig ist. Oder aber er steht im vollen, ganzen Unglauben, und dann ist er in allem, was er tut, von dem nagenden Zweifel begleitet, ob das, was er tut, vor Gott qualitativ und quantitativ genügen könne. Was der Mensch also im Glauben tut, und sei es noch so unscheinbar und trivial, ist auch und gerade deshalb wahrhaft gut, weil es ohne Verdienst- und Geltungsabsichten getan ist; was außerhalb des Glaubens geschieht, und mag es sich noch so glänzend und heroisch ausnehmen, ist im Gegenzug vor Gott wertlos, gerade weil und sofern derjenige, der es vollbringt, sich selbst angesichts seiner Endlichkeit, Gottes und der Ewigkeit Stand und Wesen zu geben trachtet.[58]

Morus hat sehr genau erkannt, dass Luther auch hier gedanklich auf Wegen ging, die ihn wegführten vom Leitkonsens papstkirchlichen Christentums. Er wirft Luther ausdrücklich und in korrekter theologischer Fachterminologie vor, dass er diesen neutralen Raum der Abstandnahme und der religiösen Indifferenz leugnet.[59]

Und auch hier steht eben für Morus sehr viel mehr zur Debatte als eine bloße Theoriefrage, denn sein ganzes Konzept von Glaube und Heil bedarf dieser Unterscheidung. Der Bereich der Neutralität ist ja genau der, in welchem ein Mensch sich bewegt, der durch eine Tatsünde aus der *fides caritate formata* herausgefallen ist und sich gemäß den von ihm in der *fides informis* für gültig und wahr gehaltenen Maßgaben der Kirche für die Rückkehr in diesen Heilsstand zu disponieren hat.

Aber es geht in dieser Frage nicht allein um das Verständnis von Buße, Sündenvergebung und Heilsaneignung, sondern zugleich auch um das Thema Kirche, denn der Glaube, wie ihn Morus versteht, stützt sich als Kognitions- und Anerkennungsleistung ja eben auf die Kirche. Und Morus ist selbstverständlich so realistisch, dass er einsieht und zugibt: Die Institution Kirche besteht vielfach auch und gerade in ihren Leitungspositionen aus Personen, die am christlichen Glauben selber lediglich im Modus der *fides*

---

[58] Vgl. Sermon von den Guten Werken (1520), WA 6, S. 204–207.
[59] Vgl. MW 5/I, S. 152–160.

informis teilhaben, sofern sie die Gültigkeit von dessen Geboten und Verheißungen theoretisch anerkennen, ohne jedoch selbst ihr Leben von ihnen leiten zu lassen. Und nun fährt er folgendermaßen fort: Sonderte man diese Personen sozusagen aus dem Bestand der Kirche aus, dann bräche das ganze schöne, die Zeiten und die Zonen überspannende Autoritätsgebäude sofort in sich zusammen, und er wirft Luther vor, er tue genau das: Er beschränke den Bestand der Kirche allein auf die faktisch Sündlosen, und so zerstöre er mutwillig die Kirche als glaubensnotwendige Autorität.[60]

Dem hält Morus entgegen: Wer der Kirche einmal durch die Taufe angehört, der ist und bleibt ihr Glied, auch wenn er sündigt. Sicher, die Sünde schließt den Menschen aktuell von der Anwartschaft auf das Heil aus. Aber sie vertreibt den Menschen nicht aus dem Heilsraum der Kirche. Sie belässt ihm die Möglichkeit, mit eigener Anstrengung für sich die kirchlichen Gnadenmittel fruchtbar werden zu lassen. Selbstverständlich bleibt der Sünder Glied der Kirche[61] und kann folglich auch in ihr vollgültig Ämter ausüben und Funktionen übernehmen. Sein Glaube ist zwar bloße *fides informis*, und seine Handlungen sind für ihn selbst religiös-ethisch allenfalls wertneutral. Sie können ihm also vor Gott nicht zum Verdienst ausschlagen. Aber dennoch können sie, sofern sie objektiv korrekt sind, anderen Menschen dabei behilflich sein, sich mit der Unterstützung der Gnade für das Heil zu qualifizieren. Das gilt zuvörderst, wie wir gesehen haben, von den Päpsten und mit ihnen von der Institution Kirche insgesamt, die, von Gott selbst eingesetzt, für ihre Lehre Glauben und Vertrauen, für die von ihr festgesetzten Riten Achtung und für ihre Ordnungen Gehorsam fordert.

Dieser Gedankengang wird von Morus mehrfach ausführlich entwickelt.[62] Er hat allerdings einen Schönheitsfehler: Er trifft Luthers spezifische Papsttumskritik lediglich an deren Peripherie. Aber der Hieb geht trotzdem nicht ins Leere. Er trifft jemanden, den Morus in seiner ‚Responsio' laut Register nur einmal erwähnt, und zwar auch nur als Namen innerhalb eines ziemlich willkürlich zusammengestellten Ketzerkatalogs:[63] John Wy-

60 Er rückt Luther in diesem Zusammenhang (vgl. MW 5/I, S. 118. 204) gern in die Nähe der Donatisten, also jener spätantiken nordafrikanischen schismatischen Gegenkirche, gegen die Augustin jahrzehntelang nicht allein (kirchen-)politisch, sondern vor allem literarisch gekämpft hat, wodurch er dem westlich-katholischen Kirchenbegriff seine seither gültigen dogmatischen und rechtlichen Leitkategorien eingestiftet hat; vgl. JOSEPH RATZINGER: Volk und Haus Gottes in Augustins Lehre von der Kirche, München 1954, ND St. Ottilien 1992 (Münchener Theologische Studien II/7). Morus folgt hierbei einem Standard-Deutungsmuster der Ketzerbekämpfung seit der Spätantike: Neu auftauchende Irrlehren und Irrlehrer sind intellektuell bewältigt, wenn man sie als Wiedergänger längst entlarvter und widerlegter Häretiker zu klassifizieren vermag; vgl. dazu auch die oben Anm. 27 genannten Aufsätze von GRUNDMANN.

61 Vgl. MW 5/I, S. 152.

62 Vgl. MW 5/1, S. 80–84, 132–138.

63 Vgl. MW 5/I, S. 520.

clif, der ja seine Wiederaufnahme der Prädestinationstheorie des späten Augustin als Waffe gegen klerikale Prätensionen gewandt hatte.[64] Mir scheint, dass sich hier in Morus' polemischer Wahrnehmung Luthers die Erinnerung an den englischen Häretiker Wyclif gleichsam über das Bild des sächsischen Gegners geschoben hat und es an dieser Stelle bestimmt. Damit taucht indirekt unversehens eine seit langer Zeit diskutierte Forschungsfrage am Horizont auf: War die englische Rezeption der kontinentaleuropäischen reformatorischen Impulse von Anfang an auch durch Langzeitwirkungen Wyclifs und der Lollarden bestimmt?[65] Immerhin hat das schon John Foxe[66] so gesehen, allerdings im Zuge einer ganz bestimmten geschichtstheologischen Leitkonzeption. Nun wäre es interessant, anhand anderer Quellen zu untersuchen, ob schon ein scharfsinniger, kluger Gegner wie Morus diese Verbindungslinie gesehen bzw. konstruiert hat. Aber das wäre ein Thema für eine ganz eigenständige Untersuchung.

---

[64] Vgl. vor allem seine Schrift ‚De ecclesia' (1378/79): Johannis Wyclif Tractatus de Ecclesia. Hg. von JOHANN LOSERTH. London 1886.

[65] Einblick in die gegenwärtigen Forschungsdebatten gewährt ARNE DEMBEK: William Tyndale (1491–1536). Reformatorische Theologie als kontextuelle Schriftauslegung. Tübingen 2010 (SHR 50), S. 10–13.

[66] Vgl. CHRISTOPHER VOIGT-GOY: Reformationsdeutung in John Foxes Acts and Monuments – das Beispiel Martin Luther. In: ZKG 128 (2017), S. 186–197.

Ulrich Niggemann

Reformation in Frankreich: Vom Humanismus zu religiöser Gewalt?

Wer die Jubiläumsaktivitäten der vergangenen Jahre – im Rahmen der sogenannten Luther-Dekade[1] – mitverfolgt hat, wird schnell bemerkt haben, dass insbesondere in Deutschland der Fokus ein ausgesprochen nationaler war. Im Mittelpunkt stand eine deutsche Reformation bzw. eine ganz auf Luther, Wittenberg und den Thesenanschlag verengte Reformation, die in ihrer Ereignishaftigkeit – und nur so lässt sie sich ja erinnerungskulturell inszenieren und natürlich auch vermarkten – die Heterogenität, Pluralität und Komplexität der kirchengeschichtlichen Entwicklungen um 1500 ausblendet.[2] Dabei gibt es gute Gründe, die Reformation – oder besser wohl im Plural: die Reformationen – in Entwicklungslinien zu stellen, die von der sogenannten Krise des Spätmittelalters, den veränderten Frömmigkeitsformen des 14. und 15. Jahrhunderts ausgehen, die den Humanismus und seine vielen Spielarten, die Hussitenbewegung in Böhmen, die Lollarden in England, die Devotio Moderna etc., umfassen und in den Reformationen des frühen 16. Jahrhunderts (einschließlich auch der katholischen Reformen) keineswegs schon ihren definitiven Abschluss fanden.[3]

Jenseits des chronologischen Reduktionismus, der eben auch den erinnerungskulturellen Eigenlogiken geschuldet ist, erweist sich jedoch auch

---

1 Informationen zu den Veranstaltungen und Aktivitäten im Rahmen der Luther-Dekade, die in Deutschland von der EKD, mehreren Bundesländern sowie der Bundesregierung getragen wurde, finden sich auf der offiziellen Internetseite https://www. luther2017.de (6. Aug. 2018).

2 Zu den Problemen der Reformationserinnerung des Jahres 2017 prägnant MATTHIAS POHLIG: Jubiläumsliteratur? Zum Stand der Reformationsforschung im Jahr 2017. In: ZHF 44 (2017), S. 213–274, hier S. 213–217; MARCUS SANDL: Medialität und Ereignis. Eine Zeitgeschichte der Reformation. Zürich 2011 (Medienwandel – Medienwechsel – Medienwissen 18), S. 21–37. Generell zu den Begriffen und theoretischen Grundannahmen der Erinnerungsgeschichte ASTRID ERLL: Kollektives Gedächtnis und Erinnerungskulturen. 2. Aufl. Stuttgart 2011.

3 Zu einer solchen in der *longue durée* angelegten Perspektive auf die Reformation vgl. etwa FRANCIS RAPP: Das religiöse Leben. In: Von der Reform zur Reformation (1450–1530). Hg. von MARC VENARD und HERIBERT SMOLINSKY. Freiburg [u. a.] 1995 (Die Geschichte des Christentums. Religion – Politik – Kultur 7), S. 212–304; HARM KLUETING: Das Konfessionelle Zeitalter. Europa zwischen Mittelalter und Moderne. Kirchengeschichte und Allgemeine Geschichte. Darmstadt 2007, S. 135–173; sowie zu den Krisenerscheinungen des Spätmittelalters ERNST SCHUBERT: Einführung in die Grundprobleme der deutschen Geschichte im Spätmittelalter. Darmstadt 1992 (Grundprobleme der deutschen Geschichte); HARTMUT BOOCKMANN: Stauferzeit und spätes Mittelalter. Deutschland 1125–1517. Berlin 1987 (Siedler Deutsche Geschichte 4).

die nationale und personelle Verengung als hochproblematisch. Damit ist die Rolle Luthers nicht geleugnet, sie kann jedoch nicht einfach losgelöst werden von der Vielfalt reformatorischer Ansätze und den damit verbundenen Akteuren. Tatsächlich müsste auch in der breitenwirksamen Vermittlung des reformatorischen Geschehens oder besser: der vielschichtigen kirchenhistorischen, kulturhistorischen und sozialhistorischen Entwicklungen des 16. Jahrhunderts die Komplexität und Multipolarität deutlicher hervorgehoben werden. Die Reformation war kein deutsches, kein Wittenberger Ereignis, sondern ein europäisches, das eben auch in seiner Transnationalität und seinen Verflechtungen thematisiert werden muss.[4] Und zugleich müssen die verschiedenen Ausprägungen innerhalb unterschiedlicher Regionen und Herrschaften deutlich werden.

Man ist zudem versucht, die Reformation als eine Notwendigkeit zu betrachten, die aus dem moralischen Verfall der mittelalterlichen Kirche resultierte. Das ist das nach wie vor gängige Narrativ. Man spricht auch von der sogenannten Pulverfasstheorie, d. h. der Vorstellung einer verbreiteten und zudem wachsenden Unzufriedenheit der Laien mit dem Klerus und mit der Kirche.[5] Obwohl es durchaus Indizien einer solchen Unzufriedenheit gibt, greift eine solche Erklärung zu kurz; zweifellos gab es das gesamte Mittelalter hindurch, und verstärkt seit etwa der Mitte des 14. Jahrhunderts, Reformansätze und Reformen.[6] Der viel gescholtene Ablasshandel selbst war ja ein Resultat veränderter Frömmigkeitsformen, einer Suche nach Heilsgewissheit, nach Sicherheit in Fragen des Seelenheils.[7]

Es bedarf also einer Erzählung des reformatorischen Geschehens, die zeitlich nicht zu sehr auf den 31. Oktober 1517 fokussiert ist, die Abstand von einer zu starken Personalisierung hält und welche die europäischen Zusammenhänge in den Blick nimmt. Zugleich geht es aber auch um die Frage,

---

[4] Etwa POHLIG, Jubiläumsliteratur [Anm. 2], S. 251f.; ders.: The World Is Not Enough. Reflexionen zu den globalen und europäischen „Weltwirkungen" der Reformation. In: Archiv für Reformationsgeschichte 108 (2017), S. 63–73; PHILIP BENEDICT: Global? Has Reformation History Even Gotten Transnational Yet? In: Archiv für Reformationsgeschichte 108 (2017), S. 52–62.

[5] Vgl. dazu STEFAN EHRENPREIS/UTE LOTZ-HEUMANN: Reformation und konfessionelles Zeitalter. Darmstadt 2002 (Kontroversen um die Geschichte), S. 26f.

[6] FRANCIS RAPP: Die Vielfalt der Reformbestrebungen. In: VENARD/SMOLINSKY (Hg.), Von der Reform zur Reformation [Anm. 3], S. 142–206; VOLKER LEPPIN: Die Reformation. 2. Aufl. Darmstadt 2017 (Geschichte kompakt), S. 9–18; KLUETING, Zeitalter [Anm. 3], S. 122–134; zu Frankreich JACQUES CHIFFOLEAU: La religion flamboyante (v. 1320 – v. 1520). In: Histoire de la France religieuse. Hg. von JACQUES LE GOFF und RENE REMOND. 4 Bde. Paris 1988, hier Bd. 2, S. 11–183, hier S. 14.

[7] Vgl. dazu WILHELM E. WINTERHAGER: Ablass. In: Enzyklopädie der Neuzeit. Bd. 1. Stuttgart 2005, Sp. 14–19. CHRISTIANE LAUDAGE: Das Geschäft mit der Sünde. Ablass und Ablasswesen im Mittelalter. Freiburg [u. a.] 2016. Zur Ablasskritik insbesondere WILHELM E. WINTERHAGER: Ablaßkritik als Indikator historischen Wandels vor 1517: Ein Beitrag zu Voraussetzungen und Einordnung der Reformation. In: Archiv für Reformationsgeschichte 90 (1999), S. 6–71.

wie und aus welchen Ansätzen heraus reformatorische Ideen rezipiert und weiterentwickelt wurden und welche Konflikte daraus entstanden sind. Die Reformation war eben keineswegs eine ausschließlich theologisch-innerkirchliche oder geistige Erscheinung, sie hatte vielmehr soziale und politische Ursachen und Folgen. Insbesondere die Konflikthaftigkeit der Reformation ist daher stärker in den Fokus zu rücken. Frankreich ist dafür ein gutes Beispiel, denn aus einer humanistischen Bewegung entstanden Konflikte, die schließlich in eine Phase äußerst blutiger Bürgerkriege mündeten.[8] Daher sollen im Folgenden zunächst die Impulse, welche die französischen Reformbefürworter von außen – von Wittenberg, von Zürich, von Straßburg, von Genf – empfingen, wie auch die in Frankreich selbst entwickelten Anliegen und Bestrebungen thematisiert werden. Reformation in Frankreich war nicht einfach nur die Rezeption lutherischer oder calvinistischer Schriften, sondern hatte durchaus ein eigenständiges Gepräge. Im ersten Schritt soll es daher um die frühen Reformansätze gehen, um den Humanismus, aber auch um den Einfluss reformatorischer Schriften aus dem Ausland. Im zweiten Schritt soll dann die Rolle des Calvinismus ab den 1540er Jahren angesprochen werden und damit zusammenhängend die Entstehung reformatorischer Gemeinden. Zugleich blieb die Reformation in Frankreich ein Minderheitenphänomen. Auch das wird zu thematisieren sein. Im dritten Schritt wird die Eskalation konfessioneller Gewalt seit ca. 1557 angesprochen, die nicht nur das Königreich Frankreich in eine tiefe Krise stürzte, sondern auch Einfluss auf das Wesen des französischen Protestantismus hatte. Und schließlich soll im vierten Abschnitt noch knapp auf die weitere Entwicklung im 17. Jahrhundert eingegangen werden.

1. Humanistische und lutherische Impulse in Frankreich

Spätmittelalterliche Religiosität war eine Religiosität im Wandel. Das individuelle Seelenheil war stärker in den Mittelpunkt gerückt, Sterben, Tod, Leid und Erlösung spielten gegenüber früheren Phasen eine bedeutendere Rolle. Nicht zuletzt die Pestwellen seit 1348 hatten wesentlich zu dieser

---

[8] Einführend zur Geschichte der französischen Bürgerkriege MACK P. HOLT: The French Wars of Religion, 1562–1629. Cambridge 1995 (New Approaches to European History); NICOLAS LE ROUX: Les guerres de Religion, 1559–1629. Paris 2016; sowie knapper MARC VENARD: Frankreich und die Niederlande. In: Die Zeit der Konfessionen (1530–1620/30). Hg. von MARC VENARD und HERIBERT SMOLINSKY. Freiburg [u. a.] 1992 (Geschichte des Christentums. Religion – Politik – Kultur 8), S. 447–523, hier S. 479–484; ULRICH NIGGEMANN: Hugenotten. Köln [u. a.] 2011 (UTB Profile), S. 16–18. Ausführlich aus der Perspektive der hugenottischen Bürgerkriegspartei HUGUES DAUSSY: Le Parti Huguenot. Chronique d'une désillusion (1557–1572). Genf 2014 (Travaux d'Humanisme et Renaissance 527); und eine umfassende Deutung bei DENIS CROUZET: Les Guerriers de Dieu. La violence au temps des troubles de religion (vers 1525 – vers 1610). 2 Bde. Seyssel 1990.

Verschiebung beigetragen, hatten Buße und Werkheiligkeit stärker denn je ins Zentrum des Glaubens versetzt.[9] Wie auch in der deutschsprachigen Diskussion gehen die Forschungsmeinungen zum Zustand von Religion und Kirche im Frankreich der Zeit um 1500 durchaus auseinander. Jacques Chiffoleau prägte den Begriff der *religion flamboyante*, um die sich im Wandel befindliche, aber gleichwohl blühende und intensive Religiosität dieser Zeit zu beschreiben.[10] Von einer umfassenden Krise der Kirche kann vermutlich keine Rede sein; dass es Kritik gab und Reformbedarf von vielen, Laien wie auch Klerikern, gesehen wurde, wird wohl ebenfalls nicht zu leugnen sein.[11]

Während die zumindest in ihren Kerngebieten – der Île de France und dem Loiretal – erstarkende französische Krone zunehmend versuchte, die Kirche ihrem Zugriff zu unterwerfen, was zumeist mit dem Begriff des ‚Gallikanismus' auf den Punkt gebracht wird[12], entwickelte insbesondere der Humanismus kirchenkritische und reformerische Ansätze. An der Pariser Sorbonne hielten sich zeitweise herausragende humanistische Gelehrte wie Erasmus von Rotterdam auf[13], und auch jenseits der Universitäten entstanden humanistische Zirkel. Zu den einflussreichsten gehörte der Zirkel von Meaux um den neu berufenen Bischof Guillaume Briçonnet.[14] Der Kreis wurde von der Schwester Franz' I., Margarete von Angoulême, protegiert und neben Briçonnet von Jacques Lefèvre d'Étaple (Faber Stapulensis) auch von Guillaume Farel besucht.[15] In solchen hochgebildeten

---

9 Allgemein dazu RAPP, Leben [Anm. 3], S. 233–290.

10 CHIFFOLEAU, Religion flamboyante [Anm. 6]. Vgl. zur Religiosität auch DIDIER BOISSON/HUGUES DAUSSY: Les protestants dans la France moderne. Paris 2006, S. 11–15.

11 Vgl. etwa FRANCIS RAPP: Die Länder der westlichen Christenheit: III. Frankreich. In: VENARD/SMOLINSKY (Hg.), Von der Reform zur Reformation [Anm. 3], S. 345–373, hier S. 362–372; HERIBERT MÜLLER: Kirche in der Krise. Das große abendländische Schisma (1378–1417). In: Europa im 15. Jahrhundert. Herbst des Mittelalters – Frühling der Neuzeit? Hg. von KLAUS HERBERS und FLORIAN SCHULLER. Regensburg 2012, S. 10–21, hier S. 10f.; HOLT, Wars [Anm. 8], S. 14f.

12 Zum Gallikanismus etwa KLUETING, Zeitalter [Anm. 3], S. 109f.; RAPP, Länder [Anm. 11], S. 348–355; LOUIS CHÂTELLIER: Gallikanismus I: Historisch. In: ³LThK, Bd. 4 (1995), Sp. 274–279; HOLT, Wars [Anm. 8], S. 10–14.

13 Vgl. etwa OTTO SCHOTTENHOHER: Erasmus von Rotterdam, Desiderius. In: Neue Deutsche Biographie, Bd. 4, Berlin 1959, S. 554–560; KLUETING, Zeitalter [Anm. 3], S. 168.

14 Zu Guillaume Briçonnet vgl. DENIS CROUZET: La genèse de la Réforme française (vers 1520 – vers 1562). Paris 2008, S. 122–147; HENRY HELLER: Reform and Reformers at Meaux 1518–1525. PhD thesis Cornell University 1969, S. 24–49.

15 Ausführlich HELLER, Reform [Anm. 14], S. 24–49. Außerdem EMILE G. LEONARD: Histoire générale du Protestantisme. 3 Bde. Paris 1961, ND Paris 1988, hier Bd. 1, S. 24f., 203; MARK GREENGRASS: The French Reformation. Oxford 1987 (Historical Association Studies), S. 14–16; MARC VENARD: La grande cassure (1520–1598). In: LE GOFF/REMOND (Hg.), Histoire [Anm. 6], Bd. 2, S. 185–319, hier S. 224–226; FRANCIS RAPP: Frankreich. In: VENARD/SMOLINSKY (Hg.), Die Zeit der Konfessionen

Zirkeln konnte über ein Urchristentum nachgedacht werden, über stärkere Orientierung an der Bibel. In Frankreich spricht man auch vom *évangélisme*, als einer aus humanistischen Diskursen gewonnenen, am Evangelium orientierten Grundhaltung.[16]

Entscheidend ist aber, dass lutherische Schriften und Ideen – nicht zuletzt von deutschen Studenten in Paris und andernorts importiert – auf spezifisch französische Entwicklungen trafen und ihnen neue Impulse verliehen.[17] Wie im deutschsprachigen Raum war es auch in Frankreich der Buchdruck, der wesentlich zur Breitenwirksamkeit von Argumenten, Ideen und Debatten beitrug, der auf einem noch jungen Medienmarkt und einer solcherart erzeugten Kommunikationssphäre eine Dynamik entfaltete, die zuvor kaum denkbar war.[18] Die dadurch induzierte Pluralität von Äußerungen ließ sich nur schwer eindämmen. Neben den französischen Druckzentren Paris und Lyon spielten Straßburg, Basel und Antwerpen als Druckorte von Schriften für den französischen Markt eine beträchtliche Rolle.[19] Texte Luthers und anderer Reformatoren wurden im Umfeld von Lefèvre d'Étaple zunehmend diskutiert. Lefèvre selbst hatte bereits seit etwa 1507 damit begonnen, textkritische Editionen einzelner Bibelbücher vorzulegen, seit 1521 arbeitete er an einer französischen Bibelübersetzung.[20] Auch hier kann man sicherlich nur bedingt sagen, dass der Anstoß von der lutherischen Reformation allein ausging, sondern dass es im Kreis von Meaux bereits Ansätze dazu gab, die Bibel textkritisch zu erschließen und sie auch in der Volkssprache zugänglich zu machen. Der humanistische Impetus, die schriftlichen Quellen zur Grundlage zu machen, wirkte hier ebenso wie der damit verbundene Impuls, bisherige religiöse Praktiken kritisch zu hinterfragen.

[Anm. 8], S. 345–373, hier S. 372; BOISSON/DAUSSY, Protestants [Anm. 10], S. 17–20; HOLT, Wars [Anm. 8], S. 15–18; KLUETING, Zeitalter [Anm. 3], S. 165–167; zu Lefèvre d'Étaple auch ANDRE GODIN: Humanismus und Christentum. In: VENARD/SMOLINSKY (Hg.), Die Zeit der Konfessionen [Anm. 8], S. 612–672, hier S. 632–634; BOISSON/DAUSSY, Protestants [Anm. 10], S. 17f.; GREENGRASS, French Reformation [Anm. 15], S. 17f.; CROUZET, Genèse [Anm. 14], S. 104–122. Um Margarete versammelte sich in der Folge ein neuer evangelikaler Kreis; vgl. VENARD, Frankreich [Anm. 8], S. 455.

[16] Vgl. VENARD, Frankreich [Anm. 8], S. 454–460; unter dem Begriff des *biblisme* CROUZET, Genèse [Anm. 14], S. 110–114.

[17] CROUZET, Genèse [Anm. 14], S. 172–181.

[18] Zu den Folgen des Buchdrucks etwa JOHANNES BURKHARDT: Das Reformationsjahrhundert. Deutsche Geschichte zwischen Medienrevolution und Institutionenbildung 1517–1617. Stuttgart 2002, S. 16–76.

[19] GREENGRASS, French Reformation [Anm. 15], S. 12.

[20] HELLER, Reform [Amn. 14], S. 167–222; sowie knapper GREENGRASS, French Reformation [Anm. 15], S. 17f.; HOLT, Wars [Anm. 8], S. 15; CROUZET, Genèse [Anm. 14], S. 168f.; BOISSON/DAUSSY, Protestants [Anm. 10], S. 24f.; KLUETING, Zeitalter [Anm. 3], S. 165f.

Bereits 1521 verurteilte die Sorbonne, die damit erneut ihre Deutungshoheit über religiöse Fragen unterstrich, einen Großteil lutherischer Lehrsätze.[21] Das Ringen um Deutungshoheit ist besonders hervorzuheben, denn tatsächlich ging es ja keineswegs allein um inhaltlich-dogmatische Fragen, sondern auch um Fragen von Autorität und Macht: Wer hatte die Autorität, in einer bestimmten Situation oder sogar dauerhaft zu definieren, was konform war und was nicht? Mit ihrer recht schnellen und deutlichen Reaktion beanspruchte die Sorbonne diese Autorität erfolgreich für sich. 1523 wurde zudem Lefèvres Bibelübersetzung von der Sorbonne verurteilt, Lefèvre selbst zum Ketzer erklärt.[22] Auch das hatte Folgen, denn damit war eine klare Demarkationslinie gesetzt: Konnte der Zirkel von Meaux in der Frühphase in einem relativ unbestimmten Raum Reformideen formulieren, so war jetzt klar, welche Grenzen nicht überschritten werden durften. Es ging also letztlich um Unterscheidungen, um das Ziehen von Grenzen, die zuvor nicht gezogen werden mussten. Jemand wie Bischof Briçonnet, der im System Kirche Karriere gemacht hatte und seine Position darin nicht aufgeben konnte oder wollte, geriet dadurch unter Druck, so dass er sich von Lefèvre, Farel und Guillaume Budé, welche die gesetzten Grenzen zunehmend durchbrachen, distanzierte. Der Zirkel von Meaux löste sich auf.[23]

Bezeichnend für diese Phase ist, dass die reformatorische Bewegung, wenn man von einer solchen denn überhaupt sprechen kann, in ihrem Profil sehr uneindeutig blieb. Obwohl im Sprachgebrauch der Sorbonne wie auch der Verwaltung als *luthériens* bezeichnet[24], kann eigentlich weder von einer lutherischen Bewegung noch von einer Gemeindebildung die Rede sein. Ähnlich wie zur gleichen Zeit in den Niederlanden[25] kam es zu keiner übergeordneten Organisationsstruktur und auch zu keiner Bekenntnisbildung. Kritik an Verfälschungen der – so die Argumentation – wahren einfachen Lehre Christi, das Streben nach einer Wiedergewinnung urchristlicher Vorstellungen bildeten – wie etwa in den frühen Schriften Guillaume Farels – eine Melange mit lutherischen Ideen, ohne dabei auf eine Tren-

[21] Dazu etwa GREENGRASS, French Reformation [Anm. 15], S. 9; BOISSON/DAUSSY, Protestants [Anm. 10], S. 24; CROUZET, Genèse [Anm. 14], S. 93; HOLT, Wars [Anm. 8], S. 16.

[22] CROUZET, Genèse [Anm. 14], S. 169f.; BOISSON/DAUSSY, Protestants [Anm. 10], S. 28f.

[23] Dazu LEONARD, Histoire, Bd. 1 [Anm. 15], S. 203; CROUZET, Genèse [Anm. 14], S. 221–223; BOISSON/DAUSSY, Protestants [Anm. 10], S. 25f.; HOLT, Wars [Anm. 8], S. 16f. Zur spirituellen Autorität der Sorbonne vgl. BOISSON/DAUSSY, Protestants [Anm. 10], S. 34.

[24] Etwa BOISSON/DAUSSY, Protestants [Anm. 10], S. 38; CROUZET, Genèse [Anm. 14], S. 464; BARBARA DÖLEMEYER: Die Hugenotten. Stuttgart 2006, S. 15.

[25] Vgl. zur Situation in den Niederlanden MARC LIENHARD: Die Ausbreitung der lutherischen Botschaft. In: VENARD/SMOLINSKY (Hg.), Die Zeit der Konfessionen [Anm. 8], S. 723–773, hier S. 744–764; VENARD, Frankreich [Anm. 8].

nung von der Amtskirche zu zielen.[26] Gemeinsam war den verschiedenen kleinen Gruppen und Zirkeln nur eine gewisse Orientierung am Evangelium, ein durchaus variables Maß an Zustimmung zur lutherischen Kritik an der bestehenden Papstkirche sowie die Tatsache einer von Beginn an doch sehr deutlichen Unterdrückung und Verfolgung. Der Begriff *luthérien* diente dabei als Kampfbegriff und Feindmarkierung, unter dem jede Form von perzipierter Heterodoxie gefasst werden konnte. Lutheraner waren alle, die von der Lehrmeinung, wie sie von der Sorbonne definiert wurde, abwichen[27] – ebenfalls ein Resultat der Grenzziehung, der Unterscheidung, denn sie beruhte auf Zuschreibungen und auf Benennung der ‚Anderen'. Auf der anderen Seite waren Anhänger von Reformen bemüht, jeden Zusammenhang zu Luther und seinen Lehren zu verschleiern. Selbst Übersetzungen lutherischer Texte wurden vielfach abgemildert und entschärft.[28]

Die Verfolgung begann zunächst mit der Beschlagnahmung und Vernichtung von als lutherisch klassifizierten Büchern, richtete sich dann aber zunehmend auch gegen Personen. 1524 kam es zur ersten Hinrichtung eines Webers aus Meaux.[29] Neben der Sorbonne, deren Professoren gewissermaßen auch darum kämpften, die Deutungshoheit über Fragen der Rechtgläubigkeit und Häresie im Rahmen der von Rom ausgehenden Richtlinien zu wahren, gab es überdies am Hof Gruppen, die für einen harten Kurs eintraten. Während Margarete von Angoulême, inzwischen Königin von Navarra, sowie Franz I. eher für eine moderate Haltung standen, setzten sich in der Folge der Schlacht von Pavia (1525) und der Gefangenschaft des Königs die Befürworter einer strikten Verfolgung durch.[30] Zudem erreichte der Konflikt mit der sogenannten *Affaire des Placards*, als reformatorische Pamphlete im Louvre, aber auch andernorts, verbreitet wurden, 1534 eine neue Eskalationsstufe.[31] In der Folgezeit wechselten sich freilich

---

[26] GREENGRASS, French Reformation [Anm. 15], S. 13f.; GLENN S. SUNSHINE: Reforming French Protestantism. The Development of Huguenot Ecclesiastical Institutions, 1557–1572. Kirksville/MO 2003 (Sixteenth Century Essays & Studies 66), S. 12–14. Durchaus treffend erscheint auch der Begriff der *non-schismatic reform* von FRANCIS M. HIGMAN: Censorship and the Sorbonne. A Bibliographical Study of Books in French Censured by the Faculty of Theology of the University of Paris, 1520–1551. Genf 1979, S. 43.

[27] GREENGRASS, French Reformation [Anm. 15], S. 11f.

[28] Vgl. etwa GREENGRASS, French Reformation [Anm. 15], S. 12f.; sowie zu den Strategien eines Briçonnet, der immer wieder auf eine deutliche Distanzierung von lutherischen Lehren drängte, LÉONARD, Histoire, Bd. 1 [Anm. 15], S. 203; HOLT, Wars [Anm. 8], S. 16.

[29] Vgl. GREENGRASS, French Reformation [Anm. 15], S. 9f.

[30] LEONARD, Histoire, Bd. 1 [Anm. 15], S. 204.

[31] Zur Plakataffäre LEONARD, Histoire, Bd. 1 [Anm. 15], S. 207f.; FRANCIS HIGMAN: La Diffusion de la Réforme en France, 1520–1565. Genf 1992 (Publications de la Faculté de Théologie de l'Université de Genève 17), S. 69f.; GREENGRASS, French Reformation [Anm. 15], S. 24–27; HOLT, Wars [Anm. 8], S. 18–21; BOISSON/DAUSSY, Protestants [Anm. 10], S. 37–41; WILLEM VAN'T SPIJKER: Calvin: Biographie und

Phasen relativer Normalisierung[32] mit verschärften Verfolgungen ab. Unter Heinrich II. wurde Ende der 1540er Jahre die *Chambre Ardente* eingerichtet, ein spezieller Gerichtshof für Ketzerprozesse.[33] Es erfolgte also eine Verlagerung weg von den kirchlichen Instanzen hin zu weltlichen Gerichten, was nochmals unterstreicht, wie sehr in der Folge der Plakataffäre eine existentielle Gefahrensituation diagnostiziert wurde. Das heißt, man hat es hier mit einem Mechanismus zu tun, der auf Bedrohungskommunikationen beruht und die Wiederherstellung von Sicherheit und Ordnung durch exzeptionelle Maßnahmen verspricht. Zu diesen exzeptionellen Maßnahmen gehörte die Einrichtung der *Chambre Ardente*, die eine außerordentliche Gerichtsbarkeit etablierte und somit Teil dieses Kampfes um Deutungshoheiten war.[34] Allerdings muss auch hinzugefügt werden, dass die wechselnden außenpolitischen Konstellationen immer wieder zu Zurückstellungen von Maßnahmen führten. Wenn Franz I. oder nach ihm Heinrich II. auf protestantische Allianzen im Reich angewiesen waren, wurden die Ketzerprozesse in Frankreich suspendiert oder doch deutlich zurückgefahren.[35]

2. Der Calvinismus

Mit der sich verschärfenden Verfolgung in Frankreich setzte bereits eine frühe, zahlenmäßig noch sehr begrenzte Auswanderungsbewegung ein. Sie betraf im wesentlichen Akteure, die als Verfasser von Schriften oder als lokale Führungspersönlichkeiten aufgetreten waren. Zu den herausragenden Persönlichkeiten, die den Weg ins Ausland suchten, gehörten Guillaume Farel (1489–1565) und Jean Cauvin, besser bekannt unter seiner latinisierten Namensform Johannes Calvin (1509–1564).

Theologie. In: Die Kirche in ihrer Geschichte. Ein Handbuch. Hg. von BERND MOELLER. Bd. 3. Göttingen 2001, S. 101–236, hier S. 121f. CROUZET, Genèse [Anm. 14], S. 265f., S. 273–276. Zur Bedeutung der Affäre außerhalb von Paris vgl. auch DONALD R. KELLEY: The Beginning of Ideology. Consciousness and Society in the French Reformation. Cambridge 1981, S. 13.

32 So CROUZET, Genèse [Anm. 14], S. 278.

33 Generell zu den Repressionen in der Folge der Plakataffäre CROUZET, Genèse [Anm. 14], S. 276–278; BOISSON/DAUSSY, Protestants [Anm. 10], S. 39–41. Zur *Chambre Ardente* vgl. GREENGRASS, French Reformation [Anm. 15], S. 36; CROUZET, Genèse [Anm. 14], S. 479–484; VENARD, Frankreich [Anm. 8], S. 453f.; sowie EDWARD W. MONTER: Judging the French Reformation. Heresy Trials by Sixteenth-Century Parlements. Cambridge/MA 1999.

34 So die Argumentation von Christian Wenzel, allerdings mit Blick auf das Edikt von Compiègne 1557; CHRISTIAN WENZEL: Sicherheit in den Debatten der französischen Religionskriege (1557–1589): Vorstellungen und Funktionen. Diss. phil. Marburg 2017, S. 55f.

35 Vgl. etwa VENARD, Frankreich [Anm. 8], S. 452 mit Anm. 17.

Zunächst ging 1523 Guillaume Farel ins Ausland. Er hielt sich einige Jahre in Basel, Straßburg und Mömpelgard auf, bevor er sich von 1533–1536 in Genf niederließ.[36] Auch Calvin, der aus der Picardie stammte, verließ 1535 im Kontext der durch die Plakataffäre angestoßenen Verfolgungswelle Frankreich, nachdem er seine reformatorische Gesinnung öffentlich gemacht hatte.[37] Auf Einladung Farels wandte er sich nach Genf, wo er bereits 1536 eine erste, noch in Straßburg entstandene lateinische Fassung seiner ‚Institutio christianae religionis' vorlegte[38], allerdings aufgrund seiner radikalen Ansichten schnell in Konflikt mit dem Stadtrat geriet, sodass er Genf zunächst wieder verließ.[39] Erst 1541 kehrte er erneut dorthin zurück. Hier hatten sich aufgrund von Unruhen die Verhältnisse geändert, sodass Calvin nun eine Position erhielt, die es ihm erlaubte, eine umfassende Reformation durchzusetzen. Noch 1541 arbeitete er die Genfer Kirchenordnung aus, 1542 folgte der Genfer Katechismus.[40]

Die Reformation in Genf ging einher mit der Durchsetzung von Calvins Kirchenordnung. Sie beruhte auf einer von der Gemeinde ausgehenden Struktur, die in jeder Gemeinde die vier Ämter des Lehrers, des Pastors, des Presbyters bzw. Ältesten und des Diakons voraussetzte.[41] Insbesondere den Pastoren kam eine Schlüsselrolle zu, sie wurden aber ergänzt durch die von Laien besetzten Ämter der Ältesten und Diakone. Während

---

[36] Zu Farel vgl. VENARD, Frankreich [Anm. 8], S. 463f.; CROUZET, Genèse [Anm. 14], S. 244–249.

[37] Zur frühen Phase Calvins vgl. etwa CROUZET, Genèse [Anm. 14], S. 288–296; BOISSON/DAUSSY, Protestants [Anm. 10], S. 44–47; VAN'T SPIJKER, Calvin [Anm. 31], S. 115–124; OLIVIER MILLET: Die reformierten Kirchen. In: VENARD/SMOLINSKY (Hg.), Die Zeit der Konfessionen [Anm. 8], S. 47–121, hier S. 64–66. Allgemein zu Calvin SAMUEL MOURS: Le Protestantisme en France au XVIe siècle. Paris 1959, S. 51–62; RICHARD STAUFFER: Johannes Calvin. In: Gestalten der Kirchengeschichte. Hg. von MARTIN GRESCHAT. Bd. 6: Die Reformationszeit II. Stuttgart [u. a.] 1981, S. 211–240; MILLET, Kirchen [Anm. 37], S. 64–67; WILLEM NIJENHUIS: Calvin, Johannes. In: TRE, Bd. 7 (1981), S. 568–592; BRIAN A. GERRISH: Calvin, Johannes. In: ⁴RGG, Bd. 2 (1999), Sp. 16–36; sowie WILLIAM J. BOUWSMA: John Calvin. A Sixteenth-Century Portrait. New York, Oxford 1988.

[38] Vgl. BOISSON/DAUSSY, Protestants [Anm. 10], S. 48–53; VAN'T SPIJKER, Calvin [Anm. 31], S. 124f.; HOLT, Wars [Anm. 8], S. 22–24.

[39] Dazu etwa VENARD, Frankreich [Anm. 8], S. 464; VAN'T SPIJKER, Calvin [Anm. 31], S. 136–141; MILLET, Kirchen [Anm. 37], S. 65; CROUZET, Genèse [Anm. 14], S. 302–304.

[40] CROUZET, Genèse [Anm. 14], S. 304–311; BOISSON/DAUSSY, Protestants [Anm. 10], S. 52f.; VENARD, Frankreich [Anm. 8], S. 465; VAN'T SPIJKER, Calvin [Anm. 31], S. 153–157; MILLET, Kirchen [Anm. 37], S. 66; HOLT, Wars [Anm. 8], S. 24–26.

[41] Zur Genfer Kirchenordnung etwa VAN'T SPIJKER, Calvin [Anm. 31], S. 156–160; CROUZET, Genèse [Anm. 14], S. 305–308; MILLET, Kirchen [Anm. 37], S. 75–78; PHILIPPE CHAREYRE/RAYMOND A. MENTZER: Organizing the Churches and Reforming Society. In: A Companion to the Huguenots. Hg. von RAYMOND A. MENTZER und BERTRAND VAN RUYMBEKE. Leiden, Boston 2016 (Brill's Companions to the Christian Tradition 68), S. 17–42, hier S. 21f.

diese sich um die Armenfürsorge kümmerten, wachten die Ältesten gemeinsam mit den Pastoren über die Kirchendisziplin und die sogenannte Sündenzucht, d. h. sie übten einen starken innergemeindlichen Konformitätsdruck aus, der bis ins Privateste reichen konnte. Wer sich nicht normkonform verhielt, konnte vor das Presbyterium zitiert und im Extremfall sogar vom Abendmahl ausgeschlossen werden.[42] Theologisch stand dahinter keine Form der Werkgerechtigkeit, sondern die eher zeichenhafte Vorstellung einer Heiligung des Lebensvollzugs als Zeichen göttlicher Erwählung. Der Erwählte verwirklichte gewissermaßen das göttliche Gesetz in der Welt. Dabei lag der Akzent sehr deutlich auf der Souveränität und Allmacht Gottes, was insbesondere Calvins Schüler und Nachfolger zur Prädestinationslehre ausbauten, also der Vorstellung, dass durch Gottes ewigen Ratschluss Erlöste und Verdammte seit jeher bestimmt seien.[43]

In Frankreich wie auch in den Niederlanden fielen die Organisation von reformatorischen Gemeinden und der Aufbau überlokaler Strukturen mit der Übernahme der Theologie und Kirchendisziplin Calvins zusammen. Seit den 1540er Jahren verdrängte also eine dezidiert reformierte Theologie Genfer Prägung die vagen evangelikalen und lutherischen Ansätze. Mit dem von Calvin entworfenen Glaubensbekenntnis, das als ‚Confessio Gallicana' von der Nationalsynode von 1559 angenommen und von der in La Rochelle tagenden Nationalsynode von 1571 bestätigt wurde, erhielt der französische Protestantismus seine eindeutig calvinistische Ausprägung.[44] Bereits seit den vierziger Jahren des 16. Jahrhunderts waren die Lehren Calvins gegenüber den anfänglich noch vorhandenen lutherischen Strömungen vorherrschend geworden.[45] Von Calvin stammte auch der Entwurf einer

---

42 Etwa MILLET, Kirchen [Anm. 37], S. 76f.

43 Zur Lehre Calvins MILLET, Kirchen [Anm. 37], S. 67–82; VAN'T SPIJKER, Calvin [Anm. 31], S. 203–218; und CROUZET, Genèse [Anm. 14], S. 312–347.

44 Das Glaubensbekenntnis (‚Confessio gallicana', auch ‚Confession de Foi' oder ‚Confession de La Rochelle') in der revidierten Fassung von 1614 liegt gedruckt in deutscher und französischer Sprache vor bei ERNST MENGIN: Das Recht der französisch-reformierten Kirche in Preußen. Urkundliche Denkschrift. Berlin 1929, S. 38–63. Zur ‚Confessio Gallicana' z. B. LÉONARD, Histoire, Bd. 2 [Anm. 15], S. 102f.; JEAN-ROBERT ARMOGATHE: Croire en liberté. L'Église catholique et la révocation de l'Édit de Nantes. Paris 1985, S. 23–25; VAN'T SPIJKER, Calvin [Anm. 31], S. 226; MILLET, Kirchen [Anm. 37], S. 97–101; SUNSHINE, Protestantism [Anm. 26], S. 27–30; BOISSON/DAUSSY, Protestants [Anm. 10], S. 85–87.

45 Vgl. etwa RICHARD NÜRNBERGER: Die Politisierung des französischen Protestantismus. Calvin und die Anfänge des protestantischen Radikalismus. Tübingen 1948, S. 31; LÉONARD, Histoire, Bd. 2 [Anm. 15], S. 82–94; ILJA MIECK: Die Entstehung des modernen Frankreich 1450–1610. Strukturen, Institutionen, Entwicklungen. Stuttgart [u. a.] 1982, S. 232–235; NICOLA M. SUTHERLAND: The Huguenot Struggle for Recognition. New Haven, London 1980, S. 35–39; VENARD, Frankreich [Anm. 8], S. 466–468. Generell zum Erfolg des Calvinismus in Frankreich MENNA PRESTWICH: Calvinism in France, 1555–1629. In: International Calvinism 1541–1715. Hg. von ders. Oxford 1985, S. 71–107, hier S. 73–82.

Kirchenordnung, der ‚Discipline Ecclésiastique des Églises Réformées de France', die von der ersten Nationalsynode 1559 angenommen und im Laufe der Jahre zu einem vierzehn Kapitel umfassenden Text ausgestaltet wurde.[46] Die Kirchenordnung befasste sich zunächst mit den Ämtern der Prediger, Ältesten und Diakone, die für die Gottesdienste, die Kirchenleitung, die Kirchenzucht sowie für die Armenpflege verantwortlich waren. Älteste und Diakone wurden in einer Urwahl von den Hausvätern der Gemeinde gewählt, um sich dann in der Folge durch Kooptation selbst zu ergänzen. Die Prediger hingegen wurden von den Synoden ernannt, durften aber einer Gemeinde nicht aufgezwungen werden.[47] Sodann legte die Ordnung abweichend vom pastoralen System Genfs eine presbyterial-synodale Kirchenverfassung fest, die somit als französische Innovation gelten kann.[48] Prediger, Älteste und Diakone bildeten gemeinsam das Presbyterium, das in der französischen Kirchenordnung als *Consistoire* bezeichnet wurde.[49] Als übergeordnete Organe fungierten die regelmäßig zusammentretenden Kreis- und Provinzialsynoden, in die jede Einzelgemeinde ihre Abgeordneten entsandte, sowie die bei Bedarf tagenden Nationalsynoden.[50] Diese Synoden regelten Angelegenheiten, die über die Ein-

---

[46] Text der Ausgabe von Isaac d'Huisseau aus dem Jahr 1666 in deutscher und französischer Sprache bei MENGIN, Recht [Anm. 44], S. 64–185. Vgl. zur Entstehung und Annahme der *Discipline* LÉONARD, Histoire, Bd. 2 [Anm. 15], S. 98–100; VAN'T SPIJKER, Calvin [Anm. 31], S. 226–228; PRESTWICH, Calvinism [Anm. 45], S. 85f.; SUNSHINE, Protestantism [Anm. 26], S. 5–8; CHAREYRE/MENTZER, Organizing the Churches [Anm. 41], S. 20f.

[47] Kapitel I, Art. 4 und 6 der ‚Discipline Ecclésiastique', gedruckt bei MENGIN, Recht [Anm. 44], S. 66–69. Vgl. zum Inhalt auch LÉONARD, Histoire, Bd. 2 [Anm. 15], S. 101f.; VAN'T SPIJKER, Calvin [Anm. 31], S. 226f.

[48] LEONARD, Histoire, Bd. 2 [Anm. 15], S. 93, schreibt zutreffend: „Mais les conditions du protestantisme français – émulsion en pays hostiles de petits groupes de professants, congrégationalistes d'origine et de tendances – firent des entreprises de ces jeunes Églises pour se fédérer une œuvre plus originale que le simple établissement de l'ordre genevois."

[49] Kapitel V der ‚Discipline Ecclésastique', gedruckt bei MENGIN, Recht [Anm. 44], S. 98–115. Zu den Aufgaben und Funktionen des calvinistischen Presbyteriums und seiner Mitglieder vgl. auch SAMUEL MOURS: Le Protestantisme en France au XVIIe siècle (1598–1685). Paris 1967, S. 100–112; PRESTWICH, Calvinism [Anm. 45], S. 93–97; SUNSHINE, Protestantism [Anm. 26], S. 120–142. Zur presbyterial-synodalen Struktur der französisch-reformierten Kirche vgl. MOURS, Protestantisme [Anm. 37], S. 109–118; LÉONARD, Histoire, Bd. 2 [Anm. 15], S. 93f.; DANIEL LIGOU: Le protestantisme en France de 1598 à 1715. Paris 1968, S. 122–140; ELISABETH LABROUSSE: „Une foi, une loi, un roi"? Essai sur la révocation de l'Édit de Nantes. Genf, Paris 1985 (Histoire et Société 7), S. 47–49; dies.: Calvinism in France, 1598–1685. In: PRESTWICH (Hg.), International Calvinism [Anm. 45], S. 285–314, hier S. 287–293; HENRI DUBIEF: Hugenotten. In: TRE, Bd. 5 (1986), S. 618–629, hier S. 619; BOISSON/DAUSSY, Protestants [Anm. 10], S. 88–91; sowie das Schema bei MILLET, Kirchen [Anm. 37], S. 98.

[50] Dazu Kapitel VI–IX der ‚Discipline Ecclésiastique', gedruckt bei MENGIN, Recht [Anm. 44], S. 114–131. Zu den Synoden vgl. SUNSHINE, Protestantism [Anm. 26], S. 32–

zelgemeinde hinaus von Bedeutung waren und sicherten die Einheit der reformierten Kirche Frankreichs. Theoretisch verwalteten die Gemeinden und die Synoden sich selbst und kamen ohne die Mitsprache der weltlichen Obrigkeiten aus. Dies unterschied die französisch-reformierte Kirche von der Institution Calvins in Genf, wo eine von den Pastoren dominierte Kirche sich auf den Magistrat der Stadtrepublik stützen konnte.[51]

Warum waren die Lehren Calvins so attraktiv für die reformatorische Bewegung in Frankreich, dass sie frühere Ansätze überformen konnten? Mehrere Überlegungen seien skizziert: Zum einen waren Farel und Calvin Franzosen, d. h. ihre Schriften konnten im Original gelesen werden (jedenfalls sofern sie nicht in lateinischer Sprache erschienen) und ihre Verfasser verfügten über personale Netzwerke in Frankreich, die auch nach der Flucht nach Genf wirksam blieben. Führende reformatorisch gesinnte Geistliche, die in den Aufbau von Gemeinden involviert waren, standen in ständigem Briefkontakt mit Farel, Calvin und später auch Théodore de Bèze, latinisiert Theodor Beza. Sie holten sich Rat und profitierten von den Erfahrungen der Umgestaltung der Genfer Kirche, während Calvin selbst äußerst bemüht war, die kirchlichen Verhältnisse in Frankreich durch zahlreiche Schriften in seinem Sinne zu beeinflussen.[52]

Zweitens stand Calvin – wie auch Zwingli und die oberdeutsche Reformation – dem Humanismus viel näher, als das bei Luther der Fall war. Es ist also davon auszugehen, dass der *évangélisme* des französischen Humanismus hier fortlebte, d. h. Calvins Theologie griff jene Reformansätze mit auf, die in Frankreich auch schon in vorreformatorischer Zeit wirksam gewesen waren.[53] Das machte ihn adaptierbar, während die lutherischen Glaubensvorstellungen stets nur vage mit humanistischen Ideen verbunden geblieben waren.

Drittens schließlich – und das ist sicher ein ganz wesentlicher Punkt – war die presbyterial-synodale Kirchenorganisation, wie sie unter Mitwirkung Calvins insbesondere in Frankreich paradigmatisch umgesetzt wur-

---

62; CHAREYRE/MENTZER, Organizing the Churches [Anm. 41], S. 23f.; sowie zu den Provinzorganen, z. B. dem *Colloquium*, und ihrem Zusammenwirken mit den übergeordneten Synoden SUNSHINE, Protestantism [Anm. 26], S. 63–93.

[51] Zur Genfer Kirche vgl. VAN'T SPIJKER, Calvin [Anm. 31], S. 156–168; MILLET, Kirchen [Anm. 37], S. 73–78. Zur Selbständigkeit der französischen Entwicklung auch PRESTWICH, Calvinism [Anm. 45], S. 85f.; GILLIAN LEWIS: Calvinism in Geneva in the time of Calvin and of Beza (1541–1605). In: PRESTWICH (Hg.), International Calvinism [Anm. 45], S. 39–70, hier S. 8f.; MILLET, Kirchen [Anm. 37], S. 63, 74, 95.

[52] Etwa MILLET, Kirchen [Anm. 37], S. 95; VENARD, Frankreich [Anm. 8], S. 467; BOISSON/DAUSSY, Protestants [Anm. 10], S. 56–61.

[53] Zum Humanismus Calvins etwa LÉONARD, Histoire, Bd. 1 [Anm. 15], S. 269–274; CROUZET, Genèse [Anm. 14], S. 291f.; BOISSON/DAUSSY, Protestants [Anm. 10], S. 44–47; sowie zur Bedeutung dieser Kontinuität zum *évangelisme* VENARD, Frankreich [Anm. 8], S. 463f.

de, hervorragend für den Aufbau einer Untergrundkirche geeignet.[54] Die Struktur der Kirche, die von autonomen Gemeinden ausging, die also von der Basis her gedacht war und auf gewählten Vertretern basierte, kam ohne obrigkeitliche Billigung aus. Während die lutherischen Kirchen in Deutschland und Skandinavien, aber auch die seit den 1560er Jahren entstehenden reformierten Kirchen in Deutschland eng an die Obrigkeit gebunden blieben[55], konnte die *Église Réformée de France* autonom und unabhängig funktionieren. Trotz der festen Überzeugung führender protestantischer Geistlicher, dass die Krone Frankreichs sich früher oder später der wahren Religion anschließen, also reformiert werden würde[56], besaß das calvinistische Modell der *Discipline écclesiastique* ein hohes Maß an Attraktivität in Zeiten der Verfolgung.

Doch auch jenseits der konkreten Kirchenorganisation konnte der Calvinismus mit seinem stark akzentuierten Erwählungsglauben an die Selbstwahrnehmungen und Selbstentwürfe einer Minderheitengruppe appellieren. Ihre Situation innerhalb einer ihnen feindlich gegenüberstehenden Mehrheitsgesellschaft förderte Deutungsmuster, die in der Minderheit die kleine erwählte Schar Gottes konstruierte, deren Verfolgtsein geradezu zum Nachweis der Erwähltheit wurde. Jean Crespin etwa formulierte in seinem ‚Livre des martyrs' von 1554: *Entre les marques de la vraye Eglise de Dieu, ceste-cy a esté l'une de principales, à sauoir, qu'elle a de tous temps soustenu les assauts des persecutions.*[57] In Abwandlung dessen, was Heinz Schilling einmal als „Exulantentheologie" präsentiert hat[58], ließe sich vielleicht auch von einer Minderheitentheologie sprechen, insofern die Deutungsmuster von Verfolgung und Exil nicht nur jene Gruppen prägten, die das Land verließen, sondern eben auch auf jene zurückwirkten, die blie-

---

[54] Vgl. schon LÉONARD, Histoire, Bd. 2 [Anm. 15], S. 93; MILLET, Kirchen [Anm. 37], S. 95; ULRICH NIGGEMANN: Immigrationspolitik zwischen Konflikt und Konsens. Die Hugenottenansiedlung in Deutschland und England (1681–1697). Köln [u. a.] 2008 (Norm und Struktur 33), S. 40f.

[55] Dazu aus rechtshistorischer Perspektive immer noch JOHANNES HECKEL: Cura religionis, jus in sacra, jus circa sacra. Darmstadt 1962.

[56] So z. B. DAUSSY, Parti Huguenot [Anm. 2], S. 770–777; WENZEL, Sicherheit [Anm. 34], S. 96, S. 330.

[57] JEAN CRESPIN: Le Livre des Martyrs, qui est vn Recveil de plusieurs Martyrs qui ont enduré la mort pour le Nom de nostre Seigneur Iesus Christ, depuis Iean Hus iusques à ceste année presente M.D.LIIII, [Genf] 1554 [München, Bayerische Staatsbibliothek H.ref.236], fol. *ii. Vgl. dazu auch ULRICH NIGGEMANN: Inventing Immigrant Traditions in Seventeenth- and Eighteenth-Century Germany: The Huguenots in Context. In: Migrations in the German Lands, 1500–2000. Hg. von JASON COY [u. a.]. New York, Oxford 2016 (Spektrum 13), S. 88–109, hier S. 91.

[58] HEINZ SCHILLING: Peregrini und Schiffchen Gottes. Flüchtlingserfahrung und Exulantentheologie des frühneuzeitlichen Calvinismus. In: Calvinismus: Die Reformierten in Deutschland und Europa. Katalog zur Ausstellung des Deutschen Historischen Museums Berlin. Hg. von ANSGAR REISS und SABINE WITT. Dresden 2009, S. 160–168.

ben. Ganz anders als das Luthertum war der Calvinismus also von Beginn an von Exil und Verfolgung geprägt und musste sich in dieser Situation organisieren und selbst entwerfen.

Der Protestantismus calvinistischer Prägung erreichte in Frankreich in den Jahren um 1560 seine größte Ausdehnung. Etwa 1,25 Millionen Franzosen bekannten sich zu diesem Zeitpunkt zum Protestantismus, etwa 7,8 Prozent der Gesamtbevölkerung des damaligen Frankreich. Vereinfachend kann man davon ausgehen, dass sich die Mehrzahl der Gemeinden in Südfrankreich befand, daneben auch im Bereich der Cevennen und des Zentralmassivs sowie an der Atlantikküste und in der Normandie. Außerdem befanden sich in den größeren Städten quantitativ starke Gemeinden, neben Paris auch in Rouen, Orléans oder Lyon. Aufgrund der Bürgerkriege und anhaltender Verfolgungen ging die Zahl der Gemeinden aber schon seit den 1570er Jahren wieder zurück.[59]

Neben dem Prozess der Gemeindebildung und der Ausformung übergeordneter Organisationsstrukturen lassen sich weitere Entwicklungen seit dem Ende der 1540er Jahre konstatieren. Da ist zunächst die Herausbildung spezifischer Konfessionskulturen zu nennen. Das ist freilich ein Vorgang, der in der zweiten Hälfte des 16. Jahrhunderts erst begann und noch in der ersten Hälfte des 17. Jahrhunderts keineswegs abgeschlossen war. Seine Anfänge lassen sich aber durchaus mit der Organisation reformierter Gemeinden und ihrer Calvinisierung greifen. Augenfällig war insbesondere der Unterschied in der Gestaltung sakraler Räume. Während der Katholizismus – insbesondere in der Folge des Tridentinums – auf das visuelle Medium des Bildes setzte und auch den Raum außerhalb der Kirchen und Kirchhöfe durch Kreuze, Jesusdarstellungen und Madonnen sakralisierte, verzichtete insbesondere der Protestantismus reformierter Prägung nahezu völlig auf Bildlichkeiten: Reformierte Kirchen zeichneten sich durch Schlichtheit aus, sie ähnelten eher Sälen und Versammlungsräumen, die ganz auf die Predigerkanzel und den Abendmahlstisch ausgerichtet waren, oft sogar in einer Querausrichtung mit halbkreisförmig um den Abendmahlstisch gruppierten Bänken.[60] Während Katholiken solche Räume kaum als Sakralräume wahrzunehmen vermochten, sondern in ihnen profane Versammlungsräume sahen, fühlten sich Calvinisten zunehmend von der Bilderfülle katholischer Kirchen abgeschreckt, die sie in die Nähe der Idolatrie rückten. Mit dem völligen Wegfall der Heiligenverehrung im Protestantismus fiel zudem ein weiteres, für katholische Kirchen so prägendes

---

59 VENARD, Frankreich [Anm. 8], S. 468f.; NIGGEMANN, Hugenotten [Anm. 8], S. 15; CHAREYRE/MENTZER, Organizing the Churches [Anm. 41], S. 17f.

60 Vgl. etwa MILLET, Kirchen [Anm. 37], S. 82–85; EBERHARD GRESCH: Die Hugenotten. Geschichte, Glaube und Wirkung. 2. Aufl. Leipzig 2005, S. 23; KLAUS MERTEN: Die Temples der Hugenotten. In: Zuwanderungsland Deutschland: Die Hugenotten. Hg. von SABINE BENEKE und HANS OTTOMEYER. Berlin, Wolfratshausen 2005, S. 25–34, hier S. 25–29.

Element fort, nämlich die Heiligenbilder und die in größeren Kirchen zu findenden Seitenaltäre.

Doch auch auf der habituellen Ebene der Gläubigen traten die Unterschiede hervor. Rosenkränze, das Verneigen gegenüber Marienbildern, das ostentative Bekreuzigen spielten im Calvinismus keine Rolle bzw. wurden strikt abgelehnt. Stattdessen traten Bibel und Katechismus in den Mittelpunkt.[61] Solche und andere identitätstiftende äußere Merkmale, auch etwa in der Tracht, dürfen nicht unterschätzt werden. Sie führten dazu, den konfessionell Anderen als Fremden wahrzunehmen. Hatten ländliche und städtische Gemeinschaften sich bislang über die gemeinsame Pfarrkirche, die gemeinsam gefeierten Feste des Jahreskreises usw. identifiziert und als Gemeinschaft konstituiert, so gingen nun tiefe Risse durch zahlreiche Gemeinden. Die Duldung des jeweils Anderen, des als Ketzer Diffamierten, drohte zudem den Zorn Gottes auf die Gemeinschaft zu ziehen. Dort wo man in der Überzahl war, tendierte man dementsprechend dazu, den Anderen auszugrenzen, zur Konversion zu zwingen, zu vertreiben oder gar zu vernichten.[62] Das galt keineswegs nur für die katholische Mehrheit, sondern auch für die regional durchaus bestehenden reformierten Mehrheiten im Süden, in den Cevennen oder in Poitou-Charente.[63]

Die Herausbildung spezifischer Konfessionskulturen mit ihren identitätstiftenden Merkmalen, ihren Praktiken, ihren Ablehnungen des Anderen war also ein durchaus konfliktbehafteter Vorgang, schon vor Ausbruch der Bürgerkriege. Die Konfessionskulturen konstituierten sich ja geradezu in der Abgrenzung vom jeweils Anderen, Alteritäten waren – wie stets – die Kehrseite der Identitätsbildung. Man könnte auch formulieren, dass sich hier – wie überall im Zuge der Reformation – die ‚mosaische Unterscheidung' gewissermaßen innerreligiös wiederholte.[64]

---

[61] Ernst Koch: Calvinismus 1: Konfession. In: Enzyklopädie der Neuzeit. Bd. 2. Stuttgart 2005, Sp. 616–621, hier Sp. 618f.; Boisson/Daussy, Protestants [Anm. 10], S. 108–111.

[62] Vgl. zur Problematik z. B. David El Kenz/Claire Gantet: Guerres et paix de religion en Europe. XVIe–XVIIe siècles. 2. Aufl. Paris 2008, S. 99–104; und mit Blick auf das Verhalten der Hugenotten auch Maryelise Suffern Lamet: French Protestants in a Position of Strength. The Early Years of the Reformation in Caen, 1558–1568. In: The Sixteenth Century Journal 9/3 (1978), S. 35–55.

[63] Wenig bekannt ist etwa das hugenottische Massaker an Katholiken in Nîmes, die Michelade von 1567; vgl. Allan Tulchin: The Michelade in Nîmes, 1567. In: French Historical Studies 29 (2006), S. 1–35; und Christian Wenzel: Der städtische Raum und die bedrohte Sicherheit: Paris am Vorabend der Französischen Religionskriege des 16. Jahrhunderts. In: Sicherheitsprobleme im 16. und 17. Jahrhundert: Bedrohungen, Konzepte, Ambivalenzen. Hg. von Horst Carl [u. a.]. Baden-Baden 2019 (Politiken der Sicherheit/Politics of Security), S. 141–170.

[64] Zum Begriff der ‚mosaischen Unterscheidung', der die alttestamentliche Unterscheidung zwischen Innen und Außen, die Einführung einer fundamentalen Differenzkategorie meint, vgl. Jan Assmann: Die mosaische Unterscheidung. Oder der Preis des Monotheismus. München 2003. Zur Übertragung auf die innerchristlichen Kon-

Ein anderer wichtiger Punkt ist der des sozialen Milieus, in dem der Protestantismus verwurzelt war. Obwohl es in bestimmten Gegenden Frankreichs – insbesondere in den Cevennen, aber auch in der Provence und an der Atlantikküste – durchaus auch einen starken ländlichen Protestantismus gab, lagen seine Schwerpunkte doch eher in den Bürgerschaften der Städte. Es ist also die Tendenz erkennbar, dass der Protestantismus bei den Kaufleuten und bei den Handwerksberufen stark war, die eine überregionale Ausrichtung hatten.[65] Was seit den 1550er Jahren hinzutrat, war die Präsenz des Adels und des Hochadels.[66] Das veränderte den französischen Protestantismus. Es ist schwierig, für diese Zeit mit Begriffen wie ‚Politisierung' zu operieren[67], weil das den Eindruck erweckt, als könne man für das 16. Jahrhundert die Sphäre des Politischen eindeutig von der des Religiösen trennen.[68] Und doch bedeutete das Hinzutreten des Adels eine Vermengung der religiös-konfessionellen Ausdifferenzierung mit den genuinen politischen Interessen hochadeliger Gruppierungen, insbesondere während einer Phase struktureller Schwäche der Krone. Die religiöse Überzeugung der Protestanten, die übrigens nun immer häufiger unter dem Begriff ‚Hugenotten' firmierten[69], wurde auch zum Ausdruck politischer Opposition bzw. eines gewissen Autonomiestrebens innerhalb einer sich unter Franz I. und Heinrich II. zentralisierenden Staatlichkeit, die freilich nach dem Turniertod Heinrichs rasch zusammenbrach. Der Adel brachte also einen Schub an politischem Bewusstsein, aber auch an Militarisierung ein, ohne dass sich damit eindeutig zwischen religiösen und

---

flikte auch BORIS QUECKBÖRNER: Englands Exodus. Form und Funktion einer Vorstellung göttlicher Erwählung in Tudor-England. Bielefeld 2017, S. 66–68.

65 VENARD, Frankreich [Anm. 8], S. 469f.

66 Vgl. dazu ARLETTE JOUANNA: Le devoir de révolte. La noblesse française et la gestation de l'État moderne, 1559–1661. Paris 1989, S. 119–146; DAUSSY, Parti Huguenot [Anm. 8], S. 64–81. Laut PRESTWICH, Calvinism [Anm. 45], S. 73, war 1559 etwa die Hälfte des Adels calvinistisch gesonnen; zum Adel auch LEONARD, Histoire, Bd. 2 [Anm. 15], S. 95f., und SUNSHINE, Protestantism [Anm. 26], S. 21–23. Freilich gab es bereits zuvor Tendenzen zur ‚Politisierung' und Radikalisierung des französischen Calvinismus, worauf etwa NÜRNBERGER, Politisierung [Anm. 45], passim und besonders S. 74–76, hinweist.

67 So etwa NÜRNBERGER, Politisierung [Anm. 45].

68 Vgl. dazu auch programmatisch DAMIEN TRICOIRE: Mit Gott rechnen. Katholische Reform und politisches Kalkül in Frankreich, Bayern und Polen-Litauen. Göttingen 2013 (Religiöse Kulturen im Europa der Neuzeit 1), S. 10–17.

69 Zum Hugenottenbegriff und seiner Etymologie vgl. etwa MATTHIAS ASCHE: Neusiedler im verheerten Land. Kriegsfolgenbewältigung, Migrationssteuerung und Konfessionspolitik im Zeichen des Landeswiederaufbaus. Die Mark Brandenburg nach den Kriegen des 17. Jahrhunderts. Münster 2006, S. 553f.; ders.: Hugenotten in Europa seit dem 16. Jahrhundert. In: Enzyklopädie Migration in Europa. Vom 17. Jahrhundert bis zur Gegenwart. 3. Aufl. Hg. von KLAUS J. BADE [u. a.]. Paderborn [u. a.] 2010, S. 635–643, hier S. 635; DÖLEMEYER, Hugenotten [Anm. 24], S. 11f.; VENARD, Frankreich [Anm. 8], S. 479; NIGGEMANN, Hugenotten [Anm. 8], S. 9.

(macht-)politischen Motiven trennen lässt. Zugleich lassen sich hier auch Risse und Brüche innerhalb des französischen Protestantismus feststellen: Die – nicht zuletzt adelige – Bereitschaft zum Widerstand stand nämlich durchaus in einem gewissen Spannungsverhältnis zum Martyriumsgedanken, den auch Calvin selbst immer wieder hervorhob. War es nicht richtiger, um des wahren Glaubens willen zu leiden, als sich gegen die von Gott eingesetzte Obrigkeit bewaffnet zur Wehr zu setzen?[70] Es bedurfte also durchaus kommunikativer Strategien zur Forcierung der Widerstandsidee, und es gelang den adeligen Führungsfiguren in der Folge durchaus, ihre Vorstellungen eines religiös gedeuteten Kampfes zu implementieren.

3. Die Eskalation der Gewalt: Die Bürgerkriege

Es waren diese Entwicklungen, die letztlich im Zusammenspiel mit einer Phase der Schwächung der Zentralgewalt zu einer Eskalation führten, die in eine Reihe blutiger Bürgerkriege mündeten. Ursache dieser Bürgerkriege, die oftmals stark vereinfachend als ‚Religionskriege' bezeichnet werden[71], war die mit dem frühen Turniertod Heinrichs II. eingetretene Schwäche der Zentralgewalt. Heinrichs Sohn, Franz II., war bei der Übernahme der Regierung 1559 erst fünfzehn Jahre alt und zudem kränklich. Bereits 1560 verstarb er, so dass seine Mutter, Katharina von Medici, die Regentschaft für den noch minderjährigen Karl IX. übernahm. Die Schwäche der Krone führte zu Kämpfen zwischen unterschiedlichen Adelsfraktionen, die sich um die Macht im *Conseil* stritten.[72] Die Bürgerkriege – das hat Christian Wenzel in seiner Marburger Dissertation jetzt sehr klar her-

---

[70] Vgl. knapp zu diesem Spannungsfeld ULRICH NIGGEMANN: Places de sûreté. Überlegungen zum Sicherheitsstreben der Hugenotten in Frankreich (1562–1598). In: Sicherheit in der Frühen Neuzeit. Norm – Praxis – Repräsentation. Hg. von CHRISTOPH KAMPMANN und ULRICH NIGGEMANN. Köln [u. a.] 2013 (Frühneuzeit-Impulse 2), S. 569–584, hier S. 574.

[71] Z. B. LÉONARD, Histoire, Bd. 2 [Anm. 15], S. 95, S. 111; GRESCH, Hugenotten [Anm. 60], S. 31–35; und im Hinblick auf die Bürgerkriege der 1620er Jahre JANINE GARRISSON: Denn so gefällt es uns… Geschichte einer Intoleranz. Bad Karlshafen 1995, S. 48. Auch HOLT, Wars [Anm. 8], verwendet den Terminus *Wars of Religion* (etwa im Titel seiner Arbeit), wägt jedoch unterschiedliche Faktoren differenzierter gegeneinander ab und betont v. a. den sozialen und kulturellen Charakter des Religiösen; ebd., S. 50f., S. 190–193; ähnlich auch PRESTWICH, Calvinism [Anm. 45], S. 93 und S. 97. Zur Problematik auch MIECK, Entstehung [Anm. 45], S. 239f.; VENARD, Frankreich [Anm. 8], S. 476f.; und ausführlich die Positionen der Forschung rekapitulierend WENZEL, Sicherheit [Anm. 34], S. 18–21.

[72] Vgl. VENARD, Frankreich [Anm. 8], S. 480; RAINER BABEL: Franz II. In: Französische Könige und Kaiser der Neuzeit. Von Ludwig XII. bis Napoleon III. 1498–1870. Hg. von PETER C. HARTMANN. München 1994, S. 91–98; ders.: Karl IX. In: ebd., S. 99–119, hier S. 100–102; JEAN-HIPPOLYTE MARIEJOL: Catherine de Médicis 1519–1589. Paris 1979, S. 135–146. Zum Machtkampf der Adelsfraktionen vgl. NÜRNBER-

ausgearbeitet – waren wesentlich geprägt von unterschiedlichen, konkurrierenden und gegenläufigen Bedrohungswahrnehmungen und Feindmarkierungen, in denen die Existenz einer konfessionellen Minderheit bzw. die Verhinderung der Ausübung der wahren Religion als Bedrohungsnarrative massiv kommuniziert wurden.[73] Den Anfang bildete dabei nicht, wie vielfach in den Handbüchern zu finden, das sogenannte Massaker von Vassy, sondern schon ein Vorfall, der sich in der Nacht vom 4. auf den 5. September 1557 in der Pariser Rue Saint Jacques ereignete und an dem sich gut zeigen lässt, wie innere und äußere Bedrohungsperzeptionen sich überlagerten.[74] Vor dem Hintergrund der Belagerung von Saint-Quentin durch die Spanier und der allgemeinen Panik in Paris, die schon eine vermeintlich bevorstehende Eroberung der Hauptstadt antizipierte, wurde ein hugenottischer Gottesdienst eben in der Rue Saint Jacques, also in der unmittelbaren Nähe der Sorbonne, publik. Nicht so sehr die Tatsache, dass es solche geheimen Gottesdienste gab, sondern die schiere Quantität der Teilnehmer wie auch ihre soziale Zusammensetzung wirkten alarmierend: Es handelte sich um mehrere hundert Personen, darunter angesehene Bürger und Angehörige des Adels. Die gefährliche Minderheit – so die Wahrnehmung – hatte also die Eliten der Gesellschaft durchdrungen und das vor dem Hintergrund einer auswärtigen Bedrohung. Der Feind, so ließ sich schließen, stand also bereits mitten in Paris und unterhöhlte die Ordnung und die Moral der Gesellschaft, er bedrohte gleich in mehrfacher Weise die Sicherheit des Staates – die *ruine d'estat* stand demnach unmittelbar bevor.[75]

In der auch medial geführten Auseinandersetzung ging es also um nicht weniger als um die Frage, wie das Überleben des französischen Staates gesichert werden könne. Während katholische Hardliner im Umfeld der Krone den Hugenotten eine Mitschuld an der militärischen Misere gaben und nur in der Beseitigung der Minderheit einen Weg zur Wiederherstellung der Ordnung sahen, argumentierten die Hugenotten, dass es die Verfolgung der Minderheit und des wahren Glaubens sei, welche die Strafe Gottes auf Frankreich zögen.[76] Nur die Duldung der Minderheit könne Gottes Zorn besänftigen. Mit dem Tod Heinrichs II. 1559 schien sich diese Position zu bestätigen, jedenfalls argumentierten die Hugenotten hier noch einmal ganz dezidiert mit der Strafe Gottes, die über Heinrich und die Krone hinein gebrochen sei.[77]

GER, Politisierung [Anm. 45], S. 73f.; PRESTWICH, Calvinism [Anm. 45], S. 86f.; und HOLT, Wars [Anm. 8], S. 42 und S. 192f.

[73] WENZEL, Sicherheit [Anm. 34].

[74] Vgl. DAUSSY, Parti Huguenot [Anm. 8], S. 21f.; WENZEL, Sicherheit [Anm. 34]; und demnächst ders., Raum [Anm. 63].

[75] WENZEL, Sicherheit [Anm. 34], S. 65–89.

[76] Vg. etwa WENZEL, Sicherheit [Anm. 34], S. 65–71; sowie DAUSSY, Parti Huguenot [Anm. 8], S. 50–53.

[77] Hierzu besonders WENZEL, Sicherheit [Anm. 34], S. 90–108.

Mit dem Tod Heinrichs II. und der Regentschaft Katharinas von Medici während der Minderjährigkeit Franz' II. eskalierte der Konflikt. Allen Bemühungen der Krone zum Trotz, die versuchte, eine moderate Position einzunehmen, mit dem Edikt von Saint-Germain 1562 sogar eine begrenzte Toleranz für die Minderheit zugestand[78], kam es nun zu einem beispiellosen Autoritätsverlust der Zentrale und zu blutigen Auseinandersetzungen zwischen den katholischen und hugenottischen Adelsparteien, insbesondere dem lothringischen Haus Guise und den teilweise zum Protestantismus konvertierten Prinzen von Geblüt wie etwa dem Fürsten von Condé.[79] Man könnte anachronistisch die Begrifflichkeit der *failing states*[80] auf das Frankreich nach 1560 anwenden, um diesen weitgehenden Zusammenbruch der Staatlichkeit zu skizzieren, und gewissermaßen von adligen *Warlords* sprechen, die in einem zunehmend enthemmten gewalttätigen Ringen sich bis aufs Blut bekämpften. Die ganze Brutalität und Hemmungslosigkeit von Bürgerkriegen ließe sich hier thematisieren.

Diese Auseinandersetzungen – in der Regel spricht man von acht Bürgerkriegen im 16. Jahrhundert –, die durchaus mit wechselndem Kriegsglück geführt und von brüchigen Pazifikationen unterbrochen wurden[81], trugen aber zweifellos wesentlich dazu bei, die konfessionellen Identitäten zu schärfen. Das Hugenottentum der zweiten Hälfte des 16. Jahrhunderts war zweifellos geprägt einerseits von einem ins Extrem gesteigerten Märtyrerkult – sehr einflussreich wurde insbesondere Jean Crespins ‚Livre des martyrs' –, andererseits von einem ausgeprägten Erwählungsglauben, gepaart mit einer massiven Militarisierung.[82] Auf der anderen Seite gab es ei-

---

[78] Dazu beispielsweise HOLT, Wars [Anm. 8], S. 46–49.

[79] Vgl. etwa JOUANNA, Devoir [Anm. 66], S. 148–161; HOLT, Wars [Anm. 8], S. 50–75.

[80] Der Begriff des *failed state* stammt aus dem modernen Völkerrecht; grundlegend etwa: Der Wegfall effektiver Staatsgewalt im Völkerrecht: „The Failed State". Hg. von MATTHIAS HERDEGEN [u. a.]. Heidelberg 1995.

[81] Vgl. zum Ereignisablauf HOLT, Wars [Anm. 8]; SUTHERLAND, Struggle [Anm. 45], S. 137–282; BOISSON/DAUSSY, Protestants [Anm. 10], S. 114–140. Auflistung der zwischenzeitlichen Friedensschlüsse und Religionsedikte mit knapper Inhaltsangabe bei SUTHERLAND, Struggle [Anm. 45], S. 356–372. Eine Edition der verschiedenen Pazifikationsedikte findet sich bei ANDRÉ STEGMANN: Édits de Guerres de Religion. Paris 1979 (Textes et Documents de la Renaissance 2). Inzwischen liegt auch online eine Edition der Edikte vor: BERNARD BARBICHE: L'édit de Nantes et ses antécédents (1562–1598). In: Éditions en ligne de l'École de chartes (Élec), http://elec.enc.sorbon-ne.fr/editsdepacification/ (12. Juli 2018).

[82] Zu Crespin und dem spezifischen Erwählungsglauben auch CHARLES H. PARKER: French Calvinists as the Children of Israel. An Old Testament Self-Consciousness in Jean Crespin's Histoire de Martyrs before the Wars of Religion. In: The Sixteenth Century Journal 24 (1993), S. 227–248; JEAN-FRANÇOIS GILMONT: Jean Crespin. Un éditeur réformé du XVIe siècle. Genf 1981. Allgemeiner zu Martyrium und Kriegserfahrung CROUZET, Genèse [Anm. 14], S. 504–510; RAINER BABEL: Kreuzzug, Martyrium, Bürgerkrieg: Kriegserfahrungen in den französischen Religionskriegen. In: Reli-

nen moderaten, dem Humanismus verbundenen Katholizismus, für den beispielhaft Michel de l'Hôpital, Kanzler Katharinas von Medici, steht[83], aber auch einen radikalen Katholizismus, der vom Haus Guise geführt wurde und der den einmal mehr, einmal weniger ausgeprägten Toleranzkurs der Krone heftig bekämpfte.[84]

Beide Flügel, die Hugenotten wie auch die Katholiken, entwickelten revolutionäre Momente, die sich aus einem zunehmenden Endzeitglauben speisten, aber auch aus der sich steigernden Opposition gegenüber einer als schwach und die je eigenen Interessen nicht mehr verteidigend wahrgenommenen Krone. Im hugenottischen Milieu, insbesondere in den *Assemblées politiques*, entwickelten sich Sezessionstendenzen und – vor allem nach der Bartholomäusnacht von 1572 – auch monarchomachische Ideen, Ideen vom Tyrannenmord und republikanischen Strukturen.[85] Gleiches gilt für die katholische Seite. Insbesondere als sich die Thronfolge des Protestanten Heinrich von Navarra abzeichnete und nach der Ermordung Heinrichs III. 1589 Realität wurde, wurden im katholischen Milieu monarchomachische Schriften, die auf die Absetzung oder sogar Ermordung des Königs zielten, formuliert.[86] Mit der Regierung der Sechzehn in Paris unter Heinrich III. und der *journée des barricades* vom 12. Mai 1588 lassen sich besonders im fanatisierten Paris revolutionäre Tendenzen feststellen. Die Großstadt Paris war praktisch unregierbar geworden.[87]

Der Märtyrerkult, der auch auf katholischer Seite existierte, wurde bei den Protestanten jedoch zu einem enorm wichtigen identitätstiftenden

---

gionskriege im Alten Reich und in Alteuropa. Hg. von FRANZ BRENDLE und ANTON SCHINDLING. Münster 2006, S. 107–117.

[83] Vgl. zu Michel de l'Hôpital DENIS CROUZET: La Sagesse et le malheur. Michel de l'Hôpital chancelier de France. Seyssel 1998. Zur politischen Hinwendung zur Toleranz als Versuch, die Konflikte zu entschärfen, vgl. BOISSON/DAUSSY, Protestants [Anm. 10], S. 117–120; HOLT, Wars [Anm. 8], S. 46; WENZEL, Sicherheit [Anm. 34], S. 152–171.

[84] Dazu etwa CROUZET, Genèse [Anm. 14], S. 491–504; sowie WENZEL, Sicherheit [Anm. 34], S. 178–187, 223–232.

[85] UDO BERMBACH: Widerstandsrecht, Souveränität, Kirche und Staat – Frankreich und Spanien im 16. Jahrhundert. In: Pipers Handbuch der politischen Ideen. Hg. von IRING FETSCHER und HERIFRIED MÜNKLER. Bd. 3: Neuzeit. Von den Konfessionskriegen bis zur Aufklärung. München 1985, S. 101–162, hier S. 107–124; HUGUES DAUSSY: Huguenot Political Thought and Activities. In: MENTZER/VAN RUYMBEKE (Hg.), A Companion to the Huguenots [Anm. 41], S. 66–89, hier S. 80f.; Auszüge aus den zentralen Texten bei JÜRGEN DENNERT: Beza, Brutus, Hotman. Calvinistische Monarchomachen. Köln, Opladen 1968.

[86] Zu den katholischen Monarchomachen vgl. BERMBACH, Widerstandsrecht [Anm. 85], S. 124–129; HOLT, Wars [Anm. 8], S. 131f. und CORNEL ZWIERLEIN: The Political Thought of the French League and Rome 1585–1589. Genf 2016 (Cahiers d'Humanisme et Renaissance 181).

[87] Vgl. dazu MARK GREENGRASS: France in the Age of Henry IV. The Struggle for Stability. London, New York 1984, S. 40–47; HOLT, Wars [Anm. 8], S. 121–137.

Faktor, vor allem nach der Bartholomäusnacht vom 24. August 1572.[88] Die Bartholomäusnacht gilt bis heute als ein protestantischer, vor allem hugenottischer Erinnerungsort, und es ist ganz schwierig, den Mythos ‚Bartholomäusnacht' aufzubrechen und zu historisieren. Die Rolle dieses Erinnerungsorts ist so zentral für den hugenottischen Selbstentwurf, dass jede kritische Analyse des komplexen Geschehens als Angriff auf die kollektive Identität empfunden wird, die sich eben gerade aus dem Zusammenspiel von Verfolgung, Martyrium und göttlicher Erwählung legitimiert.[89] Unter diesem erinnerungskulturellen Gesichtspunkt ist die Bartholomäusnacht dann in der Tat als ein Wendepunkt in der Geschichte der Reformation in Frankreich zu verstehen. Sie führte nicht nur zu einer Intensivierung des Bedrohungsnarrativs und des damit verbundenen Erwählungsglaubens, sondern auch zu einer inneren Abkehr vom französischen Staat.

Nach dem vorläufigen Ende der Bürgerkriege begann sich das Hugenottentum zu wandeln. Es verlor sein adliges Element und pflegte – insbesondere in den Hochburgen – seine eigene Konfessionskultur, die ganz entschieden eine andere war als die der Mehrheitsbevölkerung.[90] Dazu trug sicherlich auch das Edikt von Nantes bei, das 1598 von Heinrich IV. erlassen wurde,[91] der als König von Navarra zeitweise selbst Anführer der Hugenottenpartei gewesen war und nach dem Tod Heinrichs III., des letzten

---

[88] Vgl. zur Bartholomäusnacht die zum Teil beträchtlich divergierenden Darstellungen bei ILJA MIECK: Die Bartholomäusnacht als Forschungsproblem. Kritische Bestandsaufnahme und neue Aspekte. In: Historische Zeitschrift 216 (1973), S. 73–110; IRENE DINGEL: Bartholomäusnacht. In: ⁴RGG, Bd. 1 (1998), Sp. 1142–1143; DAUSSY, Parti Huguenot [Anm. 8], S. 757–767; BOISSON/DAUSSY, Protestants [Anm. 10], S. 127–129; HOLT, Wars [Anm. 8], S. 81–97; sowie in monographischer Form NICOLA M. SUTHERLAND: The Massacre of St. Bartholomew and the European Conflict, 1559–1572. London 1972; DENIS CROUZET: La Nuit de la Saint-Barthélemy. Un rêve perdu de la Renaissance. Paris 1994; ARLETTE JOUANNA: La Saint-Barthélemy. Les mystères d'un crime d'État, 24 août 1572. Paris 2007; BARBARA DIEFENDORF: The Saint-Bartholomew's Day Massacre. A Brief History with Documents. Boston/MA 2009. Knapp zum Forschungsstand auch NIGGEMANN, Hugenotten [Anm. 8], S. 17.

[89] So beispielsweise CORNEL ZWIERLEIN: Die Genese eines europäischen Erinnerungsortes: Die Bartholomäusnacht im Geschichtsgebrauch des konfessionellen Zeitalters und der Aufklärung. In: Zwischen Wissen und Politik. Archäologie und Genealogie frühneuzeitlicher Vergangenheitskonstruktionen. Hg. von FRANK BEZNER und KIRSTEN MAHLKE. Heidelberg 2011, S. 91–129.

[90] Vgl. dazu NIGGEMANN, Hugenotten [Anm. 8], S. 23–25.

[91] Der Text des Edikts liegt mehrfach ediert vor; hier sei auf die folgende Ausgabe verwiesen: JANINE GARRISSON: L'Édit de Nantes. Biarritz 1997. Ausführlich zu Entstehung, Inhalt und Bedeutung des Edikts BERNARD COTTRET: 1598: L'Édit de Nantes. Pour en finir avec les guerres de religion. Paris 1997; Coexister dans l'intolérance: L'Édit de Nantes (1598). Hg. von MICHEL GRANDJEAN und BERNARD ROUSSEL. Genf 1998 (Histoire et Société 37); und einführend BOISSON/DAUSSY, Protestants [Anm.10], S. 140–145; HOLT, Wars [Anm. 8], S. 162–166; NIGGEMANN, Hugenotten [Anm. 8], S. 18–20.

Königs aus dem Hause Valois, seinen Anspruch auf den Thron militärisch durchzusetzen und durch seinen Übertritt zur katholischen Kirche politisch abzusichern vermochte.[92] Formal ein königliches Edikt, war der Text doch eher das Ergebnis zäher Verhandlungen vor dem Hintergrund einer militärischen und politischen Patt-Situation als Ausfluss der königlichen Toleranz oder der Bereitschaft, dauerhaft die Bikonfessionalität des Landes hinzunehmen. So hatten die politischen Versammlungen der Hugenotten über ihre *doléances* erheblichen Einfluss auf die Ausgestaltung des Edikts genommen.[93] In 92 Artikeln wurden in relativ loser Folge die notwendigen Punkte geregelt. Nach dem Erlass einer Generalamnestie[94] wurde bezeichnenderweise die völlige Wiederherstellung der katholischen Kirche in Frankreich angeordnet (Art. 3–5). Erst dann wurde das freie und ungehinderte Wohnrecht für die Angehörigen der nun als *R. P. R* (*Religion prétendue reformée*) bezeichneten Konfession festgelegt. Überdies wurden im Edikt Bestimmungen getroffen, unter welchen Umständen die Religionsausübung gestattet sein sollte. Zunächst wurde allen Lehns- und Gerichtsherren das Recht zuerkannt, in ihren Häusern reformierte Gottesdienste abzuhalten. Sodann sollte überall dort, wo es das Edikt von Poitiers von 1577 vorsah und wo 1596 und 1597 regelmäßig öffentliche Gottesdienste stattfanden, die freie Religionsausübung erlaubt sein (Art. 6–11).[95] Außer an den explizit erlaubten Orten, deren Berechtigung durch spezielle Kommissionen ermittelt werden sollte, waren die öffentliche Religionsausübung und damit auch die reformierte Form der Kirchenverwaltung sowie ein protestantischer Unterricht strikt untersagt (Art. 13).[96] Auch an

---

[92] Vgl. zur Zuspitzung der Lage und zum Problem der Thronfolge nach dem Tod Heinrichs III. VENARD, Frankreich [Anm. 8], S. 483f.; GREENGRASS, France [Anm. 86], S. 37–41; HOLT, Wars [Anm. 8], S. 121–152.

[93] Zu den langwierigen Verhandlungen an unterschiedlichen Tagungsorten SUTHERLAND, Struggle [Anm. 45], S. 283–332; GREENGRASS, France [Anm. 87], S. 100f.; HOLT, Wars [Anm. 8], S. 162; PRESTWICH, Calvinism [Anm. 45], S. 100; BOISSON/DAUSSY, Protestants [Anm. 10], S. 140–142. Zur Einschätzung und Bewertung des Edikts SUTHERLAND, Struggle [Anm. 45], S. 332; ELISABETH LABROUSSE: Calvinism in France, 1598–1685. In: PRESTWICH (Hg.), International Calvinism [Anm. 45], S. 285–314, hier S. 285–287; VERNARD, Frankreich [Anm. 8], S. 484; sowie vor allem MARIO TURCHETTI: Nantes, Edict of. In: The Oxford Encyclopedia of the Reformation. Bd. 3. Oxford, New York 1996, S. 126–128, hier S. 127f.; ders.: Une question mal posée: la qualification de perpétuel et irrévocable appliquée à l'édit de Nantes. In: Bulletin de la Société de l'Histoire du Protestantisme Français 139 (1993), S. 41–78; ECKART BIRNSTIEL: Das Edikt von Nantes (1598). Triumph oder Scheitern der Reformation in Frankreich? In: Hugenotten 63 (1999), S. 3–26; ders.: Edikt von Nantes. In: Enzyklopädie der Neuzeit. Bd. 3. Stuttgart, Weimar 2006, Sp. 26–30.

[94] Art. 1–2, sowie präzisiert in den Art. 71, 75–81 und 84–90 des Edikts von Nantes.

[95] Das Edikt Kg. Heinrichs III., Poitiers, Sept. 1577 mit knapper Inhaltsangabe bei SUTHERLAND, Struggle [Anm. 45], S. 392f.

[96] Vgl. zu den Kommissionen, die aus jeweils zwei Verwaltungsbeamten bestanden, von denen stets einer ein Protestant sein sollte, GREENGRASS, France [Anm. 87], S. 108–111.

Bischofssitzen und geistlichen Orten sowie in Paris durfte es keine reformierten Kirchen geben, allerdings bekamen die Anhänger der neuen Lehre das Recht zugebilligt, zum Gottesdienst in die nächstgelegene protestantische Kirche zu gehen (Art. 12). An den Parlamenten, den obersten Gerichtshöfen des Königreichs, sollten gemischte Kammern die höchste Instanz in Prozessen und Streitfällen, in denen die Reformierten Partei waren, bilden (Art. 30–67). Zusätzlich zu den Bestimmungen des eigentlichen Edikts wurde eine Reihe von geheimen Artikeln ausgehandelt, in denen einerseits die Bestimmungen des Haupttextes zur Religionsausübung präzisiert wurden, und andererseits der Fortbestand einer protestantischen politisch-militärischen Organisation durch die Schaffung von Sicherheitsplätzen (*places de sûreté*) und durch den Unterhalt reformierten Militärs legalisiert wurde.[97] Diese Plätze waren weit mehr Pfand und Sicherheit denn Zufluchtsorte für die Minderheit, eine offene Drohung, den Krieg jederzeit wieder eröffnen zu können, sollte die Krone die Einhaltung des Edikts nicht gewährleisten können. Insofern blieben sie eine Irregularität, die im Zuge einer Wiedererstarkung des französischen Staates auch zunehmend als Problem wahrgenommen wurde.[98] Die Zugeständnisse an die Hugenotten als religiöse Minderheit wie auch als politische Partei gingen vielen nicht weit genug, während sie einer Vielzahl an Katholiken völlig inakzeptabel erschienen. Und so dauerte der Streit um das Edikt weit über 1598 hinaus fort.[99] Bei allen Zugeständnissen schrieb es aber auch die Trennung fest, zementierte gewissermaßen die beiden unterschiedlichen Konfessionen und die ihnen eigenen kulturellen Äußerungsformen. Es eröffnete den Hugenotten die Spielräume, um ihr Kirchenwesen, wie es sich im Untergrund entwickelt hatte, offiziell aufzurichten und innerhalb eines bestimmten Rahmens zu praktizieren.

---

97 Geheime Artikel vom 2. Mai 1598, abgedruckt bei GARRISSON, Édit [Anm. 91], S. 72–91; desweiteren geheime Artikel vom 30. April 1598 ebd. S. 93–98. Der König verpflichtete sich außerdem zum Unterhalt der protestantischen Garnisonen, vgl. Art. 4 der Artikel vom 30. April, sowie das königliche *Brevet* vom 13. April 1598, das den reformierten Pfarrern finanzielle Unterstützung zusagte, abgedruckt ebd., S. 91–93. Speziell zu den Sicherheitsplätzen PIERRE-JEAN SOURIAC: Une solution armée de coexistance. Les Places de Sûreté protestantes comme élément de pacification des Guerres de Religion. In: La coexistance confessionelle à l'épreuve. Études sur les relations entre protestants et catholiques dans la France moderne. Hg. von DIDIER BOISSON und YVES KRUMENACKER. Lyon 2009 (Chrétiens et Sociétés: Documents et Mémoires 9), S. 51–72; ECKART BIRNSTIEL/PIERRE-JEAN SOURIAC: Les places de sûreté protestantes. Îlots de refuge ou réseau militaire? In: L'Édit de Nantes: Sûreté et education. Colloque international organisé par la Ville de Montauban et la Société Montalbanaise d'Étude et de Recherche sur le Protestantisme. Hg. von MARIE-JOSÉ LACAVA und ROBERT GUICHARNAUD. Montauban 1999, S. 127–149; NIGGEMANN: Places de sûreté [Anm. 70]; WENZEL, Sicherheit [Anm. 34], S. 270–286.

98 Dazu NIGGEMANN, Places de sûreté [Anm. 97], S. 576–578 und S. 580–583.

99 Knapp dazu HOLT, Wars [Anm. 8], S. 168; GREENGRASS, France [Anm. 87], S. 79–81.

4. Das Ende der Reformation? Hugenotten und Krone im 17. Jahrhundert

Trotz der Beseitigung der für den unter Ludwig XIII. und seinem Premierminister Kardinal Richelieu wiedererstarkten französischen Staat letztlich untragbar gewordenen Zusatzartikel durch das Edikt von Alès, das 1629 in der Folge der erneuten Bürgerkriege der zwanziger Jahre des 17. Jahrhunderts erlassen worden war,[100] blieb das Edikt von Nantes in seinem Kernbestand als Rechtsgrundlage für die französischen Protestanten bis 1685 erhalten.[101] Freilich wurden die Bestimmungen des Edikts seit dem Beginn der Selbstregierung Ludwigs XIV. zunehmend ausgehöhlt, indem etwa die Gottesdienstorte systematisch verringert, Konversionen verboten, Schulen und Akademien eingeschränkt oder gar geschlossen, Berufsverbote ausgesprochen und die paritätischen Kammern an den Gerichtshöfen aufgelöst wurden.[102] Schwerwiegend war auch das Vorgehen der Regierung gegen die

---

[100] Auslöser der erneuten militärischen Auseinandersetzungen zwischen den Hugenotten und der Krone war der seit 1620 betriebene Versuch einer Wiedereinführung des Katholizismus im nur lose mit Frankreich verbundenen Béarn; vgl. MOURS, Protestantisme [Anm. 49], S. 20f.; LÉONARD, Histoire, Bd. 2 [Anm. 15], S. 328f.; LABROUSSE, Essai [Anm. 49], S. 29f.; DUBIEF, Hugenotten [Anm. 49], S. 622; PRESTWICH, Calvinism [Anm. 45], S. 104f.; VENARD, Frankreich [Anm. 8], S. 509f.; sowie ausführlicher zur Béarn-Frage ALEKSANDRA D. LUBLINSKAYA: French absolutism: The crucial phase, 1620–1629. Cambridge 1968, S. 170–175. Zum v. a. vom Premierminister, Kardinal Richelieu, getragenen Ziel, die politisch-militärische Organisation des Protestantismus zu zerschlagen, vgl. HERMANN WEBER: Die Hugenottenfrage zur Zeit Ludwigs XIII. In: Der Exodus der Hugenotten. Die Aufhebung des Edikts von Nantes 1685 als europäisches Ereignis. Hg. von HEINZ DUCHHARDT. Köln, Wien 1985 (Beihefte zum Archiv für Kulturgeschichte 24), S. 9–28, hier S. 17–26; LUBLINSKAYA, Absolutism (s. o.), S. 163–169; sowie JÖRG WOLLENBERG: Richelieu. Staatsräson und Kircheninteresse. Zur Legitimation der Politik des Kardinalpremier. Bielefeld 1977, S. 199–208. Zum Verlauf der erneuten Bürgerkriege mit dem Höhepunkt der Belagerung und schließlichen Eroberung der Protestantenfestung La Rochelle durch königliche Truppen vgl. MOURS, Protestantisme [Anm. 49], S. 20–25; LÉONARD, Histoire, Bd. 2 [Anm. 15], S. 329–331; LUBLINSKAYA, Absolutism (s. o.), S. 185–219; VENARD, Frankreich [Anm. 8], S. 510; BOISSON/DAUSSY, Protestants [Anm. 10], S. 164–169.

[101] Das Edikt Kg. Ludwigs XIII., Alès, Nîmes, Juli 1629 (n. St.), ist gedruckt bei EUGENE HAAG/ÉMILE HAAG: La France protestante ou Vies des protestants français qui se sont fait un nom dans l'histoire depuis les premiers temps de la réformation jusqu'à la reconnaissance du principe de la liberté des cultes par l'Assemblée Nationale. 10 Bde. Genf 1846–1859, ND 1966, hier Bd. 10, S. 334–340. Vgl. zur Zerschlagung der politisch-militärischen Organisation der Protestanten und der Beseitigung der Zusatzartikel unter Beibehaltung des Haupttextes des Edikts von Nantes z. B. MOURS, Protestantisme [Anm. 49], S. 24f.; WEBER, Hugenottenfrage [Anm. 100], S. 12 und S. 24f.; DUBIEF, Hugenotten [Anm. 49], S. 622; LABROUSSE, Essai [Anm. 49], S. 29; dies., Calvinism [Anm. 49], S. 302; VENARD, Frankreich [Anm. 8], S. 510; und BOISSON/DAUSSY, Protestants [Anm. 10], S. 168f.

[102] Vgl. zur Verringerung der Gottesdienstorte und zur Zerstörung protestantischer Kirchen insbesondere SOLANGE DEYON: La destruction des temples. In: La Révoca-

zentrale Organisation der *Religion prétendue réformée*. 1659 hatte in Loudun die letzte Nationalsynode getagt. Danach wurden diese von der Erlaubnis des Königs abhängigen Versammlungen auf nationaler Ebene nicht mehr gestattet. Die übrigen Kirchenleitungen wurden streng überwacht, der Austausch und die Unterstützung der Gemeinden untereinander unterbunden.[103] Ab 1679 kann von einer weiteren Verschärfung hin zur offenen Verfolgung gesprochen werden, die ab 1681 in der Einführung der berüchtigten Dragonaden gipfelte, der Einquartierung berittener Truppen in protestantische Haushalte, um die Bewohner so lange zu drangsalieren, bis diese zum Katholizismus konvertierten.[104] Schließlich erfolgte am 18. Oktober 1685 die formelle Aufhebung des Edikts von Nantes durch das Edikt von Fontainebleau, in dem jegliche gottesdienstliche Versammlung der Protestanten untersagt und alle Prediger, die sich nicht bekehrten, des Landes verwiesen wurden.[105] Damit hörte die reformierte Kirche Frankreichs offiziell auf zu existieren.

---

tion de l'édit de Nantes et le protestantisme français en 1685. Hg. von ROGER ZUBER und LAURENT THEIS. Paris 1986, S. 239–258; sowie knapper MOURS, Protestantisme [Anm. 49], S. 153–155; LIGOU, Protestantisme [Anm. 49], S. 221–223; LABROUSSE, Essai [Anm. 49], S. 126f. Zur Schließung der höheren Schulen, insbesondere der berühmten Akademien in Sedan und Saumur, vgl. HARTMUT KRETZER: Calvinismus und französische Monarchie im 17. Jahrhundert. Die politische Lehre der Akademien Sedan und Saumur, mit besonderer Berücksichtigung von Pierre du Moulin, Moyse Amyraut und Pierre Jurieu. Berlin 1975 (Historische Forschungen 8), S. 78–83 und S. 211–221. Zu den Maßnahmen insgesamt z. B. MOURS, Protestantisme [Anm. 49], S. 156–159; GEORGE A. ROTHROCK: The Huguenots: A Biography of a Minority. Chicago 1979, S. 165f.; LABROUSSE, Essai [Anm. 49], S. 135–147; dies., Calvinism [Anm. 49], S. 305–308; BERNARD DOMPNIER: Frankreich. In: Das Zeitalter der Vernunft (1620/30–1750). Hg. von MARC VENARD und ALBERT BOESTENS-STENGEL. Freiburg [u. a.] 2010 (Die Geschichte des Christentums. Religion – Politik – Kultur 9), S. 117–142, hier S. 127–131; und BOISSON/DAUSSY, Protestants [Anm. 10], S. 208–212.

[103] Vgl. MOURS, Protestantisme [Anm. 49], S. 46; HEINZ DUCHHARDT: Die Konfessionspolitik Ludwigs XIV. und die Aufhebung des Edikts von Nantes. In: DUCHHARDT (Hg.), Exodus [Anm. 100], S. 29–52, hier S. 31; LABROUSSE, Essai [Anm. 49], S. 140–144; ROTHROCK, Huguenots [Anm. 102], S. 165f.

[104] Vgl. zu der ersten Dragonade, die der Intendant Marillac im Poitou durchführen ließ, MOURS, Protestantisme [Anm. 49], S. 160–162; LABROUSSE, Essai [Anm. 49], S. 173–177; DOMPNIER, Frankreich [Anm. 102], S. 131; BOISSON/DAUSSY, Protestants [Anm. 10], S. 213f. Die Dragonade wurde allerdings aufgrund der öffentlichen Reaktionen zunächst schnell wieder eingestellt; vgl. DOMPNIER, Frankreich [Anm. 102], S. 131. Ab dem Frühjahr 1685 wurde die Methode vom Intendanten Foucault im Béarn und in der Folge auch von anderen Intendanten angewandt; vgl. MOURS, Protestantisme [Anm. 49], S. 185–205; LIGOU, Protestantisme [Anm. 49], S. 239–242; LÉONARD, Histoire, Bd. 2 [Anm. 15], S. 370f.; LABROUSSE, Essai [Anm. 49], S. 192f.; BOISSON/DAUSSY, Protestants [Anm. 10], S. 217f.

[105] ‚Edit portant révocation de l'édit de Nantes' Kg. Ludwigs XIV., Fontainebleau, 18. Oktober 1685 (n. St.), gedruckt in: Recueil Général des Anciennes Lois Françaises, depuis l'an 420, jusqu'à la révolution 1789. 22 Bde. Hg. von FRANÇOIS-ANDRE ISAM-

Auch hier zeigt sich wieder die unauflösliche Vermengung religiöser Motive und politischer Konzeptionen, gerade auch auf Seiten der Krone. Trotz der Auflösung der politisch-militärischen Organisation der Hugenotten muss von einem tiefsitzenden Misstrauen der Krone gegenüber der calvinistischen Minderheit ausgegangen werden, die ihre Schwerpunkte und Zentren zudem in den traditionell königsfernen Gebieten Südfrankreichs, des Poitou, der Normandie und Lothringens besaß. Nur die religiöse Einheit des Königreiches schien auch die politische Einheit und den inneren Frieden zu gewährleisten, der einerseits für die ambitionierte Außenpolitik Frankreichs, andererseits für ein gewisses Maß an administrativer Durchdringung notwendig war.[106] Zugleich ist in der Forschung betont worden, dass im Zuge der Spannungen Ludwigs XIV. mit dem Heiligen Stuhl wegen der sogenannten gallikanischen Artikel und dem Souveränitätsanspruch des französischen Königs über die Bistümer im Land wie auch der Hoffnungen auf die sich abzeichnende spanische Erbschaft ein deutlicher Katholizitätsbeweis des *Roi très chréstien* geraten schien.[107] Durch den Friedensschluss zu Nimwegen von 1678 und den Regensburger Stillstand von 1684 war zudem die Notwendigkeit zur Rücksicht auf protestantische Verbündete entfallen und zugleich die Möglichkeit gegeben, militärische und andere Ressourcen, die man zuvor in äußeren Konflikten benötigt hatte, für die innenpolitischen Ziele einzusetzen.[108]

In gewisser Hinsicht stellte nicht das Edikt von Nantes, sondern erst das Edikt von Fontainebleau den Abschluss der Reformationsära in Frankreich und damit auch der Periode einer prinzipiell konflikthaften Entwicklung dar. Die Erinnerung an die Bürgerkriege war noch Ende des 17. Jahrhunderts präsent. Sie erscheint deshalb auch in der Narratio des Edikts von Fontainebleau, was durchaus plausibel ist: Ludwig XIV. verstand die

---

BERT [u. a.]. Paris 1821–1833, hier Bd. 19, S. 530–534. Vgl. zu dem Aufhebungsedikt auch MOURS, Protestantisme [Anm. 49], S. 196–199; LIGOU, Protestantisme [Anm. 49], S. 247–250; LEONARD, Histoire, Bd. 2 [Anm. 15], S. 374f.; DUCHHARDT, Konfessionspolitik [Anm. 103], S. 37 und S. 40f.; ARMOGATHE, Croire en liberté [Anm 44], S. 85–88; LABROUSSE, Essai [Anm. 49], S. 195; DOMPNIER, Frankreich [Anm. 102], S. 132f.; und BOISSON/DAUSSY, Protestants [Anm. 10], S. 218f.

[106] Vgl. LABROUSSE, Calvinism [Anm. 49], S. 303–305, S. 310; DOMPNIER, Frankreich [Anm. 102], S. 133f.; und besonders deutlich ANNA BERNARD: Die Revokation des Edikts von Nantes und die Protestanten in Südostfrankreich (Provence und Dauphiné) 1685–1730. München 2003 (Pariser Historische Studien 59), S. 157–163.

[107] Vgl. insbesondere DUCHHARDT, Konfessionspolitik [Anm. 103], S. 33–35; LABROUSSE, Essai [Anm. 49], S. 194f. Zum Gallikanismus und zum Konflikt mit dem Papst auch ARMOGATHE, Croire en liberté [Anm. 44], S. 51–53; DOMPNIER, Frankreich [Anm. 102], S. 134f.; CHÂTELLIER, Gallikanismus [Anm. 12].

[108] So etwa DUCHHARDT, Konfessionspolitik [Anm. 103], S. 34; LABROUSSE, Essai [Anm. 49], S. 194; ROTHROCK, Huguenots [Anm. 102], S. 173; und zum Zusammenhang der unterschiedlichen Erlasse mit außenpolitischen Ereignissen auch BERNARD, Revokation [Anm. 106], S. 39.

Aufhebung des Edikts von Nantes eben auch als Beseitigung einer Irregularität, einer Wiederherstellung staatlicher und religiöser Einheit nach einer langen Phase der Wirrnisse und Unruhen.[109]

5. Fazit

Zunächst einmal ging es darum zu zeigen, dass die Reformation in Frankreich ein Prozess war, der nicht nur von außen – von Luther etwa – induziert war, sondern der bereits deutlich auf innerfranzösische Reformansätze zurückging. Insbesondere die humanistische Kritik an den kirchlichen Verhältnissen lässt sich hier nennen. Mit dem Eindringen lutherischer Schriften wurde aber eine Dynamik in Gang gesetzt, die sich erst einmal durch das Setzen von Demarkationslinien auszeichnete, d. h. mit ihren Urteilen definierte die Sorbonne als wichtigste geistliche normsetzende Instanz, was erlaubt war und was nicht, was als konform galt und was nicht. Das zwang gewissermaßen zur Positionierung: Viele Humanisten wie Bischof Briçonnet entschieden sich für die Konformität, andere überschritten auch die neugesetzten roten Linien. Gleichwohl blieb die reformatorische Bewegung in den ersten Jahren vage und ohne organisatorische Strukturen.

Diese kamen erst mit der Adaptation des Calvinismus. Dafür lassen sich mehrere mögliche Gründe anführen – die Tatsache, dass Farel und Calvin Franzosen waren, dass sie stärker als die lutherische Reformation vom französischen Humanismus geprägt waren, vor allem aber, weil sich die presbyterial-synodale Kirchenstruktur bestens eignete, um eine Kirche im Untergrund aufzubauen. Eine solche Kirche konnte abseits und sogar gegen die staatlichen Strukturen funktionieren, und der ausgeprägte Erwählungsglaube kam zudem einer Minderheit entgegen, die sich als kleine Schar wahrer Gläubiger in einer Mehrheit von Irrgläubigen empfand.

Schließlich sollte gezeigt werden, wie die Eskalation religiöser Gewalt im Kontext eines zusammenbrechenden Staates zu Jahrzehnten der Bürgerkriege führte und wie sich unter deren Bedingungen und der Erfahrung von Massakern der französische Protestantismus veränderte. Er entwickelte einen ausgeprägten Märtyrerkult und eine Tendenz zu Viktimisierung der eigenen Geschichte, die wiederum identitätstiftend wurde und es bis heute geblieben ist.

Die Reformation in Frankreich hatte bereits um 1570 ihren Zenit überschritten. Sie erreichte nie mehr als zehn Prozent der französischen Bevölkerung, blieb also stets ein Minderheitenphänomen. Das ist einerseits prägend geworden, wir können also bestimmte Merkmale des französischen Protestantismus darauf zurückführen. Auf der anderen Seite kann man die Frage stellen, warum die Reformation in Frankreich eigentlich nicht er-

---

[109] Edikt von Fontainebleau, 18. Oktober 1685, hier nach Recueil Général, Bd. 19 [Anm. 105], S. 530–534.

folgreicher war. Das verweist freilich auf die viel grundlegendere und m. E. in der Forschung noch lange nicht hinreichend beantwortete Frage nach den Bedingungen, unter denen sich die entstehenden Konfessionen in bestimmten Gesellschaften oder bestimmten sozio-kulturellen Milieus durchsetzten oder nicht. In Frankreich erwiesen sich jedenfalls sowohl die Unterdrückung durch den Staat als auch die Vitalität der französischen, der gallikanischen Kirche als wichtige Faktoren. Ob sie als Erklärung ausreichen, lässt sich beim derzeitigen Stand der Forschung nicht eindeutig beantworten.

Christian Mühling

Calvinismus oder Reformiertentum?

Zur Selbst- und Fremdwahrnehmung einer Konfessionsgemeinschaft

Reformatorische Selbst- und Fremdbezeichnungen waren in den letzten Jahren verstärkt Gegenstand der historischen Forschung.[1] Während des Reformationsjubiläums 2017 konnte jedoch der Eindruck entstehen, dass es sich bei der Reformation um einen monolithischen Block gehandelt habe, um eine einzige Bewegung, die sich um den Wittenberger Mönch Martin Luther und seine Anhänger entfaltete. Doch schon die Geschichte des Reformationsfests zeigt, dass es sich bei der Reformation und ihren Anhängern um kein einheitliches, auf Luther fokussiertes Phänomen gehandelt hat. Gerade ein Reformierter – oder sogenannter ‚Calvinist' – war es, der als erster 1617 eine Gedenkfeier zu Luthers Thesenanschlag – und nicht etwa seines Geburts- oder Sterbejahres – anordnete.[2] Provokativ kann man deshalb mit einigem Recht behaupten, dass der Reformierte Friedrich V. von der Pfalz 1617 das Reformationsfest eingeführt hat, das sich 2017 eigentlich erst zum 400. und nicht zum 500. Mal jährte. Lutherische Fürsten – wie Johann Georg von Sachsen – kopierten die Initiative ihrer Konfessionsverwandten und grenzten sich dabei gleichzeitig scharf von ihren reformierten Brüdern und Schwestern ab.[3]

In einem Sammelband zur Geschichte von Reformation und katholischer Reform darf deshalb gefragt werden, worum es sich beim ‚Reformiertentum' oder sogenannten ‚Calvinismus' handelte. Der zentrale Betrachtungszeitraum ist dabei das Europa der Frühen Neuzeit, in dem sich beide Begriffe als Selbst- und Fremdbezeichnung voneinander abgrenzten.

Dazu wird in vier Schritten vorgegangen. Die erste Hälfte dieses Aufsatzes geht ausführlich der Frage nach der historischen Ausbildung einer reformierten Identität nach. Ein zweiter Abschnitt behandelt das Selbstbild reformierter Christen in der Frühen Neuzeit. Ein drittes Kapitel beschreibt die Genese des Fremdbildes des ‚Calvinismus', das katholische Autoren zur Bezeichnung des ‚Reformiertentums' entwickelten. In einem vierten Teil wird die ideengeschichtliche Rezeption des Begriffes ‚Calvinismus' bei Ernst

---

1 BENT JÖRGENSEN: Konfessionelle Selbst- und Fremdbezeichnungen. Zur Terminologie der Religionsparteien im 16. Jahrhundert. Berlin 2014 (Colloquia Augustana 32); CHRISTIAN VOLKMAR WITT: Protestanten: das Werden eines Integrationsbegriffs in der Frühen Neuzeit. Tübingen 2011 (Beiträge zur historischen Theologie 163).

2 HERMAN SELDERHUIS: Wem gehört die Reformation? Das Reformationsjubiläum 1617 im Streit zwischen Lutheranern und Reformierten. In: Calvinismus in den Auseinandersetzungen des frühen konfessionellen Zeitalters. Hg. von dems. [u. a.]. Göttingen 2013 (Reformed Historical Theology 23), S. 66–78, hier S. 70f.

3 SELDERHUIS, Reformation? [Anm. 2], S. 70.

Troeltsch und Max Weber behandelt. Diese Ausführungen laufen schließlich ergebnishaft auf ein Plädoyer für die Verwendung der Selbstbezeichnung des ‚Reformiertentums' zu.

Die Vielzahl der Selbst- und Fremdbezeichnungen reformatorischer Bewegungen verlangt vorab einige glossarische Klärungen. Konkret sind die Begriffe ‚reformatorisch', ‚evangelisch', ‚protestantisch', ‚lutherisch', ‚reformiert', ‚calvinisch', ‚calvinistisch' und ‚katholisch' voneinander zu unterscheiden. Unter ‚reformatorisch' werden diejenigen Bewegungen verstanden, die auf die Reformation der spätmittelalterlichen Kirche zielten. Die Bezeichnung ‚evangelisch' beruft sich auf die zentrale christliche Botschaft des Evangeliums und wird von allen reformatorischen Kirchen als Selbstbezeichnung verwendet.[4] ‚Protestantisch' hingegen ist die Selbst- und Fremdbezeichnung für diejenigen Reichsstände, die 1529 auf dem Reichstag zu Speyer gegen die Verurteilung Martin Luthers, seiner Schriften und Lehren protestierten.[5] Das Wort ‚Protestantismus' wurde aber bereits im 16. Jahrhundert zu einer Sammelbezeichnung für alle reformatorischen Strömungen.[6] Der Begriff ‚Lutheraner' dagegen wurde zuerst als Fremdbezeichnung – für eben diese protestierenden Reichsstände und für die Anhänger von Luthers Lehren generell – verwendet. Erst nach Luthers Tod begannen dessen Anhänger sich zunehmend selbst als ‚Lutheraner' zu bezeichnen,[7] und noch heute führen zahlreiche evangelische Kirchen die Selbstbezeichnung einer ‚lutherischen' Kirche. Anhänger der römischen Papstkirche übertrugen diesen – ursprünglich diffamierenden – Begriff der ‚Lutheraner' zunächst auch auf Anhänger anderer reformatorischer Strömungen.[8] Schnell aber kristallisierte sich aus eben diesen Strömungen eine zweite große evangelische Bewegung heraus: die Reformierten. Das Attribut ‚reformiert' war eine reformatorische Selbstbezeichnung, welche die Katholiken ablehnten. In Frankreich etwa billigten sie der Reformierten Kirche deshalb nur das Attribut einer *Religion Prétendue Reformée* (kurz *R.P.R.*) zu, also einer nur ‚vorgeblich reformierten Kirche'.[9] Gleiches gilt von Seiten der Systematischen Theologie für den Begriff ‚katholisch', den jede reformatorische Kirche als Selbstbezeichnung für sich beansprucht,[10] heute aber in der Alltagssprache für die Anhänger des römischen Papstes vorbehalten ist. Statt den Begriff

[4] JÖRGENSEN, Selbst- und Fremdbezeichnungen [Anm. 1], S. 461–463; FRANCIS HIGMAN: La Diffusion de la Réforme en France: 1520–1565. Genf 1992 (Publication de la faculté de théologie de l'Université de Genève 17), S. 5.

[5] JÖRGENSEN, Selbst- und Fremdbezeichnungen [Anm. 1], S. 241; HIGMAN, La Diffusion [Anm. 4], S. 4; WITT, Protestanten [Anm. 1], S. 2.

[6] JÖRGENSEN, Selbst- und Fremdbezeichnungen [Anm. 1], S. 242; HIGMAN, La Diffusion [Anm. 4], S. 4.

[7] JÖRGENSEN, Selbst- und Fremdbezeichnungen [Anm. 1], S. 459.

[8] HIGMAN, La Diffusion [Anm. 4], S. 5, 163.

[9] HUBERT BOST: Ces Messieurs de la R.P.R. Histoire et écritures des huguenots, XVIIe–XVIIIe siècles. Paris 2001 (Vie des huguenots 18).

[10] HIGMAN, La Diffusion [Anm. 4], S. 4.

‚reformiert' zu verwenden, haben Katholiken und später auch Lutheraner den Begriff ‚Calvinismus' geprägt, der den Reformierten unterstellt, Anhänger Jean Calvins zu sein. ‚Calvinisch' hingegen ist ein wertneutraler Begriff, der als Attribut für die Person und das Werk des Genfer Reformators zu verstehen ist.

1. Die Entstehung einer reformierten Identität

Die Reformation reformierter Spielart hatte ihren Ursprung in der Schweiz. Eine führende Position kam dabei dem Zürcher Reformator Huldrych Zwingli zu, der eine an das biblische Zeugnis gebundene Theologie vertrat.[11] Bräuche ohne biblische Grundlage, wie sie von der römischen Kirche ausgebildet und auch in der Wittenberger Reformation nicht in Frage gestellt wurden, standen im Zentrum seiner Kritik. Am ersten Sonntag der Passionszeit, dem 9. März 1522, kamen Anhänger der Reformation im Haus des Buchdruckers Christoph Froschauer zusammen und verspeisten im Beisein Zwinglis öffentlich Würste.[12] Das sogenannte ‚Zürcher Wurstessen', ein demonstrativer Bruch des Fastengebots, symbolisiert den Beginn der Reformation in der Eidgenossenschaft. Das Fasten und andere katholische Bräuche wurden als unbiblisch verworfen.[13] Nach Zürich schlossen sich auch die Kantone Bern und Basel, die Stadt Sankt Gallen, der größte Teil von Schaffhausen und Neuchâtel, vom Aargau, Thurgau und Waadtland sowie die Hälfte von Toggenburg, Graubünden, Glarus und Appenzell der Reformation an.[14] In den reformierten Gebieten der Eidgenossenschaft kam es vielfach zum Bildersturm, wobei Bilder als Götzenwerk aus den Kirchen entfernt wurden.[15] Hier sollte fortan nur noch das reine und unverfälschte Wort Gottes gepredigt werden.

Grundlage hierfür war die Bibel, wie sie zwischen 1524 und 1529 von Huldrych Zwingli und Leo Jud ins Deutsche übersetzt wurde. Die Übersetzer der Zürcher Bibel waren zunächst Teilübersetzungen von Luther gefolgt, beschritten dann aber eigene Wege. Die Zürcher Bibel erschien letztendlich sogar drei Jahre vor der Vollbibel Luthers 1531 bei Christoph Froschauer. Sie war damit die erste gedruckte Übersetzung der gesamten

---

[11] VOLKER LEPPIN: Ulrich Zwingli. In: TRE, Bd. 36 (2004), S. 793–809, hier S. 799–801.

[12] IRENE DINGEL: Geschichte der Reformation, Göttingen 2018 (Theologische Bibliothek 5), S. 94f.; VOLKER LEPPIN: Wie reformatorisch war die Reformation?. In: Zeitschrift für Theologie und Kirche 99 (2002), S. 162–176, hier S. 167f.

[13] DINGEL, Geschichte [Anm. 12], S. 94–104; LEPPIN, Wie reformatorisch war die Reformation? [Anm. 12], S. 168.

[14] Zur Ausbreitung der Reformation in der Schweiz vgl. ausführlich die einzelnen Beiträge in: A Companion to the Swiss Reformation. Hg. von AMY NELSON BURNETT und EMIDIO CAMPI. Leiden 2016.

[15] PETER JEZLER: Der Bildersturm in Zürich 1523–1530. In: Bildersturm. Wahnsinn oder Gottes Wille? Hg. von CÉCILE DUPEUX [u. a.]. Zürich 2000, S. 75–83.

Heiligen Schrift, die auf den hebräischen und griechischen Originalen basierte und nicht der lateinischen Übersetzung des Hieronymus folgte. Kennzeichnend für die Zürcher Übersetzung ist die Verwendung des alemannischen Dialekts.[16]

1525 feierten Zwingli und seine Anhänger das erste reformierte Abendmahl im Zürcher Großmünster. Mit ihrem Verständnis vom Heiligen Abendmahl gerieten die Schweizer jedoch in Konflikt mit den Anhängern Luthers. Zwingli verstand das Abendmahl als eine symbolische Erinnerungsfeier an den Kreuzestod Jesu. Die Messe aber, welche die Einzigartigkeit des Opfertodes Christi durch eine ständige Wiederholung des Messopfers und der Transsubstantiation von Wein und Brot zu Blut und Fleisch lästere, war für ihn eine verdammungswürdige Freveltat.[17] Bei den Reformierten wurde der Opferaltar im Verlauf der Reformation zum Tisch, die von den Katholiken verehrte Hostie zum profanen Brot eines Gedächtnismahls.[18] Auch Luther hatte die Transsubstantiation, nach der sich Brot und Wein durch die Wandlung in der Messe dauerhaft in Fleisch und Blut verwandelt hätten, abgelehnt. Wohl aber lehrte Luther – wie die Katholiken – die Realpräsenz Christi in Brot und Wein. Christus sei darunter, darüber und darinnen, werde aber in Blut und Wein nicht verspeist wie bei der römischen Abendmahlsauffassung. Für die Feier des Abendmahls behielt Luther im Gegensatz zu den Reformierten Hostie und Altar bei. Zwingli aber erkannte die Realpräsenz nicht an und beharrte aufgrund seiner Auslegung der biblischen Einsetzungsworte auf einer rein symbolischen Gegenwart Christi. Eine Einigung zwischen beiden Hauptströmungen der Reformation konnte 1529 im Marburger Religionsgespräch nicht erzielt werden.[19] Kompromisslösungen wie die von dem Straßburger Reformator Martin Bucer formulierten Ausgleichsformeln führten ebenfalls zu keiner Lösung.[20] In Genf formulierte Jean Calvin seine Abendmahlstheologie, in der er die geistliche, aber nicht

[16] TRAUDEL HIMMIGHÖFER: Die Zürcher Bibel bis zum Tode Zwinglis (1531). Darstellung und Bibliographie. Mainz 1995 (Veröffentlichungen des Instituts für Europäische Geschichte Mainz 154); WILFRIED KETTLER: Die Zürcher Bibel von 1531. Philologische Studien zu ihrer Übersetzungstechnik und den Beziehungen zu ihren Vorlagen. Bern 2001.

[17] CARRIE EULER: Huldrych Zwingli and Heinrich Bullinger. In: A Companion to the Eucharist in the Reformation. Hg. von LEE PALMER WANDEL. Leiden, Boston 2014 (Brill's Companions to the Christian Tradition 46), S. 57–74.

[18] ALFRED RAUHAUS: Abendmahlstheologie und die Gestaltung des liturgischen Raums. In: Calvinismus. Die Reformierten in Deutschland und Europa. Hg. von ANSGAR REISS und SABINE WITT. Dresden 2009, S. 304–309.

[19] Das Marburger Religionsgespräch 1529. Hg. von GERHARD MAY. Gütersloh 1970 (Texte zur Kirchen- und Theologiegeschichte 13). Vgl. des weiteren HELMUT GOLLWITZER: Coena Domini. Die altlutherische Abendmahlslehre in ihrer Auseinandersetzung mit dem Calvinismus dargestellt an der lutherischen Frühorthodoxie. München 1988 (Theologische Bücherei 79).

[20] NICHOLAS THOMPSON: Martin Bucer. In: WANDEL (Hg.), A Companion to the Eucharist [Anm. 17], S. 75–95.

physische Gegenwart Christi im Abendmahl lehrte.[21] Die Einigung zwischen Calvin und den Deutschschweizer Reformierten im ‚Consensus Tigurinus' von 1549,[22] löste mit den Nachfolgern Luthers den sogenannten Zweiten Abendmahlsstreit aus. In dessen Verlauf entfachte der Hamburger Theologe Joachim Westphal eine scharfe Polemik gegen Calvin.[23]

Während sich die Wittenberger Reformation im frühen 16. Jahrhundert vor allem in Deutschland und in Skandinavien ausbreitete, war die reformierte Reformation am Anfang vor allem eine deutschschweizerische Erscheinung. Genf, das formalrechtlich nicht zur Eidgenossenschaft gehörte und lediglich ein mindermächtiger Verbündeter Berns war, wurde erst eine Generation später zum Zentrum der französischsprachigen Reformation. Der deutschsprachige Kanton Bern trieb seinerseits die Reformation in seinen französischsprachigen Untertanengebieten voran.[24]

Sowohl die deutschschweizerische als auch die Genfer Reformation hatten großen Einfluss auf den europäischen Protestantismus. Genf und die Eidgenossenschaft beeinflussten auch die weitere Entwicklung der Reformation in Deutschland. Zahlreiche Fürsten, Städte und Familien konvertierten zwischen Mitte des 16. und Anfang des 17. Jahrhunderts vom lutherischen zum reformierten Glauben. Als erster bedeutender Reichsstand trat die Kurpfalz unter Friedrich III. 1560 zum reformierten Bekenntnis über.[25] Auf Veranlassung des Pfälzer Kurfürsten wurde 1563 der ‚Heidelberger Katechismus' verfasst, der die Funktion einer zentralen Bekenntnisschrift des deutschen und europäischen Reformiertentums einnahm.[26] Der ‚Heidelberger Katechismus' stellte einen Kompromiss zwischen den Positionen

---

[21] NICHOLAS WOLTERSTORFF: John Calvin. In: WANDEL (Hg.), A Companion to the Eucharist [Anm. 17], S. 97–113.

[22] EMIDIO CAMPI/RUEDI REICH: Consensus Tigurinus: Die Einigung zwischen Heinrich Bullinger und Johannes Calvin über das Abendmahl. Werden – Wertung – Bedeutung. Zürich 2009.

[23] JOSEPH TYLENDA: The Calvin-Westphal-Exchange. The Genesis of Calvin's Treatises Against Westphal. In: Calvin Theological Journal 9 (1974), S. 182–209.

[24] MICHAEL BRUENING: Francophone Territories Allied to the Swiss Confederation. In: BURNETT/CAMPI (Hg.), A Companion to the Swiss Reformation [Anm. 14], S. 362–388, hier S. 363–365, 370–388.

[25] FRANK ENGERHAUSEN: Strategien des Konfessionswechsels im 16. Jahrhundert – Das Beispiel der Kurpfalz. In: Macht des Glaubens. 450 Jahre Heidelberger Katechismus. Hg. von KARLA APPERLOO-BOERSMA und HERMAN SELDERHUIS. Göttingen 2013, S. 85–95; CHRISTOPH STROHM: Der Übergang der Kurpfalz zum reformierten Protestantismus. In: 450 Jahre Reformation in Baden und Kurpfalz. Hg. von UDO WENNEMUTH. Stuttgart 2001 (Veröffentlichungen zur badischen Kirchen- und Religionsgeschichte 1), S. 87–107.

[26] APPERLOO-BOERSMA/SELDERHUIS (Hg.), Macht des Glaubens [Anm. 25]; Geschichte und Wirkung des Heidelberger Katechismus. Hg. von MATHIAS FREUDENBERG und MARIUS LANGE VAN RAVENSWAAY. Neukirchen-Vluyn 2013 (Emder Beiträge zum reformierten Protestantismus 15); Profil und Wirkung des Heidelberger Katechismus. Neue Forschungsbeiträge anlässlich des 450jährigen Jubiläums. Hg. von

der schweizerischen Reformation und den gemäßigten Lutheranern dar, die wegen ihres Wortführers Philipp Melanchthon als ‚Philippisten' bezeichnet oder von ihren Gegnern als ‚Kryptocalvinisten' diffamiert wurden.[27] Sein Hauptautor, Zacharias Ursinus, war ein Schüler Melanchthons.[28] Da der Augsburger Religionsfrieden 1555 allein die Anhänger der ‚Confessio Augustana' einschloss, bemühten sich die deutschen Reformierten deshalb von Anfang an darum, als sogenannte ‚Augsburger Konfessionsverwandte' anerkannt zu werden, um den Schutz des Religionsfriedens in Anspruch nehmen zu können – was von der katholischen und Teilen der lutherischen Seite bestritten wurde.[29]

In der Forschung wird der Übertritt lutherischer Reichsstände zum Reformiertentum mitunter auch als ‚zweite Reformation' bezeichnet.[30] Der Begriff ist aber – wenn überhaupt – nur für Deutschland anwendbar, da in anderen europäischen Staaten wie der Schweiz, Frankreich, den Niederlanden und Schottland das Reformiertentum die erste Erscheinungsform der Reformation war. Und auch in Deutschland lässt sich mit Einschränkung eher von einer fortlaufenden Reformation sprechen; denn die Vollendung der Reformation Luthers war der Anspruch deutscher Fürsten und Obrigkeiten, die vom Luthertum zum Reformiertentum konvertierten. Der Reformation der Lehre sollte die Reformation des Lebens folgen. In der Forschung wird vielfach die These vertreten, dass das Reformiertentum vielen Konvertiten als biblisch besser begründet, argumentativ schlüssiger und ethisch stringenter erschienen sei als das Luthertum.[31] Im Zeitalter der Gegenreformation versprach der Übertritt zum Reformiertentum zudem eine stärkere identitäre Abgrenzung von den Katholiken, als sie vom Luthertum

CHRISTOPH STROHM und JAN STIEVERMANN. Göttingen 2015 (Schriften des Vereins für Reformationsgeschichte 215).

[27] IRENE CRUSIUS: ‚Nicht calvinistisch, nicht lutherisch'. Zu Humanismus, Philippismus und Kryptocalvinismus in Sachsen am Ende des 16. Jahrhunderts. In: Archiv für Reformationsgeschichte 9 (2008), S. 139–175.

[28] CHRISTOPH STROHM: ‚Deutsch-reformierte' Theologie? Die kurpfälzische Reformation im Rahmen der frühneuzeitlichen Konfessionalisierung. In: STROHM/STIEVERMANN (Hg.), Profil und Wirkung [Anm. 26], S. 113–135; ERDMANN STURM: Der junge Zacharias Ursin. Sein Weg vom Philippismus zum Calvinismus (1534–1562). Neukirchen-Vluyn 1972 (Beiträge zur Geschichte und Lehre der Reformierten Kirche 33).

[29] EIKE WOLGAST: Die Heidelberger Irenik und die Praxis der Toleranz in der Kurpfalz (1559–1622). In: Reformed Majorities in Early Modern Europe. Hg. von MARIUS LANGE VAN RAVENSWAAY. Göttingen 2015 (Refo500 Academic Studies 23), S. 181–201, hier S. 181–193.

[30] Die reformierte Konfessionalisierung in Deutschland – das Problem der ‚zweiten Reformation'. Hg. von HEINZ SCHILLING. Gütersloh 1986 (Schriften des Vereins für Reformationsgeschichte 195).

[31] GEORG SCHMIDT: Die Zweite Reformation in den Reichsgrafschaften. Konfessionswechsel aus Glaubensüberzeugung und aus politischem Kalkül? In: Territorialstaat und Calvinismus. Hg. von MEINRAD SCHAAB. Stuttgart 1993 (Veröffentlichungen der Kommission für Geschichtliche Landeskunde in Baden-Württemberg, Reihe B 127), S. 97–

vollzogen wurde.[32] Außerdem spielten vielfach dynastische Verbindungen eine Rolle für den Konfessionswechsel.[33] Neben der Kurpfalz schlossen sich auch die meisten Mitglieder des Wetterauer Grafenvereins, die Grafen von Lippe, Lingen, Bentheim, Tecklenburg, ein Teil Ostfrieslands, der Landgraf von Hessen-Kassel, die Fürsten von Anhalt, die Reichsstadt Bremen und zuletzt der Graf von Ortenburg und der Kurfürst von Brandenburg dem reformierten Bekenntnis an.[34]

Zur Ablösung von der päpstlichen Kirche führten die reformatorischen Kirchentümer das sogenannte Landesherrliche Kirchenregiment ein, das dem Fürsten die Rolle eines Notbischofs und die Regelung der äußeren Angelegenheiten, der *res circa sacra*, übertrug, während demokratisch gewählte Versammlungen entsprechend dem Genfer Modell in theologischen Angelegenheiten entschieden, den *res in sacra*.[35] Der Übertritt der Fürsten hatte vielfach den Widerstand von lutherischen Ständen, Pfarrern und lutherischer Bevölkerung zur Folge; flächendeckend gelang der Übertritt zum Reformiertentum nur in der Pfalz, Hessen-Kassel, Lippe-Detmold und in den Wetterauer Grafschaften. Den Kurfürsten von Brandenburg gelang die Bekehrung ihrer Untertanen hingegen nur in sehr geringem Maße. Das Reformiertentum blieb in den brandenburgisch-preußischen Ländern ein Phänomen der Eliten. Vor allem Gelehrte, Beamtentum und Teile des Adels, wie die Dohnas, Lehndorffs und Dönhoffs, konvertierten hier zum reformierten Glauben und besetzten fortan Spitzenstellungen in Militär, Verwaltung und Diplomatie.[36] Ohne obrigkeitliche Unterstützung breitete sich das Reformiertentum durch niederländischen Einfluss in den Ländern der Herzöge von Jülich, Kleve und Berg aus.[37] Dort blieb es jedoch ein Minderheitenphänomen. Bis zum Ende des 16. Jahrhunderts verschwanden in den

136, hier S. 135; STROHM, Der Übergang [Anm. 25], S. 87–107; EIKE WOLGAST: Reformierte Territorien und Dynastien im Alten Reich. In: REISS/WITT (Hg.), Calvinismus [Anm. 18], S. 204–212, hier S. 209f.

[32] SCHMIDT, Die Zweite Reformation [Anm. 31], S. 97–136, hier S. 135f.; WOLGAST, Reformierte Territorien [Anm. 31], S. 209f.

[33] SCHMIDT, Die Zweite Reformation [Anm. 31], S. 135.

[34] WOLGAST, Reformierte Territorien [Anm. 31], S. 204–212.

[35] MEINRAD SCHAAB: Obrigkeitlicher Calvinismus und Genfer Gemeindemodell. Die Kurpfalz als frühestes reformiertes Territorium im Reich und ihre Einwirkung auf Pfalz-Zweibrücken. In: Territorialstaat und Calvinismus. Hg. von VOLKER PRESS. Stuttgart 1993 (Veröffentlichungen der Kommission für Geschichtliche Landeskunde in Baden-Württemberg, Reihe B 127), S. 34–86, hier S. 42–51.

[36] FRANZ JOSEF BURGHARDT: Brandenburg 1608–1688. Hofcalvinismus und Territorialkomplex. In: LANGE VAN RAVENSWAAY (Hg.), Reformed Majorities [Anm. 29], S. 111–138.

[37] EIKE WOLGAST: Calvinismus und Reformiertentum im Heiligen Römischen Reich. In: Calvin und Calvinismus. Europäische Perspektiven. Hg. von IRENE DINGEL und HERMAN SELDERHUIS. Göttingen 2011 (Veröffentlichungen des Instituts für Europäische Geschichte Mainz – Beihefte 84), S. 23–45, hier S. 29.

Städten Aachen und Köln reformierte Minderheitsgemeinden wieder.[38] Zulauf erfuhr das Reformiertentum in Deutschland darüber hinaus in der gesamten Frühen Neuzeit durch die Aufnahme reformierter Glaubensflüchtlinge aus Frankreich, den Niederlanden, von den britischen Inseln und aus Polen.[39]

Heinz Schilling hat hier gar von einer ‚calvinistischen Internationalen' gesprochen, die großen Einfluss auf die Außenbeziehungen des konfessionellen Zeitalters gehabt habe.[40] Diese Ansicht ist aber mittlerweile relativiert worden. Ein koordinierter Zusammenschluss der reformierten Mächte hat zu keiner Zeit bestanden, wenngleich eine konfessionelle Solidarität der Reformierten in den französischen Bürgerkriegen nicht zu leugnen ist. Vor allen Dingen England und die Kurpfalz intervenierten mehrfach zu Gunsten der französischen Protestanten.[41] Im Dreißigjährigen Krieg aber versagte der Zusammenschluss der Reformierten auf europäischer Ebene weitgehend. England, Schottland und die Vereinigten Provinzen verweigerten Friedrich V. von der Pfalz als neuem böhmischem König eine nachhaltige Unterstützung.[42] Einzig das multikonfessionelle Siebenbürgen unterstützte seinen Anspruch auf den böhmischen Thron. Der reformierte Fürst von Sie-

---

38 Ebd.

39 CHRISTINA GARRETT: The Marian Exiles. A Study in the Origins of Elizabethan Puritanism. Cambridge 1966; IRMGARD HANTSCHE: Niederländische Glaubensflüchtlinge am Niederrhein im 16. Jahrhundert und die reformierten Gemeinden in Wesel und Düren. In: Annalen des Historischen Vereins für den Niederrhein 218 (2015), S. 127–151; RUDOLF JUNG: Die englische Flüchtlings-Gemeinde in Frankfurt am Main 1554–1559. Frankfurt a. M. 1910 (Frankfurter historische Studien 3); HENNING JÜRGENS: Johannes a Lasco in Ostfriesland. Der Werdegang eines europäischen Reformators. Tübingen 2002 (Spätmittelalter, Humanismus, Reformation 18); ULRICH NIGGEMANN: Immigrationspolitik zwischen Konflikt und Konsens. Die Hugenottenansiedlung in Deutschland und England (1681–1697). Köln [u. a.] 2008 (Norm und Struktur 33).

40 Prägnant etwa bei HEINZ SCHILLING: Calvinism as an Actor in the Early Modern State System around 1600: Struggle for Alliances, Patterns of Eschatological Interpretation, Symbolic Representation. In: Calvin and His Influence, 1509–2009. Hg. von IRENA BACKUS und PHILIP BENEDICT. Oxford 2011, S. 159–181. Kirchengeschichtlich einschlägig zu dieser These ist auch der Sammelband International Calvinism 1541–1715. Hg. von MENNA PRESTWICH. Oxford 1986. Heinz Schilling folgend z. B. ERNST-JOACHIM WESTERBURG: Fürst Christian I. von Anhalt-Bernburg und der politische Calvinismus. Zur Vorgeschichte des Dreißigjährigen Krieges. Kempten 2003.

41 GABRIELE HAUG-MORITZ: Schutz fremder Glaubensverwandter? Die Intervention des elisabethanischen England in den ersten französischen Religionskrieg (1562/1563). In: Protegierte und Protektoren. Asymmetrische politische Beziehungen zwischen Partnerschaft und Dominanz (16. bis frühes 20. Jahrhundert). Hg. von TILMAN HAUG [u. a.]. Köln [u. a.] 2016 (Externa 9), S. 165–186; CORNEL ZWIERLEIN: Discorso et Lex Dei. Die Entstehung neuer Denkrahmen im 16. Jahrhundert und die Wahrnehmung der französischen Religionskriege in Italien und Deutschland. Göttingen 2006 (Schriftenreihe der Historischen Kommission bei der Bayerischen Akademie der Wissenschaften 74), S. 772.

42 MAGNUS RÜDE: England und Kurpfalz im werdenden Mächteeuropa (1608–1632). Konfession – Dynastie – kulturelle Ausdrucksformen. Stuttgart 2007 (Veröffentlichun-

benbürgen, Gabriel Bethlen, intervenierte allerdings mehr aus machtpolitischen denn aus konfessionellen Gründen zu Gunsten des Pfälzer Kurfürsten.[43]

In Mittelosteuropa hatte vor allem schweizerischer Einfluss die Einführung des Reformiertentums bewirkt.[44] In den Gebieten unter der Hoheit des Osmanischen Reiches trat die Mehrheit der ungarischen Bevölkerung zum reformierten Glauben über und nahm die ‚Confessio Helvetica Posterior', das Bekenntnis der deutschschweizerischen Kirchen, an.[45] Die Stadt Debrecen wurde mit der reformierten Kollegsgründung von 1538 zum theologischen und verlegerischen Zentrum der ungarischen Reformation.[46] Im Nachbarland Polen-Litauen konnte sich das Reformiertentum im 16. Jahrhundert vor allem aufgrund der Schwäche des Königtums unter dem Schutz adliger Magnaten ausbreiten.[47] Nach einer Zeit weitreichender Duldung unterschiedlicher Glaubensrichtungen sorgte die erstarkende Gegenreformation dafür, dass am Ende des 17. Jahrhunderts kaum noch reformierte Gemeinden existierten.[48] In Ungarn gerieten die Reformierten nach der Rückeroberung durch die Habsburger zunehmend in die Defensive. Eine Bevölkerungsmehrheit stellten sie fortan nur noch im Osten und Südos-

---

gen der Kommission für geschichtliche Landeskunde in Baden-Württemberg, Reihe B 166), S. 177–186.

43 Andrea Schmidt-Rösler: Princeps Transilvaniae – Rex Hungariae? Gabriel Bethlens Außenpolitik zwischen Krieg und Frieden. In: Kalkül – Transfer – Symbol. Europäische Friedensverträge der Vormoderne. Hg. von Heinz Duchhardt und Martin Peters. Mainz 2006 (Veröffentlichungen des Instituts für Europäische Geschichte Mainz. Beiheft Online 1), S. 80–98. URL: http: www.ieg-mainz.de/vieg-online-beihefte/01-2006.html (5. Aug. 2018).

44 Andreas Mühling: Heinrich Bullingers europäische Kirchenpolitik. Bern [u. a.] 2001 (Zürcher Beiträge zur Reformationsgeschichte 19), S. 225–270, vor allem in Bezug auf Polen-Litauen; David Daniel: Calvinism in Hungary. In: Calvinism in Europe, 1540–1620. Hg. von Andrew Pettegree [u. a.]. Cambridge 1994, S. 205–230, hier S. 209, 229f., auf Ungarn.

45 Daniel, Calvinism [Anm. 44], S. 228; Tamás Juhász: Mirabilis est cursus verbi Dei! Die Entwicklung des Helvetischen Bekenntnisses in Ungarn und Siebenbürgen. In: Calvin und Reformiertentum in Ungarn und Siebenbürgen. Helvetisches Bekenntnis, Ethnie und Politik vom 16. Jahrhundert bis 1918. Hg. von Márta Fata und Anton Schindling. Münster 2010 (Reformationsgeschichtliche Studien und Texte 155), S. 63–78.

46 János Györi: Zur Bedeutung des Reformierten Kollegiums Debrecen für Kultur und Politik Ungarns vom 16. bis zum 19. Jahrhundert. In: Fata/Schindling (Hg.), Calvin und Reformiertentum [Anm. 45], S. 239–259; Béla Levente Baráth: Debrecen. Márton Kálmáncsehi Sánta und Péter Melius Juhász. In: Europa reformata. Reformationsstädte Europas und ihre Reformatoren. Hg. von Michael Welker [u. a.]. Leipzig 2016, S. 105–114.

47 Joachim Bahlcke: Calvinismus im östlichen Europa. Entwicklungslinien des reformierten Typus der Reformation vom 16. Jahrhundert bis zur Gegenwart. In: Reiss/Witt (Hg.), Calvinismus [Anm. 18], S. 196–203, hier S. 199; Gottfried Schramm: Der polnische Adel und die Reformation. 1548–1607. Wiesbaden 1965, S. 27–28.

48 Bahlcke, Calvinismus [Anm. 47], S. 199, 201f.

ten.[49] In Westeuropa war der Einfluss Genfs prägender als derjenige der Deutschschweiz, ohne diesen gänzlich zu verdrängen. Durch den Einfluss Genfs schlossen sich die Reste der spätmittelalterlichen Reformbewegung der Waldenser, die in den savoyardischen Alpen und in der Provence überlebt hatten, der Reformation an.[50]

Die rechtliche und politische Durchsetzung der Reformation in Genf machte die Stadt zum Zentrum des französischsprachigen Protestantismus. Von Genf aus wurden reformierte Bibeln, Psalmenzusammenstellungen und Erbauungsliteratur nach Frankreich geschmuggelt.[51] In der Genfer Akademie ausgebildete Pastoren stellten die Mehrheit der ersten Generation französischer Pastoren.[52] Und französische Glaubensflüchtlinge ließen die Bevölkerungszahl der Stadt am Genfer See binnen einer Generation auf das Doppelte ansteigen. Die Verfassung der Eglise Reformée de France war aufs Engste von Calvin und der Genfer Kirchenordnung geprägt. So nahm die Nationalsynode von Paris 1559 das synodal-presbyteriale Kirchenregiment Genfs an.[53] Vier Ämter bestimmten fortan die reformierten Kirchen auf Gemeindeebene: Diakone, Älteste, Pastoren und Doktoren.[54] Während die Diakone für die Armenfürsorge zuständig waren, wachten die Ältesten über die Kirchenzucht. Die Pastoren waren für das Predigtamt zuständig, und die Lehrer hatten für die theologische Unterweisung der Jugend zu sorgen. Die einzelnen Ämter waren nicht hierarchisch untergliedert und wurden frei von der Gemeinde gewählt. Während die Amtsträger auf Gemeindeebene ein Presbyterium konstituierten, wählte dieses Presbyterium Abgesandte für die Provinzialsynode, die wiederum mit frei gewählten Abgeordneten die Nationalsynode beschickte.[55] Theologische Auseinandersetzungen und sittliche Verfehlungen, die nicht auf der unteren Ebene geklärt werden konnten, wurden an die jeweils höhere Ebene verwiesen. Dabei

---

[49] MILHÁLY BUCSAY: Der Protestantismus in Ungarn 1521–1978. Ungarns Reformkirchen in Geschichte und Gegenwart. Bd. 1. Wien [u. a.] 1977, S. 164–202; MÁRTA FATA: Ungarn, das Reich der Stephanskrone, im Zeitalter der Reformation und Konfessionalisierung. Multiethnizität, Land und Konfession 1500 bis 1700. Münster 2000 (Katholisches Leben und Kirchenreform im Zeitalter der Glaubensspaltung 60), S. 255–283.

[50] ALBERT DE LANGE: Calvin, die Waldenser und Italien. In: REISS/WITT (Hg.), Calvinismus [Anm. 18], S. 64–70, hier S. 64–66.

[51] PAUL CHAIX: Recherches sur l'imprimerie à Genève de 1550 à 1564. Étude bibliographique, économique et littéraire. Genf 1954 (Travaux d' humanisme et Renaissance 16); RAYMOND MENTZER: Calvin und Frankreich. In: Calvin Handbuch. Hg. von HERMAN SELDERHUIS. Tübingen 2008, S. 78–87, hier S. 80–82.

[52] GILLIAN LEWIS: The Geneva Academy. In: PETTEGREE [u. a.] (Hg.), Calvinism in Europe [Anm. 44], S. 35–63, hier S. 50–52

[53] MENTZER, Calvin [Anm. 51], S. 84–87.

[54] MATTHIAS FREUDENBERG: Calvin und die Entwicklung des reformierten Verständnisses der Kirche. In: Calvin und seine Wirkungen. Hg. von dems. und MARIUS LANGE VAN RAVENSWAAY. Neukirchen-Vluyn 2009, S. 59–79, hier S. 73.

[55] ULRICH NIGGEMANN: Hugenotten. Köln [u. a.] 2011, S. 15.

galten das Mehrheitsprinzip und die Gleichheit aller Abgeordneten. Das Bischofsamt wurde ausdrücklich als unbiblisch verworfen. Kein Abgeordneter sollte über dem anderen stehen. Dieses Modell wurde mit geringen Modifikationen später auch von den reformierten Kirchen in den Niederlanden und Schottland übernommen;[56] Ungarn behielt eine Episkopalverfassung bei.[57]

In Frankreich beruhte die Anziehungskraft des Reformiertentums vor allem auf seiner Übernahme der kirchlichen Reformansätze, seiner humanistischen Fundierung, seiner theologischen Stringenz und seiner biblischen Untermauerung. Große Teile des französischen Bürgertums und Adels traten zum reformierten Glauben über. Reformierte Gemeinden waren über ganz Frankreich verteilt, einen Schwerpunkt besaßen sie im ‚Croissant Huguenot', dem hugenottischen Halbmond, der sich von Nîmes über Montauban nach La Rochelle erstreckte. Dabei erreichte die Reformation jedoch nie mehr als 10% der französischen Bevölkerung und blieb in weiten Teilen ein Phänomen der Oberschicht.[58]

Genf hatte auch direkten Einfluss auf die Reformation in den französischsprachigen Niederlanden. Die ‚Confessio Belgica' von 1561 übernahm ähnlich wie die ‚Confessio Gallicana' die Grundzüge der Genfer Kirchenverfassung.[59] Die grausamen Verfolgungsmaßnahmen der spanischen Krone ließen die reformierte Kirche in den südlichen Niederlanden – noch mehr als in Frankreich – zum Phänomen einer Minderheit werden. Die meisten Gläubigen emigrierten in die nördlichen Provinzen,[60] wo sich im Achtzigjährigen Krieg ein multikonfessionelles Gemeinwesen unter reformierter Führung etablierte. Hier wurde die reformierte Kirche in Form der niederländischen Öffentlichkeitskirche quasi zur Staatskirche erhoben. Die Ausübung öffentlicher Ämter war fortan nur niederländischen Reformierten gestattet.[61] Das Reformiertentum verdrängte dadurch aber nicht die anderen

---

56 FREUDENBERG, Calvin [Anm. 54], S. 74; JUDITH BECKER: Reformierter ‚Gemeindeaufbau' in Westeuropa. Zur Verbreitung calvinistischer Ekklesiologie. In: DINGEL/SELDERHUIS (Hg.), Calvin und Calvinismus [Anm. 37], S. 263–280; JACK WHYTOCK: Continental Calvinian Influences on the Scottish Reformation. The First Book of Discipline (1560). Lewiston [u. a.] 2009, S. 28–45, 85–95.

57 BUCSAY, Der Protestantismus [Anm. 49], S. 152–154.

58 RAYMOND MENTZER: The Appeal of Calvinism in France. In: DINGEL/SELDERHUIS (Hg.), Calvin und Calvinismus [Anm. 37], S. 103–114, hier S. 104; MENNA PRESTWICH: Calvinism in France 1555–1629. In: International Calvinism. 1541–1715. Hg. von dems. Oxford 1985, S. 71–107, hier S. 73.

59 Confessio Belgica. Hg. von EBERHARD BUSCH. In: Reformierte Bekenntnisschriften 1559–1563. Hg. von ANDREAS MÜHLING und PETER OPITZ. Neukirchen-Vluyn 2008 (Reformierte Bekenntnisschriften 2.1), S. 324–369.

60 RUDOLPHE FRANÇOIS F. LE GRAS: Wallonisch-Reformierte Kirchengemeinden in den Niederlanden. In: Der Deutsche Huguenott 46 (1982), S. 70–81; GEERT JANSSEN: Exiles and the Politics of Reintegration in the Dutch Revolt. In: History 94 (2009), S. 37–53.

61 NICOLETTE MOUT: Staat und Calvinismus in der Republik der Vereinigten Nieder-

Bekenntnisse, allen voran den Katholizismus, dem auch im Norden weiterhin ca. ein Drittel der Bevölkerung anhing.[62]

Anders war dies in Schottland, wo das Reformiertentum 1560 zur Staatsreligion wurde. Der schottische Reformator John Knox war ein direkter Schüler Jean Calvins und führte mit der ‚Confessio Scotia' das Genfer Kirchenmodell in Schottland ein.[63] Beinahe das gesamte Land bekannte sich fortan zur reformierten Church of Scotland, kurz *the Kirk*. Im Unterschied zu den Entwicklungen auf dem Kontinent wurde hier der Episkopat aber nicht vollständig abgeschafft, sondern nur entmachtet. Der Versuch König Karls I., im englischen Bürgerkrieg das episkopale Kirchenregiment wieder einzuführen, führte allerdings langfristig zur vollständigen Beseitigung des Bischofsamts. In der Folge konnte sich ein presbyterial-synodales Kirchenregiment nach kontinentaleuropäischem Vorbild durchsetzen.[64]

Auch die Reformation im südlichen Nachbarland England wurde maßgeblich vom kontinentaleuropäischen Reformiertentum beeinflusst. Petrus Martyr Vermigli und Martin Bucer verdankte die anglikanische Kirche bis zur Restauration ein reformiertes Abendmahlsverständnis.[65] Das maßgebliche dogmatische Lehrbuch der Universität Oxford blieb in der gesamten Frühen Neuzeit Jean Calvins ‚Institutio Christianae Religionis'.[66] Während die anglikanische Kirche eine vortridentinische Liturgie und eine katholische Episkopalverfassung beibehielt, schloss sie sich dogmatisch weitgehend der reformierten Strömung der Reformation an und übernahm nicht nur deren Abendmahlsverständnis, sondern auch die Lehre von der doppelten Prädestination.[67] Neben der anglikanischen Staatskirche etablierten sich in Eng-

---

lande. In: SCHAAB (Hg.), Territorialstaat und Calvinismus [Anm. 35], S. 87–96; JUDITH POLLMANN: Freiwillige Religion in einer ‚öffentlichen' Kirche. Die Anziehungskraft des Calvinismus in der Niederländischen Republik. In: REISS/WITT (Hg.), Calvinismus [Anm. 18], S. 176–181.

62 ANTON VAN DE SANDE: Niederländische Katholiken – Außenseiter in einer protestantischen Nation? Toleranz und Antipapismus in den Niederlanden im 17. und 18. Jahrhundert. In: Ablehnung – Duldung – Anerkennung. Toleranz in den Niederlanden und in Deutschland. Ein historischer Vergleich. Hg. von HORST LADEMACHER [u. a.]. Münster [u. a.] 2004 (Studien zur Geschichte und Kultur Nordwesteuropas 9), S. 189–201, hier S. 190.

63 Confessio Scotica. Hg. von IAN HAZLETT. In: MÜHLING/OPITZ (Hg.), Reformierte Bekenntnisschriften 1559–1563 [Anm. 59], S. 240–299.

64 MARK CHARLES FISSEL: The Bishops' Wars. Charles I's Campaigns Against Scotland, 1638–1640. Cambridge 1994.

65 EMIDIO CAMPI: Petrus Martyr Vermigli (1499–1562). Europäische Wirkungsfelder eines italienischen Reformatos. In: Zwingliania 27 (2000), S. 29–46, hier S. 41f.; JAMES TURRELL: Anglican theologies of the Eucharist. In: WANDEL (Hg.), A Companion to the Eucharist [Anm. 17], S. 139–158.

66 HERMAN SELDERHUIS: Calvinus non otiosus. Der bewegte Beweger und seine Kinder. In: DINGEL/SELDERHUIS (Hg.), Calvin und Calvinismus [Anm. 37], S. 3–21, hier S. 11.

67 IAN HAZLETT: Calvin und die Britischen Inseln. In: SELDERHUIS (Hg.), Calvin Handbuch [Anm. 51], S. 118–126, hier S. 121–124.

land viele reformierte Freikirchen, von denen die Presbyterianer die bei weitem bedeutendste waren. Die Presbyterianer übernahmen die presbyterial-synodale Kirchenverfassung der meisten kontinentaleuropäischen, reformierten Kirchen. Auch liturgisch trennten sie sich von der Church of England und lehnten deren äußerliche, vortridentinische Liturgie ab. Stattdessen praktizierten sie einen besonders schlichten Predigtgottesdienst, der sich auf die Verkündigung des reinen, unverfälschten Wortes Gottes konzentrierte. Presbyterianische Vorstellungen gewannen in Folge des Englischen Bürgerkrieges auch in der englischen Staatskirche die Oberhand. 1643–1649 tagte die Westminster Synode, die bis zur Restauration für den Commonwealth eine reformierte Kirchenverfassung erarbeitete.[68] Auch wenn die Restauration die Beschlüsse von Westminster wieder aufhob, wurden diese konstitutiv für die weitere Entwicklung presbyterianischer Kirchen auf den britischen Inseln und in den amerikanischen Kolonien.

Der Zusammenhalt des europäischen Reformiertentums verdankt sich dem beständigen Austausch durch akademische Wanderungen, Glaubensflüchtlinge und die wechselseitige Teilnahme an Synoden. Für die Ausbildung der reformierten Orthodoxie war zweifellos die Synode von Dordrecht 1618–1619 die bedeutendste. Zu Beginn des 17. Jahrhunderts kam es in den Vereinigten Provinzen zum Streit über die richtige Auslegung der Prädestinationslehre. Der Leidener Theologe Jakob Arminius lehrte im Vorfeld, Christus sei für alle Menschen gestorben und nicht nur für die Erwählten. Die Gnade sei durch die Prädestination nicht unwiderruflich, sondern könne im Leben erworben werden oder verloren gehen. Erwählung und Verdammung seien also nicht feststehend. Gott verfüge allein über ein Vorwissen über Erwählung und Verdammnis. Die Anhänger des Arminius, die sogenannten Arminianer, legten den niederländischen Generalstaaten eine Remonstranz vor, in der sie ihre Lehre verteidigten. Aus diesem Grund wurden sie in der Folge auch als ‚Remonstranten' bezeichnet. Ihnen widersprach die Mehrheit der reformierten Theologen in einer Kontraremonstranz unter Führung von Franciscus Gomarus, seines Zeichens ebenfalls Theologieprofessor in Leiden. Die sogenannten ‚Kontraremonstranten' lehrten, dass Gott vor Anbeginn der Zeit einen Teil der Menschen zum Heil erwählt, den anderen aber verworfen hatte. Die Annahme eines freien menschlichen Willens sei blasphemisch, weil er die Allmacht Gottes lästere. Die niederländische Nationalsynode in Dordrecht sollte den Streit zwischen beiden Gruppen klären.[69] Die Hinzuziehung von Vertretern aus England, der Kurpfalz, Kurbrandenburg, Hessen-Kassel, der Wetterau, Ostfriesland, Bremen, Genf und der deutschsprachigen Schweiz ließ die niederländische Nationalsynode zu einem europäischen Konzil der reformierten Kirche an-

---

[68] Vgl. The Confession of Faith of the Assembly of Divines at Westminster. Hg. von SAMUEL WILLIAM CARRUTHERS. London 1946.

[69] IRENE DINGEL: Schwerpunkte calvinistischer Lehrbildung im 16. und 17. Jahrhundert. In: REISS/WITT (Hg.), Calvinismus [Anm. 18], S. 90–96, hier S. 93f.

wachsen.[70] Einzig die Vertreter der französischen Nationalsynode wurden von Ludwig XIII. an einer Teilnahme gehindert, akzeptierten aber später die Dordrechter Beschlüsse als Teil ihres eigenen Bekenntnisses.[71]

Dordrecht bestätigte die Gültigkeit der ‚Confessio Belgica' und des ‚Heidelberger Katechismus' für alle an der Synode beteiligten reformierten Kirchen.[72] Die Synode erarbeitete auf Anraten der anglikanischen und deutschen Abgeordneten einen Kompromiss zwischen Remonstranten und Kontraremonstranten. Erst nach dem Sündenfall sei die göttliche Erwählung vollzogen worden. Die Lehre des freien Willens wurde jedoch scharf verurteilt und die Anhänger des Arminius exkommuniziert und aus der niederländischen Öffentlichkeitskirche ausgeschlossen.[73] Sie blieben aber durch die Neugründung einer eigenen arminianischen Kirche ein wichtiges Element der niederländischen Gesellschaft.[74] Die Beschlüsse von Dordrecht leiteten das Zeitalter der reformierten Orthodoxie ein. Die Reformation trat damit in eine Phase der Konsolidierung. Das presbyterial-synodale Kirchenregiment verstand sich jedoch auch weiterhin als Instrument einer andauernden Reformation der Kirche.[75] Die Synoden bestätigten und modifizierten in regelmäßigen Abständen die Beschlüsse ihrer Vorgänger. Wichtige Impulse gingen seit dem späten 17. Jahrhundert vom Pietismus aus, der das reformierte Ansinnen – der Reformation der Lehre die Reformation des Lebens folgen zu lassen – fortsetzte.[76] Die Reformierten blieben somit nicht nur ideell, sondern auch praktisch stets eine *ecclesia semper reformanda*, eine sich immer wieder aufs Neue reformierende Kirche.

2. Das Selbstbild der Reformierten

Das Selbstbild der Reformierten fußt auf zwei Säulen: der theologischen und identitären Abgrenzung gegenüber dem römischen Katholizismus und der Ausprägung einer gemeinsamen reformierten Konfessionskultur. Theo-

---

[70] FRED VAN LIEBURG: The Participants at the Synod of Dordt. In: Acta of the Synod of Dordt. Acta et Documenta Synodi Nationalis Dordrechtanae (1618–1619). Hg. von DONALD SINNEMA [u. a.]. Göttingen 2014, S. LXIII–CVII.

[71] NICOLA STRICKER: Zwischen Innovation und Restauration. Zur Wirkungsgeschichte Calvins in Frankreich. In: FREUDENBERG/LANGE VAN RAVENSWAAY (Hg.), Calvin und seine Wirkungen [Anm. 54], S. 97–114, hier S. 102f.

[72] SINNEMA [u. a.] (Hg.), Acta of the Synod of Dordt [Anm. 70], S. 147, 179, 150, 155, 331f., 448f.

[73] JONATHAN ISRAEL: The Dutch Republic: Its Rise, Greatness and Fall, 1477–1806. Oxford 1998, S. 462–465.

[74] ISRAEL, The Dutch Republic [Anm. 73], S. 465, 477.

[75] MARGIT ERNST-HABIB: Reformierte Identität weltweit. Eine Interpretation neuerer Bekenntnisse aus der reformierten Tradition. Göttingen 2017 (Forschungen zur systematischen und ökumenischen Theologie 158), S. 130–144.

[76] REINER ZIMMERMANN: Calvinismus in seiner Vielfalt. Neukirchen-Vluyn 2011, S. 55–85.

logisch war der Einfluss von Jean Calvins Lehre der doppelten Prädestination, wie er sie in seinem Hauptwerk der ‚Institutio Christianae Religionis' darlegte, grundlegend. Danach hat Gott den einen Teil der Menschen zum Heil berufen, den anderen Teil aber für die ewige Verdammnis vor Anbeginn der Zeit vorherbestimmt. Die Erwählung beruhe laut Calvin auf Gottes unwandelbarem Ratschluss und könne nicht durch menschliche Werke beeinflusst werden. Die Erwählten könne man zwar nicht erkennen, sie selbst seien sich aber durch ihre Berufung, das heißt, die Annahme des christlichen Glaubens, und durch ihre Rechtfertigung, das heißt, durch die Erkenntnis der Erlösung von ihren Sünden durch Jesus Christus, ihrer Erwählung gewiss. Genauso könnten sich die Verdammten durch ihre Unkenntnis des christlichen Glaubens und den Mangel an Heiligem Geist ihrer Verdammnis bewusst sein.[77] Ihr Widerstand gegen die reformatorische Lehre sei der Beweis dafür, was sie im Jüngsten Gericht erwarten werde. Als den von Gott Verdammten stehe den Katholiken nach ihren Übeltaten ein schreckliches Ende bevor. Durch diese Lehre verbreitete sich unter den Reformierten das Bewusstsein, zu den Auserwählten Gottes zu gehören, während ihre katholische Umgebung aufgrund ihrer Verstocktheit zur Verdammnis bestimmt sei. Die Katholiken waren letztendlich Werkzeuge Gottes, der mit ihrer Hilfe die Reformierten aus väterlicher Liebe strafen wollte, damit sie sich besserten. Die Verfolgungen durch die von Gott verfluchten Katholiken erschienen schon Calvin selbst als Beweis für die Gotteskindschaft der Reformierten.[78]

Während des Reformationsjahrhunderts entstand eine reichhaltige protestantische Märtyrerliteratur, die den Reformierten eine eigene Geschichte bereitstellte. Diese Märtyrergeschichte lieferte eine wichtige Grundlage für die Ausbildung einer konfessionellen Identität. Das Martyrium wurde dabei als Wahrheitszeugnis verstanden, welches dem Märtyrer ein Sendungsbewusstsein verlieh, das ihn standhaft den Tod erleiden ließ.[79] Peter Burschel definiert das „Martyrium als Medium kollektiver Leidenserfahrungen [...] und damit als Medium kollektiver Erinnerung und kollektiver Selbstvergewisserung, das dazu beitrug, aus Glaubensgemeinschaften Bekenntnisgemeinschaften und aus Bekenntnisgemeinschaften Bekenntniskulturen werden zu lassen."[80]

Ein bekanntes Beispiel für eine solche Martyrologie stellt Jean Crespins ‚Le Livre des martyrs' dar, welches 1554 zum ersten Mal vermutlich in Genf

---

[77] Jean Calvin: Institutio Christiane Religionis [...], Genf 1559. In: Ioannis Calvini opera quae supersunt omnia. Hg. von WILHELM BAUM. Bd. 2. Braunschweig 1865 (Corpus Reformatorum 30), III, 21,7.

[78] Calvin, Institutio [Anm. 77], III, 24,12.

[79] PETER GERLITZ: Martyrium I. Religionsgeschichte. In: TRE, Bd. 22 (1992), S. 196–202, hier S. 197.

[80] PETER BURSCHEL: Streben nach Unsterblichkeit: Zur Kultur des Martyriums in der Frühen Neuzeit. München 2004 (Ancien Régime, Aufklärung und Revolution 35), S. 5.

veröffentlicht wurde.[81] Im Verlauf des 16., 17. und 18. Jahrhunderts sollte dieses Werk durch zahlreiche Neuauflagen und Ergänzungen über den Tod Crespins hinaus eine enorme Bedeutung für den europäischen Protestantismus entfalten.[82] Es stellte neben der Bibel, den Psalmenübersetzungen und den Werken Calvins das unter den Hugenotten am weitesten verbreitete literarische Werk dar.[83] Noch bedeutsamer wurde eine direkte englische Adaptation des ‚Livre des martyrs' durch John Foxe, die erstmals 1563 unter dem Titel ‚Acts and Monuments' erschien und als ‚Book of Martyrs' Berühmtheit erlangte.[84] Alle anglikanischen Gemeinden wurden zur Anschaffung des ‚Book of Martyrs' verpflichtet, das regen Eingang in die englische Predigttradition fand.[85]

Das ‚Livre des martyrs' und das ‚Book of Martyrs' bieten einen Katalog verschiedener Märtyrerviten, beginnend mit Jan Hus, den sie in die ununterbrochene Tradition der reformierten Kirche einreihten.[86] Crespin brach aber insofern aus der Tradition herkömmlicher Martyrologien aus, als er nicht nur die Vorbildfunktion einzelner Märtyrer hervorhob, sondern auch das Martyrium der gesamten Kirche beschrieb. Damit machte er die reformierte Kirche nicht nur zur Kirche der Märtyrer, sondern zu einer Kirche von Märtyrern.[87]

Die Verfolgung und das Martyrium stellen dabei Zeichen der wahren Kirche Christi dar. Die Märtyrer sollten bei Crespin den Gläubigen als Beispiele der Standhaftigkeit helfen, gegen die Anfechtungen des Teufels um

[81] Jean Crespin: Le Livre des Martyrs [...], s. l. 1554 [Bibliothèque cantonale et universitaire de Lausanne AZ 4309]. Vgl. JEAN-FRANÇOIS GLIMONT: Jean Crespin. Un éditeur reformé du XVIe siècle. Genf 1981 (Travaux d'Humanisme et Renaissance 186), S. 237.

[82] LUC RACAUT: Religious polemic and Huguenot self-perception and identity. 1554–1619. In: Society and culture in the Huguenot world (1559–1685). Hg. von RAYMOND MENTZER und ANDREW SPICER. Cambridge 2002, S. 29–43, hier S. 37. Übersetzungen ins Lateinische und Deutsche etwa: Jean Crespin: Acta martyrum [...]. Genf 1556 [Bibliothèque cantonale et universitaire de Lausanne TH 2293]; Jean Crespin: Märtyrbuch [...]. Herborn 1595 [Bayerische Staatsbibliothek München H. ref. 752 d].

[83] GLIMONT, Jean Crespin [Anm. 81], S. 238.

[84] ELISABETH EVENDEN/THOMAS FREEMAN: Religion and the book in early modern England: the making of Foxe's ‚Book of Martyrs'. Cambridge 2011; WOLF-FRIEDRICH SCHÄUFELE: Protestantisches Märtyrergedenken im frühneuzeitlichen England. John Foxe und das ‚Book of Martyrs'. In: Ebernburg-Hefte 43 (2009), S. 35–59 = Blätter für pfälzische Kirchengeschichte und religiöse Volkskunde 76 (2009), S. 367–391 (zit.).

[85] SCHÄUFELE, Protestantisches Märtyrergedenken [Anm. 84], S. 378. EVENDEN/FREEMAN, Religion [Anm. 84], S. 321f., sprechen hingegen von sinkenden Verkaufszahlen im 17. und 18. Jahrhundert.

[86] Crespin, Le Livre [Anm. 81], S. 1–128.

[87] Die These Luc Racauts, die hugenottische Historiographie habe erst nach dem Tode Crespins mit den Neueditionen des ‚Livre des martyrs' durch Simon Goulard ab 1582 den Weg von der Beschreibung des individuellen Martyriums hin zum kollektiven Martyrium gefunden, muss bei Betrachtung der ersten Edition von 1554 bestritten werden. Vgl. RACAUT, Religious polemic [Am. 82], S. 29–43, hier S. 37.

Christi willen zu bestehen.[88] Mit dem Teufel wird hierbei eindeutig auf den Papst angespielt. Seine Anhänger, die Katholiken, hätten die Reformierten verfolgt und versucht, zur Teilnahme an ihrer gotteslästerlichen Religion zu zwingen. Der eigene Glaube und der Katholizismus werden dabei in einem diametralen Gegensatz gesehen.[89] Die Geschichte erscheint als Kampf zwischen dem Evangelium und der wahren Kirche Christi gegen *ce basilic & Antechrist Romain, sa synagogue maudicte & pleine de blasphemes, mere de toutes les abominations qui sont sur terre.*[90] Die Gleichsetzung des Papstes mit dem Antichrist hat laut Peter Burschel eine entlastende Funktion, die dem Leiden und der Ohnmacht der Protestanten in der Reformationszeit Sinn verlieh.[91] Bei Crespin heißt es, Gott habe die christliche Wahrheit immer erhalten, auch während der schlimmsten Verfolgungen.[92] Deutlich wird hier, dass den Katholiken der christliche Glaube abgesprochen wird. Die katholische Kirche wird als jüdisch und teuflisch diffamiert. Den Katholiken wird schon im Grund jegliche Religiosität bestritten, wenn Crespin sie als *profanes* beschimpft und in Gegensatz zu den zu Christus gehörenden *Chrestiens* stellt.[93] Dadurch stehen die Katholiken außerhalb der christlichen Gemeinschaft und somit im Verständnis des 16. Jahrhunderts außerhalb der menschlichen Gesellschaft schlechthin.

Der Kampf zwischen Protestanten und Katholiken, zwischen Gut und Böse führt bei Crespin letztendlich zu einer chiliastischen Endzeiterwartung. In Anlehnung an den Propheten Daniel und an die Apokalypse des Johannes sieht er in den gegenwärtigen Verfolgungen die letzten Prüfungen, die Gott seiner Gemeinde schickt.[94] Die reformierten Prediger und Märtyrer erscheinen als Boten Gottes, die der Gemeinde helfen, sich auf das Jüngste Gericht vorzubereiten.[95] Dabei sollen die Reformierten noch einmal geläutert werden, um vor dem Jüngsten Gericht bestehen zu können. Sicher ist, dass dies den gotteslästerlichen Katholiken vor ihrem Richter nicht gelingen würde. Christus ist dabei *grand chef & capitaine* der Märtyrer.[96] Der Kampf um die Wahrheit ist gleichsam ein militärischer Kampf, der die Ereignisse der französischen Bürgerkriege schon vorwegnimmt.

---

[88] Crespin, Le Livre [Anm. 81], [Préface S. 2].

[89] Ebd., [Préface S. 8f.]. Der These Racauts, der Papst sei im Gegensatz zum deutschen und englischen Protestantismus in Genf und in Frankreich erst im 17. Jahrhundert mit dem Antichrist personifiziert worden, muss anhand der bestechenden Quellenlage an dieser Stelle so ebenfalls bestritten werden. RACAUT, Religious polemic [Anm. 82], S. 37, 43.

[90] Crespin, Le Livre [Anm. 81], [Préface S. 8f.].

[91] BURSCHEL, Streben [Anm. 80], S. 31.

[92] Crespin, Le Livre [Anm. 81], [Préface S. 1].

[93] Ebd., [Préface S. 5].

[94] Ebd., [Préface S. 8f.].

[95] Ebd., [Préface S. 8].

[96] Ebd., [Préface S. 9].

Die Konstruktion von Identität und Alterität im ‚Livre des martyrs' erfolgte über den Antagonismus einer orthodox ausgelegten Prädestinationslehre. Im ‚Livre des martyrs' stehen Wahrheit gegen Lüge, Gut gegen Böse, Martyrium gegen Verfolgung, Rechtfertigung gegen Verdammnis. Geschichte ist dabei Heilsgeschichte und orientiert sich an einer chiliastischen Endzeiterwartung. Diese dualistische Konstruktion blieb nicht nur für die Reformationszeit und das konfessionelle Zeitalter charakteristisch, sondern darüber hinaus für die gesamte Frühe Neuzeit, was die zahlreichen Neuauflagen des ‚Livre des martyrs' bis zum Ende des 18. Jahrhunderts belegen.[97]

Die Abgrenzung zum Katholizismus wird auch durch die Ausprägung einer spezifisch reformierten Konfessionskultur deutlich. In ihrem Zentrum standen überall in Europa die sonntägliche Predigt, das eigene Studium der Heiligen Schrift und der Psalmengesang. Der reformierte Predigtgottesdienst brach noch stärker als die lutherische Messe mit den altkirchlichen liturgischen Praktiken und konzentrierte sich auf die Wortverkündigung. Der Bedeutung der Schriftverkündigung und -auslegung zollten die Reformierten auch durch die Einrichtung von Gemeindeschulen Rechnung, die zum Ziel hatten, der Bevölkerung die eigenständige Lektüre der Bibel zu ermöglichen. Aufgrund der hohen Wertschätzung individuellen Bibelstudiums erreichte die reformierte Bevölkerung eine hohe Alphabetisierungsrate, die diejenige der katholischen Regionen um ein Vielfaches überstieg.[98]

Im Gegensatz zur Wertschätzung des geschriebenen Wortes waren bildliche Darstellungen religiöser Themen im orthodoxen Reformiertentum gemäß dem Zweiten Gebot streng verboten.[99] Entsprechend nüchtern gestaltet sind reformierte Kirchenräume. Sie sind ganz auf die Botschaft der Heiligen Schrift ausgerichtet, die rein mündlich verkündet wurde. Die Kanzel befindet sich idealtypisch in der Mitte des Kirchenraums.[100] Nicht das

---

97 RACAUT, Religious polemic [Anm. 82], S. 29–43, hier S. 37.

98 Vgl. beispielsweise die Ergebnisse der lokalen Studie von GUY ASTOUL: L'instruction des enfants protestants et catholiques en pays aquitains du milieu du XVIe siècle à la révocation de l'Édit de Nantes. In: Histoire de l'éducation 69 (1996), S. 37–61.

99 „Du sollst dir kein Gottesbild machen noch irgendein Abbild von etwas, was oben im Himmel, was unten auf der Erde oder was im Wasser unter der Erde ist. Du sollst dich nicht niederwerfen vor ihnen und ihnen nicht dienen, denn ich, der HERR, dein Gott, bin ein eifersüchtiger Gott, der die Schuld der Vorfahren heimsucht an den Nachkommen bis in die dritte und vierte Generation, bei denen, die mich hassen, der aber Gnade erweist tausenden, bei denen, die mich lieben und meine Gebote halten" (Zürcher Bibel. Hg. vom Kirchenrat der Evangelisch-reformierten Landeskirche des Kantons Zürich. 3. Aufl. Zürich 2009, II. Mose 20,4–6). Ein zentrales Unterscheidungskriterium stellt bereits die Zählung der Gebote dar, denn Lutheraner und Katholiken zählen dieses Gebot nicht als Einzelvorschrift, sondern als Bestandteil des Ersten Gebots, des Verbots fremder Götter.

100 KLAUS MERTEN: Der Kirchenbau der Reformierten. In: REISS/WITT (Hg.), Calvinismus [Anm. 18], S. 296–303.

Sakrament steht so im Zentrum des Gottesdienstes, sondern die Verkündigung des Wortes Gottes.

Der Gottesdienst wurde durch Psalmengesang begleitet, der auf der Bibel fußte. Weltliche Musik war weithin als gotteslästerlich verrufen. Auch freie Lieddichtungen christlichen Inhalts, wie sie das Luthertum kultiviert hat, wurden von den Presbyterien, Konsistorien und Synoden lange Zeit verurteilt.[101] Das galt im Genf des 16. und 17. Jahrhunderts auch für instrumentelle Begleitung der Psalmendichtung, welche die Gläubigen verführen könnte.[102] An die Stelle einer konventionellen Musikkultur trat der Genfer Psalter, der in fast alle europäischen Sprachen übersetzt wurde.[103] Seine wichtigsten Autoren waren der französische Theologe Théodore de Bèze und der Dichter Clément Marot. Die in Deutschland gebräuchliche Übersetzung stammte von Ambrosius Lobwasser.[104]

Der Psalter wirkte identitätstiftend und gemeinschaftbildend. Mit Psalmengesang nahmen reformierte Gläubige Besitz von öffentlichen Räumen.[105] Dementsprechend hart verfolgten katholische Obrigkeiten den Psalmengesang.[106] In Verfolgungssituationen spendete die Analogie der wahren Kirche mit dem biblischen Israel in den Psalmen Trost. Auf diese Weise führte gerade die Verfolgung zu einer Intensivierung des Psalmengesangs. Am bekanntesten ist sicherlich die Übersetzung des 68. Psalms durch Clément Marot, der ein reformiertes Pendant zum lutherischen ‚Eine feste Burg ist unser Gott' darstellt. In der ersten Strophe in der Übersetzung von Ambrosius Lobwasser heißt es:

Gott mach sich auff mit seiner gwalt/
So wirt man seine feind alßbald/

---

[101] ANDREA HOFMANN: Psalmenrezeption in reformatorischem Liedgut. Entstehung, Gestalt und konfessionelle Eigenarten des Psalmliedes 1523–1650. Leipzig 2015 (Arbeiten zur Kirchen- und Theologiegeschichte 45), S. 85; JAN LUTH: Gemeindegesang in den Niederlanden im 16. Jahrhundert. In: Der Genfer Psalter und seine Rezeption in Deutschland, der Schweiz und den Niederlanden: 16.–18. Jahrhundert. Hg. von ECKHARD GRUNEWALD [u. a.]. Tübingen 2004 (Frühe Neuzeit 97), S. 421–434, hier S. 432.

[102] JAN SMELIK: Die Theologie der Musik bei Johannes Calvin als Hintergrund des Genfer Psalters. In: GRUNEWALD [u. a.] (Hg.), Der Genfer Psalter und seine Rezeption [Anm. 101], S. 61–78, hier S. 73.

[103] GRUNEWALD [u. a.] (Hg.), Der Genfer Psalter [Anm. 101]; JUDITH HAUG: Der Genfer Psalter in den Niederlanden, Deutschland, England und dem Osmanischen Reich (16.–18. Jahrhundert). Tutzing 2010 (Tübinger Beiträge zur Musikwissenschaft 30); HENNING JÜRGENS: Der Genfer Psalter – europaweiter Kulturtransfer, konfessionelle Kultur und europäische Literaturen. In: Europäische Geschichte Online 2010. URL: https://d-nb.info/1020543981/34 (5. Mai 2019).

[104] JÜRGENS, Genfer Psalter [Anm. 103], Abschnitt 27–30.

[105] ROGER ZUBER: Les psaumes dans l'histoire des Huguenots. In: Bulletin de la Société de l'Histoire du Protestantisme Français 123 (1977), S. 350–361, hier S. 351.

[106] DAVID EL KENZ: Les bûchers du roi: la culture protestante des martyrs (1523–1572). Paris 1997, S. 168–171.

Aus dem feld sehen ziehen/
Und seine hasser all zurstreut/
Zutrennet als erschrockne leut/
Für seinem augen fliehen.
Zu nicht er sie wirt machen auch/
Das sie verschwinden wie ein rauch/
Mit dem das sie beginnen/
Und wie ein wachs von fewers glut
Für Gottes Gesicht zurinnen.[107]

Mit den Feinden waren selbstverständlich die Katholiken gemeint. In Analogie zum alten Israel erwarteten die reformierten Psalmensänger, Gott werde die Katholiken wie einst das pharaonische Ägypten strafen. Die Reformierten würden aus Ägypten, d. h. aus dem Herrschaftsbereich katholischer Obrigkeiten, ausziehen. Ihre katholischen Verfolger werde Gott vernichten. Den reformierten Gläubigen wurde aber als auserwähltes Gottesvolk das Gelobte Land verheißen. In der Frühen Neuzeit fungierte Psalm 68 auch als Kriegshymne, mit der reformierte Heere gegen die Katholiken in die Schlacht zogen.[108]

Im Alltag waren die reformierten Gemeinden von Predigt, Bibelstudium und Psalmengesang sowie von einer strengen Kirchenzucht geprägt. Die Gemeinden unter Leitung des jeweiligen Presbyteriums verfolgten sittliche Verfehlungen wie Faulheit, unsauberen Lebenswandel, bunte, hoffärtige Kleidung, die Gestaltung aufwändiger Feste, Theater- und Glücksspiel, unehelichen Geschlechtsverkehr, die Lüge, den Besuch der römischen Messe und übermäßigen Alkoholkonsum. Verfehlungen wurden mit Ermahnungen bis hin zum Ausschluss vom Abendmahl geahndet und konnten nur durch das Ableisten öffentlichen Bekenntnisses und ernsthaften Bereuens der eigenen Sünden getilgt werden. Die Schärfe der Sanktionierung unterschied sich allerdings bei den einzelnen Gemeinden. In Schottland oder Genf arbeiteten weltliche Obrigkeiten und Konsistorien eng zusammen. Die weltliche Obrigkeit förderte aktiv die reformierte Konfessionalisierung von Staat und Gesellschaft. Dort wurde deshalb eine sehr strenge Kirchenzucht praktiziert.[109] In Frankreich aber, wo die Reformierten in der Minderheit waren und sich der Diskriminierung durch eine katholische Obrigkeit ausgesetzt sahen, verziehen die Konsistorien rasch ihren Gemeindemitgliedern, um

[107] Ambrosius Lobwasser: Der Psalter dess Koeniglichen Propheten Dauids [...]. Leipzig 1573 [Staatsbibliothek Berlin Eh 3020].

[108] ZUBER, Les psaumes [Anm. 105], S. 356f., 359.

[109] ROBERT KINGDON: Reforming Geneva. Discipline, Faith and Anger in Calvin's Geneva. Genf 2012 (Cahier S.s d'Humanisme et Renaissance 103); GEOFFREY PARKER: The ‚Kirk by Law Established' and Origins of ‚The Taming of Scotland'. Saint Andrews 1559–1600. In: Sin and the Calvinists. Morals Control and the Consistory in the Reformed Tradition. Hg. von RAYMOND MENTZER. Kirksville 1994, S. 159–198; MICHAEL GRAHAM: Social Discipline in Scotland, 1560–1610. In: ebd., S. 129–157.

nicht ihren Abfall von der reformierten Kirche zu provozieren.[110] Die reformierte Kirchenzucht war also keineswegs überall in Europa so streng, wie ein verbreitetes Geschichtsbild von Calvin und den sogenannten Calvinisten angenommen hat. Daneben war die Kirchenzucht ein Phänomen aller Konfessionsgemeinschaften und ihrer weltlichen Obrigkeit. Charakteristisch für die Kirchenzucht der Reformierten ist die Reformation des Lebens der Gläubigen und nicht seine Calvinisierung.

Das Selbstbild reformierter Autoren war stets reformiert und nicht calvinistisch.[111] So finden sich bis heute keine Kirchen, die sich selbst als calvinistisch bezeichnen. Dafür sprechen im Wesentlichen drei Gründe: Erstens war Calvin ein europäischer Reformator unter vielen; zweitens war er ein bescheidener Mensch, der eine Verehrung seiner Person als götzendienerisch ablehnte, und drittens prägten die Reformierten keine positive Memoria Calvins aus. Viele reformierte Theologen des 17. Jahrhunderts verweigerten Calvin den Status eines Konfessionsgründers. Er galt nur als ein wichtiger Theologe unter vielen.[112] Trotz seines großen theologischen Einflusses fand keine Idolisierung des Reformators statt.[113] Calvin war der „theologische *Primus inter Pares* seiner Generation reformierter Theologen, dessen Werk viele der späteren Entwicklungen in der reformierten Orthodoxie angeregt hat."[114]

In vielen Gegenden Europas war Calvin nicht der erste oder bedeutendste Reformator. Die deutschschweizerische Reformation ging nicht von Calvin aus. Der Begriff des ‚Calvinismus' würde hier die Rolle von Reformatoren wie Zwingli, Bullinger und Oekolampad vernachlässigen.[115] Dies war jedoch nicht im Interesse der deutschschweizerischen Kirchen. Gleiches gilt für die reformierten Kirchen und ihre Reformatoren in Schottland, den Niederlanden, Polen-Litauen und Ungarn. Gleichwohl kam es in diesen Gebieten aufgrund des Götzendienstverbotes nicht zu einer ausgeprägten Verehrung ihrer jeweiligen Reformatoren, die zu Selbstbezeichnungen wie Knoxisten oder Lascoisten geführt hätte. Im Gegensatz zur Fremdbezeichnung ‚Calvinismus' waren solche Begriffe nicht üblich. Der hugenottische

---

[110] RAYMOND MENTZER: La construction de l'identité réformée aux XVIe et XVIIe siècle. Le rôle des consistoires (Vie des huguenots 37). Paris 2006.

[111] RICHARD MÜLLER: Reception and Response. Referencing and Understanding Calvin in Seventeenth-Century Calvinism. In: BACKUS/BENEDICT (Hg.), Calvin and His Influence [Anm. 40], S. 182–201, hier S. 195.

[112] MÜLLER, Reception [Anm. 111], S. 195; HERMAN SELDERHUIS: Calvinismus: Ausweitung oder Einengung der Reformation?. In: Wem gehört die Reformation? Nationale und konfessionelle Dispositionen der Reformationsdeutung. Hg. von GÜNTER FRANK [u. a.]. Freiburg [u. a.] 2013, S. 154–181, hier S. 175.

[113] HERMAN SELDERHUIS: Calvinbilder: Bilder und Selbstbild. In: SELDERHUIS (Hg.), Calvin Handbuch [Anm. 51], S. 2–9, hier S. 5.

[114] CARL TRUEMAN: Calvin und die reformierte Orthodoxie. In: SELDERHUIS (Hg.), Calvin Handbuch [Anm. 51], S. 466–474, hier S. 473.

[115] SELDERHUIS, Calvinismus [Anm. 112], S. 160.

Theologe Pierre Du Moulin relativierte die kirchengeschichtliche Rolle Calvins für die Reformation bereits Mitte des 17. Jahrhunderts:

> *je ne sache aucun païs ny ville, ou la reformation ait commencé par son ministere. Zuingle en Suisse, Melancthon, Bucer & Ecolampade en Allemagne y ont travaillé devant luy. De l'Allemagne l'Evangile est passé és Pays-bas. Martyr & Bucer avec les Evesques d'Angleterre ont repurgé le pays. En France Calvin n'y a quasi point fait de sejour. Mesme à Geneve l'Evangile y avoit fructifié devant que Calvin y arrivast.*[116]

Mit der Schmälerung des Anteils Calvins an der Reformation versuchte Du Moulin die Anschuldigung seiner katholischen Gegner zu widerlegen, die reformierte Kirche fuße allein auf den Ideen Calvins. Er beteuerte vielmehr, dass Jesus Christus und die Apostel die Verursacher der Reformation gewesen seien. Gott habe sich Calvin nur als Werkzeug bedient, um seine Sache voranzutreiben.[117]

In Deutschland sprachen gegen den Begriff ‚Calvinismus' zudem politische Gründe. Die Reformierten waren nicht in den Augsburger Religionsfrieden eingeschlossen. Um reichsrechtliche Legitimation zu erhalten, mussten sie sich auf die ‚Confessio Augustana' berufen.[118] Sie sahen sich aber nicht als Lutheraner, sondern als Vertreter einer Gemeinschaft an, die Luthers Reformation im Bereich der Riten und der Kirchenverfassung vollenden würde. In diesem Sinne beanspruchten sie, Reformierte und nicht Calvinisten zu sein,[119] wie ihnen ihre lutherischen und katholischen Gegner vorwarfen. Der pfälzische Theologe David Pareus schrieb folglich 1619 in seinen ‚Acta Colloqviorvm Swalbacensium' über den Genfer Reformator:

> „Er mag dann so gelehrt und brillant gewesen sein, wie er will, unsere Kirchen sind nicht an das gebunden, was Calvin gelehrt oder geschrieben hat, und wir haben uns darauf auch nicht festgelegt. Wir geben gerne zu, dass Calvin ein ausgezeichneter Lehrer gewesen ist, jemand, der in der Heiligen Schrift sehr erfahren war und ein besonderes Werkzeug Gottes. Und auch seine Widersacher können nicht leugnen, dass seine hervorragenden Bücher und Schriften davon hinreichend Zeugnis geben. Dennoch, wir wissen auch, dass er ein Mensch war, der in Schrift und Sprache Fehler hätte machen können, so wie es früher bereits die heiligen Kirchenväter von sich selbst und ihren Schriften gesagt haben."[120]

---

116 Pierre Du Moulin: Examen de la doctrine de messieurs Amyrault et Testard [...] touchant la predestination et les poincts qui en dependent, Amsterdam 1638 [Universiteitsbibliotheek Amsterdam OTM: O 60-519], S. 99f. Vgl. auch STRICKER, Innovation [Anm. 71], S. 97.

117 *Iesus Christ & les Apostres sont auteurs de nostre reformatiõ. Quãt à Calvin Dieu s'est servi de luy utilement & avec efficace pour la defence de sa cause.* Du Moulin, Examen [Anm. 116], S. 99.

118 SELDERHUIS, Calvinismus [Anm. 112], S. 159.

119 Ebd., S. 159; WOLGAST, Calvinismus [Anm. 37], S. 23.

120 SELDERHUIS, Calvinismus [Anm. 112], S. 167f. Die Übersetzung bei Selderhuis ist mit falschen Seitenangaben zitiert, inhaltlich aber korrekt. *Neq; enim Ecclesiæ nostræ in*

Calvin hatte ein ausgeprägt negatives Selbstbild,[121] und er sprach nur sehr selten und ungern von seiner eigenen Person.[122] Er beanspruchte, ein wahrhaft christlicher Theologe zu sein und nicht aus Hochmut Abgötterei an seiner eigenen Person hervorzurufen.[123] Christus und nicht er selbst stand im Zentrum seiner Reformation.[124] Deshalb lehnte bereits Calvin den Begriff des ‚Calvinismus' ab.[125] Um möglicher Personenverehrung entgegenzuwirken, ordnete er später eine anonyme Bestattung an.[126] Es kam in der Folge zu keiner ausgeprägten Calvinverehrung im Reformiertentum, die mit der hohen Wertschätzung Luthers im lutherischen Protestantismus gleichgesetzt werden könnte.

Es ist zu fragen, warum der sogenannte Calvinismus trotzdem begriffsgeschichtlich zu einer festen Bezeichnung wurde. Eine Erklärung ist, dass Calvin im Kreuzfeuer der konfessionellen Polemik stand und sich reformierte Apologien deshalb häufiger auf ihn beriefen als auf Zwingli, a Lasco oder Knox.[127] Diskursiv gewannen aber nicht die reformierten Apologien die Oberhand, die wenig Interesse an einer Verteidigung des Genfer Reformators hatten. Es gelang so den Gegnern Calvins, die Außenwahrnehmung des Reformiertentums begrifflich auf die Gefolgschaft zu Calvins Person und Lehren zu verengen. Auf diese Weise prägte sich der polemische Begriff ‚Calvinismus' aus, den es im Folgenden zu untersuchen gilt.

3. Das Fremdbild: Der ‚Calvinismus'

Im Katholizismus dominierte allgemein die Bezeichnung ‚Häresie' für alle Protestanten, die wegen ihrer Irrlehren verurteilt wurden. Dennoch war man sich der theologischen Unterschiede zwischen diesen Gruppen bewusst.[128] Es existierte eine römische Hierarchie der Häresien. An ihrer Spitze stand

---

verba Calvini, quantus quantus ille fuerit, unquam juraverunt. Non ignoramus eximium fuisse Theologum & præclarum Dei organum, atq; Ecclesiæ doctorem: quod Commentarij eius in S. Scriptutas plurimi & eruditissimi satis testantur, & vel invitis adversariis, ad omnem posteritatem testabuntur. Novimus verò etiam hominem fuisse, qui dicendo & scribendo hallucinari potuerit: quod etiam sanctissimi Patres, salvo suo honore, olim de se & suis scriptis ipsi testati sunt. David Pareus: Acta Colloqviorvm Swalbacensium, Inter tres Doctores Jesuitas Moguntinos: et Davidem Pareum Theologum. Heidelberg 1619 [VD17 12:116563C], S. 20f.

121 SELDERHUIS, Calvinbilder [Anm. 113], S. 7; HERMAN SELDERHUIS: Calvin. Bild und Selbstbild. In: REISS/WITT (Hg.), Calvinismus [Anm. 18], S. 57–63, hier S. 62.

122 SELDERHUIS, Calvinus [Anm. 56], S. 3.

123 SELDERHUIS, Calvinbilder [Anm. 113], S. 3.

124 SELDERHUIS, Calvinismus [Anm. 113], S. 157.

125 SELDERHUIS, Calvinbilder [Anm. 113], S. 3.

126 SELDERHUIS, Calvinus [Anm. 56], S. 3.

127 Ebd., S. 3.

128 MATTHIAS SCHNETTGER: Römische Perspektiven auf den Calvinismus und die Calvinisten an der Wende vom 16. zum 17. Jahrhundert. Die Hauptinstruktionen Clemens'

seit der Reformation zweifelsfrei der ,Calvinismus' als Gipfelpunkt aller protestantischen ,Irrlehren'.[129] Er war aus römischer Sicht diejenige ,Häresie', die am weitesten vom Katholizismus entfernt war.

Traditionell warf die römisch-katholische Kirche allen ,Häresien' vor, sowohl die Rebellion gegen Gott als auch die Rebellion gegen die weltliche Obrigkeit zu predigen. Der ,Calvinismus' aber wurde als besonders gefährlich empfunden, weil er einen noch größeren Hang zum Aufruhr besitze als die anderen ,Häresien'.[130]

Besondere Abscheu hegte die Kurie vor Genf als dem Hort der ,Häresie' und Zufluchtsort der ,Häresiearchen'.[131] Als zweites Zentrum des ,Calvinismus' identifizierte man in Rom die Vereinigten Niederländischen Provinzen.[132] Nicht umsonst handelte es sich bei beiden Gemeinwesen um Republiken, die schon *per se* von der monarchischen Staatslehre des Katholizismus abwichen und so in doppelter Weise als suspekt erschienen.

Regelmäßig fürchtete die Kurie ,calvinistische' Verschwörungen gegen den Katholizismus. Das war namentlich im Vorfeld des Dreißigjährigen Krieges der Fall,[133] aber auch noch im 18. Jahrhundert zur Zeit des Siebenjährigen Krieges, den einige Beobachter an der Kurie als einen Religionskrieg des ,calvinistischen' Preußens ansahen.[134]

Der ,Calvinismus' wurde seit dem 16. Jahrhundert zu einer wichtigen Alteritätskonstruktion des europäischen Katholizismus. Die Ausprägung eines Feindbildes ,Calvinismus' half dabei, eine katholische Gruppenidentität zu stärken, die sich gerade von diesem Fremdbild abgrenzte.[135]

Das negative Bild Calvins und der ,Calvinisten' ging im Katholizismus vor allem auf ein Werk zurück: Jerôme Bolsecs ,Histoire de la vie, moevrs, actes, doctrine, constance et mort de Iean Caluin' von 1577.[136] Bolsecs Schrift erlebte bis ins 19. Jahrhundert zahlreiche Neuauflagen und wurde in rascher Folge ins Lateinische, Deutsche, Niederländische und Polnische übersetzt.[137] Bolsec bezichtigte Calvin aller gängigen Sünden: des Geizes, der Trunksucht, der Fresssucht, des Ehebruchs, der Sodomie und der Rebel-

---

VIII., Pauls V. und Gregors XV. In: DINGEL/SELDERHUIS (Hg.), Calvin und Calvinismus [Anm. 37], S. 171–197, hier S. 175.

[129] Ebd., S. 176.

[130] Ebd., S. 177.

[131] Ebd., S. 181.

[132] Ebd., S. 182.

[133] Ebd., S. 182.

[134] JOHANNES BURKHARDT: Abschied vom Religionskrieg. Der Siebenjährige Krieg und die päpstliche Diplomatie, Tübingen 1985 (Bibliothek des Deutschen Historischen Instituts in Rom 61).

[135] SCHNETTGER, Perspektiven [Anm. 128], S. 184.

[136] Jerôme Bolsec: HISTOIRE DE LA VIE, MOEVRS, ACTES, DOCTRINE, CONSTANCE ET MORT DE IEAN Caluin. Paris 1577 [Bayrische Staatsbibliothek München 999 und Lat. rec. 503].

[137] SELDERHUIS, Calvinbilder [Anm. 113], S. 4.

lion.[138] Er sei ehrgeizig, hochmütig, stur, rachsüchtig gewesen und habe unbarmherzig seine Gegner verfolgt.[139]

> „Im gängigen Calvinbild ist Calvin [...] ein unbarmherziger und herzloser Mann, ein Ketzerjäger, der niemanden verschonte, der seine Feinde vor sich hertrieb, aber auch seinen Anhängern einen Lebensstil ohne jegliche Freude aufzwang".[140]

Noch im 18. Jahrhundert beriefen sich katholische und aufgeklärte Calvinkritiker auf Jerôme Bolsec.[141] Der Aufklärer Voltaire verurteilte im Anschluss an den streng katholischen Bolsec Calvin für die Hinrichtung des Antitrinitariers Michel Servets.[142] Dieses Bild wirkt vielfach bis in die heutige Forschung nach,[143] wenngleich jüngere Studien mehrfach auf die Zeitumstände und die Rolle der weltlichen Obrigkeit bei der Hinrichtung Servets hingewiesen haben. Denn Servet drohte die Hinrichtung im Machtbereich katholischer Obrigkeiten, die ihn gleichfalls zum Tod verurteilt hätten. Nur deshalb war er nach Genf geflüchtet, wo ihn freilich wegen seiner beharrlichen Leugnung der Trinität die gleiche Strafe ereilte. Verantwortlich hierfür war jedoch nicht Calvin, sondern der Genfer Rat, der auf die Einhaltung der bestehenden Gesetze pochte und deshalb auf dem Feuertod beharrte.[144] Im 20. Jahrhundert schrieb der österreichische Schriftsteller Stefan Zweig das negative Calvinbild in ‚Castellio gegen Calvin' fort, in dem er Calvin in deutliche Parallele zu Hitler stellte.[145]

4. Die historische Bedeutung des ‚Calvinismus' bei Troeltsch und Weber

Fern dieser Polemik ist eine weit verbreitete Verwendung des Begriffes ‚Calvinismus' in der historischen und kirchengeschichtlichen Forschung. Hier wird er vor allem mit den zwei großen modernisierungstheoretischen Entwürfen von Ernst Troeltsch und Max Weber verknüpft: der Demokratisierungs- und der Kapitalismusthese.

Die Demokratisierungsthese von Ernst Troeltsch geht davon aus, dass die Demokratisierung der Länder Westeuropas und der Vereinigten Staaten von Amerika auf dem ‚Calvinismus' und den Ideen protestantischer ‚Sekten'

---

138 SELDERHUIS, Calvin [Anm. 121], S. 59.
139 SELDERHUIS, Calvinus [Anm. 56], S. 4.
140 SELDERHUIS, Calvinbilder [Anm. 113], S. 2.
141 MICHAEL BUSH: Calvinrezeption im 18. Jahrhundert. In: SELDERHUIS (Hg.), Calvin Handbuch [Anm. 51], S. 474–480, hier S. 477.
142 Ebd., S. 479.
143 VOLKER REINHARDT: Tyrannei der Tugend. Calvin und die Reformation in Genf. München 2009, in programmtischer Weise als Gesamtdarstellung und insbesondere bei der Darstellung des Verfahrens und der Hinrichtung Michel Servets, ebd., S. 166–173.
144 VALENTINE ZUBER: Les conflits de la tolérance: Michel Servet entre mémoire et histoire. Paris 2004 (Vie des huguenots 36).
145 SELDERHUIS, Calvinbilder [Anm. 113], S. 3.

beruhe.[146] Das presbyterial-synodale Kirchenregiment des ‚Calvinismus' bilde dabei die Grundlage für den modernen Republikanismus.[147] Troeltsch diagnostiziert eine enge Verbindung von ‚Calvinismus', Demokratie und Liberalismus.[148]

Religions- und Gewissensfreiheit seien ein Grundpfeiler moderner Demokratien.[149] Menschenrechte und Gewissensfreiheit beruhten auf dem ‚Calvinismus' und auf spiritualistisch-täuferischen Grundlagen.[150] Der moderne ‚Calvinismus' trete im Gegensatz zu den reformierten Vätern für eine Trennung von Kirche und Staat ein, die Religions- und Gewissensfreiheit als Grundrechte garantiere.[151] Er wird als Basis moderner politischer Verfassungen präsentiert.

Der zweite modernisierungstheoretische Entwurf, der mit dem Reformiertentum verbunden wird, ist die Kapitalismusthese von Max Weber. Die Kapitalismusthese geht davon aus, dass der Protestantismus allgemein zu einer größeren Rationalisierung der Lebensführung, innerweltlichen Askese geführt und damit die Entstehung einer kapitalistischen Erwerbsethik begünstigt habe.[152] Schon das Luthertum habe die Berufsarbeit wertgeschätzt, habe aber einen sozial-konservativen Charakter bewahrt, der jeden dazu anwies, an dem Platz in der Gesellschaft zu verharren, den Gott ihm zugewiesen habe.[153] Weber sieht deshalb nicht das Luthertum, sondern vier Strömungen des asketischen Protestantismus als Auslöser kapitalistischer Erwerbsethik: 1. den ‚Calvinismus', 2. den Pietismus, 3. den Methodismus und 4. das Täufertum.[154] Dabei werden Pietismus und Methodismus als historische Weiterentwicklungen unter dem Stichwort des ‚Calvinismus' zusammen

---

[146] ERNST TROELTSCH: Die Kulturbedeutung des Calvinismus. In: ders.: Schriften zur Bedeutung des Protestantismus für die moderne Welt (1906–1913). Hg. von TRUTZ RENDTORFF und STEFAN PAUTLER. Berlin, New York 2001 (Ernst Troeltsch. Kritische Gesamtausgabe 8), S. 143–181, hier S. 178; ERNST TROELTSCH: Die Sozialphilosophie des Christentums. In: ders.: Schriften zur Religionswissenschaft und Ethik (1903–1912). Hg. von TRUTZ RENDTORFF. Bd. 1. Berlin, New York 2014 (Ernst Troeltsch. Kritische Gesamtausgabe 6,1), S. 779–808, hier S. 802.

[147] ERNST TROELTSCH: Protestantisches Christentum und Kirche in der Neuzeit. In: ders.: Protestantisches Christentum und Kirche in der Neuzeit (1906/1909/1922). Hg. von VOLKER DREHSEN. Berlin, New York 2004 (Ernst Troeltsch. Kritische Gesamtausgabe 7), S. 39–539, hier S. 255.

[148] TROELTSCH, Die Sozialphilosophie [Anm. 146], S. 801.

[149] ERNST TROELTSCH: Die Bedeutung des Protestantismus für die Entstehung der modernen Welt. In: TROELTSCH, Schriften zur Bedeutung des Protestantismus [Anm. 146], S. 183–316, hier S. 262f.

[150] TROELTSCH, Die Bedeutung [Anm. 149], S. 265–269.

[151] TROELTSCH, Die Sozialphilosophie [Anm. 146], S. 801.

[152] MAX WEBER: Die protestantische Ethik und der Geist des Kapitalismus. Erftstadt 2007.

[153] Ebd., S. 68–72.

[154] Ebd., S. 91.

gruppiert.[155] Die verschiedenen Entwicklungsstufen des sogenannten ‚Calvinismus' stellt Weber dem Täufertum, bestehend aus Baptisten, Mennoniten und Quäkern gegenüber und behauptet, beide Großgruppen hätten sich geistesgeschichtlich wechselseitig beeinflusst und gemeinsam zur Ausbildung der modernen kapitalistischen Erwerbsethik beigetragen.[156]

Der ‚Calvinismus' habe in besonderer Weise Frömmigkeit und Geschäftssinn miteinander vereint.[157] Eine entscheidende Rolle sei theologisch dabei der Prädestinationslehre zugekommen.[158] Ein Kennzeichen der Prädestination sei für Calvin und die ‚Calvinisten' der feste Glaube an die eigene Erwählung gewesen, der zu einer ständigen Selbstkontrolle und Rationalisierung der Lebensführung und zu innerweltlicher Askese geführt habe.[159] Die Permanenz guter Werke zeuge von der Erwählung durch Gott.[160] Im Pietismus und Methodismus habe die ‚calvinistische' Rationalisierung der Lebensführung eine Steigerung erfahren, die durch den emotionalen Charakter dieser Erweckungsbewegungen verinnerlicht worden sei.[161] Der Pietismus habe eine rationale ethische Lebensführung als Beweis für die Wiedergeburt gesehen.[162] Der Akt der Bekehrung bzw. Wiedergeburt habe hier gleichsam als Surrogat der traditionellen, ‚calvinistischen' Prädestinationslehre gedient.[163] Die Idee der Wiedergeburt sei auch Kennzeichen der täuferischen Strömungen der Baptisten, Mennoniten und Quäker gewesen, welche die Lehre vertreten hätten, nur die nach dem Gewissen Lebenden dürften des ewigen Lebens gewiss sein.[164] Die kapitalistische Erwerbsethik sei so auch von täuferischer Seite untermauert worden. Abschließend sieht Weber die Askese als grundlegendes Kennzeichen dieser Ethik und belegt diese Ansicht mit puritanischen Autoren, die er dem ‚Calvinismus' zurechnet.[165]

Der sogenannte ‚Calvinismus' gilt sowohl Weber als auch Troeltsch als Vollendung der Reformation. Der ‚Calvinismus' habe zusammen mit dem Täufertum maßgeblich zur Entstehung der modernen westlichen Gesellschaften beigetragen. Demokratisierungs- und Kapitalismusthese sind von der Forschung vielfach modifiziert oder gänzlich bestritten worden.

---

155 Ebd., S. 111–124.
156 Ebd., S. 125.
157 Beispielsweise ebd., S. 33.
158 Ebd., S. 92f.
159 Ebd., S. 97.
160 Ebd., S. 99. Ein Trugschluss, dem besonders viele Weberrezipienten aufgesessen sind, ist die Ansicht, die Prädestination sei für die sogenannten Calvinisten am persönlichen Reichtum ablesbar gewesen. Vielmehr räumt Weber selbst ein, dass Calvin und seine frühen Anhänger betonten, die Prädestination sei nicht am irdischen Besitzstand ablesbar. Ebd., S. 92f.
161 Ebd., S. 100, 111, 114, 121.
162 Ebd.,S. 114f.
163 Ebd.,S. 124.
164 Ebd.,S. 129.
165 Ebd., S. 135–162.

Troeltsch selbst räumte ein, dass Calvin ein Aristokrat gewesen sei[166] und der traditionelle ‚Calvinismus' eine theokratische Staatsform angestrebt habe.[167] Auf alle reformierten Kirchen der Frühen Neuzeit übten Adel und weltliche Obrigkeit einen starken Einfluss aus. Besonders deutlich wird das in den reformierten Kirchen im Heiligen Römischen Reich, in denen der Landesherr die Kirchenleitung *circa sacra* ausübte. Er war für die Bestallung der Pfarrer, den Unterhalt von Kirchen und Schulen und für die Einziehung kirchlicher Abgaben zuständig. Auch wenn die reformierten Kirchen *in sacra*, das heißt in theologischen Fragen, weitgehend unabhängig blieben, können sie so nur bedingt als Vorläufer der modernen Demokratie gelten.[168] Noch problematischer erweist sich die Kapitalismusthese, die meist nur sehr verkürzt rezipiert wird. Schon Weber selbst war sich darüber im Klaren, dass Calvin und seine Nachfolger die Besitzakkumulation verurteilten.[169] Auch führte die Prädestinationslehre nicht zum Ansammeln von Gewinn bei gleichzeitigem asketischen Lebenswandel, die zusammen als Zeichen des Seelenheils interpretiert worden wären. Zwar propagierte die reformierte Sittenzucht einen bescheidenen Lebensstil, aber alle großen reformierten Theologen der Frühen Neuzeit betonten, dass die Entscheidung über Gottes Gnadenwahl nicht am irdischen Besitzstand abgelesen werden könne.[170] Webers These rekurriert weniger auf reformierte Gläubige und

---

166 Die gegenwärtige Forschung sieht Calvin eher als Monarchisten an, der sich den bestehenden republikanisch-oligarchischen Verhältnissen in Genf unterordnete. ROBERT KINGDON: Kirche und Obrigkeit. In: Calvin Handbuch [Anm. 51], S. 349–355, hier S. 350.

167 TROELTSCH, Protestantisches Christentum [Anm. 147], S. 263.

168 Zur Rezeptionsgeschichte der Troeltsch-These vgl. MICHAEL BEINTKER: Calvin und der Weg zur modernen Demokratie und Wirtschaftsordnung: ‚Die Regierungen dürfen es nicht zulassen, dass die Freiheit, zu deren Beschützer sie eingesetzt sind, ... gemindert oder verletzt wird'. In: Calvin entdecken. Wirkungsgeschichte – Theologie – Sozialethik. Hg. von TRAUGOTT JÄHNICHEN [u. a.]. Berlin 2010 (Zeitansage 6), S. 135–149, hier S. 135–146; HARRO HÖPEL: The Ideal of Aristocratia Politiae Vicina in the Calvinist Political Tradition. In: BACKUS/BENEDICT (Hg.), Calvin and His Influence [Anm. 40], S.46–66; MARIO TURCHETTI: Der Beitrag Calvins und des Calvinismus zur Entstehung der modernen Demokratie. In: 1509 – Johannes Calvin – 2009. Sein Wirken in Kirche und Gesellschaft. Essays zum 500. Geburtstag. Hg. von MARTIN ERNST HIRZEL und MARTIN SALLMANN. Zürich 2008 (Beiträge zu Theologie, Ethik und Kirche 4), S. 237–266. HERMANN VAHLE: Calvinismus und Demokratie im Spiegel der Forschung. In: Johannes Calvin. Neue Wege der Forschung. Hg. von HERMAN SELDERHUIS. Darmstadt 2010, S. 203–232.

169 WEBER, Die protestantische Ethik [Anm. 152], S. 93, 107.

170 TRAUGOTT JÄHNCHEN: Die Ethik Calvins und der ‚Geist des Kapitalismus' – Zur Wirtschaftsethik des Genfer Reformators. In: Calvin entdecken [Anm. 168], S. 163–176; HARTMUT KRETZER: Die Calvinismus-Kapitalismus-These Max Webers vor dem Hintergrund französischer Quellen des 17. Jahrhunderts. In: Zeitschrift für historische Forschung 4 (1977), S. 415–427; DIETER SCHELLONG: Wie steht es um die ‚These' vom Zusammenhang von Calvinismus und ‚Geist des Kapitalismus'? In: Paderborner Universitätsreden. Hg. von PETER FREESE. Paderborn 1995, S. 3–59. Zur Forschungsgeschichte der Weber-These vgl. auch: HARTMUT LEHMANN: Die Weber-These im 20. Jahrhundert.

Theologen als auf englischsprachige Erweckungsbewegungen, die nur unter indirektem Einfluss der Calvinischen Theologie standen. Sowohl die Kapitalismus-, als auch die Demokratisierungsthese haben aber bis heute enormen Einfluss auf das Geschichtsbild vom sogenannten ‚Calvinismus'.

5. Fazit

Das Ziel der vorliegenden Untersuchung war, den grundlegenden begrifflichen Unterschied zwischen den reformierten Kirchen in Europa, ihrem Selbstbild und dem Fremdbild ihrer katholischen Umwelt sowie der wissenschaftlichen Rezeptionsgeschichte offenzulegen.

Calvin stand als Reformator der zweiten Generation in der Nachfolge von Luther und Zwingli. Wie seine Vorgänger war er ein Reformator neben anderen. Calvin wurde nie zum allein maßgeblichen Leitbild der reformierten Kirchen, obwohl er und sein Werk zweifellos großen Einfluss auf die Reformation hatten.

Bei aller Strahlkraft, die Calvin als Exeget, Organisator und Teilnehmer an theologischen Debatten entwickelte, war nicht Genf Ausgangspunkt des reformierten Glaubens, sondern die deutschsprachige Schweiz, die große Bedeutung für die Entwicklung der reformierten Kirchen in Genf, England, Deutschland und Ost-Mittel-Europa hatte. Darüber hinaus kam auch Frankreich, der Pfalz und den Niederlanden die Rolle von Entwicklern und Multiplikatoren reformierter Ideen zu. Die französische ‚Confessio Gallicana' schuf gemeinsam mit der Genfer Kirchenordnung ein Modell für die weitere Entwicklung reformierter Kirchenverfassungen in Europa. Die Kurpfalz fand mit dem ‚Heidelberger Katechismus' eine theologische Kompromissformulierung zwischen den verschiedenen Strömungen des Reformiertentums und wurde im Verlauf der Frühen Neuzeit zu der am weitesten verbreiteten reformierten Bekenntnisschrift. Und die Lehrsätze der Synode von Dordrecht in den Niederlanden schrieben fortan fest, was unter reformierter Orthodoxie zu verstehen sei, ohne dass sie aus Sicht der Arminianer hätte für sich beanspruchen können, die alleinige Richtschnur für den reformierten Glauben zu sein. Das Reformiertentum in Europa blieb in der Frühen Neuzeit stets ein äußerst heterogenes Phänomen und ist es bis heute geblieben. Dazu haben sowohl die Prädestinationslehre mit ihrer Betonung menschlicher Fehlbarkeit als auch die reformierte Kirchenverfassung, die diese Fehlbarkeit in ihren Lehrentscheidungen anerkannte, beigetragen. Die presbyterial-synodale Kirchenverfassung führte zu keiner orthodoxen Erstarrung, sondern zu einer dauerhaften Fortsetzung der Reformation. In

In: Calvinismus. Die Reformierten in Deutschland und Europa. Hg. von ANSGAR REISS und SABINE WITT. Dresden 2009, S. 378–383, und zu ihrer Kritik: BEINTKER, Calvin [Anm. 171], S. 135–149, hier S. 146–149; ULRICH KÖRTNER: Calvinismus und Kapitalismus. In: HIRZEL/SALLMANN (Hg.), 1509 – Johannes Calvin – 2009 [Anm. 168], S. 201–217.

diesem Sinne sind die reformierten Kirchen in ihrer ganzen Heterogenität *ecclesiae semper reformandae* geblieben.

Offen bleibt aber die Frage, wie wir dem Phänomen der reformierten Kirchen epistemologisch und begrifflich am besten gerecht werden. Sollte das Selbstbild der reformierten Kirche oder das Fremdbild des Calvinismus erkenntnisleitend sein? Es kann für die historische Forschung nur förderlich sein, die je eigene Aufladung der Begriffe ‚calvinistisch' und ‚reformiert' stärker als bisher zu reflektieren, denn sie wirkt sich implizit auf ihre jeweiligen Forschungsergebnisse aus. Der Ursprung des Begriffes ‚Calvinismus' aus der katholischen Kontroverstheologie lässt ihn trotz seiner Verbreitung nur bedingt als historischen Analysebegriff geeignet erscheinen. Es liegt auf der Hand, dass die positive Selbstbezeichnung des Reformiertentums für die Geschichtswissenschaft ebenfalls Probleme aufwirft. Schon die deutschen Reformierten des 16. Jahrhunderts sahen sich als Vertreter einer fortlaufenden Reformation und waren auf diese Weise identitär der Idee des Fortschritts verbunden, während ihre lutherischen Glaubensverwandten diese Sichtweise ablehnten und Luther als Vollendung und Endpunkt der Reformation ansahen. Wie die Lutheraner beriefen sich die Reformierten aber auf die biblische Grundlage des Glaubens, der nicht mit einem modernen Fortschrittsglauben gleichgesetzt werden kann. Der spezifische Fortschrittsglaube des Reformiertentums im Heiligen Römischen Reich hat später die historische Forschung zum sogenannten ‚Calvinismus' stark beeinflusst. Troeltsch, Weber und ihre Adepten sahen das Reformiertentum als Motor der Moderne an. Da sie aber gerade nicht vom Reformiertentum, sondern vom ‚Calvinismus' sprechen, darf die Gefahr einer modernistischen Teleologie bei der Verwendung des Begriffs ‚reformiert' weitgehend als gebannt betrachtet werden.

Ich möchte deshalb dafür plädieren, fortan vom Reformiertentum statt vom Calvinismus zu sprechen. Das erscheint umso mehr gerechtfertigt, als die Reformierten Kirchen nicht zwangsläufig calvinisch geprägt waren, obwohl der Einfluss Calvins nicht geleugnet werden kann. Innerhalb der Oberbezeichnung des Reformiertentums kann dann eine Binnendifferenzierung stattfinden, die durch starke regionale und theologische Unterschiede angezeigt ist.[171] Das ist notwendig, um vorbelastete Begriffe und Fremdbezeichnungen in notwendiger Weise bei der Betrachtung des eigenen Forschungsgegenstandes zu reflektieren. Fest steht, dass alle reformierten Kirchen stets den Anspruch erhoben haben, an einer fortlaufenden Reformation des Christentums mitzuwirken. In diesem Sinne können sie mit Recht als ‚reformierte Kirchen' angesehen werden.

---

[171] THOMAS KAUFMANN: Konfession und Kultur. Lutherischer Protestantismus in der zweiten Hälfte des Reformationsjahrhunderts. Tübingen 2006 (Spätmittelalter und Reformation. Neue Reihe 29), hat eindringlich auf die Heterogenität der lutherischen Konfessionskultur hingewiesen. Diese Differenzierung darf in noch stärkerem Maß auch für die Erforschung des Reformiertentums eingefordert werden.

III.

Reformation und kultureller Wandel

Matthias Schulz

Die Bibelübersetzung Martin Luthers aus sprachhistorischer Sicht

1. Einleitung

Seit dem Beginn der Germanistik als eigenständiger Wissenschaft im 19. Jahrhundert wird über die Stellung Martin Luthers in der Sprachgeschichte des Deutschen kontrovers diskutiert. Dabei ist kaum eine Position vorstellbar, die in den letzten einhundertfünfzig Jahren nicht vertreten wurde. Die Spannbreite der Argumente bewegt sich zwischen Heroisierung und Glorifizierung auf der einen bis hin zu Relativierung und Negierung auf der anderen Seite: Luther wurde als Sprachschöpfer und – durch seine Bibelübersetzung – als Begründer „einer einheitlichen deutschen Cultur und Sprache“[1] gesehen; das ganze Neuhochdeutsche, so behauptete Jacob Grimm, sei sogar ein „protestantischer Dialekt“[2]. Luther wurde aber auch – etwa von Konrad Burdach – als mehr oder weniger unbedeutender „Nachzügler“ ganz anderer, viel früher einsetzender Entwicklungen gesehen.[3] Er sei, so Arno Schirokauer, gerade nicht „Vater der nhd. Schriftsprache“[4], die sogenannte „Luthersprache“ sei vielmehr „eine schöne fiktion der anhänger der reformation“[5], wie Virgil Moser kommentierte. Luther wurde schließlich als sprachliches Kind seiner Zeit erkannt, dessen Sprache weit mehr dem frühneuhochdeutschen Usus des 16. Jahrhunderts entspreche als häufig behauptet.[6]

---

[1] WILHELM SCHERER: Die deutsche Spracheinheit. In: ders.: Vorträge und Aufsätze zur Geschichte des geistigen Lebens in Deutschland und Österreich. Berlin 1854, S. 45–70, hier S. 55.

[2] JACOB GRIMM: Vorrede zur Deutschen Grammatik. Göttingen 1822; zit. nach HERBERT WOLF: Luthers Deutsch. Frankfurt a. M. 1996, S. 9.

[3] „Luther war nicht der Führer, der Bahnbrecher der sprachlichen Bewegung, sondern eher der Nachzügler“: zit. nach WOLF, Luthers Deutsch [Anm. 2], S. 43.

[4] „Unter nahezu jedem Aspekt verbietet es sich, Luther zum Vater der nhd. Schriftsprache zu machen“; zit. nach WOLF, Luthers Deutsch [Anm. 2], S. 14.

[5] „[E]ine schöne fiktion der anhänger der reformation, weshalb denn auf die zeugnisse von ihrem hohen ansehen, die noch dazu meist von parteiischen gewährsmännern herrühren, nur wenig zu geben ist“; zit. nach WERNER BESCH: Die Rolle Luthers für die deutsche Sprachgeschichte. In: Sprachgeschichte. Ein Handbuch zur Geschichte der deutschen Sprache und ihrer Forschung. Hg. von dems. [u. a.]. 2., vollst. neu bearb. und erw. Aufl. Berlin, Boston 2003 (Handbücher zur Sprach- und Kommunikationswissenschaft II), S. 1713–1745, hier S. 1716.

[6] Man vergleiche etwa JOHANNES ERBEN: Die sprachgeschichtliche Stellung Luthers. Eine Skizze vom Standpunkt der Syntax. In: PBB 76 (1954), S. 166–179; ders.: Luther und die deutsche Schriftsprache. In: Deutsche Wortgeschichte. Hg. von FRIEDRICH

Die extremen Positionen können als längst widerlegt gelten; Pathos und auch protestantische Hagiographie hatten jedoch gerade im Luther-Gedenkjahr offenbar wieder Konjunktur und führten dazu, dass positive und geradezu schwelgerische Aussagen des 19. Jahrhunderts („der Schöpfer der Schriftsprache, der Erfinder unseres Deutschs") plakativ und zum Teil unhinterfragt reproduziert wurden. So ist etwa auf der Seite www.luther.de – wie in der Mitte des 19. Jahrhunderts – zu lesen, Luther sei – und zwar durch seine Bibelübersetzung – „der Schöpfer der neuhochdeutschen Schriftsprache"[7]. Der Schriftsteller Bruno Preisendörfer hat vor wenigen Monaten ein Luther-Buch mit dem Titel ‚Als unser Deutsch erfunden wurde' veröffentlicht.[8] Der Germanist Karl-Heinz Göttert stellte seinem kürzlich erschienenen Buch ‚Luthers Deutsch' schließlich unkommentiert neben anderen Zitaten auch das bereits genannte Zitat Jacob Grimms („das Deutsche als protestantischer Dialekt") voran[9].

Fragt man nüchterner nach der sprachlichen und der übersetzerischen Praxis Luthers, dann sind im Kontext der neueren sprachgeschichtlichen Forschung drei Faktoren zu differenzieren. Es sind erstens die sprachlichen Voraussetzungen für Luther. Es ist zweitens eine Sprachmächtigkeit, die der Einzelperson Luther zugesprochen wird. Und es ist schließlich drittens die Sprachwirkung seiner Texte. Diese drei Faktoren sollen im folgenden in Beziehung zur Bibelübersetzung Luthers gesetzt werden.

2. Sprachliche Voraussetzungen

Die deutsche Sprache war im 15. und 16. Jahrhundert von einer sehr großen Heterogenität geprägt. Das betrifft ganz grundlegend die diatopische, räumliche, Dimension, aber natürlich auch weitere Dimensionen wie die Diastratik, also die gruppenspezifisch und situationsabhängig unterschiedliche Verwendung des Deutschen etwa in Fachtexten. Je nach Zählung können für die Zeit Luthers etwa zehn Hauptsprachlandschaften des Deutschen differenziert und nochmals in etwa zwanzig kleinere Gebiete unterteilt werden. Als Sprech- und Schreibgebiete können unterschieden werden: Westoberdeutsch (mit Alemannisch, Niederalemannisch, Hochalemannisch, Schwäbisch), Nordoberdeutsch (Ostfränkisch), Ostoberdeutsch (Nördliches Ostoberdeutsch [Nordbairisch], Mittleres Ostoberdeutsch [Mittelbairisch], Südliches Ostoberdeutsch [Südbairisch]), Westmitteldeutsch (Mittelfränkisch, Ripuarisch, Moselfränkisch, Rheinfränkisch), Ostmitteldeutsch, (Thü-

MAURER und HEINZ RUPP. Bd. I. 3., neubearb. Aufl. Berlin, New York 1974, S. 509–581.

[7] http://www.luther.de/kontext/sprache.html (02.07.2018).

[8] BRUNO PREISENDÖRFER: Als unser Deutsch erfunden wurde. Reise in die Lutherzeit. Berlin 2017.

[9] KARL-HEINZ GÖTTERT: Luthers Bibel. Geschichte einer feindlichen Übernahme. Frankfurt a. M. 2017, [S. 3].

ringisch, Obersächsisch, Schlesisch, Hochpreußisch) sowie Westfälisch, Ostfälisch, Südmärkisch, Nordniedersächsisch und Ostelbisch.[10] Bis ins 16. Jahrhundert hinein gab es unter den genannten Varietäten keine, die „ein zeitgenössisch allgemein anerkanntes, unbestreitbar über alle anderen Varietäten hinausragendes Prestige gehabt hätte und der man aufgrund eines solchen sprachsoziologischen Faktums die Funktion einer Leitvariante für synchrones Schreiben und Sprechen [...] zuschreiben könnte"[11]. Die einzelnen sich deutlich unterscheidenden diatopischen Varietäten standen vielmehr horizontal nebeneinander, sie waren noch nicht – wie später – vertikal geschichtet.[12] Nun ist natürlich von Sprachkontinua zwischen benachbarten Sprachräumen auszugehen. Jenseits davon gab es aber für das Deutsche bis ins 16. Jahrhundert hinein eine scharfe Diglossie mit zwei ausgebauten Schreibsprachen(bündeln) im hochdeutschen und im niederdeutschen Raum. Im Süden und in der Mitte des heutigen Sprachraums wurden hochdeutsche Varietäten gesprochen und geschrieben, im Norden hingegen niederdeutsche. Geographische Mobilität, Sprachenkenntnisse und mit Sprachen verbundene Prestigevorstellungen führten zum Gebrauch unterschiedlicher Sprachen vor Ort und zu sprachlichen Interferenzen. Neben schreibsprachlichen Übernahmen des Hochdeutschen im Norden muss dabei, befördert durch oberschichtliche Mündlichkeit, auch von der Nutzung ehemals externer (Fremd-)Sprachen in der städtischen Kommunikation und von sprechsprachlichen Interferenzen ausgegangen werden.[13] Für das frühe Norddeutsche sind vor diesem Hintergrund seit dem beginnenden Schreibsprachenwechsel vermehrt auch hochdeutsche Texte im niederdeutschen Raum bezeugt.[14] Luther selbst sprach für die sprachlichen Verhältnisse seiner Zeit von ‚Oberländern' und ‚Niederländern', also von Sprecherinnen und Sprechern des Hoch- und des Niederdeutschen.[15]

Betrachtet man die Herkunft Luthers, dann werden zwei Aspekte deutlich: Luther kommt aus der geographischen Mitte des gesamten Sprachge-

---

[10] Zur Einteilung vgl. ROBERT PETER EBERT [u. a.]: Frühneuhochdeutsche Grammatik. Tübingen 1993 (Sammlung kurzer Grammatiken germanischer Dialekte A, 12), S. 5f. Eine Übersicht bietet die Sprachkarte „Schreibsprachenlandschaften im Spätmittelalter" von KONRAD KUNZE [u. a.] (Zeichnung: Brigitte Pfeil) unter: http://bilder.manuscripta-mediaevalia.de/gaeste//Schreibsprachen/KarteSchreib2.pdf (02.07.2018).

[11] EBERT [u. a.], Frühneuhochdeutsche Grammatik [Anm.10], S. 7f.

[12] Vgl. ebd., S. 8.

[13] Man vergleiche AREND MIHM: Oberschichtliche Mehrsprachigkeit und ‚language shift' in den mitteleuropäischen Städten im 16 . Jahrhundert. In: ZDL 68 (2001) S. 257–287; wieder abgedr. in: ders.: Sprachwandel im Spiegel der Schriftlichkeit. Frankfurt a. M. 2007, S. 25–47.

[14] Vgl. EBERT [u. a.], Frühneuhochdeutsche Grammatik [Anm. 10], S. 6.

[15] Vgl. hierzu BESCH, Rolle Luthers [Anm. 5], hier S. 1716: „Er will über diese Abgrenzungen hinausreichen mit einer allgemeineren Sprache, so: [...] *dass mich beide, Ober- und Niederländer verstehen mögen* (= Fassung Aurifaber von WATR 2, 2758 (b): [...] *ut me intelligere possint ex superiori et inferiori Germania.*)".

biets. Er lebte genau an der Sprachgrenze zwischen dem frühneuhochdeutschen und dem mittelniederdeutschen Sprachgebiet seiner Zeit: Luther ist in Eisleben geboren und hat die Stadtschule in Mansfeld besucht. Beide Ortspunkte liegen im niederdeutschen, ostfälischen Sprachgebiet. Die von Luther besuchte Magdeburger Domschule liegt ebenfalls im niederdeutschen Sprachgebiet. Erfurt liegt im hochdeutschen, ostmitteldeutschen Sprachgebiet. Wittenberg liegt im südlichen niederdeutschen Sprachgebiet. Luther konnte sowohl niederdeutsch als auch hochdeutsch, er war also volkssprachig zweisprachig. Sogar der Familienname Luder, den Luther bis ins Alter von 35 Jahren trug, ist, erkennbar an der Graphie <d> für den Dentallaut, niederdeutsch; erst 1517, in Wittenberg, verhochdeutschte er ihn – absichtsvoll – zu Luther.[16] Wittenberg war zu Luthers Zeit bereits zweisprachig geworden: Das Niederdeutsche bildete die städtische Umgangssprache, die universitäre Oberschicht sprach aber (wenn sie die Volkssprache verwendete) hochdeutsch. Volkssprachige Drucke wurden in Wittenberg hochdeutsch gedruckt; bis in die vierziger Jahre des 16. Jahrhunderts sind aber auch noch niederdeutsche Drucke bezeugt.[17] Der Lebensraum in der geographischen Mittellage des Sprachgebiets und die Kenntnis des Niederdeutschen wie des Hochdeutschen prägten Luthers eigene sprachliche Möglichkeiten und auch seine Kenntnis sprachlicher Vielfalt. Für sein Sprachschaffen und für seine Übersetzungen sind das Voraussetzungen, die man nicht hoch genug veranschlagen kann.

Luther stand mitten in sprachlichen Entwicklungen, die deutlich vor ihm begonnen haben und die erst lange nach ihm einen vorläufigen Abschluss gefunden haben.[18] Hier sind zum einen die geschilderte sprachliche Diglossiesituation (Hochdeutsch und Niederdeutsch) und der Sprachwechsel zum Hochdeutschen im niederdeutschen Gebiet während des 16. Jahrhunderts, zum anderen aber auch noch ins 15. Jahrhundert zurückreichende Entwicklungen zu nennen, die den Sprachraum des Ostmitteldeutschen (und das Ostoberdeutsche) betreffen: Die ostmitteldeutschen Varietäten sind – ausgehend von Siedlungsbewegungen, die bereits im Mittelalter begonnen haben – Ausgleichsvarietäten, in denen Merkmale unterschiedlicher Dialekte zusammengekommen sind.[19] Das Kurfürstentum Sachsen der Wettiner entwickelte sich im 15. Jahrhundert zu einem auch im europäischen Vergleich bedeutenden und ausstrahlenden Macht- und Wirtschaftszentrum. Die Entwicklung der Städte, des Bergbaus, des Manufakturenwesens

---

16 Vgl. dazu JÜRGEN UDOLPH: *Martinus Luder - Eleutherius - Martin Luther*. Warum änderte Martin Luther seinen Namen? Heidelberg 2016.

17 Vgl. VD 16: https://www.bsb-muenchen.de/kompetenzzentren-und-landesweite-dienste/kompetenzzentren/vd-16/ (02.07.2018).

18 Vgl. BESCH, Rolle Luthers [Anm. 5], hier S. 1716.

19 Vgl. BEAT SIEBENHAAR: Der sächsische Dialekt. In: MATTHIAS DONATH und ANDRÉ THIEME: Sächsische Mythen. Leipzig 2011, S. 91–99; verfügbar unter http://home.uni-leipzig.de/siebenh/pdf/siebenhaar_2011a.pdf (02.07.2018).

und des Fernhandels florierte. Prestige gewann auch die kurfürstliche Kanzlei, in der man sich – wie in anderen Kanzleien auch – im 15. Jahrhundert darum bemühte, die Schreibsprache in administrativen Texten durch Aussonderung sprechsprachlich regionaler Merkmale zu vereinheitlichen.[20] Die Wettiner Kanzlei orientierte sich dazu vornehmlich an der kaiserlichen Kanzlei. In dem um sprachlichen Ausgleich mit dem Süden bemühten Usus der kursächsischen Kanzlei des 15. Jahrhunderts hat die Forschung eine ostmitteldeutsch-ostoberdeutsche Schreiballianz mit hohem Prestigewert erkannt.[21] Das gleichermaßen bekannte wie schwer interpretierbare Zitat aus Luthers Tischreden (*Ich rede nach der sächsischen Kanzlei*) steht in diesem Kontext:[22] *Reden* meint hier weder die mündliche Sprache noch die ausschließliche Verwendung eines formelhaften Kanzleistils; Luther erkannte vielmehr rückblickend (1532) Ansätze einer sprachlichen Überregionalität in der Kanzlei seines Landesherrn (und gerade nicht in der der katholischen Herzöge in Meißen oder Dresden[23]), die seinen eigenen sprachlichen Interessen entsprach. Er wusste um das Prestige dieser Kanzlei und schloss sich ihr daher argumentativ an. Luther ist insofern bereits ein „Erbe jener ostmitteldeutsch-ostoberdeutschen Schreiballianz"[24], die vor ihm und unabhängig von ihm entstanden war.

Luthers sprachliche Voraussetzungen waren also sehr günstig: Es sind die Herkunft aus der Mitte des deutschen Sprachgebiets, die Kenntnisse des Niederdeutschen und des Hochdeutschen jeweils als individuelle Voraussetzungen sowie die schon älteren sprachlichen Ausgleichstendenzen im Lebensraum Luthers, die wesentliche Faktoren für Luthers sprachliche Erfolge bildeten. Vor diesem Hintergrund ist es zumindest für die sprachliche Dimension völlig plausibel, wenn Werner Besch betont: „Luther in Kiel oder Konstanz [...] wäre wahrscheinlich gescheitert"[25].

---

[20] Vgl. GERHARD KETTMANN: Die kursächsische Kanzleisprache zwischen 1486 und 1546. Berlin 1967, S. 48, der von Süddeutschen in der kursächsischen Kanzlei sowie Süddeutschen in Wittenberg (etwa G. Spalatin) berichtet.

[21] WERNER BESCH: Entstehung und Ausformung der neuhochdeutschen Schriftsprache/Standardsprache. In: BESCH [u. a.] (Hg.), Sprachgeschichte. Ein Handbuch [Anm. 5], S. 2252–2296, hier S. 2261f.

[22] Vgl. BIRGIT STOLT: Luther und die deutsche Sprache. In: Handbuch Kanzleisprachenforschung. Ein internationales Handbuch. Hg. von ALBRECHT GREULE [u. a.]. Berlin 2012, S. 83.

[23] Vgl. PETER VON POLENZ: Deutsche Sprachgeschichte vom Spätmittelalter bis zur Gegenwart. Bd. I. Berlin, New York 2000, S. 166.

[24] WERNER BESCH: Luther und die deutsche Sprache. 500 Jahre deutsche Sprachgeschichte im Lichte der neueren Forschung. Berlin 2014, S. 131.

[25] Ebd., S. 135.

3. Sprachmächtigkeit

‚Sprachmächtigkeit' ist kein genuin sprachwissenschaftlicher Terminus. In sprachwissenschaftlichen Lexika findet sich dazu kein Eintrag.[26] Auch Wörterbücher führen das Lexem nicht als Stichwort.[27] Es ist umso überraschender, dass ‚Sprachmächtigkeit' in sprachhistorischen Argumentationen gleichwohl bisweilen als Kriterium bemüht wird.[28] Eine genauere Einordnung scheint erforderlich.

Eine Kookkurrenzanalyse im Deutschen Referenzkorpus[29] zeigt als häufig mit diesem Substantiv gemeinsam auftretende weitere Substantive vor allem die Lexeme ‚Autor' und ‚Schriftsteller'. Liest man die einzelnen Belege, dann wird Sprachmächtigkeit z. B. Johann Wolfgang von Goethe, Friedrich Gottlieb Klopstock, Thomas Mann, Arno Schmidt, Günter Grass und auch Martin Luther bescheinigt. Bei Sprachmächtigkeit handelt es sich insofern offenbar zunächst um eine für Autoren verwendete ästhetisch-stilistische Zuschreibung, die sich am ehesten fassen lässt, wenn man sowohl eine Individualbegabung als auch das Resultat rhetorischer Ausbildung in den Blick nimmt: Einer Person liegt womöglich das griffige oder artifizielle Formulieren, eine Person kann aber auch durch rhetorische Ausbildung sprachliche Gewandtheit und Überzeugungskraft erlangen. Kommt dazu noch eine ausgeprägte Adressatenbezogenheit,[30] dann wird einer solchen

---

[26] Metzler Lexikon Sprache. Hg. von HELMUT GLÜCK und MICHAEL RÖDEL, 5., aktualisierte und überarb. Aufl. Stuttgart 2016; Lexikon der Sprachwissenschaft. Hg. von HADUMOD BUSSMANN. 4., durchges. Aufl. Stuttgart 2008.

[27] Weder das Wörterbuch von Adelung noch das Deutsche Wörterbuch von Jacob Grimm und Wilhelm Grimm noch das Wörterbuch der Gegenwartssprache noch das zehnbändige Große Wörterbuch des Duden verzeichnen das Wort ‚Sprachmächtigkeit'. Das Adjektiv *sprachmächtig* wird nur im zehnbändige Duden aufgeführt, als Erklärung steht dort das Quasi-Synonym: „sprachgewaltig" (VIII, 3666b). Johann Christoph Adelung, Grammatisch-Kritisches Wörterbuch der Hochdeutschen Mundart. Mit beständiger Vergleichung der übrigen Mundarten, besonders aber der oberdeutschen. Bd. I–IV. Zweyte, verm. und verb. Aufl. Leipzig 1793–1801; Deutsches Wörterbuch von Jacob Grimm und Wilhelm Grimm. Bd. I-XVI. Leipzig 1854–1960, Quellenverzeichnis 1971 (^{1}DWb); Wörterbuch der deutschen Gegenwartssprache. Bd. I–VI. Berlin (Ost) 1961–1977; Duden. Das große Wörterbuch der deutschen Sprache in zehn Bänden. 3. völlig neu bearb. und erw. Aufl. Mannheim 1999.

[28] Eine Zusammenstellung findet sich bei BESCH, Rolle Luthers [Anm. 5], hier insbesondere S. 1728–1734. Man vergleiche zudem beispielhaft: Luther und wir. 95x Nachdenken über Reformation. Stuttgart 2016; http://www.deutschlandfunk.de/500-jahre-reformation-neue-facetten-in-der-lutherforschung.1148.de.html?dram:aticle_id=374991 (02.07.2018).

[29] Das Deutsche Referenzkorpus bietet für das Wort ‚Sprachmächtigkeit' gerade einmal 125 Treffer: https://cosmas2.ids-mannheim.de/cosmas2-web/faces/investigation/results. xhtml (02.07.2018).

[30] So beschreibt BESCH Luthers „Sprachmächtigkeit"; BESCH, Rolle Luthers [Anm. 5], S. 1731.

Person Sprachmächtigkeit attestiert. In sprachlichen Kategorien und Ebenen gedacht, bezieht sich eine solche Sprachmächtigkeit damit auf die Lexik einer Person, auf den Stil, die Rhetorik und gegebenenfalls auch auf die in der Argumentation verwendete Syntax, die bewusst, adressatenbezogen und kunstvoll eingesetzt wird.

Auf Luther treffen die genannten Kriterien allesamt zu. Er war wortgewandt, meinungsstark und zudem ausgezeichnet, auch rhetorisch, ausgebildet.[31] Er feilte in lebenslanger Spracharbeit[32] sehr bewusst an seinem Wortschatz und an seinem sprachlichen Stil. So befragte er Sprecherinnen und Sprecher über adäquate Wörter, er korrespondierte mit Vertrauten aus anderen Sprachregionen (wie Georg Spalatin) über usuelle Wörter ebenso wie über Namen für Vögel und Pflanzen und auch über fachliche Termini.[33] Er legte – wie Johannes Agricola und Sebastian Franck – Sprichwörterlisten an.[34] Die sprachliche Sensibilität, die rhetorischen Fähigkeiten und die lebenslange Spracharbeit stellte Luther aber stets in den Dienst theologischer Auffassungen und Überzeugungen. Für Luther kam erst die Theologie und dann die Sprache. Das gilt in besonderer Weise für seine Bibelübersetzungen.[35]

Übersetzungen der heiligen Schriften galten seit Jahrhunderten als problematisch, denn man sah hier eine große theologische Gefahr: Durch fehlerhafte Übersetzungen biblischer Texte könne es zur Verbreitung von Irrtümern und Häresien kommen. Daher wurde eine ausgangssprachorientierte, wortwörtliche Übersetzung präferiert. Die „Sorge um Rechtgläubigkeit gebot", so formuliert es Klaus Schreiner, sogar so etwas wie „Leseaskese, insbesondere im Blick auf die Schriften des Alten und Neuen Testaments"[36]. Als noch sicherer als wortwörtlich zu übersetzen galt es, die Texte unübersetzt in der (als gesichert geltenden) Vulgata zu lesen oder scholastische Kommentare zu Rate zu ziehen. Wenn aber doch aus der Vulgata in Volkssprachen übersetzt wurde, dann – auch aus Sorge vor Häresie – stets sehr wörtlich. Dass vorreformatorische Bibelübersetzungen in sprachlicher Hinsicht ganz anders wirken als Luthers Texte, liegt also auch an anderen Übersetzungsstrategien und den Übersetzungen zugedachten Textfunktionen.

Luthers Tätigkeit an der Universität Wittenberg nach seiner Promotion 1512 stand im „humanistisch geprägten Reformkontext"[37] der erst zehn

---

[31] Vgl. STOLT, Luther und die deutsche Sprache [Anm. 22], S. 98: „Auch auf dem Gebiet des Kanzleistils zeigt sich die Souveränität, mit der Luther über alle Teile der Rhetorik verfügt".

[32] BESCH, Luther und die deutsche Sprache [Anm. 24], S. 50.

[33] Vgl. CHRISTOPHER J. WELLS: Deutsch: Eine Sprachgeschichte bis 1945. Tübingen 1990 (RGL 93), S. 222; man vergleiche auch Luthers Selbstaussagen im ‚Sendbrief von Dolmetschen'.

[34] WELLS, Deutsch [Anm. 33], S. 222.

[35] Vgl. BIRGIT STOLT: Martin Luthers Rhetorik des Herzens. Tübingen 2000, S. 94.

[36] KLAUS SCHREINER: Laienbildung als Herausforderung für Kirche und Gesellschaft. In: ZHF 11 (1984) S. 257–354, hier S. 294.

[37] CHRISTIAN DANZ: Einführung in die Theologie Martin Luthers. Darmstadt 2013, S. 36.

Jahre zuvor gegründeten Universität. Zu ihrer „klare[n] humanistische[n] Orientierung“[38] gehörte die philologische Hinwendung zu antiken Quellen und deren Übersetzung. Luther machte sich diese in Wittenberg favorisierten Prinzipien auch für seine Arbeit zu eigen. In seinen frühen Vorlesungen ging er ganz in diesem Sinne „hinter die mittelalterlichen Kommentatoren auf den Urtext der Bibel zurück“[39]. Auch die Kirchenväter, z. B. Augustinus, las und übersetzte er aus dem Original, nicht aus mittelalterlichen Kommentaren. Dabei schloss sich Luther einem bereits aus dem Frühhumanismus bekannten translatorischen Ansatz an. Heinrich Steinhöwel hatte Boccaccio und die Fabeln Äsops schon im 15. Jahrhundert sinngemäß aus dem Lateinischen übersetzt. Das dahinter stehende Übersetzungsprinzip, *ad sensum*, war bekannt. ‚Dolmetschen' bedeutete darin, den „Sinn zu erneuern“[40]. In dieser Tradition ging Luther auch für die Bibeltexte vor.[41] Er stellte den geschilderten Ansatz rückblickend 1530 im ‚Sendbrief von Dolmetschen' in polemischer Abgrenzung zur altgläubigen Übersetzungspraxis, die er unter anderem durch Hieronymus Emser vertreten sah, dar:

> *Item / da der Engel Mariam grüsset vn spricht / Gegrüsset seistu Maria vol Gnaden / der Herr mit dir / Wolan / so ists bisher schlecht* [d. i. ‚schlicht', ‚einfach'; M. S.] *den Lateinischen Buchstaben nach verdeudscht.*[42]

Das ist in Luthers Augen die altgläubige Praxis: Die Zielsprache der altgläubigen Übersetzungen ist die Ausgangssprache, also der nicht verfälschbare fremdsprachige Text selbst. Daher wird einfach, und zwar wortwörtlich übersetzt. *Ave Maria, gratia plena* – das ist auf diese Weise übersetzt: „Gegrüßet seist du, Maria voll Gnaden“. Falsch ist diese Übersetzung dem Wortlaut nach nicht. Luther dreht den Spieß nun aber sozusagen um: Er fragt nicht nach der Richtigkeit, sondern nach der Angemessenheit in Bezug auf die von ihm favorisierte Zielsprache der Bibelübersetzung, nämlich auf das Deutsche. Und genau dafür setzt er seine individuelle Sprachbegabung ein:

> *Sage mir aber / ob solchs auch gut deudsch sey? Wo redet der deudsche man also / du bist vol gnaden? Und welcher deudscher verstehet / was gesagt sey / Vol gnaden? Er mus dencken an ein fas vol bier / oder beuttel vol geldes.*[43]

---

[38] DANZ, Einführung in die Theologie Martin Luthers [Anm. 37], S. 36.

[39] Ebd.

[40] ULRIKE WITTEN: Die Lutherbibel in aller Munde. In: DAVID KÄBISCH [u. a.]: Luthers Meisterwerk – Eine Bibelübersetzung macht Karriere. Göttingen 2015, S. 31–49, hier S. 32.

[41] Vgl. HANS J. VERMEER: Das Übersetzen in Renaissance und Humanismus (15. und 16. Jahrhundert). 2 Bde. Heidelberg 2000, hier Bd. I, S. 549–568.

[42] MARTIN LUTHER: Ein Sendbrieff von Dolmetschen vnd Fürbitte der Heiligen. Wittenberg 1530, Biijv.

[43] Ebd., Biijv–Bivr.

Eine Translation soll man also in der aktuellen Form derjenigen Sprache, in die übersetzt wird, verstehen können. Luther interpretiert dabei und übersetzt dem Sinn nach, wie es als Prinzip schon Steinhöwel und andere praktiziert hatten:

> *Darumb hab ichs verdeudscht / Du holdselige / damit doch ein deudscher deste mehr hinzu künne denken* [d. i. ‚sich besser vorstellen könne', M. S.], *was der Engel meinet mit seinem grus / Aber hie wöllen die Papisten toll werden vber mich / das ich den Engelischen grus verderbt habe / Wiewol ich dennoch damit nicht das beste deudsch hab troffen.*[44]

Es ginge also für Luther sogar noch besser, wäre dann aber auch noch weiter vom Wortlaut des Lateinischen entfernt:

> *Vn hette ich das beste deudsch hie sollen nemen / so hette ich den Grus also verdeudschen müssen. Gott grüsse dich du liebe Maria (denn so viel wil der Engel sagen / vn so würde er geredt haben / wenn er hette wöllen sie deudsch grüssen).*[45]

Weder *liebe Maria* noch *Du holdselige* sind von der griechischen Fassung oder der Vulgata her gedeckt. *holdselig* bedeutete zu Luthers Zeit „freundlich in der Erscheinung"[46]. In der griechischen Fassung des Lukasevangeliums, wie sie Luther vorlag, steht aber eine Partizipialbildung (*κεχαριτωμένη*) zum Verb *χαριτόω*. Eine wörtliche Übersetzung wäre etwa „Du Begnadete" oder eben „Du voller Gnade". Luther dachte aber an die Zielsprache Deutsch, verzichtete daher hier auf eine wortwörtlich präzisere Übersetzung und suchte vielmehr eine semantisch adäquate Übersetzung.

Von altgläubiger Seite wurden diese Praxis und die dahinter stehende theologische Überzeugung scharf angegriffen. So kritisierte Hieronymus Emser Luthers Übersetzungspraxis in der von Johann Dietenberger durchgesehenen Bibelübersetzung 1532 als *vermessen dolmatschung*, die den *bewerten text* so sehr verkehre, dass er nicht länger *das wahrhaftig Euangelion vnd wort Gottes / sonder allein Luthers / vnnd der andern falsch genanten Euangelischen prediger* sei.[47]

Wenn es für Luther nun allerdings theologische Gründe gab, bewusst wörtlich zu übersetzen, dann hat er auch das getan. Er hat es dabei sogar in Kauf genommen, gegen die sprachlichen Strukturen des Deutschen seiner Zeit zu verstoßen, wenn er dadurch eine theologische Aussage erreichen konnte. Das zeigt beispielsweise der Vergleich von Lk 2,10 in den Fassungen

---

[44] Ebd., Bivr.

[45] Ebd., Bivr.

[46] Vgl. DWb, Bd. X, Sp. 1741.

[47] Text in der Herzog Georg von Sachsen zugeschriebenen Vorrede: Das gantz neü testament So durch den Hochgelerten D. Hieronymum Emser verteütscht [...] Getruckt vnd volendet zu Tübingen / vnd auffs neu mit fleyß durchlesen vnd Corrigirt von dem wirdigen doctor Johan Dietenberger [...] Jm Jar nach Christi vnsers säligmachers geburt. M. D. XXXII. Am letsten tag des Augstmonds, Aiv.

von 1522 und 1533.[48] Im Neuen Testament von 1533 heißt es: *Sihe / ich verkündige euch grosse freude.*[49] Das lateinische *ecce* aus der Vulgata-Fassung ist numerusneutral[50]; in Bezug auf die Zielsprache Deutsch missachtet die Übersetzung mit *siehe* hier allerdings die syntaktische Kongruenz. Sie ist grammatisch falsch, denn *siehe* ist Teil der dem Engel zugeschriebenen wörtlichen Rede. Der Engel spricht zu mehreren Hirten (*ich verkündige euch*). Im Deutschen erfordert die Kongruenz daher eine Pluralform, also: *Sehet, ich verkündige euch grosse freude.* 1522 hatte Luther im Septembertestament – wie in der Mentelin-Bibel vor ihm – genau so, wortwörtlich übersetzt: *Sehet / ich verkundige euch grosse freude.*[51] 1533 korrigierte Luther jedoch sich selbst und baute den Grammatikfehler in seine Übersetzung ein[52]. Dass es sich um eine bewusste Entscheidung gehandelt hat, zeigt die Systematizität der Änderung an diversen Textstellen der Übersetzungen des Alten und des Neuen Testaments. Luthers Grund ist theologisch: Er benutzte *siehe* immer dann, wenn das Übernatürliche im Text thematisiert wird: *Vnd sihe / die Engel Gottes stiegen dran auff vnd nieder* (Gen 28,12); *sihe / da erschein jm ein Engel des HERRN im trawm* (Mt 1,20); *Sihe / da begegnet jnen Jhesus* (Mt 28,9 – nach dem Auferstehungsbericht!). Luther machte *siehe* damit zu einem rhetorischen Stilmittel, mit dem als Signal der „Einbruch des Übernatürlichen“[53] in die Handlung der Texte markiert werden kann. Zugleich konnte Luther dadurch auch die Erzählperspektive wechseln: Mit *siehe* werden nicht mehr (nur) die Engel, sondern jeder einzelne Hörer, jede einzelne Hörerin des Textes angesprochen. Das ist Luthers theologisches Anliegen: Die Klarheit der Schrift (*claritas scripturae*) wirkt auf jede und auf jeden. Luther wollte auch Laien in den Stand versetzen, die biblischen Texte zu rezipieren, um dadurch den Glauben zu befördern.[54] Seine Übersetzungen sollten daher an zentralen Stellen auch jeden Einzelnen und jede Einzelne ansprechen: *Sihe.* „Der Bibelübersetzer Luther ist stets an erster Stelle der [...] Theologe“,[55] wie Birgit Stolt bemerkt hat.

---

[48] Das Beispiel folgt der Argumentation von STOLT, Luthers Rhetorik [Anm. 35], S. 112f.

[49] Das Newe Testament. Nürnberg [ca. 1533], fol. 80r.

[50] Vgl. BIRGIT STOLT: Problematik der Übersetzung biblischer Erzählstrukturen. In: Perspektiven auf Stil. Hg. von EVA-MARIA JAKOBS und ANNELY ROTHKEGEL. Tübingen 2001 (RGL 226), S. 479–488, hier S. 483.

[51] Das Newe Testament Deutzsch. Wittenberg 1522, fol. XLIv.

[52] Hans-Peter Müller erwähnt in diesem Zusammenhang Luthers Kenntnis des hebräischen *hinneh* als Aufmerksamkeitssignal; HANS-PETER MÜLLER: Die Konstruktion mit *hinné* „siehe“ und ihr sprachgeschichtlicher Hintergrund. In: Zeitschrift für Althebraistik 2 (1989), S. 45–76; man vergleiche auch STOLT, Luthers Rhetorik [Anm. 35], S. 114, Fn. 37.

[53] STOLT, Martin Luthers Rhetorik des Herzens [Anm. 35], S. 114.

[54] Vgl. THOMAS KAUFMANN: Martin Luther. München 2006, S. 68.

[55] STOLT, Luthers Rhetorik [Anm. 35], S. 86.

Luther setzte seine sprachliche Kraft also für seine Sache ein, und zwar sowohl mit Bezug auf die Zielsprache als auch – wenn es theologisch notwendig erschien – gegen sie. An vielen Stellen hat er zudem den sakralen, ehrwürdigen Stil der biblischen Texte bewusst beibehalten (etwa bei Paarformeln wie *er antwortete und sprach*[56]), er hat diese Bibelsprache in der Übersetzung sogar noch bewusst „poetisch verstärkt"[57], indem er sie mit Alliterationen, Rhythmus und der Auflösung von Abstrakta in Metaphern[58] rhetorisch auflud. Es handelt sich daher bei den Bibelübersetzungen Luthers um artifizielle und auch poetische Verdeutschungen im Dienst theologischer Aussagen. Für die Sprachgeschichte bedeutet das nun aber, dass sich in Luthers Bibelübersetzung keineswegs ungebrochen so etwas wie die Alltagssprache des Frühneuhochdeutschen oder des 16. Jahrhunderts erkennen lässt.[59] Der Taschen-Verlag, der 2012 die Faksimile-Ausgabe der Lutherbibel von 1534 im Klappentext damit bewarb, Luther habe die Bibel „in normale Umgangssprache" übersetzt, ist insofern einem Irrtum erlegen.[60]

Oft sind es gerade die Wort-Auswahlprozesse im Rahmen der Spracharbeit, die aufschlussreich für Luthers Übersetzungen und relevant für die Beurteilung seiner sprachhistorischen Leistungen sind. Ein weiteres Beispiel soll das zeigen.[61]

Mt 5,15 wird in der älteren Einheitsübersetzung von 1980[62] folgendermaßen übersetzt: „Man zündet auch nicht ein Licht an und stülpt ein Gefäß darüber, sondern man stellt es auf den Leuchter; dann leuchtet es allen im Haus." In der aktuellen Revision von 2016[63] wird hingegen übersetzt: „Man zündet auch nicht eine Leuchte an und stellt sie unter den Scheffel, sondern auf den Leuchter; dann leuchtet sie allen im Haus."

Als Luther 1522 das Matthäus-Evangelium übersetzte, benutzte er den griechischen und lateinischen Text der Bibelausgabe von Erasmus von Rotterdam. Für Mt 5,15 ist es dieser Abschnitt:

---

[56] Etwa: Gen 18,27; Ex 4,1; 1 Sam 4,17; Mt 3,15; Mt 24,2; Lk 7,40; Lk 15,29; Joh 6,29. Für eine vollständige Recherche vgl. man https://www.bibleserver.com (02.07.2018).

[57] VON POLENZ, Deutsche Sprachgeschichte [Anm. 23], S. 233.

[58] Vgl. BESCH, Luther und die deutsche Sprache [Anm. 24], S. 53f.

[59] Nach VON POLENZ, Deutsche Sprachgeschichte [Anm. 23], S. 233; man vergleiche auch WELLS, Deutsch [Anm. 33], S. 220: „Doch ist die Sprechweise der Bibel nicht ‚umgangssprachlich', sondern sie hat den Ton einer ernsteren, pathetischeren gesprochenen Sprache".

[60] https://www.perlentaucher.de/buch/martin-luther/luther-bibel.html (02.07.2018).

[61] Die Argumentation folgt WERNER BESCH: Deutscher Bibelwortschatz in der frühen Neuzeit. Auswahl – Abwahl – Veralten. Frankfurt a. M. [u. a.] 2008, S. 25–42 und BESCH, Luther und die deutsche Sprache [Anm. 24], S. 19.

[62] Die Bibel. Einheitsübersetzung der Heiligen Schrift, Stuttgart 1980.

[63] Die Bibel. Einheitsübersetzung der Heiligen Schrift, Stuttgart 2016.

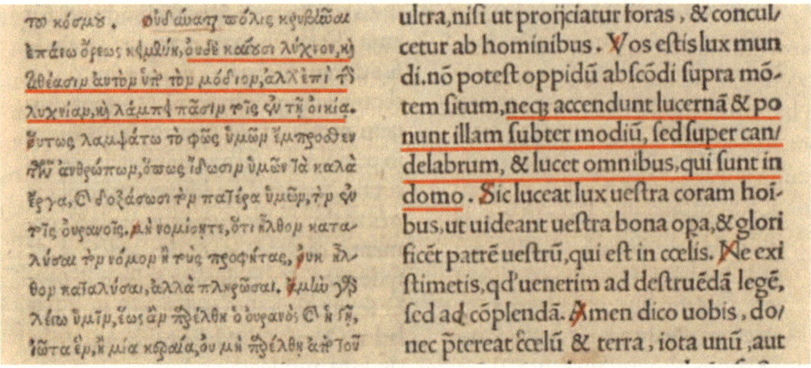
ultra, niſi ut proijciatur foras, & concul/
cetur ab hominibus. Vos eſtis lux mun
di. nō poteſt oppidū abſcōdi ſupra mō/
tem ſitum, neq; accendunt lucernā & po
nunt illam ſubter modiū, ſed ſuper can/
delabrum, & lucet omnibus, qui ſunt in
domo. Sic luceat lux ueſtra coram hoi/
bus, ut uideant ueſtra bona opa, & glori
ficēt patrē ueſtrū, qui eſt in cœlis. Ne exi
ſtimetis, qđ uenerim ad deſtruēdā legē,
ſed ad cōplendā. Amen dico uobis, do/
nec pͤtereat cœlū & terra, iota unū, aut

Abb.: Desiderius Erasmus, Novum Instrumentum omne: diligenter ab Erasmo Roterodamo recognitum & emendatum. Basel 1516, S. 8. Basel, UB, http://doi.org/10.3931/e-rara-2849.

Damit ergibt sich das folgende Übersetzungsproblem: Im griechischen Evangelientext steht *lychnos*, also ‚Lampe' oder auch ‚Fackel'. Diese wird *hypo ton modion*, also unter den *modios*, ‚Modius', gestellt. Ein *modios*, lat. *modius* ist ein Hohlmaß der Antike, nämlich ein Maßgefäß für Getreide, das ungefähr neun Liter fasst. Man könnte die Stelle also in buchstäblichem Sinn so übersetzen: „man stellt eine Fackel nicht unter einen Modius". Wenn man das griechische *modios* oder das lateinische *modius* aber nicht unübersetzt lassen will, dann ergeben sich diverse Möglichkeiten: Natürlich kann ein abstraktes Hyperonym verwendet werden – das hatte die vorreformatorische Mentelin-Bibel 1466 gemacht und einfach „Maß" übersetzt: *vnd setzent es vnter dz maß wann auf das kertzstal*[64]. Auch das ist noch gemäß der Buchstabenübersetzung. Luther wollte nun aber an dieser Stelle offenbar mit Blick auf die Zielsprache Deutsch übersetzen, und dafür standen für die außersprachliche Sache ‚Getreidehohlmaß' diverse regionale Wörter für Maße unterschiedlicher Größe zur Verfügung, von denen Luther auch einige gekannt haben wird. Luther hätte etwa *sester* oder *symmerin* oder *metz* oder *malter* oder *vierteyl* wählen können. Er wählte *scheffel* – ein Wort für ein recht großes Hohlmaß (je nach Landstrich fasste ein Scheffel zwischen 50 und 100 Litern) und übersetzte: *Man tzundt auch nicht eyn liecht an vnd setzt es vnter einen scheffell.*[65]

Scheffel ist ein Wort, das – wenig überraschend – im Ostmitteldeutschen, also einer der Sprachregionen, die Luther kannte, geläufig war. Dieses Wort behielt Luther auch in späteren Übersetzungen bei.

Das ist nicht in allen Fällen so gewesen. Ein wichtiger Teil der Spracharbeit Luthers gründete auf seinem Interesse für die Reichweite von Wörtern. Er tauschte gegebenenfalls in den einzelnen Auflagen Wörter gegen-

---

64 (Biblia). Straßburg 1466, fol. 320r.

65 Das Newe Testament Deutzsch. Wittenberg 1522, fol. IIIv.

einander aus, um so eine größere Verständlichkeit zu erreichen. Das niederdeutsche Wort *spügnis* ‚Gespenst', das Luther im Septembertestament für die Übersetzung von Mt 14,26 verwendete[66], tauschte er beispielsweise schon im Dezember 1522 gegen das verbreitetere Wort *gespenst* aus. Beim Wort *scheffel* war das aber nicht notwendig, weil Luther eben nicht – wie bei *spügnis* – auf ein weiterverbreitetes Gegenwort aufmerksam wurde. Das ohnehin schon in mehreren Landschaften gebräuchliche Wort *scheffel*, das auch in Teilen des Oberdeutschen wie etwa im Schwäbischen bekannt war, setzte sich nun in weiteren Gebieten durch. Luthers Wortwahl in der Übersetzung wurde damit in diesem Fall zu einem Promotor für eine Wortschatzveränderung im gesamten Sprachgebiet. Das ist aber ebenso wie die Tradierung des Sprichworts vom „Licht, das nicht unter den Scheffel gestellt werden soll", bereits ein Teil des dritten Aspekts, nämlich der Rezeption der Bibelübersetzung.

Am Wortschatz für die Übersetzungen arbeitete Luther also lebenslang. Nicht alles, was als Sprachschöpfungen Luthers behauptet wird, geht dabei tatsächlich auf ihn zurück. Gleichwohl hat Luther auch viele Wörter gebildet, die erst nach ihm usuell geworden sind, darunter etwa die Lexeme ‚Schädelstätte' oder ‚Machtwort'. Luther hat zudem in seinen Texten diverse sprachliche Bilder verwendet, die bis heute präsent sind, darunter beispielsweise „Perlen vor die Säue werfen" oder „auf Sand bauen". Und natürlich hat Luther schon zu seiner Zeit usuell verwendete Wörter wie die zentralen Wörter des Christentums (etwa ‚Gnade', ‚Glaube', ‚Sünde', ‚evangelisch') mit differenzierter Semantik verwendet. In der Forschungsliteratur sind zu den genannten Bereichen einschlägige Listen zusammengestellt.[67] Zu fragen bleibt allerdings auch für diese Listen, wie der Anteil Luthers selbst und die jahrhundertelange intensive Rezeption der Lutherübersetzungen differenziert werden können.

4. Sprachrezeption

Für die Frage nach dem Potential für sprachliche Wirkungen und Veränderungen durch die Lutherbibel ist es hilfreich, den überragenden publizistischen Erfolg der Luther-Drucke in den Blick zu nehmen. Die 3000–5000 Exemplare des Septembertestaments waren schon nach wenigen Wochen vergriffen (obwohl ihr Preis dem Wochenlohn eines Handwerkers entsprach). Es folgten das verbesserte Dezembertestament und daran anschließend

---

[66] Das Newe Testament Deutzsch. Wittenberg 1522, fol. XIIr: *da yhn die iunger sahen auff dem meer gehen / erschracken sie und sprachen / Es ist eyn spugnisz* (Mt 14,26). Man vergleiche WELLS, Deutsch [Anm. 33], S. 223 – in anderen Texten hielt Luther aber an diesem Wort fest, etwa in der ‚Auslegung der Episteln vnd Euangelien vom Aduent an bis auff Ostern', 1535, fol. CCXXv.

[67] Vgl. etwa BESCH, Bibelwortschatz [Anm. 61].

Nachdrucke aus Augsburg und Basel. In den 24 Monaten zwischen 1522 und 1524 erschienen 14 autorisierte und 66 unautorisierte Nachdrucke. Bis 1546 waren 87 hochdeutsche und 19 niederdeutsche Ausgaben des Neuen Testaments im geschätzten Umfang von über 100.000 Exemplaren gedruckt und verkauft. Von der Vollbibel von 1534 und 1541 wurden im 16. Jahrhundert noch weitere 100.000 Exemplare verkauft.[68] Man rechnet damit, dass Luthers Schriften im 16. Jahrhundert in mehr als 200.000 Haushalten verbreitet waren und dass daher hörend und lesend nahezu eine Million Sprecherinnen und Sprecher mit Luthers Texten konfrontiert wurden – das sind 10% der damaligen deutschsprechenden Gesamtbevölkerung.[69] Diese überragende Rezeption der Texte hatte Auswirkungen auf den weiteren Verlauf der Sprachgeschichte, insbesondere in Bezug auf die Lexik. In meinen Augen ist das der zentrale Aspekt der sprachhistorischen Bedeutung der Bibelübersetzung: Die Lutherbibel konnte durch ihre Verbreitung maßgeblich dazu beitragen, dass eine neue Schicht überregionalen Wortschatzes populär wurde. Auch dazu ein Beispiel.[70]

1522 hatte der Drucker Adam Petri das Neue Testament Luthers in Basel erstmals gedruckt.[71] 1523 erschien ein Nachdruck. Der Drucker hatte seinem Druck ein Wortglossar beigefügt. Adam Petri hat dazu eine ausführliche Begründung gegeben (s. Abb. auf der gegenüberliegenden Seite).

Man kann diese Bemerkungen dahingehend deuten, dass Luthers Text 1522 in Basel sprachliche Probleme bereiten konnte. Petri, und das ist hier noch wichtiger, war offenbar überzeugt davon, dass die Übersetzung so gut (*grüntlich verteutscht*) sei, dass jede Form einer Änderung schädlich wäre: Änderungen seien *nicht ohn schaden* durchzuführen. Der Verfasser des Glossars, vermutlich war es Petri selbst, ist also von der Qualität der Übersetzung überzeugt; er erkennt aber, dass sie in einer anderen diatopischen Varietät verfasst ist. Die Unterschiede sollten nicht nivelliert, sondern *auff vn*

---

68 Die Zahlen sind VON POLENZ, Deutsche Sprachgeschichte [Anm. 23], S. 134 entnommen.

69 VON POLENZ, Deutsche Sprachgeschichte [Anm. 23], S. 134 (nach ROLF ENGELSING: Analphabetentum und Lektüre. Zur Sozialgeschichte des Lesens in Deutschland zwischen feudaler und industrieller Gesellschaft. Stuttgart 1973, S. 29).

70 Die folgende Argumentation greift Überlegungen von ERNST ERHARD MÜLLER auf: Zu Adam Petris Bibelglossar von 1523. In: Deutsche Sprache: Gegenwart und Geschichte. Bern, München 1978, S. 127–134; ders.: Wer war der Verfasser des Petriglossars? In: Standard und Dialekt. Bern, München 1979, S. 177–192. Relativierend hat sich kürzlich WALTER HAAS mit dem Glossar beschäftigt: *Etliche wörtly geenderet*: Luthers Bibel und die Zürcher Bearbeitung. In: Martin Luther und die deutsche Sprache – damals und heute. Hg. von NORBERT RICHARD WOLF. Heidelberg 2017, S. 167–186.

71 Das Gantz Neüw Testament recht grüntlich teutscht. Mit gar gelerten und richtigen vorreden, und der schweresten oerteren kurtz, aber guot ausslegung: Ein gnuogsam Register ... Die außlendigen woertter [...]. Zuo Basel: Gedruckt durch Adam Petri, An. 1523.

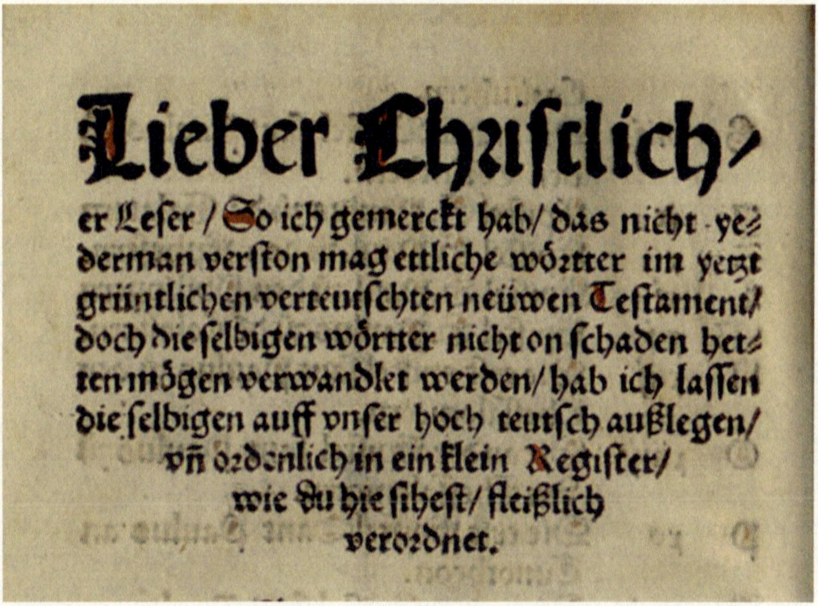
Lieber Chriſtlich-
er Leſer / So ich gemerckt hab/ das nicht ye-
derman verſton mag ettliche wörtter im yetzt
grüntlichen verteutſchten neüwen Teſtament/
doch die ſelbigen wörtter nicht on ſchaden het-
ten mögen verwandlet werden/ hab ich laſſen
die ſelbigen auff vnſer hoch teutſch außlegen/
vñ ordenlich in ein klein Regiſter/
wie du hie ſiheſt/ fleißlich
verordnet.

Vorrede zu Adam Petris Bibelglossar (vgl. Anm. 71). Basel, UB, http://doi.org/10.3931/e-rara-896.

ser hoch teutsch übersetzt werden. Die später einsetzende Vertikalisierung der Varietäten[72] ist zu dieser Zeit für Petri noch nicht erkennbar.

In Petris Glossar finden sich Lutherwörter unterschiedlicher Herkunft und vorrangig westoberdeutsche Entsprechungen. Das bereits besprochene ostmitteldeutsche Wort für das Getreidehohlmaß ist auch dabei: *Schäffel*, das bedeutet *sester/symmerin*[73]. Das mitteldeutsche und auch niederdeutsche Wort *Lippe*, das Luther verwendet, wird mit dem südlichen *lefze* paraphrasiert: *Lippen lefftzen*.[74] Das niederdeutsche, im Norden und in der Mitte des Sprachgebiets bekannte und von Luther benutzte Wort *Hügel* wird mit seinen hochdeutschen Entsprechungen *bühl* und *gipfel* übersetzt: *Hügel gipffel/bühel*.[75] Auch das schon behandelte Wort *spügniß* aus dem September-

[72] Vgl. dazu OSKAR REICHMANN: Einleitung zum Frühneuhochdeutschen Wörterbuch. In: Frühneuhochdeutsches Wörterbuch. Hg. von ROBERT R. ANDERSON. Bd. I. Berlin, New York 1989, hier S. 32 sowie OSKAR REICHMANN [u. a.]: Zur Vertikalisierung des Varietätenspektrums in der jüngeren Sprachgeschichte des Deutschen. In: Deutscher Wortschatz. Lexikologische Studien. Ludwig Erich Schmitt zum 80. Geb. von seinen Marburger Schülern. Hg. von HORST HAIDER MUNSKE [u. a.]. Berlin, New York 1988, S. 151–180.

[73] Das Gantz Neüw Testament recht grüntlich teutscht, Basel 1523, Glossar, unpaginiert.

[74] Ebd.

[75] Ebd.

testament wird übersetzt: *Spügnisz gespenscht.*[76] Luthers Wortschöpfung *Rüsttag* für den Vorbereitungs-Vortag eines jüdischen Festtages, griechisch *παρασκευή* (*paraskeue*, ‚Zurüstung'), wird schließlich mit *bereittag* und *heiliger obent*[77] (‚Vorabend', M. S.) erklärt.

Sprachhistorisch ist die Erarbeitung eines zeitgenössischen kleinen Luther-Wörterbuchs höchst bemerkenswert. Sie kann nämlich zeigen, dass Luthers sprachmächtiger Text anderswo zunächst durchaus Probleme bereiten konnte. Petri ist dabei kein Einzelfall: Der Basler Drucker Thomas Wolf übernahm das Glossar 1523 mit geringfügigen Unterschieden. Bis 1538 wurde das Glossar „von dreizehn Druckern insgesamt vierzigmal nachgedruckt"[78], und zwar in Basel, Straßburg, Augsburg und – erstaunlicherweise – auch in Nürnberg.

Sprachhistorisch mindestens genauso bemerkenswert ist, dass das Glossar nach 1538 nicht mehr gedruckt wurde. Der Straßburger Drucker Wendel Rihel erklärte sogar schon 1535 in seiner in Straßburg gedruckten Lutherbibel, warum er die Lutherwörter nicht verändere und auch nicht kommentiere: Er habe *sein besondere wörter und Orthographey / so mehr auf Meissenisch denn vnser Hochdeutsch gebraucht / eigentlich bleiben* [...] *lassen*, denn *die übung wird solches auch wol verstendig vnd breuchlicher machen denen / so zur heiligen Schrift anmut haben.*[79] Die Erklärung von Luther-Wörtern verlor also ihre Notwendigkeit, und zwar durch *übung*, also durch die Rezeption der Luther-Übersetzungen im ganzen Sprachraum. Diese Entwicklung begann schon zu Luthers Lebzeiten[80] und setzte sich dann fort. Der reformierte Pfarrer Josua Maaler hat 1561 das von Luther gebildete Wort *Rüsttag* in seinem in Zürich erschienenen Wörterbuch als Wort *in Hochteütscher spraach* (Titelblatt) verzeichnet. Die in Basel gedruckten Luther-Texte des späten 17. Jahrhunderts zeigen Luther-Wörter wie *Scheffel*, *Hügel*, *Lippe* oder *Rüsttag.* Die katholischen Bibelübersetzungen übernahmen seit dem 16. Jahrhundert großflächig Luther-Wortschatz.[81] Dass bei Sprecherin-

---

[76] Ebd.

[77] Ebd.

[78] BESCH, Luther und die deutsche Sprache [Anm. 24], S. 63.

[79] Biblia | | Das ist die gantze | | Heilige Schrifft | | Deudsch. | | Mart.Luth. | | Gedruckt zu Straßburg bey Wendel Rihel, 1535, Vorwort. Vgl. BESCH, Luther und die deutsche Sprache [Anm. 24], S. 63 sowie FRÉDÉRIC HARTWEG: Oberdeutsche, alemannische oder elsässische Schibboleths? Zur Frage der räumlichen Geltung von Besonderheiten der Straßburger Druckersprache. In: Stadtsprachenforschung unter besonderer Berücksichtigung der Stadt Straßburg in Spätmittelalter und früher Neuzeit. Hg. von GERHARD BAUCH. Göppingen 1988 (GAG 488), S. 393–411.

[80] Zwar zeigen weitere Drucke des Neuen Testaments aus Basel zunächst noch regionale Wörter oder andere Übersetzungen, im Laufe der Zeit etablieren sich aber selbst in eigenständigen Übersetzungen (aus Basel) die Lutherwörter. Die Bibel von 1579 übersetzt in einer eigenständigen Übersetzung Parasceue mit *Abend der Feiertage*, 1603 steht in eigenständiger Übersetzung das Lutherwort *Rüsttag.*

[81] STEFAN SONDEREGGER: Geschichte deutschsprachiger Bibelübersetzungen in Grund-

nen und Sprechern des beginnenden 21. Jahrhunderts im gesamten Sprachraum Wörter wie *Lippe* und *Hügel* völlig unmarkiert und usuell vorkommen, ist insofern auch ein Resultat der Rezeptionsgeschichte der Lutherschen Bibelübersetzung.

Die Rezeption der Luther-Texte führte in dieser Sichtweise zu Veränderungen im Lexikon des Deutschen: Es wurde durch die Rezeption im Buchdruck eine neue Schicht überregionalen, nicht landschaftsgebundenen Wortschatzes befördert. Wichtige Prozesse wie die Standardisierung und die Vertikalisierung der Varietäten wurden natürlich nicht durch Luther ausgelöst, sie erhielten aber durch die Rezeption der Bibelübersetzung einen bedeutenden Schub. Werner Besch formuliert in diesem Sinne: „Die großregionale Sprachkonkurrenz wurde außer Kraft gesetzt, nicht etwa durch weltliche Autorität (Hof, Machtzentrum), letztlich auch nicht durch Luther, sondern durch die Bibel, das Wort Gottes, in der muttersprachlichen Fassung Luthers“[82].

Die geschilderte sprachliche Wirkung der Textrezeption wurde durch die Hochachtung, die Luther und seinen Sprachzeugnissen entgegengebracht wurde, weiter verstärkt. Das kann hier nur noch angedeutet werden. Metasprachliche Texte erhoben Luther zur Norm: So schrieb etwa der Grammatiker Johann Claius 1578 auf Latein eine frühe deutsche Grammatik, für welche die Sprachbeispiele sämtlich von Luther stammten: Sie waren *ex Bibliis Lvtheri / Germanicis et aliis eius Libris* zusammengestellt.[83] Der Pädagoge Balthasar Schupp hielt Luther im 17. Jahrhundert für einen *rechten Teutschen Cicero* – eine gängige Einschätzung des 17. und 18. Jahrhunderts.[84] Selbst das in der Gegenreformation getadelte ‚Lutherische e‘, also der vokalische Auslaut zweisilbiger Wörter wie beim Substantiv *Sonne*, wurde letztlich mit der Priorisierung des Ostmitteldeutschen (Obersächsischen) als Prestigeregion der deutschen Sprache etabliert – ein Usus, der zur Lutherzeit nur noch im Ostmitteldeutschen verbreitet war und der sich – durch die Bibelübersetzungen, dann aber vor allem in der Gottsched-Rezeption – im ganzen Sprachgebiet durchsetzte.[85] Die Hochachtung für Luther und für seine Bibelübersetzung führte schließlich zu einer bemerkenswerten Textstabilität. Die Ausgabe von 1545 wurde rasch auch für sprachlich kano-

---

zügen. In: BESCH [u. a.] (Hg.), Sprachgeschichte. Ein Handbuch [Anm. 5], Bd. I,1, S. 229–284, hier S. 270.

[82] BESCH, Luther und die deutsche Sprache [Anm. 24], S. 38.

[83] Johann Clajus: Grammatica Germanicae Linguae. M. Iohannis Claij Hirtzbergensis: Ex bibliis Lutheri germanicis et aliis eivus libris collecta. Leipzig 1578.

[84] Vgl. ROLF BERGMANN: Der rechte Teutsche Cicero oder Varro: Luther als Vorbild in den Grammatiken des 16. bis 18. Jahrhunderts. In: Luthers Deutsch: Sprachliche Leistung und Wirkung. Hg. von GERHARD WOLF. Frankfurt a. M. [u. a.] 1966 (Dokumentation germanistischer Forschung 2), S. 291–302.

[85] Vgl. MECHTHILD HABERMANN: Das sogenannte „Lutherische e“. Zum Streit um einen armen Buchstaben. In: Sprachwissenschaft 22 (1997), S. 435–477.

nisch gehalten. Sie blieb sprachlich bis ins späte 17. Jahrhundert unverändert.[86] Erst nach dieser Zeit wurden den Auflagen Glossare mit veralteten Luther-Wörtern beigefügt. Dabei handelte es sich für die Ebene der Lexik allerdings um Erklärungen, nicht um ersetzende Texteingriffe. Erst 1857 begannen evangelische kirchenamtliche Revisionen, die nicht nur die Orthographie, sondern auch behutsam den Wortschatz betrafen, indem beispielsweise Archaismen ersetzt wurden. Die aktuelle evangelische Revision der Lutherbibel von 2017 will sogar im Wortschatz wieder stärker an Luther heranführen[87]. Im Bereich der Lexik sind ‚Rückrevisionen' bis auf den Textstand von 1545 erkennbar. Insgesamt wurden 16.000 Verse (also rund 44 Prozent) verändert.[88] So wurde beispielsweise wieder das Luther-Wort *Otterngezücht* anstelle von „Schlangenbrut" (Lutherbibel 1984) eingeführt; Nebensätze wurden gezielt sprachlich patiniert, indem Konjunktionen wie *damit* durch älteren Luther-Formen wie *auf dass* ersetzt wurden.[89] Eine solche sprachliche Patinierung geht erkennbar in eine andere Richtung als die geschilderte Übersetzungspraxis Luthers, die auf die Zielsprache Deutsch in der damaligen Zeit ausgerichtet war (*denn so viel wil der Engel sagen / vn so würde er geredt haben / wenn er hette wöllen sie deudsch grüssen*[90]). Es erscheint aus sprachlicher Sicht fraglich, ob die aktuelle Praxis – bei aller Wertschätzung des Lutherschen Originaltextes – den Bibeltext tatsächlich Zielgruppen wie etwa Konfirmandinnen und Konfirmanden näherbringen kann.

5. Fazit

Luther steht im Kontext sprachhistorischer Entwicklungen und Voraussetzungen, die schon lange vor ihm eingesetzt haben. Er kommt sprachlich aus der Mitte des deutschen Sprachgebiets. Mit seiner Kenntnis des Hoch- und des Niederdeutschen und als ‚Profiteur' bereits älterer sprachlicher Ausgleichsprozesse hatte er sehr gute Voraussetzungen, um sprachliche Überregionalität erreichen zu können. In jahrzehntelanger Spracharbeit bemühte er sich mit dem Ringen um angemessene Wörter und Formulierungen genau darum.

Luthers Bibelübersetzung ist jahrzehntelange Textarbeit. Sie beginnt 1517 mit den Bußpsalmen und kann bis zur Vollbibel 1545 verfolgt werden. Luther verfolgt einen humanistisch-interpretativen Übersetzungsanspruch,

---

[86] BESCH, Luther und die deutsche Sprache [Anm. 24], S. 69.

[87] Man vergleiche https://www.die-bibel.de/ueber-uns/unsere-uebersetzungen/lutherbibel-2017/wasistneu/revision/ (02.07.2018).

[88] Man vergleiche https://www.die-bibel.de/ueber-uns/unsere-uebersetzungen/lutherbibel-2017/wasistneu/aenderungen/ (02.07.2018).

[89] Ein genauer Textvergleich ist unter https://www.die-bibel.de/fileadmin/user_upload/livebook/Textstellenvergleich_Lutherbibel_1984_2017/index.html verfügbar (02.07.2018).

[90] Luther, Ein Sendbrieff von Dolmetschen vnd Fürbitte der Heiligen [Anm. 42], Bivr.

der auf die Zielsprache Deutsch ausgerichtet ist. Er weicht aber stets von diesem Prinzip ab, wenn er es für theologisch geboten hält. Luther übersetzt also dem Sinn nach, aber auch wörtlich und sogar gegen die Sprachstrukturen. „Nur theologische Gründe diktierten seine Entscheidung, wann wortgetreu bzw. frei zu übersetzen war", wie es Birgit Stolt formuliert.[91] Primär ist also die Theologie, erst dann kommt die Sprache. Die Bibelübersetzung erlaubt daher auch keinen ungebrochenen Blick auf eine ‚Alltagssprache' des 16. Jahrhunderts, sie stellt vielmehr ein in Sprachmächtigkeit geschaffenes artifizielles Werk dar, das die heiligen Texte aus theologischem Verständnis heraus würdig und ehrfurchtsvoll und im Sinne der Verständlichkeit und Rhetorik bildreich und poetisch präsentieren will.

Die eigentliche Bedeutung der Bibelübersetzung für die Sprachgeschichte des Deutschen liegt in der Rezeption des Textes. An den seit 1545 lexikalisch (und auch syntaktisch) für Jahrhunderte stabilen Bibeltexten wurde Lesen und Schreiben gelernt, die Bibel war in der Geschichte des privaten Buchbesitzes für breite Kreise über lange Zeit (neben Katechismus oder Gesangbuch) das einzige vorhandene Buch. Biblische Texte mussten auswendig gelernt werden. Die Bibelübersetzung konnte daher noch im 16. Jahrhundert selbst die Entstehung einer neue Schicht überregionalen Wortschatzes forcieren. Sie wurde damit zu einem bedeutenden Faktor im Rahmen übergreifender sprachgeschichtlicher Prozesse wie der lexikalischen Standardisierung.

Die Hochachtung, die Luther und seinen Sprachzeugnissen von Grammatikern und Literaten entgegengebracht wurde, spielte schließlich auch eine Rolle für die Wertschätzung des Ostmitteldeutschen und damit für die diatopische Vertikalisierung der Varietätenspektrums.

[91] STOLT, Luthers Rhetorik [Anm. 35], S. 94.

Horst Brunner

Die literarische und literarhistorische Bedeutung der Lutherbibel*

An Lobreden bedeutender Persönlichkeiten auf Luthers Bibelübersetzung herrscht kein Mangel. Hier zitieren möchte ich nur, was Friedrich Nietzsche 1886 im 247. Stück seiner Schrift ‚Jenseits von Gut und Böse. Vorspiel einer Philosophie der Zukunft' geschrieben hat:

> In Deutschland [...] gab es [...] eigentlich nur *eine* Gattung öffentlicher und *ungefähr* kunstmäßiger Rede: das ist die von der Kanzel herab. Der Prediger allein wußte in Deutschland, was eine Silbe, was ein Wort wiegt, inwiefern ein Satz schlägt, springt, stürzt, läuft, ausläuft, er allein hatte Gewissen in seinen Ohren, oft genug ein böses Gewissen [...]. Das Meisterwerk der deutschen Prosa ist deshalb billigerweise das Meisterstück ihres größten Predigers: die *Bibel* war bisher das beste deutsche Buch. Gegen Luthers Bibel gehalten ist fast alles übrige nur ‚Literatur' – ein Ding, das nicht in Deutschland gewachsen ist und darum auch nicht in deutsche Herzen hineinwuchs und -wächst: wie die Bibel es getan hat.[1]

Es geht Nietzsche und es geht mir in diesem Vortrag zunächst um den Stil von Luthers Bibelprosa. Für Nietzsche war Luthers Stil unzweifelhaft Vorbild und Ansporn zu seinem 1883/85 erschienenen Werk ‚Also sprach Zarathustra'. Ein Buch für Alle und Keinen', mit dem er Luther zu übertreffen glaubte.[2] Doch das ist hier nicht mein Thema, obwohl der ‚Zarathustra' natürlich auch ein Beispiel ist für die literarhistorische Wirksamkeit der Lutherbibel, mit der wir uns ebenfalls beschäftigen werden.

Was ist das Besondere an Luthers Sprachstil? Ich möchte dies in aller Kürze an einem Beispiel erläutern, dem allgemein bekannten Beginn des zweiten Kapitels des Lukasevangeliums, also der Weihnachtsgeschichte. Die Evangelien sind – wie es sich für einfache Männer, die die Apostel waren, gehört – im *sermo humilis* abgefasst, im ‚einfachen Stil', der sich in den *genera dicendi* der antiken Rhetorik vom ‚mittleren' und vom ‚hohen' Stil unterschied. Dementsprechend liest man an der betreffenden Stelle in der lateinischen Bibel – deren griechische Vorlage erspare ich Ihnen – folgende schlichte Sätze:

---

* Die Vortragsform wurde weitgehend beibehalten.

1 Zitiert nach: Friedrich Nietzsche. Werke in drei Bänden. Hg. von KARL SCHLECHTA. München 1955, hier Bd. 2, S. 714f.

2 Vgl. zu Nietzsches Verhältnis zu Luther die einschlägigen Beiträge HEINZ BLUHMS: Studies in Luther – Luther Studien. Bern [u. a.] 1987.

[1]Factum est autem in diebus illis, exiit edictum a Caesare Augusto ut describeretur universus orbis. [2]Haec descriptio prima facta est a praeside Syriae Cyrino: [3]et ibant omnes ut profiterentur singuli in suam civitatem.[3]

Das ist in der von den deutschen katholischen Bischöfen herausgegebenen sogenannten ‚Einheitsübersetzung' der Bibel angemessen, aber doch im Interesse moderner Verständlichkeit fast ein wenig zu frei übersetzt:

[1]In jenen Tagen erließ Kaiser Augustus den Befehl, alle Bewohner des Reiches in Steuerlisten einzutragen. [2]Dies geschah zum erstenmal; damals war Quirinius Statthalter in Syrien. [3]Da ging jeder in seine Stadt, um sich eintragen zu lassen.[4]

In Luthers „Dolmetschung" – um seinen eigenen Begriff zu verwenden – lesen wir in der Fassung von 1545:

[1]Es begab sich aber zu der Zeit / das ein Gebot von dem Keiser Augusto ausgieng / das alle Welt geschetzt würde. [2]Vnd diese Schatzung war die allererste / vnd geschach zur zeit / da Kyrenius Landpfleger in Syrien war. [3]Vnd jederman gieng / das er sich schetzen liesse / ein jglicher in seine Stad.[5]

Sieht man sich diese drei Sätze etwas näher an, so erkennt man, dass sie von unterschiedlichem Gewicht sind. Der erste Satz enthält die Hauptaussage: Kaiser Augustus hat damals befohlen, sich schätzen zu lassen, gemeint ist: für die Steuer. In Luthers Frühneuhochdeutsch hat ‚schätzen' unter anderem noch die Bedeutung ‚steuern, abgaben auferlegen, fordern'.[6] In der ersten Ausgabe von Luthers Übersetzung des Neuen Testaments, dem sogenannten Septembertestament von 1522, fand sich zu dieser Stelle eine erklärende Randglosse: *Schetzen ist hie, das eyn iglicher hatt mussen an zeygen wie viel er vermocht am gut.*[7] Das *autem* ‚aber', das die Einheitsübersetzung im Gegensatz zu Luther nicht wiedergibt, muss man wohl verstehen als „unerwartet". Der zweite Satz bringt eine Erläuterung: Diese Schätzung hat es zuvor nie gegeben, soll heißen: Sie kam, wie gesagt, überraschend, und zwar zur Zeit, als Kyrenius Statthalter von Syrien war. Der erklärende zweite Satz könnte auch wegbleiben, er hält die eigentliche Erzählung etwas auf. Im dritten Satz geht der Bericht weiter: Jeder ging in seine Stadt, um sich schätzen zu lassen, gemeint ist: in seinen Herkunftsort.

Vergleicht man die Prosa der ‚Einheitsübersetzung' mit der Luthers, so bemerkt man einen auffälligen Unterschied, vor allem, wenn man die

---

[3] Zitiert nach: Novum Testamentum Graece et Latine. Hg. von EBERHARD NESTLE [u. a.]. 20. Aufl. Stuttgart 1961, S. 144.

[4] Zitiert nach: Einheitsübersetzung der Heiligen Schrift. Die Bibel. Gesamtausgabe. 2. Aufl. Stuttgart 1982, S. 1144.

[5] Zitiert nach: D. Martin Luther: Die gantze Heilige Schrifft Deudsch. Wittenberg 1545. Hg. von HANS VOLZ [u. a.]. 2 Bde. 2. Aufl. Darmstadt 1973.

[6] JACOB GRIMM und WILHELM GRIMM: Deutsches Wörterbuch. Hg. von der Deutschen Akademie der Wissenschaften zu Berlin. 33 Bde. Leipzig 1854–1960, ND München 1984 [im Folgenden DWb], hier Bd. 14, Sp. 2281.

[7] Martin Luther: Weimarer Ausgabe [WA], Die deutsche Bibel. Bd. 6, S. 216.

Texte laut liest. Der Text der Einheitsübersetzung läuft gewissermaßen gleichförmig, ohne besondere Betonungen, vor sich hin, so wie wir es von Berichtsprosa im allgemeinen gewohnt sind. Schreibt man statt der einzelnen Textsilben jeweils ein Kreuzchen, so lässt sich das wiedergeben mit:

> In jenen Tagen erließ Kaiser Augustus den Befehl, alle Bewohner des Reiches
> x x x x x x x x x x x x x xx xx x x x x x x
> in Steuerlisten einzutragen …
> x x x x x x x x x …

Liest man Luthers Text, so bemerkt man rasch, dass hier deutliche rhythmische Akzente gesetzt sind. Die Silben schreiten nicht gleichwertig und gleichmäßig voran, sondern sie haben ganz offensichtlich unterschiedliches Gewicht. Im Beispiel bezeichnen die Kreuzchen die betonten, die Häkchen die unbetonten Silben:

> *Es begab sich aber zu der Zeit / das ein Gebot von dem Keiser Augusto ausgieng /*
> ∪ ∪ x ∪ ∪∪ ∪ ∪ x // ∪ ∪ ∪ x ∪ ∪ x ∪ ∪ x x x x //
> *das alle Welt geschetzt würde*
> ∪ xx x ∪ x x x

Unverkennbar liegt die Hauptaussage des ganzen Satzes auf seinem Ende: dass alle – wirklich alle – Welt geschätzt würde.

Was ich hier anzudeuten versuche, gilt generell für Luthers Stil: Seine Sprache ist nicht nur um große Einfachheit bemüht, sondern sie ist durchweg rhythmisch gegliedert, sie fließt nie gleichförmig dahin, sondern ist stets – wie Nietzsche das schon bemerkt hat – vom Sprachstil und Rhythmusgefühl des erfahrenen, geübten Predigers mündlich geprägt. Das macht sie für Leser und Hörer ungemein einprägsam und unerhört lebendig.[8]

In den Schoß gefallen ist Luther diese Prägnanz trotz seiner bekannten musikalisch-rhythmischen Begabung nicht, er hat vielmehr konstant und konsequent an seinen Texten gearbeitet. Die Stelle, mit der wir uns hier beschäftigen, erfuhr zwar seit dem Septembertestament keine große Veränderung, zwei winzige Änderungen und eine etwas gewichtigere Verbesserung aber doch. Im Text von 1522 hieß es, *das eyn gepott von dem Kayser Augustus aus gieng* – später, schon seit 1534, schrieb Luther *von dem Keiser Augusto*, er setzte also die lateinische Dativendung ein – die Änderung dürfte aus euphonischen Gründen erfolgt sein, da sowohl „Augustus" wie das folgende Wort „aus" ein wenig unschön auf „-us" enden, durch die lateinische Dativendung wurde dies vermieden. Die zweite winzige Änderung betrifft den Namen des Landpflegers, im Septembertestament *Kyrenios*", also mit der griechischen, später *Kyrenius* mit der lateinischen Endung.

[8] Vgl. ALBRECHT BEUTEL: „Es ist mein testament und mein dolmetschung, und sol mein bleiben unnd sein." Bemerkungen zur theologischen und sprachlichen Klassizität der Luther-Bibel. In: Anmut und Sprachgewalt. Zur Zukunft der Lutherbibel. Beiträge der Jenaer Tagung 2012. Hg. von CORINNA DAHLGRÜN und JENS HAUSTEIN. O. O. (Stuttgart) 2013, S. 17–37.

Hier sollte wohl die eher unvertraute Endung vermieden werden. Bedeutungsvoller ist, wie schon gesagt, die dritte Textänderung. In den späteren Fassungen schrieb Luther zu Beginn des dritten Verses: *Vnd jederman gieng / das* ..., im Septembertestament hieß es an dieser Stelle noch *vnnd es gieng yderman, das* ... Inhaltlich besteht kein Unterschied, in der späteren Formulierung sind die beiden Wörter *jederman gieng* deutlich markiert, in der älteren Fassung *vnnd es gieng yderman* wird lediglich *yderman* hervorgehoben, nicht aber das ebenso wichtige *gieng*.

Luthers Bemühen um Einfachheit und Rhythmus möchte ich noch an einem zweiten Beispiel zeigen, an unterschiedlichen Fassungen des berühmten Psalms 23, einem König David in den Mund gelegten Danklied an Gott für Gnade und Beistand. In seiner endgültigen Fassung ist das zweifellos das schönste Prosagedicht deutscher Sprache. Die Fassung von 1534 bzw. 1545 lautet:[9]

> [1]*Ein Psalm Davids. DER HERR IST MEIN Hirte / Mir wird nichts mangeln.*
> [2]*Er weidet mich auff einer grünen Awen / Vnd füret mich zum frischen Wasser.*
> [3]*Er erquicket meine Seele / er füret mich auff rechter Strasse / Vmb seines Namens willen.* [4]*VNd ob ich schon wandert im finstern Tal / fürchte ich kein Vnglück / Denn du bist bey mir / Dein Stecken vnd Stab trösten mich. /* [5]*DV bereitest fur mir einen Tisch gegen meine Feinde / Du salbest mein Heubt mit öle / Vnd schenckest mir vol ein.* [6]*Gutes vnd Barmhertzigkeit werden mir folgen mein leben lang / Vnd werde bleiben im Hause des HERRN jmerdar.*

Gegenüber der Erstfassung des Psalters von 1524 ist hier einiges verbessert, namentlich in den Versen 2 und 5, kleinere Änderungen gibt es auch in 4 und 6. Zunächst zu den kleineren Änderungen. In Vers 4 steht anstatt *fürchte* in der älteren Fassung *furcht*: das eingefügte *-e* stellt insofern eine Verbesserung dar, als dadurch der rhythmische Fluss des Verses aus unbetonten und betonten Silben, in metrischer Begrifflichkeit: Hebungen und Senkungen, nicht gebremst, ja unterbrochen wird:

> *Vnd ób ich schon wándert im fínstern Tál / fürchte ích kein Vnglück* ...
> ∪ x ∪ ∪ x ∪ ∪ x ∪ x // ∪ ∪ x ∪ x ∪ ...

Der leichte Rhythmus mit dem fast regelmäßigen Wechsel von Hebungen und Senkungen drückt das „Wandern", von dem die Rede ist, metrisch sinnfällig aus. In der älteren Fassung steht ... *im fínstern Tál / fúrcht ich*: hier stehen zwei betonte Silben unmittelbar nacheinander, in metrischer Begrifflichkeit kommt es zu einem Hebungsprall, durch den die so sinnfällige ‚wandernde' Abfolge der Hebungen und Senkungen unterbrochen wird. Außerdem liegt der Akzent hier auf *furcht*, in der späteren Fassung ist er sinnvoll auf *ich* verschoben:

---

[9] Ältere und jüngere Fassung im Paralleldruck in WA, Die deutsche Bibel, Bd. 10/1, S. 170f.

… im finstern Tál / fúrcht ich …
… ∪ x ∪ x // x ∪ …

Die zweite kleine Änderung findet sich im sechsten Vers. In der späteren Fassung heißt es: „*Gutes vnd Barmhertzigkeit werden mir* folgen *mein leben lang* …, in der ersten Fassung stand an dieser Stelle *werden myr* nach *lauffen mein leben lang*. Das dreisilbige *nachlaufen* erschien Luther wohl unpassend, als zu einer anderen, niedrigeren sprachlichen Sphäre gehörend, sozusagen zu gewöhnlich oder alltäglich, rhythmisch auch ein wenig stolpernd.

Größere Änderungen erfolgten an zwei anderen Stellen. Zunächst zu Vers 2. Die gültige Fassung lautet: *Er weidet mich auff einer grünen Awen / Vnd füret mich zum frischen Wasser*. In der vorausgehenden Fassung liest man: *Er lesst mich weyden, da viel gras steht, vnd furet mich zum wasser, das mich erkulet*. Die endgültige Fassung ist kürzer und prägnanter: *Er weidet mich* … anstatt *Er lesst mich weyden* … Gott selbst weidet das Ich, er erlaubt ihm nicht nur, Nahrung aufzunehmen; die „grüne Aue" ist erheblich sinnfälliger und weniger umständlich als ein Ort, *da viel gras steht*, „frisches Wasser" prägnanter als *wasser, das mich erkület*. Schließlich die Endfassung von Vers 5: *DV bereitest fur mir einen Tisch gegen meine Feinde / Du salbest mein Heubt mit öle / Vnd schenckest mir vol ein*. – In der älteren Fassung las man: *Du bereyttest myr eynen tisch zu gegen meynen verfolgern / Du machst meyn heubt fett mit ole / meyn kilch* [kelch] *ist satt*. Diese Formulierung hatte gewiss eine Verbesserung nötig – „einen Tisch zubereiten gegen Verfolger" – „Feinde" erscheint in seiner Bedeutung umfassender, weniger eingeschränkt; „ein Haupt fett machen mit Öl" bedeutet zwar soviel wie „salben", doch ist der Vorgang mit der Besserung auf den treffenden Begriff gebracht, vereindeutigt; zu Luthers Zeit konnte man zwar sagen „mein Kelch ist satt", d. h. „gefüllt",[10] die neue Formulierung macht jedoch Gott wiederum zum handelnden Subjekt, der Kelch hat sich hier nicht von selbst eingeschenkt.

Luthers Bibelübersetzung benutzt eine einfache, möglichst sinnfällige Sprache, die jedermann verstehen konnte, zugleich basiert sie auf einer Rhythmik, durch die der erfahrene Prediger die Texte so einprägsam wie möglich gestaltete. Nicht zuletzt durch ihren stilistischen Rang, durch den der Zugang zu den Bibeltexten so leicht wie nur möglich gemacht wurde, bewährte sich das Buch die Jahrhunderte hindurch in zahllosen Ausgaben und Auflagen als ein verbreitetes Grundbuch in evangelischen Familien, darüber hinaus als zentrales Werk in Musik- und Literaturgeschichte, als maßstabsetzendes Grundwerk der neuhochdeutschen Sprache bis heute. Die Besonderheit, die Einmaligkeit der Bibel, des ‚Buchs der Bücher', besteht in ihrer Vielfalt – kein einheitliches Werk, sondern eine Bibliothek von Texten ganz unterschiedlicher Art, entstanden in rund 1000 Jahren. Endgültig kanonisiert wurde das Alte Testament um 100 n. Chr., das Neue

[10] Vgl. DWb, Bd. 14, Sp. 1813f. Hier finden sich ähnliche Formulierungen.

Testament etwa 100 Jahre später: Geschichts- und sonstige Erzähltexte, Gesetzbücher, Weisheitslehren, Lyrik unterschiedlicher Art, Briefe, prophetische Texte und anderes. Viele Menschen, nicht zuletzt auch Kinder, konnten und können bzw. könnten an diesem Buch lernen, was Literatur überhaupt ist. Zu den kindlichen Lesern zählte beispielsweise ich selbst – die Lektüre in den erzählenden Büchern gehörte, seit ich etwa acht Jahre alt war, neben den ‚Sagen des klassischen Altertums', neben dem ‚Robinson', den Märchen der Brüder Grimm und ‚Tausendundeiner Nacht' zu meinen ersten, unvergessenen, prägenden Leseerfahrungen ganz außerhalb des wenig gemochten Religionsunterrichts: Bilder, Geschichten, exemplarische Figuren, Formulierungen.

Nachhaltige, archetypische Bilder, im Bewusstsein christlich erzogener, auch manch anderer Menschen unseres Kulturkreises unauslöschlich präsent: die Schöpfung; Eva und die Schlange am Baum der Erkenntnis; die Vertreibung aus dem Paradies; die Opferaltäre Kains und Abels; die am Berg Ararat angelandete Arche Noah; der Zug der Israeliten, verfolgt von den Ägyptern, durchs Rote Meer samt dem spektakulären Untergang der Verfolger; die Geburt Jesu im Stall zu Bethlehem; der betende Jesus im Garten Gethsemane; Christus am Kreuz. Geschichten: die Erschaffung der ersten Menschen; der erste Mord; der Dienst Jakobs bei dem listigen, zuletzt aber doch übers Ohr gehauenen Laban; der Roman Josephs und seiner Familie; die Erzählung von Mose; die nicht durchweg erfreuliche Lebensgeschichte König Davids; die Geschichte Jesu von der Prophezeiung der Geburt bis zur Himmelfahrt. Exemplarische Figuren: Kain, der erste Mörder; Moses, der die Israeliten aus Ägypten ins Gelobte Land führt, ohne selbst hinein zu dürfen; David und Goliath – der Schwache besiegt den Starken; Hiob, das Bild eines Menschen, der unermessliches Leid geduldig erträgt; Judas, der Inbegriff eines reuigen Verräters; Petrus, der seinen Herrn dreimal verleugnet. Unterstützt wurden und werden diese Leseeindrücke seit jeher durch eine Fülle gezeichneter oder gemalter Bilder, oft von den größten Künstlern. Schon die Ausgabe der Lutherbibel von 1534 war zugleich ein Bilderbuch. In meiner Kindheit benutzte man im evangelischen Religionsunterricht der ersten Klasse das reich illustrierte sogenannte ‚Gottbuch'. Vieles davon blieb im Gedächtnis, obwohl die Bilder nicht gerade große Kunstwerke waren.

Zum Gewinn der Bibellektüre kommt für viele der überwältigende Eindruck der großen evangelischen Kirchenmusik, die ja in erster Linie textlich auf der Lutherbibel und dem lutherischen Kirchenlied beruht. Vor allem, aber nicht ausschließlich gemeint sind damit die oratorischen Werke Johann Sebastian Bachs, die ‚Johannespassion', die ‚Matthäuspassion', das ‚Weihnachtsoratorium', Schöpfungen, durch welche die Geburts- und Leidensgeschichte Jesu verlebendigt wird wie durch nichts sonst. Die Handlung liefert der Wortlaut der Lutherbibel, betrachtende Vertiefungen bieten die überkommenen Choräle, dazu die Arien, vielfach gedichtet von

Bachs Zeitgenossen und Landsmann, dem Leipziger Post- und Finanzbeamten Christian Friedrich Henrici, genannt Manlius Ulpianus Picander (1700–1764)[11] – dessen an dieser Stelle auch einmal gedacht werden soll. Man muss nicht unbedingt Christ sein, um von der ‚Matthäuspassion' erschüttert zu werden. Ganz allgemein und exemplarisch kann man das Werk auch als Tragödie eines zu Unrecht mit größtem Hass verfolgten, gequälten und hingerichteten Menschen empfinden. Man ist damit ganz im 20. und 21. Jahrhundert, denn die Gestalt Jesu Christi in der ‚Matthäuspassion' steht exemplarisch für das Leid unzähliger Menschen bis in die jüngste Gegenwart. Fügt man zu Bach noch die Namen Heinrich Schütz, Felix Mendelssohn Bartholdy und seine Oratorien ‚Elias' und ‚Paulus' sowie Johannes Brahms und das ‚Deutsche Requiem', Max Reger und seinen ‚100. Psalm' op. 106 hinzu, so erfasst man die ganz oder weitgehend auf der Lutherbibel basierenden Spitzenwerke, die bis heute in erster Linie das kirchenmusikalische Repertoire bestimmen.

Gar nicht zu denken ohne die Lutherbibel ist die deutsche Dichtung bis ins 20. Jahrhundert. Eine auch nur annähernd lückenlose Übersicht ist an dieser Stelle absolut undenkbar. Ich beschränke mich auf zwei Epochen und in diesen auf jeweils einen einzigen Autor. Für das 16. Jahrhundert ist das Hans Sachs, den man geradezu als den Dichter der Reformation bezeichnen kann, für das 20. Jahrhundert – das dürfte manchen überraschen – Bertolt Brecht.

Die Lutherbibel löste im 16. Jahrhundert so etwas wie eine Literaturexplosion aus. Beispielhaft dafür steht der produktivste und berühmteste Dichter der Zeit, Hans Sachs, der keineswegs der belanglose Handwerkerdichter war, als der er oft verkannt wird.[12] Sachs, geboren 1494 in Nürnberg, absolvierte nach dem Besuch einer Lateinschule eine zweijährige Schuhmacherlehre, danach begab er sich auf die übliche Gesellenwanderschaft, von der er 1516 zurückkehrte, 1519/20 heiratete er und wurde Meister seines Handwerks. Der Dichtkunst hatte er sich bereits in seiner Lehrzeit zugewandt. Er erlernte sie in der Gesellschaft der Meistersinger, die damals in Nürnberg bereits seit der ersten Hälfte des 15. Jahrhunderts bestanden hatte. Man versteht unter den Meistersingern Stadtbürger, die sich zum Zweck des Dichtens und des gesungenen, oftmals öffentlichen Vortrags einer durch poetologische Vorschriften streng geregelten Art von Liedern, den Meisterliedern, zusammengeschlossen hatten, meist, aber nicht ausnahmslos Handwerker. Sachs hatte seit 1513 Texte unterschiedlicher Art verfasst, meist weltliche und geistliche Meisterlieder. Die geistlichen Lieder behandeln, wie in vorreformatorischer Zeit weitgehend üblich, geist-

---

[11] Vgl. GERDA RIEDL/RED.: Picander, Manlius Ulpianus. In: Killy Literaturlexikon. Autoren und Werke des deutschsprachigen Kulturraums. 2., vollständig überarb. Aufl. Hg. von WILHELM KÜHLMANN. 12 Bde. und 1 Registerbd. Berlin, New York 2008–2012 [im Folgenden Killy Literaturlexikon, 2. Aufl.], hier Bd. 9 (2010), S. 215f.

[12] Vgl. HORST BRUNNER: Hans Sachs. Gunzenhausen 2009.

liche Themen wie Trinität, Eucharistie, Heiligenmirakel, vor allem aber Christus und Maria. Zwischen 1520 und 1523 legte Hans Sachs eine Pause ein, die einzige in seiner langen Schaffenszeit. Damals vertiefte er sich gründlich in Luthers Lehre. 1523 erschien dann das berühmte, sogleich vielfach nachgedruckte, in Reimpaaren abgefasste Gedicht ‚Die Wittenbergisch Nachtigall', durch das der Autor bekannt wurde:

Wacht auff es nahent gen dem tag
Jch hör singen im grünen hag
Ain wunnigkliche Nachtigall
Jr stymm durchklinget berg vnd tall …

Mit der Nachtigall ist Luther gemeint. Das Gedicht bietet eine kurz gefasste, höchst anschauliche und einprägsame Zusammenfassung der Lehre Luthers, zu der der Autor sich in einer Vorrede bekennt.

Sachs beschränkte sich freilich nicht darauf, Luthers Anschauungen zu propagieren. 1524, im Jahr, bevor die Reichsstadt sich der Reformation anschloss, publizierte er vier in Prosa abgefasste Dialoge, die sich vorwiegend mit Problemen auseinandersetzten, welche die neue Lehre mit sich brachte. So geht es etwa in dem Dialog ‚Ein gesprech eines Evangelischen Christen mit einem Lutherischen' darum, wie ärgerlich es ist, wenn man sich lediglich äußerlich an Luthers Lehren hält und etwa nur auf das Fasten verzichtet. Vielmehr solle der einzelne durch seine ganze Lebensweise ein wirksames Vorbild geben. Wie schon in einem anderen Beitrag dieses Bandes erläutert,[13] beginnt die Geschichte des evangelischen Kirchenliedes, maßgeblich einer Schöpfung Luthers, 1523/24 mit den ersten gedruckten Liederbüchern. Bereits 1524 schuf und veröffentlichte auch Sachs solche Lieder, 1526 folgte eine Reihe von Psalmliedern – das Psalmlied ist seit Luther ein grundlegender Typus des Kirchenliedes.

Noch im selben Jahr 1526 – im Jahr der Wiederbegründung der Nürnberger Meistersingergesellschaft – hörte Sachs mit dem Dichten derartiger Kirchenlieder auf. Er hatte sich eine neue Dichtart ausgedacht, die geeignet war und es tatsächlich bewirkte, dem Meistergesang zu neuer, nie dagewesener Blüte zu verhelfen.[14] Sachs begann damit, Stellen aus Luthers Bibelübersetzung möglichst genau in Texte nach meistersingerlicher Art umzuarbeiten, Lieder in durch die Tradition vorgegebenen, relativ komplizierten Strophenformen und mit ebenfalls vorgegebenen, meist anspruchsvollen Melodien. In der Regel wurden die betreffenden Bibelstellen auf der Grundlage von Texterklärungen Luthers oder anderer reformatorischer

---

[13] Vgl. HORST BRUNNER: Luther und das deutsche Kirchenlied im 16. Jahrhundert, in diesem Band S. 249–265.

[14] Vgl. HORST BRUNNER: Meistergesang und Reformation. Die Meistergesangbücher 1 und 2 des Hans Sachs. In: Literatur und Laienbildung im Spätrmittelalter und in der Reformationszeit. Symposion Wolfenbüttel 1981. Hg. von LUDGER GRENZMANN und KARL STACKMANN. Stuttgart 1984, S. 732–742

Theologen kommentiert. Freilich war der Meistergesang von nun an ausschließlich eine Angelegenheit protestantischer Autoren. Für den Gemeindegesang waren diese Meisterlieder unbrauchbar, sie wurden vielmehr solistisch bei den öffentlichen Konzerten der Meistersinger, den Singschulen, vorgetragen. Im Lauf seines langen Lebens – er starb 1576 – schuf Sachs etwa 2000 derartige biblische Gesänge, die sich beim städtischen Publikum offenbar großer Beliebtheit erfreuten. Viele Menschen waren damals Analphabeten, waren aber an Bibelkenntnissen dringend interessiert und konnten sie durch Vermittlungstexte dieser Art erwerben. Andere Autoren schlossen sich dem Dichtungsverfahren des Nürnbergers an, im Lauf des 16. und 17. Jahrhunderts entstanden nicht nur in Nürnberg, sondern auch in anderen Meistersingerorten wie Augsburg, Breslau und Memmingen mehrere tausend derartiger Meisterlieder.[15] Ich gebe ein Beispiel.[16] Am 18. März 1555 dichtete Sachs ein – wie üblich – dreistrophiges Meisterlied über den Text von 1. Mose 3,1–6 mit dem Titel ‚die schlang im paradeis'. Als Ton – darunter versteht man die Strophenform und die Melodie – wählte er, bezeichnenderweise, die Schlangenweise seines Nürnberger Zeitgenossen Sebastian Hilprant. Der Ton besteht überwiegend aus viersilbigen Versen, untermischt mit drei- und fünfsilbigen Versen. So ergibt sich ein äußerst schlankes, schlangenförmiges Schriftbild, eine Art Figurengedicht:

In der schlangenweis Bastian Hilprant
die schlang im paradeis

1

(I)n Genesim
stet an dem driten,
wie die schlang kam
vnd sprach: ‚Eua,
hat gesagt Got,
das ir solt nicht

Essen, vernim,
der frucht, mit sitten,
aller mit nam
im garten da?
es wer onot [nicht nötig].‘
Eua, die spricht

Vnd claget:
‚Gott hat gesaget:
von aller frucht
zw essen waget,

allein versüecht
der fruechte nit
vom paum veruecht
in gartens mit [Mitte].

[15] Die Lieder des Hans Sachs sind verzeichnet in RSM, Bd. 9–11.

[16] Abdruck nach: Meisterlieder des 16. bis 18. Jahrhunderts. Hg. von EVA KLESATSCHKE und HORST BRUNNER. Tübingen 1993 (Frühe Neuzeit 17), Nr. 1.

2

Ruercz auch nit an,
sunst wert ir sterben.'
da sprach die schlang:
,ir wert darumb
nit sterben dot
wan Got weis wol,

Est ir darfon,
wert ir erwerben
klugheit anfang
vnd wert in rumb
gleich sein wie Got,
der weisheit vol,

Im muete
das pös vnd guete
wert wissen ir.'
ganz vnpehuete
das weibe schir
den paumb ansach
vnd mit pegir
ein frucht aprach.

3

Dieselben as
vnd reicht sie dare
auch irem man,
as auch der fruecht;
Gottes gepot
zerprachen sie.

Mit diesem fras
fing sich vurware
der iamer an.
der mensch verfluecht
lag in dem dot,
verthammet hie,

Vertorben,
pis das ist gstorben
am crewcz Cristus,
der hat erworben
gnad, huld vnd pus.
durch den allein
der mensch gen mus
ins leben ein.

anno salutis 1555
am 18 tag marci

Der Text beginnt mit einer Stellenangabe. Es folgt die Wiedergabe des Bibeltextes, teilweise wörtlich nach der Lutherbibel. Am Ende folgt dann eine Betrachtung über die Folgen des Vergehens: Mit ihm fing das Leid an, der Mensch war verdammt, bis er durch Christus erlöst wurde.

Sachs blieb indes bei dieser Art von Vermittlungstexten nicht stehen. Auch durch Gedichte in Paarreimversen, sogenannte Spruchgedichte, verbreitete er Bibelkenntnisse und reformatorische Theologie. Im Unterschied zu den Meisterliedern, die in aller Regel ungedruckt blieben, wurden diese – inhaltlich ganz gleichen – Gedichte gedruckt. Dazu kamen dann, in einer theatersüchtigen Epoche, vor allem seit 1536 zahlreiche Komödien und Tragödien nach biblischen Stoffen. Damit befand Sachs sich gewissermaßen auf der Höhe der Zeit: Bis um 1600 sind rund 200 Bibeldramen überliefert.[17] Die weitaus meisten Autoren waren – im Unterschied zu Sachs – protestantische Prediger und Schulmeister. Legitimiert und angeregt wurde das Bibeldrama durch Luther selbst. Religiöse Dramen waren für ihn ein Medium, durch das in weiten Bevölkerungskreisen die Kenntnis der Bibel und der reformatorischen Theologie, mit deren Hilfe man die biblischen Erzählun-

[17] Vgl. HORST BRUNNER: Geschichte der deutschen Literatur des Mittelalters und der Frühen Neuzeit im Überblick. 6. Aufl. Stuttgart 2013 (Reclams Universal-Bibliothek 17680), S. 486.

gen interpretierte, gefördert wurde. Außerdem sollten sie zur moralischen Erziehung beitragen. An biblischen Stoffen verwendete Sachs unter anderem die Geschichte von Adam und Eva, die Opferung Isaaks, David, Salomon, Judith und Holofernes, Tobias, Johannes der Täufer, die Auferweckung des Lazarus, der Verlorene Sohn, Christi Passion – ein Stück, das seit Jahrzehnten alljährlich vor einer großen Zuschauermenge am Karfreitag von einer Laienspieltruppe im Freilichtmuseum Bad Windsheim aufgeführt wird.

Auf die Bedeutung der Bibel für die Literatur vom 17. bis 20. Jahrhundert kann hier nur mit ganz wenigen Stichworten höchst unvollständig hingewiesen werden. Josephsromane schufen Grimmelshausen, der Autor des ‚Simplicius Simplicissimus', im Jahr 1667 und ein anderer Barockdichter, Philipp von Zesen, 1670 (‚Assenat') – weit übertroffen wurden diese nur noch den Germanisten bekannten Werke dann im 20. Jahrhundert durch Thomas Manns zwischen 1933 und 1943 entstandene Josephsromane. Die „intertextuelle Vernetzung" vieler Werke Goethes – unter anderem der ‚Leiden des jungen Werthers', der Wilhelm-Meister-Romane, des ‚Faust II' – „mit biblischen Texten"[18] ist unübersehbar und wurde in neuerer Zeit gründlich untersucht.[19]

Die Wirkung der Bibel auf die Literatur des 20. Jahrhunderts ist bedeutend.[20] Ich kann hier nur, wie angekündigt, auf einen einzigen Autor, Bertolt Brecht, kurz eingehen.[21] Viel zitiert ist Brechts Aussage im Zusammenhang einer Zeitschriftenumfrage bei prominenten Literaten im Jahr 1928 zum Thema „Der stärkste Eindruck". Brechts Antwort lautete lapidar: „Sie werden lachen: die Bibel". In der Tat: Dieser 1898 in Augsburg geborene, in einem bücherarmen protestantischen Haushalt aufgewachsene, konfirmierte, schon früh atheistische Schriftsteller[22] war mit der Lutherbibel und dem evangelischen Kirchenlied zutiefst vertraut – er verwendete Texte und Sprache aber für seine besonderen, überwiegend satirischen oder kritischen Zwecke. Die Forschung hat den Umfang der Benutzung biblischer Zitate und Formen – etwa der Form des Psalms in Brechts Gedichtsammlung ‚Hauspostille' (1927) – detailliert nachgewiesen. Ich beschränke

[18] Zitat nach JOHANNES ANDEREGG: Aufs Maul geschaut? Überlegungen zum Einfluss Luthers auf die deutsche Literatur. In: DAHLGRÜN/HAUSTEIN (Hg.), Anmut und Sprachgewalt [Anm. 8], S. 131–144, hier S. 137.

[19] Vgl. zuletzt Goethe und die Bibel. Hg. von JOHANNES ANDEREGG und EDITH ANNA KUNZ. Stuttgart 2005 (Arbeiten zur Geschichte und Wirkung der Bibel 6).

[20] Vgl. Die Bibel in der deutschsprachigen Literatur des 20. Jahrhunderts. Hg. von HEINRICH SCHMIDINGER. 2 Bde. Mainz 1999.

[21] Vgl. THOMAS O. BRANDT: Brecht und die Bibel. In: Publications of the Modern Language Association (PMLA) 79 (1964), S. 171–176; RENATE LANGER: Rätsel und Lehre. Biblische Erzählformen. In: SCHMIDINGER, Bibel im 20. Jahrhundert [Anm. 20], S. 115–157, hier S. 143–157.

[22] Vgl. Killy Literaturlexikon, 2. Aufl., Bd. 2 (2008), S. 149–161, hier S. 149.

mich hier auf ein einziges, das populärste Theaterstück, die ‚Dreigroschenoper', durch die der Autor 1928 mit einem Schlag berühmt wurde.[23]

Die ‚Dreigroschenoper' spielt bekanntlich im Londoner Bettler- und Verbrechermilieu. Hauptfiguren sind der Bettlerkönig Peachum, der zahlreiche Bettler kommandiert, und der Berufsverbrecher Macheath, genannt Mackie Messer, Hauptmann einer Gangsterbande. Der erste Akt beginnt in der Bettlergarderobe mit Peachums Morgenchoral, der an Philipp Nicolais berühmtes Kirchenlied ‚Wachet auf, ruft uns die Stimme', jedoch auch an die ‚Wittembergisch Nachtigall' von Hans Sachs erinnert:

> *Wach auf, du verrotteter Christ! / Mach dich an dein sündiges Leben! / Zeig, was für ein Schurke du bist / Der Herr wird es dir dann schon geben.*
> *Verkauf deinen Bruder, du Schuft! / Verschacher dein Ehweib, du Wicht! / Der Herrgott, für dich ist er Luft? / Er zeigt dir's beim Jüngsten Gericht.* (S. 397)

Im folgenden Monolog beklagt Peachum, Inbegriff eines kriminellen Heuchlers, sich darüber, dass seine Geschäfte schwierig sind. Selbst „geistige Hilfsmittel" nützen nichts mehr – eine große Tafel kommt vom Schnürboden mit der Aufschrift „Geben ist seliger als nehmen". Peachum fährt fort:

> *„Was nützen die schönsten und dringendsten Sprüche, aufgemalt auf die verlokkendsten Täfelchen, wenn sie sich so rasch verbrauchen. In der Bibel gibt es etwa vier, fünf Sprüche, die das Herz rühren; wenn man sie verbraucht hat, ist man glatt brotlos. Wie hat sich zum Beispiel dieses ‚Gib, so wird dir gegeben' in knapp drei Wochen, wo es hier hängt, abgenützt. Es muß eben immer Neues geboten werden. Da muß eben die Bibel wieder herhalten, aber wie oft wird sie es noch?"* (S. 398)

Weitere religiöse Zitate kann ich – in Auswahl – hier nur knapp anführen. Peachum beklagt sich, dass seine Tochter Polly den Verbrecher Mackie Messer heiraten will: „Heiraten! Meine Tochter soll für mich das sein, was das Brot für den Hungrigen – er blättert nach –; das steht sogar irgendwo in der Bibel" (S. 405). Frau Peachum zitiert im gleichen Zusammenhang ein berühmtes Tischgebet: „Um Gottes willen! Mackie Messer! Jesus! Komm, Herr Jesus, sei unser Gast!" (S. 404) – das Zitat bedeutet natürlich hier soviel wie „auweia!" oder schlimmer. Die verliebte Polly sagt: „Wo du hingehst, da will ich auch hingehen" (S. 422); „Die Liebe ist aber doch das Höchste auf der Welt" (S. 428). Auch Mackie Messer greift auf ein Bibelzitat zurück, die Erzählung von der dreimaligen Verleugnung des Petrus, als er seinen Busenfreund, den Polizeichef, für einen Verräter halten muss: „Ich blickte ihn an, und er weinte bitterlich. Den Trick hab ich aus der Bibel" (S. 446). Am Ende steht dann wieder eine Choralstrophe, auch hier mit entsprechendem Anklang an Bibelsprache:

---

[23] Zitiert nach: Bertolt Brecht: Gesammelte Werke in 20 Bänden. Frankfurt a. M. 1967, hier Bd. 2.

Verfolgt das Unrecht nicht zu sehr, in Bälde / Erfriert es schon von selbst, denn es ist kalt. / Bedenkt das Dunkel und die große Kälte / In diesem Tale, das von Jammer schallt. (S. 486)

Die Beschäftigung bereits des Kindes mit der Lutherbibel und dem Kirchenlied ist an diesem Autor alles andere als spurlos vorbeigegangen. Sie hat seine Sprachfindung – trotz aller Ablehnung der Religion – zutiefst und mit voller Zustimmung beeinflusst, ja geprägt.

Die Sprache der Lutherbibel prägt aber auch die heutige Sprache in einem Umfang, dessen sich kaum jemand bewusst sein dürfte. Ich habe – mit Hilfe eines einschlägigen Lexikons[24] – rund 150 Wörter und Redewendungen gezählt, die durch Luthers Bibel im heutigen Sprachschatz nach wie vor lebendig sind. Ich biete Ihnen abschließend eine kleine Auswahl, damit Ihnen das kein Buch mit sieben Siegeln bleibt.

Dass wir Gift und Galle spucken, ist ebenso lutherisch, wie jemanden mit Füßen treten, aber auch, dass wir unseren Nächsten lieben wie uns selbst. Macht man sich einen Namen, so ist manchmal nichts dahinter, und dann kommt einer und stopft einem das Maul. Man geht dann in diesem Jammertal von Pontius zu Pilatus, mit herzzerreißendem Heulen und Zähneklappern setzt man Himmel und Hölle in Bewegung, aber man bleibt ein Koloss auf tönernen Füßen. Besser ist es da schon, man bleibt im Lande und nährt sich redlich, redet mit Menschen- und mit Engelszungen, so dass einem schließlich doch ein Licht aufgeht und man weiß: Die letzten werden die ersten sein. Und dennoch soll man sein Licht nicht unter den Scheffel stellen, den Kopf hängen lassen und sich über fette Jahre freuen, selbst wenn das Krethi und Plethi nicht passen sollte. Das ist dann die Feuertaufe. Da hilft nichts als: Zähne zusammenbeißen, die Zeichen der Zeit erkennen, die Zunge im Zaum halten, vom Saulus zum Paulus werden, nicht nach links und rechts schauen, das bessere Teil wählen, Heidenlärm nicht scheuen, das Menetekel erkennen. Aber es heißt auch: nicht viele Worte machen, nicht auf Sand bauen, nichts ausposaunen. Und deshalb ist es jetzt das Beste, wenn ich nicht ein Jota mehr hinzufüge, auch wenn das Herz voll ist und der Mund übergeht. Mit anderen Worten: Ich höre jetzt im Schweiße meines Angesichts auf, bevor ich zum Sündenbock werde und damit ich mit dem Leben davonkomme – und, dieser Spruch ist nun nicht mehr aus der Lutherbibel: Ich danke Ihnen für Ihre Aufmerksamkeit!

[24] HEINZ SCHMOLDT: Reclams Lexikon der Bibelzitate. Stuttgart 2002.

Horst Brunner

Luther und das deutsche Kirchenlied im 16. Jahrhundert

Kaum einem Gottesdienstbesucher, der beim Eintritt in die Kirche das ‚Evangelische Gesangbuch' (EG) oder auch das katholische ‚Gotteslob' aus dem Regal nimmt, ist bewusst, dass er damit die Schatzkammer einer literarischen Gattung, nämlich des Kirchenliedes, in Händen hält, in der im Lauf von 500 Jahren, seit dem frühen 16. Jahrhundert, ein fast unendlicher Reichtum an Texten und Melodien zusammengekommen ist.[1] Nicht

---

[1] Vgl. folgende Ausgaben: Evangelisches Gesangbuch. Ausgabe für die Evangelisch-Lutherischen Kirchen in Bayern und Thüringen. 2. Aufl. 1995 [zit. EG]; Das deutsche Kirchenlied. Hg. von PHILIPP WACKERNAGEL. Bd. 3–5. Leipzig 1870–1877, ND 1964 [zit. WKL]; Martin Luther. Die deutschen geistlichen Lieder. Hg. von GERHARD HAHN. Tübingen 1967 (Neudrucke deutscher Literaturwerke N. F. 20) [zit. HAHN, Ausg.]; Luthers geistliche Lieder und Kirchengesänge. Hg. von MARKUS JENNY. Köln, Wien 1985 (Archiv zur Weimarer Ausgabe der Werke Martin Luthers 4). – Wissenschaftliche Literatur: HORST BRUNNER: „... das Reich mus vns doch bleiben". Einführung in Luthers Kirchenlieder. In: H. B.: Annäherungen. Studien zur deutschen Literatur des Mittelalters und der Frühen Neuzeit. Berlin 2008 (Philologische Studien und Quellen 210), S. 336–349; ders.: Geschichte der deutschen Literatur des Mittelalters und der Frühen Neuzeit im Überblick. 6. Aufl. Stuttgart 2013 (Reclams Universal-Bibliothek 17680), ANJA GREBE/G. ULRICH GROSSMANN: Ein feste Burg ist unser Gott. Ausstellungskatalog. Petersberg 2017; GERHARD HAHN: Evangelium als literarische Anweisung. Zu Luthers Stellung in der Geschichte des deutschen kirchlichen Liedes. München 1981 (Münchener Texte und Untersuchungen zur deutschen Literatur des Mittelalters 73); ders.: Luthers Lieder. Vielfalt und Einheit. In: Martin Luther. Eine Spiritualität und ihre Folgen. Vortragsreihe der Universität Regensburg zum Lutherjahr 1983. Hg. von HANS BUNGERT. Regensburg 1983 (Schriftenreihe der Universität Regensburg 9), S. 73–87; JOHANNES JANOTA: Studien zu Funktion und Typus des deutschen geistlichen Liedes im Mittelalter. München 1968 (Münchener Texte und Untersuchungen zur deutschen Literatur des Mittelalters 23); KONRAD KÜSTER: Musik im Namen Luthers. Kulturtraditionen seit der Reformation. Kassel 2016; HERMANN KURZKE: Hymnen und Lieder der Deutschen. Mainz 1990 (excerpta classica 5), S. 185–209; ERNST ROHMER: Martin Luthers Lied ‚Ein feste Burg ist unser Gott' und der Psalm 46. In: Euphorion 85 (1991), S. 38–69; IRMGARD SCHEITLER: Kirchenlied. In: Literatur-Lexikon. Autoren und Werke deutscher Sprache. Hg. von WALTHER KILLY. 15 Bde. Gütersloh, München 1988–1993, hier Bd. 13 (1992), S. 477–483; JOACHIM STALMANN: Luther, Martin. In: Die Musik in Geschichte und Gegenwart. Allgemeine Enzyklopädie der Musik. 2., neubearb. Ausg. hg. von LUDWIG FINSCHER. 29 Bde. Kassel [u. a.] 1994–2008 [im Folgenden ²MGG], hier Personenteil, Bd. 11 (2004), Sp. 636–654; DANIELA GARBE: Gemeindegesang/Der deutsche evangelische G. In: ²MGG, Sachteil, Bd. 3 (1995), Sp. 1162–1181; MARTIN RÖSSLER: Gesangbuch. In: ²MGG, Sachteil, Bd. 3 (1995), Sp. 1279–1323; EBERHRDT SCHMIDT: Kirchenlied/Protestantisch, Deutschland. In: ²MGG, Sachteil, Bd. 5 (1996), Sp. 69–82; Maria in Hymnus und Sequenz. Interdisziplinäre mediävistische Perspektiven. Hg. von EVA ROTHENBERGER und LYDIA WEGENER. Berlin, Boston 2017; JOACHIM STALMANN: Gesangbücher im Reformationsjahrhundert. In: Geschichte der Kirchenmusik. Hg. von WOLFGANG

nur aus dem Blickpunkt der Kirchengeschichte, sondern auch aus dem der Literatur- und Musikgeschichte ist das Kirchenlied eine Gattung, die durch die Jahrhunderte hindurch ununterbrochen, bis heute, lebendig geblieben ist, in der Altes bewahrt wurde, in die aber zu jeder Zeit auch Neuschöpfungen erfolgreich Eingang fanden. Ohne das Kirchenlied – und ohne die Lutherbibel – war auch die jahrhundertelange Blüte der evangelischen Kirchenmusik von Heinrich Schütz über Johann Sebastian Bach, Felix Mendelssohn-Bartholdy und Johannes Brahms bis hin zu beachtlichen (heute leider zu wenig aufgeführten) Komponisten des 20. Jahrhunderts wie Hugo Distler (1908–1942) und Ernst Pepping (1901–1981) und vielen anderen nicht zu denken. In meinem Beitrag geht es um die Entstehungs- und Frühgeschichte des evangelisch-lutherischen Kirchenliedes in der ersten Hälfte des 16. Jahrhunderts, mit Ausblicken auch auf andere Religionsgemeinschaften. Wie kommt es überhaupt zur Entstehung des Kirchenlieds, in welcher Weise wurde es schon früh geformt?

Ohne Luther ist das deutsche Kirchenlied nicht vorstellbar, er hat es geprägt wie kein anderer, noch heute enthält das erstmals 1994 erschienene EG immerhin 26 der insgesamt 36 von ihm geschaffenen Lieder. Dass ein einzelner Autor von zentraler Bedeutung für eine literarische Gattung oder Untergattung ist, kann nicht als ungewöhnlich gelten: Ohne Homer ist das antike Epos bis hin zu Vergil und darüber hinaus, sind auch neuzeitliche Versuche auf diesem Gebiet, etwa Goethes ‚Hermann und Dorothea', nicht zu denken; der lateinisch schreibende Engländer Thomas Morus war der ‚Erfinder' der bis heute blühenden Gattung der Utopie und des utopischen Romans; die literarische Reihe der deutschen Bildungs- und Erziehungsromane bis hin zu Thomas Manns ‚Zauberberg', die die Geschichte des Romans in Deutschland mehr als ein Jahrhundert lang zu einem wesentlichen Teil bestimmt hat, beginnt mit Wielands ‚Agathon' und vor allem mit Goethes ‚Wilhelm Meisters Lehrjahre', in diese Schule gingen Autoren wie Mörike, Stifter, Gottfried Keller und Wilhelm Raabe.

Luthers einflussreiches und maßstabsetzendes Liedschaffen umfasst, wie erwähnt, 36 Texte und Melodien – 14 Melodien gelten heute, worauf ich hier nicht weiter eingehen kann, als von ihm selbst komponiert. Die überwiegende Mehrzahl der Lieder, nämlich 24, wurde bereits in den Jahren 1523 und 1524 veröffentlicht. Man geht davon aus, dass es darüber hinaus Einzeldrucke in Form von Flugblättern gab, doch hat sich nichts davon erhalten. Die übrigen 12 Lieder entstanden später: ‚Ein feste Burg' (EG 362) vermutlich 1526/28, ‚Vom Himmel hoch' (24) 1533/35, ‚Vater unser im Himmelreich' (344) 1538/39, ‚Erhalt uns Herr bei deinem Wort' (193) 1541/42. Ein Wittenberger Gesangbuch, autorisiert und redigiert von

---

HOCHSTEIN und CHRISTOPH KRUMMACHER. Bd. 1. Laaber 2011, S. 236–255; PATRICE VEIT: Das Kirchenlied in der Reformation Martin Luthers. Stuttgart 1986 (Veröffentlichungen des Instituts für europäische Geschichte Mainz 120); HERBERT WOLF: Martin Luther. Stuttgart 1980 (Sammlung Metzler 193).

Luther selbst, erschien 1529, das ebenfalls autorisierte ‚Bapstsche Gesangbuch' 1545. Hier finden sich neben zahlreichen weiteren Liedern alle von Luther selbst stammenden Choräle.

Dass Luther sich 1523/24 mit Entschiedenheit dem Kirchenlied und der Gottesdienstordnung zuwandte, wird in der Forschung überzeugend vor allem mit der Betätigung des ‚Schwärmers' Thomas Müntzer (um 1489–1525) auf diesem Gebiet zusammengebracht und erklärt. 1523/24 schuf Müntzer deutsche Gottesdienst-Agenden. Er schlug eine ganz in deutscher Sprache abgefasste Liturgie vor, die freilich auf der römischen Liturgie beruhte. Müntzer bot deutsche Fassungen von Antiphonen und Responsorien, außerdem Verdeutschungen von elf lateinischen Hymnen, zum Advent unter anderem eine deutsche Fassung der Hymne ‚Conditor alme siderum' – diese Hymne ‚Gott, heilger Schöpfer aller Stern' findet sich zusammen mit der um das Jahr 1000 entstandenen Melodie im EG, hier Nr. 3 –, ferner Hymnenübersetzungen zu Weihnachten, zur Passion, auf Ostern, Pfingsten und auf das Abendmahl. Abgefasst sind alle Texte (mit Ausnahme des letzten, WKL 3, Nr. 507) in vierzeiligen, paargereimten Hymnenstrophen, vgl. etwa den Beginn eines der beiden Weihnachtshymnen (WKL 3, Nr. 500):

Herodes, o du bösewicht,
mit all deynem ottern getzicht,
Was forchtest du deyns künigreychs,
wilchs Crist begert in keyner weyß?

Es ist auffallend, dass Luther Ende 1523 in einem lateinischen Brief an Georg Spalatin, den Geheimsekretär Kurfürst Friedrichs des Weisen, ohne Müntzer zu erwähnen, fordert, man solle *spirituales cantilenas*, geistliche Lieder, schaffen, „durch die das Wort Gottes unter den Leuten einwurzelt" (HAHN, Ausg., S. 65). Luther selbst ging – wie wir schon gehört haben – noch im gleichen Jahr mit gutem Beispiel voran, Nachfolger blieben nicht aus, bis zur Mitte des 16. Jahrhunderts zählt man etwa 120 evangelische Gesangbücher und rund 1500 Lieder. Die Kirchenlieder erhielten – allerdings erst nach und nach – volle liturgische Funktion, sie ersetzten die lateinischen Gesänge des Gottesdienstes. Luther verstand den Gottesdienst als dialogisches Geschehen zwischen Gott und der Gemeinde. Die Mittlerrolle des Pfarrers wurde im Zeitalter des allgemeinen Priestertums der Gläubigen zurückgedrängt, im Vordergrund steht das Verhältnis jedes einzelnen Christen zu Gott, in den Liedern spricht das Ich des Gläubigen: ‚Aus tiefer Not schrei ich zu dir', oder noch häufiger das Wir der Gemeinde: ‚Ein feste Burg ist unser Gott'. Zugleich vermitteln die Lieder zwischen dem öffentlichen Gottesdienst und dem sonstigen Leben. Sie werden nicht nur in der Kirche, sondern nicht zuletzt auch in Schule und Haus gesungen. Das gedruckte Gesangbuch – ein damals völlig neuer Buchtyp – machte das möglich. Es fungierte zugleich als Schulbuch und neben der Lutherbibel und Luthers ‚Kleinem Katechismus' jahrhundertelang als

Hausbuch evangelischer Familien. Dadurch hörte der gottesdienstliche Bereich auf, ein abgesonderter, für sich stehender Raum, ein Sonntagsereignis, zu sein. Der Dialog mit Gott durchdringt auch das Alltagsleben. (Die älteren evangelischen Leserinnen und Leser werden sich im übrigen erinnern, wie sehr die drei genannten Bücher früher den Präparanden- und Konfirmandenunterricht – mit unendlich viel lästigem Auswendiglernen – geprägt haben.)

Bevor ich zu Luthers eigenen Liedern komme, muss ich noch eine Bemerkung zum Begriff ‚Kirchenlied' einschieben. Als Kirchenlieder bezeichnet man ausschließlich deutsche – oder überhaupt volkssprachige – Lieder, die in erster Linie für den Gottesdienst selbst bestimmt waren. In der lateinischen Liturgie gab es keine volkssprachigen Texte, deshalb spricht man vor der Reformationszeit auch nicht von Kirchenliedern, sondern von geistlichen Liedern. Das geistliche Lied des Mittelalters in deutscher Sprache besteht aus einem Konglomerat ganz unterschiedlicher Liedtypen, die im liturgischen Gottesdienst selbst – mit einer halben Ausnahme, auf die ich gleich komme – nichts zu suchen hatten.[2] Hierzu gehören etwa einige vielstrophige Marienlieder des 13. Jahrhunderts, die in der berühmten ‚Großen Heidelberger Liederhandschrift' (‚Codex Manesse'), entstanden etwa 1300/1330, bekannten mittelalterlichen Dichtern zugeschrieben sind, oder es gehören hierzu weite Bereiche des ausgedehnten Liedschaffens der städtischen Meistersinger des 15. Jahrhunderts, die ihre Kunst im Rahmen organisierter Gesellschaften ausübten; neben Maria, die im Vordergrund stand, besangen sie meist Weihnachten, die Passion, die Trinität. Gesungen wurde auch in religiösen Gemeinschaften unterschiedlicher Art an Höfen und in Städten – solchen „Konventikeln" entstammen einige heute noch bekannte Weihnachtslieder: ‚In dulci iubilo' (nicht im EG), ‚Es kommt ein Schiff geladen' (EG 8), ‚Joseph lieber Neffe mein' (nicht im EG). Im EG finden wir zwei Lieder: ‚Ach lieber Herre Jesu Christ' (468) und ‚Ich wollt, daß ich daheime wär' (517), die beide auf Heinrich Laufenberg zurückgehen, einen in der ersten Hälfte des 15. Jahrhunderts tätigen Geistlichen in Freiburg im Breisgau. Von ihm haben sich etwa 100 schlichte, wenngleich nicht kunstlose Lieder erhalten, die für ein frommes städtisches Publikum bestimmt waren.

Es gab, wie angedeutet, eine halbe Ausnahme. Eine kleine Zahl einfacher und kurzer, meist einstrophiger geistlicher Lieder konnte eine Art lose Verbindung mit dem lateinischen Ritus eingehen, an Stellen, an denen dieser weniger streng geregelt war als in der Messe. Das älteste überhaupt erhaltene deutsche Lied, das in einer Handschrift aus Freising um 900 in althochdeutscher Sprache aufgezeichnete ‚Petruslied', ist ein Prozessions- oder Wallfahrtslied, vorgetragen von einem Vorsänger und der Gemeinde, die den Refrain sang. Die erste der drei Strophen lautet:

---

[2] Grundlegend hierzu JANOTA, Studien [Anm. 1].

Unsar truhtîn hât farsalt sancte Petre giuualt
daz er mac ginerian ze imo dingenten man.
Kyrie eleyson, Christe eleyson.[3]

Das um 1160 erstmals belegte Lied ‚Christ, der ist erstanden' (EG 99), ein anderes Beispiel, wurde als Predigtlied zum Abschluss lateinischer Osterfeiern gesungen. Da derartige Lieder stets mit *kyrieleis* enden, spricht man von Leisen, verbreitet ist auch die Bezeichnung Gemeindelieder.

1. Luthers Kirchenlieder

Damit nun zu Luthers Liedschaffen. Dessen Besonderheit besteht nicht zuletzt darin, dass er ganz unterschiedliche Arten oder Typen von Liedern verwendete. Andere Autoren konnten sich daran orientieren. Luthers Lieder lassen sich in vier Gruppen ordnen: 1. Lieder mit deutschen Vorlagen, 2. Lieder mit lateinischen Vorlagen, 3. Lieder mit biblischen Vorlagen, 4. Freie Lieder.

Die erste Gruppe greift auf die eben genannten verbreiteten, oft Jahrhunderte alten deutschen Gemeindelieder oder Leisen zurück, die ihrerseits auf lateinischen Vorlagen, meist Sequenzen, beruhen. Alle neun Lieder dieser Gruppe finden sich noch heute im EG. Luther erweiterte die einstrophigen Vorlagentexte zu teils drei-, teils sechs- und siebenstrophigen Liedern. Die Leisen ‚Nun bitten wir den heiligen Geist' (EG 124), ‚Gott sei gelobet und gebenedeiet' (EG 214), ‚Gelobet seist du, Jesu Christ' (EG 23) basieren auf Texten für Pfingsten, Fronleichnam und Weihnachten. ‚Christ lag in Todesbanden' (EG 101) stellt eine eigenständige Bearbeitung der schon im 12. Jahrhundert belegten, bereits erwähnten Strophe ‚Christ ist erstanden' (EG 99) dar. Ferner gehören hierher die auf Antiphonen fußenden Lieder ‚Komm, heiliger Geist, Herre Gott' (EG 125) und ‚Mitten wir im Leben sind' (EG 518). Ohne bekanntes Vorbild ist die dreistrophige Osterleise ‚Jesus Christus, unser Heiland' (EG 102), wahrscheinlich hat Luther die Leisenform hier selbständig gestaltet. Auf eine nur lose mit dem lateinischen Credo zusammenhängende deutsche Strophe zurück geht das Glaubensbekenntnis ‚Wir glauben all an einen Gott' (EG 183). Schließlich ‚Gott der Vater wohn uns bei' (EG 138): Hier handelt es sich, ein interessanter Fall, um die Bearbeitung eines aus vorreformatorischer Zeit als Bittlied an Maria, St. Michael und St. Petrus überlieferten Prozessionsliedes ohne lateinische Vorlage. Luther bezog die drei außer am jeweiligen Stropheneingang völlig gleichlautenden Strophen auf Gott, Christus und den Heiligen Geist, hat sie also im protestantischen Sinn ‚korrigiert'. – Zur Erläuterung gehe ich kurz auf die Pfingstleise ‚Nun bitten wir den Heiligen Geist' ein:

---

[3] Zitiert nach: Althochdeutsches Lesebuch. Hg. von WILHELM BRAUNE und KARL HELM. 13. Aufl. Tübingen 1958, S. 123. Übersetzung: „Unser Herr hat St. Petrus die Macht verliehen, den zu erretten, der auf ihn hofft. Kyrieeleyson, Christeeleyson."

1 *Nu bitten wyr den heyligen geyst / vmb den rechten glauben aller meyst / das er vns behüte an vnserm ende / wenn wyr heym farn aus disem elende / Kyrioleys.*
2 *Du werdes liecht gib vns deynen scheyn / lern ins Jhesum Christ kennen alleyn / Das wyr an yhm bleyben dem trewen Heyland / der vns bracht hat / zum rechten vater land / Kyrioleys.*
3 *Du susse lieb schenck vns deyne gunst / las vns empfinden der liebe brunst / Das wyr vns von hertzen eyn ander lieben / vnd ym fride / auff eynem synn bleyben / Kyrioleys.*
4 *Du hochster troster ynn aller not / hilff das wyr nicht furchten schand noch tod / Das ynn vns die synnen nicht verzagen / wenn der feind wird das leben verklagen / Kyrioleys.* (HAHN, Ausg., Nr. 1)

Die erste Strophe ist identisch mit dem in der zweiten Hälfte des 13. Jahrhunderts bei dem berühmten Franziskanerprediger Berthold von Regensburg zitierten Text: Sie formuliert die Bitte an den Heiligen Geist um den rechten Glauben und um Behütung in der Sterbestunde; Vorlage war die Pfingstsequenz ‚Veni sancte spiritus'. Luther fährt selbständig fort, der Heilige Geist möge uns lehren, Jesus Christus, den Heiland, in rechter Weise zu erkennen (Str. 2), er möge uns die rechte Liebe zueinander, Frieden und gemeinschaftlichen Sinn lehren (Str. 3), er möge uns helfen, in der Todesstunde weder Schande noch Tod noch teuflische Anfechtung zu fürchten (Str. 4). Aus einer mittelalterlichen Bittstrophe entwickelte Luther hier eine Art Summe des christlichen Glaubens, Lebens und Sterbens.[4]

In den acht Liedern der zweiten Gruppe bearbeitete Luther – wie Müntzer unmittelbar vor ihm – lateinische Hymnen. Das EG enthält noch sechs davon. Mit diesen Bearbeitungen zeigte Luther, dass er, anders als etwas später Calvin, die altkirchliche Poesie keinesfalls verwarf. Mit dem Weihnachtslied ‚Nun komm, der Heiden Heiland' (EG 4) nach dem Hymnus ‚Veni redemptor gentium', mit ‚Komm, Gott Schöpfer, heiliger Geist' (EG 125) nach dem Pfingsthymnus ‚Veni creator spiritus' und mit einigen weiteren, nicht mehr im EG enthaltenen Texten schuf Luther deutsche Festlieder. Ebenfalls liturgischen Zwecken diente ‚Herr Gott, dich loben wir' (EG 191), die Verdeutschung des ‚Te deum laudamus'. Die Einzelstrophe ‚Verleih uns Frieden gnädiglich' (EG 421) nach der Antiphon ‚Da pacem' wird mit dem für die Evangelischen bedrohlichen Reichstag zu Speyer von 1529 und mit der Türkengefahr in Verbindung gebracht. Luther übertrug die Vorlagen Vers für Vers weitgehend getreu – so getreu, dass man einige Verse überhaupt nur verstehen kann, wenn man auf die lateinische Vorlage schaut. Durchweg hat Luther auch die Form der vierzeiligen Hymnenstrophe beibehalten. Ein Sonderfall ist ‚Jesus Christus, unser Heiland' (EG 215). Es handelt sich dabei um die deutsche Bearbeitung des Jan Hus zugeschriebenen eucharistischen Hymnus ‚Ihesus Christus nostra salus'. In den zeitgenössischen Drucken enthält die Überschrift die Angabe *gebessert* – Luther hat den Text also bearbeitet. Er übernahm die Melodie und

[4] Vgl. HAHN, Evangelium als literarische Anweisung [Anm. 1], S. 195.

drei Textzeilen, das übrige ist unabhängig von der Vorlage. Während der lateinische Hymnus das Altarsakrament verherrlicht, gibt Luther Anweisungen zum würdigen Empfang des Abendmahls.

Die zwölf Lieder der dritten Gruppe bedienen sich biblischer Vorlagen. Katechetische, lehrhafte Funktion haben zwei Lieder, in denen die Zehn Gebote in leichtfasslicher Form geboten werden. Das eine Lied, ‚Dies sind die heiligen zehn Gebot' (EG 231), umfasst zwölf, das andere, ‚Mensch, willst du leben seliglich' (nicht im EG) lediglich fünf nur vierzeilige Strophen. Alle Strophen enden mit *kyrieleis*, greifen also den traditionellen Formtyp der Leise auf, als Melodie wurde für beide die allgemein bekannte Weise des seit dem 13. Jahrhundert bezeugten, doch wohl älteren Wallfahrer- und Kreuzfahrerliedes ‚In Gottes Namen fahren wir' (EG 498, Bearbeitung von Nikolaus Herman) verwendet. Ich zitiere die erste Strophe:

Dis sind die heylgen zehn gebott / die vns gab vnser Herren Gott / Durch Mosen seynen diener trew / auff dem berg Sinai Kyrioleys. (HAHN, Ausg., Nr. 11)

Bestandteile der deutschen Liturgie bieten zwei Lieder: das deutsche Sanctus ‚Jesaia, dem Propheten, das geschah' auf der Grundlage von Jesaja 6,1–4 (nicht im EG) sowie das Canticum Simeonis, der Lobgesang Simeons ‚Nunc dimittis' nach Lukas 2,25–32, ‚Mit Fried und Freud fahr ich dahin' (EG 519).

Als Luthers bedeutendste Kirchenlieder gelten die sieben mit einer Ausnahme 1523/24 entstandenen Psalmlieder, Umdichtungen von Psalmen in deutsche Strophenlieder.[5] Luther gilt als der Schöpfer des deutschen Psalmlieds, das, von ihm ausgehend, bei den Zeitgenossen und bei Späteren große, ja überragende Bedeutung gewann. Zwar stellen die Psalmen die Grundlage der römischen Liturgie (vor allem des Stundengebets) dar, auch gab es im Mittelalter deutsche Bearbeitungen des vollständigen Psalters, im Bereich des deutschen Liedes spielten die Psalmen jedoch keine Rolle. Meist benutzte Luther für die Psalmlieder die siebenzeilige sogenannte Lutherstrophe, für das erst später entstandene Lied ‚Ein feste Burg' (EG 362) eine neunzeilige Strophenform. Eine Besonderheit dieser Strophenformen besteht darin, dass die jeweilige letzte Zeile reimlos ist, wodurch ihre Aussage besonders hervorgehoben wird. Luther griff mit dieser Form im übrigen auf die seit dem späten 12. Jahrhundert in der deutschen Lieddichtung verbreitete sogenannte Kanzonenform zurück, eine dreiteilige Liedform aus zwei metrisch und melodisch identischen Teilen, dem ersten und zweiten Stollen, die zusammen den Aufgesang bilden, und einen metrisch und in der Melodie abweichendem dritten Teil, dem Abgesang. Im EG ist diese Strophenform häufig zu finden. Vier der sieben Psalmlieder finden sich noch im EG: ‚Ach Gott vom Himmel sieh darein' (Ps 12; EG

---

5 Vgl. ANDREA HOFMANN: Entstehung, Gestalt und konfessionelle Eigenart des Psamliedes 1523–1650. Leipzig 2015.

273), ‚Aus tiefer Not schrei ich zu dir' (Ps 130; EG 299), ‚Ein feste Burg ist unser Gott' (Ps 46; EG 362), ‚Es wollt uns Gott gnädig sein' (Ps 67; EG 280). Mit Ausnahme von ‚Ein feste Burg' stehen die Lieder in enger Beziehung zu den jeweiligen Vorlagentexten. Inhaltlich geht es um Gottes Erbarmen und um Trost angesichts der Macht der Gottlosen, um Anrufung Gottes in der Not – nur bei ihm ist Hoffnung, sein Erbarmen ist unendlich –, um den Hinweis darauf, dass die Unweisen nicht wirklich an Gott glauben und ihm ein Greuel sind, um Freude über Gottes Gnade, um Gottvertrauen und ähnliches.

Ein Sonderfall ist Luthers berühmtestes und literarisch bedeutendstes Lied ‚Ein feste Burg'. Der Text ist in der Überschrift auf Psalm 46 bezogen, doch finden sich nur wenige wörtliche Anspielungen. Allerdings ist das Lied aus dem Geist des Psalms heraus gedichtet, in dem Zuversicht in Gott und Gottvertrauen angesichts heidnischer Bedrängnis formuliert sind. Historischer Hintergrund in der Entstehungszeit 1526/28 war das noch ganz unsichere Schicksal der Reformation angesichts mächtiger, vielfältiger Gegnerschaft von Papst, Kaiser und Fürsten und die wachsende Türkengefahr – 1529 standen die Türken dann tatsächlich vor Wien. Für Luther waren das alles Machenschaften des Teufels. Am eindrucksvollsten, zugleich auch am umstrittensten, ist die vierte und letzte Strophe. Man beachte die unterschiedlichen Verslängen im Aufgesang und im Abgesang. Die Verszeilen des Aufgesangs sind doppelt so lang wie die des Abgesangs, erstere haben vier betonte Silben, d. h. Hebungen, letztere nur zwei, der nicht gereimte letzte Vers besteht aus drei Hebungen. Dadurch ergibt sich ein rhythmischer Gegensatz, die kurzen Verse erscheinen, als ob die Worte in Stein gemeißelt wären, der letzte Vers noch mehr als die übrigen:

Das wort sie sollen lassen stahn / und kein danck da zu haben / [1. Stollen]
Er ist bey uns wol auff dem plan / mit seinem Geist vnd gaben / [2. Stollen]
Nemen sie den leib / [Abgesang]
gut / ehr / kind vnd weib /
las faren dahin /
sie habens kein gewin /
Das Reich mus vns doch bleiben. (HAHN, Ausg., Nr. 26)

Die Strophe nennt zu Beginn „das Wort": *Das wort sie sollen lassen stahn*. Das biblische Wort war für Luther die alleinige Grundlage des Glaubens. Dieses „Wort" sollen die Widersacher bestehen lassen, wenn sie es verbiegen, ihm widersprechen, soll ihnen das nichts nützen, da Gott selbst – Gottvater, Christus und der Heilige Geist mit seinen Gaben – bei uns auf dem Kampfplatz steht. Selbst wenn die Widersacher uns Leben, Besitz, Ehre, Weib und Kind rauben – die Güterreihe folgt den letzten beiden Geboten des Dekalogs –, sollen sie keinen Gewinn haben, denn „das Reich" bleibt uns doch – Bibelleser denken hier an Hiob.

Schon im 16. Jahrhundert gab die letzte Zeile Anlass zu Missverständnissen, weshalb man änderte: „Das Reich Gotts muss uns bleiben", „Gotts

Reich muss uns doch bleiben", „Der Himmel muss uns bleiben".[6] Wesentlich für Luthers Formulierung wie für das ganze Lied ist die für ihn fundamentale Anschauung des Hl. Augustinus von der *Civitas dei*, des Gottesstaates, und der *Civitas diaboli*, des Teufelsreiches, die man sich ja nicht als säuberlich voneinander getrennt vorstellen darf, die sich im irdischen Leben vielmehr durchdringen. In der Strophe geht es um das christliche Beharren auf dem Bibelwort als der einzigen Quelle des Heils, ferner um den Glauben, dass man Christen zwar alles nehmen könne, was ihnen gegeben ist und was sie lieben, dass sie damit aber nicht um das Reich Gottes gebracht werden können, wenn sie nur im Glauben bleiben. Die Botschaft des Liedes ist Zuversicht und Dank an Gott entsprechend dem Psalm, der Gottes Hilfe in Nöten evoziert. Der Christ ist – dies ist die Botschaft – angesichts aller Gefährdungen nur deshalb sicher, weil der dreieinige Gott für ihn einsteht.

Schließlich zur vierten Liedgruppe, den „freien" Liedern. Es handelt sich hier um sieben Gesänge, für die wir entweder keine Vorlagen kennen oder um solche, deren Vorlagen nicht-religiöser Art sind. Eine Sonderstellung nimmt dabei das Märtyrerlied ‚Ein neues Lied wir heben an' ein, das den Feuertod zweier Augustinermönche am 1. Juli 1523 auf dem Marktplatz zu Brüssel zum Thema hat (nicht im EG). Luther wurde durch dieses Ereignis tief erschüttert. Das Lied steht seinem Typ nach in der Reihe der politischen Lieder der Zeit, auch politische Ereignisdichtungen oder Zeitgedichte genannt. Als eine Art ‚stilisiertes' Zeitlied interpretiert wird das zehnstrophige Lied ‚Nun freut euch, lieben Christen, gmein' (EG 341), in dem Luther das bedeutendste Ereignis der Welt- und Heilsgeschichte, die Erlösung der Menschheit durch Jesus Christus, in der Form einer Erzählung darstellt. Die erste Strophe formuliert die Freude über die Erlösungstat, weist aber auch darauf hin, dass die Erlösung „teuer" erworben wurde. In der zweiten und dritten Strophe spricht das Ich von seiner Verzweiflung angesichts von Sünde und Tod und von der Nutzlosigkeit der guten Werke. Strophe 4 teilt mit, dass Gott sich des Sünders erbarmt, Strophe 5 bringt Gottes Aufforderung an den Sohn, stellvertretend für die Menschen den Tod auf sich zu nehmen. Strophe 6 berichtet Christi Erdenleben, die Strophen 7 bis 10 enthalten – wieder in direkter Rede – seine Aufforderung an die Menschen, sich an ihn zu halten, sowie die Mitteilung der positiven Folgen der Erlösungstat.

Drei Lieder wurden von Luther als Kinderlieder stilisiert und auch so bezeichnet. 1535 erschien das Weihnachtslied ‚Vom Himmel hoch, da komm ich her' (EG 24). Eine schlichte vierzeilige Strophenform mit Paarreimen, Diminutive wie Kindlein, Windelein, Krippelein, Wiegelein, Jesulein, Bettelein, einfache Sprache und anschauliche Darstellung sollen das 14-strophige Lied kindgemäß machen. Anregung bot ein offenbar weit ver-

---

[6] Vgl. ROHMER, Luthers Lied ‚Ein feste Burg' [Anm. 1], S. 45.

breitetes sogenanntes Kränzellied, dessen Melodie zunächst übernommen und erst 1539 durch die heute übliche, wohl von Luther selbst stammende Melodie ersetzt wurde: *Ich kumm auß frembden landen her / und bring euch vil der newen mär / der newen mär bring ich so vil / mer dann ich euch hie sagen will.* Angeschlossen ist im Erstdruck ein zweites Weihnachtslied gleicher Strophenform und Melodie: ‚Vom Himmel kam der Engel Schar' (EG 25), das zwar als „Christlied" bezeichnet wird, aber doch wohl auch als Kinderlied zu verstehen ist. Ein weiteres – ausdrücklich so bezeichnetes – Kinderlied, zu singen *wider die zwei Erzfeinde Christi und seiner heiligen Kirchen, den Papst und Türken etc*, erschien 1542: ‚Erhalt uns Herr bei deinem Wort / Und steur des Papsts und Türken Mord' (EG 193). In den drei kurzen Strophen werden zuerst Gott, dann Jesus Christus, schließlich der Heilige Geist um Beistand gegen die Feinde der Christenheit gebeten – es handelt sich um ein evangelisches Kampflied in einer Zeit der Bedrängnis.

Besonderes Interesse beansprucht das 1534/35 verfasste Lied ‚Sie ist mir lieb, die werte Magd' (nicht im EG), das zunächst einmal durch seine ungewöhnliche zwölfzeilige Strophenform überrascht: ‚Ein lied von der Heiligen Christlichen Kirchen / aus dem xii. capitel Apocalypsis. Martinus Luther'. Die erste Strophe des dreistrophigen Liedes lautet:

> *Sie ist mir lieb die werde magd / vnd kan jr nicht vergessen // Lob ehr vnd zucht von jr man sagt / sie hat mein hertz besessen // Ich bin jr hold / vnd wenn ich solt / gros vnglück han / da ligt nicht an / Sie wil mich des ergetzen / mit jrer lieb vnd trew an mir / die sie zu mir wil setzen / vnd thun all mein begir.* (HAHN, Ausg., Nr. 29)

Aus der Überschrift erfährt man, dass mit der werten Magd die christliche Kirche gemeint ist und dass das zwölfte Kapitel der Offenbarung des Johannes als Quelle benutzt wurde. Wüsste man das nicht im voraus, würde man die erste Strophe zweifellos als die eines Liebesliedes verstehen, in der ein Liebender das Lob der Geliebten singt – die verwendeten Formulierungen finden sich ganz ähnlich in Liebesliedern des 15. und 16. Jahrhunderts.[7] Freilich ist nur durch die Überschrift gesichert, dass es sich bei der werten Magd nicht im altkirchlichen Sinn um die Jungfrau Maria, sondern um die heilige christliche Kirche handelt. Eine direkte Vorlage des Liedes ist bisher nicht bekannt, man kann indes nicht ausschließen, dass es sie gegeben hat. Es müsste sich um ein zeittypisches, in einer bei derartigen Liedern üblichen kunstvollen Strophenform abgefasstes Liebeslied gehandelt haben, dessen erste Strophe Luther womöglich ganz übernommen hat. Übrigens war es im Spätmittelalter nicht unüblich, Liebeslieder und Marienlieder so abzufassen, dass sie *vice versa* auf Maria oder

[7] Vgl. dazu jetzt ausführlich: CHRISTOPH BURGER: ‚Sie ist mir lieb, die werte Magd'. In: ROTHENBERGER/WEGENER (Hg.), Maria in Hymnus und Sequenz [Anm. 1], S. 373–393.

auf eine weltliche Geliebte gedeutet werden konnten.[8] Schule gemacht hat dieses Lied freilich nicht, dazu war es in mehrfacher Hinsicht – in der Darstellung und in der komplizierten Strophenform – zu ungewöhnlich.

Zusammenfassend: Die Lieder Luthers sind vielgestaltig, sie bedienen sich unterschiedlicher Traditionen. Der Autor bezieht zahlreiche Form- und Gestaltungstypen, Gemeindelied, lateinischen Hymnus, Zeitlied, Kinderlied, Liebeslied, ein. Das von Luther vorbildhaft geschaffene Kirchenlied ist mithin alles andere als uniform. Die Einheitlichkeit des Lutherlieds besteht in der darin ausgebreiteten evangelischen Lehre, in der permanenten Hervorhebung des Bezugs von Christi Erlösungstat auf das *pro me* oder *pro nobis*. Hinzu kommt die Art der Darstellung: Durchgehend bedient Luther sich einer lebendigen, ausdrucksstarken, kräftigen, bilderreichen, einfachen, doch vielfältig schattierten Sprache. Kein Zweifel, dass die Erfolgsgeschichte dieser Lieder zu einem großen Teil in ihrer sprachlichen Kunst begründet liegt.[9]

2. Kirchenliedautoren um Luther

Mitstreiter fand Luther sofort. Das EG enthält Lieder von etwa zwei Dutzend Autoren aus der ersten Hälfte des 16. Jahrhunderts. Das ist freilich nur eine kleine Auswahl aus der Fülle des Überlieferten. Bereits in der frühesten bekannten Quelle von Liedern Luthers, dem ‚Achtliederbuch' des Nürnberger Druckers Jobst Gutknecht von 1523, stehen neben vier Lutherliedern drei Lieder des heute kaum noch bekannten Paul Hoffer, genannt Speratus (1484–1551), ehemals Domprediger zu Salzburg, 1523 dem Feuertod nur knapp entkommen, später Schlossprediger im preußischen Königsberg und Bischof von Pomesanien;[10] das EG enthält eines dieser Lieder: ‚Es ist das Heil uns kommen her' (342). Auch Luthers Freund Justus Jonas (1493–1555), später Superintendent zu Eisfeld, steuerte Lieder bei,[11] im EG findet sich: ‚Wo Gott der Herr nicht bei uns hält, wenn unsere Feinde toben' (297); ebenso der Nürnberger Stadtschreiber Lazarus Spengler (1479–1534), der maßgeblich an der Reformation seiner Heimat-

---

[8] Vgl. BURGHART WACHINGER: ‚Blick durch die braw'. Maria als Geliebte bei Oswald von Wolkenstein (2001). In: B. W.: Lieder und Liederbücher. Gesammelte Aufsätze zur mittelhochdeutschen Lyrik. Berlin, New York 2011, S. 297–310, mit Verweis auf das Lutherlied (S. 306f.).

[9] Vgl. auch HAHN, Luthers Lieder: Vielfalt und Einheit [Anm. 1].

[10] Vgl. KLAUS DÜWEL: Speratus, Paul. In: Killy Literaturlexikon. Autoren und Werke des deutschsprachigen Kulturraums. 2., vollständig überarb. Aufl. Hg. von WILHELM KÜHLMANN. 12 Bde. und 1 Registerbd. Berlin, New York 2008–2012 [im Folgenden Killy Literaturlexikon, 2. Aufl.], hier Bd. 11 (2011), S. 109f.

[11] UTA MENNECKE-HAUSTEIN: Jonas, Justus. In: Killy Literaturlexikon, 2. Aufl., Bd. 6 (2009), S. 186–188.

stadt beteiligt war:[12] ‚Christ ist der Weg, das Licht, die Pfort' (620); ferner Luthers musikalischer Berater Johann Walter (1496–1570), Kantor in Torgau,[13] von dem sich drei Lieder im EG finden, darunter ‚Wach auf, wach auf, du deutsches Land' (145, außerdem 148, 195). Ebenfalls Kantor, im böhmischen Joachimsthal, war der aus Altdorf bei Nürnberg stammende Nikolaus Herman (um 1500–1561),[14] von dem nicht weniger als acht Lieder im EG stehen, darunter ‚Lobt Gott, ihr Christen, alle gleich' (27) und ‚Die helle Sonn leucht jetzt herfür' (438, außerdem 106, 107, 141, 467, 498, 522). Kantor und Schulrektor in Nürnberg war Sebald Heyden (1499–1561),[15] auf dessen Lied ‚O Mensch, bewein dein Sünde groß' (EG 76), gedruckt 1525, der gewaltige Schlusschor des Ersten Teils der Bachschen ‚Matthäuspassion' beruht. Weitere Lieddichter, alles Geistliche, die ich hier nenne, waren Erasmus Alberus (um 1500–1553), Superintendent in Neubrandenburg (vier Lieder im EG: 7, 308, 442, 469),[16] Ambrosius Blarer oder Blaurer (1492–1564), der Reformator Württembergs (216, 244)[17] und Johann Gramann, der sich als Dichter Poliander nannte (1487–1541), Pfarrer im preußischen Königsberg,[18] der Dichter des Liedes ‚Nun lob mein Seel den Herren' (289). Eigens erwähnt sei schließlich die erste Dichterin eines evangelischen Kirchenliedes, Elisabeth von Meseritz, besser bekannt als Elisabeth Cruciger oder Creutziger (um 1500–1535). Als kleines Mädchen war die pommersche Adlige – vergleichbar Katharina von Bora, mit der sie später befreundet war – in ein Prämonstratenserkloster gegeben worden. 1522 floh sie nach Wittenberg, zwei Jahre später verheiratete sie sich mit Caspar Cruciger, einem engen Mitarbeiter Luthers. Wohl schon vor ihrer Heirat verfasste sie das Lied ‚Herr Christ, der einig Gotts Sohn' (EG 67), das bereits 1524 von Luther in das Erfurter ‚Enchiridion' aufgenommen wurde.[19]

Doch nicht nur Lutheraner trugen zum Schatz der Kirchenlieder bei. Vor dem deutschen Kirchenlied gab es bereits das Kirchenlied in tschechischer Sprache, und zwar schon im 15. Jahrhundert bei den Böhmischen Brüdern. Die Brüdergemeine war Mitte des 15. Jahrhunderts aus den Hus-

---

[12] GUDRUN LITZ: Spengler, Lazarus. In: Killy Literaturlexikon, 2. Aufl., Bd. 11 (2011), S. 104f.

[13] JOACHIM STALMANN: Walter, Johann d. Ä. In: ²MGG, Personenteil, Bd. 17 (2007), Sp. 430–436.

[14] IRMGARD SCHEITLER: Herman, Nikolaus. In: Frühe Neuzeit in Deutschland 1520–1620. Literaturwissenschaftliches Verfasserlexikon. Hg. von WILHELM KÜHLMANN [u. a.] [im Folgenden VL 16], Bd. 3 (2014), Sp. 311–317.

[15] JÖRG RIECKE: Heyden, Sebald. In: VL 16, Bd. 3 (2014), Sp. 338–345.

[16] HERFRIED VÖGEL: Alberus, Erasmus. In: VL 16, Bd. 1 (2011), Sp. 87–99.

[17] HERMANN EHMER: Blarer, Ambrosius. In: VL 16, Bd. 1 (2011), Sp. 285–291.

[18] ROBERT STUPPERICH: Poliander, Johannes. In: Killy Literaturlexikon, 2. Aufl., Bd. 9 (2010), S. 291f.

[19] KLAUS DÜWEL: Creutziger, Cruciger, Elisabeth. In: Killy Literaturlexikon, 2. Aufl., Bd. 2 (2008), S. 501f.

siten hervorgegangen, aus ihnen bildete sich auch ein deutscher Zweig.[20] (Zweihundert Jahre später, 1722, gründeten verfolgte deutschsprachige Brüder aus Mähren, gefördert vom Grafen Zinzendorf, die Herrnhuter Brüdergemeine.) Mehr noch als bei den Lutheranern stand der Gemeindegesang bei den Böhmischen Brüdern im Zentrum des Gottesdienstes. Das erste deutschsprachige Gesangbuch veröffentlichte Michael Weisse (um 1488–1534).[21] Weisse stammte aus Schlesien, war zunächst Mönch, 1518 wurde er Mitglied der Brüdergemeine. 1522/24 unternahm er Reisen zu Luther, um theologische Fragen zu klären, 1531 wurde er Seelsorger und Prediger im böhmischen Landskron. Sein ‚Neues Gesangbüchlein' enthält 157 Lieder, von denen er 137 selbst gedichtet hatte, andere waren Übersetzungen aus dem Tschechischen und Lateinischen.[22] Eine Reihe von ihnen wurde in die evangelischen Gesangbücher übernommen. Im EG finden sich nicht weniger als zehn Lieder Weisses, darunter ‚Christ ist erstanden' (99), ‚Gelobt sei Gott im höchsten Thron' (103), ‚Nun lasset uns den Leib begraben' (520, außerdem 68, 78, 104, 144, 318, 438, 439).

In einem Exkurs möchte ich an dieser Stelle kurz auf einen Autor eingehen, der im EG nicht mehr vertreten ist, der aber durch seine publizistische Tätigkeit für die Ausbreitung der Reformation von herausragender Bedeutung war. Ich meine Hans Sachs (1494–1576), den produktivsten und berühmtesten Dichter des Jahrhunderts.[23] Bereits während seiner zweijährigen Schusterlehre 1509/11 war Sachs mit den Praktiken der Nürnberger Meistersinger vertraut gemacht worden. Meistersinger gab es in Nürnberg schon seit der ersten Hälfte des 15. Jahrhunderts. In ihrer Gesellschaft hatten sich Leute zusammengefunden, die sich als Dichter und Sänger in der Kunst einer speziellen, sehr anspruchsvollen Art von Lieddichtung übten; sie traten in Konzerten, den Singschulen, an die Öffentlichkeit. Zwischen 1513 und 1520 hatte Sachs bereits eine größere Zahl von Meisterliedern verfasst, deren Themen überwiegend geistlicher Art waren: Christus und Maria, Trinität, Eucharistie, Heiligenmirakel. Zwischen 1520 und 1523 vertiefte der junge Meister und Ehemann sich gründlich in Luthers Lehre und wurde zu einem überzeugten Anhänger der Reformation. 1523 erschien das in Reimpaarversen abgefasste Gedicht ‚Die Wittenbergisch Nachtigall', in dem Sachs eine kurzgefasste, höchst anschauliche und einprägsame Zusammenfassung der Lehre Luthers bot. Durch diese sogleich vielfach nachgedruckte Dichtung wurde der Autor bekannt. 1524, noch bevor Nürnberg offiziell evangelisch wurde, folgten dieser ersten Schrift vier höchst bedeutsame, in Dialogform abgefasste Prosaschriften, in denen Sachs sich mit grundsätzlichen Fragen befasste, die sich aus der neuen

[20] MARTIN GECK: Brüdergemeine. In: ^{2}MGG, Sachteil, Bd. 2 (1995), Sp. 171–178.

[21] KLAUS DÜWEL: Weisse, Michael. In: Killy Literaturlexikon, 2. Aufl., Bd. 12 (2011), S. 259f.

[22] Lieder der böhmischen Brüder: WKL 3, Nr. 255–445.

[23] Vgl. HORST BRUNNER: Hans Sachs. Gunzenhausen 2009.

Lehre ergaben. 1525 publizierte er bei dem Drucker Jobst Gutknecht, der als erster auch Lieder Luthers gedruckt hatte, eine Flugschrift mit acht Kirchenliedern: ‚Etliche geystliche in der schrifft [d. h. in der Bibel] gegrünte [gegründete] lieder für die layen zu singen'; 1526 erschien eine weitere Flugschrift mit 13 zu Liedern umgedichteten Psalmen, die alle in der gleichen Strophenform abgefasst waren und auf die gleiche Melodie gesungen werden konnten.[24] Bei den 1524 entstandenen Liedern(sie erschienen gesammelt erst ein Jahr später) war Sachs jedoch anders vorgegangen. Hier hatte er auf unterschiedliche bekannte geistliche und weltliche Lieder zurückgegriffen, hatte deren Texte umgedichtet und ihre Melodien benutzt. Aus Marien- und Heiligenliedern wurden Lieder auf Christus, aus Liebesliedern Lieder auf die Christenheit, aus der Anrufung Jupiters wurde die Anrufung Gottes. Das Verfahren ist offengelegt durch Überschriften wie: ‚Das Liedt, Maria zart, verendert und Christlich Corrigiert', ‚Das Lied, Rosina wo was dein gestalt, Christlich verendert, von der erkantnüß Christi' ‚Das lied, Ach Jupiter hetst duß gewalt, Christlich verendert'. Ich gebe ein Beispiel anhand der Umdichtung des Marienliedes. Zunächst die erste Strophe der Vorlage:

> *Maria zart, / von edler art / ein ros on alle dornen // Du hast mit macht herwider bracht, das vorlang war verloren: // Durch Adams fall; / dir hat gewalt / Sanct Gabriel versprochen; / hilf daß nicht wird gerochen / mein sünd vnd schuld, / erwirb mir huld, / dann kein trost ist / durch mein verdienst, / barmherzigkeit erwerben. / Am letzten end, / bitt, dich nit wend / von mir in meinem sterben.*[25]

Daraus wurde bei Sachs:

> O Jesu zart, / göttlicher art, / *ein roß on alle doren, // Du hast auß macht / herwider pracht / das vor lang waz verloren // Duerch Adams fall;* / dir wart die wal / von got vatter *versprochen;* / auf daß nit würd gerochen / *Mein sünd vnd schuld,* / erwarbstu *huld; / wenn kein trost ist,* / wo du nit bist / *barmhertzigkeit erwerben*: / Wer dich nit hat / vnd dein genat, / der muß ewiglich sterben. (WKL 3, Nr. 80)

Sachs setzte seine ‚Karriere' als Kirchenlieddichter indes nicht weiter fort. Ab 1526, im Jahr der Wiederbegründung der Nürnberger Meistersingergesellschaft, wandte er sich wiederum der Dichtung von Meisterliedern zu. Er arbeitete Stellen aus Luthers Bibelübersetzung in Texte nach Art der Meistersinger um, in Lieder in vorgegebenen, meist relativ komplizierten Strophenformen mit anspruchsvollen Melodien (Tönen), die von ihm selbst, von anderen Meistersingern oder von Dichtern schon des 13. bis

---

[24] Vgl. Hans Sachs. Hg. von ADELBERT VON KELLER und EDMUND GOETZE. 26 Bde. Stuttgart 1870–1908 [abgekürzt KG]. Die Drucke sind bibliographiert in KG Bd. 24 als Enr. [d. h. Einzeldruck Nr.] 15a/b und Enr. 20, Enr. 21. Abdruck der Texte in Bd. 22. Im Werkverzeichnis KG Bd. 25 Nr. 90–97 und 99–110, 122.

[25] FRANZ MAGNUS BÖHME: Altdeutsches Liederbuch. Volkslieder der Deutschen nach Wort und Weise aus dem 12. bis zum 17. Jahrhundert. Leipzig 1877, Nr. 598.

15. Jahrhunderts, welche die Meistersinger als ihre Vorläufer ansahen, stammten. Dabei sind die Texte in der Regel im Lied selbst auch, meist knapp, kommentiert. Die Lieder waren für den Gemeindegesang unbrauchbar, sie wurden vielmehr solistisch bei den Singschulen der Meistersinger vorgetragen. In den Meistersingergesellschaften, die es außer in Nürnberg in vielen anderen Städten gab, in Augsburg, Ulm, Straßburg, Memmingen, Breslau, im mährischen Iglau usw., machte dieses Verfahren Schule, es führte geradezu zu Neu- und Wiederbegründungen. Aus dem 16. und 17. Jahrhundert haben sich mehrere Tausend solcher biblischen Lieder erhalten, etwa 2000 steuerte Sachs selbst bei.[26] Das vielfach analphabete städtische Mittel- und Unterschichtspublikum erwarb auf diese Weise Kenntnisse der heiligen Schrift und erhielt verständliche Deutungen. Im übrigen trug Sachs, lebenslang überzeugter Lutheraner, auch durch als Flugblätter gedruckte Dichtungen in Reimpaaren und durch biblische Dramen zur Verbreitung reformatorischen Gedankengutes bei.

Während Gesang und Musik in der lutherischen Reformation eine herausragende Rolle spielten, verhielten die Reformierten sich reserviert. Zwingli verbannte den Gesang ganz aus dem Gottesdienst – erst 1598 wurde er in der Zürcher Kirche wieder eingeführt –, Calvin erlaubte ausschließlich den Psalmengesang. Der französischsprachige ‚Genfer Psalter' lag 1562 mit vierstimmigen Vertonungen vollständig vor. Die maßgebliche, höchst erfolgreiche deutsche Fassung schuf Ambrosius Lobwasser (1515–1585) – damals Juraprofessor im preußischen Königsberg – im Jahr 1573.[27] Eine der Psalmübertragungen Lobwassers (Ps 118) findet sich auch im EG: ‚Nun saget Dank und lobt den Herrn' (294), außerdem stammt von ihm die dort abgedruckte Hymnenübertragung ‚Die Sonn hoch an dem Himmel steht' (459).

Die Lieder der als Täufer oder Wiedertäufer bezeichneten Gemeinschaften – Schweizer Brüder, Huterer, Mennoniten – erschienen gesammelt 1564 und 1583 in einem als ‚Ausbund' bezeichneten Liederbuch.[28] Es handelt sich dabei großenteils um Bekenntnis- und Märtyrerlieder der von allen Seiten gnadenlos verfolgten Gläubigen. In Zusätzen zu zahlreichen Texten erfahren wir Erschütterndes über einzelne Schicksale: Hans Hut im Dezember 1527 in Augsburg verbrannt, Felix Mantz bereits im Januar 1527 in Zürich ertränkt, Hans Langmantel zusammen mit seinem Knecht in Weißenhorn enthauptet, die Magd ertränkt, 1528 in Bruck an der Mur neun Brüder enthauptet, drei Schwestern ertränkt. 1531 dichten sieben Täufer zu Schwäbisch Gmünd vor ihrer Enthauptung jeder eine Strophe zu einem siebenstrophigen Lied ‚Aus tieffer not schrey ich zu dir' (WKL

---

26 Die nachreformatorischen Texte sind verzeichnet in RSM, Bd. 6–13.

27 HENNING P. JÜRGENS: Lobwasser, Ambrosius. In: VL 16, Bd. 4 (2015), Sp. 153–158.

28 Abdruck bei WKL, Bd. 3, Nr. 498–542; Bd. 5, Nr. 1006–1131.

3, Nr. 541) auf die Melodie des bekannten Lutherliedes. Die letzte Strophe lautet:

> *Leib, leben, Seel vnd glider auch / hond wir von dir entpfangen, // Die wolln wir dir auffopffern doch / zu lob vnd preiß deim namen; // Es ist doch nichts dan staub vnd kat, / den geist befehln wir dir, o Gott, / nim jn zu deinen handen.*

Neben diesen Texten, die Zeugnis ablegen von mörderischer christlicher Intoleranz, finden sich bei den Täufern auch ganz ‚normale' Kirchenlieder. Eines davon, das von dem 1530 zu Kufstein verbrannten Schuster Georg Grünwald stammende Lied „Kommt her zu mir", spricht Gottes Sohn', findet sich im EG (363). Ich finde es sehr bedauerlich, dass die Angaben im Gesangbuch sich hier auf die Angabe „Georg Grünwald, 1530" beschränken – hier wäre etwas mehr Text gewiss angebracht gewesen.

Politischer Repression ausgesetzt waren auch die Anhänger des schlesischen Theologen Kaspar von Schwenckfeld (1489–1561). Ihr bedeutendster Lieddichter war Adam Reißner (um 1500 – nach 1576) aus Mindelheim.[29] Eines seiner Lieder, ‚In dich hab ich gehoffet, Herr', findet sich auch im EG (275). Die Liedtradition der Schwenckfelder reicht in den USA bis weit in das 19. Jahrhundert.

Auf katholischer Seite bestand schon frühzeitig die Einsicht, die evangelischen Kirchenlieder würden wesentlich zur Ausbreitung der lutherschen Lehre beitragen. Ich kann darauf zum Schluss nur kursorisch eingehen. Nach ihrer Gründung 1534 nahmen sich die Jesuiten auch dieses Themas an. Das erste katholische Gesangbuch gab 1537 jedoch ein Dominikaner heraus, Michael Vehe, Domprobst zu Halle an der Saale.[30] Vielfach dienten lutherische Lieder als Vorbilder oder wurden sogar in abgeänderter Form übernommen.[31] Die bei Vehe gedruckten Lieder waren hauptsächlich dazu gedacht, vor oder nach der Predigt oder bei Prozessionen gesungen zu werden.[32] Wichtigste Autoren waren der seit 1534 urkundlich belegte Bürgermeister von Halle, Caspar Querhamer, der 1546 bei einem Volksaufstand umgebracht wurde,[33] und der Theologe Georg Witzel (1501–

---

[29] Vgl. Adam Reißner: Gesangbuch. Hg. von JOHANNES JANOTA und UTE EVERS. 2 Bde. Tübingen 2004 (Studia Augustana 12).

[30] KLAUS DÜWEL: Vehe, Michael. In: Killy Literaturlexikon, 2. Aufl., Bd. 11 (2011), S. 745f.

[31] Als Beispiel für die kompilatorische Umarbeitung eines Liedes möchte ich kurz auf ein Weihnachtslied hinweisen, das 1574 in einem Tegernseer Gesangbuch (WKL 5, 1169) gedruckt wurde. Erste Strophe ist das einstrophige Gemeindelied ‚Gelobest seist du, Jesu Christ', das schon von Querhamer mit fünf Strophen weitergedichtet worden war (WKL 5, 1168); als zweite und dritte Strophe folgen die zweite und dritte Strophe Querhamers, ein Marien- und ein Engelslob; als vierte bis siebte Strophe finden sich Luthers Strophen 2, 3, 4 und 6 (5 ist ausgelassen); die Strophen 8 und 9 wurden offensichtlich neu gedichtet; als letzte Strophe begegnet Luthers siebte Strophe.

[32] Die katholischen Kirchenlieder sind gesammelt in WKL, Bd. 5, Nr. 1130–1605.

[33] WILHELM BÄUMKER: Querhammer, Caspar. In: Allgemeine deutsche Biographie, Bd. 27 (1888), S. 40f.

1573).[34] Witzel war hauptsächlich Bearbeiter von Hymnen, Sequenzen und Psalmen, Querhamer trug unter anderem Festlieder bei. Weit wirkungsvoller und mit 249 Liedern fünfmal umfangreicher als das Gesangbuch Vehes war dann das 1567 von dem Bautzener Domdechant Johann Leisentritt (1527–1586) herausgegebene Gesangbuch,[35] das Vehes Liedbestand übernahm und durch weitere Texte, darunter 39 Lieder aus dem 1555 erschienenen evangelischen Gesangbuch des Schlesiers Valentin Triller (um 1493–1573?), vermehrte. Leisentritts Ansuchen, deutsche Lieder generell beim Hochamt zuzulassen, wurde freilich vom Papst abgelehnt.

Unvermeidlich ist zum Abschluss eine Bemerkung über die Aufführungspraxis der Lieder. In der Reformationszeit und noch lange danach fand der Gemeindegesang unbegleitet statt. Die meisten sangen auswendig, für das Einüben war der Kantor zuständig, der oft zugleich Küster und Schulmeister war. Schüler, welche die Gesänge im Unterricht lernten, auch mancherorts durch das Kurrendesingen geübt waren, spielten dabei eine wichtige Rolle. Einzelne Lieder waren auf Flugblättern oder in kleinen Heftchen, Flugschriften, abgedruckt. Immerhin dürften Leute, die es sich leisten konnten, auch schon bald Gesangbücher mitgeführt haben – erstmals 1568 werden Nummerntafeln erwähnt.[36] Wo es möglich war, sang die Gemeinde alternierend mit einem Chor oder der Orgel. Orgelbegleitung der Lieder – wie wir sie heute als selbstverständlich kennen – wird erst im 17. Jahrhundert allmählich üblich, ebenso verbreitete sich mehr und mehr der Gebrauch des Gesangbuches, in dem nun als Folge der Orgelbegleitung weitgehend auf den aufwendigen Abdruck der Melodien verzichtet wurde, wie er in den älteren Gesangbüchern üblich war. Nicht immer scheinen die Darbietungen die Prediger befriedigt zu haben, vor allem wenn Gemeindemitglieder überhaupt nicht sangen oder die Texte verdrehten. In Luthers ‚Tischreden' findet sich die Bemerkung: „Am 7. Junii Anno 45 am ersten Sonntag nach Trinitatis war D. M. Luther zornig und schalt die, so da murmelten oder brummeten in der Kirche, wenn man die Psalmen und geistlichen Lieder sunge."[37] Nicht immer entsprach und entspricht die Wirklichkeit dem Ideal, nicht jeder war ein geborener Sänger oder hatte Lust zu singen.

[34] ROBERT STUPPERICH: Witzel, Georg. In: Killy Literaturlexikon, 2. Aufl., Bd. 12 (2011), S. 496f.

[35] ERIKA HEITMEYER: Leisentritt, Johann. In: VL 16, Bd. 4 (2015), Sp. 82–86.

[36] Vgl. CHRISTHARD MAHRENHOLZ: Gesangbuch. In: MGG, Bd. 4 (1955), Sp. 1876–1889, bes. Sp. 1886.

[37] Zitiert nach GARBE, Gemeindegesang [Anm. 1], Sp. 1175.

Johannes Schwitalla

Der Streit um Glaube und Kirche in der Publizistik des 16. Jahrhunderts

1. Die ,95 Thesen' und ihre publizistischen Folgen

Martin Luther hat gegen Ende seines Lebens in seinen Schriften zweimal auf den Beginn der Reformation zurückgeblickt. In ,Wider Hans Worst' (1541) schrieb er, den *erste[n] rechte[n] grundliche[n] anfang des Lutherisschen Lermens* hätten seine *Propositiones wider des Detzels Artickel* gemacht, also seine lateinischen ,95 Thesen':

> *Die selbigen lieffen schier in vierzehen tagen durch gantz Deudsch land. Denn alle welt klagt uber das Ablas, sonderlich uber Detzels Artickel. Und weil alle Bisschove und Doctores still schwigen und niemand der Katzen die Schellen anbinden wolte (Denn die Ketzer meister, Prediger Ordens, hatten alle Welt mit dem Fewr in die furcht gejagt* [...]*), Da ward der Luther ein Doctor gerhuemet, das doch ein mal einer komen were, der drein griffe.*[1]

Drei Momente hebt Luther in diesen Zeilen hervor: die schnelle Verbreitung seiner Thesen, den Ablass als umstrittenes Thema und sich selbst als denjenigen, der es als Einziger gewagt habe, gegen die Schrecken der Inquisition eine allgemein beargwöhnte Praktik der römischen Kirche zur Diskussion zu stellen.

Tatsächlich wurden von den lateinischen Thesen – wahrscheinlich aufgrund des verlorengegangenen Wittenberger Urdrucks[2] – noch im Jahr 1517 drei Drucke hergestellt: ein Plakatdruck in Leipzig (im Format von 40,5 x 30 cm, Abb. 1), einer in Nürnberg (38,4 x 27,7 cm) und ein vierblättriger Quartdruck in Basel.[3]

---

[1] D. Martin Luthers Werke. Kritische Gesamtausgabe. Weimar 1883ff. [WA], Bd. 51, S. 540f.

[2] Die Argumente dafür bei BERND MOELLER: Thesenanschläge. In: Luthers Thesenanschlag – Faktum oder Fiktion. Hg. von JOACHIM OTT und MARTIN TREU. Leipzig 2008, S. 9–31.

[3] Luther, WA 1, S. 230f. JOSEF BENZING/HELMUT CLAUS: Lutherbibliographie. Verzeichnis der gedruckten Schriften Martin Luthers bis zu dessen Tod. Bd. 1. 2. Aufl. Baden-Baden 1989, S. 16, Nr. 87–89; Faksimile des Leipziger Plakatdrucks in: THOMAS KAUFMANN: Erlöste und Verdammte. Eine Geschichte der Reformation. München 2016, S. 111; Faksimile des Nürnberger Plakatdrucks in: Martin Luther und die Reformation in Deutschland. Ausstellung zum 500. Geburtstag Martin Luthers, veranstaltet vom Germanischen Nationalmuseum Nürnberg. Frankfurt a. M. 1983, S. 168; Faksimile der ersten Textseite des Basler Quartdrucks in: MARTIN BRECHT: Martin Luther. Sein Weg zur Reformation 1483–1521. Stuttgart 1981, S. 189; Microfiche-Edition des ganzen Basler Drucks in: Flugschriften des frühen 16. Jahrhunderts. Microfiche-Serie. Hg. von HANS-JOACHIM KÖHLER [u. a.]. Zug 1978ff., Fiche 399, Nr. 1084.

Mit dem Wechsel der Druckform vom Plakat zur kleinen Flugschrift ging ein Wechsel des Gebrauchs Hand in Hand: Das Plakat kündigte in der Öffentlichkeit eine Disputation an; eine Flugschrift konnte man privat kaufen, mit nach Hause nehmen, in Ruhe studieren und annotieren.[4] Es ist deshalb nicht verwunderlich, dass der Leipziger und der Nürnberger Druck die einzigen publizistischen Plakatdrucke der frühen Reformationszeit waren.

Auf Luthers Thesen wurden in unmittelbarer Folge 14 lateinische und vier deutsche Schriften verfasst. Die deutschen Texte stammten von Luther und Johann Tetzel. Aber allein Luthers Lehrschrift ‚Sermon von Ablass und Gnade', der „erste Beststeller der Reformation",[5] wurde bis Ende 1520 22-mal gedruckt,[6] und seine erste polemische Flugschrift ‚Eine Freiheit des Sermons päpstlichen Ablass und Gnade betreffend' elfmal.[7] Das bedeutet, dass die Ablassfrage auf ein großes Interesse auch in der Bevölkerung stieß und dass Martin Luther überall bekannt wurde, übrigens mit der neuen Schreibweise seines Namens: Luther statt Luder.[8] Das Interesse der Theologen und Humanisten war so groß, dass der Basler Drucker Johann Froben schon im Oktober 1518 eine lateinische Gesamtausgabe von Luthers Schriften herausgab [Abb. 2] und an ihn schrieb: „Bei keinem anderen Buch haben wir je einen glücklicheren Verkauf erfahren".[9]
Ähnlich häufig wurde Luthers Bibelübersetzung des Neuen Testaments vom September und Dezember 1522 nachgedruckt. Bis zum Jahr 1525 erschienen 110 hochdeutsche Bibeldrucke und elf niederdeutsche,[10] oft ohne Luthers Namen zu nennen, am häufigsten im kleinen Oktavformat, sodass man den biblischen Text leicht in einer Tasche mit sich führen konnte. Die zentralen Druckorte waren Wittenberg, Nürnberg, Augsburg, Straßburg und Basel, also ein großer Teil des hochdeutschen Sprachgebiets.

Zum ungeheuren publizistischen Erfolg Luthers trug nicht nur das Thema Ablass bei, sondern auch seine Formulierungskunst, sein bildhafter, witziger und angriffslustiger Stil. Luther schrieb z. B. gegen Tetzel in ‚Eine Freiheit des Sermons päpstlichen Ablass und Gnade betreffend' (1518):

> *Hie clag ich, das es ein elender jamer ist, das man leyden muß von sulchem frevelen lesterer die geschrifft also zu reyßen. Ach das er mich nur alleyn ubel handelte und ein ketzer, abtrunigen, ubelreder und nach aller lust seins unlust nennet, wolt*

---

[4] Vgl. MOELLER, Thesenanschläge [Anm. 2], S. 28.

[5] HEIKO A. OBERMAN: Luther. Mensch zwischen Gott und Teufel. Berlin 1981, S. 203f.

[6] Luther, WA 1, S. 240–242.

[7] Ebd., S. 383–385.

[8] MOELLER, Thesenanschläge [Anm. 2], S. 31.

[9] OTTO CLEMEN: Die lutherische Reformation und der Buchdruck. Leipzig 1939, S. 12.

[10] HEIMO REINITZER: Biblia deutsch. Luthers Bibelübersetzung und ihre Tradition. Wolfenbüttel 1983, S. 116–119, 126.

ich geren haben und yhm nymer feynd werden […] *das ist aber yn keynen weg zu leyden, das er die schrifft, unßern trost, nit anders handelt, dann wie die saw den habersack.*[11]

Dritter Punkt unseres Ausgangstextes war Luther selbst, der reformatorische Schriftsteller. Von Kontroverse zu Kontroverse wurde er zur zentralen Gestalt der Reformation in Deutschland. Im Lauf seines Lebens hat er mehr als 200 Texte drucken lassen, die man als „Flugschriften" bezeichnen kann.[12] Seine Drucke bis 1550 haben ungefähr ein Fünftel aller Flugschriften ausgemacht.[13]

Mit den folgenden Begriffen können wir einige Aspekte im Eingangszitat fassen: 1. den Begriff ‚Medium' im Sinne der technischen Hilfsmittel, um Texte und Bilder zum Zweck raum-zeitlich entgrenzter Kommunikation herzustellen; unter publizistischem Aspekt sind das im 16. Jahrhundert in erster Linie der Buchdruck, dann der Holzschnitt, in geringerem Maße der Kupferstich; 2. die an diese Medien gebundenen ‚Kommunikationsformen': die Flugschrift und das illustrierte Flugblatt; 3. umstrittene, gesellschaftlich relevante Themen, die die Öffentlichkeit beschäftigen und emotional erregen; 4. die Personalisierung bzw. soziale Stereotypisierung umstrittener Themen – fast immer in antithetischer Positionierung von Freund und Feind, von Gut und Böse, von Christus oder Teufel.

2. Die Voraussetzungen der frühreformatorischen Publizistik

Die Reformation hatte günstige Voraussetzungen, und dies in mehrfacher Hinsicht:

Erstens in Bezug auf die Medien. Der Buchdruck als ein sehr komplexes technisches Instrument war ausgereift. Man konnte in einem Druck tausend und mehr Exemplare drucken, und unter günstigen Bedingungen konnte der Autor während des Druckvorgangs korrigierend eingreifen.[14]

---

[11] Luther, WA 1, S. 385.

[12] JOHANNES SCHWITALLA: Flugschrift. Tübingen 1999 (Grundlagen der Medienkommunikation 7), S. 56.

[13] HANS-JOACHIM KÖHLER: Die Flugschriften der frühen Neuzeit. Ein Überblick. In: Die Erforschung der Buch- und Bibliothekgeschichte in Deutschland. Hg. von WERNER ARNOLD [u. a.]. Wiesbaden 1987, S. 307–345, hier S. 318.

[14] THOMAS KAUFMANN: Von der Handschrift zum Druck – einige Beobachtungen zum frühen Luther. In: Reformation und Buch. Akteure und Strategien frühreformatorischer Druckerzeugnisse. Hg. von dems. und ELMAR MITTLER. Wiesbaden 2017, S. 9–36, hier S. 26–35. Kaufmann beschreibt die effiziente Zusammenarbeit zwischen dem Autor Luther und der Druckwerkstatt Melchior Lotters d. J. am Beispiel des ‚Sermons von den guten Werken' (1520). Luther lieferte den Druckern gut lesbare Textvorlagen, Stück für Stück, und korrigierte die einzelnen Bogen. Die Drucker fügten Titelblatt, Kolumnentitel, Rubren, Leerzeilen und Kustoden hinzu, und sie korrigierten die Orthografie; vor allem reduzierten sie Schreibvarianten ein und desselben Wortes.

Zweitens in Bezug auf den Vertrieb von Druckerzeugnissen. In den Jahren von 1519 bis 1521 gab es im deutschen Sprachgebiet fast 100 Drucker in 36 Städten.[15] Im größeren Zeitraum von 1490 bis 1550 arbeiteten weit über tausend Buchführer in 180 Orten.[16] Man kann sich einen solchen wandernden Verkäufer von Kleindrucken wie auf dem Flugblatt von Abb. 3 vorstellen.

Drittens in Bezug auf die Rezipienten. Der Buchdruck erweiterte den sozialen Zugang zu Texten. Bücher und andere Druckerzeugnisse gab es nun nicht mehr nur in Rats-, Universitäts- und Klosterbibliotheken,[17] sondern man konnte sie öffentlich in den Städten kaufen,[18] Einblattdrucke und kleine Flugschriften auch in den Dörfern.

Viertens in Bezug auf die Sprache. Zwar war es noch ein weiter Weg bis zur vollen, auch orthografischen Einheit im 19. Jahrhundert, aber die Prozesse der frühneuhochdeutschen Monophthongierung und Diphthongierung waren abgeschlossen, und schriftsprachliche Ausgleichstendenzen auf den Ebenen der Graphematik, der Lexik, der Syntax und der Textsortenstilistik hatten sich um 1500 bereits weitgehend durchgesetzt.[19]

Ein Symptom dieser Ausgleichsprozesse für den Bereich der Lexik ist das Glossar des Basler Druckers Adam Petri, der 1523 Luthers Übersetzung des Neuen Testaments nachgedruckt hat. Das Glossar enthielt 199 Wörter mit ihren Synonymen, weil *nit jedermann verston mag etliche Wörter*. Die meisten der 199 Ausgangswörter kamen damals aber im gesamten hochdeutschen Gebiet in Drucken vor. Bei einem Wortbestand des Neu-

[15] Genau 98, wenn man die Zweifelsfälle für die Jahreszahlen aus JOSEF BENZING: Die Buchdrucker des 16. und 17. Jahrhunderts im deutschen Sprachgebiet, 2. Aufl. Wiesbaden 1982 einbezieht. In den folgenden Städten gab es um 1520 mehr als drei Drucker: Augsburg (11), Basel (7), Erfurt (4), Köln (12), Leipzig (6), Nürnberg (4), Straßburg (9), Wittenberg (4).

[16] HEINRICH GRIMM: Die Buchführer des deutschen Kulturbereichs 1490–1550. In: Archiv für Geschichte des Buchwesens 7 (1967), Sp. 1153–1771.

[17] MICHAEL GIESECKE: Der Buchdruck in der frühen Neuzeit. Eine historische Fallstudie über die Durchsetzung neuer Informations- und Kommunikationstechnologien. Frankfurt a. M. 1991, S. 247.

[18] Bei den Druckern selbst, vor den Kirchtüren, in Gasthäusern, auf den großen Messen und kleinen Märkten. EVA-MARIA BANGERTER-SCHMID: Herstellung und Verteilung von Flugblättern und Flugschriften in ihrer geschichtlichen Entwicklung. In: Medienwissenschaft. Ein Handbuch zur Entwicklung der Medien und Kommunikationsformen. 1. Teilband. Hg. von JOACHIM-FELIX LEONHARD [u. a.]. Berlin, New York 1999, S. 785–789, hier S. 786. Ebd. auch zu den Preisen: Ein illustriertes Flugblatt war selbst für Handwerker erschwinglich und kostete etwa einen Stundenlohn; eine kleine Flugschrift war „wohl nicht teurer als ein gutes Mittagessen“ (MARTIN ARNOLD: Handwerker als theologische Schriftsteller. Studien zu Flugschriften der frühen Reformationszeit [1523–1525]. Göttingen 1990, S. 48).

[19] HANS-WERNER EROMS: Martin Luthers grammatisches Erbe. In: Martin Luther und die deutsche Sprache – damals und heute. Hg. von NORBERT RICHARD WOLF. Heidelberg 2017, S. 69–94, hier S. 69–78.

en Testaments von fast 11.000 unterschiedlichen Wörtern machen 199 Wörter nicht einmal zwei Prozent aus! Das Glossar war eher ein Werbemittel für den Verkauf der Bibel.[20]

Fünftens: Zwar gab es schon vor der Reformation Zensurmaßnahmen von Universitäten (Köln 1479), Bischöfen (Mainz 1486, 1517, der geistlichen Kurfürsten 1501) und der Päpste (1496, 1515). Aber erst in den 1520er Jahren intensivierten sich die Verbote, beginnend mit dem Wormser Edikt 1521 gegen die Schriften Luthers, aber auch gegen *Smach und vergiffte Bücher, zedl oder abschrifften, als die so unserm hailigen Glauben Irrsal gepern* [...] *Dartzu auch vheinds und schmachschrifften: wider unsern hailigen vater Bapst, Prelaten, Fürsten, hohe schulen*.[21] Nach dem Bauernkrieg 1525 und dann mit jeder Entscheidung einer Stadt oder eines Territoriums für oder gegen die Reformation war es mit dem relativ freien Drucken von Flugschriften und Flugblättern vorbei. Die Zensur hatte zwei Ziele: die Abwehr gegnerischer, politisch-religiöser Propaganda und die Disziplinierung der eigenen Bevölkerung, besonders in krisenhaften Situationen.[22]

Sechstens in Bezug auf die Praxis öffentlicher Parteinahme. Die Reformation hatte mit dem Reuchlin-Pfefferkorn-Streit eine Art publizistischen Vorläufer.[23] Von 1510 bis 1521 entspann sich eine lebhafte Kontroverse, die mehrere Parallelen zur Publizistik der frühen Reformation aufwies. Es ging um ein religiös-soziales Thema, nämlich um die Frage, ob man den Juden den Talmud und andere hebräische Bücher wegnehmen solle. Zur

---

[20] Argumente dafür bei OSKAR REICHMANN: Lexikalische Varianten im frühneuhochdeutschen Bibelwortschatz und die neuhochdeutsche Schriftsprache: Fakten und Reflexionen. In: Frühneuhochdeutsch. Aufgaben und Probleme seiner linguistischen Beschreibung. Hg. von ANJA LOBENSTEIN-REICHMANN und OSKAR REICHMANN. Hildesheim 2011, S. 383–478, hier S. 423–428; von den ersten neun Wörtern des Petri-Glossars waren acht gesamtfrühneuhochdeutsch, S. 427.

[21] Zit. bei FRIEDRICH KAPP: Geschichte des Deutschen Buchhandels bis in das siebzehnte Jahrhundert. Leipzig 1886, S. 537. Überblick zur Zensur im 15. und 16. Jahrhundert: S. 525–575,

[22] MICHAEL SCHILLING: Bildpublizistik der frühen Neuzeit. Aufgaben und Leistungen des illustrierten Flugblatts in Deutschland bis um 1700. Tübingen 1990 (Studien und Texte zur Sozialgeschichte der Literatur 29), S. 162; zu einzelnen Fällen mit neuerer Literatur S. 160–170. Wie gründlich die römische Zensur arbeitete, zeigen die Zahlen bei STEPHAN FITOS: Zensur als Mißerfolg. Die Verbreitung indizierter deutscher Druckschriften in der zweiten Hälfte des 16. Jahrhunderts. Frankfurt 2000, S. 172. Aufgrund von fünf römischen Indices kommt Fitos auf 3.841 volkssprachliche Titel, davon 2.932 theologischen Inhalts, und von diesen stammten 75,5% von lutherischen und reformierten Autoren.

[23] Zum Reuchlin-Pfefferkorn-Streit: HANS-MARTIN KIRN: Das Bild vom Juden im Deutschland des frühen 16. Jahrhunderts, dargestellt an den Schriften Johannes Pfefferkorns. Tübingen 1989. ELLEN MARTIN: Die deutschen Schriften des Johannes Pfefferkorn. Zum Problem des Judenhasses und der Intoleranz in der Zeit der Vorreformation. Göppingen 1994. FRANZ POSSET: Johannes Reuchlin (1455–1522). A Theological Biography. Berlin, Boston 2015, S. 289–624.

handschriftlichen Kommunikation traten mehr und mehr die öffentlich wirksamen Kommunikationsformen Flugschrift und Einblattdruck. Die Bildpublizistik nahm zu, sowohl in Form von Einblattdrucken wie als Illustrationen in einer Flugschrift.

Wie in der frühen Reformation beteiligten sich immer mehr soziale Gruppierungen an der Debatte. Sie wurde ausgelöst durch Gutachten des Juristen Johannes Reuchlin und mehrerer Theologen. Johannes Pfefferkorns ‚Handspiegel' (zur Frankfurter Ostermesse 1511) und Reuchlins ‚Augenspiegel' (zur Herbstmesse desselben Jahres) waren die Ausgangstexte. Die halbjährlichen Messtermine zwangen zur schnellen Reaktion. Mehrere theologische Fakultäten schalteten sich ein. Die Auseinandersetzung wurde zu einem Kampf zwischen dem Inquisitor der Kölner, Trierer und Mainzer Kirchenprovinz, Jakob van Hoogstraten, der von der Kölner Universität unterstützt wurde, und den verstreut lebenden Humanisten, welche Reuchlin unterstützten. Der literarische Höhepunkt der Kontroverse waren die ‚Dunkelmännerbriefe', in denen es gar nicht mehr um die Ausgangsfrage ging. Stattdessen wurden die Lebens- und Denkweisen der Kölner Dominikaner durch fingierte Briefe in holperigem Latein verspottet. Die Debatte zog immer größere Kreise: Involviert waren politische Institutionen im Alten Reich (z. B. der Schwäbische Bund, dessen Jurist Reuchlin war), die Kurie in Rom, Herzog Karl von Burgund und der König von Frankreich, die Universitäten und die Netzwerke der Humanisten.

Zwar wurde die Kontroverse mehrheitlich auf Latein geführt; aber die sprachlichen Verfahren der Ironie, der Lächerlichmachung, der Beschimpfung und der sprachlich-bildlichen Vernichtung des Gegners waren in ihrer Schärfe vergleichbar mit denen des Glaubenskampfes im weiteren 16. Jahrhundert. Am Ende stand unversöhnlicher Hass. Pfefferkorn ließ in seiner letzten Flugschrift ‚Klag über alle Klag' 1521 in einem Holzschnitt die gevierteilte Leiche seines Gegners Reuchlin in einer sehr realistischen Weise darstellen, so wie es seiner Meinung nach einem Landesverräter gebühre [Abb. 4].

Ganz ähnlich ließ Martin Luther 1545 in seiner letzten Invektive ‚Abbildung des Papsttums, vom Teufel gestiftet' von Lucas Cranach einen ebenfalls sehr genau ausgeführten Holzschnitt machen, auf dem zu sehen ist, wie Papst Paul III., Kardinal Albrecht von Mainz und zwei weitere Kirchenfürsten an einem Galgengerüst an ihren Zungen aufgehängt sind [Abb. 5]. Das Aufhängen an der Zunge war eine sog. spiegelnde Strafe für Gotteslästerung und Meineid.

3. Die massenmediale Ausweitung der Öffentlichkeit

Flugschriften und illustrierte Flugblätter haben in den 1520er Jahren zum ersten Mal die sozial eingeschränkte Öffentlichkeit der Kanzleien, der Reichstage, der Kirche, der Orden und der Universitäten zu einer Massenkommunikation erweitert, und das ist bis heute so geblieben.[24] Flugschriftentexte wurden wegen der geringen Alphabetisierung der Gesamtbevölkerung auch anderen vorgelesen.[25] Wir haben mehrere Berichte davon, dass auf den Märkten und in den Wirtsstuben über die Fragen der Kirchenreform und sogar der Theologie diskutiert wurde.

Autoren und Drucker kamen dem hörenden Verstehen von geschriebenen Texten dadurch entgegen, dass sie die Texte durch das Satzzeichen der Virgel in kleine Informationseinheiten segmentierten.[26] Dennoch gab es in puncto Textverständlichkeit große Unterschiede. Nach einer Untersuchung von Britt-Marie Schuster schrieben gut verständliche Texte: Martin Luther, Johann Eberlin von Günzburg, Ursula Weida und Hartmut von Kronberg, schwer verständliche Thomas Müntzer, Argula von Grumbach und der Autor der Flugschrift ‚Schlüssel Davids'.

Die sozialen Träger der frühen Reformation waren zunächst „humanistische Sodalitäten, die gelehrten Räte und Juristen, und vor allem Prädikanten; dann auch umherziehende Vermittler, beispielsweise Mönche und Laienprediger, Buchführer und Studenten, wandernde Handwerksgesellen und Kaufleute".[27] Aber sehr bald sollten weite Kreise im deutschen Sprachgebiet aktiv an der Debatte teilnehmen.

a) Frauen als Autorinnen

Dass Frauen Flugschriftentexte schrieben, war außergewöhnlich, weil es ja zwei Bibelstellen gab, die den Frauen das öffentliche Wort in der Kirche verboten: 1 Kor. 14,34: „Eure Weiber lasset schweigen unter der Gemei-

---

[24] MARK U. EDWARDS: Catholic Controversial Literature 1518–1555: Some Statistics. In: Archiv für Reformationsgeschichte 79 (1988), S. 189–205, hier S. 204. GABRIELE HAUG-MORITZ: Der Wolfenbütteler Krieg des Schmalkaldischen Bundes (1542). Die Öffentlichkeit des Reichstags und die Öffentlichkeiten des Reichs. In: Der Reichstag 1486–1613. Kommunikation, Wahrnehmung, Öffentlichkeiten. Hg. von MAXIMILAIN LANZINNER und ARNO STROHMEYER. Göttingen 2006, S. 259–280, hier S. 261.

[25] Ca. fünf Prozent der Stadtbevölkerung und weniger als ein Prozent der Gesamtbevölkerung konnten lesen; ERICH SCHÖN: Geschichte des Lesens – ein knapper Überblick. In: ders.: Der Verlust der Sinnlichkeit oder Verwandlungen des Lesens. Mentalitätswechsel um 1800. Stuttgart 1987, S. 31–61, hier S. 36.

[26] MONIKA RÖSSING-HAGER: Wie stark findet der nicht-lesekundige Rezipient Berücksichtigung in den Flugschriften? In: Flugschriften als Massenmedium der Reformationszeit. Hg. von HANS-JOACHIM KÖHLER. Stuttgart 1981, S. 77–137, hier S. 87; WERNER BESCH: Bibelübersetzung im 16. Jahrhundert ohne kodifizierte Schriftsprache? Sprachregionalität in Deutschland als zusätzliches Übersetzungsproblem Luthers. In: ders.: Deutscher Bibelwortschatz in der frühen Neuzeit. Auswahl – Abwahl – Veralten. Frankfurt a. M. 2008, S. 9–23, hier S. 20.

[27] RAINER WOHLFEIL: ‚Reformatorische Öffentlichkeit'. In: Literatur und Laienbildung im Spätmittelalter und in der frühen Reformationszeit. Hg. von LUDGER GRENZMANN und KARL STACKMANN. Stuttgart 1984, S. 41–52, hier S. 49.

ne" und 1 Tim. 2,12: „Einem Weibe aber gestatte ich nicht, dass sie lehre, auch nicht, dass sie des Mannes Herr sei, sondern stille sei" (so Luthers Übersetzungen). Von 1523 bis 1534 haben aber neun reformatorisch gesinnte Frauen insgesamt 18 Flugschriften geschrieben und vier altgläubig gebliebene Nonnen jeweils eine.[28] Der offene Brief der Ursula von Weyda an den Abt von Pegau (1524) beginnt folgendermaßen:

> *MEyn Apt. dein buechlein, das du wider Götlich lere vnd das heylig Euangelium hast lassen außgehen ist mir auch zu handen kommen. darinnen du reychlich deinen vnuerstand an tag gibst, wie du in der schrift ya alß wenig weist alß ein grober vnbehawner klotz, hastu doch die schrifft durchwueleth alß eyn vnfletige Saw vnd zurryssen, sie moecht cether geschrihen haben.*[29]

Hier ist manches dem Polemikstil Luthers abgeschaut. Oben wurde ja die Stelle aus ‚Eine Freiheit' zitiert, nach der Tetzel vorgeworfen wird, er *zerreiße* die Schrift und gehe mit ihr um *wie die Sau mit dem Habersack*. Gegen Karlstadt schrieb Luther: *Daher plumpt meyn Carlstad hereyn wie eine saw, die nu die perlen [ge]fressen, und wie eyn hund, der das heyligthum verschlungen hat, und zurreisst alles, was Christus redt*".[30]

Am produktivsten und auch in späteren Jahrhunderten nicht vergessen war die Freifrau Argula von Grumbach.[31] Von ihr sind in den Jahren 1523/24 acht offene Briefe gedruckt worden, deren erster allein im Jahr 1523 vierzehnmal nachgedruckt wurde. Auf dem Titelblatt [Abb. 6] steht links Argula von Grumbach, auf eine Bibelstelle zeigend, den Ingolstädter Theologen gegenüber, deren erster einen Fehdehandschuh an einem Bändel hält.

Fast alle Autorinnen haben ihre Flugschriften aus konkreten Konfliktsituationen geschrieben. Zwei von ihnen – Argula von Grumbach und Margareta von Treskow – setzten sich für verfolgte Anhänger der Reformation ein; zwei anonyme Frauen rieten ihren Schwestern, das Kloster zu verlassen; zwei verteidigten ihren Klosteraustritt, eine Konstanzer Priorin ihre

---

[28] JOHANNES SCHWITALLA: Frauen als Autorinnen in der reformatorischen Öffentlichkeit. Der Streit um das Recht des öffentlichen Worts. In: Geschlechterkonstruktionen in Sprache, Literatur und Gesellschaft. Gedenkschrift für Gisela Schoenthal. Hg. von ELISABETH CHEAURÉ [u. a.]. Freiburg i. Br. 2002, S. 281–304; DOROTHEA KOMMER: Reformatorische Flugschriften von Frauen. Flugschriftenautorinnen der frühen Reformationszeit und ihre Sicht von Geistlichkeit. Leipzig 2013.

[29] URSULA WEYDA: ‚Wider das unchristlich Schreiben und Lästerbuch des Abts Simon von Pegau'. 1524. In: KÖHLER [u. a.], Flugschriften [Anm. 3], Fiche 5, Nr. 20, S. A2b. Zu Weyda: KOMMER, Reformatorische Flugschriften [Anm. 28], S. 144–173.

[30] Luther, WA 18, S. 138.

[31] Zu Argula von Grumbach: SILKE HALBACH: Argula von Grumbach als Verfasserin reformatorischer Flugschriften (Europäische Hochschulschriften, Reihe XXIII, Theologie 468). Frankfurt a. M. 1992; KOMMER, Reformatorische Flugschriften [Anm. 28], S. 51–115; Textedition mit historischen Einleitungen und der jeweiligen Druckgeschichte: Argula von Grumbach: Schriften. Bearb. und hg. von PETER MATHESON. Heidelberg 2010.

evangelisch gewordene Klostergemeinschaft (‚Appellation der Priorin‘).[32] 1523 wurde in Nürnberg und Erfurt ein Brief der katholisch gebliebenen Caritas Pirckheimer an Hieronymus Emser veröffentlicht, der von evangelischer Seite abgefangen, stilistisch und wohl auch inhaltlich verändert und zusätzlich mit bösartig hämischen Randbemerkungen versehen wurde. Es heißt da z. B.: *Emßer ist ein yungfrawen troester / wiwol er sonst heslig gnug ist.*[33]

Nur eine Autorin schrieb ohne konkreten Anlass einen predigtartigen reformatorischen Erbauungstext in Form einer Auslegung von Mt. 7,14–27 mit dem Spruch vom guten und schlechten Baum und dem Gleichnis vom Haus auf dem Felsen und auf dem Sand: ‚Eine kurze Antwort einer Ordensschwester, ihrem natürlichen Bruder der Kartäuser Ordens zugeschickt, über seine evangelische Lehre‘ (1523).[34]

b) Handwerker als Autoren

Das Schlagwort vom ‚gemeinen Mann‘ bekam schon vor der Reformation durch die Masse von populärwissenschaftlichen Büchern und Fachkompendien eine Aufwertung.[35] Die Konnotationen der Wörter ‚gemeiner Mann‘ und ‚Laie‘ wurden aber gesteigert durch Luthers These vom allgemeinen Priestertum und seiner Forderung, auch Laien sollten die Bibel lesen. Dazu brauche man keine interpretierende Vermittlungsinstanz.[36]

Der ‚gemeine Mann‘ griff nun tatsächlich mit Wort und Schrift in die Debatte um Glaube und Kirche ein. Mindestens 39 Laien haben in den ersten Jahren der Reformation Flugschriften veröffentlicht.[37] Ihre Berufe

---

32 ‚Appellation der ehrwürdigen Priorin des Klosters zu St. Peter‘ (1528). In: KOMMER, Reformatorische Flugschriften [Anm. 28], S. 244–274.

33 KÖHLER [u. a.], Flugschriften [Anm. 3], Fiche 224, Nr. 626, A2a. Vgl. LOTTE KURRAS/FRANZ MACHILEK: Caritas Pirckheimer 1467–1532. Katalog. München 1982, S. 246.

34 KOMMER, Reformatorische Flugschriften [Anm. 28], S. 241–244.

35 PAUL BÖCKMANN: Der gemeine Mann in den Flugschriften der Reformation. In: ders.: Formensprache. Studien zur Literaturästhetik und Dichtungsinterpretation. Hamburg 1966, S. 11–44; HANNES KÄSTNER [u. a.]: ‚Dem gmainen Mann zu guttem Teutsch gemacht‘. Textliche Verfahren der Wissensvermittlung in frühneuhochdeutschen Fachkompendien. In: Neuere Forschungen zur historischen Syntax des Deutschen. Referate der Internationalen Fachkonferenz Eichstätt 1989. Hg. von ANNE BETTEN. Tübingen 1990, S. 205–223.

36 Einige Zeugnisse für die Forderung von Laien, an der Diskussion um das Evangelium aktiv teilzunehmen, bei JOHANNES SCHWITALLA: Schreibstile von Laien in der Zeit der frühen Reformation. In: Perspektiven auf Stil. Hg. von EVA-MARIA JAKOBS und ANNELY ROTHKEGEL. Tübingen 2001, S. 459–478, hier S. 460–465; s. u. das Zitat von Hans Mörlin.

37 Nach ARNOLD, Handwerker [Anm. 18] und einer eignen Liste. Nach Berechnungen von HANS-JOACHIM KÖHLER („Der Bauer wird witzig“. Der Bauer in den Flug-

waren Schuster (der berühmteste und auch heute noch lesenswerte ist Hans Sachs); sie waren Weber, Kürschner, Bäcker, Schneider, Drescher; es gab einen Glockengießer, einen Organisten, einen Landsknecht – in einem fiktiven Dialog auch einen „Hurenwirt", der einem Bischof argumentativ und moralisch überlegen war.[38]

Johannes Cochläus beklagte sich in seiner Generalabrechnung mit Luther ‚Commentaria de actis et scriptis Martini Lutheri' (1549), dass Luthers Bibelübersetzung

> *in so grosser Anzahl außgesprengt* [worden ist], *Also, daß auch Schneider vnd Schuster, ja auch Weiber vnd andere einfaeltige Idioten, souil deren diß new Lutherisch Euangelium angenommen, die auch nur etwas wenigs Teutsch auff ein Lebzelten* [Lebkuchen] *lesen gelehrnt, dieselbe gleich als ein Bronnen aller warheit mit hoechster begird lasen.* [...] [sie trugen nicht Scheu], *nicht allein mit den Catholischen gemeinen Leyen, sonder auch mit Priestern und Muenchen, also auch mit Magistern und Doctorn der heiligen Schrifft vom Glauben vnd Euangelio zu disputieren.*[39]

Einer dieser Handwerker, die es gewagt haben, ihrem Pfarrer öffentlich zu widersprechen, war Hans Mörlin aus Schweinfurt. 1524 ließ er einen vierblättrigen offenen Brief veröffentlichen: ‚Sendbrief eines Laien, Hansen Mörlins, Leinewebers zu Schweinfurt, an Herrn Valentin Kreydner, Kaplan daselbst und Prediger des Geizes in den Kasten der Geistlichen' [Abb. 7]. Schon auf dem Titelblatt steht die damals allgegenwärtige Anklage, das Hauptinteresse der Geistlichen sei es, möglichst viel Geld zu bekommen. Der Beginn der Flugschrift lautet:

> *Valentinus, lieber bruder in Christo Jesu (ob jr selber wolt), ewiger fryd vnd seligkeyt sey vns allen.*
> *IR habt eyn predig gethon an S. Michels tag, do hab jch euch dareyn geredt, darumb haben mich meyn herrn* [der Rat der Stadt] *beschickt, vnd mir solchs fürgehalten, wie es mir nicht gezyem, Vnd das sei nicht einmal sonder offt geschehen.*

Mörlin resümiert dann in sieben thematischen Abschnitten Äußerungen des Kaplans Kreydner und antwortet auf sie. Themen sind die Fastengebote, die guten Werke, falsch ausgelegte Bibelstellen, die Lehre Luthers, die Keuschheit der Geistlichen und andere. Kreydner hatte nach dem Gleichnis vom Sauerteig die Evangelischen mit einem Sauerteig verglichen, der

---

schriften der Reformationszeit. In: Bauer und Reformation. 1. Band. Zugänge zur bäuerlichen Reformation. Hg. von PETER BLICKLE. Zürich 1987, S. 187–217, hier S. 190) haben 4,4 Prozent der Titel (das sind 93 Texte mit 175 Ausgaben) von ca. 4.000 Flugschriftenausgaben einen inhaltlichen Bezug zum Lebensbereich des gemeinen Mannes.

[38] ‚Ein Wegspräch gen Regensburg zwischen einem Bischof, Hurenwirt und Kunzen, seinem Knecht' (1525). Text in: OSKAR SCHADE: Satiren und Pasquille aus der Reformationszeit. Bd. 3. Hannover 1863, S. 159–195.

[39] Nach der deutschen Übersetzung von JOHANN CHRISTOPH HUEBER 1582, zit. bei REINITZER, Biblia [Anm. 10], S. 193.

den ganzen Teig, d. h. die ganze Kirche, verdürbe. Mörlin wendet den Vorwurf an die Geistlichen zurück. Er schreibt: *Ja das ist wa[h]r. Dann es stehet geschriben Matthei am 16. Hüt[et] euch vor dem hefel der Phariseyer vnnd Saduzeyer, Das ist vor jr lere* (S. A2b). Beim Thema Keuschheit der Geistlichen belässt er es bei einer Anspielung: *O lieber bruder Valentin, von ewer reinigkeyt het man gar grob zu reden* (S. A4a). Mörlin zitiert auch den Vorwurf, dass diejenigen, die noch nicht einmal in eine Schule gegangen seien, in Sachen des Glaubens nun besser Bescheid wissen wollten als die Gelehrten und Geistlichen:

> *Jr habt auch gepredigt, die yetzundt wöllen leren, die haben den kernierer* [den Schulranzen] *nye gesehen, darinnen man die bücher in die schul trag, man muss zuvor lernen, A. B. C. D. etc.* (S. A4a)

Aber mit dem ABC ist Kreydner bei Mörlin an den Rechten geraten. Dieser antwortet mit Paulus: „Der Buchstabe tötet, aber der Geist macht lebendig" (2 Kor. 3,6). Und Mörlin bezieht auf sich und die Schüler des *christlichen, unüberwindlichen Doctors*, also Luthers, dass sie der ins Herz geschriebene Brief Christi seien, *nicht mit dinten geschriben, sonder mit dem geyst des lebendigen Gottes* (S. A4a). Wie beim Gleichnis vom Sauerteig sucht sich Mörlin aus dem Neuen Testament eine inhaltlich ähnliche Stelle und wendet sie als *reflexio* (Retourkutsche) an den Angreifer zurück.

c) Die Bauern

In der literarischen Figur des Karsthans im gleichnamigen Dialog[40] wurde zum ersten Mal ein teilweise positives Bild des Bauern vorgeführt. Obwohl grobschlächtig, auch gewaltbereit (*Wo ist min Pflegel?*) und ungebildet (das Missverstehen von Bildungswörtern: *Poet/Planet, secreta/Sekret, Cardinal/Camal = kamel*) hat Karsthans Luthers deutsche Schriften *hören lesen* und registriert genau jede Art von Übertölpelung und Scheinheiligkeit der Kirchenmänner. Von den zwölf Flugschriften, deren Autoren sich als „Bauer" bezeichneten und die etwa doppelt so oft gedruckt wurden, war vielleicht nur einer wirklich von bäuerlicher Herkunft: Hans Schwalb.[41] Immerhin trat in Straßburg ein Gemüsebauer namens Clemens Ziegler auf, der in den Jahren 1524/25 fünf Flugschriften schrieb und drucken ließ. Man kann an seinen Texten sehen, dass er immer gewandter

---

40 Text, Kommentar und Worterklärungen bei RUDOLF BENTZINGER: Die Wahrheit muß ans Licht! Dialoge aus der Zeit der Reformation. Leipzig 1982, S. 85–127. Zum ‚Karsthans' und weiteren Bauernflugschriften: BARBARA KÖNNEKER: Die deutsche Literatur der Reformationszeit. Kommentar zu einer Epoche. München 1975, S. 100–109.

41 KÖHLER, Bauer [Anm. 37], hier S. 197.

schreiben konnte. Er verwendete z. B. Redewendungen, baute Metaphern aus und schrieb sogar einen Dialog über das Abendmahl.[42]

Für die Bauern wurden dann im Bauernkrieg 1525 eine große Zahl von Programmschriften, Forderungskatalogen, Verträgen und anderen Textsorten geschrieben. Zwar gehört diese Publizistik mehr in den Bereich der Politik als in den der Religion, aber die ‚Zwölf Artikel der Bauernschaft' beriefen sich ja durchweg auf das *Evangelion* (in der Vorrede kommt dieses Fahnenwort neunmal vor), das als normgebende Instanz angesehen wurde.[43] – Die ‚12 Artikel' sind ein weiteres Beispiel für ein Werk, das in kurzer Zeit weit verbreitet wurde: Innerhalb von zwei Monaten wurden sie 25-mal im ganzen deutschen Sprachgebiet gedruckt.

4. Die Anfänge der altkirchlichen Reformpublizistik

Die altkirchliche Reformpublizistik beginnt mit einem erstaunlichen Phänomen. Von 1519 an erschienen sehr viele deutsche kirchenreformerische Texte, die von einem Mann stammten, der keinen einzigen Text in deutscher Sprache geschrieben hat und der eigentlich auch nicht wollte, dass theologische Fragen von den Nicht-Gelehrten diskutiert wurden. Es war Erasmus von Rotterdam.

Erstaunlich ist die schiere Masse der Texte, die unter seinem Namen bis 1537 gedruckt wurden. Nach Recherchen von Heinz Holeczek[44] sind es über 170 deutsche Einzeldrucke zu biblischen, reformerischen und politischen Themen; dazu kommen noch einmal über hundert Drucke zur christlichen Frömmigkeit und zur Erziehung. Erasmus hatte ja 1519 das Neue Testament mit rekonstruiertem griechischem Urtext, eigener lateinischer Übersetzung und mehreren Zusatztexten zum zweiten Mal herausgegeben. Deutsche Übersetzungen von drei Textgattungen seiner Bibelarbeit waren für die kirchenkritische Publizistik besonders wichtig:

Erstens die Übersetzungen von Teilen des Neuen Testaments selbst. Sie begannen mit dem Matthäus-Evangelium, übersetzt von Johannes Lang im Mai 1521 – also über ein Jahr vor Luthers Septembertestament 1522. Es folgten Übersetzungen der Petrus- und Paulus-Briefe und des Johannes-Evangeliums durch Nikolaus Krumpach.

---

[42] Clemens Ziegler: ‚Ein schönes Büchlein vom Leib und Blut Christi' 1525 (KÖHLER [u. a.] (Hg.), Flugschriften [Anm. 3], Nr. 4902, S. F4a–G3a).

[43] Zur Publizistik im Verlauf des Bauernkriegs im konfessionellen Widerstreit, mit ganz unterschiedlichen Textsorten und literarischen Gattungen (besonders Hermann Schotten: ‚Ludus Martinus sive bellicus'), s. JOACHIM HAMM: *Servilia bella.* Bilder vom deutschen Bauernkrieg in neulateinischen Dichtungen des 16. Jahrhunderts. Wiesbaden 2001 (Imagines medii aevi 7).

[44] HEINZ HOLECZEK: Erasmus deutsch. Die volkssprachliche Rezeption des Erasmus von Rotterdam in der reformatorischen Öffentlichkeit. Stuttgart, Bad Cannstatt 1983, S. 21f.

Zweitens Übersetzungen der ‚Annotationes' zu einzelnen Bibelstellen, in die Erasmus zu seinen philologischen Argumenten auch viele Ratschläge zur kirchlichen Praxis und zur christlichen Lebensführung einflocht. Die Übersetzer ließen die philologischen Erläuterungen weg und übersetzten nur die Teile, die zu den aktuellen Fragen der Kirchenkritik gehörten. In den Titeln wurden sie angesprochen: ‚Vom Heiltum' (gegen den Reliquienkult); ‚Vom Gesang' (gegen das gedankenlose Plappern von Gebeten); ‚Du bist Petrus, ein Fels' (über den Primat des Papstes); ‚Von Wallfahrt' [Abb. 8]. Weitere Flugschriften behandelten die Fastenzeiten, Speise- und Kleiderordnungen, das Dispensunwesen und die Exkommunikation[45] – insgesamt ein großer Teil des reformatorischen Programms. Aus den ‚Annotationen' wurden über 30 Auszüge gedruckt und in kleinen Quartdrucken von vier bis acht Blättern verbreitet.

Drittens die ‚Paraphrasen' des Erasmus zu den einzelnen Schriften des Neuen Testaments, beginnend 1521 mit Leo Juds Übersetzung der Paraphrasen zu den Paulusbriefen, die ja wegen ihrer Gnadentheologie „im Zentrum des reformerischen Interesses"[46] standen.[47]

Während die um die Bibel kreisenden Texte des Erasmus von einem breiten Reformwillen seiner selbst und der Reformatoren zeugen, schrieb er seine Stellungnahmen zu den verschiedenen reformatorischen Strömungen in Wittenberg, Straßburg und Zürich hauptsächlich zur theologischen Abgrenzung, wobei er aber weiterhin von der notwendigen Reform der Kirche überzeugt war. Seit den Reichstagen in Worms 1521 und Augsburg 1529/30 bemühte er sich um die Einheit der Kirche und machte immer wieder Vermittlungsvorschläge.

Auch die Texte der theologisch anspruchsvollsten Kontroverse der frühen Reformationszeit, nämlich die über den freien Willen (Erasmus: ‚De libero arbitrio diatribe' [1524], Luther: ‚De servo arbitrio' [1525]) wurden rasch übersetzt und gedruckt: Luthers Antwort von Justus Jonas, wahrscheinlich zur gleichen Zeit wie Luthers Text geschrieben; der Text des Erasmus zunächst nur handschriftlich von Johannes Cochläus und Hieronymus Emser. Erst nach dem Erscheinen der deutschen Übersetzung von Luthers Antwortschrift erschienen dann 1525 – wieder gegen den Willen des Erasmus – zwei Drucke der Übersetzung seiner ‚Diatribe'.[48]

---

[45] HEINZ HOLECZEK: Erasmus von Rotterdam als ‚Autor' von Reformationsflugschriften. Ein Klärungsversuch. In: Historia Integra. Fs. für Erich Hassinger zum 70. Geb. Hg. von HANS FENSKE [u. a.]. Berlin 1977, S. 97–124, hier S. 114.

[46] HOLECZEK, Erasmus deutsch [Anm. 44], S. 117.

[47] Eine Gesamtausgabe der Paraphrasen erschien zwanzig Jahre später in Zürich in zwei dicken, repräsentativen Foliobänden mit jeweils unterschiedlichen Titelblättern und unterschiedlichen Vorreden, von denen sich der eine an das reformierte, der andere an das katholische Publikum wendeten (HOLECZEK, Erasmus als ‚Autor' [Anm. 45], S. 118).

[48] HOLECZEK, Erasmus deutsch [Anm. 44], S. 175f.

Der Herausgeber, Nikolaus Hermann, versuchte in seiner Einleitung, beide Positionen zu vermitteln.

Interessant ist an den Übersetzungen von Texten einer angesehenen Figur wie Erasmus, der sich Zeit seines Lebens um Mäßigung, Ausgleich, Gewaltlosigkeit und Kirchenreform bemüht hat, dass seine Forderungen sowohl von reformatorischen Theologen (Gerhard Geldenhauer, Hieronymus Gebweiler, Martin Bucer, Wolfgang Capito) wie von altkirchlichen Theologen (Thomas Murner, Johann Cochläus, Georg Witzel) für ihre jeweiligen Positionen ausgenützt wurden. Wenn diese nun Erasmus zitierten, ließen sie Textstellen weg, verschärften oder milderten sie und stellten frühere Texte in einen neuen historischen Kontext. Jede Seite holte sich aus den Texten das heraus, was zur eigenen Position passte. Wenn Erasmus in einer seiner letzten Schriften, ‚De sarcienda ecclesiae concordia' (übersetzt als: ‚Von der Kirchen lieblicher Vereinigung', Straßburg 1533), schreibt, jeder solle sein kirchliches Amt ausfüllen, *sint Pontifices, Pontifices Christi Vicarii* („seien es Bischöfe oder die Bischöfe als Stellvertreter Christi") mit ausdrücklicher Übernahme der päpstlichen Selbstbezeichnung „Stellvertreter Christi", dann verwendet der katholische Georg Witzel für das Wort *pontifex* ‚Papst' und lässt die Bischöfe weg: *Yederman sei, das er seyn sol. Die Pepste seien pepste* ..., während der Straßburger Reformator Wolfgang Capito den „Papst" weglässt und nur schreibt: *Es seien die bischöff bischöffe*.[49]

Der Aufruf des Erasmus zur friedlichen Beilegung der theologischen Differenzen hatte großen Einfluss auf diejenigen katholischen Theologen, die in der Kirchenspaltung für Mäßigung (*moderatio*) plädierten, einen mittleren Weg (*via media*) suchten, indem sie z. B. den Laienkelch und die Priesterehe zuließen und Luthers Gnadenlehre nahekamen. Ich nenne nur zwei Kirchenmänner: Johannes Wild, Domprediger in Mainz, publizierte drei Bände mit Predigten durch das ganze Kirchenjahr und Bibelexegesen; sie wurden mehrfach nachgedruckt. Jeder Priester im Mainzer Bistum sollte in den 1550er Jahren eine Ausgabe seiner Predigten, den Katechismus des Weihbischofs Michael Helding und die Mainzer Kirchenordung besitzen.[50] Julius Pflug, dem ‚Über die Wiederherstellung der kirchlichen Einheit' gewidmet war, hat in seinem eigenen, schon protestantisch mitverwalteten Bistum Naumburg-Zeitz für das Kirchenvolk zwei Drucke mit katechetisch-lehrhaftem Inhalt herausgegeben und an den Klerus einen lateinischen Katechismus und einen deutschen Anleitungstext zum Spenden der sieben Sakramente.[51]

---

49 Ebd., S. 269.

50 THOMAS BERGER: Johannes Wild (1495–1554). In: Katholische Theologen in der Reformationszeit. Bd. 6. Hg. von HERIBERT SMOLINSKY und PETER WALTER. Münster 2004, S. 110–131, hier S. 125.

51 HERIBERT SMOLINSKY: Julius Pflug (1499–1564). In: Katholische Theologen [Anm. 50], S. 13–32, hier S. 25f.

5. Kontroversen

a) Das Beispiel Luther – Emser 1520/21

Die typische Interaktionsform im religiösen Streit mittels Druckschriften waren Kontroversen. Sie begannen mit dem Thema Ablass zwischen Luther und Tetzel/Wimpina und anderen Beteiligten. Es folgten 1520 die Kontroversen zwischen Luther und Johannes Eck über das Papsttum, die Beichte und die Bannandrohungsbulle; zwischen Luther und Hieronymus Emser über die Frage, wie nahe Luther den Hussiten stehe, und dann noch einmal mit Emser über Luthers Schrift ‚An den christlichen Adel deutscher Nation' vom Juli 1520.

Emser schrieb zum ersten Mal eine Gegenschrift auf deutsch: ‚Wider das unchristliche Buch Martini Luthers Augustiners, an den Teutschen Adel ausgangen'. Den größten Teil des Titelblatts schmückte das Wappen Emsers [Abb. 9]. Darauf ist ein Bock mit zwei geschwungenen Hörnern auf dem prächtigen Helmbusch zu sehen; im Wappen ist noch einmal der Bock und darunter – hier nicht zu sehen – die Devise: *Hut dich, der bock stoſst dich*.

Aber noch bevor der ziemlich lange Druck von 152 Seiten erschien, wurde Luther der erste Bogen aus Leipzig zugespielt. Er antwortete im Januar 1521 sofort mit einer nur vierblättrigen Flugschrift: ‚An den Bock zu Leipzig'. Und noch vor Emsers eigentlicher Antwort gingen die Entgegnungen in schneller Folge hin und her: Emser: ‚An den Stier zu Wittenberg' – Luther: ‚Auf des Bocks zu Leipzig Antwort' – Emser: ‚Auf des Stieres zu Wittenberg wütende Replica'. Dann erst erschien Emsers ursprüngliche Gegenschrift zum Adelstraktat; darauf antwortete Luther: ‚Auf das überchristliche, übergeistliche und überkünstliche Buch Bocks Emsers zu Leipzig Antwort'. Dann wieder Emser: ‚Quadruplica auf Luthers jüngst getane Antwort, seine Reformation belangend'; darauf Luthers ironischer Widerruf: ‚Ein Widerspruch Dr. Luthers seines Irrtums, erzwungen durch den allerhochgelehrtesten Priester Gottes, Herrn Hieronymus Emser', und zum Schluss Emsers mit Befriedigung bestätigte Annahme des vermeintlichen Widerrufs.

Emser schrieb in seiner eigentlichen Antwort als Theologe im Stil einer akademischen Disputation und als Humanist mit den Werkzeugen der Rhetorik; vor allem liebt er die Dreigliedrigkeit. Die Syntax ist stellenweise in einem überladenen Kanzleistil gehalten. Emser zitiert Quellen auf Latein und verwendet lateinische Termini. Wie in wissenschaftlichen Traktaten gibt er eine vorausweisende Inhaltsgliederung („Teilung/*Divisio*") und Begriffsdifferenzierungen (so bei den Wörtern ‚geistlich' und ‚Priestertum').[52] Im Hauptteil zitiert er wörtlich einzelne Passagen aus der Adels-

[52] Zum Stil Emsers: SASKIA BRAUN: „Wider das unchristliche Buch Martin Luthers

schrift und argumentiert dagegen mit Zitaten aus der Bibel, den Kirchenvätern, den mittelalterlichen Theologen und dem Kirchenrecht. Er greift Luther auch persönlich an, nennt ihn einen *Ketzer, einen reißenden Wolf, einen Verletzer der göttlichen Majestät, einen Vorläufer des Antichrists* – aber alles im ernsten Ton rechtschaffener Verteidigung der heiligen römischen Kirche.

Luthers erste Antwort war sehr kurz, nur fünf Quartseiten lang, und bestand aus nichts anderem als aus Spott, Verachtung und Vorwürfen: Emser sei unfähig, die Bibel zu verstehen; er wisse nicht, was „Geist" und „Buchstabe" bei Paulus bedeuteten: [*Du*] *weyst nit unnd wirst noch lang nit lernen, was buchstab, geyst, tod und leben heysse in der schrifft.* [...] *du bist ein Licentiat sacrorum Canonum und ein Prohibitat sacrae scripturae*. Emser könne sich auch nicht richtig ausdrücken: *kanstu doch schier nit zu deutsch sagen, was du ym syn hast, ßo ungeschickt zuloddert unnd wüst farenn deine wort.*[53] Er schreibe nur aus Hass, Wut und Verlogenheit (die Wörter ‚Hass' und ‚(ge-)hässig' kommen auf einer Seite siebenmal vor).

Emser antwortete mit der kurzen Flugschrift ‚An den Stier zu Wittenberg', in der er wie gewohnt einzelne Zitate aus Luthers Schrift holte und versuchte, sich im Gegensatz zu ihm als einen vernünftigen, moralisch integren Disputanten zu profilieren. Er wolle nicht *schänden* und *lästern*,[54] sondern sich nur verteidigen und die Christen warnen. Emser schrieb weiterhin kanzleiartig, z. T. pathetisch und mit juristischen Formeln. Die Diskussion verschob sich auf die Ebene der Metakommunikation. Zum Schluss machte Emser sogar eine Art Friedensangebot.

Auch in der weiteren Kontroverse wählte Luther die Themen aus, schrieb unterhaltsam und witzig. Birgit Stolt hat untersucht, wie Luther Metaphern von Emser aufnimmt und in einen narrativen Kontext stellt. Emser brachte z. B. drei Waffen ins Spiel: das Schwert (die Heilige Schrift), einen langen Spieß (die lange Tradition der Kirche) und einen kurzen Degen (die Auslegung der Bibel durch die heiligen Väter). Luther fragt nun Emser, warum er nicht die Waffen aus dem Epheserbrief genommen habe:

> *SIhe, Bocks Emser, bistu der man mit dem langen spieß unnd kurtzen degen? behut gott fur gabelstichen, die machen drey locher. Bocks Emser, du bist myr eyn seltzam kriegsman. Sanct Paulus hatt Ephe. Ult. vier gotlich wapen beschriben, eyn schwerd, eyn hellm, eyn pantzer, eyn schildt, der selben bedarfstu nit mehr denn eyns, des schwerdts, und weyl S. Paulus zu wenig geleret* [hat], *besserstu den harnisch mit eynem langen spieß und kurtzen degen, und flux myr zu, mit blossem kopf, blosser brust, blossem bauch, alß werd ich nit mehr thun, denn fur dyr*

...". Zur rhetorischen Konzeption in Hieronymus Emsers refutatio auf Luthers Adelsschrift. In: Daphnis 38 (2009), S. 491–527.

[53] Alle Zitate: Luther, WA 7, S. 262.

[54] Hieronymus Emser: An den Stier zu Wittenberg. In: Luther und Emser. Ihre Streitschriften aus dem Jahre 1521. Hg. von LUDWIG ENDERS. Bd. 2, Halle 1889, S. 4.

> *kniend mich den nackten ritter stechen lassen und sagen ‚gnad juncker Bock, seyd uns gnedig am leben'.*[55]

Solche Passagen sind auch heute noch mit Vergnügen zu lesen. Man ist an die Kontroverse zwischen Lessing und dem Hamburger Hauptpastor Johann Melchior Goeze über die religionskritischen ‚Fragmente eines Ungenannten' erinnert. Lessing schrieb einen leichten, bildlichen, journalistischen und gesprochensprachlichen Stil mit viel Ironie und Humor. Goeze schrieb traktathaft und umständlich. Er beklagte sich sogar über Lessings Schreibweise angesichts eines so ernsten Themas.

Luther ließ sich in seiner Hauptschrift dann doch auf eine inhaltliche Auseinandersetzung ein und behandelte die reformatorischen Kernthemen Schrift und Tradition, Schriftauslegung, allgemeines Priestertum, Gesetz und Gnade, Zölibat und Papsttum. Aber er bestimmte die Themen; er wechselte die Textsorten und die Tonarten; er führte eine neue Art der öffentlichen Auseinandersetzung ein. Kai Bremer[56] verglich diesen ungleichen Kampf mit dem Märchen vom Hasen und dem Igel: Der Igel Luther lässt den Hasen Emser ins Leere laufen; wo dieser auch ankommt, ist immer schon ein anderer Luther da; Emser kann immer nur reagieren.

b) Zum Publikumserfolg reformatorischer Schriften

Es nimmt nicht wunder, dass Luthers amüsant zu lesende Flugschriften mehr Absatz fanden als die nüchternen akademischen der römischen Gegenseite. Emser ist einer der ersten Zeugen dafür, dass die Altgläubigen publizistisch ins Hintertreffen gerieten. Er schrieb, dass

> *der ketzer bucher, nach dem der druck auff komen, nicht wandern, sonder fliegen durch alle land, und der gemein hauff mehr geneigt* [ist,] *das boß tzu lesen dann das gut, der lugen* [mehr] *tzu glauben dann der warheit.* [...] *man mus warlich mit dem ernst dartzu thon, und das ubel mit gewalt außroden.*[57]

Die Drucker und Buchführer, die Luthers „Schandbücher" wider das päpstliche und kaiserliche Verbot drucken und ausbreiten ließen, sollten gestraft werden.[58] Auch Johannes Cochläus klagte 1540 in einem Brief (übersetzt):

> „Für unsere katholischen Schriftsteller gegen die Häretiker war in Deutschland seit nunmehr 20 Jahren nichts beschwerlicher und verderblicher als die

[55] Luther, WA 7, S. 621.

[56] KAI BREMER: Religionsstreitigkeiten. Volkssprachliche Kontroversen zwischen altgläubigen und evangelischen Theologen im 16. Jahrhundert. Tübingen 2005, S. 98f.

[57] Hieronymus Emser: Wider das unchristliche Buch Martini Luthers Augustiners, an den Tewtschen Adel außgangen. In: ENDERS (Hg.), Luther und Emser [Anm. 54], Bd. 1, S. 137.

[58] Emser, Stier [Anm. 54], Bd. 2, S. 217f.

> Untreue und Nachlässigkeit, ja oft auch der Mangel an Druckern [...] der Mangel, weil sie, die fast alle vom Luthertum angesteckt sind, uns nichts druckten, wenn sie nicht mit Geld bestochen wurden."[59]

Der Rat der Stadt Leipzig gab 1524 eine Klage der Drucker an den katholischen Herzog Georg weiter, sie dürften

> *nichts neues, das zu Wittenberg ader sust gemacht, alhir drugken und vorkaufen. Dann welchs man gerne kouft und darnach die frage ist, mussen* [dürfen] *sie nit haben noch vorkaufen; was sie aber in großen houfen bey sich liegen haben* [katholische Schriften], *dasselbig begert nymands und wenn sie es auch umbsust geben wolten.*[60]

Die Gedanken und Vorschläge der Reformatoren waren überraschend und neu und hatten dadurch einen größeren Aufmerksamkeitswert. Von ihren theoretischen Voraussetzungen her – Schriftprinzip und allgemeines Priestertum – hatten die Reformatoren auch von vornherein ein positives Verhältnis zum Buchdruck.[61] Sie schrieben früher und häufiger als die romtreuen Theologen deutsche Flugschriften.

Mark Edwards hat den Anteil deutscher gegenüber lateinischen Kontroversschriften bei katholischen Autoren statistisch berechnet. Danach setzten deutsche Schriften um 1520 bei 41% ein, stiegen bis 1530 auf 49% und fielen dann bis 1550 auf 27%. Demgegenüber wurden allein von Luther bis zum Jahr 1544 3.054 Drucke veröffentlicht (ohne die Bibeltexte!), von denen durchschnittlich 80% deutsche Texte waren.[62]

6. Altkirchliche Autoren

Der einzige altkirchliche Autor, der unter dem Blickwinkel des Witzes und der Phantasie Luther ebenbürtig war, war Thomas Murner mit seiner Satire ‚Vom großen lutherischen Narren' (1522).[63] Murner brachte die li-

---

[59] Zit. bei HILDEGARD SCHNABEL: Zur historischen Beurteilung der Flugschriftenhändler in der Zeit der frühen Reformation und des Bauernkriegs. In: Wissenschaftliche Zeitschrift der Humboldt-Universität zu Berlin. Gesellschafts- und sprachwissenschaftliche Reihe XIV (1965), S. 869–880, hier S. 873. Dort weitere Zeugnisse.

[60] Zit. bei EDWARDS, Catholic Literature [Anm. 24], S. 189–205, hier S. 191 mit Verweis auf die Quelle.

[61] WOHLFEIL, Reformatorische Öffentlichkeit [Anm. 27], S. 49. Für Luther war der Buchdruck „das letzte und zugleich größte Geschenk [Gottes]", zit. bei GIESECKE, Buchdruck [Anm. 17], S. 162.

[62] EDWARDS, Catholic Literature [Anm. 24], S. 191.

[63] JÜRGEN SCHUTTE: „Schympfred". Frühformen bürgerlicher Agitation in Thomas Murners „Großem Lutherischen Narren" (1522). Stuttgart 1973 (Germanistische Abhandlungen 41); SEBASTIAN ROSENBERGER: Von „römischen Türken" und „lutherischen Narren". Eigen- und Fremdbezeichnungen in der Reformationssatire. In: Linguistische Zugänge zu Konflikten in europäischen Sprachräumen. Korpus – Pragmatik – kontrovers. Hg. von FRIEDEMANN VOGEL [u. a.]. Heidelberg 2016, S. 139–164.

terarische Form der Narrensatire im volkstümlichen Ton der Knittelverse in die Religionspolemik ein und verstärkte Spott und Hohn, wie es in der Narrenliteratur üblich war, mit handwerklich gut gemachten Holzschnitten. In einer Szene will Murner die Tochter Luthers – sie steht allegorisch für dessen Lehre – heiraten, merkt aber in der Hochzeitsnacht, dass die Braut voller Grind ist. Er verstößt sie, und er kann dies tun, weil ja die Ehe nach Luther kein Sakrament mehr ist. Im Text sagt er zu Luther:

So hast du gelehret auch noch meh.
Kein Sakrament soll sein die Eh.
Ist es dann kein Sakrament,
So hab ich dich doch nicht geschänt.[64]

In einer anderen Szene lehnt Luther sterbend Beichte und Letzte Ölung ab und fährt in einer Art Höllensturz in die Abortgrube [Abb. 10].[65] Im Text heißt es dazu: *Alls ins Scheißhus mit dem Mann, / Der kein Sakrament will han*. Die Katzen singen dazu den „Leibfall", den Beerdigungsritus.

Die gegenreformatorische Publizistik wurde mit jedem Jahrzehnt stärker. Wilbirgis Klaiber hat schon 1978 für das 16. Jahrhundert 3.456 Drukke von 355 katholischen Autoren bibliografiert. Die Zentren der altgläubigen Publizistik waren in den ersten 20 Jahren Köln und Mainz mit mehr lateinischen, Dresden und Leipzig mit mehr deutschen Flugschriften.

Die produktivsten Autoren in der ersten Hälfte des 16. Jahrhunderts waren neben Emser, Murner und Cochläus: Johannes Eck, Peter Sylvius und Georg Witzel.[66] Johannes Eck, der früheste und theologisch bedeutendste Gegner Luthers, begleitete mit seinen Schriften den Prozess der Kirchenspaltung über alle Stationen.[67] Er antwortete auf die Ablassthesen mit den ‚Obelisci'. Er schrieb über das Verhör Luthers in Augsburg (Oktober 1518) und die Leipziger Disputation 1519. Er war Mitautor der Bannandrohungsbulle ‚Exsurge Domine' 1520. Er verteidigte 1522 den Primat des Papstes. Er verfasste drei Abhandlungen zum Sakrament der Buße (1522/23) und eine zur Verteidigung der Messe (1526). Er war der Autor der verbreitetsten katholischen Kontroversschrift überhaupt, des ‚Enchiridion locorum communium adversus Lutherum' (1525), in dem er zu 39 umstrittenen theologischen Themen die jeweiligen Argumente der katholischen Kirche lieferte. Das ‚Enchiridion' wurde 121 Mal gedruckt, davon fünfmal auf Deutsch. Eck war der Hauptgegner der Protestanten auf dem Augsburger Reichstag 1530. Er sammelte damals ‚404 Häresieartikel' und verfasste die vom Kaiser bestellte, offizielle ‚Confutatio' der ‚Confessio Augustana'.

---

[64] Thomas Murner: Von dem großen lutherischen Narren. Hg. von PAUL MERKER. Straßburg 1918, S. 259.

[65] Ebd., S. 267.

[66] EDWARDS, Catholic Literature [Anm. 24], S. 198.

[67] Das Folgende nach ERWIN ISERLOH: Johannes Eck (1486–1543). Scholastiker, Humanist, Kontroverstheologe. Münster 1981.

Wie Luther beherrschte Eck unterschiedliche Textsorten und die Kunst des persönlichen Angriffs. Er veröffentlichte fünf Bände mit deutschen Predigten. Er übersetzte 1537 die Bibel ins Bairisch getönte Oberdeutsche und nahm schließlich noch an den Religionsgesprächen in Worms und Regensburg 1539/40 teil. Eck hat mehrmals (besonders in Leipzig und Augsburg) durch seine Hartnäckigkeit und Provokationslust den Prozess der konfessionellen Profilierung beider Seiten vorangetrieben. – Lehrschriften zu den umstrittenen Themen, ein Handbuch, Predigten, Bibelübersetzung: in Vielem organisierte Eck publizistische Parallel- bzw. Aufholaktionen gegen die Reformatoren.

7. Neue literarische Gattungen und Textsorten

Der konfessionelle Streit hat alte Textsorten und literarische Gattungen wiederbelebt, so den Prosadialog in seinen verschiedenen Ausprägungen, vor allem den auf Lukian zurückgehenden satirischen Dialog zur Bloßstellung des Gegners;[68] die Legende und Antilegende,[69] speziell die Märtyrerlegende nach den ersten Ketzerverbrennungen von reformatorischen Geistlichen in Brüssel, Heide, Wien, Meersburg, Passau und Köln (1523–1529);[70] die Biografie mit dem Ziel, den angeblichen Helden als Missetäter zu entlarven (die schon genannten ‚Commentaria de actis et scriptis Martini Lutheri' des Cochläus, die jahrhundertelang das katholische Lutherbild bestimmten); die antike Tragödie als bloß äußerliche Form, um die Wittenberger Reformatoren und ihre Frauen mit ihren Streitereien, Eifersüchteleien und sexuellen Begierden zu inszenieren (wieder Cochläus: ‚Tragedia Johannis Hussen' 1538).

Reformation und katholische Reform haben auch neue Textsorten hervorgebracht. Ich nenne nur einige: den Katechismus und das Gesangbuch,[71] Sammlungen von Bibelstellen zum Gebrauch in Diskussionen,[72] antikonfessionell ausgerichtete Handbücher (Melanchthon, Eck), eine Utopie (Hans Hergot: ‚Von der neuen Wandlung eines christlichen Lebens'

---

[68] RUDOLF BENTZINGER: Einleitung. In: ders., Wahrheit [Anm. 40], S. 8–40; JÜRGEN KAMPE: Problem „Reformationsdialog“. Untersuchungen zu einer Gattung im reformatorischen Medienwettstreit. Tübingen 1997 (Beiträge zur Dialogforschung 14).

[69] Volkserzählung und Reformation. Ein Handbuch zur Tradierung und Funktion von Erzählstoffen und Erzählliteratur im Protestantismus. Hg. von WOLFGANG BRÜCKNER. Berlin 1974.

[70] BERND MOELLER: Inquisition und Martyrium in Flugschriften der frühen Reformation in Deutschland. In: ders.: Luther-Rezeption. Kirchenhistorische Aufsätze zur Reformationsgeschichte. Hg. von JOHANNES SCHILLING. Göttingen 2001, S. 219–244.

[71] Horst Brunner in diesem Band.

[72] Z. B. Jörg Birckenmeyer (Berckenmeyer), „zu Ulm ein Lay“: ‚Register der heiligen Schrift, der Punkte und Artikel, die jetzt disputiert (werden)' (1525) mit Bibelstellen zu theologischen Begriffen und Sentenzen.

[1527]), die antirömischen Wunderzeichensammlungen von Job Fincel (1556)[73] und Kaspar Goldwurm (1557),[74] die Mit- und Nachschriften von Gesprächen (Luthers ‚Tischgespräche') und Disputationen, die aus dem Raum der Universität in eine politische Öffentlichkeit überführt wurden, z. B. das ziemlich genau protokollierte Religionsgespräch vom 29. Januar 1523 in Zürich, mit dem dort die Reformation eingeführt wurde.[75]

8. Weitere Kontroversen

Das ganze 16. Jahrhundert ist gekennzeichnet von Kontroversen und publizistischen Aktionen, die mit Texten, Bildern, Liedern, Religionsgesprächen, Theaterstücken, Schaumünzen und Veranstaltungen durchgeführt wurden. Ich muss mich auf ein paar Beispiele beschränken:

1. Der Kriegszug des Schmalkaldischen Bundes gegen das Herzogtum Braunschweig-Wolfenbüttel, in dem Martin Luther seine vorletzte große Invektive ‚Wider Hans Worst' (1541) geschrieben hat, brachte ca. 120 Drucke hervor.[76] Kursachsen und Hessen ließen 852 Exemplare ihrer offiziellen, juristisch argumentierenden Rechtfertigungsschrift ‚Wahrhafter Unterricht' an die Kanzleien des Reichs mit Boten verschicken, während für die Bevölkerung historische Ereignislieder, „lustige" Gespräche, Neue Zeitungen und „wahrhafte" Kontrafakturen gedruckt wurden.[77]

2. Der Schmalkaldische Krieg von 1546/47 und die Jahre bis 1555 waren nach den Anfangsjahren der Reformation der zweite Höhepunkt publizistischer Produktionen.[78]

---

[73] HEINZ SCHILLING: Job Fincel und die Zeichen der Endzeit. In: Volkserzählung [Anm. 69], S. 326–392.

[74] Kaspar Goldwurm *Athesinus* (1524–1559). Zur 450. Wiederkehr seines Todesjahres. Akten des 6. Symposiums der Sterzinger Osterspiele (Sterzing 6.–8. April 2009). Hg. von MAX SILLER. Innsbruck 2011.

[75] BERND MOELLER: Zwinglis Disputationen. Studien zur Kirchengründung in den Städten der frühen Reformation. 2. Aufl. Göttingen 2011, S. 13–53. Wichtig für Stadt und Region Zürich war die wertend berichtende Flugschrift von Hans Hegenwald, ‚Handlung der Versammlung in der Stadt Zürich auf den 29. Januar 1523', die siebenmal gedruckt wurde.

[76] MARK U. EDWARDS: Luther's Last Battles. Politics and Polemics, 1531–46. Leiden 1983, S. 143–162.

[77] GABRIELE HAUG-MORITZ: Der Wolfenbütteler Krieg des Schmalkaldischen Bundes (1542). Die Öffentlichkeit des Reichstages und die Öffentlichkeit des Reichs. In: Der Reichstag 1486–1613: Kommunikation – Wahrnehmung – Öffentlichkeiten. Hg. von MAXIMILIAN LANZINNER und ARNO STROHMEYER. Göttingen 2006, S. 259–280. Die Liste der Adressaten des ‚Wahrhaften Unterrichts' S. 266–270.

[78] RICHARD G. COLE: The Reformation Pamphlet and Communication Processes. In: Flugschriften als Massenmedium [Anm. 26], S. 139–161, hier S. 151. OSKAR WALDECK (Die Publizistik des Schmalkaldischen Krieges. In: Archiv für Reformationsge-

3. Die Konzilsfrage brachte bis zum Jahr 1563, dem Ende der dritten Periode des Trienter Konzils, 185 einschlägige Schriften hervor; davon wurden ca. zwei Drittel von protestantischer, ein Drittel von katholischer Seite verfasst.[79]

Unter der Bezeichnung ‚Nas-Fischart-Kontroverse' haben der Franziskaner Johannes Nas und der protestantische Jurist und Schriftsteller Johann Fischart zusammen mit ihren jeweiligen Anhängern in den Jahren 1567 bis 1571 zehn große illustrierte Flugblätter herausgegeben, die von Mal zu Mal aufeinander Bezug nahmen.[80] Das Ausgangsblatt war die ‚Anatomia Lutheri' des Vitus Jacobäus mit lateinischem Text und des Johannes Nas mit deutschem Text [Abb. 11]. Die Leiche Luthers liegt auf einem Schragen, und neun Theologen der unterschiedlichen protestantischen Richtungen malträtieren sie. Zum Beispiel beißt links Cyriacus Spangenberg (ein Flacianer) in das Bein Luthers. In der Mitte sägen Jakob Andreä und Dr. Eberus die Leiche entzwei; Melanchthon schaut zu. Rechts stößt Calvin einen Spieß in das Herz, und Zwingli schwingt ein Metzgerbeil.[81]

Das thematische Antwortblatt von Johann Fischart [Abb. 12] rückt den heiligen Franziskus ins Zentrum, der übrigens im Text nicht kritisiert wird. Hier sind es 15 Aufspaltungen des Franziskanerordens (Theatiner, Kapuziner, Kordelierer, Repentiner, Pauliner, Pauperer etc.), deren Vertreter sich der Kleidungsstücke des Ordensgründers zu bemächtigen suchen und darüber in Streit geraten. Vorne rechts steht Nas. Er hält auf einem Buch mit der Aufschrift *Nasch* einen Kothaufen. Im Text heißt ist es: der *Angstschweiß und Geruch* – also auch hier grobianisch Ekelhaftes.

9. Die Vertreibung der Protestanten aus dem Hochstift Würzburg 1589

Ich möchte zum Schluss auf eine Kontroverse mit Würzburger Bezug eingehen. Julius Echter führte ab 1585 eine rigorose Rekatholisierung seines Herrschaftsgebietes durch. Diejenigen Protestanten, die ihren Glau-

schichte 7 [1909/10], S. 1–55; 8 [1910/11], S. 44–133) bespricht 153 Drucke, darunter 14 zur Frage, ob für Protestanten militärischer Widerstand gegen den Kaiser erlaubt sei.

79 THOMAS BROCKMANN: Die Konzilsfrage in den Flug- und Streitschriften des deutschen Sprachraumes 1518–1563. Göttingen 1998, S. 329.

80 Diese Kontroverse wurde mehrmals untersucht: FREDERICK STOPP: Der religiös-polemische Einblattdruck ‚Ecclesia Militans' (1569) des Johannes Nas und seine Vorgänger. In: Deutsche Vierteljahrsschrift für Literaturwissenschaft und Geistesgeschichte 39 (1965), S. 588–638; HARRY OELKE: Konfessionelle Bildpropaganda des späten 16. Jahrhunderts: Die Nas-Fischart-Kontroverse 1568/71. In: Archiv für Reformationsgeschichte 87 (1996), S. 149–204; NINA-MARIA KLUG: Das konfessionelle Flugblatt 1563–1580. Eine Studie zur historischen Semiotik und Textanalyse. Berlin, Boston 2012.

81 OELKE, Bildpropaganda [Anm. 80], S. 165.

ben nicht aufgeben wollten, mussten das Hochstift verlassen und ab 1587 ihren Besitz verkaufen. Ungefähr 600 Familien wanderten aus.[82]

Die Kontroverse begann mit zwei Flugschriften des protestantischen Pfarrers Alexander Utzinger von Schmalkalden.[83] Seine zweite Flugschrift lautete: ‚Christlicher Sendbrief an alle frommen Christen, die itzo umb der euangelischen Wahrheit willen von ihrer eigenen Obrigkeit, wider Gott und Recht, verfolget, geplagt und verjagt werden im Lande zu Franken'. Utzinger tröstete seine standhaft gebliebenen Glaubensgenossen, drohte den Abfälligen – und diese waren die große Mehrheit – mit der ewigen Hölle; und er griff den Landesherrn an, aber maßvoll, ohne seinen Namen zu nennen.

Echter beauftragte daraufhin den damals berühmten Wiener Kontroverstheologen Georg Scherer mit einer Gegenschrift: ‚Georgen Scherers Antwort auff die zwey vnverschaempte vnd Ehrenschmähende Famos-, Schandt vnd Laestercharten M. Alexanders Utzingers eines Predicanten zu Schmalkalden' (1589).[84] Scherer ging nach dem Prinzip der ‚vollständigen Antwort' auf jedes Thema Utzingers ein und legte in 18 Kapiteln den katholischen Standpunkt zu den umstrittenen theologischen Themen mit vielen, teils lateinischen Väterzitaten dar. Den Bischof pries er als *sanftmütig, freundlich, väterlich* und *demütig*. Diese Antwort war nun mit 96 Blättern mehr als doppelt so lang wie Utzingers Schrift. Dessen Antwortschrift (‚Hochverursachte Gegenantwort') wurde noch länger (118 Blätter).

In der weiteren Kontroverse bestimmten Allegorien immer mehr die Texte. Scherer hatte sie mit dem „lutherischen Bettlersmantel" eingeführt: Die Protestanten trügen einen zerfetzten Mantel, dessen Flicken die einzelnen Ketzerbewegungen darstellten. Utzinger gab das Bild an Scherer zurück: ‚Vom schlimmen losen BettlersMantel, des Wienischen Scherers, zu WürtzBurgk newlich, als ein hochmeisterlich Wunderkleid, nachgeflickt' (1588). Die *Bäpstliche Religion* sei selbst ein Flickenmantel, da sie so viele Zusätze habe, dass man das rechte Tuch der Heiligen Schrift nicht mehr erkennen könne (S. B1b, C4a), und Scherer habe an diesen Mantel noch eine Narrenkappe mit zwölf Schellen gehängt. Beide Kontrahenten schrieben nun witziger und auch derber. Scherer: Utzinger könne nicht

[82] ROBERT MEIER: Julius Echter. 1545–1617. Würzburg 2017, S. 63. Vgl. dazu auch den Beitrag von Rainer Leng in diesem Band.

[83] Zu dieser Kontroverse: HILDEGARD TRAITLER: Konfession und Politik. Interkonfessionelle Flugschriftenpolemik aus Süddeutschland und Österreich (1564–1612). Frankfurt a. M. [u. a.] 1989, S. 148–152; JOHANNES SCHWITALLA: Wenn Fundamentalisten miteinander streiten. Aporien der Flugschriftenkontroverse um die Vertreibung der Protestanten aus dem Hochstift Würzburg 1588–90. In: Sprachhandeln und Medienstruktur in der politischen Kommunikation. Hg. von STEPHAN HABSCHEID und MICHAEL KLEMM. Tübingen 2007 (Reihe Germanistische Linguistik 279), S. 261–279.

[84] Zur Polemik der Jesuiten: THOMAS GLONING: Das sprachliche Wirken der Jesuiten in der frühen Neuzeit – Kontroversschriften und die „Historia von dem Leben/ Ableiben vnd Wunderzeichen des seligen Jünglings Aloysij Gonzagae". In: Chloe. Beihefte zum Daphnis 25 (1997), S. 739–762.

vor der heiligen Hostie niederknien, weil davon nichts im Neuen Testament stehe. Utzinger: Den Schererischen Bettlermantel könne man nur als Klopapier verwenden.

Ein Dritter schaltete sich ein, der ehemalige Spitalmeister des Juliusspitals, Abraham Nagel, mit seiner Schrift ‚Schüttlung des vermeinten Christenbaums' (1589). Nagel führte eine neue Allegorie ein: die vom Ketzerbaum, den Luzifer gepflanzt habe, dessen Wurzeln alle Ketzer seien, angefangen von Kain. Der Stamm sei Martin Luther, die Äste die neuen „Sekten". Der Stamm stehe auf Sand, Stein und unter Dornen. Die Flugschrift endet mit einem Gedicht:

Was nützlich ist denn dieser Baum?
Der Gott schädlich, den Menschen kaum
Nützet, den Thieren schaden thut,
Ausgheckt, ausgreut, und wäre gut,
Immer mit ihm dem Ofen zu,
So würd der Mensch gut haben Ruh.
Amen (S. X4b)

Das war eine unverhohlene Androhung der Todesstrafe für Ketzer (S. X1b–X2a). Also auch hier wieder am Ende einer Kontroverse: kein Verstehen, kein Kompromiss.

In den 1580er Jahren war der Prozess der Konfessionalisierung im vollen Gange, und wenn sich eine Reichsstadt oder ein Landesherr auf eine der drei Konfessionen festgelegt hatte, wurden im eigenen Territorium religiöse Schriften der anderen Konfessionen verboten. Mit dem Ende des Tridentinums 1563 und der lutherischen Konkordienformel 1577 waren die theologischen Positionen festgeklopft. Flugblätter wie die von Nas und Fischart, Flug- und Streitschriften wie die von Utzinger, Scherer und Nagel dienten nun nicht mehr als werbende Überzeugungsversuche nach außen, sondern der konfessionellen Stabilisierung und emotionalen Vereinheitlichung nach innen. Flugschriften anderer Konfessionen durften ja schon nach 1525 nicht mehr vertrieben und gelesen werden.

Die konfessionelle Propaganda hatte auf lange Sicht Erfolg, wie man aus den Kalendereintragungen des Würzburger Tuchscherers Jakob Röder erkennen kann. 1607 schrieb er, er sei *zu Kitzingen* [bei] *der lutherischen kirch- und freßweihe gewest mit meim weib*; und 1608 nannte er Julius Echter *unser*[en] *vatter, fürsten, hirt*[en] *und wandernd*[en] *bischof.*[85]

Der Historiker Wolfgang Reinhard hat in seinem Aufsatz ‚Zwang zur Konfessionalisierung?'[86] ein sieben Punkte umfassendes Programm zur

[85] DIETER KERLER: Unter Fürstbischof Julius. Kalendereinträge des Tuchscherers Jakob Röder. In: Archiv des historischen Vereins von Unterfranken und Aschaffenburg 41 (1899), S. 1–70, hier S. 16, 21.

[86] WOLFGANG REINHARD: Zwang zur Konfessionalisierung? Prolegomena zu einer Theorie des konfessionellen Zeitalters. In: ZHF 10 (1983), S. 257–277.

Durchsetzung von religiösen Großgruppen beschrieben. Mindestens die folgenden drei Ziele wurden durch die zunächst religiöse, dann konfessionelle Publizistik gefördert: 1. die Verbreitung klarer theoretischer Positionen und die Abwehr von gegnerischen Ansichten, 2. die religiöse Propaganda, 3. die Beeinflussung des Denkens durch Sprache, d. h. durch Fahnen- und Stigmawörter, durch Stereotypen und Argumentationsmuster.

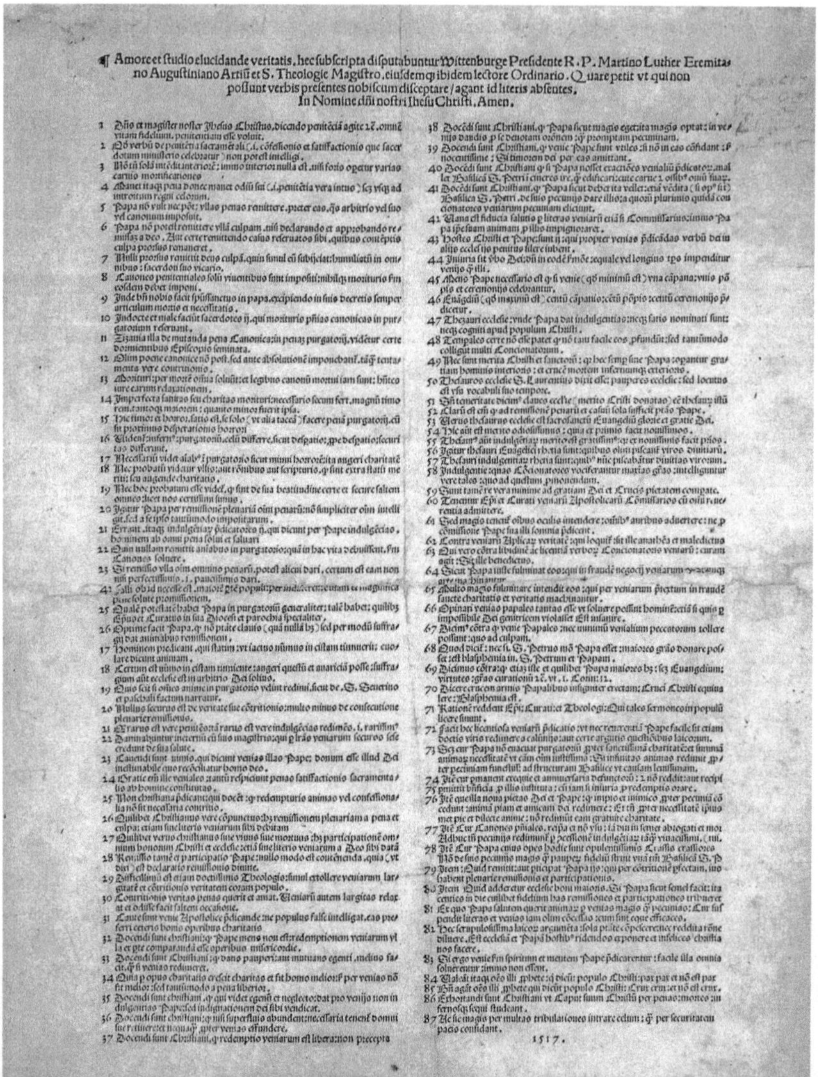

Amore et studio elucidande veritatis, hec subscripta disputabuntur Wittenburge Presidente R. P. Martino Luther Eremitano Augustiniano Artiũ et S. Theologie Magistro, eiusdemq; ibidem lectore Ordinario. Quare petit ut qui non possunt verbis presentes nobiscum disceptare / agant id literis absentes. In Nomine dñi nostri Ihesu Christi. Amen.

1517.

Abb. 1: Luthers ‚95 Thesen': Plakatdruck, Leipzig 1517. Berlin, Geheimes Staatsarchiv, Preußischer Kulturbesitz. Bestellsignatur: GStA PK, I. HA GR Rep. 13, Nr. 4-5a Fasz. 1.

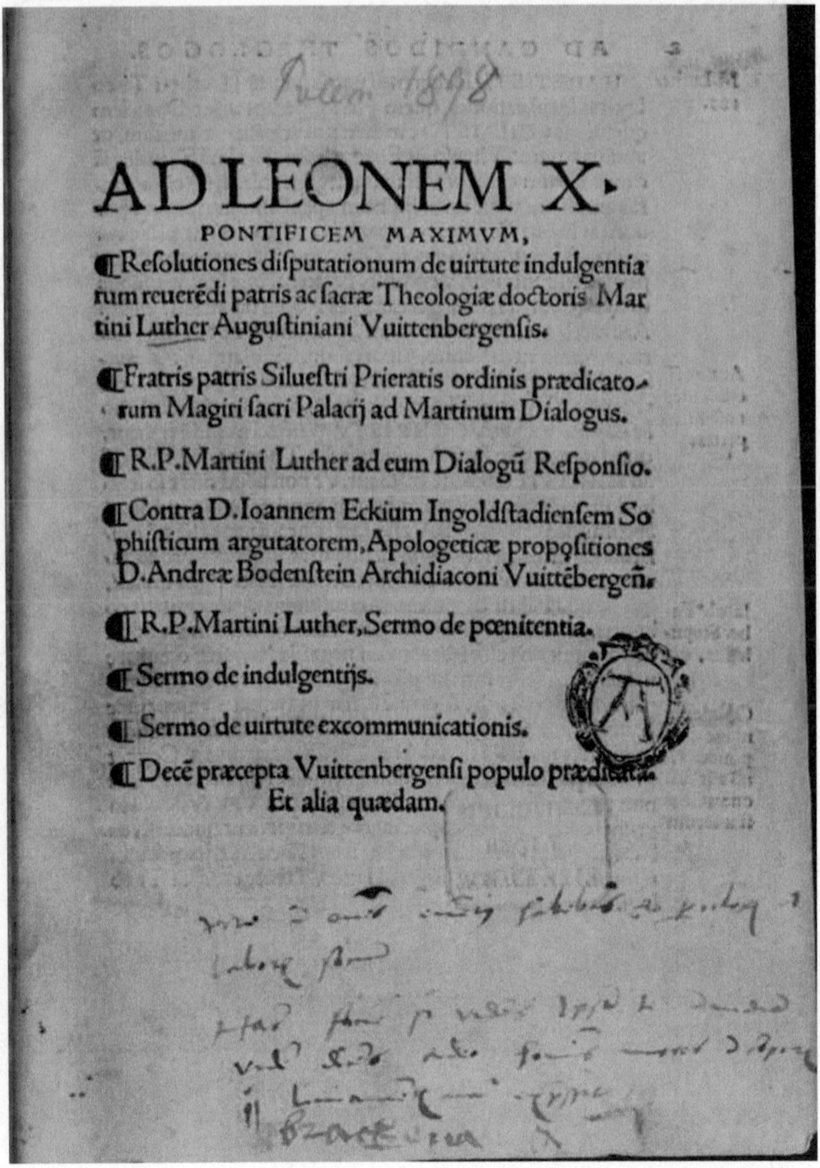

Abb. 2. Titelblatt der lateinischen Sammelausgabe von Luthers Schriften, Basel, Oktober 1518. Bayerische Staatsbibliothek München. Sig.: 4 Polem. 1898. urn:nbn:de:bvb:12-bsb00023408-3.

Abb. 3: Verkäufer von Neuen Zeitungen. Die ‚Neue Zeitung' auf dem Hut bringt die Nachricht von der Ermordung des Herzogs von Guise 1563. Staatsbibliothek zu Berlin. Bpk Bildagentur. Vgl. Illustrierte Flugblätter aus den Jahrhunderten der Reformation und der Glaubenskämpfe. Hg. von WOLFGANG HARMS, bearb. von BEATE RATTAY. Coburg 1983, S. IX.

Hetstu nit geredt widder Gott
So gschehe dir nit solcher spott.
Ich hab dir geben deinen lon
Spot zum schaden mûstu nun han.
Du henckst aldo mit füß vnd handt
Far hien büchlin in frembde landt.
Man wirt dich lesen an all ort
Stee nit still vnd mach dich hin vort.
Vnd hüt dich für des Juden hauß
Kumstu darein mach dich bald auß.
Kumstu zû eynem frommen Christ
Bleyb bey jm sonder alle list.
Auß dir soll mir keyn schertz nit sein
Pefferkoren wont an dem Rhein.
Zû Cöllen meyster im Spital
Zû Recht will er steen überal.

Abb. 4: Der gevierteilte Reuchlin. Johannes Pfefferkorn, Eine mitleidige Klag über alle Klag (1521). Universitäts- und Landesbibliothek Münster, Coll. ERH 13, Bl. H4b. Vgl. KÖHLER [u. a.], Flugschriften [Anm. 3], Fiche 398, Nr. 1082.

Abb. 5: Kardinal Albrecht von Mainz, Kardinal Truchseß von Augsburg, Johannes Cochläus (?) und Papst Paul III., an ihren Zungen an einem Galgengerüst aufgehängt. Aus: Martin Luther, Abbildung des Papsttums (1545). In: Luther, WA 54, Bildanhang Nr. 8.

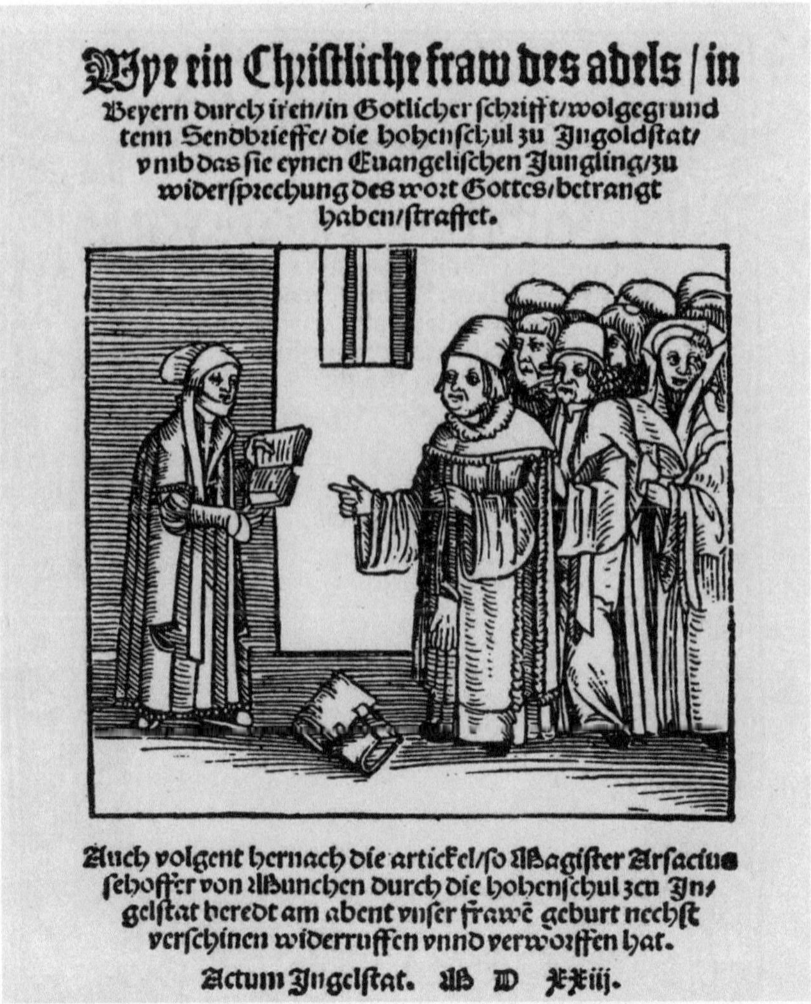

Wye ein Christliche fraw des adels / in
Beyern durch iren/ in Gotlicher schrifft/ wolgegrund-
tenn Sendbrieffe/ die hohenschul zu Ingoldstat/
vnnd das sie eynen Euangelischen Jungling/ zu
widersprechung des wort Gottes/ betrangt
haben/ strafft.

Auch volgent hernach die artickel/ so Magister Arsacius
Sehoffer von Munchen durch die hohenschul zcu In-
gelstat beredt am abent vnser frawē geburt nechst
verschinen widerruffen vnnd verworffen hat.

Actum Ingelstat. M D XXiij.

Abb. 6: Argula von Grumbach, Wie eine Frau des Adels die Hoheschul zu Ingolstadt straft (1523), Titelblatt. Herzog August Bibliothek Wolfenbüttel. Sig.: 420.3 Theol. (19). Vgl. Argula von Grumbach, Schriften [Anm. 31], S. 59, S. 60f.; KOMMER, Reformatorische Flugschriften [Anm. 31], S. 60. Es gibt zwei weitere Titelholzschnitte desselben Textes, in denen Argula von Grumbach auf die Bibel bzw. auf die Theologen zeigt.

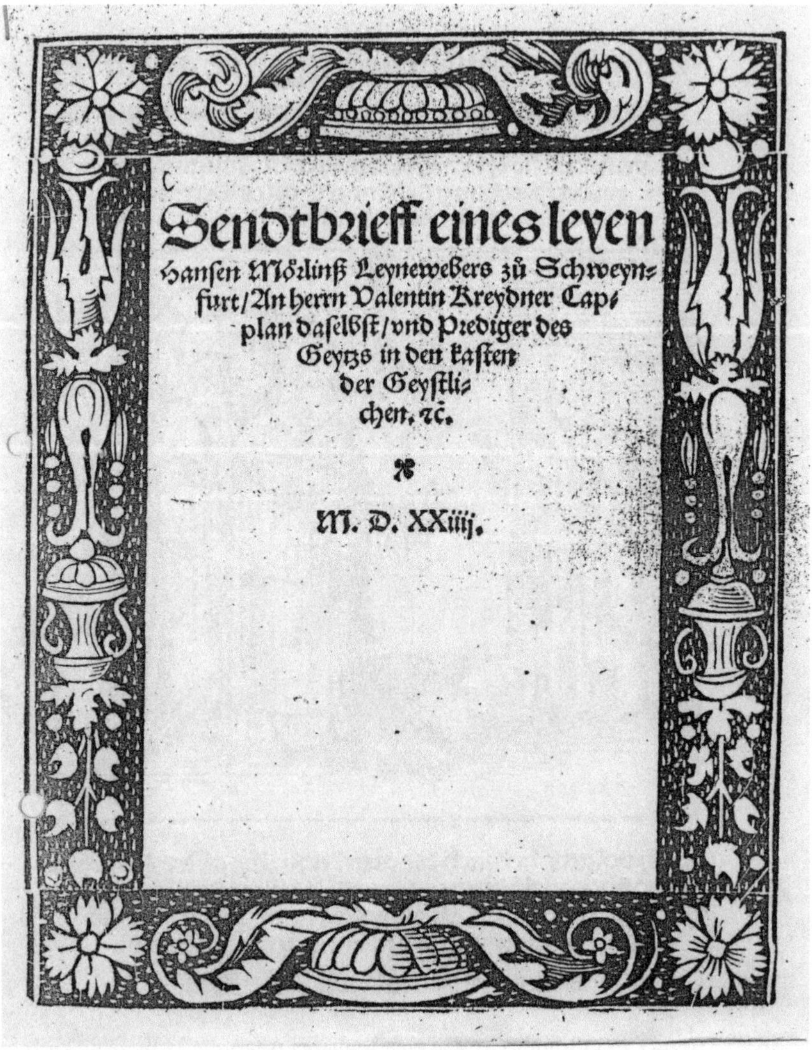

Sendtbrieff eines leyen
Hansen Mörlinß Leynewebers zů Schweyn=
furt/ An herrn Valentin Kreydner Cap=
plan daselbst/ vnd Prediger des
Geytzs in den kasten
der Geystli=
chen. ꝛc.

M. D. XXiiij.

Abb. 7: Hans Mörlin: ‚Sendbrief eines Laien' (1524). Stadtbibliothek im Bildungscampus Nürnberg, Theol. 917/4° (21).

Abb. 8: ‚Von Wallfahrt. Erasmi Roderodami Vermahnung, wo Christus und sein Reich zu suchen ist'. Die vier Ecken des Titelblattes geben schon die Antwort: in den Evangelien. Aus: HOLECZEK, Erasmus deutsch [Anm. 44], S. 72.

Abb. 9: Das Wappen Hieronymus Emsers. Aus: GUSTAV KAWERAU: Hieronymus Emser. Ein Lebensbild aus der Reformationsgeschichte. Halle a. d. S. 1898 (Schriften des Vereins für Reformationsgeschichte XV. Jg., Schrift 61), S. 132.

Abb. 10: Thomas Murner: ‚Von dem großen lutherischen Narren'. Luther stürzt in die Abortgrube. Aus: MERKER (Hg.), Murner [Anm. 64], S. 267.

Abb. 11: Johannes Nas: ‚Anatomia Lutheri' (1567). Kunstsammlungen der Veste Coburg. Inv.-Nr. I,355,1a. Vgl. OELKE, Konfessionelle Bildpropaganda [Anm. 79], S. 188f.

Abb. 12: Johann Fischart: ‚Der Barfüßer Sekten- und Kuttenstreit' (1577). Herzog August Bibliothek Wolfenbüttel. Sig.: Cod. Guelf. 31.8 Aug 2°, fol. 452r. Vgl. OELKE, Konfessionelle Bildpropaganda [Anm. 80], S. 193.

Stephan Kraft

Paul Rebhuns Susannenspiel – ein paradigmatischer Fall des protestantischen Bibeldramas

1.

Wie zahlreiche andere christlich-religiöse Stoffe wurde auch die biblische Erzählung der Susanna aus den Apokryphen zum alttestamentarischen Buch Daniel in der Frühen Neuzeit vielfach künstlerisch umgesetzt. Sein Zentrum hatte das Thema fraglos in der Malerei. Es findet sich kaum ein namhafter europäischer Bildkünstler des 16. und 17. Jahrhunderts, von dem keine Susannendarstellung überliefert wäre. Einen zweiten, im heutigen Bewusstsein weniger präsenten Schwerpunkt hatte der Stoff darüber hinaus aber auch auf der Bühne und hier vor allem im Drama der Reformation. Dabei kann das Theater selbst wiederum neben Flugschriften, Streitschriften und Kirchenliedern als eines der wichtigen Medien dieser Bewegung und in der Folge – vor allem in Form des Jesuitentheaters – ebenso auch der Gegenreformation begriffen werden.

Von den drei deutschsprachigen dramatischen Susannen aus einer Gesamtzahl von sicherlich mehr als zwei Dutzend,[1] die hier in der Folge in den Blick genommen werden, gehört allerdings nur eines im engeren Sinn zu dieser merklichen Welle spezifisch protestantisch engagierter Bibeldramen. Es handelt sich bei dem zuerst 1535 aufgeführten und im Folgejahr publizierten ‚Geistlich Spiel / von der Gotfurchtigen vnd keuschen Frawen Susannen' von Paul Rebhun allerdings zugleich um ein Stück, das auch heute noch eines der prominentesten Reformationsdramen überhaupt darstellt. Dass es nach mehreren Editionen des 19. Jahrhunderts[2] im 20. sogar in Gestalt einer kritischen Ausgabe bei Reclam erschienen ist,[3] mag hierfür als Beleg genügen.

---

[1] Vgl. PAUL F. CASEY: The Susanna Theme in German Literature. Variations of the Biblical Drama. Bonn 1976, S. 238–240. Hier findet sich eine Liste mit 21 überlieferten Stücken vom späten 15. bis zum 17. Jahrhundert. Durch die wesentlich umfangreichere Aufstellung der bekannten Aufführungen ebd., S. 241–248, wird zudem deutlich, dass es weitaus mehr als die erhaltenen Texte gegeben haben muss.

[2] Vgl. in: Paul Rebhuns Dramen. Ein geistlich Spiel. Ein Hochzeit Spiel. Hg. von HERMANN PALM. Stuttgart 1859, S. 89–174; Schauspiele aus dem 16. Jahrhundert. Hg. von JULIUS TITTMANN. Bd. 1. Leipzig 1868, S. 19–106; Das Drama der Reformationszeit. Hg. von RICHARD FRONING. Stuttgart [1894], S. 101–181.

[3] Zitiergrundlage ist Paul Rebhun: Ein Geistlich Spiel von der Gotfürchtigen und keuschen Frauen Susannen (1536). Kritisch hg. von HANS-GERT ROLOFF. Stuttgart 1967. Vgl. als neuere Ausgaben auch Paul Rebhun: Susanna. In: Deutsche Spiele und Dramen des 15. und 16. Jahrhunderts. Hg. von HELLMUT THOMKE. Frankfurt a. M. 1996, S. 327–444, und Paul Rebhun: Das Gesamtwerk. Hg. von PAUL CASEY. Bd. 1: Dramen. Bern

Paul Rebhun war Theologe und Pädagoge, hatte in Wittenberg studiert, war Hausgenosse Luthers gewesen und wurde von diesem und Philipp Melanchthon bei seiner eher bescheidenen kirchlichen Karriere gefördert, in der er schließlich zum Superintendenten von Voigtsberg im Vogtland avancierte.[4] Neben seinen beiden Dramen über die Geschichte Susannas und die neutestamentarische Hochzeit zu Kana[5] verfasste er eine Reihe von didaktischen Schriften, unter denen eine vielfach aufgelegte Ehelehre mit dem Titel: ‚Was fur Vrsachen den christlichen Eheleuten zubedencken / den lieben Hausfried in der Ehe zu erhalten'[6] sicherlich am prominentesten war.

An die Seite gestellt wird diesem reformatorischen ‚Musterdrama' eine vorreformatorische Variante des Stoffs und schließlich ein Fragment aus der Mitte des 17. Jahrhunderts. Das erste, bei dem es sich um ein anonymes Wiener Fastnachtspiel aus dem späten 15. Jahrhundert handelt, wird direkt kontrastierend neben Rebhuns Fassung gehalten.[7] Das in den 1630er Jahren entstandene Fragment der jungen Greifswalder Autorin Sibylla Schwarz wird dann im Anschluss thematisiert.[8]

2.

Dass es bei alldem nicht so einfach ist, bündig zu fassen, was das Reformationsdrama nun eigentlich sei und was es ausmache, liegt vor allem an der großen Vielfalt der Erscheinungen.[9] Während das etwas später einsetzende Jesuitendrama der Gegenreformation europaweit recht einheitlich auftritt,[10] führt das dezentrale Wesen der Reformation zu einer größeren

---

[u. a.] 2002, S. 7–95 (Fassung von 1536) und S. 97–202 (Fassung von 1544).

4 Vgl. zur Person Rebhuns v. a. PAUL CASEY: Paul Rebhun. A biographical study. Stuttgart 1986.

5 Vgl. Paul Rebhun: Ein Hochzeit Spiel auff die Hochzeit zu Cana Galileae, zuerst Zwickau 1538. Neueste Ausgabe in: Rebhun, Gesamtwerk [Anm. 3]. Bd. 1: Dramen, S. 209–306 (Fassung von 1538) und S. 307–408 (Fassung von 1546).

6 Zuerst Wittenberg 1546. In: Rebhun, Gesamtwerk [Anm. 3]. Bd. 2: Didaktische Schriften, S. 5–106.

7 Vgl. Anonym: Susanna. In: Fastnachtspiele aus dem Fünfzehnten Jahrhundert. Nachlese. Hg. von ADELBERT VON KELLER. Stuttgart 1858, S. 231–245.

8 Vgl. Sibylla Schwarz: Susanna. In: dies.: Ander Teil Deutscher Poëtischer Gedichten. Hg. von Samuel Gerlach. Danzig 1650, Bl. 163r–168r. Als Ersatz für die fehlende Paginierung im zweiten Band wird hier die handschriftliche Blattzählung des digitalisierten Exemplars der HAB Wolfenbüttel (http://diglib.hab.de/drucke/229-2-quod-5a/start. htm) angegeben. Vgl. auch die Faksimileausgabe, hg. von HELMUT W. ZIEFLE. Bern 1980.

9 Vgl. hierzu zentral die Studie von DETLEF METZ: Das protestantische Drama. Evangelisches geistliches Theater in der Reformationszeit und im konfessionellen Zeitalter. Köln [u. a.] 2013.

10 Anzumerken bleibt, dass das Jesuitendrama über die Jahrhunderte seines Bestehens hinweg durchaus Entwicklungen durchgemacht hat. Vgl. dazu u. a. ROLF TAROT: Schul-

Diversität. Folglich kann fast allem, was als Grundrichtung zu identifizieren ist, mit dem einen oder anderen Gegenbeispiel begegnet werden. Deshalb sei vorab festgestellt, dass es hier in der Folge um größere Linien und allgemeinere Tendenzen geht, zu denen es praktisch immer Ausnahmen gibt, die manches Mal in deutlich andere Richtungen weisen.

Was man beim Reformationsdrama mit Recht erwarten kann, ist natürlich eine irgendwie religiöse Thematik. Und mit großer Wahrscheinlichkeit besteht diese eher in einem Bibelbezug als etwa in einer Heiligenlegende. Allerdings sind selbst solche – wenn man einmal an den Rändern des Phänomens Ausschau hält – nicht völlig ausgeschlossen, solange es sich eben um keine der im Protestantismus verpönten Wundergeschichten handelt.[11]

Vor allem in der Frühzeit gibt es einige polemisch ausgerichtete Stücke, die sich satirisch gegen den Papst oder den Ablasshandel richten.[12] Ab dem 17. Jahrhundert wird sich die Reformation dann zunehmend selbst historisch, und auch Luther persönlich avanciert in diesem Zuge zur beliebten Bühnenfigur.[13] In der Kernzeit des Reformationsdramas findet sich eine direkte Frontstellung zur alten Lehre allerdings kaum einmal, und auch eine explizite Thematisierung des Konfessionellen erscheint keinesfalls regelmäßig.

Zusammenhängen mag dies damit, dass das Drama primär ein Präsenzmedium ist. Es wendet sich in der Aufführungssituation an körperlich Anwesende, die üblicherweise Mitglieder der jeweiligen Gemeinde oder zumindest Anhänger der jeweiligen Konfession sind und nicht mehr missioniert und grundlegend überzeugt werden müssen. Das Drama funktioniert diesbezüglich also eher wie eine Predigt als etwa wie ein Flugblatt.[14]

Ausdrückliche Hinweise auf die konfessionelle Ausrichtung erscheinen folgerichtig eher noch in den Paratexten der Druckfassungen der Stücke – also etwa in den Vor- und Nachworten. So erwähnt Paul Rebhun in der Widmung zum Erstdruck seiner ‚Susanna', dass Martin Luther dergleichen Spiele ausdrücklich gutgeheißen habe.[15] Und im Anhang dieser Ausgabe finden sich dann einige allgemeine Stellungnahmen Luthers zum Drama selbst abgedruckt.[16]

---

drama und Jesuitentheater. In: Handbuch des deutschen Dramas. Hg. von WALTER HINCK. Düsseldorf 1980, S. 35–47, hier S. 43–47. Vgl. auch METZ, Das protestantische Drama [Anm. 9], S. 754–790.

[11] Vgl. ebd., S. 25.

[12] Vgl. etwa den ‚Ablaßkrämer' von Niklaus Manuel aus dem Jahr 1525.

[13] Vgl. METZ, Das protestantische Drama [Anm. 9], S. 25f.

[14] Vgl. dazu auch HANS-GERT ROLOFF: Nachwort. In: Rebhun: Susanna [Anm. 3], S. 137. Vgl. auch METZ, Das protestantische Drama [Anm. 9], S. 714f. und S. 718, der zudem formal eine gewisse Tendenz zum predigtartigen Monolog in vielen Stücken betont.

[15] Vgl. Rebhun, Susanna [Anm. 3], S. 7.

[16] Vgl. ebd., S. 83f.

Aber auch solche Verweise sind nicht notwendig vorhanden. Oft sind die Bezüge nochmals indirekter und vermittelter. Nicht selten liegen sie bereits in der konkreten Wahl des Stoffes begründet. Wie bereits angedeutet, sind über 20 reformatorische Susannenspiele bekannt. Dem stehen nur zwei vorreformatorische Stücke,[17] ein späteres deutschsprachiges katholisches[18] und fünf Hinweise auf entsprechende lateinische Jesuitendramen des 16. und 17. Jahrhunderts entgegen.[19] Der Verdacht liegt nahe, dass hier ein dem Protestantismus deutlich affiner Stoff vorliegt. Dass dies tatsächlich in mindestens zwei sehr verschiedenen Hinsichten der Fall ist, wird zu zeigen sein.

Doch vorab ist noch ein Blick auf den allgemeineren Kontext zu werfen. Luthers eigene Haltung zum Drama, um die es dabei vor allem gehen wird, ist insgesamt sehr positiv. Am bekanntesten ist hier ein Zitat aus den Tischgesprächen aus der ersten Hälfte der 1530er Jahre, das eng an Positionen Philipp Melanchthons anschließt:[20]

> *Comödien zu spielen soll man um der Knaben in der Schule willen nicht wehren, sondern gestatten und zulassen, erstlich, daß sie sich uben in der lateinischen Sprache; zum Andern, daß in Comödien fein künstlich erdichtet, abgemalet und fürgestellt werden solche Personen, dadurch die Leute unterrichtet. und ein Jglicher seines Amtes und Standes erinnert und vermahnet werde, was einem Knecht, Herrn, jungen Gesellen und Alten gebühre, wol anstehe und was er thun soll, ja, es wird darinnen furgehalten und fur die Augen gestellt aller Dignitäten Grad, Aemter und Gebühre, wie sich ein Jglicher in seinem Stande halten soll im äußerlichen Wandel, wie in einem Spiegel.* […] *Darum ists nichts, daß sie solchs fürwenden, und um der Ursache willen verbieten wollen, daß ein Christe nicht sollte Comödien mögen lesen und spielen.*[21]

Luther geht es hier noch gar nicht um geistliche Dramen selbst, sondern zunächst um das etwa seit der Wende vom 15. zum 16. Jahrhundert immer populärer werdende weltliche lateinische Schuldrama. Unter Anleitung von an der Antike ausgerichteten Renaissancehumanisten spielte man gelegentlich eigens verfasste Stücke, zumeist aber originale antike Komödien vor allem von Terenz, manchmal auch von Plautus. Luthers positive Haltung führte dazu, dass in zahlreichen protestantischen Schulordnungen sogar

---

[17] Neben dem hier zu behandelnden Wiener Susannenspiel gibt es eine längere Susannenpartie in Sebastian Brants ‚Tugent Spyl' aus dem Jahr 1518. Vgl. Sebastian Brant: Tugent Spyl. Nach der Ausgabe des Magister Johann Winckel von Straßburg (1554). Hg. von HANS-GERT ROLOFF. Berlin 1968.

[18] Zu der 1552 in Köln gedruckten Fassung vgl. CASEY, The Susanna Theme [Anm. 1], S. 26.

[19] Vgl. bereits Anm. 1.

[20] Zum Drama bei Melanchthon vgl. METZ, Das protestantische Drama [Anm. 9], S. 126–131.

[21] WATR, Bd. 1, S. 431f. (Nr. 867).

eine Pflicht zu regelmäßigen Aufführungen derartiger Stücke verankert wurde.[22]

Daraus folgte eine recht breite Präsenz dieser antiken Dramenform, die dann auch auf die Form des eigentlichen religiösen Reformationstheaters abfärbte. Im konkreten Fall der ‚Susanna' von Paul Rebhun etwa findet sich eine Gliederung in fünf Akte, die jeweils durch Chorpartien voneinander getrennt sind. Solche aus der Antike übernommenen Modelle gibt es im geistlichen Spiel des Spätmittelalters noch nicht,[23] und auch das vorreformatorische Wiener Susannenspiel, das hier beispielhaft als zentraler Vergleichspunkt dienen soll, kann eine solche Struktur nicht aufweisen.

Derartige formale Übernahmen konnten unterschiedlich weit gehen. Rebhuns ‚Susanna' etwa setzt trotz dieser Annäherung in der Gliederung des Dramas offenbar weiterhin eine mittelalterliche Simultanbühne voraus.[24] Verschiedene Schauplätze sind auf der Bühne nebeneinander gleichzeitig sichtbar und werden abwechselnd bespielt. Derartige Bühnen konnten auch zeitgenössisch noch recht groß ausfallen. Bei Rebhuns ‚Susanna', die nur über drei eng beieinanderliegende und wenig aufwändig zu gestaltende Spielorte aufweist, wird sie allerdings recht bescheiden gewesen sein. Das Titelblatt des Druckes von 1536 mit seiner Paralleldarstellung der drei zentralen Szenen vermag hier einen ungefähren Eindruck zu vermitteln [Abb. 1].

Typisch ist ferner, dass das Reformationsdrama in deutscher Sprache erscheint. Häufig liegt die Verteilung in protestantischen Gebieten so, dass das säkulare lateinische Theater schulintern präsentiert wurde, während sich das volkssprachige religiöse Theater an eine größere Öffentlichkeit wandte.[25] Man sprach damit eben auch Laien an, die des Lateinischen nicht mächtig waren. Paul Rebhuns ‚Susanna' wurde im *beschluss* sogar der ganzen Gemeinde im thüringischen Kahla gewidmet.[26] Der Wirkungskreis geht hier also ausdrücklich über die Schule hinaus.

Zur stofflichen Ausrichtung des religiösen Dramas hatte Luther recht genaue Vorstellungen. Skeptisch war er vor allem gegenüber theatralen Aufführungen der Passion Christi,[27] die zugleich einen der populärsten Gegenstände des immer noch präsenten spätmittelalterlichen geistlichen Spiels darstellten.[28] Diese Darstellungen zielten mit einer Fokussierung auf das

---

22 Vgl. ebd., S. 57 und S. 158–171.

23 Vgl. zum Überblick URSULA SCHULZE: Geistliche Spiele im Mittelalter und in der Frühen Neuzeit. Von der liturgischen Feier zum Schauspiel. Eine Einführung. Berlin 2012.

24 Vgl. dazu auch HANS-GERT ROLOFF: Nachwort. In: Rebhun, Susanna [Anm. 3], S. 141.

25 Vgl. METZ, Das protestantische Drama [Anm. 9], S. 34f.

26 Vgl. Rebhun, Susanna [Anm. 3], S. 81.

27 Vgl. METZ, Das protestantische Drama [Anm. 9], S. 131–133. Gelegentlich kamen Dramatisierungen der Passion allerdings auch in protestantischen Gebieten auf die Bühne. Vgl. dazu ebd., S. 126–135.

28 Vgl. SCHULZE, Geistliche Spiele [Anm. 23], S. 78–135.

körperliche Spiel in den Kreuzigungsszenen häufig auf eine theatrale Überwältigung der Zuschauer, die der prinzipiellen Zentrierung Luthers auf das Wort entgegenstand.

Überhaupt war es diesem wichtig, die Liturgie auf der einen und das Theater als ein sekundäres didaktisches Hilfsmittel auf der anderen Seite sauber voneinander zu trennen.[29] Es sollte ein sicherer Abstand zwischen den heiligen Handlungen selbst und dem irgendwie immer noch verdächtigen ‚Als-ob' eines illusionistischen Bühnengeschehens gewahrt bleiben. Idealerweise blieb dessen Spielcharakter deshalb auch durchgehend bewusst.

Derartige Vorbehalte führten zu einem auf Dialoge zentrierten Theater, das zumeist ohne sehr viel Aktion und ohne größere Bühneneffekte auskam und das im Fall des Bibeldramas auch möglichst nahe am ursprünglichen Wortlaut blieb. Das sich im Anschluss entwickelnde Jesuitentheater wird in dieser Hinsicht einen ganz anderen Weg gehen und auf ein geradezu multimediales, im späteren Verlauf oft auch opernhaftes Überwältigungsspektakel setzen.

Nun gab es aber neben den skeptisch beäugten Passionsstücken noch eine andere Gruppe von Sonderfällen, die geradezu entgegengesetzt gelagert waren. Es handelt sich hierbei um die biblischen Apokryphen, die sich eben nicht im Zentrum, sondern vielmehr ganz am Rande der Überlieferung befinden. Luther hatte im Zuge seiner Übersetzung die Zugehörigkeit einer Reihe von Textstellen zum eigentlichen Bibelkanon bestritten – nämlich genau dann, wenn sie nicht in der von ihm zugrunde gelegten hebräischen Version des Alten Testaments enthalten waren. Er hielt diese Abschnitte, bei denen es sich unter anderem um die beliebten Geschichten von Tobias, Judith und um Teile derjenigen von Esther handelt, zwar für höchst erbaulich, allerdings nicht für Gottes Wort. Interessant sind die entsprechenden Hinweise im Vorwort seiner Übersetzung der ‚Judith':

> *Vnd mag sein, das sie* [die Juden der Zeit des Alten Testaments, SK] *solch geticht gespielet haben, wie man bey vns die Passio spielet, vnd ander heiligen geschicht, Damit sie jr volck vnd die jugent lereten, als jnn einem gemeinen bilde odder spiel, Gott vertrawen, from sein, vnd alle hülff vnd trost von Gott hoffen, jnn allen nöten widder alle feinde etc. Darumb ists ein fein, gut, heilig, nützlich Buch, vns Christen wol zu lesen* [...].[30]

Noch einen Schritt weiter geht er in der Vorrede zum ‚Tobias':

> *Vnd Gott gebe, das die Griechen jre weise, Comedien vnd Tragedien zu spielen, von den Jüden genomen haben, Wie auch viel ander Weisheit vnd Gottes dienst etc.*[31]

Luther spekuliert hier also, dass diese apokryphen Texte tatsächlich in alttestamentarischer Zeit aus didaktischen Gründen als Dramen von Menschen

---

[29] Vgl. METZ, Das protestantische Drama [Anm. 9], S. 151.

[30] WADB, Bd. 12, S. 6 (Fassung von 1534).

[31] Ebd., S. 108 (Fassung von 1534).

verfasst und dann auch öffentlich aufgeführt worden seien. Möglicherweise habe sogar das antike griechische Theater hierin seinen Ursprung gehabt.

Luther führt dies nicht weiter aus, doch ergibt sich, dass genau diese Texte nun wiederum höchst geeignet für ein zeitgenössisches religiöses Theater sein sollten. Man muss sie nicht zweckentfremden, denn mit dem Ziel einer Aufführung seien sie ja bereits entstanden. Und um die Unversehrtheit des göttlichen biblischen Wortes muss man sich bei ihnen auch keine Sorgen machen. Auch wenn Luthers dramenhistorische Spekulationen *de facto* völlig haltlos sind, so haben sie doch einen wichtigen Effekt darin, dass genau diese Geschichten im protestantischen Bibeldrama, das dadurch gewissermaßen zu einem ‚Parabibeldrama' wird, wiederum besonders häufig theatralisiert worden sind. Dass dies durchaus auf die expliziten Stellungnahmen des Reformators zurückzuführen ist, zeigt sich in deren vielfältigen zeitgenössischen Zitationen in den entsprechenden Vor- und Nachworten der Druckausgaben.[32]

Zu genau diesem Parakanon gehört nun auch die Geschichte der Susanna.[33] Und schon hieraus mag sich ein Teil des eklatanten numerischen Missverhältnisses zwischen protestantischen und katholischen Versionen dieses Stoffes erklären.

3.

Doch hat es darüber hinaus auch noch konkretere inhaltliche Gründe gegeben, welche die Konjunktur des Stoffes befördert haben. Um dies nachvollziehen zu können, muss ein näherer Blick auf die Geschichte selbst geworfen werden. Die Susannenepisode stellt einen Zusatz aus der Jugend des Propheten Daniel dar. Sie spielt also in der Zeit des babylonischen Exils der Juden etwa um das Jahr 600 v. Chr. Jerusalem war erobert worden, woraufhin Teile der jüdischen Oberschicht zu einem Aufenthalt im Land der Sieger gezwungen wurden. Dort konnten sie sich gleichwohl relativ selbständig organisieren und etwa auch Rechtsstreitigkeiten intern klären.

Zwei Ältere dieser jüdischen Gemeinde in Babylon, die dort Richterämter versahen, hatten ein Auge auf Jojakims schöne junge Frau Susanna geworfen und lauerten ihr bei einem ihrer täglichen Bäder im Garten ihres Hauses auf und bedrohten sie. Wenn Susanna ihnen nicht zu Willen sei, würden sie behaupten, sie mit einem jungen Liebhaber gesehen zu haben, und sie des Ehebruchs verklagen.

Susanna, die sich in beiden Fällen verloren glaubte, zog die Rechtfertigung vor Gott der Rechtfertigung gegenüber den Menschen vor und verweigerte sich den Alten, woraufhin diese sich vor dem Volk mit der ange-

---

32 Vgl. METZ, Das protestantische Drama [Anm. 9], S. 741.

33 In WADB, Bd. 12, S. 492 (Fassung von 1534), zählt Luther die Susannengeschichte zu den *geistlichen getichten gleich, wie Judith und Tobias*.

kündigten Beschuldigung leicht durchsetzen konnten. Susanna sollte nun als Ehebrecherin gesteinigt werden.

Auf diesem Tiefpunkt griff der noch jugendliche Prophet Daniel in das Geschehen ein. Er befragte die Alten getrennt voneinander, wo genau, das heißt, unter welchem Baum, sie Susanna mit dem jungen Mann gesehen haben wollten. Der eine sagte, es sei unter einer Zeder gewesen, der andere, es handelte sich um eine Eiche. Da sich diese Angaben widersprachen, fiel die Anklage in sich zusammen, und die verkündete Todesstrafe wurde auf die Verleumder übertragen, die nach dem alttestamentarischen Prinzip des ‚Auge um Auge' gesteinigt wurden. Susanna hingegen war frei – Gott hatte ihre Klage erhört und sie errettet.

In Kunst und Literatur hat der Susannenstoff, wie bereits angedeutet wurde, eine doppelte Karriere gemacht – einmal als Bildstoff und dann als Dramenstoff. Heute noch am bekanntesten sind die zahlreichen Susannendarstellungen in der Malerei. Insbesondere wurde die in der Geschichte enthaltene Badeszene zur Inszenierung von Aktdarstellungen genutzt.

Beispielhaft sollen hierfür zwei dieser bildlichen Fassungen stehen. Die eine ist eine klassische Ausführung von Tintoretto aus den Jahren 1555/56, welche die Beobachtungssituation fokussiert, die der direkten Bedrohung vorangeht [Abb. 2]. Das ist durchaus typisch für eine Vielzahl von südeuropäisch-katholischen Susannendarstellungen. Der Erpressungsversuch, der folgt, wird dabei häufig ausgeblendet, während man eine Voyeursszene ins Werk setzt, zu welcher der männlich gedachte Bildbetrachter implizit als weiterer Teilnehmer eingeladen wird.

In einer ganzen Reihe von tendenziell eher nordeuropäisch-protestantischen Ausführungen wird die Übergriffigkeit der Alten hingegen sehr wohl und oft recht deutlich thematisiert, wie es in einem zweiten Beispiel bei Rembrandt der Fall ist [Abb. 3]. Aber auch in diesen Fällen ist regelmäßig viel unbekleidete Haut zu sehen. Die grundlegende Ambivalenz scheint dem Stoff schlicht inhärent zu sein.

Überhaupt scheint das Thema aus moderner Perspektive einer grundlegenden Neudiskussion zu bedürfen. Auch wenn diese hier nicht geleistet werden kann, soll zumindest das Hauptproblem benannt werden. Dass sich Susanna, wenn sie der Erpressung durch die Alten nachgegeben hätte, in irgendeiner Weise versündigt oder ihre Ehre verloren hätte, wird heute wohl niemand mehr ernsthaft behaupten. Allerdings waren sich das Alte Testament und die Frühe Neuzeit darin einig, dass es ein besonders lobenswerter Beweis ihrer Keuschheit gewesen sei, dass Susanna lieber ihren Tod als eine Vergewaltigung in Kauf genommen hat. Seine Nachwirkungen hatte diese Haltung bis hinein in die Forschungsliteratur des frühen 21. Jahrhunderts, in der die Gartenszene gelegentlich immer noch unreflektiert als Versuch einer ‚Verführung' apostrophiert wurde.[34]

---

[34] Vgl. HANS-GERT ROLOFF: Paul Rebhuns ‚Susanna'. In: ders.: Kleine Schriften zur

4.

Wenn das Thema im Bild erscheint, so befindet sich der Fokus eindeutig auf der ‚Susanna im Bade' – also der Situation im Garten entweder als Voyeursszene oder als Darstellung einer konkreten Bedrohung durch die Richter. Das ist natürlich auf einer frühneuzeitlichen Bühne nur sehr eingeschränkt darstellbar.[35] Der Schwerpunkt rückt deshalb in den Dramatisierungen zumeist auf die erste und die zweite Gerichtsszene, während das strukturelle Problem der Gartenszene in der Regel so gelöst wird, dass die Alten direkt auftreten, nachdem die Dienerinnen gegangen sind und noch bevor die junge Frau sich tatsächlich entkleidet hat.

Mit dem knappen Basistext ist dies durchaus vereinbar – auch dort wird eine Nacktheit Susannas nicht ausdrücklich erwähnt.[36] Bei Rebhun gehen der Abgang der Dienerin, welche die Badeutensilien besorgen soll, und der Auftritt der Richter direkt und ohne etwa eine Monologszene Susannas ineinander über.[37] Die eine geht, die anderen kommen. Ähnlich muss man es sich auch im Wiener Fastnachtspiel vorstellen, wobei hier nicht einmal die Szenenwechsel klar im Text markiert sind.[38]

Eine derartige Vermeidung von Nacktheitsdarstellungen auf der Bühne ist erst einmal konfessionell unspezifisch. Daneben gibt es allerdings doch noch weitere Besonderheiten zahlreicher Dramenfassungen, die durchaus entsprechend zuzuordnen sind. Wie bereits angedeutet wurde, ist eine offene Konfessionspolemik im Reformationsdrama eher selten. Wenn sie überhaupt vorhanden ist, steht sie zumeist auch nicht im inhaltlichen Zentrum der Stücke, sondern erscheint eher beiläufig am Rande. Im Korpus der protestantischen Susannendramen wäre hier etwa auf eine knappe Ablehnung der Heiligenverehrung in einer der Fassungen von Herzog Heinrich Julius[39] zu verweisen.

Literatur des 16. Jahrhunderts. Festgabe zum 70. Geb. Hg. von CHRISTIANE CAEMMERER [u. a.]. Amsterdam, New York 2003, S. 169–185, hier S. 180 und 184.

35 In Andreas Gryphius' ‚Peter Squentz' heißt es zu einer Überlegung einer Aufführung der ‚Susanna' dann auch entsprechend: *Wir wolten die wol tragiren, aber es würde übelstehen vor dem Frauen Zimmer/ wann sich die Susanna nackend baden solte.* Andreas Gryphius: Absurda Comica. Oder Herr Peter Squentz/ Schimpff-Spiel. In: ders.: Gesamtausgabe der deutschsprachigen Werke. Bd. 7: Lustspiele I. Hg. von HUGH POWELL. Tübingen 1969, S. 1–40, hier S. 15.

36 Vgl. WADB, Bd. 12, S. 508 (Fassung von 1533): *Vnd die megde thaten wie sie befohlen hatte, vnd schlossen den garten zu, Vnd giengen hinaus zur hinder thür, das sie jr brechten, was sie haben wolt, Vnd wurden der menner nicht gewar, denn sie hatten sich versteckt. // Da nu die megde hinaus waren, kamen die zween Eltesten erfur* […].

37 Vgl. Rebhun, Susanna [Anm. 3], S. 32f.

38 Vgl. Anonym, Susanna [Anm. 7], S. 232.

39 Vgl. Heinrich Julius von Braunschweig: Susanna. In: ders.: Schaupiele. Hg. von WILHELM LUDWIG HOLLAND. Stuttgart 1855, S. 1–170, hier S. 21f. Vgl. dazu RALF HAEKEL: Zum Verhältnis von Theaterpraxis und Drama in der Frühen Neuzeit. Hein-

Ein ungleich wichtigerer Eintrittspunkt des Konfessionellen liegt hingegen in der Ausmalung und Ausdeutung von Susannas persönlichem Umfeld und hier besonders ihrer Familie.[40] In der Quelle ist dies extrem knapp gehalten. Wir erfahren, dass Susanna schön, gottesfürchtig und gut erzogen war. Bei ihrer ersten Vorladung heißt es in Luthers Übersetzung:

> *Vnd da sie gefoddert ward, kam sie mit jren Eltern vnd kindern vnd jrer gantzen freundschafft,* [...] *Vnd alle die bey jr stunden, vnd die sie kenneten, weineten vmb sie.*[41]

Erwähnung findet dann noch die allgemeine Erleichterung in diesem Kreise nach dem finalen Freispruch:

> *Aber Helkia* [ihr Vater, SK] *sampt seinem weibe, lobten Gott vmb Susanna jre Tochter, mit Jehoiakim jrem manne vnd der gantzen freundschafft, das nichts vnehrlichs an jr erfunden war.*[42]

Diese sehr knappen Hinweise werden in den meisten Ausarbeitungen – katholischen wie protestantischen – als Absprungbrett für wesentlich breitere Schilderungen genommen. Im Wiener Fastnachtspiel etwa erfährt Susanna ausdrücklich Trost von ihrem Vater, an den sie sich nach der Anklage wendet. Während des ersten Prozesses werden zwar weder sie noch ihre Angehörigen angehört, doch stimmen Vater und Mutter, die fest an sie und ihre Unschuld glauben, in ihr Wehklagen nach dem Schuldspruch ein.[43]

Nicht der Fall ist dies allerdings bei ihrem Ehemann, der sich von seiner Gattin betrogen fühlt:

> *Ich het sey mir auß erkoren,*
> *So hab ich mein trew an ir verloren.*
> *We mir der iamerlichen geschicht!*
> *Hat sy sich zw ainem andern verpflicht,*
> *Dy mir dy liebst ist gebesen?*[44]

Dieser steht damit in der Tradition des um seine Ehre bangenden Ehemannes, dessen größte Angst offenbar darin besteht, dass ihm Hörner aufgesetzt sein könnten:

> *Wäger wär mir der tod,*
> *Wenn daß ich leyden sol disen spot.*[45]

---

rich Julius' ‚Susanna' und die Englischen Komödianten. In: Zeitsprünge 4 (2000), S. 163–180, hier v. a. S. 171f.

[40] Einen Schwerpunkt auf diesem Thema hat bereits der Beitrag von CHERI A. BROWN: The ‚Susanna' Drama and the German Reformation. In: Everyman & Company. Essays on the Theme and Structure of the European Moral Play. Hg. von DONALD GILMAN. New York 1989, S. 129–153.

[41] WADB, Bd. 12, S. 508 (Fassung von 1533).

[42] Ebd., S. 512 (Fassung von 1533).

[43] Vgl. Anonym, Susanna [Anm. 7], S. 239f.

[44] Ebd., S. 239.

Man befindet sich hier noch eindeutig in einer Schamgesellschaft, in der dieser Urteilsspruch, der das vermeintliche Fehlverhalten Susannas konstatiert, die Ehre des Mannes mit in den Abgrund reißt. Für Mitleid gegenüber der hauptbetroffenen Ehefrau selbst ist daneben – anders als bei ihren Eltern – offenbar kein Platz mehr.[46]

Dies sieht nun in der Fassung von Rebhun – und in der Folge auch in vielen weiteren protestantischen Fassungen – deutlich anders aus. Rebhun nutzt die ersten beiden Akte zu einer über die Vorlage weit hinausreichenden kontrastiven Charakterisierung der zentralen Gegenspieler. Während die Richter durch die Schilderung von zwei weiteren Rechtsfällen als durch und durch korrupt und verkommen dargestellt werden, hat Susanna zusammen mit ihren Eltern, ihren Kindern und mit ihrem Ehemann eine ganze Reihe von Auftritten, in denen sie sich als Mustertochter, -mutter und vor allem -ehefrau präsentieren kann. Es wird hier also nicht nur ein Familien-, sondern auch ein Eheideal gezeichnet, in dessen Folge dann auch Jojakim (hier: Ioachim) standhaft an der Seite seiner Frau verbleiben wird.

Eindrucksvoll ist die Differenz vor allem in einer Ergänzung der zweiten Druckfassung der Version Rebhuns von 1544:

Ach / ach / Susann / mein allerliebster gmahel
Und wenn mein hertz wer eisen oder stahel
So künd ich das on kümmernus nicht sehen
Das sölcher gwalt sol uber euch itzt gehen
Das ihr umb unschuld solchen tod solt leiden
Der uns mit schanden sol von ander scheyden
[…].[47]

Der Ehrverlust ist zwar auch hier noch als Kategorie präsent, doch tritt er deutlich hinter die Klage über die Verurteilung einer Unschuldigen zurück. Die säkulare Verschiebung von einer Scham- hin zu einer Schuldkultur wird hier sichtbar, aber eben auch eine Neuausrichtung der familiären Beziehungen, die mit Luthers Apologie der christlichen Ehe den Partner ins Zentrum der Sozialbeziehungen rückt. Während der Wiener Ehemann nach der Anklage unmittelbar an seiner Frau zu zweifeln beginnt, ist Paul Rebhuns Ioachim Susannas erster und wichtigster Verteidiger. Zu erinnern ist an dieser Stelle auch nochmals daran, dass Rebhuns mit Abstand erfolgreichste Publikation ausgerechnet eine lutherische Ehelehre darstellt.

---

45 Ebd.

46 Auch in der zweiten vorreformatorischen Fassung von Sebastian Brant zeigt sich der Ehemann angesichts der Anschuldigung der Betroffenen gegenüber distanzierter als der Rest der Familie. Vgl. Brant, Tugent Spyl [Anm. 17], S. 48.

47 Rebhun, Susanna [Anm. 3], S. 109.

5.

Neben der Tauglichkeit der Geschichte der Susanna zu einer Eheapologie tritt noch ein zweiter Punkt hervor, der sie zu einem spezifisch protestantischen Mustertext werden ließ.

Bei der Aktion der Richter handelt es sich ja ganz offenbar um eine eklatante Grenzüberschreitung der Obrigkeit. Sie begehen aus niederen Motiven den Versuch einer sexuellen Nötigung und machen sich anschließend zu deren Vertuschung des versuchten Mordes schuldig. In beiden Fällen setzen sie ihre Amtsautorität als zentrales Mittel ein. Man hat es hier also geradezu mit einem Musterfall für die oft diskutierte Frage nach dem Widerstandsrecht zu tun. Darf sich ein guter Christ in einem solchen Fall gegen eine von Gott eingesetzte Obrigkeit stellen?

Von der Sache und vom Ergebnis her liegt das für den konkreten Fall durch den in der Bibel fixierten Gang der Handlung von vornherein fest. Susanna wird zunächst angeklagt und verurteilt. Daraufhin tritt der von Gott gesandte Daniel auf, der das Verfahren nochmals aufrollt und für Gerechtigkeit sorgt. Widerstand im eigentlichen Sinne wird *de facto* in keiner der Dramenfassungen geleistet. Würde man dafür eintreten wollen, müsste man die Vorlage auf den Kopf stellen.

Die Frage, die sich gleichwohl erhebt, besteht darin, ob und in welchem Maße dieses Verhalten nun stückintern diskutiert und begründet wird. Hier unterscheiden sich die beiden bisherigen Beispieltexte wiederum sehr deutlich voneinander. Im vorreformatorischen Fastnachtspiel wird das Thema nur ein einziges Mal kurz angerissen, als Susannas Vater ihr recht pauschal dazu rät, stets auf Gott zu vertrauen:

Susanna, liebste Tochter mein,
Secz in got dy hofnung dein,
Der dich mit seiner gnad mach wol erleding,
Daß du mit dem recht nit wirst beschedigt.[48]

Bei Rebhun verschieben sich die Gewichte nun eklatant. Hier wird wiederholt explizit und eindringlich darauf hingewiesen, dass man sich auch bei einer noch so ungerechten Obrigkeit zurückhalten und die Lösung Gott überlassen solle. Eine Ausnahme gibt es dazu gemäß der lutherischen Zwei-Reiche-Lehre nur, wenn dabei die eigene Seligkeit in Gefahr gerät. Susanna verweigert sich also berechtigterweise dem Drängen der Richter, wahrt damit innerhalb des gegebenen Wertesystems ihre ‚Tugendhaftigkeit' und fällt nicht in Sünde.

Ihr diesseitiges Wohl und Glück stellt hingegen keinen hinreichenden Grund für eine aktive Oppositionshaltung dar.[49] Klar formuliert wird dies bereits in der gereimten Vorrede:

---

[48] Anonym, Susanna [Anm. 7], S. 236.

Wie ihr dann nach der leng yetzt werd vermercken /
Daraus viel guter lehr den glaubn zů stercken /
Das Creutz zu tragn / gedult zu habn / und mehre […].[50]

Und als Susanna ihr Leid ihrem Vater klagt, bekommt sie von diesem zu hören:

Schweyg liebe tochter got wird sein
Der helffer / und erretter dein.[51]

In der Folge ergreifen Susannas Fürsprecher im Prozess durchaus das Wort zu ihrer Verteidigung, können aber nichts ausrichten. Im Chor wird die zentrale Botschaft dann nochmals mehr als deutlich formuliert:

O Gott du richter aller welt
Der du hast selbs bestelt
All oberkeit / und gwalte
Du wolst dein ordnung nicht verlahn
Drauff selber achtung han
Wie man darinn sich halte
[…].[52]

Es ließen sich noch einige analoge Passagen mehr hinzufügen, die aber letztlich immer nur dasselbe wiederholen. In Rebhuns Interpretation der Susannengeschichte verbinden sich also in geradezu idealer Weise unbedingtes Gottvertrauen und der Verzicht auf den Widerstand gegen eine offensichtlich ungerechte Obrigkeit. Susanna wird damit zur perfekten Illustration eines protestantischen Basistheorems – ganz ähnlich wie das Gleichnis vom verlorenen Sohn immer und immer wieder für das Kernthema der Gnade und der Ablehnung der Werkgerechtigkeit herhalten musste.

6.

Aber funktionieren derartige Mechanismen tatsächlich immer und überall? Die Antwort darauf lautet keineswegs ganz eindeutig ja, was zum dritten der hier zu analysierenden Texte führt, der gleich in mehrfacher Hinsicht eine Besonderheit darstellt. Es handelt sich um das Susannenfragment, das die Kaufmannstochter Sibylla Schwarz aus Greifswald 1638 bei ihrem frühen Tod im Alter von gerade einmal 17 Jahren hinterließ.[53]

---

49 Vgl. hierzu bereits DAVID PRICE: ‚Schweyg liebe tochter'. A Reevaluation of Paul Rebhun's ‚Susanna'. In: Studies in German and Scandinavian Literature after 1500. A Festschrift for GEORGE C. SCHOOLFIELD. Hg. von JAMES A. PARENTE und RICHARD E. SCHADE. Columbia 1993, S. 40–49.

50 Rebhun, Susanna [Anm. 3], S. 8.

51 Ebd., S. 50.

52 Ebd., S. 55f.

53 Vgl. HELMUT W. ZIEFLE: Sibylle Schwarz. Leben und Werk. Bonn 1975, und zuletzt

Man könnte meinen, dass Sibylla Schwarz geradezu ideal die Zielgruppe für die Keuschheits- und Gehorsamslehren repräsentiert, um die es im Susannenstoff primär zu gehen scheint. Und tatsächlich wurde die Figur Susannas vor allem in der protestantischen Mädchenerziehung der Frühen Neuzeit als ein leuchtendes Vorbild präsentiert. Dies wird wohl auch der Kontext gewesen sein, in dem Sibylla Schwarz ihr zuvor bereits begegnet ist.

Denn dafür, dass sie zeitgenössische Susannendramen gesehen oder auch nur gelesen hat, spricht nichts. In Greifswald gibt es für die angesichts ihres kurzen Lebens recht knappe Zeit, die dafür infrage kommt, keine Hinweise auf entsprechende Aufführungen. Und in ihrem Text wiederum finden sich keine fassbaren Analogien zu anderen im Druck überlieferten Susannendramen, die über die gemeinsame textliche Grundlage in den Apokryphen hinausgingen.[54]

Sibylla Schwarz hat ihre ‚Susanna' als Drama also wohl gewissermaßen für sich neu erfunden bzw. erfinden wollen. Denn das Stück ist ja Fragment geblieben. Es endet genau in dem Moment, in dem Daniel auftritt und die Wende des Geschehens einleitet. Ob dieses Abbrechen auf den frühen Tod der Verfasserin zurückzuführen ist oder ob das Unvollendetbleiben andere Gründe gehabt haben mag oder ob gar nur ein Teil des Textes verloren gegangen ist, wird sich nicht mit Sicherheit klären lassen. Samuel Gerlach, ihr literarischer Nachlassverwalter, notiert an dieser Stelle seiner Edition ihrer Werke aus dem Jahre 1650 lediglich: *Mercke: Ein mehrers ist hiervon nicht vohr handen.*[55]

Sibylla Schwarz war eine höchst ungewöhnliche junge Frau, deren zahlreiche Gedichte zusammen mit einer umfangreichen pastoralen Erzählung und dem Susannenfragment immerhin eine zweibändige postume Werkausgabe gefüllt haben. Offenbar war sie von einem erheblichen Schreib- und Ausdrucksdrang beseelt, der sich auch von merklichen Widerständen nicht bremsen ließ. Man scheint mit einigem Befremden auf das seltsame Tun dieses Mädchens geschaut zu haben.[56] Vor allem mit ihren petrarkistischen Sonetten und der ‚Faunus'-Erzählung ließ sie sich so gar nicht auf die traditionellen Räume denkbarer weiblicher Schriftlichkeit beschränken,

---

die Tagungsdokumentation „Überschreibungen / Überschreitungen. Zum literarischen Werk von Sibylla Schwarz (1621–1638)". Hg. von HANIA SIEBENPFEIFFER, zugleich Daphnis 44 (2016), Heft 1–2.

[54] Vgl. STEPHAN KRAFT: Zum Schweigen verdammt. Das ‚Susanna'-Fragment von Sibylla Schwarz. In: Daphnis 44 (2016), S. 70–89, v. a. S. 73.

[55] Vgl. Schwarz, Susanna [Anm. 8], Bl. 168r.

[56] Vgl. dazu den Beginn ihres Widmungsschreibens zum Susannenfragment an den eigenen Bruder in: ebd., Bl. 163rv: *MEine Leyer / Geehrter Herr Bruder/ hat den halben Teil ihrer Wolfahrt / dir zu dancken / dieweil sie / durch des Neides dicken Dunst überzogen / mitten in solcher Finsternis / vohn dem klahren Liecht deiner Liebe / zuhr Poëterey / oder vielmehr zuhr Tugend ist erleuchtet / und biß dahero erhalten worden.*

die natürlich vor allem im Religiösen gelegen hätten. Aber immerhin sollte dieser Bereich von ihr ja zumindest im Susannenfragment anvisiert werden.

Praktisch alle Fassungen dieses Stoffs sind eng an der knapp gefassten Vorlage orientiert. Auch wenn man die Passage nicht im engeren Sinne als Gottes Wort begreift, so strahlt sie doch eine gehörige Autorität aus. Um so mehr ist auf die kleineren und größeren Erweiterungen zu achten, die sich gleichwohl allenthalben finden und mit denen – sicherlich stets im Glauben daran, dass man hier im Geiste des Originals handelte – die nicht wenigen Leerstellen des Urtextes gefüllt werden. Vor allem bei Paul Rebhuns ‚Susanna' wurde die hier vorgestellte Deutung ja vor allem auf solchen Passsagen aufgebaut.

Auch bei Sibylla Schwarz finden sich nun erwartungsgemäß derartige Ergänzungen. Bereits die erste ist sehr bezeichnend und betrifft den Moment der Bedrohung durch die Alten. In der biblischen Vorlage benennt Susanna die Zwickmühle, in der sie steckt, und ruft dann um Hilfe:

> *Da erseufftzet Susanna, vnd sprach, Ach, wie bin ich inn so grossen engsten, Denn wo ich solchs thu, so bin ich des tods, thu ichs aber nicht, so kome ich nicht aus ewern henden, Doch wil ich lieber vnschüldiglich jnn der menschen hende komen, denn widder den HERRN sundigen, Vnd fieng an laut zu schreyen* […].[57]

In sehr ähnlichen, nicht sehr stark psychologisierenden Fassungen findet sich die Passage dann auch üblicherweise in den Dramen. Es stellt eine wirkliche Besonderheit des Fragments von Sibylla Schwarz dar, dass in ihm versucht wird, die emotionale Lage Susannas zwischen Angst, Scham und Verlassensein gegenüber der Vorlage merklich zu präzisieren. Konkret heißt es:

> *Diß nuhr vermehret und doppelt die Peine/*
> *daß ich der Kleider beraubet hier steh/*
> *und für den falschen beschamet vergeh/*
> *und dazu bin ich/ ich arme/ alleine.*[58]

Dass so etwas gerade in der einzigen weiblichen Bearbeitung des Susannenstoffes im deutschsprachigen Drama der Frühen Neuzeit zu finden ist, stellt wohl keinen Zufall dar.

Es gibt aber noch mindestens einen zweiten Punkt in der Fassung von Sibylla Schwarz, der die Aufmerksamkeit auf sich ziehen kann. Die traditionelle protestantische Ausdeutung des Stoffes geht, wie das Stück Rebhuns eindrücklich zeigt, in die Richtung einer Demonstration des Widerstandsverbots, wofür vor allem die Figur der Susanna selbst einstehen soll. Tatsächlich ist Susanna bei allem, was mit ihr nach der Bedrohungsszene geschieht, höchst passiv. Im Urtext wird sie nicht einmal selbst gefragt, was im Garten wirklich geschehen sei. Die Richter klagen sie an, das Volk wendet sich gegen sie, und sie wird verurteilt. Erst nach dem Urteil erhebt

---

57 WADB, Bd. 12, S. 508 (Fassung von 1533).

58 Schwarz, Susanna [Anm. 8], Bl. 165v.

sie die Stimme und klagt gegenüber Gott ihr Leid. Das Verfahren selbst läuft ganz nach jüdischem Brauch der Zeit ab, ohne dass der Frau das Wort erteilt worden wäre.

In die meisten frühneuzeitlichen Versionen wird dann aber doch eine Art Verteidigung integriert. Allerdings ist es auch hier kaum einmal Susanna selbst, die das Wort ergreift.[59] Vielmehr treten zumeist ihr Ehemann und ihr Vater als Fürsprecher auf. Susanna redet mit ihnen und im Gebet mit Gott, nicht jedoch in der Öffentlichkeit. Dieses Ventil des privaten Sprechens in einem Kreis, der solidarisch zu ihr steht, wird nun gerade von Sibylla Schwarz nicht aktiviert. Die Eltern kommen im Fragment gar nicht vor, und der Ehemann ist ähnlich wie im Wiener Fastnachtspiel vor allem mit sich selbst und seinen Problemen beschäftigt. Bezüge zur familiär isolierten Position von Sibylla Schwarz selbst liegen hier auf der Hand. In der Klage nach der Verurteilung ganz am Ende des Fragments bringt ihre Susanna ihr Problem auf den Punkt: Keiner will hören, was sie selbst zu alldem zu sagen hat:

niemand fraget
ob ich auch unschuldig/ bin.[60]

Wenige Verse später bricht der Text ab. Ein eindeutiger Grund dafür kann, wie bereits bemerkt, nicht dingfest gemacht werden. Naheliegend sind zwei Interpretationen, die jeweils mit der Person von Sibylla Schwarz verbunden sind, die sich offenbar selbst in einer Position gesehen hat, in der sie sich analog zu Susanna unschuldig verfolgt glaubte. Die eine zielt auf ihren Bruder, der nach längerem Aufenthalt fern von Greifswald nun endlich zurückkommen und ihr als Förderer ihres Schreibens zur Seite stehen sollte.[61] Er wäre dann in die Systemposition des jungen Daniel einzurücken. Eben diesem Christian Schwarz hatte die Schwester ihr Stück ja auch gewidmet.

Das ist gewissermaßen die optimistische Lesart. Die weniger zuversichtliche zieht noch in Betracht, was Daniel konkret tun wird, nachdem er das Verfahren an sich gezogen hat. Denn wenn man einmal genau hinschaut, dann lässt auch er Susanna letztlich gar nicht zu Wort kommen. Die Lösung des Falls rührt allein daher, dass die beiden Alten einander in ihren Aussagen widersprechen.

Angesichts einer Autorin, für die der ungehinderte Selbstausdruck das zentrale Movens dargestellt hat, erweist sich der Susannenstoff, so attraktiv er zu Beginn auch geschienen haben mag, demnach als eine Sackgasse. Die

---

[59] Der Fall ist dies lediglich bei Nicodemus Frischlin: Susanna. Übers. von Jakob Frischlin. In: ders.: Sämtliche Werke. Bd. 1,2. Hg. von ADALBERT ELSCHENBROICH. Berlin [u. a.] 1992, S. 289–466, hier S. 426–428, und bei Heinrich Julius von Braunschweig: Susanna. In: ders.: Schaupiele. Hg. von WILHELM LUDWIG HOLLAND. Stuttgart 1855, S. 171–208, hier S. 187.

[60] Schwarz, Susanna [Anm. 8], Bl. 168v.

[61] Vgl. nochmals die Anm. 56.

Dinge demütig und vor allem stumm hinzunehmen, war gewiss nicht die bevorzugte Haltung einer Sibylla Schwarz.

Im bereits mehrfach erwähnten Widmungsschreiben an den Bruder artikuliert sie zudem mehr als deutlich ihren fundamentalen Zweifel daran, dass sich die Dinge – und zwar sowohl Susannas Zwangslage als auch ihre eigene – einfach von selbst ins Positive wenden:

> *Daß dennoch Recht und Straffe der Gottlosen nicht aussen bleibe / dessen haben wir an dieser Geschichte Zeugnisses genug / wiewohl streiten wollen / daß selbige sich also verhalten habe / das aber alhier zu verfechten Zeit und Gelegenheit nicht leiden* [...].[62]

Deutlich wird geworden sein, dass in der Susannenbearbeitung von Sibylla Schwarz mehr als das übliche Dulden steckt, das mit der Geschichte als Ideal vermittelt werden sollte. Offenbar hat die Botschaft des hoffnungsvoll-passiven Abwartens bei der Greifswalder Autorin nicht wirklich gezündet.

Von diesem implizit widerständigen Punkt aus ergibt sich nun noch eine letzte interessante Parallele. Die Susanna, wie sie die reformatorische Ideologie am liebsten hatte, war offenbar diejenige, wie sie zuvor etwa bei Rembrandt erschienen ist: bedrängt, bedürftig eines Schutzes von oben und auch in ihren Gebärden ganz passiv in sich zurückgezogen.

Hierzu gibt es aber nun nicht nur im Drama, sondern auch unter den bildlichen Darstellungen eine signifikante Ausnahme [Abb. 4]. Die Abwehrgeste Susannas gegenüber den alten Männern erscheint in dieser im Schloss Weißenstein im fränkischen Pommersfelden aufbewahrten Version deutlich offensiver. Der grundlegende Impuls, die Dinge nicht einfach so mit sich geschehen zu lassen, der im Susannenfragment von Sibylla Schwarz indirekt spürbar war, ist hier sehr vernehmlich ins Bild umgesetzt. Kaum noch überraschen kann, dass es sich hier ebenfalls um das Werk einer jungen Frau handelt. Und auch seine Urheberin – die italienische Malerin Artemisia Gentileschi – war im Entstehungsjahr 1610 erst 17 Jahre alt gewesen.

Die Geschichte der Susanna ist ohne Zweifel ein biblischer Erfolgsstoff der Frühen Neuzeit. Fraglich erscheint angesichts dieser Doppelung allerdings, wie häufig seine didaktische Botschaft bei seinem wohl nur selten ausdrücklich danach gefragten Zielpublikum tatsächlich unbeschadet angekommen sein mag.

62 Ebd., Bl. 163v.

Ein Geistlich spiel / võ
der Gotfurchtigen vñ keusch-
en Frawen Susannen / gantz lustig
vnd fruchtbarlich zu lesen.·.

Abb. 1: Titelblatt der ‚Susanna' Paul Rebhuns nach dem Erstdruck von 1536. Exemplar der Bayerischen Staatsbibliothek München, Signatur: Rar. 4180. Bildnachweis: unter CC-Lizenz bereitgestellt durch das Münchener Digitalisierungszentrum.

Abb. 2: Jacopo Tintoretto: Susanna im Bade (1555/1556), Öl auf Leinwand, 146 × 193,6 cm. Wien, Kunsthistorisches Museum. Bildnachweis: gemeinfrei bereitgestellt durch Wikimedia Commons.

Abb. 3: Rembrandt van Rijn: Susanna und die Alten (1635–1647), Öl auf Holz, 76,6 × 92,8 cm. Berlin, Gemäldegalerie. Bildnachweis: gemeinfrei bereitgestellt durch Wikimedia Commons.

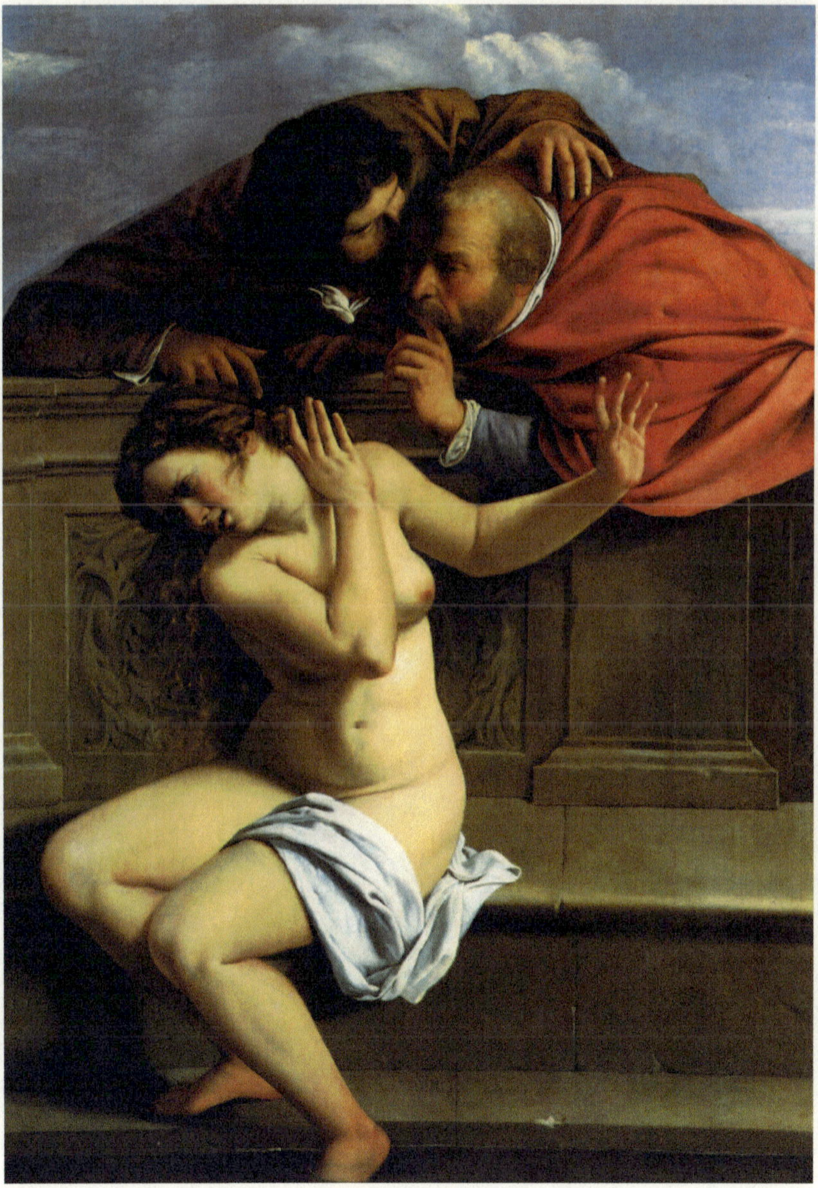

Abb. 4: Artemisia Gentileschi: Susanna und die Alten (1610), Öl auf Leinwand, 170 × 121 cm. Pommersfelden, Schloss Weißenstein. Bildnachweis: gemeinfrei bereitgestellt durch Wikimedia Commons.

Stefan Bürger

Architektur und Baukunst im konfessionellen Zeitalter

Im Herbst 2016 veranstaltete das Kolleg ‚Mittelalter und Frühe Neuzeit' der Universität Würzburg zum Auftakt des Reformationsgedenkjahres eine Exkursion nach Mitteldeutschland. Im Zentrum standen damals Monumente der Reformationsgeschichte, aber auch Orte, an denen sich noch heute die Veränderungen im Zuge der konfessionellen Auseinandersetzungen und historischen Umwälzungen besonders gut ablesen lassen: Annaberg, Freiberg, Torgau, Wittenberg und Erfurt. Diese dort für Forschende und Kulturreisende gleichermaßen interessante Sichtbarkeit historischer Ereignisse beruhen auf drei wesentlichen Vorbedingungen. Erstens: Die Orte bzw. Objekte müssen sich über ein halbes Jahrtausend als historische Quellen erhalten haben, was angesichts der Zerstörungen durch Verwitterung, Brände oder Kriege oder aufgrund der Veränderungen durch Umnutzungen und Umgestaltungen, durch historisierende Bereinigungen und Neuschöpfungen oder durch denkmalpflegerische oder marktorientierte Neukonzeptionen keine Selbstverständlichkeit ist. Für die Wittenberger Schlosskirche trifft dies leider nur teilweise zu. Zweitens: Die Objekte müssen historische Ereignisse und Werte sichtbar und erkennbar machen. Sie müssen etwas symbolisieren oder irgendwie zum Ausdruck bringen, so dass wir sie heute als Symbole und Quellen lesen können. Und drittens: Die Lesbarkeit historischer Ereignisse setzt voraus, dass die damalige Vermittlungsabsicht auf ein historisches Ereignis reagierte bzw. in eine Situation als Medium hineinwirken sollte, eben um etwas zu bewirken.

Es wird im Folgenden daher um Bauprojekte gehen, die von den Auftraggebern damals bewusst inszeniert, absichtsvoll als Medien errichtet und gewissermaßen politisch ins Feld geführt wurden, um gezielt die konfessionellen Entwicklungen zu beeinflussen. Drei herausragende Bauwerke, die auf besondere Weise in den Spannungsbogen des 16. Jahrhunderts eingebettet sind, werden hier gesondert vorgestellt und in einen historischen Überblick, der insbesondere konfessionelle und diesbezüglich machtpolitische Aspekte berücksichtigt, eingeordnet.[1]

[1] Diesem Beitrag liegt das Vortragsmanuskript zur Ringvorlesung zugrunde. Der Beitrag bündelt Inhalte und ist als konzentrierte Zusammenschau von Studien zu verstehen, die bereits andernorts publiziert wurden (bzw. in Kürze erscheinen werden). An entsprechenden Textstellen erfolgen Hinweise zu jenen Veröffentlichungen, in denen die betreffenden Bauwerke, Personen oder Aspekte detaillierter besprochen werden und weiterführende Literaturangaben zu finden sind. Auf Einzelnachweise wird daher hier im Wesentlichen verzichtet.

1. Die Annaberger Annenkirche

Um zu verstehen, wie sich die spannungsreiche Debatte um den wahren Glauben und die richtige Glaubens- und Frömmigkeitspraxis in den Kirchenräumen niederschlug, ist es sinnvoll, sich klarzumachen, wie ein Sakralraum unmittelbar vor der Reformation beschaffen war. Glücklicherweise verfügen wir mit der Annenkirche im erzgebirgischen Annaberg über ein Bauwerk, dass als Laborfall wie kein zweites taugt, um dies darzustellen, denn St. Annen wurde um 1500 auf der grünen Wiese errichtet.[2]

Zum historischen Hintergrund: 1491/92 wurden am Schreckenberg reiche Silbervorkommen entdeckt. Diese Nachricht, das sogenannte große Berggeschrei, versetzte die Region in Aufruhr. Um Ordnung zu schaffen und um Anteile zu sichern, musste Herzog Georg als Landesherr unverzüglich handeln. Schon 1493 erließ er zur Durchsetzung landesherrlicher Rechte die Annaberger Bergordnung.[3] Äußerlich zeigte sich ab 1496 eine ordnende Hand in der regelmäßigen Anlage der Stadt. Die Stadt wurde 1497 dem Schutz der hl. Anna unterstellt und 1498 mit dem Bau der hölzernen Kirche in die Kirchenorganisation integriert. Am 25. April 1499 wurde im Beisein des Herzogs der Grundstein für den Neubau gelegt. 1501 waren die Arbeiten am Chorbau im vollen Gange. Gebaut wurde ein dreischiffiger Hallenchor mit triapsidialem Abschluss. Die Wahl dieses Bautyps weist bereits auf eine polyvalente Interessenlage. Möglicherweise bezog Herzog Georg die potenten Gruppierungen der Stadt in das Projekt ein: Die Bergknappschaft erhielt vermutlich das Recht, den nördlichen Seitenchor (als Bruderschaftskapelle?) zu stiften und zu nutzen, die Rosenkranzbruderschaft als städtische Elite dagegen den Südchor (Abb. 1).

Um 1507/08 wurde Peter Ulrich von Pirna mit der Werkführung vor Ort beauftragt, denn sein Vorgänger Konrad Pflüger war bereits verstorben.[4] Die schlichte Nordsakristei war der erste nutzbare Raum. Die reprä-

---

2 STEFAN BÜRGER: Bauen bildet ab. Eine Baustellengeschichte zur ‚schönen und kunstreichen St. Annenkirche' in Annaberg. In: Kirche als Baustelle – Große Sakralbauten des Mittelalters. Hg. von KATJA SCHRÖCK [u. a.]. Köln 2013, S. 23–40; ders.: Die Annaberger St. Annenkirche. Besonderheiten ihrer Architektur als Zeichen für kulturellen Wandel. In: Das Erzgebirge im 16. Jahrhundert – Gestaltwandel einer Kulturlandschaft im Reformationszeitalter. Hg. von MARTINA SCHATTKOWSKY. Leipzig 2013 (Schriften zur sächsischen Geschichte und Volkskunde 44), S. 353–378.

3 STEFAN BÜRGER: Stadt – Land – Hof. Verursachte die Annaberger Bergordnung (1509) den Annaberger Hüttenstreit (1518)? Zur Frage nach dem Status von höfischen Bauhandwerkern außerhalb landesherrlicher Residenzen. In: Hofkünstler und Hofhandwerker in deutschsprachigen Residenzstädten der Vormoderne. Hg. von ANDREAS TACKE [u. a.]. Petersberg 2017, S. 14–26.

4 Zu Konrad Pflüger: STEFAN BÜRGER: Technologie und Form – Monumentalisierung und Perfektion der sächsischen Baukunst unter Konrad Pflüger (1482 bis 1507). In: Werkmeister der Spätgotik – Personen, Amt und Image. Hg. von dems. und BRUNO KLEIN. Darmstadt 2010, S. 193–215.

sentative Gestaltung samt Jahreszahl und Heraldik deutet auf eine offizielle Funktion. Aufschlussreich ist das Wappenarrangement: ein Wappen des Herzogs, das seiner Gemahlin und das Stadt- bzw. Bergamtswappen. Diese erste Bild- bzw. Bauaussage besaß keinen biblischen oder heilsgeschichtlichen Inhalt, sondern eine territorialherrschaftliche Kernbotschaft. Präsentiert wurden Fürst und Bergamt als hoheitliche Instanzen des jungen Gemeinwesens. Die Nutzung als Sakralraum erhielt um 1508 erste Konturen: Im Schiff bzw. in den Seitenkapellen wurden durch Bergbauanteile (sog. Freikuxen) finanzierte Altäre gestiftet, Wandgemälde aufgebracht und die Empore eingezogen. Der Kirchenbau wurde fortan gemeinschaftlich genutzt und war substanzieller Bestandteil der städtischen Identität. Er diente aber vor allem dem Herzog als Forum und visuell-repräsentative Plattform zur Ausübung herrschaftlicher Macht.

Bald nach 1504 gelangten drei Annenreliquien nach Annaberg. Ein Unterschied zu anderen fürstlichen Reliquiensammlungen war der gemeinsinnige Gedanke hinter der Stiftung bzw. der Beförderung des Annaberger Heiltums. Als Hüter der Heiltümer trat die Annenbruderschaft als vornehmste Kommunität der Stadt in Erscheinung. Im Jahr 1507/08 wurde an der Nordwand von St. Annen eine erste Anna-Selbdritt-Darstellung geschaffen. 1510 übergaben Herzogin Barbara und der Abt von Altzella eine weitere in Lyon erworbene Annenreliquie (Finger der Hl. Anna) in würdiger Prozession der Kirche. Anscheinend eignete sich das Provisorium für eine halbwegs würdige Präsentation. Die Bevölkerung war rasant gewachsen und umfasste 1510 bereits 8000 Seelen.

1501/02 waren in der Stadt bereits weitere sakrale Orte geschaffen worden: ein Franziskanerkloster und die Marienkapelle der Bergknappschaft als bruderschaftliche Eigenkirche. Das Kloster nahm zudem den fürstlichen Hof auf, was den Bau und Unterhalt eines Schlosses erübrigte. Die Klosterkirche diente innerhalb des monumentalen Komplexes als Hofkirche. Georg konnte so mit kirchenpolitischen Mitteln Hofordnungsprinzipien auf eine Stadt übertragen. Im Jahr 1512 schuf Meister HW die ‚Schöne Tür' für die ehemalige Franziskanerkirche. Ihr Bildprogramm hob die Ablassgnade der lokalen Annenverehrung hervor. Die fürstlich gestaltete ‚Schöne Tür' war damals der mit Abstand qualitätvollste baukünstlerische Akzent in ganz Annaberg und in der Region (Abb. 2).

Nach dem Abbruch des hölzernen Vorgängers konnten erste Freipfeiler errichtet und die Westempore eingezogen werden, die sich über einen repräsentativen Aufgang mit zellengewölbter Wendeltreppe erreichen ließ. Ähnlich herrschaftliche Treppen besaßen die Marienkirchen in Freiberg und Zwickau. 1516 wurde die Kanzel durch Franz Maidburg gefertigt. Wappen weisen sie als angeblich gemeinsame Stiftung unter fürstlicher und städtischer Patronage, Landesherr und Bergamt, aus. Das allgemeine Recht des Patrons, den Kirchenraum und die Stiftungstätigkeit in seinem Sinne zu instrumentalisieren, wird durch den Stiftungshintergrund der Kanzel deutlich: Zwar ließ der Herzog sie in seinem Auftrag fertigen, doch die Finanzierung wurde Fundgrübner Pflock überlassen. Als Gegenleistung für den Stiftungswert von 1000 Gulden zur Anfertigung erhielt Pflock das Recht, sich in der Kirche beerdigen zu lassen.

1515 wurde auf Betreiben des Herzogs Jakob Heilmann von Schweinfurt als neuer Werkmeister berufen.[5] Jakob vollzog einen Planwechsel, der neue Stifterinteressen berücksichtigen konnte. So ließ er seitliche Emporen einziehen. Die Kapellenräume profitierten bereits vom Können des neuen Meisters: Die Wölbungen erhielten Bogenrippen. Figurenstil und Ornamentik sind ‚welscher Natur', der Kragstein war wohl eines der ersten Renaissancemotive in der Kirche. Im Jahre 1517 wurden letzte Pfeiler errichtet und die Einwölbung ausgeführt. Nach Prager Vorbild schuf Meister Jakob kuppelige Schleifensterngebilde (Abb. 3). Mit der Einwölbung 1519 war der Bau der fürstlichen Stadtkirche vollendet. Schon kurz darauf, 1519/20, wurde die Ostpartie umgestaltet. Es fehlte ein würdiger Raum für den Reliquienschatz, der 1518 bereits 120 Stücke umfasste.

Die Notwendigkeit einer gesonderten Heiltumskammer war wohl Anlass, beide Annexbauten aufzustocken. Über den Flügelbauten wuchsen polygonale Nebenchöre empor, die über verlängerte Emporen zugänglich gemacht wurden. Die Flügelbauten wurden an den Hauptraum angeschlossen und mit großen Scheidbögen geöffnet (Abb. 5). Funktional handelte es sich um große Herrschaftslogen bzw. um Tribünen mit Kanzeln für Heiltumsweisungen. Jakob hatte unter Benedikt Ried in Prag die modernste höfische Architektur kennengelernt. Dies betraf einerseits die Formen der italienischen Renaissancearchitektur, andererseits neuartige Wölbungen mit Bogenrippen. Baukünstlerische Vorbilder finden sich auf der Prager Burg. So bildete Meister Jakob das Außenportal von St. Georg nach, um den neuen Zugang zur Heiltumskammer, der sogenannten Alten Sakristei, zu gestalten. Ebenso profitierte Annaberg von den Prager Gewölbeinnovationen. An den Altären ließe sich die Durchdringung von Formen der Spätgotik und Renaissance noch weiter ausführen.

Was lernen wir am Beispiel der Annenkirche? Alle (!) Aspekte und Bauteile, die später den Typus des protestantischen Kirchenbaus prägen sollten, waren Jahrzehnte vor der Reformation bereits in Gebrauch: Das sind die Einheitsräume der Hallenkirchen ohne Zäsuren zwischen Chor und Laienraum, das sind die umlaufenden Emporen, die zentral im Gemeindesaal angeordneten Kanzeln und auch die starke herrschaftliche Vereinnahmung der Kirchenräume mit handfesten territorialpolitischen Zielen.[6]

---

[5] Zu Jakob Heilmann: STEFAN BÜRGER: Ebenmaß und Kontraste. Die hoch spezialisierte Raumkunst Jakob Heilmanns von Schweinfurt (1517 bis 1525). In: BÜRGER/KLEIN (Hg.), Werkmeister der Spätgotik [Anm. 4], S. 216–231.

[6] STEFAN BÜRGER: Was für ein Typ? Allgemeine bau- und funktionstypologische Einschätzungen zum Stadtkirchenbau der sächsischen Spätgotik. In: Die Stadtpfarrkirchen Sachsens im Mittelalter und in der Frühen Neuzeit. Hg. von ULRIKE SIEWERT.

Und wir können auch Folgendes deutlich erkennen: Die Kombination von spätgotischen Formen und Renaissancestil war bald nach 1500 selbstverständlich. Der Stilwandel hat mit der Reformation zunächst nichts zu tun. Wir versuchen gern die Stile zu trennen, in ‚noch Spätgotik' und ‚schon Renaissance', um womöglich die Zäsur zwischen Mittelalter und Früher Neuzeit, zwischen altkatholisch, reformatorisch und reformkatholisch sichtbar zu machen. Diese lineare Stilabfolge entspricht nur leider nicht der historischen Wirklichkeit. Auch die stilgeschichtliche Trennung beider Stile bzw. die Reduktion der Kunstproduktion auf diese beiden Hauptstilströmungen widerspricht der historischen Realität und wird schon allein durch die Gepflogenheit konterkariert, in welch mannigfaltiger Weise sich etliche ‚Stile' als ‚Manieren' um und nach 1500 kunstreich miteinander verbinden ließen.[7] Viel aufschlussreicher, als nach dem Trennenden von ‚Spätgotik' und ‚Renaissance' zu suchen, ist es daher, die Synthesen als Zeugnisse künstlerischen Ausdrucksvermögens und Vermittlungsinteresses zu lesen. Und es ist sinnvoll, jedes einzelne Werk und dessen Formen vor dem Hintergrund historischer Entwicklungen zu bewerten. Dafür müssen wir in der Geschichte zurückgehen, um die Entwicklungen im 16. Jahrhundert zu verstehen, denn die reformatorischen Ereignisse wurzelten in der besonderen Geschichte Sachsens.

2. Historischer Überblick

Unter Friedrich II., dem Sanftmütigen, bestand Sachsen aus der Markgrafschaft Meißen, der Landgrafschaft Thüringen, dem Kurfürstentum Sachsen-Wittenberg und weiteren Territorien.[8] Die Herrschaft der Wettiner griff weit über die Grenzen des Bistums Meißen hinaus. Während Altenburg ein wichtiger Residenzort bleib, bildete Freiberg das Berg- und Finanzzentrum und Leipzig den wichtigsten Handelsplatz unter wettinischer Hoheit. Unter Friedrich II. wurde das regionale Bauwesen in die landesherrliche Ämterordnung integriert.[9] Nach seinem Tod regierten sei-

---

Dresden 2013 (Bausteine aus dem Institut für Sächsische Geschichte und Volkskunde 27), S. 123–163.

[7] STEFAN BÜRGER: In welchem Stil können sie bauen? Bauorganisatorische und methodische Überlegungen zur Baukunst des frühen 16. Jahrhunderts. In: *Auff welsche Manier gebauet*. Zur Architektur der mitteldeutschen Frührenaissance. Hg. von ANKE NEUGEBAUER und FRANZ JÄGER. Halle 2010 (Hallesche Beiträge zur Kunstgeschichte 10), S. 33–57.

[8] STEFAN BÜRGER: Schlösser, Schlosskapellen und Patronatskirchen. Monumente der wettinischen Reformationsfürsten. In: Die Reformation: Fürsten – Höfe – Räume. Hg. von ARMIN KOHNLE und MANFRED RUDERSDORF. Stuttgart 2017 (Quellen und Forschungen zur sächsischen Geschichte 42), S. 180–215.

[9] STEFAN BÜRGER: Das wettinische Landeswerkmeisteramt. Sonderweg und Potential des obersächsischen Bauwesens um 1500. In: BÜRGER/KLEIN (Hg.), Werkmeister der

ne Söhne Kurfürst Ernst und Herzog Albrecht der Beherzte zunächst gemeinsam. Sie bestallten Arnold von Westfalen als Landeswerkmeister, der bis etwa 1482 alle wichtigen Bauprojekte betreute.[10]

1468 bis 1480 errichtete Arnold in Dresden einen inzwischen verlorenen Wohnbau samt Georgskapelle. Ab 1469/70 baute Arnold wohl auch das sogenannte Querhaus des Rochlitzer Schlosses als Witwensitz für die Fürstenmutter.[11] Dies geschah, weil in Rochlitz bereits der vertriebene Würzburger Fürstbischof Sigismund residierte. Als Arnold von Westfalen ab 1470/71 mit dem hochmodernen, wegweisenden Bau der Albrechtsburg beauftragt wurde, hielten die Fürsten am Konzept ihrer Vorgänger fest, den Schlossbau funktional mit der Kathedrale zu verklammern. Die Fürsten konnten wie zuvor aus dem Wohnschloss auf die Lettnertribüne im Dom gelangen. Und die Kathedrale erschien als südlicher Schlossflügel.[12]

Zu erwähnen ist, dass der minderjährige Sohn des Kurfürsten Ernst, Ernst II. von Sachsen, auf den Thron des Magdeburger Erzbischofs befördert worden war. Erzbischof Ernst nahm als junger Mann vergleichsweise schnell seine Verantwortung wahr und ließ nach 1480 die Moritzburg als Zitadelle gegen die Stadt Halle errichten.[13] Die Anlage wurde durch Konrad Pflüger, den Nachfolger Arnolds von Westfalen, errichtet.

Im Jahre 1485 teilten die Brüder Ernst und Albrecht das Territorium unter sich auf: Kurfürst Ernst erhielt das Kurfürstentum Sachsen und die Landgrafschaft Thüringen als Kerngebiete, Albrecht die Markgrafschaft Meißen mit Leipzig. Nach der Leipziger Teilung 1485 und dem Tod Kurfürst Ernsts kümmerten sich die Ernestiner und Albertiner fortan eigenständig um ihre Bauprojekte. Da Albrecht vornehmlich außenpolitisch agierte, überwogen die Bauaktivitäten der Ernestiner, die Sachsen-Wittenberg als Kerngebiet ihrer Herrschaft neu konstituierten. Neben Wittenberg wurde Torgau ein wichtiger Stützpunkt.[14] In Torgau lag St. Marien unweit des Schlosses Hartenfels. Nach der Teilung von 1485 wurden die Kirche, das

---

Spätgotik [Anm. 4], S. 59–65.

[10] Zu Arnold von Westfalen: STEFAN BÜRGER: Innovation als Indiz. Œuvre und Ära der Amtszeit Arnold von Westfalens (1461/71 bis 1481). In: BÜRGER/KLEIN (Hg.), Werkmeister der Spätgotik [Anm. 4], S. 171–192.

[11] Schloss Rochlitz – Restaurierung und Denkmalpflege. Hg. vom Landesamt für Denkmalpflege Sachsen. Beucha 2013 (Arbeitsheft 19).

[12] STEFAN BÜRGER: Eine neue Idee zur Herkunft des Landeswerkmeisters Arnold von Westfalen. In: Schlossbau der Spätgotik in Mitteldeutschland. Hg. durch die Staatlichen Schlösser, Burgen und Gärten Sachsen und Kuratorium Schloß Sachsenburg e. V. Dresden 2007, S. 43–52; ders.: MeisterWerk Albrechtsburg. Von fürstlichen Ideen, faszinierenden Formen und flinken Händen. Hg. durch die Staatlichen Schlösser, Burgen und Gärten Sachsen. Dresden 2012.

[13] Zu den Aktivitäten Ernsts II.: MARKUS LEO MOCK: Kunst unter Erzbischof Ernst von Magdeburg. Berlin 2007.

[14] Die Denkmale der Stadt Torgau. Hg. von PETER FINDEISEN und HEINRICH MAGIRIUS. Leipzig 1976 (Die Denkmale im Bezirk Leipzig).

Schloss und auch das Franziskanerkloster landesherrlich ausgebaut. Ebenso programmatisch erfolgte der Ausbau Wittenbergs:[15] Kurfürst Friedrich ließ Konrad Pflüger von 1489 bis 1496 auch das Schloss neu errichten. 1496 bis 1506 wurde die Schlosskirche neu erbaut. Der als Schlossflügel konzipierte Sakralbau entstand in modernen Formen, mit Wandpfeilern, mit umlaufender Empore und ebenfalls mit Vorhangbogenfenstern und Netzgewölben.

Schon vor dem Tod Herzog Albrechts hatte dessen Sohn Georg die innenpolitischen Geschäfte der Albertiner geführt. Er kontrollierte den Silberbergbau und lenkte auch die Geschicke jener neu gegründeten Bergstadt Annaberg. Ab 1499 entstand die bereits vorgestellte Annenkirche, die typologisch den Schloss- und Residenzkirchen mit höfischen Formen in höchster Stillage folgte.

Im Jahre 1502 gründete der ernestinische Kurfürst Friedrich III. die Wittenberger Universität und bestimmte seine Schlosskirche zur Universitätskirche. Diese Verbindung von Herrschaft, Bildung und Kirche verfolgte keineswegs humanistische Absichten, im Gegenteil: Dies zielte darauf, über Patronatsrechte und Kontrolle geistlicher und akademischer Eliten auf soziale Räume Einfluss zu nehmen. Die Schlosskirche war weniger auf private Andacht, vielmehr auf Machtausübung angelegt. Medialer Höhepunkt war der in der Schlosskirche präsentierte, aus ca. 19.000 Teilen bestehende Heiltumsschatz, der ab 1508 mit dem Wittenberger Heiltumsbuch werbeträchtig publik gemacht werden sollte. Diese Idee verfolgten auch die Magdeburger Erzbischöfe, zuerst Ernst von Sachsen, der 1505 bis 1509 auch durch Konrad Pflüger als Ort für das Hallesche Heiltum die Magdalenenkapelle auf der Hallenser Moritzburg errichten ließ.

Nicht zu vergessen sind die Konflikte, die sich aus kirchen- und territorialherrschaftlichen Ansprüchen der Bischöfe von Meißen in der Umklammerung der Wettiner ergaben. Unter Hochdruck mussten sie ihre Standorte in Meißen, Stolpen und Wurzen repräsentativ ausbauen und befestigen.[16] Nach 1500 gab es dann im mitteldeutschen Raum eine Verdichtung herrschaftlicher, repräsentativer und fortifizierter Orte unter wettinischer Hoheit. Zu den herausgehobenen sakralen Wallfahrtsorten mit ihren bedeutenden Heiltümern gehörten Wittenberg, Halle und auch Annaberg.

Eine erhebliche Verschiebung und Spannung trat nach dem Tod des Erzbischofs Ernst von Sachsen im Jahre 1513 ein. Kardinal Albrecht von Brandenburg übernahm das Erzbistum, und kurz darauf erkaufte er sich

---

[15] Neueste Studien zu Wittenberg: Witttenberg-Forschungen, Bde. 1–4. Im Auftrag der Stiftung LEUCOREA hg. von Heiner Lück [u. a.]. Petersberg 2011–2017; Bd. 5 in Vorbereitung.

[16] Der Dom St. Marien zu Wurzen. 900 Jahre Bau- und Kunstgeschichte der Kollegiatstiftskirche St. Marien zu Wurzen. Hg. vom Landesamt für Denkmalpflege Sachsen. Dresden 2015 (Arbeitsheft 23), S. 72–81.

auch das Erzbistum Mainz.[17] Mit einem Schlag verschoben sich die Fronten zwischen dem Territorium der Wettiner und den Erzbistümern der Grenzregionen im Westen. Albrecht übernahm die macht- und kirchenpolitischen Orte. Um die durch die Ämterhäufung entstandenen exorbitanten Schulden abzutragen, versuchte Albrecht Kapital aus den durch Silber reich gewordenen Territorien der Wettiner abzuziehen. Eine Maßnahme war, in Jüterbog, einer im magdeburgischen Hochstiftsgebiet gelegenen Stadt, durch Johann Tetzel massiven Ablasshandel zu organisieren und damit dem benachbarten Heilsort Wittenberg erhebliche Konkurrenz zu machen. Des Weiteren besetzte Albrecht grenznahe macht- und kirchenpolitische Orte und baute vor allem Halle als strategischen Haupt-, Residenz- und Wallfahrtsort aus. Nicht zuletzt diese sich gravierend verändernden Finanzströme, über Erzbischof Albrecht in die Nachbardiözesen und Hochstiftsgebiete bis nach Rom, veranlassten Martin Luther zu seinen Thesen, die er an Erzbischof Albrecht adressierte.

Die theologischen Aspekte können nur bedingt all jene Phänomene erklären helfen, die sich nachfolgend im Spannungsfeld von Kirche und Herrschaft vollzogen. Wichtig ist zu sehen, dass sich vor dem Hintergrund der konfessionellen Auseinandersetzungen und territorialpolitischen Gegebenheiten neue Lager bildeten. Nicht etwa hielten die wettinischen Bruderlinien zusammen; auch innerhalb dieser Linien bildeten sich neue Lager heraus: Während Kurfürst Johann als nunmehr protestantischer Fürst seine Interessen gegen den Magdeburger und Mainzer Erzbischof Albrecht zu behaupten suchte, blieb Herzog Georg kaisertreu und damit Teil der katholischen Liga. Innerhalb des Herzogtums hatte aber der Bruder Georgs, Herzog Heinrich der Fromme, die Ämter Freiberg und Wolkenstein aufgrund eines väterlichen Vertrages als eigene Herrschaften übernehmen können und dort wiederum frühzeitig die Reformation eingeführt.

Die neue konfessionelle und politische Situation forderte schnelles Handeln. Bereits zwischen 1519 und 1529 ließ Herzog Georg die Stadt Dresden befestigen (Abb. 4). 1521 bis 1525 schuf Jakob Heilmann für Herzog Georg den Wappensaal auf der Albrechtsburg als sogenannte Stammstube für die Albertiner, um Stammschloss samt Kathedrale stärker auf die eigene Linie zu beziehen und zu visualisieren. Das Ganze geschah im Zuge der heilswirksamen Kanonisierung des hl. Benno. Ähnliches geschah, als Georg 1521/22 in der Augsburger Daucherwerkstatt den Altar für St. Annen anfertigen ließ. Die Wurzel Jesse als Genealogie Christi, in deren Linie sich Georg als Kirchenfürst stellte, wurde zum zentralen Bildmotiv. Und mit einer dem Annaberger Altar ähnlichen Portalarchitektur ließ er seine Grabkapelle in der Meißner Fürstenkapelle als privaten Gedenkort einfassen.

---

[17] Der Kardinal. Albrecht von Brandenburg. Renaissancefürst und Mäzen, Ausstellungskatalog der Stiftung Moritzburg, Kunstmuseum des Landes Sachsen-Anhalt. Hg. von KATJA SCHNEIDER. Bd. 1: Katalog. Hg. von THOMAS SCHAUERTE; Bd. 2: Essays. Hg. von ANDREAS TACKE. Regensburg 2006.

Die machtpolitische Aneignung des Sakralen wie in Annaberg, auch Ämterhäufung wie die des Magdeburger und Mainzer Erzbischofs Albrecht von Brandenburg und die päpstliche Finanzierungspraxis zum Bau von St. Peter in Rom führten zu massiver Kritik. Luther musste sich schon 1523 in seiner Schrift ‚Von weltlicher Obrigkeit' zur Machtfrage und zur Rolle der Fürsten im Verhältnis zu Kirche und Religion äußern. Die Glaubenslehren ließen sich nicht mehr von politischen Absichten trennen, weshalb die Herausbildung der neuen Konfession nicht ohne das Ringen um Macht zu denken ist. Die Residenzen, Schloss- und Patronatskirchen blieben die entscheidenden Bühnen, um Herrschaft sichtbar zu machen und zu behaupten.

Im Jahre 1530 wurde die ‚Confessio Augustana' verbindlich verfasst. Herzog Georg reagierte darauf mit dem Dresdner Georgenbau, um seinen katholischen Standpunkt zum Ausdruck zu bringen. Dabei stellte er die Erbsünde als zentrale Ursache christlicher Heilssehnsucht heraus – allerdings an einem Schlossbau. Das Georgentor wurde mit einer politischen Botschaft versehen: Kain und Abels Kampf um den wahren Glauben, der im Brudermord endet. Diese Botschaft richtete sich an die Bruderlinie und an alle Ungläubigen. Dass solche Bilder nicht harmlos waren, zeigt sich an der vielfältigen Baukultur der Zeit.

Albrecht Dürer und viele andere sorgten sich beispielsweise um die Befestigung der *Stett, Schloss und Flecken*.[18] Mit der inneren und konfessionellen Spannungssituation mischte sich die außen- und reichspolitische Türkengefahr. Jeder Fürst war gut beraten, seine Landesverteidigung neu zu überdenken.[19] Der ernestinische Kurfürst Johann der Beständige ließ von 1531 bis 1547 in Gotha mit dem Grimmenstein eine gewaltige Landesfestung ins Werk setzen.[20] Die Festung war Schutzort des sich 1530/31 konstituierenden Schmalkaldischen Bundes der Protestanten gegen die kaiserlich-katholische Liga. Noch wurden die konfessionellen Spannungen zwischen den Lagern, also auch der ernestinischen und albertinischen Bruderlinie, nicht militärisch ausgetragen.

Doch in den Schlössern und Kirchen nahm das kriegerische Element zu. In den Jahren 1533 bis 1535 schuf Konrad Krebs den Johann-Friedrich-Bau, dessen Großer Wendelstein die fürstliche Treppenanlage der Albrechtsburg in Meißen weiterentwickelte. Der Baukörper ist als Schauarchitektur angelegt, um die neu begründete Herrschaft landes- und reichsweit herauszustellen. Unten bewachen Johann Friedrich und Johann Ernst als Krieger die Aufgänge (Abb. 6). Das Hauptportal wurde mit Fürstenbildnissen und mit Medaillons Luthers und Melanchthons ausgestattet. An die Fein-

18 Albrecht Dürer: Etliche vnderricht, zu befestigung der Stett, Schloß vnd flecken, Nürnberg 1527.

19 STEFAN BÜRGER: Architectura Militaris. Festungsbautraktate des 17. Jahrhunderts von Specklin bis Sturm. Habilitationsschrift Berlin 2013.

20 UDO HOPF: Schloss und Festung Grimmenstein zu Gotha 1531–1567. Gotha 2013.

de richten sich Bilder etwa der Samsonlegende, welche die moralische und körperliche Stärke betonen. Diese Phase war im Verlauf der reformatorischen Geschehnisse von höchster Brisanz. Die akute Situation, konfessionelle Spannungen und politische Positionen gegebenenfalls mit Waffen verteidigen zu müssen, war unmittelbar gegeben. Jeder Fürst musste seinen Standpunkt und seine Standfestigkeit prüfen, Spannungen im Landesinnern befrieden, nach außen das Territorium schützen, Bündnisse eingehen und vieles mehr. Jeder Fürst setzte andere Schwerpunkte und unterstrich diese mit geeigneten medialen Mitteln und baulichen Aktivitäten. Als Herzog Moritz beispielsweise nach seinem Herrschaftsantritt bis 1546 das Jagdschloss Dianenburg (heute unter dem Namen Schloss Moritzburg bekannt. Man vergleiche die regelmäßige, von Rundtürmen eingefasste Anlage mit dem Jagdschloss Chambord des französischen Königs Franz I.) anlegen ließ, folgte dies wohl einem politischem Kalkül: Die Jagd war das geeignete höfische Instrument, Waffenübungen abzuhalten, sich der Gefolgschaft seiner Untertanen zu versichern und dies mit einer herrschaftlichen Inszenierung wirkmächtig nach außen zu spiegeln.

Als Nickel Gromann in den Jahren 1543/44 die Schlosskapelle in Torgau als protestantischen Sakralbau für Johann Friedrich den Großmütigen errichtete, konnte er auf die tradierten Konzepte höfischer Kirchen- und Kapellenräume zurückgreifen. Architektonisch war so gut wie alles konventionell: ein saalartiger Bau mit umlaufenden Emporen wie in Freiberg (Abb. 7). Die zeremonielle Verknüpfung des Sakralraums mit einem Fürstenappartement besaß in der Albrechtsburg ihr Vorbild. Wirklich neu war nur der Altar in Tischform für das gemeinsame Mahl.

Auch wenn die Torgauer Schlosskapelle als Sakralbau höchste Aufmerksamkeit genießt, muss zunächst einmal anerkannt werden, dass einerseits die Gestaltung nur im Rückblick Prototypisches zu einer nachfolgend prägenden Einheit verband und andererseits vor allem die bedeutenden, anspruchsvollen Bauprojekte im Bereich der Fortifikation lagen. Zwischen 1546 und 1553 ließ Moritz Dresden mit einer Bastionärfortifikation nach neuestem, italienischem Stand befestigen. Zudem mussten Soldaten, Büchsenmeister, Ingenieure und Wallarbeiter rekrutiert und finanziert werden: eine gewaltige Herausforderung für einen einzelnen Potentaten. Auch andere, territorialpolitisch wichtige Residenzen und Residenzorte mussten neu befestigt werden. So gehörte die durch Meister Paul Speck konzipierte Leipziger Pleißenburg zu den bereits unter Moritz befestigten Anlagen. Die Ernestiner ließen Gotha, vor allem die Festung Grimmenstein neu- und weiterbefestigen, auch entsprechend auf- und ausrüsten. Darüber hinaus wurde 1547 die Befestigung Wittenbergs mit neuen Kanonentürmen ertüchtigt.

Die Ausgestaltung der Pirnaer Marienkirche ist ein eindrucksvolles Zeugnis dafür, in welch umfassender Weise auch die Protestanten, hier durch den Superintendenten und Lutherfreund Anton Lauterbach, an der Wirkmächtigkeit von Bildprogrammen festhielten und man dabei unmittelbar auf die Sehgewohnheiten der katholisch vorgebildeten Menschen Bezug nahm.[21]

Die Schlacht bei Mühlberg 1547 verschob die politischen Verhältnisse. Der Kaiser nahm den protestantischen Kurfürsten Johann Friedrich gefangen, entzog ihm die Kurwürde und übertrug diese seinem Gefolgsmann Moritz. Moritz stand eigentlich der protestantischen Seite nahe, lag jedoch im Zwist mit seinem Vetter Johann Friedrich, weshalb er den Kaiser im Kampf gegen den Schmalkaldischen Bund unterstützt hatte. Von den Protestanten wurde Moritz als ‚Judas von Meißen' gehasst. Mit der Kurwürde ging auch die Herrschaft Wittenberg, samt Residenzort und Universität, an die Albertiner über. Nach der Schlacht und der Übertragung der Kurwürde durch den Kaiser an Moritz und nach der konsequenten Durchsetzung der evangelischen Lehre im Land des bis dahin kaiserlichen Gefolgsmannes Moritz verschoben sich die politischen Grenzen und damit die Grenzen der konfessionellen Lager erneut. Nun gehörten zwar die Ernestiner und Albertiner einem gemeinsamen politischen Lager an, waren aber keinesfalls gute Freunde. Moritz musste die neugewonnene reichspolitische Rolle auch im Gegenüber zur Bruderlinie durchsetzen. Dafür bot die Neugestaltung des Dresdner Schlosses gute Möglichkeiten. Der Umfang und die mediale Kraft waren in der Region ohne Parallele. Die 1552/54 errichtete Dresdner Schlosskapelle setzte diesbezüglich neue Maßstäbe.[22] Heute ist das nicht mehr so leicht nachvollziehbar, da die Dresdner Schlosskapelle einem späteren, ‚rekatholisierenden' Schlossumbau unter August III. im Jahre 1737 zum Opfer fiel. Zerstört wurden auch wichtige Nachfolgebauwerke, welche die sakralräumliche Bedeutung hätten zeigen können: Die Erasmuskapelle des Berliner Schlosses wurde im Zweiten Weltkrieg zerstört. Geschleift worden waren auch der Grimmenstein und die Gothaer Schlosskapelle.

Nachdem Kurfürst Moritz wieder die Seiten gewechselt hatte und die Protestanten gegen den Kaiser ins Feld führte, konnte er mit Unterstützung Frankreichs im sogenannten Fürstenaufstand Siege erringen, erlag jedoch 1553 nach der Schlacht bei Sievershausen einer Schussverletzung. Da Moritz kinderlos war, ging die Herrschaft auf seinen Bruder August über.

Die Kriege hatten Vieles verändert. Das ernestinische Kurfürstentum überlebte lediglich als kleines Herzogtum. Während Johann Friedrichs Gefangenschaft regierten dessen Söhne Johann Wilhelm I. und Herzog Johann Friedrich II. der Mittlere das Land. Der Augsburger Religionsfrieden beruhigte die politische Situation. Johann Friedrich II. gab sich allerdings

---

21 Die Stadtkirche St. Marien zu Pirna. Hg. von ALBRECHT STURM. Pirna 2005; STEFAN BÜRGER: Unregelmäßigkeit als Anreiz zur Ordnung oder Impuls zum Chaos. Die virtuose Steinmetzkunst der Pirnaer Marienkirche. In: Zeitschrift für Kunstgeschichte 1 (2011), S. 123–132.

22 HEINRICH MAGIRIUS: Die evangelische Schlosskapelle zu Dresden aus kunstgeschichtlicher Sicht. Altenburg 2009.

mit der Situation nicht zufrieden, strebte nach alter Größe und Kurwürde und zog im Zuge der sogenannten Grumbachschen Händel den Zorn des Kaisers auf sich, woraufhin dieser Gotha belagerte und den Herzog gefangennahm. Dieser lebte von 1567 bis zu seinem Tod 1595 in Steyr in Gefangenschaft. Die Umstände ließen daher kaum aufwändige Bauprojekte zu.

Anders unter August: Er musste um seine neue Position als protestantischer Fürst fürchten, weil fraglich war, ob der Kaiser ihn als Kurfürsten bestätigen würde. Die kaiserliche Schwäche zur Zeit des Augsburger Reichstages von 1555 nutzend, trat August seine Herrschaft an. Mit höchstem Anspruch erfolgte der machtvolle Ausbau des Dresdner Schlosses. Als Hauptresidenz des Kurfürsten bildete es den neuen Machtmittelpunkt im albertinischen Sachsen. Das Bau- und Bildprogramm mit seinen biblischen und mythologischen Tugendgestalten war ikonografisch und politisch auf den Kurfürsten zugeschnitten. Politisch brisant war der Umstand, dass August als Protestant die Kurwürde übernahm und das höchste Hofamt im Reich besetzte. Um sich dieses Amt zu sichern, inszenierte er die Übertragung der Kurwürde als göttlichen Gnadenakt. Dafür ließ er 1555 ein opulentes Monument an die Hasenberg-Bastion der Festung Dresden errichten. Zu sehen ist, wie Moritz im Auftrag der Heiligen Dreifaltigkeit vom Himmel herabsteigt und das Kurschwert an August übergibt (Abb. 8). Diesen Anspruch galt es abzusichern, weshalb der Ausbau der Festungswerke schnell voranschritt. In den Jahren 1559 bis 1563 wurde in unmittelbarer Nähe zum Denkmal das kurfürstliche Zeughaus errichtet und die Stadt weiter befestigt.

Und so wie einst Moritz verlangte es auch Kurfürst August nach einem repräsentativen Jagdschloss, das seinen politischen und herrschaftlichen Ambitionen Rechnung trug. Seine Anlage sollte modernste architektonische Entwicklungen der italienischen und französischen Schlossbaukunst aufgreifen (u. a. Ideen der Architekturtheoretiker Sebastiano Serlio und Androuët du Cerceau) und damit als Ort elitärer Falkenjagd höchsten Anspruch, auch ökonomische Potenz und militärische Stärke signalisieren. Diesen Ansprüchen gerecht werdend, wurde zwischen 1567 und 1572 das Schloss Augustusburg errichtet.

3. St. Marien in Freiberg

Der Dom St. Marien in Freiberg ist seinem Stil und Typus nach mit St. Annen in Annaberg verwandt, doch aufgrund der spezifischen Rolle im Zuge der reformatorischen Entwicklungen medial offenbar anders zu beurteilen.[23] St. Marien war als städtische Pfarrkirche für eine größere gemeinschaftliche Teilhabe geöffnet. Doch ihre Funktion als einstige wettinische Burg-

[23] STEFAN BÜRGER: Der Freiberger Dom. Architektur als Sprache und Raumkunst als Geschichte. Dößel 2017 (Kulturreisen No. 15).

wartskirche, ihre Lage in der Bergbau- und Finanzmetropole und ihre Nähe zum Schloss Freudenstein hatte seit langem, wie in Annaberg, ein starkes landesherrschaftliches Engagement am Dom zur Folge. 1480 war St. Marien auf Betreiben der wettinischen Landesherren in ein Kollegiatstift umgewandelt und zur Domkirche erhoben worden. Spätestens nach dem Brand von 1484 wurde der Langhausneubau begonnen (Abb. 9). Da das Kollegiatsstift im Dienste fürstlicher Memoria agierte, ist verständlich, dass die Kirche auch den dynastischen Anspruch sichtbar machen sollte. Diesem Ziel diente unter anderem die umlaufende Empore. Die Lettnertribüne im Osten eignete sich womöglich als fürstliche Westempore des Stiftschores auch als trennender Lettner und gegebenenfalls als herrschaftliche Bühne zur Gemeinde hin. Medial folgte sie dem Vorbild der Lettneranlage im Meißner Dom. Auch dort war um 1400 eine Tribüne mit Zugang von der Markgrafenburg her errichtet worden.[24] Im Westen des Freiberger Domlanghauses war die umlaufende Empore über eine bemerkenswert große herrschaftliche Zeremonialtreppe erreichbar. Vermutlich diente zunächst die Westempore als Fürstensitz. Dies erschließt sich aus der Geräumigkeit des Plateaus und auch aus sakralräumlichen Analogien.

Ein spektakuläres, ebenfalls noch vorreformatorisches Medienereignis war die Errichtung der Tulpenkanzel um bzw. kurz nach 1505. In diesem Jahr hatte Herzog Georg seinem Bruder Heinrich die Ämter Freiberg und Wolkenstein übertragen, und seitdem fungierte St. Marien als dessen Hofkirche. Die Qualität der Kanzel und ihre Ausrichtung auf die Nordempore sprechen für einen fürstlichen Auftrag. Die Kanzel spannte eine neue Achse in das Domlanghaus: zwischen Prediger und Fürst als Mittler und somit zwischen dem Wort Gottes und der Herrschaft Heinrichs. Formal und funktional geschah dies wahrscheinlich durch eine zunehmende Konvergenz von christlicher Liturgie und fürstlichem Zeremoniell. Die unmittelbare Ausrichtung der Predigt auf den Fürsten war ein weiterer, wichtiger Schritt in diese Richtung.

Überschreiten wir in Freiberg die Zäsur von 1530, dem Jahr, in dem, wie oben ausgeführt, die ‚Confessio Augustana' als grundlegendes Bekenntnis verfasst wurde und seither den Protestanten als konstitutive Grundlage diente, ist Folgendes zu bemerken: Spätestens im Jahre 1537 führte der reformatorische Umbruch zu signifikanten Veränderungen in den Glaubensvorstellungen und damit auch im Freiberger Dom als Raum für die neuen, gelebten Frömmigkeitspraxen. Das der lutherischen Lehre zugeneigte Fürstenpaar Heinrich und Katharina hatte bereits 1536 einen Prediger berufen, Heinrich der Fromme folgte Luthers Schrift ‚An den christlichen Adel deutscher Nation' und der Forderung, die Kirche von oben zu

[24] Zu Emporen: STEFAN BÜRGER: Treppen, Emporen und Tribünen. Fürstliche Architektur und Herrschaftsinszenierung in spätgotischen Bauwerken Obersachsens und angrenzender Regionen. In: Jahrbuch der staatlichen Schlösser, Burgen und Gärten Sachsen 15 (2007/08), S. 43–66.

reformieren. In Luthers Schrift heißt es: „alle Christen sind wahrhaftig geistlichen Standes und ist unter ihnen kein Unterschied außer allein des Amts halber, [...], daß wir allesamt ein Leib sind, (obwohl) doch ein jegliches Glied sein eigenes Werk hat, womit es den andern dienet."[25] Diesem Gedanken folgend, wurde das Kollegiatstift aufgelöst, und der große Kanonikerchor verlor seine Bedeutung, wobei zu sehen ist, dass die räumliche Abtrennung und die Artikulation des Gemeindesaals als Einheitsraum schon vorher bestanden. Nahe der Tulpenkanzel ließ Heinrich eine Empore mit Altar errichten und sich so als Haupt der Gemeinde inszenieren. Empore, Altar und Tulpenkanzel bildeten ein Dreigestirn: Wort Gottes, Leib Christi und Kirchenfürst. Das Ensemble wirkte als Symbol der lutherischen Reform. Es ging dabei nicht nur um die symbolische Dimension von Luthertum und Herrschaft, sondern auch um die Sichtbarkeit und Anleitung der neuen Gemeinde. Das Fürstenpaar und der Hof lebten die neue Glaubenspraxis vor, sichtbar im Raum und später auch sichtbar auf der neuen Altartafel vor dem Chor.

Der Klerikerchor hatte seine Bestimmung verloren. Seine neue dynastisch-memoriale Funktion erhielt er, als im Jahre 1541 Heinrich der Fromme dort beigesetzt wurde. Nach Heinrich wurden weitere Familienangehörige im Chor bestattet. Moritz ließ beispielsweise 1546 seinen einjährig verstorbenen Sohn Albrecht im Domchor beisetzen. Moritz festigte die Idee, St. Marien als neue Grablege der albertinischen Linie auszubauen. Allerdings gestaltete Moritz nicht den Dom und die Grablege, sondern zunächst nur den politischen Grund und Boden. Nach seinem Tod 1553 wurde Moritz ebenfalls im Vorchor des Domes beigesetzt.

Zur Würdigung des neuen Stammvaters ließ sein Bruder August im ehemaligen Chorhals ein Kenotaph errichten. Das Monument sollte gewaltig und spektakulär inszeniert werden und brauchte mehr Raum, als die schmalen Chorjoche zu bieten hatten. Daher erfolgte ab 1562 mit wenigen, aber effektiven Änderungen eine Umgestaltung des Chorraums zur Grablege.[26] Die funktionslose Nordsakristei wurde zum ehemaligen Chorhals hin geöffnet. Gleiches geschah mit der Südkapelle. Ihre Umgestaltungen sind bemerkenswert. Die einstige südliche Marienkapelle besaß ein Sterngewölbe, deren zentraler Schlussstein mit einem Marienmonogramm versehen war. Mit der Reformation wurde dieser Ort der Marienverehrung überflüssig, die Symbole jedoch nicht sofort unsichtbar. Bewegliche Heiligenbilder wurden in der sogenannten Götzenkammer im Südturm weggeschlossen. Doch bau-

[25] Vgl. Martin Luther: An den christlichen Adel deutscher Nation. In: WA 6, S. 404–469, hier S. 406.

[26] Dazu auch: STEFAN BÜRGER/LUDWIG KALLWEIT: Bedingte Kunst. Aspekte einer Raumkonzeption jenseits von Typus und Stil am Beispiel der Fürstengrablege im Freiberger Dom (bis 1595). In: „Um 1600" – Das neue Lusthaus in Stuttgart und sein architekturgeschichtlicher Kontext. Hg. von SIMON PAULUS und KLAUS JAN PHILIPP. Berlin [u. a.] 2018 (Kultur und Technik 35), S. 59–73.

feste Zeichen ließen sich nicht ohne Weiteres tilgen. Bei der Neugestaltung der Kapelle wurden der Schlussstein und die Kreuzpunkte des Gewölbes mit den Wappen der wettinischen Herrschaften besetzt. Über dem Marienstein prangen seitdem die sogenannten Kurschwerter, am zweiten Schlussstein die sächsische Raute und weitere Wappen sächsischer Herrschaften.

Üblicherweise gebührte dem Rautenwappen die erste Position, jedoch ist wohl die bevorzugte Position der Kurschwerter im Bezug zu Moritz zu deuten, der die Kurwürde gewonnen hatte. Insofern steht die Südkapelle im Bezug zum späteren Moritzmonument. Der Verehrungsort schloss nicht nur Moritz und die wettinische Familie ein, sondern fortan die gesamte Herrschaft, die nach Auffassung lutherischer Lehre die ganze Christengemeinschaft des Landes umfasste. An die Stelle der Himmelsstadtvision, einst in den passförmigen Schlusssteinen als Imaginationen der in Offenbarung 21 beschriebenen Edelsteine des himmlischen Jerusalems sichtbar, trat die Idee einer irdischen Religions- und Weltordnung unter territorialstaatlicher Hoheit. Die Position Mariens als *ecclesia* wurde durch den Kurfürsten besetzt, der nun auch die Kirchenordnung repräsentierte. Er war der Träger von Religion, Recht und Ordnung.

Wie zentralistisch die neue Weltordnung gedacht wurde, zeigt sich in der Nordkapelle. Alle Herrschaften wurden in einem Allianzwappen zusammengefasst (Abb. 10). Das 1562 neu geschaffene Gewölbe wird von vier Kriegern getragen, die Macht symbolisieren und Unantastbarkeit garantieren. In der Zone darüber schweben vier Engel mit Zinken. Die Engel künden vom Kommen des Gottessohnes: Jedoch wurde das Gewölbe nicht mit einem Christussymbol besetzt, sondern das Evangelium innerweltlich umgedeutet. In der Mitte prangt das wettinische Wappen und verweist auf die Dynastie als Garant kommender Fürstensöhne, die mit „großer Macht und Herrlichkeit" (Mt 24,30) den Mittelpunkt der Welt bilden, „von einem Ende der Erde bis zum andern" (vgl. Mt 24,31). Dass dies so gemeint war, beweisen die Allegorien der Erdteile, die das Wappen einfassen. Spätestens jetzt war die neue Weltordnung im Freiberger Kirchenraum manifest.

Womöglich Bildvorstellungen der kaiserlichen ‚Cosmographia universalis' von Sebastian Münster aufgreifend, wurde die Nordkapelle als eine Art ‚Cosmographia Saxoniae' eingerichtet: Zentrales Element ist das in einem Allianzwappen vereinte kursächsische Herrschaftsgebiet. Dieses Gewölbe erscheint wie eine Hüllform, in die das um 1563 vollendete Moritzmonument eingeschrieben wurde. Von Süden wird sichtbar, wie der gestufte Kenotaph auf die Bildsphären der Nordkapelle Bezug nimmt. Das durch die Gebrüder Thola entworfene Monument, das italienische und niederländische Anregungen verarbeitete, folgte weniger vitruvianischen Normvorstellungen, vielmehr einer ikonisch-narrativen Strategie, um Moritz als erhabenen, entrückten Potentaten zu vergegenwärtigen.[27] Seine

[27] DAMIAN DOMBROWSKI: Die Grablege der sächsischen Kurfürsten zu Freiberg. In:

Heilswirksamkeit wurde durch die reliquienhafte Aufstellung seiner Rüstung von Sievershausen verstärkt. Die Grabanlage war anders als das abgeschlossen konzipierte Dresdner Monument in größere, mediale Zusammenhänge eingebunden.

Das herausragende Moritzmonument initiierte diese Idee nicht, sondern bekräftigte sie, und dies mit gewaltigen Mitteln: Die Brüder Benedikt verarbeiteten italienische, niederländische und sächsische Elemente. Das Monument folgte dem Wunsch, „die kur- und fürstliche Capelle in der Domkirche zu Freiberg dem hochlöblichen Hause Sachsen zu sonderlicher Ehre, Ruhm und ewigem Gedächtnis auf Grund der rechten Architektur anzuordnen, ins Werk zu richten und aus dem neu erfundenen Marmorstein aufs zierlichste zu erbauen".[28] Bedeutsam ist, dass auf den gattungübergreifenden Zusammenhang von Architektur und Bildkunst Wert gelegt wurde. Der Kenotaph-Aufbau greift zwar überregionale Stilelemente auf, ordnet diese jedoch einem lokalen Raumkonzept unter. So ist der Aufbau des Monuments eine Füllform und als deutlicher Kommentar zur Nordkapelle zu lesen: In diesem Sinne finden die niederländisch anmutenden Krieger der Kenotaph-Attika ihre Entsprechung in den Kriegern der Gewölbeanfänger. Sie bewachen jeweils das festgefügte Werk. Und so wie in der Nordkapelle die Rippen, schwingen sich am Kenotaph die Voluten hinter dem Rücken der Krieger empor. Und anstelle des Allianzwappens und des Territoriums trat auf dem Kenotaph der gewappnete Herrscher mit den Insignien seiner Macht.

Dem Vorhaben, die geistlich-weltliche Macht auf die wettinische Dynastie zu übertragen und dies medial zu inszenieren, diente also ein größeres Ensemble. Dazu gehörte auch jenes bereits erwähnte Moritzmonument in Dresden (Abb. 8). Es zeigt, wie Moritz seinem Bruder August das Kurschwert überreicht und damit den Fortbestand der Familie verstetigt. Interessant ist, dass der Aufbau des 1555 geschaffenen Denkmals die erzählerische Grundstruktur des Freiberger Kenotaphs schon in sich trägt. Der tote Moritz steigt vom Himmel auf die Erde herab zu seinem Bruder. Dargestellt wird dies im Gegenüber der Fürsten. Wie beim Kenotaph wird die irdische Zone in den toskanischen Säulen sichtbar. Dass die Szene jedoch mit der Himmelssphäre verbunden ist, erweist sich durch die Darstellung des kleinen Bildregisters darüber mit Gottvater, Sohn und Heiligem Geist. Da der Handlungsraum als zwischen Himmel und Erde liegend verdeutlicht werden musste, wurde die klassische Ordnung von Säule und Gebälk um ein Zwischenelement mit Kämpferkapitellen erweitert, um mit dieser Zwischenzone die Bildräumlichkeit sichtbar zu machen. Dass diese Konstruktion tatsächlich als relevanter Handlungsraum aufgefasst wurde, erweist sich auch daran, dass die Gemahlinnen der beiden Fürsten als hin-

---

Zeitschrift für Kunstgeschichte 64 (2001), S. 234–272.

[28] MANFRED HÜBNER: Dom St. Marien Freiberg/Sachsen. Rostock 1999, S. 23.

ter diesen Säulen stehend dargestellt wurden. Die Architektur ist dadurch nicht Rahmen, sondern Raum, um das Geschehene innerweltlich, maßstäblich, physisch und damit möglichst wahrhaftig zu vergegenwärtigen.

Noch raumgreifender wurde das Narrativ in der Dresdner Schlosskapelle ausformuliert. Toskanische Säulen tragen auch dort in hohen Sphären die Architektur. Krieger fehlen hier, denn das Programm wurde christologisch ausformuliert. Im Wölbscheitel tragen Engel die *arma Christi*; und laut schriftlicher Überlieferung war der Erzengel Michael die zentrale Figur.[29] Die Wettiner auf der Empore wurden in jener reformatorischen Himmelsordnung sichtbar, die auf Heilige verzichtete und die freien Positionen neu besetzte.

Eine solche Himmels- und Jenseitsvorstellung war auch für ein ewiges Seelengedächtnis der Familie günstig. Mit der Ausgestaltung des Chores gewann diese Vorstellung eine neue Form. Ohne die Werkgeschichte im Einzelnen zu besprechen: Es ging darum, die bereits formulierten Ideen zusammenzufassen und ihnen im alten Chorraum neue Gestalt und Kraft zu geben. Im Chor des Freiberger Domes wurde die Formensprache des Kenotaphs unmittelbar aufgegriffen und weiterentwickelt. Beim Eintreten in den Chor steht der Betrachter sofort auf einer viel höheren Sinn- und Bildebene als auf dem Bodenniveau des Kenotaphs. Die Fürsten und Fürstinnen in ihren Nischen befinden sich – dem ikonischen Zusammenhang und der Ewigen Anbetung nach – im gleichen Bildregister wie der kniende Moritz. Sie werden von einer korinthischen Ordnung gerahmt. Diese entspricht dem architektonischen Aufbau der Dresdner Schlosskapelle. Vor den Fenstern stehend und durch korinthische Säulen eingefasst, besetzten sie hier wie dort eine obere herrschaftliche Zone. Und wie in der Schlosskapelle beginnen darüber die himmlischen Register: Engel zeigen dies an in der Schlosskapelle an den Gewölberändern, im Domchor in der oberen Bildzone (Abb. 11).

Das christologische Bildprogramm der Dresdner Schlosskapelle wird in Freiberg übernommen und mit Allegorien und Wappen noch stärker personifiziert und unmittelbar auf das Fürstenhaus bezogen. Die Fürsten und Allegorien erscheinen als Heilspersonal jener neuen Welt- und Himmelsordnung. Ein Unterschied ist, dass in Freiberg das Mausoleum auch am Außenbau sichtbar gemacht wurde. Giovanni Maria Nosseni gestaltete die Strebepfeiler mit Postamenten, Pilastern und Gesimsen so um, dass das Chorhaupt zu einem erhabenen Zentralbau mit geschweiftem Dach und bekrönenden Obelisken umgestaltet wurde. Fahnen präsentieren die Wappen wettinischer Hoheit.

In der Konzeption besitzt die Grablege in vielerlei Hinsicht bemerkenswerte Parallelen zu San Lorenzo und der östlich angefügten Cappella

---

[29] HEINRICH MAGIRIUS: Die evangelische Schlosskapelle zu Dresden aus kunstgeschichtlicher Sicht. Altenburg 2009, S. 28.

dei principi. Dieser spektakuläre Memorialbau der Medici in Florenz war seit 1568 durch Giorgio Vasari in Planung, wurde jedoch erst nach 1600 ausgeführt.

Im Freiberger Dom wird anschaulich und nachvollziehbar, wie sich die Werte und Werke im reformatorischen Prozess wandelten, Bilder und Bildinhalte verschwanden, dagegen Gestaltungen kontinuierlich in neue Bildstrategien überführt werden konnten. Die Tradition bestehender Bau- und Bildwerke war wichtig, denn sie lieferte Bezugspunkte für die nachfolgenden Werke. Im sukzessiven Anwachsen verfolgte das Programm einen stringenten roten Faden, um die Protagonisten des wettinischen Fürstenhauses in der neuen Glaubensvorstellung innerweltlich zu inszenieren – insbesondere im Verlauf des spannungsreichen und damit überaus kunstreichen konfessionellen Zeitalters.

4. Die Neubaukirche in Würzburg

In dieser Weise lässt sich die konfessionelle, programmatische Bildgeschichte auch mit der Alten Universität Würzburg fortschreiben.[30] Bisher wurde die Alte Universität und die Neubaukirche vornehmlich hinsichtlich ihres Typus und Stils analysiert und interpretiert. Doch sind Renaissance, Antikenrezeption, Romverweis und altkirchlicher Bezug die wesentlichen Bedeutungsfacetten? Aus stadtgeschichtlicher und städtebaulicher Perspektive stechen Echters Stiftungstätigkeiten und Bauaktivitäten hervor, die zu einer prägenden Neufassung der Bischofsstadt führten – letztlich auch zu einer Neuordnung der Sozialgemeinschaft. Aus historischer Perspektive werden die entscheidenden Maßnahmen, vor allem die Wiedergründung der Universität 1582, der Stellenwert der Bildung und im Speziellen die Rolle der beteiligten Akteure hervorgehoben: beispielsweise die Reibungen zwischen Fürstbischof und Domkapitel oder die Rolle der Jesuiten. Aus reformationsgeschichtlicher Sicht interessiert besonders, welche Motive hinter der Wiedergründung der Universität standen, um zu verstehen, mit welchen Mitteln Julius Echter versuchte, reformkatholische Positionen zu festigen: So mussten alle Professoren im Zuge ihrer Berufung einen Eid auf das Tridentinische Glaubensbekenntnis ablegen.

Die Kunstgeschichte half, diese konfessionellen Aspekte zu untermauern. Die kirchenpolitische Dimension ließ sich besonders gut anhand der Neubaukirche darstellen: Betont wurde der römisch anmutende Innenraum

---

30 STEFAN BÜRGER: Residenz des Wissens. Die Architektur des Kollegiengebäudes. In: Julius Echter – Patron der Künste. Konturen eines Fürsten und Bischofs der Renaissance, Ausstellungskatalog. Hg. von DAMIAN DOMBROWSKI [u. a.]. Berlin 2017, S. 243–253; ders.: Tempel des Herzens – Die Universitätskirche. In: ebd., S. 255–269; ders./IRIS PALZER: Juliusstil und Echtergotik. Die Renaissance um 1600. In: ebd., S. 271–277.

und damit das enge Verhältnis zur Zentralgewalt der päpstlichen Kurie in Rom (Abb. 12). Dagegen folgte das äußere Erscheinungsbild der Alten Universität viel eher nordalpinen Gepflogenheiten. Die Alte Universität übernahm allgemein den Typus eines Kollegiengebäudes, orientierte sich im Stil eher an neu gestalteten Residenzen des 16. Jahrhunderts im Alten Reich, weshalb stets betont wurde, die Universität würde so einen territorialherrschaftlichen Anspruch vermitteln. Bautypologische Analogien verstärken diese Sichtweise, weil sich unter anderem anhand der Emporen zeigen lässt, wie eng die Neubaukirche mit dem höfischen Schlosskapellentypus verbunden war. Für die Lesart der kirchenpolitischen Dimension ist der in der Sakralraumarchitektur angelegte und durch die Jesuitenbaukunst vielerorts verstärkte Rombezug entscheidend: Die Neubaukirche erscheint vor diesem Hintergrund als integraler Teil dieses neuen globalen Katholizismus. Doch für die regionale, territorialpolitische Dimension wird eher die schlossartige Ausstrahlung der Universität maßgeblich gewesen sein: Denn die Anlage brachte mit dem gewählten höfischen Typus und Stil das Selbstverständnis Echters als Landesherr und Patron zum Ausdruck.

Die Baugliederung im Sakralraum orientierte sich am Stil der italienischen Renaissance, um eine moderne, sakrale und prächtige Wirkung zu erzeugen. Doch dazu scheinen die Maßwerkfenster und das ehemalige Gewölbe nicht zu passen, weil sie ‚spätgotisch' sind und ‚altertümlich' erscheinen. Die Vermischung der Stile, Renaissance und Spätgotik, wurde zu Unrecht vor dem Hintergrund der Reformation bzw. der innerkatholischen Reform als Brückenschlag zwischen altkatholischer Tradition und nachtridentinischer Moderne gedeutet. So wie der neue Katholizismus die Gewohnheiten der Menschen vor Ort berücksichtigen musste, bediente er sich der handwerklichen Gepflogenheiten, um die Menschen in die Gestaltungsprozesse der anstehenden Bauaufgaben mit einzubeziehen. So lauten mitunter die Urteile.

Doch, das ist zu betonen, solche Schlingrippengewölbe gehörten weder zum Formenrepertoire der niederländischen oder italienischen Baukunst, noch war diese spezifische Wölbart Allgemeingut in der Handwerkskunst oder gar in der lokalen Bautradition des Hochstifts. Dagegen fußte das Gewölbe der Neubaukirche, wie Reinhard Helm es rekonstruierte, auf jüngeren, höchst modernen Entwicklungen, besaß allenfalls mit dem Chorgewölbe der Dettelbacher Wallfahrtskirche einen frühen Vorläufer. Erst nach der Mitte des 16. Jahrhunderts erhielten jene drei Fürstenschlösser Kapellen mit vergleichbaren Schlingrippengewölben: der Grimmenstein in Gotha, das Berliner Stadtschloss und das Residenzschloss in Dresden.[31]

[31] Stefan Bürger/Jens-Uwe Anwand: Das Schlingrippengewölbe. Zur Methode der Formfindung. In: Das Schlingrippengewölbe der Schlosskapelle Dresden. Hg. vom Sächsischen Immobilien- und Baumanagement. Altenburg 2013, S. 39–69; Stefan Bürger/David Wendland: Das Schlingrippengewölbe in der Dresdner Schlosskapelle. In: George-Bähr-Forum. Jahrbuch 2012/13, S. 110–116.

Wir müssen von einer tiefen Bedeutung der Bauwerke Echters und von einer bewussten Auswahl der Formen ausgehen.[32] Allerdings äußert sich der Sinn weniger in einer plakativen Verwendung von Stil als vielmehr in einem bildhaft-narrativen Aufbau der Architekturen. Höchst bemerkenswert ist die programmatische Verwendung von Bauformen in der ‚Steinernen Stiftungsurkunde' des Juliusspitals: Links ist neben einem Tempietto ein Kirchturm mit sogenannter Echterspitze zu sehen. Nicht der Tempietto, sondern die Turmspitze berührt den Himmel und leitet Echters Blick zum jenseitigen Raum. Rechts ist diese Bildfunktion noch deutlicher: Der Priester zeigt auf das Fenster, dass die Trinität zu verkörpern scheint. Dieses Fenster leitet den Blick zu einem Gnadenstuhl. Ziel sämtlicher Handlungen, wie auch der Armen- und Krankenfürsorge, war der Himmel. Im Bild repräsentieren Architekturformen solche Handlungen. Echter verstand seine Spitalgründung zweifellos als heilbringende Handlung, und so ließ er das Spital auch gestenreich errichten. Ohne auf das Juliusspital im Einzelnen einzugehen: Bislang wurde der Bau als Vierflügelanlage gelesen, doch als solche war er womöglich nicht gemeint. Auffallend sind die Zweiteilung der Anlage und die Betonung ihrer Hauptbauten mit Türmen. Der vordere, längliche Spitalbau wurde von einer schlosshaften Dreiflügelanlage eingefasst, in der Julius Echter seine Stadtresidenz einrichten ließ.

Was bedeutet dies für die Neubaukirche? Max von Freeden schrieb nach der Kriegszerstörung: „Diese großartige Hallenkirche besticht durch ihre noble, einfache Größe, ja, diese kommt nach dem Verlust der verschiedenen Dekorationen noch eindrucksvoller zur Wirkung, und das ‚Antikische' wirkt im ruinösen Zustand fast noch imposanter in seiner Überschaubarkeit; nach der Wiederherstellung wird die festliche Einheit des Ganzen noch mehr erweisen, daß es hier für Süddeutschland um den bedeutendsten Kirchenbau der ganzen Epoche neben der Münchner Michaelskirche geht."[33] Der Wiederaufbau war also genutzt worden, um das ‚Antikisch-Römische' stärker hervorzukehren. Seit dieser Zeit ist der ikonische Gehalt ein anderer, der mehr einer kunsthistorischen Norm unterliegt als dem einstigen Bild- und Bedeutungskonzept.

Darüber hinaus ist auch der mehrgeschossige Wandaufbau mit Tabulariums-Aufriss und plastischer Säulenstellung für Innenräume (!) überaus ungewöhnlich. Ungewöhnlich sind die Verkröpfungen der Gebälke über den Säulen. In der Neubaukirche ging es darum, einen Weg auszubilden. Aus

---

[32] Zu Julius Echter als historische und kunstsinnige Persönlichkeit: Fürstbischof Julius Echter (+1617) – verehrt, verflucht, verkannt. Aspekte seines Lebens und Wirkens anlässlich des 400. Todestages. Hg. von WOLFGANG WEISS. Würzburg 2017; Julius Echter – Patron der Künste [Anm. 30].

[33] MAX H. VON FREEDEN: Die Würzburger Universitätskirche. Geschichte, Schicksal und Zukunft der „Neubaukirche" [1970], wieder in: Erbe und Auftrag. Von fränkischer Kunst und Kultur. Hg. von dems. Würzburg 1988 (Mainfränkische Studien 44), S. 16–23, hier S. 17.

dem Stadtraum kommend, betrat die Hauptperson, Julius Echter höchstselbst, diesen Bühnenraum: So beschreibt es die Festschrift anlässlich der Kirchweihe 1591.[34] Er durchschritt das Triumphtor und trat in den Innenraum ein. Die Menschen, die über die Brüstungen zuschauten, waren Beobachter des herrschaftlichen Zeremoniells. Der offene Raum durfte dabei oben nicht mit einem Tonnengewölbe abschließen, sondern musste den Blick zum Himmel freigeben. Ein Schlingrippengewölbe war dafür offenbar die geeignete Form. Es war golden und farbig gefasst und mit Engeln, welche die Passionswerkzeuge hielten, ausgestaltet. Das Wege-, Bühnen- und Zuschauerraumkonzept der Neubaukirche als Memorialbau kulminierte im Osten in einem monumentalen Zentralraum. Am Ende des Weges befand sich die Alabastertumba mit dem Herz des Fürstbischofs. Diese Grabrotunde, die sich von der Hauptgliederung abhob und als freistehend im Raum zu denken ist, war der Kern, auf den alles hinführte.

So spannte ein universales Tugendprogramm des Fürsten nicht wie im Freiberger Chor einen neuen Memorialraum aus, sondern eine komplette Stadt: Würzburg selbst wurde die Verkörperung des fürstlich-memorialen Programms. Marienberg und Mariendom symbolisieren die Religion und den Glauben. Dafür ließ Julius Echter den altehrwürdigen Bau mit Portal und Chor neu fassen. Hoffnung, Barmherzigkeit und Nächstenliebe nahmen mit dem Juliusspital Gestalt an. Weisheit trat mit der Neugründung der Universität zu Tage. Obwohl Echter der *Iustitia* meines Wissens keinen eigenen Ort zuwies, ist anzunehmen, dass das neugefasste Schloss auf dem Marienberg weiterhin als Sitz fürstbischöflicher Gerichtsbarkeit und Gerechtigkeit galt. Die territorialfürstliche Stärke, *Fortitudo*, fand mit der Echterbastei und dem Michaelstor besonderen Ausdruck. Als Akteur der Gegenreformation bezwang Echter die Lutherischen im Land, wie einst Michael den Drachen getötet und das Böse besiegt hatte.

Für die Stadtgestaltung Würzburgs gilt das, was Matthias Müller für Residenzen des 16. Jahrhunderts herausarbeitet hat, nämlich dass wehrhafte Schlösser jeweils als Schutz- und Tugendburgen für ein von Gott eingesetztes und aus dem Geist göttlicher Weisheit heraus gerecht herrschendes Regiment zu gelten haben. Zu den vornehmlichsten Aufgaben der Fürsten gehörte es, eine geordnete Landesherrschaft durchzusetzen, durchdrungen von den fürstlichen Tugenden *Justitia*, *Fortitudo*, *Temperantia* und *Caritas*. Dieses Selbstverständnis fürstlichen Regimentes spiegelt sich in den spätmittelalterlichen und frühneuzeitlichen Fürstenspiegeln und in den Hofordnungen des 16. Jahrhunderts.[35] Zwar wissen wir nicht, was Echter sich genau dabei gedacht hat. Er sorgte sich zweifellos um den Erhalt des Katholizismus im Bistum, um den Fortbestand seines Herzogtums, um die Stellung des Bischofs innerhalb der Domkurie, um die Wohlfahrt seiner

---

[34] Ebd., S. 18.

[35] MATTHIAS MÜLLER: Das Schloß als Bild des Fürsten – Herrschaftliche Metaphorik in der Residenzarchitektur des Alten Reichs (1470–1618). Göttingen 2004, S. 251–357.

Untergebenen: Seine größte Sorge war aber sicherlich die Frage, ob alle Werke genügen würden, um selbst Heil zu erlangen. So vertraute er seinen Körper nicht nur der Fürbittkraft der Domkapitulare an, sondern in einzigartiger Weise sein Herz der Universität.

Ausdruck dafür war das unter einem geöffneten Himmel aufgebahrte Herz Echters. Er hoffte im Tempel aufgenommen zu sein, bis er am Tag des Jüngsten Gerichts in den Himmel auffahren würde, um sein Heil zu finden – und von dort als Gründer- und Vaterfigur heilswirksam auf die Gemeinschaft auszustrahlen und deren Heil und Fortbestand zu sichern. Diesbezüglich verweisen Typus und Stil weniger auf Vergangenes als vielmehr die gewählte Bildsprache und Rauminszenierung auf Zukünftiges und Ewiges. Dabei ist zu sehen, dass der Bau, erstens, nicht als statisches, gegenreformatorisches, konfessionelles Programm g e g e n die Protestanten gedacht war. Aber der Bau zielte, zweitens, auch nicht als konstituierendes Monument auf eine Neuverfassung der eigenen Konfession und die Neuordnung ihrer Glieder im Sinne einer katholischen Reform, indem sie sich auf Altbewährtes bezog. Stattdessen richtete sich der Bau g e g e n die alten innenpolitischen Verhältnisse, g e g e n den neuen Machtzuwachs des Domkapitels, auch g e g e n die Bestrebungen des zunehmend einflussreichen Jesuitenordens, insgesamt g e g e n jene Dynamik der katholischen Reform, der alten Papstkirche nur zu neuer Alleinherrschaft zu verhelfen. Hier verstand Julius Echter die fürstliche Landesherrschaft als neue aktive politische Kraft neben der Papstkirche. Und so folgte er dem zeittypischen Verhalten der Territorialfürsten, auch oder vor allem der protestantischen, um mit allen – auch bild- und baukünstlerischen – Mitteln die politische Zentralgewalt lokal neu zu begründen. Diese landespolitisch geführte ‚Gegenreformation' bzw. ‚Parallelreform' eines Fürsten gegen die Rolle der Kirche bzw. gegen die Rolle des Bischofsamtes und des Domkapitels als höchste Repräsentanten der katholischen Kurie im eigenen Land und im eigenen konfessionellen Lager prägten die Aktivitäten Echters und begründeten zweifellos auch seinen Ruf als frühabsolutistische Herrscherpersönlichkeit.

Abb. 1: Annaberg, Annenkirche (ab 1499): Blick von der Südempore auf die Altäre im Haupt- und nördlichen Seitenchor (Photo: Stefan Bürger).

Abb. 2: Annaberg, Annenkirche, Ablasspforte, sogenannte Schöne Tür (1512) der ehemaligen Franziskanerklosterkirche in Annaberg, seit 1577 in St. Annen (Photo: Markus T. Huber).

Abb. 3: Annaberg, Annenkirche: Blick in das Kirchenschiff mit Schlingrippengewölbe, rechts die vorreformatorische Kanzel (1516) (Photo: Markus T. Huber).

Abb. 4: Dresden, Festung: Flanke mit unteren Streichplätzen für Geschütze und Infanteriegalerie darüber; später über dem Gordonsims erhöht (Photo: Stefan Bürger).

Abb. 5: Annaberg, Annenkirche: Blick in den südlichen Nebenchor, Empore mit kanzelartiger Brüstung, vermutlich als Heiltumsempore genutzt; darunter Zugang zur sogenannten Alten Sakristei, als ehemalige Heiltumskammer mit direktem Zugang zur Empore (Photo: Stefan Bürger).

Abb. 6: Torgau, Schloss Hartenfels: Großer Wendelstein (ab 1533) mit offener Treppenspindel und fürstlicher Studierstube im Obergeschoss (Photo: Markus T. Huber).

Abb. 7: Torgau, Schloss Hartenfels: Schlosskapelle mit umlaufender Doppelempore (1544) (Photo: Stefan Bürger).

Abb. 8: Dresden, Moritzmonument (1555): Der verstorbene Kurfürst Moritz überreicht seinem Bruder August das Kurschwert (Photo: Stefan Bürger).

Abb. 9: Freiberg, St. Marien: Hallenkirche mit umlaufender Empore und zwei seitlichen Kanzeln (Photo: Markus T. Huber).

Abb. 10: Freiberg, St. Marien: Gewölbe der Nordkapelle mit dem Allianzwappen des wettinischen Kurfürstentums, umgeben von den vier Erdteilen (Photo: Stefan Bürger).

Abb. 11: Freiberg, St. Marien: Wettinische Grablege, Blick von der Lettnertribüne über das Moritzmonument (1563) hinweg in den Ostchor (1591-94) (Photo: Stefan Bürger).

Abb. 12: Würzburg, Neubaukirche: Saalkirche der Alten Universität mit Emporen (Photo: Birgit Wörz).

Eckhard Leuschner

Bilder des Jüngsten Gerichts: vor, während und nach der Reformation

Wann endete eigentlich die Reformation in Deutschland? Mit dem Tod Luthers 1546? Viele würden wohl eher sagen: mit dem Augsburger Religionsfrieden 1555, als durch reichsrechtliche Beschlüsse erstmals die grundlegenden Bedingungen für eine friedliche, dauerhafte Koexistenz von Neu- und Altgläubigen im Heiligen Römischen Reich Deutscher Nation fixiert wurden. Aber damit war selbstredend die Geschichte der Konfessionsbildung und der konfessionellen Konflikte nicht an ihrem Ende, und die Katholische Reform hatte kaum begonnen; das Konzil von Trient war noch nicht einmal vorbei.

Für die Historisierung des Wirkens von Luther von entscheidender Bedeutung war die erste Jahrhundertfeier des Thesenanschlags 1617, für die sich fast schon wundersamerweise die inzwischen längst in eigene interne Fraktions- und Flügelkämpfe verstrickten Protestanten zusammenfanden. Stellvertretend für die Bildpublizistik des Jahres 1617 stehen hier ein Kupferstich von Hans Troschel [Abb. 1] und eine zeitgenössische vereinfachte Kopie nach demselben Stich[1] [Abb. 2]: Beide evangelische Jubelgraphiken zelebrieren neben den Reformatoren Luther und Melanchthon auch die beiden Sachsenherrscher Friedrich den Weisen (1463–1525) und den damals regierenden Johann Georg I. (1585–1556). Das von letzterem erhobene Kurschwert war zwar dessen Rangabzeichen, wirkt aber hier, ein Jahr vor dem Beginn des Dreißigjährigen Krieges, wie ein böses Omen. Troschel, Nürnberger Bürger und höchstwahrscheinlich Lutheraner, übersiedelte übrigens bald nach Verfertigung dieses Stichs nach Rom, wo er einer der wichtigsten Kupferstecher im Dienst der Jesuiten wurde.[2] Solche Künst-

---

[1] Der hier abgebildete Kupferstich ist eine der Forschung bislang nicht bekannte Kopie nach Troschels Original. Zur Publizistik anlässlich der ersten Jahrhundertfeier der Reformation 1617: HANS-JÜRGEN SCHÖNSTÄDT: Antichrist, Weltheilsgeschehen und Gottes Werkzeug. Römische Kirche, Reformation und Luther im Spiegel des Reformationsjubiläums 1617. Wiesbaden 1978. Speziell zur Bildpublizistik vgl. RUTH KASTNER: Geistlicher Rauffhandel. Form und Funktion der illustrierten Flugblätter zum Reformationsjubiläum 1617 in ihrem historischen und publizistischen Kontext. Frankfurt a. M., Bern 1982.

[2] ECKHARD LEUSCHNER: Hans Troschel zum Beispiel. Stiloptionen und Selbstverständnis ausländischer Kupferstecher im Rom des frühen Seicento. In: Ein privilegiertes Medium und die Bildkulturen Europas. Deutsche, niederländische und französische Kupferstecher und Graphikverleger in Rom von 1590 bis 1630. Hg. von dems. München 2012 (Römische Studien der Bibliotheca Hertziana 32), S. 259–276, hier S. 244, Abb. 4.

lerbiographien lehren, dass wir es selbst in einer Zeit konfessioneller Konflikte wie dem späten 16. und frühen 17. Jahrhundert selten mit hermetisch geschlossenen religiösen Milieus zu tun haben. Eine ähnliche Mahnung zur Vorsicht betrifft die ‚Konfessionalisierung' christlicher Bildthemen: Auch hier ist es sinnvoll, etablierte Ikonographien, Aushandlungsprozesse und Übergänge in der Darstellung variierender Glaubenslehren mindestens ebenso sehr zu berücksichtigen wie markante Unterschiede und gewollte Abgrenzungen.[3] Beispiel für eine solche differenzierte Betrachtungsweise sollen hier Sujets aus dem Umfeld des Bildthemas ‚Jüngstes Gericht' (bzw. ‚Weltgericht') sein.

1. Das Jüngste Gericht als Bildthema: Vor der Reformation

Die Elementarform der Darstellung des ‚Jüngsten Gerichts' in den Jahren vor Beginn der Reformation führt Albrecht Dürers Holzschnitt aus der Zeit um 1510 vor [Abb. 3].[4] Das Monogramm des Künstlers auf diesem letzten Blatt der sogenannten ‚Kleinen Passion' ist etwas näher an den Seligen als an den Verdammten angebracht. Engel signalisieren mit Trompeten den Jüngsten Tag und die Auferstehung der Toten, die unten aus ihren Gräbern kommen und entweder von Engeln ins Paradies geleitet oder von Teufeln in den Höllenschlund gedrängt werden. Mittig sehen wir oben Christus als Richter auf einem Regenbogen sitzend, zu seinen Füßen ist die Weltkugel. Lilie und Schwert bezeichnen unmittelbar rechts und links neben seinem Kopf gnädige Aufnahme bzw. Verdammung. Als Interzessoren der Seelen knien Maria und Johannes vor ihm.

Wichtigster Bezugstext für bildliche Darstellungen des Jüngsten Gerichts in der Bibel ist Mt 25,31–46, der hier wegen seiner fundamentalen Bedeutung für alle derartigen Bilder *in toto* zitiert sei[5]:

WENN ABER DES MENSCHEN SON KOMEN WIRD / in seiner Herrligkeit / vnd alle heilige Engel mit jm / Denn wird er sitzen auff dem stuel seiner Herrligkeit / 32vnd werden fur jm alle Völcker versamlet werden / Vnd er wird sie von einander scheiden / gleich als ein Hirte die Schafe von den Böcken scheidet / 33vnd wird die Schafe zu seiner Rechten stellen / vnd die Böcke zur Lincken. 34Da wird denn der König sagen zu denen zu seiner Rechten / Kompt her jr gesegneten meines Vaters / ererbet das

---

3 Vgl. Vorwort in: Kontroverse & Kompromiss. Der Pfeilerbilderzyklus des Mariendoms und die Kultur der Bikonfessionalität im Erfurt des 16. Jahrhunderts. Ausstellungskatalog. Angermuseum, Dom St. Marien und Kaufmannskirche Erfurt. Hg. von ECKHARD LEUSCHNER [u. a.]. Dresden 2015, S. 10–13.

4 RAINER SCHOCH [u. a.]: Albrecht Dürer. Das druckgraphische Werk. Bd. II: Holzschnitte und Holzschnittfolgen. München 2002, S. 343–344, Kat. Nr. 222.

5 Hier und im Folgenden zitiert nach: D. Martin Luther: Die gantze Heilige Schrifft Deudsch. Wittenberg 1545. Letzte zu Luthers Lebzeiten erschienene Ausgabe. Hg. von HANS VOLZ [u. a.], München 1972.

Reich / das euch bereitet ist von anbegin der welt. [35]Denn ich bin Hungerig gewesen /
vnd jr habt mich gespeiset. Jch bin Durstig gewesen / vnd jr habt mich beherberget.
[36]Jch bin Nacket gewesen / vnd jr habt mich(t) bekleidet. Jch bin Kranck gewesen /
vnd jr habt mich besucht. Jch bin Gefangen gewesen / vnd jr seid zu mir komen.

[37]DEnn werden jm die Gerechten antworten / vnd sagen / HErr / Wenn haben
wir dich hungerig gesehen / vnd haben dich gespeiset? Oder durstig / vnd haben dich
getrenckt? [38]Wenn haben wir dich einen Gast gesehen / vnd beherberget? Oder nacket /
vnd haben dich bekleidet? [39]Wenn haben wir dich kranck oder gefangen gesehen / vnd
sind zu dir komen? [40]Vnd der König wird antworten /vnd sagen zu jnen / Warlich
ich sage euch / Was jr gethan habt einem vnter diesen meinen geringsten Brüdern /
Das habt jr mir gethan.

DEnn wird er auch sagen zu denen zur Lincken / Gehet hin von mir / jr Verfluchten /
in das ewige Fewr / das bereitet ist dem Teufel vnd seinen Engeln. [42]Jch bin Hungerig
gewesen / Vnd jr habt mich nicht getrencket. [43]Jch bin ein Gast gewesen / vnd jr habt
mich nicht beherberget. Jch bin Nacket gewesen / vnd jr habt mich nicht bekleidet. Jch
bin Kranck vnd Gefangen gewesen / vnd jr habt mich nicht besucht.

[44]DA werden sie jm auch antworten vnd sagen / HErr / Wenn haben wir dich ge-
sehen / hungerig / oder durstig / oder einen gast / oder nacket / oder kranck oder ge-
fangen / Vnd haben dir nicht gedienet? [45]Denn wird er jnen antworten / vnd sagen /
Warlich ich sage euch / Was jr nicht gethan habt einem vnter diesen Geringsten / das
habt jr mir auch nicht gethan. [46]Vnd sie werden in die ewige Pein gehen / Aber die
Gerechten in das ewige Leben.

Für die sich seit dem 9. Jahrhundert ausbildenden Konventionen der bildlichen Darstellung des Urteils über die Gerechten und Ungerechten waren neben diesem Text diverse andere Bibelstellen, etwa in der Offenbarung des Johannes, dazu theologische Auslegungsliteratur wie die ‚Civitas Dei' von Augustinus, Dichtungen wie Dantes ‚Göttliche Komödie' (1321) und nicht zuletzt die von der bildenden Kunst selbst immer weiter verfeinerten oder modifizierten visuellen Standards verantwortlich.[6] Im 15. Jahrhundert erlebte das Thema, parallel zum gesteigerten Bemühen um die Jenseitsvorsorge bei den Gläubigen, eine Blüte in der Malerei, vor allem in den Niederlanden, Deutschland und Italien. Aus der Fülle des Bildmaterials seien nur zwei Beispiele genannt: Stefan Lochners ‚Jüngstes Gericht' entstand in Köln ca. 1435.[7] Der Maler nutzte das Querformat zum Zweck einer detaillierten Schilderung der Freuden der Seligen und der Leiden der Verdammten – grüner Rasen, Engelskonzert und gotische Architektur für erstgenannte, Ruinen, Höllenfeuer und Folterqualen für die anderen. In der Mitte befindet sich eine Art Kampfplatz um einzelne Seelen. Oben thront Christus als Richter, flankiert von Maria und Johannes als Fürbittern, fliegende Engel tragen die Instrumente der Passion. Das ‚Jüngste Gericht' des Rogier van der Weyden für das Hospital in Beaune (ca. 1450, im

---

[6] Vgl. BEAT BRENK s. v. Weltgericht. In: Lexikon der christlichen Ikonographie. Hg. von ENGELBERT KIRSCHBAUM SJ. Rom [u. a.] 1972, hier Bd. 4, Sp. 513–523.

[7] Vgl. dazu z. B. Stefan Lochner, Meister zu Köln. Herkunft – Werke – Wirkung. Hg. von FRANK GÜNTHER ZEHNDER. Köln 1993, S. 39, Kat. Nr. 44.

Auftrag von Schatzkanzler Rolin) ist auf einem noch breiteren Bildformat dargestellt, aber mit reduzierter Figurenzahl, was insgesamt zu einer Monumentalisierung der Komposition beiträgt.[8] Herausgehoben sei hier nur ein Detail, der mit Albe, Stola und rotem Chormantel angetane Erzengel Michael, der die Waage hält: In der von ihm vollzogenen Seelenwägung oder Psychostasie wird gemäß Vorleben entschieden, welches Schicksal auf die jeweilige Seele wartet.

Zum Ende des 15. Jahrhunderts hin wurden die künstlerischen Vorstellungen von Jüngstem Gericht und Hölle immer kruder oder (wenn man so will) immer phantasievoller, etwa bei Hieronymus Bosch. Solche Bilder spielen im Kontext einer Kunstgeschichte der Reformation eine besondere Rolle, weil kein anderer als Luthers Freund und wichtigster Zuarbeiter in Kunstdingen, Lucas Cranach d. Ä., das heute in Wien befindliche Gerichtstriptychon von Bosch kopiert hat. Diese Kopie [Abb. 4] wird aufgrund stilistischer Merkmale auf die Zeit um 1521–1525 datiert, entstand also bereits Jahre nach Beginn der Reformation.[9] Tatsächlich hat Cranach offenbar auch noch zu dieser Zeit eigene Darstellungen des Jüngsten Gerichts produziert, die den gerade genannten mittelalterlichen Bildkonventionen entsprechen. Der Besteller eines heute in Kansas City bewahrten Beispiels ist unbekannt[10], doch ist es kunsthistorisches Allgemeinwissen, dass Cranach nach 1517 keineswegs exklusiv für lutherische Kreise malte, sondern auch altgläubige Aufträge annahm. Es soll aber auch gar nicht behauptet werden, dass dieses Bild nur von einem Altgläubigen bestellt werden konnte; denn die Zeitumstände sind kompliziert.

2. Während der Reformation

a. Die Lutheraner

Martin Luther hat keine ausgefeilte Bildtheorie oder Bildtheologie formuliert. Gleichwohl war er (anders als Andreas Bodenstein alias Karlstadt) kein Bilderstürmer, und er erkannte sehr genau das didaktische Potential von Gemälden oder Druckgraphiken für die Verbreitung seiner Lehren. Luthers Schriften enthalten daher immer wieder Hinweise auf Kunstwerke – das Bildthema ‚Jüngstes Gericht' kam ihm, wie Susanne Wegmann zeigen konnte, für seine Argumentation gegen die Päpstlichen sogar besonders ge-

---

[8] Vgl. dazu z. B. ELIANE GONDINET-WALLSTEIN: Un retable pour l'Au-delà. Le Jugement dernier de Rogier van der Weyden, Hôtel-Dieu de Beaune. Paris 1990.

[9] Vgl. CHRISTINE SEIDEL: Kopieren nach Bosch. Beobachtungen zur „Anbetung der Könige" und zum „Weltgericht". In: Hieronymus Bosch und seine Bildwelt im 16. und 17. Jahrhundert. Hg. von STEPHAN KEMPERDICK [u. a.]. Petersberg 2016, S. 54–69.

[10] Nelson-Atkins Museum, Kansas City, Purchase: Nelson Trust, 60–37. Vgl. https://art.nelson-atkins.org/objects/23573/the-last-judgment (24.06.2019).

legen.[11] In seinen ‚Predigten über etzliche Capittel des Evangelisten Matthei' (1537–40) schrieb er: *Aber im Bapstumb mahlet man den herrn Christum mit diesem erschrecklichem bilde, das ehr uns richten sollte, do ehr doch fur uns gest gorben ist und sein bluth fur uns vergossen hatt. Worum machet man ihnen doch also schrecklich, das man ihnen also auch nicht gern sehen mochte?* [...] *Ich hab mich im Babstumb mehr fur Christo gefurcht dan fur dem Teuffel. Ich gedachte nicht anders, den Christus sesse im Himel als ein zorniger Richter, wie ehr denn auch auf einem Regenbogen sitzendt gemahlet wird.*[12]

Altgläubige Bilder des Jüngsten Gerichts waren für Luther also der Inbegriff einer falschen Auffassung von Christus als „zornige(m) Richter". Dazu kam noch der Aspekt der Interzession: *Bißher hatt man uns also gepredigt, das wyr die heyligen sollen anrufen, das sie unßer furbitter seyen gegen Gott: da sind wyr zuo unßer lieben frawen gelauffen, und haben sie zur mittleryn gemacht, und Christum lassen bleyben als eyn zornigen richter. Das thut die schrifft nicht, sie gehet und dringt neher hyntzu, und preyßet den herren Christum, das er unser mitler sey, durch wilchen wyr muessen zuo dem vater komen.*[13] Die Darstellung fürbittender Personen wie Maria, Johannes oder anderer Heiliger in den traditionellen Weltgerichtsbildern musste Luther ablehnen, weil er einzig Christus selbst als Mittler des gläubigen Menschen gegenüber Gott akzeptierte.

In der Auseinandersetzung mit der alten Glaubens- und Bildtradition argumentierte er übrigens nicht immer ganz sauber; z. B. schrieb er: *Denn es ist gar eyn tröstlich wort, das Christus unser herr ist, on das wir es schrecklich gemacht haben und yhn gehalten fur eynen strengen, zornigen richter, als der eyn schwerd ynn der hand fure und droben sitze, als wolt er uns fur den kopf schlagen.*[14] Mit *eyn schwerd ynn der hand fure* bezog Luther sich offenbar auf den ikonographischen Standard von Schwert und Lilie zu beiden Seiten des Kopfes Christi (ohne letztere zu erwähnen); denn ein Christus mit Schwert in der Hand ist in vorreformatorischen Weltgerichtsbildern außerordentlich selten.

Auch eine andere auf Details von Weltgerichtsbildern bezogene Äußerung Luthers aus der Zeit um 1521–1522 wirkt eher kurios: *Die maler malen auch alszo Christum auf dem regen bogenn, das yhm ein ruthe und schwerd ausz dem mund gehet, wilchs ist aus Jsaia xi. genommen, da er spricht: „Er*

---

[11] SUSANNE WEGMANN: Luthers Bildkritik. Theorie und Realität der Umsetzung am Beispiel der Weltgerichtsikonographie. In: Forschung 107, 1 (2014), S. 35–56.

[12] Martin Luther: Predigten über etzliche Capittel des Evangelisten Matthei, Das Achtzehend Capittel. WA 47, S. 277; vgl. WEGMANN, Luthers Bildkritik [Anm. 11], S. 39.

[13] Martin Luther: Reihenpredigten über 1. Petrus, 1522, erste Bearbeitung 1523. WA 12, S. 266.

[14] Martin Luther: Eyn Sermon von Stärke und Zunehmen des Glaubens und der Liebe, Aus dem dritten Capitel der Epistel Pauli an die Epheser. WA 17/1, S. 430; vgl. WEGMANN, Luthers Bildkritik [Anm. 11], S. 38.

wirt schlahen die erden mit der stangen seines munds, und mit dem geyst seiner lippen wirt er todten den gotloszen." Das aber die maler ein bluende ruthen malenn, is nit recht. Es solt ein stab odder stangen seyn, und beyde, stange und schwerdt, alleyn ubir die eyne seytte gehen ubir die vordampten.[15] Immerhin wird aus dieser Passage deutlich, dass Luther zwar bestimmte ikonographische Details in Bildern des Jüngsten Gerichts als unkorrekt kritisierte, aber künstlerische Darstellungen des Themas als solche – zumindest zu dieser Zeit – nicht grundsätzlich ablehnte.

Diese Einstellung sollte sich mit den von der Cranach-Werkstatt ab ca. 1530 in großer Zahl hergestellten Allegorien von Gesetz und Gnade ändern.[16] In diesen Bildern wird die (päpstliche und/oder alttestamentliche) Auffassung vom zornigen und strafenden Gott der von Luther vertretenen bzw. von ihm v. a. bei Paulus gefundenen Auffassung eines gnädigen Gottes gegenübergestellt und jeweils mit Bibelzitaten unterlegt: Getrennt durch einen links abgestorbenen, rechts grünenden Baum wird links oben das Reich des Gesetzes durch einen Christus als Richter dominiert, im Vordergrund finden sich Versatzstücke der alten Höllenikonographie. Auf der rechten Seite wird hingegen der Mensch durch Johannes auf Christus verwiesen, der für die Sünden der Menschheit gestorben ist und den Tod überwunden hat – eine tröstliche, keine furchteinflößende Botschaft. Die ‚Gesetz und Gnade'-Allegorie hat ausgehend von ihrer ersten, mit Sicherheit durch Luther selbst festgelegten Komposition einzelne Modifikationen erlebt, etwa den Wechsel der Ehernen Schlange von der linken in die rechte Bildhälfte. Die trotz der vielen Versionen weitgehende Stabilität des Schemas wurde aber nicht zuletzt durch frühe Holzschnitte der Cranach-Werkstatt – Einblattdrucke [Abb. 5] und Titelillustrationen von Luther-Schriften – gewährleistet.[17]

Der Verweis auf die neuen ‚Gesetz und Gnade'-Allegorien will allerdings nicht implizieren, dass das Bildthema ‚Weltgericht' durch Integration in die ‚falsche Seite' (Gesetzes-Seite) dieser Kompositionen für die Lutheraner ansonsten erledigt war: Tatsächlich verwendete die Cranach-Werkstatt den traditionellen Höllensturz der Verdammten nämlich z. B. auch in ihrer antipäpstlichen Bildpropaganda. In der bekannten Holzschnitt-Darstellung des predigenden Luthers [Abb. 6], die vermutlich kurz nach dem Tod des Reformators publiziert wurde[18], sind evangelisches Abend-

---

[15] Martin Luther: Schriften 1521/22. WA 8, S. 677–678, vgl. WEGMANN, Luthers Bildkritik [Anm. 11], S. 38.

[16] MIRIAM VERENA FLECK: Ein tröstlich Gemelde. Die Glaubensallegorie „Gesetz und Gnade" in Europa zwischen Spätmittelalter und Früher Neuzeit. Korb 2010.

[17] Unter den frühen Einblatt-Holzschnitten des Themas vgl. insbesondere ebd., Kat. Nr. 88.

[18] Abgebildet und kurz besprochen z. B. in: Luther und die Fürsten. Selbstdarstellung und Selbstverständnis des Herrschers im Zeitalter der Reformation. Katalog. Ausstellung Schloss Hartenfels in Torgau. Hg. von DIRK SYNDRAM [u. a.]. Dresden 2015, S. 299, Kat. Nr. 226.

mahl in beiderlei Gestalt und Höllenfahrt des römischen Klerus so inszeniert, dass für die Betrachter die Assoziation Luthers auf seiner Kanzel, der mit der Rechten auf den Cruzifixus weist und mit seiner gesenkten Linken den päpstlichen Klerus in den Orkus verabschiedet, mit dem Richter des Jüngsten Gerichts nahelag – auch wenn Luther nach links immerhin keinen Segen spendet. Eine solche Darstellung konnte von den Zeitgenossen nur ‚richtig' verstanden werden, wenn ihnen das klassische Bildschema des Jüngsten Gerichts weiter präsent war.

b. Die Altgläubigen

Im Tridentiner Dekret über die Rechtfertigung vom 13. Januar 1547 äußerte sich die Katholische Kirche bezüglich der Furcht vor der Hölle eindeutig: „Wer sagt, die Furcht vor der Hölle, durch die wir Zuflucht zur Barmherzigkeit Gottes nehmen, indem wir über die Sünden Schmerz empfinden, oder uns vom Sündigen enthalten, sei Sünde oder mache die Sünder noch schlechter: der sei mit dem Anathema belegt."[19]

Die Höllenszene in Michelangelos 1541 fertiggestelltem ‚Jüngsten Gericht' in der Sixtinischen Kapelle wirkt wie eine gemalte Antizipation dieser fraglos gegen Luther gerichteten Klarstellung des Tridentinums. In den letzten Jahren hat die Kunstgeschichte, u. a. Rolf Quednau, Michelangelos 1534 begonnenes ‚Gerichts'-Fresko als Manifestation des katholischen Standpunktes gegenüber den theologischen Vorstellungen der Reformatoren charakterisiert.[20] Diese Klarstellung war nötig, denn zu lange standen die einige Jahre nach Fertigstellung von Pietro Aretino angestoßenen Querelen um die Nacktheit und angebliche Indezenz einiger der 319 Figuren Michelangelos und die später im 16. Jahrhundert geäußerten Vorbehalte von (Bild-)Theologen wie Giovanni Andrea Gilio gegenüber den ‚Eigenmächtigkeiten' des Malers gegen Bibel oder kirchliche Lehre im Mittelpunkt der Diskussion.[21] Dabei darf, so Quednau, das Programm des Freskos den Päpsten Clemens VII. (reg. 1523–1534) und Paul III. (reg. 1534–1549) selbst zugeschrieben werden, u. a. wegen der Prominenz der Darstellungen von Hölle und Purgatorium. Andere ‚katholische' Elemente seien Maria, die

---

[19] Vgl. HEINRICH DENZINGER: Kompendium der Glaubensbekenntnisse und kirchlichen Lehrentscheidungen. Hg. von PETER HÜNERMANN. 45. Aufl. Freiburg [u. a.] 2017, S. 482, Nr. 1558.

[20] ROLF QUEDNAU: Rom bannt Luther. Michelangelos Jüngstes Gericht im Licht der konfessionellen Spaltung. In: Kunst und Konfession. Hg. von ANDREAS TACKE. Regensburg 2008, S. 348–424.

[21] Vgl. zusammenfassend BERNARDINE BARNES: Michelangelo's Last Judgment. The Renaissance Response. Berkeley, Los Angeles 1998, und das Kapitel „Michelangelos ‚Jüngstes Gericht' in der Sicht der Kritiker". In: CHRISTIAN HECHT: Katholische Bildertheologie der frühen Neuzeit. Studien zu Traktaten von Johannes Molanus, Gabriele Paleotti und anderen Autoren. 2. überarb. Ausgabe Berlin 2012, S. 420–445.

päpstlichen Schlüssel und die Heiligen, speziell die Märtyrer, die, fast militärisch formiert, ihre Marterinstrumente wie Waffen gegen die Verdammten präsentieren. Außerdem würden auf der linken Seite Auferstandene mit einer Zählschnur emporgezogen, die nur als Rosenkranz zu verstehen sei.

Obwohl diese gemalte Selbstvergewisserung der päpstlichen Kirche ursprünglich nur denjenigen vor Augen sein konnte, die Zugang zur Sixtinischen Kapelle hatten, verbreitete sich die Komposition von Michelangelos ‚Jüngstem Gericht' doch rasend schnell durch druckgraphische Reproduktionen [Abb. 7] – und zwar noch bevor sich die Theologen in ihrer Kritik an dem Werk durchgesetzt hatten und der ‚Höschenmaler' Daniele da Volterra die ersten Hüllen hinzugefügt hatte. Einige der Stiche integrierten ein Porträt Michelangelos. Das Interesse an der Ikonographie ging also für die Käufer solcher Drucke mit einer Anerkennung der besonderen künstlerischen Leistung eines Einzelnen einher.

Für viele in- und ausländische Künstler musste es allerdings das Original sein: Speziell in Bildern niederländischer Maler machte sich Michelangelos ‚Weltgericht' durch einzelne Figurenzitate schon in den späten 1540er Jahren bemerkbar, verstärkt dann ab ca. 1560, auch wenn sie bestrebt gewesen zu sein scheinen, nicht einfach abzupinseln, sondern eigenständige Kompositionen als künstlerische Hommage an den *Terribile*, d. h. im Wettbewerb mit diesem, zu schaffen. Man vergleiche etwa den 1554 datierten ‚Engelssturz' von Frans Floris für die Antwerpener Kathedrale (heute im Koninklijk Museum voor Schone Kunsten Antwerpen[22]) oder das querformatige ‚Weltgericht' desselben Malers im Kunsthistorischen Museum Wien (datiert 1565), das zuerst in der Sammlung Kaiser Rudolfs II. nachgewiesen ist und vielleicht nie in einer Kirche hing.[23] Auch hier verweisen weniger offensichtliche Übernahmen als einzelne Zitate und mehr noch das komplizierte Durcheinander der nackten Leiber und die muskulöse, überentwickelte Körperauffassung vieler Figuren auf Michelangelo. Neben solchen ‚romanisierenden' Werken wurden aber im späteren 16. Jahrhundert – und das ist wichtig – in den südlichen Niederlanden weiterhin Darstellungen des ‚Jüngsten Gerichts' in der Tradition von Hieronymus Bosch produziert.

3. Nach dem Tod Luthers (und in der Katholischen Reform)

Was auch immer Luther gegen Bilder des Jüngsten Gerichts gesagt oder geschrieben haben mag: Er hat damit keineswegs bewirkt, dass solche Darstellungen aus der protestantischen Bilderwelt verschwanden. Was evangelische Epitaphien angeht, war die Mitte des 16. Jahrhunderts durch eine

---

22 EDWARD H. WOUK: Frans Floris (1519/20–1570): Imagining a Northern Renaissance. Boston 2018, S. 2, Abb. 1.1.

23 Ebd., S. 390, Abb. 9.7.

Phase des Experimentierens gekennzeichnet: Beispielsweise könnte das Grabbild des Braunschweiger Bürgermeisters Melchior Elerdt[24] [Abb. 8] auf den ersten Blick altgläubig wirken (und Christus hält hier sogar, wie von Luther für die alten Gerichtsbilder behauptet, ein Schwert in der Hand). Allerdings fehlt Maria, und in der Hölle rechts ist ein ‚Insasse' besonders deutlich durch Tiara und Papstkreuz markiert.

Wohin man in der Kunst des späteren 16. und auch noch des frühen 17. Jahrhunderts blickt: Das ‚Jüngste Gericht' in seiner tradierten künstlerischen Form war keineswegs verdrängt. Man findet es sogar als Teil von evangelischen Kanzeldekorationen.[25] Auch in die in den 1550er Jahren entstandenen (und im Zweiten Weltkrieg zerstörten) Emporenbilder der Dessauer Marienkirche hat Lucas Cranach d. J. ein ‚Weltgericht' als eigene Stiftung eingefügt, und zwar direkt neben Bildern der Taufe und des Abendmahls in beiderlei Gestalt.[26] Bruno Langner listet in seiner Würzburger Dissertation von 2007 zu den evangelischen Gemäldeepitaphen Frankens in Renaissance und Barock immerhin 17 Beispiele für Darstellungen des Weltgerichts auf, davon mehr als die Hälfte mit einer Deesis, also Christus mit Maria und Johannes.[27] Große konfessionell bedingte Unterschiede sind in solchen Bildern oft schwer auszumachen; einige Feinheiten lassen sich allerdings doch benennen: Michael mit der Seelenwaage tritt im protestantischen Kontext praktisch nie auf, und es wird meist vermieden, neben Christus platzierte Personen als Interzessoren erscheinen zu lassen.

Aber begeben wir uns nochmals in die südlichen Niederlande des späteren 16. Jahrhunderts, ein zwischen den Konfessionen besonders umstrittenes Terrain. In Antwerpen fiel die Entscheidung zugunsten des Katholizismus bekanntlich erst durch die Eroberung der Stadt durch habsburgische Truppen im Jahre 1585. Nur vier Jahre später wurde in der Antwerpener Kathedrale das sogenannte Plantin-Epitaph [Abb. 9] aufgehängt, ein Triptychon zur Erinnerung an den 1589 verstorbenen Verleger Christophe Plantin.[28] Das ‚Plantin-Epitaph' wird erst (oder immerhin schon) in gedruckten Quellen des 18. Jahrhunderts als Werk des Jacob de Backer ge-

---

[24] https://www.kulturstiftung.de/die-ev-luth-kirchengemeinde-st-andreas-in-braunschweig/ (24.06.2019).

[25] Z. B. am Kanzelkorb der evangelischen Kirche Unser Lieben Frauen in Burg bei Magdeburg aus dem Jahr 1608 (Hinweis von Susanne Wegmann).

[26] WEGMANN, Luthers Bildkritik [Anm. 11], Abb. 4. Zu den verlorenen Emporenbildern für die Kirche in Dessau vgl. auch INGRID SCHULZE: Lucas Cranach d. J. und die protestantische Bildkunst in Sachsen und Thüringen. Jena 2004, S. 176; SUSANNE WEGMANN: Der sichtbare Glaube. Das Bild in den lutherischen Kirchen des 16. Jahrhunderts. Tübingen 2016, S. 48f.

[27] BRUNO LANGNER: Evangelische Gemäldeepitaphe in Franken – ein Beitrag zum religiösen Bild in Renaissance und Barock. Diss. Würzburg 2007; https://opus.bibliothek.uni-wuerzburg.de/frontdoor/index/index/docId/2895 (24.06.2019).

[28] Zum ‚Plantin-Epitaph' vgl. ECKHARD LEUSCHNER: Weltgerichts-Ikonographie und Imitation italienischer Kunst im Antwerpen des 16. Jahrhunderts. In: Rekonstruk-

nannt, wobei es in diesen Quellen aber offenbar nur um das Mittelbild geht, ein 136 x 104 cm messendes ‚Weltgericht' auf Holz, nicht hingegen um die qualitativ abfallenden Flügel mit maßstäblich abweichenden Darstellungen von Christophe Plantin (links) und dessen Ehefrau Jeanne de Rivière, jeweils mit Kind(ern) und heiligem Patron. Etwas näher am künstlerischen Niveau des Hauptbildes stehen die beiden Außenflügel, die – als Grisaillen auf dunkelrotem Grund ausgeführte – Figuren des hl. Christophorus und Johannes des Täufers auf rotem Grund zeigen. Obwohl das Todesdatum von Plantin keineswegs mit dem Produktionsdatum des Gemäldes identisch sein muss, zeigt das ‚Weltgericht' die Hand eines arrivierten Meisters, der eine starke Affinität zum Figurenstil der römisch-florentinischen Michelangelo-Nachfolge hatte. Jacob de Backer war vermutlich nie in Italien. Neben den Werken seiner im Süden gewesenen Kollegen hat er sich seine Stilkenntnis einerseits wohl aus graphisch verbreiteten Kompositionen, etwa von Stradanus, angeeignet, andererseits aber Kleinplastiken oder Gipse als Korrektive für die eher gering ausgeprägten Körpervolumina der gestochenen Modelle herangezogen.

Vom ‚Weltgericht' in der Antwerpener Frauenkirche sind diverse Repliken bekannt, obwohl man in vielen Fällen besser von eigenhändigen oder Werkstatt-Fassungen mit deutlich abweichender Komposition sprechen sollte. Anders als im ‚Plantin-Epitaph' sind Teufel und Höllenwesen in diesen Bildern oft zahlreicher und prominenter. In einigen querformatigen Versionen des Jüngsten Gerichts, die Jacob de Backer zugeschrieben werden, fallen außerdem Figuren auf, die Allegorien sein müssen: In einem Bild, das ohne den richtenden Christus auskommt, sehen wir links eine weibliche Figur mit dem Kreuz in der erhobenen linken Hand, eine ‚Fides' also, die als bekleidete Figur unter nackten oder fast nackten Auferstandenen steht und die, bei genauerem Hinsehen, von einer anderen bekleideten Figur mit einem grünen Zweig in der Hand, ‚Spes', und, weiter hinten, von einer ‚Caritas' mit flammendem Herzen begleitet ist.[29] Leen Huet verstand die Präsenz dieser drei allegorischen Figuren als Hinweis auf eine Nähe des Bildes zu protestantischem Gedankengut[30]; man vergleiche etwa die Tugenden auf dem fast gleichzeitig – 1589 – durch Benedikt Wurzelbauer ausgeführten Nürnberger ‚Tugendbrunnen' am Lorenzer Platz.[31]

Doch die konfessionelle Zuordnung dieser Bildelemente kann kaum überzeugen, denn solche Allegorien waren in der Bildkultur der Epoche

tion der Gesellschaft aus Kunst. Antwerpener Malerei und Graphik in und nach den Katastrophen des späten 16. Jahrhunderts. Hg. von dems. Petersberg 2016, S. 56–69.

29 Abgebildet ebd., S. 63, Fig. 6.

30 LEEN HUET: Jacob de Backer pictor olim famosus: leven en wercken. Doctoraalscriptie Universität Leuven 1989, S. 46.

31 Zum Tugendbrunnen vgl. SVEN HAUSCHKE: Der Nürnberger Tugendbrunnen von Benedikt Wurzelbauer – ein reichsstädtisches Monument. In: Mitteilungen des Vereins für Geschichte der Stadt Nürnberg 81 (1994), S. 31–71.

sehr verbreitet. Personifikationen der theologischen Tugenden finden sich u. a. prominent im ,Jüngsten Gericht' von Giorgio Vasari und Federico Zucari in der Kuppel der Florentiner Kathedrale.[32] Aber warum fehlen diese Personifikationen im ,Plantin-Epitaph'? War diese Auslassung durch das vergleichsweise kleine Format bedingt, oder gab es inhaltliche Gründe? Allgemeiner gefragt: Lässt sich im Bild in der Antwerpener Frauenkirche die religiöse Überzeugung des Auftraggebers Plantin erkennen, und, wenn ja, lassen sich dergleichen inhaltliche Aspekte auch an der Stil- und Motivwahl festmachen?

Wie schon erwähnt, war das Thema ,Jüngstes Gericht' im 15. und 16. Jahrhundert in der Kunst der Niederlande gängig. Es ist allerdings deutlich, dass das ,Weltgericht' für Plantin allenfalls in einigen Teufelsfratzen noch mit den finsteren Gerichtsphantasien von Hieronymus Bosch zu tun hatte. Das Bild ist vielmehr – bei allen Unterschieden im Detail – kaum ohne Michelangelos ,Weltgericht' in der Sixtinischen Kapelle denkbar, sei es in der Wahl des Hochformats, in der Plastizität der Figuren, im künstlerischen Interesse an den Posen unbekleideter Körper und der mandelförmigen Grundkomposition der von links aufsteigenden Seligen und rechts hinabstürzenden Verdammten. Ein Studium von Michelangelos Fresko *in situ* war nicht nötig, kursierten doch längst die erwähnten druckgraphischen Reproduktionen und Paraphrasen der Komposition. De Backer hätte also leicht Details des Werks von Michelangelo als deutliche Zitate vorzeigen können, zumal er, was dessen Farb oder Lichteffekte angeht, Gemälde der Generation von Frans Floris konsultieren konnte. Doch ebenso wenig wie eine Imitation von ,Weltgerichten' in der Tradition von Bosch ist das Mittelbild des ,Plantin-Epitaphs' eine ausschließliche Reprise des Freskos von Michelangelo.[33]

Kann man überhaupt ikonographische Elemente finden, die das ,Plantin-Bild' eindeutig aus Michelangelos ,Weltgericht' zitiert? Das erscheint zumindest an einer Stelle möglich, nämlich bei den Engeln rechts und links von Christus, die den Seligen bzw. den Verdammten jeweils ein geöffne-

---

[32] Vgl. CRISTINA ACIDINI LUCHINAT: Taddeo e Federico Zuccari Fratelli pittori del Cinquecento. Bd. 2. Mailand, Rom 1999, S. 65–100.

[33] Es ist auffällig, dass in der Antwerpener Kunst der zweiten Hälfte des 16. Jahrhunderts keine eng an die Komposition von Michelangelos ,Weltgericht' angelehnten Gemälde des Themas entstanden – anders als etwa in München, wo Hans Mielich schon 1554 das Epitaph des Hofkanzlers Leonhard von Eck mit einer durch und durch dem römischen Vorbild verpflichteten Darstellung schmückte. Noch Jan van der Straet konnte es sich leisten, eine Stichvorlage für ein ,Weltgericht' aus Florenz in die Niederlande zu schicken, die praktisch frei von Zitaten aus dem Werk Michelangelos war. Jedoch ist aufgrund der großen druckgraphischen Verbreitung der Komposition Michelangelos wahrscheinlich, dass man auch an der Schelde bald davon Kenntnis hatte und dass der katholische Verleger Plantin den Maler persönlich zu diesem Detail angeregt hat. Zumindest in Antwerpen, so ist zu folgern, galt das ,Weltgericht' Michelangelos als gut katholisches Werk.

tes Buch vorzeigen. Hier ist, wenn auch räumlich leicht versetzt, ein Detail aus der Gruppe von Michelangelos Posaunenengeln aufgenommen, das eine Passage aus der Offenbarung des Johannes (20,12) visualisiert: *Vnd ich sahe die Todten beide gros vnd klein stehen fur Gott / vnd die Bücher wurden auffgethan / Vnd ein ander Buch ward auffgethan / welchs ist des Lebens / vnd die Todten wurden gerichtet nach der Schrifft in den Büchern / nach jren wercken.* Es ist charakteristisch, dass Michelangelo dasjenige Buch, in dem die Vergehen der Verdammten verzeichnet sind, sehr viel größer darstellte. Das Motiv der aufgeschlagenen Bücher ist in niederländischen ‚Weltgerichten' des 16. Jahrhunderts ziemlich selten. Bezeichnenderweise begegnet es aber, wenn auch kompositorisch anders integriert, in einem Stich der ‚Evangelicae Historiae Imagines' von Hieronymus Nadal, also in einer jesuitischen Publikation, deren Kupfer die Gebrüder Wierix in den 1590er Jahren nach Vorlagen von Bernardino Passeri anfertigten – auch dies ein italienischer Import nach Antwerpen. In diesem Stich sind beide von Engeln vorgezeigte Bücher gleich groß; deren Differenzierung nach Größe darf als eigenes Gut Michelangelos gelten.[34]

Gleichwohl sollten aus der Feststellung des Michelangelo-Zitats in dem de Backer zugeschriebenen ‚Weltgericht' keine allzu weitgehenden Folgerungen gezogen werden. Denn andere Elemente der Komposition unterscheiden sich deutlich: Im ‚Plantin-Epitaph' wird beispielsweise die Madonna längst nicht so prominent hervorgehoben wie bei Michelangelo. Auch ist die Pose Christi nicht genau imitiert, und die vier Wesen um Christus finden sich so nicht in der Cappella Sistina. Die Körperlichkeit der Auferstandenen ist zwar durch ihre Nacktheit betont, insgesamt sind aber etwas mehr Textilien als bei Michelangelo und auch mehr als in den anderen de Backer zugeschriebenen Fassungen des Themas verwendet. So ist das ‚Plantin-Epitaph' als Ergebnis einer Imitation italienischer Kunst in einem weiten, nicht auf genauestes Kopieren einer einzigen Vorlage abzielenden Sinn zu werten.

Momentan ist nicht zu klären, ob das de Backer zugeschriebene ‚Weltgericht' erst nach 1585 oder vielleicht doch schon vorher entstand und ob es überhaupt für seinen jetzigen Ort bestellt wurde. Nicht zuletzt angesichts der auch bei Plantin nach 1585 schwierigen finanziellen Situation ist z. B. denkbar, dass es sich um die Adaptation eines schon im Privatbesitz von Plantin vorhandenen älteren Einzelbildes handelt. Von den so zahlreich erhaltenen niederländischen Weltgerichtsbildern des späten 16. Jahrhunderts sind viele tatsächlich so kleinformatig, dass sie nicht in einer Kirche gehangen haben können, sondern (konfessionsunabhängig) für die private Devotion oder sogar als Sammlungsobjekt einer Kunstkammer gedient ha-

---

[34] Das Detail der beiden Bücher könnte als für das Grabbild eines Verlegers besonders charakteristisch anmuten – zumal auch vor dem im linken Flügel betend gezeigten Christoph Plantin ein aufgeschlagenes Buch auf einem Pult liegt. Allerdings sind die Bücher auch in anderen ‚Weltgerichts'-Fassungen aus der Gruppe de Backer zu finden.

ben müssen – auch das Martin von Wagner Museum der Universität Würzburg besitzt ein solches Bild, und zwar in monochromer Malweise [Abb. 10].[35] Trotz seiner vielleicht anfänglich ganz anderen Verwendung, nämlich als Schmuck eines Privathauses, ist das Plantin-Bild in seiner späteren Funktion als Epitaph Ausdruck und Musterbeispiel der Katholisierung Antwerpens durch Kunst im späten 16. Jahrhundert: Nach Hinzufügung der Flügel, speziell der Heiligendarstellungen auf den Außenseiten, die stilistisch auf hergebrachte Standards der Kathedrale bezogen wurden, war allein schon die Anbringung eines solchen Triptychons in der durch die vorherigen konfessionellen Konflikte von ‚Bildern' weitgehend entleerten Frauenkirche eine genau kalkulierte Intervention. Eine der katholischen Sache ergebene Familie zeigte in der ihr anvertrauten Kapelle der Kathedrale (wieder) ein religiöses Sujet vor – ein Sujet, das, nebenbei bemerkt, sich eng mit der katholischen Bildpublizistik Antwerpens seit den 1570er Jahren verband, etwa mit einer durch Philips Galle verlegten Kupferstichserie [Abb. 11], in der die in Matthäus 25 gepriesenen Sieben Werke der Barmherzigkeit buchstäblich den Rahmen für eine Darstellung des Jüngsten Gerichts bilden.[36] Dies war mindestens so bedeutsam wie das italienische Timbre des Mittelbildes und die für einige Zeitgenossen nachvollziehbaren Verweise auf eines der markantesten Werke neuerer Kunst in päpstlichem Auftrag: das ‚Weltgericht' Michelangelos. Schon die Bildstiftung, nicht nur Stil und Motivwahl waren Ausdruck eines betont selbstverständlichen katholischen Bekenntnisses.

Und wieder zurück nach Deutschland: 1617 lieferte Peter Paul Rubens sein ‚Großes Weltgericht' [Abb. 12] aus Antwerpen nach Neuburg/Donau, und die Anbringung dieses Bildes geschah kaum zufällig genau hundert Jahre nach dem Wittenberger Thesenanschlag Luthers.[37] Bestimmungsort war der Platz hinter dem Hauptaltar der neuen Jesuitenkirche in Neuburg – eine Kirche, die noch als protestantischer Bau geplant und begonnen worden war, aber nach der Konversion des als Lutheraner geborenen Landesherren Wolfgang Wilhelm von Pfalz-Neuburg rekatholisiert bzw. im Stil der rezenten Innendekoration römisch-katholischer Kirchen vollendet wurde, u. a. durch Heranziehen von Stuckateuren der Castelli-

[35] Martin von Wagner Museum Würzburg, Inv. Nr. F 99, 40,3 x 80,6 cm (Volker Hoffmann: Martin von Wagner Museum der Universität Würzburg: Gemäldekatalog. Würzburg 1986, S. 139).

[36] Zu den ‚Septem Opera' aus dem Verlag von Philips Galle vgl. z. B. ECKHARD LEUSCHNER: Antonio Tempesta. Ein Bahnbrecher des römischen Barock und seine europäische Wirkung. Petersberg 2005, S. 101–105.

[37] Zum Neuburger ‚Weltgericht' von Rubens vgl. DAVID FREEDBERG: Rubens: The Life of Christ after the Passion. Oxford 1984 (Corpus Rubenianum Ludwig Burchard, Part VII), S. 201–206, Kat. Nr. 49.

Werkstatt, die zuvor in München die katholische Hofkirche und die Jesuitenkirche St. Michael dekoriert hatten.[38]

Das Neuburger Bild von Rubens wird in der Kunstgeschichte schon wegen seiner gewaltigen Abmessungen seit jeher mit Michelangelos ‚Jüngstem Gericht' in Beziehung gesetzt – und tatsächlich hat Rubens das Fresko in der Sixtina offenbar persönlich gekannt und Teilkopien danach gefertigt.[39] Mit dem ‚Jüngsten Gericht' in der Sixtinischen Kapelle verbindet das Rubens-Bild auch das Schicksal, „wegen der vielen Nuditäten" zeitweise in Ungnade gefallen zu sein. Allerdings mag das Moral-Argument auch nur vorgeschoben gewesen sein, um Kurfürst Johann Wilhelm einen kapitalen Neuzugang für seine Kunstgalerie zu bescheren. Das Bild wurde jedenfalls 1703 aus Neuburg fortgeschafft und kam über die Düsseldorfer Galerie nach München in die Alte Pinakothek. Mindestens so wichtig wie die Verbindung zu Michelangelo erscheint aber diejenige des ‚Großen Jüngsten Gerichts' zum ‚Plantin-Epitaph'. Letzteres ist zwar in Format und malerischem Aufwand weitaus weniger prominent, war aber Element einer ähnlichen Strategie der konfessionellen (Rück-)Aneignung eines Sakralraums: Mit der Präsentation des Gemäldes von Rubens in der Neuburger Kirche wurde die Übernahme des Baus für die katholische Sache fanfarenartig angezeigt. Angesichts der meisterlichen Malerei des Flamen könnte die Ikonographie des Bildes fast zur Nebensache werden – wäre da nicht die prominente Figur des Erzengels Michael mit gezücktem Flammenschwert im Angang gegen die Sünder: Hier wird ein Kampfmotiv verschärft, das Michelangelo mit seiner Märtyrerarmee über den Verdammten eher angedeutet als ausgeführt und das de Backer in seinen ‚Weltgerichten' entweder ganz ausgelassen oder in den Hintergrund gedrängt hatte. Wenn Andreas Burmester mit seiner Rekonstruktion des damaligen Hochaltars in Neuburg Recht hat, dann fiel ein Lichtschein aus dem noch von den Protestanten geplanten Ochsenauge an der Rückwand der Kirche direkt auf Michael und wurde somit im Gemälde der Aspekt des Kampfes gegen die Feinde Gottes besonders hervorgehoben.[40] – Ob im Stich von Troschel oder im Gemälde von Rubens: Wie auch die Kunst vermittelt, hatten im Jahr 1617 beide konfessionellen Lager die Schwerter bereits gezückt.[41]

---

[38] Vgl. die Studie zum ‚katholischen' Schmuck der ebenfalls von Wolfgang Wilhelm in Auftrag gegebenen Andreaskirche in Düsseldorf: KLAUS JÖRNS: Die Stuckdekoration in der ehemaligen Jesuiten- und Hofkirche St. Andreas in Düsseldorf. Düsseldorf 2017.

[39] Zu den Zeichnungen von Rubens nach Details in Michelangelos Weltgericht vgl. JEREMY WOOD: Rubens. Copies and Adaptations from Renaissance and Later Artists: Italian Artists III: Artists Working in Central Italy and France. London, Turnhout 2011 (Corpus Rubenianum Ludwig Burchard, XXVI.2), Kat. Nr. 189–191.

[40] ANDREAS BURMESTER: Ex exquisitissimo pencillo – Reisenotizen zum ‚Großen Jüngsten Gericht'. In: Das andere Rubensbuch. Reinhold Baumstark zum Abschied. Hg. von den Bayerischen Staatsgemäldesammlungen. München 2009, S. 59–77, hier S. 65.

[41] Soweit nicht anders vermerkt, stammen die nachfolgenden Abbildungen aus dem Bildarchiv des Instituts für Kunstgeschichte der Universität Würzburg.

Abb. 1: Hans Troschel, Darstellung zum Reformationsjubiläum 1617, Kupferstich, 1617.

Abb. 2: Nach Hans Troschel, Darstellung zum Reformationsjubiläum 1617, Kupferstich, 1617 oder später.

Abb. 3: Albrecht Dürer, Jüngstes Gericht (aus der sogenannten Kleinen Passion), Holzschnitt, ca. 1510.

Abb. 4: Lucas Cranach nach Hieronymus Bosch, Jüngstes Gericht, Öl auf Holz, Gemäldegalerie Berlin, ca. 1521–1525. Bildnachweis: gemeinfrei bereitgestellt durch Wikimedia Commons.

Abb. 5: Cranach-Werkstatt, Gesetz und Gnade, Holzschnitt, ca. 1529/30.

Abb. 6: Cranach-Werkstatt, Abendmahl der evangelischen und Höllenfahrt der katholischen Kirche, Holzschnitt, ca. 1546.

Abb. 7: Martino Rota nach Michelangelo, Jüngstes Gericht, Kupferstich, 1569.

Abb. 8: Unbekannter Künstler, ‚Jüngstes Gericht' vom Grabbild des Braunschweiger Bürgermeisters Melchior Elerdt, Öl auf Holz, 1559, St. Andreaskirche, Braunschweig. Bildnachweis: https://www.kulturstiftung.de/die-ev-luth-kirchengemeinde-st-andreas-in-braunschweig/.

Abb. 9: Jacob de Backer zugeschrieben, Plantin-Epitaph, Öl auf Holz, ca. 1580 (?), Onze-Lieve-Vrouwekathedraal, Antwerpen.

Abb. 10: Niederländischer Maler, Jüngstes Gericht, Öl auf Holz, spätes 16. Jahrhundert, Martin von Wagner Museum der Universität Würzburg.

Abb. 11: Philips Galle exc., Die Sieben Werke der Barmherzigkeit und das Jüngste Gericht, Kupferstich, 1577.

Abb. 12: Peter Paul Rubens, Großes Jüngstes Gericht für Neuburg/Donau, Öl auf Leinwand, ca. 1615–1617, Alte Pinakothek München. Bildnachweis: gemeinfrei bereitgestellt durch Wikimedia Commons.

Felix Diergarten

Himmlische Sirenen und keusche Meerfräulein

Musik und katholische Reform in zwei Quellengruppen aus Würzburg und München[1]

Die bekannteste Anekdote zum Thema ‚Musik und katholische Reform' ist gleich in doppelter Hinsicht eine Legende. Nicht nur die auf das späte 16. Jahrhundert zurückgehende Anekdote von Palestrina als dem „Retter der Kirchenmusik" hält der Prüfung nicht stand, auch die vermeintliche Aufklärung, mit der die Wissenschaft im 20. Jahrhundert den Mythos zu ersetzen suchte, brachte neue Legenden und Unklarheiten in Umlauf. Gerade deswegen eignet sich diese Legende und ihre musikwissenschaftliche Rezeption für einen Einstieg in das Thema. Dieser Einstieg bildet den ersten Teil des folgenden Beitrags. Es schließen sich zwei Fallstudien zu Quellengruppen des 17. Jahrhunderts aus den Marianischen Kongregationen von Würzburg und München an, welche die im ersten Teil angesprochenen allgemeinen Aspekte veranschaulichen.

1. Von ‚Musik der Gegenreformation' zur ‚Katholischen Musik der Frühen Neuzeit'

„Es fehlte nicht viel […], und die Musik wäre vom Papst aus der Heiligen Kirche verbannt worden".[2] So schreibt Agostino Agazzari, Dozent am römischen Collegium Germanicum, im Jahre 1607. Die mehrstimmige Musik der alten Komponisten, so Agazzari, sei derart voll von kontrapunktischen

---

1 Der Vortrag, auf den der hier veröffentlichte Text zurückgeht, fand in der Würzburger Neubaukirche in Verbindung mit einem Konzert des Ensembles ‚Profeti della quinta' (Leitung Elam Rotem) statt, in dem einige Kompositionen aus den Münchner Drucken Georg Victorinus' und weitere Werke aus dem Zeitalter der Gegenreformation erklangen. Aus diesem Zusammenhang erklärt sich der vorwiegend einführungsartige, zusammenfassende Charakter dieses Textes und die Auswahl einer der beiden Fallstudien. Wer sich einen Eindruck von der Klangwelt des Konzerts verschaffen möchte, dem seien folgende Aufnahmen des Ensembles mit zur Thematik passenden Werken empfohlen: The Carlo G Manuscript Virtuoso liturgical music from the early 17th century (2017); Luzzasco Luzzaschi (c. 1545–1607). Madrigals, Motets, and Instrumental Music (2016); Orlando di Lasso. Musica Reservata. Secret music for Albrecht V (2014). Mehr Informationen unter: http://www.quintaprofeti.com (2. Mai 2019). Mein Dank gilt an dieser Stelle Irmgard Scheitler und Daniele Filippi, die mir wertvolle Hinweise beim Erstellen der Publikationsfassung gegeben haben.

2 *Poco mancò, che* […] *non fosse sbandita la Musica da Santa Chiesa*. AGOSTINO AGAZZARI: Del sonare sopra'l basso. Siena 1607, S. 11.

Künsten gewesen, dass die Verständlichkeit des Textes ganz in den Hintergrund getreten sei. Dem Hörer habe sich da nur noch eine „Suppe von Worten" dargeboten, und dies, so Agazzari, war der Grund für die ablehnende Haltung des Papstes und für eine Krise der Kirchenmusik.[3] Abgewendet habe diese Krise Giovanni Pierluigi da Palestrina mit seiner ‚Missa Papae Marcelli'. Mit dieser sei der Papst davon überzeugt worden, dass der Fehler nicht bei der Musik selbst lag, sondern bei den Komponisten, die die Mittel der Musik nicht geschickt genug im Dienst am Text einzusetzen wussten.

Man vermutet heute, dass die bei Agazzari kolportierte Anekdote im Umkreis des römischen Collegium Germanicum geprägt wurde, von wo aus sie mit den für katholische Reform und Gegenreformation geschulten Klerikern als „römisch-jesuitische Propaganda" über die Alpen wanderte.[4] Schon 1619 findet sich die Anekdote wörtlich übersetzt im ‚Syntagma Musicum' des Michael Praetorius: *Unnd hat nicht viel gefehlet / das die Music dieser ursachen halben von einem Bapst ganz unnd gar aus der Kirchen wehre Partiret worden / Wo nicht Johan Palestrino sich der sachen angenommen / und bewiesen hette / das mangel bey den Componisten / und nicht in der Kunst der Music steckete. Wie er dann zu bekräfftigung dessen / eine Missam, Missa Papae Marcelli genand / Componiret hat.*[5] Bei Agazzari und in Praetorius' Übersetzung dient die Messe dabei, wie Franz Körndle herausgestellt hat, lediglich der „Bestätigung" des bereits erfolgten Beweises, nicht also als Probe- oder Beweisstück selbst.[6] Im Laufe der Jahrhunderte wurde die Legende mit weiteren Details ausgeschmückt und fand ihre finale dramatische Darstellung in Hans Pfitzners 1917 in München uraufgeführter Oper ‚Palestrina. Eine musikalische Legende'. Hier wird die Künstlerfigur Palestrina durch Kerkerhaft dazu gezwungen, jene Messe zu schreiben, die letztendlich die polyphone Musik davor rettet, durch das Tridentiner Konzil aus der Kirche verbannt zu werden.[7]

---

[3] Ebd.

[4] PIERRE GAILLARD: Histoire de la légende palestrinienne. In: Revue de musicologie 57 (1971), S. 11–22, hier S. 11f; OSCAR MISCHIATI: „Ut verba intelligerentur": circostanze e connessioni a proposito della „Missa Papae Marcelli". In: Atti del [I] Convegno di Studi Palestriniani. Palestrina 1977, S. 415-426; FRANZ KÖRNDLE: Was wusste Hoffmann? Neues zur altbekannten Geschichte von der Rettung der Kirchenmusik auf dem Konzil von Trient. In: Kirchenmusikalisches Jahrbuch 83 (1999), S. 65–89; CHRISTIAN THOMAS LEITMEIR: Jacobus de Kerle (1531/32–1591). Komponieren im Spannungsfeld von Kirche und Kunst. Turnhout 2009, S. 6–19; CRAIG MONSON: Renewal, Reform, and Reaction in Catholic Music. In: European Music 1520–1640. Hg. von JAMES HAAR. Woodbridge 2006, S. 401–421.

[5] MICHAEL PRAETORIUS: Syntagma Musicum. Wolfenbüttel 1614–1619, Bd. 3, S. 150. Weitere Quellen, die die Legende zitieren, aufgelistet bei: KÖRNDLE, Was wusste Hoffmann? [Anm. 4], S. 68f.

[6] Ebd., S. 76.

[7] Eine jüngere Auseinandersetzung mit Pfitzners Oper jetzt bei DIETER BORCHMEYER: Was ist Deutsch? Die Suche einer Nation nach sich selbst. Berlin 2017, S. 774–796.

Die musikwissenschaftliche Aufklärung, wie sie ab den 1950er Jahren zirkulierte und bis heute in Handbüchern überlebt, lautet folgendermaßen: Palestrinas Messe habe am Konzil tatsächlich keine Rolle gespielt, eine Abschaffung der polyphonen Musik sei gar nicht in bedrohlicher Nähe gewesen, das Konzil habe vielmehr lediglich beschlossen, dass in wahrer Kirchenmusik die Worte zu verstehen seien müssen.[8] Während so die Legende von der heroischen Tat eines Einzelnen relativiert wurde, gab selbst noch die Aufklärung implizit der Legende Nahrung, am Konzil sei überhaupt in intensiver Form über Musik diskutiert und dann auch etwas Konkretes beschlossen worden. Doch offenbar war nicht einmal das der Fall.

Nüchtern betrachtet, stellen sich die Dinge so dar, wie Craig Monson sie 2002 zusammengefasst hat:[9] Für das Konzil von Trient, das mit dringenden und heftig umstrittenen theologischen und politischen Fragen einer Kirchenreform „an Haupt und Gliedern" beschäftigt war, spielte die Kirchenmusik eine völlig marginale Rolle. Sie kam nur während der letzten Sitzungsperiode zur Sprache, im Zusammenhang mit der allgemeinen Diskussion von ‚Missbräuchen der Messe' verschiedenster Art. Die Kirchenmusik wurde vom Konzilsplenum auf einer Ebene verhandelt etwa mit den Fragen, ob man bei Prozessionen Leichen herumtragen dürfe, was man gegen Männer tun könne, die sich verkleidet in Frauenklöster schmuggeln, ob man tragbare Altare verwenden dürfe oder wie viele Kerzen bei welcher Messfeier zu entzünden seien. Nun gab es tatsächlich einige Splittergruppen, die die Idee einer vollständigen Abschaffung der polyphonen Kirchenmusik ins Gespräch bringen wollten. Dieser Vorschlag schaffte es jedoch nicht ins Plenum. Während des Konzils erklangen häufig Festmessen, die mehrstimmig und unter Beteiligung von Instrumenten aufgeführt wurden.[10] Kaiser Ferdinand I. ließ außerdem brieflich mitteilen, dass er eine Verbannung der Musik schlichtweg nicht dulden würde – was allerdings auch bedeutet, dass dieses Gerücht doch bis zu ihm vorgedrungen sein muss. Am Ende einigte man sich – wie häufig in der Politik, wenn sich Parteien eigentlich auf nichts einigen können – auf eine nichtssagende Abschlusserklärung und überließ die Kirchenmusik (wie vieles andere auch) pragmatisch der Regelung durch die Bischöfe vor Ort. Die offiziell publizierten und kirchenrechtlich einzig wirksamen Dekrete des Konzils von Trient

---

[8] Craig Monson führt dieses Missverständnis auf ein Zitat aus Gustave Reeses ‚Music in the Renaissance' aus dem Jahre 1954 zurück; CRAIG A. MONSON: The Council of Trent Revisited. In: Journal of the American Musicological Society 55 (2002), S. 1–37, hier S. 11.

[9] MONSON, Council of Trent [Anm. 8]; vgl. auch LEITMEIR, Jacobus de Kerle [Anm. 4], S. 405–420; FRANZ KÖRNDLE/CHRISTIAN LEITMEIR: Probleme bei der Identifikation katholischer und protestantischer Kirchenmusik im 16. Jahrhundert. In: Musik und kulturelle Identität. Hg. von DETLEF ALTENBURG und RAINER BAYREUTHER. Kassel 2012, Bd. 2, S. 331–349, hier S. 337–341.

[10] LEITMEIR, Jacobus de Kerle [Anm. 4], S. 412.

umfassen im Ganzen nur wenige die Musik betreffende Worte: *Ab ecclesiis vero musicas eas, ubi sive organo sive cantu lascivum aut impurum aliquid miscetur* [*arceant*], „Von den Kirchen sollen sie aber jene Arten von Musik fernhalten, in denen sich durch Gesang oder Instrumente etwas Laszives oder Unreines in die Liturgie mischt." Dieser einzig gültige Beschluss des Tridentiner Konzils zur Kirchenmusik formulierte letztlich eine Selbstverständlichkeit und war alles andere als neu, denn man bezog sich bei dessen Vorbereitung ausdrücklich auf die 240 Jahre alte, in der Musikgeschichtsschreibung in Zusammenhang mit der ‚Ars nova' bestens bekannte Bulle ‚Docta sanctorum patrum' des Papstes Johannes XXII., in der bereits Gleiches gefordert worden war.[11]

Es bestand also auch nach dem Konzil grundsätzlich ein großer Spielraum an ‚erlaubter' katholischer Kirchenmusik. Es wurde in Trient, entgegen der modernen Legende, nicht einmal ein offizielles Dekret erlassen, das ausdrücklich die Verständlichkeit der Worte in polyphoner Musik gefordert hätte. Die offenbar nicht mehrheitsfähige Forderung, deren Durchsetzung sich hinter den Kulissen sicherlich nicht wenige gewünscht hatten, wurde allerdings nach dem Konzil von ihren Befürwortern aktiv im Gespräch gehalten und schon bald von den Zeitgenossen als echter Konzilsbeschluss wahrgenommen, wie an Messdrucken deutlich wird, die sich als „gemäß den Verordnungen des Konzils" bezeichnen (und sich teilweise auf ein Mailänder Provinzialkonzil berufen). In Rom bildete sich nach dem Konzil eine Kommission unter Leitung des Kardinals Karl Borromäus, die sich intensiv mit der Frage der Textverständlichkeit und deren Umsetzung befasste.[12] Die päpstliche Kapelle wurde in das Haus eines Kardinals berufen, der zur Kommission gehörte. Die Kapelle sollte dort einige Messen zu Gehör bringen, um zu prüfen, ob in diesen der Text verständlich und angemessen wiedergegeben sei, und zu diesen Messen gehörte möglicherweise die berühmte ‚Missa Papae Marcelli', so dass man sagen kann, dass diese letztlich doch etwas mit dem Geschehen zu tun hat.

Die Geschichte der Palestrina-Legende ist in verschiedener Hinsicht bezeichnend für die Probleme im Verhältnis der Musik (ja vielleicht der Künste in einem weiteren Sinne) zu jenen katholischen Strömungen der Frühen Neuzeit, die in der Geschichtsschreibung mit ganz unterschiedlichen Begriffen bezeichnet werden:[13] Der Begriff ‚Gegenreformation' wurde im 18. Jahrhundert geprägt und bezeichnete zunächst den Vorgang der gewaltsamen Rückführung von Protestanten zum katholischen Glauben. Im 19. Jahrhun-

---

[11] KÖRNDLE, Was wusste Hoffmann? [Anm. 4].

[12] Vgl. die Dokumentation bei: Palestrina. Pope Marcellus Mass. An authoritative Score, Backgrounds and Sources. History and Analysis, Views and Comments. Hg. von LEWIS LOCKWOOD. New York 1975, S. 20–22.

[13] Vgl. den Überblick über die Begriffsgeschichte bei DIETER WEISS: Katholische Reform und Gegenreformation. Ein Überblick. Darmstadt 2005, S. 11–16; vgl. auch die umfassende Kritik der verschiedenen Bezeichnungen bei JOHN O'MALLEY: Trent and

dert wurde der Begriff dann bei Leopold von Ranke, der von einem „Zeitalter der Gegenreformation" sprach, zum Epochenbegriff. Schon Ranke meinte damit auch die innerkirchliche Reformbewegung, die an die lange Tradition kirchlicher Reformkonzilien anknüpfte. Diesen Aspekt versuchte dann Wilhelm Maurenbrecher 1880 mit dem Begriff ‚katholische Reformation' stark zu machen. Kritiker wandten ein, dass allein der Begriff ‚Reformation' zu sehr an die Reformation Luthers geknüpft sei, und so schlug Hubert Jedin den Begriff ‚katholische Reform' vor. Inzwischen hat sich der Sprachgebrauch von einem ‚konfessionellen Zeitalter' (Wolfgang Reinhard) verbreitet. In die englischsprachige Diskussion hat John O'Malley in den 1990er Jahren den Begriff ‚early modern Catholicism' eingebracht, der die älteren Begriffe nicht ersetzen, sondern in einem breiteren Kontext relativieren sollte.[14]

Musik und Klang (auch im weiter gefassten Sinne des jüngeren ‚sonic turn' und der ‚sound studies'[15]) lassen sich mit all diesen Aspekten auf vielfältige Weise verknüpfen: Die katholischen Reformbemühungen betrafen – selbst wenn in Trient praktisch nichts beschlossen wurde – mittelfristig auch die musikalischen Praktiken in der Liturgie und die Klangwelten der neuen Frömmigkeitspraktiken. Auch für die Propaganda der Gegenreformation waren Musik und Klang neben den bildenden Künsten und dem Theater ein willkommenes Mittel. Katholische Musik der Frühen Neuzeit in diesem weiten Sinne ist inzwischen ein breit diskutiertes Thema der historischen Musikwissenschaft.[16] Die jüngere Forschung hat dabei gewissermaßen die oben skizzierte Begriffsgeschichte auf musikwissenschaftlichem Gebiet wiederholt. So weitete sich die Diskussion vom Thema ‚Musik und Gegenreformation' zum Thema ‚Katholische Musik der Frühen Neuzeit', denn die jüngere Forschung hat vor allem eines deutlich gemacht: Die Legenden und Diskussionen um Palestrina und das Tridentiner Konzil haben (unabhängig von ihrem sachlichen Gehalt) lange Zeit den Blick verengt auf die Frage, unter welchen Aspekten frühneuzeitlich-katholische Musik überhaupt betrachtet werden kann. Der eher partikuläre Aspekt der tridentinischen Reformmusik musste lange Zeit für das Thema ‚Musik und Gegenreformation' als Ganzes einstehen, der seinerseits partikuläre Aspekt von ‚Musik und Gegenreformation' dann praktisch alleine für das enorm breite Themenfeld ‚Katholische Musik der Frühen Neuzeit'.

All That. Renaming Catholicism in the Early Modern Era. Cambridge Mass. 2000; vgl. auch den Überblick über die englischsprachige Begriffsdiskussion bei DANIELE V. FILIPPI/MICHAEL NOONE: Introduction. In: Listening to Early Modern Catholicism. Perspectives from Musicology. Hg. von dens. Leiden 2017, S. 1–17, hier S. 1–3, und JOHN W. O'MALLEY. Early Modern Catholicism. The State of Research. In: ebd., S. 21–34.

14 O'MALLEY, Trent and All That [Anm. 13].

15 FILIPPI/NOONE, Introduction [Anm. 13], S. 2.

16 Vgl. den Überblick bei ROBERT L. KENDRICK: Music among the Disciplines in Early Modern Catholicism. In: FILIPPI/NOONE (Hg.), Listening to Early Modern Catholicism [Anm. 13], S. 35–52.

So offenkundig heute also die große und vielseitige Rolle der Musik im Zeitalter der Konfessionalisierung im Allgemeinen ist, so schwierig bleibt auszumachen (und zwar gerade durch die Weitung des Blicks), was denn spezifisch katholische Musik dieser Zeit tatsächlich ausmacht, ja in welchem Sinne von spezifisch katholischer Musik überhaupt die Rede sein kann. Eine erste Ordnung erlaubt das Koordinatensystem von Merkmalen, das Christian Thomas Leitmeir für das Gebiet der katholischen Reformmusik vorgeschlagen hat.[17] Jede Dimension dieses Koordinatensystems weist dabei ihre eigenen Probleme auf. Die erste Dimension ist Textverständlichkeit. Auch wenn das Konzil tatsächlich nichts Offizielles in dieser Hinsicht beschlossen hat, war für viele katholische Reformer klar, dass in der neuen Kirchenmusik Aspekte kompositorischer Kunstfertigkeit zurücktreten sollten hinter einen angemessenen und verständlichen Vortrag des Textes. Tatsächlich zeigen viele Werke aus dem Umfeld der katholischen Reform deutlich diese Bemühungen; nur handelt es sich dabei eben nicht um einen spezifisch katholischen Aspekt, denn die Idee der Textverständlichkeit und der kontrapunktischen Mäßigung griff eine Tendenz auf, die auch unter protestantischen Reformatoren und italienischen Renaissance-Humanisten schon lange diskutiert worden war.[18]

Eine zweite Dimension ist der Aspekt von ‚weltlichen' Elementen in der Kirchenmusik. Anders als bei der Textverständlichkeit liegt hier ein tatsächlicher Konzilsbeschluss vor, dafür ist aber umso zweifelhafter, inwiefern er befolgt wurde, ja was es überhaupt bedeutete, ‚weltliche' Elemente in Kirchenmusik einzubauen oder zu vermeiden. Aus Kommissionspapieren geht hervor, dass damit vor allem Messen über weltliche Melodien gemeint waren, geistliche Kompositionen also, die weltliches Liedgut verarbeiten. Nur kann nicht davon die Rede sein, dass diese mit dem Konzil aus der Welt waren: Selbst im Vatikan wurden auch nach dem Konzil noch Cantus-firmus-Messen nach weltlichen Vorlagen kopiert und aufgeführt.[19] Das Verbot weltlicher Elemente, wie es das Konzil formuliert hatte, scheint man also nur mancherorts und auch dort nur mit Blick auf im engeren Sinne liturgische Musik als verbindlich betrachtet zu haben. Nur in gewissen Kreisen der katholischen Reform scheint tatsächlich die Absicht bestanden zu haben, die Kirchenmusik ausschließlich an den Choral anzulehnen, also die Cantus-firmus-Melodien polyphoner Werke dem Choral zu entlehnen oder zumindest ‚choralähnliche' Kompositionen zu schaffen, womit vermutlich eine gewisse Zurückhaltung, Schlichtheit und Würde gemeint war.[20]

---

[17] LEITMEIR, Jacobus de Kerle [Anm. 4], S. 420–428.

[18] Ein berühmtes Dokument dazu ist der Brief von Bernardo Cirillo, wiedergegeben bei LOCKWOOD (Hg.), Palestrina [Anm. 12], S. 10–16. Vgl. zu diesem Thema ROB WEGMAN: The Crisis of Music in Early Modern Europe. New York 2005.

[19] LEITMEIR, Jacobus de Kerle [Anm. 4], S. 421.

[20] Ebd., S. 425.

Nun ist aber gerade umgekehrt die Anlehnung an die modernen ‚weltlichen' Kunstgattungen und ihre Prachtentfaltung ein Kennzeichen von Musik der Gegenreformation, die zur Bekehrung und spirituellen Erbauung breiter Bevölkerungsschichten, ja zur katholischen ‚Propaganda' alle Register der Künste zu ziehen wusste, vom schlicht-populären weltlichen Lied bis hin zur spektakulären Prachtentfaltung *ad maiorem dei gloriam*. So war es durchaus üblich, dass Nonnen ihre Psalmen auf weltliche Musik sangen, obwohl diese Praxis von offiziellen Stellen heftig abgelehnt wurde.[21] Auch wurden weltliche, ja hoch erotische Madrigale durch geringfügige Textretuschen zu geistlichen, ohne die Musiksprache zu verändern. Ein berühmtes Beispiel ist Aquilino Coppinis ‚O Jesu mia vita' aus seiner Sammlung ‚Il terzo libro della Musica di Claudio Monteverdi a 5 voci fatta spirituale' (Mailand 1609), bei dem es sich um eine Kontrafaktur von Monteverdis Madrigal ‚Sì ch'io vorrei morire' handelt. Monteverdis originale Komposition bedient sich der für das Madrigal typischen erotischen Chiffre des ‚Sterbens', die für den Höhepunkt sexueller Erregung steht. An die Stelle von Monteverdis seufzenden Worten „Oh Mund, oh Küsse, o Zunge" (*Ahi bocca, ahi baci, ahi lingua*) tritt bei Coppini der Ausruf *O Iesu, lux mea, spes mea*. Gewidmet war der erste Band von Coppinis vergeistlichten Madrigalen ausgerechnet dem Mailänder Reformbischof Federico Borromeo, dessen Kreis Coppini entstammte.

Zum Einsatz solcher Kunstmittel gab es sehr unterschiedliche Stimmen. Bei Filippo Neri und seinen Oratorianern (auf deren Umfeld, wie der Name sagt, die Gattung des Oratoriums zurückgeht), kursierte das Motto *docere, delectare, movere* („belehren, erfreuen, bewegen"), wobei man aber das „Bewegen" des Publikums präzisierte: *muovere e non far maravigliare*: Das Publikum soll „bewegt", aber nicht in „Erstaunen" oder „Verblüffung" versetzt werden.[22] Noch radikaler klingt die bekannte jesuitische Devise *jesuita non cantat*, doch setzten gerade die Jesuiten durchaus auch auf Verblüffungseffekte und scheuten auch nicht vor dem Einsatz nur geringfügig angepasster ‚weltlicher' Elemente zurück, und das betrifft auch und gerade die Musik.[23] Eine grundsätzliche und konsequente Haltung zu sogenannter ‚weltlicher' Musik gibt es also in der frühneuzeitlich-katholischen Musik nicht.[24]

---

[21] ROBERT L. KENDRICK: Celestial Sirens. Nuns and their Music in Early Modern Milan. Oxford 1996, S. 207f.

[22] DANIELE FILIPPI: Introduction. In: Giovanni Francesco Anerio: Selva armonica. Middleton 2006 (Recent Researches in the Music of the Baroque era), S. IX–XVII, hier S. XV und XVI.

[23] Zum Thema ‚Jesuiten und Musik' vgl. jetzt das von DANIELE FILIPPI herausgegebene Themenheft ‚Their sound has gone forth. Music and Sound in the Ministries of Early Modern Jesuits' (Journal of Jesuit Studies 3/3 [2016]).

[24] Robert Kendrick hat sogar von einer „general schizophrenia" in dieser Sache gesprochen, vgl. KENDRICK, Celestial Sirens [Anm. 21], S. 423, Anm. 11.

Noch komplizierter wird die Lage, wenn man versucht, katholische Musik in Abgrenzung von reformatorischer Musik zu definieren, denn wenn eine Sache auffällig ist, dann gerade, wie schnell und umfassend der Musiktransfer zwischen beiden Konfessionen gelang.[25] Das betrifft auf der einen Seite den volkssprachigen Gemeindegesang. Zwar hatte das Konzil von Trient das Lateinische als einzige Sprache für die Messe definiert; doch schon in der vorreformatorischen Kirche waren paraliturgische Gesänge in den Volkssprachen ein weitverbreitetes Phänomen, etwa die italienischen Laude oder der deutsche Gemeindegesang in der heute von der Musikforschung als ‚Cantio' bezeichneten Gestalt. Als in der zweiten Hälfte des 16. Jahrhunderts katholische Gesangbücher mit deutschen Liedern erschienen, legte man sogar Wert darauf, dass es sich um altbewährte und gerade nicht um neue Lieder handelte.[26] Durch den Hinweis auf die sonntägliche Unterweisung der Gläubigen schuf das Konzil eine Form der Katechese, in der die Volkssprache Verwendung fand – insbesondere in Liedern, mit denen der Katechismus gelehrt wurde.[27] So wurde es auch zu einem Anliegen der Gegenreformation (und zwar hier wirklich im engeren, politisch-strategischen Sinne des Begriffs), die Melodien Luthers und ihre bekannten Texte durch eigene volkssprachige Neuschöpfungen zu verdrängen.[28] Nach einem vielzitierten Diktum des Jesuiten Adam Contzen (1571–1635) hatten die Lieder der Reformatoren mehr Seelen auf dem Gewissen als ihre Schriften und Predigten. Das meist unvollständig wiedergegebene Zitat lautet vollständig: *Sic Hymni Lutherici, sic Bezani animas plures quam scripta et declamationes occiderunt.*[29] Neben Luther wird hier explizit auch Théodore de Bèze (1519–1605) genannt, ein Mitstreiter Calvins in Genf, der als Textdichter an der Entstehung des Genfer Psalters beteiligt war, tatsächlich eine der wichtigsten und nachhaltigsten Quellen reformierter Lieder. Contzen, am bayerischen Hof in München als Beichtvater von Maximilian I. tätig, fährt fort: „Warum sollte ein rechtgläubiger Fürst nicht eben das als Medizin nutzen, was Betrüger sich ausdachten, um Unheil anzurichten?“[30] Contzen zitiert anschließend die berühmte Passage aus dem IX. Buch der ‚Confessiones', in der Augustinus seine Rührung beim Hören kirchlicher Gesänge

[25] Vgl. dazu: KÖRNDLE/LEITMEIR, Probleme [Anm. 9].

[26] Vgl. MICHAEL HÄRTING: Das deutsche Kirchenlied der Gegenreformation. In: Geschichte der katholischen Kirchenmusik. Hg. von KARL GUSTAV FELLERER. Bd. 2. Kassel 1972–1976, S. 59–63, hier S. 60.

[27] Hierzu IRMGARD SCHEITLER: Lied und katholische Katechese im 16. und 17. Jahrhundert. In: Jahrbuch für Liturgik und Hymnologie 49 (2010), S. 163–185.

[28] ALEXANDER FISHER: Music, Piety, and Propaganda. The Soundscapes of Counter-Reformation Bavaria. Oxford 2014, S. 22 und 32–41.

[29] ADAM CONTZEN: Politica Politicorum Libri decem. in quibus de perfectae reipubl. forma, virtutibus et vitiis, institutione civium, legibus, magistratu ecclesiastico, civili, potentia reipublicae [...] tractatur. Mainz 1621, S. 100.

[30] *Quid ni igitur hoc ad medicinam usurpet princeps orthodoxus, quod ad perniciem impostores excogitarunt?*, ebd.

beschreibt,[31] und verbindet sie mit einem Zitat der dazugehörigen Passage im X. Buch, in der Augustinus eine vorsichtige Empfehlung zugunsten der Musik ausspricht: „So schwanke ich hin und her zwischen der Gefahr wollüstigen Genusses und der Erfahrung ihrer heilsamen Wirkung, aber ich komme doch immer mehr dahin – ohne eine endgültige Ansicht vorzutragen –, die Gewohnheit gutzuheißen, in den Kirchen zu singen."[32]

Schon bald vermischten sich in den Gesangbüchern die Lieder beider Konfessionen. Während also die Katholiken immer mehr in der Volkssprache sangen, blieben bei den Protestanten neben dem schnell anwachsenden Repertoire deutscher Melodien und Kompositionen durchaus auch lateinische Gesänge und deren polyphone Vertonungen üblich. Zu einer Vermischung der Musik kam es aber vor allem, weil das katholische Italien in der Zeit um 1600 das Zentrum der musikalischen Moderne war: Das Madrigal mit seiner emphatischen Textausdeutung, das kleine geistliche Konzert mit dem neuen Generalbass, die großen geistlichen Konzerte für Doppelchöre und Instrumente – all das verbreitete sich mit den begehrten italienischen Musikern und mit den von ihren Italienreisen zurückkehrenden Nordeuropäern, so dass die Musik in den Kernlanden der Reformation im 17. Jahrhundert nicht weniger italienisch-barock klang als im Schoß der alten Kirche. Als die Ausnahme einer spezifisch katholischen Musik ließe sich allenfalls die Litanei nennen (auf die noch zurückzukommen ist), weil deren Vertonung eben an diese spezifisch katholische Gebetsform gebunden war.

Was bleibt also von katholischer Musik in der Frühen Neuzeit? Es ist keine kompositorische Essenz der Musik selbst, die diese Frage beantwortet, sondern die große Vielfalt ihrer kulturellen Kontexte. Es ist also weniger die Substanz der Musik als ihre Funktion, die bestimmte Musikpraktiken und Repertoireschichten nicht ‚nur' zu Musik aus dem Zeitalter der Konfessionalisierung oder des frühneuzeitlichen Katholizismus, sondern wirklich zu Musik der katholischen Reform oder zu Musik der Gegenreformation macht:[33] die vertonten Texte, das anvisierte Zielpublikum, der Aufführungsort, die Auftraggeber, die persönliche Situation des Komponi-

---

[31] Augustinus: Confessiones/Bekenntnisse. Lat./Dt. Übers. von KURT FLASCH und BURKHARD MOJSISCH. Stuttgart 2009 (RUB 18676), Buch IX, Kap. VI. Contzen gibt als Quelle fälschlicherweise das zehnte Kapitel an, dem erst sein folgendes Zitat entnommen ist. Zur Passage bei Augustinus vgl. WOLFGANG FUHRMANN. Herz und Stimme. Innerlichkeit, Affekt und Gesang im Mittelalter. Kassel 2004, Kap. 4.

[32] Confessiones [Anm. 31], Buch X, Kap. XXXIII, S. 533.

[33] Vgl. hierzu auch die umfassende Diskussion bei LEITMEIR, Jacobus de Kerle [Anm. 4], S. 921–937. Leitmeir kommt zum Schluss, dass sich „das Katholische" der Musik dieser Zeit „nicht auf einen einfachen Begriff bringen" lässt, „und zwar paradoxerweise selbst dann nicht, wenn [...] dieses Attribut durchgängig vom Komponisten intendiert war" (S. 922). Konfessionelle Identität, so schlussfolgert Leitmeir in Anlehnung an Carl Dahlhaus' Diskussion des „Nationalen" in der Musik des 19. Jahrhunderts, ist in Kompositionen des konfessionellen Zeitalters „nicht intrinsisch" gegeben, sondern wird den

sten. Zwar hatten diese Kontexte auch auf stilistische Aspekte der Musik Einfluss, nur lassen sich eben gerade diese stilistischen Aspekte selten in Abgrenzung von gleichzeitigen Entwicklungen jenseits der Konfessionsgrenze beschreiben.

Handfest machen lässt sich all das am Sinnvollsten an Einzelfällen. Die beiden folgenden Studien behandeln musikalische Quellen aus dem Umfeld der Marianischen Kongregationen in Würzburg und München. Die Marianischen Kongregationen waren den Jesuiten eng verbundene Studenten- und Laienorganisationen, deren Mitglieder sich (stets in institutioneller Nähe zu den Jesuitenkollegien) zu Gebet, Prozessionen und religiösen Exerzitien trafen und die sich insbesondere der Marienfrömmigkeit und der Marienwallfahrt, aber auch geistlichen Bühnenstücken widmeten. 1563 am Jesuitenkolleg in Rom gegründet, fanden sich schon bald Folgeinstitutionen überall dort in Europa, wo die Jesuiten Fuß fassten. Nicht nur Studenten wurden als Mitglieder aktiv, im Laufe der Jahrzehnte fanden sich sowohl Angehörige der Kleriker-, Adels- und Bürgereliten als auch Handwerker in den Kongregationen ein, wobei für die einzelnen Gruppen je eigene Kongregationen (oder ‚Sodalitäten') vorgesehen waren. Für die Verbreitung gegenreformatorischer Kultur – und insbesondere auch von Musik – waren die Marianischen Kongregationen ein wichtiger Multiplikator.[34]

2. Himmlische Meerfräulein: Gesänge der Marianischen Kongregation in Würzburg

In Würzburg waren die Jesuiten seit den 1560er Jahren ansässig. Im Laufe der Zeit entstanden fünf Marianische Sodalitäten: zuerst die in die Universität inkorporierte höhere akademische Sodalität für die Würdenträger und die Studierenden der oberen Fakultäten als *Sodalitas academica major (B.M.V. Annunciatae)*, dann die niedere akademische *Sodalitas academica minor (B.M.V. Praesentatae)* und die *Sodalitas Regina Angelorum* für die Grammatikerklasse, schließlich die Bürgersodalität (*B.M.V. Assumptae*) und die Junggesellen-Sodalität (*B.M.V. Purificatae*).[35] Ignaz Gropps ‚Wirtzburgische Chronik' schildert die Entstehung wie folgt:

> *In der Stadt Wirtzburg wurden neue Marianische Sodalitäten oder Zusammenkünfften aufgerichtet, um zu bestimmten Tägen und Stunden die Himmels-Köni-*

Kompositionen „einerseits durch die Intention des Komponisten und seiner Auftraggeber sowie institutionelle andere Rahmenbedingungen eingeschrieben und andererseits von seiten der Rezipienten zugeschrieben" (S. 927).

[34] Vgl. den Überblick über die in Marianischen Kongregationen belegten Musikpraktiken bei FISHER, Music, Piety, and Propaganda [Anm. 28], S. 141–147.

[35] Vgl. ALFRED WENDEHORST: Die Bischofsreihe von 1455 bis 1617. Berlin, New York 1978 (Germania Sacra. Die Kirche des alten Reiches und ihre Institutionen, Neue Folge 13: Die Bistümer der Kirchenprovinz Mainz, Das Bistum Würzburg, Teil 3), S. 209.

gin und unseres Franckenlands auserwehlte Schutz-Frau zu verehren. Unter solchen hat den Vorzug die grössere Academische Sodalität, welche im Jahr 1575 eingeführet worden. Dieser seynd, nebst unserem Gnädigsten Lands-Fürsten, alle Herrn Prälaten, auch sowohl höheren als niedrigeren Geistlichen und Weltlichen Stands, und die sonsten zu der Universität gehören, einverleibt. Die fünff untere Schulen haben noch zwey besondere Sodalitäten. Nach hierob genommenem Beyspiel hat ein gesamte Burgerschaft zu Wirtzburg, mit Bischoffens Julii hohen Authorität und Verwilligung, ein gleiche Sodalität im Jahr 1610 aufgerichtet.[36]

An anderer Stelle berichtet Gropp noch ausführlicher über die Zusammensetzung der einzelnen Sodalitäten:

Die erste und führnehmste marianische Sodalität [...] *besteht in denen ersten und höchsten Stands-Personen, geistlichen und weltlichen Praelaten und Herren, nebst vielen anderen aus dem ganzen Hochstift* [...]. *Zu dieser gehören auch die Herrn Candidaten der vier Facultäten: Theologiae, Juris, Medicinae und Philosophiae.* [...] *Das Praefecturamt becleiden jederzeit Ihro Hochfürstl. Gnaden und Bischoff zu Würtzburg.* [...] *Die zweyte Sodalität bey der Würtzburgischen Universität ist in beyden Schulen Rhetorica und Poetica.*[37]

Volksgesang war ein fester Bestandteil der Kongregationen und der „jesuitischen Liedpropaganda" im Allgemeinen[38], und so entstanden im Umfeld der jesuitischen Organisationen vielerorts Gesangbücher. Dies gilt auch für Würzburg, wo aus den Kongregationen Ende der 1640er Jahre drei Gesangbücher hervorgingen: zunächst die ‚Sirenes Marianae' (1647) der großen akademischen Kongregation, dann eine erweiterte Neuausgabe als ‚Sirenes Partheniae' (1649), mit der gleichzeitig eine Ausgabe *auß Latein in Teutsch übersetzt* als ‚Keusche Meerfräwlein' erschien.[39] Die Bücher mit *Geistlichen Gesäng* entstanden jeweils als Neujahrsgabe für die Mitglieder der Kongre-

---

[36] IGNAZ GROPP: Wirtzburgische Chronik [...]. Würzburg 1748, S. 360. Vgl. auch dens.: Collectio novissima scriptorum et rerum Wirceburgensium [...], Bd. 1. Frankfurt 1741, S. 37f. Häufig findet sich der falsche Hinweis, Marianische Kongregationen seien in Würzburg erst 1614 gegründet worden; vermutlich geht dieses Datum zurück auf MAXIMILIAN SATTLERs 1864 erschienene ‚Geschichte der Marianischen Congregationen in Bayern', wo sich diese Angabe findet (S. 79). Die Gründung in den 1570er Jahren bestätigt auch JOSEPH HANSEN. Rheinische Akten zur Geschichte des Jesuitenordens 1542–1582. Bonn 1896 (Publikationen der Gesellschaft für Rheinische Geschichtskunde XIV), S. 703 Anm. 2 und S. 718 Anm. 1. Das Jahr 1610 als Gründungsdatum der Bürgersodalität geht auch aus einer zum 100jährigen Jubiläum 1710 erschienenen Publikation hervor (vgl. Bibliothèque de la Compagnie de Jésus. Brüssel und Paris 1890–1930, Bd. 8, Sp. 1301f.).

[37] Zit. nach: Die Aufzeichnungen des P. Ignaz Gropp über die Würzburger Marienkapelle. Hg. von ALFRED WENDEHORST. In: Würzburger Diözesangeschichtsblätter 37 (1972), S. 129–143, hier S. 132.

[38] Vgl. dazu DIETZ-RÜDIGER MOSER: Verkündigung durch Volksgesang. Studien zur Liedpropaganda und -katechese der Gegenreformation. Berlin 1981, S. 80–84.

[39] Eine erste ausführliche Beschreibung unternahm THEODOR HAMACHER: Sirenes Partheniae. Ein lateinisch-deutsches Gesangbuch des Barock. In: Kirchenmusikalisches Jahrbuch 52 (1968), S. 71–85.

gation: *Allen Häuptern unnd Mitgliedern welche in die Sodalitet der Heiligsten Jungfrawen und Gebährerin Gottes verliebt und einverleibt zu einem glückseligen, frewdenreichen Newen Jahr verehret.*[40] Es handelt sich um bedeutende Dokumente nicht nur der Würzburger Frömmigkeits- und Musikgeschichte, sondern auch der katholischen Liedgeschichte im Allgemeinen. Einige der Würzburger Lieder finden sich bis in die Lieder- und Gesangbücher des 19. und 20. Jahrhunderts hinein, wie etwa ‚O allerhöchste Speise', das unter dem Titel ‚O heilge Seelenspeise' oder ‚O wunderbare Speise', gesungen zur Melodie von ‚Innsbruck, ich muss dich lassen', noch in aktuellen Gesangbüchern steht.[41]

So befremdlich die Titel der drei Würzburger Gesangbücher auf Anhieb scheinen, so sehr fügen sie sich in den Kontext. Die mythologischen Figuren der Sirenen waren in der christlichen Auffassung traditionell ein Sinnbild für weltliche Verführungen und häretische Irrlehren: Der Mast, an den Odysseus sich binden lässt, wurde mit dem Kreuz Christi gleichgesetzt.[42] Charakteristisch kommt diese Auffassung in Sebastian Textors ‚Trias Panegyrico-Moralis' zum Ausdruck:

> *O Christ! Das ist eine Fabel, du aber in der Wahrheit schiffest ab auff dem Meer dieser Welt* [...] *Gibe acht, wann singen die Wort, die Discurs, die Liedel, die Meer-Fräulein, die unzüchtige Zungen! umbfange den Segel-Baum das H. Creutz deines geliebtisten Theodosii, deines Erlösers, und verstopffe mit beyden Händen die Ohren, daß sie nicht mehr anhören, als die Stimm deines Gottes, welcher dir von disem Segel-Baum, von disem seinem Creutz mit grosser, ja mit miraculoser Stimm hat zugeschryen.*[43]

Allerdings findet sich schon bei Platon auch die Idee himmlischer Sirenen, deren Gesang die Seelen über das Irdische hinauszieht. Im ‚Staat' lässt er je eine Sirene auf jeder der acht Himmelssphären sitzen und singen. Womöglich erinnerte man sich in humanistischen Kontexten dieser Darstellung. Sirenen konnten ikonographisch nun Rollen annehmen, die sonst Darstellungen der Frau Musica, der heiligen Cäcilia oder David mit der Harfe zukamen.[44] Himmlischer Sirenengesang konnte nun auch mit Engelsgesang gleichgesetzt werden, und in Schilderungen weiblichen Gesangs, insbesondere des Gesangs von Klosterfrauen, findet sich im Italien des 17. Jahrhun-

---

40 So die Widmung im Titel der ‚Keuschen Meerfräwlein'.

41 Zur Geschichte dieses Lieds vgl. HANSJAKOB BECKER: O heilge Seelenspeise. In: Geistliches Wunderhorn. Große deutsche Kirchenlieder. Hg. von dems. [u. a.]. München 2001, S. 239–248; zur Rezeption der Würzburger Lieder vgl. auch HAMACHER, Sirenes Partheniae [Anm. 39], S. 78–85.

42 Zu den Sirenen vgl. ALEXANDER BECKER: Sirenen. In: ²MGG, Sachteil, Bd. 8, Sp. 1489–1491; Music of the Sirens. Hg. von LINDA PHYLLIS AUSTERN. Bloomington 2006.

43 SEBASTIAN TEXTOR: Trias Panegyrico-moralis. Das ist: Auserlesene, in drey Theil verschiedene Lob- und Ehren-Predigen [...]. Augsburg 1735, dritter Teil, S. 114.

44 WALTER SALMEN: Musizierende Sirenen. In: Forschungen und Funde. Fs. Bernhard Neutsch. Hg. von FRITZ KRINZINGER. Innsbruck 1980, S. 393–400.

derts häufig das Bild der Sängerin als himmlische Sirene.[45] In den Würzburger Drucken bezieht sich das Substantiv ‚Sirene' allerdings nicht auf eine singende Person, sondern auf das gesungene Lied, denn jeder einzelne Gesang wird als *Sirene* bezeichnet und die Widmungsrede übergibt dem Widmungsempfänger die *sirenae nostrae*. Deutlich wird das auch im Titel der letzten Publikation, der ‚Keusche Meerfräwlein oder Geistliche Gesäng' lautet. Die deutsche Übersetzung der himmlischen Sirenen als *keusche Meerfräwlein* beruht auf der Gleichsetzung der antiken Sirenen mit dem Mischwesen aus Frau und Fisch, die seit dem Mittelalter überliefert ist, während die antiken Sirenen ohne körperliche Beschreibung oder als Mischwesen aus Mensch und Vogel dargestellt wurden.

Im Kontext gegenreformatorischer Musikkultur macht die Fügung der ‚himmlischen Sirene' deutlich, dass hier die potentiell verführerische Sinnlichkeit der Musik in den Dienst der Frömmigkeit gestellt wird. Tatsächlich enthält das Vorwort zu den ‚Sirenes Partheniae' (die mit dem griechischen ‚Parthenia' [Jungfrau] ein in den Kongregationen übliches Synonym für Maria verwenden) im Vorwort eine kurze Rechtfertigung des geistlichen Gesangs, in deren Rahmen auch die bereits erwähnten Passagen aus den ‚Confessiones' des Augustinus angeführt werden.

Bei den Gesangbüchern der Kongregation handelt es sich nicht um Kirchengesangbücher im engeren Sinne. Solche existierten in Würzburg bei Erscheinen der ‚Sirenes' bereits.[46] Ein erstes ‚Catholisch Gesangbüchlein, inner vnd auß der h. Meß, Communion vnd Procession zu gebrauchen [...] für die Jugendt vnd gemeine leyen des bischoffthumbs Würtzburg zusam-

[45] SASKIA MARIA WOYKE: Die Metapher der Engelsstimmen: Beschreibungen von Frauen- und Kastratenstimmen in Venedig und Rom vor dem kulturellen Hintergrund des späten Seicento. In: Psalmen. Kirchenmusik zwischen Tradition, Dramatik und Experiment. Hg. von HELEN GEYER und BIRGIT JOHANNA WERTENSON. Köln [u. a.] 2014 (Schriften der Hochschule für Musik Franz Liszt 9), S. 61–73; KENDRICK, Celestial Sirens [Anm. 21]; GINO STEFANI: Musica barocca 2. Angeli e Sirene. Mailand 1988.

[46] Eine Übersicht über die Würzburger Gesangbücher erbringt eine Suche in der Mainzer Gesangbuchbibliographie (https://scripts.zdv.uni-mainz.de/gesangbuch/index.php). Einen kurzen Überblick bietet ANDREAS SCHEIDGEN: Mainz, Würzburg, Bamberg, Fulda, Trier, Limburg, Luxemburg. In: Geschichte des katholischen Gesangbuchs. Hg. von DOMINIK FUGGER und A. S. Tübingen 2008, S. 85–104; ausführlichere, aber teilweise überholte Darstellungen bei: HÄRTING, Das deutsche Kirchenlied [Anm. 26]; KARL GUSTAV FELLERER: Das deutsche Kirchenlied der Barockzeit. In: ders. (Hg.), Geschichte der katholischen Kirchenmusik [Anm. 26], Bd. 2, S. 108–118. Zu den Würzburger Gesangbüchern vgl. SCHEITLER, Lied und katholische Katechese [Anm. 27]; KLAUS GUTH: Liedkatechese durch Volksgesang in den alten Bistümern Würzburg (1630) und Bamberg (1628). Das frühe geistliche Lied bei Friedrich Spee (1621/22) und Johann Degen. In: „Bei dem Text des Heiligen Evangelii wollen wir bleiben". Reformation und katholische Reform in Franken. Über Kirchenreformer in den Bistümern und Hochstiften Bamberg und Würzburg – Das Haus Thüngen als Exponent der Reichsritterschaft in Franken. Hg. von HELMUT BAIER und ERIK SODER VON GÜLDENSTUBBE. Neustadt a. d. A. 2004 (Einzelarbeiten aus der Kirchengeschichte Bayerns 82), S. 310–333.

men colligiert‘ war 1591 unter Julius Echter erschienen. 1628 erschien dann unter Bischof Philipp Adolf von Ehrenberg ein neues Gesangbuch, die ‚Alt vnd Newe Geistliche, Catholische, Außerlesene Gesäng, auff Sonn- vnd fürnehme Festtäg deß gantzen Jahrs, Processionen, Creutzgängen vnd Wallfahrten, bey der H. Meß, Predig, Kinderlehr, in Häusern vnd auff dem Feld sehr nützlich vnd andächtig zu gebrauchen‘.[47]

Die Gesangbücher der Marianischen Kongregationen sind unabhängig von diesen kirchlichen Sammlungen zu sehen.[48] Es handelt sich bei ‚Sirenes‘ zunächst um geistliche Lieder im weiteren Sinne, von denen einige im Laufe der Jahrzehnte durch Übernahme in Kirchengesangbücher auch zu Kirchenliedern im engeren Sinne wurden.[49] Wer für die Dichtungen, die Melodien und den Generalbasssatz verantwortlich war, ist bis heute nicht restlos geklärt. Die Widmungsreden der ‚Sirenes‘ richten sich jeweils an den amtierenden Vorsitzenden der Sodalität: Der frühere der beiden Bände ist Veit Gottfried von Wernau (1601–1649), Domdechant am Würzburger Dom, der spätere Johann Richard von Frankenstein (gest. 1675), Propst im Kanonikerstift St. Burkard, gewidmet. Als Unterzeichner der Widmungsreden treten jeweils die *Sodales Mariani* als Kollektiv auf und bezeichnen den Inhalt der Bücher – wie oben zitiert – als „unsere Gesänge“. Verschiedentlich wurde die Vermutung geäußert, Fürstbischof Johann Philipp von Schönborn und der Jesuit Konrad Breunig seien an der Entstehung bzw. deutschen Übersetzung zumindest einiger der Texte beteiligt gewesen. Explizit erwähnt wird der Bischof von Mainz und Würzburg allerdings lediglich am Ende der ‚Sirenes Partheniae‘ beim Hinweis auf die von ihm erteilte Druckgenehmigung. Die Vermutung, Schönborn könnte beteiligt gewesen sein, beruht – soweit ich sehe – allein auf der Tatsache, dass der Text eines Liedes aus den Würzburger Kongregationsgesangbüchern später in Schönborns ‚Cathol. Sonn- und Feyertäglichen Evangelia‘ wiederverwendet wurde.[50] Die Vermutung, Schönborns Kapellmeister Philipp Friedrich Buchner habe Musik

---

[47] Das Gesangbuch wird unterschiedlich datiert. Das Vorwort und der entsprechende Erlass eines Kirchengesangbuchs sind von 1626, belegt durch eine Kopie des Titelblatts ist jedoch erst die Ausgabe von 1628. Diese gibt jedoch an, „niemals zuvor in Truck außgangen" zu sein, so dass es sich wohl um die Erstauflage handelt, die nach Verzögerungen erschien; für die auf Bäumker und Böhme zurückgehende Datierung auf 1627 gibt es keinen Beleg (vgl. dazu SCHEIDGEN, Mainz, Würzburg [Anm. 46], S. 89f.

[48] Die Angabe bei Romberg, die ‚Keuschen Meerfräwlein‘ seien eine erweiterte Folgeauflage des Gesangbuchs von 1628, ist falsch (Die Würzburger Bischöfe von 1617 bis 1684. Bearb. von WINFRIED ROMBERG. Berlin 2011 [Germania Sacra. Die Kirche des alten Reiches und ihre Institutionen, Dritte Folge; 4. Die Bistümer der Kirchenprovinz Mainz, Das Bistum Würzburg, Bd. 7], S. 398).

[49] Zur Unterscheidung von ‚geistlichem Lied‘ und ‚Kirchenlied‘ sowie den Überschneidungen zwischen diesen Bereichen vgl. IRMGARD SCHEITLER: Das Geistliche Lied im deutschen Barock. Berlin 1979 (Schriften zur Literaturwissenschaft 3), S. 35, 44.

[50] Es handelt sich um ‚O Mensch Gedencke‘ (das dritte Lied im zweiten Teil der ‚Keuschen Meefräwlein‘), von dem allerdings nur zwei Strophen unverändert übernommen

zu den Würzburger ‚Sirenes' beigesteuert, beruht auf der gleichen Verbindung, da sich Melodien aus den ‚Sirenes' in anderen von Schönborn betreuten Drucken wiederfinden, darunter die bereits erwähnten ‚Evangelia' Schönborns, die Mainzer Gesangbücher und der Mainzer Psalter. Allerdings ist auch bei diesen Werken die Autorschaft Buchners – soweit ich sehe – nur „höchstwahrscheinlich", aber nicht belegbar, so dass dies rückwirkend dann auch für die ‚Sirenes' gilt.[51]

Der Inhalt der drei Bände geht aus der Tabelle im Anhang hervor. Am Anfang stehen (in der linken Spalte) die ‚Sirenes Marianae' mit 24 lateinischen Liedern (allerdings nur 23 Melodien, da Lied XIV auf die Melodie von Lied II gesungen wird). In den ‚Sirenes Partheniae' kommen 12 weitere Lieder dazu, ein einzelnes (‚Favonius', die Nummer XVII) fällt weg. Diese 35 lateinischen Lieder finden sich dann übersetzt in den ‚Keuschen Meerfräwlein'. Die beiden späteren Sammlungen (die ‚Sirenes Partheniae' und die ‚Keuschen Meerfräwlein') sind jeweils explizit in *pars prima* und *pars secunda* unterteilt, deren erste Marienlieder, deren zweite Christuslieder und Lieder zu weiteren Glaubensgeheimnissen und Heiligen enthält. Die frühere Sammlung (die ‚Sirenes Marianae') enthält diese Gliederung nur implizit. Hier sind es die ersten zwölf der 24 Lieder, die Mariengesänge enthalten, und das einzige dreistimmige Lied (unter den ansonsten zweistimmigen) markiert den Abschluss des ersten Teils. Interessanterweise ist dieses Lied in den ‚Sirenes Partheniae' dann nur noch zweistimmig und in den ‚Keuschen Meerfräwlein' schließlich ganz ohne Musik enthalten; dafür tritt ab den ‚Sirenes Partheniae' ein anderes dreistimmiges Stück dazu, das fortan den Schluss des Ganzen bildet. Die beiden dreistimmigen Stücke

---

sind. Es findet sich als „Lehrstück" für den Karfreitag in Schönborns ‚Evangelia' (Catholische Sonn- und feyertägliche Evangelia. Würzburg 1653, Reprint hg. von W. GORDON MARIGOLD. Amsterdam, Maarssen 1981, S. 172). Marigold hat jedoch darauf hingewiesen, dass diese Lehrstücke wohl von Schönborns Bruder Philipp Erwein verfasst wurden (MARIGOLD: Nachwort. In: ebd., S. 39, Anm. 84). Zur Rolle Schönborns bei der Reform von Liturgie und Musik in Würzburg vgl. ROMBERG, Die Würzburger Bischöfe [Anm. 48], S. 395–400.

[51] Hierzu HAMACHER, Sirenes Partheniae [Anm. 39], S. 78; REGINE KLINGSPORN: Philipp Friedrich Buchner und der Mainzer Psalter des Johann Philipp von Schönborn. In: Mitteilungen der Internationalen Joseph Martin Kraus-Gesellschaft 15–17 (1998), S. 129–138. Gottron belegt 1940 die Autorschaft Buchners mit „einer zeitgenössischen handschriftlichen Notiz in einem Exemplar der Bibliothek des Prof. Fr. Commer, Berlin, die Bäumker [1883] noch gesehen hat" (ADAM GOTTRON: Philipp Friedrich Buchner. Kurfürstlich Mainzischer und fürstlich Würzburgischer Hofkapellmeister 1614–1669. In: Würzburger Diözesangeschichtsblätter 7 [1939], S. 69–87, hier S. 74). Doch schon bei Bäumker heißt es lediglich, Buchner sei „höchstwahrscheinlich" der Verfasser der Melodien (WILHELM BÄUMKER: Das katholische Kirchenlied in seinen Singweisen von den frühesten Zeiten bis gegen Ende des siebzehnten Jahrhunderts. Zweiter Band. Freiburg 1883, S. 53). Vgl. den Überblick über die Diskussion bei MARIGOLD [Anm. 50], insbesondere S. 16f. und S. 22f.

der Quellengruppe scheinen also vor allem Abschluss- und Gliederungsfunktion gehabt zu haben.

Die hinzugefügten Lieder der ‚Sirenes Partheniae' finden sich ausschließlich im zweiten Teil, der Bestand der Marienlieder erfährt also keine Erweiterung. Der ‚gemischte' zweite Teil umfasste in den ‚Sirenes Marianae' drei Lieder zur Lebens- und Leidensgeschichte Christi, ein eucharistisches Lied (das berühmte, später fälschlich Thomas von Aquin zugeschriebene ‚O esca viatorum'/‚O allerhöchste Speise'[52]), ein Lied über den Heiligen Geist, zwei Heiligenlieder (die sich auf Franz Xaver und den heiligen Franziskus beziehen), sowie fünf Lieder über Sünde, Tod und Verdammnis. Bei den hinzugefügten Liedern der späteren Drucke handelt es sich zum einen um weitere Passionslieder, zum anderen aber bemerkenswerterweise um Dialoglieder, die im frühen Druck noch gefehlt hatten. So findet sich etwa ein Dialog zwischen Vater und Sohn in Zusammenhang mit dem Gleichnis vom verlorenen Sohn, ein Dialog von Schaf und Hirte (Gleichnis vom Guten Hirten), ein Dialog zwischen Magdalena und dem Auferstandenen oder ein Dialog zwischen Christus und dem kanaanäischen Weib, das um die Heilung seiner Tochter bittet.

Die Würzburger Lieder haben jeweils einen Übertitel in Gestalt eines einprägsamen und bekannten Bilds (sei es ein Marianisches Symbol wie ‚Paradiesgarten', sei es eine bekannte biblische Begebenheit wie ‚Der verlorene Sohn') sowie einen Untertitel, der auf die Bedeutung dieses Bilds hinweist (so lautet der Untertitel des ‚Paradiesgartens' ‚Maria unbefleckt empfangen', der Untertitel des ‚Verlorenen Sohns' lautet ‚ein bußfertiger Sünder'). Alle drei Kongregationsgesangbücher enthalten (wie schon das Würzburger Kirchengesangbuch von 1628) neben den Melodien Generalbassstimmen. Musikalische Veränderungen zwischen den Fassungen gibt es nur vereinzelt, so z. B. die Erweiterung der Generalbassbezifferung in Lied X der ‚Sirenes Partheniae'. Grundsätzlich sind im ersten Druck Gesang- und Generalbassstimme auf traditionelle Weise als Einzelstimmen nacheinander notiert, während sie ab dem zweiten Druck untereinander in Partitur notiert sind.

Als Beispiel für ein Lied der Würzburger Sammlung sei hier das Lied vom reichen Prasser herausgegriffen (vgl. Notenbeispiel 1). Mit dem Stichwort der ‚Sirenen' greift der Text des Liedes den Titel der Sammlung auf, und zwar hier nicht im positiv umgedeuteten Sinne, sondern in herkömmlich christlicher Deutung der Sirenen als personifizierte Verführung zu Sinnlichkeit und Laster: Sie singen, damit die Seele *Schiffbruch leiden soll*. Der Refrain des Lieds greift das vielzitierte *Vanitas Vanitatum, et omnia vanitas* aus dem biblischen Buch Prediger auf. Die Musik des Lieds geht durchaus auf den Text ein: So scheint der Dreiertakt der Strophen die *tripudia* (Tänze) der Prasser anzudeuten, während im *Vanitas*-Refrain dieser tänzerische Charakter umschlägt in die flüchtige Bewegung der Achtelnoten.

[52] Dazu oben Fußnote 41.

Während Melodie und Kontrapunkt (die übrigens durch nichts von entsprechenden reformierten Gegenstücken zu unterscheiden wären) durchaus einfach sind, geht die kompositorische Gestaltung der Taktwechsel über einen schlichten Lied-Gestus hinaus.

1. *Gaudetis voluptatibus,*
Quae sunt Sirenes mentibus.
Mens patitur naufragium,
Dum canit hoc praesagium.
Vanitas Vanitatum, et omnia Vanitas.

1. Ihr bringet zu die edle Zeit
In Wollust und in Üppigkeit.
Diese Sirenen singen wohl.
Daß die Seel Schiffbruch leiden soll.
Oh wie fällt, schnöde Welt, Deine Frewd, deine Eytelkeit.

2. *Gaudetis in Conviviis,*
Et clamor sit in triviis.
Adrepunt funeralia,
Dum rident Penetralia.
Vanitas Vanitatum, et omnia Vanitas.

2. Auf Gasteyen wohl bereit
Jauchzt ihr: man hört euch schreyen weit.
Ihr saufft: in dem der Todt beyschleicht,
Unnd macht darauß ein frühe Leich.
Oh wie fällt, schnöde Welt, Deine Frewd, deine Eytelkeit.

3. *Gaudetis in divitiis,*
Et pulcris aedificiis.
Vos degitis sub marmore;
Sed diro mens in corpore.
Vanitas Vanitatum, et omnia Vanitas.

4. *Gaudetis in tripudiis.*
Et blandis interludiis.
Dum corpus sursum agitur;
Mens ad inferna trahitur.
Vanitas Vanitatum, et omnia Vanitas.

3. Ihr frewt euch in dem leichten Tantz,
Comoedispiel, und Mummenschantz.
Indem der Leib so hoch uffspringt,
Die Seel manchmal in Abgrund sinckt.
Oh wie fällt, schnöde Welt, Deine Frewd, deine Eytelkeit.

5. *Gaudetis in odoribus,*
Vos coronatis floribus;
Dum, tinctis sub velleribus,
Mens redolet sceleribus.
Vanitas Vanitatum, et omnia Vanitas.

4. Mit Blumen seyt ihr schön geziert:
Der Farb Geruch euch oft verführt.
Doch unter diesen Blumenschmück;
Die Seel steckt voller Bubenstück.
Oh wie fällt, schnöde Welt, Deine Frewd, deine Eytelkeit.

6. *Gaudetis; sed post omnia,*
Quae fluxa sunt et somnia:
Vos Socios in Barathro
Exspectat dives Epulo.
Vanitas Vanitatum, et omnia Vanitas.

5. Gedenckt bey dieser Eytelkeit,
Was vor ein End euch sey bereit.
Der reich Mann hat viel guter Stund;
Wart auff Euch jetzt im Höllenschlund.
Oh wie fällt, schnöde Welt, Deine Frewd, deine Eytelkeit.

Notenbeispiel 1: ‚Dives epulo'/‚Der reiche Prasser' nach ‚Sirenes Marianae'/‚Sirenes Partheniae'/‚Keusche Meerfräwlein'. Die in Klammern gesetzte Generalbassziffer findet sich nur in den ‚Sirenes Marianae', in den späteren Drucken wurde sie offenbar vergessen.

In solchen Kompositionen zeigt sich der fließende Übergang des Lieds zur geistlichen Arie bzw. zur monodischen geistlichen Motette – und damit ist der Schritt zur nächsten Fallstudie nicht groß.

3. Himmlische Sirenen: Die Musikdrucke des Georg Victorinus

Die Marianische Kongregation in München war eine Gründung des Jahres 1578.[53] Wie in Würzburg gab es auch in München mehrere Kongregationen für die unterschiedlichen Bevölkerungsschichten. Nachdem die ursprüngliche Kongregation aufgrund großer Mitgliederzahlen bereits in zwei Kongregationen (eine ‚größere' und eine ‚kleinere', wie in Würzburg) geteilt worden war, machte der weitere Mitgliederzulauf eine erneute Teilung notwendig: 1610 wurde unter dem Titel ‚Mariä Verkündigung' eine Kongregation „der Herren und Bürger" gegründet, zum ersten Präfekten wurde Georg Victorin, oder Victorinus, gewählt, Kapellmeister an der Jesuitenkirche St. Michael.[54] Geboren in Hultschin, Schlesien, ist über seine frühen Jahre wenig bekannt.[55] Ein roter Faden in seiner Biographie ist die enge Verbindung zu

---

53 SATTLER, Geschichte der Marianischen Kongregationen [Anm. 36], S. 36.

54 Ebd., S. 71–73.

55 Zu Victorinus und seinen Drucken vgl. ANN-KATRIN ZIMMERMANN: Victorinus, Georgius. In: ²MGG, Personenteil, Bd. 16, Sp. 1554f.; ALEXANDER FISHER: Celestial

den Jesuiten. Biographisch greifbar wird er erstmals durch seine Immatrikulation an der Jesuitenuniversität in Ingolstadt. 1591 wurde er Chordirektor an der Jesuitenkirche St. Michael in München, deren endgültige Weihe erst sechs Jahre später erfolgen sollte: eine Kirchweihe, die mit einem spektakulären Fest begangen wurde, zu dem auch die Aufführung des Jesuitentheaters ‚Triumphus divi Michaelis Archangeli Bavarici' gehörte, für das Victorinus die Musik beisteuerte.[56] Das prachtvolle jesuitische Gotteshaus und das Jesuitenkolleg in München, dem „deutschen Rom" (Sigmund Riezler), kann man wohl ohne Übertreibung als das Zentrum der Gegenreformation in Bayern bezeichnen, und Victorinus sammelte die Musik dafür.[57] Später wurde er Schulmeister an der nahgelegenen Gemeindekirche St. Peter, seine genauen musikalischen Aktivitäten dort sind wenig untersucht. Victorinus führte dort aber u. a. ein deutschsprachiges Theaterstück mit Instrumental- und Vokalmusik auf, die belegt, aber leider nicht überliefert ist.[58] Victorinus starb um 1631, das genaue Datum ist unbekannt. Zu einem ebenfalls nicht bekannten Zeitpunkt muss er die Priesterweihe empfangen haben. Die eigenen Kompositionen des Victorinus sind bis auf eine Ausnahme nur in seinen eigenen Anthologien erschienen, wurden nicht nachgedruckt und fanden wohl auch keine weitere Verbreitung.

Victorinus war einer der wichtigsten Vermittler moderner italienischer Musik diesseits der Alpen. In seiner Ausprägung der Rolle des musikalischen Herausgebers ist er zudem typisch für eine bestimmte Art musikalischer Publizistik, wie sie in den Sammeldrucken im süddeutschen Raum des frühen Barock vielfach zu finden ist: Victorinus formte und verbreitete durch seine Tätigkeit als Verleger aktiv ein neues Repertoire, und er stellte seine eigene Rolle dabei durch prominente Nennung seines Namens auf den Titelseiten der Drucke durchaus nicht unter den Scheffel. Seine Musikdrucke veranschaulichen auf frappierende Weise den Stilwandel der Mu-

---

Sirens and Nightingales. Change and Assimilation in the Munich Anthologies of Georg Victorinus. In: Journal of Seventeenth-Century Music 14 (2008), https://sscm-jscm.org/v14/no1/fisher.html (2. Mai 2019); ders., Music, Piety, and Propaganda [Anm. 28].

56 RITA HAUB: Georgius Victorinus und der Triumphus Divi Michaelis Archangeli Bavarici. In: Musik in Bayern 51 (1995), S. 79–85; vgl. auch Triumphus divi Michaelis Archangeli Bavarici. Triumph des heiligen Michael, Patrons Bayerns (München 1597). Einleitung, Text und Übersetzung, Kommentar. Hg. von BARBARA BAUER und JÜRGEN LEONHARDT. Regensburg 2000 (Jesuitica 2), S. 94–97. Zu diesem Anlass steuerte auch Philipp de Monte geistliche Madrigale bei, vgl. DANIELE V. FILIPPI: „Ask the Jesuits to send Verses from Rome". The Society's Networks and the European Dissemination of Devotional Music. In: Exploring Jesuit Distinctiveness. Interdisciplinary Perspectives on Ways of Proceeding within the Society of Jesus. Hg. von ROBERT ALEKSANDER MARYKS. Leiden 2017, S. 62–80, hier S. 71–73.

57 Zu St. Michael und seiner Rolle vgl. auch FISHER, Music, Piety, and Propaganda [Anm. 28], S. 41–54.

58 IRMGARD SCHEITLER. Schauspielmusik. Funktion und Ästhetik im deutschsprachigen Drama der frühen Neuzeit, Bd. 2. Beeskow 2015, S. 143f.

sik um 1600. So wie die Architektur der Michaelskirche, an der Victorinus mindestens zwanzig Jahre seines Lebens verbrachte, so stehen auch diese Sammeldrucke in ihrer Gesamtheit gewissermaßen zwischen Renaissance und Barock. Da die Drucke des Victorinus durch Alexander Fisher ausführlich dargestellt worden sind, beschränke ich mich im Folgenden auf eine knappe Einführung, um dann einige musikalische Beispiele zu diskutieren.[59]

Am Anfang steht der 1596 erschienene ‚Thesaurus Litaniarum'.[60] Es handelt sich um eine Anthologie von vier- bis achtstimmigen Kompositionen aus dem Geiste der Vokalpolyphonie. Neben regionalen Komponisten finden sich in dieser Sammlung die Namen der großen Vorbilder, darunter drei Komponisten, welche die letzte Generation des goldenen Zeitalters des Kontrapunkts, der ‚prima prattica', repräsentieren: Palestrina, Orlando di Lasso (Kapellmeister in München) und Tomas Luis de Victoria. Bei Victorinus' ‚Thesaurus Litaniarum' handelt es sich, wie der Name sagt, um eine Sammlung von Vertonungen verschiedener Litaneien, eine Gebetsform, die bekanntlich aus einer Aneinanderreihung verschiedener Anrufungen besteht, die jeweils durch beibehaltene Bittformeln (wie *ora pro nobis*) beantwortet werden. Polyphone Vertonungen von Litaneien sind in großer Zahl erst ab den 1580er Jahren überliefert, sie waren zur Zeit von Victorinus' Sammeldruck also ein vergleichsweise neues Phänomen, befeuert durch die gegenreformatorischen Bemühungen der Jesuiten und den expandierenden Loreto-Kult.[61] Litaneien spielten eine wichtige Rolle in der katholischen Volksfrömmigkeit der Frühen Neuzeit, insbesondere auch in Verbindung mit Prozessionen und Pilgerfahrten. Alexander Fisher hat die Litanei deswegen als das „hörbare Herzstück" der katholischen Kultur dieser Zeit bezeichnet, als „aural linchpin of the Catholic Culture by the end of the sixteenth century, a sound that produced and shaped distinctively Catholic soundscapes through its characteristic ebb and flow of titles and petitions".[62] Wie Fisher hervorhebt, ist gerade die Litanei mit ihrer Anrufung von Heiligen ein klangliches Abgrenzungszeichen im Zeitalter der Konfessionalisierung, „one that traced the boundaries of faith communities and reinforced the confessional identities of performers and listeners, whether they embraced it as a devotional expression or rejected it as idolatry".[63] Für die Verbreitung der Litaneien sorgten vor allem die Jesuiten, und auch in den

---

[59] Ich möchte mich an dieser Stelle bei Alexander Fisher für seine großzügige Unterstützung bei der Vorbereitung von Konzert und Vortrag, die den Hintergrund zu diesem Text bilden, herzlich bedanken.

[60] Zu dieser Quelle vgl. FELIX DIERGARTEN: Die Musik des 15. und 16. Jahrhunderts. Laaber 2014, Kap. „Musik und Gegenreformation"; ALEXANDER FISHER: Thesaurus Litaniarum. The Symbolism and Practice of Musical Litanies in Counter-Reformation Germany. In: Early Music History 34 (2015), S. 45–95.

[61] Vgl. JOACHIM ROTH: Die mehrstimmigen lateinischen Litaneikompositionen des 16. Jahrhunderts. Regensburg 1959; FISHER, Thesaurus Litaniarum [Anm. 60], S. 71.

[62] Ebd., S. 46.

[63] Ebd.

Marianischen Kongregationen spielten Litaneien eine zentrale Rolle. Das Vorwort seines ‚Thesaurus', die größte Sammlung mehrstimmiger Litaneien ihrer Zeit, datierte Victorinus auf das Fest Mariä Verkündigung am 25. März, auf den Tag mithin, an dem sich die erste Marianische Kongregation in Rom gegründet hatte (und auch der Name der Münchner Bürgerkongregation, deren Präfekt Victorinus war, lautete ja nach diesem Fest). So ließ Victorinus dann auch neben dem jesuitischen Christusmonogramm IHS ein Bild von der Verkündigung Mariens an den Anfang jedes Stimmbuchs drucken und widmete die gesamte Publikation ausdrücklich den Marianischen Kongregationen in München, Ingolstadt, Dillingen, Innsbruck, Hall in Tirol, Regensburg, Luzern, Fribourg und Porrentruy. Die Mitglieder der Münchner Sodalitas Partheniae bedankten sich bei ihrem Sodalen mit einem Gedicht, das ebenfalls dem Druck vorausgestellt wurde.

Victorinus' Sammlung ist in drei Teile untergliedert. Der erste enthält Namen-Jesu-Litaneien, der zweite Marienlitanien, der dritte schließlich Allerheiligenlitaneien. Als Einzelstücke eingefügt sind eine Sakraments- und eine Verstorbenenlitanei. Alle drei Bücher werden darüber hinaus jeweils von einer thematisch passenden Motette abgerundet. Diese drei Motetten sind die einzigen in Victorinus' Druck enthaltenen Kompositionen, die tatsächlich den imitatorischen, komplexen Stil der Vokalpolyphonie des 16. Jahrhunderts zeigen. Die textreichen Litaneien dagegen mit ihren langen Aneinanderreihungen kleinster Einheiten von Zwei- oder Dreiwortgebilden bedurften einer besonderen kompositorischen Behandlung. Bei vielen mehrstimmigen Vertonungen ist die Nähe zum einfachen Wechselgesang von Vorsänger und Chor klar zu sehen: Die einzelnen Anrufungen werden in diesen Vertonungen jeweils als einstimmig-unmensurierter Choral einem Vorsänger oder einem Vorsänger-Chor anvertraut, der mehrstimmige Chor antwortet dann mit einer akkordischen Bittformel. Sowohl einstimmige Anrufung als auch mehrstimmige Bitte erhalten dabei nicht jedes Mal neue Musik. Es werden jeweils mehrere (bei längeren Litaneien bis zu vierzig) Anrufungen auf die gleiche Formel gesungen. Diese Formeln sind mithilfe eines beliebig wiederholbaren Rezitationstones so gestaltet, dass unterschiedliche Zahlen von Silben auf die gleiche Formel gesungen werden können. Die gleichbleibende Bittformel des Chores muss ohnehin nur einmal vertont und dann immer wiederholt werden, und zwar meist in Gestalt eines sehr einfachen ‚akkordischen' Note-gegen-Note-Satzes. Notenbeispiel 2 zeigt den Ausschnitt aus einer Lauretanischen Litanei eines Münchner ‚Kollegen' des Victorinus: Hofkapellmeister Orlando di Lasso, der zwei Jahre vor Veröffentlichung des ‚Thesaurus' verstorben war. Diese funktioniert etwas anders. Hier erklingt die Kombination von Anrufung und Bitte jeweils zunächst komplett monophon, um dann als Ganze polyphon wiederholt zu werden. Um flexibel auf die verschiedenen Anrufungen mit unterschiedlichen Silbenzahlen reagieren zu können, sind hier sogenannte Falsibordoni eingesetzt, bei denen die Akkorde des einfachen Satzes beliebig wiederholt werden können, um die Silben zu plazieren. So muss der erste Akkord nur einmal, wie notiert, gesungen werden, wenn er nur die Silbe *San* trägt, wie in den ersten drei Anrufungen. Bei der fünften Anrufung jedoch muss er drei Silben tragen (*Ma-ter di*) und entsprechend oft wiederholt werden.

San - cta Dei Genitrix,	ora pro nobis.	Sancta De- i Genitrix,	ora pro nobis.
San - cta Virgo virginum,	ora pro nobis.	Sancta Virgo virginum,	ora pro nobis.
Ma - ter Christi,	ora pro nobis.	Ma - ter Christi,	ora pro nobis.
Ma - ter divinae gratiae,	ora pro nobis.	Mater divinae gratiae,	ora pro nobis.
Ma - ter purissima,	ora pro nobis.	Ma - ter pu - rissima,	ora pro nobis.
Ma - ter castissima,	ora pro nobis.	Ma - ter ca - stissima,	ora pro nobis.

37 weitere Anrufungen auf diese musikalische Formel

Notenbeispiel 2: Orlando di Lasso, ‚Litaniae Beatae Mariae Virginis quinque vocum' (‚Litaniae Lauretanae'), Ausschnitt.

Es gibt allerdings auch Litaneien, die tatsächlich durchkomponiert sind, ohne die formelhaften Deklamationsfolgen in der Musik, allerdings ebenfalls schlicht und zurückhaltend in einem ebenfalls fast akkordisch-homophonen Satz. Auch hier erinnert jedoch die gelegentliche unmittelbare (pseudodoppelchörige) Wiederholung kleiner Abschnitte an den responsorialen Charakter der Litaneien (Notenbeipiel 3). Und schließlich enthält Victorinus' Sammlung auch tatsächlich doppelchörige Litaneien, darunter ein Werk von Tomás Luis de Victoria (Notenbeispiel 4). Während die Schlichtheit einiger Vertonungen es noch möglich erscheinen lässt, dass polyphone Litaneien tatsächlich während Prozessionen und Wallfahrten von den Sodalen selbst gesungen wurden, ist bei solch elaborierten Vertonungen anzunehmen, dass sie für die Darbietung durch geschulte Ensembles vor Publikum gedacht waren.

Notenbeispiel 3: Palestrina, ‚Litaniae de Beata Virgine', Ausschnitt.

Notenbeispiel 4: Tomás Luis de Victoria, ‚Litaniae de Beata Virgine', Ausschnitt.

Genau zwanzig Jahre vergingen nach dem ‚Thesaurus Litaniarum', bis Victorinus seinen zweiten Sammelband herausbrachte, die ‚Siren Coelestis' von 1617.[64] Was ihren musikalischen Inhalt anbetrifft, so könnte der Unterschied zur Litaneien-Sammlung nicht größer erscheinen. An die Stelle der groß besetzten Vokalpolyphonie des ‚Thesaurus Litaniarum' ist in der ‚Siren Coelestis' der Kammerstil getreten. Sie enthält einhundert Kompositionen für zwei bis vier Gesangsstimmen plus Basso continuo. Victorinus widmete sie dem Wittelsbacher Herzog Wilhelm V., einem bekannten Protagonisten der Gegenreformation. Anders als in den Würzburger Quellen bezeichnet der Titel ‚Sirene' hier die Sammlung als ganze, denn die einzel-

---

[64] Eine eingehende Beschreibung mit Inventar bei FISHER, Celestial Sirens [Anm. 55].

nen Lieder sind traditionell als *Cantiones*, nicht als *Sirenes* bezeichnet. Die Gesänge der Sammlung zeigen den modernen Concertato-Stil, der sich zu Beginn des 17. Jahrhunderts in Deutschland, wo man länger am alten vielstimmigen Satztyp festhielt, erst allmählich ausbreitete. Wie schon in Rom, der Wiege des neuen Stils, mögen auch für den deutschen Absatzmarkt ganz praktische Erwägungen eine Rolle gespielt haben: Die klein besetzten geistlichen Konzerte ließen sich mit viel geringerem personellen, d. h. finanziellen Aufwand aufführen.

Das Titelblatt der ‚Siren Coelestis' lenkt die Aufmerksamkeit der potentiellen Käufer, wie Alexander Fisher festgestellt hat, auf den Namen des Herausgebers und auf das Wort *novavit*: Er, der Herausgeber, Georgius Victorinus, hat die Werke verschiedener Autoren neu herausgegeben und eingerichtet. Nur ganz klein erscheint auf dem Titelblatt der liturgische Kontext der enthaltenen Stücke: *pro temporum dierumque festorum diversitate*, „für verschiedene Zeiten und Festtage". Dass der Schwerpunkt auf der speziellen Auswahl der Komposition und weniger auf ihrer liturgischen Verwendung lag, zeigt sich auch daran, dass die Werke innerhalb der Sammlung nicht nach dem Jahreskreis oder sonst einer liturgisch motivierten Ordnung sortiert sind, sondern zunächst nach Stimmzahl und dann jeweils alphabetisch nach Komponisten. Die Texte der Kompositionen in der ‚Siren Coelestis' sind bunt gemischt: Antiphonen, Psalmverse, kurze biblische Ausschnitte und freie Gebetstexte. Auffallend ist der hohe Anteil römischer Komponisten; dies zeigt die wichtige Rolle der Römer bei der Ausbildung des neuen konzertierenden Stils und die jesuitischen Verbindungen des Victorinus: Der sich in Rom herausbildende neue Stil wurde wohl durchaus emphatisch als römischer Stil wahrgenommen und als solcher über die Netzwerke der Jesuiten vom Zentrum aus exportiert; der neue Zentralismus um Rom war ja ein Anliegen der Gegenreformation im Allgemeinen und der Jesuiten im Besonderen. Hinzu kommt, dass dieser neue römische Stil sich hervorragend in den posttridentinischen Diskurs um Textverständlichkeit fügte, da die kammermusikalische Komposition für wenige Stimmen sich dem Ideal der Textverständlichkeit annäherte. Einer der in Victorinus' Anthologie vertretenen Komponisten ist dann übrigens auch Agostino Agazzari, Maestro am römischen Priesterseminar und Autor jenes oben zitierten Traktats, in dem die Palestrina-Legende zum ersten Mal erzählt wird. Agazzari war befreundet mit Ludovico Viadana, der als Vater des Generalbasses betrachtet wurde, und Agazzari betont in Zusammenhang mit der Palestrina-Legende, dass kein Stil so gut dem alten Problem der ‚Wortsuppe' Abhilfe verschaffen könne wie der moderne römisch-konzertierende Stil.

Neben Italienern nahm Victorinus allerdings auch einheimische Produkte in seine Sammlung auf, eine Tendenz, die sich dann in seiner letzten Sammlung noch verstärken sollte. Sie erschien nach acht Jahren (1624) unter dem Namen ‚Philomela Coelestis'. Im Titel ist hier an die Stelle der himmlischen Sirene die himmlische Nachtigall getreten. Es handelt sich bei der Nachtigall um ein vielfältig kodiertes Marianisches Symbol. Im Musikkontext lag dieses Bild besonders nahe, da es zahlreiche musikalische Assoziationen bis hin zur Kunstmusik erlaubte. So beschreibt Sebastian Textor, um ein besonders interessantes Bild zu zitieren, im frühen 18. Jahrhundert in einer ganz dem Bild der ‚Philomela Coelestis' gewidmeten Predigt, dass Maria alle vier Stimmen des vierstimmigen Satzes singen könne und darin der Nachtigall gleiche.[65] Über die Nachtigall heißt es: *Bekandt ist, daß die liebliche Nachtigall unter allen anderen Vögelen diese vorteffliche Eigenschaft habe, daß sie holdselig alle vier Stimmen in der Music schlagen könne; also daß sie bald einem reinen Discant, bald mit einem tieffen Bass, bald mit einem hohen Alt, bald mit einem zustimmenden Tenor, also lieblich singet, daß sie alle Wälder und Behausungen erfüllet und belustiget* (S. 183). Die Übertragung auf die Gottesmutter gelingt vor allem über die Attribute *rein*, *tief*, *hoch* und *zustimmend*. Maria *singt den reinen Discant in der unbefleckten Heil. Empfängnuß* (ebd.). Bei der Verkündigung jedoch, *da ist Maria augenblicklich von dem Discant, von der allerhöchst-steigenden Stimm ihrer wunderbahrlichen Reinigkeit herunter gefallen in ein Bassetl, ja in einem tiefen Bass der höchsten Demuth* (S. 186). Es folgt der Alt: *Aber in visitatione, bei der Heimsuchung der H. Elisabeth ihrer Baßen, was singte Maria als die hohe Stimm? Den Altum, die hohe Stimm.* [...] *Einen hohen Alt hat Maria gesungen, indem sie das hohe Magnificat hat angestimmet und gesungen* (S. 186f.). Die Tenor-Stimme schließlich, *welche die mittlere, die beständigere, und die Mitthelferin der anderen Stimmen genennet wird*, bleibt der Passion vorbehalten. Unter dem Kreuz hat Maria *ihre Mütterliche Stimm, ja ihre Mütterliche grosse Vorbitt gleich in dem Tenor hat hören lassen* (S. 187f.).

Victorinus' ‚Philomela' enthält stilistisch gesehen in etwa das Gleiche wie die ältere ‚Siren Coelestis': nochmals einhundert zwei- bis vierstimmige Vokalkompositionen plus Generalbass.[66] Die Sammlung ist nach Anzahl der verwendeten Gesangsstimmen in drei Teile gegliedert. Den Beschluss jedes Teils bilden dabei jeweils ein Falsobordone-Satz in der entsprechenden Stimmenzahl für den Psalmvortrag in allen acht Tönen, ein Magnificat, vier Marianische Antiphonen und eine instrumentale *Canzon*. In dieser Sammlung hat Victorinus nun vorwiegend Werke von einheimischen Komponisten abgedruckt, während die ältere Sammlung noch vorwiegend aus Nachdrucken italienischer Werke bestanden hatte. Etwa die Hälfte der Kompositionen stammt hier von in München tätigen Musikern. Neben Victorinus selbst, der fünf Stücke beisteuerte, stehen weitere Münchner Komponisten, z. B. Rudolph di Lasso und Ferdinand di Lasso II., Sohn und Enkel des berühmten Münchner Hofkapellmeisters Orlando di Lasso, dem wir schon im ‚Thesaurus Litaniarum' begegnet sind. Victorinus druckt also

---

[65] TEXTOR, Trias Panegyrico-Moralis [Anm. 43], S. 180–190.

[66] Ein Inventar findet sich bei FISHER, Celestial Sirens [Anm. 55].

in der Gesamtheit seiner Anthologien drei Generationen von Lassos ab: den Vater mit seinen polyphonen Litaneien, Sohn und Enkel mit ihren modernen Concertato-Kompositionen. Victorinus' Drucke sind bedeutende Dokumente der Musikgeschichte des frühen Barock, weil sie nicht nur die italienischen Originale, sondern auch deren verlegerische und kompositorische Rezeption in Deutschland zeigen.

Anhand einiger Beispiele aus Victorinus' späteren Drucken lässt sich zumindest ein Eindruck von der dort transportierten Musik vermitteln.[67] Unter den ersten Kompositionen der ‚Philomela Coelestis' steht ein Werk des Herausgebers selbst. Es handelt sich um eine der zahlreichen marianischen Kompositionen, denn vertont ist eine Passage aus dem Buch Ecclesiasticus, das im Stundengebet Teil der Vesper im ‚Officium Beatae Mariae' war: *Ab initio, et ante saecula creata sum, et usque ad futurum saeculum non desinam: et in habitatione sancta coram ipso ministravi*, „Vor der Welt, von Anbeginn hat er mich geschaffen, und ich werde ewig bleiben. Im heiligen Zelt habe ich vor ihm gedient." Zwei hohe Stimmen singen den Text einander nachahmend über einem durchlaufenden Bass. Dazu wird der Text in syntaktische Einheiten zerlegt: *Ab initio / et ante saecula / creata sum // et usque / ad futurum saeculum / non desinam*.[68]

Die sprachlichen Einheiten beginnen in der Vertonung (vgl. Notenbeispiel 5) jeweils mit einem kurzen musikalischen Gedanken, der meist zunächst allein in einer der beiden Oberstimmen vorgetragen, dann in der anderen nachgeahmt wird; am Ende größerer sprachlicher Einheiten steht eine musikalische Schlussformel, eine Kadenz, die den musikalischen Verlauf interpunktiert. Victorinus setzt stärkere und schwächere Kadenzen gezielt ein, so dass innerhalb von Sätzen kleine Einschnitte mit schwächeren Kadenzen, das Ende von Sätzen mit stärkeren Kadenzen markiert werden. So folgt auf *ab initio* in der ersten Stimme zunächst *ab initio* in der zweiten Stimme und dann von beiden gemeinsam eine schwache Kadenz. *Et ante saecula* erklingt zunächst in der zweiten Stimme, dann nachgeahmt in der ersten Stimme. Nach dem Prädikat (*creata sum*, von beide Stimmen zusammen gesungen) folgt eine stärkere Kadenz. Auch *et usque* erklingt der Reihe nach in beiden Stimmen, gefolgt von einer schwachen Kadenz. *Ad futurum saeculum* (ebenfalls imitierend) schließt mit einer stärkeren Kadenz. Auch hier folgt erst nach Abschluss des Satzes mit einem Prädikat (*non desinam* der Reihe nach in beiden Stimmen) die stärkste Kadenz. Außerdem wird die Wendung *non desinam* mit einem langen Melisma gedehnt, so dass dem Hörer die Bedeutung der Worte („ich werde nicht aufhören") vor Augen bzw. vor Ohren gestellt wird.

---

67 Es handelt sich um jene vier Stücke, die auf dem Programm des Konzerts am 30. Mai 2017 standen, zu dem der hier publizierte Vortrag die Einleitung bildete.

68 Eine komplette Edition des Stücks findet sich bei FISHER, Celestial Sirens [Anm. 55], Beispiel 4.

Notenbeispiel 5: Victorinus, ‚Ab initio', aus: ‚Philomela coelestis' (Nr. 2), Anfang.

Zwei Dinge sind an dieser kurzen Bestandsaufnahme bemerkenswert: der Textvortrag und die imitatorische Struktur. Der Textvortrag fügt sich ganz in den Geist der katholischen Reform: Die imitatorische Machart stellt sicher, dass die Textbestandteile im Regelfall einmal solistisch vorgetragen und damit klar verständlich werden, selbst wenn sie später von mehreren Stimmen auch gleichzeitig gesungen werden. Wird der Text gleichzeitig gesungen, dann in gemeinsamer Deklamation. Der Text ist nicht nur einfach verständlich, sondern wird emphatisch deklamierend vorgetragen: Das betrifft zum einen die deutliche Artikulation der einzelnen syntaktischen Glieder; das betrifft zum anderen die Melodien, auf die diese syntaktischen Glieder gesungen werden. Sie folgen dem Sprachfall, so dass lange Silben lange Noten, kurze Silben kurze Noten haben. Bemerkenswert ist aber andererseits, wie sehr in dieser Komposition, die sich stellvertretend für viele andere betrachten lässt, doch auch der alte motettische Stil weiterlebt: Das Stück ist kein theatralisches Rezitativ, keine Arie, kein tonmalendes Madrigal, sondern letztlich eher eine zweistimmige Motette, ein imitatorisches Duo mit unterlegtem Bass. Dies zeigt einmal mehr, wie nuancenreich die vielbeschriebene Epochenschwelle ‚um 1600' ist. Auf der einen Seite der vermeintlichen Schwelle steht diese Musik mit dem Generalbass, mit ihrem deklamierenden (teilweise bildhaft verdeutlichenden) Textvortrag und der kleinen (in manchen Stücken monodischen) Besetzung; auf der anderen Seite der Schwelle aber steht das Stück mit der motettenartigen Durchimitation und dem regelgerechten Kontrapunkt, mit dem weitgehenden Verzicht auf Theatralik und Virtuosität, mit einer vergleichsweise dezenten und damit den Reformen entsprechenden Musik. So dramatisch also auf den ersten Blick der Unterschied zwischen Victorinus' Litaneiendruck und seinen späteren Drucken, so dramatisch der Übergang vom Renaissance-Kontrapunkt zum generalbassbegleiteten barocken Sologesang erscheint, so sehr machen gerade die von Victorinus gedruckten Stücke evident, dass die Kontinuitäten über diese Schwelle hinaus genauso bedeutend sind.

Dieser Befund lässt sich mit einem zweiten Beispiel bestätigen, dessen Autorangabe bei Victorinus „Giovanni Uffereri" lautet (womöglich handelt es sich um einen Komponisten deutscher Abstammung namens Johannes Ufferer[69]). Sein Stück (vgl. Notenbeispiel 6) vertont einen Text aus dem Hohenlied, der als marianische Antiphon in Gebrauch war: *Anima mea liquefacta est, ut dilectus meus locutus est. Quaesivi et non inveni; illum vocavi et non respondit mihi. Adiuro vos filiae Hierusalem si inveneritis dilectum meum ut nuntietis ei quia amore langueo*, „Meine Seele zerfloss, als mein Geliebter sprach. Ich suchte ihn, doch fand ihn nicht; ich rief ihn, aber er antwortete mir nicht. Ich flehe Euch an, Töchter Jerusalems, wenn ihr ihn findet, so saget ihm, dass ich krank bin vor Liebe." Neben die beiden Sopranstimmen des ersten Beispiels tritt hier eine singende Bassstimme, als wollte der Komponist die Stimme des Geliebten, von dem die Rede ist, mit einer tiefen Stimme erklingen lassen. Tatsächlich sind zu Beginn des Werkes die beiden Oberstimmen aneinandergekoppelt und folgen gemeinsam dem Bass nach, so dass sich trotz der Dreistimmigkeit am Anfang der Ein-

[69] GUNTHER MORCHE: Uffereri. In: ^{2}MGG, Personenteil, Supplementband, Sp. 995–997; GEOFFREY WEBER: Uffereri. In: New Grove Dictionary of Music and Musicians, Bd. 26 (2001), S. 34.

druck eines Zwiegesangs ergibt, noch immer ganz im Rahmen eines motettisch-imitatorischen Satzes.[70]

Notenbeispiel 6: ‚Anima mea' „Uffereri", aus: ‚Siren Coelestis' (Nr. 30), Anfang.

Ebenfalls marianisch inspiriert ist ein Werk von Steffano Bernardi, einem Veroneser Komponisten, der 1622 nach Salzburg kam, wo er den modernen italienischen Stil einführte. Bernardis Komposition (Notenbeispiel 7) verbindet eine berühmte Passage aus dem Hohenlied mit einem Evangelienbericht über das Marienleben und expliziert so die alte und bekannte Tradition, das Hohelied marianisch zu deuten. *Surge propera amica mea formosa mea et veni, iam enim hiems transiit, imber abiit, et recessit vox turturis audita est in terra nostra // Intravit Maria in domum Zacharie et salutavit Elisabeth, Alleluia*, „Steh auf, eile, meine Freundin, meine Schöne, und komm, denn schon ist der Winter vergangen, der Regen vorbei und gegangen, und die Stimme der Taube lässt sich hören in unserem Land. // Maria trat in das Haus des Zacharias und begrüßte Elisabeth. Halleluja." Bemerkenswert an der Komposition ist vor allem, dass sie keine Zäsur zwischen dem alttestamentarischen und dem Evangelientext vorsieht (vgl. Takt 2 des Ausschnitts). Diese gehen ineinander über, als sollte der typologische Zusammenhang des Hohenlieds mit dem Marienleben verdeutlicht werden: Ein Beispiel dafür, dass diese Musik aus dem Geiste katholischer Reform nicht nur „erfreuen und bewegen", sondern auch theologisch „belehren" will, wie es im oben zitierten Motto der römischen Oratorianer vorgesehen war.

---

70 Eine komplette Edition des Stücks findet sich bei FISHER, Celestial Sirens [Anm. 55], Beispiel 4.

Notenbeispiel 7: Bernardi, ‚Surge propera', aus: ‚Siren Coelestis' (Nr. 27), Ausschnitt, mit Vorschlag für eine Emendation der Textunterlegung in eckigen Klammern.

Neben marianischen Texten und Liedern spielten, wie schon in den Würzburger Drucken zu sehen, auch eucharistische Texte eine wichtige Rolle in den Gebets- und Liederbüchern der Gegenreformation, war doch die Verehrung der Hostie eines der zentralen Erkennungszeichen an der Konfessionsgrenze. So vertonte etwa Ferdinand Lassus II., jener oben erwähnte Enkel des großen Lassus, einen auf das Johannesevangelium zurückgehenden Text, der Teil der Corpus-Christi-Liturgie war: *Ego sum panis vivus, qui de cælo descendi. Si quis manducaverit ex hoc pane, vivet in æternum: et panis quem ego dabo, caro mea est pro mundi vita. Alleluia*, „Ich bin das lebendige Brot, der ich vom Himmel herabgekommen bin. Wer von diesem Brot isst, wird in Ewigkeit leben. Und das Brot, das ich geben werde, ist mein Fleisch für das Leben der Welt." Auch in Lassus' Vertonung (bei der in Victorinus Druck aus *descendi* ein *descendit* wurde, Notenbeispiel 8) tritt zu den beiden Oberstimmen ein Bass. Diese Klangkombination macht sich der Komponist zunutze, um den ersten Satz des Textes plastisch darzustellen: *Ego sum panis vivus*, singt der Bass im tiefen Register, gleichsam in der ersten Person in einer tiefen Männerstimme sprechend; *qui de caelo descendit*, antworten die hohen Stimmen, in dezenter Tonmalerei das Wort „Himmel" aufgreifend.

Die stilistischen Kontinuitäten an der Epochenschwelle machen aber vor allem jene Falsobordone-Kompositionen deutlicht, die am Ende von jedem Teil der ‚Philomela Coelestis' stehen. In diesen vierstimmig-deklamierenden Modellen für den Psalmvortrag kehrt das aus der Litaneien-Sammlung vertraute Satzbild wieder (Notenbeispiel 9). Am Anfang jedes Abschnitts steht hier wieder ein Akkord, der beliebig oft wiederholt werden kann, um unterschiedliche Zahlen von Silben zu tragen. Die ‚moderne' ‚Philomela' und der alte ‚Thesaurus' treffen sich hier im gleichen Klangbild:

Notenbeispiel 8: Ferdinand de Lassus, ‚Ego sum panis vivus', aus: ‚Siren Coelestis' (Nr. 45).

Notenbeispiel 9: Georg Victorinus, ‚Falsi Bordoni Octo Tonorum, super Psalmos', Modell 1: Primi Toni, aus: ‚Philomela Coelestis'.

Die beiden Sammlungen des Georg Victorinus, die auf Anhieb so gegensätzlich erscheinen, erweisen sich als Punkte in einem Kontinuum.

*

Wenngleich die Titel der Würzburger und Münchner Sammlungen mit ‚himmlischen Sirenen' verführerische Sinnlichkeit andeuten, so bleiben nicht nur die Würzburger Lieder, sondern auch die von Victorinus abgedruckten konzertanten Werke weitgehend im Rahmen einer stilistischen Zurückhaltung, die man aus dem Geiste katholischer Reform, aber auch schlichtweg als Zeichen eines zurückhaltend-gemäßigten Kunstgeschmacks verstehen kann: Nur einzelne Stücke der Victorinus-Sammlungen zeigen virtuosere Oberstimmen, und rhetorische Figuren bleiben weitgehend in einem für die Zeit eher engen Rahmen. Ausgangspunkt der vorausgehenden Fallstudien von Quellengruppen aus Würzburg und München war die Frage, inwiefern man von frühneuzeitlich-katholischer Musik sprechen kann jenseits des engen Blicks auf die tridentinische Reformmusik und eine auf diese beschränkte Frage nach ‚Musik und Gegenreformation'. Ausgangspunkt war ferner die Beobachtung, dass sich keine stilistisch-satztechnische ‚Essenz' katholischer Musik der Frühen Neuzeit ausmachen lässt, dass Musik aber zum einen durch die vertonten Texte, durch das anvisierte Zielpublikum, den Aufführungsort und -zweck, die Auftraggeber und die persönliche Situation der Komponisten und Herausgeber durchaus als spezifisch katholische Musik produziert und rezipiert werden kann und dass sich Einflüsse dieser Kontexte auch in Aspekten des musikalischen Satzes niederschlagen, doch in einem eher allgemeinen und nicht konfessionsspezifischen Sinne, der es nur selten zulässt, von konfessionalisierten Satztechniken zu sprechen.

All dies ist in den Quellengruppen aus Würzburg und München zu beobachten. So ist zunächst der spezifisch katholische, ja hier tatsächlich spezifisch ‚gegenreformatorische' und ‚reformkatholische' Kontext sowohl mit Blick auf die vertonten Texte als auch mit Blick auf den sozialen und institutionellen Kontext der jesuitischen Laienorganisationen, einer zentralen Organisation für katholische Reform und Gegenreformation, überaus deutlich. Gleichzeitig findet sich hier aber wenig Musik, die nicht in gleicher oder ähnlicher musikalischer Gestalt auch in reformierter Musik der konfessionellen Gegenseite zu finden sein könnte – mit Ausnahme wohl der Litanei und ihrer spezifischen klanglichen Gestalt, wobei auch diese nicht im Satz allein, sondern in dessen Kombination mit einer spezifischen Art des Gebets, ja der Performanz zu sehen ist. Was für die konfessionelle Abgrenzung gilt, gilt auch für die Abgrenzung von weltlicher Musik: Wenngleich alle behandelten Quellen gegenüber der fortgeschrittensten weltlichen, insbesondere theatralischen Musik ihrer Zeit von Zurückhaltung und Mäßigung geprägt sind, so lässt sich gerade in den mit wenigen Stimmen besetzten Werken aus Würzburg und den späteren Drucken des Victorinus eine scharfe Grenze gegenüber weltlicher Musik nur schwer ziehen.

Himmlische Sirenen und keusche Meerfräulein: Die Anspielung auf die mythologische Figur der Sirenen verbindet die Drucke aus Würzburg und München. Gegossen in dieses scheinbar paradoxe Bild ist ein zentrales Thema des frühneuzeitlichen Katholizismus im Besonderen und von christlicher Kunst im Allgemeinen. Die Sireneninsel liegt nicht fern der Meerenge von Skylla und Charybdis, und tatsächlich gleicht die Diskussion um den Einsatz von Kunstmitteln im christlichen Kontext einer Meerfahrt auf einer schmalen Passage zwischen zwei Sireneninseln hindurch: Auf der einen Insel sitzen die irdischen Sirenen, welche die Seele mit ihren „Liedel" herabziehen zu Sünde und Häresie und damit „Unheil anrichten" an den Konfessionsgrenzen. Auf der anderen Insel aber singen die himmlischen Sirenen einen englischen Gesang und ziehen die menschliche Seele (auch durch Sinnlichkeit und Affekt) zum wahren Glauben und über das Irdische hinaus zum Göttlichen. Die Lieder, die von beiden Inseln zum christlichen Seefahrer herüberklingen, tönen zum Verwechseln ähnlich.

ANHANG: TABELLE

Inhalt der ‚Sirenes Marianae', der ‚Sirenes Partheniae' und der ‚Keuschen Meerfräwlein', angegeben sind jeweils Titel, Untertitel und Anfang des Lieds.

‚Sirenes Marianae' (1647)	‚Sirenes Partheniae' (1649)	‚Keusche Meerfräwlein' (1649)
	Pars Prima	**Der erste Teil**
I PARADISUS Maria sine labe originali Concepta (*Nunquam serenior*)	idem	I PARADEYß-GARTEN Maria unbefleckt empfangen. (*Niemals so schön und klar*)
II AURORA SOL ET LUNA Maria nata (*O quam decora*)	idem	II MORGENRÖTH, SONN UND MOND Maria Gebohren. (*Wie schön und ziehrlich*)
III SPONSA DEI Maria in templo Praesentata (*Huc tendite*)	idem	III BRAUT GOTTES Maria im Tempel auffgeopffert (*Nun trett herbey*)
IV DELICIUM ORBIS Maria Annunciata (*Mundi deliciae*)	idem	IV FREUD DER WELT Maria vom Engel gegrüst (*Der Welt Freud*)
V VIATRIX Maria Visitans (*Huc adeste frequentes*)	idem	V PILGERIN Maria, Elisabeth heimbsuchend (*O Ihr englischen Scharen*)
VI PROPITIATORIUM ALTISSIMI Maria Purificata (*Mater pia*)	idem	VI VERSÖHNUNG Maria Gereinigt (*Spiegel der Ehren*)
VII PHOENIX INTER FLAMMAS EXSPIRANS Maria amore moriens (*Tandem audite me*)	idem	VII PHOENIX IN SEINER FLAMM VERBRENNT Maria im Fewer der Lieb Gottes sterbend (*Ihr Töchter von Sion, hört*)
VIII JUDITH TRIUMPHANS IN BETHULIAM INGRESSA Maria ad coelos Assumpta (*Eja Phoebe*)	idem	VIII JUDITH, SIEGREICH EINGEHEND IN BETHULIAM Maria triumphirlich aufffahrend in Himmel (*Liebe Sonn*)

IX CASTRORUM ACIES ORDINATA Maria Hostium Triumphatrix (*Ad arma belli*)	idem	IX EIN WOHL-VERORDNETES KRIEGS-HEER Maria ein sieghaffte Uberwinderin der Feind (*Dieweil man überall*)
X MATER PULCHRAE DILECTIONIS Maria amabilis (*Maria, coeli gaudium*)	idem	X MUTTER DER SCHÖNEN LIEB Maria, Liebens werth (*Maria wahre Himmels-Frewd*)
XI STELLA MARIS Maria, naufragantis Animae Salus (*Congregavit deus aquas*)	idem	XI MEERSTERN Maria, Heyl der Schiffbrüchigen Seelen (*Gott, der hieß der Wasser Hauffen*)
XII NOEMI, VEL MARA Maria, Mater dolorosa (*O quam moestus*, dreistimmig)	idem (nur zweistimmig und in anderer Tonart)	XII DIE BETRÜBTE NOEMI Maria, die schmertzhaffte Mutter (*Mit was Trawren und Bedawren*, ohne Musik)
	Pars secunda	**Der ander Theil** **Von Christo und dem Geheimbnuß des Christlichen Glaubens**
XIII CYRUS INTER PASTORES Christus natus (*Huc ad regem pastorum*)	I idem	I CYRUS, DER KÖNIG UNTER DEN HIRTEN Christus gebohren (*Lauff zum König der Hirten*)
XIV MOYSES IN FISCELLA Deus in cunis (*O Ter jucundas*, gesungen auf Melodie von Gesang II)	II idem	II MOYSES IN EINEM BINTZEN-KÖRBLEIN Gott in dem Krippelein (*Wann schon der Nordwind*)
XV VOX SANGUINIS ABELIS Clamor cruoris Christi (*Eheu mortalis*)	III idem	III BLUTSTIMM DES UNSCHULDIGEN ABELS Klag des H. Bluts Christi (*O Mensch gedencke*)
—	IV SALOMON CORONATUS Christus spinis redemitus (*Exite filiae Sion*)	IV SALOMON, DER KÖNIG, GEKRÖNT Christus mit Dörnern umbgeben (*Kompt her, ihr Töchter*)

—	V GLORIA CHRISTIANI Crux Christi (*Huc ad montem Calvariae*)	V EHR-FÄHNLEIN EINES CHRISTEN Das H. Creutz Christi (*Zum Berg, zum Berg*)
—	VI LATUS CHRISTI Asylum Animae (*Loginus miles lancea*)	VI DIE HEILIGE SEYTEN CHRISTI Zuflucht der Seelen (*Longinus hat mit seinem Speer*)
XVI MANNA S. Eucharistia (*O esca viatorum*)	VII idem	VII HIMMEL-BRODT Das hochwürdig Sacrament des Altars (*O allerhöchste Speise*)
XVII FAVONIUS Spiritus Sanctus (*Aurea Lux*)	—	—
—	VIII CENTURIO EVANGELICUS Mysticè, Animus languens, ad sanitatem anhelans. Ante S. Communionem (*O flos florum*)	VIII EVANGELISCHER HAUPTMANN. Geistlicher Weiß: Ein Mensch, so nach der Seelen Gesundheit trachtet. Vor der H. Communion (*Jesu ein Prophet und Heyland*) [Dialog Hauptmann/Christus]
—	IX MULIER CHANANAEA Mysticè, Anima fidelis, quaerens per Christum liberari à tyrannide peccati. Ante S. Communionem. (*Chananaea aegrè*)	IX CANANAEISCH WEIBLEIN. Geistlicher Weiß. Der Mensch begehrt, daß seine Seel von der Tyranney der Sünd möge befreyt werden. Vor der H. Communion (*Ach was soll vor Leyd an-fangen*) [Dialog Weib/Christus]
XVIII PHILOMELA ITALA S. FRANCISCI SERAPHICI Deus meus & omnia (*O Iesu mi*)	X idem [GB-Bezifferung erweitert]	X ITALIANISCHE NACHTIGALL, DES HEILIGEN SERAPHISCHEN FRANCISCI Mein Gott und Alles (*Mit Zähren anbefeuchten Wangen*)

XIX LUSCINIA INDICA S. FRANSCISCI XAVERII Satis est, Domine, satis est (*Ah quid hoc est*)	XI idem	XI INDIANISCHE NACHTIGALL, DES H. FRANCISCI XAVERII Genug ist es, O Herr, genug (*Ach, was ist das*)
—	XII TELUM TRISULCUM Actus Fidei, Spei, & Charitatis (*O Iesu veracissime*)	XII DREYSPITZIGER PFEIL Glaub, Hoffnung, und Lieb (*O liebster Jesu*) [Aus jeder Strophe spricht einer der drei]
—	XIII SIGNUM AD SAGITTAM Anima, Divini Amoris telo faucia (*O dulcis vita*)	XIII BOGEN-ZIEL Die Seele mit dem Pfeil der Lieb Gottes verwund (*Herz Jesu, eyle*)
—	XIV OVIS PERDITA, PER PASTOREM RECUPERATA Anima devians, per Christum revocata (*Heu deserui ovicula*)	XIV DAS VERLOHRNE SCHÄFLEIN, VOM HIRTEN WIEDERUMB ZUM STALL GETRAGEN Die irrende Seel, von Christo wiederumb zu recht gebracht (*Ach, ich armes Schaf*) [Dialog Schäflein/Hirt]
—	XV MAGDALENA POENITENS, AD PEDES CHRISTI IN DOMO SIMONIS Cor contritum (*Prostibulum pudoris*)	XV MAGDALENE DIE BÜSSERIN, BEY DEN FÜSSEN CHRISTI IN DEM HAUS SIMONIS Ein zerknirschtes Herz (*Zu meines Herren Füssen*) [Dialog Magdalena/Christus]
—	XVI FILIUS PRODIGUS Peccator resipiscens (*O Pater amantissime*)	XVI DER VERLOHRNE SOHN Ein bußfertiger Sünder (*Ich will mich wieder stellen ein*) [Dialog Sohn/Vatter]
—	XVII MAGDALENA PLORANS AD SEPULCHRUM CHRISTUM (*Erumpe tandé*)	XVII MAGDALENA, WEINEND BEY DEM GRAB CHRISTI Ein Seel, so nach Gott dürstet (*Ihr heisse Thrän*)

		[Dialog Magdalena/ Christus]
XX ANTIDOTUM S. AUGUSTINI CONTRA TYRANNIDEM PECCATI Malo mori, quam foedari (*Quid tyranne*)	XVIII idem	XVIII ARTZNEY DES HEILIGEN AUGUSTINUS, WIDER DIE TYRANNEY DER SÜND Lieber Sterben, als befleckt werden (*O Tyrann*)
XXI DIVES EPULO Voluptas an inferos deducens (*Gaudetis voluptatibus*)	XIX idem	XIX DER REICHE PRASSER Wollust des Leibs, Weeg zu der Höll (*Ihr bringt zu die edle Zeit*)
XXII CYGNUS EXPIRANS Extremum vale moribundi (*Parendum est*)	XX CYGNUS FATO PRAECINENS Moribundus extremum Vale dicens (*Parendum est*)	XX SCHWANENLIED VOR DEM TOD Die gute Letz eines Sterbenden (*Es muß nur seyn*)
XXIII PHOEBUS POST NUBILA Anima è Purgatorii tenebris ad Beatitudines lucem educta (*Iam diu*)	XXI idem	XXI SONN AUF DIE TRÜBE WOLCKEN Die Seel aus dem Feg-Fewer zum Liecht der ewigen Frewden geführt. (*Gott Lob, ich hab nun mehr*)
XXIV ROTA IXIONIS Aeternitas Damnatorum, circulo cruciatuum in se recurrens (*Age, homo*)	XXII idem	XXII CIRCKEL DER VERDAMBTEN Ewigke[y]t der Peyn (*Komm, o Mensch*)
—	XXIII PHRYGES SERO SAPIENTES Dives Epulo cum Damnatis in tormentis (*Vidimus olim*, dreistimmig)	XXIII SPATE REW Klag des reichen Prassers mit seiner verdambten Gesellschaft (*Es ist geschehen*, dreistimmig) [es sprechen die Verdambten, der Prasser und Abraham]

Matthias Stickler

Bildungsgeschichtliche Aufbrüche oder: Die Universitäten im konfessionellen Zeitalter

Was ist eigentlich eine Universität? Diese Frage erscheint zunächst einmal banal, glauben doch zumindest Akademiker meist, darauf genau die richtige Antwort zu wissen. Doch ist diese Sache komplizierter. Auf der Homepage der Hochschulrektorenkonferenz findet sich folgende Definition:

> „Unter Universitäten versteht man traditionell die Hochschulen, die die Einheit von Forschung und Lehre gewährleisten, das Promotions- und Habilitationsrecht innehaben, die gesamte Breite der Natur- und Geisteswissenschaften berücksichtigen und eine körperschaftliche Rechtsstruktur mit den damit verbundenen Autonomierechten aufweisen."

Gleichzeitig wird jedoch folgende Einschränkung hinzugefügt:

> „Diese Definition lässt sich heute nicht mehr aufrechterhalten, weil im Zuge notwendiger Profilbildung Abschied von der Volluniversität genommen wurde und viele Universitäten sich auf eine Auswahl von Disziplinen konzentrieren. Zudem ist die Körperschaftsstruktur nicht mehr die alleinige Organisationsform."[1]

Anscheinend ist es gar nicht mehr so einfach, in knappen Worten darzulegen, was eine Universität eigentlich ist. Der Journalist Manuel J. Hartung hat 2016 vor diesem Hintergrund in einem Beitrag für die Wochenzeitung DIE ZEIT das traditionelle Verständnis von Universität scharf kritisiert, indem er feststellte:

> „Schon die Vorsilbe ‚uni' müsste stutzig machen. So viele Studenten, eine Gemeinschaft? So unterschiedliche Hochschultypen, eine Idee? So viele Aufgaben, eine Definition? [...] Das Leitbild der universitas ist nicht nur als Gegenwartsbeschreibung untauglich, sondern auch als Zukunftsvision. [...] Heute gibt es sie, die Multiversität. Warum sprechen wir nicht einfach von ihr? Das fördert den Wettbewerb und lenkt den Blick nach vorn."[2]

Diese forsche Polemik verweist bei aller Einseitigkeit der diesem Universitätsverständnis zugrundeliegenden technokratisch-utilitaristischen Auffassung von Bildung auf etwas sehr Zutreffendes: In den vergangenen zwanzig Jahren hat sich die Universität in einer Art und Weise verändert, dass man vermutlich in 100 Jahren das frühe 21. Jahrhundert als eine Zäsur wahrnehmen wird wie das frühe 19. Jahrhundert – Stichwort ‚Humboldtsches Uni-

---

[1] https://www.hrk.de/themen/hochschulsystem/hochschulrecht/hochschultypen/ (21. Dez. 2018).

[2] https://www.zeit.de/2016/19/universitaeten-exzellenzinitiative-exzellenzverbuende-zukunftsvision (21. Dez. 2018).

versitätsmodell'[3] – oder das 16. und frühe 17. Jahrhundert – Stichwort ‚Konfessionalisierung'.[4] Wohin diese *peregrinatio academica*[5] der besonderen Art diesmal führen wird, wissen wir heute noch nicht, aber wir können feststellen, dass das, was heute Universität heißt, sich teilweise stark von dem unterscheidet, was – trotz der gleichen Begrifflichkeit – vor 50, 200 oder 500 Jahren so genannt wurde. Vor diesem Hintergrund erscheint es sinnvoll, einleitend ein paar grundsätzliche Worte über das Wesen der alteuropäische Universität zu verlieren (1).[6] Daran werden sich Überlegungen zur Veränderung der Universität als Folge von Reformation (2) und Konfes-

---

[3] Zur Kritik dieses Begriffs bzw. der damit verbundenen idealtypischen Vorstellungen von der Entwicklung der deutschen Universitäten im langen 19. Jahrhundert vgl. SYLVIA PALETSCHEK: Verbreitete sich ein ‚Humboldt'sches Modell' an den deutschen Universitäten im 19. Jahrhundert? In: Humboldt International. Der Export des deutschen Universitätsmodells im 19. und 20. Jahrhundert. Hg. von RAINER CHRISTOPH SCHWINGES. Basel 2001 (Veröffentlichungen der Gesellschaft für Universitäts- und Wissenschaftsgeschichte 3), S. 75–104. Vgl. ferner: HARM HINRICH BRANDT: Studierende im Humboldt'schen Modell des 19. Jahrhunderts. In: ebd., S. 131–150; vgl. auch MARC SCHALENBERG: Humboldt auf Reisen? Die Rezeption des „deutschen Universitätsmodells" in den französischen und britischen Reformdiskursen (1810–1870). Basel 2002 (Veröffentlichungen der Gesellschaft für Universitäts- und Wissenschaftsgeschichte 4).

[4] Zum Konfessionalisierungsparadigma, das vor allem von Ernst Walter Zeeden, Wolfgang Reinhard und Heinz Schilling geprägt wurde und den Wandel von Kirche, Staat und Gesellschaft im Gefolge der Reformation zu erklären sucht, vgl. im Überblick THOMAS KAUFMANN: Konfessionalisierung. In: Enzyklopädie der Neuzeit. Hg. von FRIEDRICH JAEGER. Bd. 6. Darmstadt 2007, Sp. 1053–1070, dort auch weitere Literaturangaben.

[5] Darunter versteht man eigentlich die studentische Bildungsmigration, die besonders für die alteuropäische Universität kennzeichnend war, die aber auch im 19. und 20. Jahrhundert noch typisch für das deutsche Universitätssystem war; vgl. hierzu SIMONE GIESE: Peregrinatio academica. In: Enzyklopädie der Neuzeit. Hg. von FRIEDRICH JAEGER. Bd. 9. Stuttgart, Weimar 2009, Sp. 951–955 sowie ausführlich MATTHIAS ASCHE: „Peregrinatio academica". Europa im konfessionellen Zeitalter. Bestandsaufnahme eines unübersichtlichen Forschungsfeldes und Versuch einer Interpretation unter migrationsgeschichtlichen Aspekten. In: Jahrbuch für Europäische Geschichte 6 (2005), S. 3–33.

[6] Zur Universitätsgeschichte vgl. im Überblick vor allem folgende Werke: MATTHIAS ASCHE/STEFAN GERBER: Universität. In: Enzyklopädie der Neuzeit. Hg. von FRIEDRICH JAEGER. Bd. 13. Stuttgart, Weimar 2011, Sp. 1009–1035; THOMAS ELLWEIN: Die deutsche Universität. Vom Mittelalter bis zur Gegenwart. Wiesbaden 1997; Handbuch der deutschen Bildungsgeschichte. Hg. von NOTKER HAMMERSTEIN. Bd. I: 15. bis 17. Jahrhundert. Von der Renaissance und der Reformation bis zum Ende der Glaubenskämpfe. München 1996; HANS-ALBRECHT KOCH: Die Universität. Geschichte einer europäischen Institution. Darmstadt 2008; RAINER A. MÜLLER: Geschichte der Universität. Von der mittelalterlichen Universitas zur deutschen Hochschule. München 1990; Geschichte der Universität in Europa. Hg. von WALTER RÜEGG. Bd. 1: Mittelalter. München 1993, Bd. 2: Von der Reformation bis zur Französischen Revolution 1500–1800. München 1993; WOLFGANG J. WEBER: Geschichte der europäischen Universität. Stuttgart 2002. Vgl. ferner PETER BAUMGART: Die Universität als europäische Bildungsinstitution. In: Universitäten im konfessionellen Zeitalter. Gesammelte Beiträge. Hg. von dems. Münster 2006 (Reformationsgeschichtliche Studien und Texte 149), S. 473–489.

sionalisierung (3) anschließen und zuletzt Ausführungen zur (Wieder-)Gründung der Universität Würzburg im Jahr 1582 durch Fürstbischof Julius Echter von Mespelbrunn als einem Paradebeispiel für Universitätspolitik im konfessionellen Zeitalter (4).

1. Die alteuropäische Universität

Angesichts der inflationären Verwendung des Begriffs Universität weltweit sollte man vielleicht zunächst einmal darauf hinweisen, dass die Universität eine genuine Schöpfung des hochmittelalterlichen lateinischen Abendlandes ist, die seit dem 11./12. Jahrhundert entstand. Traditionell unterscheidet man zwischen *universitates ex consuetudine*, also Universitäten, deren Gründungsdokumente nicht überliefert sind und die allmählich aus Schulen zu einer einheitlichen Korporation zusammenwuchsen (vor allem Bologna, Paris und Oxford), und *universitates ex privilegio*, die seit dem 13. Jahrhundert als solche förmlich gegründet bzw. privilegiert wurden. Das Recht zu derartigen Privilegierungen war ursprünglich allein Papst und Kaiser vorbehalten; seit dem 14. Jahrhundert nahmen dieses Recht auch die europäischen Könige und seit der Reformation schließlich die deutschen Reichsfürsten in Anspruch. Privilegien waren deshalb notwendig, weil sie die universale Anerkennung der vergebenen akademischen Grade garantierten. Außerdem war die päpstliche Privilegierung die Beglaubigung der Rechtgläubigkeit der Institution; entsprechend problematisch waren die Folgen des Abendländischen Schismas von 1378 bis 1417, als bis zu drei Päpste gegeneinander amtierten. So wurde etwa die 1402 durch Fürstbischof Johann I. von Egloffstein (reg. 1400–1411) gegründete Universität Würzburg durch den in Rom residierenden Papst Bonifaz IX. (reg. 1389–1404) privilegiert, was die Staaten, die den Avignoneser (Gegen-)Papst Benedikt XIII. (1394–1417/1423) unterstützten, z. B. das Königreich Frankreich, nicht anerkannten.[7]

---

[7] Vgl. hierzu: FRANZ FUCHS: Bischof Johann von Egloffstein und die Erstgründung der Universität Würzburg im Jahre 1402. In: Kulturstadt Würzburg. Kunst, Literatur und Wissenschaft in Spätmittelalter und Früher Neuzeit. Hg. von DOROTHEA KLEIN und FRANZ FUCHS. Würzburg 2013, S. 67–85; ders.: Die Erstgründung der Universität Würzburg im Jahre 1402 und ihre Folgen. In: Jahresbericht der Görres-Gesellschaft zur Pflege der Wissenschaft 2008, S. 13–26; JOSEPH HEFNER: Zur Geschichte des Würzburger Fürstbischofs Johann von Egloffstein 1400/1411. In: Archiv des Historischen Vereins von Unterfranken und Aschaffenburg 48 (1906), S. 215–232; ERNST-GÜNTHER KRENIG/PETER KOLB: Das Gedenken an die Erstgründung der Universität Würzburg 1402. In: Mainfränkisches Jahrbuch für Geschichte und Kunst 54 (2002), S. 254–263; FRANZ MACHILEK: Zur Geschichte der älteren Universität Würzburg. In: Würzburger Diözesangeschichtsblätter 34 (1972), S. 157–168; KLAUS WITTSTADT: Die Erstgründung der Universität Würzburg (1402). Eine spätmittelalterliche Bildungsinitiative mit Zukunft. In: Würzburger medizinhistorische Mitteilungen 21 (2002), S. 25–36.

Trotz dieser von Anfang an engen Verbindung von Universität und Kirche[8], die sich etwa auch in einer quasi monastischen Lebensform der (zumindest in der Frühzeit meist geistlichen) Professoren zeigte, war die Entstehung von Universitäten auch Ausdruck eines Säkularisierungsprozesses, weil die gewährten akademischen Freiheiten – Selbstverwaltungs- und Statutenrecht, niedere Universitätsgerichtsbarkeit, Recht zur Verleihung akademischer Grade, Berechtigung der Graduierten, überall zu lehren (*licentia ubique docendi*), und das Recht, Grundbesitz und Immobilien zu erwerben – einen Autonomieanspruch gegenüber Herrschaft und Kirche begründeten, den es außerhalb des lateinischen Europas, etwa im oströmisch-byzantinischen Reich, in Russland oder in den islamischen Reichen, so nicht gab.[9] Bis heute basieren Grundrechte wie die Freiheit von Forschung und Lehre und die damit eng verknüpfte akademische Selbstverwaltung auf diesem mittelalterlichen Fundament und entsprechend schwer und konfliktträchtig war und ist es, diese jahrhundertealte Autonomie von außen zu beschneiden.[10]

Die gerade heute immer wieder gern in Festreden beschworene *universitas magistrorum et scholarium*, von der sich ja auch der Begriff Universität ableitet, weist darauf hin, dass die alteuropäische Universität zunächst einmal ein Personenverband von Lehrenden und Lernenden in Gestalt einer Schwurgemeinschaft war. Daraus resultieren bis heute Festkulturen und Initiationsriten, die zwar an den meisten deutschen Universitäten als Folge der gewöhnlich mit der Chiffre ‚1968' bezeichneten Veränderungen verschwunden oder nur noch in stark reduzierter Form vorhanden sind, die aber dennoch einen Rest an Verbindlichkeit beanspruchen.[11] Man denke etwa an Promotionsverfahren bzw. -feierlichkeiten, Habilitationsverfahren, Amtseinführungen von Rektoren, Präsidenten, Dekanen oder Urkundenfeiern. Für die spätmittelalterliche und frühneuzeitliche Universität war vor allem die *depositio* typisch, das Ritual der förmlichen Aufnahme in den Studentenstand, das von einem Professor, häufig vom Dekan, vorgenommen wurde. Der Kandidat hatte hierbei ein kurzes Aufnahmeexamen abzulegen, darauf folgten in der Regel (humoristisch gemeinte) *vexationes* (Quälereien), eine Absolution sowie ein *convivium* (Trinkgelage) aller Beteiligten. Dieses Verfahren war für den Aufzunehmenden (natürlich) gebührenpflichtig.[12] Vor allem bei den Studentenverbindungen lebte die Deposition, die seit

---

[8] Vgl. hierzu: Universität, Religion und Kirchen. Hg. von RAINER CHRISTOPH SCHWINGES. Basel 2011 (Veröffentlichungen der Gesellschaft für Universitäts- und Wissenschaftsgeschichte 11).

[9] Vgl. ASCHE/GERBER, Universität [Anm. 6], Sp. 1010.

[10] Vgl. dazu: Wissenschaftsfreiheit in Vergangenheit und Gegenwart. Hg. von RAINER A. MÜLLER [u. a.]. Basel 2008 (Veröffentlichungen der Gesellschaft für Universitäts- und Wissenschaftsgeschichte 9).

[11] Vgl. Akademische Festkulturen vom Mittelalter bis zur Gegenwart: Zwischen Inaugurationsfeier und Fachschaftsparty. Hg. von MARTIN KINTZINGER [u. a.]. Basel 2018 (Veröffentlichungen der Gesellschaft für Universitäts- und Wissenschaftsgeschichte 15).

[12] Vgl. MÜLLER, Geschichte der Universität [Anm. 6], S. 47 f.

dem späten 17. Jahrhundert zunehmend von den Universitäten verschwand, fort, etwa in Gestalt von Initiationsriten bei der Aufnahme der Neumitglieder („Füxe").[13]

Die Universitätsidee verbreitete sich im lateinischen Europa wegen der hohen Mobilität von Professoren und Studenten und dank des Vorhandenseins der lateinischen Sprache als *lingua franca* relativ rasch über die bereits erwähnte, traditionelle *peregrinatio academica*. Die ersten Gründungen im Heiligen Römischen Reich nördlich der Alpen waren bekanntlich die Universitäten Prag (1348), Wien (1365), Erfurt (1379), Heidelberg (1385) und Köln (1388). Auch die bald wieder eingegangene erste Universität Würzburg (1402) gehörte zu den sehr frühen deutschen Gründungen, ebenso die Universität Leipzig (1409). Als Folge des Kolonialismus gelangte das alteuropäische Universitätsmodell seit dem 16. Jahrhundert auch nach Amerika. Nennen kann man hier vor allem im heutigen Peru die Universität Lima (1551, Aufnahme des Lehrbetriebs erst in den 1570er Jahren) und in den heutigen USA die Universitäten Harvard (1636/1780), Yale (1701) oder Princeton (1746).[14] Charakteristisch für die alteuropäischen Universitäten war, dass sie ausnahmslos in Städten angesiedelt wurden, allerdings seit dem 15. Jahrhundert bis ins 19. Jahrhundert meist nicht mehr in Residenzstädten – man denke etwa an die Universitäten Tübingen (Württemberg), Rostock (Mecklenburg), Greifswald (Pommern), Ingolstadt (Bayern), Frankfurt/Oder (Brandenburg), Gießen (Hessen-Darmstadt), Jena (Sächsisch-Ernestinische Staaten), Helmstedt (Braunschweig-Wolfenbüttel), Altdorf (Nürnberg), Göttingen (Braunschweig-Lüneburg/Hannover) oder Erlangen (Brandenburg-Ansbach bzw. Brandenburg-Bayreuth). Dies hing namentlich damit zusammen, dass die Landesherren, obgleich Universitäten Prestigeobjekte und schon damals ein Instrument staatlicher Strukturpolitik waren, in den Studenten ein potentielles Sicherheitsrisiko sahen.[15]

---

[13] Vgl. ebd., S. 48 sowie RAINER A. MÜLLER: Studentenkultur und akademischer Alltag. In: RÜEGG (Hg.), Geschichte der Universität in Europa, Bd. 2 [Anm. 6], S. 263–286; vgl. ferner MARIAN FÜSSEL: Riten der Gewalt. Zur Geschichte der akademischen Deposition und des Pennalismus in der frühen Neuzeit. In: ZHF 32 (2005), S. 605–648. Vgl. auch: Von Professorenzirkeln, Studentenkneipen und akademischem Networking. Universitäre Geselligkeiten von der Aufklärung bis zur Gegenwart. Hg. von MATTHIAS ASCHE und DIETMAR KLENKE. Köln [u. a.] 2017 (Abhandlungen zum Studenten- und Hochschulwesen 19). Zu den Studenten in der frühneuzeitlichen Universität im Überblick vgl. zudem JULIAN KÜMMERLE: Student. In: Enzyklopädie der Neuzeit. Hg. von FRIEDRICH JAEGER. Bd. 12. Stuttgart, Weimar 2010, Sp. 1162–166 und MATTHIAS ASCHE/STEFAN GERBER: Studentenverbindung. In: ebd., Sp. 1165–1175.

[14] Vgl. hierzu ausführlich JOHN ROBERTS [u. a.]: Die Übernahme europäischer Universitätsmodelle. In: RÜEGG (Hg.), Geschichte der Universität in Europa, Bd. 2 [Anm. 6], S. 213–232.

[15] Zum devianten Verhalten von Studenten in der Frühen Neuzeit vgl. MARIAN FÜSSEL: Studentenkultur als Ort hegemonialer Männlichkeit. In: Männer – Macht – Körper.

Traditionell bestanden die alteuropäischen Universitäten aus vier Fakultäten, der Theologischen, der Juristischen, der Medizinischen und der Philosophischen Fakultät, an deren Spitze jeweils ein Dekan stand. Repräsentant der Gesamtuniversität war der Rektor, manchmal auch ein Prorektor, wenn der Landesherr selbst ein Ehrenrektorat ausübte. Alle diese Ämter waren zeitlich begrenzte Wahlämter, das zentrale Willensbildungsorgan war der Senat bzw. das Konzil, das in der Regel durch die ordentlichen Professoren beschickt wurde. Die im Mittelalter vor allem in den romanischen Universitäten noch vorhandenen Mitbestimmungsrechte der Studenten, die in gildenartig verfasste, sogenannte *nationes* gegliedert waren, verschwanden seither. Außerdem gab es einen Universitätskanzler, der bis zur Reformation in der Regel ein Geistlicher war, nicht selten der Ortsbischof oder ein anderer hoher Kleriker. Da es bis zur Einführung des Abiturs im frühen 19. Jahrhundert keine normierten akademischen Zulassungsbeschränkungen gab – im Prinzip konnte jeder Christ studieren, der ehelich geboren war und genug Geld hatte, um sich ein Studium finanziell leisten zu können –, übernahm die Philosophische Fakultät die Rolle einer ‚Vorfakultät', in der die *septem artes liberales* (Sieben freien Künste)[16] gelehrt wurden. Deshalb hieß diese Fakultät auch Artistenfakultät. Wenn man dort einen ersten Abschluss gemacht hatte, etwa den Bakkalaureus (‚Bachelor'), konnte man weiterstudieren in einer der im weitesten Sinne berufsbezogenen ‚höheren' Fakultäten und dort den Magistergrad erwerben, das Lizenziat oder den Doktorgrad. Möglich war es aber auch, an der Philosophischen Fakultät einen höheren Abschluss zu machen. Welchen Abschluss man erwarb[17], hatte übrigens weniger mit akademischem Ehrgeiz als mit dem Geldbeutel zu tun. Je angesehener der Abschluss, desto teurer waren die Prüfungsgebühren, die seit der Frühen Neuzeit einen nicht unerheblichen Bestandteil der Professorengehälter ausmachten.[18] Dies hing vor allem damit zusammen, dass die in der Regel staatlichen Träger der Universitäten dazu neigten,

---

Hegemoniale Männlichkeiten vom Mittelalter bis heute. Hg. von MARTIN DINGES. Frankfurt a. M. [u. a.] 2005, S. 85–100.

[16] Die Artes liberales bestanden nach antiker Tradition aus dem sprachlichen Trivium (Grammatik, Rhetorik, Dialektik) und dem mathematischen Quadrivium (Arithmetik, Geometrie, Astronomie, Musik). Vgl. GÜNTER BERNT [u. a.]: Artes liberales. In: Lexikon des Mittelalters, Bd. 1 (1980), Sp. 1058–1063. Zur Geschichte der Philosophischen Fakultät vgl. ausführlich: Artisten und Philosophen. Wissenschafts- und Wirkungsgeschichte einer Fakultät vom 13. bis zum 19. Jahrhundert. Hg. von RAINER CHRISTOPH SCHWINGES. Basel 1999 (Veröffentlichungen der Gesellschaft für Universitäts- und Wissenschaftsgeschichte 1).

[17] Vgl. Examen, Titel, Promotionen. Akademisches und staatliches Qualifikationswesen vom 13. bis zum 21. Jahrhundert. Hg. von RAINER CHRISTOPH SCHWINGES. Basel 2007 (Veröffentlichungen der Gesellschaft für Universitäts- und Wissenschaftsgeschichte 7).

[18] Zum Professorenstand im Überblick vgl. JULIAN KÜMMERLE: Professor. In: Enzyklopädie der Neuzeit. Hg. von FRIEDRICH JAEGER. Bd. 10. Stuttgart, Weimar 2009, Sp.

an den Personalkosten zu sparen.[19] So war die Erstgründung der Universität Würzburg 1402 vor allem daran gescheitert, dass es nicht gelungen war, in hinreichender Form Pfründe für die Professoren zu schaffen, die deren Einkommen sicherten. Viele Landesherren verwiesen aus Geldmangel oder Sparsamkeit die Professoren auf zusätzliche Einnahmequellen, die wir heute als Nebentätigkeiten bezeichnen würden, etwa die Übernahme von Pfarrstellen, die Tätigkeit als Stadtsyndikus, Stadtphysikus, fürstlicher Leibarzt oder Geheimer Rat. Verbreitet war auch die Vermietung von Zimmern an Studenten und deren Verköstigung, die als ‚Professorenburschen' einen privilegierten Status hatten. Die Last dieser besonderen Form von Nebenerwerb trugen, sofern vorhanden, zumeist die Ehefrauen, etwa auch Katharina von Bora, die Ehefrau Martin Luthers. Viele zahlende Absolventen zu haben, war dagegen eine Art leistungsbezogener Zulage, die vor dem geschilderten Hintergrund wichtig war, weshalb die Verteilung der Einnahmen innerhalb der Fakultäten stets konfliktträchtig war.

Dieses Problem verschärfte sich noch, seit Professoren an den entstehenden protestantischen Universitäten in der Regel verheiratet waren und folglich ganze Familien ernährt werden mussten. Die frühneuzeitliche Universität hatte deshalb häufig das Problem, dass ordentliche Professoren wegen lukrativer Nebentätigkeiten die Lehre vernachlässigten und dies durch in der Regel noch schlechter bezahlte Dozenten aufgefangen werden musste. Im Laufe des 18. Jahrhunderts entstand aus diesen ‚Lehrknechten' der Privatdozentenstand.[20] Prekär war häufig auch der Status nichtakademischer Lehrer – Exerzitienmeister, Sprachmeister, Tanzmeister und Fechtmeister –, die gegen Hörgelder Fähigkeiten vermittelten, die wir heute als Schlüsselqualifikationen bezeichnen würden. Berufen wurden Professoren seit den Anfängen der Universität durch Kooptation in den Lehrkörper, wobei sich seit dem 16. Jahrhundert immer mehr der Staat einmischte. Berufungen konnten auf Lebenszeit oder befristet erfolgen, was oft eine Frage des vorhandenen Geldes war. Insbesondere in West- und Südeuropa war eine Professur nicht selten nur eine Durchgangsstation hin zu einem besser besoldeten Amt im Staats- oder Kirchendienst. Obwohl sich seit dem Mittelalter ein akademisches Standesbewusstsein herausbildete und auch so etwas wie eine alle Universitäten überwölbende akademische Standeskultur, die ihren Ausdruck fand in einem gemeinsamen Selbstverständnis und charakteristi-

443–445. Vgl. ferner: Professorinnen und Professoren gewinnen. Zur Geschichte des Berufungswesens an den Universitäten Mitteleuropas. Hg. von CHRISTIAN HESSE und RAINER CHRISTOPH SCHWINGES. Basel 2012 (Veröffentlichungen der Gesellschaft für Universitäts- und Wissenschaftsgeschichte 12).

[19] Vgl. Finanzierung von Universität und Wissenschaft in Vergangenheit und Gegenwart. Hg. von RAINER CHRISTOPH SCHWINGES. Basel 2005 (Veröffentlichungen der Gesellschaft für Universitäts- und Wissenschaftsgeschichte 6).

[20] Vgl. ULRICH RASCHE: Privatdozent. In: Enzyklopädie der Neuzeit. Hg. von FRIEDRICH JAEGER. Bd. 10. Stuttgart, Weimar 2009, Sp. 360–363.

schen symbolischen Ausdrucksformen, so war der Sozialtypus ‚Professor' dennoch von großer Heterogenität gekennzeichnet, weil die Arbeits- und Einkommensverhältnisse höchst unterschiedlich waren und die Universitäten zudem um die Studenten konkurrierten.

Auch die Studentenschaft war sozial segmentiert, man unterschied zeitgenössisch zwischen *scholares divites*, *scholares pauperes* und *scholares nobiles*. Letztere veränderten die Universitäten vor allem dadurch, dass sie adliges Standesbewusstsein und damit verbundene Verhaltensweisen und Statussymbole an die Universitäten brachten, welche von den nichtadeligen Studenten nachgeahmt bzw. nachgefragt wurden, so z. B. Fechtkunst, Reiten, Tanzen oder bestimmte Kleidermoden. Für weniger begüterte Studenten gab es an den alteuropäischen Universitäten ein Stipendienwesen, doch rangierten jene in der informellen innerstudentischen Hierarchie ziemlich weit unten. Hinsichtlich studentischer Kultur und studentischen Alltagslebens unterschied man in der alteuropäischen Universität zwei Organisationsformen des Studiums[21]: Der *modus Parisiensis* (benannt nach der Universität Paris), der vor allem auf den britischen Inseln, der iberischen Halbinsel und in Frankreich verbreitet war, war in hohem Maße verschult und häufig mit Internats- und Konviktssystemen verbunden. Der *modus Bononiensis* (benannt nach der Universität Bologna), der vor allem im Heiligen Römischen Reich, in Italien, den Niederlanden sowie Nord- und Ostmitteleuropa verbreitet war, war demgegenüber freier. Vor diesem Hintergrund konnten dort seit dem 17. Jahrhundert frühe Formen studentischer Verbindungen entstehen, aus denen sich im 18. Jahrhundert die sogenannten alten Landmannschaften und die Studentenorden entwickelten. An Lehrformen gab es vor allem die Vorlesung (*lectio*) und die Disputation (*disputatio*). Die Vorlesung hieß deshalb so, weil die Professoren aus Büchern vorlasen und diese Texte teilweise kommentierten. Dafür gab es vor allem zwei Gründe: Zum einen waren Bücher teuer, und die Benutzung der Universitätsbibliothek war den Professoren vorbehalten. Folglich waren die Studenten in der Regel darauf angewiesen, Exzerpte auf der Basis von Vorlesungen anzufertigen. Zum andern verfügte die spätmittelalterliche und frühneuzeitliche Universität über einen anderen Bildungsbegriff als wir heute: Der Hauptzweck der alteuropäischen Universität war nicht die Generierung neuen Wissens bzw. die kritische Reflexion des tradierten Wissens, also Forschung im modernen Sinne, sondern lediglich die „Speicherung, Ordnung und Lehre des bekannten Wissens, mithin die Reproduktion von Wissensbeständen"[22] anhand kanonisierter Autoritäten. Deshalb handelte sich auch bei den Disputationen sowie schriftlichen Arbeiten wie einer Dissertation nicht um Formen kreativer Kommunikation bzw. wissenschaftlicher Forschung im heutigen

---

[21] Vgl. KÜMMERLE, Student [Anm. 13], Sp. 1163 sowie RAINER A. MÜLLER: Studentenkultur und akademischer Alltag. In: RÜEGG (Hg.), Geschichte der Universität in Europa, Bd. 2 [Anm. 6], S. 266f.

[22] Vgl. ASCHE/GERBER, Universität [Anm. 6], Sp. 1020.

Sinne mit dem Anspruch, originell zu argumentieren bzw. Neues zu entdecken. Es ging vielmehr darum, gesichertes Wissen zu reproduzieren und hierbei überkommene formale Standards zu verinnerlichen und anzuwenden.

2. Umbruch und Aufbruch – Die Entstehung protestantischer Universitäten im Gefolge der Reformation

Soweit meine notwendigerweise generalisierenden Ausführungen zum Wesen der alteuropäischen Universität. Wie veränderte sich diese im konfessionellen Zeitalter?[23] Die Reformatoren fanden ein bereits im Umbruch befindliches Universitätssystem vor, da der Humanismus, ausgehend von Süd- und Westeuropa, zum einen Reformen des überkommenen scholastischen Lehrbetriebs, zum andern eine Welle von Universitätsgründungen in Gang gesetzt hatte, die eine spürbare Verbreiterung der Bildungsbeteiligung nach sich zogen. Allein im deutschsprachigen Raum wurden folgende Universitäten neu gegründet: Freiburg im Breisgau (1456), Greifswald (1456), Basel (1460), Ingolstadt (1472), Trier (1473), Mainz (1476), Tübingen (1477), Wittenberg (1502) und Frankfurt/Oder (1506).

Die neugegründete Universität Wittenberg (Leucorea) wurde bekanntlich zum maßgeblichen geistigen Zentrum der Reformation in Deutschland.[24] Dort lehrten Martin Luther (1483–1546) und Philipp Melanchthon (1497–1560, eigtl. Schwartzerdt). Luther hatte die Reformation bereits frühzeitig auch als Bildungsbewegung begriffen. Er sah in einer Reform der überkommenen Universitäten ein zentrales Kernstück seiner Kirchenreformideen, weil er diese, wie er 1520 in seiner Schrift ‚An den christlichen Adel deutscher Nation' schrieb, als letztlich päpstliche Institutionen und damit „Burgen des Teufels" sah.[25] Die erneuerten Universitäten sollten da-

---

[23] Vgl. zum Folgenden im Überblick vor allem MÜLLER, Geschichte der Universität [Anm. 6], S. 51–57. Vgl. ferner das wichtige Standardwerk von BAUMGART, Universitäten im konfessionellen Zeitalter [Anm. 6] sowie HAMMERSTEIN (Hg.), Handbuch der deutschen Bildungsgeschichte, Bd. I [Anm. 6], S. 253–346.

[24] Vgl. hierzu: WALTER FRIEDENSBURG: Geschichte der Universität Wittenberg. Halle (Saale) 1917; Die Theologische Fakultät Wittenberg 1502 bis 1602. Beiträge zur 500. Wiederkehr des Gründungsjahres der Leucorea. Hg. von IRENE DINGEL und GÜNTHER WARTENBERG. Leipzig 2002 (Leucorea-Studien zur Geschichte der Reformation und der Lutherischen Orthodoxie 5); HEINZ KATHE: Die Wittenberger Philosophische Fakultät 1501–1817. Köln [u. a.] 2002 (Mitteldeutsche Forschungen 117); HANS THEODOR KOCH: Die Wittenberger Medizinische Fakultät (1502–1652). Ein biobibliographischer Überblick. In: Medizin und Sozialwesen in Mitteldeutschland zur Reformationszeit. Wolfgang Böhmer zum 70. Geb. Hg. von STEFAN OEHMIG. Leipzig 2007 (Schriften der Stiftung Luthergedenkstätten in Sachsen-Anhalt 6), S. 289–350; ANDREAS GÖSSNER: Die Studenten an der Universität Wittenberg. Studien zur Kulturgeschichte des studentischen Alltags und zum Stipendienwesen in der zweiten Hälfte des 16. Jahrhunderts. Leipzig 2003 (Arbeiten zur Kirchen- und Theologiegeschichte 9).

[25] Vgl. MÜLLER, Geschichte der Universität [Anm. 6], S. 51.

gegen die neue Lehre verbreiten helfen. In Gestalt von Melanchthon und Luther verbanden sich gleichsam das humanistische Erbe und der Geist der Reformation zu einer sehr fruchtbaren Allianz. Das im Wesentlichen von Melanchthon entwickelte Reformkonzept für die Universität Wittenberg (‚Wittenberger Modell') strahlte bereits ab 1530 auf die Universitäten Basel, Frankfurt/Oder, Rostock, Greifswald, Leipzig, Heidelberg und Tübingen aus und wurde auch von neu gegründeten protestantischen Universitäten übernommen. Die Wirren der 1520er Jahre hatten aber zunächst einmal zu einer tiefen Krise an den deutschen Universitäten geführt, die ihren Ausdruck vor allem in einem dramatischen Rückgang der Studentenzahlen fand: So sanken die Gesamtstudentenzahlen an deutschen Universitäten (ohne Österreich und Schweiz), berechnet in Fünf-Jahres-Durchschnitten, von 4041 im Zeitraum 1511/15 auf 1133 im Zeitraum 1526/30.[26] Von dieser Entwicklung waren alle deutschen Universitäten betroffen, doch besonders hart traf es die entstehenden protestantischen Universitäten. Der große Humanist Erasmus von Rotterdam (1466/69–1536), ein Gegner Luthers, schrieb mit deutlicher Häme:

> „Wo immer das Luthertum herrscht, da sind die Wissenschaften zugrunde gegangen. Zwei Dinge suchen sie, eine Stelle und ein Weib, dazu gibt ihnen das Evangelium die Freiheit, nach ihrer Lust zu leben."[27]

Die anfängliche Krise der protestantischen Universitäten hing auch damit zusammen, dass als Folge des Wegfalls des geistlichen (katholischen) Kanzleramts keine allseits anerkannten Graduierungen mehr stattfinden konnten, so etwa in Wittenberg und Tübingen. Überhaupt stellte sich die Frage, welche Legitimation eine reformatorische Universität haben konnte, wenn eine Legitimierung durch Kaiser und Papst wegfiel. Landgraf Philipp der Großmütige von Hessen (reg. 1509/1518–1567)[28], einer der frühesten Anhänger Luthers, entschloss sich, Fakten zu schaffen: 1527 stiftete er in Marburg die erste neue protestantische Universität ohne kaiserliche und päpstliche Privilegierung.[29] Diese umfasste die traditionellen vier Fakultäten und wurde finanziert durch säkularisierte Klostereinkünfte. 1529 erhielt die Phi-

---

26 Vgl. ebd., S. 52f.

27 Zit. nach ebd., S. 53.

28 Vgl. hierzu im Überblick ECKHART G. FRANZ: Landgraf Philipp der Großmütige. Fürst, Staat und Kirche im Umbruch vom Mittelalter zur Neuzeit. In: Zeitschrift des Vereins für Hessische Geschichte und Landeskunde 109 (2004), S. 1–12; vgl. ferner KERSTEN KRÜGER: Finanzstaat Hessen. 1500–1567. Staatsbildung im Übergang vom Domänenstaat zum Steuerstaat. Marburg 1980.

29 Vgl. HEINRICH HERMELINK/SIEGFRIED AUGUST KAEHLER [u. a.]: Die Philipps-Universität zu Marburg 1527–1927. Fünf Kapitel aus ihrer Geschichte (1527–1866). Marburg 1927, unveränd. ND 1977; GEORG HEER: Marburger Studentenleben 1527 bis 1927. Eine Festgabe zur 400-jährigen Jubelfeier der Universität Marburg. Marburg 1927. Vgl. ferner PETER BAUMGART: Die deutsche Universität des 16. Jahrhunderts: Das Beispiel Marburg. In: BAUMGART, Universitäten im konfessionellen Zeitalter [Anm. 6],

lippina von ihrem Stifter einen landesherrlichen Freiheitsbrief. Damit war, obgleich es Philipp 1541 gelang, eine Nachprivilegierung durch Kaiser Karl V. zu bekommen, ein Präzedenzfall geschaffen worden. Die protestantischen Landesherren traten, noch stärker als seit dem Spätmittelalter die europäischen Könige, in einer Person an die Stelle von Kaiser und Papst, die protestantischen Universitäten wurden damit zu ‚echten' Landesuniversitäten und Einrichtungen der Landesherrn. Nach dem Abebben der Krise gab es, beflügelt vom Vorbild Marburgs und dem Wittenberger Modell, einen Boom an protestantischen Universitäts-Neugründungen, die allesamt ohne kaiserliche und päpstliche Privilegierung erfolgten: Königsberg in Preußen (1544), Jena (1558), Helmstedt (1574)[30], Altdorf (1578), Herborn (1584), Gießen (1607), Rinteln (1620), Straßburg (1621), Duisburg (1655) und Kiel (1665).

Neben diesem Neustart eines spezifisch reformatorischen Universitätswesens bewirkte die Reformation aber auch eine umfassende Bildungsreform durch die Gründung von Elementarschulen, den Aufbau eines flächendekkenden evangelischen Gymnasialwesens, welches das Bildungsniveau der Erstsemester spürbar verbesserte, und durch die Gründung sogenannter Pädagogien an Universitätsstandorten, die besonders anspruchsvoll waren. Weiterhin wurden Stipendiensysteme geschaffen, die, wie wir heute sagen würden, helfen sollten, Begabungsreserven bei den weniger Begüterten für dringend benötigte Pfarrer- und Beamtenstellen zu erschließen. Finanziert wurde das alles durch die Säkularisation von Kirchengut. Mittel- und langfristig haben die protestantischen Reformen im Bildungswesen entscheidend dazu beigetragen, dass in Deutschland so etwas wie ein Bildungsbürgertum bzw. eine bürgerliche Gesellschaft entstehen konnte, insofern reichen die Konsequenzen bis in unsere Tage.

Hinzu kommt ein weiterer Aspekt, der bis heute das deutsche Universitätssystem prägt: Im Kern begann mit den Reformen der Reformatoren der Einstieg in eine umfassende herrschaftliche Durchdringung des Bildungswesens. Der frühmoderne Staat war zwar nicht in der Lage, sich die Universitäten vollständig zu unterwerfen, doch legte er die Basis für die föderale Bildungslandschaft, die wir heute in Deutschland kennen. Indem die protestantischen Landesherren in ihren Territorien geistliche und weltliche Gewalt in einer Hand vereinigten, wurde ein Bildungsmonopol geschaffen, das keine intermediären Gewalten mehr vorsah. Es wuchs auch die Präsenz des frühmodernen Staates in den Universitäten, da jener ein großes

S. 389–422 [Erstdruck 1978]; ERNST WILHELM WINTERHAGER: Marburg 1527 – ein neues Universitätsmodell? Die erste reformatorische Hochschulgründung in ihrem historischen Kontext. In: Neue Modelle im Alten Europa. Traditionsbruch und Innovation als Herausforderung in der Frühen Neuzeit. Hg. von CHRISTOPH KAMPMANN [u. a.]. Köln [u. a.] 2012, S. 49-66.

30 Vgl. hierzu PETER BAUMGART: Die Julius-Universität zu Helmstedt. In: BAUMGART, Universitäten im konfessionellen Zeitalter [Anm. 6], S. 103–295 [Erstdrucke der einzelnen Unterkapitel zwischen 1961 und 1976].

Interesse daran hatte, Einfluss zu nehmen auf Berufungen und auf die akademische Lehre, galt es doch, tüchtigen Nachwuchs für Kirchen- und Staatsdienst auszubilden. Die Professoren wurden nun immer mehr zu herrschaftlichen Dienern, die nicht mehr über kirchliche Pfründen verfügten, sondern, zumindest im Grundsatz, aus den Erträgen von Säkularisationsgut staatlich besoldet wurden. In dem Maße, wie der klerikale Charakter der protestantischen Universitäten zurückging, setzte sich, weil die Bursen und Konvikte verschwanden, dort auch immer mehr der *modus Bononiensis* durch. Dennoch blieb der Studienalltag streng geregelt, deviantes Verhalten von Studenten, insbesondere die Forderung nach Anerkennung einer spezifischen Burschenfreiheit, war ein Ventil, dagegen aufzubegehren. Für die Professoren hatte die Entklerikalisierung ihres Standes, wie bereits erwähnt, vor allem die Folge, dass sie heiraten durften und eine Familie gründen konnten. Auf diese Weise entstanden über mehrere Generationen Gelehrtenfamilien, die bestrebt waren, ihren sozialen Status und ihr damit verbundenes Prestige zu vererben. Dies führte nicht selten dazu, dass auch Professuren quasi vererbt wurden bzw. der Weg zur Professur nur über die Heirat mit einer Professorentochter führte. Es entwickelte sich so der Typus der protestantischen ‚Familienuniversität', der nicht selten der Ruf anhing, provinziell und wenig innovativ zu sein.[31]

3. Kontinuität und Aufbruch – Die Folgen der Reformation für die katholischen Universitäten

Auch die übriggebliebenen katholischen Universitäten im Heiligen Römischen Reich nördlich der Alpen – Mitte des 16. Jahrhunderts im wesentlichen Prag, Wien, Freiburg, Ingolstadt, Trier, Mainz und Löwen sowie das bikonfessionelle Erfurt[32] – befanden sich angesichts der geistigen und politischen Umwälzungen in einer Krise, die auch und vor allem eine Sinnkrise war. Es waren besonders zwei Entwicklungen, die einen Neuanfang ermög-

[31] Vgl. JULIAN KÜMMERLE: Wissenschaft und Verwandtschaft. Protestantische Theologenausbildung im Zeichen der Familie vom 16. bis zum 18. Jahrhundert. In: Bildung und Konfession. Theologenausbildung im Zeitalter der Konfessionalisierung. Hg. von HERMAN J. SELDERIUS. Tübingen 2006, S. 160–210.

[32] Zur Geschichte der Universität Erfurt vgl. ERICH KLEINEIDAM: Universitas studii Erfordensis: Überblick über die Geschichte der Universität Erfurt im Mittelalter 1392–1521. Teil 1: 1392–1460. 2., erw. Aufl. Leipzig 1985, Teil 2: Spätscholastik, Humanismus und Reformation: 1461–1521. 2., erw. Aufl. Leipzig 1992, Teil 3: Die Zeit der Reformation und Gegenreformation: 1521–1632. Leipzig 1980, Teil 4: Die Universität Erfurt und ihre theologische Fakultät von 1633 bis zum Untergang 1816. Leipzig 1981; ALMUTH MÄRKER: Geschichte der Universität Erfurt 1392–1816. Weimar 1993 (Schriften des Vereins für die Geschichte und Altertumskunde von Erfurt 1); ROBERT GRAMSCH: Erfurt – Die älteste Hochschule Deutschlands. Vom Generalstudium zur Universität. Erfurt 2012 (Schriften des Vereins für die Geschichte und Altertumskunde von Erfurt 9).

lichten: erstens die Einleitung einer umfassenden Kirchenreform durch Papst Paul III. (1468–1549, reg. 1534–1549), die im Konzil von Trient[33] (13. Dez. 1545 bis 4. Dez. 1563, Sitzungsperioden 1545–1547/49, 1551/52 und 1562/63) ihren Höhepunkt und Abschluss fand. Ziel des Konzils war nicht der Ausgleich mit dem Protestantismus, sondern die Sicherung der katholischen Position durch eine echte innere Reform der Kirche und die Stärkung des römischen Zentralismus. Auch wenn die Umsetzung der Konzilsbeschlüsse teilweise langwierig war, so bewirkten sie doch eine innere Reform der Kirche, die ähnlich tiefgreifend war wie vierhundert Jahre später das Zweite Vatikanische Konzil. Der neuzeitliche Katholizismus ist durch das Trientiner Konzil eigentlich erst entstanden und bildete die maßgebliche Grundlage für die sogenannte Gegenreformation[34], besser gesagt: die katholische Reform bzw. katholische Konfessionalisierung, die auf Reformen in den Ortskirchen bzw. den katholisch gebliebenen Territorien und Dynastien setzte. Im Reich waren dies vor allem die die habsburgischen Kaiser, die bayerischen Wittelsbacher und die verbliebenen geistlichen Territorien im Süden und Westen des Reichs, an der Spitze die drei Kurfürstentümer Mainz, Köln und Trier.

Von entscheidender Bedeutung war zweitens der 1534 neu gegründete und 1540 päpstlich bestätigte Jesuitenorden[35], der die Erneuerung der römischen Kirche anstrebte und dieses Ziel auch und vor allem zu erreichen suchte durch eine Reform des katholischen Bildungswesens. Die Jesuiten unterhielten bewusst keine Klöster im eigentlichen Sinne, sondern sogenannte Jesuitenkollegs (*collegia*), die, wenn möglich, mit einem Gymnasium, einem Lyzeum oder einer Universität verbunden wurden. Das Bildungsprogramm der Jesuiten knüpfte im Kern an den *modus Parisiensis* an, mithin an die College-Systeme, wie sie in Paris und Oxford üblich waren. Das Ideal war die Internatserziehung, wobei in der Realität die Mehrheit der Zöglinge Externe waren, die allerdings einer strengen Zucht unterworfen wurden. Aus diesem Grund hat sich an katholischen Universitäten denn auch bis ins späte 18. Jahrhundert nie ein Burschen- bzw. Verbindungsleben

---

[33] Vgl. HUBERT JEDIN: Geschichte des Konzils von Trient. 4 Bde. Freiburg i. Br. 1949–1975; Das Konzil von Trient und die katholische Konfessionskultur (1563–2013). Wissenschaftliches Symposium aus Anlass des 450. Jahrestages des Abschlusses des Konzils von Trient. Freiburg i. Br. 18.–21. September 2013. Hg. von PETER WALTER und GÜNTHER WASSILOWSKY. Münster 2016 (Reformationsgeschichtliche Studien und Texte 163).

[34] Vgl. hierzu DIETER J. WEISS: Katholische Reform und Gegenreformation. Darmstadt 2005. Zu den Folgen der katholischen Reform für die Universitäten vgl. im Überblick MÜLLER, Geschichte der Universität [Anm. 6], S. 55–57 sowie ausführlich HAMMERSTEIN (Hg.), Handbuch der deutschen Bildungsgeschichte, Bd. I [Anm. 6], S. 312–332.

[35] Vgl. hierzu im Überblick PETER CLAUS HARTMANN: Die Jesuiten. München 2008; ferner BERNHARD DUHR: Geschichte der Jesuiten in den Ländern deutscher Zunge [bis 1773]. 4 Bde. in 6 Teilbänden. Freiburg i. Br. 1907–1928 und RITA HAUB: Die Geschichte der Jesuiten. Darmstadt 2007.

entwickelt wie an den protestantischen Universitäten. Der Orden stellte das Lehrpersonal, an allen Einrichtungen existierte ein einheitlicher Stundenplan. Die Baulast trug die jeweilige Landeshoheit, die auch einen Kapitalstock zur Verfügung stellen musste, von dessen Erträgen die jeweiligen Bildungseinrichtungen im Wesentlichen finanziert wurden. Zwischen 1551 und 1600 entstanden in dreißig Städten des Reiches, darunter Wien, Ingolstadt, Köln, Trier, Mainz, Speyer, Würzburg, Fulda, Graz, Augsburg, Paderborn, Münster, Regensburg und Hildesheim, Jesuitenkollegs mit Gymnasium. Im 17. Jahrhundert kamen weitere etwa 70 Einrichtungen dazu, u. a. in Aachen, Linz, Worms, Bamberg, Passau, Eichstätt, Erfurt, Düsseldorf und Breslau. Faktisch bauten die Jesuiten auf diese Weise eine Monopolstellung im Bereich des höheren Bildungswesens auf, im Vergleich zu dem mit großem Abstand allenfalls noch die Benediktiner von Bedeutung waren. Ende des 16. Jahrhunderts erließ der Jesuitenorden eine eigene Studienordnung (*ratio studiorum*), die bis zur Aufhebung des Ordens 1773 im Großen und Ganzen in Geltung blieb, damit aber langfristig auch Erstarrungstendenzen Vorschub leistete.

Weniger dominant war der Jesuitenorden im Bereich der Universitäten, weil hier viele katholische Landesherren Wert darauf legten, dass sie universitätspolitisch das Heft in der Hand behielten. Zwischen 1549 und 1702 kam es im katholischen Deutschland zu einer Gründungswelle an Universitäten, die der protestantischen kaum nachstand: Dillingen (1549), Würzburg (1582), Graz (1586), Paderborn (1615), Salzburg (1623), Osnabrück (1630), Bamberg (1648), Innsbruck (1675), Breslau (1702). Bis auf die habsburgischen Universitäten Graz, Innsbruck und Breslau handelte es sich hierbei um Gründungen in geistlichen Territorien. Nur ein kleiner Teil dieser Hochschulen – die teilweise auch als Akademien bezeichnet wurden – waren Jesuiten-Universitäten im eigentlichen Sinn des Wortes, die also ein Ordensmitglied als Rektor hatten, nämlich die in Graz, Dillingen, Paderborn, Osnabrück, Bamberg und Molsheim (Fürstbistum Straßburg, Unterelsass). Daneben gab es Jesuitenfakultäten, meist die Philosophische und/oder Theologische Fakultät, z. B. an den Universitäten Münster, Köln, Mainz, Würzburg, Ingolstadt, Freiburg, Trier, Erfurt, Wien, Innsbruck und Prag. Insofern war der Jesuitenorden insgesamt an den katholischen Universitäten stark präsent. Die Benediktiner-Universität Salzburg[36] war demgegenüber die berühmte Ausnahme, welche die Regel bestätigt. Der Unterricht an den Gymnasien und Universitäten der Jesuiten war im Prinzip kostenlos, es existierte kein sozialer Numerus clausus.

---

[36] Zur Geschichte der Universität Salzburg vgl. HANS WAGNER: Universität Salzburg. Festschrift. Universität Salzburg 1622 – 1962 – 1972. Salzburg 1972.

4. Die (Wieder-)Gründung der Universität Würzburg durch Fürstbischof Julius Echter von Mespelbrunn 1582

Die (Wieder-)Gründung der Universität Würzburg[37] ist ein besonders prägnantes Beispiel für Universitätspolitik im konfessionellen Zeitalter. Julius Echter (1545–1617, reg. 1573–1617)[38] stammte aus einer Familie, die seit dem ausgehenden 13. Jahrhundert nachweisbar ist und wohl aus der Odenwald-Region stammte. Der Aufstieg des ursprünglich niederadeligen Geschlechts erfolgte durch Förderung der Mainzer Kurfürsten, in deren Dienst die Echter standen. 1412 wurde der spätere Stammsitz Mespelbrunn (heute im Landkreis Aschaffenburg) erworben; dieses Ereignis markiert den Beginn der Ausdehnung des Familienbesitzes im Spessart. Die drei Ringe des Familienwappens erscheinen erstmals in einem Siegel aus dem Jahr 1367. Der Reformation wandte sich das Haus Echter nicht zu. Unter Peter III. Echter (1520–1576), der den Familienbesitz noch einmal bedeutend erweiterte und mit neun überlebenden Kindern, darunter fünf Söhnen, den dyna-

---

[37] Vgl. hierzu besonders ANJA AMEND-TRAUT: Geistlicher Auftrag und politischer Nutzen – (Neu-)Gründung und institutioneller Ausbau der Universität Würzburg durch Julius Echter. In: Fürstbischof Julius Echter – verehrt, verflucht, verkannt. Aspekte seines Lebens und Wirkens anlässlich seines 400. Todestages. Hg. von WOLFGANG WEISS. Würzburg 2017, S. 539–570; PETER BAUMGART: Die Julius-Universität zu Würzburg als Typus einer Hochschulgründung im konfessionellen Zeitalter. In: BAUMGART, Universitäten im konfessionellen Zeitalter [Anm. 6], S. 333–362 [Erstdruck 1978]; ders.: Universität Würzburg (1402–1420/1582–1814), publiziert am 13.06.2013. In: Historisches Lexikon Bayerns, URL: <http://www.historisches-lexikon-bayerns.de/Lexikon/Universität_Würzburg_(1402–1420/1582–1814)> (11. Jan. 2019); ders.: Vierhundert Jahre Universität Würzburg. Eine Festschrift. Neustadt/Aisch 1982; DIETER SALCH: Symbole und Insignien der Würzburger Universität. Baunach 2012 (Mainfränkische Studien 82; Beiträge zur Würzburger Universitätsgeschichte 2); PETER A. SÜSS: Kleine Geschichte der Würzburger Julius-Maximilians-Universität. Würzburg 2002; ders.: Grundzüge der Würzburger Universitätsgeschichte 1402–2002. Eine Zusammenschau. Neustadt/Aisch und Rothenburg o. d. Tauber 2007 (Quellen und Beiträge zur Geschichte der Universität Würzburg 10); FRANZ XAVER WEGELE: Geschichte der Universität Würzburg. 1. Teil: Geschichte. 2. Teil: Urkundenbuch. Würzburg 1882, ND Aalen 1969.

[38] Vgl. hierzu Abb. 5 sowie: Julius Echter. Patron der Künste. Konturen eines Fürsten und Bischofs der Renaissance. Hg. von DAMIAN DOMBROWSKI [u. a.]. Berlin 2017; Julius Echter. Der umstrittene Fürstbischof. Eine Ausstellung nach 400 Jahren. Hg. von RAINER LENG [u. a.]. Würzburg 2017; ROBERT MEIER: Julius Echter 1545–1617. Würzburg 2017; GÖTZ VON PÖLNITZ: Julius Echter von Mespelbrunn. Fürstbischof von Würzburg und Herzog von Franken (1573–1617). 2 Bde. München 1934 (Schriftenreihe zur bayerischen Landesgeschichte 17,1–2); MANFRED RUDERSDORF: Konfessionalisierung und Reichskirche – Der Würzburger Universitätsgründer Julius Echter von Mespelbrunn als Typus eines geistlichen Fürsten im Reich (1545–1617). In: Universität Würzburg und Wissenschaft in der Neuzeit – Beiträge zur Bildungsgeschichte. Gewidmet Peter Baumgart anläßlich seines 65. Geburtstages. Hg. von PETER HERDE und ANTON SCHINDLING. Würzburg 1998 (Quellen und Forschungen zur Geschichte des Bistums und Hochstifts Würzburg 53), S. 37–61; WEISS (Hg.), Fürstbischof Julius Echter [Anm. 37].

stischen Fortbestand sicherte, gelang der endgültige Aufstieg der Familie, der die Karriere seines Sohnes Julius Echter erst ermöglichte. Dieser war als Zweitgeborener von vorneherein für den geistlichen Stand bestimmt gewesen. Er erwarb Pfründe an der Aschaffenburger Stiftskirche sowie an den Domkirchen von Mainz und Würzburg und studierte von 1558 bis 1569 in Köln, Löwen, Douai, Paris, Angers, Pavia und möglicherweise in Rom. Diese lange Studienzeit diente selbstverständlich nicht nur dem Studium im engeren Sinne, sie verband dieses vielmehr mit Elementen der Kavalierstour, ermöglichte den vertieften Erwerb von Fremdsprachen und den Aufbau eines Netzwerks im Hinblick auf die geplante kirchliche und weltliche Karriere. Deshalb besuchte Julius Echter vor seiner Heimkehr auch die kaiserliche Residenzstadt Wien. In Pavia hatte er den akademischen Grad eines Lizentiaten der Rechte erworben, interessanterweise nicht der Theologie. Julius Echter hatte damit eine sehr ansehnliche Bildungsbiographie vorzuweisen. 1570 wurde er Domkapitular in Mainz und Würzburg.

Am 1. Dezember 1573 wählte das Würzburger Domkapitel Julius Echter im Alter von nur 28 Jahren als scheinbaren Außenseiter zum Fürstbischof von Würzburg. Es ist bezeichnend für die damaligen Verhältnisse, dass er zu diesem Zeitpunkt noch kein Priester war. Priester- und Bischofsweihe empfing er 1575. Damit zeigte er, dass er bestrebt war, die Reformen des Konzils von Trient umzusetzen und mit Leben zu erfüllen. Dem diente auch seine Innenpolitik: Er förderte den frühneuzeitlichen Staatsbildungsprozess im Hochstift Würzburg und drängte den politischen Einfluss des Domkapitels zurück. Gleichzeitig trieb er im Geiste der katholischen Reform mit einer Mischung von Mission und obrigkeitlichem Zwang die Zurückdrängung des Protestantismus im Hochstift voran; vor allem in den Städten hatte die Reformation bereits Fuß gefasst. In diesen Kontext gehört auch die bereits von seinem Vorgänger Friedrich von Wirsberg (1507–1573, reg. 1558–1573) begonnene und von ihm vollendete Vertreibung der Juden. Der in der älteren Forschung erhobene Vorwurf, Julius Echter sei ein besonders eifriger ‚Hexenbrenner' gewesen, ist durch die neuesten Forschungen von Robert Meier in Frage gestellt worden.[39]

In den Kontext von Julius Echters Reformpolitik gehören auch die Gründung des Juliusspitals 1579 und die Wiedergründung der Universität Würzburg im Jahr 1582. Ziel war es, tüchtige, gut ausgebildete und im Sinne des Konzils von Trient reformorientierte Geistliche, Lehrer und Verwaltungsbeamte im und für das Hochstift auszubilden. Echter konnte hier an Maßnahmen seines Vorgängers Wirsberg anknüpfen, der 1561 in Würzburg ein Pädagogium gegründet hatte; 1567 von den Jesuiten übernommen, wurde es der Vorläufer des heutigen Wirsberg-Gymnasiums. Echter hatte selbst als Kind in Köln ein Jesuiten-Gymnasium besucht. Er kannte und schätzte

[39] Vgl. ROBERT MEIER: Alles anders als gedacht? Julius Echter und die Hexenverfolgung. In: Historisches Jahrbuch der Görres-Gesellschaft 135 (2015), S. 559–568.

die Bildungskonzepte der Jesuiten, wollte aber als Landesherr die Zügel selbst in der Hand halten. Entsprechend vermied er die Gründung einer Jesuitenuniversität, die Jesuiten waren ihm willkommen als Lehrer und Professoren, nicht als Herren der Universität. Entsprechend gab es immer wieder Konflikte zwischen Landesherr und Jesuitenkolleg, etwa, weil er dieses mit einer Steuer belegte und sich dort ein Zimmer einrichten ließ, um auf diese Weise seine Oberhoheit zu demonstrieren. Als die Universität Würzburg gegründet worden war, dominierten zwar die Jesuiten die Philosophische und die Theologische Fakultät, aber Echter sorgte ebenso dafür, dass auch Nicht-Jesuiten berufen wurden. Die Jesuiten stellten 1582 weder den Prorektor noch einen der vier Dekane. Von der Juristischen und der Medizinischen Fakultät, die seit 1587 bzw. 1593 ausgebaut wurden, hielt Echter die Jesuiten konsequent fern.

Hauptgegner der Universitätswiedergründung war das Domkapitel, das wegen der erwarteten hohen Kosten des Projekts und aus Furcht, dass eine erfolgreiche Gründung geeignet sei, das fragile Machtverhältnis zwischen Domkapitel und Bischof zu dessen Gunsten zu verschieben, eine Strategie der bürokratischen Verschleppung betrieb und insbesondere seine Suche nach einem Bauplatz immer wieder behinderte. Julius Echter hatte sich bereits unmittelbar nach seiner Wahl um ein kaiserliches und ein päpstliches Privileg bemüht. Das von Papst Gregor XIII. (reg. 1572–1585) erhielt er unter dem 28. März 1576, das von Kaiser Maximilian II. (reg. 1564–1576) war ausgefertigt zum 11. Mai 1575. Wahrscheinlich wurde das kaiserliche Privileg endgültig aber erst unter dem 2. November 1575 erteilt und die Urkunde auf die erste Ausfertigung zurückdatiert. In den Monaten nach dem 11. Mai 1575 hatte Echter nämlich noch erfolgreich nachverhandelt, weil ihm die zunächst gewährten Privilegien nicht ausreichend erschienen. Das Datum 11. Mai ist übrigens der Grund, warum die Alma Julia seit 1896 ihr Stiftungsfest an diesem Termin feiert; vorher war es am eigentlichen Gründungsdatum, dem 2. Januar, begangen worden.[40] Die päpstliche Reaktion auf Echters Supplik bestätigte dessen Rechtsauffassung, dass das Gründungsprivileg der Erstgründung nach wie vor gültig war und nur der Bestätigung bedurfte. Das päpstliche Privileg verpflichtete den künftigen Lehrkörper und die Promovenden zur Leistung des seit 1568 geforderten Eides auf das Tridentinum, wodurch der katholische Charakter der Universität im Sinne der vom Konzil auf den Weg gebrachten katholischen Reform eindeutig festgelegt war. Um den Widerstand des Domkapitels zu brechen, setzte Echter noch vor der endgültigen Regelung der Finanzierung und noch bevor überhaupt ein Gebäude vorhanden war, die feierliche Eröffnung der Julius-Universität für den 2. Januar 1582 an. Die Feierlichkeiten dauerten vier Tage und wurden vom Domkapitel überwiegend boy-

[40] Vgl. PETER BAUMGART: Die kaiserlichen Privilegien von 1575 für die Universitäten Würzburg und Helmstedt. In: BAUMGART, Universitäten im konfessionellen Zeitalter [Anm. 6], S. 85–101 [Erstdruck 1974].

kottiert. Deshalb fanden sie auch nicht im Dom, sondern in der Franziskanerkirche statt, das Festmahl im Rathaus. Echter ließ sich selbst zum Rektor wählen, übertrug aber die laufenden Geschäfte dem Dekan der Philosophischen Fakultät, der kein Jesuit war, als Prorektor.

Im Sommer 1582 begannen die Bauarbeiten für das Universitätsgebäude nach Plänen des Kurmainzer Baumeisters Georg Robin. Die heute sogenannte Alte Universität in der Domerschulstraße entstand, weil das Domkapitel die Verwendung des großen Katzenwickerhofs, wo sich auch die erste Universität Würzburg befunden hatte (heute das Gelände des früheren Mozart-Gymnasiums), verweigerte, auf dem Gelände des untergegangenen Benediktinerinnenklosters Sankt Ulrich und wurde nach neunjähriger Bauzeit bis 1591 vollendet[41]: Es wurde eine repräsentative Vierflügelanlage nach italienischen Vorbildern errichtet, die das Priesterseminar, Hörsäle, Wohnungen für Studenten und eine eigene Universitätskirche umfasste. Anders als seine Vorgänger im frühen 15. Jahrhundert sorgte Julius Echter für eine großzügige Dotierung seiner Universität mit Stiftungsvermögen. Finanziert wurde die Universität durch den Fürstbischof persönlich bzw. mit Mitteln aus dem ihm zustehenden ‚Kammergefälle', 200.000 Gulden nahm er beim Heilbronner Deutschordenskomtur an Schulden auf, zurückgegriffen hatte man außerdem auf die Einkünfte leerstehender Klöster und auf eine Zwangsanleihe, die von allen Klöstern und Stiften des Fürstbistums erhoben wurde; begründet wurde dies mit der Notwendigkeit der Errichtung eines Priesterseminars. In diesem Zusammenhang schreckte Echter auch nicht vor der Säkularisierung des reichen, im Verfall befindlichen Zisterzienserinnenklosters Mariaburghausen zurück. Dieses gehört der Alma Julia bis heute. 1584 söhnte sich Echter mit dem Domkapitel aus, das seither das Recht hatte, den Universitätskanzler zu stellen. Später bürgerte sich ein, dass das Rektorenamt von einem Domkapitular, das Kanzleramt vom jeweiligen Dompropst wahrgenommen wurde. 1587 erließ Echter die Statuten der Universität und der vier Fakultäten, die bis ins späte 18. Jahrhundert in Geltung blieben.

Was die Studentenzahlen anbelangt, so bewegte sich die Universität Würzburg im unteren Mittelfeld der deutschen Landesuniversitäten.[42] Die Neuimmatrikulationen stiegen von 53 im Jahr 1582 bis auf 176 im Jahr 1604.[43] Die durchschnittliche jährliche Frequenz betrug 1581/85 130 Studierende, das Maximum 1606/10 210.[44] Aufgrund des an der Universität Würz-

---

41 Vgl. hierzu Abb. 6 sowie STEFAN BÜRGER: Residenz des Wissens. Die Architektur des Kollegiengebäudes. In: DOMBROWSKI [u. a.] (Hg.), Julius Echter. Patron der Künste [Anm. 38], S. 243–253.

42 Vgl. BAUMGART, Universität Würzburg [Anm. 37].

43 Vgl. MARCUS HOLTZ/MARIE THÉRÈSE REINHARD: Academia Juliana. Gründung und Betrieb der Universität. In: DOMBROWSKI [u. a.] (Hg.), Julius Echter. Patron der Künste [Anm. 38], S. 279–285, hier S. 281.

44 Vgl. PETER BAUMGART: Die Anfänge der Universität Würzburg. Eine Hochschul-

burg gepflegten *modus Parisiensis* entwickelte sich an der Alma Julia bis ins späte 18. Jahrhundert kein studentisches Verbindungswesen. Bereits in den 1580er Jahren dotierte Echter ein *seminarium pauperum*, das Kinder aus armen Familien aufnahm und mit Stipendien ausstattete, 1607 folgte ein Seminar zur Ausbildung von Adeligen (*collegium nobilium*). Die meisten Studenten hatte in der Echterzeit die Philosophische Fakultät, die ja, wie erwähnt, in der alteuropäischen Universität eine propädeutische Funktion hatte: Vor allem Klassische Sprachen, Grammatik, Rhetorik und Dialektik wurden in einer Art Grundstudium gelehrt. Die Philosophische Fakultät besaß, wie auch die hinsichtlich der studentischen Frequenz etwas kleinere Theologische Fakultät, je vier Professuren. Die Juristische Fakultät umfasste bis zu fünf Professuren, für die Medizinische Fakultät, damals die kleinste, waren drei Professuren vorgesehen.[45] Eine richtige Universitätsbibliothek erhielt die Alma Julia übrigens erst unter Echters Nachfolger Gottfried von Aschhausen (reg. 1617–1622) im Jahr 1619.

Die Universität Würzburg führte und führt noch immer das Wappen Julius Echters und sie trug auch von Anfang an seinen Namen, zunächst Academia Julia bzw. Academia Juliana, heute nennt sie sich in der Regel Alma Julia, wobei meist unterschlagen wird, dass die Universität seit dem Übergang an Bayern im frühen 19. Jahrhundert eigentlich Julius-Maximilians-Universität (Alma Julio-Maximilianea) heißt, womit der erste König von Bayern, Maximilian I. Josef (1756–1825, reg. 1799/1806–1825), als zweiter Stifter geehrt wird. Wie sehr Julius Echter seine Gründung am Herzen lag, kann man daran erkennen, dass er 1586, zwei Jahre nach dem Baubeginn der Universitätskirche[46], heute Neubaukirche genannt, den Auftrag erteilte, ihm dort ein monumentales Grabmal zu errichten, wo er sein Herz beigesetzt wissen wollte – ein Bruch mit der Tradition, derzufolge die Herzen der Würzburger Fürstbischöfe in der Abteikirche des Klosters Ebrach beigesetzt wurden. An seinem Grabmal ließ Echter eine Tafel anbringen mit dem Zitat aus dem Matthäus-Evangelium: *Ubi est thesaurus tuus, ibi est cor tuum*, „Wo dein Schatz ist, ist auch dein Herz“ (6,21). Damit bekannte sich Echter noch im Tode zu seiner Universitätsgründung, aber auch zu den dahinter stehenden Motiven, Staatsausbau und Wiederherstellung der alten Kirche, die er beide als gottgefälliges Werk sah, lautet doch das vollständige Zitat:

> „Sammelt euch nicht Schätze hier auf der Erde, wo Motte und Wurm sie zerstören und wo Diebe einbrechen und sie stehlen, sondern sammelt euch Schätze

---

gründung im konfessionellen Zeitalter. In: BAUMGART, Universitäten im konfessionellen Zeitalter [Anm. 6], S. 311–332 [Erstdruck 1978], hier S. 331.

[45] Vgl. BAUMGART, Die Anfänge der Universität Würzburg [Anm. 44], S. 328f.

[46] Vgl. STEFAN BÜRGER: Tempel des Herzens. Die Universitätskirche. In: DOMBROWSKI [u. a.] (Hg.), Julius Echter. Patron der Künste [Anm. 38], S. 255–269.

im Himmel, wo weder Motte noch Wurm sie zerstören und keine Diebe einbrechen und sie stehlen! Denn wo dein Schatz ist, da ist auch dein Herz."

Das ursprüngliche Grabmal ist leider beim Einsturz der Neubaukirche während des Dreißigjährigen Krieges zunächst schwer beschädigt und dann vom Zahn der Zeit zerstört worden.[47] Erhalten ist aber bis heute die Herzurne, die nach der zweiten Zerstörung der Neubaukirche 1945 bei ihrem Wiederaufbau – er dauerte von 1970 bis 1985 – in einer Stele beigesetzt wurde.

5. Fazit

Als Folge der Reformation hatte sich um 1600 in Deutschland ein neues Universitätssystem auf konfessioneller Basis etabliert, das in der Folgezeit noch ausgebaut wurde und im Wesentlichen bis Ende des 18. Jahrhunderts Bestand haben sollte. Beide konfessionellen Systeme waren, wie wir sahen, durchaus unterschiedlich, eine wichtige Gemeinsamkeit können wir aber an evangelischen wie an katholischen Universitäten beobachten: In dem Maße, wie die Universitäten als konfessionelle Landesuniversitäten ein unverzichtbares Instrument staatlicher Konfessionsbildung und -normierung wurden, leisteten sie einen wichtigen Beitrag zur Entstehung des modernen Staates in den Territorien des Reichs und damit zu dem, was wir heute als deutschen Föderalismus bezeichnen. Sie trugen aber ebenfalls zur konfessionellen Segmentierung der deutschen wie der europäischen Bildungslandschaft bei, weil die ‚richtige Konfession' zu haben, bis weit ins 18. Jahrhundert hinein ein ganz entscheidendes Kriterium dafür war, ob man sich an einer Universität immatrikulieren oder gar zum Professor berufen werden konnte. Die bei der Immatrikulation bzw. bei der Promotion und der Berufung abzulegenden Konfessionseide hatten für die frühneuzeitliche Obrigkeit eine ähnlich konstitutive Funktion wie heute der Verfassungseid im öffentlichen Dienst. Es gab im frühneuzeitlichen Europa nur sehr wenige Universitäten, die religiös tolerant waren, etwa in Frankreich bis zur Aufhebung des Edikts von Nantes 1685 Orléans, Montpellier und Nîmes, im Reich seit 1697 Heidelberg oder, wie bereits erwähnt, Erfurt als bikonfessionelle Universität in einer mehrheitlich protestantischen Stadt, die zum katholischen Kurfürstentum Mainz gehörte. Bis zur Judenemanzipation konnten Juden übrigens nur an einigen italienischen Universitäten mit päpstlichem Dispens studieren und zwar nur Medizin.[48] Letztlich führte die Konfessionalisierung der deutschen Universitäten zu einer Einschränkung der traditionellen Gelehrten-Mobilität und der *peregrinatio academica* der

[47] Zur Echter-Memoria in der Neubaukirche vgl. DAMIAN DOMBROWSKI: Die vielen Formen der Memoria. Echters geplantes Nachleben. In: DOMBROWSKI [u. a.] (Hg.), Julius Echter. Patron der Künste [Anm. 38], S. 377–398, ferner den Beitrag von Stefan Bürger in diesem Band S. 327–359.

[48] Vgl. ASCHE/GERBER, Universität [Anm. 6], Sp. 1019.

Studenten. Gelegentlich begünstigte religiöse Intoleranz aber auch Mobilität[49]: so etwa im zur Habsburgermonarchie gehörenden Königreich Ungarn, in dem zwar grundsätzlich Religionsfreiheit herrschte, wo evangelische Studenten aber bis ins späte 18. Jahrhundert an deutschen Universitäten (Marburg, Jena, Gießen, Erlangen) Theologie studieren mussten, weil es in Ungarn keine Evangelisch-Theologische Fakultät gab; daraus entwickelten sich Migrationstraditionen, die bis ins 20. Jahrhundert hinein wirksam waren.[50] Und noch ein weiteres verbindet das frühneuzeitliche evangelische Universitätssystem mit dem katholischen: Mit der Etablierung konfessioneller Universitäten und auch im gegenseitigen Wettbewerb miteinander entstand zum ersten Mal so etwas wie universitäre Repräsentationsarchitektur[51], häufig nach italienischen Vorbildern. Gute Beispiele dafür sind die Alte Universität in Würzburg, das frühere Hauptgebäude der Universität Helmstedt, das Juleum, oder die frühere Universität Altdorf bei Nürnberg.[52] Doch das wäre ein eigenes, eher kunsthistorisches Thema.

---

[49] Vgl. Religiös motivierte Migrationen zwischen dem östlichen Europa und dem deutschen Südwesten vom 16. bis zum 19. Jahrhundert. Hg. von CHRISTINE ABSMEIER [u. a.]. Stuttgart 2018.

[50] Vgl. MATTHIAS STICKLER: Die Selbstorganisation der Studenten aus dem Königreich Ungarn an deutschen und österreichischen Hochschulen zwischen 1871 und 1918. In: Peregrinatio Hungarica. Studenten aus Ungarn an deutschen und österreichischen Hochschulen vom 16. bis zum 20. Jahrhundert. Hg. von ANTON SCHINDLING [u. a.]. Stuttgart 2006 (Contubernium 64), S. 471–503.

[51] Vgl. hierzu das hervorragende Bildmaterial bei MÜLLER, Geschichte der Universität [Anm. 6], S. 209–276 sowie die Hinweise bei HILDE DE RIDDER-SYMOENS: Organisation und Ausstattung. In: RÜEGG (Hg.), Geschichte der Universität in Europa, Bd. 2 [Anm. 6], S. 139–179, hier S. 165–169.

[52] Vgl. Abb. 1–4 sowie JOHANN MARTIN TRECHSEL: Amoenitates Altdorfinae oder Eigentliche nach dem Leben gezeichnete Prospecten der Löblichen Nürnbergischen Universität Altdorf, Nürnberg, vor 1711 [diese bemerkenswerten Grafiken befinden sich in der Graphischen Sammlung des Instituts für Hochschulkunde an der Universität Würzburg] und Akademie und Universität Altdorf. Studien zur Hochschulgeschichte Nürnbergs. Hg. von HANNS CHRISTOF BRENNECKE. Köln [u. a.] 2011 (Beihefte zum Archiv für Kulturgeschichte 69).

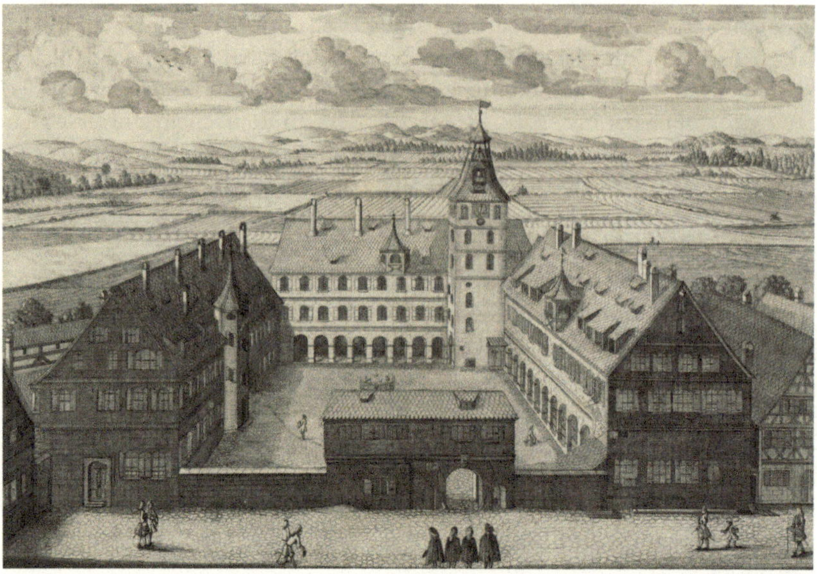

Abb. 1: Das Gebäude der Universität Altdorf, Kupferstich u. Radierung, 29,9 x 40,2 cm, Johann Martin Trechsel (Entwerfer, 1661–1735), Johann Georg Puschner (Kupferstecher, 1680–1749), vor 1711, Institut für Hochschulkunde an der Universität Würzburg (IfH), Slg. des Verbandes Alter Corpsstudenten (VAC), u. IfH-G1–10 (vormals 882/F 3.592–10).

Abb. 2: Promotionsfeier im Auditorium Welserianum der Universität Altdorf aus Anlass des Stiftungsfestes, Kupferstich u. Radierung, 29,9, x 40,2 cm, Johann Martin Trechsel (Entwerfer, 1661–1735), Johann Georg Puschner (Kupferstecher, 1680–1749), vor 1711, IfH, Slg. des VAC, Sign. IfH-G1–11 (vormals 882/F 3.592–11).

Abb. 3: Öffentliche Disputation im Auditorium Theologicum der Universität Altdorf, Kupferstich u. Radierung, 29,8 x 40,2 cm, Johann Martin Trechsel (Entwerfer, 1661–1753), Johann Georg Puschner (Kupferstecher, 1680–1749), vor 1711, IfH, Slg. des VAC, Sign. IfH-G1–15 (vormals 882/F 3.592–15).

Abb. 4: Die Bibliothek der Universität Altdorf, Kupferstich u. Radierung, 29,8 x 40,3 cm, Johann Martin Trechsel (Entwerfer, 1661–1735), Johann Georg Puschner (Kupferstecher, 1680–1749), vor 1711, IfH, Slg. des VAC, Sign. IfH-G1–16 (vormals 882/F 3.592–16).

Abb. 5: Portrait des Fürstbischofs Julius Echter von Mespelbrunn, Kupferstich, 35 x 29,7 cm, 1682 (Nachdruck, wohl 19. Jh.), „P. F.“ (Entwerfer), Oswald Ongers (Zeichner, 1628–1706), Johann Alexander Boener (Stecher, 1647–1720), IfH, Slg. der Deutschen Gesellschaft für Hochschulkunde (DGfH), Sign. IfH-G1032.

Abb. 6: Ansicht der Alten Universität Würzburg mit Universitätskirche. Kupferstich von Matthäus Merian (1593–1650), 33,6 x 40 cm, 1648; nach einem Stich von Johann Leypolt (1591), IfH, Archiv des Coburger Convents (CC), Sign. IfH-G1033.

IV.
Die Konfessionalisierung und ihre langfristigen Entwicklungen

Rainer Leng

Konfessionalisierungstheorien auf dem Prüfstand

Reformation und Rekatholisierung am Beispiel der Landstadt Gerolzhofen

1. Konfessionalisierung konkret

Am 27. Februar 1586 ritt der Würzburger Fürstbischof Julius Echter in seiner Landstadt Gerolzhofen ein. Das Ratsbuch der Stadt hielt die große Menge der *annsehenlichen heren, etlichen des capitels, ritterschafft, gaistlichen und welttlichen räthen, in zimbleicher anntzal* fest.[1] Namentlich genannt wurden Graf Johann Gerwig von Schwarzenberg als Vertreter des Domkapitels und Stephan Zobel von Giebelstadt als Amtmann von Arnstein; er war mit einer Schwester Echters verheiratet.[2]

Weiterhin dabei waren Heinrich Zobel von Giebelstadt als Amtmann von Trimberg, Reichserbmarschall Erkinger von Pappenheim als Amtmann von Lauda, der fürstliche Rat Raphael von Herbilstadt[3], der Bruder des Fürstbischofs Dietrich Echter als Amtmann von Rothenfels[4], Georg von Wichsenstein als Amtmann von Schlüsselfeld[5] und Ludwig Marschalk von Ostheim als Vertreter der Ritterschaft. Hervorgehoben wurde auch Gerhard Phien, ein geradezu gefürchteter Jesuit.[6] Mit all den *hofiunckhern und hofgesindt* kann man mit mindestens 100 bis 150 Personen rechnen, die durch das Stadttor einritten. Der Anlass war die Wiederherstellung der konfessionellen Verhältnisse im Sinne des katholischen Hochstifts.

---

1 Stadtarchiv Gerolzhofen, B 2 ‚Grünes Buch', fol. 133v–135v, Gerolzhofen, undatiert, nach 1. März 1586: Eintrag im Ratsbuch der Stadt Gerolzhofen über die Austreibung der ‚Augsburger Konfessionisten', Absetzung protestantischer und Einsetzung katholischer Ratsherren mit namentlichem Verzeichnis der ausgezogenen Bürger und Hausgenossen; gedruckt bei RAINER LENG: Du musst dran glauben. Reformation und Rekatholisierung in Gerolzhofen. Gerolzhofen 2017 (De Geroldeshova 17), S. 104–108. Die folgenden Ausführungen beruhen auf den Quellenrecherchen zu diesem Band. Sie beziehen jedoch weitere, dort nicht gedruckte Quellen mit ein und versuchen, die vornehmlich lokalhistorische Ausrichtung der Studie im Hinblick auf eine Nutzbarmachung für eine theorieorientierte Diskusssion nutzbar zu machen.

2 JOHANN GOTTFRIED BIEDERMANN: Geschlechts=Register der Reichs=Frey unmittelbaren Ritterschaft Landes zu Francken, löblichen Orts Steigerwald. Nürnberg 1748, Tab. XXXIII.

3 BIEDERMANN, Geschlechts=Register [Anm. 2], Tab. CCCCI.

4 ANTON KITTEL: Beiträge zur Geschichte der Echter von Mespelbrunn. Würzburg 1882, S. 44–46, 53–55.

5 BIEDERMANN, Geschlechts=Register [Anm. 2], Tab. CCCLXXX.

6 Siehe ALFRED WENDEHORST: Das Bistum Würzburg Teil 3. Die Bischofsreihe von 1455 bis 1617. Berlin 1978 (Germania Sacra. Neue Folge 13), S. 199f. mit weiterer Literatur.

Wie das im Detail vonstatten ging, lässt sich aus den Quellen gut rekonstruieren. Zunächst mussten sämtliche Bürger auf dem Rathaus erscheinen, um über ihre Konfession Auskunft zu geben.[7] Am nächsten Tag wurden ohne große Umschweife die Konsequenzen gezogen. Am Samstag, den 1. März, wurden die Ratsherren frühmorgens auf das Rathaus bestellt. Eine vermutlich dabei übergebene Petition, bei ihrem alten (protestantischen) Glauben bleiben zu dürfen, blieb unbeantwortet.[8] Stattdessen wurden beide Bürgermeister, Kaspar Lesch und Hans Riel, dazu die Ratsherren Michael Göcker und Johann Eichelmann abgesetzt. Allen, die am Vortag bei ihrem Bekenntnis geblieben waren, sagte Echter das Bürgerrecht auf. 75 Personen zählt das Ratsbuch namentlich auf. Sie mussten in den kommenden Wochen die Stadt verlassen.

Während der Messe am folgenden Sonntag Reminiscere, dem 2. März 1586, legte der Fürst noch einen öffentlichen Auftritt besonderer Eindrücklichkeit nach. 17 Protestanten wurden namentlich aufgefordert, vor die Gemeinde zu treten. Ihnen hielt Echter *in einem gewaltig zorn und ernst* vor, dass er derart ungetreue Untertanen in seinem ganzen Hochstift nicht vorgefunden habe. Sie sollten nicht glauben, dass er als Fürst nicht auf 200 oder 300 ungetreue Untertanen verzichten könne. Mit einer letzten Gelegenheit zum Übertritt zum katholischen Bekenntnis drohte er ihnen an: es sei *seine mainung und bevelch, das jeder zwischen hier und ostern sich aus irer fl. gn. [fürstlichen gnaden] stifft begeben soll.* Die 17 blieben nach kurzer Bedenkzeit beim Bekenntnis zum Protestantismus. Damit blieben ihnen nur noch 34 Tage, bis sie die Stadt verlassen mussten. Den bereits abgesetzen Bürgermeister Kaspar Lesch fuhr Echter an: *mainaidtiger, treuloser, aber theuerer, gewesener burgermaister, der du mir meine burger verhetzt* ... An ihm wurde noch ein besonderes Exempel statuiert. Er musste die Stadt binnen acht Tagen räumen. Nicht einmal durch fußfällige Bitten der Bürger und Mildegesuche aus dem eigenen Gefolge ließ Echter sich von der demonstrativen

---

[7] Stadtarchiv Ochsenfurt, Receßbuch II/10, unfoliiert, Einträge zum 10. November 1589 und 8. März 1590; siehe dazu Julius Echter 1573–1617. Der umstrittene Fürstbischof. Eine Ausstellung nach 400 Jahren. Katalog zur Ausstellung vom 23. Juni bis 17. September 2017 im Museum am Dom Würzburg. Hg. von RAINER LENG [u. a.]. Würzburg 2017 (Quellen und Forschungen zur Geschichte von Bistum und Hochstift Würzburg, Sonderveröffentlichung), S. 192f.; JOACHIM BRAUN: Ochsenfurt im Zeitalter von Reformation und Gegenreformation. In: Würzburger Diözesangeschichtsblätter 55 (1993), S. 157–177, hier S. 167–171; JOHANNES MERZ: Etappen und Strategien der Rekatholisierung im Bistum Würzburg. In: Fürstbischof Julius Echter († 1617) – verehrt, verflucht, verkannt. Aspekte seines Lebens und Wirkens anlässlich des 400. Todestages. Hg. von WOLFGANG WEISS. Würzburg 2017 (Quellen und Forschungen zur Geschichte des Bistums und Hochstifts Würzburg 75), S. 385–400 und vergleichbare Befragungen aus Eibelstadt FRANZ SCHICKLBERGER: Evangelische Glaubensbewegung und katholische Konfessionalisierung in Eibelstadt. Eibelstadt 2007 (Heimatbogen 14), S. 73–100.

[8] Staatsarchiv Nürnberg, Ansbach, Religionsakten Tom II Supl., Nr. 94, fol. 403r–407r; Textabdruck LENG, Du musst dran glauben [Anm. 1], S. 90.

Härte abbringen. Der Vogt erhielt öffentlich den Befehl, jeden zu verhaften und an Leib und Vermögen zu strafen, der sich danach noch in der Stadt sehen lasse. Dann zog der Fürstbischof weiter zu einer der nächsten Städte seines Hochstifts, wo sich ganz ähnliche Auftritte abspielten.[9]

2. Konfessionalisierungspraxis und Konfessionalisierungstheorien

Was sich hier im lokalen Beispiel beobachten lässt, scheint auf das beste mit den gängigen Konfessionalisierungstheorien übereinzustimmen. Vor allem Wolfgang Reinhards ‚Prolegomena zu einer Theorie des konfessionellen Zeitalters' halten eine ganze Reihe von Anknüpfungspunkten bereit.[10] Klare theologische Vorstellungen werden als neue obrigkeitliche Norm durchgesetzt. Unter Einsatz von Riten zeigt der neue, obrigkeitlich zentral organisierte und institutionalisierte Staat seine Überlegenheit über die Ordnungen alten Typs und setzt Disziplinierung und Homogenisierung seiner Untertanen rigoros durch. Am Ende steht eine tiefgreifende Umpflugung des öffentlichen und privaten Lebens und die „Herausbildung des frühmodernen Staates […] mit der Formierung einer neuzeitlichen disziplinierten Untertanengesellschaft, die anders als die mittelalterliche Gesellschaft nicht personal und fragmentiert, sondern institutionell und flächenmäßig organisiert war."[11]

---

[9] Siehe im Überblick WENDEHORST, Bistum Würzburg [Anm. 6], S. 197f., weiterhin ERNST-GÜNTER KRENIG: Das Hochstift Würzburg in den Jahrzehnten der Gegenreformation. In: Unterfränkische Geschichte. Bd. 3: Vom Beginn des konfessionellen Zeitalters bis zum Ende des Dreißigjährigen Krieges. Hg. von PETER KOLB und ERNST-GÜNTER KRENIG. Würzburg 1995, S. 165–218, bes. S. 210; JOHANNES MERZ: Julius Echter als „Typus der Gegenreformation". In: Historisches Jahrbuch 129 (2009), S. 65–82, hier S. 71f.; MERZ, Etappen und Strategien der Rekatholisierung [Anm. 7]; ERNST SCHUBERT: Gegenreformationen in Franken. In: Jahrbuch für fränkische Landesforschung 28 (1968), S. 275–307 und LENG [u. a.] (Hg.), Julius Echter [Anm. 7], S. 174–176; zu Karlstadt siehe JÜRGEN EMMERT: Kirche und Frömmigkeit in der Würzburger Amtsstadt Karlstadt am Main vom Spätmittelalter bis zum Ende des 30jährigen Krieges (1400 bis 1648). Theol. Diss. Würzburg 2010 (https://opus.bibliothek.uni-wuerzburg.de/frontdoor/index/index/docId/4050 [27. Aug. 2018]), S. 211–228; zu Münnerstadt siehe JOHANNES MERZ: Der Religionsfrieden, die *Declaratio Ferdinandea* und die Städte unter geistlicher Herrschaft. In: Der Augsburger Religionsfrieden 1555. Hg. von HEINZ SCHILLING und HERIBERT SMOLINSKY. Gütersloh 2007 (Schriften des Vereins für Reformationsgeschichte 206), S. 321–340, hier S. 328 mit Verweis auf weitere, noch ungedruckte Quellen.

[10] Wolfgang REINHARD: Zwang zur Konfessionalisierung? Prolegomena zu einer Theorie des konfessionellen Zeitalters. In: Zeitschrift für Historische Forschung 10 (1983), S. 257–277, hier S. 263.

[11] HEINZ SCHILLING: Die Konfessionalisierung im Reich. Religiöser und gesellschaftlicher Wandel in Deutschland zwischen 1555 und 1620. In: Historische Zeitschrift 246 (1988), S. 1–45, hier S. 6.

Die großen Konfessionalisierungsthesen von Wolfgang Reinhard und Heinz Schilling, die nach älteren, noch weitgehend kulturgeschichtlich bestimmten Ansätzen Ernst Walter Zeedens[12] in den 1980er Jahren entwickelt wurden, genießen heute unter einigen Modifikationen und Adaptationen weitgehend Gültigkeit. Tatsächlich brachten sie auch neue Perspektiven. Der aus dem 19. Jahrhundert stammende Antagonismus einer vorwärts gewandten Reformation und einer Gegenreformation als bloßer Reaktion konnte überwunden werden. Gesellschaftliche, religiöse und staatliche Entwicklungen konnten in Einklang gebracht und konfessionübergreifend parallelisiert werden. Weiterhin ließen sich die von der Reformation ausgelösten Phänomene auch in einer gesamteuropäischen Entwicklung perspektivieren.

Die unterschiedlichen zeitlichen Erstreckungen der Konfessionalisierungsbegriffe haben dabei ihrerseits eine Forschungsdiskussion hervorgerufen. So sah etwa Heinz Schilling einen Zeitraum von etwa 1540 bis zur Umsetzung des Westfälischen Friedens, während Wolfgang Reinhard die Konfessionalisierung früher, bereits kurz nach dem Thesenanschlag beginnen und später, mit der konfessionellen Homogenisierung in Frankreich, England und Österreich am Ende des 17. und im frühen 18. Jahrhundert enden lassen wollte. Diese Diskussion muss uns hier nicht weiter berühren. Spannender sind Fragen methodischer Zugriffe, die ihrerseits in den vergangenen Jahren Kritik am Konfessionalisierungsparadigma hervorgerufen haben.

Trotz unterschiedlicher Quellencorpora sind die Konfessionalisierungsthesen doch weitgehend von einem ‚Blick von oben' geprägt. Der Fokus auf Ausformung und Verfestigung kirchlicher Strukturen und Reichweite und Durchsetzungskraft staatlicher Gewalt bedingt einen Blick auf Normen und Strukturen. Erfahrungsgemäß stehen aber zentralistische Ordnungsvorstellungen nicht selten im Widerspruch zu einer Rechtswirklichkeit und einer sozialen und religiösen Alltagspraxis, in der Beharrungskräfte älterer Ordnungen ein Eigenleben entwickeln, das kirchliche und staatliche Wunschvorstellungen konterkariert und teilweise ignoriert.

Gerade von diesen Punkten her sind die Konfessionalisierungsthesen häufig in Frage gestellt worden. Richard Heinrich Schmidt forderte ein Ende der etatistischen Sichtweise mit einem Blick auf die Konfessionalisierung ‚von unten'.[13] Ganz generell wurde bezweifelt, ob von religiösen Normen überhaupt Modernisierungsimpulse zu erwarten sind.[14] Es verwundert

---

[12] ERNST WALTER ZEEDEN: Grundlagen und Wege der Konfessionsbildung im Zeitalter der Glaubenskämpfe. In: Historische Zeitschrift 185 (1958), S. 249–299; wieder in: ders.: Konfessionsbildung. Studien zur Reformation, Gegenreformation und katholischen Reform. Stuttgart 1985, S. 67–112.

[13] HEINRICH RICHARD SCHMIDT: Sozialdisziplinierung? Ein Plädoyer für das Ende des Etatismus in der Konfessionalisierungsforschung. In: Historische Zeitschrift 265 (1997), S. 639–682.

[14] WINFRIED SCHULZE: Vom Gemeinnutz zum Eigennutz. Über den Normwandel in den ständischen Gesellschaften der frühen Neuzeit. In: ebd. 243 (1986), S. 591–626.

daher nicht, dass in den letzten Jahren die Reformation wiederum stark auf eine ihr inhärente Säkularisierungstendenz untersucht wurde, von der wiederum mehr Impulse auf moderne Gesellschaften ausgehen müssten.[15] Unter dem Eindruck des Konfessionalismus des 19. Jahrhunderts ist gefragt worden, inwieweit sich religiöse Identitäten der Bevölkerung überhaupt schon in der Frühen Neuzeit herausgebildet hatten.[16]

3. Makro- und Mikroperspektiven

Umgekehrt gehen neuere Forschungsansätze in Richtung einer Beobachtung der Ausprägung von Konfessionskulturen durchaus heterogener und pluraler Ausrichtungen, wie etwa eine Tagung des Historikerverbandes im Jahr 2016 unter Beweis gestellt hat.[17] Die umfangreiche Studie von Andreas Holzem hat ebenfalls eine bei aller Vielfalt und Differenzierung doch maßgebliche Kraft einer Selbstkonfessionalisierung herausgestellt.[18] Bei der Entwicklung staatlicher Gebilde ist in letzter Zeit verstärkt darauf hingewiesen worden, dass eine geradlinige Entwicklung vor allem im Hinblick auf die Durchsetzungsfähigkeit jener Kräfte, die man vormals noch ‚frühabsolutistisch' nannte, kaum zu erkennen sei. Herrschaft sei ein „dynamisch-kommunikativer Prozess" und dies auch noch in einem von Versuchen der konfessionellen Homogenisierung und Sozialdisziplinierung geprägten Umfeld.[19]

---

[15] So bereits MICHAEL STOLLEIS: „Konfessionalisierung" oder „Säkularisierung" bei der Entstehung des frühmodernen Staates. In: Zeitsprünge 1 (1994), S. 452–477, sowie zahlreiche weitere Studien aus dem Vorfeld des Reformationsjubiläums.

[16] NICOLE GROCHOWINA: Confessional Indifference in East Frisia. In: Reformation and Renaissance Review 7 (2005), Nr. 1, S. 111–124; zur „späten Konfessionalisierung" vgl. bes. LUCIAN HÖLSCHER: Geschichte der protestantischen Frömmigkeit in Deutschland. München 2005; zuletzt ders.: Protestantische Frömmigkeit in Deutschland – zwischen Reformation und säkularer Gesellschaft. Freiburg [u. a.] 2017.

[17] Tagungsbericht siehe https://www.hsozkult.de/searching/id/tagungsberichte-6763 (27. Aug. 2018); frühere Ansätze in: Frühneuzeitliche Konfessionskulturen. Erste Nachwuchstagung des VRG Wittenberg 30.09.–02.10.2004. Hg. von THOMAS KAUFMANN [u. a.]. Gütersloh 2008 (Schriften des Vereins für Reformationsgeschichte 207); siehe auch Konfessionelle Ambiguität. Uneindeutigkeit und Verstellung als religiöse Praxis in der Frühen Neuzeit. Hg. von ANDREAS PIETSCH und BARBARA STOLLBERG-RILINGER. Gütersloh 2013 (Schriften des Vereins für Reformationsgeschichte 214); Interkonfessionalität – Transkonfessionalität – binnenkonfessionelle Pluralität. Neue Forschungen zur Konfessionalisierungsthese. Hg. von KASPAR VON GREYERZ [u. a.]. Heidelberg 2003; Das Konfessionalisierungsparadigma. Leistungen – Probleme – Grenzen. Hg. von THOMAS BROCKMANN. Münster 2013.

[18] ANDREAS HOLZEM: Christentum in Deutschland 1550–1850. Konfessionalisierung – Aufklärung – Pluralisierung. 2 Bde. Paderborn 2015.

[19] MARKUS NEUMANN/RALF PRÖVE: Die Faszination des Staates und die historische Praxis. Zur Beschreibung von Herrschaftsbeziehungen jenseits teleologischer und dua-

Wir müssen den Forschungsüberblick nicht fortsetzen. Entscheidend scheint mir zu sein, dass die Konfessionalisierungsthesen keineswegs überwunden sind, dass sich aber Kritik, Differenzierungen und Modifikationen aus ihrer etatistischen und damit auch teleologischen Perspektive einerseits ergeben und andererseits ihre aus einer normativen Perspektive ‚von oben' entwickelten Leitlinien den Beobachtungen einer ‚Praxis von unten' nicht immer standhalten.

Hier soll nun im Folgenden eine weitere Überprüfung in Form einer mikrohistorischen Perspektive erfolgen. Im Fokus steht das katholische Hochstift Würzburg mit seinem Fürstbischof Julius Echter, dessen 400. Todestag 2017 Anlass zu einer intensivierten Beschäftigung mit seiner Person war.[20] Er gilt als Typus, wenn nicht gar als Exponent eines katholischen Reichsbischofs im Zeitalter der Gegenreformation mit durchaus frühabsolutistischen Zügen.[21] Wie sich seine Normvorstellungen eines konfessionell homogenisierten und sozial disziplinierten Untertanenverbandes im lokalen Konfessionalisierungs- und Rekatholisierungsgeschehens niederschlagen,

---

listischer Begriffsbildungen. In: Herrschaft in der Frühen Neuzeit. Umrisse eines dynamisch-kommunikativen Prozesses. Hg. von dens. Münster [u. a.] 2005 (Herrschaft und soziale Systeme in der Frühen Neuzeit 2), S. 1–49, hier S. 45.

[20] Zu Julius Echter vgl. zusammenfassend GÖTZ VON PÖLNITZ: Julius Echter von Mespelbrunn. Fürstbischof von Würzburg und Herzog von Franken (1573–1617). München 1934, ND Aalen 1973 (Schriftenreihe zur bayerischen Landesgeschichte 17), bes. S. 255–262; WENDEHORST, Das Bistum Würzburg [Anm. 6], S.162–238; weiterhin jeweils mit der älteren Literatur ROBERT MEIER: Julius Echter 1545–1617. Würzburg 2017; WEISS (Hg.), Julius Echter – verehrt, verflucht, verkannt [Anm. 7]; LENG [u. a.] (Hg.), Julius Echter [Anm. 7]; zuletzt Landesherrschaft und Konfession – Fürstbischof Julius Echter von Mespelbrunn (reg. 1573–1617) und seine Zeit. Hg. von WOLFGANG WEISS. Würzburg 2018 (Quellen und Forschungen zur Geschichte des Bistums und Hochstifts Würzburg 76).

[21] Exemplarisch mit Bezug auf Julius Echter vgl. PETER BAUMGART: Konfessionalisierung und frühmoderne Staatlichkeit in Franken: Das Beispiel des Fürstbischofs Julius Echter. In: Würzburger Diözesangeschichtsblätter 62/63 (2001), S. 575–589; HERBERT SCHOTT: Das Verhältnis der Stadt Würzburg zur Landesherrschaft im 18. Jahrhundert. Würzburg 1995, bes. S. 20–24; HEINZJÜRGEN REUSCHLING: Die Regierung des Hochstifts Würzburg 1495–1642. Zentralbehörden und führende Gruppen eines geistlichen Staates. Würzburg 1984 (Forschungen zur fränkischen Kirchen- und Theologiegeschichte 10); DIETMAR WILLOWEIT: Katholische Reform und Disziplinierung als Element der Staats- und Gesellschaftsorganisation. In: Glaube und Eid. Treueformeln, Glaubensbekenntnisse und Sozialdisziplinierung zwischen Mittelalter und Neuzeit. Hg. von PAOLO PRODI. München 1993 (Schriften des Historischen Kollegs, Kolloquien 28), S. 113–132; WOLFGANG WÜST: Julius Echter von Mespelbrunn (1545–1617) und Otto Truchsess von Waldburg (1514–1573) – Bischöfliche Reform-, Herrschafts- und Konfessionskonflikte im Vergleich. In: WEISS, Fürstbischof Julius Echter [Anm. 7], S. 155–170; MERZ, Julius Echter [Anm. 9], S. 65–82; HANS-PETER BAUM, Das konfessionelle Zeitalter (1525–1617). In: Geschichte der Stadt Würzburg. Bd. 2: Vom Bauernkrieg 1525 bis zum Übergang an das Königreich Bayern 1814. Hg. von ULRICH WAGNER. Stuttgart 2004, S. 50–96; KRENIG, Das Hochstift Würzburg [Anm. 9], S. 165–218.

soll modellhaft an der hochstiftischen Landstadt Gerolzhofen untersucht werden. Beispiele aus anderen Landstädten lassen sich vergleichend heranziehen.

4. Forschung und Quellen

Vorab noch ein Wort zur Forschungs- und Quellenlage. Während das herrscherliche Handeln Echters gut untersucht ist und die Quellen vor allem im Staatsarchiv Würzburg reichlich sprudeln, ist es um lokale Perspektiven nicht allzu gut bestellt. Dabei zeigte schon die auf die Residenzstadt Würzburg fokussierte Studie von Frank Fätkenheuer, wie sich an heterogenen Quellenbeständen mikrohistorische Perspektiven öffnen ließen.[22] Umfangreichere Untersuchungen zu den Landstädten liegen etwa vor zu Karlstadt von Jürgen Emmmert[23], zu Eibelstadt von Franz Schicklberger[24] oder zu Hammelburg von Johannes Merz[25], der auch eine Reihe von vergleichenden Arbeiten zu Reformation und Rekatholisierung in den Landstädten vorgelegt hat.[26]

Im Falle Gerolzhofens war die Lage dagegen bislang unbefriedigend. Abgesehen von verstreuten Erwähnungen in älteren Arbeiten und einer eben-

---

22 FRANK FÄTKENHEUER: Lebenswelt und Religion. Mikro-historische Untersuchungen an Beispielen aus Franken um 1600. Göttingen 2004 (Veröffentlichungen des Max Planck Instituts für Geschichte 198). Ergänzend hierzu HANS-WOLFGANG BERGERHAUSEN, Protestantisches Leben in Würzburg während des 16. Jahrhunderts. Eine Annäherung. Neustadt a. d. A. 2017 (Sonderveröffentlichungen des Stadtarchivs Würzburg 10).

23 JÜRGEN EMMERT: Kirche und Frömmigkeit in der Würzburger Amtsstadt Karlstadt am Main vom Spätmittelalter bis zum Ende des Dreißigjährigen Krieges. In: Würzburger Diözesangeschichtsblätter 72 (2010), S. 13–204 (für den Druck bearbeitete Fassung von EMMERT, Kirche und Frömmigkeit [Anm. 9]).

24 SCHICKLBERGER, Evangelische Glaubensbewegung [Anm 7].

25 JOHANNES MERZ: Georg Horn (1542–1603) und seine Historia über die Reformation in Hammelburg. Neustadt a. d. A. 1992 (Veröffentlichungen der Gesellschaft für fränkische Geschichte, I. Reihe, Fränkische Chroniken 5). Zu ergänzen wäre noch die etwas weiter ausgreifende Studie von GÜNTER DIPPOLD: Konfessionalisierung am Obermain. Reformation und Gegenreformation in den Pfarrsprengeln von Baunach bis Marktgraitz. Staffelstein 1996 sowie die Überblicksdarstellung von KLAUS GUTH: Die Würzburger Kirche in der Begegnung und Auseinandersetzung mit der Lehre Luthers. In: KOLB/KRENIG (Hg.), Unterfränkische Geschichte [Anm. 9], S. 17–61.

26 MERZ, Religionsfrieden [Anm. 9], S. 321–340; ders.: Die Landstadt im geistlichen Territorium. Ein methodischer Beitrag zum Thema „Stadt und Reformation" am Beispiel Frankens. In: Archiv für mittelrheinische Kirchengeschichte 46 (1994), S. 55–82; ders.: Landstädte und Reformation. In: Die Territorien des Reichs im Zeitalter der Reformation und Konfessionalisierung. Land und Konfession 1500–1650. Bd. 7: Bilanz – Forschungsperspektiven – Register. Hg. von ANTON SCHINDLING und WALTER ZIEGLER. Münster 1997 (Katholisches Leben und Kirchenreform im Zeitalter der Glaubensspaltung 57), S. 107–135; zuletzt ders.: Etappen und Strategien der Rekatholisierung [Anm. 7], S. 385–400.

falls älteren und für die neuere Ortschronik lediglich ausgeschriebenen Stadtgeschichte[27] existiert zum Konfessionalisierungsgeschehen nur eine wegen zahlreicher Fehleinschätzungen aufgrund selektiver Quellenbasis unbefriedigende Arbeit von Hanna Brommer.[28] Immerhin wurden schon einmal die Visitationsberichte des Landkapitels ausgewertet.[29]

Woran es den bisherigen Arbeiten mangelte, war eine solide Quellenbasis. Mit einzelnen Funden ließen sich nur eingeschränkte Beobachtungen machen. Quellensammlungen konzentrieren sich häufig auf die Überlieferung einzelner Archive[30] oder auf normative Texte und geben damit eine etatistisch geprägte Perspektive vor, die zum lokalen Konfessionalisierungsgeschehen wenig und zur Ausprägung einer konfessionellen Alltagskultur nichts beiträgt.[31] Sammlungen, die im Spannungsfeld von herrscherlicher

---

[27] FRIEDRICH SIXT: Chronik der Stadt Gerolzhofen. Gerolzhofen 1893; für das Reformationsgeschehen benutzt bei ERIK SODER VON GÜLDENSTUBE: Zur Geschichte der katholischen Pfarrei von Gerolzhofen. In: Gerolzhofen. Stadtchronik 779–2012. Gerolzhofen 2012, S. 385–416 und FRANK KLEINEHAGENBROCK: Stadt und Amt Gerolzhofen in der Frühen Neuzeit. In: Ebd., S. 245–254. Zu den herrschaftlichen Verhältnissen siehe STEFAN PETERSEN: Die Territorialverwaltung im spätmittelalterlichen Hochstift Würzburg am Beispiel des Amtes Gerolzhofen. In: Herbipolis. Studien zu Stadt und Hochstift Würzburg in Spätmittelalter und Früher Neuzeit. Hg. von MARKUS FRANKL und MARTINA HARTMANN. Würzburg 2015 (Publikationen aus dem Kolleg ‚Mittelalter und Frühe Neuzeit' 1), S. 127–154 und LONGIN MÖSSLEIN: Gerolzhofen und sein Umland. Aus den Libri diversarum formarum aus dem Staatsarchiv Würzburg. Gerolzhofen 2013.

[28] HANNA BROMMER: Rekatholisierung mit und ohne System: Die Hochstifte Würzburg und Bamberg im Vergleich (ca. 1555–1700). Göttingen 2014.

[29] PETER THADDÄUS LANG: Die tridentinische Reform im Landkapitel Gerolzhofen. Kirchliches Leben im Spiegel der Visitationsberichte 1574–1619. In: Würzburger Diözesangeschichtsblätter 52 (1990), S. 243–269. Allgemein zu der für das Bistum sehr umfangreichen Überlieferung HANS EUNGEN SPECKER: Visitationen im Bistum Würzburg. In: Die Visitation im Dienst der katholischen Reform. Hg. von ERNST WALTER ZEEDEN und HANSGEORG MOLITOR. Münster 1967 (Katholisches Leben und Kirchenreform im Zeitalter der Glaubensspaltung 25/26), S. 37–48. Einige Visitationsberichte, die ein Licht auf die Verhältnisse vor der Rekatholisierung werfen, sind gedruckt bei LENG, Du musst dran glauben [Anm. 1].

[30] Einzelne Dokumente aus dem Stadtarchiv Gerolzhofen wurden regestenartig oder in Auszügen veröffentlicht von STEPHAN OETTERMANN: Provisorisches Findbuch des Stadtarchivs Gerolzhofen. Bd. 1: Urkunden und Regesten. Verstreute Abschriften. Bd. 2. Bände und Sitzungsprotokolle. Erarbeitet aufgrund der Aufzeichnungen der vorhergehenden Stadtarchivare von STEPHAN OETTERMANN. Gerolzhofen 2003. Sie geben jedoch nur ausschnittsweise Einblicke, sofern die städtischen Institutionen betroffen waren, etwa bei der Personalpolitik der Deutschschullehrer.

[31] Exemplarisch ALBRECHT LUTTENBERGER: Katholische Reform und Konfessionalisierung. Darmstadt 2006, stark fokusiert auf normative Quellen, darin u.a. auch das Ehemandat Echters vom 1. November 1583 (Nr. 117, S. 516–518), Sendschreiben Echters an alle Pfarrer im Hochstift vom 19. März 1587 (Nr. 101, S. 452–455). Auf lokaler Ebene zuletzt IMKE KÖNIG: Würzburg. In: Repertorium der Policeyordnungen der Frühen Neuzeit. Bd. 11, Teil 2: Würzburg. Hg. von KARL HÄRTER. Frankfurt a. M. 2016 (Stu-

Normsetzung und lokaler Reaktion multiperspektivische Ansätze ermöglichen, existieren bislang nicht.

Dabei zeigte meine 2016 vorgenommene Sondierung, dass über normative Perspektiven hinausgehende Quellen durchaus reichlich vorhanden sind. Die Akten zur lokalen weltlichen Verwaltung lassen sich aus dem Staatsarchiv Würzburg gewinnen. Unter den Quellen zur geistlichen Verwaltung wurden bislang nur die für Gerolzhofen fast vollständig vorhandenen Visitationsakten aus dem Archiv des Bistums Würzburg herangezogen. Es zeigte sich jedoch, dass ebenda auch in den Ämterakten und den Pfarreiakten – der zentralbehördlichen Gegenüberlieferung zu den lokalen Verwaltungen – umfangreiche Funde zu machen waren, die insbesondere das Zusammenspiel zwischen Zentrale und Peripherie in einem für die Echterzeit typischen Gemenge von weltlichem und geistlichem Regiment belegen.

Das Stadtarchiv Gerolzhofen bewahrt die kommunale Überlieferung, die von Ratsbüchern bis Betlisten Einblicke in spezifische Ratsinteressen bis in die Sozialstruktur vor Ort gestatten. Und zuletzt bewahrt das Staatsarchiv Nürnberg als Nachfolgearchiv der Markgrafen von Brandenburg-Ansbach umfangreiche Konvolute zu den Konflikten um die Konfessionsmigranten in brandenburgische Territorien. Diese Quellen wurden erfasst und transkribiert. Insgesamt kam dabei ein Konvolut von weit über 100 einschlägigen Stücken heraus, das im Druck gut 300 Seiten füllen würde. Nur wenige besonders herausragende Stücke konnten bislang in einer kleineren Publikation vorgestellt werden.[32] Der umfangreiche Rest harrt noch einer Bearbeitung für den Druck. Dabei ist selbst diese umfangreiche Erfassung, die Einblicke in das Geschehen auf allen Ebenen von der Zentralverwaltung über die lokalen Autoritäten und Handlungsträger bis hin zur Individualperspektive gewährt, noch nicht vollständig. Auszuwerten wäre etwa noch das Pfarrarchiv Gerolzhofen. Es umfasst ganze 240 Archivkartons. Sie sind allerdings noch nicht verzeichnet und für die Benutzung nicht freigegeben.

Was lässt sich nun aus diesem Fundus gewinnen? Ich will zunächst versuchen, das Konfessionalisierungsgeschehen zu skizzieren. Dann werden typische Handlungsweisen der lokalen Akteure analysiert und der Nachklang der Rekatholisierung dargestellt, um zuletzt die Ergebnisse wiederum in das Licht der Konfessionalisierungsthesen zu stellen.

---

dien zur europäischen Rechtsgeschichte 293, 2), S. 673–1017, hier S. 706–710, Verordnungen Nr. 117–146. Vgl. auch den Überblick der Ordnungen für die Stadt Würzburg bei WENDEHORST, Bistum Würzburg [Anm. 6], S. 223; allgemein FRIEDRICH MERZBACHER: Fürstbischof Julius Echter von Mespelbrunn als Gesetzgeber. Julius Echter und seine Zeit. Gedenkschrift aus Anlaß des 400. Jahrestages der Wahl des Stifters der Alma Julia zum Fürstbischof von Würzburg am 1. Dezember 1573. Hg. von dems. Würzburg 1973, S. 64–126.

32 LENG, Du musst dran glauben [Anm. 1].

5. Etappen der lokalen Konfessionalisierung

Wann erstmals protestantische Lehren in Gerolzhofen Fuß fassten, lässt sich nicht genau nachzeichnen. Dass ab etwa 1530 lutherische Kapläne dort predigten, darunter ein bekannter fränkischer Prädikant namens Jakob Pfeffer, hat sich mittlerweile als unzutreffend herausgestellt.[33] Mit einiger Sicherheit waren es eher der Buchmarkt und die Nähe zur Reichsstadt Nürnberg und zu den markgräflichen Territorien, die ein frühes Einsickern der Lehren Luthers begünstigten.

Die Folgen zeigten sich deutlich ab etwa 1560. Ein Visitationsbericht aus diesem Jahr vermerkt konfessionell deviantes Verhalten einiger Pfarrer des Landkapitels Gerolzhofen.[34] Zwei der anwesenden Plebane weigerten sich, den vorgeschriebenen Habit zu tragen. Sie verweigerten auch den Gesang in der Messe und die Teilnahme an der feierlichen Kapitelprozession. Zur Rede gestellt, argumentierten die beiden typisch protestantisch: Prozessionen seien in der Heiligen Schrift nicht belegt. Ihre Pfarrkinder würden sie als anstößig empfinden und sie selbst könnten dies nicht mit ihrem Gewissen vereinbaren. Die Beteiligung an der Kapitelversammlung war ohnehin schwach. Ein Drittel hatte sich wegen Alter oder Krankheit entschuldigen lassen – dahinter mochten auch weitere Pfarrer gestanden haben, die sich nicht offen von der alten Kirche abgewandt hatten, aber trotz Zugehörigkeit zur katholischen Kirche mittlerweile offen protestantisch predigten. Der Visitationsbericht von 1580 vermerkt sogar eine lutherische Predigt im Kapitelsgottesdienst selbst: *Der gottesdienst ist ordenlich unnd wol versehen worden, allein die predig, so herr Sigmund Pfeffer gethan, ist durchaus lutherisch gewesen*.[35]

---

[33] So SIXT, Chronik der Stadt Gerolzhofen [Anm. 27], S. 34, 146, aufgegriffen bei ERICH KAYSER/HEINZ STOOB: Bayerisches Städtebuch. Teil I. Stuttgart [u. a.] 1971, S. 219; ERWIN RIEDENAUER: Die Entwicklung der kirchlichen Organisation im Raum vor dem Steigerwald. In: Würzburger Diözesangeschichtsblätter 62/63 (2001), S. 239–301, hier S. 266. Zu Pfeffer siehe auch NORBERT KANDLER: Die Steuerlisten des 16. Jahrhunderts als Quelle für Geistliche und Pfründeninhaber im Bistum Würzburg. In: Würzburger Diözesangeschichtsblätter 59 (1997), S. 31–140, hier S. 49, 114f; ders.: Ernennungslisten mit Klerikern und Pfründen des 15. und 16. Jahrhunderts in der Diözese Würzburg. In: Würzburger Diözesangeschichtsblätter 57 (1995), S. 163–224, hier S. 197; SODER VON GÜLDENSTUBBE, Geschichte der Pfarrei [Anm. 27], S. 70, 93. Es handelt sich vermutlich um eine Verwechslung mit einem gleichnamigen Pfarrer, der in Gerolzhofen 1556–1569 belegt ist; siehe die Series Parochorum in Diözesanarchiv Würzburg, Pfarreiakten Gerolzhofen, K2.

[34] Diözesanarchiv Würzburg, Landkapitel 136, Visitationsbericht 1560, Druck bei LENG, Du musst dran glauben [Anm. 1], S. 12f.; kurz erwähnt bei RIEDENAUER: Die Entwicklung der kirchlichen Organisation [Anm. 33], S. 267 und MARIAN OPALKA: Pfarrer, Pfründe, Untertanen. Bilder aus der Geschichte der Pfarreien Donnersdorf und Falkenstein. O. O. o. J. [1998], S. 100f.

[35] Diözesanarchiv Würzburg, Landkapitel Nr. 138, Visitationsbericht 1580, fol. 20r; Druck LENG, Du musst dran glauben [Anm. 1], S. 34.

Es lässt sich an diesen Beobachtungen also schon eine gewisse Erosion im Klerus feststellen. Bei den Pfarrkindern sah es nicht besser aus. Die Visitationsberichte hatten jeweils auch Kommunikantenzahlen mitzuteilen. Sie sind eindeutig. 1579 lag die Zahl der Kommunikanten bei 550, die der ‚Ungehorsamen' betrug 2000.[36] Zwei Jahre später waren es sogar nur noch 300 Kommunikanten.[37] 1581 war die Zahl auf 318 gestiegen, was berichtswesentypisch als Erfolg dargestellt wurde.[38] Das tatsächliche Gewicht liegt aber auf den 2200 Verweigerern, die zu den protestantischen Gottesdiensten der Umgebung strebten.

Damit lässt sich eine zahlenmäßig abgesicherte Protestantenquote von deutlich über 80 % der städtischen Bevölkerung feststellen. Die wenigen verbliebenen Katholiken galten als akzeptierte, aber doch belächelte Minderheit in der Stadt. Gerade die öffentlichen Rituale der feierlichen Kapitelversammlungen in der Stadt gerieten den Protestanten zum kuriosen Schauspiel. 1580 ging bei der Prozession der Kapitelmitglieder kein einziger Bürger mit.[39] Dafür versammelten sie sich auf dem Marktplatz, um dem Schauspiel von Ferne zuzusehen. 1581 ging erneut niemand aus der Bürgerschaft mit.[40]

Bei den städtischen Funktionsstellen setzt sich diese Beobachtung fort. Schon Friedrich von Wirsberg hatte gelegentlich ohne großen Erfolg versucht, protestantische Lateinschullehrer abzusetzen.[41] Unter den Deutschschulmeistern waren 1573 alle drei protestantisch, ebenso Kantor und Organist.[42] Trotz zunehmend schärferer Mahnungen Echters gab es 1580 noch immer zwei lutherische Schulmeister.[43]

---

[36] Diözesanarchiv Würzburg, Landkapitel Nr. 138, Visitationsbericht 1579, fol. 19r, Original, 1579.

[37] Diözesanarchiv Würzburg, Landkapitel Nr. 138, Visitationsbericht 1580; LENG, Du musst dran glauben [Anm. 1], S. 34.

[38] Diözesanarchiv Würzburg, Landkapitel Nr. 138, Visitationsbericht 1581.

[39] Diözesanarchiv Würzburg, Landkapitel Nr. 138, Visitationsbericht 1580, Druck LENG, Du musst dran glauben [Anm. 1], S. 34.

[40] Diözesanarchiv Würzburg, Landkapitel Nr. 138, Visitationsbericht 1581.

[41] Regesten bei OETTERMANN, Provisorisches Findbuch [Anm. 30], Bd. 1, Nr. 409, S. 211f., Nr. 414–416, S. 215–218. Zu den Ansätzen der Rekatholisierung unter Friedrich von Wirsberg siehe BRUNNHILDE GIESECKE: Friedrich von Wirsberg und der Beginn der Gegenreformation im Bistum Würzburg. Würzburg 1978; HANS EUGEN SPECKER: Die Reformtätigkeit der Würzburger Fürstbischöfe Friedrich von Wirsberg (1558–1573) und Julius Echter von Mespelbrunn (1573–1617). In: Würzburger Diözesangeschichtsblätter 27 (1965), S. 29–125 und VERONIKA HEILMANNSEDER: Der Geistliche Rat des Bistums Würzburg unter Friedrich von Wirsberg (1558–1573) und Julius Echter von Mespelbrunn (1573–1617). Würzburg 2015 (Quellen und Forschungen zur Geschichte des Bistums und Hochstifts Würzburg 73); zusammenfassend LENG [u. a.] (Hg.), Julius Echter [Anm. 7], S. 39–47.

[42] Diözesanarchiv Würzburg, Landkapitel Nr. 138; Druck LENG, Du musst dran glauben [Anm. 1], S. 31.

[43] Daneben gab es einen Katholiken, der als Verwandter des Vogtes aber nur aushilfsweise unterrichtet zu haben scheint; Diözesanarchiv Würzburg, Landkapitel Nr. 138,

Der Visitationsbericht von 1573 bezeichnet neun von zwölf Ratsherren als lutherisch,[44] der Bericht von 1579 bezeichnet beide Bürgermeister als Protestanten.[45] Mahnungen Echters zur Nachbesetzung freiwerdender Ratsstellen ignorierte der Rat in den meisten Fällen, oder er argumentierte mit dem altbekannten Verdikt, dass es keine geeigneten Katholiken in der Stadt gebe.[46] Die Vorschläge des Rates zur Ergänzung enthalten gar keine Angaben zur Konfession; wer jedoch die Namen kennt, weiß, dass es stets Protestanten waren.[47] Als der Druck Julius Echters auf den Rat im Vorfeld der Rekatholisierung größer wurde, nahmen die meisten Ratsherren zwar widerstrebend *pro forma* wieder am katholischen Gottesdienst teil, verweigerten aber Wallfahrten und Prozessionen.[48]

Man kann also sagen, dass sich sowohl bei den kommunalen Amtsträgern als auch in der Breite der Bevölkerung eine fast durchgehend, auf jeden Fall aber deutlich mehrheitliche protestantische Stadt entwickelt hatte. Dies geschah unter den Augen des katholischen Landesherrn. Die Beobachtungen aus anderen Landstädten des Hochstifts sind durchaus vergleichbar. Normierende Einflüsse protestantischer Herren sind nicht vorhanden. Die Auswirkungen des brandenburgisch-nürnbergischen Kirchenregiments ließen sich zwar in den ansbachischen Territorien der unmittelbaren Nachbarschaft beobachten. Sie hatten aber im Hochstiftsgebiet keinerlei Gültigkeit. Gezielte Unterwanderungsversuche durch protestantische Prediger sind ebenfalls nicht festzustellen, obwohl die Visitationsberichte gelegentlich darüber klagen, dass durchziehende Prädikanten praktisch völlige Bewegungsfreiheit besitzen.[49] Die Durchdringung der Gesellschaft mit protestantischen

---

Visitationsbericht 1580; Druck LENG, Du musst dran glauben [Anm. 1], S. 34.

[44] Diözesanarchiv Würzburg, Landkapitel Nr. 138, fol. 159r–160v, Original, undatiert, vermutlich kurz vor 21. Oktober 1573; Druck LENG, Du musst dran glauben [Anm. 1], S. 31. Zum Stadtrat siehe auch SIXT, Chronik der Stadt Gerolzhofen [Anm. 27], S. 56–58.

[45] Diözesanarchiv Würzburg, Landkapitel Nr. 138, Visitationsbericht 1579, fol. 19r, Original, 1579.

[46] Diözesanarchiv Würzburg, Pfarreiakten Gerolzhofen, K 1, Original, Gerolzhofen, 9. Februar 1582: *Wie wohl wir uns nuhn in nachdencken unserer E. F. G. derhalb furschlahenndten wahl underthenig zu erinnern, das E. F. G. an solchen orden undtt stellen gern widerumb alte catholische und also derselben religionsverwandten persohnen haben undt wissen wöllen, wir uns auch (do derselben, so dazu tuglich zu haben undt bekomen) ein solches zu thunn ihn underthenigkeit schuldig erkennen, so wissen wir jedoch E. F. G. in underthenigkeit nicht zuverhalten, das dieselben zu disem mahl nit vor der hand sein, …*

[47] Diözesanarchiv Würzburg, Pfarreiakten Gerolzhofen, K 1, Original, Gerolzhofen, ad 9. November 1582.

[48] Diözesanarchiv Würzburg, Landkapitel Nr. 136, Original, Gerolzhofen 1583; Druck LENG, Du musst dran glauben [Anm. 1], S. 35f.

[49] Diözesanarchiv Würzburg, Landkapitel Nr. 138, Visitationsbericht 1580; Druck LENG, Du musst dran glauben [Anm. 1], S. 34: *Der predicanten, so schaden da thun, seindt Bimbach, Treustatt, Zeuletzheim, Euerheim, Krauten, Effeldt; diese lauffen ein unnd auß ihres gefallents. Es sollen bruderschafften zu Gerotzhofen sein, die zugleich in dem ohngehorsam lauffen; sie haben auch denn predicanten ihren aigen chorrock unnd kelich machen lassen.*

Lehren funktionierte also in den Bahnen der Selbstkonfessionalisierung. Religiöse Indifferenz ist dabei keineswegs festzustellen. Die Gerolzhöfer Katholiken und Protestanten wussten zumindest den Markenkern ihrer Konfessionen durchaus deutlich zu benennen.

6. Das Handeln der lokalen Amtsträger

Im Spannungsfeld von oben verordneter konfessioneller Homogenisierung und protestantischer Alltagspraxis kam den lokalen Amtsträgern der geistlichen und weltlichen Zentralverwaltung eine besondere Funktion zu. Sie hatten obrigkeitliche Maßnahmen vor Ort umzusetzen und gerieten dabei in ein Konfliktfeld, in dem sie sich zu positionieren hatten. Die Vertreter der geistlich-weltlichen Doppelherrschaft des bischöflichen Landesherrn sind dabei Pfarrer und Vogt.

Beginnen wir mit den Pfarrern. Die Series Parochorum für Gerolzhofen ist lückenlos bekannt und ihr Amtshandeln lässt sich aus zahlreichen Dokumenten gut beobachten – auch über die oft stereotypen Formulierungen der Visitationsberichte hinaus.

1564 versah der Frankenwinheimer Pfarrer Johannes Memel die Vikarie im Gerolzhöfer Bürgerspital.[50] Wegen eines langjährigen Verhältnisses mit seiner Köchin nach Würzburg zitiert, drohte er, sich unter eine andere (wahrscheinlich protestantische) Herrschaft zu begeben, wenn sich die Angelegenheit nicht in seinem Sinne lösen lasse.[51] Das Verhältnis bestand noch mehrere Jahre fort, 1568 wurde er deshalb sogar inhaftiert.[52] Bemerkenswert ist die Reaktion des Rates. In einer Supplik stellte sich der Rat voll hinter Memel. Er stellte ihm ein hervorragendes Leumundszeugnis aus, bat um seine Belassung im Amt und betonte, die Verhaftung sei eine Schmach für den Priesterstand. Und der Rat meinte damit ganz klar die obrigkeitliche Maßnahme, nicht das Konkubinat. Man dürfe Memel nicht aus dem Priesterstand ausschließen, wie solle er denn sonst seine Kinder ernähren? Aus

---

[50] ERIK SODER VON GÜLDENSTUBBE: Kleruslisten des Würzburger Landkapitels Gerolzhofen im Reformationszeitalter bis 1575. In: Zeitschrift für bayerische Kirchengeschichte 54 (1985), S. 67–95, hier S. 72, 78; ergänzend die Series Parochorum in Diözesanarchiv Würzburg, Pfarreiakten Gerolzhofen, K2.

[51] Stadtarchiv Gerolzhofen, B 71, fol. 13v–14r: *Nach dem ich nuhn biß inss fünfft jar mit meiner alten köchinn gerecht, die ich zu vor bezalt, die weil mir aber jungst verschiennen durch unsern pfarhern vonn irent wegen ein arrest zuverlesenn uberantwortt, wie ich aber gefragt, von weß wegen mir ein sollicheß arrestirt, hat er geantwortt: ‚er weiß es nitt'; ich soll es vom fiscal erforschen. Nach dem ich nun sollches erkündigett etc., sintemal mir nun sollchs zu hertzen gangenn, weß mir irgent furgehallten, bihn derhalbenn mit einem angeverden wortt herfur gefarenn unnd gesagt: ‚Wans kain ander meinung hab, müeß ich mich unter ein ander herschafft begebenn'.*

[52] Stadtarchiv Gerolzhofen, B 72, fol. 85r–86v, Abschrift, 28. April 1568; Auszugsweiser Druck OETTERMANN, Provisorisches Findbuch [Anm. 30], Bd. 1, Nr. 408, S. 210f.; Druck LENG, Du musst dran glauben [Anm. 1], S. 20–22.

der Ablehnung der Supplik geht hervor, dass Memel öffentlich in der Kirche mit Pfeifen und Trompeten und unter Anteilnahme der Bevölkerung geheiratet hatte.[53]

Ein ähnliches Bild ergibt sich bei Andreas Kißling, der nach kurzer Verweserschaft 1575 als Parochus verus in Gerolzhofen installiert wurde.[54] Gegenüber der geistlichen Verwaltung in Würzburg, vor allem Fiskal und Geistlichem Rat, gerierte er sich als linientreuer Katholik, der unter schwierigen Bedingungen für die altgläubige Sache kämpfte, gegen Auslaufen und Ungehorsam protestierte und schärferes Durchgreifen der Obrigkeit forderte.[55] Doch auch er hatte ein Verhältnis mit seiner Köchin, die im Dezember 1575 sogar verhaftet wurde.[56] Kißling selbst gelang es zu entwischen. Er floh ins Ansbachische, um dort eine protestantische Predigerstelle zu suchen.

Wieder ist es der Wortlaut der Schreiben, eines hastig auf der Flucht hingekritzelten Briefes von Kißling an den Gerolzhöfer Vogt und der Stellungnahmen des Gerolzhöfer Rates, die ein besonderes Licht auf die Verhältnisse werfen. Kißling selbst bezeichnete seine Köchin darin als *erbare zuchttig haußfrauw.*[57] Dass er wegen seiner legalen Ehe verfolgt werde, sei eine Schande.

---

[53] Stadtarchiv Gerolzhofen, B 71, fol. 73v–74r, Abschrift, 11. Mai 1568. Auszugsweiser Druck OETTERMANN, Provisorisches Findbuch [Anm. 30], Bd. 1, Nr. 409, S. 211f.; Druck LENG, Du musst dran glauben [Anm. 1], S. 22: *Wüstenn auch sollches gegenn der bebstlichenn heiligkeit, der römischen kayserlichen majestät unnd dem heyligen reych füeglich nicht zu verantwortenn, dann er nicht allein dem priesterlichenn standt zuentgegenn zur ehe gegriffenn, sonnder noch darüber sich mit drummen unnd pfeyffenn, großenn hochmuth unnd bracht zur kirchen belaytenn lassenn, alles zue ärgerlichem, bösem exempel.*

[54] Diözesanarchiv Würzburg, Pfarreiakten Gerolzhofen, K2; SODER VON GÜLDENSTUBBE, Kleruslisten [Anm. 50], S. 92.

[55] Diözesanarchiv Würzburg, Pfarreiakten Gerolzhofen, K1; Original, Gerolzhofen, 31. Mai 1575; Druck LENG, Du musst dran glauben [Anm. 1], S. 49: *Wan ich dan mit großer muhe und arbeit auch zu letzt streyth soldt dar von prengen, wher mir das zu schwehr, und wan mein gnediger furst und herr das außlauffen nit mit ehrnst und einem andern mandat eyn ernstliche straff lest gebiten, so zwingett man sie nit, dan sie sein phar in ungehorsam kumen, das sie mit schwherem zur gehorsam gebracht mogen werden. Doch will ich ihr furstenliche gnaden kein ordnung geben.*

[56] Stadtarchiv Gerolzhofen, B 1 ‚Schwarzes Buch', fol. 49v; Abschrift eines Urfehdeprotokolls, Gerolzhofen, 16. Dezember 1575; Druck LENG, Du musst dran glauben [Anm. 1], S. 23: *uwissen sei menniglich, als Anndreas Kißling, pfarrverweser zu Geroltzhoven, durch des hochwirtigen unnsers gnedigen fürstenns und herrens, herrn Julii, bischoffen zu Wirtzburgs und herzogens zu Franngckens bevelch zu Wirtzburg in gefenngcknus gelegen warten, unnd als man ine zum examen weilennts in die gefengcknus furenn wöllen, ist er den pedellen entlauffen und aus furstlichem bevelch sein kochin oder hausfraw, so zu Krautheim an der Jagst bürtig ist, 14 tag in des statknechts behausung an die keden legen unnd schmiden lassen.*

[57] Diözesanarchiv Würzburg, Pfarreiakten Gerolzhofen, K1, Original, Ansbach (?), 17. Dezember 1575; Druck LENG, Du musst dran glauben [Anm. 1], S. 23f.: *Gunstiger herr vogtt, ich bin in erfahrung kumen, das mein gnediger herr von Wurtzpurg mein hausfrauwe hatt lassen an ein ketten laßen legen. Ey, ist das ein schone geystliche vernunfft, das man ein erbare zuchttig haußfrauw gefencklich legt, dar gegen verhürte eheprechliche buben ledig last!*

Im Protokoll der Urfehde der Köchin benutzte der Stadtschreiber die Wörter *kochin oder hausfraw*, zog also immerhin die Bezeichnung für eine vollgültige Ehefrau in Betracht.

Das Konkubinat war also weit verbreitet. Selbst Kißlings Nachfolger Kaspar Dietrich notierte 1579 für Gerolzhofen eine Konkubine und drei Kinder,[58] und noch vier Jahre später bemerkt ein Mängelverzeichnis des Landkapitels Gerolzhofen *Concubinarii quasi omnes* – Konkubinarier sind sie praktisch alle.[59] Als Mangel wurde dies von der Bevölkerung freilich nicht empfunden. Im Gegenteil, die Priesterehe war weithin akzeptiert und wurde auch durch den Rat verteidigt.

Hier lagen die Konfliktlinien zwischen katholischer Zentrale und lokalen Amtsträgern, deren Amtsverständnis sich durchaus dem protestantischen Umfeld anpasste. Sie konnten sich freilich verschieben, wenn liturgische Vorschriften durchgesetzt werden mussten, denen die Protestanten aus Gewissensgründen nicht folgen konnten.

Hochproblematisch waren etwa die ab 1580 verschärften Verbote von Gesang und Geläut bei Beerdigungen von Protestanten. Der Gerolzhöfer Pfarrer Kaspar Dietrich, der seit 1575 amtierte, beobachtete zwar das konfessionelle Verhalten seiner Pfarrkinder genau. So notierte er etwa in den Taufmatrikeln ab 1579/80 bei etwa der Hälfte aller Taufen *lutterisch*.[60] In den Sterbematrikeln steht dagegen nur bei etwa jedem zehnten Eintrag *fide heretica, ist lutherisch gewesen.*[61] Dies dürfte den tatsächlichen Gegebenheiten nicht entsprechen und gibt Anlass zur Vermutung, dass Dietrich eben auch wegsehen konnte, um einem Protestanten das stille Begräbnis nicht zumuten zu müssen. Nur einmal, bei einem auswärtigen Fall in Rügshofen, hatte er 1581 einem Protestanten Gesang und Geläut verweigert.[62] Dass dies

---

Ich thun euch freundtlich zu wissen, das man nit gewildt, weyter an sie werdt legen, dan sie mein eheweybs gewißlich ist; und wurdt man gewaldt an legen, so bit ich fur gewaldt. Auch ist mein vleyßig bit, herr vogt, ihr wellett ihr laßen sagen, sie soll keck sein. Ich sein zu Ohnolspach [= Ansbach] *und haldt umb ein pfahr an* [...].

[58] Diözesanarchiv Würzburg, Landkapitel Nr. 138, Visitationsbericht 1579, fol. 19r.

[59] Diözesanarchiv Würzburg, Landkapitel Nr. 136, Visitationsbericht 1583; Druck LENG, Du musst dran glauben [Anm. 1], S. 36.

[60] Diözesanarchiv Würzburg, Matrikel Gerolzhofen A1, Taufmatrikel ab 1576, S. 16–21.

[61] Diözesanarchiv Würzburg, Matrikel Gerolzhofen A3, Sterbefälle ab 1575.

[62] Diözesanarchiv Würzburg, Pfarreiakten Gerolzhofen, K1, Original, Gerolzhofen, 28. März 1581; Schreiben des Pfarrers zu Gerolzhofen, Kaspar Dietrich, an den bischöflichen Fiskal Urban Renninsfeld Vorfälle beim Begräbnis eines Protestanten zu Rügshofen betreffend: *Ich hab inn nit lassen wellen leütten, auch nit lassen wellen vergraben, das mir dan gentzlich zuwider ist, dan ich inen die vermelte antwort gegeben, und wo diese ungehorsame, halsstarige leut andern zu ainem exempel nit werden gestrafft, werden mit der weil andere gewalt haben yber die glocken, begrebnus etc. und selber hern sein. Pitt eur E. welle mich berichten, wes ich mich sol verhelfen, dan man het das geleuth etc. halben hie ein ursach zu ainem auffrur, wan nur ainer wer, der den anfang macht. Sie vermelden auch, sie missen auch die glocken erhalten etc.*

fast zu einem lokalen Aufstand geführt hätte, ließ ihn vermutlich in der Folgezeit wieder zurückhaltender agieren.

7. Obrigkeitlicher Konfessionsdruck durch verschärfte Personalpolitik

Verschärft wurde der Konflikt um die stillen Beerdigungen erst, als Julius Echter nach dem Unfalltod Dietrichs 1583[63] alles daran setzte, um nach den Erfahrungen mit den bisherigen Amtsinhabern personell durchzugreifen. Als neuen Pfarrer in Gerolzhofen installierte er seinen Hofkaplan Daniel Stauber, einen linientreuen Hardliner, der zu keinerlei Kompromissen mehr geneigt war.[64] Mit ihm nehmen, vor allem nachdem im Spätsommer und Herbst 1584 eine Seuche über 170 Todesopfer forderte, die Konflikte drastisch zu. Und sie spielten sich nun nicht mehr zwischen Zentrale und lokalem Amtsträger ab, sondern zwischen dem lokalen Amtsträger und der protestantischen Bevölkerung.

Stauber erklärte kategorisch: *Mit den verstorbnen lutherischen gee er nicht.*[65] In den Sterbematrikeln erläutert er teilweise detailliert, warum er Verstorbene des Protestantismus verdächtigte. In nahezu denunziatorischer Manier berichtete er nach Würzburg, wenn entgegen seinen Anordnungen auf Beerdigungen doch gesungen wurde, vor allem wenn es *böste und ergste lutherischen psalmen* waren. Mit obrigkeitlichem Druck veranlasste er den Vogt, Strafen gegen die *redlesfürer* durchzusetzen.[66] Tatsächlich musste der Vogt einige verhaften und bei winterlicher Eiseskälte acht Tage bei Wasser und Brot im Turm inhaftieren lassen. Einer Bittschrift um Strafmilderung an Julius Echter schloss sich neben dem Rat sogar der Vogt selbst an.[67]

Die Supplik lässt auch typische konfessionelle Kompromissformeln erkennen, die der lokalen Friedenswahrung zwischen den Konfessionen dienten

---

63 Diözesanarchiv Würzburg, Matrikel Gerolzhofen A3, Sterbefälle ab 1575, S. 13 zum 20. Januar 1583: *ist jemmerlich umbkomen der ehrwurdig her Caspar Dietrich, weilandt pfarher alhir, im Nützelbacher grundt als man von Schaldfeldt* [!] *gehet durch verseumnus eines kerners und auch budners (quos nominare nolo); ist von einem geladenen karren mit in ein gefallen; ist alles under zu oberst und oberst zu underst uff dem herrn gelegen, ihnen zerdruckt und ermordt.*

64 Zu Stauber siehe WENDEHORST, Bistum Würzburg [Anm. 6], S. 228.

65 Diözesanarchiv Würzburg, Landkapitel Nr. 136; Original, Gerolzhofen 1583; Druck LENG, Du musst dran glauben [Anm. 1], S. 35.

66 Diözesanarchiv Würzburg, Pfarreiakten Gerolzhofen, K1; Original, Gerolzhofen, 7. Dezember 1584; Druck LENG, Du musst dran glauben [Anm. 1], S. 73.

67 Diözesanarchiv Würzburg, Pfarreiakten Gerolzhofen, K1; Original, Gerolzhofen, 14. Dezember 1584, Schreiben des Vogtes: *Sovil dann belangt die begrebnus, daß sie ungebreüchige geseng furnemen, hab ich die vier benante persohnen den nechsten fur mich beschaiden inen E. Fl. Gn. ernstlichen bevelch furgehallten, welches sie mit bekumernus unnd wainenden augen angehort und gesagt, es muste gott erbarmen, daß sie, die geringsten, eben die gerechten sein mussen;* Supplik vom 15. Dezember 1584 ebd., Druck LENG, Du musst dran glauben [Anm. 1], S. 75–83.

und offenbar über längere Zeit auch von den Pfarrern mitgetragen wurden.[68] Man habe lange Zeit die Verstorbenen ohne Unterschied der Konfession mit Prozessionen, Gesängen und Leichenpredigten bestattet. Nachdem dies verboten wurde, hätten die von einer bürgerlichen Stiftung unterhaltenen armen Schüler gesungen, und nachdem der linientreue Stauber auch dies verbot, hätten die Bürger in ihrer Not eben selbst gesungen. Bis zu diesem Zeitpunkt habe man jedenfalls *jeder zeit unter beider religionßgenossen ein feine cristliche einigkeit und religionfrid erhalten*. Eine Antwort auf die Supplik gab es nicht. Die Würzburger Kanzlei notierte lediglich, man möge feststellen, wer die Urheber seien.

Hier ist also eindeutig zu erkennen, dass der obrigkeitliche Zugriff auf die religiöse Praxis vor Ort intensiver wurde, dass er aber nur durchsetzbar war, wenn zugleich auch personelle Eingriffe erfolgten. Nur Amtsträger, die nicht mehr auf die Bedürfnisse der Einwohner Rücksicht nahmen und sich der Umsetzung des Fürstenwillens mehr verpflichtet sahen als der lokalen Friedenswahrung, garantierten die Durchsetzungsfähigkeit zentraler territorialstaatlicher Lenkung.

Ein ganz ähnliches Muster lässt sich beim Amtsvogt erkennen. In Gerolzhofen amtierte schon seit vielen Jahren ein Mann namens Peter Eisen. Seinen zahlreichen erhaltenen Schreiben ist durchgehend abzulesen, dass er sich nur *de iure* als lokaler Vertreter des Hochstifts sah, *de facto* aber als Vertreter der Interessen der Gerolzhöfer Bevölkerung, zumindest aber als mäßigender Mittler zwischen dem Wunsch nach protestantischer Lebensführung und katholischem Fürstenwillen verstand. Dabei schöpfte er seinen Handlungsspielraum stets aus, soweit es ging, argumentierte von geschickt bürokratisch bis offensichtlich schlitzohrig, und ging dabei auch ein gehöriges persönliches Risiko ein.

Nur wenige Beispiele sollen dies beleuchten. Als Julius Echter offenbar nach Beschwerden des Pfarrers seinen Vogt mahnte, schärfer gegen Protestanten und Verstöße gegen die stillen Beerdigungen vorzugehen,[69] antwor-

---

[68] Diözesanarchiv Würzburg, Pfarreiakten Gerolzhofen, K1; Original, Gerolzhofen, 15. Dezember 1584; Druck LENG, Du musst dran glauben [Anm. 1], S. 77–83. Beeindrukkende Parallelbeispiele zu konfessionellen Mischformen bei Beerdigungen in Eibelstadt siehe ausführlich SCHICKLBERGER, Evangelische Glaubensbewegung [Anm. 7], S. 42–53.

[69] Diözesanarchiv Würzburg, Pfarreiakten Gerolzhofen, K1; Original, Würzburg, 25. Oktober 1580: *Nichts desto weniger aber, do es ihe gescheen were, so ist hiemit unser bevelch, du wollesst uns der ihengen namen, so sich eines solchen, also mutwilliger weiß unterstanden, berichten. Auch nochmals mit ernst daran sein unnd verpurgen, das angeregten unsern bevelchen nachmals mit embsigem fleis gehorsamlich gelebt und nachgegangen werde. Insonderheit aber uff die predicanten der widerwertigen religion, so sich beruerts orts heimblicher weiß intrudieren unnd unsere arme unterthanen mit ihrer falschen lehr verfuren, fleissiger auffachtung geben. Und da du einen oder mehr solcher gestalt betretten wurdest, den wollest so balden nebst den ihenigen, so die selbigen also einfurten, gestrenckh zu verhafft nehmen, und ein solches so balden hiehero an uns gelangen lassen, die gebuer ferners daruf haben zuverpurgen.*

tete Peter Eisen ausweichend.[70] Er wisse nichts von lutherischen Psalmen, eine Prozession habe es nicht gegeben, und den Gesang der armen Schüler könne er nicht verbieten, da ansonsten die Bürger die Almosen einstellen würden. Hier und in anderen Fällen ignorierte er sogar die Aufforderung, verdächtige Personen nach Würzburg zu übermitteln.

Unmittelbar involviert war der Vogt, wenn fürstbischöfliche Mandate von ihm verlangten, er möge an den Fest- und Feiertagen die Stadttore versperren, damit die Gerolzhöfer Protestanten nicht in die umliegenden Gottesdienste ausliefen.[71] In diesen Fällen war der Vogt direkt mit dem Unmut der Bevölkerung konfrontiert. 1575 hatte sich der (später ins Ansbachische geflohene) Pfarrer Kißling in Würzburg über die laschen Maßnahmen gegen das Auslaufen beklagt. Peter Eisen hatte sich zu rechtfertigen.[72] Er verwies zunächst auf die noch in die Wirsbergzeit zurückgehende Linie des geistlichen Rates, nicht aktiv gegen das Auslaufen vorzugehen. Er habe zwar befehlsgemäß die Tore am Sonntag versperrt, fürchte aber bei rigoroser Durchsetzung, dass die Scharfmacher bis hin zum Aufstand gingen: es gebe so viel gottloses Volk, es bräuchte nur einer zu pfeifen, so würden sie tanzen.

Noch deutlicher wird seine Vorgehensweise ab Ende 1583, als er offenbar wiederholt durch den linientreuen Pfarrer Daniel Stauber wegen seiner wenig konsequenten Schließung der Stadt angeschwärzt wurde.[73] In einem

---

[70] Diözesanarchiv Würzburg, Pfarreiakten Gerolzhofen, K 1; Original, Gerolzhofen, 2. November 1580; *Auszug: Unnd waiß der pfarrherr unnd ich vonn keinenn lutherischenn psalmen, die gesungenn wordenn. Unnd ob wiewoll ein solchens mit disenn schulernn auch nit gestattenn wöllen, sagenn die burger, wo sie nit sollen mit gehenn, gedechtenn sie innen auch, daß almusen nit zugebenn, wie sie dann sunstenn durch die wuchen auß alle tag durch die burgere gespeist werdenn.*

[71] Zusammenfassend zu den Maßnahmen gegen das Auslaufen auch BROMMER, Rekatholisierung [Anm. 28], S. 346ff. und LENG, Du musst dran glauben [Anm. 1], S. 37–58.

[72] Diözesanarchiv Würzburg, Pfarreiakten Gerolzhofen, K1, Original, Gerolzhofen, 16. Juni 1575; Druck LENG, Du musst dran glauben [Anm. 1], S. 50: *Ich habe auch vor der zeit, als bei leben des alten pfarherns seligen, mit dem ehrwirdigen und hochgelerten herrn Sebastian Fabern doctorn und chorherrn zu Haug etc., meinem gunstigen herrn, deswegen im pfarhoff alhie allerlei des hinaußlauffens geredt und mit schliessung der thor an den feyertagen auch fur die handt nehmen wöllen und an meinem weis gern nichts erwinden lassen, aber es hat damals umb allerlei ursachen willen nit fur rathsam geacht werden wöllen. Und rede nochmals fur mein person, do man also mit ernsst daran sein wöllt, das ich leibs und lebenss unsicher und ich meinem gnedigen herrn in die leng des rats nit zu dienen wiste, dan es hat des armen gotlosen volcks so vil, das ir einer leicht pfeuffen dörfft, sie wurden dantzen. Derowegen die sachen in diser geschwind zeit woll zubedencken sein will, aber man kann sie von tagen zu tagen, ihe lenger ihe mehr, davon abweisen.* […]

[73] Diözesanarchiv Würzburg, Pfarreiakten Gerolzhofen, K1, Original; Gerolzhofen, 19. Dezember 1583; Schreiben von Daniel Stauber, Kaplan zu Gerolzhofen, an Bischof Julius Echter über eine ‚Meuterei' der Einwohner zu Lindelach sowie über die Stimmung in der Bevölkerung gegen die Einführung des Gregorianischen Kalenders: *Sovil die thor anbelangt, sein dieselbige biß anhero unverschlossen blieben und wan ich mit dem vogt und burgermeister davon tractirt und gehandelt, haben sie mir also baldt geantwort, ich hab dessn kein furstlichen bevelch auffzulegen, es sei ein geferlichs ding, und sej wol zubetrachten; sej*

langwierigen Schriftwechsel versuchte Peter Eisen alles, um fürstliche Maßnahmen zu verzögern oder gar zu hintertreiben.[74] Eisen vermied es dabei stets, eine angeforderte Liste der Auslaufenden zu übersenden. Er verteidigte sich, dass er explizite fürstliche Mandate nicht besäße oder dass sie zu spät eingetroffen seien, um sie noch über die Festtage umzusetzen. Nach erneuten Beschwerden des Pfarrers Ende 1584 erfüllte der Vogt den Willen des Fürsten zwar buchstabengetreu.[75] Er versperrte das Tor – ließ aber die Schlupfpforten offen und kümmerte sich nicht um die vielen anderen Öffnungen in der Mauer. Mit einer schönen Anspielung auf den Namen des Vogtes beklagte sich der Pfarrer: *das eisen ist stumpff, will nit mehr schneiden*.

Eine erneute Rechtfertigung Eisens trieb die Argumentation auf die Spitze.[76] Selbstverständlich habe er die Tore versperrt und die Bürger entsprechend ermahnt. Aber er habe keine Rechtsgrundlage, jenen die Tore zu versperren, die in die Stadt hinein wollten. Insbesondere für die Weinfuhrwerke müssten sie geöffnet werden. Eine Sperrung behindere Handel und Wohlstand, wovon zuletzt ja auch der Bischof profitiere. Und wenn er aus genannten Gründen die Tore kurz öffnen müsse, könne er nicht verhindern, dass bei dieser Gelegenheit auch einige hinausliefen.

---

auch zubesorgen ein auffrur der burger, also das sie gnug zuverstehen geben, das es zu einer auffrur geradt, das sie ire burger nit stillen konten.

[74] Z. B. Diözesanarchiv Würzburg, Pfarreiakten Gerolzhofen, K1, Original, Gerolzhofen, 30. Januar 1584; Schreiben von Peter Eisen, Vogt zu Gerolzhofen, an Bischof Julius Echter über seine Maßnahmen gegen das Auslaufen und Lindelach und Gerolzhofen; ebd., Schreiben von Peter Eisen, Vogt zu Gerolzhofen, an Bischof Julius Echter vom 14. Dezember 1583 über das anhaltende Auslaufen, die Folgen der Kalenderreform sowie zur Übermittlung eines Gnadengesuchs von wegen protestantischer Gesänge bei einem Begräbnis Bestraften.

[75] Diözesanarchiv Würzburg, Pfarreiakten Gerolzhofen, K1; Original, Gerolzhofen, 7. Dezember 1584; Schreiben von Daniel Stauber, Kaplan zu Gerolzhofen, an Bischof Julius Echter über Probleme bei der Beerdigung von Protestanten und das anhaltende Auslaufen; Druck LENG, Du musst dran glauben [Anm. 1], S. 73f.

[76] Diözesanarchiv Würzburg, Pfarreiakten Gerolzhofen, K1; Original, Gerolzhofen, 14. Dezember 1584; Druck LENG, Du musst dran glauben [Anm. 1], S. 75f.: *Soll hierauf E. Fl. Gn. inn underthenigkeit unnd mit warheit nit verhalten, daß ich bishero mit dem hinaußlauffen der burgerschafft neben dem burgermeister, sovil immer muglich, gewarnt, auch die thor sperren lassen; do man dan den ihenigen, so hinein wöllen, die thor öffnet, so tringen die anderen mit gewallt hinauß! Item so tregt es sich itzund zu, daß alle sonfest und feyertage der herrn unnd edelleut weinwagen durchfarn, do man dan denselben die thor öffnet unnd mit gewallt fort wöllen, tringen aber ettliche hinauß; und ob wir woll bevelhen, daß die thorwartten dieselbigen anzeigen sollen, so geschicht es doch nit. West ich sie aber nit zu zwingen, mann spert dann die thor gar, daß niemand auß oder eingelassen wurde. Und do gleich dasselbig geschee, so lauffen sie doch dem alten kalender nach heuffig hinauß. Unnd were nochmalß deß herrn burgermeisters und mein einfelltigs gutachten, daß E. Fl. Gn. einen rath und mir ein ernstlichen bevelch deßwegenn zukommen liessenn, daß derselbig der burgerschafft in gemeein furgelesen wurde, dann sie sich sunsten anderst nit duncken lassen, dann es sey unser angericht.*

Nur zur Erinnerung: Die Zahl der ‚ungehorsamen' Pfarrkinder, die den Gottesdienst in der Stadt verweigern, wird für diese Zeit mit 2000 bis 2200 beziffert. In der Realität sah das demnach so aus, dass Eisen das Tor für ein Fuhrwerk öffnete, das vermutlich erst durch das Tor passte, wenn die Menge an Hinausströmenden den Weg wieder freigemacht hatte. An kaum einem anderen Punkt lässt sich wohl deutlicher zeigen, wie sehr eine etatistische Perspektive ‚Fürstliches Mandat' und eine mikrohistorische ‚lokales Amtsträgerverhalten' differieren.

Der Vogt ging dabei ein hohes Risiko ein. Denn sein Vorgehen wurde, seitdem der ehemalige Hofkaplan Echters ab 1583 Pfarrer war, laufend nach Würzburg berichtet. Mit den Vorgängern hatte sich Eisen regelmäßig verständigen können, wenn es um eine möglichst sanfte Umsetzung unangenehmer fürstbischöflicher Mandate ging. Aber auch ohne diesen Aufpasser im Pfarrhaus hätten die Würzburger Räte seine Schreiben durchaus richtig einschätzen können. In der Folge wurde der Ton aus Würzburg in Richtung des Vogtes immer schärfer, und Anfang 1585 wurde Peter Eisen konsequenterweise abgesetzt.[77] Ersetzt wurde er – wie schon im Pfarrhaus – durch einen Hardliner aus der Zentrale. Nachfolger wurde der promovierte Jurist Veit Schweickhart, der Bruder eines der Geistlichen Räte Echters.[78] Es zeigte sich, dass er wesentlich geneigter war, den fürstlichen Willen nach Buchstaben und Sinn getreu zu erfüllen.

---

[77] Das letzte von Peter Eisen als Vogt ausgefertigte Schreiben datiert vom 14. Dezember 1584 (Diözesanarchiv Würzburg, Pfarreiakten Gerolzhofen, K1), das erste Schreiben seines Nachfolgers vom 5. Mai 1585 (Staatsarchiv Würzburg, G.-Akten 14914), in einem Schreiben vom 13. Mai 1585 wird Peter Eisen explizit noch als ‚Antecessor' genannt, sein Nachfolger als Amtsverweser (Diözesanarchiv Würzburg, Pfarreiakten Gerolzhofen, K1). Inwieweit Peter Eisen als Protestant gelten darf, ist nicht sicher. Sympathien sind unverkennbar, auch wenn er offenbar während der Bürgerbefragung ein katholisches Bekenntnis ablegte. Echter bestimmte ihn bei der Vertreibung der Protestanten zum Bürgermeister; Stadtarchiv Gerolzhofen, B 2 ‚Grünes Buch', fol. 133v–135v, Druck LENG, Du musst dran glauben [Anm. 1], S. 104. Eisen ist nach Staatsarchiv Würzburg, Lehensachen 1152, fol. 1r 1596 Bürger und Ratsmann. Nach dem Bethbuch von 1591–1595 (Stadtarchiv Gerolzhofen, B 41) verfügte er in der Stadt über erheblichen Besitz. Das Zins- und Gültbuch von 1602 (Stadtarchiv Gerolzhofen, B60) wurde noch unter *Peter Eisen, Allter Fürstl. Würtzb. Vogt alhie, Ellter Burgermeister* angelegt, enthält jedoch schon einen Nachtrag *obiitt.* Auch nach Stadtarchiv Gerolzhofen, B2, ‚Grünes Buch', ist Peter Eisen noch 1602 Bürgermeister, verstirbt jedoch im Amt. Eisens Witwe wurde Opfer der Hexenprozesse, Staatsarchiv Würzburg, G. 14/346, fol. 13–18, im *Verzeichnis ann hingerichten Personen* unter den Opfern des fünften Brandes am 17. Mai 1616.

[78] Staatsarchiv Würzburg, Standbuch 796, Dienerbuch Julius Echters, darin verzeichnet fol. 1r Georg Schweikhart als Mitglied des Geistlichen Rates mit einer Besoldung von 100 fl. von der Kammer; zum Dienerbuch siehe LENG [u. a.] (Hg.), Julius Echter [Anm. 7], S. 166f.; zu Georg Schweikhart siehe auch EMMERT, Kirche und Frömmigkeit [Anm. 9], S. 215 mit der älteren Literatur. Im Dienerbuch wird fol. 24r auch Dr. Veit Schweickhart mit einer Besoldung von 150 fl., einem Sommerhofgewand und einem Fuder Wein unter den Gelehrten Räten verzeichnet.

Bleibt zuletzt der Blick auf den Rat. Hier lässt sich rasch feststellen, dass die Argumentation des Rates stets auf einer im Mittelalter entwickelten Tradition der Wahrung kommunaler Autonomie beruhte. Er versuchte dabei in der Kommunikation mit dem fürstbischöflichen Stadtherrn zu verhindern, dass konfessionelle Angelegenheiten überhaupt thematisiert wurden. Nur so ließ sich die Bewegungsfreiheit des Rates bei der Regelung interkonfessioneller Angelegenheiten wahren. Ob es dabei um die Ergänzung des Rates ging oder um seine Personalpolitik, etwa bei den Bürgermeistern, Stadtschreibern oder Schulen, immer stand für den Rat das Qualifikationsargument im Zentrum, während die Konfession möglichst mit Schweigen übergangen wurde.[79]

Ließ sich eine Stellungnahme nicht vermeiden, lautete das Argument immer, dass Rat und Bürgerschaft sich als getreue Untertanen des Fürstbischofs erweisen würden. Aus der Sicht des Rates betraf dies jedoch nur die weltlichen Angelegenheiten. In Religionsfragen beharrte er, wie in mehreren Suppliken zu sehen, durchweg auf dem Standpunkt, dass dies den Fürsten nicht tangiere, zumal sich auch Rechtsgründe finden ließen. Der Rat verwies regelmäßig auf ältere Zusicherungen freier Religionsausübung und auf die Gleichheit der Bekenntnisse.[80] Unterstützt wurde er dabei übrigens von Peter Eisen. Er dürfte den Rat bis in einzelne Formulierungen hinein

---

[79] Zu den herrschaftlichen Verhältnissen siehe ausführlich PETERSEN, Territorialverwaltung [Anm. 27], KLEINEHAGENBROCK, Stadt und Amt Gerolzhofen [Anm. 27] und MÖSSLEIN, Gerolzhofen [Anm. 27].

[80] So auch schon in der Zeit Wirsbergs, siehe LENG, Du musst dran glauben [Anm. 1], S. 31ff. Exemplarisch hierzu Diözesanarchiv Würzburg, Landkapitel Nr. 138, fol. 159r–160v, Original, undatiert, vermutlich kurz vor 21. Oktober 1573; Supplik von Vogt (Peter Eisen), Rat und Bürgermeister der Stadt Gerolzhofen an Bischof Friedrich von Wirsberg, die Gleichheit der Sakramente für Katholiken und Protestanten betreffend; Druck LENG, Du musst dran glauben [Anm. 1], S. 67–70: *Unnd dieweil aber E. F. G. in erinnerung der lanndschafft unnd gethane erbhuldung unns gnedigclichen zugesagt unnd versprochen, unns bei unserem herkommen pleiben zulassenn, deßgleichen auch als dise beede puncten, und sonderlich die sepultur, auff beeden gehaltenen lanndtägen des sechs- und sibenunndsechzigisten jares der wenigern zahl furgelauffenn, das E. F. G. unns unndt gemeine landtschafft bei iren fürstlichen würden abermals verhaissenn und zugesagt, einen jeden in empfahung des hochwürdigen sacraments pleiben zulassen, und dan auch mit den begrebnus und allen annderen ceremonien, als von alter herkommen, zwischen beeden seidten, den catholischen unndt confessionisten, gleicheit zuhaltenn, auch uns darüber brieff unnd sigil gegeben, also unnd darumben so thun wir solche beede gethane fürstliche und verbrieffte zusagungen hiehero widerum erhellenn.* Mit Untertanengehorsam, der sich nur auf Weltliches beziehe, argumentiert auch noch eine spätere Supplik der Gerolzhöfer Protestanten; Staatsarchiv Nürnberg, Ansbach, Religionsakten Tom II Supl., Nr. 94, fol. 403r–407r, Abschrift, undatiert, vermutlich Anfang 1586, Druck LENG, Du musst dran glauben [Anm. 1], S. 90–94: *So gelangt ann dieselbenn unnser aller underthenigst, hochfleissigst, umb gottes willen bitten, unns bey unnserm ainfeltigen christlichen glauben und religion gnedig bleiben zu lassen, die mehrobangedeutte bethroete straff gneedig abzuschaffen, dargegen wir obgemeltermassen nachmals E. Fl. Gn. also unnserer ordenlich obrigkeit unns*

beraten haben. Jedenfalls sorgte er regelmäßig dafür, dass Suppliken des Rates in Würzburg an erfolgversprechende Stellen gelangten, und er munitionierte sie gegebenenfalls auch mit Abschriften älterer Landtagsbeschlüsse.[81]

Die Argumentation des Rates und damit wohl auch die Wahrnehmung eines großen Teils der Bürgerschaft wusste also sehr wohl die beiden Aspekte der weltlich-geistlichen Doppelherrschaft des Würzburger Bischofs zu trennen. Dem fürstlichen Landesherrn schuldete man Gehorsam und wollte ihm diesen als treue Untertanen auch gerne erweisen. Die geistliche Gewalt des Bischofs war dagegen durch das landesherrliche Zugeständnis der Gleichheit der Bekenntnisse, zuletzt aber vor allem durch das protestantische Gewissen als übergeordnete Instanz beschränkt. Als religiös indifferentes Verhalten kann man dies keinesfalls bezeichnen. Es ging dem Rat dabei ganz im Gegenteil darum, religiöse Angelegenheiten in der eigenen Hand zu behalten und diese Kompetenzen eben gerade nicht dem Landesherrn auszuliefern.[82]

Zusammenfassend lässt sich die Rolle der lokalen herrschaftlichen Funktionsträger zunächst als klar retardierendes Element der Durchsetzung moderner Staatlichkeit im Sinne einer Sozialdisziplinierung und Institutionalisierung territorialstaatlicher Machtansprüche beschreiben. Die Pfarrer versuchten auf dem Weg lokaler Formelkompromisse konfessionelle Mischformen zu etablieren, die bei nomineller Katholizität auch Protestanten die Teilhabe am

---

zum leiblich gehorsam lautt unserer pflichtt jeder zeit underwerffen unnd solvil ohne verletzung der offentlichen warheit, auch unnserer seeligkeit unnd gewissenn immer muglich, E. Fl. Gn. allem unnderthenigen gehorsam leisten wollen.

[81] Charakteristisch ist das Schreiben des Vogtes Peter Eisen an den würzburgischen Rat und Sekretär Konrad Dinner betreffend die Übersendung von Akten und Bitte um Unterstützung bei der Abschaffung der Befehle bezüglich Sakramentempfang und Begräbnis; Staatsarchiv Würzburg, Gericht Gerolzhofen 217, fol. 4rv, Original, Gerolzhofen, 10. November 1573, Druck LENG, Du musst dran glauben [Anm. 1], S. 70f.: *Darauff ich demselben gemeß bei etlichen herrn des raths diese verfüegung gethan, das sie mir die gantze acten der gehaltenen lanndtäg uberantwordt, die ich euch auch hiemit um mehrers glaubens willen also in forma thun uberschickenn. Unnd dieweil ich dan wol wissens traag, das ir mit den teglichen furfallenden gescheffen höchlichen beladen, also das euch villeicht schwerlichen fallen möchte, die gantze acten zu durchlesen, darumben hab ich euerhalben weniger mühe willen die handtlung obangezogener beeden puncten ad margines signirt, unnd oben mit brieflin besteckt, die ir auch also befinden werdt.* Beiliegend übersandt ein kurzes Memoriale mit Auszügen der älteren Landtagsbeschlüsse, Druck LENG, Du musst dran glauben [Anm. 1], S. 72f.

[82] Ähnliche Beobachtungen, allerding mit einer etwas abgeschwächteren Interpretation als „pragmatisches Verhalten“ für Bamberger Landstädte bei GÜNTER DIPPOLD: Gescheiterte Koexistenz. Kommunale Kirchenpolitik im katholischen Fürstentum vor der Gegenreformation – am Beispiel fränkischer Städte. In: Das Konfessionalisierungsparadigma. Leistungen – Probleme – Grenzen. Hg. von THOMAS BROCKMANN. Münster 2013, S. 101–116; zu konfessionellen Mischformen in Auseinandersetzung mit der politischen Ordnung siehe auch STEFAN EHRENPREIS: Mischkonfessionalität und Konfessionalisierungsforschung. Konzeptionelle Überlegungen. In: ebd., S. 117–126.

religiösen Leben ermöglichten. Man taufte Kinder von Protestanten, trug sie mit Gesang zu Grabe und tolerierte dabei liturgische Praktiken, die für Protestanten einen gewissen konfessionellen Wiedererkennungswert hatten.

Der Vogt versuchte seinerseits alles, um einen lokalen Bewegungsspielraum zu wahren. Dies reichte von der Unterstützung kommunaler Autonomievorstellungen in religiösen Angelegenheiten bis zur bewussten Öffnung von Ventilen entgegen herrschaftlichen Anordnungen, um den Protestanten den Glaubensvollzug zu ermöglichen. In erster Linie ging es dabei allen um die lokale Friedenswahrung, die erfahrungsgemäß ohne zentrale Lenkung besser funktionierte.[83]

Die Reaktion des Obrigkeitsstaates kam spät, aber deutlich. Dem Rat zeigte Echter spätestens mit seinem Auftritt in Gerolzhofen, dass er auch in Religionsfragen keinerlei Freiheiten zu gewähren geneigt war. Und die auf Ausgleich bedachten lokalen Schaltstellen geistlicher und weltlicher Macht, Pfarrer und Vogt, wurden durch linientreue Vertreter des zentralistischen Fürstenstaates ersetzt.

8. Konsequenzen der Konfessionalisierung

In Gerolzhofen kam, wie in anderen Städten des Hochstifts, mit der Ausweisung der Protestanten eine massive Migrationswelle in Gang. Nach Ausweis des Ratsbuches verließen 75 Haushaltsvorstände in den nächsten Wochen bis Ostern die Stadt, die meisten aus der inneren Stadt und der Zehntvorstadt.[84] In der folgenden Zeit gab es noch kleinere Verschiebungen durch Rückkehrer oder weitere Bekenner. Das Ratsbuch nennt nicht die neuen Zufluchtsorte. Aber ein Jahre später im Zuge der wirtschaftlichen Entflechtung entstandenes Verzeichnis der Ausgezogenen kennt deren neue Aufenthaltsorte.[85] Hier sind es noch 62 Familien, die meistens in das benachbarte markgräflich-protestantische Prichsenstadt gezogen waren. Weitere Schwerpunkte sind Kleinlangheim, Zeilitzheim, Kitzingen, Schweinfurt und Königsberg. Vereinzelte Migranten gingen nach Bimbach, Krautheim, Mainbernheim, Abtswind, Dampfach, Eichfeld, Gerhardshofen, Hirschfeld, Kirchschönbach, Lülsfeld, Mainstockheim und Neuses am Sand.

---

[83] Zusammenfassend dazu LENG, Du musst dran glauben [Anm. 1], S. 111f., 123–127.

[84] Stadtarchiv Gerolzhofen, B 2 ‚Grünes Buch', fol. 133v–135v; Einleitung auszugsweise verneuhochdeutscht gedruckt bei SIXT, Chronik der Stadt Gerolzhofen [Anm. 27], S. 169–171, die Namenliste bei WALTER FROBENIUS: Exulanten aus Gerolzhofen Ao. 1586. In: Blätter für fränkische Familienkunde 15, Heft 2/3 (1940), S. 252–254. Komplettabdruck bei LENG, Du musst dran glauben [Anm. 1], S. 104–108.

[85] Staatsarchiv Würzburg, Admin 8383, Nr. ad 48, Verzeichnis der von Gerolzhofen ausgezogenen Bürger aus dem Jahr 1591; Auswertung mit leicht abweichenden Zahlen bei SCHUBERT: Gegenreformationen [Anm. 9], S. 304f.

Übrigens lässt eine aus den gleichen Motiven entstandene Liste auch für Bad Neustadt an der Saale eine Rekonstruktion der Migrationsströme zu,[86] Ortsangaben gibt es auch für Karlstadt.[87] Auffällig ist die vergleichsweise kleinräumige Migration bei Gerolzhofen. Man versuchte also nahe der alten Heimat zu bleiben. Das hatte natürlich auch wirtschaftliche Gründe. Der Verkauf der Güter zog sich über Jahre hin. So ließen sich nach kurzem Fußmarsch auch von den neuen protestantischen Wohnorten aus noch die Güter in Gerolzhofen bebauen.

Die Zahlen sprechen eine eindeutige Sprache. Sie sind zwar sehr viel kleiner als die Zahl der vorher in der Stadt zum Protestantismus neigenden Einwohner. Demnach ließen sich tatsächlich viele das katholische Bekenntnis aufzwängen, und nur wenige schätzten ihr Gewissen höher als wirtschaftliche Verluste. Insgesamt ist die Migrationsquote aber doch noch deutlich höher als etwa in Würzburg.[88] Vergleiche mit den Steuerlisten und den Güterverzeichnissen der Auswanderer lassen hier wie auch in Bad Neustadt erkennen, dass es überwiegend – aber nicht ausschließlich – die wirtschaftlichen Eliten waren, die die Stadt verließen, was zu einem erheblichen Kapitalabfluss führte.[89] Multipliziert mit den üblichen Faktoren verließen also 375 Menschen die Stadt Gerolzhofen, was bei einer geschätzten Einwohnerzahl von 2500 Menschen immerhin 15 Prozent ausmacht. Rechnet man nur geschworene Bürger gegeneinander, beträgt der Verlust sogar über 20 Prozent.[90] Dies entspricht auch den aus anderen Hochstiftsstädten von Johannes Merz ermittelten Werten.[91]

---

[86] Stadtarchiv Bad Neustadt a. d. Saale, II/4-K 9 Akte II 0002b (Auswandererliste 1590) und II/4-K 9 Akte II 0002a (Auswandererliste 1591); älterer Druck bei THEODOR REDENBACHER: Die Reformation und die Gegenreformation in Neustadt a. d. Saale. Neustadt a. d. Saale 1873, S. 20–62; zuletzt mit der älteren Literatur LENG [u. a.] (Hg.), Julius Echter [Anm. 7], S. 196f.

[87] Siehe dazu mit weiteren Angaben und Migrationskarte in LENG [u. a.] (Hg.), Julius Echter [Anm. 7], S. 174–176.

[88] Die Zahlen für die Residenzstadt sind nur schwer zu bestimmen; siehe dazu mit der älteren Literatur BERGERHAUSEN, Protestantisches Leben in Würzburg [Anm. 22].

[89] SIXT, Chronik der Stadt Gerolzhofen [Anm. 27], S. 148–151 gibt einen Kapitalabfluss von 100.000 Gulden durch die Migranten an. Der soziale Rang der Ausgezogenen ließe sich an den Bethbüchern des Stadtarchivs Gerolzhofen sowie an Staatsarchiv Würzburg, Admin 417/8383 Beil. 48, *Verzeichnis aller von Gerolzhofen ausgezogenen auch was sie zwischen 1586–91 zu Gerolzhofen verkauft und was ein jeder noch zu verkaufen hat*, näher bestimmen. Hier stehen weitere Untersuchungen noch aus. Eine oberflächliche Durchsicht scheint jedoch die These zu bestätigen, dass bis auf wenige Ausnahmen die Migranten dem wirtschaftlich besser gestellten Bürgertum angehörten.

[90] Staatsarchiv Würzburg, Standbuch 921 mit Zahlenangaben; zur näheren Einordnung ließe sich noch Stadtarchiv Gerolzhofen, B 41, Bethbuch 1591–1595 heranziehen; vgl. auch LENG, Du musst dran glauben [Anm. 1], S. 101–104; BROMMER, Rekatholisierung [Anm. 28], S. 463 geht von etwas niedrigeren Zahlen aus.

[91] Siehe zusammenfassend mit der älteren Literatur MERZ, Etappen und Strategien der Rekatholisierung [Anm. 7].

Die wirtschaftlichen Folgen sind im Einzelnen noch nicht untersucht. Sie dürften jedoch dramatisch gewesen sein. Kapitalabfluss und Abwanderung der wirtschaftlichen Oberschicht dürften die Städte auf viele Jahre gespürt haben. Migrationsströme in umgekehrter Richtung, welche die Defizite ausglichen, sind kaum feststellbar. Noch drastischer waren natürlich die Folgen für die Migranten selbst. Sie litten weniger unter der Nachsteuer von 2 %, die nach Reichsrecht alle zu bezahlen hatten, die unter eine fremde Herrschaft zogen, aus welchen Gründen auch immer. Viel schlimmer war der nun in der Stadt plötzlich eintretende hohe Leerstand, der den Immobilienmarkt zusammenbrechen ließ und keinen Verkauf mehr zu angemessenen Preisen zuließ.[92] Vor allem deshalb hielten viele der Ausgezogenen an ihrem Besitz noch über Jahre fest.

Folgeprobleme der Migration ergaben sich auf mehreren Ebenen. Die wirtschaftliche Entflechtung von Verbliebenen und Weggezogenen zog sich über Jahre hin, wobei sich die Konflikte um den Verkauf laufend verschärften.[93] Zugleich hatten sich die Ausgezogenen ja nun unter neue, protestantische Herren begeben. Sie konnten daher ihre Konflikte gar nicht wie ge-

---

[92] Zusammenfassend LENG, Du musst dran glauben [Anm. 1], S. 101–104.

[93] Der größere Teil der Quellen aus dem lokalen Konfessionalisierungsgeschehen ging aus dem Entflechtungsprozess hervor; exemplarisch: Staatsarchiv Nürnberg, Ansbach, Religionsakten Tom 41, unfoliiert, Abschrift, Kleinlangheim, 6. Juni 1586 *stylo vetere*: Supplik und Bericht der aus Gerolzhofen und anderen würzburgischen Orten aus Religionsgründen nach Kleinlangheim ausgezogenen Einwohner an den brandenburgischen Kastner Wolff (Georg) Krailsheimer zu Castell und den Vogt Hieronymus Strolein zu Kitzingen, wonach sie sich einmütig der Forderung nach einem Kammergerichtsmandat zu weiteren ungehinderten Nutzung ihrer Güter anschließen möchten – Staatsarchiv Nürnberg, Ansbach, Religionsakten Tom II Supl., Nr. 102, fol. 433rv (auszugsweise auch in Staatsarchiv Würzburg, Geistl. Sachen 3069, fol. 44rv in einer Sammlung von Beschwerden über verweigerte Amtshilfe mit Fällen von 1588–1594), Abschrift, undatiert, 1586 oder später: Beschwerde der Witwe Margaretha Schadaman über Nachteile, die sie durch den Verkauf ihrer Güter nach dem Wegzug aus Gerolzhofen nach Kitzingen erlitten hat – Staatsarchiv Würzburg, Geistl. Sachen 3069, fol. 1r–2v, Abschrift (als Beilage zu einem nicht im Akt enthaltenen Schreiben), ohne Ort, undatiert, nach dem 18. März 1587: Notiz (aus der Kanzlei Julius Echters) an Markgraf Georg Friedrich, die Beschwerden der von Gerolzhofen ausgezogenen betreffend mit Aufforderung zur Abstellung der Nutzung ihrer Häuser sowie zum baldigen Verkauf der Güter – Staatsarchiv Nürnberg, Ansbach, Religionsakten Tom 41, unfoliiert, Original und Abschrift, Prichsenstadt, 2. April 1588 *stylo vetere*: Schreiben von Kastner, Bürgermeister und Rat von Prichsenstadt an den Vogt von Gerolzhofen, Konrad Widmann, wegen beschwerender Maßnahmen gegen die von Gerolzhofen der Religion wegen nach Prichsenstadt ausgezogenen – Staatsarchiv Nürnberg, Ansbach, Religionsakten Tom 41, unfoliiert, Original, Prichsenstadt, 4. Juli 1588 *stylo vetere*: Beschwerdeschrift der aus Religionsgründen von Gerolzhofen nach Prichsenstadt ausgezogenen an den Markgrafen Georg Friedrich von Brandenburg-Ansbach gegen das Verhalten der Gerolzhöfer Bürger, des Vogtes und des Bischofs Julius Echter – Staatsarchiv Würzburg, Geistliche Sachen 3082, unfoliiert, Kanzleikonzept, Würzburg, 6. August 1588: Schreiben von Bischof Julius Echter an den

wohnt unmittelbar und unter Vermittlung lokaler Instanzen austragen, sondern waren gezwungen, ihre jeweiligen Herrschaften um stellvertretenden Konfliktaustrag zu bitten. So wurde aus den kleinsten privaten wirtschaftlichen Problemen schnell eine Angelegenheit, die über Jahre hinweg umfangreiche fürstliche Kommissionen und Räte zwischen Würzburg und Ansbach beschäftigte – mit einem entsprechenden Anfall von Diplomatie, Bürokratie und archivalisch überliefertem Schriftgut.[94]

Es gibt umfangreiche Sammlungen von Beschwerden der Ausgezogenen gegen ihre alten Nachbarn. Da geht es um die Düngung ihrer Felder, um ungehinderten Transport, Lagerung und Verkauf, um die Steuern und die Pflicht zur Wehr, die auf den auch in der Fremde noch behaltenen Häusern liegt.[95] Umgekehrt versuchten die Verbliebenen durch Schätzungen oder

---

Vogt von Gerolzhofen, Konrad Widmann, den Umgang mit den Ausgezogenen betreffend, insbesondere Regelungen zum Einbringung der Ernte und zum Verkauf ihrer Güter – Staatsarchiv Nürnberg, Ansbach, Religionsakten Tom 41, unfoliiert, Abschrift, 1589: Gravamina specialia der aus Gerolzhofen Vertriebenen und nach Kitzingen ausgezogenen und Beschwerden der aus Religionsgründen nach Prichsenstadt ausgezogenen Einwohner von Gerolzhofen – Staatsarchiv Würzburg, Admin 8383, Nr. 34, Abschrift, Juni 1590: Verzeichnis der Beschwerden der aus Religionsgründen von Gerolzhofen nach Prichsenstadt Ausgezogenen an Markgraf Georg Friedrich von Brandenburg-Ansbach – Staatsarchiv Würzburg, Admin 8383, Nr. 49; Abschrift, Gerolzhofen, 8. Juni 1591: Gegenbeschwerden von Vogt, Rat und Bürgermeister von Gerolzhofen auf die Beschwerden der nach Prichsenstadt Ausgezogenen; offenbar auf Anforderung von Julius Echter zur Weitergabe an den Markgrafen Georg Friedrich von Brandenburg-Ansbach – Staatsarchiv Würzburg, Admin 8383, Nr. 48, Original,Gerolzhofen, 13. Dezember 1591: Schreiben des Vogtes von Gerolzhofen Konrad Widmann an den bischöflichen Sekratär Konrad Weinner, die Verzeichnung der unverkauften Güter der Ausgezogenen sowie Vorschläge zur Erhöhung des Verkaufsdrucks betreffend – Staatsarchiv Würzburg, Geistliche Sachen 3082, unfoliiert, Abschrift, Gerolzhofen, 18. Juli 1593: Supplik von Amtmann, Bürgermeister und Rat der Stadt Gerolzhofen an Bischof Julius Echter, schärfere Maßnahmen gegen die weitere Nutzung der Güter durch die Ausgezogenen zu ergreifen und sie so zum Verkauf zu zwingen – Staatsarchiv Nürnberg, Ansbach, Religionsakten Tom II Supl., Nr. 105, fol. 442v–443r und Staatsarchiv Würzburg, Geistl. Sachen 3069, 3r–9v, 64r, Abschrift, Kleinlangheim (?), undatiert, 1594: Beschwerden einiger aus Religionsgründen von Gerolzhofen nach Kleinlangheim Ausgezogener über Nachteile, insbesondere Nachsteuer und Wehrbeiträge, die sie durch den Verkauf ihrer Güter erlitten – Staatsarchiv Würzburg, Geistliche Sachen 3082, unfoliiert, Original, Gerolzhofen, 16. Januar 1596: Schreiben des Rats der Stadt Gerolzhofen an Bischof Julius Echter, die Beschwerden der Ausgezogenen und die Übersendung der Gegenbeschwerden betreffend – Staatsarchiv Würzburg, Geistliche Sachen 3082, Nr. 2, unfoliiert, Original, Gerolzhofen, undatiert, vermutlich 16. Januar 1596: Gegenbeschwerden der Bürger und des Rats zu Gerolzhofen auf die Beschwerden der aus Religionsgründen Ausgezogenen. Erst nach 1596 – ein Jahrzehnt nach der Vertreibung der Protestanten – nehmen die Auseinandersetzungen um den Güterverkauf ab.

[94] Den umfangreichsten Anfall an Akten der jeweils eingesetzten Räte und Kommissionen enthält Staatsarchiv Nürnberg, Ansbach, Religionsakten Tom 40.

[95] Siehe Anm. 93; einige der Konfliktfelder wurden von BROMMER, Rekatholisierung [Anm. 28], S. 453f. bereits skizziert.

Steuererhöhungen den Verkaufsdruck auf die Ausgezogenen zu erhöhen, wofür sie auch regelmäßig bei Echter vorstellig wurden, der jedoch streng im Rahmen des Rechts verblieb. Die Konflikte eskalierten in kürzester Zeit nach dem Auszug der Protestanten. Jede Seite fühlte sich von der anderen benachteiligt, verletzt, verhöhnt. Die dabei regelmäßig fallenden Verbalinjurien werfen auf keine der beiden Seiten ein gutes Licht.[96]

Kurz: Es gab eine erneute Verlagerung der Konfliktlinien. Stand bis zur radikalen Durchsetzung der Rekatholisierung die Gemeinde noch konfessionübergreifend fest zusammen gegen dirigistische Eingriffe von oben, manchmal sogar vereint mit deren lokalen Vertretern, sofern sie sich mäßigend betätigten, so verliefen die Konfliktlinien erst jetzt tatsächlich zwischen zurückgebliebenen Katholiken und ausgezogenen Protestanten. Sie wurden dabei schärfer, vor Gerichten und Kommissionen, ausgetragen, und sie zogen die Territorialherrschaften in die lokalen Konflikte mit hinein.

9. Lokales Geschehen und Konfessionalisierungsthesen

Was bedeuten nun diese Beobachtungen unter den Prämissen der Konfessionalisierungstheorie? Auf den ersten Blick sind keine großen Widersprüche zu beobachten. Reformation und Rekatholisierung sind Phänomene, die auch im lokalen Beispiel nicht ohne tiefgreifende Folgen für Religion, Gesellschaft und Staat blieben. Die konfessionell gebundene Religionsausübung gewinnt distinktive Formen, zumal Julius Echter dem Zwangsbekenntnis noch ein Langzeitprogramm folgen ließ, das tatsächlich erfolgreich eine innere Identifikation mit typisch katholischen Frömmigkeitsformen förderte.[97]

Von einer religiösen Indifferenz bis in das 19. Jahrhundert kann jedenfalls keine Rede sein. Dies zeigt bereits wenige Jahre später der Dreißigjährige Krieg, der den Landstädten noch einmal die Chance zu einem Bekenntniswechsel gegeben hätte. Keine nutzte sie; die lokalen Gesellschaften definierten sich künftig auch über konfessionelle Merkmale. Eine Konfessionskultur war entstanden. Wer mitunter auf fränkischen Dörfern unterwegs ist, weiß, dass dies bis in die Gegenwart tief verankert ist, auch wenn das Verhältnis der Konfessionen heute deutlich entspannter ist.

Die Auswirkungen auf die frühmoderne Staatlichkeit sind im Falle Gerolzhofens jedoch weniger eindeutig zu bestimmen. Es ist unverkennbar, dass die Konfessionalisierung zumal unter Julius Echter einen deutlich stär-

---

[96] Bereits wenige Monate nach der Vertreibung ist eine geradezu gehässige und aggressive Stimmung zwischen zurückgebliebenen Katholiken und ausgezogenen Protestanten unverkennbar; siehe Staatsarchiv Würzburg, Geistliche Sachen 3082, fol. 2r–9r, Abschrift, Gerolzhofen, 6. Oktober 1586: Protokoll einer durch Bischof Julius Echter angeordneten Befragung der Gerolzhöfer Bürger nach ihren Beschwerden gegenüber den aus Religionsgründen Ausgezogenen, insbesondere gegen Hans Herlheimer, auszugsweise gedruckt bei LENG, Du musst dran glauben [Anm. 1], S. 116–122.

[97] Zusammenfassend hierzu LENG [u. a.] (Hg.), Julius Echter [Anm. 7], S. 225–299.

keren Staat zurückließ. Er ist auch sichtbarer. Die Kirche wurde renoviert, im Inneren wurden Altäre und Orgel erneuert.[98] Ein neues Amtshaus wurde errichtet.[99] Eine Inschrift erinnerte an weitere Bauten Echters: Kirche, Schulhaus und Spital – und an die Rekatholisierung.

Kommunikation mit und Kontrolle durch die Zentrale wurden deutlich dichter. Die Bewegungsfreiheit der lokalen Herrschaftsträger wurde geringer. Vor allem die kommunalen Autonomiegebiete wurden deutlich eingeschränkt. Der Rat wurde zum verlängerten Arm der bischöflichen Verwaltung. Mit dem Zurückdrängen der im Wesentlichen auf Personen- und Schwurverbänden beruhenden Institutionen ging aber auch deren Fähigkeit zur Konfliktregulierung verloren. Gab es in der Stadt selbst, solange der Rat interkonfessionelle Angelegenheiten regulieren konnte, keinerlei religiöse Konflikte zwischen der Bevölkerung, so explodierten diese geradezu in dem Moment, indem sie obrigkeitlicherseits aus dem Herrschaftsverband ausgeschlossen wurden. Der Staat Echters schuf einen homogenen Untertanenverband und verlagerte zugleich Konfliktlinien an die Grenzen des Verbandes.

Muss man dies jedoch in einem etatististischen Sinn als Modernisierung einstufen? Wohl kaum. Zum einen gingen die Eingriffe Echters von einer durch kommunikative Maßnahmen untermauerten überragenden Stellung des Fürsten aus.[100] Er schuf durchaus neue Strukturen, die jedoch weitgehend auf die zentralen Einheiten Kanzlei und Hof konzentriert waren.[101] In der Fläche blieben die strukturellen Eingriffe marginal. Je nachdem wurden vorhandene Institutionen wie die Landkapitel und die Vogteien instrumentalisiert, oder sie wurden diszipliniert wie die Verwaltungen der Landstädte. Sie wurden aber nicht grundlegend umgestaltet. Lediglich Kontrolle und Personalpolitik wurden intensiviert.

Die Wirksamkeit solcher Maßnahmen blieb damit an einen starken Fürstenwillen gebunden, während die institutionellen Beharrungskräfte unter einer schwächeren Zentralgewalt durchaus Chancen auf die Rückgewinnung ihrer Bewegungsspielräume hatten.[102] Damit wurde im Grunde genommen nicht der moderne Staat gestärkt, sondern lediglich die Person an

---

[98] Zur Erneuerung der Kirche samt Innenausstattung in mehreren Schritten ab 1588 Diözesanarchiv Würzburg, Ämterakten, Gerolzhofen 35; zusammenfassend LENG, Du musst dran glauben [Anm. 1], S. 124f.

[99] Zur Bautätigkeit in Gerolzhofen vgl. BARBARA SCHOCK-WERNER: Die Bauten im Fürstbistum Würzburg unter Julius Echter von Mespelbrunn 1573–1617. Struktur, Organisation, Finanzierung und künstlerische Bewertung. Regensburg 2005, S. 328; mit Abbildungen der Inschriften LENG, Du musst dran glauben [Anm. 1], S. 124f.

[100] Zusammenfassend mit der älteren Literatur LENG [u. a.] (Hg.), Julius Echter [Anm. 7], S. 301–312.

[101] Zum Herrschaftsinstrumentarium vgl. zusammenfassend mit der älteren Literatur LENG [u. a.] (Hg.), Julius Echter [Anm. 7], S. 125–131.

[102] Generelle Zweifel an Reichweite und Durchsetzungskraft zentralstaatlicher Ordnungsvorstellungen Echtes äußerte zuletzt auch MEIER, Julius Echter [Anm. 20]. Dass

der Spitze eines Territorialstaates, der letztlich – und zwar bis zum Ende des Fürstbistums – noch immer ein Lehens- und Personenverband blieb.

An diesem Punkt scheinen die Konfessionalisierungsthesen doch nicht vollständig zu greifen. Weitere Modifikationen vor allem in der Auffassung frühneuzeitlicher Herrschaft dürften nötig sein. Ohne deshalb gleich in ebenfalls überholte Frühabsolutismus-Konzepte zurückzufallen: Echters Herrschaft erweist sich zumindest am gewählten Beispiel doch mehr personaler Natur. Die Elemente eines obrigkeitlich und zentralistisch gelenkten Territorialstaats sind unverkennbar, bleiben jedoch in der Mikroperspektive Wunschvorstellung, der zahlreiche Kräfte teilweise erheblichen und partiell auch erfolgreichen Widerstand entgegensetzen. Im Resultat ist Echters Herrschaft im Licht der Konfessionalisierungsthesen nur sehr bedingt als zentralistisch, etatistisch oder gar modern einzuordnen. Sie zeigt eher ein heterogenes Bild, dass mit einem Herrschaftsbegriff im Sinne eines durch den Fürstenwillen gestrafften dynamischen Kommunikationsprozesses[103] besser zu umschreiben wäre – ein Prozess, der freilich viele Akteure mit durchaus divergierenden Interessen hat.

---

die Beharrungskräfte traditioneller, aus dem Mittelalter stammender Ordnungsvorstellungen groß waren, lässt sich am Beispiel der Residenzstadt Würzburg zeigen: RAINER LENG: *Unterthänigst gehorsamer Rat und gemeine Bürgerschaft zu Würzburg*. Julius Echter als Stadtherr. In: WEISS (Hg.), Landesherrschaft und Konfession [Anm. 20], S. 17–36. Dass Echter weder im Hochstift noch in der Residenzstadt seine mit großem persönlichen Engagement verfolgten sozialpolitischen Vorstellungen durchsetzen konnte, zeigte HANS WOLFGANG BERGERHAUSEN: Heilkunst und Armenfürsorge als städtische Aufgabe? Konkretisierungen und Konfliktfelder. In: ebd., S. 49–64.

[103] In Anlehnung an MARKUS MEUMANN/RALF PRÖVE: Die Faszination des Staates und die historische Praxis. Zur Beschreibung von Herrschaftsbeziehungen jenseits teleologischer und dualistischer Begriffsbildungen. In: MEUMANN (Hg.), Herrschaft in der Frühen Neuzeit [Anm. 19], S. 11–49 sowie die weiteren Beiträge des Bandes.

Frank Kleinehagenbrock

Die Entstehung von Multikonfessionalität und voraufklärerischen Vorstellungen von Toleranz im frühneuzeitlichen Europa

1. Konfessionalisierung und Multikonfessionalität

Das Zeitalter von Reformationen und katholischer Reform stellt ganz unzweifelhaft einen tiefen Einschnitt in der europäischen Geschichte dar. Das Konfessionelle Zeitalter wird gemeinhin als eine Epoche verstanden, in der sich die sich neu formierenden nachreformatorischen Kirchen – einschließlich der katholischen – herausgebildet haben. Dieser Prozess ging einher, ja wurde bedingt durch die sich verdichtende frühmoderne Staatlichkeit der Territorien im Alten Reich, des Heiligen Römischen Reiches selber sowie der europäischen Monarchien, der Eidgenossenschaft und der Generalstaaten. Voraussetzung der Konfessionalisierung war also – nach Ernst Walter Zeeden – die Entstehung der Konfessionen selber.[1] Für Wolfgang Reinhard und Heinz Schilling, die beiden Historiker, auf die das Konfessionalisierungsparadigma zurückzuführen ist, ist die Konfessionalisierung auf jeden Fall ein Modernisierungsprozess, zugespitzt sogar ein fundamentaler Vorgang in der Frühen Neuzeit,[2] der durchaus seine Fortsetzung, Vollendung und Neuausprägung im 19. und 20. Jahrhundert findet.[3] Durch die Konfessionalisierung wurde jedenfalls sowohl das öffentliche als auch das private Leben in Europa (und durch die fortschreitende Kolonialisierung auch darüber hinaus) geprägt. Konkret bedeutet dies, dass die überkommenen, stark personal geprägten Herrschaftsstrukturen und rechtlich fragmentierten gesellschaftlichen Realitäten des Mittelalters während der Neuzeit durch die sich verdichtenden, frühmodernen staatlichen Strukturen überlagert wurden.

---

[1] ERNST WALTER ZEEDEN: Grundlagen und Wege der Konfessionsbildung in Deutschland im Zeitalter der Glaubenskämpfe. In: ders.: Konfessionsbildung. Studien zur Reformation, Gegenreformation und katholischen Reform. Stuttgart 1985 (zuerst in: Historische Zeitschrift 185 [1958]), S. 67–112.

[2] Siehe hierzu die konzise Darstellung von STEFAN EHRENPREIS und UTE LOTZ-HEUMANN: Reformation und konfessionelles Zeitalter. Darmstadt 2002, S. 62–79, hier bes. S. 71f. Dort auch die bibliographischen Angaben zu zentralen Beiträgen von Heinz Schilling und Wolfgang Reinhard, auf deren Nennung an dieser Stelle verzichtet wird.

[3] Dazu hat OLAF BLASCHKE durchaus umstrittene Ansichten entwickelt: Das 19. Jahrhundert: Ein zweites Konfessionelles Zeitalter. In: Geschichte und Gesellschaft 26 (2000), S. 38–75, und Der „Dämon des Konfessionalismus“. Einführende Überlegungen. In: Konfessionen im Konflikt. Deutschland zwischen 1800 und 1970: ein zweites konfessionelles Zeitalter. Hg. von dems. Göttingen 2002, S. 13–69. Ganz wesentlich sind seine Thesen vom Zweifel an der These voranschreitender Säkularisierung seit der Reformation und ihrer Steigerung nach der Aufklärung geprägt.

So betrachtet, brachte Konfessionalisierung über einen erhöhten Druck, bestimmte Normen einzuhalten, ein Mehr an Homogenität in die europäischen Gesellschaften hinein.

Zu oft stehen die Konfessionskulturen und die Ausprägung kollektiver Identitäten durch konfessionelle Prägung im Mittelpunkt des Interesses. Das zentrale Erbe des Zeitalters der Konfessionalisierung ist aber die Entstehung von Multikonfessionalität. Am Konzept der Konfessionalisierung ist seit seiner Entwicklung vor mehr als drei Jahrzehnten durchaus immer wieder Kritik vorgetragen worden.[4] Dieses Konzept sei zu etatistisch angelegt. Zudem blende das Konzept der Konfessionalisierung die nicht normierten konfessionellen Gruppen in der Tendenz aus und marginalisiere diese.[5] Ferner würde die dem Konfessionellen Zeitalter innewohnende Säkularisierung kaum angemessen gewürdigt.[6] In jüngerer Zeit wird sogar hinterfragt, inwieweit die Bevölkerung der ‚Konfessionsstaaten' überhaupt durch und durch von den konfessionellen Idealen oder reinen Normvorstellungen ihrer Herrscher durchdrungen war, und es wird überlegt, in welchem Maße Indifferenz ein durchaus ernst zu nehmendes Phänomen der nachreformatorischen Zeit gewesen ist.[7] Jedenfalls wird die Diskrepanz zwischen dem allgemein feststellbaren und oftmals idealtypisch beschriebenen Prozess der Konfessionalisierung und dessen Rezeption durch einzelne Individuen

---

[4] Siehe noch immer die Bilanz von HELGA SCHNABEL-SCHÜLE: Vierzig Jahre Konfessionalisierungsforschung – eine Standortbestimmung. In: Konfessionalisierung und Region. Hg. von PEER FRIESS und ROLF KIESSLING. Konstanz 1999, S. 23–40.

[5] In der Forschung finden diese jedoch zunehmend Beachtung: ANDREA STRÜBIND: Die Pluralisierung des Protestantismus und die Rede von der „Ecclesia semper reformanda". In: Historisches Jahrbuch 137 (2017), S. 68–84. Vgl. dazu auch die zwar knappen, aber grundlegenden Überlegungen von HARTMUT LEHMANN: Zur Beurteilung der Rolle religiöser und konfessioneller Minderheiten im frühneuzeitlichen Europa. Ein Kommentar. In: Im Spannungsfeld von Staat und Kirche. „Minderheiten" und „Erziehung" im deutsch-französischen Gesellschaftsvergleich. 16.–18. Jahrhundert. Hg. von HEINZ SCHILLING und MARIE-ANTOINETTE GROSS. Berlin 2003 (Zeitschrift für Historische Forschung, Beiheft 31), S. 119–126.

[6] Dabei wächst die Skepsis gegenüber dem Konzept der Säkularisierung und seiner Anwendung für die Zeit nach 1500. Wie stark die Vorstellung vom Beginn der Säkularisierung im Konfessionellen Zeitalter – etwa als Lösung der staatlichen von der religiösen Sphäre oder als Privatisierung der Religion – in der Kulturkampfzeit des 19. Jahrhunderts geprägt wurde, arbeitet MANUEL BORUTTA heraus: Genealogie der Säkularisierungstheorie. Zur Historisierung einer großen Erzählung der Moderne. In: Geschichte und Gesellschaft 36 (2010), S. 347–376. Er resümiert provokativ: „Während die praktische Umsetzung der Säkularisierung – nicht nur in Deutschland – scheiterte, hatte sie auf einer anderen Ebene Erfolg: Von einer Selbstbeschreibung progressiver, bürgerlich-männlicher Eliten wurde sie nach 1900 zur Selbstbeschreibung der westlichen Moderne, zum Definitionsmerkmal moderner westlicher Gesellschaften" (S. 88).

[7] KASPAR VON GREYERZ: Konfessionelle Indifferenz in der Frühen Neuzeit. In: Konfessionelle Ambiguität. Uneindeutigkeit und Verstellung als religiöse Praxis in der Frühen Neuzeit. Hg. von ANDREAS PIETSCH und BARBARA STOLBERG-RILINGER. Gütersloh 2013, S. 39–61.

deutlicher wahrgenommen.[8] Die pluriforme Ausgestaltung des Christentums, die im 16. Jahrhundert von Westeuropa ausging, ist nicht einfach gleichzusetzen mit dem Beginn der Säkularisierung der westlichen Welt, vielmehr bleibt das Feld des Religiösen, der Bestimmung der Menschen durch ihren Glauben zumindest bis ins 20. Jahrhundert hinein wichtig. Dieses ist bis heute, auch wenn dies für die USA mehr zu gelten scheint als für Europa, „characterized by enormously wide range of incompatible truth claims pertaining to human values, aspirations, norms, morality, and meaning. These in turn (another banality) influence the ways in which people live and the sorts of lives to which they aspire".[9]

In den genannten Kritikpunkten an der Konfessionalisierungsthese scheint hervor, dass Multikonfessionalität als durchaus wichtiges und prägendes Phänomen der nachreformatorischen Zeit betrachtet werden muss: „After a long period of strictly confessional historiography, corresponding to the self-identification of European nations as ecclesiastically organized bodies just tolerating small denominational minorities for historical reasons, the prevailing image of early modern Europe is now one of the lawfull religious pluralism."[10] Das Ergebnis der Reformation als singulär verstandenes, epochemachendes Ereignis waren eben nicht ausschließlich konfessionell homogene Gesellschaften, sondern das Ende der – vermeintlichen – Einheit des christlichen Europas führte ja vielmehr zur dauerhaften und irreversiblen Vielgestaltigkeit in religiösen Belangen.[11] Die Erfahrung konfessioneller

---

8 Siehe dazu schon ANTON SCHINDLING: Konfessionalisierung und Grenzen von Konfessionalisierbarkeit. In: Die Territorien des Reichs im Zeitalter der Reformation und Konfessionalisierung. Land und Konfession 1500–1650. Bilanz – Forschungsperspektiven – Register. Hg. von dems. und WALTER ZIEGLER. Münster 1997, S. 9–44.

9 BRAD S. GREGORY: The Unintended Reformation. How a Religious Revolution Secularized Society. Cambridge, London 2012, S. 11.

10 WILLEM FRIJHOFF: How Plural were the Religious Worlds in Early-Modern Europe? Critical Reflections from the Netherlandic Experience. In: Living with Religious Diversity in Early-Modern Europe. Hg. von C. SCOTT DIXON [u. a.]. Farnham, Burlington 2009, S. 21–51, hier S. 21f.

11 Die Vorstellung von der christlichen Einheit Europas beziehungsweise auch des christlichen Abendlandes ist kritisch zu hinterfragen, da Teil einer identitätstiftenden Meistererzählung und politischer Konzeptionen des 20. Jahrhunderts: HARALD DICKERHOF/WOLFGANG KLUXEN: Abendland. In: ³LThK, Bd. 1 (1993), Sp. 22–24; HEINZ HÜRTEN: Der Topos vom christlichen Abendland in Literatur und Publizistik nach den beiden Weltkriegen. In: Katholizismus, nationaler Gedanke und Europa seit 1800. Hg. von ALBRECHT LANGNER. Paderborn [u. a.] 1985, S. 131–154; KOCKU VON STUCKRAD: Die Rede vom „Christlichen Abendland". Hintergründe und Einfluß einer Meistererzählung. In: Religiöser Pluralismus und Toleranz in Europa. Hg. VON CHRISTAN AUGUSTIN [u. a.]. Wiesbaden 2006, S. 235–247; MATTHIAS ASCHE: „Leitbild Europa". Reflexionen über die religiöse Grundierung Alteuropas an der Epochenwende vom Mittelalter zur Neuzeit. In: Leitbild Europa? Europabilder und ihre Wirkungen in der Neuzeit. Hg. von JÜRGEN ELVERT und JÜRGEN NIELSEN-SIKORA. Stuttgart

Unterschiede ist eine Wurzel des modernen Europas.[12] Nicht konfessionelle Einheit, wie sie nach der Reformation vor allem für Katholiken, Lutheraner und Reformierte in größeren und strukturierten sozialen Entitäten entstanden ist, sondern das Nebeneinander der Konfessionen ist das wichtigste Ergebnis der Reformation. Multikonfessionalität bedeutete im 16. Jahrhundert eine neue Herausforderung für Herrscher und Beherrschte. Genau-so wie die Vielfalt von Religionen und Weltanschauungen im 21. Jahrhundert noch immer eine Herausforderung ist. Man kann fragen, ob die neue konfessionelle Pluralität die Menschen vor rund 500 Jahren mehr herausgefordert hat als die heutige weltanschauliche Vielfalt,[13] zumal die konfessionalisierende Durchdringung von Gesellschaften nicht von heute auf morgen abgeschlossen war, sondern längere Zeit dauerte und mehrere Jahrzehnte des Übergangs einschloss.[14]

Die nähere Betrachtung der Pluralität der Bekenntnisse verneint nicht, dass es etwa in den Territorien des Heiligen Römischen Reiches zu Vereinheitlichungsprozessen aufgrund von Konfessionalisierungsprozessen gekommen ist, Landesherrn ihre Untertanen dazu gedrängt haben, ein bestimmtes Bekenntnis anzunehmen, Zögernde unter Druck gesetzt haben

---

2009, S. 29–45; und mit ganz aktuellen Bezügen der von MICHAEL HÜTTERHOFF herausgegebene Sammelband: Christliches Europa? Studien zu einem umstrittenen Konzept. Leipzig 2014.

[12] So der Gedanke bei WILLEM FRIJHOFF: „Avant d'être pensée ou représentée dans l'Europe de l'epoque moderne, la différence religieuse était vécue", zu finden in: Chrétienté, christianismes ou communautés chrétiennes? Jalons pour la perception de l'expérience d'unité, de division et d'identité de l'Europe chrétienne à l'époque modern. In: L'expérience de la différence religieuse dans l'Europe moderne (XVIe–XVIIIe siècles). Hg. von BERTRAND FORCLAZ. Neuchâtel 2013, S. 17–43.

[13] Dass der Umgang mit religiöser und weltanschaulicher Pluralität bis in die Gegenwart eine Herausforderung geblieben ist, zeigt ULRICH WILLEMS: Religiöse Pluralität, religiöser Pluralismus und Religionsfreiheit in westlichen politischen Gemeinwesen. In: Modelle des religiösen Pluralismus. Historische und religionssoziologische Perspektiven. Hg. von KARL GABRIEL [u. a.]. Paderborn [u. a.] 2012, S. 243–267. Zu Traditionsbrüchen und den veränderten Bedingungen im religiösen Feld in Deutschland siehe THOMAS GROSSBÖLTING: Der verlorene Himmel. Glaube in Deutschland seit 1945. Göttingen 2013.

[14] Vgl. hierzu exemplarisch die Studie von STEPHANIE ARMER: Friedenswahrung, Krisenmanagement und Konfessionalisierung. Religion und Politik im Spannungsfeld von Rat, Geistlichen und Gemeinde in der Reichsstadt Ulm 1554–1629. Stuttgart 2015 (Forschungen zur Geschichte der Stadt Ulm 35). Ähnliche Beobachtungen lassen sich auch für das Hochstift Würzburg finden bei HANNA BROMMER: Rekatholisierung mit und ohne System. Die Hochstifte Würzburg und Bamberg im Vergleich (ca. 1555–1700). Göttingen 2014; HANS-WOLFGANG BERGERHAUSEN: Protestantisches Leben in Würzburg während des 16. Jahrhunderts. Eine Annäherung. Begleitband zur Ausstellung des Stadtarchivs. Würzburg 2017 sowie ROBERT MEIER: Julius Echter 1545–1617. Würzburg 2017, hier bes. S. 97–110, und für einen Augsburger Goldschmied BERND ROECK: Ketzer, Künstler und Dämonen. Die Welten des Goldschmieds David Altenstetter. Eine Geschichte aus der Renaissance. München 2009.

und Menschen, die sich diesem Druck widersetzt haben, auch durchaus zur Auswanderung genötigt haben. Letzteres scheint vor allem im Alten Reich ein Problem für Lutheraner gewesen zu sein. Im europäischen Vergleich sind aber auch Katholiken dazu gedrängt worden, aufgrund ihres Bekenntnisses zu migrieren, so etwa Katholiken aus England, die in Frankreich oder Flandern Exulantengemeinden gebildet haben. Insofern verstärkte konfessionell bedingte Migration die konfessionelle Homogenisierung an einem Ort, förderte aber zugleich auch multikonfessionelle Verhältnisse andernorts.[15] Jedenfalls entwickelte sich der Kontinent zu einem Raum, der von Konfessionsgrenzen durchzogen war, in dem Konfessionsunterschiede und verschiedene konfessionelle Lebenswelten auf engstem Raum erfahren werden konnten: „Throughout the early-modern period, from the century of Luther and Calvin to the age of Locke and Voltaire, people travelling through Europe often remarked on the number of religious communities they observed living in close proximity."[16]

Deswegen lohnt es einen Blick darauf zu werfen, in welcher Weise die Koexistenz unterschiedlicher konfessioneller Gruppen im Alten Reich und anderswo in Europa geregelt worden ist. Schließlich bedeutete die Verschiedenheit der Bekenntnisse innerhalb einer bestimmten Gesellschaft immer ein erhebliches Maß an Spannungen. Diese zu minimieren und einzudämmen, war eine Herausforderung, der sich der Landesherr, aber unter Umständen auch die Landstände zu stellen hatten. Dabei ist zu fragen, in welcher Weise das Zusammenleben unterschiedlicher Konfessionen in den einzelnen Territorien des Reichs oder europäischen Ländern geregelt wurde. Überall hat es unterschiedliche Verfahren gegeben, in denen nicht eine theologische Lösung des Problems gesucht wurde, in denen die Wahrheitsfrage ausgeklammert blieb. Es handelt sich zumeist um politische Kompromisse und soziale Ausgleichssysteme, die zum Ziel hatten, dem Zusammenleben von Angehörigen unterschiedlicher Bekenntnisse eine normierende Grundlage zu geben. Dabei sind in das Handeln der Akteure des 16. Jahrhunderts natürlich nicht systematische Verfahren oder Rechtsentwicklungen hineinzuinterpretieren.

---

[15] HARALD STOCKERT: „Ein öffentliches Asyl für alle Völker und Nationen"– Beobachtungen zur Toleranz in Mannheim in der 2. Hälfte des 17. Jahrhunderts. In: Duldung religiöser Vielfalt – Sorge um die wahre Religion. Toleranzdebatten in der Frühen Neuzeit. Hg. von SASCHA SALATOWSKY und WINFRIED SCHOEDER. Stuttgart 2016 (Friedenstein-Forschungen 10), S. 259–279 und ALEXANDER SCHUNKA: Sind Migranten toleranter? Religiöse Freistellung, konfessioneller Migrationen und Bekenntnispluralität im ‚langen' 17. Jahrhundert. In: ebd., S. 284–302.

[16] S. SCOTT DIXON: Introduction: Living with Religious Diversity in Early-Modern Europe. In: DIXON [u. a.] (Hg.), Living with Religious Diversity [Anm. 10], S. 1–20, hier S. 1. Siehe dazu ferner STEFAN EHRENPREIS: Mischkonfessionalität und Konfessionalisierungsforschung. Konzeptionelle Überlegungen. In: Das Konfessionalisierungsparadigma. Leistungen, Probleme, Grenzen. Hg. von THOMAS BROCKMANN und DIETER J. WEISS. Münster 2013 (Bayreuther Historische Kolloquien 18), S. 117–126.

Die Erfahrung konfessioneller Differenz prägte viele Reiseberichte der Frühen Neuzeit. Durch akademischen Austausch und die Reisen von Händlern waren die Verhältnisse in den unterschiedlichen europäischen Ländern bekannt.[17] Und durch Reisende war der Umgang mit dem konfessionell Anderen nicht nur auf Grenzregionen und durch besonders komplexe gemischtkonfessionelle Verhältnisse geprägte Regionen beschränkt. Insofern ist der Umgang mit der Pluralität der Konfessionen ein äußerst vielschichtiger. Er kann auf der Ebene des Dorfes und der Herrschaft betrachtet und genauso im gelehrten Diskurs wie in der Alltagswelt von Handwerkern und Kaufleuten beobachtet werden.

2. Toleranz vor der Aufklärung?

In diesem Kontext muss darauf aufmerksam gemacht werden, dass in den Jahrzehnten nach der Reformation zwar das Wort ‚tolerieren' aus dem lateinischen in den deutschen Sprachschatz eingegangen ist, wir aber keineswegs von einer Bedeutung ausgehen können, wie wir sie heute – nachdem wir durch das Zeitalter der Aufklärung gegangen sind – im allgemeinen vor Augen haben, wenn jemand von Toleranz spricht.[18] Das lateinische Verb *tolere* ist mit ‚erdulden', ‚ertragen' ins Deutsche zu übersetzen. Wo auch immer sich verbindliche Regelungen der Multikonfessionalität in nachreformatorischer Zeit finden lassen, entsprechen diese nicht modernen Vorstellungen von Toleranz, die weit über das ‚Ertragen', die reine Duldung von anders Denkenden und anders Glaubenden hinausgehen, ja Vorstellungen von Gleichberechtigung implizieren. Auch hinsichtlich der Toleranz gibt es die Tendenz, moderne, von der Aufklärung geprägte Vorstellungen in die vormodernen Jahrhunderte zu transferieren und Phänomene mit dem Begriff zu belegen, die keineswegs dem vollständigen modernen Inhalt entsprechen. Misstrauen ist zum Beispiel angebracht, wenn im Kontext von Fortschrittsdiskursen etwa vom Toleranzedikt von Nantes oder der Toleranz des sogenannten Großen Kurfürsten Friedrich Wilhelm von Preußen die Rede ist.[19] In seinen in der historischen Erinnerungskultur durchaus populären Edikten ging es ihm weniger um die Gleichstellung der Lutheraner mit

[17] Verwiesen sei an dieser Stelle vor allem auf CHRISTOPH NEBGEN: Konfessionelle Differenzerfahrungen. Reiseberichte vom Rhein (1648–1815). München 2014 (Ancien Régime, Aufklärung und Revolution 40).

[18] Siehe dazu den Essay von FRANCO BUZZI und MARKUS KRIENKE: Toleranz und Religionsfreiheit in der Moderne. Mit einem Beitrag von FRANÇOIS BOESPFLUG und einem Nachwort von HEINRICH SCHMIDINGER. Stuttgart 2017, hier insbes. auch das Nachwort von SCHMIDINGER, S. 120f.

[19] FRANK KLEINEHAGENBROCK: Friedrich Wilhelm, der Große Kurfürst (1620–1688). Konfessionsstreit und Politik. In: Protestantismus in Preußen. Lebensbilder aus seiner Geschichte. Bd. 1: Vom 17. Jahrhundert bis zum Unionsaufruf 1817. Hg. von ALBRECHT BEUTEL. Frankfurt a. M. 2009, S. 87–104.

den Reformierten, als vielmehr darum die partielle Anpassung von Lutheranern an reformierte Glaubenslehre zu erzwingen, so zum Beispiel wenn den Lutheranern die Vortragekreuze bei Beerdigungen oder der Exorzismus bei Taufen verboten wurden. Und auch John Lockes Briefe über die Toleranz mühten sich zwar vor allem um andere protestantische Denominationen, wie es den Notwendigkeiten whiggistischer Politik im England der 1670er und 1680er Jahre entsprach, konnten sich aber insgesamt nicht freimachen von konfessionellen Vorurteilen der englischen Gesellschaft. Katholiken und Atheisten durften sich von Locke keineswegs einbezogen fühlen und wurden schließlich im Toleration Act von 1689 tatsächlich nicht geduldet und weiterhin von der Übernahme öffentlicher Ämter ausgeschlossen.[20]

Schon zur Zeit der Verhandlungen zum Augsburger Religionsfrieden für das Alte Reich zielte die vor allem von Reformierten vorgetragene Forderung nach allgemeiner Gewissensfreiheit mehr darauf ab, die ungestörte Entfaltung der eigenen Lehre zu ermöglichen als den Katholiken dieselbe zu gewähren.[21] Gleichwohl kritisiert diese Position das 1555 festgeschriebene Ius reformandi der Landesherren und spricht ihnen das Recht auf Einflussnahme auf das Bekenntnis ihrer Untertanen ab.[22] Ungeachtet der in diesem Zusammenhang eher schillernden Verwendung des Wortes ‚Toleranz' hat das Konfessionelle Zeitalter eine ganz wesentliche Voraussetzung für die moderne Religionsfreiheit in Deutschland geschaffen. Das Alte Reich begegnete den konkurrierenden Wahrheitsansprüchen der beiden (später drei) anerkannten Konfessionsparteien – Katholiken, Lutheraner (und Reformierte) – mit der Garantie zur sicheren Entfaltung von Kirchenlehren und -strukturen im öffentlichen Raum und somit dem Schutz der Bekenntnisausübung des einzelnen.[23]

---

20 GERHARD BESIER: Toleranz. In: Geschichtliche Grundbegriffe. Historisches Lexikon zur politisch-sozialen Sprache in Deutschland. Hg. von OTTO BRUNNER [u. a.]. Bd. 6. Stuttgart 1990, S. 445–523, hier S. 499 (mit Bezug zu John Lockes erstem ‚Letter Concerning Toleration' von 1689). Diese Ansicht vertritt auch KATRIN STÖCKL: Der „Letter concerning Toleration" von John Locke. Diss. jur. Regensburg 2012 [URL: https://epub.uni-regensburg.de/27939/1/Dissertation_final_ohnePasswort_10.03.pdf [20.07.2019], S. 143–149 (wobei im übrigen die hier angebotene Analyse von Lockes Werk nicht vollständig überzeugen kann). HUGH TREVOR-ROPER: Toleration and Religion after 1688. In: From Persecution to Toleration. The Glorious Revolution and Religion in England. Hg. von OLE PETER GRELL [u. a.]. Oxford 1991, S. 389–408, betont die uneinheitlichen Effekte der Toleration Act von 1689 und stellt fest, „reality was milder than the law" (S. 400).

21 MARTIN HECKEL: Vor der „Freiheit eines Christenmenschen" zur pluralistischen Religionsfreiheit. In: ders.: Gesammelte Schriften. Staat, Kirche, Recht, Geschichte. Hg. von KLAUS SCHAICH. Bd. VI. Tübingen 2013, S. 357–378, hier S. 359f.

22 Hans R. GUGGISBERG: Wandel der Argumente für religiöse Toleranz und Glaubensfreiheit im 16. Und 17. Jahrhundert. In: Zur Geschichte der Toleranz und Religionsfreiheit. Hg. von HEINRICH LUTZ. Darmstadt 1977 (Wege der Forschung 246), S. 455–481, hier S. 462.

23 Dieses Prinzip hat sich im modernen Verfassungsstaat erhalten: HECKEL, Von der „Freiheit eines Christenmenschen" [Anm. 21], S. 363.

Insofern hatte die Reformation nämlich zur Folge, dass sich der Staat in seinen frühneuzeitlichen Ausformungen und Kirchen zunehmend trennten, wobei nicht übersehen werden darf, dass bis weit ins 19. Jahrhundert hinein aus heutiger Sicht bürgerliche, zivilgesellschaftliche und kirchliche Institutionen aufs engste miteinander verwoben waren. Dies gilt insbesondere für Städte und Dörfer. Die Gemeinde, als Produkt kommunalistischer Entwicklungen seit dem Spätmittelalter, kannte eben auch Ämter, die wir heute der kirchlichen Sphäre zuordnen würden. Vor allem kannte sie die im wesentlichen im hohen Mittelalter entstandene und dann im Spätmittelalter weiter ausdifferenzierte Pfarreistruktur, die nach der Reformation zwar mancherorts wie etwa in Kursachsen verändert und angepasst wurde, die aber doch räumlich prägend blieb. Küster, Totengräber und Lehrer wurden aus Gebühren bezahlt. Jeder, der zu einer Gemeinde, zu einer Pfarrei gehörte, bezahlte den Totengräber für seine Dienste oder trug zum Unterhalt des Lehrers bei. Starb er, hatten seine Angehörigen die Leistungen des Totengräbers zu bezahlen. Was aber, wenn der Tote nun einem anderen Bekenntnis angehörte als dem des Pfarrers der Kirche und der Mehrheit der Bevölkerung? Wer war zuständig für eine Taufe? Diese auf alltägliche Lebenswelten zielenden Fragen, die auf ganz praktische Probleme verweisen, erschwerten etwa die Neugründung von Pfarreien in der Zeit der Konfessionalisierung. Man konnte die Lutheraner beziehungsweise die Katholiken nicht einfach in eine eigene Pfarreistruktur entlassen, ohne die bürgerlichen Zusammenhänge zu stören. Denn zwei Totengräber konnte man sich oftmals nicht leisten, und die bekenntnismäßige Abwanderung eines Teils von Einwohnern hätte diesen den Lebensunterhalt genommen.[24]

3. Trikonfessionalität im Alten Reich

Damit ist ein ganz wesentlicher Konflikt bei der Auslegung des Westfälischen Friedens angesprochen. Dieser steht in der Tradition des Augsburger

---

[24] FRANK KLEINEHAGENBROCK: Die Erhaltung des Religionsfriedens. Konfessionelle Konflikte und ihre Beilegung im Alten Reich nach 1648. In: Historisches Jahrbuch 126 (2006), S. 135–156, hier bes. S. 135–138; ders.: Konservierung oder Weiterentwicklung des Religionsfriedenssystems von 1648? Das Reichskammergericht in den Konflikten um die Besitzstände der Konfessionsparteien. In: Das Reichskammergericht im Spiegel seiner Prozeßakten. Bilanz und Perspektiven der Forschung. Hg. von FRIEDRICH BATTENBERG und BERND SCHILD. Köln [u. a.] 2010 (Quellen und Forschungen zur höchsten Gerichtsbarkeit im alten Reich 57), S. 179–196; ders.: Ideen von 1648? Reichsverfassungsrecht als Quelle politischer Ideengeschichte. In: Geschichte der Politik. Alte und neue Wege. Hg. von HANS-CHRISTOF KRAUS und THOMAS NICKLAS. München 2007 (Historische Zeitschrift, Beiheft 44), S. 399–419. – Vgl. dazu mit anderen Beispielen: WOLFGANG WÜST: An der Konfessionsgrenze: Der Frühmoderne „Ernstfall" – für Aufklärung, Toleranz und Pluralismus. In: Religiöser Pluralismus und Toleranz in Europa. Hg. von CHRISTIAN AUGUSTIN [u. a.]. Wiesbaden 2006, S. 53–68 oder STOCKERT, Beobachtungen zur Toleranz in Mannheim [Anm. 15].

Religionsfriedens, bestätigt diesen und modifiziert ihn zugleich. Die Veränderungen betreffen vor allem die Regelungen von konfessioneller Pluralität, nicht zuletzt in Hinblick auf den Schutz konfessioneller Minderheiten. Das Normaljahr regelte mit dem Stichtag 1. Januar 1624 den konfessionellen Besitzstand beziehungsweise fror diesen ein. Auf diese Weise wurde das Ius reformandi der Landesherren, das ihnen der Augsburger Religionsfriede gewährt hatte, ausgehebelt. Konvertierte ein Herrscher in den Jahren nach dem Dreißigjährigen Krieg, wurde er zumeist katholisch, weil ihn dies in größere politische Nähe zum Kaiser brachte, seine Untertanen mussten diesen Schritt nicht nachmachen, der Kirchenbesitz und die Kirchenordnung hatten unangetastet zu bleiben. Bemühungen um die Etablierung katholischer Gemeinden im Umfeld der Höfe von Konvertiten waren von heftigen Auseinandersetzungen begleitet, die insbesondere für Lutheraner trotz Beibehaltung der bestehenden Pfarrei eine anderskonfessionelle Neugründung unmöglich machten.

Die Duldung eines anderen Bekenntnisses war also mehr als ein wohlwollender Akt, sondern musste immer mit dem beiderseitigen Willen verbunden sein, das Zusammenleben zu regeln und den Regeln eine breite gesellschaftliche Akzeptanz zu vermitteln. Im Heiligen Römischen Reich bedeutete dies eine Säkularisierung des Reichsrechts – nicht der Gesellschaft insgesamt[25] –, die nicht Selbstzweck, sondern „Mittel zur gleichzeitigen theologischen Existenzsicherung und paritätischen Entfaltungsfreiheit" war.[26]

Dabei war das Reichsverfassungsrecht in Konfessionsangelegenheiten durchaus komplex und von der Bipolarität von Kaiser und Reichsständen gekennzeichnet. Der Augsburger Religionsfriede stellte einen politisch-rechtlichen Ausgleich der anerkannten Religionsparteien, zunächst nur der Katholiken und Lutheraner, dar.[27] Erst in den Westfälischen Frieden wurden auch die Reformierten integriert.[28] Eigentlich nur die Reichsstände genossen

---

[25] Siehe dazu auch die Ausführungen zum „religionsneutralen Staat" von ARNOLD ANGENENDT: Toleranz und Gewalt. Das Christentum zwischen Bibel und Schwert. 5. Aufl. Münster 2009, S. 336–340.

[26] MARTIN HECKEL: Deutschland im konfessionellen Zeitalter. 2. Aufl. Göttingen 2001, S. 53; ders.: Vom Religionskonflikt zur Ausgleichsordnung. Der Sonderweg des deutschen Staatskirchenrechts vom Augsburger Religionsfrieden 1555 bis zur Gegenwart. München 2007 (Bayerische Akademie der Wissenschaften, Philos.-Hist. Kl. Abhandlungen N. F. 10), S. 28f., sowie ausführlicher ders.: Das Problem der „Säkularisation" in der Reformation. In: ders.: Gesammelte Schriften. Staat, Kirche, Recht, Geschichte. Bd. III. Hg. von KLAUS SCHAICH. Tübingen 1997, S. 204–229.

[27] Zum Augsburger Religionsfrieden ist vor allem die Monographie von AXEL GOTTHART heranzuziehen: Der Augsburger Religionsfriede. Münster 2004. An dieser Stelle sei zudem auf den von WOLFGANG WÜST [u. a.] herausgegebenen Sammelband: Der Augsburger Religionsfriede 1555. Ein Epochenereignis und seine regionale Verankerung. Augsburg 2005, verwiesen.

[28] Zum Westfälischen Frieden ist nach wie vor auf das Werk von FRITZ DICKMANN: Der Westfälische Frieden. 7. Aufl. Münster 1998, zu verweisen, das freilich mit den Er-

nach 1555 Religionsfreiheit. Ihre Entscheidung für die eine oder die andere Konfession galt auch für die Untertanen und Einwohner ihrer Herrschaften (Ius reformandi). Bei den Lutheranern ersetzten sie die Funktion der Bischöfe, deren Jurisdiktion in protestantischen Territorien aufgehoben wurde. Durch die Suspension der episkopalen Rechte und damit auch externer Einflussmöglichkeiten sowie über den Ausbau von Landeskirchen einschließlich der Kontrolle über kirchlichen Besitz und der Regelungskompetenz über Kirchenordnungen stärkten die Reichsstände ihre Position im Reich. Zur Festigung seiner eigenen Stellung konnte der Kaiser durchsetzen, dass in Fürstbistümern und Fürstabteien nur ein Katholik zum Landesherrn gewählt werden konnte (Geistlicher Vorbehalt). Das im Gegenzug den Lutheranern gemachte Zugeständnis, dass in den geistlichen Territorien protestantische Untertanen und Einwohner ihr Bekenntnis ungehindert ausleben konnten, wurde nicht in den Reichsabschied von 1555, der den Religionsfrieden enthält, aufgenommen. Der Geist dieser Einigung zwischen den Religionsparteien ist vor allem an gemischtkonfessionellen Reichsstädten zu erkennen, deren innere Strukturen paritätisch wurden. Das heißt, dass etwa Ämter und gemeindliche Funktionen zwischen den Anhängern Roms und den Angehörigen der Augsburger Konfession genau aufgeteilt wurden. Dennoch schützen die Reichsgrundgesetze jeden einzelnen Bewohner des Alten Reiches und garantierten ihm individuelle Rechte in Konfessionsangelegenheiten.[29]

Der Augsburger Religionsfriede wies den Weg in das Nebeneinander der Konfessionen im Heiligen Römischen Reich. Dieser war steinig. Zahlreiche Auslegungsstreitigkeiten, wie etwa die Frage nach der Rechtmäßigkeit der Säkularisierung von Kirchengut nach Abschluss des Passauer Vertrages führten zu erheblichen Konflikten, die die Reichsinstitutionen jahrelang in Beschlag nehmen konnten und zu den Ursachen und Anlässen für den Dreißigjährigen Krieg zu zählen sind. An dessen Ende stand der Westfälische Friede als Bestätigung und Weiterentwicklung des Augsburger Re-

---

gebnissen neuerer Forschungen konfrontiert werden muss. Siehe dazu die aktuelle Übersicht bei SIEGRID WESTPHAL: Der Westfälische Frieden. München 2015 (mit Literaturübersicht S. 120–124).

[29] Dabei ist nicht allein auf das schwache und für Missbrauch anfällige Ius emigrandi des Augsburger Religionsfriedens zu verweisen, in dem MARTIN HECKEL ein „erstes allgemeines Grundrecht“ erkennt (Deutschland im konfessionellen Zeitalter [Anm. 26], S. 48); siehe ferner etwa MATTHIAS ASCHE: Auswanderungsrecht und Migration aus Glaubensgründen – Kenntnisstand und Forschungsperspektiven zur ius emigrandi-Regelung des Augsburger Religionsfriedens. In: Der Augsburger Religionsfrieden 1555. Wissenschaftliches Symposium aus Anlaß des 450. Jahrestages des Friedensschlusses, Augsburg 21. bis 25. September 2005. Hg. von HEINZ SCHILLING und HERIBERT SMOLINSKY. Münster 2007, S. 75–104; FRANK KLEINEHAGENBROCK: Möglichkeiten und Grenzen von konfessioneller Toleranz im System der Verfassung des Heiligen Römischen Reiches. In: (In)tolerance v evropkých dějinách / (In)tolerance in European History. Hg. von PETER HLAVÁČEK [u. a.]. Prag 2011 (Europeana Pragensia 3), S. 194–211.

ligionsfriedens. Dessen Grundsätze waren im Alten Reich weitgehend anerkannt, sie stellten zum einen eine vom Kaiser, den einzelnen Reichsständen, Reichsinstitutionen wie Reichstag, Reichkammergericht und Reichshofrat zu beachtende Ordnung der Multikonfessionalität dar und brachten zum anderen zugleich geregelte Praktiken im Nebeneinander der drei anerkannten Konfessionen hervor. Diese mussten bis zum Ende des Alten Reiches 1806 immer aufs Neue verteidigt werden, denn das geschilderte Ideal funktionierte nicht durchgehend und wurde immer wieder herausgefordert.[30] Vor allem „[d]ie barocken Fürsten sahen sich in ihrem Selbstverständnis und in ihrer Politik immer weniger gehindert, die Religionsverhältnisse ihrer Territorien nach eigenem Gutdünken weiterzuentwickeln."[31]

4. Regelungen zur konfessionellen Pluralität in Europa im 16. und 17. Jahrhundert: ein vergleichender Überblick

Neben den fundamentalrechtlichen Regelungen zur konfessionellen Parität im Heiligen Römischen Reich, die zunächst im Augsburger Religionsfrieden von 1555 fixiert und dann 1648 im Westfälischen Frieden weiterentwickelt wurden, gab es in Europa weitere Rechtsgrundlagen für das Zusammenleben von Angehörigen mehrerer Konfessionen, von denen einige im folgenden knapp skizziert werden sollen. Es soll dabei weniger um eine genaue Analyse von Reformationsprozessen gehen, noch sollen alle Details von Aushandlungsprozessen und Normen referiert werde. Vielmehr geht es darum, Grundprinzipien der unterschiedlichen Duldungssysteme vorzustellen, um die Bedingungen von Multikonfessionalität in der Frühen Neuzeit zu erkennen.

Noch vor dem Augsburger Religionsfrieden regelte in der Eidgenossenschaft der Zweite Kappeler Landfrieden von 1531 das Zusammenleben von Altgläubigen und Anhängern Zwinglis.[32] Dieser Friedensschluss folgte zwar dem Sieg der katholischen Seite, weswegen sich Bern und andere reformierte Orte gezwungen sahen, dem Frieden beizutreten. Dennoch stellte er eine verbindliche vertragliche Existenzsicherung für reformierte Gemeinden dar. Quasi paritätisch scheinende Verhältnisse wurden in den Gemeinen Herrschaften geschaffen, wo die Konfessionsentscheidung in der Regel an

[30] Der Westfälische Friede wirkt bis heute – nicht nur wegen seiner Regelungen in Konfessionsfragen – auf politische Debatten inspirierend: PATRICK MILTON [u. a.]: Towards a Westphalia for the Middle East. Oxford 2018.

[31] DIETMAR WILLOWEIT: Mehrkonfessionalität. Der deutsche Weg zur Toleranz 1648–1806. In: Luther und die Deutschen. Begleitband zur Nationalen Sonderausstellung auf der Wartburg. 4. Mai – 5. November, Eisenach 2017, S. 50–55, hier S. 54.

[32] LEONHARD VON MURALT: Renaissance und Reformation. In: Handbuch der Schweizer Geschichte. Bd. 1. Zürich 1972, S. 389–570, hier bes. S. 526f.; HELMUT MEYER: Der zweite Kappeler Krieg. Die Krise der Schweizerischen Reformation. Zürich 1976, S. 220–314; PETER BLICKLE: Die Reformation im Reich. 2. Aufl. Stuttgart 1992, S. 164ff.

mehreren Herren hing. So war die katholische Seite bessergestellt, und die Reformierten waren Beschränkungen unterworfen. Ihnen war nicht zuletzt als unmittelbare Kriegsfolge die Aufhebung ihrer militärischen Bündnisse und somit eine langfristige Behinderung ihrer politischen Handlungsfähigkeit auferlegt. Ferner gab es Beschränkungen der weiteren Ausbreitung der protestantischen Lehre, eine Konversion war nur vom evangelischen zum katholischen Bekenntnis möglich. Zudem gab es eine Vielzahl von Rekatholisierungsversuchen. Einen Zwang zur Rückkehr zum alten Glauben gab es indes nicht, und der Zweite Kappeler Landfrieden konnte so eine Schutzwirkung entfalten, die den Fortbestand und die Weiterentwicklung des Reformiertentums in der Eidgenossenschaft ermöglichte. Gestärkt durch die Confessio Helvetica prior von 1536, eine gemeinsame Bekenntnisschrift, und den Consensus Tigurinus, der einen Ausgleich zwischen Anhängern Zwinglis und Calvins in der Abendmahlsfrage herstellte, konnte die evangelische Seite über alle zwischenzeitlichen Konflikte hinweg bis zum Vierten Kappeler Landfrieden von 1712 ihre Position sogar verbessern.

Bis zur Rückeroberung durch die Habsburger im 18. Jahrhundert zeichnete sich auch Siebenbürgen durch ein geregeltes Nebeneinander der Konfessionen aus.[33] Nach dem Zerbrechen Ungarns infolge der verlorenen Schlacht bei Mohácz im Jahre 1526 entstand Siebenbürgen als Fürstentum unter der Hoheit des Sultans und mit relativ eigenständiger innerer Entwicklung. 1528 wurde es durch den Friedensvertrag zwischen Sultan Süleyman I. (1494/96?–1566) und Johann Zápolya (1487–1540) aus der habsburgischen Herrschaft gelöst. Die Bevölkerung des Fürstentums setzte sich nicht nur aus sozialen Gruppen mit unterschiedlicher kultureller Prägung, sondern nach der Reformationsperiode auch aus unterschiedlichen christlichen Denominationen zusammen: aus Ungarn, die reformiert, unitarisch oder katholisch waren, aus deutschsprachigen Sachsen, die lutherisch waren, sowie aus griechisch-orthodoxen Rumänen mit rechtlichem Sonderstatus. Die po- litische Situation verursachte einen erheblichen Druck zur inneren Einigung. Schon 1558 legten die Landtage von Thorenburg und Weißenburg in Anlehnung an den Augburger Religionsfrieden fest, dass Katholiken und Lutheraner ihr Bekenntnis frei ausleben dürften. Der Landtag von Thorenburg von 1568 gewährte schließlich den vier rezipierten Konfessionen (Katholiken, Lutheranern, Reformierten und Unitariern) Religionsfreiheit und den Orthodoxen Duldung. Die Landtagsabschiede bemühten sich um Wah-

[33] LUDWIG BINDER: Grundlagen und Formen der Toleranz in Siebenbürgen bis zur Mitte des 17. Jahrhunderts. Köln, Wien 1976 (Siebenbürgisches Archiv 11), S. 45–56 u. 66–98; GÁBOR BARTA: Bedingungsfaktoren zur Entstehung religiöser Toleranz im Siebenbürgen des 16. Jahrhunderts. In: Luther und Siebenbürgen. Ausstrahlungen von Reformation und Humanismus nach Südosteuropa. Hg. von GEORG WEBER. Köln [u. a.] 1985, S. 229–241; MÁRTA FATA: Ungarn, das Reich der Stephanskrone, im Zeitalter der Reformation und Konfessionalisierung. Multiethnizität, Land und Konfession 1500 bis 1700. Münster 2000, hier bes. S. 97–118.

rung des gesellschaftlichen Friedens, was freilich eine Reihe von lokalen Konflikten nicht verhinderte. Bemerkenswert bleibt die Integration der Unitarier, die sich vom Trinitätsdogma distanzierten und in der Reformationsgeschichte Ostmitteleuropas im 16. und 17. Jahrhundert eine beachtliche Rolle spielten.

Auch in den übrigen Teilen Ungarns verbreiteten sich nach der Schlacht bei Mohácz lutherische und reformierte Lehren.[34] ‚Reformiert' verweist in diesem Zusammenhang zwar auch auf die Rezeption der Lehren Jean Calvins, starke Impulse gingen jedoch auch von Zürich aus, so dass für Ungarn auch von der helvetischen Konfession gesprochen wird.[35] Das trifft sowohl für die den Habsburgern verbliebenen Randgebiete von der heutigen Slowakei bis nach Kroatien zu wie für das osmanisch besetzte Gebiet. Während die habsburgischen Könige trotz aller Widerstände gegenreformatorische Maßnahmen ergriffen, drangen im osmanisch besetzten Gebiet hingegen recht ungehindert reformierte Prediger, die vom magnatischen Adel gefördert wurden, in das Vakuum vor, das dadurch entstand, dass Bischofsstühle vakant und keine neuen Priester geweiht wurden.[36] Katholische Seelsorge wurde so vermehrt von Franziskanern und Jesuiten übernommen. Wahrscheinlich rund 90 % der ungarischen Bevölkerung hatten sich bis ins 17. Jahrhundert hinein der Reformation nach eidgenössischem Vorbild zugewandt. Die osmanische Herrschaft konnte sich eher mit den Protestanten als den Katholiken arrangieren. Es gab zwar keinen Konversionszwang, aber dennoch waren der Entfaltung christlichen Lebens Grenzen gesetzt. Das Zeigen christlicher Symbole war verboten, Gottesdienste durften nur in Vierteln mit überwiegend christlicher Bevölkerung gefeiert und neue Kirchen nicht errichtet werden. Dies alles verfolgte das Ziel der allmählichen Zurückdrängung der Christen insgesamt, führte jedoch auch zu interkonfessionellen Kooperationen und simultanen Kirchennutzungen. Unter diesen ganz anderen Voraussetzungen war das osmanisch besetzte Ungarn von einer Duldung unterschiedlicher Bekenntnisse geprägt.

---

34 FATA, Ungarn, das Reich der Stephanskrone [Anm. 33], S. 118–125.

35 TAMÁS JUHÁSZ: *Mirabilis est cursus verbi Dei!* Die Entwicklung des Helvetischen Bekenntnisses in Ungarn und Siebenbürgen. In: Calvin und Reformiertentum in Ungarn und Siebenbürgen. Helvetisches Bekenntnis, Ethnie und Politik vom 16. Jahrhundert bis 1918. Hg. von MÁRTA FATA und ANTON SCHINDLING. Münster 2010, S. 63–78; JULIANE BRANDT: Konfessionelle Existenz in einem rechtlich abgestuften Raum und Religionsausübung als Raumerfahrung. Ungarn im späten 17. und im 18. Jahrhundert. In: Formierung des konfessionellen Raumes in Osteuropa. Hg. von EVELIN WETTER. Stuttgart 2008, S. 297–318.

36 MARKUS KOLLER (unter Mitarbeit von PETER MARIO KREUTER): Südosteuropa im Zeichen imperialer Herrschaft: das Osmanische Reich vom 16. bis zum 18. Jahrhundert. In: Geschichte Südosteuropas. Vom frühen Mittelalter bis zur Gegenwart. Hg. von KONRAD CLEWING und OLIVER JENS SCHMITT. Regensburg 2011, S. 214–292, hier bes. S. 254–274.

Auch in Polen und Litauen wurde die Reformation sehr früh rezipiert und fand insbesondere beim Adel Zuspruch.[37] Durch die Hinwendung zur Reformation versuchte der polnische Adel, seine Position gegenüber dem König, der ja nach dem Tod des letzten Jagiellonen, Sigismund II. August (1520–1572), vom Adel gewählt wurde, zu stärken und eigene Privilegien auf Kosten des Klerus auszubauen. Während zunächst eher lutherische Lehre Verbreitung fand, traten später die Anhänger der Lehren Jean Calvins hinzu. Wie in Ungarn spielten auch in der Reformationsgeschichte Polens Unitarier eine Rolle, hinzu kamen Böhmische Brüder. Die Regelungen des konfessionellen Miteinanders orientierten sich auch hier zunächst am Augsburger Religionsfrieden. So wurde 1555 in dem Interim von Petrikau dem protestantischen Adel eine Reihe von Zugeständnissen gemacht, die wesentliche Elemente protestantischer Lehre und Glaubenspraxis schützten, bis ein Nationalkonzil eine Lösung für die strittigen Religionsangelegenheiten bringen würde. Gleichwohl blieb die Position der Protestanten in der folgenden Zeit nicht unbestritten. 1573 veränderte sich die Lage: Die anstehende Königswahl gewann Henri de Valois (1551–1589), der Bruder des französischen Königs Karl IX. (1550–1574). Mit der Wahl formierte sich die polnische Adelsrepublik, die Rzeczpospolita.

Der neue König hatte in den bis zur letzten Königswahl 1764 geltenden Articuli Henriciani die Rechte des polnischen Adels zu bestätigen (freie Königswahl, starke Bindung des königlichen Handelns an den regelmäßig tagenden Sejm). Dieses Dokument wurde jeweils um eine Wahlkapitulation, die Pacta Conventa, ergänzt. Unter dem Eindruck der Ereignisse der Bartholomäusnacht vom 23. auf den 24. August 1572 beriet eine Generalföderation während des die Königswahl vorbereitenden Sejms über ein Edikt, welches das Zusammenleben der Konfessionen in Polen regeln sollte. Darin heißt es, *das Wir Uns obschon ungleich in Geistlichen gewissens sachen gesint/ des lieben Friedens untereinander befleissen/ und wegen uebung dieser oder jener religion/ oder enderung des Gottesdienstes kein Menschen Blutt zu irgend einer zeit vergissen wollen*.[38] Die Konföderationsakte, die schließlich Teil der Articuli Henriciani wurde, gewährte wohl die am weitesten reichende ‚Toleranz' im Europa des Reformationsjahrhunderts, schloss aber eigentlich nur die vergleichsweise breite Adelsschicht in Polen und das litau-

---

[37] GOTTFRIED SCHRAMM: Der polnische Adel und die Reformation 1548–1607. Wiesbaden 1965; JANUSZ TAZBIR: Geschichte der polnischen Toleranz. Warszawa 1977; CHRISTOPH SCHMIDT: Auf Felsen gesät. Die Reformation in Polen und Livland. Göttingen 2000; ALFONS BRÜNING: *Unio non est unitas*. Polen-Litauens Weg im konfessionellen Zeitalter (1569–1648). Wiesbaden 2008 (Forschungen zur osteuropäischen Geschichte 72).

[38] Von der Konföderationsakte erschienen rasch Drucke in deutscher Sprache: *Confoederations Articul Der Gesambten Polnischen ReichsStände, welche Anno 1573 Bey wehrendem Interregno Auff allgemeinem Landtage zu Warsaw geschlossen, Und zu unverbrüchlicher Festhaltung offentlich und gantz Eyferig Beschworen worden*. O. O., o. J. [Anf. 17. Jahrhundert], Art. V.

ische Bürgertum ein. Immerhin war sie Teil eines grundlegenden verfassungsrechtlichen Dokuments.

Da in Polen seit dem ausgehenden 16. Jahrhundert die Gegenreformation immer weiter vordrang, verlor die Konföderationsakte an Geltungskraft. Ihre Deutung geriet immer mehr in den Sog von Propaganda, die das Königreich Polen-Litauen sowie den König in Misskredit bringen sollte. Katholischerseits wurde Polen als Hort der Häresie diffamiert. Im Bereich der Herrschaft des polnischen Königs kam es durchaus immer wieder zu Konflikten mit protestantischen Bevölkerungsgruppen, die oftmals deutschsprachig waren und deren Fürsprecher der Kurfürst von Brandenburg und König in Preußen war. Dies trifft besonders auf das Preußen königlichen Anteils zu, einem quasi autonomen Teil der Rzeczpospolita, in dem aufgrund der offenen Religionspolitik König Sigismunds II. August Mitte des 16. Jahrhunderts durchaus breite Bevölkerungsschichten protestantisch gesonnen waren.[39] Es kamen auch anderswo verfolgte konfessionelle Minderheiten ins Land, wie etwa Mennoniten, die an der Weichselmündung siedelten. Hier luden sich auf lange Sicht die konfessionell grundierten Konflikte wegen der politisch-dynastischen Konkurrenz der Häuser Hohenzollern und Wettin auch zunehmend mit nationalen Spannungen auf[40] – so etwa geschehen beim sogenannten Thorner Ereignis von 1724.[41]

---

[39] MICHAEL G. MÜLLER: Zweite Reformation und städtische Autonomie im Königlichen Preußen. Danzig, Elbing und Thorn in der Epoche der Konfessionalisierung (1557–1660). Berlin 1997; KARIN FRIEDRICH: The Other Prussia. Royal Prussia, poland and Liberty, 1569–1772. Cambridge [u. a.] 2000.

[40] Die anti-polnische Polemik und die pro-borussische Gesinnung hat auch die ältere, durchaus politisch motivierte Forschungsliteratur geprägt: GOTTHOLD RHODE: Brandenburg-Preußen und die Protestanten in Polen 1640–1740. Ein Jahrhundert preußischer Schutzpolitik für eine unterdrückte Minderheit. Leipzig 1941 (Deutschland und der Osten 17): „Deutscher geradliniger, ordnungsliebender und arbeitsamer, aber nüchterner und kühler Sinn von Bürgern und Bauern stand gegen das hochfahrende, phantasievolle und heißblütige, aber ebenso unduldsame [sic!] wie liederliche Wesen polnischen Adels und polnischer Geistlichkeit" (S. V).

[41] Dabei ging es um Ausschreitungen in der Stadt Thorn aus Anlass einer Prozession, in deren Folge zahlreiche Verhaftungen und auch Todesurteile gegen protestantische Bürger verhängt wurden sowie Eingriffe in die städtische Struktur erfolgten: STEFAN HARTMANN: Die Polenpolemik König Friedrich Wilhelms I. von Preußen zur Zeit des „Thorner Blutgerichts" (1724–1725). In: Forschungen zur Brandenburgischen und Preußischen Geschichte N. F. 5 (1995), S. 31–58; KOLJA LICHY: Thorner Blutgericht – eine Blutspur in der Geschichte. In: Deutsch-Polnische Erinnerungsorte. Bd. 2: Geteilt/Gemeinsam. Hg. von HANS-HENNING HAHN und ROBERT TRABA. Paderborn 2014, S. 295–310. Siehe zur Problematik unterschiedlicher Perspektiven in nationaler Geschichtsschreibung auch MICHAEL G. MÜLLER: Der Consensus Sendomirensis – Geschichte eines Scheiterns? Zur Diskussion über Protestantismus und protestantische Konfessionalisierung in Polen-Litauen im 16. Jahrhundert. In: Konfessionelle Pluralität als Herausforderung. Koexistenz und Konflikt in Spätmittelalter und Früher Neuzeit. Winfried Eberhard zum 65. Geb. Hg. von JOACHIM BAHLCKE [u. a.]. Leipzig 2006, S. 397–408.

In Frankreich schützte seit 1598 das Edikt von Nantes die Reformierten, die vor allem im Süden und Westen des Landes – mit Zentrum in La Rochelle – lebten.[42] Durch seine Aufhebung im Edikt von Fontainebleau im Jahre 1685 (nachdem es bereits 1629 teilweise annuliert wurde), ist die Erinnerung daran ebenfalls von politisch-konfessioneller Propaganda des 17. Jahrhunderts geprägt worden.[43] Das von König Henri IV. (1553–1610) erlassene Edikt gewährte den Anhängern Calvins nach den Wirren der sogenannten Bürgerkriege mit mehreren Verfolgungsphasen vor allem Schutzplätze, öffentlichen Gottesdienst an festgelegten Orten sowie eine eigene Kirchenordnung. Ferner ermöglichte es Protestanten den Zugang zu öffentlichen Ämtern und versicherte sie des vollen Bürgerrechts. Die französischen Protestanten genossen zwar weitreichenden Schutz, doch war dieser abhängig von der Gunst des Monarchen. Die Nachfolger Heinrichs IV. bemühten sich um Beschränkungen der im Edikt von Nantes gewährten Freiheiten und um eine enge Auslegung des Textes bis hin zur Aufhebung. Somit bot es keinen verlässlichen und dauerhaften Schutz gegen Verfolgung und Vertreibung.

Abschließend seien noch zwei Beispiele erwähnt, in denen verschiedene Konfessionen existierten, ohne dass deren Nebeneinander im Sinne eines Ausgleichs oder einer gesellschaftlichen Befriedung geregelt gewesen ist beziehungsweise ohne dass ein ausdrücklicher, irgendwie juristisch geregelter Minderheitenschutz bestanden hat. Hier sind zum einen die Niederlande anzusprechen, in denen seit der Lösung aus der spanischen Monarchie im Achtzigjährigen Krieg (1568–1648) die Reformierten das öffentliche und politische Leben dominierten.[44] Gleichwohl lebten in den Niederlanden auch Katholiken, Lutheraner und Angehörige anderer protestantischer

---

[42] Zum Edikt von Nantes sei aus der Fülle von Publikationen die jüngere Studie von BERNARD COTTRET herausgehoben: L'édit de Nantes. Pour en finir avec les guerres de religion. Paris 1997. Neben dieser umfänglichen Studie siehe auch: ERNST HINRICHS: Heinrich IV. 1589–1610. In: Französische Könige und Kaiser der Neuzeit. Von Ludwig XII. bis Napoleon III. 1498–1870. Hg. von PETER CLAUS HARTMANN. München 2006, S. 143–170, hier S. 154–156.

[43] An dieser Stelle sei zum einen auf den von HEINZ DUCHHARDT herausgegebenen Sammelband verwiesen: Der Exodus der Hugenotten. Die Aufhebung des Edikts von Nantes 1685 als europäisches Ereignis. Köln, Wien 1985. Zum anderen behandelt BARBARA DÖLEMEYER den Hugenotten-Mythos: Die Hugenotten. Stuttgart 2006, S. 172–187.

[44] OLAF MÖRKE: „Konfessionalisierung" als politisch-soziales Prinzip? Das Verhältnis von Religion und Staatsbildung in der Republik der Vereinigten Niederlande im 16. und 17. Jahrhundert. In: Tijdschrift voor sociale geschiedenis 16 (1990), S. 31–60; ANDREW PETEGREE: The Politics of Toleration in the Free Netherlands, 1572–1620. In: Tolerance and Intolerance in the European Reformation. Hg. von OLE PETER GRELL und BOB SCRIBNER. Cambridge [u. a.] 1996, S. 182–198; JONATHAN ISRAEL: The Dutch Republic. Its Rise, Greatness, and Fall, 1477–1806. Oxford 1995 (hier benutzt: Ausgabe 1998), S. 361–398; MAARTEN PRAK: The Dutch Republic in the Seventeenth Century. Cambridge [u. a.] 2002, hier bes. S. 201–221; JOHANNES ARNDT: Sichtbare und unsichtbare Grenzen. Das Nebeneinander der Konfessionen in der niederländischen Republik (1581–1795). In: Unversöhnte Verschiedenheit. Verfahren zur Bewältigung religiös-

Bekenntnisse wie Mennoniten. Grundlage war die Union von Utrecht, die 1579 von den nördlichen Provinzen geschlossen wurde und als organisatorischer Ausgangspunkt der Lösung aus der spanischen Monarchie zu sehen ist, die 1581 mit dem Plakkaat van Verlathinghe vollendet wurde. In der Unionsakte wurde die Regelung der Religionsangelegenheiten den Provinzen überlassen, wobei die Sicherung des öffentlichen Friedens Maßstab sein und niemand wegen seiner Religion Verfolgung erleiden sollte. Daraus entstand ein in Europa einmaliges System, in der die reformierte Kirche und ihre Angehörigen öffentliche Kirche waren: „Under thius regime people were free to believe what they liked, but only Reformed were allowed to express their beliefs openly through public worship".[45] Aufgrund der hohen moralischen Maßstäbe gelang es der reformierten Kirche in den niederländischen Provinzen aber, nie zu einer Kirche der Massen zu werden, und so gab es vielerorts andere konfessionelle Gruppen von durchaus beachtlicher Stärke. Die konfessionelle Zusammensetzung der Bevölkerung war regional durchaus verschieden. Katholiken, Lutheraner, Mennoniten, aber auch Juden hatten mit Nachteilen zu kämpfen, konnten sich aber auch organisieren. Mancherorts gab es Spannungen, mancherorts gute Arrangements. Öffentlichen Gottesdienst konnten sie nirgends feiern, auch die Kirchen waren den Reformierten vorbehalten. So entwickelte sich unter ganz pragmatischen Gesichtspunkten die Duldung der anderen Konfessionen, deren Angehörige freilich ihre Handlungsspielräume und ihre gesellschaftliche Anerkennung gegen die reformierten Eliten immer wieder verteidigen mussten. In der Literatur findet sich freilich für dieses System immer wieder die Bezeichnung ‚Toleranz', was problematisch zu sehen ist. Sie bestand vor allem in einer Praxis des Miteinanders, denn die meisten Niederländer „mit täglichen Begegnungen [waren] mit Andersgläubigen konfrontiert, die ihnen Grenzüberschreitungen abverlangten"; dies führte zu einem „Gewöhnungsprozess im Umgang mit Anderen".[46]

Zum anderen, und damit schließt der Überblick, sind die britischen Inseln zu behandeln. In England und Schottland gab es zwei höchst unterschiedliche Reformationen, die sich im sechsten Jahrzehnt des 16. Jahrhunderts durchsetzten und an deren Ende die anglikanische Kirche in England und die reformierte in Schottland stand.[47] Während der gesamten Frühen Neuzeit lebten dort aber auch Katholiken und Angehörige von anderen

---

konfessioneller Differenz in der europäischen Neuzeit. Hg. von dems. [u. a.]. Göttingen 2016 (Veröffentlichungen des Instituts für Europäische Geschichte Mainz, Beiheft 108), S. 19–39.

[45] PRAK, Dutch Republic [Anm. 44], S. 208.

[46] ARNDT, Sichtbare und unsichtbare Grenzen [Anm. 44], S. 39.

[47] Zu beiden Reformationen gibt es eine breite Forschungsliteratur. Genannt seien an dieser Stelle: FELICITY HEAL: Reformation in Britain and Ireland. Oxford [u. a.] 2003 (hier benutzt: Ausgabe 2005); DIARMAID MACCULLOCH: Die Zweite Phase der englischen Reformation (1547–1603) und die Geburt der anglikanischen Via media. Münster

protestantischen Denominationen, die sich von der anglikanischen Kirche distanzierten und die radikalere Vorstellungen von Reformation hatten. Gemeinsam war ihnen der Ausschluss von öffentlichen Ämtern, da sie den Eid auf die Suprematsakte nicht schwören konnten, die Königin Elisabeth I. (1533–1603) 1559 endgültig durchsetzen konnte und in der ihre Rolle als Supreme governer der anglikanischen Kirche definiert wurde. Die Anzahl der Katholiken reduzierte sich zunehmend und beschränkte sich mehr und mehr auf exklusive Kreise der adeligen Oberschicht. Ereignisse wie der Gunpowder Plot von 1605, ein von Katholiken geplantes, aber vereiteltes Attentat auf König und Parlament, wurden zu massiver antikatholischer Propaganda genutzt, die eine übersteigerte Katholikenfurcht nährte und für die englische Politik prägend blieb. Katholiken waren so immer mehr negativen Vorurteilen ausgesetzt und wurden so in der Gesellschaft marginalisiert.[48] Protestantische Dissenters, die in London und einigen Gegenden Englands durchaus eine beachtliche soziale Gruppe darstellten, tendierten eher zum Reformiertentum und konnten sich so der Church of England nicht anschließen. Die erwähnten Auseinandersetzungen um den Toleration Act von 1689 haben gezeigt, dass sie es in einer Monarchie, die sich als protestantisch definierte, leichter hatten, geduldet zu werden. Auf jeden Fall hatten sie die Möglichkeit – schon vor 1689 –, in englischen Städten und Dörfern zu leben und Existenzen aufzubauen.

Auch in Schottland lebten, vor allem in den Highlands, nach der Reformation Katholiken und dissentierende protestantische Gruppen, deren Existenz ebenso wie in England in keiner Weise rechtlich abgesichert war. In Irland, wo sich die Reformation nicht durchsetzen konnte und die Bevölkerungsmehrheit katholisch blieb, war die Situation vollkommen anders. Gemeinsam aber ist, ohne dass an dieser Stelle darauf eingegangen werden kann, die Beschränkung von Katholiken durch Penal laws. Diese Maßnahmen steigerten sich eher noch im 18. Jahrhundert unter politischen Vorzeichen, als die Ergebnisse der Glorious Revolution gegen Ansprüche des Hauses Stuart verteidigt werden mussten.

5. Religiöse Vielfalt jenseits anerkannter Bekenntnisse und die Grenzen von Duldsamkeit

Es fällt auf, dass in ganz Europa rechtliche Regelungen zur Multikonfessionalität in der Regel nicht generell alle konfessionellen Gruppen und Religionen einschloss, sondern neben Katholiken meist nur Lutheraner und Re-

1998 (Katholisches Leben und Kirchenreform im Zeitalter der Glaubensspaltung 58); SUSAN DORAN: Elisabeth I. and Religion, 1558–1603. London 1994; MICHAEL LYNCH: Edinburgh and the Reformation. Edinburgh 1981; JENNY WORMALD: Court, Kirk, and Community. Scotland 1470–1625. Toronto, Buffalo 1981.

[48] JOHN BOSSY: The English Catholic Community, 1570–1850. New York 1976.

formierte umfasste. Dennoch gab es Ausnahmen wie die Unitarier in Siebenbürgen und abgestufte Regelungen. Im Heiligen Römischen Reich sind da etwa die Juden zu nennen, die zwar bei weitem nicht im gleichen Maß unter grundrechtsähnlichem Schutz im Reichsverfassungssystem standen wie die Angehörigen der im Westfälischen Frieden anerkannten drei Konfessionen, deren Status aber dennoch reichsrechtlich geschützt war. Sie konnten sich auf ein Privileg stützen, das Kaiser Karl V. (1500–1558) auf dem Speyerer Reichstag von 1544 erlassen hatte.[49] Es bestätigte ihre Rechte und Freiheiten, gewährte ihren Schulen und Synagogen Schutz, sicherte ihnen freies Geleit und ordentliche Verfahren bei Anschuldigungen wie Ritualmord zu. Korrespondierend zu diesem kaiserlichen Privileg gingen die Reichspoliceyordnungen von 1548 und 1577 auf die Juden ein. Auch diese spiegeln zwar verbreitete antijüdische Vorbehalte wieder, so etwa den Wuchervorwurf, schufen jedoch die Grundlage für landesherrliche Privilegien zur Aufnahme von Juden, bemühten sich um eine rechtliche Normierung des Zusammenlebens von Christen und Juden und gewährten Rechtsschutz; auch eine Klage vor dem Reichskammergericht und dem Reichshofrat war möglich.[50]

Protestantische Bekenntnisse, denen nur eine vergleichsweise geringe Anzahl von Menschen anhing, wie etwa Mennoniten, genossen keine flächendeckende Duldung im Alten Reich, wohl aber in bestimmten Territorien.[51] Die konfessionelle Duldung steht oftmals im Zusammenhang mit ökonomischen Interessen. So war es zum Beispiel in Altona in der schaumburgischen Herrschaft Pinneberg, wo seit 1601 Reformierte und Mennoniten und

---

[49] J. FRIEDRICH BATTENBERG: Des Kaisers Kammerknechte. Gedanken zur rechtlichen Situation der Juden in Spätmittelalter und Früher Neuzeit. In: Historische Zeitschrift 245 (1987), S. 545–599; ders.: Die Privilegierung von Juden und der Judenschaft im Bereich des Heiligen Römischen Reiches deutscher Nation. In: Das Privileg im europäischen Vergleich. Hg. von BARBARA DÖLEMEYER und HEINZ MOHNHAUPT. Bd. 1. Frankfurt a. M. 1997, S. 139–189. Siehe auch mit weiteren Literaturangaben FRANK KLEINEHAGENBROCK: Juden in Stadt und Grafschaft Wertheim. Eine religiöse und soziale Randgruppe während der Frühen Neuzeit. In: Wertheimer Jahrbuch 2012, S. 203–224, hier bes. S. 212f.

[50] Siehe hierzu vor allem den von ANDREAS GOTZMANN herausgegebenen Sammelband Juden im Recht. Neue Zugänge zur Rechtsgeschichte der Juden im Alten Reich. Berlin 2007 (Zeitschrift für Historische Forschung, Beiheft 39); ferner auch zum Beispiel die Spezialstudien von FRIEDRICH BATTENBERG: Das Reichskammergericht und die Juden des Heiligen Römischen Reiches. Geistliche Herrschaft und korporative Verfassung der Judenschaft in Fürth im Widerspruch. Wetzlar 1992; und ANDRÉ GRIEMERT: Der Reichshofrat in der Justiznutzung von Juden in der Herrschaftszeit Rudolfs II. – Die Causa Israel von Lübbecke contra Hilmar von Quernheim. In: Sicherheit in der Frühen Neuzeit. Norm, Praxis, Repräsentation. Hg. von CHRISTOPH KAMPMANN und ULRICH NIGGEMANN. Köln [u. a.] 2013, S. 548–568.

[51] 400 Jahre Mennoniten in Altona und Hamburg. Hg. von MATTHIAS H. RAUERT und HAJO BRANDENBURG. Hamburg 2001; RAINER KOBE: Täuferische Konfessionskultur in der Frühen Neuzeit. Mennoniten am Niederrhein (Krefeld) und Hutterische Brüder in Mähren und Ungarn 1550–1750. Bonn 2014.

seit 1658 Katholiken und Juden siedeln konnten und dabei Glaubensfreiheit genossen. Deren Ansiedlung sollte vor allem den lokalen Handel gegen die nahe Reichsstadt Hamburg stärken, so wie es ebenfalls in der ersten Hälfte des 16. Jahrhunderts in den Neugründungen Friedrichstadt im Herzogtum Schleswig-Holstein herzoglich-gottorfischen Anteils und Glückstadt im Herzogtum Schleswig-Holstein königlichen Anteils war. Diese Glaubensfreiheit basierte auf immer wieder neuen Privilegien der Landesherren.[52] Die Duldung konfessioneller Minderheiten durch Reichsstände, für die sich durchaus viele Bespiele finden lassen, zeugt davon, dass die Koexistenz von Angehörigen unterschiedlicher Bekenntnisse im Alten Reich alltägliche Praxis war und viele Städte und Regionen geprägt hat.[53] Das heißt nicht, dass diese Koexistenz immer reibungslos und konfliktfrei verlief, wobei Spannungen aufgrund sozialer und ökonomischer Konflikte sich mit konfessionellen Antagonismen vermengen konnten.[54]

In den zuvor behandelten Beispielen wurde gezeigt, welche Regelungen zur Multikonfessionalität sich in mehreren Ländern Europas im Laufe des 16. Jahrhunderts als Ergebnis von Reformationsprozessen entwickelt haben. Nicht vergessen werden darf, dass auch anderswo gemischtkonfessionelle Verhältnisse vorherrschten, ohne dass die Angehörigen nicht anerkannter Konfessionen in irgendeiner Form geschützt gewesen wären. So war es etwa mit den Protestanten in den habsburgischen Ländern, für die der Augsburger Religionsfriede nicht galt und für die im Westfälischen Frieden Sonderregelungen geschaffen wurden.[55] Hier mussten Protestanten etwa im Verborgenen bleiben und hatten keine Möglichkeit, ihren Glauben öffent-

---

[52] WILLI FRIEDRICH SCHNOOR: Die rechtliche Organisation der religiösen Toleranz in Friedrichstadt in der Zeit von 1621 bis 1727. Husum 1976; SEM CHRISTIAN SUTTER: Friedrichstadt an der Eider. Ort einer frühen Erfahrung religiöser Toleranz 1621–1727. Friedrichstadt 2012 (zuerst auf Englisch als Diss. Chicago 1982); GERHARD KÖHN: Die Bevölkerung der Residenz, Festung und Exulantenstadt Glückstadt von der Gründung 1616 bis zum Endausbau 1652. Methoden und Möglichkeiten einer historisch-demographischen Untersuchung mit Hilfe elektronischer Datenverarbeitung. Neumünster 1974.

[53] MATTHIAS ASCHE: Religiöse und konfessionelle Minderheiten als Eliten in der Frühen Neuzeit. In: Religiöse und konfessionelle Minderheiten als wirtschaftliche und geistige Eliten (16. bis frühes 20. Jahrhundert). Hg. von MARKUS A. DENZEL [u. a.]. St. Katharinen 2009, S. 11–44.

[54] Aus der Fülle von zum Teil regionalgeschichtlicher Literatur zwei Beispiele, die perspektivisch die Tragweite konfessioneller Konflikte im 18. Jahrhundert vorstellen: PETER BRACHWITZ: Die Autorität des Sichtbaren. Religionsgravamina im Reich des 18. Jahrhunderts. Berlin, New York 2011; ALEXANDER WEBER: Konfessionelle Konflikte nach dem Westfälischen Frieden. Die Religionsbeschwerden der katholischen Kirche des Herzogtums Kleve im 18. Jahrhundert. Hamburg 2013; ANDREAS KALIPKE: Verfahren im Konflikt. Konfessionelle Streitigkeiten und Corpus Evangelicorum im 18. Jahrhundert. Münster 2015.

[55] Verwiesen sei an dieser Stelle auf die Ergebnisse des von RUDOLF LEEB [u. a.] herausgegebenen Sammelbandes: Staatsmacht und Seelenheil. Gegenreformation und Geheimprotestantismus in der Habsburgermonarchie. München 2007 (Veröffentlichungen

lich auszuüben, sahen sich vielmehr der Gefahr von obrigkeitlicher Verfolgung ausgesetzt. Für sie gab es keine Form herrschaftlich legitimierter Duldung und rechtlichen Schutzes, geschweige denn fundamentalrechtlichen Schutz. Ähnlich war die Situation von Katholiken in der Grafschaft Lingen, in der sie die Bevölkerungsmehrheit stellten, die als oranische Besitzung außerhalb des Westfälischen Friedens stand und später an den Kurfürsten von Brandenburg beziehungsweise König in Preußen fiel.[56]

Die Reformationen in Europa seit dem 16. Jahrhundert hatten es in der Regel notwendig gemacht, innergesellschaftliche, politisch beziehungsweise juristisch legitimierte Regelungen von konfessionellem Nebeneinander zu finden. Die Herausforderungen durch die neu entstandene Multikonfessionalität sind ein wesentliches Merkmal des Konfessionellen Zeitalters. Allein in Skandinavien und im mediterranen Raum waren infolge der Konfessionalisierung monokonfessionelle Gesellschaften entstanden. Überall anderswo in Europa machte die Etablierung multikonfessioneller Verhältnisse die Entwicklung von Duldungssystemen notwendig, die zumindest die großen konfessionellen Gruppen – Katholiken, Lutheraner und Reformierte – einschlossen, aber keine allgemeine Religionsfreiheit im modernen Sinne kannten. Neben der fundamentalgesetzlich abgesicherten Parität der Konfessionsparteien im Alten Reich mit der Möglichkeit zur Klage vor den Höchsten Reichsgerichten gab es vor allem in Ostmitteleuropa ähnlich weitgehende Ansätze, die sich aber aufgrund von Gegenreformationen und der politischen Entwicklungen des späten 17. und 18. Jahrhunderts nur begrenzt weiterentwickeln konnten. Als weniger nachhaltig und brüchig erwies sich die Duldung konfessioneller Minderheiten aufgrund herrschaftlichen Gnadenerweises wie in Frankreich. Schwierig zu fassen sind die Bedingungen dort, wo konfessionelle Minderheiten zwar existieren durften, aber faktisch ausgegrenzt wurden wie in den Niederlanden, wo offener Pragmatismus die Situation erträglich machte, oder auf den britischen Inseln, wo Intoleranz gegenüber Katholiken von einem nur Protestanten einschließenden Toleranzdiskurs überlagert wurde. Weniger die rechtlichen Rahmenbedingungen als die politischen Auseinandersetzungen des Konfessionellen Zeitalters entfalten bis heute aufgrund der anhaltenden Wirkung konfessioneller Polemik und Propaganda Wirkungen. Sie verstellen der Forschung oftmals den Zugang zu den Duldungssystemen des Konfessionellen Zeitalters, wie

---

des Instituts für Österreichische Geschichtsforschung 47). Zur Einführung in die Problematik siehe auch ARNO STROHMEYER: Die habsburgischen Erbländer im Zeitalter der Konfessionskonflikte (ca. 1570–1630). In: Adelige Macht und Religionsfreiheit. 1608. Der Horner Bund. Sonderausstellung Museen der Stadt Horn 2008/2009. Horn 2008, S. 85–102.

[56] Siehe dazu im knappen Überblick: THOMAS ROHM/ANTON SCHINDLING: Tecklenburg, Bentheim, Steinfurt, Lingen. In: Die Territorien des Reichs im Zeitalter der Reformation und Konfessionalisierung. Land und Konfession 1500–1650. Bd. 3: Der Nordwesten. Hg. von ANTON SCHINDLING und WALTER ZIEGLER. Münster 1995, S. 182–198.

die Beispiele England und Preußen königlichen Anteils gezeigt haben. Gleichwohl gilt für diejenigen, die in ihren Gewissensentscheidungen herrschaftlichen Zwängen unterlagen, umso mehr die Feststellung von Anton Schindling: „Die Toleranz der Aufklärung steht am Ende der Konfessionalisierung".[57]

[57] SCHINDLING, Konfessionalisierung und Grenzen [Anm. 8], S. 40.

Alexander Schunka

Deutsche Protestantismen um 1700

1. Einleitung: Zeitdiagnosen protestantischer Pluralität

In der streng lutherischen Zeitschrift ‚Unschuldige Nachrichten von alten und neuen theologischen Sachen‘[1] erschien im Jahr 1702 ein kleiner Artikel, der sich mit den *gradibus derer fanaticorum* beschäftigte. Der anonyme Verfasser bemühte sich darum, Abweichler von der lutherischen Wahrheit nach einer dreistufigen Skala zu klassifizieren. Die erste Gruppe dieser sogenannten Fanatiker bleibe zumindest *dem Schein nach* der wahren Lehre treu. Zwar würden sie *Über allerhand Mißbräuche und menschliche Fehler in unserer Kirche* [...] *klagen/ und nach Besserung* [...] *seuffzen/ welches an sich gar gut ist; weil aber ihr Eyffer ohne gegründeten Verstand/ und zu hefftig ist/* [...] *wird solches gute bald anfangs verderbt.* Die Fanatiker der zweiten Gruppe gingen nach Meinung des Autors noch einen Schritt weiter: Sie wollten *vom Lutherthum nichts hören*, vielmehr *die Evangelische Kirche verlästern/ indessen aber ihre eigene fanatische Secte und Kirche vor sich haben. Diese Leute verwerffen ausdrücklich alle Religions-Verbindungen/ symbolische Bücher/ Theologica Systemata, Beichtstuhl/ und was Ordnung zu erhalten bißher gedienet hat; behalten aber gleichwohl den öffentlichen Gottesdienst.* Die dritte, schlimmste Gruppe schließlich bestehe aus denen, die *alles Religions-Wesen/ öffentlichen Gottesdienst/ Gebrauch der Sacramenten/ Predig-Amt und Predigten/ und mit einem Wort alles/ was in geistlichen Dingen bißhero bräuchlich gewesen/ verwerffen/ dabey den Chiliasmum im höchsten Grad treiben/ auch überall neue Offenbahrungen und unerhörte Geheimnüße vorbringen.*

Unter den schlimmsten Fanatikern, so der Text weiter, stoße man gelegentlich sogar auf einen *gantz naturalistischen Enthusiasmum/ ohne alles Wort GOttes/ ja wohl gar ohne GOtt* [...], *denn es ist dem Satan nichts unmögliches/ den Fanaticismum und Atheismum zu vereinigen.*[2] Vom extremen Glaubensfanatismus auf der einen Seite bis zur völligen Gottlosigkeit auf der anderen war es demnach nur ein kleiner Schritt – aktuelle Parallelen hinsichtlich der Überschneidungen zwischen linkem und rechtem Rand des heutigen politischen Spektrums scheinen sich aufzudrängen.[3]

---

[1] Siehe den Aufsatz von CHRISTOPHER VOIGT-GOY: Valentin Ernst Loeschers ‚Unschuldige Nachrichten‘ als Institution im Konflikt zwischen Frühaufklärung und Pietismus. In: Zeitsprünge. Forschungen zur Frühen Neuzeit 15 (2011), S. 312–324. – Mein Dank geht an Lennart Gard (Berlin) für hilfreiche Diskussionen und Unterstützung bei der Fertigstellung dieses Textes.

[2] Observationes von denen gradibus derer fanaticorum. In: Unschuldige Nachrichten von alten und neuen theologischen Sachen [...] (1702), 2. Aufl. 1705, S. 160f. Ich danke Scott Dixon für den Hinweis auf diesen Text.

[3] Siehe z. B. PAUL BARTMUS [u. a.]: Was Anhänger von AfD und Linke eint. Die Zeit

Als besondere Gefahr für das Seelenheil ihrer Leserschaft sahen die ‚Unschuldigen Nachrichten' den Chiliasmus an: Die Vorstellung von einem befristeten, tausendjährigen Zwischenreich bis zum Beginn der Herrschaft Gottes besaß seit Joachim von Fiore beachtliche Wirksamkeit im vormodernen Europa und spielte bei Bauernaufständen und verschiedenen religiös-sozialrevolutionären Bewegungen des 16. und 17. Jahrhunderts eine Rolle.[4] Das kirchliche Luthertum distanzierte sich von derlei Ideen; pietistisch orientierte Geistliche pflegten demgegenüber eine chiliastisch interpretierbare *Hoffnung besserer Zeiten*, wonach das Reich Gottes nah sei und man bereits auf Erden dafür arbeiten müsse.[5] Offensichtlich bestand aus lutherischer Perspektive also ein Bedarf, vor derartigen Ansichten zu warnen.

Was lässt sich diesem kurzen Artikel in Bezug auf die Situation deutscher Protestanten um 1700 entnehmen? Die ‚Unschuldigen Nachrichten' schildern hier eine stufenweise Absonderung von der wahren evangelischen Kirche der Rechtgläubigen: zunächst nur vom Luthertum, dann von der Kirche als Institution, schließlich vom Christentum überhaupt. Damit sagt der Text gleichzeitig einiges darüber aus, was sein Autor als religiöse Wahrheit ansah. Zeitgenössisch handelte es sich freilich nur um einen von zahlreichen unterschiedlichen Versuchen protestantischer Theologen, Rechtgläubigkeit zu definieren und Abtrünnige zu systematisieren. Was hier aus der Perspektive des – gemeinhin als ‚orthodox' bezeichneten – traditionellen Luthertums präsentiert wird, das sich am Konkordienbuch orientierte und durch eine Zeitschrift wie die ‚Unschuldigen Nachrichten' des Dresdner Theologen Valentin Ernst Löscher vertreten wurde, das wirft in historischer Perspektive bereits ein erstes Schlaglicht auf die Pluralität der Anschauungen im deutschen Protestantismus der Jahrzehnte um 1700.

Es wäre gleichwohl zu einfach, die Situation der Protestanten im Mitteleuropa des späten 17. und frühen 18. Jahrhunderts einzig auf ein Spannungsverhältnis zwischen lutherischer Lehrnorm bzw. ‚Orthodoxie' und abweichenden, gar radikalen Positionen zu reduzieren, die in einen heterodoxen oder atheistischen „Untergrund" münden konnten.[6] Die Klassifizierung von Abweichlern, wie sie die ‚Unschuldigen Nachrichten' vornahmen, deutet vielmehr auf das strukturelle Bedürfnis theologisch gebildeter Zeit-

---

vom 30. Juli 2017. https://www.zeit.de/politik/deutschland/2017-07/afd-linke-rechts-links-waehler-gemeinsamkeiten (7. März 2019); vgl. auch MANUEL SEITENBECHER: Mahler, Maschke & Co. Rechtes Denken in der 68er-Bewegung? Paderborn [u. a.] 2013.

[4] Vgl. HANS-PETER GROSSHANS: Chiliasmus. In: Enzyklopädie der Neuzeit Online. http://dx.doi.org/10.1163/2352-0248_edn_a0633000 (7. März 2019).

[5] Grundlegend die Beiträge in: Geschichtsbewusstsein und Zukunftserwartung in Pietismus und Erweckungsbewegung. Hg. von WOLFGANG BREUL und JAN CARSTEN SCHNURR. Göttingen 2013.

[6] Allerdings hat Martin Mulsow aus gutem Grund das innovative Potenzial eines solchen heterodox-religionskritischen „Untergrundes" der Frühaufklärungsepoche in zahl-

genossen hin, Andersgläubigkeit zu systematisieren, um daraus Aufschlüsse über die eigene Rechtgläubigkeit zu gewinnen. Auch wenn solche Zuschreibungspraktiken kein Spezifikum von Protestanten um 1700 sind, so scheint doch rund um die Wende zum 18. Jahrhundert ein besonderer Bedarf an derartigen Ordnungsanstrengungen bestanden zu haben. Dies wiederum legt nahe, dass die Vielfalt der Anschauungen und der konkurrierenden Glaubenswahrheiten im mitteleuropäischen Protestantismus dieser Jahre selbst für manche Zeitgenossen immer schwerer überschaubar schien und nach Orientierung verlangte: in einer Zeit, die geprägt war von religiös-kulturellen Umbrüchen, von einer Zunahme verfügbaren Wissens und der Infragestellung älterer Traditionen knapp zweihundert Jahre nach der Reformation. Grundlegende Auseinandersetzungen um die „Autorität des Sakralen"[7] und um die Grenzen religiöser Wahrheitssysteme wurden geführt; sie schlugen sich in gelehrten Diskussionen um Toleranz und Glaubenseinheit nieder, im Ausloten konfessioneller Grenzen, in Konversionen und Bekehrungen,[8] im vermehrten Auftreten religiöser Schwindler und Hochstapler[9] und in unterschiedlichen Versuchen, Glaubenspraktiken oder Bibelinhalte mit philologischen oder proto-naturwissenschaftlichen Methoden zu beweisen oder zu berechnen.[10] Ein bislang kaum gekanntes Übermaß an spirituellen Angeboten schien für gläubige Christen bereitzustehen, die sich dank neuer medialer Möglichkeiten darüber besser informieren konnten als je zuvor. Wo für die allermeisten Menschen bis dahin kein Leben außerhalb der einen, wahren, d. h. der eigenen christlichen Kirche denkbar gewesen war, da existierte plötzlich ein Spektrum konkurrierender Wahrheiten, das von Fanatikern über unterschiedliche Facetten des Mainstreams bis zu Chiliasten und Atheisten reichte. Wie ging man damit um?

---

reichen Forschungen betont, vgl. stellvertretend: MARTIN MULSOW: Radikale Frühaufklärung in Deutschland 1680–1720. Bd. 1: Moderne aus dem Untergrund. Göttingen 2018.

7 MULSOW, Moderne [Anm. 6], S. 153.

8 JONATHAN STROM: German Pietism and the Problem of Conversion. University Park 2018 (Pietist, Moravian, and Anabaptist Studies); Conversion and the Politics of Religion in Early Modern Germany. Hg. von DAVID MARTIN LUEBKE [u. a.]. New York, Oxford 2012 (Spektrum. Publications of the German Studies Association 3).

9 Siehe die Beiträge in: Kriminelle – Freidenker – Alchemisten. Räume des Untergrunds in der Frühen Neuzeit. Hg. von MARTIN MULSOW. Köln [u. a.] 2014; außerdem ALEXANDER SCHUNKA: Die Grenzen der Solidarität. Armut, Mobilität und Betrug im frühneuzeitlichen Europa. In: Migration als soziale Herausforderung. Historische Formen solidarischen Handelns von der Antike bis zum 20. Jahrhundert. Hg. von JOACHIM BAHLCKE [u. a.]. Stuttgart 2011 (Stuttgarter Beiträge zur historischen Migrationsforschung 8), S. 233–254., v. a. S. 252f.

10 Z. B. Leonhard Christoph Sturm: Mathematischer Beweiß Von dem Heil. Abendmahl [...]. Franckfurt und Leipzig 1714; vgl. auch KELLY JOAN WHITMER: The Halle Orphanage as Scientific Community. Observation, Eclecticism, and Pietism in the Early Enlightenment. Chicago [u. a.] 2015, S. 60–85.

Die religiöse Pluralität dieser Jahre gilt gemeinhin als Kennzeichen der Frühaufklärung.[11] Und an der Vielschichtigkeit und Janusgesichtigkeit dieser Epoche könnte es liegen, dass die Zeit unmittelbar vor und nach 1700 seit jeher ein gewisses Schattendasein in der historischen Forschung führt, wo man sich oft eher für Barock und ‚richtige' Aufklärung interessiert und den Jahrzehnten dazwischen nur selten breiteren Raum geboten hat. Kennzeichen der Jahre um 1700 ist ein bemerkenswerter Pool religiöser Optionen, die für viele Zeitgenossen spürbare und täglich erfahrbare Realität bedeuteten. In der Forschung oder gar in einem breiteren historischen Bewusstsein hat sich dies nur ansatzweise niedergeschlagen. Mit Blick auf den deutschsprachigen Protestantismus gehen die folgenden Ausführungen dieser Vielfalt nach: Innerprotestantische Gruppenbildungen, Konfliktlinien und Grenzziehungen, Situationen von Konkurrenz und Koexistenz sind Thema dieses Aufsatzes.

Zunächst werden anhand ausgewählter Protagonisten strukturelle Parallelen und Gemeinsamkeiten innerhalb des protestantischen Spektrums angesprochen, die sich nicht allein auf die Theologie, sondern auch auf andere Aspekte erstreckten. Anschließend kommen trennende Elemente zur Sprache, die es gerechtfertigt scheinen lassen, von mehreren protestantischen Milieus oder Gruppen zu sprechen. Unter diesen sind die Bereiche des (meist lutherischen) Pietismus, der (überwiegend reformierten) Irenik und des traditionellen (‚orthodoxen') Luthertums sicherlich die prominentesten, doch auch die Konstruktion dieser Gruppierungen beruhte zeitgenössisch – wie zu zeigen sein wird – auf bestimmten Aushandlungs- und Abgrenzungsprozessen. Der Aufsatz schließt mit der Diagnose eines Beobachters, der selbst die Mechanismen protestantischer Gruppenkonstruktion erkannte und thematisierte.

Vorweggeschickt sei, dass es sich bei den Meinungsmachern im deutschen Protestantismus um 1700 mehrheitlich um Theologen bzw. größtenteils um Männer mit geistlicher Ausbildung handelte. Insofern beschränkt sich der Blick im Folgenden zwar auf eine relativ kleine soziale Schicht. Ihre zeitgenössische Wirksamkeit in nahezu alle gesellschaftlichen Bereiche hinein – vom Fürstenhof über die Universitäten bis in die Schulen, vom gebildeten Lesepublikum bis zu den ‚gewöhnlichen' Angehörigen städtischer und ländlicher Pfarrgemeinden – ist dennoch kaum hoch genug einzuschätzen. Da die innerprotestantischen Diskussionen und Polemiken mittlerweile nicht mehr auf Latein, sondern überwiegend in deutscher Sprache stattfanden, ging es den Autoren immer auch darum, einen möglichst breiten Leserkreis zu gewinnen und für die eigene Wahrheit zu mobilisieren.

---

[11] PAUL HAZARD: La crise de la conscience européenne. 1680–1715. Paris 1935; EDUARD WINTER: Frühaufklärung. Der Kampf gegen den Konfessionalismus in Mittel- und Osteuropa und die deutsch-slawische Begegnung. Berlin 1966; MULSOW, Moderne [Anm. 6], S. 16–20.

Geographisch konzentriert sich die Darstellung vorwiegend auf den mitteldeutschen Raum, weil dort bedeutende Wortführer der vorzustellenden Strömungen beheimatet waren – in den Kerngebieten der Reformation, namentlich den sächsischen Territorien, Kurbrandenburg und verschiedenen kleineren Herrschaften. Ihre Unterstützer- und Anhängerkreise erstreckten sich jedoch auf größere Gebiete des Reiches und auch darüber hinaus. Ein besonderes Interesse galt etwa den protestantischen Diasporagemeinden jenseits der Reichsgrenzen: Aus dem pietistischen Umfeld des Waisenhausgründers August Hermann Francke in Halle an der Saale reichten Kontakte nach London zur deutschen Hofkapelle in St James' Palace, aber auch nach Moskau in die deutsche Vorstadt und zu deutschen Gemeinden in Nordamerika, namentlich in Georgia und Pennsylvania.[12] Reformierte Ireniker wie der Berliner Hofprediger Daniel Ernst Jablonski verstanden sich als Mittelsleute eines internationalen Calvinismus, der Großbritannien mit den Niederlanden, der Schweizer Eidgenossenschaft, Polen und Ungarn verband.[13] Auch traditionelle Lutheraner haben sich für Protestanten im Ausland interessiert: Sebastian Edzardi aus Hamburg verfügte über einigen Einfluss auf eine lutherische Fremdenkirche in London, wo sein Bruder als Pastor tätig war, und der Sachsen-Gothaer Kirchenrat Ernst Salomon Cyprian besaß die Oberaufsicht über eine kleine lutherische Kirchgemeinde in der reformierten Hochburg Genf.[14] Häufig übertrugen sich die Affiliationen des mitteldeutschen Protestantismus damit auf das nichtdeutsche Ausland. Das bedeutet zugleich, dass es sich bei der protestantischen Pluralität um 1700 nicht allein um eine deutsche, sondern vielmehr um eine europäische Angelegenheit handelt. Solche europäischen Aspekte sind bislang nicht befriedigend untersucht; auch der vorliegende Aufsatz kann dies nicht leisten, denn das Augenmerk gilt der deutschen und mitteleuropäischen Situation.

Wenn auf den folgenden Seiten nun ein skizzenhaftes Bild der Pluralität im Protestantismus der Frühaufklärungszeit entworfen wird, dann soll damit keineswegs suggeriert werden, dass es auf der katholischen Seite oder etwa innerhalb der Ostkirchen und im Judentum gleichzeitig nicht etwa

12 Einen neueren Überblick über die europäischen Verbindungen mitteldeutscher Pietisten bietet mit weiterführender Literatur ALEXANDER SCHUNKA: Pflanzgarten. Thüringische Akteure in der europäischen Reich-Gottes-Arbeit des Halleschen Pietismus seit 1700. In: Pietismus in Thüringen – Pietismus aus Thüringen. Religiöse Reform im Mitteldeutschland des 17. und 18. Jahrhunderts. Hg. von VERONIKA ALBRECHT-BIRKNER und ALEXANDER SCHUNKA. Stuttgart 2018 (Gothaer Forschungen zur Frühen Neuzeit 13), S. 243–264.

13 Siehe die Beiträge in: Brückenschläge. Daniel Ernst Jablonski im Europa der Frühaufklärung. Hg. von JOACHIM BAHLCKE [u. a.]. Dößel 2010.

14 Siehe ERNST KOCH: Die Evangelisch-Lutherische Kirche in Genf und der Gothaer Hof. In: Kommunikationsstrukturen im europäischen Luthertum der Frühen Neuzeit. Hg. von WOLFGANG SOMMER. Gütersloh 2005, S. 51–69.

ebenfalls zahlreiche unterschiedliche Richtungen, Gruppierungen und Gegensätze gegeben hat. Es wäre sicherlich gewinnbringend, diese Vielfalt der Anschauungen einmal im Vergleich oder jedenfalls in einem größeren Zusammenhang zu untersuchen, doch dies würde ebenfalls den Rahmen dieser Ausführungen sprengen. Hier besteht gleichwohl noch viel Forschungsbedarf.

2. Gruppenkonstruktion: Parallelen und Gemeinsamkeiten

Glaubt man einschlägigen aktuelleren kirchen- und profangeschichtlichen Überblickswerken, dann standen sich im Protestantismus um die Wende zum 18. Jahrhundert vor allem zwei Gruppierungen gegenüber: der Pietismus, dessen Anhängerschaft eine individuelle, auf persönliche Bekehrung ausgerichtete praktische Frömmigkeit auszeichnete, und die lutherische Orthodoxie, deren Angehörige vor allem rückwärtsgewandte, an der lutherischen Lehre orientierte Traditionspflege betrieben. Darüber hinaus wird gelegentlich noch knapp auf ein drittes Milieu der (mehrheitlich reformierten) Irenik hingewiesen, deren Protagonisten nach einer Union zwischen Lutheranern und ‚Calvinisten' strebten. Diese scheinbar klare Lagerbildung geht zum Teil auf die kirchengeschichtliche Forschung des 19. Jahrhunderts zurück, teils liegen ihre Anfänge allerdings bereits in der Zeit um 1700.

Jenseits der reinen Existenz protestantischer Pluralität fällt in der historischen Rückschau rasch ins Auge, dass die zeitgenössischen Mechanismen seit dem Ende des 17. Jahrhunderts, diese Vielfalt abzubilden oder einzuhegen, sich bei den Beteiligten gleich welcher Couleur ähnelten. Glaubensunterschiede und persönliche Gegnerschaften waren nämlich keineswegs zwangsläufig oder gar vorgegeben. Die Ausprägung unterschiedlicher protestantischer Lager wie des ‚Pietismus', der lutherischen ‚Orthodoxie' oder des ‚Synkretismus' (als abwertende Bezeichung für Irenik) basierte jedoch auch nicht allein auf der Übereinstimmung ihrer Vordenker und Anhängerschaften in bestimmten religiösen Überzeugungen, sondern fand mindestens genauso sehr von außen statt. Häufig wurden Antagonismen aufgrund bestimmter theologischer, frömmigkeitlicher oder sozialer Merkmale mehr oder weniger bewusst konstruiert: Gruppen wurden konkrete Auffassungen oder manchmal auch nur eine eher diffuse Andersartigkeit zugeschrieben, und nicht selten begannen die Angehörigen dieser Gruppen dann ab einem gewissen Punkt, die ihnen zugeschriebene Andersartigkeit selbst zu verinnerlichen. So waren seit der Reformationsepoche Bezeichnungen wie ‚Lutheraner', ‚Calvinisten' oder ‚Papisten' als abwertende Schmähnamen im Umlauf, die (wohl mit Ausnahme von ‚Papisten') unter bestimmten Umständen später zu positiv besetzten Eigencharakterisierungen werden konnten. In der Zeit um 1700 verlief die Entstehung und Verselbständigung des Begriffs ‚Pietismus' als Fremd- und schließlich als Selbstbezeichnung von

Anhängern reformorientierter, individualisierter protestantischer Frömmigkeitsformen ganz ähnlich.[15]

Mit einer solchen Gruppenkonstruktion durch Ausgrenzung ging zugleich in nahezu allen angesprochenen protestantischen Lagern eine auffallend gleichlaufende Tendenz zur Erforschung und Systematisierung der jeweils Anderen einher. Dies spiegelt sich in den zeitgenössischen Kommunikationspraktiken und den Techniken der Mediennutzung wider. Die Protagonisten eines gemäßigten pietistischen Spektrums nutzten ebenso wie die in den ‚Unschuldigen Nachrichten' erwähnten chiliastischen ‚Fanatiker', die Verfechter einer innerprotestantischen Union ebenso wie traditionelle (‚orthodoxe') Lutheraner die gleichen Kanäle und Praktiken, um sich mit Gleichgesinnten zu vernetzen, ihre Ideen zu verbreiten und sich von Abweichlern abzugrenzen, die ihrer Meinung nach nicht im Besitz der göttlichen Wahrheit waren. Zur gruppeninternen Verständigung und zur Herstellung von Kohärenz dienten umfangreiche Briefwechsel, ausgedehnte Reisen und Besuche im Reich und im protestantischen Europa, voluminöse gelehrte Publikationen, ein reges Sammeln von Manuskripten, Büchern oder auch nur von Adressen Gleichgesinnter (bzw. von Gegnern).[16] Neben der Briefkommunikation erlangte insbesondere das neue Medium der Zeitschriften eine große Bedeutung, wo man regelmäßig berichten, rezensieren und gegen die Anderen polemisieren konnte. Die eingangs vorgestellten ‚Unschuldigen Nachrichten' waren nur eines von zahlreichen religiösen Periodika, die um das Jahr 1700 gleichsam wie die Pilze aus dem Boden schossen und sich über kurz oder lang auf dem Druckmarkt etablierten.[17]

Jenseits dieser eher technischen Dimension des Kommunizierens mit Gleichgesinnten, das immer auch der Abgrenzung von anderen diente, fallen unter den Protestanten um 1700 allerdings noch weitere Gemeinsamkeiten auf, die teils in Widerspruch zu den vermeintlichen Grenzziehungen in Wahrheitsfragen standen. Viele Protagonisten, die zeitgenössisch enorme Berühmtheit erlangten (auch wenn sie heutzutage oft nur noch den ein-

---

[15] VERONIKA ALBRECHT-BIRKNER: ‚Reformation des Lebens' und ‚Pietismus' – Ein historiographischer Problemaufriss [2015]. In: Pietismus in Thüringen [Anm. 12], S. 21–47.

[16] DANIEL GEHRT: Gottfried Arnold und Ernst Salomon Cyprian im Ringen um die historische Deutung des Christentums seit der Reformation. In: Im Kampf um die Seelen. Glauben im Thüringen der Frühen Neuzeit. Ausstellungskatalog. Hg. von SASCHA SALATOWSKY. Gotha 2017 (Veröffentlichungen der Forschungsbibliothek Gotha 54), S. 51–61; Friedrich Breckling (1629–1711). Prediger, ‚Wahrheitszeuge' und Vermittler des Pietismus im niederländischen Exil. Hg. von BRIGITTE KLOSTERBERG und GUIDO NASCHERT. Halle/Saale 2011 (Kleine Schriftenreihe der Franckeschen Stiftungen 11).

[17] Zu den Kommunikationsverhältnissen um 1700 vgl. MARTIN GIERL: Korrespondenzen, Disputationen, Zeitschriften. Wissensorganisation und die Entwicklung der gelehrten Medienrepublik zwischen 1670 und 1730. In: Macht des Wissens. Die Entstehung der modernen Wissensgesellschaft. Hg. von RICHARD VAN DÜLMEN und SINA RAUSCHENBACH. Köln [u. a.] 2004, S. 417–438.

schlägig Forschenden bekannt sind), gehörten einer relativ klar abgrenzbaren, gemeinsamen Altersgruppe an: Um das Jahr 1700 herum waren sie rund 30 Jahre alt. Sie hatten eine ähnliche Ausbildung absolviert, besaßen als Geistliche und Theologen einen vergleichbaren intellektuellen, sozialen und auch ökonomischen Hintergrund und waren häufig sogar persönlich miteinander gut bekannt – obwohl sie jeweils für gegnerische, ja feindliche Lager standen. Aufgrund dieser Gemeinsamkeiten ließe sich von einer spezifischen „Generation der Jahrhundertwende"[18] sprechen: bestehend unter anderem aus Personen wie dem ‚pietistischen' Waisenhausgründer August Hermann Francke (1663–1727), dem ‚orthodox'-lutherischen Superintendenten und Zeitschriftenherausgeber Valentin Ernst Löscher (1673–1749), seinem lutherischen Bekannten und Sachsen-Gothaer Kirchenrat Ernst Salomon Cyprian (1673–1745), dem irenisch-reformierten Berliner Hofprediger Daniel Ernst Jablonski (1660–1741) oder dem Theologen Gottfried Arnold (1666–1714), den Löschers ‚Unschuldige Nachrichten' explizit zu den Schlimmsten aller *fanaticorum* zählten.[19] Die Liste von Angehörigen dieser Generation von zwischen 1660 und 1675 Geborenen, die sich innerhalb des protestantischen Spektrums um 1700 für bestimmte theologische oder frömmigkeitliche Positionen engagierten oder damit assoziiert wurden, ließe sich nahezu *ad infinitum* verlängern.

Doch mit Alter, Bildungsstand und Kommunikationstechniken sind noch immer nicht alle Gemeinsamkeiten dieser „Generation der Jahrhundertwende" benannt. Was die hier vorgestellten Personen jenseits aller inhaltlichen Differenzen einte, war eine Unzufriedenheit mit den religiösen Verhältnissen ihrer Zeit. Geistliche und Theologen im Reich und darüber hinaus (von anglikanischen Bischöfen über französische Hugenotten bis zu deutschen Protestanten unterschiedlicher Milieus) stellten allenthalben einen erschreckenden Verfall von Frömmigkeit und christlicher Moral fest. Glaubt man den zahlreichen Dokumenten dieser Jahre – Predigten, Erbauungsliteratur, Flugpublizistik –, dann schien die Zukunft der Reformation und des Protestantismus ausgesprochen düster zu sein.

Mit dieser scheinbar verfahrenen Situation hatten sich Protestanten um 1700 auseinanderzusetzen, und sie taten dies auf recht unterschiedliche Weise. Gemeinsam war ihnen dabei jedoch der Rückgriff auf das Erbe der Reformation, das in produktiver Weise zur Identitätsstiftung genutzt worden ist – und zur Anpassung an die aktuelle Zeit.

Pietisten, traditionelle Lutheraner und reformierte Ireniker hatten sich auf die eine oder andere Weise einer Verbesserung der Zustände in Kirche und Glaubenspraxis verschrieben, auch wenn sich die Wege, wie eine solche Verbesserung erreicht werden sollte, teils fundamental voneinander unter-

[18] ALEXANDER SCHUNKA: Ein neuer Blick nach Westen. Deutsche Protestanten und Großbritannien (1688–1740). Wiesbaden 2019, S. 17, 87–98.
[19] Observationes [Anm. 4], S. 161.

schieden. Auf den kleinsten gemeinsamen Nenner gebracht, lässt sich allerdings festhalten, dass es jeweils um eine Aktualisierung, Weiterführung oder Vollendung der Errungenschaften ging, die mit der bereits knapp zweihundert Jahre zurückliegenden Reformation Martin Luthers und seiner Zeitgenossen angestoßen worden waren. Die Auseinandersetzung mit kirchlichen bzw. spirituellen Traditionen der Vergangenheit schlug sich reihum in einem großen Interesse an Vorgängen aus der älteren und neueren Kirchengeschichte nieder. Dies brachte im traditionell-lutherischen ebenso wie im reformierten oder pietistischen Spektrum fast gleichzeitig verschiedene umfangreiche Druckwerke unterschiedlicher Prägung hervor. Nahezu durchgängig zeichneten sich diese Arbeiten durch eine elaborierte Quellenkritik und historiographische Standards aus, wie sie bis dato noch nicht allgemein verbreitet gewesen waren.[20] Gerade der streitbare Gothaer Kirchenrat Ernst Salomon Cyprian tat sich durch eine quellenbasierte, damals hochmoderne Kirchengeschichtsschreibung anhand von Archivalien hervor, die in mehreren umfangreichen Werken zur Reformationsgeschichte mündete.[21] Cyprians nie vollendetes Lebenswerk bestand allerdings darin, die ‚Unpartheyische Kirchen- und Ketzerhistorie' seines radikalen Kontrahenten (und persönlichen Bekannten) Gottfried Arnold zu widerlegen, die in kirchenkritischer Absicht eine Kontinuitätslinie der wahren Gläubigen jenseits der Institutionskirchen aufgezeigt und damit zugleich aus protestantischer Perspektive (!) die Errungenschaften der Reformation generell in Zweifel gezogen hatte.[22] Um gegen diese voluminöse Publikation vorzugehen, die in lutherischen Kreisen wie eine Bombe eingeschlagen war, sammelte Cyprian sein Leben lang heterodox-kirchenkritisches, ja ‚fanatisches' Material. Allerdings konnte er dieses nicht mehr zu dem großen Geschichtswerk zusammenfügen, das sich gegen Arnold und all die anderen vermeintlich pietistisch-chiliastischen Fanatiker richten sollte.[23]

Wenn es für die meisten der erwähnten Protagonisten darum ging, die Leistungen der Reformation zu bewahren und zu aktualisieren oder gegebenenfalls die Reformation weiterzuführen, dann überrascht es kaum noch, dass sich viele von ihnen im Jahr 1717 bei den Feiern zum zweihundertjährigen Reformationsjubiläum engagierten oder sich zumindest in diesem Umfeld zur Reformation positionierten. Lutheraner wie Cyprian und Lö-

---

20 KLAUS WETZEL: Theologische Kirchengeschichtsschreibung im deutschen Protestantismus 1660–1760. Gießen, Basel 1983, v. a. S. 302–308.

21 ALEXANDER SCHUNKA: Fighting or Fostering Confessional Plurality? Ernst Salomon Cyprian and Lutheran Orthodoxy in the Early Eighteenth Century. In: Archeologies of Confession. Writing the German Reformation, 1517–2017. Hg. von JESSE SPOHNHOLZ [u. a.]. New York [u. a.] 2017 (Spektrum. Publications of the German Studies Association 16), S. 151–172.

22 Gottfried Arnold: Unparteyische Kirchen= und Ketzer=Historie/ von Anfang des Neuen Testaments biß auff das Jahr Christi 1688. 2 Bde. Franckfurt am Mayn 1699–1700.

23 Siehe dazu GEHRT, Arnold [Anm. 16].

scher finden sich denn auch an vorderster Front der Jubilare wieder, doch selbst manche Anhänger des ‚pietistischen' Luthertums äußerten sich dazu. Zu diesem Zeitpunkt waren die meisten Angehörigen der „Generation der Jahrhundertwende" längst arrivierte Theologen im Alter von rund fünfzig Jahren. Sie hatten mittlerweile herausgehobene Positionen als Geistliche, Theologen und/oder Fürstenberater inne und versuchten nun in unterschiedlicher Weise, das Jubiläum und die Reformationserinnerung mit einer religiösen Standortbestimmung zu verbinden. Cyprians umfängliche Dokumentation der Jubiläumsfeiern unter dem Titel ‚Hilaria Evangelica' ist eine eindrucksvolle lutherische Bestandsaufnahme des Reformationsjubiläums im Sinne konfessioneller Zeitgeschichte: Sie diente der Panegyrik des Herzogs von Sachsen-Gotha, in dessen Diensten Cyprian stand, und sie sollte zur Glaubensstärkung nachgeborener Generationen beitragen.[24]

Mit dem reformatorischen Erbe setzte sich allerdings nicht nur das traditionelle Luthertum auseinander: Interessant ist, dass sich die Halleschen Pietisten rund um August Hermann Francke mit einer Zurschaustellung reformatorischer Errungenschaften in Form politisierter Jubiläumsfeiern nicht gemein machen wollten. In Franckes Umfeld betonte man individuelle Frömmigkeit, Bußkampf und Heiligung mit dem Ziel einer aktiven Arbeit am Bau des künftigen Reiches Gottes auf Erden. Daher ließen Francke und seine Anhänger offenbar wenig unversucht, um den überbordenden Jubiläumsfeiern einschließlich einer vermeintlich rückwärtsgewandten Sicht auf die Reformation zu entgehen. Sie vertraten demgegenüber die Auffassung, bei aller eigenen Verwurzelung im reformatorischen Erbe nach künftiger, wahrhaftiger Reform zu streben. Dies mache die Halleschen Pietisten gleichsam zu besseren Lutheranern.[25]

Auch die reformierten Ireniker im bikonfessionellen Brandenburg-Preußen hielten sich bei der Zweihundertjahrfeier der Reformation 1717 ostentativ zurück, ebenso wie beim Jubiläum der ‚Confessio Augustana' im Jahr

---

[24] Siehe die Vorrede von Ernst Salomon Cyprian: Hilaria Evangelica, Oder Theologisch-Historischer Bericht Vom Andern Evangelischen Jubel-Fest [...]. [Bd. 1]. Gotha 1719, Bl. [a]^r–[b]3^r.

[25] Selbst Cyprian dokumentierte in seiner Bilanz des Reformationsjubiläums die in Halle vertretene Ansicht, *wie auch von solcher Reformation ein besserer Zustand in der gantzen Christenheit zu gewarten sey, und daß, wo exemplarische Professores und Lehrer wären, man künfftig hin auch eine Besserung in allen Ständen durch Exemplarische Kirchen- und Schul-Lehrer und andere vorgesetzte im geist- und weltlichen Stande zu gewarten hätte.* Cyprian, Hilaria Evangelica [Anm. 24], S. 305, zit. bei HARM CORDES: Hilaria evangelica academica. Das Reformationsjubiläum von 1717 an den deutschen lutherischen Universitäten. Göttingen 2006 (Forschungen zur Kirchen- und Dogmengeschichte 90), S. 124. Zur pietistischen Haltung ausführlicher und mit den einschlägigen Belegen ALEXANDER SCHUNKA: Das Theatrum des Kirchenkriegs. Konfessionelle Pluralität im deutschen Protestantismus um 1700 – Befunde und Perspektiven, in: Konjunkturen konfessioneller Differenz. Hg. von JAN BRADEMANN und MARIANNE TAATZ-JACOBI. Leipzig 2018 (Anhalt(er)kenntnisse 3), S. 65–85, hier S. 79–84.

1730. In beiden Fällen hatte der preußische König zwar seinen Untertanen eine Teilnahme an den Feiern verordnet, allerdings galt dies nur für die Lutheraner und nicht für die Reformierten.[26] Reformierte Protestanten feierten demgegenüber lieber ihre eigenen Eckdaten aus der Frühzeit der Reformation.[27] Selbst wenn sie sich wie der Hofprediger Jablonski als Ireniker für die Einheit der Protestanten einsetzten, waren sie doch keinesfalls bereit, auf die Lutheraner mehr als unbedingt nötig zuzugehen.

In diesem Zusammenhang ist eine letzte strukturelle Gemeinsamkeit hervorzuheben, die bereits implizit deutlich geworden sein dürfte: Alle Protagonisten sahen sich und ihre Anhängerschaften als diejenige Gruppe an, die als einzige die religiöse Wahrheit besaß und sich daher gegen äußere Einflüsse und falsche Ansichten verteidigen musste. Dies bedeutete, dass sich die unterschiedlichen Milieus jeweils als elitäre Minderheiten verstanden, die aufgrund ihrer Erkenntnisse den zahlreichen äußeren Gegnern und Feinden überlegen waren. Für das pietistische Spektrum bedeutete dieser elitäre Exklusivitätsanspruch etwa, dass man sich als das Grüppchen wiedergeborener Christen betrachtete, als *ecclesiola in ecclesia*.[28] Ireniker haben für sich beansprucht, die einzigen echten Anhänger eines apostolisch legitimierten Protestantismus zu sein, der sie über die Schwelle der Reformation hinweg mit dem frühen Christentum verband. Gleichzeitig knüpften sie an die Traditionen des Calvinismus an, der sich seit der Reformation als besondere, europaweit versprengte Minderheit der wahren Gläubigen verstand.[29] Die Protagonisten eines traditionellen, ‚orthodoxen' Luthertums wiederum reklamierten für sich, die wahren Hüter des reformatorischen Erbes und dessen Verteidiger gegen Abweichler und ‚Fanatiker' aller Art zu sein.[30] Wann immer also für eine Konsolidierung des Protestantismus oder für eine Erneuerung reformatorischer Prinzipien argumentiert wurde, dann geschah dies unabhängig von der jeweiligen Gruppierung aus einer vermeintlich exklusiven Minderheitsposition und aus einer Verteidigungshaltung gegen abweichende Einflüsse heraus.

---

[26] Zu Planung und Ablauf siehe WOLFGANG FLÜGEL: Konfession und Jubiläum. Zur Institutionalisierung der lutherischen Gedenkkultur in Sachsen 1617–1830. Leipzig 2005 (Schriften zur sächsischen Geschichte und Volkskunde 14), S. 125–167; CORDES, Hilaria [Anm. 25], S. 28–34.

[27] Vgl. SCHUNKA, Theatrum [Anm. 25], S. 81f.

[28] Zu Speners Formel *ecclesiola in ecclesia* siehe z. B. JOHANNES WALLMANN: Eine alternative Geschichte des Pietismus. Zur gegenwärtigen Diskussion um den Pietismusbegriff. In: Pietismus und Neuzeit 28 (2002), S. 30–71, hier S. 56–59. Vgl. auch MANFRED JAKUBOWSKI-TIESSEN: Eigenkultur und Traditionsbildung. In: Geschichte des Pietismus. Bd. 4: Glaubenswelt und Lebenswelten. Hg. von HARTMUT LEHMANN. Göttingen 2004, S. 195–210.

[29] Vgl. den hervorragenden Überblick von GRAEME MURDOCK: Beyond Calvin. The Intellectual, Political and Cultural World of Europe's Reformed Churches. Basingstoke, New York 2004.

[30] Besonders deutlich bei Cyprian, vgl. SCHUNKA, Cyprian [Anm. 21].

Betrachtet man resümierend die sozioökonomischen und generationellen Hintergründe, die Interessen und die Kommunikationstechniken protestantischer Theologen aus den Lagern des Pietismus, des ‚orthodoxen' Luthertums und der reformierten Irenik, dann ergeben sich auf einer strukturellen Ebene somit überraschende Gemeinsamkeiten, Ähnlichkeiten und neue Betrachtungsperspektiven. Angesichts ihrer aktiven Medienpolitik, der ausgefeilten Kommunikationstechniken im Brief- und Zeitschriftenwesen oder der avancierten historiographischen Methodik wird sich etwa das landläufige Bild einer rückwärtsgewandten, geradezu verknöcherten lutherischen Orthodoxie bei genauerem Hinsehen kaum halten lassen. Dies gilt selbst für den bisher hier nicht weiter angesprochenen Bereich von Frömmigkeit und Erbauung, gleichsam eine Domäne der pietistischen Konkurrenz, wo sich mancherlei Überschneidungen mit einem ‚orthodoxen' Lager finden lassen:[31] Sogar die Leseanweisungen und Gliederungsprinzipien einer Zeitschrift wie der ‚Unschuldigen Nachrichten' enthüllen, dass dieses Periodikum nicht etwa still rezipiert, sondern gemeinschaftlich durchgearbeitet werden sollte, und zwar im Rahmen regelmäßiger frommer Versammlungen außerhalb der Gottesdienste. Von einem ‚pietistischen' Konventikelwesen war dies nicht mehr weit entfernt. Wenn die ‚Unschuldigen Nachrichten' dem *Indifferentismo, Naturalismo und Fanaticismo* (oder moderner gesprochen: der Irenik, der aufgeklärten Religionskritik und der radikalen, pietistischen Frömmigkeit) den Kampf ansagten, dann propagierten sie gleichzeitig Vergemeinschaftungsformen der Konkurrenz, die ihre lutherischen Obrigkeiten ansonsten für gefährlich hielten.[32]

Insgesamt sind Bezeichnungen wie ‚Orthodoxie' oder ‚Pietismus' letztlich kaum mehr als Etiketten, für deren Etablierung und Wirkmächtigkeit häufig Angehörige des jeweils gegnerischen Spektrums verantwortlich zeichneten. Zuschreibungen dieser Art sollten schon zeitgenössisch Breschen in das Dickicht protestantischer Pluralität schlagen, doch entwickelten sie gleichzeitig ein Eigenleben, das bis heute die Forschung prägt.

3. Von strukturellen Gemeinsamkeiten zu inhaltlichen Unterschieden

Freilich können die bisher umrissenen Analogien zwischen den protestantischen Milieus der Jahrzehnte um 1700 nicht verdecken, dass in inhaltlicher

---

[31] JOHANNES WALLMANN: Pietas contra Pietismus. Zum Frömmigkeitsverständnis der lutherischen Orthodoxie. In: Pietas in der Lutherischen Orthodoxie. Hg. von UDO STRÄTER. Wittenberg 1998 (Themata Leucoreana), S. 6–18.

[32] Siehe das Vorwort der Unschuldigen Nachrichten [...] (1702), S. 8, wo auch die Gliederungsprinzipien nach Sonntagen erläutert werden; das Zitat aus der Vorrede der Unschuldigen Nachrichten (1710), S. 23. Ein zeitgenössisches Konventikelverbot ist in neuer Edition abgedruckt in: Pietismus. Eine Anthologie von Quellen des 17. und 18. Jahrhunderts. Hg. von VERONIKA ALBRECHT-BIRKNER [u. a.]. Leipzig 2017, S. 382.

Perspektive größere Unterschiede zwischen den Gruppierungen bestanden und sich diese Unterschiede über die Zeit und in Abgrenzung voneinander weiter verstärkten und verfestigten. Darauf verweisen bereits das knapp dargestellte historiographische Wirken des Sachsen-Gothaer Kirchenrats Cyprian und sein Einsatz im Umfeld des Reformationsjubiläums. Erst diese Unterschiede und die Prozesse ihrer Herausbildung lassen es gerechtfertigt erscheinen, von mehreren „Protestantismen" zu sprechen.

Einige inhaltliche Alleinstellungsmerkmale des pietistischen, des traditionell-lutherischen und des irenisch-synkretistischen Milieus resultierten aus der jeweiligen Sicht auf die konfessionelle Konkurrenz. Seit dem ausgehenden 16. Jahrhundert bestanden im Heiligen Römischen Reich deutscher Nation mit der Römisch-katholischen, der lutherischen und der reformierten Konfession drei Bekenntnisgruppen, die sich auf verschiedene Interpretationen der Bibel sowie auf charakteristische Dogmen, Bekenntnisdokumente, kirchliche Organisationsformen, Gottesdienstbräuche und Alltagspraktiken beriefen. Auch ihr Verhältnis zu den weltlichen Obrigkeiten gestaltete sich unterschiedlich.[33] Mit dem Westfälischen Frieden von 1648 waren diese drei Konfessionsgruppen reichsrechtlich abgesichert: Neben der katholischen Papstkirche und den Lutheranern traf dies nunmehr auch auf die Reformierten zu.[34] Die Verfolgung von Abweichlern und Häretikern jenseits dieses Spektrums (z. B. täuferische Gruppen) lag seit dem 16. Jahrhundert im Zuständigkeitsbereich der Kirchen sowie der jeweiligen landesherrlichen bzw. kaiserlichen Jurisdiktionen.[35]

Die westfälischen Friedensregelungen zur Beendigung des Dreißigjährigen Krieges deuten bereits auf zwei Umstände hin, die für die weitere konfessionelle Geschichte Mitteleuropas virulent wurden: Erstens legte der Friedensvertrag von Osnabrück nahe, dass das Ziel der Anerkennung der drei Bekenntnisse im Reich keine dauerhafte Festschreibung der konfessionellen Spaltung sein sollte, sondern nur für eine Übergangsperiode gelte, *bis man sich durch Gottes Gnade über die Religionsfragen verglichen haben wird.*[36] Hierin knüpfte der Friedensschluss an andere Reichsgrundgesetze

---

[33] Grundlegend: ANDREAS HOLZEM: Christentum in Deutschland 1550–1850. Konfessionalisierung – Aufklärung – Pluralisierung. Bd. 1. Paderborn 2015.

[34] Zu den Regelungen und Auswirkungen des Westfälischen Friedens siehe u. a. JOACHIM WHALEY: Germany and the Holy Roman Empire. Bd. 1: From Maximilian I to the Peace of Westphalia, 1493–1648. Oxford 2013, S. 619–644.

[35] Für die Täufer siehe ASTRID VON SCHLACHTA: Gefahr oder Segen? Die Täufer in der politischen Kommunikation. Göttingen 2009 (Schriften zur politischen Kommunikation 5).

[36] IPO Art. V,1: *donec per Dei gratiam de religione ipsa convenerit* (zit. nach Acta Pacis Westphalicae. Hg. von der Nordrhein-Westfälischen Akademie der Wissenschaften in Verbindung mit der Vereinigung zur Erforschung der Neueren Geschichte e. V. durch KONRAD REPGEN. Serie III. Abt. B: Verhandlungsakten. Bd. 1: Die Friedensverträge mit Frankreich und Schweden. 1: Urkunden. Bearb. von ANTJE OSCHMANN. Münster 1998, S. 110–128, online unter http://www.pax-westphalica.de/ipmipo/index.html [11. März

wie den Augsburger Reichsabschied (‚Religionsfrieden') von 1555 an, worin ebenfalls eine künftige Einheit der Kirche als Ziel formuliert war.

Diskussionen um eine Vereinigung der Bekenntnisse existierten seit der Reformation;[37] um 1700 flammten sie jedoch in besonderer Intensität wieder auf und brachten innerhalb des Protestantismus eine – vor allem vom Reformiertentum dominierte – Gruppierung von Irenikern bzw. „Unionisten"[38] hervor, die durch die Brille des traditionell-orthodoxen Luthertums immer öfter abwertend als *Synkretisten* bzw. *Religions-Menger* bezeichnet wurde: Man war von ihrer ostentativen Friedensliebe (griech. ειρήνη bedeutet ‚Frieden') nicht überzeugt und warf ihnen vor, zentrale Dogmen preisgeben und die Konfessionen vermischen zu wollen.[39]

Das Problem einer möglichen Vereinigung der Protestanten zwang Reformierte und Lutheraner gleichwohl dazu, sich über ihr jeweiliges Verhältnis zueinander zu vergewissern. So bestanden durchaus gewisse Übereinstimmungen zwischen den Anhängern Luthers und denen Calvins oder Zwinglis im dogmatischen und ekklesiologischen Bereich. Außerdem zeichneten sich beide Konfessionsgruppen durch einen mehr oder weniger gemeinsamen Traditionsbestand in Bezug auf die Reformation und zugleich ganz besonders durch ihre Gegnerschaft gegenüber der katholischen Papstkirche aus: Unter zahlreichen Zeitgenossen herrschte nämlich die Sorge, katholische Mächte im Reich und in Europa würden auf eine Marginalisierung der Protestanten abzielen und die Errungenschaften der Reformation

---

2019]); vgl. MARTIN HECKEL: Die Wiedervereinigung der Konfessionen als Ziel und Auftrag der Reichsverfassung im Heiligen Römischen Reich Deutscher Nation. In: Die Reunionsgespräche im Niedersachsen des 17. Jahrhunderts. Rojas y Spinola – Molan – Leibniz. Hg. von HANS OTTE und RICHARD SCHENK. Göttingen 1999 (Studien zur Kirchengeschichte Niedersachsens 37), S. 15–38.

[37] HOWARD HOTSON: Irenicism in the Confessional Age. The Holy Roman Empire, 1563–1648. In: Conciliation and Confession. The Struggle for Unity in the Age of Reform. 1415–1648. Hg. von HOWARD P. LOUTHAN und RANDALL C. ZACHMAN. Notre Dame 2004, S. 228–285; Diversity and Dissent. Negotiating Religious Difference in Central Europe, 1500–1800. Hg. von HOWARD LOUTHAN [u. a.]. New York [u. a.] 2011 (Austrian and Habsburg Studies 11); Zwischen theologischem Dissens und politischer Duldung. Religionsgespräche der Frühen Neuzeit. Hg. von IRENE DINGEL [u. a.]. Göttingen 2018 (Veröffentlichungen des Instituts für Europäische Geschichte Mainz. Beihefte 121).

[38] Art. Unions=Werck. In: Grosses vollständiges Universal-Lexicon Aller Wissenschaften und Künste [...]. Hg. von JOHANN HEINRICH ZEDLER. Bd. 49. Leipzig, Halle 1746, Sp. 1660–1730; Art. Unionisten. Ebd., Sp. 1652.

[39] Siehe z. B. Paulus Zuriel [Ps. Sebastian Edzardi]: Kleiner Syncretisten- Und Unionisten-Spiegel, Oder Kurtze Beschreibung, Was der Syncretismus sey, Woher er entstehe, Woran man ihn erkennen könne, wie sündlich er sey, und was er nach sich ziehe. O. O. 1724. Der Begriff „Religions-Menger" findet sich unter anderem bei seinem Hamburger lutherischen Mitstreiter Erdmann Neumeister: Kurtzer Beweis/ Daß das itzige Vereinigungs-Wesen Mit den sogenannten Reformirten oder Calvinisten/ Allen Zehen Gebothen [...] zuwieder lauffe. Hamburg 1721, S. 8, 42.

ungeschehen machen wollen. Zu einer verbreiteten Furcht vor dem Katholizismus hatten in den letzten Jahrzehnten des 17. Jahrhunderts unter anderem die Kriege Ludwigs XIV., die Emigration der Hugenotten und Waldenser, die Herrscherwechsel in England und der Kurpfalz 1685, die kaiserliche Politik Leopolds I. im Reich und in Ungarn, die katholischen Missionserfolge in der Neuen Welt sowie die spektakuläre Konversion des sächsischen Kurfürsten Friedrich August I. beigetragen.[40] Aus diesem Bedrohungsszenario heraus sind verschiedene religiöse Entwicklungen im Protestantismus zu erklären: erstens die Intensivierung von lutherisch-reformierten Unionsgesprächen mit dem Ziel, dem vermeintlich aggressiven Papsttum eine gemeinsame, vereinigte protestantische Front entgegensetzen zu können;[41] zweitens protestantische Missionsbestrebungen außerhalb Europas einschließlich einer entsprechenden Berichterstattung, die sich häufig nicht nur an die eigenen Anhänger, sondern ebenso sehr an den katholischen Gegner richtete;[42] drittens Aufrufe zur Stärkung der Frömmigkeit einschließlich individueller Buß- und Bekehrungsrhetoriken, wie sie dem frühen Pietismus zugeordnet werden, zugleich aber nicht selten auch eine antikatholische Stoßrichtung aufweisen;[43] viertens christlich-gelehrte Weltreformpläne – von Leibniz' ‚Novissima Sinica' über Conrad Mels Missionsaufruf ‚Die Schauburg der Evangelischen Gesandtschaft' bis hin zu Franckes programmatischem ‚Großen Aufsatz'.[44] Sogar die Gründung der Berliner Societät der Wissenschaften 1701 durch den lutherischen Gelehrten Gottfried Wilhelm Leibniz und den reformierten Theologen Daniel Ernst Jablonski stand zunächst im Zeichen von Mission, Union und Weltreform.[45]

Mit Ausnahme einiger weniger Ireniker aus dem Luthertum, etwa im Umfeld der welfischen Universität Helmstedt,[46] oder spiritualistischer Gruppen, denen konfessionübergreifend an einer Vergemeinschaftung der wahr-

---

40 SCHUNKA, Westen [Anm. 18], S. 61–87.

41 Ebd., S. 133–252.

42 Siehe die Beiträge in: Reporting Christian Missions in the Eighteenth Century. Communication, Culture of Knowledge and Regular Publication in a Cross-Confessional Perspective. Hg. von MARKUS FRIEDRICH und ALEXANDER SCHUNKA. Wiesbaden 2017 (Jabloniana 8).

43 Dies ist insbesondere in Speners Schriften überdeutlich, siehe z. B. die Auszüge in: Pietismus [Anm. 32], S. 10–19 und passim.

44 Gottfried Wilhelm Leibniz: Das Neueste von China (1697). Novissima Sinica. Mit ergänzenden Dokumenten hg., übers. und erläutert von HEINZ-GÜNTHER NESSELRATH und HERMANN REINBOTHE. Köln 1979 (Schriftenreihe der DCG 2). Auszüge aus den anderen beiden Texten finden sich in: Pietismus [Anm. 32], S. 419–423 (FRANCKE), 479–483 (MEL).

45 Siehe z. B. das Stiftungsdiplom, Cölln, 11. Juli 1700. Abgedruckt in: Leibniz und seine Akademie. Ausgewählte Quellen zur Geschichte der Berliner Sozietät der Wissenschaften 1697–1716. Hg. von HANS-STEPHAN BRATHER. Berlin 1993, Nr. 10, S. 88f.

46 MARTIN OHST: Späte Helmstedter Irenik zwischen Politik und Theologie. In: Jahrbuch der Gesellschaft für Niedersächsische Kirchengeschichte 92 (1994), S. 139–170;

haft Gläubigen gelegen war,[47] galt die Ablehnung der römisch-katholischen Kirche unter Protestanten um 1700 als *common sense*. Bei aller generellen Einigkeit darüber, was die Abwehr des gemeinsamen katholischen Feindes betraf, darf man allerdings nicht übersehen, dass auch zwischen den beiden Bekenntnisgemeinschaften der Reformierten und Lutheraner größere Differenzen herrschten. In Bezug auf eine mögliche protestantische Union gehörte zu den Dauerstreitpunkten die doppelte Prädestinationslehre der Reformierten: Gemäß einer besonders strengen Auslegung des Reformiertentums seit der Dordrechter Synode von 1618/19 hatte Gott bereits vor dem Sündenfall festgelegt, welche Menschen zu den Erwählten und welche zu den Verworfenen gehören sollten. Diese Haltung war jedoch sogar innerhalb des europäischen Reformiertentums umstritten: Liberalere Reformierte, sogenannte Universalisten, setzten ihr denn auch gewissermaßen eine Hintertreppe zur Erlösung entgegen: Christus sei für alle Menschen gestorben, und insofern könne sich jeder Mensch zumindest theoretisch auch später noch würdig zum Seelenheil erweisen. Böswillige Zeitgenossen sahen in einer solchen, gleichsam verwässerten Prädestinationslehre allerdings die Rückkehr zur katholischen Vorstellung einer Werkgerechtigkeit, gegen die sich einst die protestantische Reformation gerichtet hatte. Die liberalere Prädestinationsauffassung des ‚universalistischen' Reformiertentums ließ zudem eine gewisse Nähe zu lutherisch-pietistischen Ideen vom Bau des Reiches Gottes auf Erden vermuten, wenn nicht gar zu den antitrinitarischen und daher ketzerischen Vorstellungen der Sozinianer, die die Person Jesu Christi und den Kreuzestod abzuwerten schienen.[48]

Unter den Befürwortern von Einheitsgesprächen mit Lutheranern waren die reformierten ‚Universalisten' in der Mehrheit, weil sie hinsichtlich der umstrittenen Prädestinationslehre kompromissfähiger erschienen als die konservativen Reformierten. Doch innerhalb ihrer eigenen Bekenntnisgruppe sahen sich Universalisten bisweilen einer Front gegenüber, die

---

ALEXANDER SCHUNKA: Irenicism and the Challenges of Conversion in the Early Eighteenth Century. In: Conversion [Anm. 8], S. 101–118.

[47] Vgl. exemplarisch die Auffassung des Spritualisten Heinrich Wilhelm Ludolf, siehe ALEXANDER SCHUNKA: An England ist uns viel gelegen. Heinrich Wilhelm Ludolf als Wanderer zwischen den Welten um 1700. In: London und das Hallesche Waisenhaus. Eine Kommunikationsgeschichte im 18. Jahrhundert. Hg. von ANDREAS GESTRICH [u. a.]. Wiesbaden 2014 (Hallesche Forschungen 39), S. 43–64.

[48] Zum Problem des reformierten Universalismus siehe FIAMMETTA PALLADINI: Die Berliner Hugenotten und der Fall Barbeyrac. Orthodoxe und ‚Sozinianer' im Refuge (1685–1720). Leiden, Boston 2011 (Brill's Studies in Intellectual History 204). Für Brandenburg-Preußen siehe MICHAEL BEINTKER: Toleranz und Bekenntnis. Theologische Beobachtungen zur Immigrations- und Religionspolitik Preußens von 1685 bis 1817. In: Immigration und Emigration. Die calvinistische Einwanderung und Auswanderung in Mitteleuropa. Beiträge des II. Kongresses für Calvinforschung in Mittel- und Osteuropa vom 24. bis 26. September 1984 in Berlin. Hg. von JOHANNES LANGHOFF und JOACHIM ROGGE. Berlin 1985, S. 117–137; SCHUNKA, Westen [Anm. 18], S. 40f.

schwerer zu überwinden schien als die Grenze zu den Lutheranern. Der Graben zwischen Universalisten und sogenannten Partikularisten war so groß, dass der Theologe Jablonski genau Buch führte über die Namen seiner partikularistischen Kontrahenten, die es umzustimmen oder auszuschalten galt.[49] Nicht nur die Lutheraner waren also gespalten; für die Reformierten galt dies gleichermaßen.

Zwischen Reformierten und Lutheranern bildete die Prädestinationslehre zwar ein bedeutsames, allerdings nicht das einzige Hindernis auf dem Weg zu Dialog und möglicher Union: Die Debatten über eine protestantische Einheit kreisten daneben insbesondere um das Abendmahl, das im Reformiertentum (und in der anglikanischen Kirche) als geistliche Angelegenheit bzw. – im Gefolge des Schweizer Reformators Zwingli – als Erinnerungsmahl betrachtet wurde. Dem stand die lutherische Auslegung von der Realpräsenz Christi entgegen, die Kritikern zufolge nicht allzu weit von katholischen Eucharistievorstellungen entfernt war. Auch andere vermeintliche Überreste aus dem Papsttum innerhalb der lutherischen Kirchengebräuche führten dazu, dass das Luthertum in der Außensicht – bei manchen Reformierten ebenso wie etwa innerhalb der *Church of England* – als quasikatholisch galt. Zu den Streitpunkten zählten unter anderem die Verwendung der Hostie bei der Kommunion (statt gebrochenen Brotes), der Altar in der Kirche (statt eines Tisches), das Verbot von Bildern in der Kirche und auch die Zählung der Zehn Gebote, die im Luthertum von der reformierten und anglikanischen Praxis abwich (und dies bis heute tut).[50]

Aus unterschiedlichen Gründen kam es in den Jahren um 1700 nicht zu der Annäherung oder gar Vereinigung von Lutheranern und Reformierten, die sich protestantische Ireniker gewünscht hatten. Die Ursachen für dieses Scheitern waren vielfältig: Sie lagen im theologischen, aber auch im kirchenpolitischen und im sozialen Bereich der Protagonisten, was nicht allein auf Wahrheitsfragen, sondern zugleich auf das Problem innerprotestantischer Gruppendynamiken hindeutet.[51] Aus Sicht der (lutherisch geprägten) Halleschen Pietisten konnte nicht eine Union von Bekenntnisgruppen das Ziel darstellen, sondern allein die Vereinigung der wahrhaft Gläubigen, die dann gemeinsam am Reich Gottes auf Erden bauten.[52] Im traditionellen Luther-

---

[49] Siehe Geheimes Staatsarchiv preußischer Kulturbesitz Berlin, 1. HA, Rep. 51, Nr. 72, Konv. 2, fol. 1r sowie Staatsbibliothek Berlin Preußischer Kulturbesitz, Handschriften, Nachlass A. H. Francke, Kopialbücher Jablonski, 11,2/11, Nr. 18.

[50] BODO NISCHAN: The „Fractio Panis". A Reformed Communion Practice in Late Reformation Germany. In: Church History 53 (1984), S. 17–29; SCHUNKA, Irenicism [Anm. 46], v. a. S. 106–109.

[51] Zum Scheitern der Unionsbestrebungen siehe mit weiterer Literatur: WOLF-FRIEDRICH SCHÄUFELE: Christoph Matthäus Pfaff und die Kirchenunionsbestrebungen des Corpus Evangelicorum 1717–1726. Mainz 1998; SCHUNKA, Westen [Anm. 18], S. 133–252.

[52] Zu den Gegensätzen und Überschneidungen im frömmigkeitlichen Bereich zwischen Pietisten und Irenikern siehe ALEXANDER SCHUNKA: Daniel Ernst Jablonski, Pietism,

tum dagegen war man der Überzeugung, die reformierten Ireniker würden nicht aus zwei Bekenntnissen eines machen wollen, sondern eine dritte, neue Konfession gründen oder gar auf eine Unterdrückung der Lutheraner abzielen. Lutherische Theologen gingen daher vehement und unter Aufbietung größtmöglichen Medieneinsatzes mit Hilfe von Zeitschriften und unzähligen Traktaten gegen jegliche Anzeichen konfessioneller Union vor: Ihnen zufolge handelte es sich bei den Einheitsdiskussionen um den Versuch konfessionell indifferenter Reformierter, das Luthertum innerhalb des protestantischen Spektrums zu marginalisieren. Die Behauptung reformatorischer Wahrheiten verlangte jedenfalls maximale Energie – Verunglimpfungen des innerkonfessionellen Gegners eingeschlossen.[53]

Wenn sich die ‚Unschuldigen Nachrichten' Valentin Ernst Löschers (im Verbund mit seinen Mitstreitern Ernst Salomon Cyprian und den gleichaltrigen Sebastian Edzardi und Erdmann Neumeister) gegen eine Union der Protestanten wandten, dann geriet dies zum Abwehrkampf gegen schädliche indifferentistische Ideen oder gar naturalistisch-atheistische Einflüsse aus dem westeuropäischen Ausland. Kaum erforscht ist bisher, dass auch der Waisenhausgründer August Hermann Francke als Speerspitze des Halleschen Pietismus zu konservativ-lutherischen Ansichten neigte, wenn es darum ging, sich von der reformierten Irenik abzugrenzen. Ansonsten hatte Francke allen Grund, sich von der lutherischen ‚Orthodoxie' und speziell vom Umfeld der ‚Unschuldigen Nachrichten' zu distanzieren, von wo aus man regelmäßig scharf nicht nur gegen die Ireniker, sondern auch gegen Halle polemisierte.

Man hat es somit innerhalb des protestantischen Spektrums gelegentlich mit wechselnden Allianzen und inoffiziellen Koalitionen zu tun, die hin und wieder Gruppengrenzen in Frage stellten. Sowohl Pietisten als auch Ireniker waren jedoch weitgehend einer Meinung, was die Ablehnung orthodoxer Polemiker aus dem Umfeld Cyprians, Löschers und der ‚Unschuldigen Nachrichten' betraf. Nach Ansicht von Irenikern und Pietisten zeichnete sich das traditionelle Luthertum des Konkordienbuchs aus durch eine verknöcherte Rückwärtsgewandtheit, durch ein übertriebenes Festhalten an gelehrten Traditionsbeständen, die – aus irenischer Perspektive – den Blick auf die essentiellen, fundamentalen Gemeinsamkeiten unter Protestanten verstellten[54] oder die – so die Anhänger pietistischer Frömmigkeit – den

---

and Ecclesiastical Union. In: Pietism, Revivalism and Modernity. 1650–1850. Hg. von FRED VAN LIEBURG und DANIEL LINDMARK. Newcastle 2008, S. 23–41.

[53] Ein extremes Beispiel lutherischer, anti-irenischer Polemik war das ‚Calvinisten ABC' Theodor Heinsons, siehe [Theodor Heinson]: Unterthänigste Adresse An ein Hohes Durchlauchtigstes Haupt Im Heil. Römischen Reiche [...]. Anhang: Calvinisten-ABC. [Hamburg?] 1721.

[54] Zur Fundamentalartikeldiskussion siehe MARTIN I. KLAUBER: Between Reformed Scholasticism and Pan-Protestantism. Jean-Alphonse Turretin (1671–1737) and Enlightened Orthodoxy at the Academy of Geneva. Selinsgrove [u. a.] 1994.

Weg zu wahrer, innerlicher Spiritualität behinderten. Für Ireniker und Pietisten, die gleichermaßen von Geistlichen wie Löscher, Cyprian oder den Hamburgern Erdmann Neumeister und Sebastian Edzardi bekämpft wurden, geriet ‚Orthodoxie' damit zum Schreckgespenst.

Zu betonen ist allerdings, dass man es bei den orthodox-lutherischen Polemikern eigentlich nur mit der kampfeslustigen, meinungsstarken und medienerprobten Speerspitze eines viel breiteren lutherischen ‚Mainstreams' zu tun hat. Dies wird deutlich, wenn man sich abschließend eine zeitgenössische, obrigkeitsnahe Zustandsbeschreibung des Protestantismus aus den ersten Jahren des 18. Jahrhunderts genauer ansieht. Der heute weithin vergessene sächsische Kameralist Julius Bernhard von Rohr (1688–1742) präsentierte in seiner umfangreichen ‚Einleitung zur Staats-Klugheit' aus dem Jahr 1718 auf rund 1500 Seiten eine Handreichung zur guten Regierungspraxis lutherischer Fürsten. Sie enthielt zugleich eine ausführliche Zeitdiagnose unterschiedlicher Protestantismen im Hinblick auf deren Verhältnis zu den territorialen Obrigkeiten – zwar aus einer lutherischen Perspektive verfasst, allerdings größtenteils in zurückhaltender, wenig polemischer Form dargeboten.[55] Sein Werk integrierte Textpassagen anderer Werke, darunter auch den eingangs vorgestellten Text aus den ‚Unschuldigen Nachrichten' zu den *gradibus fanaticorum*. Rohr setzte sich ein für das landesherrliche Kirchenregiment protestantischer Fürsten, für eine Erziehung der Untertanen zur Glaubensfestigkeit, und er wandte sich gegen *verkehrte indifferentistische und atheistische Politici*.[56] Er sprach sich für die Beibehaltung lutherischer Zeremonien aus, gegen Neuerungen in Gebet- und Gesangbüchern, gegen jeglichen konfessionellen Streit, aber auch gegen die Versuche reformierter Ireniker, die Bekenntnisse zu vereinigen. Denn

> *durch die conformität allerhand äußerlicher Handlungen wird die Vereinigung nicht befördert, und in den* [!] *Hauptwercke will keine Parthie etwas nachgeben und kan an der Ehre und Göttlichen Wahrheit nichts vergeben. Weil sich die Hrrn. Reformirten einbilden, daß die Warheit auf ihrer Seite stehe, so wohl als wir* [Lutheraner, A. S.] *solches mit Gewißheit behaupten können, so vertheidiget eine jede die einmahl recipirten hypotheses mit grosen Eyfer.*[57]

Laut Rohr würde derartiger Indifferentismus eine *Total-Confusion in Kirchen-Sachen* hervorbringen, die *dem Atheismo gewißlich sehr nahe* kommt.[58] All dies entspricht weitgehend den klassischen Auffassungen im Luthertum der Jahrzehnte um 1700.

---

[55] Julius Bernhard von Rohr: Einleitung zur Staats-Klugheit, Oder: Vorstellung wie Christliche und weise Regenten zur Beförderung ihrer eigenen und ihres Landes Glückseeligkeit Ihre Unterthanen Zu beherrschen pflegen. Leipzig 1718.

[56] Ebd., S. 257.

[57] Ebd., S. 286f.

[58] Ebd., S. 291f.

Interessanter ist demgegenüber Rohrs Sicht auf das ‚linke' Spektrum des Protestantismus: Der Autor lobte nämlich die Hallesche Ostindienmission (und sprach seine Hoffnung aus, andere Lutheraner würden sich ebenfalls für die Evangelisierungsarbeit einsetzen, um dieses Werk nicht der Papstkirche zu überlassen). Er plädierte zudem für eine Judenmission sowie für die Gründung von Predigerseminaren und theologischen Bibliotheken auf dem Land; außerdem pries er die Produktion kostengünstiger Bibeln am Halleschen Waisenhaus und empfahl die Durchführung erbaulicher Bibellektürestunden. All diese Bereiche würde man heute mit dem Pietismus und konkret mit August Hermann Franckes Plänen zur Welt- und Menschenreform verbinden, doch Rohr stellte hier nicht ansatzweise derartige Assoziationen her. Vom ‚Pietismus' hatte der Autor dennoch eine klare, sehr differenzierte Vorstellung: Zu den *Schwärmern, Pietisten und neuen Propheten* gehörten die *fanatici*, wie sie schon in den ‚Unschuldigen Nachrichten' präsentiert worden waren[59], daneben aber auch *Quacker, Tremulanten, Wiedertäuffer, Schwenckfeldianer, Rosenkreutzer, Labadisten, Böhmisten, David-Juristen, Weigelianer, Pansophisten, Offenbahrungs- und Freygeister, Enthusiasten, Quietisten, Träumer, u. s. w. die in manchen Stücken von einander unterschieden, doch in dem meisten und in dem Haupt-Werck zusammen conformiren.*[60] Rohr empfahl ein energisches Vorgehen der Obrigkeiten gegen all jene Schwärmer, zu denen ihm zufolge auch noch die spiritualistischen *Propheten* aus den Cevennen zu zählen waren,[61] doch als Pietisten im engeren Sinne betrachtete er sie alle nicht: Das Wort ‚Pietist' habe nämlich andere, wenngleich unterschiedliche Bedeutungen. So bezeichne man als Pietisten erstens *diejenigen, die mit den ruchlosen Welt-Kinder nicht alle von GOtt verbothene Uppigkeiten, Sünde und Schande mit machen wollen, und sich bemühen* [...], *nach GOttes Gebothen einher zu gehen, und einen, einem Christen anständigen Lebens-Wandel zu führen. Diese werden nun von den Spöttern und gottlosen Leuten mit dem Nahmen der Pietisten beleget. Ich nenne aber solche rechtschaffene Pietisten.*[62] Eine zweite Pietistengruppe allerdings *wolle ohne raison allerhand Neuerungen vornehmen*, obwohl sie sich äußerlich weiterhin zum Luthertum bekenne: Bei diesen handle es sich um die *subtilen Pietisten*. Pietisten einer dritten Gruppe wollten gar *eine eigne Secte constituiren*, sie

> *moquiren sich über die orthodoxie* [...] *statuiren keine indifferenten Dinge, sondern achten das Tantzen, Spielen und andere Sachen, so öffters gemißbrauchet werden,*

[59] Ebd., S. 322–325 der wortgleiche Abdruck des Textes aus den ‚Unschuldigen Nachrichten'.

[60] Ebd., S. 334.

[61] Siehe LIONEL LABORIE: Enlightening Enthusiasm. Prophecy and Religious Experience in Early Eighteenth-Century England, Manchester 2015; ROHR, Einleitung [Anm. 55], S. 354–363.

[62] ROHR, Einleitung [Anm. 55], S. 337.

vor Sachen, die an und vor sich selbst bey allen und ieden Umständen Tod-Sünden wären, halten nicht gar viel auff das Kirchen-Gehen, den Beicht-Stuhl und heilige Nachtmahl, rühmen sich besonderer Offenbahrungen, affectiren eine Scheinheiligkeit darinnen, daß sie nicht lachen, sondern die Köpffe hängen wie das Schilff-Rohr, gehen in eigenen Winckel-Zusammenkünfften und Conventiculis zusammen, reden viel von der Vollkommenheit.[63]

Dies seien Rohr zufolge die *groben Pietisten*, während eine vierte und letzte Gruppe, die *tumme[n] Pietisten*, überhaupt nur noch auf innere bzw. *teufflische* Offenbarungen höre.[64]

Rohrs vierstufige Skala der Pietisten erinnert an die eingangs vorgestellte Klassifizierung der *graduum fanaticorum* in den ‚Unschuldigen Nachrichten'. Interessant sind hier allerdings mindestens zwei Aspekte. So legt die Beschreibung Rohrs erstens nahe, welche Vielfalt sich zeitgenössisch hinter einem Containerbegriff wie Pietismus verbarg und dass diese Vielfalt für politisch und religiös interessierte Zeitgenossen durchaus klar erkennbar war. Zweitens macht Rohr deutlich, dass es sich beim Begriff ‚Pietismus' um ein Zuschreibungsphänomen handelte, das im Zusammenspiel von Außenwahrnehmungen und Binnendynamiken protestantischer Lager entstand. Denn laut Rohr zählte die erste Gruppe eben nur *Spott-weise* zu den *so genannten Pietisten*: Bei ihnen handele es sich eigentlich um keine Abweichler, sondern um fromme Menschen, die allein *GOttes Willen gemäß leben* wollten; andere, gefährliche Pietisten dagegen praktizierten die Kunst hinterlistiger Verstellung. So sei es *vor ein Kennzeichen eines* [wahren, A. S.] *Pietisten mit zu halten, wenn einer leugnet, daß Pietisten in der Welt sind.*[65] Erst in jüngster Zeit hat sich die Forschung verstärkt darum bemüht, die vielfältigen Schattierungen protestantischer Frömmigkeit um 1700 in ihrem Eigenwert ernst zu nehmen und sich von einem holistischen ‚Pietismus'-Verständnis zu verabschieden.[66] Für Rohr und viele seiner Zeitgenossen wäre dies eine Selbstverständlichkeit gewesen.

4. Fazit

Der mikroskopische Blick auf deutsche Protestantismen zweihundert Jahre nach der Reformation zeigt, dass die Dinge oft vielfältiger und komplizierter werden, je näher man ihnen rückt. Zugleich eröffnen sich neue Zusammenhänge im Kleinen, die zum Verständnis der großen Strukturen hilfreich, wenn nicht sogar nötig sind.[67] Die Pluralität der Anschauungen, die

---

63 Ebd., S. 338.

64 Ebd., S. 339.

65 Ebd., S. 351f.

66 Vgl. z. B. ALBRECHT-BIRKNER, Reformation [Anm. 15].

67 Zum mikroskopischen Blick des Historikers und der Verhältnisbestimmung von Klein und Groß siehe den methodisch aufschlussreichen Aufsatz von ULINKA RUBLACK: Der

Konkurrenzsituationen im Streben nach Alleinstellung in Wahrheitsfragen, aber auch die enorme theologische und frömmigkeitliche Zersplitterung kennzeichnen die Situation der Protestanten in Mitteleuropa um 1700. Bei genauer Betrachtung eröffnen sich allerdings gleichzeitig vielfältige Parallelen hinsichtlich der zeitgenössischen Vergemeinschaftungsformen und Systematisierungspraktiken, hinsichtlich der Auseinandersetzung mit dem reformatorischen Erbe und seiner Aktualisierung um 1700 und schließlich hinsichtlich der Mediennutzung und Kommunikationsstrategien, die alle hier angesprochenen protestantischen Gruppen virtuos beherrschten.

Diese Pluralität des Protestantismus ist freilich nicht unbedingt als Vorgeschichte religiöser Toleranz zu verstehen. Eine Duldung Andersgläubiger spielte in diesen Diskussionen nur selten eine Rolle, denn der moderne Anspruch, unterschiedliche Glaubensformen nebeneinander zu akzeptieren, stand bei der Indienstnahme des reformatorischen Erbes und beim Vertreten protestantischer Wahrheitsansprüche meist (noch) nicht zur Debatte. In der Perspektive des traditionellen Luthertums hätte Toleranz geradewegs in den Indifferentismus geführt, aus Sicht der Irenik war sie ein Übergangsphänomen auf dem Weg zur Einheit der Bekenntnisse, und innerhalb des pietistischen Spektrums relativierte man zwar bei der Suche nach den wahren Gläubigen gelegentlich die Bedeutung konfessioneller Grenzen, doch unterschied man mindestens ebenso scharf zwischen den wiedergeborenen Christen und den *Welt-Kindern*. Nur eine Minderheit unter den Protestanten hielt gar die katholische Papstkirche für dialogfähig. Letztlich trug gerade die Ablehnung des Katholizismus um 1700 wesentlich zur protestantischen Gemeinschaftsstiftung und – bei allen Differenzen – zu einem lagerübergreifenden protestantischen Zusammenhalt bei.

Nach dem bisher Gesagten ist in der Frühaufklärungsepoche nicht etwa von der klassischen, in historischen Gesamtdarstellungen häufig präsentierten zeitlichen Abfolge protestantischer Strömungen von der ‚Orthodoxie' über den ‚Pietismus' in die ‚Aufklärung' auszugehen,[68] sondern von einer Gemengelage mit wechselnden Allianzen und einer Pluralität der Protestantismen, die zu einem Gutteil aus wechselseitigen Zuschreibungen resultierte. Diese Vielfalt hat bisher noch keinen angemessenen Niederschlag in der fachwissenschaftlichen Forschung gefunden. Zugleich kann die Vergegenwärtigung des Mit- und Gegeneinanders vergangener Protestantismen

---

Status des historischen Wissens. In: Die Neue Geschichte. Eine Einführung in 16 Kapiteln. Hg. von ders. Frankfurt a. M. 2013 [Oxford 2011], S. 95–124.

[68] Siehe JOHANNES BURKHARDT: Vollendung und Neuorientierung des frühmodernen Reiches 1648–1763. Stuttgart 2006 (Gebhardt. Handbuch der deutschen Geschichte. 10. Aufl. Bd. 11), S. 242: „Auf der evangelischen Seite aber trat seit dem ausgehenden 17. Jh. eine innerprotestantische Bewegung gegen die altprotestantische Orthodoxie an [...]: der Pietismus, dicht gefolgt von der Frühaufklärung". Siehe auch HOLZEM, Christentum [Anm. 33]. Bd. 2, S. 667–775; ALBRECHT BEUTEL: Kirchengeschichte im Zeitalter der Aufklärung. Göttingen 2009, S. 89–104.

aber vielleicht das Bewusstsein heutiger Generationen dafür schärfen, Strukturen und Mechanismen religiös-sozialer oder auch politischer Vergemeinschaftung zu erkennen und damit eine Grundlage für produktive Diskussionen mit der jeweils anderen Seite zu schaffen. Pluralität gilt es auszuhalten – auch ohne neue Gegner zu konstruieren und anschließend auf deren Marginalisierung zu zielen.

Volker Leppin

Reformation zwischen Mittelalter und Moderne

Protestantische Rekonstruktionen

Die Reformation zwischen Mittelalter und Moderne: Es hat sich im Zuge der Vorbereitung des Reformationsjubiläums gezeigt, dass diese Frage immer noch virulent ist. Die Grundzüge der heutigen Deutung der Reformation zeichnen genau diese Linie nach und unterscheiden sich darin, ob sie die Reformation eher dem Mittelalter oder eher der Neuzeit zuordnen. Kein ernst zu nehmendes Modell wird heute die Reformation ganz dem Mittelalter überlassen oder sie ausschließlich mit der Neuzeit verrechnen – und doch zeigt sich, dass die unterschiedlichen Modelle das eine oder das andere stärker gewichten. Manche Äußerungen aus dem Vorfeld des Reformationsjubiläums[1] zeigen dann auch, welches Aggressionspotenzial offenbar heute immer noch mit dieser eigentlich doch recht nüchternen Frage historischer Epochenzuordnung verbunden ist.

1. Luthers Selbstverständnis: der Künder des Endes[2]

Nimmt man Luthers eigene Geschichtssicht in den Blick, so stellt sich die Frage nach Modernität gar nicht – obwohl er in doppelter Weise von Bewegungen geprägt war, die mit dem lateinischen Attribut *modernus* bezeichnet wurden: In seiner Magdeburger Schulzeit war er durch einen Aufenthalt bei den Brüdern vom gemeinsamen Leben[3] der rheinischen Frömmigkeitsbewegung der Devotio moderna begegnet und hat sich später verschiedentlich positiv auf deren Vertreter, insbesondere das Gebetbuch ‚Rosetum'[4] und Zerbold von Zutphen[5], bezogen. In dieser Frömmigkeitsbewegung nahm er eine Haltung wahr, die er in seiner eigenen Betonung der Gnade

---

[1] Ich verweise nur auf diverse Rezensionen meiner und anderer Bücher von Thomas Kaufmann in der Frankfurter Allgemeinen Zeitung und anderen Publikationsorganen.

[2] Vgl. zu diesem Abschnitt VOLKER LEPPIN: Luthers Blick auf das Mittelalter. In: Die Reformation und ihr Mittelalter. Hg. von GÜNTHER FRANK und VOLKER LEPPIN. Stuttgart-Bad Cannstatt 2016 (Melanchthon-Schriften der Stadt Bretten 14), S. 113–133.

[3] S. insbesondere Luthers Hinweis, er sei bei den Nullbrüdern zur Schule gegangen (WAB, Bd. 2, S. 563 [Nr. 563,7]).

[4] Aus einer Bemerkung in der Ersten Psalmenvorlesung lässt sich erschließen, dass Luther das ‚Rosetum' in der Regel bei sich liegen hatte: *Et sic idem opus vel totum corpus potest esse omnia sacrificia, vt Rosetum folio 155.* (WA 55/2, S. 351,102–352,103); s. zur Nutzung des ‚Rosetums' durch Luther MARTIN ELZE: Züge spätmittelalterlicher Frömmigkeit in Luthers Theologie. In: Zeitschrift für Theologie und Kirche 62 (1965), S. 381–402.

[5] Zu Luthers Umgang mit Zerbold von Zutphen s. WA 55/2, S. 638,241–248.

Gottes fortführen und vertiefen konnte. Noch bekannter ist seine Prägung durch die scholastische Lehrweise der Via moderna, welcher er vor allem in Gestalt der Ockham-Renaissance um 1500 begegnet war: Gabriel Biel, den man zu guten Teilen als Urheber dieser Renaissance sehen kann,[6] hat Luther bekanntlich intensiv gelesen.[7] Dies dürfte nicht zuletzt an seiner Prägung durch die Erfurter Lehrer Bartholomäus Arnoldi von Usingen und Jodokus Trutfetter liegen, die sogar, noch ehe sie selbst intensiv Biel studiert hatten, neu auf Ockham zurückgegriffen hatten.[8] Bekanntlich konnte Luther sich daher selbst der Schule Ockhams zurechnen.[9] Beides aber hat offenkundig nichts mit jenem Epochenbegriff von Moderne zu tun, der für die Fragestellung nach Mittelalter oder Neuzeit leitend ist. Beides sind mittelalterliche Bewegungen, freilich mit dem für das Mittelalter durchaus bemerkenswerten Anspruch der Neuerung: Auch dies ist beim Rückblick ja zu bedenken, dass Vorstellungen von Fortschritt,[10] Modernisierungen oder Neuerungen keineswegs selbstverständlich positiv konnotiert sein müssen – in der Neuerung kann gerade der verdächtige Keim zum Abfall vom Althergebrachten, Guten schlummern.

Eben danach aber sucht die Frage nach Mittelalter oder Modernität nicht, sondern nach der Zuordnung zu Epochen, wie sie sich in der Geschichtswissenschaft des 19. Jahrhunderts etabliert haben. Hier liegt Luthers Bedeutung wohl vor allem darin, dass er, im Verein mit den Humanisten, dazu beigetragen hat, eine mittlere Zeit der Geschichte zu etablieren, freilich nicht in dem Anspruch, selbst dann einer Moderne anzugehören, sondern Künder des Endes der Welt zu sein. Sehr deutlich wird diese Zeitvorstellung am Ende der ‚Supputatio annorum', eines tabellarischen Werks,

---

6 DAMASUS TRAPP: Gregor von Rimini. In: TRE, Bd. 14 (1985), S. 181–184, hier S. 182.

7 S. dazu umfassend LEIF GRANE: Contra Gabrielem. Luthers Auseinandersetzung mit Gabriel Biel in der Disputatio contra scholasticam theologiam. Kopenhagen 1962 (Acta theologica Danica 4).

8 S. die Erfurter Disputation über die *quantitas* von 1497: Paruulus philo | sophie naturalis | Figuralis interpretatio in Epitoma philosophie | naturalis In laudatissimo Erffurdiensi gymnasio per | Bartholomeum de Usingen liberalium studiorum inter= | pretem concinnata (...) [Annexa est huic opusculo Questio ardua de Qui= | ditate Quantitatis Continue. Per eundem Magi= | strum quodlibetice determinata ac in ordinem lectori | bus aptiorem singulari studio instructa.). Leipzig: Wolfgang Steckel 1499, fol. 125r–139v; Summule totius logice: quod opus | maius appellitare libuit : per Jodo | cum Trutuetter Jsennachcensem Theologum (...) in Gymna | sio nuper Erphordiensi utpote succus e floribus labo | riosissime compilate. Erfurt: Wolfgang Schenk 1501, fol. M1v–M2v.

9 Weimarer Ausgabe. Abteilung Tischreden [im folgenden abgekürzt: WATR], Bd. 5, S. 653,1f (Nr. 6419); 2, S. 516,6 (Nr. 2544a).

10 Vgl. allerdings für die Antike WOLFRAM KINZIG: Novitas christiana. Die Idee des Fortschritts in der alten Kirche bis Eusebius. Göttingen 1994 (Forschungen zur Kirchen- und Dogmengeschichte 58).

das Luther zunächst handschriftlich in einem Heft notierte[11] und dann 1541 und 1545 im Druck veröffentlichte:[12]

> *Hoc anno* [1540] *numerus annorum Mundi precise est 5500. Quare sperandus est finis mundi. Nam sextus Millenarius non complebitur, Sicuti tres dies mortui Christi non sunt completi.*[13]

Basis für diese Berechnung war die aus der rabbinischen Literatur stammende Elia-Weissagung, nach welcher die Welt sechstausend Jahre bestehe, zweitausend ungestaltet, zweitausend mit dem Gesetz und zweitausend unter dem Messias.[14] Dass die jüdische Weissagung ankündigte, dass die messianische Zeit um der Sünden der Menschen willen verkürzt werde, war dort als Gnadenankündigung zu verstehen, damit nicht noch mehr Sünden für das endgültige Gerichtsurteil aufgehäuft würden. Bei Luther wurde hieraus die Ankündigung des vorzeitigen strafenden Weltendes – in jedem Falle ergab sich so rechnerisch, folgte man der Chronologie des ‚Chronicon Carionis',[15] dass im 16. Jahrhundert keine lange Zeit bis zum Weltende mehr zu erwarten war. Dieses nahe Ende aber hatte Luther gewisserma-

---

[11] Abbildungen hiervon nach WA 53, S. VI.

[12] Ebd., S. 16f.

[13] Ebd., S. 171.

[14] Ebd., S. 22,1–5. In der Zuordnung zum Propheten Elia wurde Luther offenbar unsicherer: In der zweiten Auflage ersetzte er den Hinweis auf diesen durch die Bemerkung: *Dictum eorum, qui dicebantur de Domo ELIAE Prophetae, Burgensis parte prima, distinct. D. ca. 4. Scrutinij*. An der von Luther angegebenen Stelle bei Paul von Burgos, auf die auch Melanchthon in seinem Brief an Carion vom 17. August 1531 verweist (Melanchthons Briefwechsel. Kritische und kommentierte Gesamtausgabe. Im Auftrag der Heidelberger Akademie der Wissenschaften hg. von HEINZ SCHEIBLE [u. a.]. Stuttgart-Bad Cannstatt 1977ff., hier Textedition, Bd. 5, S. 171,5f [MBW 1177]), heißt es: *fuit alius vt ibidem habetur qui dicitur de domo helie prophete qui posuit ibidem expresse scilicet in libro de ordine mundi quod per sex milia annorum debeat mundus durare qui quidem anni erant per tres partes dividendi isto modo. quia per duo milia annorum prima mundus erat quasi sub vacuo. per hoc designans tempus ante legis dationem quod vocat vacuum quia non erat aliquis populus sub lege diuina. duo milia vero annorum sequencia vocat tempus legis. asserens quod hoc tempus debebat fluere a datione legis vsque ad messiam. duo vero milia tercia seu vltima asserit esse sub messia. quia secundum eum ab aduentu messie vsque ad finem mundi debebant fluere duo milia annorum.* (Paulus von Burgos, Scrutinium scripturarum d. 3 c. 4: Paulus [Burgensis]. Scrutinium scripturarum. [Straßburg:] [Johann Mentelin] [ca. 1474] [München, Bayrische Staatsbibliothek, 2 Inc. s.a. 854], fol. 24r [sekundäre Zählung]. Dass exakt die Formulierung von WA 53 einschließlich der auf die Elia-Weissagungen folgenden Zeilen in WATR 5, S. 13–16 (Nr. 5814) erscheint, dürfte nicht als doppelte Nennung bei Luther zu rechnen sein, sondern diese Notiz als nicht ursprüngliche Tischrede erweisen.

[15] S. hierzu GOTTHARD MÜNCH: Das Chronicon Carionis Philippicum. Ein Beitrag zur Würdigung Melanchthons als Historiker. In: Sachsen und Anhalt 1 (1925), S. 199–283; FRANK ULRICH PRIETZ: Das Mittelalter im Dienst der Reformation. Die Chronica Carions und Melanchthons von 1532. Zur Vermittlung mittelalterlicher Geschichtskonzeptionen in die protestantische Historiographie. Stuttgart 2014.

ßen selbst mit eingeleitet, indem er das Papsttum als den Antichrist offenbart hatte.[16] Klar sprach Luther dies in seiner Vorrede zum Danielbuch aus:

> *VNd hie sehen wir, das nach dieser zeit, so der Bapst offenbart, nichts zu hoffen noch zu gewarten ist, denn der Welt ende vnd aufferstehung der Todten. Hie ist die Schrifft aus vnd hat alle Weissagung ein ende.*[17]

So sah Luther sein eigenes Auftreten als ein geschichtsrelevantes Datum – das einerseits auf das Ende vorauswies, andererseits die vorherige Zeit zu einer Mittelzeit zwischen dem ersten Kommen Christi und der an sie anschließenden unbescholtenen Väterzeit zum einen und der Wiederkehr Christi zum Jüngsten Gericht zum anderen machte. Diese mittlere Zeit war nicht einfach ein finsteres Mittelalter, sondern ärger noch: die Zeit des Antichrists.

Auch dies lässt sich in der ‚Supputatio annorum' nachvollziehen, in welcher Luther zum Jahr 606 notiert: *Primatus Papae stabilitur, id impetravit Bonifacius tertius.*[18] Gemeint war mit diesem Datum die Anerkennung des römischen Bischofs Bonifatius III. als Oberhaupt der Kirche durch Kaiser Phokas.[19] Die Bedeutung dieses Datums strich er in der Neuauflage des Jahres 1545 sogar noch hervor, indem er ausdrücklich erklärte, Gregor der Große sei der letzte wahrhafte Bischof von Rom gewesen, danach habe die Zeit der Päpste begonnen,[20] also jene Zeit *sub papatu*, die, bis in seine eigene Biographie hinein, als Zeit der Verderbnis und des Abfalls galt.[21] Bemerkenswert an diesem Einschnitt ist nun allerdings, dass er mit späte-

---

[16] S. hierzu HANS PREUSS: Die Vorstellungen vom Antichrist im späteren Mittelalter, bei Luther und in der konfessionellen Polemik. Ein Beitrag zur Theologie Luthers und zur Geschichte der christlichen Frömmigkeit. Leipzig 1906; VOLKER LEPPIN: Luthers Antichristverständnis vor dem Hintergrund der mittelalterlichen Konzeptionen. In: ders.: Transformationen. Studien zu den Wandlungsprozessen in Theologie und Frömmigkeit zwischen Spätmittelalter und Reformation. Tübingen 2015 (Spätmittelalter, Humanismus, Reformation 86), S. 471–486.

[17] WADB, Bd. 11/2, S. 112,11–13.

[18] WA 53, S. 142.

[19] Vgl. Regesten der Kaiserurkunden des oströmischen Reiches von 565–1453. 1. Teil: Regesten von 565–1025. München, Berlin 1924 (Corpus der griechischen Urkunden des Mittelalters und der Neueren Zeit, A I), S. 17, Nr. 155 zum Jahre 607; s. hierzu GEORG OSTROGORSKY: Geschichte des Byzantinischen Staates. München 1963, S. 71. Zur Bedeutung der Regierung des Phokas in Luthers Geschichtssicht s. auch WA 39/II, S. 74,22–25; 54, S. 218, 5–8; S. 230,9–11; WATR 1, S. 453,24–26 (Nr. 904); Bd. 5, S. 366,8 (Nr. 5813).

[20] WA 53,142; vgl. zu Gregor als dem letzten Bischof vor dem Papsttum auch noch die späten Äußerungen in ‚Wider das Papsttum zu Rom, vom Teufel gestift': WA 54, S. 229,14–16. 28–30. PREUSS, Vorstellungen [Anm. 16], S. 159, verweist darauf, dass auch die Erklärung, dass seit rund neunhundert Jahren niemand gegen den Antichrist geschrieben habe (WA 45, S. 37,32–35), auf die Zeit Gregors verweist.

[21] WA 20, S. 440,20–22; Bd. 20, S. 642,30; Bd. 27, S. 98,32–34, 498,5f; Bd. 43, S. 461, 40–42; Luther konnte die Wendung *sub papatu* aber auch für sein Gegenüber in der Gegenwart verwenden (s. WA 34/II, S. 328,25).

ren Periodisierungen konvergiert, steht doch darin ein um 600 beginnendes Mittelalter einer Antike gegenüber, die von Luther natürlich in christentumsgeschichtlicher Perspektive vorwiegend als Väterzeit verstanden wird. Dem so gesetzten Einschnitt korrespondiert bei Luther selbst eine zunehmende positive Bewertung eben dieser Väterzeit.[22] Bekannt ist vor allem die offensive Inanspruchnahme der Alten Kirche in der polemischen, gegen Heinrich von Braunschweig gerichteten Schrift ‚Wider Hans Worst' von 1541. Darin macht Luther sich anheischig zu zeigen,

> *das wir bey der rechten alten Kirchen blieben, ja das wir die rechte alte Kirche sind, jr aber von uns, das ist, von der alten Kirchen abtrůnnig worden, ein newe Kirchen angericht habt wider die alte Kirche.*[23]

Der Anspruch der altgläubigen Seite also wird umgekehrt, die Autorität der evangelischen Kirche wird mindestens auch mit einer über das auf diese Weise erst konstruierte Mittelalter hinweg reichenden Ursprungsauthentizität begründet. So ist also für Luther die Frage entschieden, dass er dem Mittelalter nicht mehr angehört – einer Neuzeit aber will er auch nicht zugehören. Diesen Gedanken haben erst seine späteren Deuter entwickelt.

2. Formung der Reformation als Epoche: das 19. Jahrhundert

Die Transformation der Reformation von der letzten Phase vor dem Ende der Welt zum Auftakt der Neuzeit lässt sich exemplarisch anhand der fünfunddreißigbändigen Kirchengeschichte des Wittenberger Professors für Poesie Johann Matthias Schroeckh nachvollziehen, die zwischen 1768 und 1803 erschien.[24] Dirk Fleischer hat dessen Epochenverständnis sorgfältig nachgezeichnet: Hiernach ist die Reformation die „wichtigste Revolution"[25] in der Geschichte des Christentums, freilich aufgrund widriger Umstände noch nicht zum Ende gebracht – so harrt sie für Schroeckh noch

[22] Vgl. ausführlich zu Luthers Würdigung der Kirchenväter (und zu seiner Haltung zu den Häretikern der Alten Kirche) MANFRED SCHULZE: Martin Luther and the Church Fathers. In: The reception of the Church Fathers in the West. From the Carolinigans to the Maurists. Bd. 1. Hg. von IRENA BACKUS. Leiden [u. a.] 1996, S. 573–626.

[23] WA 51, S. 478,34–479,3.

[24] Zu den bibliographischen Angaben s. DIRK FLEISCHER: Urchristentum, Reformation und Aufklärung. Zum Selbstverständnis des Wittenberger Historikers Johann Matthias Schroeckh. In: Christentum im Übergang. Neue Studien zu Kirche und Religion in der Aufklärungszeit. Hg. von ALBRECHT BEUTEL [u. a.]. Leipzig 2006 (Arbeiten zur Kirchen- und Theologiegeschichte 19), S. 269–281, hier S. 281 Anm. 1; vgl. auch ders.: Zwischen Tradition und Fortschritt. Der Strukturwandel der protestantischen Kirchengeschichtsschreibung im deutschsprachigen Diskurs der Aufklärung. Waltrop 2006, S. 442–526.

[25] Zit. nach FLEISCHER, Urchristentum [Anm. 24], S. 279; vgl. auch bereits HERBERT GUTSCHERA: Reformation und Gegenreformation innerhalb der Kirchengeschichtsschreibung von Johann Matthias Schroeckh. Göppingen 1973.

dieser Vollendung, und zwar in der Aufklärung: „Aufklärung also überhaupt mußte eine unausbleibliche Folge der Reformation seyn; sie mußte sogar in den Entwurf der Reformation gehören."[26]

Schroeckh hat dieses Narrativ nicht erfunden,[27] wohl aber in seinem viel benutzten Lehrbuch wirksam ausgestaltet. Für die protestantische Kirchengeschichtsschreibung des 19. Jahrhunderts gehört der Gedanke, dass die Reformation die Neuzeit begonnen habe, zum selbstverständlichen Repertoire.

Auch für Leopold von Ranke gilt in den Worten von Thomas Lentes: „Das Ende des Mittelalters wird [...] zu einer Sache der Vernunft, die geradezu zwangsläufig war."[28] Lentes macht diese Einschätzung an Rankes Schilderung des späten Mittelalters fest, in dem Religion und Aberglaube, Phantasie und Scholastik und anderes so miteinander verwoben gewesen seien, dass der Berliner Gelehrte geradezu aufseufzend resümierte: „Ich weiß nicht, ob ein vernünftiger, durch keine Vorspiegelungen der Phantasie verführter Mann ernsthaft wünschen kann, daß dies Wesen sich so unerschüttert und unverändert in unserm Europa verewigt hätte."[29]

Eine besondere Note erhielt diese Geschichtsschreibung dadurch, dass Ranke die religiöse Geschichte in eine nationale einschrieb: Die Bedeutung der Reformation lag für ihn nicht allein in dem Durchbruch der Vernunft, sondern auch darin, dass in dieser Zeit „die religiös-politische Lebenstätigkeit der deutschen Nation in ihren kraftvollsten und produktivsten Trieben stand."[30] Fortschrittsgedanke und Nationalgedanke gingen in dieser protestantisch gefärbten Kirchengeschichte eines Profanhistorikers eine wirkungsvolle Allianz ein. Ranke konnte in seiner großen Geschichtsdarstellung jene Verbindung von Protestantismus und Nation auf- und fortleben lassen, die schon 1817 auf der Wartburg zelebriert worden war[31] und in Fichtes Reden an die deutsche Nation sein Manifest besaß.[32]

---

[26] Zit. nach FLEISCHER, Urchristentum [Anm. 24], S. 280.

[27] S. zur Entstehung der Epochenvorstellungen jetzt VOLKMAR ORTMANN: Kirchengeschichtliche Epochenmodelle und ihre theologisch-hermeneutischen Implikationen an Beispielen der Kirchengeschichtsschreibung des 18. und 19. Jahrhunderts. Habil.-Schr. Gießen 2016.

[28] THOMAS LENTES: Die Deutung des Scheins. Das symbolische Verhalten im Mittelalter (1830–1945). In: Spätmittelalterliche Frömmigkeit zwischen Ideal und Praxis. Hg. von BERNDT HAMM und THOMAS LENTES. Tübingen 2001 (Spätmittelalter und Reformation N. R. 15), S. 1–23, hier S. 4.

[29] LEOPOLD VON RANKE: Deutsche Geschichte im Zeitalter der Reformation. Bd. 1. München 1925, ND Paderborn 2015, S. 175.

[30] Ebd., S. 16–18.

[31] 175 Jahre Wartburgfest. 18. Oktober 1817 – 18. Oktober 1992. Studien zur politischen Bedeutung und zum Zeithintergrund der Wartburgfeier. Hg. von KLAUS MALETTKE. Heidelberg 1992 (Darstellungen und Quellen zur Geschichte der deutschen Einheitsbewegung im neunzehnten und zwanzigsten Jahrhundert 14).

[32] Zu diesem Zusammenhang s. RANKE, Deutsche Geschichte 1 [Anm. 29], S. XX.

Auf der Suche nach protestantischen Rekonstruktionen wird man aber nicht allein Ranke zu würdigen haben: Das 19. Jahrhundert bietet auch die Entfaltung der evangelisch-theologischen Kirchengeschichtsschreibung im eigentlichen Sinne. Für einen der in seiner Zeit meistgelesenen Vertreter dieses Fachs, den Jenaer Ordinarius für Kirchengeschichte Karl von Hase, liegt seit kurzem eine umfassende Monographie von Magdalena Herbst vor, die erstmals im Detail verstehen lässt, wie sich das Fach etablierte und auch positionierte.[33] Mit Ranke teilte Hase den Gedanken der Notwendigkeit der Reformation und prinzipalisierte ihn noch, indem er die Reformation als etwas „in der geschichtlichen Entwicklung der Kirche" Notwendiges bestimmte,[34] als eine Notwendigkeit, die sich letztlich gleichermaßen auf das christliche Volk wie auf Gott selbst als den Begründer des protestantischen Prinzips zurückführen ließ.[35] Dieser notwendige Impuls verwirklichte sich dann – nach einer Phase des Rückschritts im Altprotestantismus der Orthodoxie[36] – im Neuprotestantismus, genauer: in der Aufklärung.[37] Es sei, so formulierte Hase, durchaus im Einklang mit Schroeckh, „das rationale Princip, zu welchem der Protestantismus nothwendig führt".[38] Letztlich wollte Hase damit „seine eigene theologische Position als Fortsetzung und konsequente Entfaltung des Wollens der Reformatoren [...] präsentieren".[39] Trotz des Zugeständnisses einer Rückwärtsentwicklung im Altprotestantismus erweist Karl von Hase sich damit als Vertreter einer Geschichtssicht, welche die Reformation in einen massiven, teleologisch auf die eigene Zeit ausgerichteten Fortschrittsoptimismus einordnet.[40]

Herbst vermag auch zu zeigen, dass Hase für seine Kirchengeschichtskonzeption zum Teil harsche Kritik einstecken musste. Unter den Kritikern war auch der Tübinger Theologe Ferdinand Christian Baur,[41] der wichtigste Vertreter der Königsdisziplin der Theologie im 19. Jahrhundert, der Dogmengeschichte. Er war der herausragende Repräsentant eines Gebrauchs des Hegelschen Denkens und der Hegelschen Geschichtsphilosophie in der Darstellung der Geschichte des Dogmas und nutzte nun dessen Denkfiguren, um der Reformation einen angemessenen Platz in der Geschichte zu geben. Thema der Dogmengeschichte war hiernach „die der Sache immanente Bewegung oder der sich selbst bewegende Begriff [...].

[33] MAGDALENA HERBST: Karl von Hase als Kirchenhistoriker. Tübingen 2012 (Beiträge zur historischen Theologie 167).
[34] Ebd., S. 288.
[35] Ebd., S. 289.
[36] Ebd., S. 295.
[37] Ebd., S. 306.
[38] Zit. nach ebd., S. 306.
[39] Ebd., S. 304.
[40] Ebd., S. 307.
[41] S. ebd., S. 323–337.

Die Selbstbewegung des Begriffs aber ist die Selbstbewegung des Geistes, sofern die Thätigkeit oder Bewegung des Geistes das Denken ist."[42]

Dass aus dem Hegelschen Denken heraus der Gedanke der „Nothwendigkeit"[43] noch intensiver für die Beschreibung der Dogmengeschichte herangezogen wurde als zuvor, legt sich nahe. Ihr entspringt auch die Reformation, deren Bedeutung darin liegt, dass „in dem Subject das Bewusstsein seiner subjectiven Freiheit"[44] und damit die „Autonomie des Geistes, die das Princip des Protestantismus ist,"[45] entstand. Freilich erfolgte diese Befreiung noch rudimentär, da es zu einer Gegenüberstellung von Katholizismus und Protestantismus kam,[46] die sich erst in der für Baur jüngsten Vergangenheit auflöste, weil der Gegensatz von Theologie und Philosophie überwunden wurde[47] – es ist das Hegelsche System, auf das eine Entwicklung mit Notwendigkeit zuläuft, für die wiederum die Reformation einen Auftakt darstellte. So gilt ihm zufolge für die Reformation: „Auf keinem Punkte der Geschichte ist der Übergang von einer Periode zu einer andern ein so bedeutender, der Fortschritt ein so unmittelbarer und im Ganzen so durchgreifend."[48]

Die besondere Stärke von Baur liegt aber darin, dass er im Hegelschen System genau die Begrenztheit der Reformation benennen kann, die man ja voraussetzen muss, wenn man eine von der Reformation noch weitergehende Entwicklung zur Neuzeit postulieren will – die Aufgipfelung der Reformation in der Vernunft aber teilt Baur mit den zuvor vorgestellten Modellen, nur dass diese Vernunft bei ihm nicht das Gewand der Aufklärung, sondern des Deutschen Idealismus trägt, der allerdings auch nach Baur auf Entwicklungen fußt, die Mitte des 18. Jahrhunderts begonnen haben.[49]

---

[42] FERDINAND CHRISTIAN BAUR: Vorlesungen über die christliche Dogmengeschichte. I. Bd. 1. Abteilung. Leipzig 1865, S. 49.

[43] Ebd., S. 57.

[44] Ebd., S. 58.

[45] FERDINAND CHRISTIAN BAUR: Vorlesungen über die christliche Dogmengeschichte. III. Bd. Leipzig 1867, S. 5; vgl. hierzu NOTGER SLENCZKA: Die Einheit der Kirche und die Wahrheit der Reformation. Theologiegeschichtliche Erinnerungen an die Kontroverse zwischen J. A. Möhler und F. C. Baur angesichts der aktuellen Situation der Ökumene. In: Kerygma und Dogma 48 (2002), S. 172–196, hier S. 184f., 187.

[46] BAUR, Vorlesungen I/1 [Anm. 42], S. 59; zum Hintergrund dieser Entgegensetzung in der Auseinandersetzung mit Johann Adam Möhler s. VOLKER MANTEY: Das Verständnis der Reformation als Epoche bei Ferdinand Christian Baur – nebst einem Ausblick auf das Verhältnis von Reformation und Mönchtum. In: Reformation und Mönchtum. Aspekte eines Verhältnisses über Luther hinaus. Hg. von ATHINA LEXUTT [u. a.]. Tübingen 2008 (Spätmittelalter, Humanismus, Reformation 43), S. 212–226, hier S. 217–222.

[47] BAUR, Vorlesungen I/1 [Anm. 42], S. 59.

[48] BAUR, Vorlesungen III [Anm. 45], S. 1.

[49] BAUR, Vorlesungen I/1 [Anm. 42], S. 68.

Vor diesem Hintergrund erscheint es als ein nachvollziehbarer Schritt Adolf von Harnacks, dass er Luthers Platz in der Dogmengeschichte als deren Ende bestimmt – und dies sogar noch etwas martialischer ausdrückt: Mit Luther erfolgte, so das Inhaltsverzeichnis des entsprechenden Bandes, die „Zertrümmerung des Dogmas".[50] An seiner Stelle habe Luther „den evangelischen Glauben aufgerichtet"[51] und damit das Gefüge des Christentums fundamental geändert beziehungsweise wieder an dessen Anfänge bis zum 2. Jahrhundert angeknüpft:[52] Material hat er die Lehrinhalte auf die Christologie zurückgeführt, die Offenbarung Christi aber nicht mehr als „Bedingung unserer Seligkeit" gefasst, sondern als den „allein wirksame[n] Factor",[53] durch welchen der Glaube „die souveräne Stellung in der Religion" erhielt.[54] Wie Baur, so musste auch Harnack ein Modell finden, um zu erklären, warum nach Luther noch Fortschritt denkbar und möglich war. Hierzu wählte Harnack einen auch heute noch vielfach begegnenden Weg, den man bildlich als ‚Eierschalenmodell' beschreiben könnte: Luther war, so Harnack, allein gar nicht in der Lage, gleich alles umzustürzen, und so hat er noch an einzelnen „katholischen Elemente[n]" festgehalten.[55] Bemerkenswerterweise war Harnack sich selbst dessen bewusst, dass er hiermit in die Geschichtsdarstellung ein normatives, aus der Geschichte heraus nicht zu begründendes Moment einflocht. In einer ausführlichen Anmerkung erklärte er:

> „Gegen das Missverständniss, im folgenden Abschnitt sei an Luther eine ungeschichtliche und vorwitzige Kritik geübt, vermag ich mich nicht zu schützen. Ich weiss so gut wie die Gegner, dass für Luther's Bewusstsein sein Glaube und seine Theologie eine Einheit war, und dass das Meiste von dem, was hier als Schranken in Luther's Lehre aufgeführt wird, sich aus der geschichtlichen Stellung, die er einnahm, und der Art, wie er seine grosse Aufgabe empfand, nothwendig ergab."[56]

Harnack wird damit charakteristisch für die bis heute reichende Problematik evangelischer Geschichtskonstruktionen, eine exakte, oft, wie im Falle Harnacks herausragende, wissenschaftlich-historische Arbeit mit der eigenen normativen Bindung an Luther letztlich nicht vereinbaren zu kön-

---

[50] ADOLF VON HARNACK: Lehrbuch der Dogmengeschichte. 3. Bd. 5. Aufl. Tübingen 1932, S. XVIII – der Begriff fehlt an der entsprechenden Stelle im Text (S. 861–863).

[51] Ebd., S. 862.

[52] Ebd., S.861.

[53] Ebd., S. 863.

[54] Ebd., S.863.

[55] Ebd.; darauf, dass es bei Harnack noch deutlichere Hinweise auf eine mittelalterliche Formung der Reformation und des Protestantismus gibt, die teilweise schon auf Ernst Troeltsch vorausweisen, hat ERNST WILHELM KOHLS: Das Bild der Reformation bei Wilhelm Dilthey, Adolf von Harnack und Ernst Troeltsch. In: Zeitschrift für Systematische Theologie 11 (1969), S. 269–291, hier S. 281, hingewiesen.

[56] HARNACK, Lehrbuch, Bd. 3 [Anm. 50], S. 863 Anm. 1.

nen. Harnacks Leistung liegt mithin, verglichen mit Baur, weniger darin, den nachdogmatischen Charakter der Reformation aufgewiesen, als darin, die Aporien historischer Forschung aufgezeigt zu haben, die ihre normativen Vorgaben nicht aufgeben will und daher dissimulieren muss[57] – charakteristisch für Harnacks hieraus resultierende schroffe Wertungen ist seine Beurteilung von Luthers Exegese, die er an den Maßstäben des 19. Jahrhunderts misst: „Im Einzelnen ist er fast überall noch ein mittelalterlicher Exeget, befangen in allen Vorurtheilen dieser Exegese, in der Typologie und selbst, trotz entgegenwirkender Grundsätze, in der Allegoristik."[58]

Vor diesem Hintergrund schließt Harnack seine Dogmengeschichte dann mit Erwägungen, dass der Glaube mit der Reformation „in eine neue Epoche seiner Geschichte eingetreten" sei, jetzt aber „darnach ringt, auch über diese hinauszuschreiten":[59] Der liberale Protestantismus des 19. Jahrhunderts wird so als Erfüllung und Überbietung der Reformation zugleich konturiert – jedenfalls im theologischen Sinne ist die Reformation auf die Neuzeit ausgerichtet, ohne sie selbst schon erreicht zu haben.

3. Mittelalterliche Soziallehre und theologische Modernität: Ernst Troeltsch und Karl Holl

Die vorgestellten Autoren und Entwürfe sind nur Repräsentanten dessen, was man als *Whig History* der Protestanten, zumal der Lutheraner beschreiben könnte. Bis heute dominieren Bilder, in welchen die Reformation als entscheidender Bruch mit dem Mittelalter beschrieben und als Auftakt zur Neuzeit in Anspruch genommen wird. Man muss sich dieses gesamte, lang aufgebaute Szenario vor Augen halten, um nachvollziehen zu können, welche Bedeutung dem Neuansatz von Ernst Troeltsch forschungsgeschichtlich zukommt.

---

[57] Mit Harnack zu sprechen: Gegen das Missverständnis, hiermit einer Kirchengeschichte ohne normative Rückbindung das Wort zu reden, vermag ich mich nicht zu schützen. Allerdings habe ich mich bei anderer Gelegenheit so ausführlich dazu geäußert (VOLKER LEPPIN: Die Kirchengeschichte im Kreis der theologischen Fächer. Historische Offenlegung der vielfältigen Möglichkeiten christlicher Religion. In: Fremde unter einem Dach? Die theologischen Fächerkulturen in enzyklopädischer Perspektive. Hg. von MARKUS BUNTFUSS und MARTIN FRITZ. Berlin 2014 [Theologische Bibliothek Töpelmann 163], S. 69–93), dass ich an dieser Stelle nur vermerken will: Die theologische Einbindung der Kirchengeschichte äußert sich darin, dass ihre Verankerung im christlichen, stets auch konfessionell spezifizierten Glauben sich heuristisch bemerkbar machen muss und auch den Diskurszusammenhang generiert, in den primär die Ergebnisse kirchenhistorischer Forschung einzubringen sind. Eine wissenschaftlich arbeitende Kirchengeschichte ist aber in der Pflicht, zu vermeiden, dass die eigenen Glaubensvorgaben das Ergebnis präjudizieren.

[58] HARNACK, Lehrbuch, Bd. 3 [Anm. 50], S. 867.

[59] HARNACK, Lehrbuch, Bd. 3 [Anm. 50], S. 908.

Markant vollzog er die Abwendung von dem dominanten Narrativ in einem Vortrag auf dem neunten Deutschen Historikertag in Stuttgart am 21. April 1906, den er in Vertretung seines Freundes Max Weber hielt.[60] Noch im selben Jahr und dann noch einmal 1911 wurde der Vortrag veröffentlicht.[61] Zwar zielte der Vortrag darauf zu erklären, dass der Protestantismus als „Überzeugungs- und Gewissensreligion [...] die der modernen individualistischen Kultur gleichartige und entsprechende Religiosität" sei,[62] doch drücken schon die Termini „gleichartig" und „entsprechend" Troeltschs Vorbehalt aus: Weder ist der Protestantismus einfach Ursprung der Moderne, noch ist er ihre entscheidende kulturelle Triebkraft: Für Troeltsch „liegt es auf der Hand, daß der Protestantismus nicht unmittelbar die Anbahnung der modernen Welt bedeuten kann"[63] – lediglich „mitbeteiligt [...] an der Hervorbringung der modernen Welt" kann er in Troeltschs Augen sein.[64] Aus dem in der protestantischen *Whig History* dominierenden Ursprungsmodell wird so ein Kompatibilitätsmodell.

Leitend für diese markante Akzentverschiebung ist Troeltschs Betonung, dass „zunächst der Gegensatz des Protestantismus gegen die moderne Kultur" klar gezeichnet werden müsse.[65] Schon Friedrich Loofs hat scharfsichtig erkannt, dass Basis dieser Gegensatzbehauptung Troeltschs eindimensionale Zeichnung der modernen Welt ist,[66] die Troeltsch vor allem im Gegensatz zur kirchlichen, autoritätsorientierten Kultur als durch „autonom erzeugte Kulturideen" geprägt sieht[67] – ihr Individualismus ist demnach, und da kommt schon in der Bestimmung der modernen Welt ein anderer Akzent auf als in den vorherigen Modellen, Produkt nicht einer religiösen Vorstellung, sondern eben der benannten Autonomie[68] – Moderne wird also in einem Maße als Gegensatz zur kirchlichen Kultur definiert, das es von vorneherein unausweichlich macht, umgekehrt den Pro-

---

[60] ERNST TROELTSCH: Die Bedeutung des Protestantismus für die Entstehung der modernen Welt. In: ders.: Schriften zur Bedeutung des Protestantismus für die moderne Welt (1906–1913). Hg. von TRUTZ RENDTORFF in Zusammenarbeit mit STEFAN PAUTLER. Berlin, New York 2001 (Ernst Troeltsch, Kritische Gesamtausgabe 8), S. 200f.

[61] S. den editorischen Bericht in TROELTSCH, Kritische Gesamtausgabe 8 [Anm. 60], S. 188–198.

[62] TROELTSCH, Bedeutung [Anm. 60], S. 314; zur apologetischen Ausrichtung dieses Vortrags gegenüber dem Vorwurf, Luther zu sehr im Mittelalter zu verorten, s. KOHLS, Bild der Reformation [Anm. 55], S. 289.

[63] TROELTSCH, Bedeutung [Anm. 60], S. 245.

[64] Ebd., S. 246.

[65] Ebd., S. 233.

[66] FRIEDRICH LOOFS: Luthers Stellung zum Mittelalter und zur Neuzeit. Rede gehalten zum Antritt des Rektorats der Vereinigten Friedrichs-Universität Halle-Wittenberg. Halle 1907, S. 21; vgl. hierzu TROELTSCH, Bedeutung [Anm. 60], S. 216 Anm. 2.

[67] TROELTSCH, Bedeutung [Anm. 60], S. 211.

[68] Ebd., S. 212.

testantismus im Gegensatz zu dieser Moderne zu verstehen.[69] Dieser hingegen sei zunächst lediglich „eine Umbildung des Katholizismus [...], eine Fortsetzung katholischer Fragestellungen" gewesen.[70] Er pflegte „das alte Interesse der Heilsgewißheit"[71], und die Vorstellung einer „autoritativen rein göttlichen Heilsanstalt" blieb aus inneren Gründen und nicht im Sinne bloßer Eierschalen „bewahrt".[72] In gesellschaftlicher Hinsicht bedeutete dies nach Troeltsch, dass die Vorstellung vom Corpus christianum unangetastet blieb und mit ihm „die Ausschließung oder mindestens Entrechtung der Ungläubigen und Irrgläubigen, die Intoleranz und die Infallibilität"[73], das Ideal „der kirchlichen Zwangskultur".[74] An Stelle einer Hierarchie sei lediglich eine Bibliokratie getreten, die weiterhin der „Idee der kirchlich geleiteten Kultur" folge[75] – den von der dominanten lutherischen Geschichtsschreibung so gerne in Anspruch genommenen Bruch sah Troeltsch erst im „Bruch mit der ersten Gestalt des Protestantismus", also mit dem Luthertum, Gestalt gewinnen[76] – so erhalten bei Troeltsch die Täufer und Spiritualisten insbesondere als Begründer der Menschenrechte eine hervorge-hobene Stellung:[77] Ironischerweise hat ausgerechnet der puritanische Geist in der Diktatur Cromwells „die großen Ideen der Trennung von Kirche und Staat, der Duldung verschiedener Kirchengemeinschaften nebeneinander, des Freiwilligkeitsprinzips in der Bildung der Kirchenkörper, der (zunächst freilich relativen) Überzeugungs- und Meinungsfreiheit in allen Dingen der Weltanschauung und der Religion"[78] begründet. Troeltschs Antwort ist also höchst komplex und wird mit der einfachen Formel einer Zuordnung Luthers zum Mittelalter nicht angemessen erfasst: Für ihn sind „16. und 17. Jahrhundert [...] nicht mehr Mittelalter, aber sie sind auch nicht Neuzeit"[79]: Troeltsch begründet im Prinzip den heute gängigen Gedanken einer Frühen Neuzeit als einer eigenen historischen Phase und zeichnet einen mehrstufigen Entwicklungsweg für die Beteiligung des Protestantismus am Weg in die Moderne nach: Die Reformation in Luthers Sinne nahm noch am mittelalterlichen Katholizismus teil, formte ihn aber in einer Weise um, aufgrund deren dann andere Spielarten des Protestantismus mit ihm brechen konnten – die ihrerseits

---

[69] Vgl. ANDREA STRÜBIND: Max Weber und Ernst Troeltsch. Ihre These vom Zusammenhang zwischen religiösem Nonkonformismus und Moderne. In: Zeitschrift für Theologie und Gemeinde 21 (2016), S. 77–103, hier S. 96.

[70] TROELTSCH, Bedeutung [Anm. 60], S. 233.

[71] Ebd., S. 235.

[72] Ebd., S. 235.

[73] Ebd., S. 236.

[74] Ebd., S. 246.

[75] Ebd., S. 237.

[76] Ebd., S. 233.

[77] Ebd., S. 267.

[78] Ebd., S. 268.

[79] Ebd., S. 247.

vom Hauptstrom des Protestantismus ausgegrenzt wurden. Dass Troeltschs intensive Rezeption lange auf sich warten ließ,[80] dürfte neben der zeitweiligen Überlagerung seiner Ansätze durch die Dialektische Theologie auch an der Komplexität dieses Modells liegen, dessen ungeheure Potentiale erst nach und nach ausgeschöpft werden können.

Verdrängt wurde Troeltschs Ansatz auch durch ein anderes Modell, das durch seine Einfachheit besticht und in Antwort sowohl auf Troeltsch als auch auf den katholischen Polemiker Heinrich Suso Denifle entworfen worden war: die Lutherdeutung Karl Holls, welche die sogenannte Luther-Renaissance[81] begründete und in den Grundzügen bis heute die Vorstellungen von Luther im protestantischen Raum bestimmt.[82] Holl war der Kollege Adolf von Harnacks in Berlin – und in dieser Rolle vielfach an die Seite gedrängt. Aus diesem Schatten trat er mit seiner Rede zum Reformationsfest 1917, mitten im Ersten Weltkrieg.[83] Sehr deutlich suchte Holl sich von Ernst Troeltsch abzusetzen, dessen Lutherbild „in gewissen Kreisen als fast kanonisch[.]“ gelte.[84] Troeltsch machte Luther „künstlich mittelalterlicher [...], als er ist“.[85] Dem hielt Holl ausgerechnet den Begriff der ‚Gewissensreligion‘, der auch bei Troeltsch begegnete,[86] entgegen. Nur in

---

[80] Vgl. zu der geringen Rezeption Ernst Troeltschs in der evangelischen Theologie STRÜBIND, Weber und Troeltsch [Anm. 69], S. 80.

[81] S. hierzu HEINRICH ASSEL: Der andere Aufbruch. Die Lutherrenaissance – Ursprünge, Aporien und Wege: Karl Holl, Emanuel Hirsch, Rudolf Hermann (1910–1935). Göttingen 1994 (Forschungen zur systematischen und ökumenischen Theologie 72); vgl. auch JOHANNES WALLMANN: Karl Holl und seine Schule. In: Tübinger Theologie im 20. Jahrhundert. Hg. von EBERHARD JÜNGEL. Tübingen 1978 (Zeitschrift für Theologie und Kirche, Beih. 4), S. 1–33.

[82] Der folgende Abschnitt basiert auf VOLKER LEPPIN: Mystik und Neuzeit. Die Lutherinterpretationen der Holl-Schule in den theologischen Debatten der Weimarer Republik. In: Martin Luther. Monument, Ketzer, Mensch. Lutherbilder, Lutherprojektionen und ein ökumenischer Luther. Hg. von ANDREAS HOLZEM [u. a.]. Freiburg 2017, S. 269–291, hier S. 270–278; dort auch eine ausführlichere Einordnung in die Debattenlage der Zeit, insbesondere im Gegenüber zu Albrecht Ritschl.

[83] Erstmals veröffentlicht in: Reformationsfeier der Königlichen Friedrich-Wilhelms-Universität zu Berlin am 31. Oktober 1917. Festrede des Geh. Konsistorialrats Prof. Dr. Holl: Luthers Auffassung der Religion. Promotionsrede des Dekans der Theologischen Fakultät Geh. Konsistorialrats Prof. Dr. Deißmann. Berlin 1917; die Wirkung basierte vor allem auf der deutlich ausführlicheren Fassung, die 1921 in Holls Sammelband zu Luther erschien, im Folgenden zitiert nach der Auflage von 1932: KARL HOLL: Was verstand Luther unter Religion? In: ders.: Gesammelte Aufsätze zur Kirchengeschichte. Bd. 1: Luther. Tübingen 1932, S. 1–110.

[84] HOLL, Religion [Anm. 83], S. 262 Anm. 1. Hier auch die Bemerkung: „Es ist ein verdrießliches Geschäft, immer wieder den Gegensatz zu Troeltsch herauszukehren“.

[85] Ebd., S. 106 mit Anm. 1.

[86] Karl Holl hatte vor, den Vortrag von Troeltsch zu hören (KARL HOLL [1866–1926]: Briefwechsel mit Adolf von Harnack. Tübingen 1966, S. 44). Er hat allerdings den Begriff ‚Gewissensreligion‘ schon vorher (ab 1898) gelegentlich gebraucht, freilich erst ab 1917 ausgebaut (s. HEINRICH ASSEL: Karl Holl als Zeitgenosse Max Webers

einer Fußnote, aber dennoch programmatisch erklärte Karl Holl gegen Troeltsch und andere – in diesem Falle Richard Wolff[87]:

> „Hält man [...] das Christentum für unüberwunden und nimmt man dessen Begriffe zum Maßstab, dann hebt sich Luther so stark aus dem Mittelalter heraus und erscheint er so sehr als der das ganze Geistesleben Umwandelnde, daß es unmöglich wird, ihn mit dem Mittelalter zusammenzufassen. Seine Auffassung der Religion als Gewissensreligion bedeutet [...] den entscheidenden Durchbruch nicht nur durch das Mittelalter, sondern durch den ganzen Standpunkt der katholischen Kirche und ist zugleich die Begründung einer ‚Autonomie', die sich zu der Aufklärung nicht nur als eine unvollkommene Vorstufe verhält."[88]

Das Mittelalter, das Holl als Gegenbild zur neuzeitlichen Profilierung Luthers zeichnete, war ganz vom Gerichts-[89] und Verdienstgedanken[90] bestimmt; hieran konnten auch die von Holl durchaus angesprochenen Gegenbewegungen der ‚deutschen Mystik'[91] und der Renaissance[92] nichts grundsätzlich ändern. Die Wendung sei erst durch Luther gekommen, und zwar in einer eigenartigen Bewegung des Umschlags bei der höchsten Steigerung mittelalterlicher Religiosität: Der Wittenberger Mönch habe den Gerichtsgedanken „von vornherein tiefer, persönlicher und reiner" erfasst, „als dies unter seinen Zeitgenossen üblich war"[93] – das habe ihn mit allen ethischen Zugeständnissen an menschliches Verhalten brechen lassen, wie sie im Mittelalter üblich gewesen seien. Hierdurch habe er „ein anderes Gewissen als seine katholische Umgebung" aufgewiesen.[94]

Auf diese Weise steht Luther nun viel radikaler als bei Harnack am Beginn der Neuzeit: Hatte der große Berliner Kollege noch eine Entwicklungsdynamik vorausgesetzt, die zu ihrer vollen Entfaltung erst in seiner eigenen Gegenwart gelangte, so brachte für Holl Luther nun genau das, was nach Harnack historisch undenkbar war: Der eine Mann Luther führte die Wandlung vom Mittelalter zur neuzeitlichen Gewissensreligion herbei,

---

und Ernst Troeltschs. Ethikhistorische Grundprobleme einer prominenten Reformationstheorie. In: Zeitschrift für Kirchengeschichte 127 [2016], S. 211–248, hier S. 235 Anm. 115; zur zunehmenden Kritik Holls an Troeltsch nach 1916 s. ebd. 219).

[87] S. RICHARD WOLFF: Studien zu Luthers Weltanschauung. Ein Beitrag zur Frage der Einordnung Luthers in Mittelalter und Neuzeit. München 1920.

[88] HOLL, Religion [Anm. 83], S. 109f. Anm. 1 (das Zitat S. 110); die Invektive bezieht sich hier konkret auf Richard Wolff, hat aber offenkundig mit ihm auch Troeltsch zum Ziel. Ausführlich erklärt KARL HOLL: Der Neubau der Sittlichkeit. In: ders.: Gesammelte Aufsätze. Bd. 1. 6. Aufl. Tübingen 1932, S. 155–287, hier S. 167f., 243–245 Anm. 2, seinen Gegensatz zu Troeltsch.

[89] HOLL, Religion [Anm. 83], S. 2.

[90] Ebd., S. 5.

[91] Ebd., S. 10f.

[92] Ebd., S. 13.

[93] Ebd., S. 18.

[94] Ebd., S. 167f.

und dies auch noch in einem Moment, nämlich in der in der Vorrede zum Römerbrief beschriebenen Entdeckung der *iustitia Dei*.[95] Aus den stark evolutiv argumentierenden Modellen eines Baur, eines Harnack oder auch, mit anderer Akzentsetzung, eines Troeltsch war nun ein geradezu monumentalistisches Bild einer punktualisierten Zeitwende geworden: Die eine exegetische Entdeckung Luthers macht letztlich die Scheideline zwischen Mittelalter und Katholizismus auf der einen, Neuzeit und Protestantismus auf der anderen Seite aus. Diese Neuzeit beschrieb Holl als „Neubau der Sittlichkeit"[96] – dieser resultierte ganz und gar aus dem neu gestifteten Gottesverhältnis, das „neue Wertmaßstäbe, neue ‚Affekte' und neue Willenskräfte" hervorbrachte.[97] So stand mit dem Beginn der Weimarer Republik nicht nur eine neu geformte Gestalt der klassischen *Whig history* des Luthertums bereit, sondern diese vermochte durch ihre hohe Integrationskraft einerseits, ihre beeindruckende Schlichtheit andererseits auf Generationen hinaus Wirkung zu entfalten – das zeigte sich auch, als nach dem Zweiten Weltkrieg die Deutungskategorien des Protestantismus neu justiert werden mussten.

4. Moderne Gesellschaftsformierung und mittelalterliche Theologie: Bernd Moeller und Heiko Augustinus Oberman

Die beschriebene Konstellation, in welcher Holls theologiegeschichtlicher Ansatz die bruchartige Neuheit der Reformation herausstrich, während Ernst Troeltsch auf den Bahnen der Sozialgeschichte ein Bild viel höherer Kontinuität zeichnete, erfuhr in der Zeit nach dem Zweiten Weltkrieg eine eigenartige Umkehrung: Auch die kirchenhistorische Forschung nahm an dem Aufschwung der Sozialgeschichte teil. Hier war es ein Vertreter der jüngeren Generation, Bernd Moeller, der durch den sozialhistorischen Zugriff die Arbeitsweise der Kirchengeschichtsforschung grundlegend änderte. Diese Leistung wird auch dadurch nicht geschmälert, dass man heute recht genau sehen kann, dass dieses wirkungsvolle Buch wohl stark von einem darin nur gelegentlich zitierten Werk profitierte: der weitgehend unpublizierten Dissertation von Wilhelm Bofinger über ‚Oberdeutschtum und württembergische Reformation', in welcher, vor allem anknüpfend an die Theologie Martin Bucers, die Grundlinien der städtischen Reformation gezeichnet worden waren.[98] Eine präzise forschungsgeschichtliche Sicht

---

[95] Ebd., S. 28; vgl. zu dieser Konstruktion Holls VOLKER LEPPIN: Wie reformatorisch war die Reformation? In: ders., Transformationen [Anm. 16], S. 1–15.

[96] HOLL, Neubau [Anm. 88].

[97] HOLL, Religion [Anm. 83], S. 83.

[98] WILHELM BOFINGER: Oberdeutschtum und württembergische Reformation. Die Sozialgestalt der Kirche als Problem der Theologie- und Kirchengeschichte der Reformationszeit. Diss. Tübingen 1957, S. 7–75; zur Bedeutung Bofingers für Moeller s. THOMAS A. BRADY: German Imperial Cities, Reformation and Republicanism – The

müsste wohl Bofinger den Rang zuerkennen, die Reformationsgeschichtsschreibung für sozialhistorische Fragen sensibilisiert zu haben, bis hin zu dem Gedanken, dass in der städtischen Sozialform eine „Emanzipationstendenz gegenüber der kirchlichen Hierarchie" angelegt gewesen sei.[99] Ausdrücklich war für seine von Hanns Rückert betreute Arbeit die Frage leitend, ob „die Kirchengeschichtsschreibung nicht auch, vielleicht sogar in erster Linie, die Geschichte der Kirche als die Geschichte eines Gemeinschaftsgebildes zu erfassen suchen" müsse.[100]

Dieser Anstoß war außerordentlich innovativ, doch blieb die Arbeit bis auf ihren weit weniger originellen territorialgeschichtlichen Teil[101] ungedruckt – wirksam wurden ihre Impulse daher erst durch den viel geschmeidigeren allgemeinen Überblick, den Bernd Moeller in seiner kleinen, aber prägnanten Studie ‚Reichsstadt und Reformation' gab. Mit ihr gelang es ihm, forschungsstrategisch den Gedanken der Stadtreformation zu etablieren, weswegen diese forschungsgeschichtliche Schlüsselstellung in der Regel ihm zuerkannt wird. Das war gerade nach dem Zweiten Weltkrieg von besonderer Bedeutung, um sich von den problematischen Gedanken einer besonderen Verbindung der Reformation mit der Obrigkeit ebenso zu lösen wie von einer theologiegeschichtlichen Fixierung auf Luther. Die Verhältnisbestimmung zwischen Reformation und Mittelalter war dabei durchaus komplex: *Prima facie* konnte Moeller aus seinen Beschreibungen der Stadt im späten Mittelalter heraus erklären, warum die Reformation hier, im „Corpus christianum im kleinen"[102] besonders erfolgreich war – was dann aber geschah, war, dass „eine jahrhundertelange Ordnung aus den Angeln" gehoben wurde.[103] In den sozialhistorischen Diskurs, der seit seiner Einführung durch Ernst Troeltsch eher zu einer Verbindung von Reformation und spätem Mittelalter geführt hatte, wurde nun also wiederum ihre Neuheit herausgestrichen, bis hin zu der Vorstellung, dass Luthers Verständnis des Alltags als Beruf eine „geradezu kopernikanische Wende im Denken" gebracht habe, wie Moeller unter expliziter Aufnahme einer Formulierung von Hans Liermann und in implizitem theologischen Anschluss an Karl Holls Verständnis von Luthers Berufslehre[104] formulierte.

Legacy of Hans Baron. In: Historische Anstöße. Fs. für Wolfgang Reinhard zum 65. Geb. Hg. von PETER BURSCHEL [u. a.]. Berlin 2002, S. 40–54, hier S. 49.

[99] BOFINGER, Oberdeutschtum [Anm. 98], S. 59.

[100] Ebd., S. 1.

[101] WILHELM BOFINGER: Kirche und werdender Territorialstaat. Eine Untersuchung zur Kirchenreform Herzog Ulrichs von Württemberg. In: Blätter für württembergische Kirchengeschichte 65 (1965), S. 75–149.

[102] BERND MOELLER: Reichsstadt und Reformation. Neue Ausgabe. Tübingen 2011, S. 51.

[103] MOELLER, Reichsstadt und Reformation [Anm. 102], S. 81.

[104] HOLL, Neubau [Anm. 88], S. 259–263; ASSEL, Karl Holl [Anm. 86], S. 238–240, zeigt, dass Holl sich mit dieser Betonung der Neuheit von Luthers Berufsverständnis

Nicht nur hier gelangte Moeller in der Verhältnisbestimmung von Mittelalter und Reformation zu ambivalenten Lösungen, in denen sich ein ähnlicher Zwiespalt zwischen dem Beharren auf der Neuheit der Reformation und Einsicht in die engen Zusammenhänge mit der vorhergehenden Zeit niederschlägt. Moeller brachte dies pointiert auf den Begriff, indem er erklärte, die Wirkung Luthers erkläre sich daraus, dass Luther „auf mittelalterliche Fragen antwortete" – aber eben mit Antworten, die selbst nicht mehr dem Mittelalter angehörten.[105] Die Einfädelung dieser These erfolgte außerordentlich geschickt, auch unter konfessionellen Gesichtspunkten: Ausgerechnet der katholische Kirchenhistoriker des 19. Jahrhunderts Johannes Janssen habe, so Moeller, die Verhältnisse im späten Mittelalter richtig beschrieben, indem er die Verhältnisse des 15. Jahrhunderts als im Grundsatz ordentlich und fromm charakterisierte.[106] So konnte Moeller das 15. Jahrhundert als von besonders widerstandsloser Kirchlichkeit geprägt sehen[107] und erklären, dass sich die Intensität der Frömmigkeit in diesen Jahrzehnten [...] mächtig gesteigert habe,[108] ja, in einer schwer nachvollziehbaren Steigerungsformel kam er zu dem Befund, das 15. Jahrhundert sei eine der frömmsten Epochen gewesen.[109] Diese Aussagen wie auch die Berufung auf den katholischen Gelehrten Janssen hatten vor allem eine Stoßrichtung: Es ging, das bekannte Moeller auch freimütig, darum, die „Pulverfaßtheorie" eines unruhig gewordenen späten Mittelalters zu bestreiten, wie sie vor allem von Lortz und Iserloh vertreten wurde[110] – was Moeller dagegen setzte, war letztlich ein Modell des Umschlags von der quantitativen Veränderung in eine qualitative: Der grundlegende Unterschied zwischen mittelalterlicher und reformatorischer Frömmigkeit lag im Kirchenbezug der ersten.[111] Moeller, selbst ein guter Kenner Taulers,[112] musste zur Stützung dieser These zu dem seltsamen Argument greifen, dass mystische Literatur zwar zahlreicher geworden, aber „an Originalität und vielfach auch an Tiefe" verloren habe[113] – ein Argument, das man beim Blick auf Autoren wie Johann von Staupitz oder Johann von Paltz

---

vor allem von Max Weber abgrenzt, der die Einbindung dieses Konzepts in die mittelalterliche soziale Welt viel deutlicher gesehen hatte.

105 BERND MOELLER: Die Reformation und das Mittelalter. Kirchenhistorische Aufsätze. Hg. von JOHANNES SCHILLING. Göttingen 1991, S. 97.

106 MOELLER, Reformation und Mittelalter [Anm. 105], S. 94.

107 Ebd., S. 74.

108 Ebd., S. 74.

109 BERND MOELLER: Spätmittelalter. Göttingen 1966 (= Die Kirche in ihrer Geschichte. Ein Handbuch. Hg. von KARL DIETRICH SCHMIDT und ERNST WOLF. Bd. 2, Lfg. H [1. Teil]), S. 40.

110 MOELLER, Reformation und Mittelalter [Anm. 105], S. 94.

111 Ebd., S. 93.

112 BERND MOELLER: Tauler und Luther. In: La mystique rhénane. Colloque de Strasbourg 16–19 mai 1961. Paris 1963, S. 157–168.

113 MOELLER, Reformation und Mittelalter [Anm. 105], S. 79.

heute nur noch mit Staunen zur Kenntnis nehmen kann, das aber vor allem in sich eine kaum verhohlene Widersprüchlichkeit trug, da Moeller ja sonst die Frömmigkeit gerade unter quantitativen Gesichtspunkten hervorhob. Ist so die Bedeutung Luthers als Ende des Mittelalters bei Moeller auf eine zunächst hochdifferenzierte, schließlich aber geradezu plakative Weise herausgestrichen, so ist er sehr viel vorsichtiger im Blick auf die Stellung Luthers zur Neuzeit: Oft äußert Moeller sich hierzu nur in Andeutungen.[114] Deutlicher ist zu erkennen, wie wichtig ihm ist, mit durchaus antikatholischer Schlagseite, festzuhalten, dass die Reformation, und zwar prononciert gekoppelt an die Person Luthers, einen ‚Einbruch' gegenüber dem Mittelalter darstellt.[115] Folgt man der üblichen Zeiteinteilung, in der nach dem Mittelalter nur noch die, in der Regel durch Anerkennung einer Frühen Neuzeit binnengeteilte, Neuzeit folgt, heißt dies allerdings wohl unterschwellig: Dieser Luther gehört mehr zur Neuzeit als zum Mittelalter. Festmachen kann man dies an zwei von Moeller hervorgehobenen Gesichtspunkten: In Aufnahme der Vorstellung eines deutschen Sonderweges sah er mit dem häresiologischen Vorgehen gegen Luther ab 1520 den „Hiatus zwischen Deutschland und dem übrigen Europa" als „Grunddatum der weiteren Geschichte der Neuzeit" entstehen,[116] wobei der Zusammenhang auch grammatisch im unklaren lässt, ob dieser Hiat sich nur auf die Luther-Rezeption bezieht oder auf die historische Entwicklung insgesamt. Vor allem aber macht Moeller die Wirkung Luthers an dessen Rezeption selbst fest, und dies nun in erstaunlich ungebrochener Weise:

> „Der Massenerfolg, den er in den Jahrhunderten der Neuzeit hatte und hat, ist eine direkte Fortsetzung des Massenerfolgs, den er in seiner eigenen Zeit hatte; dieser Erfolg ist ein Kontinuum der Jahrhunderte, die wir Neuzeit nennen, nachdem er [...] hauptsächlich in dem kurzen Zeitraum der Jahre 1518–1525, erstmals mit enormer, geradezu eruptiver Kraft aufgebrochen war."[117]

Notabene: Gesamthistorisch spricht Moeller lediglich von einer „Einwirkung" des Protestantismus auf die „Neuzeit in Deutschland und darüber hinaus"[118], auf die eine oder andere Weise aber ordnet er Luther und die Reformation sehr klar in die Entstehungsgeschichte eben dieser Neuzeit ein. Den Ursprung aber eben dieses ‚Massenerfolgs' konstruierte Moeller letztlich mit dem Hollschen Modell, das den Beginn der Neuzeit in der Rechtfertigungslehre Luthers situierte: So bekannte er auf dem Lutherkongress 1988: „Ich scheue nicht vor der These zurück, es sei Luthers ‚Recht-

---

[114] S. etwa das unklar zugeordnete Heimpel-Zitat zum Ende ebd., S. 67.

[115] Ebd., S. 96.

[116] BERND MOELLER: Luther-Rezeption. Kirchenhistorische Aufsätze zur Reformationsgeschichte. Hg. von JOHANNES SCHILLING. Göttingen 2001, S. 38.

[117] Ebd., S. 271.

[118] Ebd., S. 71.

fertigungslehre' gewesen, die ,die Massen in Bewegung gebracht' hat."[119] So kehrt der von Troeltsch gelehrte theologische Ansatz zu dessen Antipoden Holl zurück.

Umgekehrt hat Moellers Generation in Gestalt von Heiko Augustin Oberman einen vehementen Verfechter des Gedankens hervorgebracht, dass die Kontinuität zum Mittelalter sich gerade in der Theologie festmachen lasse. Seine Thesen sind dabei um einiges komplexer als die von Moeller und daher nicht so leicht zu fassen. Doch kann man schon in seinem ersten großen Werk, der Darstellung von Gabriel Biels Theologie, nachzeichnen, dass er sich von normativen Modellen, die das späte Mittelalter entweder – klassisch katholisch – einseitig an Thomas oder – ebenso klassisch lutherisch – an Luther maßen, abzusetzen suchte.[120] Ihm ging es darum, Biel zwischen beiden zu verorten. Das bedeutete allerdings – wie insbesondere der Gegenentwurf von Leif Grane zeigte[121] – schon von vorneherein einen methodischen Verzicht auf die Epochenschwelle zwischen Mittelalter und Neuzeit. Am deutlichsten wird seine Sicht auf Luther in der Biographie, die er zum Lutherjubiläum 1983 vorgelegt hat. Freilich schillert sie im letzten: Die Betonung liegt darauf, dass Luther „sich ganz und gar der ,Neuzeit' entgegen(stellt)"[122] und der heutigen Zeit fremd gegenüber steht:[123] „Anstatt erleichtert aufzuatmen, nach all den mittelalterlichen Spekulanten in Luther endlich einen modernen Menschen gefunden zu haben, wird man sich noch Zeit zum Staunen nehmen müssen."[124]

So ordnet Oberman, obwohl er Luther weder dem Mittelalter noch der Neuzeit zurechnen will,[125], die Reformation letztlich der Überschrift „Ein mittelalterliches Ereignis" zu:[126] Wo Moeller eine klare Schlagseite zur Neuzeit hat, da neigt Oberman eher dem Mittelalter zu.

5. Coda

Ein solcher Durchgang durch die Reformationsdeutungen zeigt dem gegenwärtigen Reformationsforscher, dass er mit den gegenwärtigen Debatten zu den Zwergen gehört, die auf den Schultern von Riesen sitzen. Dies

---

[119] BERND MOELLER: Die Rezeption Luthers in der frühen Reformation. In: BERNDT HAMM [u. a.]: Reformationstheorien. Ein kirchenhistorischer Disput über Einheit und Vielfalt der Reformation. Göttingen 1995, S. 9–29, hier S. 27.

[120] HEIKO AUGUSTINUS OBERMAN: Spätscholastik und Reformation. Bd. 1: Der Herbst der mittelalterlichen Theologie. Zürich 1965, S. 2.

[121] GRANE, Contra Gabrielem [Anm. 7].

[122] HEIKO A. OBERMAN: Luther. Mensch zwischen Gott und Teufel. München 1986, S. 73.

[123] Ebd., S. 72.

[124] Ebd., S. 70.

[125] Ebd., S. 72.

[126] Ebd., S. 58.

kann abschließend nur kurz angerissen werden anhand der beiden Kontrahenten, denen heute sogar ein eigener wikipedia-Artikel unter der Überschrift ‚Reformationsdeutungs-Streit' gewidmet ist:[127] Thomas Kaufmann und mir selbst.

Thomas Kaufmann setzt dabei die Linie seines Lehrers Moeller fort: In seiner viel gelesenen Reformationsdarstellung ‚Erlöste und Verdammte' trägt er durchaus der Beobachtung Rechnung, dass man dem „klassisch protestantische[n] Meisternarrativ einer gleichsam aus der Reformation entsprungenen Neuzeit" nicht mehr folgen könne,[128] betont aber die Momente, in denen die Reformation diesen Prozess „in mannigfacher Weise beeinflusst, gefördert und beschleunigt" habe.[129] Hierüber wird bei gewissen Unterschieden in der Akzentuierung kein grundsätzlicher Dissens bestehen. Dieser setzt an anderer Stelle, eben dem Verhältnis zum Mittelalter ein, denn, wie oben schon angesprochen, bleibt angesichts der klassischen Fächereinteilung in der Geschichtswissenschaft nach einem Bruch mit dem Mittelalter allein die Epoche der Neuzeit übrig, genauer: zunächst der Frühen Neuzeit, als deren Anfang Kaufmann denn auch ausdrücklich die Reformation sehen will. Charakteristisch für das Fortleben der seit Harnack zu beobachtenden argumentativen Nöte einer Position, die die Neuheit der Reformation hervorheben will, ist ein Aufsatz, den Kaufmann 2002 perspektivisch formuliert hat. Hierin referiert er durchaus positiv die Einsichten Obermans in die tiefen mittelalterlichen Wurzeln der Reformation,[130] insistiert aber auf dem bleibenden grundlegenden Unterschied, wenn er mahnt zu berücksichtigen:

> „dass es ein bestimmtes Ensemble bildungs-, sozialgeschichtlicher und reichspolitischer Faktoren war, das den theologischen Anliegen der sog. Reformatoren und ihrer definitiven Absage an die Kirche Roms ihre aus Strukturgegebenheiten einer ‚Vorgeschichte' heraus nicht ableitbare Dynamik verlieh."[131]

Nimmt man diesen Satz als einen spezifischen, d. h. nicht nur in dem Sinne, dass Ableitbarkeit ganz generell in der Geschichtsschreibung eine hochproblematische Kategorie ist, so ergibt sich, dass vor allem die Grenze zum Mittelalter betont werden soll. Dass Kaufmann die positive Konzeption, dass die Reformation als Teil einer Epoche der Frühen Neuzeit gesehen werden soll, mit innovativem Gestus als aus seinen Einsichten „ent-

---

[127] https://de.wikipedia.org/wiki/Reformationsdeutungs-Streit (24. Sept. 2017).

[128] THOMAS KAUFMANN: Erlöste und Verdammte. Eine Geschichte der Reformation. 2. Aufl. München 2017, S. 356.

[129] Ebd., S. 366.

[130] THOMAS KAUFMANN: Die Reformation als Epoche? In: Verkündigung und Forschung 47 (2002), S. 49–63, hier S. 51f.

[131] Ebd., S. 60. Dass eine Sicht der mittelalterlichen Kirche als „Kirche Roms" mehr mit konfessionalistischen Deutungsmustern als mit historiographischen Erkenntnissen zu tun hat, kann hier nur vermerkt werden.

wickelte Epochenkonstruktion" präsentiert,[132] verwundert etwas – sie ist ja nicht mehr als eine wenig originelle Nachzeichnung des Ist-Zustandes der Lehrstuhleinteilung an historischen Instituten wie Theologischen Fakultäten. Die *Whig History* wird so entgegen aller weiterreichenden historiographischen Einsicht am Leben gehalten, die Reformation erscheint als das, was „unbeschadet aller traditionellen Momente ‚vorwärts'" weist;[133] sie stellt ein „kirchenhistorisch epochales Phänomen" als „Etappe innerhalb einer Epoche Frühe Neuzeit" dar[134] – was nichts anders heißt, als dass mit der Reformation, ganz klassisch, eine neue Epoche beginnt.

Zu Recht fragt daher Andrea Strübind im Blick auf Kaufmanns jüngste Darstellung der Reformationsgeschichte: „Bleibt es bei aller Rücksichtnahme auf Forschungsergebnisse und methodologische Neuansätze letztlich doch bei der traditionellen Kontinuitätslinie zwischen Reformation und Moderne?"[135] Tatsächlich behält Kaufmann diese traditionelle Sicht hier bei, markiert aber zugleich – in einem sonst sehr ansprechenden modernen Gewand – durch entsprechende Beschreibungskategorien den Schnitt der Reformation zur vorherigen Zeit harsch: Die Reformation habe eine „grundstürzende revolutionäre Veränderung des bestehenden Kirchenwesens" gebracht, und am Anfang dieser Entwicklung habe ausdrücklich Luther gestanden.[136] Dass Kaufmann in demselben Absatz, in dem er dieses Bekenntnis ablegt, erklärt, damit werde Luther nicht „in die Sphäre des Monumentalen" gerückt,[137] wird man ihm als Ausdruck redlichen Wollens zugestehen müssen. Aber das Bemühen ist gescheitert: Seine Geschichtssicht zementiert den monumentalen Charakter des Wittenberger Reformators in einer heute historiographisch nicht mehr verantwortbaren Weise. Eine von Kaufmann ohne Zweifel angestrebte historisch adäquate Sicht der Geschehnisse steht sich selbst im Wege, wenn sie daran festhalten will, Luther in einen Gegensatz zu seiner Zeit zu rücken. Kaufmann selbst hat dies sogar zum Bruch mit den von Ernst Troeltsch eingeführten grundlegenden Prinzipien der Geschichtswissenschaft geführt, zu denen es gehört, dass man historisch unausweichlich der „Allmacht der Analogie" verpflichtet sei.[138] Kaufmann hingegen sieht in Luther die Etablierung eines „schlechterdings neuen, in der bisherigen Kirchen- und Christentumsgeschichte analogielosen Zugangs zu Verstehen und Auslegung der Heiligen Schrift".[139] Den Versuch,

---

[132] Ebd., S. 60.
[133] Ebd., S. 62.
[134] Ebd., S. 62.
[135] STRÜBIND, Weber und Troeltsch [Anm. 69], S. 79.
[136] KAUFMANN, Erlöste und Verdammte [Anm. 128], S. 17.
[137] Ebd., S. 17.
[138] ERNST TROELTSCH: Ueber historische und dogmatische Methode in der Theologie. In: Ernst Troeltsch Lesebuch. Hg. von FRIEDEMANN VOIGT. Tübingen 2003, S. 2–25, hier S. 5.
[139] THOMAS KAUFMANN: Vorreformatorische Laienbibel und reformatorisches Evangelium. In: Zeitschrift für Theologie und Kirche 101 (2004), S. 138–174, hier S. 158.

dieses Bekenntnis historisch zurückzubinden, macht er mit Hilfe des Konzepts der „Voraussetzungen“ im Mittelalter.[140] Damit schließt er an eine entsprechende Einordnung Bernd Moellers an.[141]

Dieser selbst hat allerdings im selben Zusammenhang darauf hingewiesen, dass Voraussetzungen etwas anderes sind als Ursachen: Sie stellen *conditiones sine qua non* dar, aber eben nicht die treibenden Kräfte. Genau hier setzt nun mein eigener Alternativentwurf zu der heroisierenden Erzählung von der Reformation als grundstürzendem Bruch ein: Folgt man Oberman darin, das Mittelalter nach seinen eigenen Bedingungen zu verstehen, so wird man sich von den einlinigen Deutungsmustern lösen müssen, die noch im Modell Moellers so dominant sind und bei Thomas Kaufmann fortwirken. Das Mittelalter erscheint dann als eine Welt, in der Spannungen bestimmend waren:[142] die etwa zwischen zentralistischer Kirchenleitung und sich etablierenden dezentralen Kräften, die zwischen Klerikern und Laien und die zwischen innerlicher und äußerlicher Frömmigkeit. Die Reformation vollzog sich jeweils am einen Ende dieser Spannungen: Sie resultierte aus der mystischen Theologie, mithin – ganz unabhängig von der Einschätzung vorhandener ‚Tiefe‘ – aus der innerlichen Frömmigkeit des späten Mittelalters. Sie stärkte das Laienelement in der Kirche und aktivierte die Laien, sowohl die städtische Bevölkerung als auch die agierenden Fürsten. ‚Grundstürzend‘ war dies alles nicht, und doch baute es die Kirche und auch die Gesellschaft des Mittelalters nach und nach um. So gehört die Reformation in das Mittelalter – und zwar gerade dort, wo sie aus ihm herauswächst.

---

[140] THOMAS KAUFMANN: Geschichte der Reformation in Deutschland. Berlin 2016, S. 33.

[141] MOELLER, Reformation und Mittelalter [Anm. 105], S. 85.

[142] S. hierzu ausführlicher: VOLKER LEPPIN: Die Wittenberger Reformation und der Prozess der Transformation kultureller zu institutionellen Polaritäten. In: ders., Transformationen [Anm. 16], S. 31–68.

Winfried Frey

Nach wie vor „ein verworrener Quark, wie er uns noch täglich zur Last fällt"?

Eine Nachlese zur ‚Lutherdekade'

Vorbemerkung: Während der Drucklegung des folgenden Textes, der im Spätjahr des Reformationsjubiläums 2017 geschrieben und als Vortrag gehalten wurde, erschien im Publik Forum, der „Zeitschrift, die für eine bessere Welt streitet" (Nr. 21, 10. November 2017), ein Streitgespräch „führender Protestanten", nämlich der „weltweiten Reformationsbotschafterin" Margot Käßmann, des Vizepräsidenten des Kirchenamtes der Evangelischen Kirche in Deutschland (EKD), Thies Gundlach, und der Kirchenhistorikerin „mit Schwerpunkt Reformation" an der Humboldt-Universität in Berlin, Dorothea Wendebourg. Unter dem Titel ‚Was bleibt? Eine Bilanz' loben und verteidigen die beiden ‚kirchenamtlichen' Teilnehmer Vorbereitung, Themen und Ablauf des Jubiläumsjahres (Stichwort „Religion als Lebens-, Orientierungs- und Friedenskraft"), während Frau Wendebourg die Aufgabe einer *advocata diaboli* übernimmt und Defizite und Fehler benennt (Stichwort „Wir haben eine starke innerkirchliche Dürre"). Den vorliegenden Text mögen die Leserinnen und Leser als Probe aufs Exempel lesen.

1.

Genervt von den Anfragen und Zumutungen, ob er denn nicht auch etwas zum 300. Reformationsjubiläum beitragen wolle, schreibt Johann Wolfgang Goethe am 22. August 1817 seinem ‚Urfreund' Carl Ludwig von Knebel:

> *Pfaffen und Schulleute quälen mich unendlich, die Reformation soll durch hunderterley Schriften verherrlicht werden; Maler und Kupferstecher gewinnen auch was dabey. Ich fürchte nur, durch all diese Bemühungen kommt die Sache in's Klare, daß die Figuren ihren poetischen, mythologischen Anstrich verlieren. Denn, unter uns gesagt, ist an der ganzen Sache nichts interessant als Luthers Charakter und es ist auch das Einzige, was der Menge eigentlich imponirt. Alles Übrige ist ein verworrener Quark, wie er uns noch täglich zur Last fällt.*[1]

---

[1] Zit. nach: Goethes Werke. Hg. im Auftrage der Großherzogin Sophie von Sachsen. IV. Abtheilung: Goethes Briefe. Bd. 28: März – Dezember 1817. Weimar 1903: Brief Nr. 7848, S. 226–228, das Zitat S. 227. – Wenn Dorothea Wendebourg (s. Vorbemerkung) behauptet, Goethe sei „1817 für die Organisation der Feierlichkeiten in seinem Herzogtum verantwortlich" gewesen, dann ist das stark übertrieben! Über Goethes ambivalentes Verhältnis zum Christentum und insbesondere zu den Feiern des Jubeljahres 1817 vgl. KAY EHLING: Ein „verworrener Quark" – Goethe und das Dritte Evangelische Jubelfest in Weimar 1817. In: AKG 97 (2015), S. 395–426.

In meinem Wohnort in der Nähe von Frankfurt am Main wurde im letzten Jahr eine ökumenische Arbeitsgruppe aus Vertreter(inne)n der drei christlichen Konfessionen der Gemeinde gebildet. Sie sollte zum ‚Lutherjahr 2017' eine interkonfessionelle Veranstaltungsreihe organisieren.

Der Frankfurter evangelische Theologe und Professor für Kirchengeschichte Markus Wriedt referierte am 27. April des Jahres über das Thema „Was feiern wir eigentlich 2017?". Er nannte als Vermächtnis Luthers und als Aufgabe für heutige Christen, „Gott als letzte Autorität anzuerkennen" und „mit der Bibel im Alltag zu leben, Gottes Wort über die eigenen Wünsche und Befindlichkeiten zu stellen." Eigentlich eine Selbstverständlichkeit für Christen, aber dass das betont werden muss, sagt schon einiges aus. Die Krifteler Pfarrerin hatte schon in ihrer Begrüßung auf ‚Irrwege' hingewiesen und als Beispiel die „‚Banalisierung' der Reformation durch den Verkauf von allerlei Kitsch bis hin zum ‚Luther-Badeentchen' oder ‚Luther als Playmobilfigur'" genannt.[2] Sie blieb nicht die Einzige, die ein gewisses Unbehagen verspürte: Die Frankfurter Pröpstin Gabriele Scherle, die zum 1. September 2017 in den Ruhestand verabschiedet wurde, wird in einem Zeitungsartikel aus diesem Anlass so zitiert: Ihr Wunsch an die Kirche sei, dass diese „stärker auf Theologie" setze und nicht so sehr auf eine „evangelische[] ‚Wohlfühlreligion' mit Hoffnung auf eine ‚billige Gnade'".[3]

2.

Wer sich in den letzten Jahren auch nur in der Peripherie der sogenannten Lutherdekade bewegt hat, der kann auch von weiterem ‚Kitsch' berichten. Ich selbst erhielt vor einigen Jahren nach einem Vortrag in einem evangelischen Gemeindezentrum in der Nähe von Darmstadt vom Pfarrer einen ‚Lutherbecher' geschenkt, in dem ‚Lutherbonbons' waren, auf deren Einwickelpapier die Internet-Anschrift der ‚Luther-Dekade' abgedruckt war.[4] Auch ein Glas ‚Luther-Senf' habe ich einmal geschenkt bekommen, das einzig Lutherische daran war, dass ein wenig Bier beigemischt worden war [...] Aber zurück zum Playmobil-Luther. Keine zwei Monate nach dem erwähnten Vortrag von Markus Wriedt konnte man in der FAZ folgende kurze Meldung der Nachrichtenagentur Evangelischer Pressedienst (epd) lesen:

> „Martin Luther ist die erfolgreichste Playmobil-Figur der Geschichte. Eine Million Spielzeugfiguren seien inzwischen produziert worden, teilte der Ratsvorsitzende der Evangelischen Kirche in Deutschland, Heinrich Bedford-Strohm, am Dienstag in Hannover mit. Die Martin-Luther-Figur war im Februar 2015 eine Auftragsproduktion der Nürnberger Tourismuszentrale. Damals dauerte

---

[2] Bericht von EDITH VOLP im Gemeindebrief der Evangelischen Auferstehungsgemeinde Kriftel, Sommer 2017, S. 5.

[3] „Theologie der Hoffnung", FAZ Nr. 203, 1.9.2017, S. 37.

[4] Vgl. https://de.wikipedia.org/wiki/Luther-Dekade (23. Aug. 2017).

es nur 72 Stunden, bis die erste Auflage von 34 000 Figuren vergriffen war. Playmobil im fränkischen Ort Zirndorf ließ bis April 2015 weitere 50 000 Mini-Luther-Figuren nachproduzieren. Seitdem wurde regelmäßig nachgeordert, große Bestellungen gingen an evangelische Landeskirchen und Verlage. Die 7,5 Zentimeter große Figur in Mönchskutte, mit Bibel und Feder gilt als Werbebotschafter [Hervorhebung W. F.] für das 500. Reformationsjubiläum und ist besonders beliebt in den Souvenirläden an den historischen Wirkungsstätten des Reformators."[5]

Aber nicht nur dort. Auf der Website evangelisch.de, Motto: „Mehr als du glaubst", gibt es nicht nur den Link https://www.evangelisch.de/galerien/137216/10-08-2016/martin-luther-fanartikel, es ist dort auch – um nur ein Beispiel zu nennen – mit Datum vom 28. Juni 2017 folgender Bericht zu finden:

„Anika Kempf, Lilith Becker/evangelisch.de:
Luther im Kinderzimmer
Die Evangelisch-lutherische Johanneskindertagesstätte in Neustadt hat allen Kindern zum Reformationstag eine Martin-Luther-Playmobilfigur geschenkt. Doch wie integriert man eine solche Persönlichkeit ins eigene Spielzimmer? Für Kinderhände kein Problem."

Nun kennt man den Einwand, dass man im Internet die obskursten Dinge finden könne, wenn man nur lange genug suche. Das stimmt sicherlich. Aber man schaue ins Impressum der Website:

„www.evangelisch.de ist ein Produkt des Gemeinschaftswerks der Evangelischen Publizistik (GEP) gGmbH, Emil-von-Behring-Straße 3, 60439 Frankfurt am Main. Geschäftsführer: Direktor Jörg Bollmann, Prokurist: Bert G. Wegener. Aufsichtsratsvorsitzender: Kirchenpräsident Dr. Dr. hc [sic!] Volker Jung".

Unter „Biographie – EKHN / Evangelische Kirche in Hessen und Nassau" findet man in der Biographie des Kirchenpräsidenten auch diesen kleinen Abschnitt:

„Jung ist seit 2014 stellvertretender Vorsitzender der Union Evangelischer Kirchen (UEK) und einer der Vorsitzenden des Wissenschaftlichen Beirates der Kirchenmitgliedschaftsuntersuchung. Er gehört außerdem dem Leitungskreis ‚Reformationsjubiläum 2017' an. Im November 2015 wählte die Synode der EKD Volker Jung in den Rat der EKD. Im Dezember 2015 wurde er Aufsichtsratsvorsitzender des Gemeinschaftswerks der Evangelischen Publizistik (GEP) in Frankfurt. Jung gilt damit als ‚Medienbischof' der EKD."

Das GEP, „[a]ls bedeutendes Medienunternehmen der Evangelischen Kirche in Deutschland (EKD)", sorgt dafür,

„dass Inhalte und Themen einer möglichst breiten Öffentlichkeit zugänglich gemacht werden. Themen, die für die EKD, ihre Gliedkirchen, Werke und Einrichtungen zur Erfüllung des Auftrags relevant sind, dem die Kirche verpflichtet

---

[5] FAZ Nr. 141, 21.6.2017, S. 9.

> ist und die das Zeugnis und den Dienst der Kirchen in der Öffentlichkeit geltend machen sowie den Gliedern der Kirche zum Verständnis wichtiger Vorgänge in der Christenheit verhelfen."[6]

Wir haben es also bei der Werbekampagne mit dem Playmobil-Luther um eine hochoffizielle Aktion der Evangelischen Kirche Deutschlands zu tun, nicht etwa mit der Aktion eines Hinterhofbetriebs.

Was in Klein geht, geht auch in Groß! Ottmar Hörl, laut wikipedia „ein deutscher Konzeptkünstler, Bildhauer, Installations-, Aktions-, Foto- und Objektkünstler"[7], der 2014 im Auftrag der Johann Wolfgang Goethe-Universität in Frankfurt am Main zu deren 100-jährigem Jubiläum den Vorplatz der Universität mit 400 Goethe-Figuren verzierte,[8] hat schon 2010 auf dem Marktplatz von Wittenberg 800 Luther-Figuren als ‚Luther-Botschafter' aufgestellt und dem Spektakel den jubiläumskonformen Titel ‚Martin Luther – Hier stehe ich' gegeben. Was er zu seinem Konzept sagt, gilt *cum grano salis* auch für den Playmobil-Luther:

> „Ich multipliziere Luthers Präsenz, sodass sich seine Ideen in Gestalt des Symbolträgers in die ganze Welt verteilen können. Das mobile Luther-Denkmal wird zum L u t h e r - B o t s c h a f t e r [Hervorhebung W. F.] [...] Mit der Installation auf dem Marktplatz von Wittenberg bringe ich Martin Luther wieder auf den Boden, auf dem er selbst gerne stand [...] Er wird greifbar, im tatsächlichen Sinne ‚erfassbar'. Die Multiplizierung schafft eine Präsenz, die ihm und der Auslegung seiner Lehre gerecht wird. Sie steht als Anregung und soll zu einer ganz persönlichen und undogmatischen Auseinandersetzung führen. Denn jeder kann sich seinen Luther mitnehmen ..."

Es geht im Text noch ein wenig weiter, wenn auch nicht mehr als Originaltext von Hörl erkennbar: „Martin Luther (1483–1530 [sic!]) steht als Reformator für die Befreiung der Christen und für die Zweiteilung von Staat und Kirche. Er predigte die friedliche Vernunfts-, Gewissens- und Religionsfreiheit."[9] Man mag hinzufügen: ‚für sich und die Seinen', aber wir werden auf diese Floskel noch zurückkommen.

Es scheint, als hätten sich nicht nur die erwähnte Pfarrerin und die Frankfurter Pröbstin gegen Luther-Kitsch und Banalisierung der Reforma-

---

[6] Nach http://www.gep.de/unternehmen.shtml (8. Jan. 2018).

[7] Ein Überblick über Leben und Werk des Künstlers seit 1982: https://www.ottmarhoerl.de/de/blog (29. März 2018).

[8] Originalton Hörl in schönstem Werbedeutsch: „Goethe ist eine der faszinierendsten Frankfurter Persönlichkeiten. Er war weltoffen, neugierig, blickte über den eigenen Tellerrand, sondern [sic!] entwickelte in vielen Bereichen eine unglaubliche Bandbreite, das kann Inspiration für zukünftige Generationen sein. Ich verstehe Kultur nicht als hierarchische Konzeption, sondern kämpfe darum, dass sich möglichst viele Menschen in einer Gesellschaft damit auseinandersetzen." (https.//www.ottmar-hoerl.de/de/projekte/2014/2014_3_Goethe.php [24. Aug. 2017]).

[9] Nach https://www.ottmar-hoerl.de/de/projekte/2010/2010_Luther_Wittenberg.php (8. Jan. 2018).

tion gewandt. Nur so ist zu erklären, dass in dem „evangelischen Magazin" Chrismon ein Artikel mit dem reißerischen Titel ‚Eine Nudel namens Martin' erschien. Im Untertitel wird der ebenso defensive wie rechthaberische Charakter des Artikels sichtbar:

> „Luther-Pasta, Lutherbier und Luther-Zwerge. Zwischen solchem Merchandising-Kitsch und seriösem Reformationsgedenken liegen Welten. So scheint es zumindest. Der Kulturbeauftragte der evangelischen Kirche fragt: Wie kriegt man beides zusammen, ohne dass es peinlich wird?"[10]

Tatsächlich ist der Autor Johann Hinrich Claussen, von 2007 bis 2016 Hauptpastor von St. Nikolai in Hamburg, seit 2016 Kulturbeauftragter der EKD und Leiter des Kulturbüros der EKD in Berlin. Sein Wort hat also Gewicht, man hat keinen x-Beliebigen mit der Gegenkritik beauftragt.

Er spricht in seinem Beitrag von einem Spagat bei der Organisation und Begehung des Reformationsjubiläums: Es müsse inhaltlich angemessen und publikumswirksam sein. Dann relativiert er: Der Playmobil-Luther sei einem „hübsch subversive(n) Einfall" der bayerischen Landeskirche zu verdanken. Man habe mit diesem „freundlichen kleinen Kerl mit Feder und Bibel in der Hand [...] die hochpolemische Luther-Ikonographie der Reformationszeit" ebenso unterlaufen wie „das hohle Pathos der Luther-Denkmäler des 19. Jahrhunderts." Und sich selbst bestätigend, zitiert er einen Vertreter der bayerischen Landeskirche: „Ich persönlich finde es gut, dass wir sowohl für die breite Bevölkerung als auch für eine ästhetisch anspruchsvollere Klientel etwas anzubieten haben. Und dass der Playmobil-Luther eine Massenattraktivität gewinnt, entspricht ja ein bisschen dem, was dem Gedankengut des Reformators seinerzeit geglückt ist." So ohne Umschweife beim Reformator selbst angelangt, schlägt Claussen eine kühne Volte:

> „Was kaum einer weiß: Die heutige Gedenkkultur verdankt sich der Reformation. Die erste Jahrhundertfeier des Thesenanschlags im Jahr 1617 setzte die historische Memoria, die feierliche Erinnerung, an die Stelle der Jubeljahre, die die Papstkirche für ihre Ablässe inszenierte. Die heutigen Gedenkfeiern für Kriegsanfänge und Friedensschlüsse, epochale Menschheitsverbrechen und humanitäre Neuaufbrüche, aber auch familiäre Erinnerungsfeiern, verdanken sich unbewusst den ersten Reformationsjubiläen. Und blickt man sich heute um, wird man kein nationales Ereignis finden, das es mit ‚2017' aufnehmen kann."[11]

Hier wird eine historische Entwicklung allein für den Protestantismus in Anspruch genommen, die von der Antike bis in unsere heutige Zeit reicht: die Geschichte des Memorialwesens (mit allen Facetten), als hätte es die Forschungen von Gerd Althoff, Bernhard Jussen, Otto Gerhard Oexle,

---

[10] Chrismon 11 (2017), S. 25.

[11] Ebd., S. 25f. – Im Publik Forum (s. Vorbemerkung) sagt Frau Käßmann apodiktisch: „Im Unterschied zu früheren Reformationsjubiläen war dieses nicht national angelegt [...]"!

Gabriela Signori[12] – um nur einige Namen zu nennen – nie gegeben. Es drängt sich die Frage auf, ob die Memoria nach Claussen nur der „ästhetisch anspruchsvollere(n) Klientel", vulgo den ‚Gescheiten' vorbehalten oder zuzumuten ist, nicht aber den ‚einfach Strukturierten', wie man sie im Psychologenjargon nennt?

Claussen schafft auch hier den Spagat: Playmobil-Luther und Hörl-Luther, Luther-Senf und Luther-Pasta werden zu einem Teil der Erinnerungskultur stilisiert, die man nutzen müsse, um die Menschen zu erreichen: „Es genügt nicht, die Legenden von Thesenanschlag und Tintenfasswurf zu zerstören, man muss sie auch nutzen", schreibt Claussen logisch inkonsequent, um die Kritik dann gleich und in alter Tradition an die wahren ‚Schuldigen' weiterzugeben:

> „Immer noch verweigern sich zu viele Wissenschaftler der Aufgabe, ihr Wissen einem großen Publikum zu vermitteln. Die Gesellschaft, die sie ja finanziert, hat ein Anrecht darauf, dann und wann etwas von den Damen und Herren Professoren zurückzubekommen. Sie sollen engagiert lehren, gewissenhaft forschen, aber auch die Allgemeinbildung befördern. Letzteres ist eine intellektuelle Herausforderung für sich: komplexe Sachverhalte so einfach wie möglich (aber auch nicht mehr) darzustellen. Viele verbleiben da lieber im Schonraum des akademisch Richtigen und Langweiligen."[13]

Lobend erwähnt Claussen die Luther-Biographie von Heinz Schilling[14] und die Reformationsgeschichte von Thomas Kaufmann[15], nicht ohne darauf hinzuweisen (für welches Publikum?), dass zur Lektüre dieser Bücher ein

---

[12] Zu GERD ALTHOFF vgl. folgende Arbeiten: Adels- und Königsfamilien im Spiegel ihrer Memorialüberlieferung, Studien zum Totengedenken der Billunger und Ottonen. München 1984 (Münstersche Mittelalter-Schriften 4), bes. S. 289–427; Verwandte, Freunde und Getreue. Zum politischen Stellenwert der Gruppenbildungen im früheren Mittelalter. Darmstadt 1990; Amicitiae und Pacta, Bündnis, Einung, Politik und Gebetsgedenken im beginnenden 10. Jahrhundert. Hannover 1992 (Monumenta Germaniae Historica 37). – Zu BERNHARD JUSSEN vgl. folgende Titel: Patenschaft und Adoption im frühen Mittelalter. Künstliche Verwandtschaft als soziale Praxis. Göttingen 1991 (Veröffentlichungen des Max-Planck-Instituts für Geschichte 98); Der Name der Witwe. Erkundungen zur Semantik der mittelalterlichen Bußkultur. Göttingen 2000 (Veröffentlichungen des Max-Planck-Instituts für Geschichte 158). – Zu OTTO GERHARD OEXLE vgl. Memoria als Kultur. Hg. von O. G. O. Göttingen 1995, darin der einleitende Text ‚Memoria als Kultur', S. 9–78. – Zu GABRIELA SIGNORI vgl.: Vorsorgen – Vererben – Erinnern. Kinder- und familienlose Erblasser in der städtischen Gesellschaft des Spätmittelalters. Göttingen 2001 (Veröffentlichungen des Max-Planck-Instituts für Geschichte 160); vgl. auch ihr Projekt (Teil des Projekts ‚Klöster und Klausen am Bodensee'): Familie, Besitz, Memoria, Verwandtschaft als materielles und spirituelles Fundament des spätmittelalterlichen Mönchtums (s. das Abstract unter https://www.exzellenzcluster.uni-konstanz.de/5388.html (29. März 2018).

[13] Chrismon 11 (2017), S. 26.

[14] HEINZ SCHILLING: Martin Luther, Rebell in einer Zeit des Umbruchs. Eine Biographie. 4. Aufl. München 2016.

[15] THOMAS KAUFMANN: Geschichte der Reformation. 4. Aufl. München 2016.

bisschen Anstrengung gehöre, aber schließlich sei der Protestantismus eine „Lesekonfession"[16]. Aber die Konklusion aus seinem Artikel lautet dann doch ‚Weiter so!', denn, so Claussen im letzten Satz in unfreiwillig komischer Übertreibung: „Kitsch kann auch eine populäre Gestalt der Liebe sein."[17]

3.

Mit dem Stichwort Chrismon und dem schon mehrfach hervorgehobenen Begriff (Werbe-)Botschafter oder (Luther-)Botschafter sind wir bei einem zweiten Aspekt, dem der Banalisierung der Reformation,[18] nicht (nur) durch Kitsch, sondern durch Simplifizierung. Dabei ist – wie im Namen Chrismon – die Banalisierung geschickt verpackt: ‚Botschafter' hat zum einen in der Alltagssprache eine positive Konnotation als Bezeichnung für einen hochrangigen Diplomaten, zuständig für gute Beziehungen zwischen Staaten und internationalen Organisationen, zum andern klingt natürlich die stark religiös legitimierte Bedeutung mit: das Evangelium (griech. *euangélion*) ist ‚die frohe Botschaft' des dreifaltigen Gottes, also die Grundlage des christlichen Glaubens, die Botschafter Gottes aber, seine Boten, sind die Engel (griech. *ángeloi*). Die ‚Reformationsbotschafter' sind also dem Sinne nach hochlegitimiert, allen Menschen die Botschaft Gottes zu überbringen, wie es am deutlichsten in der Weihnachtsgeschichte beim Evangelisten Lukas (2,9–14) dargestellt ist.

2017 hat eine „ad-hoc-Arbeitsgruppe im Auftrag des Rates der EKD", an der auch Hinrich Claussen beteiligt war, eine Broschüre erarbeitet mit dem Titel ‚Das Reformationsjubiläum 2017 feiern'.[19] Etwas vollmundig wird in der Präambel das Ergebnis schon vorweggenommen:

> „Die Reformation hat die Welt, in der wir heute leben, wesentlich mitgeprägt. Daran erinnern wir 500 Jahre später – und wollen zugleich zeigen: Die Kerngedanken der Reformation haben an Kraft nichts eingebüßt. Sie sind auch heute noch aktuell. Das Reformationsjubiläum wird anders gefeiert werden als die Jubiläen in vergangenen Jahrhunderten. Es ist nicht nur geistlich und kirchlich, sondern gesamtgesellschaftlich ein bedeutsames Datum für Deutschland, für Europa und weltweit."[20]

---

[16] Chrismon 11 (2016), S. 27.

[17] Ebd. – Ist es Zufall, dass auf der letzten Seite des Artikels eine Anzeige der Deutschen Bibelgesellschaft für die ‚Lutherbibel 2017' in individuell gestalteten Schubern zu finden ist? Die Gestalter der Schuber: Janosch, Jürgen Klopp, Uschi Glas.

[18] Vgl. den polemischen Artikel von JÜRGEN KAUBE: „Lasst uns froh und Luther sein – Die evangelische Kirche macht das Reformationsjubiläum zu einem Festival des Banalen. Martin Luther wird fürs ‚Liebsein' in Dienst genommen. Was er wollte und bewirkte, scheint vergessen." In: FAZ Nr. 254, 31.10.2016, S. 9.

[19] Leicht zugänglich unter https://www.ekd.de/Publikation-Das-Reformationsjubiläum-2017-feiern-15021.htm (25. Aug. 2017).

[20] Ebd., S. 2.

In diesem Memorandum stehen viele kluge Sätze, und es werden viele gute Vorsätze und Ansätze formuliert. Einige Beispiele: „Ein aufrichtiger Umgang mit der Reformation ist stets ein kritischer und historisch aufgeklärter" (S. 2); eine „im Geist der Reformation geprägte Lebenshaltung" verknüpfe „[d]ie Suche und Sehnsucht nach Gott, nach dem Heiligen, nach Frömmigkeit und Innerlichkeit [...] mit der Verantwortung für den Nächsten, die Welt und die Zukunft" (S. 6); etwas undeutlicher: „Reformatorisch geprägter Glaube kann eine Vielzahl auch unterschiedlicher ethischer Konkretionen im Rahmen einer gemeinsamen evangelischen Haltung gelten lassen" (S. 10f.).

Zweifellos: In vielen wissenschaftlichen Publikationen, in den Feuilletons führender Zeitungen, aber auch in christlichen Gemeinden (aller Konfessionen), in vielen Ausstellungen und deren Katalogen wird in diesem auf Distanz und Kritik zielenden Sinn diskutiert und dargestellt. Im Rundfunk dagegen findet Reformation nur am Rande statt und noch weniger im Fernsehen. Dort wurde vom Sender Arte am 29. und am 30. Oktober 2016 im „Schwerpunkt: 500 Jahre Reformation" eine sechsteilige Serie ‚Der Luther-Code' ausgestrahlt. Die Programmzeitschrift HÖR ZU kündigte das Spektakel so an: „Mit seinen 95 Thesen hat der junge ambitionierte Mönch Martin Luther vor 500 Jahren nicht nur eine Revolution in der Kirche, sondern vor allem auch in der Wissenschaft ausgelöst, es kam zum Urknall des freien Denkens."[21] Auf die Serie selbst will ich nicht eingehen, nur einen kurzen Abschnitt aus einer Rezension in der FAZ zitieren: „Was für ein Sammelsurium: Wir sehen eine Dokumentation über starke Frauen plus Wissenschaftsjournalismus inklusive soziologische Abhandlung über die Liebe, plus Ausflug in die digitale Revolution plus Exkurs zur Flüchtlingspolitik. Was hat das alles mit Luther zu tun?"[22]

Man könnte nun auch noch über das „Pop-Oratorium" ‚Luther' der Stiftung Creative Kirche berichten (Text: Michael Kunze; Musik: Dieter Falk; Projektpatin: Margot Käßmann[23]), ich verweise nur darauf, dass die Organisatoren mit dem Spektakel einen „barrierefreien Zugang zum Thema Luther"[24] bieten wollten. Aber viel anderes als zur Fernsehserie wäre auch nicht zu sagen. Zwei als Laien mitwirkende Studentinnen haben daraus aber wenigstens gelernt, dass Martin Luther eine „sympathische, positive Figur"

---

21 HÖR ZU Nr. 43, 21.10.2016, S. 57.

22 FAZ Nr. 253, 29.10.2016, S. 16.

23 „Eine zentrale Aussage der Reformation lautet: Der Mensch darf und soll frei denken – gerade auch in Glaubens- und Gewissensfragen. In dieses Thema und in die Geschichte der Reformation nimmt das Pop-Oratorium Luther die Zuhörer auf eine einzigartige Weise tief mit hinein – ein tolles Konzept!", so die Projektpatin im Vorspann eines Interviews zum Pop-Oratorium. Nach: http://www.luther-oratorium.de/news/details/margot-kaessmann-ist-projektpatin/ (8. Jan. 2018).

24 Nach: http://regionalwolfenbuettel.de/pop-oratorium-ein-barrierefreier-zugang-zum-thema-luther/ (8. Jan. 2018).

sei, „deren wichtigste Botschaft die Ermutigung zum ‚Selberdenken' gewesen sei"[25].

Gegen solche Trivialisierungstendenzen gut verständliche, grundlegende und vertiefende Informationen zu vermitteln, das wäre die Aufgabe für ein Magazin wie Chrismon, das evangelische Magazin gewesen. Es erscheint im Hansischen Druck- und Verlagshaus GmbH (HDV), das seinen Sitz nicht in einer Hansestadt hat, sondern in Frankfurt am Main, genau da, wo auch das Gemeinschaftswerk der Evangelischen Publizistik seinen Sitz hat. Geschäftsführer ist hier wie dort Jörg Bollmann, Verlagsleiter ist Bert Wegener, der bei der GEP Prokurist ist. Herausgeber sind unter anderen der EKD-Ratsvorsitzende Heinrich Bedford-Strohm und die offiziell so genannte „EKD-Botschafterin für das Reformationsjubiläum 2017"[26] Margot Käßmann. Aufsichtsratsvorsitzender ist Kirchenpräsident Dr. Dr. h. c. Volker Jung.

Das Printheft von Chrismon „liegt monatlich mit einer Auflage von 1,6 Millionen Exemplaren den Trägerobjekten Süddeutsche Zeitung, DIE ZEIT, DIE WELT und DIE WELT kompakt, Welt am Sonntag (nur Norddeutschland), Frankfurter Allgemeine Zeitung (nur Frankfurt und Rhein-Main), Hannoversche Allgemeine und Neue Presse, Altmark Zeitung, Leipziger Volkszeitung, Märkische Allgemeine Zeitung sowie Dresdner Neueste Nachrichten bei ..."[27] Chrismon (ein aus dem Christusmonogramm Chi-Rho abgeleiteter Name!) wird alljährlich mit vier Millionen Euro von der EKD subventioniert. Die Herausgeber und die Redaktion beschreiben Sinn und Zweck des Blattes in schönstem Werbedeutsch so:

> „Das evangelische Magazin chrismon versteht sich als publizistische Heimat aller Leser, die sich für christliche Themen und Werte interessieren. Gut recherchiert und packend erzählt chrismon, ob im Printheft oder auf der Webseite[,] von Menschen, die das Leben in allen seinen Herausforderungen zuversichtlich und verantwortlich meistern. Die sich ihren jeweiligen Lebenssituationen stellen und daran wachsen, die sich in unterschiedlichen Situation [sic!] mit der tröstenden Kraft von Liebe, Glauben und Kirche auseinandersetzen."[28]

Eine Botschafterin braucht Hilfstruppen, die hat Margot Käßmann aus der (wie auch immer definierten) deutschen Prominenz rekrutiert. Die ‚Promis' bekennen jeweils in einer Ausgabe des Magazins, was sie mit Luther verbindet, manchmal mit einem Bericht im Blatt selbst verbunden, meistens mit einem Link zu einem entsprechenden Interview. Begonnen hat die Aktion in einem „Chrismon spezial Zum Reformationstag am 31. Oktober 2016". Auf dem Titelblatt ein strahlender Teammanager des FC Liverpool,

---

[25] Rezension zu ‚Martin Luther Superstar' von REINHARD BINGENER in FAZ Nr. 13, 16.1.2017, S. 7.

[26] Chrismon spezial Zum Reformationstag am 31. Oktober 2016, S. 3.

[27] Zitiert nach https://chrismon.evangelisch.de/print/33341 (27. Aug. 2017).

[28] Ebd.

Jürgen Klopp. Text: „Das zählt! 500 Jahre Reformation: Jürgen Klopp feiert mit. Wie viele andere Prominente". Auf Seite 5 ein weiteres ganzseitiges Bild des „Botschafter(s) fürs Reformationsjubiläum", auf Seite 6 ein Interview mit Kai Dittmann, im Hauptberuf Sportreporter und Sportkommentator. Dittman schildert den Lebensweg Klopps und streut an geeigneten Stellen wörtliche Zitate des ‚Promis' ein: „Der Glaube an Gott ist wie ein Fixstern, der immer da ist." – „Der Glaube war nicht von Kindheit an gewiss, er ist irgendwann zu mir gekommen." Über sein „Vorbild" Luther sagt er: „Ich mag Luther, weil er für die Unterprivilegierten und Ausgeschlossenen gekämpft hat." Oder: „Martin Luther wieder in unser Bewusstsein zu rufen, passt gerade jetzt sehr gut in unsere Zeit, in der wir viel darüber diskutieren, ob wir Menschen Zuflucht bieten oder sie ausschließen sollten." Oder: Er bewundert Luther, weil dieser viel „dafür riskiert hat, damit wir ein positives Gottesbild haben können und damit Menschen ihren Glauben ohne Angst und mündig leben können." Klopps Fazit: „Der Glaube führt mich durchs Leben, ist meine Leitlinie und Reißleine."

Seit dieser Ausgabe wurde Monat für Monat ein/e ‚Promi' vorgestellt mit Link zu einem Interview. Wieviele Leserinnen und Leser ihn nutzen, ist nicht bekannt. Rezipiert werden eher nur die Zitate, gesehen die Porträts. Hier nur die ‚Promis' der letzten sechs Monate vor dem eigentlichen Jubiläum mit ihren Merksätzen:

> Bodo Ramelow, Ministerpräsident von Thüringen (Mai 2017, S. 43): „Für mich geht die Reformation weit über Luther hinaus. Jeder der Akteure hat vor 500 Jahren beigetragen, mehr Licht in die Finsternis der Menschen zu bringen." – Bettina Wulff, PR-Beraterin (Juni 2017, S. 35): „Für Dinge kämpfen und nicht alles klaglos hinnehmen – das verbinde ich mit Martin Luther." – Frank Lehmann, ARD-Börsenkenner (Juli 2017, S. 37): „Was aus Luthers 95 Thesen entstand, ist gigantisch." – Julian Sengelmann, Schauspieler, Musiker (August 2017, S. 33): „Martin Luther ist für mich ein Vorbild in Sachen Freiheit." – Johann-Dietrich Wörner, Generaldirektor der ESA (September 2017, S. 27): „Reformation bedeutet: weiter denken. Die Welt besser machen." – Nico Hofmann, Filmproduzent (Oktober 2017, S. 23): „Luther hat die fundamentalistische Auslegung von Religion infrage gestellt." (Im angegebenen Link ist als Überschrift des Interviews zu lesen: „Der Filmproduzent und Regisseur Nico Hofmann sieht Offenheit, Gesprächs- und Streitkultur als Errungenschaften der Reformation.")

Im „‚Chrismon spezial' Zum Reformationstag am 31. Oktober 2017" (Titelbild: Eine Touristin fotografiert einen übergroßen Playmobil-Luther vor dem Petersdom in Rom, Titel: „Ich steh jetzt hier…! Ein Evangelischer bei den Katholiken in Rom? Doch, das passt") wird noch einmal daran erinnert, dass die ‚Promis' „über ein Jahr lang als Reformationsbotschafter unterwegs" gewesen seien, und deshalb kommen sie noch einmal zu Wort nach der Frage „Wie haben sie dieses Jahr erlebt?" (S. 28). Wieder werden ziemlich religionsferne Antworten gegeben. In derselben Reihenfolge wie oben (nicht alle haben geantwortet):

Bettina Wulff: „Ich habe in diesem Jahr gelernt, mich wieder stärker für meinen protestantisch-lutherischen Glauben einzusetzen und mich zu bekennen. In einer Zeit, in der Glauben immer mehr zur Privatsache wird, erscheint es mir wichtig, Position zu beziehen." – Frank Lehmann: „Ich bin beeindruckt vom großen, vor allem ehrenamtlichen Einsatz vieler. Und ich habe gelernt, dass man Luther und seine ‚Leistungen' sehr differenziert bewerten muss." – Julian Sengelmann: „Es war wunderbar für mich, Reformation als Epoche, Glaubensinhalt und Stolperstein, der hier und jetzt Menschen berühren soll, kritisch zu hinterfragen und neu zu denken." – Johann-Dietrich Wörner: „Meine Rolle als Botschafter hat mich dazu bewegt, vermehrt über Glaubensfragen nachzudenken."

4.

Die Chrismon-Macher mit ihrer Konzentration auf das Thema ‚Freiheit' haben nicht willkürlich gehandelt. Der evangelische Diplomtheologe, freie Journalist und Moderator Christoph Fleischmann[29] hat im März 2017 in einem ‚Publik Forum – Sonderdruck' mit dem Titel ‚Der zweifelhafte Freiheitsheld' darauf aufmerksam gemacht, dass das Thema vom ehemaligen Ratsvorsitzenden der EKD, Wolfgang Huber, schon 2009 in der von ihm „angestoßenen" Schrift der EKD „Kirche der Freiheit" „verordnet" worden sei.[30] Die EKD hat 2014 einen (inzwischen in vierter Auflage erschienenen) „Grundlagentext" für das Reformationsjubiläum veröffentlicht, der den stolzen Titel ‚Rechtfertigung und Freiheit, 500 Jahre Reformation 2017'[31] trägt. Darin wird zwar differenzierter argumentiert als in Chrismon und anderen Publikationen, aber im Grunde doch mit dem gleichen Ziel, nämlich an Luther als Begründer des modernen Freiheitsbegriffs festzuhalten. Ich will eine etwas längere Stelle auszugsweise in des Grundlagentextes Wortlaut zitieren. Der Rat der EKD erinnert, wohl wissend, dass der Ausspruch heute als nicht authentisch gilt, an Luthers Schlusswort in Worms vor Kaiser und Reich am 18. April 1521: „Ich kann nicht anderst, hie stehe

---

[29] Über ihn seine Website http://www.christoph-fleischmann.de/pages/de/person/index.wer_ohren_hat_zu_hoeren_der_hoere (9. Jan. 2018).

[30] Er schreibt, Luther „sah sich als befreit an; und das hieß für Luther vor allem: befreit im Gericht Gottes. Gott habe die Sünde der Menschen auf Christus geladen und rechne stattdessen dem Menschen die Gerechtigkeit Christi zu. So seien die Menschen gerecht vor Gott und frei von allen Forderungen der Kirche […] Umgekehrt hieß das: Der Mensch könne aber auch gar nicht aus eigener Anstrengung gerecht werden. Gott allein mache den Menschen gerecht, auf Seiten des Menschen sei nur Sünde und Unvermögen festzustellen. Die Rückseite des reformatorischen ‚Allein aus der Gnade' ist eine sehr pessimistische Anthropologie, ein düsteres Menschenbild" (S. 3f.). Diese Problematik wurde im ganzen Jubiläumsjahr allenfalls am Rande (wie etwa hier) erwähnt, nicht in einer Diskussion fruchtbar gemacht.

[31] Gütersloher Verlagshaus, Gütersloh, in der Verlagsgruppe Random House GmbH, München.

ich, Gott helff mir. Amen".[32] Er nennt diese auch heutzutage immer wieder erinnerte Szene eine „verdichtete Erzählung", die das reformatorische Freiheitsverständnis durch eine kraftvolle Geschichte zum Ausdruck bringe.[33] Aber auch in der historisch ‚korrekten' Fassung dieser Erzählung („derhalben ich nicht mag noch will widerrufen, weil wider das gewissen zu handeln, beschwerlich, unheilsam und (ge)ferlich ist. Gott helf mir! Amen")[34] habe Luther seine Überzeugung ausgedrückt,

> „dass weltliche Macht ihre Grenzen an eben diesem Gewissen findet, durch das er selbst sich unmittelbar vor Gott gestellt sah. Die historisch korrektere Erinnerung an Luthers Auftritt in Worms ermöglicht, im Rahmen eines Reformationsjubiläums öffentlichkeitswirksam Verbindungslinien zwischen einem starken Auftritt des sechzehnten Jahrhunderts und zentralen Werten im einundzwanzigsten Jahrhundert zu ziehen: Luthers Auftritt in Worms gehört in die neuzeitliche Freiheitsgeschichte, die auf den Grundwert allgemeiner Gewissensfreiheit führte und Institutionen begründete, die diesen Grundwert garantieren können. Mit anderen Worten: Luthers grundsätzlicher theologischer Überzeugung entspricht die moderne Verfassungsgestalt des demokratischen Rechtsstaates; sie [sc. Luthers Überzeugung] lebt fort in der Einsicht, dass das Gewissen des Menschen unabhängig von seinen Inhalten nicht durch andere Menschen reguliert werden kann und darf."[35]

Es folgt eine Aufzählung widerständiger symbolträchtiger Handlungen der Reformatoren von Luther und Katharina von Bora über Melanchthon und Zwingli bis Calvin. Fazit des Rates der EKD: Man dürfe und solle solche „wirkmächtigen Erzählungen" immer noch und immer weiter wiederholen, denn es seien „Geschichten von Mut, Aufbruch und Selbstbewusstsein."[36]

Das so häufig oberflächliche und Grundprobleme menschlicher Existenz banalisiert darstellende Reden in Chrismon und in vielen anderen aktuellen Darstellungen – ein geradezu beschämendes Beispiel protestantischer Hagiographie ist im renommierten Verlag Schnell+Steiner erschienen[37] – ist durchaus im Sinne der Aufteilung der Rezipienten durch den zitierten Johann Hinrich Claussen in eine ‚ästhetisch anspruchsvolle Klientel' und eine

---

[32] Ebd., S. 101.

[33] Ebd., S. 99.

[34] Ebd., S. 101.

[35] Ebd., S. 102, vgl. S. 104–106. (Wie es reformatorischen Zweiflern ergehen konnte, die sich gegenüber der lutherischen Orthodoxie auf eben ihr Gewissen beriefen, behandelt WINFRIED FREY: Theobald Thamer und die guten Werke. Zum Schicksal eines ‚Dissidenten' in der Zeit der Reformation. In: Jewish Identity and Comparative Studies, Judéité et Comparatisme. Études offertes à Astrid Starck-Adler par ses collègues et amis à l'occasion de son soixante-quinzième anniversaire. Présentées par DANIELLE BUSCHINGER et ROY ROSENSTEIN. Amiens 2019 (Médiévales 68), S. 288–305.)

[36] Ebd., S. 102f.

[37] JUTTA KRAUSS (Texte), ULRICH KNEISE (Fotografien): Martin Luther: Lebensspuren. Regensburg 2016. – Ein weiteres Beispiel wäre das (inzwischen in 5., korrigierter Auflage 2015 bei der Evangelischen Verlagsanstalt Leipzig erschienene) Buch ‚Luther für

‚breite Bevölkerung'. Aber mit dieser Art der Darstellung einer theologisch wie historisch (für die anspruchsvolle Klientel) durchaus komplexen Position wird diese für die ‚breite Bevölkerung' (mit einem der Situation angemessenen Modewort) ‚heruntergebrochen' auf das oft banalste und dem Geist der Zeit konforme und zudem komfortable Selbstwert- und Wohlgefühl.

5.

Dass die Theolog(inn)en und Seelsorger(innen) der christlichen Kirchen, gewiss nicht nur der protestantischen, große Schwierigkeiten haben, bei der Verkündigung des christlichen Glaubens in den Gottesdiensten und beim Zusammenleben in den Gemeinden das christliche Glaubensbekenntnis und die Bibel in den Mittelpunkt zu stellen und sich nicht vorschnell den Alltagsmeinungen und den momentanen Bedürfnissen der Menschen anzupassen oder gar anzudienen, ist bekannt, aber eine allgemeinverbindliche Lösung kaum zu erahnen. Wenn Frau Käßmann versuchen will, „eine religiöse Sprache zu finden, die die Menschen nicht als Fremdsprache erleben", dann ist das lobenswert; wenn sie dann aber davon schwärmt, dass die württembergische Landeskirche, um den Menschen näher zu sein, „zu Gesprächen über Gott und die Welt bei Maultaschen eingeladen" (Vorwort) habe, wenn Herr Gundlach von „Kneipengesprächen" berichtet, die „besser angenommen worden" seien als die Verkündigung in der Kirche, dann kann man die Bezeichnung „geistliche Dürre", die Frau Wendebourg dafür hatte, verstehen.

Neugierige. Das kleine Handbuch des evangelischen Glaubens' des Theologen, Pfarrers, Sachbuchautors und Kabarettisten FABIAN VOGT, das der Autor im Vorwort ganz bewusst als mit „augenzwinkernder Heiterkeit" geschrieben und „hochgeistige theologische Abhandlungen" (S. 10) strikt verweigernd anpreist. Er stellt – zumeist in platter Sprache und häufig an der historischen Wahrheit vorbei – den evangelischen Glauben oft im Kontrast zu katholischen Positionen und Traditionen dar. Das liest sich dann so: „Wenn man nacheinander einen katholischen und einen evangelischen Gottesdienst besucht, entdeckt man Hunderte von kleinen, aber feinen Unterschieden: Der katholische Priester trägt ein weißes, der evangelische Pfarrer ein schwarzes Gewand, bei Katholens wird geklingelt, gedampft, verbeugt und am Altar gesungen, der schwarze Mann bei Evangelens leitet den Gottesdienst dagegen eher schulmeisterlich; bei den ‚Päpstlern' huschen Scharen von Messdienern umher, während die Protestanten, die so gerne vom ‚Priestertum aller Gläubigen' schwärmen [...], oftmals eine One-Man- oder One-Woman-Show abliefern.

Katholische Kirchen sind voller bunter Bilder, haben bisweilen Seitenaltäre, lustige ‚Stell-hier-Kerzen-auf'-Tische und kleine ‚Kabuffs', in denen gebeichtet werden kann. Evangelische Kirchen fürchten sich hingegen, mit zu viel äußerer Schönheit von der Schönheit des Glaubens abzulenken. Ja, bisweilen hat man den Eindruck, dass evangelische Kirchen-Architekten bewusst versucht haben, so abgrundtief hässliche Gebäude zu bauen, dass man gar nicht anders kann, als die Augen zu schließen und zu beten. Zum Glück gibt es auch Ausnahmen." (S. 32) – und so weiter und so fort ...

Aber wie das Problem lösen? In der Nordkirche der EKD, genauer in der Evangelisch-Lutherischen Kirchengemeinde Altenholz, Kirchenkreis Rendsburg- Eckernförde, hat der Pastor drei Jahre lang als Ergebnisse der je eineinhalbjährigen Vorbereitungen auf die Konfirmation von den Jugendlichen ihre Glaubensüberzeugungen als ihre Glaubensbekenntnisse aufschreiben lassen. Schaut man die Texte des Jahres 2014 durch (dann wurde das Experiment anscheinend abgebrochen), dann findet man darin kaum noch etwas von dem, was Luther, Melanchthon und viele andere der Reformationsväter sich als Glaubensüberzeugungen erwachsener, verantwortlicher evangelischer Christen vorgestellt haben mögen. Gewiss, es finden sich viele Texte, die von Nachdenken, von Bemühen, von Ernsthaftigkeit zeugen, auch viele in ihrer Schlichtheit anrührende Texte, aber kaum je etwas von dem, was im Apostolischen Glaubensbekenntnis in der von der EKD verbreiteten Form[38] als verbindlich festgeschrieben ist. Nichts von der Dreifaltigkeit, nichts von Jesu Tod und Auferstehung, nichts vom Endgericht über die Lebenden und die Toten, kaum etwas vom Heiligen Geist, von der Gemeinschaft der Heiligen, von der Auferstehung und vom ewigen Leben. Hier nur drei Beispiele:

„Mein Glaubensbekenntnis
Ich glaube an Gott.
Ich glaube an meine Eltern.
Ich hoffe, dass ich nach dem Tod in den Himmel komme.
Ich hoffe auf eine gute Zukunft.
Ich hoffe auf einen Weltfrieden.
Ich hoffe, dass es keine Hungersnot auf der Welt mehr gibt.
Ich hoffe, dass die Weltmächte sich nicht selbst zerstören.
Ich glaube, dass die Umwelt in Zukunft sauberer wird.
Ich glaube daran, dass Kinder nicht mehr misshandelt werden.
Ich hoffe, dass alle Menschen auf der Welt mit Respekt behandelt werden sollten."

„Glaubensbekenntnis
Ich glaube an Gott, die Person, die mir Kraft, Mut, Lebensfreude und Hoffnung gibt, die mir hochhilft, wenn ich am Boden bin, und die Person, die mir das Leben auf dieser wunderschönen Welt geschenkt hat.
Gott liebt alle Menschen, ob sie schwarz oder weiß sind, ob klein oder groß.

---

[38] „Ich glaube an Gott den Vater, den Allmächtigen, den Schöpfer des Himmels und der Erde. Und an Jesus Christus, seinen eingeborenen Sohn, unsern Herrn, empfangen durch den Heiligen Geist, geboren von der Jungfrau Maria, gelitten unter Pontius Pilatus, gekreuzigt, gestorben und begraben, hinabgestiegen in das Reich des Todes, am dritten Tage auferstanden von den Toten, aufgefahren in den Himmel; er sitzt zur Rechten Gottes, des allmächtigen Vaters; von dort wird er kommen, zu richten die Lebenden und die Toten. Ich glaube an den Heiligen Geist, die heilige christliche Kirche, Gemeinschaft der Heiligen, Vergebung der Sünden, Auferstehung der Toten und das ewige Leben. Amen." (Nach https://www.ekd.de/Apostolisches-Glaubensbekenntnis-10790. htm [5. Jan. 2018]).

Eins ist für mich klar, Gott ist in uns allen drinnen, in manchen als Vernunft, in anderen als Lebensfreude.
Manchmal zweifle ich an seiner Existenz, wenn ich in den Nachrichten sehe, dass 100 Menschen in Syrien bei einem Bombenattentat gestorben sind, doch dann denke ich mir, dass Gott nicht alles verhindern kann, da er viel zu tun hat [...]"

„Glaubensbekenntnis
Glaube ich an Gott?
Eigentlich schon ... ich glaube daran, dass er existiert, und die Menschheit wurde im Prinzip erschaffen.
Eigentlich stammen wir doch von Affen ab, das ist doch bewiesen?
Ich glaube, dass er uns nicht erschuf. Aber er ist dafür verantwortlich, dass die Menschen sich von Affen weiterentwickelt haben. Ich glaube, dass Gott gar nicht so allmächtig ist.
Er kann den Sachen nur den nötigen Schubs geben. Wie bei der Evolution. Er will keinen Krieg. Er kann ihn aber auch nicht beenden, wenn einer ausgebrochen ist.
Gott ist bei uns und gibt uns einen Schubs, wenn nötig."[39]

Es ist kaum auszumachen, was in diesen Texten Ergebnis der Unterrichtung im Glauben, was bewusste, vielleicht auch pubertäre Auflehnung gegen die Norm ist. Aber man kann über die Position der Unterrichtenden schon in Zweifel geraten, wenn man das Glaubensbekenntnis liest, das vom Pastorenpaar Ute und Manfred Böning von der Evangelischen Kirchengemeinde Sendenhorst im Munsterland der Gemeinde als Glaubensbekenntnis vorgeschlagen wird (Pfarrerin oder Pfarrer sollen hier jeweils entscheiden, welches Credo gebetet wird!):

„Wir glauben an Gott.
Er hat alle Welten und Universen geschaffen.
Nach seinem Bild sind wir Menschen.
Alles Leben gehört ihm.
Deshalb vertrauen wir auf ihn.

Wir glauben, dass Jesus
Gott besonders nahe war.
Er erzählte von Gottes Liebe.
Deshalb hat er auf Gewalt und weltliche Macht verzichtet.
Und darum musste er leiden,
und starb am Kreuz.
Durch das Wunder von Ostern glauben wir,
dass Gott auch mit uns täglich neu anfangen will.

Wir glauben, dass durch Jesus
ein neuer Geist gekommen ist:

---

[39] Aus: „Wir glauben ..., Glaubensbekenntnisse von Konfirmanden aus Klausdorf im Jahre 2014." Evangelisch-Lutherische Kirchengemeinde Altenholz, Glaubensbekenntnisse der Konfirmanden 2014: www.kirche-altenholz.de/texte/glaubensbekenntnisse/. (5. Jan. 2018).

Von vielen Gefahren sind wir bedroht,
doch er nimmt uns die Furcht.
Er nimmt uns die Angst auch vor Tod und Sinnlosigkeit.
Er gibt uns den Mut,
uns einzusetzen für Gerechtigkeit und Frieden.
Amen.“[40]

Was unterscheidet dieses Glaubensbekenntnis von dem der Altenholzer Konfirmanden? Und was unterscheidet dieses Glaubensbekenntnis von den Bekenntnissen der meisten oben zitierten ‚Reformationsbotschafter‘?

6.

Mit dieser resignativen Feststellung könnte man aufhören. Aber wir haben bis jetzt erst die eine Seite der Medaille beschrieben. Die andere Seite zu betrachten, ist nicht weniger wichtig.

Die beschriebene Konzentration der öffentlichen Selbstdarstellung auf das Thema ‚Freiheit‘ hat zur Folge, dass viele andere wichtige Themen der Zeit der Reformation, der Reformation selber und ihrer Wirkungsgeschichte nicht oder nur am Rande diskutiert, manchmal nur beiläufig erwähnt werden. Ich will noch einmal betonen: Das gilt nicht für die seriösen, wissenschaftlich fundierten (und durchaus lesbaren!) Darstellungen, die es in Fülle gibt und die in den letzten Jahren zum Teil hohe Auflagen erreicht haben.[41] Aber in der öffentlichen Selbstdarstellung der EKD, ihrer Gliedkirchen, ihrer Publikationsinstitutionen und deren Widerhall in den Print-, aber auch in den Neuen Medien werden diese Themen sträflich vernachlässigt – ganz im Widerspruch zu der schon zitierten Feststellung in der Broschüre der EKD ‚Das Reformationsjubiläum feiern‘ von 2017: „Ein aufrichtiger Umgang mit der Reformation ist stets ein kritischer und historisch aufgeklärter.“

Um abzukürzen: Zum Aspekt ‚Zeit der Reformation‘ ist alles zur Zeit Relevante in Heinz Schillings Buch zu finden, dem er den programmatischen Titel ‚Martin Luther, Rebell in einer Zeit des Umbruchs‘ gegeben hat. Im Prolog schreibt er:

---

[40] Evangelische Kirchengemeinde Sendenhorst: http://www.ev-sendenhorst-vorhelm.de/taufe/das-glaubensbekenntnis/ (5. Jan. 2018).

[41] Vgl. die oben Anm. 14 und 15 genannten Publikationen und dazu VOLKER LEPPIN: Martin Luther. 2. Aufl. Darmstadt 2010 (Gestalten des Mittelalters und der Renaissance); THOMAS KAUFMANN: Luthers Juden. Stuttgart 2014; REINHARD SCHWARZ: Martin Luther. Lehrer der christlichen Religion. Tübingen 2015; Die Reformation und ihr Mittelalter. Hg. von GÜNTER FRANK und VOLKER LEPPIN. Stuttgart-Bad Cannstatt 2016 (Melanchthon-Schriften der Stadt Bretten 14); Der Reformator Martin Luther 2017, Eine wissenschaftliche und gedenkpolitische Bestandsaufnahme. Hg. von HEINZ SCHILLING. Berlin [u. a.] 2017 (Schriften des Historischen Kollegs, Kolloquien 92).

> „Dass der Wittenberger maßgeblichen Anteil an den säkularen Veränderungen hatte, die in Deutschland und Europa im 16. Jahrhundert aufbrachen, steht außer Zweifel. Ebenso unbestreitbar ist aber, dass er selbst bereits das Produkt eines langfristig angelegten Umbruchs war. Denn ‚die neue Zeit', das tritt den Historikern immer klarer vor Augen, brach nicht erst um 1500 an, sondern hatte lange Wurzeln im späten Mittelalter. Auch für den Reformator gilt es, die Doppelnatur des historisch wirkenden Individuums zu beachten, das in gleicher Weise von seiner Zeit geprägt ist, wie es seine Zeit prägt."[42]

Zugleich plädiert Schilling dafür, Reformation so darzustellen, „dass die Luther widerstrebenden Personen und Institutionen nicht nur als der Wahrheit unwillige oder unfähige Gegner erscheinen. Den Kaiser, die Päpste, die katholischen Reformer, die altkirchlich optierenden Fürsten, Theologen und Humanisten, allen voran Erasmus von Rotterdam, gilt es als eigenwertige historische Kräfte zu begreifen und in ihrer intellektuell-kulturellen und politisch-gesellschaftlichen Grundlage zu würdigen."[43] Dies bedenkend, will ich an wenigen Beispielen die Fehl-, aber auch Leerstellen in der gegenwärtigen öffentlichen und veröffentlichten Diskussion der Reformation markieren und am Schluss einige Bemerkungen zu ‚dunklen Flecken' in der Wirkungsgeschichte machen.

Die Botschafter Martin Luthers als des Freiheitsverkünders, ja Freiheitshelden übersehen, dass nicht wenige seiner Zeitgenossen sich (als einzelne wie als Gruppen) sehr über diese Heldenverehrung gewundert hätten. Nehmen wir nur das Beispiel des Erasmus von Rotterdam. Es geht mir hier nur um den Umgang Luthers mit seinem zunächst (vermeintlich) Verbündeten, dann ‚Feind' Erasmus. Der Humanist, Theologe, Philologe Erasmus, der seiner Kirche oft kritisch gegenüber-, aber im Konflikt auch solidarisch beistand, hatte sich 1524 nach langem Zögern in die von Luther angestoßene Debatte um den freien Willen des Menschen eingeschaltet und in seiner Schrift ‚De libero arbitrio' gegen dessen Auffassung vom Willen des Menschen als eines Gefangenen und Sklaven der Sünde Zweifel angemeldet,[44] Luther entgegnete in einer Schrift ‚De servo arbitrio'. Darin schreibt er apodiktisch:

> „Es ist auch dies vor allen Dingen notwendig und heilsam für den Christen, zu wissen, dass Gott nichts zufällig vorherweiß, sondern dass er alles mit unwandelbarem, ewigem und unfehlbarem Willen sowohl vorhersieht, sich vornimmt und ausführt. Durch diesen Donnerschlag wird der freie Wille zu Boden gestreckt und ganz und gar zermalmt. Deshalb müssen die, welche den freien Wil-

[42] SCHILLING, Martin Luther [Anm. 13], S. 18. – Vgl. dazu: Kulturelle Reformation. Sinnformationen im Umbruch 1400–1600. Hg. von BERNHARD JUSSEN und CRAIG KOSLOFSKY. Göttingen 1999 (Veröffentlichungen des Max-Planck-Instituts für Geschichte 145) und Ausgewählte Abhandlungen zur europäischen Reformations- und Konfessionsgeschichte von Heinz Schilling. Hg. von LUISE SCHORN-SCHÜTTE und OLAF MÖRKE. Berlin 2002 (Historische Forschungen 75).

[43] SCHILLING, Martin Luther [Anm. 13], S. 18.

[44] Ausführlich dargestellt von SCHILLING, Martin Luther [Anm. 13], S. 388–397.

len wollen behauptet haben, diese schlagende Erkenntnis entweder verneinen oder verleugnen oder auf irgendeine andere Weise von sich schaffen."

Er endet sein Schreiben gegen Erasmus mit einer bemerkenswerten Sottise und Beanspruchung eigener Unfehlbarkeit:

„So schreibt niemand, der die Sache von Grund aus durchschaut und recht versteht. Ich aber habe in diesem Buch nicht Ansichten ausgetauscht, sondern ich habe feste Behauptungen aufgestellt und stelle feste Behauptungen auf. Ich will auch keinem das Urteil überlassen, sondern rate allen, dass sie Gehorsam leisten."[45]

Die beiden Großen sind endgültig zerstritten. Dass dieser Streit, der ja mitten in die große Freiheitsdebatte des Reformationsjubiläums hätte führen können oder müssen, nicht Thema geworden ist in der öffentlichen Darstellung der Reformation, hat sicher einen Grund darin, dass er das ‚breite Publikum' hätte verunsichern können. Aber vielleicht liegt ein Grund auch darin, dass man Luthers unbedingtes Verharren bei ‚seiner Wahrheit' der Exegese hätte thematisieren müssen,[46] und schließlich, dass sein Zorn auf Nicht- und Unwillige sich öfter in Tötungsphantasien verwandelte.

In der anschließenden polemischen Diskussion soll Luther über den alten Erasmus gesagt haben: „Wer den Erasmus zerdrückt, der würget eine Wanze, und diese stinkt noch tot mehr als lebendig." So ist es mehrfach in vor allem populären Texten zu finden.[47] Ich konnte dieses Zitat bis jetzt nicht verifizieren. Gefunden habe ich aber eine andere Äußerung Luthers in den Tischgesprächen, Anfang 1533 aufgezeichnet von Veit Dietrich, dem (damaligen) Vertrauten Luthers, der später (nach einem Streit mit Katharina von Bora) Wittenberg verlassen musste und Pfarrer an St. Sebald in seiner Heimatstadt Nürnberg wurde:[48]

---

[45] WA, Bd. 18, S. 551–787 (Text ab S. 600), Textstelle S. 615, Schluss S. 787. Textübersetzung von GUSTAV SIEWERTH.

[46] Vgl. Luthers Äußerung in einer Predigt von 1525, in der er von Gottes Strafe für die aufrührerischen Bauern spricht: *Godt kann die bieberey ungerochen nicht lassen, er wirt auch nicht lang zusehen, denn das Euangelium ist so reich gepredigt, das es so klar nicht ist gewesen zu der Apostel zeyt* (WA 17/1: Predigten des Jahres 1525, Nr. 54, S. 380–399, hier S. 389). – Vgl. WINFRIED FREY: Das Motiv der Zerstörung Jerusalems als Exempel in deutschen Texten des 16. Jahrhunderts. Ein Versuch. In: *derekh*, judaica urbinatensia, Nr. 0, 2002, S. 35–57. – Dass diese absolute Form des Wahrheitsanspruchs schon bald protestantisches Allgemeingut wurde, lässt sich nirgendwo besser ablesen als an der Inschrift über Luthers Geburtshaus in Eisleben, das nach einem Brand 1693 als Memorialgebäude (heute Museum) wiedererrichtet wurde. Über dem Eingang befindet sich eine aufwändig ausgestattete Büste Luthers im Halbprofil, um ihn herum, sorgfältig eingemeißelt, der Spruch: „Gottes Wort ist Luthers Lehr, darum vergeht sie nimmer mehr."

[47] Wohl nach dem Vor-Gang EGON FRIEDELLs in seiner ‚Kulturgeschichte der Neuzeit', Bd. 1, 9. Aufl. München 1991, S. 319.

[48] Mit aller Vorsicht gegenüber der Authentizität, welche die Aufzeichner beanspruchen; vgl. SCHILLING, Martin Luther [Anm. 13], S. 17.

Nu aber redet Erasmus mit Fleiß und fursätzlich, ja böslich, schlüpferig und, wie man zu Hofe sagt, mit geschraubeten Worten, die keinen gewissen Verstand haben und die er lenken und verdrehen kann seines Gefallens, nach seinem Sinn, wie er will, nach Gelegenheit der Umstände. Darum gebiete ich Euch aus Gottes Befehl […], *Ihr wollet ihm feind seyn und Euch fur seinen Büchern hüten, denn er hält unser ganze Theologia wie Democritus, der heidnische spöttische Philosophus, das ist, fur lauter Narrentheiding, lacht und spottet ihr. Ich will wider ihn schreiben, sollte er gleich drüber sterben und verderben; den Satan will ich mit der Feder tödten! Wiewol mich diese Gedanken lange geplagt haben, daß ich michs enthalten und nicht wider ihn geschrieben habe; denn ich gedachte, wie, wenn du ihn tödtest? Wolan! Also hab ich Münzern getödtet, deß Tod liegt auf meinem Halse. Ich hab es aber darum gethan, denn er wollte meinen Christum tödten. Ungewisse, zweifelhaftige, wankende Wort und Rede soll man weidlich panzerfegen, durch die Rolle lassen laufen, flugs zausen und nicht lassen gut seyn. Mit der Rhetorica kann ich ihm nicht gleich seyn, aber mit der Dialectica will ich ihm uberlegen seyn wo nicht schön und kraus, wie man sagt, doch alber und fest.*[49]

Luther hat so manchen Gegnern, einzelnen wie Gruppen, den Tod an den Hals gewünscht und sich oft genug, wie hier anlässlich Thomas Müntzers Tod, seiner ‚wörtlichen' Beihilfe gerühmt. Man erinnere sich an seine Hassschriften gegen das Papsttum, die Bauern und – insbesondere – die Juden. Dass es ‚Abweichlern' von der neuen protestantischen Orthodoxie in der Generation nach Luther ebenso erging, zeigen die Bände der ‚Bibliotheca dissidentium',[50] in denen bislang Bio- und Bibliographien von etwa 80 ‚Abweichlern' veröffentlicht sind; es lohnt sich, dort einmal hineinzuschauen!

Dieser (mit Goethe zu sprechen) Charakterzug Martin Luthers, der von Freiheit und Freiheitsstreben Anderer nichts wissen will und kann, gleichwohl in den folgenden Jahrhunderte wirksam war, kommt in der populären Lutherdarstellung der ‚Lutherdekade' allenfalls am Rande vor.

Damit sind wir bei der Wirkungsgeschichte. Die könnte man in aller Ausführlichkeit anhand der großen Leer-Stelle ‚Judenhass' beschreiben. Denn noch immer wird bei diesem Thema das alte Klischee „Da war er halt ganz Kind seiner Zeit" beigezogen, das ist selbst noch bei den gegenwärtigen Auseinandersetzungen um die ‚Wittenberger Judensau' zu beobachten.[51]

---

[49] WATR, 1531–1546, Bd. 1: Tischreden aus der ersten Hälfte der dreißiger Jahre, Nr. 446, S. 195f. – *Durch die Rolle laufen lassen* ‚foltern' (DWb, Stichwort Rolle, mit einem Beispiel aus Johann Fischart); *alber* ‚völlig wahr'.

[50] Bibliotheca Dissidentium (Bibliotheca bibliographica Aureliana XCIII), Editions Valentin Koerner. Baden-Baden 1980ff. Dazu gibt es auch eine Buchreihe.

[51] Vgl. WINFRIED FREY: … *die gottverdammte Judensau*. Zur Vorgeschichte eines Totschlagmotivs. In: De Christine de Pizan à Hans Robert Jauss. Fs. für Earl Jeffrey Richards. Hg. von DANIELLE BUSCHINGER und ROY ROSENSTEIN. Amiens 2017, S. 194–205. – Margot Käßmann, in ihrem Interview zum Pop-Oratorium ‚Luther' auf dessen Judenhass angesprochen, erwidert: „Das haben wir 2013 im Jahr ‚Reformation und Toleranz' aufgearbeitet. Luthers Antijudaismus ist ein schweres Erbe und die Schrift von 1543 kaum erträglich zu lesen, weil er sagt: ‚Verbrennt ihre Synagogen und vertreibt sie'. Die Nazis haben das später benutzt, haben sich auf Luther berufen mit ihrem Morden

Als ob nicht Martin Luther und viele seiner Mitstreiter und Nachfahren[52] den alten Judenhass auch für die von ihm gegründete Kirche bis in die heutige Zeit verfügbar gemacht hätten. Dafür nur zwei Beispiele.

Eine so verehrungswürdige Gestalt wie Dietrich Bonhoeffer hat noch 1933, als erste Gefahren für auch getaufte Juden im Nazi-Reich offenbar wurden, in einer Denkschrift geschrieben:

> „Niemals ist in der Kirche Christi der Gedanke verloren gegangen, daß das ‚auserwählte Volk', das den Erlöser der Welt ans Kreuz schlug, in langer Leidensgeschichte den Fluch seines Tuns tragen muss. ‚Juden sind die ärmsten Leute unter allen Völkern auf Erden, werden hie und da geplaget, sind hin und her in Landen zerstreut, haben keinen gewissen Ort, da sie gewiß könnten bleiben' und ‚müssen immer besorgen, man treibe sie aus …' (Luther, Tischreden). Aber die Leidensgeschichte dieses von Gott geliebten und gestraften Volkes steht unter dem Zeichen der letzten Heimkehr des Volkes Israel zu seinem Gott. Und diese Heimkehr geschieht in der Bekehrung Israels zu Christus. […] Die Bekehrung Israels, das soll das Ende der Leidenszeit des Volkes sein. Von hier aus sieht die christliche Kirche die Geschichte des Volkes Israel mit Schaudern als Gottes eignen, freien, furchtbaren Weg mit seinem Volk."[53]

Als ob danach nicht Ungeheuerliches geschehen wäre, formulierte der Bruderrat der bekennenden Kirche noch 1948 „Ein Wort zur Judenfrage", in dem unter anderen Ungeheuerlichkeiten folgender Satz zu lesen ist:

> „Israel unter dem Gericht ist die unaufhörliche Bestätigung der Wahrheit, Wirklichkeit des göttlichen Wortes und die stete Warnung Gottes an seine Gemeinde. Dass Gott mit sich nicht spotten lässt, ist die stumme Predigt des jüdischen Schicksals, uns zur Warnung, den Juden zur Mahnung, ob sie sich nicht bekehren möchten zu dem, bei dem allein auch ihr Heil steht."[54]

Doch zurück zur Wirkungsgeschichte im Allgemeinen. Die ist in allen ihren Aspekten so umfangreich, dass kaum jemand sie noch überblickt, geschweige denn sie so umfänglich darstellen kann, wie sie es verdiente. Selbst der Experte Thomas Kaufmann widmet in seinem umfänglichen Buch mit dem Titel ‚Erlöste und Verdammte. Eine Geschichte der Reformation'[55] der Wirkungsgeschichte nur vage skizzierende 70 Seiten.

Hie und da wird die Wirkungsgeschichte auch einmal kritisch dargestellt, zum Beispiel in Ausstellungen und den dazugehörigen Katalogen wie der

---

und ihrer Zerstörung. Wenn wir aber unsere eigene Geschichte aufarbeiten, dann können wir trotzdem feiern." Eine solche Haltung kann man nur Eskapismus nennen.

52 Vgl. WINFRIED FREY/ANDREA FRÖLICH: Das Judenbild in den Flugschriften des 16. Jahrhunderts. CD, Nordhausen 2008.

53 Dietrich Bonhoeffer: Die Kirche vor der Judenfrage. In: ders.: Werke. Hg. von EBERHARD BETHGE [u. a.]. Bd. 12: Berlin 1932–1933. Hg. von CARSTEN NICOLAISEN und ERNST-ALBERT SCHARFFENORTH, Gütersloh 1997, Teil II, Nr. 13, S. 349–358.

54 Zit. nach Freiburger Rundbrief. Zs. für christlich-jüdische Begegnung 1 (1948) (http://www.freiburger-rundbrief.de/de/?id=934&format=print [6. Jan. 2018].)

55 München 2016.

‚Sonderausstellung' „*Luther*. 1917 bis heute" in der Stiftung Kloster Dalheim (LWL-Landesmuseum für Klosterkultur)[56] oder in der Ausstellung „LUTHERMANIA, Ansichten einer Kultfigur. Ausstellung der Herzog-August-Bibliothek Wolfenbüttel".[57] In dieser Ausstellung gibt es die Abteilungen ‚Luther, der Heilige', ‚Luther, der Teufel', ‚Luther, die Marke', ‚Luther, der Deutsche', aber merkwürdigerweise keine Abteilung ‚Luther, der Hassende'.

Schon 2014 erschien der von Heinz Schilling herausgegebene Bericht ‚Der Reformator Martin Luther 2017' einer Tagung am Historischen Kolleg in München vom 6. bis 8. November 2013. Er erschien „text- und seitenidentisch" 2017 bei Walther de Gruyter/Oldenbourg. Dort werden in den Kapiteln II und III zuerst „Die Folgen" [58] beschrieben, dann „Erinnerung und Memoria"[59]. In den „Schlussgedanken" von Wolfgang Reinhard findet man ein schönes Resümee der Themen und Wandlungen der Luther-Rezeption. Reinhard schreibt darin auch über die Mythisierung Luthers – und deren (manchen gar nicht immer bewussten) Zweck:

> „[...] ein Mythos steht nicht im kontradiktorischen Gegensatz zur Wirklichkeit, aber er reduziert ihre Komplexität durch eine geschlossene einfache Erklärung. Er nimmt dem Menschen dadurch die Angst vor der Kontingenz des Daseins, weil er Sicherheit durch Sinnerfindung schafft. Stabilisiert werden Mythen durch Rituale, die in höchst wirkungsvoller Weise Identität stiften. Stabilisiert werden die Mythen aber auch durch die Wissenschaft, die [...] Brauchbares produzieren und dabei selbstverständlich Geschichtsmythen bedienen muss. Verwerflich wäre das nur, wenn es gegen besseres Wissen geschähe."[60]

Um das aufzunehmen: Geschah die weitgehende Reduzierung auf das einseitig interpretierte und als Mythos dargestellte Freiheitsthema wider besseres Wissen? Die wissenschaftlichen Publikationen, die fast allesamt differenziert darstellen und Ausblicke eröffnen, haben vielleicht auch Mythen aufgegriffen oder geschaffen. Aber sie haben nicht so vereinfacht und dadurch zielgerichtet seligiert, wie es in vielen populären Schriften, Ausstellungen, Aktionen geschah und noch immer geschieht.

Am Ende haben einige der Protagonisten wohl noch selbst an ihre reduzierte Perspektive geglaubt – und sind Opfer ihrer „monumentalistischen Geschichtsbetrachtung" geworden, die „Luther ganz auf Gegenwartstauglichkeit trimmen" , wie Thomas Kaufmann und Martin Laube der EKD vor-

---

[56] Katalog: „*Luther*. 1917 bis heute". Hg. von der Stiftung Kloster Dalheim. LWL-Landesmuseum für Klosterkultur und INGO GRABOWSKY. Münster 2016.

[57] Ausstellungskataloge der HAB Nr. 99, Wiesbaden 2017 (mit einem hübschen Seitenhieb auf die Playmobil-Luther-Mania von Peter Burschel, Direktor der HAB: „Statt eines Grußwortes", S. 11f.).

[58] Hochinteressant in unserem Zusammenhang der Beitrag von GEORG SCHMIDT: Luther und die Freiheit seiner ‚lieben Deutschen', S. 173–194.

[59] Mit einem sehr informativen Überblick über „Vergangene Reformationsjubiläen. Ein Rückblick im Vorfeld von 2017" von DOROTHEA WENDEBOURG, S. 261–281.

[60] S. 297–305, hier S. 298f.

geworfen haben.[61] In der FAZ vom 10. April 2017[62] diskutieren der EKD-Ratsvorsitzende Heinrich Bedford-Strohm und der streitbare protestantische Münchner Professor für systematische Theologie und Ethik Friedrich Wilhelm Graf. Graf wirft der evangelischen Kirche in der Vorbereitung des Jubiläumsjahres 2017 eine zu versöhnlerische Haltung gegenüber der katholischen Kirche vor. Das muss hier nicht weiter interessieren. Auf die Frage des FAZ-Journalisten Reinhard Bingener an die beiden Diskutanten „War die Kirchenspaltung vor 500 Jahren im Rückblick eine gute Sache?" antwortet Graf ein wenig an der einschlägigen Forschung vorbei:

> „Das Auseinanderfallen des Corpus Christianum war das Beste, was uns passieren konnte. Trotz der frühneuzeitlichen Bürgerkriege sind wir doch im Kern alle froh und dankbar dafür. Nur so gab es den weltanschaulich neutralen Verfassungsstaat. Allein so gab es die Trennung von Kirchen und Staat. Die Reformation war trotz ihrer gewaltreichen Folgen insgesamt ein positives Ereignis."

Bedford-Strohm, dem eine Antwort erkennbar schwer fällt, antwortet denn auch halbherzig: „Das ist richtig. Dennoch bleibt es unerträglich, dass Menschen wie im Dreißigjährigen Krieg im Namen einer Konfession getötet haben." Beide sind offenbar in ihrer Mythologisierung der Reformation so befangen, dass sie die gesamte Staats- und Rechtsentwicklung der letzten 500 Jahre auf Martin Luther zurückführen – und die eingestandenen ‚Folgekosten' der Religionskriege verharmlosen. Nach neueren Berechnungen hat der Dreißigjährige Krieg, der ja eine Abfolge verschiedener Kriege war, allein im Alten Reich etwa sechs Millionen Tote gefordert,[63] die Zahl insgesamt dürfte um Einiges höher liegen, von den wirtschaftlichen, sozialen, moralischen Folgen über Jahrhunderte einmal abgesehen.[64] Und dann sprechen zwei Theologen vom „Besten, was uns passieren konnte".

---

[61] REINHARD BINGENER: Theologie der Wut. Zwischen Professoren und Kirche eskaliert der Streit über das Reformationsjahr – mit deftigen Worten. In: FAZ Nr. 67, 20.3.2017, S. 3.

[62] „Das Auseinanderfallen des Corpus Christianum war das beste, was uns passieren konnte". Der EKD-Ratsvorsitzende Heinrich Bedford-Strohm und der Theologieprofessor Friedrich Wilhelm Graf stehen für zwei unterschiedliche Denkschulen des Protestantismus. Ein Streitgespräch über Martin Luther, die katholische Kirche und die Zukunft des Glaubens. In: FAZ Nr. 85, 10.4.2017, S. 5.

[63] Vgl. GEORG SCHMIDT: Der dreißigjährige Krieg. München 2010 (Beck'sche Reihe).

[64] Goethe hat 1816 in einem (damals nicht veröffentlichten) Memorandum zum Reformationsjubiläum 1817 darauf aufmerksam gemacht, dass neben allen zu feiernden Verdiensten Luthers und der Reformation diese auch „Zwiespalt und Unfrieden, ein ungeheures Unglück einiger Jahrhunderte" gebracht habe (EHLING, Goethe [Anm. 1], S. 401 und 415).

Abkürzungen

AKG	Archiv für Kulturgeschichte
DWb	Deutsches Wörterbuch von JACOB GRIMM und WILHELM GRIMM. Hg. von der Deutschen Akademie der Wissenschaften zu Berlin. 33 Bde. Leipzig 1854–1960, ND München 1984.
EKD	Evangelische Kirche in Deutschland
Fs.	Festschrift
GAG	Göppinger Arbeiten zur Germanistik
HAB	Herzog August Bibliothek
HZ	Historische Zeitschrift, 1859ff.
^{2}LThK	Lexikon für Theologie und Kirche. 2. Aufl. Hg. von JOSEF HÖFER und KARL RAHNER. 14 Bde. Freiburg i. Br. 1957–1968.
^{3}LThK	Lexikon für Theologie und Kirche. 3. Aufl. Hg. von WALTER KASPER [u. a.]. 11 Bde. Freiburg i. Br. 1993-2001.
MGG	Die Musik in Geschichte und Gegenwart. Allgemeine Enzyklopädie der Musik. Hg. von FRIEDRICH BLUME. 17 Bde. Kassel [u. a.] 1949–1986.
^{2}MGG	Die Musik in Geschichte und Gegenwart. Allgemeine Enzyklopädie der Musik. 2., neubearb. Ausg. hg. von LUDWIG FINSCHER. 29 Bde. Kassel [u. a.] 1994–2008.
MGH	Monumenta Germaniae Historica
MPL	Migne Patrologia Latina. Hg. von JACQUES-PAUL MIGNE. Paris 1844ff.
MW	The Yale Edition of The Complete Works of Thomas More. New Haven, London 1963ff.
ND	Nachdruck, Neudruck
N. F.	Neue Folge
PBB	Beiträge zur Geschichte der deutschen Sprache und Literatur, 1874ff. bzw. 1955ff.
^{3}RGG	Religion in Geschichte und Gegenwart. Handwörterbuch für Theologie und Religionswissenschaft. 3. Aufl. Hg. von KURT GALLING. 7 Bde. Tübingen 1957–1965.
^{4}RGG	Religion in Geschichte und Gegenwart. Handwörterbuch für Theologie und Religionswissenschaft. 4. Aufl. Hg. von HANS DIETER BETZ [u. a.]. 9 Bde. Tübingen 1998–2005.
RGL	Reihe Germanistische Linguistik
RSM	Repertorium der Sangsprüche und Meisterlieder des 12. bis 18. Jahrhunderts. Hg. von HORST BRUNNER und BURGHART WACHINGER unter Mitarbeit von EVA KLESATSCHKE, DIETER MERZBACHER, JOHANNES RETTELBACH und FRIEDER SCHANZE. 16 Bde. Tübingen 1986–2009.
SHR	Spätmittelalter, Humanismus, Reformation
TBT	Theologische Bibliothek Töpelmann
TRE	Theologische Realenzyklopädie. Hg. von GERHARD MÜLLER [u. a.]. 38 Bde. Berlin, New York 1977–2007.
VD 16	Verzeichnis der im deutschen Sprachbereich erschienenen Drucke des 16. Jahrhunderts
VWGTh	Veröffentlichungen der Wissenschaftlichen Gesellschaft für Theologie

WA	D. MARTIN LUTHERS Werke. Kritische Gesamtausgabe (Weimarer Ausgabe), Abt. Werke
WAB	D. MARTIN LUTHERS Werke. Kritische Gesamtausgabe (Weimarer Ausgabe), Abt. Briefe
WADB	D. MARTIN LUTHERS Werke. Kritische Gesamtausgabe (Weimarer Ausgabe), Abt. Die deutsche Bibel
WATR	D. MARTIN LUTHERS Werke. Kritische Gesamtausgabe (Weimarer Ausgabe), Abt. Tischreden
ZDL	Zeitschrift für Dialektologie und Linguistik, 1969ff. (ehemals Zeitschrift für hochdeutsche Mundarten, 1900–1968)
ZHF	Zeitschrift für Historische Forschung, 1974ff.
ZKG	Zeitschrift für Kirchengeschichte, 1877ff.

Orts-, Personen- und Werkregister

Aufgenommen sind geographische Namen sowie Personennamen und Namen von Personengruppen; Werktitel werden unter dem Autor angeführt, anonyme Werke unter ihrem Namen, Orte mit ihrer gegenwärtigen administrativen Zuordnung. – Abkürzungen: Bez. = Bezirk, bibl. = biblisch, Bf. = Bischof, Bt. = Bistum, dt. = deutsch, Dép. = Département, Dyn. = Dynastie, Ebf. = Erzbischof, Ebt. = Erzbistum, engl. = englisch, flm. = flämisch, frz. = französisch, Fst. = Fürst, Fstm. = Fürstentum, Gem. = Gemahl, Gemahlin, Gf. = Graf, Gf.in = Gräfin, Gft. = Grafschaft, Gmn. = Gemeinschaft, Hl. = Heilige(r), Hzg.(in) = Herzog(in), Hzgt. = Herzogtum, ital. = italienisch, Kard. = Kardinal, Kfst. = Kurfürst, Kg.(e) = König(e), Kg.in = Königin, Kl. = Kloster, Komp. = Komponist, Ks.(in) = Kaiser(in), Lkr. = Landkreis, Mgf. = Markgraf, ndl. = niederländisch, österr. = österreichisch, Pr. = Provinz, Ref. = Reformator, Reg. = Region, röm. = römisch, Theol.(in) = Theologe(in).

Autoren und Herausgeber

ALBRECHT BEUTEL (geb. 1957), Studium der Evangelischen Theologie, Germanistik und Philosophie in Tübingen und Zürich, 1990 Promotion zum Dr. theol., 1995 Habilitation; seit 1998 Ordinarius für Kirchengeschichte an der Evangelisch-Theologischen Fakultät der Westfälischen Wilhelms-Universität Münster. Er ist ordentlichesMitglied der Nordrhein-Westfälischen Akademie der Wissenschaften und der Künste, Leiter des DFG-Langfristprojekts ‚Bibliothek der Neologie' und Principal Investigator des Clusters ‚Religion und Politik' an der Westfälischen Wilhelms-Universität Münster. – Forschungsschwerpunkte: Martin Luther, Reformationsgeschichte, Kirchen- und Theologiegeschichte im Zeitalter der Aufklärung, Kirchliche Zeitgeschichte, Predigtgeschichte, Literatur und Religion. – Jüngste Buchveröffentlichungen: Spurensicherung. Studien zur Identitätsgeschichte des Protestantismus, 2013; Johann Joachim Spalding. Meistertheologe im Zeitalter der Aufklärung, 2014; Luther Handbuch, 3., aktualisierte und erw. Auflage 2017; Erich Klapproth – Kämpfer an den Fronten. Das kurze Leben eines Hoffnungsträgers der Bekennenden Kirche, 2019.

HORST BRUNNER (geb. 1940), Studium der Germanistik, Musikwissenschaft und lateinischen Philologie in Erlangen und Zürich; Promotion 1966, Habilitation 1971 für das Fachgebiet Deutsche Philologie in Erlangen, dort Extraordinarius. 1981–2006 Inhaber des Lehrstuhls für deutsche Philologie der Universität Würzburg. – Forschungsschwerpunkte: Deutsche Literatur des Mittelalters und der Frühen Neuzeit – Musik des deutschen Mittelalters. – Buchpublikationen seit 2013: (Mithg.) Oswald von Wolkenstein im Kontext der Liedkunst seiner Zeit. Wiesbaden 2013; Tannhäuser. Gunzenhausen 2014; Von achtzehn Wachteln und dem Finkenritter. Deutsche Unsinnsdichtung des Mittelalters. Stuttgart 2014; Mittelalterliche Literatur lesen. Eine Einführung. Stuttgart 2016; (Mithg.) Sangspruchdichtung zwischen Reinmar von Zweter, Oswald von Wolkenstein und Michel Beheim. Wiesbaden 2017; Wolfram von Eschenbach, Willehalm. Mittelhochdeutsch/Neuhochdeutsch. Stuttgart 2018; Literarisches Leben. Studien zur deutschen Literatur. Berlin 2018; (Mithg.) Sangspruch/Spruchsang. Ein Handbuch. Berlin, Boston 2019.

STEFAN BÜRGER (geb. 1970) studierte nach einer Malerlehre in der Denkmalpflege in Erfurt Restaurierung in Potsdam, danach Kunstgeschichte, Geschichte und Ev. Theologie in Dresden. Nach seiner Promotion 2004 zur spätgotischen Wölbkunst war er Mitarbeiter am Institut für Kunst- und Musikwissenschaft der TU Dresden und an Projekten zu Kunsttechniken, zu Werkmeistern der Spätgotik und im SFB 804 an Forschungen zu Kirchen als Baustellen beteiligt. Bei der Wiederherstellung der Schlingrippenwölbung der Dresdner Schlosskapelle war er für die Entwicklung des Rippenwerkes mitverantwortlich. Nach seiner Habilitation 2011 zu Festungsbautraktaten vertrat er eine Professur in Bonn und ist seit 2014 Professor für Kunstgeschichte an der Julius-Maximilians-Universität Würzburg.

DOMINIK BURKARD (geb. 1967), seit 2003 Professor für Kirchengeschichte des Mittelalters und der Neuzeit an der Julius-Maximilians-Universität Würzburg, Herausgeber der Römischen Quartalschrift für Christliche Altertumskunde und Kirchengeschichte und Mitherausgeber des Rottenburger Jahrbuchs für Kirchengeschichte. Zu den Forschungsschwerpunkten zählt die Wissenschafts- und Universitätsgeschichte, die Geschichte von Römischer Inquisition und Indexkongregation, das Verhältnis von Staat und Kirche, die Kirchliche Verfassungsgeschichte, die Geschichte des Katholizismus im 19. und 20. Jahrhundert und insbesondere in der Zeit des Nationalsozialismus.

FELIX DIERGARTEN (geb. 1980) ist heute – nach dem Studium der Musik, einer Promotion in Musiktheorie, einer Habilitation in Musikwissenschaft und Dozenturen/Professuren an der Hochschule Luzern Musik und der Schola Cantorum Basiliensis – Professor für Musiktheorie und Musikwissenschaft sowie Leiter des Instituts für Historische Aufführungspraxis an der Hochschule für Musik Freiburg. Seine Arbeitsschwerpunkte liegen in der Musik des 18. Jahrhunderts sowie der mittelalterlichen Musik.

WINFRIED FREY (geb. 1940), Studium der Germanistik, Geschichte und Politologie in Heidelberg und Freiburg. Promotion in Frankfurt am Main 1970, Professor für Deutsche Literatur des Mittelalters und der frühen Neuzeit von 1972 bis 2003 an der Johann Wolfgang Goethe-Universität in Frankfurt am Main. Zahlreiche Publikationen zum Antijudaismus und Antisemitismus in deutschen Texten des Mittelalters und der frühen Neuzeit bis in die Gegenwart. (Vollständige Bibliographie unter: JWG-Universität, Fb 10, Inst. f. dt. Lit. und ihre Didaktik, ÄDL, Personen, Ehemalige, Winfried Frey, Schriftenverzeichnis.)

JOACHIM HAMM (geb. 1967), Studium der Germanistik und Latinistik in Eichstätt, Würzburg, Wien und Mailand; 2000 Promotion (Univ. Würzburg), 2007 Habilitation (Univ. Kiel); 2009 Professor für Deutsche Sprache und Literatur in Bayern (Univ. Augsburg), seit 2010 Professor für deutsche Philologie, insb. Literaturgeschichte des späten Mittelalters und der frühen Neuzeit (Univ. Würzburg). – Forschungsschwerpunkte: Historische Narratologie, Intermedialität, Literarisches Übersetzen, Deutsche und lateinische Literatur des Spätmittelalters und der Frühen Neuzeit.

MARTIN HECKEL (geb. 1929), Studium der Rechtswissenschaft 1948–1952 und Erste und Zweite juristische Staatsprüfung in München; Promotion 1955 und Habilitation 1960 in Heidelberg; 1960 Berufung an die Juristische Fakultät, 1980 Kooptation in die Evang.-theolog. Fakultät der Universität Tübingen; 1973 Mitglied der Heidelberger Akademie der Wissenschaften, 1985 der Historischen Kommission bei der Bayerischen Akademie der Wissenschaften, 1996 korr. Mitglied der Bayerischen Akademie der Wissenschaften; 1961–1977 Synodaler der Württembergischen Evangelischen Landessynode, 1970–1973 Mitglied des Rates und der Synode der EKD, 1976–1997 Präsident des Schiedsgerichtshofs der EKD; 1988-1990 Vorsitzender der Deutschen Staatsrechtslehrervereinigung; 1972–2000 Mitglied des Vorstandes des Vereins für Reformationsgeschichte. – Martin Heckels wissenschaftliches Werk behandelt in 14 Monographien und sechs Bänden ‚Gesammelte Schriften' schwerpunktmäßig einerseits die Wirkung der Reformation auf das katholische und evangelische Kirchenrecht und das paritätische Reichskirchenrecht im Alten Reich, andererseits Grundfragen des geltenden Staatskirchenrechts und Kulturverfassungsrechts im säkularen demokratischen Kultur- und Sozialstaat der Gegenwart.

DOROTHEA KLEIN (geb. 1954), Studium der Germanistik, Geschichte und Sozialkunde an der Universität Würzburg, 1985 Promotion mit einer Arbeit über die Dramen des Hans Sachs, 1980–1995 Mitarbeiterin in verschiedenen Forschungsverbünden der Universitäten Würzburg, Eichstätt und Münster, 1996 Habilitation in Würzburg mit textgeschichtlichen Untersuchungen zur Weltchronik Heinrichs von München, 2001–2007 Professor für Ältere deutsche Literatur an der Universität Kiel, seit Oktober 2007 Professor für deutsche Philologie an der Universität Würzburg. – Forschungsschwerpunkte: Deutsche Literatur des hohen und späten Mittelalters, Editionsphilologie. – Jüngste Buchveröffentlichungen: (Mithg.) Sangspruch/Spruchsang. Ein Handbuch. Berlin, Boston 2019; (Hg.) Ehre. Fallstudien zu einem anthropologischen Phänomen in der Vormoderne. Würzburg 2019; (Hg.) Bernhard Schnell: Arzneibücher – Kräuterbücher – Wörterbücher. Kleine Schriften zur Text- und Überlieferungsgeschichte mittelalterlicher Gebrauchsliteratur. Würzburg 2019; (Hg.) Formen der Selbstthematisierung in der vormodernen Lyrik. Hildesheim 2019.

FRANK KLEINEHAGENBROCK (geb. 1971), Studium der Neueren und Mittelalterlichen Geschichte sowie des Öffentlichen Rechts an den Universitäten Tübingen und Edinburgh, Magisterprüfung 1998, Promotion im Rahmen des SFB ‚Kriegserfahrungen – Krieg und Gesellschaft in der Neuzeit' mit der Monographie ‚Die Grafschaft Hohenlohe im Dreißigjährigen Krieg. Eine erfahrungsgeschichtliche Untersuchung zu Herrschaft und Untertanen' (erschienen 2003), ab 2001 Wissenschaftlicher Assistent am Lehrstuhl für Neuere Geschichte der Universität Würzburg, 2009–2011 Vertretung dieses Lehrstuhls, 2010 Habilitation mit der Studie ‚Konfessionelle Konflikte nach 1648. Gewissensfreiheit, konfessioneller Besitzstand und die Grenzen von Herrschaft im Verfassungssysten des Heiligen Römischen Reiches deutscher Nation', seit 2016 Geschäftsführer der Forschungsstelle der Kommis-sion für Zeitgeschichte in Bonn. – Forschungsschwerpunkte: Geschichte des württembergischen und badischen Frankens – Struktur- und Kulturgeschichte des Heiligen Römischen Reiches – Konfessionsgeschichte der Frühen Neuzeit – Alltags- und Erfahrungsgeschichte der Frühen Neuzeit – Geschichte des Dreißigjährigen Krieges.

STEPHAN KRAFT (geb. 1968), seit 2013 Professor für Neuere deutsche Literatur mit einem Schwerpunkt auf der Frühen Neuzeit an der Universität Würzburg. Promotion 2002 an der Universität Bonn; Habilitation 2011 ebenda. Professurvertretung an der Universität Paderborn. – Arbeitsschwerpunkte: Barockroman, Kultur und Literatur um 1700, Theorie und Praxis der Komödie, Gottfried Benn. – Buchveröffentlichungen: Geschlossenheit und Offenheit der ‚Römischen Octavia' von Herzog Anton Ulrich (2004); Zum Ende der Komödie. Eine Theoriegeschichte des Happyends (2011); Edition des Briefwechsels von Gottfried Benn und FW Oelze (2016).

RAINER LENG (geb. 1966) promovierte in mittelalterlicher Geschichte an der Universität Würzburg und wurde im Jahr 2000 mit einer Arbeit über kriegstechnische Traktate und Bilderhandschriften habilitiert. Er arbeitete seither in verschiedenen Forschungseinrichtungen und vertrat Lehrstühle für Mittelalterliche Geschichte in Würzburg und Stuttgart. Seit 2008 ist er außerplanmäßiger Professor für Mittelalterliche Geschichte an der Universität Würzburg. Momentan ist er wissenschaftlicher Mitarbeiter in der germanistischen Mediävistik am KIT Karlsruhe. Die Forschungsinteressen umfassen Geschichte und Literatur des Mittelalters, technische Wissenskulturen, Public History und fränkische Landesgeschichte.

VOLKER LEPPIN (geb. 1966) studierte in Marburg, Jerusalem und Heidelberg Evangelische Theologie und Germanistik. 1994 wurde er in Heidelberg mit einer Dissertation über Wilhelm von Ockham promoviert, 1997 ebenda mit einer Arbeit über lutherische Apokalyptik habilitiert. 1998–2000 vertrat er einen kirchenhistorischen Lehrstuhl in Frankfurt. Von 2000–2010 war er Professor für Kirchengeschichte in Jena, seit 2010 ist er in derselben Tätigkeit in Tübingen tätig und leitet dort das Institut für Spätmittelalter und Reformation. Er ist Mitglied der Heidelberger Akademie der Wissenschaften und korrespondierendes Mitglied der Sächsischen Akademie der Wissenschaften sowie wissenschaftlicher Leiter des Ökumenischen Arbeitskreises evangelischer und katholischer Theologen. – Wichtigste Buchveröffentlichungen: Wilhelm von Ockham. 2. Aufl. Darmstadt 2010; Martin Luther. 3. Aufl. Darmstadt 2017; Geschichte des mittelalterlichen Christentums. Tübingen 2012; Die Reformation. 2. Aufl. Darmstadt 2017; Franziskus von Assisi. Darmstadt 2018.

CHRISTIAN MÜHLING (geb. 1986) promovierte nach einem Studium der Geschichte, Romanischen Philologie und Evangelischen Theologie in Marburg und Paris. Seine Dissertation ‚Die europäische Debatte über den Religionskrieg' wurde mit dem Deutsch-Französischen Dissertationspreis, dem Caspar-Olevian-Preis und dem J. F. Gerhard-Goeters-Preis ausgezeichnet. Derzeit ist er als wissenschaftlicher Mitarbeiter an der Universität Würzburg tätig. Seine Forschungsschwerpunkte liegen im Bereich der Kirchengeschichte, der internationalen Beziehungen sowie der Hof- und Sexualitätsgeschichte der Frühen Neuzeit.

ULRICH NIGGEMANN studierte Mittelalterliche und Neuere Geschichte, Vor- und Frühgeschichte, Vergleichende Religionswissenschaft in Göttingen und Bonn; Promotion 2007 in Marburg; Habilitation 2015 ebd. Von 2003 bis 2008 wissenschaftlicher Mitarbeiter in Neuerer Geschichte an der Universität Marburg, 2008 bis 2011 Projektmitarbeiter „Herrschermemoria und politische Norm in der Frühen Neuzeit", 2011 bis 2016 akademischer Rat a. Z. Universität Marburg, seit 2016 Direktor und Geschäftsführender Wissenschaftlicher Sekretär am Institut für Europäische Kulturgeschichte Universität Augsburg. Forschungsschwerpunkte in der Migrationsgeschichte, der konfessionellen Konflikte, der Erinnerungskulturen und der Revolutionsgeschichte der Frühen Neuzeit.

MARTIN OHST (geb. 1957), Studium der Evangelischen Theologie und der Anglistik in Hamburg, Erlangen und Kiel 1976-1982; 1988 Dr. theol. Georg-August-Universität Göttingen (Schleiermacher und die Bekenntnisschriften, Tübingen 1989), Habilitation für Kirchengeschichte in Göttingen 1994 (Pflichtbeichte. Untersuchungen zum Bußwesen im Hohen und Späten Mittelalter, Tübingen 1995). Professur für Kirchengeschichte an der Friedrich-Schiller-Universität Jena 1996, Lehrstuhl für Historische und Systematische Theologie an der Bergischen Universität Wuppertal seit 1998. – Publikationen zur Kirchen- und Theologiegeschichte des Mittelalters und der Reformation sowie der Neuzeit.

MATTHIAS SCHULZ (geb. 1969), Studium in Bamberg und Aarhus, Promotion 1997 (Die Eigenbezeichnungen des mittelalterlichen deutschsprachigen geistlichen Spiels. Heidelberg 1998), Habilitation 2003 (Deutscher Wortschatz im 17. Jahrhundert. Methodologische Studien zu Korpustheorie, Lexikologie und Lexikographie von historischem Wortschatz. Tübingen 2007), 1997–2008 wissenschaftlicher Mitarbeiter im Forschungsprojekt ‚Deutsches Wörterbuch von Jacob Grimm und Wilhelm Grimm. Neubearbeitung' an der Akademie der Wissenschaften zu Göttingen, 2012–2014 Professor für Germanistische Sprachwissenschaft an der Heinrich-Heine-Universität Düsseldorf, seit 2014 Professor für deutsche Sprachwissenschaft an der Julius-Maximilians-Universität Würzburg. – Forschungsschwerpunkte: Diskurslinguistik, Koloniallinguistik, Korpuslinguistik, Lexikographie, Mittelniederdeutsch, Onomastik, Stadtsprachgeschichte. – Publikationen: https://www.germanistik.uni-wuerzburg.de/sprawi/mitarbeiter/schulz/.

Alexander Schunka (geb. 1972), Studium der Neueren Geschichte, Historischen Hilfswissenschaften sowie Geschichte und Kultur des Nahen Orients an der LMU München, dort auch Promotion 2004 mit einer Untersuchung zur Zuwanderung im frühneuzeitlichen Kursachsen. Anschließend wissenschaftlicher Angestellter am Historischen Institut der Universität Stuttgart, Juniorprofessor für Wissenskulturen der europäischen Neuzeit am Forschungszentrum Gotha/Universität Erfurt, Habilitation 2015 in Stuttgart, seit 2015 Professor für Geschichte der Frühen Neuzeit an der Freien Universität Berlin. – Forschungsschwerpunkte im Bereich der europäischen Geschichte der Frühen Neuzeit, insbesondere Religions- und Kulturgeschichte, historische Migrationsforschung, Geschichte natürlicher Ressourcen.

Johannes Schwitalla (geb. 1944) war bis 2009 Professor für deutsche Sprachwissenschaft an der Universität Würzburg. Er studierte katholische Theologie in Tübingen und Paris und Germanistik in Freiburg/Br. Von 1982 bis 1994 war er wissenschaftlicher Mitarbeiter am Institut für deutsche Sprache in Mannheim. Seine Forschungsgebiete sind die linguistische Gesprächsanalyse, die gesprochene deutsche Sprache, die Ethnografie der Kommunikation und das Thema Sprache und Medien (insbesondere im 16. Jahrhundert).

Matthias Stickler (geb. 1967), Promotion 1997, Habilitation 2003, seit 2010 apl. Professor für Neuere und Neueste Geschichte an der Universität Würzburg; Studiengangkoordinator der Philosophischen Fakultät; Wissenschaftlicher Leiter des Instituts für Hochschulkunde an der Universität Würzburg. – Forschungsschwerpunkte: Allgemeine deutsche und europäische Geschichte des 19. und 20. Jahrhunderts; Vergleichende Universitäts- und Bildungsgeschichte; Vergleichende Adels- und Dynastiegeschichte; Geschichte der Habsburgermonarchie; Zwangsmigration und Genozide im internationalen Vergleich; Westexpansion der USA.

Anuschka Tischer (geb. 1968) ist seit dem Wintersemester 2012/13 Inhaberin des Lehrstuhls für Neuere Geschichte an der Julius-Maximilians-Universität Würzburg. Sie studierte Geschichte, Philosophie und Dogmatik an der Rheinischen Friedrich-Wilhelms-Universität Bonn (M.A. 1992, Dr. phil. 1998) und war bei dem Editionsunternehmen ‚Acta Pacis Westphalicae', an der Universität Lettlands in Riga, am Institut für Europäische Geschichte in Mainz und an der Philipps-Universität Marburg wissenschaftlich tätig. Nach der Habilitation in Marburg übernahm sie Lehrstuhlvertretungen in Marburg und an der Goethe-Universität Frankfurt a. M. Tischer ist ordentliches Mitglied der Historischen Kommission bei der Bayerischen Akademie der Wissenschaften. Sie forscht u. a. zu Verfassungsreformen des Heiligen Römischen Reiches vom 15. bis zum 17. Jahrhundert, zu Kriegsbegründungen in der Frühen Neuzeit, zu Dreißigjährigem Krieg und Westfälischem Frieden und zur französischen Diplomatie im 17. Jahrhundert.

Wolfgang Weiss (geb. 1957) studierte Theologie und Geschichte. Er ist seit 1999 Professor für Fränkische Kirchengeschichte und Kirchengeschichte der Neuesten

Zeit an der Katholisch-Theologischen Fakultät der Universität Würzburg. Forschungsschwerpunkte stellen die Fränkische Kirchengeschichte vom Spätmittelalter bis zur Gegenwart sowie die Theologiegeschichte des 19. und 20. Jahrhunderts dar. Seit 2003 ist er Vorsitzender des Würzburger Diözesangeschichtsvereins sowie Herausgeber der ‚Würzburger Diözesangeschichtsblätter' und der ‚Quellen und Forschungen zur Geschichte des Bistums und Hochstifts Würzburg'. Weitere Information sind zu finden unter https://www.theologie.uni-wuerzburg.de/institute-lehrstuehle/hist/thfkg/mitarbeiter/.